BEBEĞİNİZİN İLK YILINDA SİZİ NELER BEKLER

Anne ve Çocuk Dizisi 2

BEBEĞİNİZİN İLK YILINDA SİZİ NELER BEKLER?

Orijinal Adı: What to Expect The First Year
Yazarlar: Arlene Eisenberg, Heidi E. Murkoff, Sandee E. Hathaway
Çeviri Editörü: Dr. Dilek Tunalı
Yayın Yönetmeni: Meltem Erkmen
Kapak İllüstrasyonu: Judith Cheng
İllüstrasyonlar: Marika Hahn
Bilgisayar Uygulama: Erol Şahnacı
Baskı- Cilt: Melisa Matbaası
Çiftehavuzlar Yolu
Acar Sitesi No: 18 Davutpaşa
Tel: (0212) 674 97 23

10. Baskı: Şubat 2006

ISBN : 975 331 149-4

YAYIMLAYAN

Epsilon Yayıncılık Hizmetleri Tic. San. Ltd. Şti
Osmanlı sk. 24/4 80090 Taksim/İSTANBUL
Tel: (0212) 252 38 21 pbx Faks: 252 47 29

GENEL DAĞITIM

Yeni Çizgi Yayın Dağıtım Ltd. Şti.
Gürsel Mah. Alaybey Sk. No:7
Kâğıthane/İstanbul
Tel: 0212.220 57 70 pbx Faks: 222 61 55
İnternet adresi ve on-line alışveriş: www.yenisayfa.com

Arlene Eisenberg
Heidi E. Murkoff
Sandee E. Hathaway

BEBEĞİNİZİN İLK YILINDA SİZİ NELER BEKLER

Çeviri Editörü
Dr. Dilek Tunalı

epsilon

Not: Tüm çocuklar birbirinden farklıdır ve çocuğunuzda beklenmeyen bir davranış veya bir hastalık belirtisi ortaya çıktığında bu kitap hiçbir şekilde çocuk doktorunuzun veya çocuğunuzla ilgili danışmanız gereken hekimin yerini almamalıdır.

Bebekliklerinin ilk yılı bizim için hâlâ hoş bir anı olan Emma, Wyatt, Rachel ve Ethan'a;

Yardımlarını bizden esirgemeyen Howard, Eric ve Tim'e.

MİLYONLARCA TEŞEKKÜR

Bir bebeğin yaşamının ilk yılında anne-babalardan daha çok yardıma ihtiyacı olan biri varsa, o da bir bebeğin ilk yılını yazan yazarlardır. İhtiyacımız olan tüm yardımı -bir düzine üniversite, klinisyen doktorlar, diğer profesyoneller ve anne-babalardan- alabildiğimiz için çok mutluyuz. Onlara bu kitabın yazılmasındaki tüm katkılarından dolayı teşekkür ediyoruz.

Kitabın taslağını okuyup, bilgileri ve öngörülerinden yararlanmamızı sağlayan, güvenilir tıbbi danışmanlarımız, pediatri uzmanı Dr. Henry Harris ve doğum uzmanı Dr. Richard Aubry'ye özellikle teşekkür ederiz.

Ayrıca kitabın taslağı için kahramanca çok fazla zaman harcayan çok özel doktorlar; Max Kahn, Michael Levi, Michael Traister ve Herb Lazaru'ya çok özel teşekkürlerimizi sunuyoruz. Ayrıca, meşgul oldukları annelik işinden zaman ayırıp bizimle düşüncelerini paylaşan Kathy Lawrence ve Eve Coulson'a da teşekkürler.

Ve ilgili kısımları okuyarak bize deneyimlerini aktaran diğer tüm uzmanlara ve arkadaşlara; Dr. Ronald L. Poland; Dr. Michael Lewis; Dr. Alfred T. Lane; Dr. Irving J. Selikoff; Dr. Jerrold Abraham; Dr. Deborah Campbell; Dr. Barbara Hogan; Judy Lee; Ken Gorfinkle; Doris Ullendorf; Dina Rosenfeld; Dr. Howard Berkowitz; Dr. Richard Weisman; Steven M. Silverman, Amerika Kızıl Haç (Büyük Boston bölgesi); D.D.S John J. Caravollas; EMTA Paul Leonard; diğer R.N. Sandy Hathaway; Lisa Shulz; Phil Sherman; Bonnie Cowan; Tüketim Ürünleri Komisyonu'ndan Mary Lewis; Michelle Weber ve Jeff Moulter; Mort Lebow; Bill Delay; Dr. Marvin Eiger va Sally Wendkos Olds. Ayrıca Amerika Kalp Derneği'ne, Amerika Doğum ve Jinekoloji Akademisi'ne, Amerika Pediatri Akademisi'ne ve *Modern Pediatri*'ye değerli yardımları ve bilgi destekleri için teşekkürler.

David ve Shana Roskies, Sarah Jacobs ve David Kronfeld, Susan ve David Kramer, Ann Wimpfheimer ve Baruch Bokser, Herb ve Judy Seaman, Bilick Shelly Bazes ve Rueven Weiss, Nessa Rapoport ve Toby Kahn, Linda ve David Fisher, Alan Nadler ve Diane Sharon, Sharon ve Michael Strassfeld, Betsy ve David Teutsch ve diğer pek çok anne-babaya, deneyimlerini bizimle paylaştıkları ve böylelikle bizim de okuyucular ile paylaşmamızı sağladıkları için teşekkürler.

Marika Hahn'a sevimli illüstrasyonları için teşekkürler.

Tüm Workman Yayıncılık topluluğuna bitmek bilmeyen destekleri ve iyi davranışları için ve özellikle Suzanne Rafer'e en az bizim kadar bu işe emek verdiği için teşekkürler. Kathy Herlihy-Paoli, Mary Wilkinson, Lisa Hollander, Shannon Ryan, Barbara Scott-Goodman, Bert Snyder, Janet Harris, Ina Stern, Saundra Pearson, Steve Garvan, Linda Randel, Jim Joseph, Andrea Glickson, Chip Duckett'e ve bu kitabın gerçekleştirilmesine katkıları olan herkese teşekkürler, onsuz bu kitabı asla oluşturamayacağımız Peter Workman'a da.

Bizi ilk olarak Workman Yayıncılığa getiren arkadaşlarımız Elise ve Arnold Goodman'a.

Anne-babalık için sevginin önemini bize öğreten Mimi ve Gramps'a.

Derslerimize ve seminerlerimize katılan, bize çok şey öğreten tüm duyarlı anne-babalara ve iyi arkadaşlara. En son olarak da *Bebeğinizin İlk Yılında Sizi Neler Bekler*'in tüm okuyucularına teşekkürler.

İÇİNDEKİLER

BİRİNCİ BÖLÜM
İLK YIL

İKİNCİ BÖLÜM
Özel Bilgiler

ÜÇÜNCÜ BÖLÜM
Hazır Referanslar

DOKTORDAN BİRKAÇ SÖZ

Yeni bir bebek eğlenceli ve ilginçtir, fakat aynı zamanda huzursuzluk da yaratır. Başlangıçta, yeni anne-baba olmanın sorumlulukları, sizi dehşete düşürecek kadar çok olabilir. Bu doğal endişe ve kendine güvensizliğin üstesinden, kendine tekrar güvenmeyi sağlayacak öğütler, gerçekçi bilgiler ve ara sıra iyi bir gece uykusu ile gelinebilir. *Bebeğinizin İlk Yılında Sizi Neler Bekler*, bunlardan ikisini garanti etmektedir ve bu uzun yolculukta benim rolüm, anne-babalara yeni bir bebekle ilgili danışmanlık yapmaktır.

Kitabın yazarlarının doğru ve dikkatli tıbbi yaklaşımlarından ve bunları annelerin faydalanabileceği duruma getirmek için gösterdikleri duyarlılıktan çok etkilendim. Gelecekte yaşanacak durumlar için yol göstermek -besleme, karın ağrısı, emekleme, güvenlik ve günden güne gelen krizler- pediatrinin kalbini oluşturmaktadır. *Bebeğinizin İlk Yılında Sizi Neler Bekler*, hamileliğiniz süresince merak ettiğiniz tüm soruların yanıtını büyük olasılıkla bulabileceğiniz, güvenilir bir kitaptır. Bu kitap, bebeğiniz büyüdükçe yalnız kaldığınız zaman elinizden tutacak ve neyi ne zaman öğrenmek isterseniz size anlatacaktır.

25 yıl önce Albert Einstein Tıp Merkezi'nde çalışmaya ve öğretmenlik yapmaya başladığımdan bu yana, pediatride dramatik değişiklikler oldu. Yüksek teknolojiye sahip tanı yöntemlerinin yanı sıra, hastalıkların tedavisi de değişti. Bugünün yeni anne-babaları da daha ilerlemiş durumdalar -daha mücadeleci, daha bilgili, sorularına yanıt bulmak için daha araştırmacı ve sofistike-. Onlar için bu kitap, çocuk doktorlarının okumalarını gerekli bulduğu, geniş kapsamlı ve iyi düzenlenmiş bir kitaptır.

Amerikan Pediatri Akademisi, benden, AAP'nin ulusal medya sözcüsü olarak kitabı gözden geçirmemi istediğinde çok sevindim. Kitabın üç yazarından biri bir büyükanne ve aynı zamanda günümüzün çocuk doktoru. Nadir görülen tanısal bir problemi çözmek bizim en çok hoşlandığımız şey pediatrik mücadele olabilir. Ama pratikte, işimizin bu özelliği günden güne eski moda olmakta. Eski büyük ailelerin zaman içinde parçalanması sonucu, büyükanneler artık jogging yapıyor, sanatla uğraşıyor, golf oynuyor, seyahat ediyor ve hatta yeni bir kariyere başlıyor. Büyükanneler kendi hayatlarını yaşamaya başladıklarından beri, artık anne-babalar bebekleriyle ilgili kendilerine yol göstermeleri için çocuk doktorlarına danışmaya başladılar.

Bu tür bir rehberlik kesinlikle vazgeçilmezdir. Geçen yıl, pediatrik çalışmaları değerlendirmek amacıyla Çin'e yaptığım bir gezide bunun olmadığını gördüm ve hayretler içinde kaldım. Çinli meslektaşlarıma, "Çocuk gelişimi ve annelerin her gün yaşadıkları problemlerle ilgili hiçbir bilgi vermediğinize dikkat ettim," dediğimde, yüzüme tuhaf tuhaf baktılar. İçlerinden yaşlı bir doktor, "Bu doğru," dedi, "çok meşgulüz." Akşam yemeği için beni evine davet ettiği zaman, iki çift büyükanne ve büyükbaba bize çay için eşlik etmek için odalarından çıkıp yanımıza geldiklerinde, bunun nedenini anladım. "İşte cevabı!" diye karıma hayretle bağırdım. "Çinli anne-babalar besleme ve tuvalet eğitimi için çocuk doktorlarının önerilerine ihtiyaç duymuyor. Çünkü onlarla birlikte yaşayan büyükanneleri var."

Bebeğinizin İlk Yılında Sizi Neler Bekler'deki öneriler, mutlulukla söylemeliyim ki, bir büyükanneninkilerden çok daha güncel, aydınlatıcı ve doğrudur. Diyet ve beslenme konusunda bu kadar güçlü bir popüler pediatri kitabı kesinlikle görmedim. Beslenme ve erken çocukluk dönemi ile ilgili olarak AAP komitesinin önerileri -kolesterol, obesite ve sağlıkla ilgili yeni görüşleri içeren- bu sayfalardan mükemmel bir yardım almanızı sağlayacaktır. "Bebeğiniz Bu Ay Neler Yapıyor Olabilir"deki bilgilerin size çok büyük yardımı olabilir. Anne-babalar ve çocukların üç büyük savaş alanındaki (uyku, beslenme ve tuvalet) rehberlik, çok dikkatli ve iyi dengelenmiş olmalıdır, bu birçok meşgul çocuk doktorunun gösterebileceğinden çok daha fazla dikkat gerektirir.

Kısaca, bu çok dikkatli yazılmış ve faydalı kitabın -*Spock* 50'ler ve 60'lardakiler içindi ama bu 80'lerin ve 90'ların anne-babaları içindir- en sonunda basılması beni gerçekten çok mutlu etti. Ne kadar sevindirici. Bana gelen tüm yeni anne ve babalara bu kitabın bir kopyasını vermeyi düşünüyorum.

Kitabı okuyun. Hoşunuza gidecektir. Bu kitaba güvenebilirsiniz. *Bebeğinizin İlk Yılında Sizi Neler Bekler* -anneler tarafından yazılmıştır-sizin için ilk basamaktır. Çocuk doktorunuzun yerini tutmasa da, çocuğunuzun yaşamını kolaylaştıracaktır ve içindeki faydalı öğütler huzursuzluğunun azalmasına yardımcı olacaktır.

Henry Harris, M. D.,
Amerikan Pediatri Akademisi Üyesi
Albert Einstein Tıp Merkezi, New York

BU KİTAP NEDEN YAZILDI

Başlangıçta çok basit ve açık görünüyordu. Hastaneye hamile olarak girecektim ve bir anne olarak çıkacaktım. Binlerce kadın neslinin doğal olarak sahip olduğu annelik yeteneğine ben de doğal olarak sahip olacaktım -endokrin bezlerim, büyülü bir şekilde, bebeğimi besleyeceğim tüm sütü ve ona bakma ustalığını sağlayacaktı-.

Benim bu teorinin etkinliğini ilk kez olarak test ettiğim ve pek de doğru bulmadığım sıralarda Emma'nın göbek bağı güçlükle kesildi. Küçük kızımı sallarken hissettiğim duygular kadar, hâlâ amniyotik sıvı gelmesi ve tahmin ettiğimden daha az kırmızı kanamam olması da oldukça kafa karıştırıcı idi. Neden kendimi ona yakın hissetmedim? Neden kızım kendini bana yakın hissediyor gibi görünmüyor? Ve neden -ama neden- ağlamayı kesmiyor? Elbisemi kaldırıp, Emma'nın şiş yüzünü göğsüme yasladığımda daha birçok hata su yüzüne çıktı. Her iki tarafta da, içler acısı bir şekilde, içgüdü olmadığı görülüyordu. Benim mememi ağzına yerleştirme denemelerim tamamen başarısızdı; onun memeyi yakalama ve emme girişimleri (hareketsiz olarak tutmaya çalışıyor ve daha sonra bırakıyordu) ise benimki gibi boşunaydı.

Eve döndüğümüzde hiçbir şey değişmedi; beceriksizliğim her yerde ve her zaman devam etmekteydi. Bezini değiştirirken, gazını çıkartırken, ona yemek yedirmeye ya da onu uyutmaya çalışırken, banyo yaptırırken ve giydirirken. Daha sonraki birkaç haftada en az Emma'nın ağladığı kadar ağladım. Onun ağrılarını düşününce, ortalama bir başarı bile elde edememiştim.

Şimdiye kadarki en beceriksiz anne olduğumdan emindim. Ya da, diğer annelerle konuşana kadar böyle düşünüyordum. Benim yaşadığım yetersizlik duygularımın, birçok kadında, anne olarak geçirdikleri ilk haftalarda çok yaygın olarak yaşandığını keşfettim. Aynı sıkıntılar (düşündüm ki ben de bu yoldan geçtim) yaşanmaktaydı. Bebeğin yeterince yememesine ve çok fazla uyumasına endişelenmek. Bebeğin cildindeki lekelere ve bağırsak hareketlerinin kaybolmasına duyulan üzüntüler. Bebeğin yabancılarla ve onların taşıdığı mikroplarla olan temasının oluşturacağı riskler ve hastalıklara karşı bağışıklama riskleri karşısında duyulan endişeler.

Diğer tüm yeni anneler gibi, ben de, bana yol gösterebilecek tüm bilgi kaynaklarına -bebek kitapları, dergiler, deneyimli aile üyeleri ve daha önce bunları yaşamış olan arkadaşlar- yöneldim. Her birinin önerdiği bir şeyler vardı, fakat hepsinin birlikte bana verdikleri bilginin toplamı (birçoğu yanlıştı) sorularımın bir kısmına yanıt veremiyordu. Bebeğimin çocuk doktorları sorularımın birçoğuna yanıt verebiliyordu ama hiçbiri kocam Erik, Emma ve benimle birlikte oturmak istemiyordu.

Ve böylelikle, hamileliğinizin dokuz ayı süresince, pratik ve kolay ulaşılabileceğiniz, aydan aya bilgi edinmenizi sağlayan ve günden güne kendinize olan güveninizi yeniden kazanmanıza yardımcı olan *Bilmek İstediğiniz Her Şey*'in doğuşu gibi, *Bebeğinizin İlk Yılında Sizi Neler Bekler* de anne-babalığın ilk on iki ayı süresince bilmek istediklerinize yanıt vermek amacıyla oluşturuldu.

Bebeğinizin İlk Yılında Sizi Neler Bekler, ilk yılı daha kolay geçirmenizi (asla *kolay* olmayacaktır) sağlamak ve size -aynı zamanda eşinize ve büyük çocuklarınıza da-, ilk yıl kaçınılmaz olarak yaşanan yüzlerce problemler ve krizlerle ilgili olarak, kendileri de aynı şeyleri yaşamış ve son tıbbi bilgilerin faydasını görmüş kişilerin anlayışı ve bilgisiyle yol göstermek amacıyla tasarlanmıştır. Anneler ve bebekler arasındaki bi-

ACABA BEBEĞİNİZ BU AY NE YAPIYOR?

Tüm anne-babalar bebeklerinin iyi gelişip gelişmediğini bilmek isterler. Problem şudur; bebeklerini aynı yaştaki "ortalama" bebeklerle karşılaştırdıklarında, onu ileri ya da geri bulurlar. Genellikle az sayıda bebek tamamen ortalama sınırlardadır. Bebeğinizin gelişiminin, sınırlı bir aralığa sahip "ortalama" dan daha çok, geniş bir aralık olan "normal" sınırlar içerisinde olup olmadığı tespit edebilmenize yardımcı olmak için, Denver Gelişimsel Tarama Testleri ve Klinik İşitme-Konuşma Kriterleri'nin temel alındığı aylık bir gelişim çizelgesi hazırladık. Herhangi bir ay içinde, tüm bebeklerin % 90'ının tamamı birinci kategoride; "Bebeğiniz neler yapıyor olabilir"-de başarılı olacaktır. Yaklaşık % 75'i ikinci kategoride; "Bebeğiniz şunları da yapıyor olabilir"de başarı elde edecektir. Kabaca yarısı olağanüstü başarı sağlayıp üçüncü kategoride, "Bebeğinizinşunları da yapması olasıdır"-da ve yaklaşık %25'i en son kategorinin içinde üstün başarılı olacaktır: "Hatta bebeğiniz şunları da yapabilir".

Birçok anne-baba, bebeklerinin aynı zamanda birkaç farklı kategori içinde olduğunu görecektir. Az sayıda anne-baba, bebeklerinin sürekli olarak aynı kategoride kaldığını tespit edebilir. Bazılarının bebeklerinde düzensiz bir gelişme görülür -bebek bir ay yavaşken diğer ay sıçrama yapar-. Hepsi de bebeklerinin kesinlikle normal olduğunu bilirler ve bu nedenle rahattırlar.

Yalnız, bir bebek aynı yaştaki diğeriyle kıyaslandığında; "Ne yapıyor olabilir" da başarılı olamıyorsa, anne-baba konuyla ilgilenmelidir ve doktora danışmalıdır. Buna karşın daha sonra bir problem ortaya çıkmayabilir.

Eğer isterseniz, kitaptaki "Bebeğiniz ne yapıyor olabilir" bölümlerini takip ederek aylık gelişmeleri kontrol edebilirsiniz. Ama bu bölümleri, bebeğinizin şimdiki ve gelecekteki yetenekleri ile ilgili kararlar vermek için kullanmayınız. Çünkü gelecekle ilgili kehanetler değillerdir. Bebeğinizi bu tip çizelgelerle kontrol ediyorsanız ve güven duymak yerine anksiyeteye kapıyorsanız, hiçbirine önem vermeyin. Eğer onlara bir daha asla bakmazsanız, bebeğiniz çok daha iyi gelişecektir ve böylece siz de daha mutlu olabilirsiniz.

---

reysel farklılıklar dikkate alınmaya çalışılmıştır -gebelerde olduğu gibi, "normal" sınırları oldukça geniştir. Ayrıca anne-baba davranışlarının çeşitli olabileceği düşünülmüştür. Çünkü bebek bakımıyla ilgili olarak uygulanan tek bir "doğru" yol yoktur. *Bebeğinizin İlk Yılında Sizi Neler Bekler,* bir annenin içgüdülerine güveniyor ama annenin kendisinin bunlara sıklıkla güvenmediğini tahmin ediyor. Bir annenin hissettiği her şeyin ve bir bebeğin yaptığı her şeyin hemen hemen tamamen normal olduğunu garanti ediyor- annenin dışarıda hissettiği şeyler ya da bebeğin dışarıda yaptığı şeyler olmasa da.

Ben ilk yılı yaşadım. Doğrusu bu işi öğrenmem aylar sürdü ve Emma ve ben rollerimizi daha rahat oynamaya başladıktan sonra annelikten hoşlanmaya başladım. Bundan öyle çok hoşlandım ki aradan çok uzun bir zaman geçmeden yeniden anne olmaya karar verdim. Beş yıl sonra, ben (ve kitabı yazmama yardımcı olan ve aynı zamanda bu süre içinde benimle iki kez bu on iki aylık yolculuğa çıkan kız kardeşim Sandee) bunun ne kadar doğru bir karar olduğunu anladım. Yaşamdaki güzel şeyler -bunların başında çocuklar geliyor- kolay elde edilmiyor ve en fazla çabayı gerektiriyor.

Bebeğinizin İlk Yılında Sizi Neler Bekler'i bu çabaya -bunu gösteren kişi olarak size- ithaf ediyoruz.

Heidi E. Murkoff
New York

BİRİNCİ BÖLÜM

İlk Yıl

-1-

Hazırlanın

Yaklaşık dokuz aylık bir beklemeden sonra, nihayet tünelin sonunda bir ışık göründü (belki de, serviksin sonundaki genişleme ve çekilme). Bebeğiniz doğmadan hemen önceki haftalarda, acaba onunla birlikte olmaya hazır mısınız? O küçük kız ya da erkek dünyaya gelmeye hazır olduğu zaman, acaba siz bebeğinizi karşılamaya hazır olacak mısınız?

İzci ruhlu bir kadının bile, bebeğinin doğumuna hem fiziksel hem de psikolojik olarak tamamen hazır olması mümkün değildir. Bununla birlikte, işleri kolaylaştırmak için atılabilecek birçok adım vardır; -doğru yatağın ve doktorun seçilmesi, emzirme ile biberon arasında karar verilmesi, kumaş ya da kâğıt bez kullanılması, kendinizin ve köpeğinizin eve gelen yeni birine hazırlanması-. Doğum için yaptığınız hazırlıklar size genellikle çılgınca gelebilir, ama sizi bekleyen heyecanlı yolculuğu gördüğünüzde bunun ne kadar doğru olduğunu anlayacaksınız.

BEBEĞİNİZİN BESLENMESİ: Emzirme mi? Biberon mu?

Birçok kadın için bu bir problem değildir. Gözlerini kapatıp, kendilerini yeni doğmuş bebekleriyle hayal ettikleri zaman, onu emzirdiklerini ya da biberonla beslediklerini çok net olarak görebilirler. Bu kadınlar, nedeni ne olursa olsun -duygusal, tıbbi, pratik- gebeliklerinin başlarında ya da belki de gebe kalmadan önce bebeklerini nasıl besleyeceklerine kesin olarak karar vermişlerdir.

Bununla birlikte, diğer kadınlar için tablo bu kadar net değildir. Onlar anne sütünün bebek için daha faydalı olduğu hakkında çok şey duymuş olmalarına karşın, kendilerini ne bebeklerini emzirirken ne de biberonla beslerken hayal edebilirler. Arkadaşları, bebeklerini emzirmelerini önerirken, belki de anneleri, kendi yaptıkları gibi, bebeklerini biberonla beslemeleri için onları teşvik etmektedir. Belki de, gerçekten bebeklerini emzirmeyi tercih etmektedirler, ama doğumdan hemen sonra işlerine geri dönecekleri için bunun pek pratik olmaması onları endişelendirmektedir. Ya da babanın karmaşık duyguları ve beklentileri, annenin emzirme konusundaki düşüncelerini etkileyebilmektedir.

Tüm bu ikilemlerin ya da kararsızlığın nedeni ne olursa olsun, bu konuyu açıklığa kavuşturmanın en iyi yolu, bebekle ilişkili kişilerin duygularını incelemenin yanı sıra konuyla ilgili gerçeklere göz atmaktır. Bu gerçekler nelerdir?

EMZİRMENİN FAYDALARI

Çocuk doktorları, kadın-doğum doktorları, ebe-hemşireler ve hatta çocuk maması üreticileri, anne sütünün bebek için en iyi besin olduğu konusunda hemfikirdirler. Teknoloji ne kadar ilerlerse ilerlesin, her zaman *Doğa*'nın daha iyi yaptığı bazı şeyler olacaktır. Bunların arasında, bebekler için -aynı zamanda anneler için- en iyi yiyeceğin formulasyonu ve dağıtım sistemi yer almaktadır. Yaklaşık yüz yıl önce, büyük Oliver Wendell Holmes'ın da dediği gibi, "Bir çift meme dokusu, yenidoğanlar için beslenme sıvısı hazırlayan en bilgili profesörün beyin yarımkürelerinden daha üstündür." Anne sütünün üstünlükleri şu şekilde sayılabilir:

Bebeğiniz için özel bir süt: Anne sütü, inek sütünde bulunmayan ve laboratuvarda sentezlenemeyen en az yüz tane bileşik içerir. Formülünün yanı sıra, anne sütünün içeriği, bebeğin değişen gereksinimlerinin karşılanabilmesi için sürekli değişim gösterir: sabahları akşamkinden daha farklıdır; birinci ayda yedinci aydakinden daha farklıdır; prematüre bir bebek için zamanında doğan bir bebek için olandan daha farklıdır.

Daha iyi sindirim: Anne sütü, bir bebeğin, genç bir buzağıdan daha hassas ve gelişmekte olan sindirim sistemi için tasarlanmıştır. İçindeki protein (özellikle laktalbumin) ve yağ, bebek tarafından, inek sütündeki protein (özellikle kazeinojen) ve yağdan çok daha kolay sindirilir. Bunun pratikteki sonucu: anne sütü ile beslenen bebekler, daha az karın ağrısı, gaz ve aşırı salya şikâyeti çekerler.

Daha az sodyum ve protein: Anne sütünün sodyum ve protein içeriği, inek sütünden daha düşük olduğu için, yenidoğan bir bebeğin böbrekleri üzerinde daha az problem yaratır.

Daha iyi kalsiyum emilimi: Kalsiyum emilimindeki bu fazlalık, büyük olasılıkla anne sütünün fosfor düzeylerinin daha düşük olmasına bağlıdır. Fosfor, fazla miktarda olduğunda kalsiyumun vücutta kullanımını olumsuz etkileyen bir mineraldir.

Daha düşük alerji riski : Bebekler, anne sütüne karşı hemen hemen hiç alerjik değildirler. Bununla birlikte bir bebek, annenin yediği ve sütüne geçen (inek sütü de dahil) herhangi bir şeye karşı duyarlı olabilir. Bebek, gerçekte, anne sütünü çok iyi tolere eder. Buna karşın, 10 bebeğin 1'inden fazlası, ilk inek sütünü aldıktan sonra alerjik duruma gelir. (Soya ya da hidrolize bir mamaya geçiş genellikle problemi çözer. Bu tür mamalar, anne sütü ve inek sütünden daha az yararlıdır[1]).

Kabızlık ya da ishal problemi yaratmaz: Anne sütünün doğal olarak laksatif etkisi olması nedeniyle, emzirilen bebeklerin bezleri genellikle sık sık kirlenir ve bu bebekler arasında kabızlık problemine pek sık rastlanmaz. Ayrıca, bebeklerin sindirim hareketlerinin oldukça rahat olmasına karşın, ishal problemine de çok seyrek rastlanır. Anne sütünün, sindirim problemlerini iki şekilde azalttığı düşünülmektedir: Birincisi; sindirim sistemindeki çok sayıda zararlı mikroorganizmayı doğrudan yok ederek, ikincisi ise; zararlı mikroorganizmaları kontrol altında tutan faydalı mikroorganizmaların çoğalmasını sağlayıp, zararlı mikroorganizmaların gelişimini engelleyerek.

Daha düşük oranda çocuk bezi döküntüsü: Anne sütüyle beslenen bebeklerin daha iyi kokan dışkıları, daha düşük oranda çocuk bezine bağlı pişiğe neden olmaktadır. Ama bu avantaj (aynı zamanda da daha hoş kokuları), katı yiyeceklere geçildikten sonra kaybolmaktadır.

Daha sağlıklı bebekler: Anne sütü ile beslenen bebekler, annelerini her emdiklerinde -ilk emmeden sonuncusuna kadar- hastalıklara karşı olan bağışıklıklarını destekleyen yeterli miktarda antikoru annelerinden alırlar. Genellikle, soğuk algınlığı, kulak enfeksiyonu ve diğer hastalıklara biberonla beslenen bebeklerden daha az oranda yakalanırlar ve hastalandıkları zaman daha az komplikasyonla daha çabuk iyileşirler. Ayrıca, daha az sıklıkta hastaneye yatarlar. Yakın zamanda yapılan bir çalışmada, anne sütü ile beslenen bebeklerin çocukluk çağı kanserlerine yakalanma oranının azalabileceği ileri sürülmektedir.

1. Soya sütünün besinsel değeri yetersizdir ve yenidoğan bir bebeğe verilmemelidir.

Daha az obesite olasılığı: Sıklıkla, anne sütüyle beslenen bebekler, biberonla beslenenlerden daha az tombuldur. Bunun nedeni, emzirmenin bebeğin iştahını azaltmasıdır. Bebek, biberonla beslenirken şişeyi boşaltana kadar devam etmek isteyebilir. Ek olarak, anne sütünün kalorisi kontrollüdür. Emzirmenin sonunda gelen süt, ilk başta gelenden daha yüksek kaloriye sahiptir ve bebeğin kendini tok hissetmesini sağlar -emmeyi sonlandıran bir işaret-. Ama unutmayın ki, emzirilen bir bebek çok sık emmek isteyebilir -örneğin, sürekli huzursuzsa- ve çok çabuk kilo alabilir.

Daha fazla emme tatmini: Bir bebek, yeterli emme tatmini yaşamak için sütsüz bir memeyi emmeye devam edebilir, ama boş bir şişeyi emmez.

Kolesterol metabolizmasında olası artış: Bu konudaki çalışmaların sonuçları çok kesin olmamakla birlikte, anne sütü ile beslenen bebeklerin, erişkinliklerinde daha düşük kolesterol düzeylerine sahip olduklarına dair birtakım kanıtlar bulunmaktadır. Bu belki de, kolesterol metabolizmasındaki artışa bağlıdır.

Daha iyi ağız gelişimi: Annenin meme başı ile bebeğin ağzı (genellikle ilk emme anında hem anne için hem de bebek için bu böyle gözükmese de) mükemmel bir çift oluşturmaktadır. Bilimsel olarak geliştirilmiş en iyi yapay meme başı bile, bebeğin annenin memesini emerek sahip olacağı optimum çene, dişeti ve diş gelişimini sağlayamamaktadır. Bir şişeyi emerek dilde daha fazla bir gelişme olmayacağı için, anne sütüyle beslenen bebekler, biberonla beslenenlere kıyasla ortodontik problemlere daha az yatkındırlar.

Uygunluk: Anne sütü, her zaman mevcut, kullanıma hazır, temiz ve kesinlikle en uygun sıcaklıktadır. Bebek için en iyi besindir. Mamanın tükenmesi, satın almak ya da bulmaya çalışmak; şişeleri sterilize etmek ya da yeniden doldurmak; kutu açmak ve ısıtmak gerekmez. Nerede olursanız olun -yatakta, yolda, bir restoranda, plajda- bebeğinizin ihtiyacı olan besin her zaman hazırdır. Gece, gündüz ve hatta hafta sonu, anne ve bebeğin birbirinden ayrılması gerekirse; anne sütü sağılıp bir şişeye doldurularak, buzdolabı ya da dondurucuda saklanma avantajına sahiptir.

Daha ucuz: Anne sütü bedavadır, buna karşın biberon çok pahalıya gelebilir (ayrıca, yarım kalmış şişeler ve kutular atılacağı için boşa para vermiş olursunuz). Emziren bir annenin, emzirmeyen bir anneye kıyasla, daha çok yemeye ihtiyacı olduğu doğrudur, ama bunun çok pahalı olması gerekmez. Eğer besin değeri yüksek olan yiyecekler seçilirse -ki öyle olmalıdır- çok ekonomik olabilir. Bir kutu düşük yağ içeren süt, bir şişe koladan; bir kâse buğday ya da taze sebze, bir çörekten ve evde hazırlanmış bir meyve suyu, tatlandırılmış olarak satılandan çok daha ucuzdur.

Anne daha çabuk kendini toparlar: Emzirmek, annenin vücudu için faydalıdır. Emzirme dürtüsü, bireysel bir dürtü değildir. Çünkü, emzirme, gebelik -doğum- annelik döngüsünün doğal bir parçasıdır ve yalnız bebek için değil, aynı zamanda sizin için de çok iyi tasarlanmıştır. Emzirme, rahminizin gebelik öncesindeki boyutlarına daha çabuk geri dönmesine yardımcı olur (bunu sağlayan, loğusalığın ilk günlerinde, annenin bebeğini emzirmesi ile kasılmaların artışıdır). Bu, aynı zamanda, loşi akıntısını (loğusalık akıntısı) hızla azaltacaktır. Emzirme, günde ekstra 500 kalori yakmanıza neden olarak, gebelikte aldığınız fazla kilolardan kurtulmanıza yardımcı olur. Bu fazla kiloların bir kısmı, belki hatırlarsınız, özellikle süt yapmanıza yardımcı olan yağ depolarıdır: işte size bunları kullanmak için bir fırsat. (Ama, yağlarınızı çok hızlı yakmak konusunda dikkatli olun; bakınız sayfa 489.)

Gebeliğe karşı bir miktar korunma: Genellikle, emziren bir annenin, loğusalığın birkaç ayında, "ayın belli bir zamanındaki" problemlerinden geçici olarak korunduğu kabul edilmektedir. Emziren birçok kadında, en azından bebekleri ek gıdalar alana kadar (mama ya da katı gıdalar), sıklıkla sütten kesilene kadar ve bazen daha sonraki birkaç ayda ovülasyon ve menstruasyon baskılanmaktadır. (Bu, ne yazık ki, gebe kalamazsınız demek değildir. Ovülasyon, ilk loğusalık döneminizden hemen önce olabileceğinden, emzirmenin sağladığı koruma sona ereceği için, bundan asla emin olamazsınız. Sayfa 520'deki doğum kontrolü bilgilerine bakınız.)

Meme kanseri riskinde olası bir azalma: Emzirmenin, menopozdan sonra ortaya çıkan meme kanserine karşı koruma sağlamadığı düşünülse de, daha erken yaşlarda ortaya çıkan meme kanseri riskini azaltabileceğini düşündüren birtakım kanıtlar vardır.

Zorunlu dinlenme dönemleri: Emzirme, özellikle ilk zamanlarda, gün içinde sık molalar vermenize neden olur (bazen istemediğiniz kadar çok). Dinlenmek için zamanınız olsa da olmasa da, loğusa vücudunuzun buna ihtiyacı vardır ve emzirme, zorunlu molalar almanızı sağlar.

Daha kolay gece beslemeleri: Yeni doğmuş bebeklerini gün içinde görmeye doyamayan anne ve babalar bile, gece saat 2'de (ya da gece yarısı ile şafak arasındaki herhangi bir zamanda) onu görmeye pek meraklı değildirler. Mutfaktaki buzdolabına gidip sütü ısıtarak şişeye doldurmak yerine, göğüsleriniz kadar yakında bulunan bir konfora sahipseniz, bebeğinizin gece uyandırmaları daha kolay tolere edilebilir olabilir. (Eğer baba bebeği yatağından getirip, emzirmeden sonra da yerine götürüyorsa, bu anne için çok daha kolay olacaktır.)

Güçlü anne-bebek ilişkisi: Bebeğini emzirmiş olan her anne, emzirmenin, anne ile çocuk arasında çok güçlü bir bağ oluşturduğunu söyleyecektir. Cilt cilde ve göz göze bir temas vardır. Bu, yeni gelen harika yaratıkla kucaklaşmak ve mırıldanmak için bir fırsattır. Gerçekte, aynı keyfi bebeğinizi biberonla beslerken de alabilirsiniz. Fakat çok daha fazla çaba sarf etmeniz gerekmektedir (bakınız sayfa 51) ve yorulduğunuz zaman bu işi başkalarına devretmenin çekiciliğine sıklıkla kapılabilirsiniz ya da meşgul olduğunuz zaman birilerinden yardım isteyebilirsiniz.

BİBERONLA BESLEMENİN FAYDALARI

Eğer biberonla beslemenin bir avantajı olmasaydı, bebeğini emzirebilen hiçbir kadın biberon kullanmazdı. Fakat, bazı anneler (ve bazı babalar) için, bebeklerini biberonla beslemenin, emzirmenin birçok faydasına ağır basan, çok fazla avantajı vardır:

Bebek için daha uzun süreli tatmin: Anne sütü ile karşılaştırıldığında, inek sütünün sindirilmesi daha zordur. Yutulduktan sonra oluşturduğu büyük lastik kıvamındaki parçalar bebeğin midesinde daha uzun süre kalır ve birkaç saat süresince tokluk hissi sağlar. Böylelikle, besleme saatleri arasındaki dönem üç ya da dört saate kadar uzar. Öte yandan, anne sütü o kadar kolay ve çabuk sindirilir ki, birçok yenidoğan sanki annesinin memelerine sürekli yapışmış gibi çok sık emer. Bu sık emzirme boşuna olmasa da -süt yapımını uyarır ve depolanmış süt miktarını artırır-, bazen süt dışarı akabilir.

Bebeğin aldığı süt miktarının kolaylıkla izlenmesi: Biberonla beslenen bir bebeğin ne kadar süt aldığını kolaylıkla izleyebilirsiniz. Annenin göğüsleri, bebeğin aldığı süt miktarını ölçmek için ayarlanmamıştır ve deneyimsiz bir anne sıklıkla bebeğinin yeterli süt emmediğinden endişe duyar. Bebeklerini biberonla besleyen annelerin bu tür problemleri yoktur -şişenin üzerindeki işaret anneye bilmek istediği şeyi tam olarak gösterir-. (Bununla birlikte, eğer bazı kaygılı anneler bebeklerini istediklerinden daha fazla süt emmeleri için zorlarlar ise bu bir dezavantaj olabilir).

Daha fazla özgürlük: Biberonla besleme, bir anneyi bağımsız kılar. Kocanızla bir yemeğe ya da şova gitmek ister misiniz? Ya da romantik bir hafta sonu tatiline ne dersiniz? Büyükanne, bebeğe bakma ve besleme onuru kendisine verildiğinde çok daha mutlu olacaktır. Bebeğiniz üç aylık olduğunda, işinize part-time olarak geri dönmeye niyetiniz var mı? O zaman bebeğinizi sütten kesmeniz ya da sütünüzü şişeye doldurup saklamanız gerekli olmayacak. Sadece bebek bakıcısına sütün ve biberonun nerede olduğunu söyleyin, sonra özgürsünüz.

Baba için daha fazla paylaşım: Bebek biberonla beslendiği zaman, baba bebeği besleme keyfini paylaşabilir, annesini emen bebekler için bu tabii ki imkânsızdır (Annesini emen bazı bebeklerin babaları bazıları kendilerini gerçekten dışlanmış hissederler).

Büyük kardeşler için daha fazla paylaşım: Büyük ağabey ya da abla için, "küçük bebeklerini" biberonla beslemekten daha güzel bir duygu hemen hemen hiç yoktur.

Daha az besleme gereksinimi: Zor bir doğumdan sonra yorgun düşen bir kadın için, gece yarısı ve hatta sabah saat 6'da kalkıp bebeğini emzirmekten başka bir seçeneğinin olması sevindirici olabilir. Baba, büyükanne, bebek bakıcısı -ya da uygun olan herhangi bir kişi-, anne eski gücüne kavuşana kadar, bebeği besleme işini üstlenebilir. Ayrıca, eğer annenin süt üretmesi gerekmezse, daha az fiziksel yorgunluğu olacaktır.

Giyim tarzını etkilemez: Bebeğini biberonla besleyen bir anne istediği şekilde giyinebilir. Emziren bir annenin gardırobu gebelik dönemindeki kadar sınırlı olmasa da, çoğunlukla, bebeğini emzirmesine uygun olmayan giysiler giymesi pek mümkün olmaz. Emzireceği zaman, önden düğmeli olmayan, tek parça elbiselerden vazgeçmesi gerekecektir. (Elbisenizi başınıza kadar kaldırıp aç bir bebeği emzirmeye çalışırsanız, bunun nedenini anlarsınız.)

Doğum kontrol yöntemlerinde daha az kısıtlama: Emziren bir annenin, bebeğine zarar vermeyecek kontrasepsiyon yöntemleriyle kendini sınırlaması gerekirken (bakınız sayfa 520), bebeğini biberonla besleyen bir annenin bu tür kısıtlamalarda bulunması gerekmez.

Daha az beslenme gereksinimleri ve kısıtlamaları: Bebeğini biberonla besleyen bir anne, iki kişi için yemeye son verebilir. Emziren bir anneden farklı olarak, ekstra protein ve kalsiyum alımına son verebilir ve doğumdan önce aldığı vitamin desteklerini unutabilir. (Kilosunu korumak için yeterli yemek yeme problemi olan nadir kadınlardan biri olmamasına karşın, emziren bir annenin sütten kesilene kadar sahip olduğu, hoşuna gidebilecek ekstra kalorilerden vazgeçmek belki de onu mutsuz edebilir.) Bir partide içki içebilir, baş ağrıları için aspirin alabilir ya da alerjisi için doktorunun reçete ettiği ilaçları kullanabilir ve istediği tüm baharatlı yiyecekleri yiyebilir -bebeğinde oluşabilecek olası etkiler için kaygılanmadan-. Doğumdan sonraki ilk altı haftadan sonra (bebeğin hâlâ kendine gelme döneminde olduğu bu süreden daha önce olmamak üzere), gebelikte aldığı ve kolaylıkla verebileceği kilolardan kurtulmak için yoğun ama akıllıca bir diyet yapabilir. Bu, emziren bir annenin, bebeği sütten kesilene kadar yapamayacağı bir şeydir -her ne kadar, bunun nedeni süt yapımı için gereken kalorilerse de, amacına ulaşmak için diyet yapması gerekli olmayabilir.

Toplum içinde daha az stresli besleme: Biberonla besleme, toplum içinde utanç duymadan ya da yarı çıplak soyunmadan uygulanabilir. Bebeğini toplum içinde emziren bir anne, meraklı ya da tuhaf bakışlara maruz kalabilir ama biberonla besleyen bir kadına kimse bir ikinci kez ya da göz ucuyla bile bakmayacaktır. Bebeğini biberonla besleyen bir annenin, emzirmeden sonraki sıkıntı veren tekrar giyinme işlemleri (sutyenin kancalarını tekrar bağlamak, düğmeleri tekrar iliklemek, gömleği tekrar içine sokmak) için kaygılanmasına gerek olmayacaktır.

Cinsel ilişkiyi etkilemez: Dokuz ay süresince, zaman zaman ideal koşullardan daha alt düzeyde cinsel ilişkiden sonra, birçok çift , gebelikten önceki cinsel hayatlarına geri dönmek için sabırsızlanmaktadır. Emziren bir kadın için, laktasyonun oluşturduğu hormonal değişiklikler nedeniyle kurumuş bir vajina, ağrılı meme başları ve sızıntılı göğüsler, bu cinsel ilişkiyi aylar boyunca imkânsız bir hayal haline getirir. Bebeğini biberonla besleyen bir anne içinse, hiçbir şey (bebeğin beklenmedik bir uyanışı ve ağlaması dışında), eşi ile arasına giremez.

DUYGUSAL GERÇEKLER

Sizden önceki gerçekler; onları okudunuz ve tekrar okudunuz, onları düşündünüz ve tekrar düşündünüz ve belki de hâlâ kararsızsınız. Bunun nedeni, bugünlerde aldığınız tüm kararlar gibi, emzirme ve biberon arasında yapacağınız seçim de gerçeklere dayanmamaktadır. Bu, büyük oranda, sizin ve kocanızın nasıl hissettiğine bağlıdır.

Gerçekten emzirmek istediğinizi hissediyor fakat bebeğiniz doğduktan kısa bir süre sonra işe geri dönmeyi planladığınız için bunun pratik olmadığına mı inanıyorsunuz? Koşulların sizi ve bebeğinizi bu deneyimden yoksun bırakmasına izin vermeyin. Birkaç hafta süresince emzirme, hiç emzirmemekten daha iyidir; hem siz hem de bebeğiniz çok kısa bir emzirmenin bile yararını görürsünüz. Çok az bir ekstra fedakârlık ve planlama ile, işinize geri döndükten sonra bile bebeğinizi emzirmenizi sağlayacak bir düzen kurabilirsiniz (bakınız sayfa 151).

Emzirme ile ilgili olarak kesinlikle olumsuz mu hissediyorsunuz ve emzirmenin faydaları ile ilgili gerçekler hâlâ yeterince ikna edici değil mi? Yine de emzirmeyi bir kez deneyebilirsiniz. Eğer duygularınız olumlu yönde değişmezse emzirmeyi bırakabilirsiniz. En azından bebeğiniz, kısa bir süre de olsa (hiç olmamasından daha iyidir), emzirmenin faydalarından yararlanacak ve siz içinizi kemiren şüphelerden kurtularak, denediğinizi bileceksiniz. (En iyi emzirmenizi gerçekleştirmeden vazgeçmeyin. Genellikle, en iyi koşullarda bile, anne ile bebek arasında iyi bir emzirme ilişkisi kurulması en az bir ay ya da altı haftalık bir süre almaktadır.)

Emzirmeye karşı kesin olarak yerleşmiş bir antipatiniz mi var? Toplum içinde göğüslerinizi açıp (elbette tamamen değil), bebeğinizi emmesi için yerleştirdiğinizi her düşündüğünüzde, kesinlikle rahatsız mı hissediyorsunuz? Ya da daha önce emzirdiniz ve bundan hoşlanmadınız mı? Eğer emzirme ile ilgili duygularınız tümüyle olumsuzsa ve bu duygularınız emzirmenin faydaları ile ilgili gerçeklerden daha ağır basıyorsa, bebeğiniz ve sizin için biberon en iyi seçim olacaktır. Eğer emzirme ile ilgili duygularınız *tümüyle* olumsuzsa ve hayatınızdaki gerçekler (işe erken başlama planı gibi) emzirmeye karşı hafifletici rol oynuyorsa biberon yine doğru seçim olabilir. Bu durumda, kendinizi suçlu hissetmeden, bebeğinizi biberonla besleme kararı alabilirsiniz.

Anne sütünün bebek için en iyi besin olduğunu düşünüyor, fakat çok heyecanlı (yerinde duramayan) bir mizaca sahip olduğunuz için emziremeyeceğinizden mi korkuyorsunuz? Denemekle hiçbir şey kaybetmezsiniz; kişiliğiniz, emzirme ile, düşündüğünüzden çok daha tutarlı duruma gelebilir ve çok şey kazanabilirsiniz. Bununla birlikte, oyundaki durumunuzu çok erken değerlendirmeyin. Madonna kadar sakin kadınlarda bile, emzirmenin ilk birkaç haftasında şiddetli kaygı görülebilir. Bununla birlikte, uyumlu bir emzirme ilişkisi kurulduktan sonra, birçok kadın, emzirmenin kendisini rahatlattığını görüp hayrete düşmektedir -bebek emdiği zaman salınan hormonlar gerçekten rahatlamayı artırmaktadır ve emzirme gerginliğin giderilmesindeki en sağlıklı yollardan birisidir-. (Başlangıçta, bebeğinizi göğsünüze yerleştirmeden önce, gevşeme tekniklerini uygulayarak başarılı olma şansınızı artırın.) Her zaman biberona geçebileceğinizi aklınızdan çıkarmayın ve başlangıçtaki içgüdülerinizin doğru olduğundan emin olun.

Siz bebeğinizi emzirmek istediğiniz halde, kocanız sizi kıskanıyor ya da bundan tiksinti mi duyuyor? Eğer böyle ise, onun da emzirme ile ilgili gerçekleri okumasını sağlayın. İkna olursa, bu duyguları geçicidir ve bu bebeğinizin kazancıdır. Ayrıca, emzirme ile ilgili olan 25. Bölümü de okutun (Baba Olmak). Eğer düşünceleri hâlâ emzirmeye karşı olumsuzsa ve siz emzirmeye karar vermişseniz, o zaman bu zor durumu çözümlemek için daha fazla çaba göstermeniz ve her ikinizin de kabul edebileceği bir çözüm bulmanız gerekecektir.

Evlilik ile ilgili önemli bir karar verirken iki

iyi yaklaşım vardır: biri uzlaşma; diğeri ise, konuyu daha fazla önemseyen ya da konuyla kişisel olarak daha ilgili olan tarafın karar vermesidir. Emzirmenizle ilgili bir uzlaşma, yalnızca üç ay için geçerli olabilir. Eğer kocanız toplum içinde emzirmenizden rahatsız oluyorsa, siz de yalnızca bebeğinizi kimsenin olmadığı bir yerde emzirirsiniz ve eğer yalnız kalamazsanız yanınızda taşıdığınız biberondaki sütle beslersiniz. Uzlaşma işe yaramazsa diğer seçeneği deneyin. Emzirmek sizin için çok şey ifade ediyorsa, kocanızdan bunu kabul etmesini rica edin. Eğer bu konuda çok katıysa (seyrek rastlanan bir durum) onun istediğini yapın.

Bazı kadınlar emzirmenin, eğlenceli ve keyifli olan, olumlu bir deneyim olduğunu düşünürler ve bebeğin sütten kesilme zamanı geldiğinde (özellikle, eğer bu son bebekse), çoğunlukla gözyaşları ile dolu bir depresyon dönemi başlar. Diğerleri, anne sütünün bebek için en iyi besin olduğunu bildikleri için bebeklerini emzirirler ve bunu yaparken kararsızlık duygusundan biraz fazla bir şey hissederler. Bu kadınlar, emzirmeyi tolere etmeyi ve bundan keyif almayı asla öğrenemezler. Bebeğinizi göğsünüze yerleştirip onu emzirene kadar, bu spektrumun neresinde olduğunuzu asla bilemezsiniz. Birçok kadın, emzirmeye başladığında bunu bir görev olarak görmez ama zaman içinde sevgisiz bir şekilde buna devam eder. Kadınların birçoğu ise -bebekleri henüz doğmadan-, yabancıların bulunduğu bir toplulukta -uçakta, kalabalık bir parkta, bir restoranda- bebekleri ağlar ağlamaz gömleklerini kaldırmak gibi mahrem buldukları bir davranışta bulunacaklarını düşündüklerinde bundan tamamen ürkerler.

Sonuç olarak, emzirmeyi tercih etmeseniz de (deneyerek ya da denemeyerek), bundan suçluluk duymayın. Bebeğiniz sizin için iyi şeyler hissetmedikten sonra, onun için ne yapsanız faydasızdır (emzirmek bile). Dün doğmuş bebekler bile, annelerindeki huzursuzluğu hissedebilecek kadar akıllıdırlar; bebeğinize sevgiyle vereceğiniz bir biberon süt, onu isteksizce emzirmenizden çok daha iyidir.

EMZİREMEZSENİZ YA DA EMZİRMEMENİZ GEREKİRSE

Bazı kadınlar için, emzirmenin ve biberonla beslemenin yararları ve zararları akademik düzeydedir. Bebeklerini emzirme gibi bir seçenekleri yoktur çünkü kendi sağlıkları ya da bebeklerinin sağlığı arasında seçim yapmaları gerekmektedir. Eğer tıbbi öykünüzde aşağıdakilerden herhangi biri varsa, kesinlikle emzirmemeniz önerilmektedir:

- Ciddi halsizlik oluşturan hastalık (kalp ya da böbrek yetersizliği veya şiddetli kansızlık gibi) ya da aşırı zayıf olma durumu (vücudunuzun süt üretebilmek için yağ depolarına ihtiyacı vardır).

- HIV/AIDS, tüberküloz ya da olası Hepatit B gibi ağır enfeksiyon (Hepatit B durumunda, eğer bebeğiniz doğduktan sonra gamma globulin ve Hepatit B aşısı ile tedavi edilirse emzirmeniz mümkün olabilir).

- Antitiroid, antikanser ya da antihipertansif ilaçlar; lityum; trankilizan ve sedatifler gibi anne sütüne geçen ve bebeğe zarar verebilen ilaçları düzenli olarak almanız gerektiği durumlar (buna karşın, geçici ilaç tedavisi emzirmeyi etkilemez; bakınız sayfa 504).

- Mevcut ilaç bağımlılığı -trankilizan, amfetamin, barbitürat ya da diğer haplar, eroin, metadon, kokain, marihuana, tütün ve orta veya fazla miktarda kafein ya da alkol kullanımı dahil olmak üzere-.

- Göğüslerde yetersiz oranda salgı bezi dokusu bulunması (bunun göğüslerinizin büyüklüğü ile bir ilgisi yoktur) ya da meme başının sinirsel yapısının zedelenmesi (yaralanma veya cerrahi ile). Bazı kadınların emzirmesi, bebeklerinin gelişmesi dikkatli medikal gözlem altında izlenerek mümkün olabilmektedir. Eğer meme kanseri nedeniyle bir göğsünüz ameliyat edil-

EMZİRME İLE İLGİLİ YANLIŞ İNANIŞLAR

• **Küçük göğüsleriniz varsa ya da meme başlarınız düzse emziremezsiniz.**

Gerçek: Dış görünüş, hiçbir şekilde, süt yapımını ya da annenin süt verme yeteneğini etkilemez. Tüm göğüsler ve meme başları, ne büyüklükte ve ne şekilde olursa olsun, aç bir bebeği tatmin edebilir. Uyarıldığı zaman ereksiyona uğramayan içe çökmüş meme başlarının tam olarak işlevini yapabilmesi için daha fazla hazırlık gerekebilmektedir; bakınız sayfa 23.

• **Emzirmek çok zordur.**

Gerçek: Bebeğinizi emzirmek gerçekten çok kolay olacaktır. Göğüsler, biberondan farklı olarak, bebeğinizin hazır olduğu her zaman hazırdır. Plaja giderken onları yanınıza alıp almadığınızı düşünmez ve sıcak güneşin altında içindeki sütün bozulmasından endişe duymazsınız.

• **Emzirmek sizi kısıtlar.**

Gerçek: Emzirmenin, zamanlarının çoğunu bebekleri ile geçirmek isteyen anneler için daha uygun olduğu bir gerçektir. Bununla birlikte, sütlerini biriktirmek ya da zaman zaman bebeklerine mama vermek isteyen anneler, çalışma ihtiyaçlarını -ya da sinemaya veya gün boyu süren bir seminere giderek- ve emzirme arzularını bir arada tatmin edebilirler. Bebekle dışarı çıkma zamanı geldiğinde ise, nereye gideceği ya da ne kadar kalacağı bir sorun oluşturmadan yanında her zaman bol miktarda yiyecek bulunan ve emziren bir anne çok daha özgürdür.

• **Emzirmek göğüslerinize zarar verir.**

Gerçek: Emzirmek, göğüslerinizin şekli ve büyüklüğü üzerinde kalıcı bir etki oluşturmaz. Birçok insan bu gerçeğe çok şaşırmaktadır. Genetik faktörler, yaş, göğüslerinizi yetersiz desteklemek (sutyensiz dolaşmak) ya da gebelik sırasında aldığınız fazla kilolar nedeniyle, çocuk sahibi olduktan sonra göğüsleriniz eskisinden daha gevşek olabilir. Fakat bu konuda emzirmek suçlanmamalıdır.

• **Emzirmek babayı dışlar.**

Gerçek: Bebeğinin bakımına katılmak isteyen bir baba, bunun için birçok fırsat yaratabilir -yıkamak, altını değiştirmek, tutmak, sallamak, oyun oynamak ve katı gıdalara geçildikten sonra "trenleri tünele göndermek".

diyse, doktorunuza diğer göğsünüzle emzirme olasılığınızı sorun. Günümüzdeki bilgilerle bunun güvenilir olup olmadığı belli değildir. Bununla birlikte, kansere neden olan maddelerin, anne sütü ile anneden bebeğe geçmediği düşünülmektedir. Gelecekteki araştırmalar, belki de bize kanser ameliyatından sonra emzirmenin güvenilirliği ile ilgili daha çok bilgi sağlayabilecektir.[2]

Ayrıca, annenin emzirmesini etkileyen, bebekle ilgili durumlar da vardır:

• Fenilketonüri ya da laktoz intoleransı gibi metabolik hastalıklar, bebeğin anne sütünü sindirememesine neden olur.

• Dudak yarığı ve/veya damak yarığı gibi bir bozukluk bebeğin memeyi emmesini zorlaştırır ya da imkânsız kılar. (Bununla birlikte, bazı vakalarda, özellikle yalnızca dudak yarığı varsa, bebek anneyi emebilir. Bebeğinizi nasıl besleyeceğinize karar vermeden önce, emzirme ko-

2. Birçok uzman, meme kanseri nedeniyle ameliyat olmuş kadınlara, hamile kalmadan ve emzirmeden önce üç ila beş yıl beklemelerini önermektedir. Çünkü bu dönemde uyarılan hormonlar kanser hücrelerini aktive edebilir ve bu da kanser nüksü riskini artırır.

nusunda bir uzmana danışın. Ayrıca, ameliyat sonrasına kadar sütünüzü sağmanız ve daha sonra emzirmeye başlamanız uygun olabilir.)

Eğer emziremiyorsanız ya da emzirmek istemiyorsanız, ticari bir bebek mamasının kesinlikle bebeğinizin yeterli beslenmesini sağlayacağından emin olabilirsiniz (nadir olarak istisnai vakalarda alerji görülebilir ve bunların özel mamalara ihtiyacı vardır). Milyonlarca sağlıklı ve mutlu bebek (büyük olasılıkla siz de bunların arasındasınız) biberonla beslenerek yetişmiştir ve sizin bebeğiniz de böyle beslenebilir. Yalnızca, bebeğinizi biberonla beslerken, onu emzirirken olduğu gibi sevgiyle beslemeyi unutmayın.

EVLAT EDİNME VE EMZİRME

Az sayıda evlat edinen anne emzirmeyi bir seçenek olarak düşünür ve gerçekten de evlat edinilen bir çocuğu emzirebilmek nadir olarak mümkün olabilmektedir. Bu ancak, çok sayıda ileri düzeyde planlama ve hazırlık yapılırsa ve bebek doğumdan sonraki ilk birkaç gün içinde alınırsa gerçekleşir. Evlat edinilmiş bir çocuğu emzirmekle ilgili olarak sayfa 457'ye bakınız.

MERAK ETTİKLERİNİZ

ANNE OLMAKLA BAŞA ÇIKMAK

"Bebek için her şey hazır, benim dışımda... Kendimi bir anne olarak düşünemiyorum."

En başından beri annelik hayalleri kuran kadınlar bile, zaman geldiğinde kendilerinden şüphe etmeye başlarlar. Çocuklarında oyuncak bebekler yerine kamyonlarla veya topla oynayanlar bebek bakmak yerine çim biçmeyi tercih edenler ve gebelik testi pozitif çıkana kadar bebek arabalarına yalnızca göz ucuyla bakan kadınlarsa, doğum gününü daha büyük korkuyla karşılarlar.

Fakat bu dokuz ay içinde, kendine olan güvenin sarsılması normal olduğu kadar sağlıklıdır da. Mutlu ve kendine güvenli olarak başlayan annelik döneminiz, görevleriniz, birden, tahmin ettiğinizden çok daha bunaltıcı olduğunda hızla değişebilir ve sizi altüst edebilir. Bir miktar kaygı (bebekle birlikte bir hayatın bazı zor ve hatta imkânsız görülen günler ve gecelerden oluştuğunu fark ederek) ve şüphe, doğum sonrası gerçeği şokunu atlatmanıza yardımcı olabilir.

Eğer kendinizi annelik için hazır hissetmiyorsanız endişelenmeyin; fakat hazırlanın. En azından, yenidoğanlar ve bebekler hakkındaki, bu kitaptaki ilk birkaç bölümü ve bulabildiğiniz her şeyi okuyun (bebeklerin her zaman "kitapta" anlatıldığı gibi davranmayacağını hatırlayarak). Eğer mümkünse, yenidoğan ya da küçük bebeklerle birlikte biraz zaman geçirin; onları tutmayı ve hatta altlarını değiştirmeyi deneyin; anne ve babalarıyla, bir bebeğe bakmanın zevki ve hayal kırıklıkları üzerinde konuşun. Oturduğunuz yerde varsa, bir annelik kursuna katılın. Son yıllarda, hayatlarında tecrübe edebilecekleri en zorlu iş hakkında daha fazla şey öğrenmek isteyen anne ve babaların talebi üzerine hastaneler ve medikal gruplar, üniversiteler ve okullar, dini kurumlar ve özel girişimler tarafından binlerce kurs açılmıştır.

Her şeyden önce, insan anne olarak doğmaz, anne olduktan sonra bunu öğrenir gerçeğini asla unutmayın. Diğer insanların bebeklerine bakarak deneyim kazanmış bir kadın, başlangıçta, hiç deneyimi olmayan yeni bir anneden biraz daha rahat olabilir, fakat altı haftadan sonra ikisini birbirinden ayırt etmek çok zor olacaktır. Ve bekleme odasındaki gebe kadınlar, onların annelikteki ustalıklarına ve kendine güvenlerine imreneceklerdir.

Yine hepimizin, çocuk yetiştirme konusundaki tüm deneyimi yalnızca gözlemleyerek kazandığımızı unutmayın. Anne ve babaların -kendimizinkiler kadar arkadaşlarımızın ve yabancılarınkileri de- nasıl çocuk yetiştirdiklerini sürekli olarak izledik ve beynimizdeki bilgisayarları sessizce programladık. Bir anne süpermarkette çocuğuna vurduğu zaman, kendi kendinize "Bunu asla yapmayacağım," ve bir diğeri parkta bebeğiyle gezerken "İşte ben de böyle davranacağım!" dersiniz.

DEĞİŞEN BİR YAŞAM TARZI

"Gerçekten de bebeğimin doğmasını dört gözle bekliyorum. Fakat, kocamın ve benim alıştığımız yaşam biçiminin tamamen değişeceğinden endişe duyuyorum."

Annenizin nesli için, yaşam tarzındaki bir değişiklik sorun oluşturmamaktaydı. Birçok genç çift, liseyi ya da üniversiteyi bitirdikten hemen sonra evlenip çocuk sahibi oluyordu ve çocuksuz bir yaşam biçimi geliştirme şansları yoktu. Anne ve babalarının evinden çıkıp doğru kendi evlerine yerleşmekteydiler ve bildikleri tek yaşam biçimi aile-merkezli bir yaşamdı. Bugünün annesi, okulu bitirdikten sonra yıllarca bağımsız ve ben-merkezli (sık sık dışarıda yemek yemek, istediği hafta sonu kayak yapmak ya da botla gezintiye çıkmak, gece geç saatlere kadar dans edip yatakta uzun ve keyifli sabahlar geçirmek, yalnızca temiz ve kuru giysilerle dolu bir dolaba sahip olmak) bir yaşam sürmekten hoşlanmaktadır. Ayrıca canı istediği zaman ve istediği yerde sevişmeye de alışık olabilmektedir.

Bu yaşam biçiminin korkunç bir sonla noktalanması gerekmez. Fakat, gerçekte, bazı radikal değişikliklere gereksinim vardır. Artık, Fransız bistrolarında yiyemeseniz de yüksek sandalyeleri olan ve yerdeki halıya dökülen bezelyelerin ve havuçların tolere edilebildiği aile-tarzı lokantalarda ara sıra öğlen ve akşam yemekleri yenebilir. Bundan sonra, canınızın istediği hafta sonunu evden uzakta geçiremeyeceksiniz (planlama çok daha fazla önem kazanmaktadır ve çanta hazırlamak daha karmaşıktır). Fakat, yine de eğer istiyorsanız, evden uzaklaşmanın bir yolunu bulabilirsiniz -çoğunlukla bebeğinizle, nadiren yalnız- (biberon kullanıyorsanız ya da bebeğiniz sütten kesilmişse). Eğer vals yapıp, ardından bebeğinizi sabah 2'de ve daha sonra 6'da beslemek için uyanamayacağınızı düşünüyorsanız, gece geç saatlerdeki dansların yerini erken saatlerdeki bir sinema ya da konser alabilir. İpek elbiseleriniz ve yün pantolonlarınız büyük olasılıkla bebeksiz gezmelerinizde giyilmek üzere dolabınızın arkalarına yerleştirilirken kolay yıkanan ve bebeğin kusma ve diğer salgılarından az zarar görebilecek giysiler dolabınızda daha çok yer kaplamaya başlayacaktır. Sevişmekten tamamen vazgeçmeniz gerekmez; sizin ve kocanızın ruhsal durumunun yanı sıra fırsatınızın olup olmaması da önemlidir.

Bununla birlikte, siz de günümüzdeki birçok anne-baba gibiyseniz, sürdürdüğünüz yaşam biçiminden tümüyle vazgeçmek istemeyeceksiniz ve en azından bir dereceye kadar bebeğinizin bu yaşama uyum sağlaması için çalışacaksınız. Elbette her zaman başarılı olamayacaksınız; özellikle de bebeğiniz büyüdükçe. Çok küçük bir bebek, anne ve babası tarafından oraya buraya sürüklenmeye itiraz etmeyebilir; buna karşın, birkaç aylık olan bir bebeğin bile sosyal ihtiyaçları ve kendi kişisel tercihleri oluşmaya başlar ve kaçınılmaz olarak, yaptığınız planlarda bunları dikkate almanız gerekir.

Yaşam biçiminizin ne derecede değişeceği, çoğunlukla sizin, kocanızın ve bebeğinizin kişisel ihtiyaçlarına bağlıdır. Bu değişikliklere ne düzeyde uyum sağlayacağınız, büyük oranda sizin tavrınıza bağlı olacaktır. Eğer değişiklikleri pozitif ve ilginç olarak görürseniz, yaşamınız eskisinden daha iyi ve daha zengin olur. Buna karşın, anneliğin gerektirdiği tüm değişikliklere karşı hassas ve dirençli iseniz, o zaman sizi ve bebeğinizi (muhtemelen kocanızı da) çok zor günler bekliyor demektir.

İŞE GERİ DÖNÜP DÖNMEME KARARI

"Ne zaman bu konuyla ilgili olarak arkadaşlarımla konuşsam ya da bir makale okusam, bebeğim doğduktan hemen sonra işe geri dönme konusundaki kararımı değiştiriyorum."

Günümüzün çalışan kadını, hem tam bir kariyer tatmini hem de bir aileye sahip olmanın mutluluğunu yaşama beklentisindedir. Doğumdan sonra ise, bunlardan hangisinin yaşamında öncelikli olacağına karar verirken şaşkınlık, kaygı ve suçluluk duygusu hissetmektedir.

Bu o anda yapmanız gereken bir seçim gibi gözükse de, gerçekte öyle değildir.

Henüz hamileyken, bebeğiniz doğduktan sonra evde mi oturacağınız yoksa işe geri mi döneceğiniz kararını vermeniz; bildiğiniz bir işle hiç bilmediğiniz bir iş arasında seçim yapmaya benzer. Gerçekten de, kararınızı vermeden önce, bebeğinizle evde biraz zaman geçirin. Belki de, şimdiye kadar yaptığınız hiçbir şeyin -işiniz de dahil- yeni doğmuş bebeğinize bakmak kadar size keyif vermediğini görecek ve işinize geri dönüşü bir süre için erteleyeceksiniz. Ya da belki de, bebeğiniz ne kadar tatlı ve harika olursa olsun, bir ayın sonunda duvarlara tırmandığınızı görecek ve 9-5 mesaisine geri dönmek için sabırsızlanacaksınız. Tüm gün annelik yapmak da tüm gün çalışmak da sizin ihtiyaçlarınıza yanıt vermiyorsa, o zaman, eğer yeterince şanslıysanız bir part-time iş bularak ya da yaratarak her ikisinin de iyi yanlarını birleştirebilirsiniz. (Bebeğiniz doğduktan sonra karar vermenizle ilgili bazı öneriler için sayfa 537'ye bakınız.)

BABANIN İZİN ALMASI

"Kocam yıllık iznini bebek doğduğu zaman kullanmak istiyor. Bu, yıl içinde daha sonra tatile çıkamayacağımız anlamına geliyor. Acaba bu gerekli mi?"

Bu soru, çocuk sahibi olmak isteyen anne ve babaların, bir gün -er ya da geç- sorma ihtiyacı duymayacakları bir soru olacaktır. Diğer birçok sanayileşmiş ülkede de olduğu gibi, anneler ve babalar, bebekleri doğar doğmaz, otomatik olarak doğum iznine ayrılabileceklerdir.

Fakat ABD'de henüz bu büyük gün gelmediği için, hızlı bir doğum sonrası dönemi evde geçirmek isteyen babalar, genellikle izinlerinin bir bölümünü ya da tamamını kullanmak zorunda kalırlar. Bu, pek tabii ki, isteğe ve koşullara bağlıdır. Çocuğun altını değiştirmek ve çamaşır yıkamak pek tatil sayılmasa da, bazı babalar bu ilk günlerden hoşlanır ve bir aile onlara lunaparktan çok daha fazla eğlence, *Büyük Kanyon*'un görüntüsünden çok daha fazla bir heyecan yaşatabilir. Ve bir dünya gezisinde elde edebileceğinden çok daha fazla anıya sahip olabilir. Eğer kocanız tamamen bu şekilde hissediyorsa, bebeğinizin doğumundan sonraki zamanı tatil ilan edin. Bununla birlikte, kocanızın -çamaşır yıkamak, basit yemekler pişirmek, evi süpürmek vb.- ev işleriyle daha önceden haşır neşir olduğundan emin olmalısınız. (Elbette birçok koca bu işlerde zaten yeteneklidir, fakat bazıları ev işlerinde karılarından çok daha yetenekli olabilir.)

Buna karşın, her zamankinden çok daha fazla yardıma ihtiyacınız olacağını düşünerek gerekli düzenlemeleri yaptıysanız (anneniz geliyor, kız kardeşiniz iki haftalığına yanınıza yerleşiyor ve/veya bir bebek bakıcısı tutulmuş), kocanız kendisini gündüz evin içinde dolaşan bir beşinci kişi olarak hissedecek ve yeni doğmuş bebeğinin varlığını ancak gecenin sessizliğinde fark edebilecektir. O zaman, bu izin günlerini ailece yapılacak gerçek bir tatil için kullanmak daha anlamlı olacaktır.

Eğer siz ve kocanız kendi kendinize bebeğinize bakabilecekseniz, kesinlikle, tüm ailenizi ve çevrenizdeki dostlarınızı yardıma çağırmayın. Bu anne, baba ve bebek için bir aile olmanın en iyi yoludur.

BÜYÜKANNE VE BÜYÜKBABALAR

"Annem, bebeğin doğduğunu öğrendiği dakika bavullarını toplamıştı ve bana destek olmak için uçmaya hazırdı. Bu beni sinirlendiriyor, çünkü annem idareyi ele geçirmek eği-

liminde ve ben gelmemesini söyleyerek onu incitmek istemiyorum."

Bir kadının annesiyle (ya da kayınvalidesiyle) arasındaki ilişki, ister sevgi dolu ve sıcak, ister mesafeli ve soğuk ya da her ikisinin arasında bir yerde olsun; onun yaşamındaki en karmaşık şeylerden birisidir. Bu ilişki, kızı anne olunca ve annesi büyükanne olunca daha karmaşık hale gelir. Daha sonraki yıllar içinde, anne ve babanızla isteklerinizin çatışacağı yüzlerce durum olabilir; bu, büyük olasılıkla bunların ilki olacaktır.

Elbette, bebek doğduğunda kimin yardımcı olacağına karar verecek olan siz ve kocanızsınız. Eğer her ikiniz de ilk haftayı ya da daha uzun bir süreyi bebeğinizle yalnız geçirmeyi tercih ediyorsanız, annenize (ve eğer gerekiyorsa kayınvalidenize de); kocanızla birlikte bebeğinizi tanımak istediğinizi ve misafirleriniz gelmeden önce onunla daha fazla rahat zaman geçirmek istediğinizi açıklayın. Ona, ziyaretine çok sevindiğinizi söyleyin ve bebeğin henüz sadece birkaç haftalık olduğunu ve biraz büyüyünce daha ilginç ve bilinçli olacağını hatırlatın. Kendini geçici olarak da olsa reddedilmiş hissedebilir, fakat bir kez torununu kucağına aldığında tüm bu incinmiş duyguları ortadan kaybolur ve o dönemi unutur. Unutulmaması gereken, anneniz ve kayınvalidenizin bebeğinizle ilgili kuralları sizin ve kocanızın koyduğunu erkenden öğrenmesidir. Eski bir atasözünün dediği gibi: Eğer Tanrı bebekleri yaşlıların yetiştirmesini isteseydi, menopozu icat etmezdi.

Bazı yeni anne ve babalar ise, elbette, doğumdan sonra özellikle yardımcı olmaya gelen ve baskıcı olmayan büyükannelerin gelişini memnuniyetle karşılar. "Anne, kendi başıma yapabilirim!" deme ihtiyacı duyan kadınların suçlanmaması gerektiği gibi, bazı kadınlar da yardıma ihtiyaçları olduğunu hissederek "Kendi başıma yapamayacağım" demekten rahatsız olmamalıdırlar.

Büyükannelerin ve büyükbabaların beraberlerinde getirecekleri ustalık ve deneyimin yerini hiçbir şey tutamaz. Anne ve babanız (ya da kocanızın anne ve babası) sizi yetiştirerek çok iyi ya da harika bir şey yapmış olsalar da, hâlâ onların deneyimlerinden öğrenecek bazı şeyler vardır; bu belki de ne yapmamanız gerektiğidir. Her nesil için tekerleği -ya da çocuk bakımını- yeniden icat etmenin sonu yoktur.

Önerilere açık olmanız, sizi bazen (belki de çoğunlukla) karşı çıkacağınız pozisyonlara düşürebilir. Bunun, annenizle (ya da kocanızın annesiyle), bebeğe hazırlanmanıza ve sonraki bebek bakımı konusunda konuşmanıza engel olmasına izin vermeyin. Büyük olasılıkla o da kendi annesiyle (ya da kayınvalidesiyle), siz doğduğunuzda bazı anlaşmazlıklar yaşadı ve siz de itirazlarınıza sinirlendiğinde bunu ona hatırlatabilirsiniz. Hemen hemen dünyanın her yerinde, bebek bakımında neyin *doğru* olduğu nesilden nesile değişir ve bu konuda siz kocanızla birlikte espri yeteneğinizi korumalısınız. (Buna gelecekte, küçük bebeğiniz yirmi ya da otuz yaşına geldiğinde, anne ya da baba olduğunda ve sizi eski kafalı olmakla suçladığında da ihtiyacınız olacak.)

Eğer büyükanneyle bir konuda -örneğin, emzirme mi, biberon mu- anlaşamazsanız, ona görüşünüzü açıklayın. O zaman belki size hak verebilir ya da en azından neden böyle yapmak istediğinizi anlayabilir. Yine de sizi anlamasa bile, kapalı davranmayıp duygularınızı ve düşüncelerinizi onunla paylaştığınız için aranızdaki ilişki daha iyi olacaktır.

Unutmayın ki, eğer anne-babalık bir sorumluluksa, büyükanne-büyükbabalık bir ödüldür; -bir gün sizin de yaşayacağınız ve hoşlanacağınız bir ödül-. Anne ve babanızı bundan mahrum bırakmadığınızdan emin olun.

BÜYÜKANNE VE BÜYÜKBABANIN EKSİKLİĞİ

"Kocamın anne ve babası öldüler. Benimkiler çok yaşlı ve bir başka şehirde yaşıyorlar. Ara sıra, hamileliğim ve bebek hakkında konuşabileceğim bir ailenin eksikliğini hissediyorum. Sanırım, bebek doğduktan sonra bu daha da fazla olacak."

Kendini yalnız hisseden tek kişi siz değilsiniz. Geçmişteki nesiller büyük aileler şeklinde yaşarken, ülke sınırları dışına uzanan göçler olmuş ve günümüzün yerleşik olmayan toplumu oluşmuştur. Bu nedenle, milyonlarca çift anne-babası ve ailesinden uzakta yaşamaktadır. Bu ayrılık, özellikle yeni bir nesil eklendiği zaman çok daha yoğun hissedilir.

Uzakta olan ya da ölmüş aile üyelerinin yerine geçebilecek kişiler -telefonun yanı sıra- size yardımcı olabilir. Güçlü bir toplumsal dayanışmanın yaşandığı kiliseler ya da sinagoglar, bunun için çok uygundur. Doğum eğitimi almış kişilerden oluşan gruplar ya da egzersiz sınıfları veya bilgisi olan kişiler tarafından kendiliğinden oluşturulan basit anne-baba grupları da size yardımcı olabilir. Böylelikle, sizin büyükanne ve büyükbabaya ihtiyacınız olduğu gibi, büyük çocuklara ihtiyacı olan sizden yaşça büyük hemşehrileriniz bulunmaktadır. Size komşu olan birisini bulabilirsiniz ve birbirinizi "evlat edinebilirsiniz". Haftalık ziyaretler ya da birlikte dolaşmalar, size ve bebeğinize bir aile duygusu yaşatabilir, ayrıca bu yaşlı kişinin ya da çiftin kendine ihtiyaç duyulduğunu hissetmesini sağlayabilir.

Eğer hastaneden eve geldikten sonra, etrafınızda deneyimli bir büyükanne bulunmadığı için üzülüyorsanız, o zaman bir bebek bakıcısı tutmayı düşünün.

BEBEK BAKICISI TUTMAK

"Bazı arkadaşlarım, bebekleri doğduktan sonra bir bebek bakıcısı tuttular. Acaba benim de ihtiyacım olur mu?"

Uzun yıllar boyunca, bebek bakıcıları toplumun üst sınıfları için vazgeçilmez kişilerdi; bir bebek bakıcısı tutmak için yeterli parası olan yeni bir anne, daha sonra onsuz yapamayacağını düşünmekteydi. Günümüzde, kraliyet ailesine mensup kişiler bile, çocuklarının altını değiştiriyor ve besliyor (daha farklı işler için dadılar tutulmasına karşın) ve bebek bakıcısı tutmak için yeterli parası olan birçok yeni anne ise bunu istemiyor.

Eğer bütçenizde bir bebek bakıcısı için yeterli para varsa, tutup tutmayacağınıza karar vermeden önce diğer birçok faktörü düşünmeniz gerekecek. İşte size bir bebek bakıcısı tutmanız için bazı nedenler:

- Bebek bakımı konusunda sizi eğitecek birisinin olması. Eğer deneyiminiz yoksa ya da bir annelik kursuna katılmamışsanız ve bu işi bebeğiniz üzerinde yapacağınız hatalarla öğrenmek istemiyorsanız, iyi bir bebek bakıcısı size bebeğinizi yıkama, gaz çıkartma, altını değiştirme ve hatta emzirme konusunda gerekli temel bilgileri verebilecektir. Eğer bir bebek bakıcısı tutma nedeniniz buysa, sizin öğrenme isteği duyduğunuz kadar onun da öğretme isteği duyduğundan emin olmalısınız. Bazı bebek bakıcıları omuzlarının üzerinden kendilerini gözetleyen deneyimsiz anneleri tolere edemezler; diktatör bir kişiliğe sahip olan bir bebek bakıcısı ise, işten ayrılırken sizi deneyimsiz ve bilgisiz olarak bırakabilir.

- Gece yarısı bebeğinizi beslemeye kalkmamak için. Eğer bebeğinizi biberonla besliyorsanız ve en azından doğumdan sonraki yorgun olduğunuz ilk haftalarda gece rahat uyumak istiyorsanız, günde 24 saat ya da yalnızca geceleri çalışacak bir bebek bakıcısı bu sorumluluğu alabilir. (Bu işi ayrıca, iyi niyetli bir baba ya da büyükanne-büyükbaba da yapabilir.)

- Büyük çocuğunuza daha fazla zaman ayırabilmek. Bazı kadınlar, yeni bir bebeğin doğumuyla sıklıkla kıskançlık krizleri geçiren büyük çocuklarını kontrol edebilmek ve onlarla daha çok birlikte olabilmek amacıyla bir bebek bakıcısı tutarlar. Bu nedenle tutulacak bir bebek bakıcısı, günde birkaç saat, sizin büyük çocuğunuzla olmak istediğiniz zamanlarda çalışabilir. Eğer bu, bir bebek bakıcısı tutmak istemenizin en büyük nedeniyse, bilmelisiniz ki, bir bebek bakıcısının varlığı, yalnızca, büyük kardeşin kıskançlık duygularının ortaya çıkmasını erteleyecek; bebek bakıcısı işten ayrıldığında ve annenin işi iki katına çıktığında çocuğunuz büyük bir gerçek şok yaşayacaktır. Kardeşlerin yaşadığı problemlerle baş edebilmekle ilgili olarak sayfa 550'ye bakınız.

• Sezaryen ya da zor bir vajinal doğumdan sonra, kendinize, eski sağlığınızı yeniden kazanma şansı vermek. Büyük olasılıkla, zor bir zaman geçireceğinizi önceden bilmiyordunuz. Bu durumda, size yol göstermesi için bir bebek bakıcısı tutmanız hiç de kötü bir fikir değildir. Bildiğiniz bir iki bakıcı varsa ya da en azından bir ajansla konuşmuşsanız, doğumunuzdan hemen sonra gelmesi için çağırın; böylelikle siz daha eve gelmeden bir yardımcı tutmuş olacaksınız.

Aşağıdaki durumlarda, bir bebek bakıcısı tutmak, doğumdan sonraki problemleriniz için iyi bir çözüm olmayacaktır:

• Emziriyorsunuz. Bir bebek bakıcısı (sütanne değilse), meme emen bir bebeği emziremez. Besleme, bebek bakımında en fazla zaman alan işlerden biri olduğu için, bu durumda, bir bebek bakıcısının size pek fazla bir yardımı olamayacaktır. Emziren bir annenin, eğer bulabilirse, ev işlerine -yemek pişirme, temizlik, alışveriş ve çamaşır yıkama- yardımcı olabilecek ve ayrıca emzirme konusunda kendisine yol gösterebilecek birini tutması daha akıllıca olacaktır.

• Evinizde bir yabancı ile birlikte yaşamaktan rahatsız oluyorsunuz. Eğer ailenizden olmayan birisiyle, banyonuzu, mutfağınızı ve masanızı 24 saat boyunca paylaşmak size zor geliyorsa, sürekli sizinle kalan bir bakıcı yerine part-time birini tutun ya da aşağıdaki yardım şekillerinden birini seçin.

• Kendi kendinize yapmak istiyorsunuz. Eğer bebeğinizin ilk banyosunu yaptıran, ilk gülümsemesini (bazıları bilinçsizce gülüyor dese de) yakalayan ve ilk ağlama nöbetinde (saat sabah 2'de de olsa) onu yatıştıran tek kişi olmak istiyorsanız, bir bebek bakıcısı tutmayın. Bebeğinizle daha fazla eğlenmek için, ev işlerine yardımcı olacak birini tutun.

• Babanın da bu işi yapmasını istiyorsunuz. Eğer, siz ve kocanız bebeğinizin bakımını paylaşmak istiyorsanız, bir bakıcıya gerek kalmayacaktır. Bakıcı, hâlâ, annelerin bazı hakları olduğunu düşünüyor olabilir ve belki de sigara içmekten başka bir şey yapmayan babalara alışık değildir. Ve bunun böyle devam etmesini istiyor olabilir. Eğer sizinle ve kocanızla bebeğinizin bakımını paylaşmak istiyorsa, ona yapacak fazla bir şey kalmayacaktır -daha çok temizlik işlerine yardım ettiği için ödediğiniz parayı biriktirmek dışında.

Eğer bir bebek bakıcısı tutmanın sizin için doğru olduğuna karar vermişseniz, böyle birini bulmanın en iyi yolu, daha önce bakıcı tutmuş arkadaşlarınıza önerecekleri birini sormaktır. Aradığınız kişinin, istediğiniz özelliklere sahip olduğundan ve yeterliliğinden emin olmalısınız. Bazıları yemek pişirirken, bazıları pişirmez. Bazıları basit ev işlerini yapar ve çamaşır yıkarken, bazıları bunları yapmaz. Bazıları kibar ve anaçtır; sahip olduğunuz annelik yeteneğinin gelişmesine yardımcı olarak sizi kendinize olan güveniniz artmış bir halde bırakırlar. Buna karşın, bazıları ise soğuk ve diktatör bir kişiliğe sahiptir ve işten ayrıldıklarında kendinizi tamamen yetersiz hissedersiniz. Birçoğu diplomalı bakıcılardır; bazıları ayrıca, özel olarak, bebek bakımı ile birlikte annenin bakımı, anne-çocuk ilişkisi, emzirme eğitimi ve çocuk bakımı ile ilgili temel konular üzerinde eğitilmiştir. Kişisel izlenimleriniz kesinlikle çok önemlidir; çünkü yabancı bir kişinin yanında kendinizi rahat hissedip hissetmeyeceğinizi bilmenin tek yolu budur. Bununla birlikte, iyi referanslar (kontrol edin) kesinlikle gereklidir. Bir ajanstan bulunan bir bakıcı ile sözleşme yapılmalıdır. Ayrıca önemli olan bir nokta da; bakıcının -ya da bebeğinizle temasta bulunacak, tuttuğunuz herhangi bir kişinin- tüberküloz yönünden araştırılmış olmasıdır.

DİĞER YARDIM KAYNAKLARI

"Gelirim ortadan kalktığı için, bir bebek bakıcısı tutamıyoruz. Sezaryene ihtiyacım olabilir -bebeğim ayak gelişi- ve yardımsız yapıp yapamayacağımı merak ediyorum."

Yeterli paranız olmadığı için bir bebek bakıcısı tutamamanız -ya da tutmak istememenizyalnız olacağınız anlamına gelmez. Birçok kadın diğer yardım şekillerine güvenir. Siz de, olasılıklardan en az birini bulabilirsiniz:

Yeni baba. Eğer kocanız iş programını ayarlayabilirse, ilk hafta ya da daha uzun bir süre sizinle birlikte olabilir ve büyük olasılıkla bebeğinizle ilgili olarak en iyi yardımcınız da odur. Dışarıdan yardım ve bilgi alsanız da almasanız da, her ikiniz de, başka hiçbir şekilde edinemeyeceğiniz, bebeğiniz ve bebek bakımı ile ilgili çok fazla şey öğreneceksiniz. Bu iş için deneyime gerek yoktur; ikiniz de çok hızlı bir şekilde bunu öğreneceksiniz. Eğer hastanenizde varsa, bir bebek-bakımı eğitimi alın ve bebeğiniz doğmadan önce bazı temel bilgileri edinmek için bir ya da iki tane bebek-bakımı kitabı okuyun -ve bilgi edinmek ve kafanızdaki boşlukları doldurmak için ailenize, arkadaşlarınıza, bebeğinizin doktoruna, hastanedeki çocuk uzmanına, *La Leche* ve diğer yardım alabileceğiniz kaynaklara başvurmaktan çekinmeyin-.

Bir büyükanne. Eğer çevrenizde olmasından rahatsızlık duymayacağınız bir anneniz ya da kayınvalideniz varsa, ilk haftalarda sizinle kalması da iyi bir çözüm olabilir. Büyükannelerin yüzlerce faydası vardır: ağlayan bir bebeği sallayabilirler; yemek pişirebilirler; çamaşır yıkayıp ütüleyebilirler; alışverişe çıkarlar ve daha birçok şeyi yapabilirler. Bu çeşit bir anlaşma, eğer iyi ilişkileriniz varsa çok iyi yürüyebilir. Elbette, büyükannenin çok meşgul bir yaşamı olabilir ve bebek bezi değiştirmekle ilgilenmeyebilir.

Derin dondurucunuz. Yorulduğunuz zaman bebeğinizi dondurucuya koyamazsınız, ama eğer gebeliğinizin son haftalarında çalışmıyorsanız ve yiyecek bir şeyler hazırlamışsanız, onları dondurucudan çıkarabilirsiniz. Böylelikle, daha çok boş zamanınız olacaktır. Birkaç tane besleyici yemek, biraz tavuk kızartması ve yeniden ısıtılabilir ya da hazır bir makarna sosu ile ailenize bir akşam yemeği ziyafeti vermenin keyfini yaşayacaksınız -böylece bebeğinizi beslemeye daha fazla konsantre olabilirsiniz (bir süre için bunu tam günlük bir iş olarak görebilirsiniz). Ayrıca, buzdolabınızda dondurulmuş sebzeler bulundurmak konusunda tereddüt etmeyin; hazırlamanız çok kısa sürer ve en az taze sebzeler kadar besleyicidir.

Hazır yiyecekler. Bu yoğun doğum sonrası günlerinde, eğer yemek hazırlamak için zamanınız ya da fırsatınız yoksa, yemek pişirmemek için hâlâ bir şansınız var. Hemen hemen her yerde, bir ya da daha fazla sayıda, ısıtmaya ve yemeye hazır, içinde et, tavuk, ara sıra balık bulunan, -ve daha sıklıkla, yalnızca bir çatal ve iştah gerektiren taze salatalar- hazır kaplarda yiyeceklerin satıldığı yerler bulunmaktadır. Fakat *fast-food* türü yiyecekleri çok sık almayın. Çünkü besleyici özellikleri düşüktür ve fazla miktarda yağ ve sodyum içerirler.[3]

Ve elbette, pizzacı (en iyi beslenme için tabanı tamamen buğday olanını almaya çalışın), Çin restoranı (eğer varsa kahverengi pirinç isteyin) ve küçük salata barları (genellikle yüksek oranda yağ içeren soslarla süslenmiş, taze sebzeleri tercih edin ve fazla sülfit kullanan yerlerden uzak durun). Soğuk tahıl ürünleri, konserve tonbalığı ve alabalık, düşük oranda yağ içeren peynir, yoğurt, tahıllı ekmek ve taze meyveler sizi yemek pişirme ve hazırlama derdinden kurtarır.[4]

Kâğıt kaplar. Nerede hazırlanmış olursa olsun, ister sizin mutfağınızda isterse de lokantada, yemek yendikten sonra bulaşık yıkanması gerekmektedir -eğer kâğıt tabaklar, plastik çatal, bıçak ve atılabilir bardaklar kullanmıyorsanız-. Bu atılabilir eşyalar, ayrıca, bebeğinizi görmeye gelen misafirlerinize de hazır yiyecek ser-

3. Birçok fast-food kuruluşu istek üzerine sizin için beslenme bilgisi sağlayabilmektedir; bunları rehber olarak kullanın. Genellikle, taze sebzeler, ızgarada pişmiş et, tavuk, balık ya da pizzayı tercih edin ve yağda kızarmış yiyeceklerden, beyaz ekmekten, yüksek sodyum ve yağ içeren diğer yiyeceklerden ve tatlılardan uzak durun.

4. Ton balığı ve peynir gibi birçok hazır yiyecekte yüksek oranlarda sodyum bulunur, mümkün oldukça düşük sodyumlu seçenekleri tercih ediniz.

visi yapmanıza yardımcı olacaktır. (Bununla birlikte, eğer doğum sonrası döneminizi iyi geçirmek istiyorsanız, bu tür eğlenceleri kısa tutun)

Temizlik yardımı. Birçok yeni annenin memnuniyetle yapmayı bırakacağı bir iş varsa, o da temizliktir. Kesinlikle yapmayın. Elektrik süpürgesi ile evi süpürebilecek, toz alabilecek, yerleri silebilecek ve banyoyu ovabilecek herhangi birini -bir temizlik şirketi, temizlikçi; daha önce çalıştırdığınız ya da yeni biri- bulun. Böylelikle bebeğinize, kocanıza, büyük çocuklarınıza ve kendinize ayırabileceğiniz daha fazla zamanınız ve enerjiniz olacaktır. Bu, bebeğinin bakımının büyük çoğunluğunu kendisi (ya da kocasıyla birlikte) yapmak isteyen ama aynı zamanda bir "süperkadın" olarak bitkin hale düşüp hastaneye geri dönmek istemeyen bir kadın için en iyi yoldur.

Unutmayın ki, yardım alsanız da, özellikle de almadığınız zaman, bu ilk haftalarda kaçınılmaz olarak yapılamayan bazı işler olacaktır. Herkes toksa ve siz dinlenebiliyorsanız endişelenmeyin ve buna alışın. Evinizde bir miktar iş doğal olarak birikse de, çocuklarla yaşamanın her zaman için çözümlenemeyen bazı sonuçları vardır.

SÜNNET

"Bugünlerde sünnetin rutin olarak yapıldığını düşünüyorum. Ama çocuk doktorum bana bunun gerçekten gerekli olmadığını söyledi."

Sünnet, büyük olasılıkla, hâlâ uygulanan en eski tıbbi işlemdir. Uygulandığına dair bilinen en eski tarihi kayıt Eski Ahit'te, Abraham'ın Isaac'ı sünnet etmesidir. Bunun kökeni zaman içinde kaybolmuştur ama muhtemelen metal gereçlerin kullanıldığı çağlardan öncesine kadar uzanmaktadır. Sünnet, Müslümanlar ve Yahudiler tarafından Tanrı'yla olan ilişkilerinin bir işareti olarak yapılmaya başlanmışsa da, on dokuzuncu yüzyılın sonlarında ABD'de de oldukça yaygın bir duruma gelmiştir. Buna neden olan teori, penisin başındaki derinin alınmasının penisi daha az duyarlı hale getireceği (getirmez) ve böylelikle mastürbasyon yapmanın daha az zevk vereceğidir (öyle olmamıştır). Daha sonraki yıllarda, sünnetin rutin olarak yapılmasıyla ilgili birçok tıbbi gerekçe ortaya konmuştur -bunların arasında epilepsiyi, frengiyi, astımı, kalakıl hastalıklarını ve tüberkülozu engelleyebileceği ya da tedavi edebileceği yer almaktadır-. Görünüşte bunlardan hiçbirini yapmamaktadır.

Sünnet, penisin enfeksiyon riskini azaltır. Fakat derinin altında bulunan bölgeyi temizlerken dikkatli olunmalıdır. Ayrıca, Fimozis -sünnet derisi ağzının dar ve gergin olduğu, çocuk büyüdükçe penisin dışarı çıkmasının engellendiği durum- riskini ortadan kaldırır. Fimozis çok ağrılı olabilir ve bazen ereksiyonu engeller. Sünnet olmamış erkek çocukların % 5-10'unun, bebeklik çağından sonra enfeksiyon, fimozis ya da diğer problemler nedeniyle sünnet edilmelerinin gerektiği tespit edilmiştir.

Yakın zamanlara kadar, birçok tıp grubu, yeni doğmuş bir bebeği cerrahi bir operasyona -çok küçük de olsa- maruz bırakmayı gerektirecek hiçbir "mutlak tıbbi endikasyonun" bulunmadığını savunmaktaydı. Fakat 1989'da, Amerikan Pediatri Akademisi (AAP), mevcut olan tüm verileri değerlendirerek, bu işlemin tıbbi faydaları ve avantajları olduğunu tespit etti. Bu kararda, sünnet olmuş bebeklerle sünnet olmamışların karşılaştırıldığı yeni çalışmalar esas alındı. Bu çalışmalarda, sünnet olmamış erkek çocukların, sünnet olmuşlardan 10 kat fazla üriner sistem enfeksiyonu riski taşıdığı ve bu enfeksiyonların hastaneye yatmayı gerektirecek kadar ağır olabileceği belirtilmekteydi. Çalışmaların penis kanseri (büyük olasılıkla insan papillomavirus enfeksiyonlarının yüksek oranda olması nedeniyle) ve AIDS de dahil olmak üzere cinsel yolla bulaşan hastalıklarla (daha az kesinlikte) bağlantı gösterdiğini tespit ettiler.

AAP, anne-babalara çocuklarını sünnet ettirme konusunda, çocuklarının doktorlarıyla bağlantı kurup, bu işlemle ilgili estetik, sosyal, kültürel ve dini faktörlerin faydaları ve risklerini göz önünde bulundurarak karar vermelerini önermektedir.

Günümüzde, ABD' deki erkek çocukların yarısından fazlası sünnetlidir. Bu oran 1980'lerin başındakinden yaklaşık %80 daha fazladır. Anne-babaların çocuklarını sünnet ettirmesinde, "yapılmasının gerektiğini hissetmeleri"ne ek olarak, etkili olan en yaygın nedenler şunlardır :

• Dini görüşler. İncil'de de belirtildiği gibi, Müslümanlar ve Yahudilerin dini kuralları yeni doğan bir bebeğin sünnet ettirilmesini gerektirmektedir.

• Temizlik. Sünnet edilmiş bir penisi temiz tutmak daha kolaydır. Dolayısıyla, temizlik, ABD'de sünnetin en başta gelen nedenlerinden birisidir.

• Dışlanma sendromu. Çocuklarının, kendilerini, arkadaşlarından; babalarından ya da diğer erkek kardeşlerinden farklı hissetmesini istemeyen anne-babalar, genellikle sünneti tercih ederler.

• Görünüş. Penisi saran derinin bir kısmının alınması, çocuklarının daha iyi görünmesini sağlayabilir.

• Sağlık. Enfeksiyon, kanser ya da gelecekte oluşabilecek diğer problemlerin olasılığını azaltma ümidi (daha sonraki olası sünnet de dahil), birçok anne-babanın hemen sünnet yaptırmalarına neden olur.

Birçok anne-babanın sünneti tercih etmeme nedenleri:

• Tıbbi gerekçe olmaması. Birçok anne-baba, yeni doğmuş bir bebeğin vücudunun bir parçasını, iyi bir gerekçe olmadan almayı anlaşılabilir bulmamaktadır.

• Kanama ve enfeksiyon korkusu. Sünnet işlemi, deneyimli bir doktor ya da tıbbi eğitimi olan bir sünnetçi tarafından yapıldığında komplikasyon olasılığı oldukça düşük olmasına karşın, birçok anne-baba bu olasılıktan endişe duyar.

• Acı düşüncesi. Çok kısa bir süre için de olsa, sünnet sırasında bir miktar acı çekildiğine inanılır. (Bu nedenle, sünnet tekniği konusunda deneyimsiz olan birçok doktor lokal anestezik kullanacaktır).

• Çocuğun, babası gibi sünnetsiz olmasının arzulanması. Baba/çocuk benzerliği kompleksinin başka bir versiyonu.

• Çocuğun haklarına duyulan saygı. Bazı anne-babalar, gelecekte bu kararı çocuklarının vermesini isterler.

• Optimal cinsel zevkin alınmasına imkân vermek. Bu konuda bilimsel hiçbir dayanak olmamasına karşın, birçokları hâlâ, sünnetsiz bir penisin daha duyarlı olduğuna inanmaktadırlar.

• Daha az çocuk bezi tahrişi olasığı. Penisi saran derinin bütün olmasının, çocuk bezi döküntüsüne karşı penisi koruyabileceği iddia edilmektedir.

Sünnetin riskleri çok azdır, ama komplikasyonlar ortaya çıkabilir. Riskleri azaltmak için, bu işlemi yapan kişinin deneyimli olduğundan ve eğer bir sünnetçiyse, bu konuda iyi eğitildiğinden ve önerilen bir kişi olduğundan emin olun. Ayrıca, sünnet doğum odasında yapılmamalı; genellikle doğumdan en az 12-24 saat sonra, bebeğiniz stabilize olduğunda yapılmalıdır. Metal bir klamp ile koterizasyon yapılmasına izin vermeyin; bu ciddi yanıklara neden olabilir.

Doğum günü yaklaşmasına karşın, hala sünnet için karar veremediyseniz; 4. Bölüm'deki sünnet bakımını okuyun; bebeğinizin doktoruyla ve aynı şeyleri yaşamış olan arkadaşlarınızla bu konuyu tartışın.

HANGİ BEZİ KULLANMALI?

"Arkadaşlarımın çoğu hazır bez kullanıyorlar ve bu kumaş bezlerden daha iyi gibi görünüyor. Acaba bebeğin sağlığı için de iyi mi?"

Meryem'den bu yana, annelerin bebeğin

hangi bezi kullanacakları önemli bir sorundur. Amerikalı anneler, bebeklerin altını kuru ve rahat tutan parçalanmış, yumuşak sukamışı içine sararlardı.

Şans eseri, 20. yüzyılın son dönemlerindeki anneler, bebeğinin altını bağlamak için en yumuşak ve emici sukamışı kullanmak zorunda kalmayacaklar. Ancak sadece her an bebeğe bağlanmaya hazır olan pek çok kâğıt bez çeşidinden birini seçmelisiniz.

Her bebek ve anne için doğru bez farklı farklı olabilir. Kişisel faktörler bilimsel ve ekonomik olarak önemli rol oynar ve sonuç olarak kâğıt bez çeşitlerinden kazanan olmaz.

Kullanılıp atılan kâğıt bezler: Güven en önemli avantajdır –hiçbir kâğıt bez haftada bir değiştirilmez. Kâğıt bezler zaman ve işten kazanç sağlar, hızlıdır ve bağlaması kolaydır. Yeni çeşitleri daha emicidir ve teorik olarak alerjiye neden olma olasılığı düşüktür; biçimlidirler ve sızıntıya neden olmazlar.

Bütün bu olumlu özelliklerinin yanında bazı dezavantajlarından da söz etmek gerekir: Kâğıt bezler çok fazla idrar emebilirler ve idrar miktarına rağmen kuruluk hissi devam eder, bu nedenle ebeveynler bezi yeterli sıklıkta değiştirmezler. Bezlerin uzun aralıklarla değiştirilmesi de pişiklere neden olabilir. Bunlara ek olarak, bebeklerin altı kuru kaldığından tuvalet alışkanlığı kazandırmak zorlaşmaktadır. Aynı zamanda daha az göz önünde bulundurulabilecek başka bir özellik şudur: Kâğıt bezler doğal ortamda yok olmazlar (biyolojik olarak parçalanmazlar ve doğal olmayan atıklara eklenirler). Bu nedenle güvensizlik yaratmaktadırlar.

Evlere dağıtımı yapılan kumaş bezler. Bebekler için kâğıt ve plastik katkılı bez kullanmak istemeyenler için rahat, steril ve ekolojik olarak tercih edilebilen pamuk bezler özellikle kapınıza kadar haftalık olarak getirilmektedir. Bazı çalışmalarda bu bezlerin daha düşük oranda pişiğe neden olduğu gösterilse de kâğıt bezlerde pişik görülme sıklığı daha düşüktür. Eğer 2-3 yaşlarında pamuk bezler kullanılırsa çocuğu ıslak bez rahatsız ettiğinden tuvalet alışkanlığını kazandırmak daha kolaydır. Bununla birlikte dezavantajları da vardır: Bebeğin altı ıslak olacağından sıklıkla giysiler, annenin üzeri, eşyalar ıslanabilir bu nedenle ayrıca su geçirmeyen iç çamaşırları kullanmak gerekir. Bu iç çamaşırları hava geçirmediğinden ve içi sürekli nemli olduğundan ciltte kızarıklıklara neden olabilir. Yünden ya da pamuktan yapılan hava geçiren iç çamaşırları (bazen havalı ya da köpük ile doldurulmuş emici olanlar) bu sorunu ortadan kaldırabilir. Bez değişiklikleri (uygun kumaş bezler ya da Velcro kapanmalı bez tutucuları kullanılmadığında) iliştirmek için uğraşmak ve ayrı ayrı çamaşırlar özellikle bebeğin hareketlerinin profesyonelleşmeye başladığında kumaş bezlerin kullanımında ortaya çıkan önemli sorunlardır. Emiciliği belirli sınırlarda olduğundan geceleri ve gün boyunca fazla idrar yapan bebekler için genellikle çift katlı bez gerekir, idrarın ön kısımda biriktiği erkek bebekleri için kâğıt beze gereksinim duyabilir. Ayrıca kirli bezlerin evden dışarı taşınması için plastik çantalar gerekir ve kirli bezlerin kokusuz olması beklenemez.

Evde yıkanan kumaş bezler. Diğer iki seçenekle karşılaştırıldığında bu bezler kesinlikle kaybetmişlerdir. Çünkü yeterince temizlenemezler ve çalışmalara göre evde yıkanan kumaş bez bebek bezi döküntülerine en çok neden olan bezdir. Diğer kumaş bezler gibi her zaman suyu geçirmeyen iç çamaşırları ile kullanılır, bu durum bez bölgesinin tahriş olmasına neden olur. Bununla birlikte, diğer kumaş bezler gibi, ekolojik olarak kâğıt bezlerden daha iyidir, aynı zamanda benzer dezavantajları taşımaktadır. Maliyet açısından, sabun, su ve toz kullanımı düşünüldüğünde diğer bez türleri ile fiyatları benzerdir. Buna ek olarak, yıkamak, kurutmak bağlamak açısından düşünüldüğünde ise kumaş bezler daha fazla zaman ve emek gerektirir.

Bazı ebeveynler bebek zamanının çoğunu evde geçireceğinden ilk birkaç ay için kumaş bezleri tercih eder, daha sonra kâğıt bez kullanırlar. Başlangıçta sıklıkla kâğıt bezleri (kuru kalması nedeni ile bebeğin kendini uzun süre rahat hissetmesini sağlar ve daha rahat uyur) dışarı çıkarken bazen de gece için kullanırlar.

Hangi bezi kullanırsanız kullanın, bebeğinizin bir süre sonra bebek bezi döküntüleri olacaktır. Bu süre sizin seçiminizin hassasiyetine bağlıdır. Eğer bebek bezi döküntüleri oluşursa, bu durumla savaşmayın ve kullandığınız bezi değiştirin. Başka bir bez deneyin (kumaş bezden kâğıt beze geçin ya da tam tersi) ya da başka bir marka deneyin. Aynı zamanda sayfa 157'deki bebek bezi döküntüleri ile ilgili önerileri okuyun.

SİGARAYI BIRAKMAK

"Gebeliğin ilk birkaç ayı dışında, sigara içemedim çünkü midem bulandı, eşim de ben de asla sigarayı bırakamadık. Bebeğin etrafında sigara içilmesi bebeği ne kadar etkiler?"

Bebeğinize güzel kıyafetler alsanız da, oyuncak bölümünde savurganlık yapsanız da sigarasız bir ortamda büyüme şansından daha büyük bir armağan veremezsiniz. Ebeveynlerin sigara içmesi ile bebeğin ilk yılında solunum hastalıklarına (soğuk algınlığı, nezle, bronşit, astım) ya da orta kulak iltihabına yakalanma olasılığı arasında ilişki vardır ve akciğer kapasitesi ile akciğer fonksiyonları düşüktür. Sigara içenlerin çocukları içmeyenlerin çocuklarına oranla daha sık hastalanmakla kalmazlar, aynı zamanda hastalıkları daha uzun sürer. Ayrıca yaşamlarının ilk üç yılında hastaneye yatırılma oranları daha yüksektir. Evde ne kadar çok kişi sigara içerse olumsuz etkiler o oranda artar, çünkü çocuğun kanındaki kotinin (nikotin metabolizması ürünü) oranı evde kaç kişinin sigara içtiği ile doğrudan ilişkilidir.

Sigara içen ebeveynlerin bebeklerinde kolik tarzı ağlamalar (günde iki üç saatten fazla ağlayan bebek) daha sık görülür. Ancak bu durumun nedeni henüz belirlenmemiştir.

Belki de en kötüsü, sigara içenlerin çocukları sigara içmeyen ailelerin çocuklarına göre daha genç yaşlarda sigara içmeye başlarlar. Bu nedenle gebelik döneminde sigarayı bırakmak çocuğu yalnızca çocukluk çağında korumaz, aynı zamanda daha sonraki yaşamında sigara içme olasılığını azaltır ve daha uzun yaşamasını sağlar.

Şu ana kadar sigarayı bırakmadıysanız bundan sonra kolay olmayacaktır. Herhangi bir madde bağımlılığında olduğu gibi vücudunuz ve aklınız size karşı koyacaktır. Eğer savaşmak istiyorsanız -kendinizin ve bebeğinizin sağlığı için-kazanabilirsiniz. Bunu başarmak için en iyi zaman bebeğinizin doğumundan öncesidir. Doğumdan önce sigarayı bırakmak doğum sırasında çocuğunuza sağlanan oksijeni artıracaktır ve bebeğiniz hastaneden temiz, nefes alınabilir bir eve gelecektir. Eğer bebeğinizi emziriyorsanız sütünüz nikotinsiz olacaktır. Halen daha gebeliğinizin ilk aylarındaysanız, sigarayı bırakmak aynı zamanda prematüre doğum ve düşük doğum ağırlıklı bebek riskini azaltacaktır.

Sigarayı bırakmak için çeşitli yöntemler vardır. Bazıları (örneğin; nikotin sakızları) gebe bir kadın için kesinlikle uygun değildir. İdeal olanı gebe kadınlar için düzenlenmiş olanlarıdır. Amerikan Akciğer Birliği'nden yardım sağlanabilir. Birliğin "Bebeğiniz ve sizin için sigaradan kurtuluş", "Yirmi günde sigaradan kurtulmak", "Yaşam boyu sigaradan kurtulmak" gibi broşürleri ve uygulama programları vardır.

BEBEĞE İSİM KOYMAK

"İsmimden dolayı her zaman mutsuz oluyorum. Oğlumuzun seçtiğimiz isimden dolayı mutlu olacağını nasıl bilebiliriz?"

İsim nedir? Yenidoğan bir bebek için çok fazla bir anlamı yoktur. Beslersiniz, altını değiştirirsiniz, rahat ve güvende hissettirirsiniz ve ona "Rover" (serseri) diyebilirsiniz. Bununla birlikte dışarıdaki yaşam, arkadaşları, sizin ve ailenin yerinizi almaya başladığında, (genellikle ilkokul dönemlerinde) çocukta sizin seçtiğiniz ismine karşı antipati doğabilir. Bu döneme kadar bebeğin sizin seçtiğiniz ismi yaşamı boyunca beğeneceğine dair hiçbir garanti yoktur. Dikkatli ve hassas bir seçim ileride sorun çıkma olasılığını azaltabilir.

- Siz ve eşinizin ismi beğendiğinizden emin olun -duyumu ve görüntüsü, ve taşıdığı anlam açısından. Kendinize "Eğer bu benim ismim olsaydı hoşuma gider miydi?" diye sorun.

- Anlamlı bir isim seçin -ailenin sevilen bir

üyesinin ismi, sevilen tarihi ya da önemli bir isim, edebiyatta sevilen bir karakterin ismi ya da önemli bir olayla ilgili bir ismi verebilirsiniz. Böyle bir isim çocuğa ait olma hissi verir ve kendisini ailenin ya da büyük bir dünyanın bir bireyi olarak tanımlar.

• Uygun bir isim seçin -bebeğiniz için uygun görünen isim. Örneğin, Melanie, karanlık ya da siyah anlamındadır; dolayısıyla siyah, güzel bir bebeğe bu isim verilebilir; "savaşçı" anlamında olan Dustin ismi zor bir doğum ile dünyaya gelen bir erkek bebeğe uygun olabilir. Ya da sizin bebek için isteklerinizi ve kalitesini simgeleyen Faith, Constance ya da Isaac gibi "bebeğin güleceği" anlamına gelen isimler verilebilir. Joy, gibi ya da "Tanrı'nın büyük armağanı" anlamında olan Ian gibi doğumla ilgili düşüncelerinizi belirten isimler seçilebilir. Bu tür isimler çocuğun kendini özel hissetmesini sağlar -ancak seçim genellikle çocuk doğana kadar beklemek zorundadır.

• İsim diğerleri tarafından nasıl algılanmaktadır? Mecazi bir anlamı olabilir mi? Fonetik olarak günün birinde çocuğu utandıracak bir anlama gelebilir mi? İsmin ve soyadın baş harflerini kontrol etmelisiniz; ismin söylenişi çocuğunuz alay konusu edecek bir şeye benziyor mu? Lakaplar için düşündünüz mü? Çocukça saldırıları başlatabilir mi? Eğer etnik bir isim seçerseniz, bu isim çocuğun yaşadığı çevrede, okulda başka anlamlara gelebilir mi? (Eğer çok rastlanmayan bir etnik isim seçerseniz, çocuğunuzun günün birinde yaşadığı dildeki anlamı ile bu ismi değiştirebileceğinden emin olmalısınız.)

• İkinci bir isim de verirseniz çocuğunuz eğer birinden mutlu olmazsa diğerini kullanabilir.

• Yazılması ve söylenmesi kolay bir isim seçin. Öğretmenin sürekli yanlış telaffuz ettiği, sürekli yanlış yazılan bir isim çocuğunuzun mutsuz olmasına neden olabilir.

• Bir akımı temsil eden ya da politik bir isim seçmekten kaçının. Çocuğunuza o yılların en çok duyulan (bir televizyon filminden ya da politikacılardan olan ünlü isimlerden) isimlerini vermeyin. Bu ismin modası geçtiğinden çocuk için herhangi bir anlamı kalmayabilir ve çocuğu rahatsız edebilir.

• Kısaltmadan çok gerçek bir isim kullanın (Rick yerine Richard, Liz yerine Elizabeth gibi). Kısaltma ismi çocukluk döneminin bitmesine yakın bir zamanda kullanabilirsiniz. Ancak çocuğunuz erişkin döneme doğru adım attığında değiştirmesine izin verin.

• Eğer çocuğunuzun sınıfındaki altıncı Jason'lardan ya da Jennifer'lardan biri olmasını istemiyorsanız o yıllarda çok verilen isimlerden kaçının. Pek çok gazete o sıralardaki sevilen isimlerden oluşan ekler verebilirler, böylece kontrol edebilirsiniz ya da gazetelerin kütüphanelerini arayabilirsiniz. Doğum ilanlarında verilen isimleri kontrol edin ya da bir oyun alanına gidin ve annelerin çocuklarına nasıl seslendiklerini dinleyin.

• Ailedekilerin duygularına önem verin, ancak ağırlıklarını koymalarına izin vermeyin. Eğer sizin sevmediğiniz bir geleneksel aile ismi varsa, bu ismi ikinci isim yapmaya çalışın, ya da bu ismin size daha hoş gelen eşanlamlısı bir ismi seçin. İyi bir isimler kitabı size yardımcı olabilir. Ve unutmayın ki hangi ismi seçerseniz seçin, beğenmeseler de, aileniz ve büyükanneleriniz bebeği seveceklerdir.

• İsmin ve soyadın birbirine uyumlu olmasına dikkat edin. İyi genel bir kural: Uzun bir isimle kısa bir soyadı oldukça uygun olur (Susannah Jones) ve tam tersi (James Janofsky), bununla birlikte iki heceli bir isim iki heceli bir soyadıyla uyum gösterebilir.

AİLENİN EVCİL HAYVANINI BEBEK İÇİN HAZIRLAMAK

"Köpeğimiz, benim sevgimi ısrarlı bir bi-

çimde kıskanıyor –ne zaman kucaklaşsak eşimle benim aramıza girmeye çalışıyor. Yeni bebeğe karşı nasıl bir tepki göstereceği konusunda kaygılarım var."

Ailenin bir bebeği olduğunda, o ana dek bebek gibi davranılmış bir köpeğin rol değiştirerek "köpek" gibi davranması zordur. Ama, hastaneden eve geldiğinizde "tehdit eden" yeni insan tarafından kalbinizdeki – ve muhtemelen yatağınızdaki yeri de – alındıktan sonra, köpeğin yapması gereken şey budur. Başlangıçta ortalıkta üzgün bir biçimde dolaşması kaçınılmaz olsa da, siz aşırı kıskançlığı ve agresif tepkileri engellemek için yapabileceğiniz her şeyi yapmak isteyeceksiniz. Şimdiden başlayın.

• Siz daha önce böyle bir gereklilik olduğunu hissetmemiş olsaniz bile; eğer eğitim almadıysa, köpeğinizi bir uyumluluk eğitimi programına veriniz. Neşelilik ve aşırı duygusallık, çocuksuz bir evde problem olmazken, çocuklu bir evde sorun olabilir. Özellikle, bebeğin davranışları kabul edilebilir ve tahmin edilebilir olmayacağı için, köpeğinkiler olmalıdır. Uyumluluk programı, köpeğinizin ruhunu almayacaktır ancak onu daha dengeli ve bebeğinize daha az zarar vermeye eğilimli hale getirecektir.

• Eğer yapabiliyorsanız, köpeğinizi bebeklere alışkın hale getirin. Eve bebekli arkadaşlarınızı davet edin veya parkta bir bebeği koklamasına izin verin (eğer bebeğin ailesi de isterse) veya 2-3 yaşındaki çocuklar tarafından sevilmesini söyleyin, böylece çocukların hareketlerine alışsın.

• Köpeğinizi evde bir bebekle yaşamaya alıştırın. Eğitimde bebek büyüklüğünde bir oyuncak bebek kullanın (sizin için de yardımcı olacaktır). Köşeye köpek için rahat bir yatak hazırlayın – uyum için sevdiği yastığı ve battaniyeyi kullanın. Köpeğinizin yeni yatağındaki her şey yıkanabilir olmalı çünkü bebeğiniz emeklemeye başladığında bebeğinizi köpeğin yatağında uyumuş bulabilirsiniz.

• Köpeğinizi tam bir tıbbi kontrole götürün. Köpeğinizin kuduz aşılarının tam olduğundan ve bit ve piresiz (ancak bebeğinize zararlı olup olmadığını bilmediğiniz bir pire tasması kullanmayın) olduğundan emin olun.

• Eğer evde yeni yavrular varsa, parazitleri olmadığından emin olun çünkü parazitler toprağa karışır ve yıllarca bebek ve çocuk için tehlikeli olabilir.

• Eğer bebeğinizin ayrı bir odası olacaksa, siz odanın dışında iken köpeğinizin oraya girmemesi için onu eğitin. Girişi engelleyen bir kapı istenmeyen bir girişimi önleyebilir. Eğer bebeğinizin karyolası sizin odanızda olacaksa ya da oturma odasının bir köşesine yerleştirilecekse bebeğin karyoladan düşmesine neden olabileceğinden, karyolanın altına girmemesi için köpeğinizi eğitin.

• Eğer köpeğin yiyecekleri bebeğin kolayca ulaşabileceği bir yerde ise köpekler yemeklerine dokunulmasından hoşlanmayacakları için mamaları kilere, garaja ya da bebeğin ulaşamayacağı bir yere kaldırın. Eğer küçük bir apartman dairesinde yaşıyorsanız, köpeğinizi geç saatlerde yemek yeme eğitimine gönderin ve yemeğini gün içerisinde ortadan kaldırın. Köpek dışarıda iken bile yemeğini ortadan kaldırın, çünkü bu yiyeceklerin tatları yalnızca köpekler için değil bebekler için de güzel olabilir. Eğer yerleri sık sık silmekten hoşlanmıyorsanız, köpeğinizin su kabını dökülmeyen kaplardan seçin.

• Doğumdan sonra, ancak siz halen hastanede iken eşiniz bebeğinizin yıkanmamış bir giysisini getirmeli ve köpeğe koklatmalı böylece köpek bebeğin kokusuna alışır. Eve geldiğinizde, eşiniz bebeği tutarken siz de köpeği sevin. Köpeğinizin merakını gidermek için bebeği koklamasına izin verin –kimin kundaklanacağını ve başının ve yüzünün sizin ellerinizle korunacağını anlamalıdır. Bebeğiniz yatağına yattığında, köpek için önemli bir tehdit ortaya çıkar ve köpek onunla çok az süre ile birlikte olacağını bilmelidir.

• Bebeğinize karşı şefkatli olun, doğal olarak, ancak köpeğinizden fazla korunur hale gelmeyin. Bu davranış köpeği yalnızca kıskanç ve güvensiz hale getirir. Bunun yerine, siz bir insan ile birlikte olacağınızdan (gerçek olarak başka bir düzeyde) köpeğinizi ailenin bu yeni ferdi ile birlikte olmaya alıştırın ve köpeğinize halen ailenin sevilen bir üyesi olduğunu hissettirin. Bebeğinize bakarken köpeğinizi sevin, bebeğinizi gezdirirken köpeğinizi de yürüyüşe çıkarın, sizinle birlikte bebeğin odasına girmesine izin verin. Her gün en azından 5 dakikanızı yalnızca köpeğinize ayırın. Ancak bebeğinize en ufak bir saldırgan yaklaşım sergilerse köpeğinizi hemen azarlayın.

• Eğer tüm hazırlık çabalarınıza rağmen köpeğiniz yeni gelene karşı saldırganca davranırsa, köpeğinizi bebeğinizden uzak tutun ve davranışlarından ve duygularından emin oluncaya kadar bebeğinize yaklaştırmayın. Unutmayın ki, daha önce hiç ısırmamış bir köpek asla ısırmayacak anlamına gelmez. Eğer köpeğin arka planda olması onun saldırganlığını artırıyorsa, köpeğinize yeni bir ev bulmak için çaba harcayabilirsiniz. (Kısırlaştırmak erkek köpeklerin saldırganlığını azaltabilir.)

"Şimdiye kadar hep bizimle uyuyan erkek kedimiz için endişeleniyorum, bebeği kıskanabilir."

Bebek doğduğunda en cana yakın kediler bile kişilik değişikliği gösterebilirler. Kedilerin de pençeleriyle ve çeneleriyle köpekler kadar bebeğe zarar verme riski olduğundan, ailenin genişlemesine hazır olduklarindan emin olmalısınız. Köpekler hakkındaki yukarıdaki önerilerin pek çoğu kediler için de geçerlidir. Özellikle kedinizin – büyük bir dikkatle – halen ailenin en sevilen bireyi olduğunu bilmesini sağlayın. Kediler genellikle sıcak bir vücuda dayanarak uyumayı sevdiklerinden ve bebeğin yatağının kenarlarından kolayca tırmanabileceklerinden kedinizin bebeğin yatağından uzak durduğundan emin olmalısınız – dostça bir hareket üzücü bir olay ile sonuçlanabilir. Aynı zamanda kedi yavrusunun bebeğin yüzünü ya da yaralı bir yerini yalamasını engelleyin.

BEBEĞİNİZİ EMZİRMEK İÇİN HAZIRLANMAK

"Bir arkadaşım, emzirmeye hazırlanırken sertleştirebilmem için meme uçlarıma masaj yapmam konusunda ısrar ediyor. Bu sizce iyi bir fikir midir?"

Kadınların meme uçları emzirmek için uygundur. Çok az sayıdaki olgu dışında, bu işi daha önce bir hazırlık dönemine ihtiyaç duymadan başarırlar. Aslında, bazı olgularda emzirmek için yapılan hazırlıklar yarar sağlamak yerine zarar verebilir. Örneğin, alkol, ya da tentürdiyot uygulanması meme başını kurutabilir ve çatlamasına neden olabilir. Sabun bile kurumaya neden olabilir ve özellikle gebeliğin son üç ayında ve emzirme döneminden bu tür maddelerin kullanımından kaçınılmalıdır. Meme başlarında fırça kullanımı da zararlıdır, dokularda iritasyona neden olur ve emzirme döneminde çatlamayı kolaylaştırır.

Emzirme dönemi için pek çok annenin meme başı hazırlığı yapmasına gerek yoktur ancak anneler emzirmede başarılı olabilmek için bir şeyler yaptıklarında kendilerini rahat ve mutlu hissederler. Eğer bir şeyler yapma ihtiyacı duyuyorsanız, meme başının içeride olması, geliş-

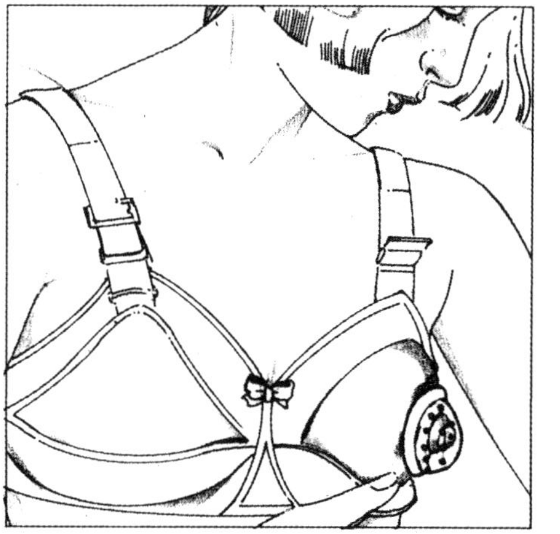

Özel sutyenler; iç çamaşırı mağazalarında ve eczanelerde bulunan hava almayı sağlayan plastik sutyenlerdir.

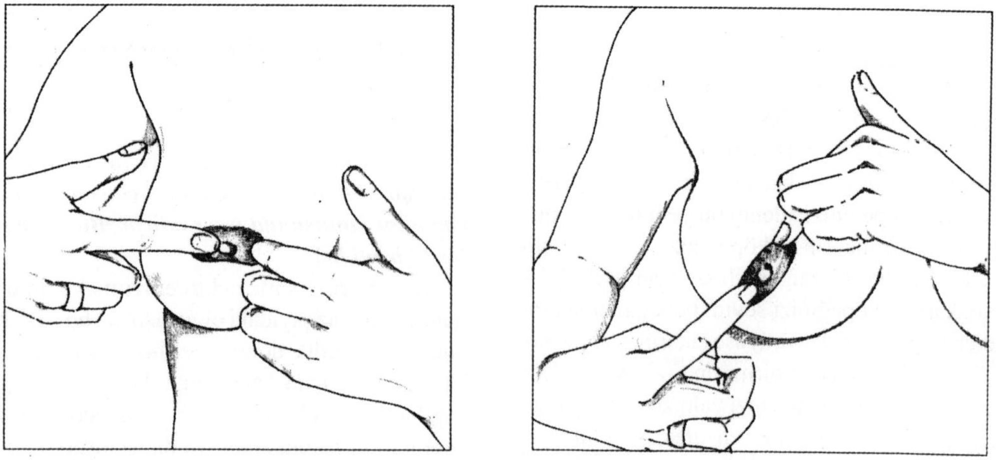

İçeride olan meme başlarını düzeltmek için: Günde birkaç kez işaret parmaklarınızı karşılıklı areola kenarına koyarak meme başını dışarı doğru itin.

memiş meme dokusu gibi herhangi bir anatomik sorun olup olmadığını öğrenmek için doktorunuza muayene olun. Meme başınızın normale dönmesi için özel sutyen (şekle bakınız) giymenizin ya da yumuşak olanların sertleşmesi için masaj yapmanın iyi bir fikir olup olmadığını doktorunuza sorun. Ancak meme başının uyarılması doğumu başlatabileceğinden gebelik döneminde doktorunuzun önerisi olmadan masaj yapmayın.

Doktorunuzun onayıyla, bebeğinizin sert dişetleri için meme başlarınızın hazırlanmasında aşağıdaki işlemlerden herhangi birini yapabilirsiniz (Bu işlemin genellikle gerekli olmadığını tekrar hatırlatalım): Yıkadıktan sonra havluyla yumuşak bir şekilde ovarak, her gün evde bir süre üstsüz dolaşarak memelerin havayla temas etmesini sağlayıp, sarkmaya eğilimli veya büyük değilse sutyen takmadan dışarı çıkarak, meme uçlarının giysilerinize sürtünmesini sağlayarak ya da pencereli bir emzirme sutyeninin içinde günde birkaç kez parmaklarınızla ovarak ve daha sonra meme kremi ile veya A ve D vitaminli merhemler ile, salata yağı veya bebe yağıyla birkaç damla kolostrum gelinceye kadar kayganlaştırarak veya cinsel ilişki sırasında eşinizin meme uçlarınızı uyarmasıyla (bu işe yaramasa bile, denemek hoşunuza gidecektir). Bütün bu uygulamaların, meme emzirmeyi kolaylaştırdığı ile ilgili herhangi bir bilgi yoktur, ancak herhangi bir zararı da görülmemektedir ve bazı kadınlar bunların yararı olduğunu düşünmektedir. Masaj ve meme başlarının ovulmasının, kadının memelerine dokunmaktaki çekingenliğini ortadan kaldırması gibi bir ek yararı da vardır. Eğer emzirmenin rahat olması isteniyorsa bu gereklidir.

Emzirmek için memelerin hazırlanmasında daha önemli olan şey, zihinsel olarak hazırlanmaktır. Emzirmek için öğrenebileceğiniz her şeyi öğrenin (doğum öncesi kurslara gidin, konuyla ilgili kitaplar okuyun), bunu şiddetle öneren bir pediatr seçin ve sizi destekleyebilecek ve sorularınıza yanıt verebilecek başka kadınlar bulun.

BİLMENİZ GEREKEN ÖNEMLİ ŞEYLER

Doğru Hekimi Seçmek

İlk kez bebeğinizi doğurtacak bir doktor aramaya başladığınızda, gerçekten de doğurtulacak bir bebeğin olduğuna inanmak çok zordu. Şimdi ise, küçük ama güçlü elleri, ayakları ve dizleriyle sizi sürekli olarak bir kum torbası gibi tekmelemesi hiçbir şüpheye yer bırakmayan bu bebek, yalnızca orada olmakla kalmayıp, aynı zamanda dışarı çıkmak için de can atıyor. Ve bu olmadan bir an önce, onunla ilgilenecek bir doktor bulsanız çok iyi olacak. Kararınızı geciktirmeniz, erken doğurmanız durumunda bebeğinizle bir yabancının ilgilenmesine; bu zor günlerde sorularınızı sorabileceğiniz kimsenin olmamasına ve acil bir durumda tanıdık bir yüz görememenize neden olabilir.

Toplum içinde yaşadığınızı kabul edersek ve nispeten ilgiden hoşlanıyorsanız, seçtiğiniz doktor bebeğinize -ve size- burun akıntısı, kulak ağrısı, boğaz ağrısı, yüksek ateş, mide rahatsızlığı, yara ve travma, kemik kırığı, hatta sizi şaşırtacak ve korkutacak dramatik fiziksel ve psikolojik durumlarda ve düşünemeyeceğiniz birçok durumda, 16-18 yaşına kadar bakacaktır. Bu yıllar içinde doktorunuzla birlikte yaşıyor olmayacaksınız (ama bazı zamanlar, özellikle geceleri ve hafta sonları, keşke öyle olsaydı diye düşüneceksiniz) fakat hâlâ kendinizi yanında rahat hissedeceğiniz uyumlu birine; gece saat ikide dokuz aylık bebeğinizin ateşi yeniden yükseldiğinde uyandırmaktan tereddüt etmeyeceğiniz, altı aylık bebeğiniz aniden cinsel olarak uyarıldığında bunu sormaktan utanmayacağınız ve reçetedeki bir antibiyotiğin gerekli olup olmadığından emin değilseniz rahatlıkla sorabileceğiniz birine gereksinim duyacaksınız.

Güvenilen isimleri araştırmaya başlamadan önce, bebeğinize bakmasını istediğiniz doktorun özellikleri ile ilgili bazı temel kararlar almanız gerekmektedir.

ÇOCUK DOKTORU MU? AİLE HEKİMİ Mİ?

Annenizin burnu aktığında ya da beze bağlı döküntü geçirdiğinde, annesi onu kucaklayıp bir çocuk doktoruna götürmüyordu. Onu götürdüğü doktor, aynı zamanda onu dünyaya getirmiş; babasının bursitini ve büyükannesinin artritini tedavi etmiş; amcasının böbrek taşlarını ve kuzeninin bademciklerini almış olan pratisyen bir aile doktoruydu. Pratisyen bir doktor olarak, tıp fakültesini bitirdikten sonra yalnızca bir yıl staj yapmıştı. Günümüzde bu nesil tamamen tükendi; tüm burun akıntıları ve bez döküntüleri bir çocuk hastalıkları uzmanı ya da pratisyen doktorlardan daha uzman olan aile hekimleri tarafından tedavi edilmektedir. *Dr. Doğru*'yu bulmanız için atacağınız ilk adım, bu doktorlardan hangisini istediğinize karar vermektir.[5]

Çocuk Doktoru. Bebekler, çocuklar ve bazen adolesan çağındakiler onların işidir -hatta tek işi-. Çocuk doktorları, dört yıllık tıp eğitimine ek olarak, üç yıl uzmanlık eğitimi görürler. Eğer uzmanlıkları onaylanırsa, uzmanlık belgelerini almaları için ayrıca zorlu bir sınava girmeleri gerekmektedir. 1988'den sonra uzmanlaşanların her yedi yılda bir tekrar uzmanlıkları onaylanmaktadır. Bebeğiniz için bir çocuk uzmanı seçmenizin en büyük avantajı çok açık ki; çocuk uzmanlarının yalnızca çocuklarla -birçok çocukla- ilgilendikleri için, çocuklarda neyin normal, atipik ve patolojik olduğunu diğer doktorlardan daha iyi bilmeleridir. Ayrıca yeni anne-babaların sürekli olarak sordukları, "Neden sürekli olarak emmek istiyor?"; "Neden daha fazla uyumuyor?" ve "Neden çok fazla ağlıyor?" gibi sorulara iyi yanıt verirler.

Çocuk doktorlarının bir dezavantajı; yalnızca ailenin genç fertleriyle ilgilendikleri için, tüm aileyi (hatta birçoğunu) bütün olarak tanıyamayabilmeleri; bir çocuğun, fiziksel ya da duygusal bir probleminin, anne-babasından ya da ailenin başka bir üyesinden kaynaklandığını tahmin edemeyebilmeleridir. Diğer bir dezavantaj ise; eğer ailenin tümü tıbbi tedavi gerektiren bir durumla karşı karşıya kalırsa, o zaman iki doktor çağırmak gerekebilir.

Aile Hekimi. Çocuk doktorları gibi, genellikle aile hekimleri (AH) de, tıp fakültesindeki eğitimlerini tamamladıktan sonra üç yıl süresince uzmanlık eğitimi görürler. Aile hekimliği uz-

5. Eğer prenatal tanı ya da aile öyküsü ile, bebeğinizin spesifik bir sağlık problemi (Down sendromu, alerji, astım) olabileceği olasılığı tespit edilmişse, bir çocuk hastalıkları uzmanını ya da bu problemle ilgili bir alt-uzmanlığı veya yeterince deneyimi olan bir aile hekimini tercih etmeyi düşünebilirsiniz.

manlık programı, çocuk uzmanlığından daha geniş kapsamlıdır ve çocuk hastalıklarına ek olarak; iç hastalıkları, psikiyatri ve kadın-doğum eğitimini de içerir. Amerika Aile Hekimliği Akademisi'nin üyelerinin, her üç yılda bir, 150 saatlik sürekli tıp eğitimi almaları gerekmektedir. Aile hekimleri, bir uzmanlık sınavına girerek, Amerika Aile Eğitimi Heyeti'nden uzmanlıklarını onaylayan bir sertifika alırlar ve gördükleri sürekli tıp eğitimi kurslarına ek olarak, her altı ya da yedi yılda bir, periyodik olarak bilgilerinin değerlendirildiği bir sınava girerek yeniden sertifika alırlar. Bir aile hekimini tercih etmenin avantajı; ailenizin tüm üyelerini klinik ve kişisel olarak tanıması ve bu bilgiyi tanıda ve tedavide kullanabilmesidir. Böylelikle tüm ailenizle bir tek doktor ilgilenecektir. Eğer bir aile hekiminiz varsa, ona yeni bir hasta getirmenin yanı sıra, ailenizin o yeni üyesini eski bir arkadaşa - bir yabancıya değil- tanıtma avantajına sahip olacaksınız.

Bir aile hekiminin dezavantajı ise; pediatri konusunda, çocuk doktorlarından daha az eğitime ve deneyime sahip olmasıdır. Bebeğinizle ilgili sorabileceğiniz birçok ayrıntılı soruda ve tanısı zor hastalıkların kesin tanısını koymada size daha az yardımcı olabilir. Bu dezavantajı minimuma indirmek için, büyük çocuklardan daha çok sayıda bebeğe bakan bir aile hekimi bulmaya çalışınız.

NASIL BİR UYGULAMA EN DOĞRUDUR?

Bazı hastalar için, uygulamanın türü en az doktorun türü kadar önemli olabilir. Çeşitli seçenekler vardır; hangisini seçeceğiniz, sizin kişisel tercihleriniz ve önceliklerinize bağlı olacaktır.

Özel doktor. Geçmişteki pratisyen doktorlar gibi, bugünün yalnız çalışan doktorlarının da tüm hastalarıyla birebir yakın ilişki kurma fırsatı vardır. Ama geçmiştekilerden farklı olarak, her saat ya da her gün aranmak istemezler. Tarihi belli olan randevularla çalışırlar (acil bir durum için aranmadıkları zaman) ve arandıkları çoğu zaman ya tatilde olurlar ya da geceleri veya hafta sonları çalışmıyorlardır. Dolayısıyla acil müdahale ya da konsültasyon gerektiren hastalarını, onlara yabancı olabilecek bir doktora bırakırlar. Eğer özel bir doktor tercih ediyorsanız ona, o olmadığı zaman, acil durumlarda sizinle kimin ilgileneceğini ve çocuğunuzla ilgili kayıtların sağlanıp sağlanmayacağını sorunuz.

Ortak çalışma. Bazen iki doktor olması, bir tane olmasından daha iyidir. Eğer bir tanesi bulunamazsa, diğeri hemen hemen kesinlikle bulunacaktır. Onları sırayla görürseniz, siz ve çocuğunuz ilk yıl içindeki bu sık sağlam-çocuk kontrollerine minnettar kalabilirsiniz ve her ikisiyle de iyi ilişkiler kurarsınız. Bu iki doktor, büyük olasılıkla, önemli konularda aynı görüşe sahip olacaktır ve benzer uygulamalarda bulunacaktır. Bununla birlikte, ara sıra farklı düşüncelere sahip olabilirler. Bazı durumlarda, birden fazla düşünce olması şaşırtıcı olabilir ama özellikle karışık bir durumda iki farklı yaklaşım duymak faydalı olabilmektedir. (Eğer bir tanesi bebeğinizin uyku problemini çözmeyi başaramazsa belki diğeri bunu başarabilir.)

Bu şekilde bir ortak çalışmaya karar vermeden önce, sormanız gereken önemli bir soru: Seçtiğiniz doktordan randevu alabiliyor musunuz? Eğer alamıyorsanız ve seçtiğiniz iki doktordan birinden memnun olduğunuzu ama diğerinden olmadığınızı fark etmişseniz, ziyaretlerinizin yarısını rahat olmadığınız bir doktorun yanında harcayabilirsiniz. Kontroller için tercih ettiğiniz doktora gidebilirsiniz ama hasta çocukların, genellikle, o sırada kim varsa onun tarafından görülmesi gerekebilir.

Grup çalışması. Eğer iki doktor iyiyse, o zaman üç ya da daha fazlası daha iyi mi olacaktır? Bazı yönlerden evet, bazı yönlerdense hayır. Bir grup doktor, günün 24 saati süresince size yardımcı olabilecektir ama yakın doktor-hasta ilişkisi kurulması pek mümkün olmaz. Ancak eğer düzenli kontroller için aynı doktoru (ya da iki doktoru) tercih ederseniz bu ilişki yine kurulabilir. Sağlam-çocuk kontrollerinde ve hastalık muayenelerinde ne kadar çok sayıda doktor çocuğunuzla ilgilenirse, her birinin yanında kendinizi rahat hissetmeniz o kadar uzun süre alabilir. Ama eğer tüm doktorlar sıcak ve anlayışlı ise, bu bir problem olmayacaktır. Ayrıca, burada bir etken de: eğer doktorları sırayla görürseniz, zıt öneriler hem sizi aydınlatabilir hem de kafanızı karıştırabilir. Uzun süreli grup çalışmasında, gruptaki doktorların sayısından daha önemlisi, onlara kişisel olarak ve bir grup olarak duyduğunuz güven olacaktır.

Pediatri hemşiresi. Yukarıdaki uygulamaların hepsi de bir pediatri hemşiresini -kadın-doğum doktorlarının yanında çalışan ebe-hemşirelere denktir- içerebilir. Pediatri hemşiresi genellikle kadındır ve hemşirelik eğitiminin üzerine kendi uzmanlık alanıyla ilgili ek bir eğitim alır (genellikle lisansüstü derecesi düzeyinde). Genellikle sağlam-çocuk kontrollerini ve bazen minör hastalıkların tedavisini, gerektiğinde doktor meslektaşlarına danışarak yapar. Onun alanını aşan problemler, bir doktora danışılmalıdır. Bebeğinizle bir pediatri hemşiresinin ilgilenmesini, hamileliğiniz sırasında bir ebe-hemşireyi tercih ettiğiniz ya da etmediğiniz aynı nedenlerle tercih edebilir ya da etmeyebilirsiniz. Ebe-hemşire gibi, pediatri hemşiresi de her ziyarette hastalarla daha uzun süre ilgilenecek ve genellikle tıbbi problemlerden daha çok yaşam biçimiyle ilgili sorularda yardımcı olacaktır.

Ayrıca bazı durumlarda ücretler daha düşük olabilir. Eğitim düzeyinin bir doktorunkine eşit olmaması nedeniyle, bebeğinizin bakımı konusunda daha az güven duyabilirsiniz. Ama bu her zaman geçerli olan bir düşünce değildir; çünkü birçok çalışmada, minör hastalıkların tanısında ve tedavisinde hemşirelerin, ortalama olarak, en azından -bazen daha fazla- asistanlar kadar başarılı oldukları gösterilmiştir.

DR. DOĞRU'NUN BULUNMASI

Her hasta için bir *Dr. Doğru* vardır. Ne çeşit bir doktor ve ne tip bir uygulama istediğinizi biliyorsanız, artık doktorunuzu aramaya hazırsınız demektir. Eğer yaşadığınız yerde doktorlar ve hastaları buluşturan bir bilgisayar servisi yoksa (az sayıda servis bunu yapar), daha geleneksel ama genellikle güvenilir olan kaynaklara başvurmanız gerekecektir.

Kadın-doğum doktorunuz ya da ebe-hemşireniz. Doktorlar genellikle tarzları ve felsefeleri kendilerininkine benzer olan, çalışmalarını bildikleri ve saygı duydukları doktorları önerirler. Bu nedenle, eğer doğum doktorunuzdan memnunsanız, ondan bir öneride bulunmasını rica edin. Aksine eğer hayal kırıklığına uğramışsanız, öneri için başka bir yere başvurun.

Bir doğum ya da pediatri hemşiresi. Eğer bir muayenehanede ya da hastanede çocuk doktorlarıyla çalışan bir hemşire tanıyorsanız, sizin için, hangi doktorun yeterli, dürüst, ilgili olduğu ve hem anne-babalarla hem de çocuklarla iyi ilişkiler kurduğu; hangi doktorun yetersiz, kaba, can sıkıcı ve soğuk olduğu hakkında iyi bir bilgi kaynağı olacağına emin olabilirsiniz. Eğer bir hemşire tanımıyorsanız, bilgi almak için, pediatri katında hemşirelerin bulunduğu bölümü ya da doğum yapacağınız hastanedeki çocuk servisini aramayı düşünebilirsiniz.

Anne-babalar. Hiç kimse, bir doktorun hastalarına karşı olan davranışları hakkında, onun tatmin olmuş (ya da olmamış) hastalarından ya da bu durumda hastaların ailelerinden daha fazla bilgi veremez. Öneriler, arkadaşlardan ya da karakteri ve çocuk yetiştirme felsefesi size benzeyen kişilerden gelirse daha güvenilir olur. Buna karşın, onların çocuk doktorlarından nefret etmesine neden olan özellikler, sizin de ondan nefret etmenize neden olabilir.

Yerel tıbbi organizasyonlar. Bu çeşit organizasyonlar, doktorlar arasından birini önermeyecektir ama oturduğunuz bölgede bulunan saygıdeğer doktorların isimlerini elde etmenizi sağlayacaktır.

Hastane ya da diğer başvuracağınız servisler. Bazı hastaneler, tıbbi gruplar ve özel girişimler, özel uzmanlığı olan doktorların isimlerini sağlayan başvuru servisleri kurmuşlardır.

Hastaneler, kendi bünyelerinde çalışan doktorları önerirler; bir başvuru servisi ise doktorun uzmanlığı, eğitimi ve aldığı sertifikalara ek olarak, ne kadar sıklıkla yanlış tedavi nedeniyle yargılandığı hakkında da bilgi verebilir.

Tıbbi adres rehberleri. *Amerika Tıbbi Adres Rehberi* ve *Tıbbi Uzman Adres Rehberi* yaşadığınız yerdeki devlet kütüphanesinde ya da doktorunuzun ofisinde sıklıkla bulunur. Bu rehberler, size tüm olasılıkları en ince ayrıntısına kadar sunar ve edindiğiniz bilgileri (eğitim, uzmanlık, bağlantılar) kontrol edebilme imkânı sağlar.

***La Leche* Cemiyeti.** Eğer emzirmek sizin için öncelikli ise ve özellikle bu konuda çocuk doktorunuzdan destek almak istiyorsanız, oturduğunuz yerle ilgili bölümden (telefon rehberine bakın) isimleri alabilirsiniz.

Sarı sayfalar. En son bilgi kaynağı olarak, telefon rehberinizdeki *Doktorlar* bölümündeki *Çocuk Doktorları* ya da *Aile Hekimleri* bölümlerine bakınız. Ama unutmayın ki bu bölümler tam değildir; birçok doktor, özellikle uzun süredir çalışanlar, Sarı Sayfalara ilan vermeyi tercih etmezler.

DR. DOĞRU'NUN SİZİN İÇİN DOĞRU OLDUĞUNDAN EMİN OLUN

Yukarıdaki kaynaklardan herhangi birinden isim listesi elde ederek, *Dr. Doğru*'yu aramak için iyi bir başlangıç yapabilirsiniz. Bu listeyi, "Doğru" özelliklere sahip potansiyel adayları kapsayan daha kısa bir liste şekline getirmeniz, ve sonunda hayallerinizin doktorunu bulabilmeniz için, biraz daha fazla araştırma yapmanız ve finalistlerle kişisel görüşmelerde bulunmanız gerekecektir.

Hastane bağlantısı. Seçtiğiniz doktorun yakınınızdaki bir hastaneyle bağlantısı olması yararlıdır; böylelikle, acil bir durumda kolaylıkla tedavi olanağı elde edebilirsiniz. Ve eğer bu doktorun doğum yapmayı planladığınız hastanede çalışma izni varsa bu çok iyidir, çünkü doğumdan önce sizi ve bebeğinizi muayene edebilir. Ama bu tür bir bağlantısı olmayan iyi bir adayı da elemeyin. Bazen hastaneyle bağlantısı olmayan bir doktora, bebeği görmek için (tedavi etmek için değil) özel izin verilebilir. Eğer verilmezse, uzman bir doktor bebeğinizin hastane muayenesini ve çıkış hazırlıklarını yapar ve siz de hastaneden ayrıldıktan sonra bebeğinizi seçtiğiniz doktora göstermeye götürebilirsiniz.

Belgeler. Bir doktorun ofisinin duvarında asılı duran bir Harvard diploması harika görünebilir, ama Amerika Pediatri Akademisi ya da Amerika Aile Eğitimi Heyeti'nin verdiği pediatri ya da aile hekimliği alanındaki bir sertifika çok daha önemli olabilir. Profesyonel organizasyonlar tarafından periyodik olarak düzenlenen, tekrar sertifika alma sınavlarına giren çocuk doktorları ve aile hekimleri, hem en güncel tıbbi gelişmeleri izlemek hem de hastalarına mevcut en iyi tedaviyi uygulama isteğini duyarlar.

Bazı doktorlar bir konsültasyon için ücret alırken, bazıları almaz. Yedinci ya da sekizinci ayınızda, listenizdeki bu doktorlardan randevu alın ve aşağıdakileri göz önünde bulundurarak, bebeğinizin doktorunu incelemek üzere çalıştığı yere gidin.

Ofisin yeri. 42-beden bir karnı sizinle her yere taşımak çok zor görünebilir ama doğumdan sonra taşıyacağınız şeyle karşılaştırdığınızda daha kolay olduğunu göreceksiniz. Yürünemeyecek ama bir otobüs, metro ya da arabayla kolaylıkla ulaşılabilecek kısa mesafelere ve özellikle kötü hava koşullarında daha komplike olabilecek daha uzak mesafelere yolculuklar başlayacak. Yakında bulunan bir ofis kesinlikle daha rahat olacaktır; özellikle hasta ya da yaralanmış bir çocuk söz konusuysa bu daha çabuk tedavi anlamına gelir. Ama unutmayın ki, gerçekten insancıl bir doktor daha uzun süren bir yolculuğa değebilir.

Randevu saatleri. Uygun görüşme saatlerini ayarlamak, sizin ve doktorunuzun programına bağlıdır. Eğer biriniz ya da her ikiniz de, 9.00-17.00 arasında çalışıyorsanız; sabah erken, akşam üstü ya da hafta sonu saatleri görüşmek için en uygun zaman olabilir.

Atmosfer. Bir ofisi görmeden de, onun atmosferi ile ilgili çok şey söylenebilir. Eğer telefonda sert ve kaba bir muameleye maruz kalmışsanız, ofisteki deneyimleriniz daha memnun edici olmayacaktır. Öte yandan, sizi telefonda karşılayan ses neşeli ve kibarsa, hasta ya da yaralı bir çocukla geldiğiniz zaman ilgili ve şefkatli bir yaklaşım bulursunuz. Doktoru incelemek üzere, ilk kez ofise gittiğinizde daha fazla bilgi edinebilirsiniz. Resepsiyondaki kişi dostça davranıyor mu? Üzerindeki beyaz giysiler steril olduğu gibi davranışları da titiz ve kibar mı? Uzman doktor hastalarına yeterince yanıt veriyor mu? Ya da iletişimi yalnızca "Otur", "Dokunma" ve "Sessiz ol" gibi cümlelerle mi sınırlı? Resepsiyon bölümü, ofis personeline daha rahatlıkla özel bir şey göstermenizi ya da sormanızı sağlamak için bekleme odasından ayrılmış mı?

Dekor. Bir çocuk doktoru, bekleme odasının, "Doğru" tasarımını oluşturmak için, masanın üzerinde bir-iki taneden fazla dergiye ve duvarda birkaç Ekspresyonist tabloya ihtiyaç duyar. Keşif gezinizde, beklemeyi hem sizin hem de çocuğunuz için daha az ıstıraplı hale getirecek özelliklere dikkat edin; büyük çocuklar için olduğu kadar emekleyen çocukları için de rahat bir oyun alanı; iyi seçilmiş oyuncaklar ve çocukların yaş gruplarına uygun kitaplar; alçak sandalyeler ya da küçük vücutların oturabileceği şekilde tasarlanmış diğer oturma yerleri. Çarpıcı renklerde ve ilgi çekici figürlerle dolu duvar kâğıtları (uyumlu renklerde çizgili duvar kâğıtlarındansa, turuncu kangurular ve sarı kaplanlar) ve neşeli çocuk resimleri (hem bekleme hem de muayene odasında) çocukların beklerken oyalanmasını ve aynı zamanda muayene sırasında dikkatlerini başka bir yöne vererek rahatlamalarını ya da muayeneye özenmelerini sağlayacaktır. (Ama unutmayın ki, her iyi doktor Disney dekoru yaratmak durumunda değildir.) Erişkinler ve çocuklar için ayrı bekleme odaları da bir artı puan olabilir.

Bekleme süresi. Kırk beş dakikalık bekleme süresince, huysuz bir bebeğe ayak uydurmaya çalışmak ya da emekleyen bir bebeği, mevcut resim kitaplarından sürekli bir diğerini göstererek oyalamaya çalışmak. Artık bu tür beklemeler pek yaygın değil. Bazı anne-babalar için uzun süren bir bekleme yalnızca rahatsızlık vericidir: Diğerleri içinse, basit olarak programlarının kısıtlanmasıdır.

Özel bir ofisteki ortalama bekleme süresini kestirmek için, *sizin* konsültasyon için orada ne kadar bekletildiğinizi ölçü olarak almayın. Bu tür ziyaretler nezaketen kabul edilir, tıbbi bir gerekliliği yoktur ve bağıran bebekler öncelikli olacaktır (olmalıdır). Resepsiyondaki kişiye bunu sorun. Eğer yanıtı belirsizse ya da yanıt vermiyorsa, orada bekleyen diğer anne-babalara sorunuzu yöneltin.

Uzun süren bir bekleme, ofisteki organizasyon bozukluğunun, programsızlığın ya da doktorun bakabileceğinden fazla sayıda hasta aldığının bir göstergesi olabilir. Ama tıbbi hizmet kalitesi hakkında size fazla bir şey anlatmaz. Bazı iyi doktorlar, iyi yönetici değildirler. Her hastayla, ona ayrılan zamandan daha uzun süre ilgilenebilirler (muayene odasındayken hoşlanacağınız, ama bekleme odasındayken hoşlanmayacağınız bir şey) ya da dolu oldukları halde hasta çocukları geri çevirmeyi istemeyebilirler (çocuğunuz hasta olduğunda hoşunuza gidecek bir şey).

Tüm beklemeler, bekleme odasında yer almaz. En rahatsız bekleme muayene odasında olandır; huzursuz, altı bağlı olmayan, oyalanacak bir yeri olmayan ve dışarıdaki oyuncakların yardımı olmadan onun dikkatini başka bir yere çekmeye çalıştığınız korkmuş bir bebek. Muayene odasındaki uzun süreli beklemeler, bir doktoru reddetmeniz için tek başına yeterli bir neden olmayabilir. Ama, eğer bu bir problem haline dönüşürse, hemşireye tüm beklemenizi, bekleme odasında yapmak istediğinizi söyleyin.

Ev ziyaretleri. Evet, bazı çocuk doktorları

ve aile hekimleri hâlâ ev ziyaretleri yapmakta. Çoğu zaman, doktorunuzun büyük olasılıkla size de açıkladığı gibi, ev ziyaretleri yalnızca gereksiz olmakla kalmayıp, bebek için de iyi değildir. Bir doktor, ofisinde, küçük siyah bir çantayla taşınamayacak aletler kullanır ya da testler uygular. Bazen ise, doktorunuzun iyi niyetle mesleğinin gerektirdiği şekilde davrandığı ve sizin ona minnettar kalacağınız durumlar olabilir -küçük çocuğunuz soğuk algınlığı nedeniyle okuldan eve gelmiş; bebeğinizin ateşi yükselmiş ve öksürüyor ve siz kar fırtınası olan bir havada evde yalnızsınız -.

Telefon soruları protokolü. Eğer anneler, bebeklerinin sağlığı ya da gelişimi ile ilgili soruları olduğu her an doktorlarının ofisine koşturuyor olsalardı, tıbbi gider pusulaları oldukça kabaracaktı ve doktorların ofisleri gece gündüz tıkış tıkış olacaktı. İşte, birçok sorunun telefonda yanıtlanmasının ve birçok endişenin yine telefonda giderilmesinin nedeni budur. Ve sizin, bebeğinizin doktorunun bu tür soruları nasıl yanıtladığını bilmek istemenizin de nedeni budur. Bazı anne-babalar, hastaların olmadığı ve karışıklığın az olduğu, doktorun telefonlara yanıt verebileceği belirli zamanlarda aramayı tercih ederler. Bu doktora çok çabuk ulaşabilmelerini sağlar -bununla birlikte, meşgul sesi ya da geri arama için kısa bir beklemeyle de karşılaşılabilir-. Diğer anne-babalar içinse, endişeli bir halde, sabah 7-8'e ya da 11'e ve öğleden sonraya ya da en kötüsü ertesi günkü arama saatine kadar beklemek çok zordur. Onlar, doktorla çağrı yolu ile haberleşmeyi tercih ederler: bir problemleri ya da soruları olduğunda doktoru ararlar ve doktor, hastaları arasında boş bir zamanı olduğunda onları arar. Eğer doktorun onları geri araması saatler sürerse (elbette, acil olmayan bir durumda), en azından çağrıyı bıraktıkları kişiye dertlerini anlatabilirler -bazen danışırlar-. Ve günün sonunda da olsa, doktorla konuşacaklarını bilmenin rahatlığını yaşarlar.

Acil durumlar nasıl çözümleniyor. Bir kaza olması -ki olacaktır- gibi acil durumları doktorunuzun nasıl çözümlediği önemlidir. Bazı doktorlar anne-babalara, oturdukları yerdeki bir hastanenin acil doktorunun tedaviyi yapacağı acil bölümüne gitmeleri direktifini vermektedir. Diğerleri, ilk önce ofislerini aramanızı ve hastalığın ya da yaralanmanın ağırlığına göre, bebeği ofiste muayene edebileceklerini ya da acil bölümünde sizinle buluşacaklarını söylerler. Bazı doktorlar, acil durumlarda, gün içinde, gece ve hafta sonları (eğer şehir dışında değillerse) bulunurlar. Diğerleri, hastalarını, kendileri bulunmadığı zamanlar için, meslektaşlarına ya da beraber çalıştıkları arkadaşlarına devrederler.

Finansal koşullar. Çok zengin olan ya da çok yüklü bir sigortası olan anne-babalar dışındakiler için finansal koşullar düşünülmesi gereken ilk şeydir. Bazı ofisler ücreti ziyaret sırasında alırken (diğer ziyaretler peşin olarak ödenmemişse); diğerleri hesap pusulası çıkarırlar. Bazı ofislerde, ilk yıldaki tüm ziyaretler için -ziyaret sayısı kaç olursa olsun- bir yıllık bakım ücreti alınır. Bu, yıl içindeki randevulu ziyaretlerin ücretinin teker teker toplamından daha pahalı olsa da iyi bir kumardır; iki ya da üç hastalık ziyareti ile kârlı duruma geçersiniz ve daha fazla sayıda olursa kesinlikle kârlı çıkarsınız. Hastalık ziyaretleri için aldığınız sigorta geri ödemeleriniz, bir yıllık ya da ziyaret başına, sizin o dönemdeki ödeneğinize bağlıdır.

Bazı ofislerde ayrıca, rutin ya da finansal durumunuz iyi olmadığında uygulanan özel ödeme programları mevcuttur. Eğer bu tür bir ödeme programına ihtiyacınız olacağını düşünüyorsanız, sorumlu kişiyle ödeme koşullarını tartışın.

Eğer paranız böyle bir ödeme programına ancak yetiyorsa, rutin laboratuar tahlillerinin ofiste yapılıp yapılamadığını sorun; böylelikle dışarıdaki bir laboratuara para ödemeyecek olmanız size daha ucuza gelecektir.

Stil. Aradığınız doktorun stili, bebeğinize aldığınız eşyalar gibi, sizin stilinize bağlı olacaktır. Rahat ve resmi olmayan birini mi, katı ve ciddi birini mi yoksa ikisinin arasında birini mi tercih ediyorsunuz? Sizin için bir baba (ya da anne) figürü olan ve her şeyde son sözü söylemek isteyen birinin mi yoksa sizi bir partner olarak gören ve düşüncelerinize önem veren birinin mi yanında kendinizi daha rahat hissedersiniz? Her sorunun yanıtını biliyor izlenimi yaratan bir doktor mu yoksa "Bilmiyorum" deme özgürlüğüne sahip birini mi istiyorsunuz?

Anne-babaların bir çocuk beşiğinde ya da arabasında aradığı belli özellikler (kalite, ustalık, fiyatı) olduğu gibi, bebeklerinin doktorlarında da istedikleri belli özellikler vardır: dinleme yeteneği (randevu defterindeki diğer isme bakmadan); sorulara açık olması ve doğru ve tam olarak yanıtlama isteği duyması (savunmaya geçerek ya da tehdit edildiğini hissederek değil); ve hepsinden önemlisi, çocuklardan gerçekten hoşlanması.

Felsefe. En iyi anlaşan evli eşlerin bile her zaman birbirleriyle aynı düşüncede olmaması gibi, en iyi doktor-hasta ilişkisinde bile bazı fikir ayrılıkları olabilir. Ama, aynı evli eşlerde olduğu gibi, doktor-hasta ilişkisinde de her iki taraf da önemli birçok konuda hemfikirse, ilişki başarılı olur. Bebeğinizin doktoruyla felsefelerinizin uygun olduğunu belirlemek için en iyi zaman, anlaşma yapmadan önceki konsültasyon görüşmenizdir.

Aşağıdakilerden önemli olduğunu düşündüklerinizle ilgili olarak doktorun düşüncesini sorun:

- Emzirme. Eğer emzirmek istiyorsanız, bu konuya karşı kayıtsız olan ya da çok az bilgisi olduğunu itiraf eden bir doktor, emziren acemi annelere ihtiyaçları olan yardımı ve desteği sağlayamayabilir.

- Beslenme. Eğer iyi beslenme sizin için önemliyse ve doktor bu konuyu "endişelenmeyin, birçok çocuk dengeli yer," diyerek geçiştiriyorsa dikkatli olun.

- Sünnet. Eğer sünnete karar vermişseniz ya da karşıysanız, bu düşüncenizi küçümsemeyecek bir doktoru tercih edersiniz.

- Antibiyotikler. Her burun akıntısına antibiyotik reçete etmeyen bir doktoru seçmek iyi bir fikirdir.

- Vejetaryenlik. Eğer siz ve aileniz et yemiyorsanız, buna yalnız saygı duyan değil, ayrıca vejeteryan bir diyet altında büyümekte olan bir çocuğun beslenme ihtiyaçları hakkında bir şeyler bilen bir doktor faydalı olacaktır.

- Hastaneden erken çıkma. Eğer hastaneden erken çıkmayı istiyorsanız, buna karşı çıkmayacak, gerekli işlemlerle ilgilenerek bebeğinizin sizinle birlikte çıkarılmasına yardımcı olacak bir çocuk doktoru isteyeceksiniz.

- Önlemler. Biraz önlem almaktan daha fazlasının gerektiğine inanıyorsanız, normalin çok üstünde kilolu, masasının üzerinde sigara izmaritleriyle dolu bir kül tablası bulunan ve siz konuşurken çikolatalı bisküviler atıştıran bir doktor karşısında dikkatli olun.

Ne kadar süredir çocuklarla çalışan doktor, büyük olasılıkla, çocuk yetiştirme ile ilgili birtakım hoş fikirler geliştirmiştir. Öte yandan siz, bu oyunda yeni biri olarak, yalnızca oyunu nasıl oynamak isteyeceğinize dair belirsiz bir nosyona sahip olabilirsiniz (ve büyük olasılıkla, oyun başladıktan sonra stratejinizde kesin değişiklikler yapacaksınız). Henüz kendi düşüncelerinizden bile emin olmadığınız bir zamanda, kısa bir görüşme ile doktoru yargılamak, mükemmel bir oyunu zorlaştırabilir. Ve yine henüz rahminizde gelişen bebeğiniz gibi, düşünceleriniz de beyninizde gelişmekte iken, düşünceleri sizinkilere açık olarak zıt görünen bir adayı ekarte etmek duygusal bir davranıştır.

DOĞUMDAN ÖNCEKİ GÖRÜŞME

Bebeğiniz için bir doktorla anlaştıktan sonra, büyük olasılıkla, bir konsültasyon sırasında onunla tartışmak isteyeceğiniz çok sayıda konu -birçoğu bu konuda ve bir sonrakinde incelendi- olacaktır. Bunlar arasında:

Doğum öykünüz ve aile öykünüz. Tüm bunların yaklaşan doğumunuz ve bebeğinizin sağlığı üzerinde nasıl bir etkisi olacak?

Hastane işlemleri. Bebeğinizin gözlerinde enfeksiyon oluşumunu önlemek için nasıl bir tedavi uygulanacak? Doğumdan sonraki rutin testler nelerdir? Sarılık durumunda ne yapılması gerekecek? Hastaneden erken çıkmanın kriterleri nelerdir?

Sünnet. Avantajları ve dezavantajları nelerdir? Eğer sünnet yaptırmaya karar vermişseniz, bu işlemi kim ve ne zaman yapmalıdır?

Biberonla besleme. Doktor ne tip biberonu, biberon başını ve mamayı önermekte?

Emzirme. İyi bir başlangıç yapmanıza bebeğinizin doktoru nasıl yardımcı olabilir? Emzirme gereksiniminiz olduğu zaman, emzik ve biberon kullanımını engellemek için, eğer mümkünse, doğum odasında emzirmenizi sağlayabilir mi? Emzirme probleminiz olduğunda ya da durumunuzu değerlendirmek için doğumdan sonraki ilk veya ikinci hafta için ofisinde bir randevu verebiliyor mu?

Bebek için gerekli malzemeler. Bebeğinize gerekebilecek asetaminofen, termometre ve pişik için pomat gibi malzemeler ve beşik, araba koltuğu ya da bebek arabası gibi ekipmanlarla ilgili öneriler alın.

Kitap önerisi. Doktorunuzun özellikle okumanızı önerdiği ya da uzak durmanızı tavsiye ettiği kitaplar var mı?

Ofisle ilgili bilgiler. Doktorunuzun ofisi nasıl çalışıyor? Örneğin, çağrıların alındığı saatler nedir ve acil durumlarda nasıl bir uygulama yapılır?

DR. DOĞRU'YLA OLAN İLİŞKİNİZ

Dr. Doğru'yu bulur bulmaz, bebeğinizi onun kucağına atıp, bekleme odasında elinize bir dergi alıp keyfinize bakarak doğru sonuçlardan emin bir halde oturamazsınız. Anne-babalar olarak sizlerin, doktorunuzdan daha fazla, bebeğinizin sağlığı üzerinde etkiniz vardır. Eğer bu ilişkide üzerinize düşeni yapmazsanız, en iyi doktorlar bile bebeğinize en iyi bakımı yapmayı başaramayacaklardır. *Dr. Doğru*'nun doğru hasta-annesi (ya da babası) olmanız için, sizin sorumluluklarınızı içeren uzun bir liste vardır.

Ofis kurallarına saygılı olun. Randevularınıza zamanında gelin ya da eğer ofis sürekli olarak geç açılıyorsa, randevunuzu yarım saat sonraya aldırın ve ne kadar süre sonra kesinlikle orada olmanız gerektiğini sorun; randevunuzu iptal edecekseniz en az 24 saat önceden haber verin; ücretlerinizi zamanında ve doğru ödeyin. Unutmayın ki hastalar (bu durumda hastaların aileleri), doktorun ofisindeki işlerin yürümesinde kısmen sorumludur.

Önlemler. Tıbbi önlemlere inanan ve bebek bakımına iyi konsantre olan bir doktor seçmek akıllıca olsa da, bebeğinizin sağlığını korumanın yükü doktordan daha çok sizin üzerinizdedir. Bebeğinizin uygun beslenip beslenmediğini, düzenli uyuyup uyumadığını ve aktif olarak oyun oynayıp oynamadığını, gereksiz olarak enfeksiyona ya da sigaraya maruz kalıp kalmadığını ve olası kazalara karşı iyi korunup korunmadığını gözlemleyecek olan sizsiniz. Bebeğinizin sağlıklı olmasına ve ona ömür boyu faydalı olacak ve sona erebilecek iyi alışkanlıklar (ideal olarak kendiniz gibi) kazanmasına yardımcı olması gereken de sizsiniz.

Endişelerinizi bir kâğıda yazın. Kontroller arasında aklınıza gelen ve özel bir telefon görüşmesi yapmanıza değmeyecek birçok soru olabilir ("Neden hiç dişi çıkmıyor?" ya da "Ne zaman banyo yapmak hoşuna gidecek?"). Bunları, aklınıza geldiği zaman, bebeğinizle zor bir gün geçirirken birden aklınızdan uçup gitmeden not alın.

Notlar alın. Doktorunuz, bebeğinizin ilk hastalık reaksiyonu olduğunda ne yapmanız gerektiği hakkında size çeşitli bilgiler verir. Eve gidersiniz, bebeğinizin ateşi olur ve paniğe kapılırsınız. Ne demişti? Unutmanız şaşırtıcı değildir, bebeğiniz hastalık nedeniyle ağlamaktadır ve siz onunla mücadele ederken, doktorunuzun verdiği bilgileri zar zor işitirsiniz, boş verin hatırlamayın. Anne-babalardaki bu hafıza kaybı için en iyi ilaç; doktor ziyaretlerinde yanlarında kâğıt ve kalem getirmeleri ve daha sonra ihtiyaçları olacak tanılar, ne yapmaları gerektiği ve diğer tüm bilgileri not almalarıdır. Bu kucağınızda bir bebek tutmaya çalışırken kolay olmayacaktır (bu nedenle hem anne hem de babanın katıldığı ziyaretler idealdir) ve eğer vücudunuzda eğilmeler-bükülmeler oluşursa bu daha kötü olur. Ya da mutlaka doktorunuzdan izin alarak bir kayıt cihazı kullanın. Ayrıca, telefon konuşmalarında da notlar alın. Eğer iyi gününüzdeyseniz, doktorun bebeğinizin döküntüleri için önerdiği pomatın adını ya da diş çıkarma ağrıları için yazdığı asetaminofenin dozunu net olarak hatırlayabilirsiniz, ama telefonda konuşurken bebeğinizin mutfakta patatesleri ortalığa saçtığını gördüğünüzde bu ayrıntılar kolaylıkla aklınızdan çıkabilir.

Telefon açın. Alexander Graham Bell'e teşekkürler, endişelerinizi gidermek size yalnızca bir telefon konuşması kadar uzakta. Ancak bebeğinizin doktorunu hazır bir referans olarak kullanmadan önce; sorularınızın yanıtlarını bu ya da rafınızdaki başka bir kitapta bulmaya çalışın. Eğer başaramazsanız, telefonla arama hakkınızı suiistimal ettiğinizden korkmadan telefon açın. İlk aylarda, çocuk doktorları, özellikle yeni anneden çok sayıda telefon geleceğini bilirler. Bunun dışında telefonda soğuk olmayın. Sayfa 361'deki "Doktoru Aramadan Önce" yapılacaklar listesine bakın konuşmanın hazır olduğunu göreceksiniz.

Doktorunuzun söylediklerini yapın. İyi ilişkilerin hepsinde, her iki taraf da bildiği ya da yapabileceği en iyi şeyi yaparak ilişkiye katkıda bulunur. Bu ilişkide, bebeğinizin doktoru yılların eğitimi ve deneyimiyle katkıda bulunur. Bu katkılardan en yüksek fayda sağlayabilmek için doktorun önerilerine mümkün olduğunca uymanız ve eğer çeşitli nedenlerle uyamıyorsanız ona haber vermeniz gerekir. Tıbbi durumlarda bunun yaşamsal önemi vardır. Bebeğinizin öksürüğü için antibiyotik yazdığını düşünün. Bebek ilacı dışarı tükürüyor ve başka bir kaşık da almıyor. Öksürük biraz iyileşiyor gibi gözükünce bebeğinize zorla ilaç vermekten vazgeçiyorsunuz ve bunu doktorunuza haber vermiyorsunuz. İki gün sonra bebeğinizin ateşi yükseliyor, öksürük kötüleşiyor ve bebeğinizin doktoruyla oynadığınız oyun tehlikeli hale geliyor. Aramış olsaydınız doktorunuzun size de söyleyeceği gibi; tedavi başladıktan sonra bebek iyileşmeye başlayabilir ama tedavi süresi tamamlanmadan ilaç kesilirse, hastalık daha şiddetli olarak geri döner. Ayrıca doktor size tedaviyi kesmenin daha iyi yollarını önerebilir ya da alternatif tedaviler sunabilirdi.

Konuşun. Doktorunuzun söylediklerini yapmak önemlidir demek, anne (ya da baba) ara sıra en iyiyi -hatta doktordan daha iyi- bilemez anlamına gelmez. Eğer doktorun tanısının yanlış ol-

ÖNCEDEN ÖDENMİŞ SAĞLIK SİGORTALARI

Sağlık Örgütleri ve diğer önceden ödenmiş sağlık sigorta projeleri çoğaldıkça, daha fazla sayıda aile doktorunu seçme hakkını kaybediyor. "Listede", onların oturduğu yerin yakınında bulunan tek bir çocuk doktoru, kadın-doğum doktoru ya da aile hekimi bulunabilir. Eğer bu durumdaysanız ve sizin için belirlenen doktordan memnun değilseniz bunu hem patronunuza (ya da kocanızınkine) hem de sağlık planlama direktörüne anlatın. Şikâyetlerinizde spesifik olun ama küstahça davranmayın. Amacınız sağlık hizmetlerinin kalitesini artırmak olsun; eğer işe yaramazsa patronunuzu başka bir sigorta projesine geçmesi için ikna etmeye çalışabilirsiniz.

duğunu hissediyorsanız ya da yazılan ilaçlar alındığında hastalığın daha kötü olacağından korkuyorsanız, bunu küstahça olmayan bir şekilde söyleyin. Bu düşüncenizin nedenlerini açıklayın ve kendisine bu yaklaşımının mantığını sorun. Her ikiniz de birbirinizden çok şey öğrenebilirsiniz.

Ayrıca, yeni bir aşı şekli, kolik için yeni bir tedavi ya da bebeğiniz için faydalı olabilecek herhangi bir şey duyarsanız bunu da doktorunuzla konuşun. Eğer okuduysanız, mümkünse okuduğunuz kaynağı getirin. Belki de doktorun bu gelişmeden haberi vardır ve size bu konuyla ilgili ek bilgi verebilir. Eğer doktor bu konuya yabancıysa, bir düşünce oluşturmadan önce, büyük olasılıkla daha fazla şey öğrenmek isteyecektir. Bununla birlikte, bu tıbbi bilginin çarpıtılmış olmadığından emin olun. Doktorunuzun yardımıyla, faydalı olanı faydasızdan ayırabilirsiniz.

Tolere edilemeyecek bir ilişkinin sona ermesi. Bebeğinizin doktorundan ayrılmanız (diğer tüm ayrılıklar gibi) oldukça keyifsiz olabilir. Ama iyi gitmeyen bir ilişkiyi sürdürmekten daha keyifsiz değildir ve çocuk için daha iyi olur. Eğer mümkünse, doktorunuzla bağlarınızı tamamen koparmadan önce, ona katılmadığınız noktaları ve problemlerinizi konuşmaya çalışın; bu anlaşmazlığın altında ciddi düşünce farklarından daha çok bir yanlış anlama olduğunu ortaya çıkarabilir ve bu durumda aynı doktorla yeni bir başlangıç yapabilirsiniz. Eğer seçtiğiniz doktor, gerçekten *Dr. Yanlış* olmaya başlamışsa, o zaman daha akıllıca ve daha iyi sonuçlar elde edebileceğiniz yeni bir doktor aramaya başlayabilirsiniz. Bebeğinizin doktorsuz kalmaması için, yeni bir doktor bulana kadar *Dr. Yanlış* ile ilişkinizi tamamen sona erdirmekten kaçının. Bulduğunuz zaman, çocuğunuzun tüm tıbbi kayıtlarının hemen aktarılacağından emin olun.

-2-

Bebek İçin Alışveriş

Aylar boyunça bu dürtüye karşı koydunuz. Ana-çocuk merkezine giderken yolun üzerindeki mağazalarda gördüğünüz el örgüsü örtülere, parlak giysilere yalnızca dokunmakla ve müzikli pusetlere ve yumuşak ayıcıklara yalnızca bakmakla yetindiniz. Ama artık doğuma birkaç ay kaldı ve şimdi daha fazla direnmeyip gerekli malzemeleri almak zorundasınız.

Ancak kendinizi size mağazadaki her şeyi satmak isteyen ve büyükannenize benzeyen tezgâhtar kadına teslim etmeyin. Satıcının deneyimli ses tonu size akrabalardan gelecek olan giysileri, hediyeleri ve sık sık çamaşır yıkamak zorunda kalacağınızı unutturmasın. Aksi takdirde mağazadan eliniz kolunuz bir sürü minik kıyafetle ve malzemeyle çıkarsınız, ancak bebeğiniz bunları çok kısa bir süre giyebilecektir.

Bunun yerine evde biraz hesap-kitap yapın. 36. sayfadaki listeden faydalanarak minimum ihtiyaçlarınızı belirleyin ve satıcının karşısına hazırlıksız çıkmayın: (eksik kalanları daha sonra da tamamlayabilirsiniz.)

Herhangi bir listedeki her şeyi satın almayın; listeyi yalnızca rehber olarak kullanın.

- Haftada kaç kere çamaşır yıkayacağınızı düşünün. Her gün yıkayacaksanız listedekilerden en az sayıda alın; kirlileri üst üste yığıp yalnızca haftada bir kez çamaşır yıkayabilecekseniz o zaman en fazla sayıda alabilirsiniz.

- Alışveriş listenizi tamamlamadan önce ödünç aldığınız veya akraba çocuklardan kalan giysileri-malzemeleri gözden geçirin.

- Aileniz ve arkadaşlarınız neye ihtiyacınız olduğunu soruyorsa bunu söylemekten utanç duymayın. Gerçekten ihtiyaç duyduğunuz şeyi almayı tercih edeceklerdir. İstediğiniz şeyler farklı fiyat aralıklarında olsun, bu onlara seçme özgürlüğü sağlayacaktır; ancak aynı malzemeleri farklı insanlara ısmarlamayın.

- Hemen ihtiyaç duymadığınız malzemeleri almayın (bebekler için mama sandalyesi, küvette oturmak için sandalye ve oyuncaklar ilk etapta gereksizdir). Alacağınız şeylere tüm hediyeler geldikten sonra karar verin (pijama, havlu, tişörtler). Artık hediye gelmemeye başladığında yeniden hesap-kitap yapın ve bir kere daha alışverişe çıkın.

- Çoğunlukla altı-dokuz aylık bebek giysileri alın. Birkaç tane 3 aylık bebek tişörtü almak isteyebilirsiniz, ama bebek büyüyene kadar giysilerin kolları katladığınızda da pratik olabilir. Bebek giysilerini hemen açıp dolaba yerleştirmek için hiç sabırsızlık etmeyin. Kullanmadığınız giysiler paketinde kalsın. Bebek 4,5 kg doğarsa siz hastanedeyken eşiniz veya bir yakınınız bunu 6 aylık bebek malzemesiyle değiştirebilir. Benzer şekilde bebek çok küçük doğarsa büyük giysiler küçük olanlarla değiştirilebilir.

- Genelde daha büyük bedenleri seçin; 6 aylık bebeklerin çoğu 9 veya 12 hatta 18 aylık bebeklerin giydiklerini giyerler. Giysi almadan önce gözlerinizle bedeni kestirmeye çalışın; bazı stiller özellikle de ithal kıyafetler normalden daha büyük veya küçük olabilir.

• Alışveriş yaparken mevsimlere göre davranın. Bebek mevsim başında doğarsa önce o an için gereken, küçük giysileri, sonra da daha ileride giyebileceği giysileri alın. % 50 indirimli, işlemeli bebek mayosu dayanılmaz olabilir, fakat bu 12 aylık bir bebek içinse ve bebeğiniz bir sonraki Haziran ayında bir yaşını dolduracaksa pişman olabileceğiniz bir alışveriş yapmış olabilirsiniz.

• Bebek giysileri seçerken öncelikle kullanışlı ve rahat olmasını dikkat edin, modayı ikinci plana atın. Bebeğin tam boyun hizasındaki düğmeler çok şirin olabilir ama bebek ağlarken bunları kapamaya çalışmak hiç de eğlenceli değildir. Sentetik malzemeden yapılan giysiler bebeğin cildini tahriş edebilir. Her zaman yumuşak, kolay giyilip çıkarılan ve düğme kullanılmayan giysileri tercih edin. Bebek düğmeleri yutabilir. Giysilerin boynu çok dar olmamalıdır, uzun bağcıklar veya kurdeleler potansiyel tehlike oluşturur. Bebeğin büyümesini engelleyecek giysiler kullanılmamalıdır; onun yerine omuz kısmı ayarlanabilen veya streç kumaştan giysiler, tek parçalı belsiz tulumlar, beli elastik pantolonlar, kenarları geniş giysiler tercih edilmelidir. Ayak bölümü olan pijamaların boyları tam olmalı ve bilek bölgelerinde elastik kısım bulunmalıdır.

• Bebeğinizin cinsiyetini ultrason veya amniyosentezle öğrenemediyseniz sarı veya yeşil renkte giysileri seçmeyin çünkü çoğu bebeğin ten rengi bu renkleri kaldırmaz. Hem kızlara hem de oğlanlara kırmızı, mavi ve lacivert giydirilebilir. Bazı dükkânlarda sipariş verip bebek doğduktan sonra renklere karar vermeniz mümkündür. Bu, anne hastanedeyken baba, büyükbaba ve arkadaşların sipariş edilen giysiyi, cinsiyete uygun renkte almalarını sağlayacaktır. (veya siz hastaneden çıkmadan eve getirilmesini ...)

• Bebek mobilyası alırken pratiklik ve emniyet modelin önüne geçmelidir. Antik bir beşik, odayı bakım odasına çevirebilir. Köpeğiniz varsa beşik yere çok yakın olmamalıdır. Lüks bir puset büyük sükse yapabilir ama bununla otobüse binmeye ve bunu katlamaya çalışırken çok zaman harcayıp çok tepki toplayabilirsiniz. Bebeğinizin mobilyaları ile ilgili diğer faydalı bilgileri 39. sayfada bulabilirsiniz.

• Bebeğe tuvalet ve banyo malzemeleri alacaksanız gördüğünüz her şeyi değil, gereksindiklerinizi alın. Aldığınız ürünlerin alkol (alkol bebeğin cildini kurutur) ve koruyucu, yapay katkı maddesi veya kimyasal madde içermemesine dikkat edin. Bebek tozları almayın. Tıbbi açıdan faydalı olmadıkları gibi bebeğin kıvrımlarında biriktiklerinde veya solunum yoluyla alındıklarında tehlike yaratabilirler; ayrıca talk pudrası uzun vadede akciğer kanserine zemin hazırlar.

• Ecza dolabını doldururken acil durumlarda gerekecek tüm ilaçları alın. Aksi takdirde ateşler içinde gece yarısı uyanan bebeğinize verecek ilacınız olmaz. Veya bebeğinizi, bir misafirin Noel için getirttiği okunmuş fakat zehirli bir bitkiyi kemirirken bulabilirsiniz, ancak ecza dolabınızda bebeğinizi kusturacak ilacınız da olmaz.

İLK GARDIROP

Üç-yedi adet iç çamaşırı. Yeni doğmuş bebeklerde önden açılan, yanları yapışkanlı olan çamaşırlar en kolay giyilip çıkarılabilenlerdir. Altı yapışkanlı giysiler de yukarı tırmanmadıklarından bebeğin göbeğini kapatırlar.

3-7 adet alttan iple çekerek kapanan gece giysisi. Bebek hareketlendikçe bu ipleri çıkarın.[1]

2-3 adet örtü. Kışın veya sonbaharda doğan bebekler için gerekir. Tulum kullanmayın.

---

1. Bebeklerin ve çocukların uyurken giydikleri giysilerin yakıcı olmaması için uluslararası standartlara uygun olması gerekmektedir.

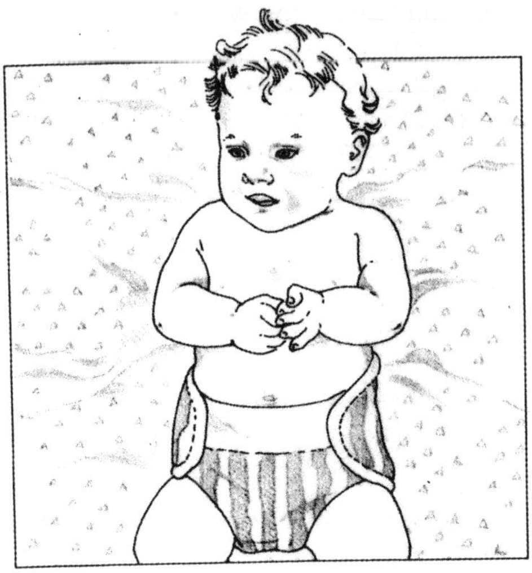

Pamuk veya yünden yapılan bezler cilde soluk aldırarak pişikleri önlerler

3-4 adet su geçirmez pantolon, muşamba bez. Kumaş bez kullanıyorsanız gerekir.

2-3 çift patik veya çorap. Kolayca çıkmayanları tercih edin.

3-6 adet ayaklı, streç tulum. Sonbahar veya kış bebekleri için gerekir; yaz ve ilkbahar bebekleri için 2-3 adet yeterlidir.

3-6 tek parça giysi. Bahar sonu veya yazın doğan bebekler için gereklidir.

2 yıkanabilir önlük. Katı besinlere geçmeden önce bebeğin mama tükürmesine karşı önlük kullanmak gerekir.

1-3 adet kazak. Hafif bir kazak yazın, kalın kazaklar kışın işe yarar.

1-3 şapka. Yazın doğan bebekler için hafif, kışın doğanlar için kenarları kulakları örten şapkalar.

1 adet kış giysilerini taşıma çantası. Kışın doğan bebekler için gerekir.

YATAK TAKIMI

3-6 adet battaniye. Mevsime göre değişir.

3-4 adet çarşaf. Karyola, puset, beşik için gerekir.

Şilte için iki adet yorgan.

2-6 adet su geçirmez örtü. Mobilya, karyola veya pusetin ıslanmaması için gereklidir.

2 adet yıkanabilir örtü. Karyola veya puset için gerekir. Yaz için ince, kış için kalın olanları tercih edin. Uzun iplik veya bağlardan kaçının.

Puset için 1-2 adet örtü. Yazın doğan bebek için bir tane hafif örtü yeterlidir.

Terletmeyen kumaştan, kapüşonlu 2-3 giysi.

2-3 adet yumuşak bez

Bir düzine kare kumaş bez. Bebek gazını çıkarırken omzunuzu, mama tükürdüğü zaman çarşafları korumak için gerekir.

Bezi koruyucu muşamba külot. Kumaş bez kullananlar ve çok idrar yapan bebekler için gereklidir.

Bezler. Önceden katlanmış, 2-5 düzine kumaş bez (yıkama olanağınız varsa) veya birkaç düzine hazır bez.

TUVALET MALZEMELERİ

Bez değiştirmek için gereken malzemeler sizin için ulaşılması kolay, bebek için ulaşılması zor bir rafta bulundurulmalıdır.

Bebek sabunu veya banyo sıvısı. Yedek olarak bulunsun.

Gözleri yakmayan şampuan. Küçük bebeklerde bu tip şampuan kullanılır.

Bebek yağı. Doktor özellikle önermediyse çok gerekli değildir. Ayçiçek yağı da aynı işi görür.

Bebekler için mısır nişastası. İsteğe bağlı olarak sıcak havalarda kullanımı güzeldir.

Pişik için merhem. Doktorunuza danışın.

Rektal termometrenin kolay girmesi için vazelin türü jeller. Pişik için kullanılmaz.

Bez değiştirirken elleri temizlemek için kullanılan temizleyiciler (ıslak mendiller). İlk haftalarda bebeğin poposunu temizlemek için pamuk topları veya sadece su kullanın. Yalnızca pişik problem olduğunda bunları kullanın.

Steril pamuk toplar. Bebeğin gözlerini temizlerken, kordonu silerken veya ilk haftalarda bez değiştirirken ya da pişik varsa kullanılır.

Bez iğnesi (8 adet). Kumaş bez kullanıyorsanız gerekir. Başı metal olan çengelli iğneler plastik olanlara kıyasla daha iyidir.

Bebeklere özel tırnak makası.

Bebek saç fırçası ve tarağı. Islak saçı taramak için geniş taraklar kullanın.

ECZA DOLABI

Gerektiğinde koşturmak yerine bunları sürekli bulundurun. Bebeğinizin doktoruna danışın Bebeklerin ve çocukların erişemeyeceği yerlere kaldırın.

Sıvı aspirin. Asetaminofen içeren Tempra, Tylenol ve Panadol gibi ilaçlar.

Sıvı kömür. Zehirlenmelere karşı kullanılır.

İpeka şurubu. Zehirlenme durumunda kullanılır (doktor önermeden kullanılmaz).

Sıvı dekonjestan. Bebekler için üretilen formül kullanılır (doktor önerisiyle alınır). Genellikle bebeklerde kullanılmaz.

Antiseptik krem. Küçük kesikler veya sıyrıklar için basitrasin veya neomisin gibi ilaçlar kullanılır.

Hidrojen peroksid. Ciltteki kesikleri veya çizikleri temizlemek için kullanılır.

Kalamin losyonu veya hidrokortizonlu krem (%1/2'lik krem). Sivrisinek ısırığı ve kaşıntılı pişikler için kullanılır.

Rehidratasyon (kaybolan sıvının yerine konması) sıvısı. İshalli bebeklerde ve genelde anne sütü ile beslenen bebeklerde gerekmez.

Güneşten koruyucu krem veya losyon. Altı aylıktan küçük bebeklerde doktor önermediği sürece kullanmayın.

Alkol. Termometre temizlemek için kullanın. Bebeğin vücudunu ovmayın.

Ölçüsü belli kaşık, damlalık veya ağız yoluyla ilaç kullanma şırıngası. İlaç verirken kullanılır.

Steril yara bantları ve gazlı bezler. Değişik ebatlarda almalısınız.

Yapıştırma bandı. Gazlı bezi yapıştırmak için kullanılır.

Kıymıkları çıkarmak için cımbız.

Burun aspiratörü. Tıkanmış burnu açmak için kullanılır.

Kulak şırıngası. Kir birikmesini engellemek için kullanılır. Doktorunuz öneriyorsa kullanın.

Nemlendirici. Eski tip sıcak buhar üfleyen nemlendiriciler yanıklara yol açabiliyorlar.

Termometre. Standart rektal termometre veya yeni timpanik modeller olabilir. Elektronik modeller doğru sonuç vermeyebilir.

Kalem şeklinde fener. Boğazdaki iltihabı veya göz bebeklerini incelemek için kullanılır.

Dil bastırma aleti. Boğazı incelemek için kullanılır.

Isıtıcılar veya sıcak su dolu şişe. Gazlı veya sancılı bebeklerde ve kas ağrılarında kullanılır.

BESLENME MALZEMELERİ

1 adet emzikli biberon. Meme veriyorsanız su veya mama hazırlamak için biberon.

Küçük ve büyük biberonlar. Cam biberonları temizlemek daha kolaydır ama çabuk kırılırlar ve anne sütü vermek için kullanılmazlar. Plastik biberonlar iki tiptir: klasik, yeniden kullanılabilenler ve daha yeni olup bebeğin hava yutmasını engelleyen biberonlar. Biberon ağızlıklarının şekli (damak yapısına daha uygun olanlar) ve delik çapı (mama vermek ve küçük bebekler için küçük delik, meyve suyu vermek için büyük delik) farklı olanları vardır. Silikondan yapılan biberon ağızlıklarında koku ve tat yoktur, bebeğin damağına yapışmazlar, şeffaf oldukları için temiz olup olmadıkları dışardan görülür ve bulaşık makinesiyle uyumludurlar. Bebeğiniz için hangisinin daha uygun olduğunu anlamak için birkaç tipini deneyiniz.

Bebeği biberonla besliyorsanız mama hazırlamak için gereken malzemeler. Hangi malzemelerin gerekli olduğu, hazırlamayı düşündüğünüz mamaya göre değişir. Alışveriş listenizde şişe ve ağızlık yıkama fırçası, cam (Pyrex) ölçüm kapları, cam (Pyrex) tartı kabı, kutu açacağı, uzun saplı karıştırma kaşığı ve maşa yer almalıdır. Hepsi kaynatılabilir türden olmalıdır.

Sterilize edici alet. Bebeğe destek besinler veriyorsanız veya biberonla besliyorsanız bu alet gereklidir.

Emzik. Bebeğinizin emzik kullanmasını isterseniz dayanıklı, tek-parça, üzerinde havalanma delikleri olan ve damağa uygun olanları tercih edin. Ağızlıkta olduğu gibi emziklerin de silikon olanları vardır.

Uyarı: Emziğe kurdele veya kordon takmayın.

MOBİLYALAR

Tüm malzemelerde, kurşun içermeyen boyayla boyanmış olmalarına; uçları sivri olmayan ve yuvarlak köşeli tasarım olmasına ve mümkünse bel hizasından bağlama olanağı olmasına dikkat edin. Sert ve sivri köşeli olmamasına veya küçük parçalara ayrılan malzeme olmamasına; menteşe ve yayların dışarıda olmamasına; kurdele, ip ve kordon takılmamış olmasına gayret gösterin. Kullanmadan önce üretici firmanın talimatlarını yerine getirin ve bebeğin karyolasını, pusetini ve diğer eşyalarını çıkmış çivi, gevşemiş vida veya başka aksaklıklar açısından kontrol edin.

Karyola: Kalite Onay Belgesi almış olmasına, kenarlarındaki çubukların 4 cm'den geniş olmamasına, tahta kısmında çatlak veya kırık olmamasına, şilte yüksekliğinin ayarlanabilir olmasına, şilte maksimum yükseklikteyken ve parmaklık'en alt seviyedeyken minimum parmaklık yüksekliğinin 44 cm olmasına, çelik koruyucu çubuklar olmasına; tırtıklı olan parmaklıkların plastik kaplı olmasına ve kırılmamış olmasına ve altında tekerlek olmasına dikkat edin. Batabilecek çıkıntıları, parçaları olmamasına bakın.

Karyola şiltesi. Şiltenin sağlamlığını; ailede alerji öyküsü varsa yoğun bir köpük katmanı olmasını; şiltenin karyola içine tam oturmasını (şilte ve karyola arasındaki genişlik iki yetişkin parmağından daha fazla olmayacak şekilde) kontrol edin.

Tampon. Karyolanın çevresinde gevşek olmayan, tam oturan tampon olmasına ve tamponun karyolanın parmaklıklarına en az altı bağlantıyla bağlanmasına dikkat ediniz.

Beşik. Seçime bağlıdır. İlk haftalarda bebek beşiğin sıcaklık ve yumuşaklığını sevebilir. Sizin için de kolay taşınabilir olmalıdır. Şiltesinin sağlam olmasına, tabanının güçlü olmasına, bebeğinizi tutacak kadar geniş olmasına dikkat edin. (Kırılabilir bir antika beşik bebeğin ağırlığını kaldırmaz).

Değişim yeri. Bu, bebeğin üzerini değiştirmek için kullanacağınız bir masa veya etajer üstü olabilir. Yüksekliğinin uygun olmasına, bebeğin altına serdiğiniz bezin yıkanabilir olmasına, bebeği tutan kayışlar veya bağlantılar olmasına, bez saklama yeri bulunmasına ve tuvalet malzemelerinin bebeğin ulaşabileceği yerden uzak olmasına dikkat edin.

Etajer. Bebeğin eşyalarını koymak için gerekir.

Bebek küveti. Tabanının kaygan olmamasına, kolayca temizlenebilmesine, yeterince büyük olmasına, bebeğin kafası ve boynunun yeterince desteklenmesine, kolay taşınabilmesine ve kolayca boşaltılabilme özelliğine dikkat edin. Tabanı süngerle kaplanmış olanları tercih etmeyin.

Küvet oturağı. Bebeğin büyük küvete geçtiğinde kullanması için gereklidir. Kayışları ve su boşaltma sistemi olmasına dikkat edin.

Bebek koltuğu. Geniş, dayanıklı olmasına, kaygan olmamasına; bel ve apış arasından bebeği tutabilmesine; yeterince büyük olmasına, taşınabilir olmasına dikkat edin. Sallanabilir olması artı puan olacaktır. Hiçbir zaman bebeği kendini itip uzaklaştırabileceği masanın veya etajerin kenarında bulundurmayın ve bu koltuğu araba koltuğu olarak kullanmayın.

Oyuncak dolabı. Hafif kapakları olmasına, çekmecelerin çocuğun üzerine düşmeyecek şekilde yapılmış olmasına, kenarlarının sivri ve metal değil yumuşak olmasına, kapak ve kenarlarda hava delikleri olmasına, kilitlenmemesine dikkat edin. Oyuncak saklamak için raflar daha uygundur.

BEBEĞİ DIŞARI ÇIKARIRKEN KULLANACAĞINIZ MALZEMELER

Puset. Kalite Onay Belgesine bakın; arkasının yatırılıp kaldırılabilmesine, içinin geniş olmasına, frenlerinin iyi olmasına, kolayca katlanmasına, hafif olmasına, yağmur ve güneşten korumasına, parmakları sıkıştırmayan menteşeleri olmasına, itme yüksekliğinin uygun olmasına dikkat edin. Puset kullanırken açıkken katlanma mekanizmasının iyice kapanmasına ve pusetin çanta veya poşetlerle dolup taşmamasına bakın.

Bebek taşıma aleti -puset kombinasyonu. Her ikisinin beraber olması ağır olabilir.

Bebek taşıma aleti. Kalabalık mahallelerde yaşayan aileler bu tip bir alete gerek duymazlar ancak almak istediğinizde sallanma hareketinin

***Araba koltuğu.** 9 kg'a kadar olan ve kendi kendilerine oturabilen bebekler için uygundur. Arkaya bakacak şekilde oturtulan bebek böylece anneyle konuşma olanağı bulur, fakat önünde beliren manzarayı görmediği için sıkılabilir. Bebek içindeyken koltuk kaldırılır veya yerleştirilebilir ve evin içinde bebek koltuğu olarak kullanılabilir. Ön koltukta hava yastığı bulunuyorsa arkaya bakan koltuk kullanmayın.*

Dönüştürülebilen araba koltuğu. Doğum ağırlığı ile 17 kg arasındaki çocuklarda kullanılır. Bebekler bu koltukta yarı-yatar durumda ve arkaya bakar şekilde otururlar. Bebek büyüdüğü zaman dik ve öne bakacak şekilde oturtulur. Ön koltukta hava yastığı varsa bebeği arkaya bakan pozisyonda oturtmayın.

Büyük bebekler emekleme dönemi koltuklarına geçebilirler. Bunlar bellı bir kilonun ve boyun üzerindeki çocuklar için yapılmış koltuklardır. Arabanın emniyet kemeriyle bağlanan bebek daha fazla görüş açısına ve hareketliliğe sahip olur. 17 kg'ın üzerine çıkana kadar erişkinlerin kullandığı kemerlerle bağlanmamalıdır.

yavaş olmasına, katlanabilir ve kullanışlı olmasına, paket koyma yerinin bulunmasına dikkat edin.

Bebek arabası. Kalabalık mahallelerde yaşayan veya daha çok arabaları ile dışarı çıkan aileler bu tip bir alete gerek duymazlar, ancak almak istediğinizde sallanma hareketinin yavaş olmasına, katlanabilir ve kullanışlı olmasına, paket koyma yerinin bulunmasına dikkat edin.

Araba koltuğu. Arabanız olmasa bile başkasının arabasına bindiğinizde bu koltuk size gerekli olacak. Araba kiraladığınızda koltukla beraber kiralayın, ancak bunun piyasadaki en iyi koltuk olmayacağını hesaba katın. Üç koltuk tipi vardır: dönüşebilen koltuk, bebek koltuğu, emekleme dönemindeki bebek koltuğu. Koltuğu alırken kolayca takılabilmesine, bebeğin tek kayışla bağlanmasına, bebeğin rahat edeceği genişlikte olmasına, yeterli görüş açısı ve hareketlilik sağlamasına, bebek büyüdükçe ayarlanabilir olmasına dikkat edin.

Bebek taşıyıcısı (Kanguru). Çok küçük bebeği eve veya evden dışarı götürmek için uygundur. Bebeği önünüze yaslayarak taşıyabileceklerinizi tercih edin. Kolayca vücudunuza asabilmeniz ve kolayca çıkarabilmeniz gerekir, ayarlanabilir ve birbirine yapışmayan kayışları olmasına, kolayca yıkanmasına, bebeğin poposunu ve kalçasını yeterince taşıyabilmesine, bebeğin kafasına ve boynuna yeterince destek sağlayabilmesine dikkat edin. Uyandığı zaman bebeğin kafasını yukarda tutan bir taşıyıcı idealdir. Bebek ağırlaştıkça bebeğin ağırlığının çoğunu kalçalarınıza veren taşıyıcılar sırtınız için daha iyidir. Asla araba koltuğu yerine taşıyıcı kullanmayın.

Bez çantası. Çok sayıda bölmesi olan (biri su geçirmeyen), omuz kayışları olan, ana bölmenin fermuarla ayrıldığı çanta.

FAYDALI MALZEMELER

Sallanan sandalye. Bebeği beslemek ve sakinleştirmek için müthiş bir eşyadır. Oturulacak yerinin rahat olmasına ve sağlam olmasına dikkat edin.

İntercom (Bebek odasındaki sesleri alan cihaz). Bebeğinizin odası işitme sınırlarının dışındaysa ideal bir alettir. Taşınabilir ve emniyetli olmasına dikkat edin. (Elektrik çarpmasına yol açmamak için açıkta herhangi bir tehlikeli bölümü olmamasına dikkat edin.)

Bebek salıncağı. Mutsuz bir bebeği eğlendirebilir. Bebeği taşıyan kayışların sağlam olmasına, kenarların ve köşelerin sivri olmamasına, dayanıklılığa, küçük bir bebeğin oturabilmesi için oturulan yerinin geriye yatmasına dikkat edin. Parmakları sıkıştırmayan menteşe olmasına, kırılacak küçük parçalar olmamasına gayret gösterin. Salıncak kapı girişine asılacaksa sizin kapınıza uyup uymadığını kontrol edin. Altı aylıktan küçük bebeklerde kullanmayın.

Taşınabilir karyola. Bu tip eşyaların olmadığı yerlere yolculuk yapacaksanız gerekir. Çocuk parkı için geçerli olan emniyet koşulları geçerlidir.

SİZE GEREKECEK VEYA SONRADAN İSTEYEBİLECEĞİNİZ EŞYALAR

Mama sandalyesi. Yüksek ve alçak modelleri vardır, ama yüksek olanları daha popülerdir. Geniş, sağlam, tepsisi tek elle kolayca çıkarılıp takılabilen, bebeğin kafas nı destekleyecek kadar yüksek bir arkalık, ayarlanabilir ayak dinlendirici, sandalye katlandığında emniyetli bir kilitlenme sistemi ve Kalite Onay Belgesi olan bir sandalye olması gerekir.

Taşınabilir mama koltuğu. Gezmeye gittiğinizde ve restoranlarda çok faydalıdır. Düşmeyi önleyen bir kapanma sistemi olması, bebeğin apış arasından kayışlarla tutulup yandan düşmesinin engellenmesi gerekir. Bu koltuğu cam bir masa üzerinde asla kullanmayın.

Çocuk parkı. Tahta çocuk parkları ayağa kalkmanın öğrenilmesi için faydalıdır, ancak ağlı olanlar bebek yanlara düştüğünde düşüşün daha yumuşak olmasını sağlar. Ağlı olanlarda ağın ince gözlü olmasına, parmaklıkların arasının 4 cm'den fazla olmamasına (düğme veya parmakların takılmaması için), kolayca yırtılmayan vinil döşeme olmasına (bebekler kopmuş plastik veya dolgu malzemelerini çiğneyip boğulabilirler), metal menteşe olmasına dikkat edin. Akordeon tipindeki çocuk parklarını kullanmayın ve ağlı olanların ağını aşağı indirmeyin.

Merdiven başında ve kapı girişlerinde kullanılmak üzere emniyet parmaklığı. Sağlam bir ağ veya metal tasarım olmasına dikkat edin. Mandalını veya kilidini kapamak kolay olsun.

Yürüteç. Önerilmez. Kullanılacaksa geniş, sağlam, parmakları sıkıştırmayan kilit mekanizması olmasına, oyun ve koruma için üç tarafta da bebeğin kollarını dayayabileceği bölüm bulunmasına dikkat edin. En güvenli seçenek kendi etrafında dönen sabit yürütücülerdir.

HASTANEYE GÖTÜRMENİZ GEREKENLER

Bunu genel bir liste olarak algılayın.

Hastaneye giderken, yolda:

□ Taksi parası veya araba parkı için para.

□ Kasılmaları saymak için saniye göstergesi olan saat.

□ Kasılmaları ve duygusal ve fiziksel semptomları kaydetmek için defter ve kalem.

Sancı veya doğum odasındayken:

□ Telefon jetonları ve yiyecek-içecek otomatları için bozuk para.

□ Sigorta formları.

□ Hastaneye başvuru formları ve bilgi.

□ Masaj losyonları.

□ Aşırı soluk alıp vermeye çare olarak kesekâğıdı

□ Sırt sancısı sırasında masaj için tenis topu.

□ Ağzınızı ıslak tutması için şekersiz lolipoplar.

□ Ayak üşümesi için kalın çoraplar.

□ Renkli yıkama bezi.

□ Üzerinde isminiz yazan bir şampanya (kutlama için).

□ Baba için sandviç.

□ Aranması gereken aile üyeleri ve arkadaşların listesinin bulunduğu adres/telefon defteri

□ "Bebeğinizi Beklerken Sizi Neler Bekler" adlı kitap.

Hastane odasında olması gerekenler

□ Bu kitap.

□ Loşi ile lekelenebileceği için çok yeni olmayan gecelikler ve elbise.

□ Yatak kıyafeti ve terlikler.

□ Parfüm, pudra, kozmetik malzemeler, diş fırçası, diş macunu.

□ Sabun, deodorant, vücut losyonu, saç kremi, şampuan.

□ Saç kurutma makinesi, saç fırçası, bigudi.

□ Gözlük veya kontakt lensler.

□ Hijyenik kadın bezleri (hastane tarafından verilir)

□ İskambil kâğıtları, kitaplar, dergiler.

□ Bebek isimleri kitabı (isme henüz karar vermediyseniz).

□ Kuru üzüm, fındık-fıstık, tahıllı krakerler.

Eve giderken:Anne

□ Geniş bir giysi

□ Sutyen (emzirmeyi düşünüyorsanız emzirme sutyeni).

□ Külot ve slip.

□ Ayakkabı ve çorap.

□ Palto veya kazak (gerekirse).

□ Hediyeleri eve götürmek için çanta veya torbalar.

Eve giderken: Bebek

□ Hazır çocuk bezleri veya iğnelerle, su geçirmez pantolonla beraber 4 kumaş bez.

□ Bir adet iç çamaşırı.

□ Bir adet streç tulum veya gecelik.

□ Bir kundak örtüsü.

□ Soğuk havada giyilmek üzere kazak ve şapka.

□ Soğuk havalar için kalın örtü.

□ Bebeklere özel araba koltuğu.

EVE GİDERKEN

1930'larda yeni doğan bebekler 10 gün sonra evlerine gönderilirdi. Bu sayı 1950'lerde dört güne, 80'lerde de iki güne indi. Bugün bebeğinizi doğumdan birkaç saat sonra eve götürebilirsiniz. Bu çoğu zaman korkutucu, tartışmalı bir konudur ve her zaman da uygun değildir. Bu kararı doktor her bebek için ayrı düşünmek zorundadır. Bebek miadında doğmuşsa, ağırlığı normalse, emmeye iyi başlamışsa, anne-babası bebek bakımının temel kurallarını bilen ve bakım verebilecek düzeydeyse erken taburcu etmek en güvenli yoldur ve bebek iki-üç gün sonra doktora getirilir. Erken taburcu olmakla ilgili endişeniz varsa bebeğinizin doktoruyla görüşün.

Siz ve bebeğiniz erken taburcu olmuşsanız, doktor ziyareti doğumdan sonraki 48 saat içinde gerçekleştirilmelidir. Ayrıca bebeklerin derilerinde ve göz aklarındaki sararma* (sarılık göstergesi), beslenmek istememe, dehidratasyon (sıvı kaybı: 24 saat içinde altıdan az ıslak bez veya koyu sarı idrar), sürekli ağlama veya sızlar gibi ağlama; ateş, deride kırmızı veya mor noktalar gibi yenidoğanlara özgü problemlere karşı uyanık olun.

*Sarılıktan endişe ediyorsanız bebeğinizin kolunu veya uyluğunu başparmağınızla bastırın. Bastırdığınız bölge beyaz değil de sarı oluyorsa sarılık var demektir.

-3-

Yeni Doğmuş Bebeğiniz

BEBEĞİNİZ NELER YAPIYOR OLABİLİR

Birkaç günlük bebeğiniz:

• Karnının üstüne yatırdığınızda kafasını yukarı kaldırır.

• Vücudunun iki tarafındaki kollarını ve bacaklarını eşit derecede hareket ettirebilir.

• 16 cm-30 cm uzaklıktaki nesnelere odaklanabilir.

HASTANE KONTROLLERİNDE NELER BEKLEYEBİLİRSİNİZ

Bebeğinizin hastanedeki ilk check-up'ı doğum odasında veya doğum sonrası bakım odasında yapılır. Orada ya da daha sonra kreşte, doktor veya hemşirenin şunları yapması gerekir:

• Bebeğin burnundakileri bir hortumla emme yolu ile çıkartarak havayollarının açılmasını sağlar (bebeğin kafası çıkar çıkmaz ya da bebeğin tüm vücudu çıktıktan sonra).

• Göbek kordonunu klipsler ve keser (kordonun kalan kısmına antibiyotik merhem sürer ve klips en az 24 saat süreyle yerinde bırakılır).

• Plasentanın parçalanmamış olduğunu kontrol eder ve durumunu inceler.

• Bebeğe Apgar testi uygular ve puanlar (bebek doğduktan sonraki 1. ve 5. dakika içinde bebeğin durumunu bu yolla değerlendirebilir).

• Gonokok veya klamidya enfeksiyonunu önlemek için göz damlası veya merhem kullanır (gümüş nitrat veya antibiyotik).

• El ve ayak parmaklarını sayar ve bebeğin görünürdeki vücut kısımlarının ve özelliklerinin normal olup olmadığına bakar.

YENİDOĞANIN PORTRESİ

İlk kez bebek sahibi olan anne-babaların çoğu, doğumla gelen bu neşe kaynağının görünümüne pek hazırlıklı değildir. Heyecanlı arkadaşların ve akrabaların sevinç çığlıklarına rağmen çoğu yenidoğan aslında hiç de şirin değildir. Tipik olarak yenidoğanın kafası vücudundan çok daha büyüktür (toplam vücut uzunluğunun dörtte biri kadar), bacakları tavuk bacağı gibi cılızdır ve sezaryenle doğmamışsa yüz ifadesi harap görünümdedir.

Yenidoğanın saçları seyrek veya tam olabilir, kafasına yapışık veya son zamanların punk modasına uygun şekilde dimdik durabilir. Saçlar zayıf olduğunda kafa derisindeki damarlar göze çarpabilir ve kafanın tepesindeki bıngıldakta veya yumuşak yerlerde nabız belirgin biçimde görülebilir.

Yenidoğanın gözleri iç taraflarındaki katlanmalar, doğum sırasındaki şişkinlik ve enfeksiyonu önleyici göz damlaları kullanılması sebebiyle şaşı gibi görünebilir. Doğum anındaki basınç nedeniyle kanlı da olabilir. Burun basık, çene asimetrik veya annenin pelvisinden çıkarken sıkıştığı için basık görünebilir. Çok sert bastırılmışsa bebeğin kafası külah giymiş gibi belli bir noktaya doğru uzayabilir. Bundan başka, saçlı kafa derisinde çürük veya sefalohematom oluşabilir. Bu tip, doğumdan kaynaklanan etkilerin çoğu birkaç gün veya haftada geçer.

Yenidoğanın derisi ince olduğundan altında bulunan kan damarlarından dolayı açık pembe renkte (zenci bebeklerde bile) görünür. Bebeğin derisi amniyotik sıvı içinde bulunduğu sırada deriyi kaplayan ve fötal deriyi koruyan peynirimsi tabakanın kalıntılarıyla kaplıdır; bununla beraber bebeğin doğumu geciktikçe bu tabaka incelmeye başlar. Birçok bebekte ve özellikle de vaktinden önce doğanlarda lanugo denen, bebeğin omuzlarında, sırtında, alnında ve yanaklarında bulunan ve doğumdan sonraki birkaç hafta içinde kaybolan bir tüy tabakası vardır. Doğumdan hemen önce hem kız, hem de oğlan bebeklerde plasentadan dişilik hormonları salındığı için göğüslerin ve/veya cinsel organların büyüdüğü dikkati çeker. Hatta göğüslerden süt geldiği ve kız bebeklerde vajinal akıntı (bazen kanlı) olduğu da görülebilir.

Yenidoğandaki bu özellikler ileriki haftalarda ortadan kaybolmaya başlar ve sonra, bebeğiniz tablolardaki kadar güzelleşir.

• İdrar ve dışkının atılım yollarını inceler ve boşaltımla ilgili bir problem varsa bunu düzeltir.

• Bebeğin kanının pıhtılaşma derecesini arttırmak için K vitamini enjekte eder.

• Bebeği tartar (ortalama ağırlık 3 kg 375 gramdır; bebeklerin %95'i 2,475 kg ile 4.5 kg arasında doğar).

• Bebeğin boyunu ölçer (ortalama boy 50 cm'dir; yenidoğanın %95'i 45 cm ile 55 cm arasındadır).

• Kafa çevresini ölçer (ortalama çap 35 cm'dir; normal sınırlar 32 cm ile 37 cm arasındadır)

• Bebeğin topuğundan kan alır ve bu kanla fenilketonüri (PKU) ve hipotiroidizm testi yapar; Coombs testi (Rh duyarlılığını gösteren antibiyotikleri saptamak için), metabolik tarama testleri (kan şekerinin düşüklüğü), orak hücre testi yapmak için göbek kordonundan aldığı kanı kullanır.[1]

• Vaktinden önce doğan bebeklerde gestasyon yaşını (rahimde geçirilen zaman) değerlendirir.

Bebeğiniz doğum odasından veya doğum sonrası odasından ayrılırken hem size, hem bebeğinize Kimlik Bantları takılacaktır. Bebeğinizin ayak izleri ve sizin parmak iziniz sonradan kimlik tespiti amacıyla kullanmak üzere alınacaktır (bebeğinizin ayağındaki mürekkep izi yıkanınca çıkacaktır ve kalan lekeler geçicidir). Bebeğinizin doktoru, -genelde bu sizin seçeceğiniz bir doktordur- doğumdan sonraki 24 saat içinde bebeğinizi her yönden muayene edecektir; siz ve/veya eşiniz bu sırada doktorun yanında bulunabilirseniz soru sormak için iyi bir fırsat yakalamış olursunuz. Doktor şunları inceleyecektir:

• Bebeğin ağırlığı (doğumdan sonra %10 oranında azalmıştır), kafa çevresi (çevre alınması kabaca bir ölçüm olduğundan daha fazla çıkabilir) ve boy (genelde değişmez; yalnız bebeğin ayakta duramadığı düşünülürse boy ölçümünün kesin sonuç vermediği kabul edilir).

• Kalp sesleri ve soluk alıp vermeler.

• Böbrek, karaciğer ve dalak gibi iç organların palpasyonla (dışardan elle) muayenesi.

• Yenidoğan refleksleri.

• Kalçalar (çıkık olup olmadığını kontrol etmek için).

• Eller, ayaklar, kollar, bacaklar ve cinsel organlar.

• İşitme (tarama).

• Göbek kordonunun geri kalan kısmı.

APGAR TESTİ

Çoğu bebeğe ilk yapılan ve genelde hepsinin iyi puanlarla geçtiği test Virginia Apgar adlı bir anestezistin geliştirdiği Apgar testidir. Bebek doğduktan sonraki birinci ve beşinci dakikalarda kaydedilen puanlar yenidoğanın genel durumunu yansıtır ve beş araştırma kategorisindeki gözlemlere dayanır. Puanı 7 ile 10 arasında olan bebekler iyi-mükemmel durumdadırlar ve bunlara genelde rutin doğum sonrası bakım uygulanır; puanı 4 ile 6 arasında olanlar orta durumdadırlar ve bazı resüsitasyon önlemlerine ihtiyaç duyarlar. 4'ün altında puan alan bebekler kötü durumdadırlar, bunlara hemen ve azami derecede yaşam kurtarıcı müdahale yapılması gerekir. Önceden, ilk 5 dakikada düşük puanlar alan bebeklerin ilerde nörolojik sorunları olacağı düşünülürdü, fakat son araştırmalar bu bebeklerin çoğunun sonradan sağlıklarına kavuşup normale döndüklerini göstermiştir.

1. Yenidoğanlar için bazı testler her durumda ya da çoğunlukla yapılır. Bazıları ise özel durumlarda uygulanır. Çoğu, ilk günden sonra yapıldığında daha sağlıklı sonuçlar verir.

YENİDOĞANDAKİ REFLEKSLER

Ürkme veya Moro refleksi. Ani veya yüksek ses veya düşme hissi bebeğin bacaklarını, kollarını ve parmaklarını aniden germesine, geriye doğru yay gibi gerilmesine, kafasını geriye atmasına, sonra kollarını göğsüne doğru geri çekip yumruklarını sıkmasına neden olur.

Süre: 4-6 ay.

Babinski refleksi. Ayak tabanı topuktan parmağa doğru hat şeklinde çizildiğinde ayak içe kıvrılır ve parmaklar yukarı kalkar.

Süre: Altı ayla iki yıl arasında değişir; sonradan parmaklar içe kıvrılmaya başlar.

• **Emme refleksi**. Yanağına hafifçe dokunulan bebek uyaranın yönüne doğru döner, ağzını açar ve emmeye hazır hale geçer.

Süre: 3-4 ay sürer; bu refleks bebek uyurken de görülebilir.

Yürüme veya adım atma refleksi. Bebek koltuk altlarından desteklenmiş bir şekilde, masa veya düzgün bir yüzey üzerinde ayakta tutulduğunda sanki "adım" atacakmış gibi bir bacağını ve sonra ötekini kaldırır; bu refleks dördüncü günden sonra belirginleşir.

Süre: Değişkendir fakat tipik olarak iki ay sürer (Bu refleksin varlığı bebeğin erken yürüyeceğine işaret etmez).

Yakalama refleksi. Bebeğin yüzü öne bakarken, kolları bükülmüşken ve işaret parmağı avuç içine doğru sıkılmış durumdayken bebeğin eli parmağı tutacak şekilde bükülür. Yeni doğandaki tutma refleksi tüm vücut ağırlığını destekleyecek kadar güçlü olabilir.

Süre: Üç, dört ay sürer.

Tonik ense refleksi. Arka üstü yatırıldığında bebek kafasını bir tarafa yatırır, döndüğü taraftaki kol ve bacağını ileri uzatır ve karşı yöndeki uzuvlarını büker (savunma pozisyonu alır).

APGAR TABLOSU

İŞARET	NOKTALAR		
	0	1	2
Görünüm (Renk)*	Soluk veya mavi	Vücut pembe, uzuvlar mavi	Pembe
Nabız (kalp atışı)	Saptanamıyor	100'ün altında	100'ün üstünde
Refleks yanıtı	Uyaranlara yanıt vermiyor	Yanıt veriyor	Çığlık çığlığa ağlıyor
Aktivite (kas tonusu)	Zayıf (hiç aktivite yok veya zayıf)	Uzuvlarda biraz hareket var	Aktivite fazla
Solunum	Yok	Yavaş ve düzensiz	İyi (ağlama)

* Beyaz ırktan olmayan çocuklarda ağızdaki mukozanın, göz aklarının, dudakların, avuç içlerinin, ellerin ve ayak tabanlarının rengi incelenmelidir.

Süre: Doğum sırasında veya sonraki iki ay içinde görülebilir; yaklaşık altı ay içinde ortadan kalkar.

Bu refleksleri bebeğinizde görmeye çalışın, ancak sizin aldığınız sonuçların bir doktor veya bu konuda eğitilmiş birinden daha az güvenilir olacağını ve gözlediğiniz yanıtın açlık ve yorgunluk gibi faktörlerden etkilenebileceğini de aklınızdan çıkarmayın. Evde yaptığınızda bu testlerden birine veya daha çoğuna beklediğiniz yanıtı alamadığınızda, sorun bebeğinizde değil sizin uyguladığınız teknikte ya da zamanlamanızda olabilir. Başka bir gün testi yineleyin ve yine yanıt alamazsanız durumu bebeğinizin doktoruna anlatın; doktorunuz zaten o zamana kadar bebeği kapsamlı şekilde incelemiştir ve bunları bir sonraki ziyarette tekrarlamaktan mutlu olacaktır. Refleksin gerçekten olmadığının saptanması ya da ortadan kalkması gereken yaşın ilerisinde gözlenmesi daha ileri düzeyde inceleme gerektirir.

BRAZELTON YENİDOĞAN DAVRANIŞ İNCELEME SKALASI

Brazelton testi bebek doktoru T. Berry Brazelton tarafından geliştirilen, Apgar testinden daha karmaşık olduğu ve daha çok zaman aldığı halde bazıları tarafından bebeğin ilerdeki gelişimini daha iyi gösterdiği düşünülen bir testtir. 30 dakika süren -genelde birkaç günde yapılır- bu testte birkaç uyaran (ziller, renkler, şekiller, çıngıraklar, ışık) kullanılarak yenidoğanın çevreye yanıt verme biçimi ve uyum durumu incelenir. Bu testte dört tip davranışa bakılır: etkileşimsel davranış (bebek insanlarla nasıl etkileşiyor; bebeğin dışardan etkilere uyanık olması ve sarılmaya verdiği tepki); motor davranışlar (refleksler, kas tonusu, el-ağız aktivitesi); fizyolojik durumun nasıl kontrol edildiği (bebeğin üzüldükten sonra kendini yatıştırması veya başkaları tarafından avutulması) ve stres reaksiyonu (ürkme refleksi). Brazelton testinde bebeğin ortalama performansından çok bebeğin en iyi performans puanını alması önemlidir ve testi yapanlar yenidoğandan en iyi sonucu almak için ellerinden gelen her türlü çabayı (genellikle annenin yardımını da alarak) gösterirler. Çoğu doktor düşük doğum ağırlıklı veya nörolojik problem işareti saptanan bebeklerde bu testi kullanır.

BEBEĞİNİZİN BESLENMESİ

Bebeğinizi ister memeyle, ister biberonla besleyin; bir süre sonra besleme anının sadece bebeğe besin verme zamanı değil, aynı zamanda birbirinizi tanıma ve sevme için bir fırsat olduğunu fark edeceksiniz.

EMZİRMEYE BAŞLAMA

Bebeğini emziren annelere bakıp bunun kolay bir iş olduğunu düşündünüz. Konuşmayı kaçırmadan veya ağızlarındaki lokmayı çiğnemeye devam ederken düğmelerini çözüp bebeğe meme veriyorlar. Becerikli bir şekilde, hiç paniğe kapılmadan, dünyanın en doğal işiymiş gibi bebeği emzirmeye başlıyorlar.

Bebeği ilk defa emzirdiğinizde hiçbir şey doğal gelişmez. O kadar yoğunlaşmanıza ve konsantrasyonunuza rağmen bebeğin memenizi emmesini sağlamak bir yana, bebeği meme ucunuza bile yönlendiremiyorsunuz. Bebeğiniz yaygaracı; siz hayal kırıklığına uğramış durumdasınız, sonuçta her ikiniz de gözyaşları içinde kaldınız. En temel annelik işlevinde bile başarısız olursanız, anneliğinizin ilerki döneminde başarısız olmanız işten değil diye düşünüyorsunuz.

Emzirme sutyenini kaldırıp atmayın. Başarısız olmadınız, sadece emzirmeye yeni içgüdüsel değildir ve öğrenilmesi gerekir. Bebeğinize ve kendinize biraz zaman tanıyın, bir süre sonra size de kolay geldiğini fark edeceksiniz. Bunları akılda tutmanız işe yarayacaktır.

Emzirmeye erken başlayın. Bebeğiniz de siz de hazırsanız ve bebeğiniz apar topar bebek odasına götürülmediyse, bebeğinizi doğum odasında veya doğum sonrası odasında emzirmeyi deneyin. Siz veya bebeğiniz başarısız olduğunda hemen endişelenmeyin. Zor bir doğumdan sonra, hem bebek, hem de siz yorgunken emzirmenin gerçekleşmesi için zorlamak hayal kırıklığına uğratan bir sahne yaratmaktan başka işe yaramayacaktır. İlk dakikalarda bebeğinizi göğsünüze yaslamanız da en az emzirmek kadar doyurucu olabilir. Doğum yatağında emzirmeyi başaramazsanız tüm bakım işlemleri tamamlandıktan sonra mümkün olduğu kadar kısa süre içinde bebeği odanıza alıp emzirmek istediğinizi belirtin. Ancak erken davranmanın iyi bir başlangıç olduğu halde her zaman başarıyı garanti etmediğini aklınızdan çıkarmayın. Siz ve bebeğiniz mükemmel duruma erişinceye kadar çok fazla pratik yapmanız gerekir.

Sistemi zorlayın. Hastanelerin yönetmelikleri her zaman, emziren anne ve bebeğin ihtiyaçlarını karşılamayabilir. Duyarsızlık, ihmal veya keyfi uygulamalarla engellenmemek için önceden doktorunuza tercihleriniz (emzirme konusu, biberon veya emzik istememek) hakkında personele bilgi verilmesini istediğinizi söyleyin veya isteklerinizi hemşirelere arkadaşça bir dille belirtin. Bakım hemşirenizi kendi tarafınıza almanız başarıya giden en iyi yol olacaktır. Ancak ateşiniz çıkmışsa ve yine de emzirmek istiyorsanız doktorun yardımına ihtiyaç duyacaksınız.

Birbirinize destek olun. Bebeğiniz ve siz ayrı mekânlarda kaldığınızda emzirme olayı gerçekleşemez. Dolayısıyla bebekle aynı odada kalmak veya bebeğin annenin yanında kalması emziren anne için ideal durumdur; bu sayede bebeği size getirmeleri konusunda bakım personeline bağımlı olmamış ve bebeğe biberonla su veya şekerli su verilmesi olasılığını ortadan kaldırmış olursunuz. Zor bir doğum geçirmişseniz ya da bebekle 24 saat geçirmeye henüz hazır değilseniz, bebeğin gündüz sizin yanınızda geceleri bebek odasında kalması daha uygundur. Bu sistemle gün boyunca istediğiniz zaman bebeği emzirebilir ve geceleri de gereği gibi bakım görmesini sağlayabilirsiniz.

Bu sistem mümkün değilse (bazı hastaneler bu sistemi sadece özel odalarda kalındığında ya da odada kalan diğer kişiler de bebekleriyle beraber kalmak istediklerinde kabul ederler), ya da siz bu yolu tercih etmiyorsanız bebeğin size bebek odası kuralları çerçevesinde değil de uyandığı veya acıktığı zaman getirilmesini rica edebilirsiniz. Bu bazı hastaneler için biraz zahmetli bir rica olduğundan doktorunuzun önceden birtakım ayarlamalar yapması gerekebilir. O zaman bile -özellikle bebek odası kalabalık olduğunda veya personel sayısı yetersiz olduğunda- bebek size ender olarak getirilecektir.

Bu isteklerinizin hiçbirinin gerçekleşmesinde başarılı olamazsanız, o zaman bebekle beraber erken taburcu edilmenizi önerebilirsiniz. Bu olanaksızsa ve sizin istediğiniz zamanlarda emzirme talepleriniz hep geri çevriliyorsa, ayağa kalkma izni alana kadar bebeğe hastane kuralları çerçevesinde bakılmasını sağlayın. Vizitler sırasında bebeğinizin uyumasına izin vermeyin. Bebek uyuklar halde size getirilirse uyandırın ve birkaç dakika emzirin.

Bol bol pratik yapın. Sütünüz gelmeden önceki emzirmeleri "kuru musluk" olarak düşünün, fakat bebeğin çok az beslenmesini sorun etmeyin. Sütünüz bebeğinizin gereksinimine göre ayarlanmaktadır. Şu anda bu gereksinim en az düzeyde olabilir ve aslında bebeğinizi midesi çok fazla besini sindirmeye hazır değildir; bu nedenle vücudunuzun ürettiği bir miktar kolostrum (memeden gelen ilk süt) doğru miktardır. Başlangıçtaki bu emzirme seanslarını alıştırma teknikleri olarak düşünün ve bebeğinizin midesini doldurmaya çalışmayın ancak emzirmeyi öğrenirken bebeğinizin aç kalmamasına dikkat edin.

Talepte bulunun. Talep üzerine emzirme - bebek aç olduğu zaman- emzirmenin her zaman en iyi yoludur. Ancak bu, bebeğinizle aynı odada kalmanız ya da bebek odalarındaki personel sayısının yeterli olması halinde mümkündür. Bunlardan hiçbiri mümkün değilse bebeğinizi elinize şans geçtiği zaman emzireceksiniz demektir ve bu da bebeği zaman zaman uyandırmak anlamına gelebilir.

Biberonu yasaklayın. Şekerli su içeren destek besinlerini -bazı bebek odalarında emzirilen yenidoğanlara rutin olarak verilir- emzirme çabalarınıza yönelik bir sabotaj olarak algılayın. Birkaç yudum olsa bile şekerli su iştahı kapatacak ve emme ihtiyacını ortadan kaldıracaktır; ayrıca bebeğiniz sonradan size getirildiğinde aç değil uyuklar bir halde olacaktır. Biberon ile yapılan birkaç denemeden sonra, bu yöntemle kolayca ve çok az çabayla süte ulaşabilen bebeğiniz artık mücadele isteğini kaybetmeye başlayabilir. Bebeğiniz emzirmeyi kısa süreyle veya gönülsüzce yapıyorsa göğüsleriniz süt üretme motivasyonunu kaybeder ve emzirmeyi engelleyen bir kısır döngü içine girersiniz.

Size yenidoğanların dışardan verilen sıvılara, suya veya destek besinlere ihtiyaç duydukları söylenmiş olabilir -annelerinden aldıkları topu topu bir çay kaşığı kadar bir süttür- ancak bu sadece bebek sıvı kaybettiğinde veya kan şekeri düştüğünde -ikisi de ender görülür- sorun oluşturduğu zamanlar için geçerlidir. Bebeğe su verilmesi yalnızca zamanı kısıtlı bakım hemşirelerinin seçeceği bir yoldur ve tabii ki ağlayan bebeğin ağzına biberon vermek bebeği annesine götürmekten daha az zaman alır.

Kendinize zaman tanıyın. Başarılı bir emzirme işlemi bir günde olacak bir şey değildir. Bebek elbette deneyimsizdir ve eğer bu sizin ilk bebeğinizse siz de aynı durumdasınız demektir. Öğreneceğiniz çok şey var ve bunun için sabırlı olmanız gerekiyor. Arz edenle ve talep edenin uyumlu olabilmesi için birçok deneme yapılması şarttır ve hatalar da olacaktır.

Doğum sancıları ve doğum sırasında bebek veya siz ya da her ikiniz zor zamanlar geçirdiyseniz ya da anestetik madde almışsanız, her şeyin daha yavaş gelişeceğini aklınızda tutmanız gerekir; uyuklar halde anne ve uyuşuk bir bebek henüz emzirme olayına hazır değildir. Önünüzdeki ciddi işlere girişmeden önce hem bebek, hem de siz bol bol uyuyun.

Tek başınıza kalkışmayın. Bundan yüz yıl önce ilk kez emzirme denemesine girişen annelere yardımcı olan çok insan vardı. Anneler, halalar, teyzeler, büyükanneler ve nineler deneyimlerini aktarmak için annenin yanında bulunurlardı; ebeler de aile desteğini artırmak için oradaydılar. Ama siz bebeğinizi hastanede doğurdunuz ve anneniz ve hala ya da teyzeleriniz yakında oturmuyor veya emzirme deneyimleri yok diye ilk emzirme olayınızı tek başınıza ve yardımsız yaşamanız gerekmez. Bazı hastaneler toplu emzirme dersleri veya bireysel dersler veriyorlar ve yazılı materyal dağıtıyorlar. Doğumdan sonra kimse size yardım etmiyorsa, doktorunuzdan, hemşireden ya da emzirme danışmanından yardım talep edin. Emzirme işleminizi gözden geçirmek için bebeğinizin doktoruna yapacağınız erken bir ziyaret (doğumdan bir veya iki hafta sonra) faydalı ve güven verici olacaktır. Başarılı biçimde emziren annelerle konuşmak da faydalıdır.

Serinkanlılığınızı koruyun. Çiçeği burnunda bir anneyseniz serinkanlı olmanız zordur, fakat emzirmede başarılı olmak istiyorsanız şarttır. Gerginlik sütün gelmesini önler; bu, süt ürettiğiniz halde gevşeyemediğiniz için süt gelmemesiyle sonuçlanır. Kendinizi gergin hissediyorsanız emzirme saatinden 15 dakika öncesinden itibaren ziyaretçilerin odaya girmesini yasaklayın veya bebeğin acıktığını hissettiğinizde ziyaretçileri hemen dışarı çıkarın. Faydalı olacağını düşünüyorsanız gevşeme egzersizleri yapın, kitap veya dergi okuyun, televizyon izleyin veya gözlerinizi kapayarak birkaç dakika yumuşak bir müzik dinleyin. Kokteyl saati geldiğinde emzirmeden önce bir bardak köpüklü elma şarabı içerek rahatlamaya çalışın. Son yapılan bir çalışmada emziren annenin günde bir bardak bile olsa şarap içmesinin bebeğin motor gelişimini yavaşlattığı öne sürüldüğünden her gün alkol alınması önerilmez.

BİBERONLA EMZİRMEYE BAŞLAMA

Biberonla emzirme meme emzirmekten daha doğal veya en azından daha kolay görünmektedir. Bebekler yapay meme ucundan emmekte zorluk çekmezler; anne ve babalar da doğum sonrasında bunu daha kolay bulurlar. Mama hazırlama ve biberonların sterilizasyonu karmaşık olaylardır, ancak bunları bile çok az çabayla başarabilirsiniz.(Biberon, emzik tipleri ve biberonla besleme hakkındaki bilgileri bu kitabın önceki bölümlerinden öğrenebilirsiniz).

MAMA SEÇİMİ

Bebeğinizin doktorunun yardımıyla bileşim açısından insan sütüne en yakın olan mamayı seçin; proteinlerin, yağların, şekerlerin, sodyum ve diğer elementlerin tipleri ve oranları meme sütüne mümkün olduğu kadar yakın olmalıdır. Florla güçlendirilmiş bir mama, suyun florlandığı bir bölgede oturmuyorsanız, mamayı florlu musluk suyuyla hazırlamıyorsanız ya da flor içeren vitamin-mineral desteği vermiyorsanız iyi bir fikirdir. Demir destekli ürün kullanmıyorsanız, mamaya demir eklemek önemlidir. Süte alerjisi olan veya fenilketonüri (PKU) gibi metabolik bozukluklar görülen bebekler için özel mamalar mevcuttur. Piyasada satılan mamalar şu tiptir:

Kullanıma hazır olanlar. Tek kullanımlık, küçük şişelerde satılır ve sterilize edilmiş bir biberon emziğiyle verilir.

Biberona aktarılarak direkt kullanılanlar. Çeşitli büyüklüklerde kutularda satılır; bütün yapmanız gereken sterilize biberonlara aktarmaktır.

Karıştırılması gerekenler. Daha ucuz olan ancak hazırlaması daha fazla zaman alan bu konsantre sıvı veya toz mamalar, normal veya sterilize edilmiş suyla biberon içinde karıştırılır. Tek kullanımlık poşetler veya kutularda satılır.

Evde hazırlanmış mamaları kullanmayın. Kaynatılmış ya da taze sütle beraber şeker ve su karıştırılarak hazırlanan mamalar insan sütünün veya piyasada satılan mamaların yerini tutmaz, bebeğinizin yeterince beslenememesine yol açar ve olgunlaşmasını henüz tamamlamamış böbrekler üzerinde şiddetli bir baskı oluşturur. Bebeğinizin doktoruna danışmadan, onaylanmamış bir mamayı veya onun yerine geçecek ürünü kullanmayın. Bir firma anne sütünün yerini aldığını iddia ederek soyalı bir içecek üretti ve sonradan FDA (Amerikan Besin ve İlaç Kurumu) bu ürünün besin bileşiminin yetersiz olduğunu açıkladı.

BİBERONLA EMNİYETLİ BESLEME

Bir zamanlar bebeği biberonla beslemek riskli görülürdü. Hijyen koşullarının iyi olmaması ve mamaların yeterince iyi hazırlanamamasından dolayı biberonla beslenen bebeklerde gelişme geriliği görüldü, hastalandılar ve hatta enfeksiyon geçirip öldüler. Bugün piyasada satılmakta olan mamalar bilimsel olarak en olası biçimde anne sütünü taklit ediyorlar ve bebek beslenmesinde güvenli ve doğru bir seçenek olmaya başladılar. Bebeğinize verdiğiniz sütün güvenli olduğundan emin olmanız için evde hijyen şartlarına uymalı ve doğru biçimde karışım hazırlamalısınız.

- Her zaman mamanın son kullanım tarihini kontrol edin; kullanım tarihi geçen mamaları almayın ve kullanmayın. Ezilmiş, sızıntı yapan veya başka türlü hasar görmüş kutu içindeki mamaları satın almayın.
- Mama hazırlamadan önce ellerinizi iyice yıkayın.
- Mama kutularının kapağını açmadan önce kutunun tepesini deterjan ve sıcak suyla temizleyin; iyice durulayıp kurutun. Gerekirse kutuyu çalkalayın.

EMZİRMENİN ESASLARI

• Sıvı alın. Her emzirmeden önce veya emzirirken içeceğiniz bir bardak süt, meyve suyu veya su yeterli miktarda süt üretmeniz için gereken ekstra sıvıları oluşturur. Daha güçlü bir içecek (alkollü içecekler) ender olarak onaylanır ve sıvı alımına katkıda bulunmaz.

• Rahat bir pozisyon bulun. İlk emzirmelerde yan tarafınıza yatmanız fayda sağlayabilir (şekle bakın). Sonradan yatakta veya sandalyede dik oturmak faydalı olabilir. Ancak meme ucunuzu bebeğin ağzına sokmak için öne eğilmeyin; bunun yerine bebeği sallarken kolunuza destek sağlamak ve bebeği tam göğsünüzün karşısına getirmek için kucağınıza bir yastık koyun. Sizin için en rahat olan ve kolunuzu yorgun veya kaskatı hale getirmeyecek pozisyonu bulmak için denemeler yapın.

Küçük bebekler için iyi olan futbol topu tutuşu

• Serbest kalan baş ve işaret parmağınızla göğsünüze (başparmak yukarda) areola (meme halesi) hizasında destek sağlayın. Bu şekilde tuttuğunuzda meme ucunu bebeğin dudakları arasında aşağı yukarı dolaştırarak ağzını açmasını sağlayabilirsiniz. Ancak bebeğin yanaklarını sıkıştırarak ağzını açması için zorlamayın, çünkü bebek nereye döneceğini kestiremez. Bebek ağzını açtığı zaman meme ucunu yavaşça bebeğin ağzının tam ortasına yerleştirin; bu şekilde bebeğin memeyi yakalaması kolaylaşır. Gerekirse bu olayları bebek memeyi ağzına alana kadar tekrarlayın, fakat zorlamayın. Sürekli şans tanıdığınızda bebeğiniz sonunda inisiyatifi ele alacaktır.

• Bebeğinizin meme ucunu olduğu kadar haleyi de tutmasını sağlayın. Bebeğin sadece meme ucundan beslenmesi (süt üreten bezlerin yeterince bastırılmaması nedeniyle) hem bebeğin aç kalmasına, hem de göğüslerinizin acımasına yol açar. Ayrıca bebeğin memenin başka tarafların-

Size ve bebeğinize dinlenme imkânı veren bir pozisyon

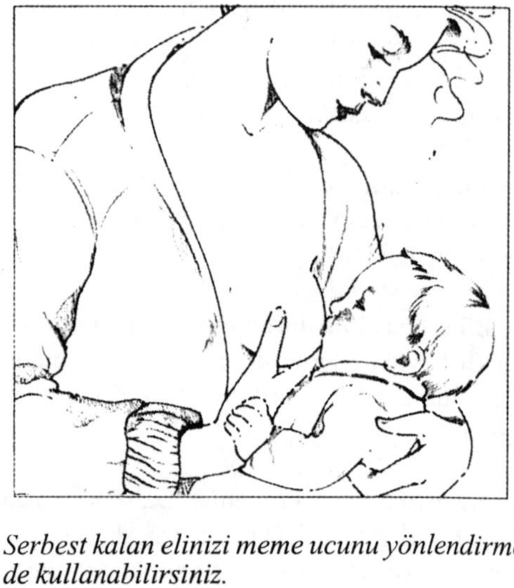

Serbest kalan elinizi meme ucunu yönlendirmede kullanabilirsiniz.

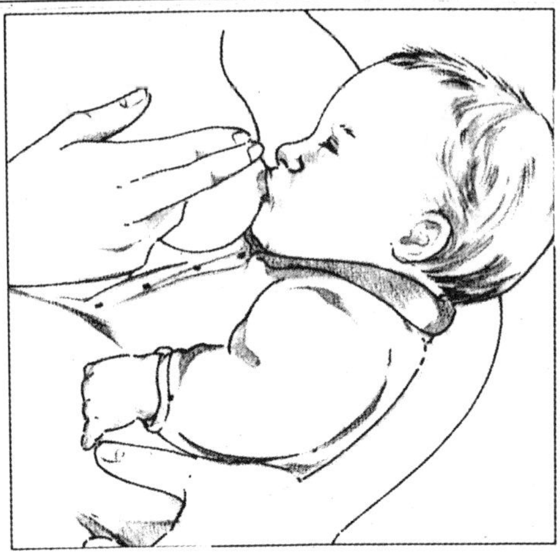

Parmaklarınız kullanarak bebeğe soluk alacak yer bırakın.

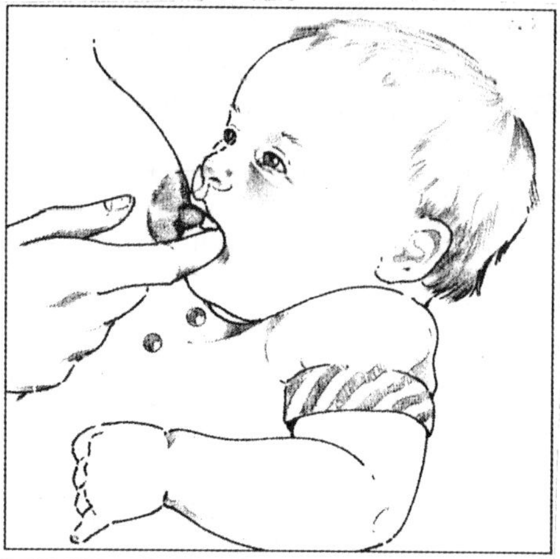

Emzirmeye ara verirken işaret parmağınızla memeyi bebeğin ağzından nazikçe çekin.

dan emmemesine de dikkat edin. Yenidoğanlar hiç süt gelmediği halde hassaslaşmış meme dokusuna yapışarak hırsla emmeye devam ederler ve bu ağrılı bir çürük bırakabilir.

• Bebeğinizin kendi alt dudağını veya dilini emmediğinden emin olun. Emzirirken alt dudağı aşağı çekerek bunu önleyebilirsiniz. Bebeğin kendi dilini emmesi söz konusuysa parmağınızı kullanarak emmeye ara verin, meme ucunu ağızdan çekin ve yeniden başlamadan önce dilin aşağıda olup olmadığını kontrol edin. Eğer bebek dudağını emiyorsa bebek emerken dudağı hafifçe kenara çekin.

• Bebeğiniz memenizi sıkıca kavradığında nefes almasının engellenmemesine dikkat edin. Böyle olduğunda parmağınızla memenize bastırarak burnunun yeterli hava almasına izin verin.

• Bebeğin yanağının ritmik, düzenli ve güçlü biçimde inip kalktığını gözlemeye çalışın; bu, emzirmenin iyi gittiğini gösteren bir işarettir. Sonradan süt gelmeye başladığında bebeğin havayı emmediğini gösteren yutma sesini (gulp sesi) yakalamaya çalışın. Süt çok hızlı gelip bebeğin ağzından taştığında (boğulma veya tıkanmaya sebep olur) emzirmeyi kesin ve sütün fazlasını elinizle veya bir pompayla toplayarak azaltmaya çalışın. Memenizin şişmesi veya meme uçlarınızın ağrıması emzirmenizi engelliyorsa kitabın ilgili bölümlerine bakın.

• Emzirirken ilk gün her iki memeden de 5'er dakikadan, ikinci gün 10'ar dakikadan ve üçüncü gün 15 dakika veya daha fazla olmamak şartıyla süt verin. (Bazı uzmanlar bebek ne kadar isterse o kadar emzirmeyi onaylarlar). Süt geldiği zaman ilk memeden 10 dakika emzirin ve sonra bebek isterse ikinci memeye geçin; bebek ikinci memeyi bitirdikten sonra yine doymazsa birinci memeye dönün. Siz meme değiştirirken bebek uyuyakalırsa iyi bir geğirmeyle kendine gelip daha fazlasını isteyebilir.

Emzirirken her seferinde diğer memeyle başlayın. Hangi memenizi emzirdiğinizi hatırlamak amacıyla sutyeninize önceden emzirdiğiniz memenize işaret edecek şekilde çengelli iğne takın veya o taraftaki sutyene yumuşak bir bez veya tampon yerleştirin. Bu tampon emzirmediğiniz memeden süt akmasını da önleyecektir.

• Bebekle işinizi bitirdiğinizde memenizi bir bezle silerek ve mümkünse 10-15 dakika hava almasını sağlayarak kurutun. Bu, memelerinizin sertleşmesini sağlar. Emzirme olayı tam olarak oturduğunda buna gerek kalmayacaktır.

• Sütünüz geldiğinde bebeği sık sık emzirin; 24 saat içinde en az 8-10 kez her iki memeyi de emzirin ve her seferinde en azından birini tamamen bitirmesini sağlayın. Bebek uzun süre veya yeterli miktarda emmediğinde veya bir meme bitirilemediğinde içerde kalan sütü bir şekilde toplamak (özellikle de sütünüzün miktarı çok azsa) iyi bir fikir olabilir. Toplanan süt destek besin olarak kullanılmak üzere buzdolabında ya da dondurucuda saklanabilir.

• Kuru mama kutularını açmak için sadece mama açmak için kullandığınız bir açacak kullanın ve bunun keskin ve temiz olmasına dikkat edin (kutuyu döndürerek açanları tercih edin). Her kullanımdan önce açacağı yıkayın ve kullanmadan önce besin artığı veya pas olup olmadığını kontrol edin. Sıvı mamaların kutusunu açmak için kutuyu delerek açan tipte olanları kullanın ve kutunun her iki tarafında biri büyük, diğeri küçük iki delik açarak sıvının kolay akmasını sağlayın. Her kullanımdan sonra açacağı yıkayın.

• Mama biberonu hazırlarken beslemeler arasında gerektiği zaman kullanmak üzere bir veya iki şişe sterilize suyu hazır bulundurun. Bebeğiniz bir veya iki aylık olduğunda doktorunuz kaynatılmamış su vermenizi onaylayabilir.[2]

• Bebeği beslemede kullandığınız her şeyi özel olarak bu işe ayrılmış temiz bir kabın içerisinde şişe temizleme fırçası, deterjan ve sıcak suyla iyice fırçalayın (yeni kullanmaya başladığınız kapları ilk kullanımdan önce kaynatın). Biberon emziğini sabunlu suyla yıkadıktan sonra sıcak suyla durulayın. Emziğin delikleri tıkanmışsa iğneyle delikleri açın. En kolay olanlar silikon emziklerdir. Tüm malzemeleri sıcak suyla durulayın.

• Mama karışımını hazırlarken imalatçının direktiflerine uyun. Bu direktifler kreşinkilerden veya doktorununkilerden farklıysa neden farklı olduğunu araştırın; belki bunlar farklı bir mama için geçerlidir. *Mamanın seyreltilmesinin gerekip gerekmediğini kutunun üzerine bakarak kontrol edin; seyreltilmemesi gerekeni seyreltmek, seyreltilmesi gerekeni ise seyreltmemek tehlikeli olabilir.* Doktorunuz önerdiği sürece sterilizasyona devam edin- çoğu doktor iki veya üç ay boyunca sterilizasyon önerir, ancak ilk seferinden itibaren sıcak suyla iyi bir yıkama yeterli olabilir. Bir sonraki sayfada yer alan sterilizasyon tekniklerine bakınız.

• Gerekirse kullanmadan önce üzerinden sıcak su akıtarak mama biberonunu ısıtın. Bununla beraber çoğu bebek ısıtılmamış mamalardan da memnun kalır. Bileğinizin iç tarafına birkaç damla dökerek mamanın ısısını sık sık kontrol edin; biberon soğuk değilse bebek için hazır demektir; mama (biberonu) ısıtmanız gerekmez, vücut ısısında olması yeterlidir. Bir kere ısıttığınızda mamayı hemen kullanmanız gerekir çünkü bakteriler ılık ortamlarda hızla çoğalırlar. Mamaü mikrodalga fırında ısıtmayın; sıvının her tarafı eşit biçimde ısınmayabilir veya mama bebeğin ağzını ya da boğazını yakacak kadar ısındığı halde kap soğuk olabilir.

• Kalan mamaları kullanmayın. Bebeği besledikten sonra arta kalan mamaları atmanız gerekir, çünkü bakterilerin üremesi için potansiyel bir ortam teşkil eder.

• Sonradan temizleme kolaylığı açısından her kullanımdan sonra biberonları ve emziklerini sudan geçirin.

•Açılmış kutular veya sıvı mama içeren biberonlar sıkıca kapatılmalı ve belirtilen tarihten ötesine geçmemek kaydıyla buzdolabında saklanmalıdır. Kuru mama içeren kutular kapatılmalı ve bir ay içinde kullanılmak üzere soğuk, kuru bir yerde saklanmalıdır.

• Açılmış veya açılmamış sıvı mamaları 0°C'-nin altında, 35°C'nin üstündeki ısılarda saklamayın. İdeal saklama ısısı 7°C- 32°C arasındadır. Donmuş mamaları (soyalı ürünler çabuk donar) ya da üzerinde çizgi veya benekler olanları kullanmayın.

• Hazırladığınız mama biberonlarını kullanıma kadar buzdolabında saklayın. Seyahate çıkacaksanız yanınıza kullanıma hazır mama biberonlarından veya steril su içeren şişeyle beraber tek kullanımlık mama poşetlerinden alın; ya da önceden hazırladığınız biberonları küçük bir buz kütlesi veya bir miktar buz küpü içeren bir kapta saklayın, ancak mama buzun çoğu eriyene kadar taze kalacaktır. Bunlardan hiçbirini yapmıyorsanız mama biberonunu önceden dondurduğunuz meyve suyu kutu veya şişelerinin yanına koyun; siz veya büyük çocuğunuz acıktığında meyve suyunun buzları çözülmüş ve mama taze kalmış olacaktır. Dokunduğunuzda soğuk hissi almadığınız mamaları kullanmayın.

BİBERONU SEVGİYLE VERME

İlk defa emziren bir anne bebeğine meme vermede ne kadar beceriksiz olursa olsun bebeğiyle

2. Evinizdeki suyun temizliği konusunda şüpheleriniz varsa mama hazırlamak veya içmek için distile edilmemiş şişe su kullanın (faydalı mineraller distilasyon aşamasında kaybedilir).

mutlaka yeterince deri teması içine girer ve bu, emzirme sisteminin olmazsa-olmaz bir parçasıdır. Ne yazık ki, çok minik olan bebekle bu tip temasın en azı kurularak bebeğe biberon vermek mümkündür ve iyi niyetli fakat acelesi olan anneler kendi rahatları için bebekleriyle yakınlığı göz ardı ederek kestirme yolu seçiyorlar. Biberon vermeye başlayanların emziren acemi annelerden daha çok çaba harcamaları gereken bir konu, besleme zamanlarında bebekleriyle olan

STERİLİZASYON TEKNİKLERİ

Son safhada ısıtma: Konsantre sıvı veya toz mama için kullanılır. Mamayı belirtildiği şekilde temiz bir ölçüm kabı veya karıştırma kabı içinde hazırlayın ve sonra bunu temiz biberonlara aktarın. Biberonların tepesine ağızlığını ve kapağını gevşekçe kapatın. Sterilize etmekte kullandığınız kabın içine biberonları havluya sararak veya dizerek yerleştirin ve 6 cm su ekleyin. Kaynayana kadar ısıtın, sonra kapağını kapatarak 25 dakika kaynatın. Isıdan çekin. Tutulacak kadar soğuduğunda kapaklarını kapatın ve gerekirse buzdolabında saklayın (soğumadan buzdolabına kaldırmak mamanın üzerinde bir film tabakası oluşmasına ve bebeği beslerken pıhtı oluşmasına neden olur). 48 saat içinde kullanın.

Aseptik yöntem: Konsantre sıvı veya toz mama için kullanılır. Temiz biberonları, ağızlıkları, kapakları, karıştırma kaşıklarını, ölçüm sürahisini, kutu açacağını, maşaları sterilize etmekte kullandığınız kabın içine dizin ve havluya sarın. Tüm bu malzemelerin kaynatılabilir tipte olması gerekir. Üstünü örtecek kadar su ekleyin ve kabın kapağını kapatın. Kaynayıncaya kadar ısıtın ve 5 dakika kaynatın. Başka bir kulplu tencerede mamaya ekleyeceğiniz su miktarını ölçün. Ağzını kapatın, kaynayıncaya kadar ısıtın ve beş dakika kaynatın. Isıdan çekin ve ağzı kapalı durumdayken her ikisini de oda sıcaklığında soğumaya bırakın. Mamayı ölçüm sürahisinde ölçün ve bunu kulplu tencerenin içindeki sterilize suya ekleyin. Karıştırdığınız mamayı sterilize biberonlara aktarın; biberon ağızlıklarını, kapaklarını ellerinizden mikrop bulaşmasını önlemek için maşa kullanarak biberonun ağzına yerleştirin. 48 saat süreyle buzdolabına koyun. Kullanmadan önce çalkalayın.

Tek biberon yöntemi: Konsantre sıvı veya toz mama için kullanılır. Belirtilen miktarda suyu temiz biberonlara alın ve ağızlık ve kapaklarla biberonların ağzını gevşekçe kapatın. Bunları sterilize etmekte kullandığınız kabın içine havluya sararak veya kaba dizerek yerleştirin. Biberonların içindeki su seviyesine kadar su ekleyin. Kaynayıncaya kadar ısıtın, ağzını kapatın ve 25 dakika kaynatın. Isıdan uzaklaştırın. Dokunabileceğiniz kadar soğuduğunda biberonları çıkarın, kapaklarını sıkıca kapatın ve oda sıcaklığında tutun. 48 saat içinde kullanın. Besleme zamanı geldiğinde bir biberonun kapağını ve ağızlığını açın; belirtilen miktarda konsantre sıvıyı veya tozu ekleyin, kapağını kapatın ve karışması için hızlıca sallayın. (Toz halindeki mama sıcak suda daha iyi erir; o nedenle karıştırmadan önce yeniden ısıtabilirsiniz).

Kullanıma hazır mama yöntemi: Kullanıma hazır mama yönteminde karıştırmaya gerek yoktur. Kullanıma hazır biberonları kullanacaksanız tüm yapmanız gereken biberon ağızlıklarını, kapakları, maşaları, emzik kabını ve kapağını sterilizasyon için kullandığınız kaba dizmek (veya havluya sarmak) ve beş dakika süreyle kaynatmaktır. Sonra bunları ısıdan uzaklaştırın. Soğuduğunda biberon ağızlığıyla ilgili kısımları sterilize kavanoza veya temiz plastik poşetlere koymak için maşa kullanın. Bunları mama içeren biberonların üzerine koyuncaya kadar ağızlarını kapalı tutun. Mamayı oda ısısında tutuyorsanız ısıtma gereksizdir. İyice sallayın ve açtıktan hemen sonra kullanın.

Kullanıma hazır mamalar sterilize edilmesi gereken biberon ve ağızlıklarıyla beraber küçük kutularda satılır. Yukarda anlatılan aseptik yöntemi kullanın. Biberonlar soğuduğunda ağızlıkları sıkıca takın ve temiz bir yerde saklayın. Beslenme zamanında mamaları ekleyin veya gün boyunca kullanacağınızın tümünü hazırlayın ve buzdolabında saklayın. Kullanmadan önce iyice çalkalayın.

teması kaybetmemeleridir. Şimdi vereceğimiz ipuçları biberonla emzirme seanslarını meme emziren annelerin aldığı zevkle gerçekleştirmenize yardımcı olacak:

Biberonu bebeğin eline bırakmayın. Bebek, gerek sarılma biçiminde olan duygusal doyum anlamında ve gerekse beslenme biçimi olarak oral doyum anlamında açlık çektiği için kendi kendine biberonla beslenme tatmin edici değildir. Bu tip beslenme hem fiziksel, hem de duygusal handikaplar doğurur. Bebekler sırtüstü durumda biberonla beslenirken tıkanmaya daha yatkındırlar ve anne yakınlarda değilse bu, çok ciddi bir sorun oluşturur. Ayrıca bu beslenme tipinde kulak enfeksiyonlarına da daha fazla maruz kalırlar ve ağızlarında biberonla uyuyakaldıklarında çıkacak ilk dişin çürümesi olasılığı vardır.

Bebeği besleyenlerin sayısını azaltın. Bebeğiniz kauçuk bir memeyi emerek beslenmeye çalışıyor. Her yetişkinin bebeği tutma, etkileşme ve onunla konuşma biçimi farklı olduğu için başlangıçta çok sayıda insanın devreye girmesi (anne, baba, büyükanneler-babalar, hemşireler ve diğer çocuklar) hem iyi beslenmeyi baltalar, hem de anne-bebek arasındaki duygusal bağlanmaya ve uyuma ket vurur. Başlangıçta, bebeğin beslenme işini tamamen kendi üzerinize alın ve gerektiğinde başka bir insandan yardım isteyin. Sonradan bebek biberondan beslenme konusunda yeterli olduğunda, bebek besleme eğlencesini başka insanlarla paylaşabilirsiniz.

Mümkün olduğunca bebeğinizle deri teması içinde olun. Bebeğin yanağının annenin memesine temas etmesi her iki taraf için de özel bir histir. Biberonla emzirdiğiniz halde siz bile biberon verirken giysinizi sıyırarak bebeği göğsünüze yaslayabilirsiniz. Elbette bu toplu yerlerde pek pratik değildir fakat size özel mekanlarda işe yarar. Ya da destekleyici besleme sistemini deneyebilirsiniz. Bu sistem bebeklerini göğüslerinde tutarak emzirmek için yanıp tutuşan annelerin işine yarayabilir (ileriki sayfalarda Destekleyici Besleme Sistemi'ne bakınız).

Kollarınızı değişimli kullanın. Emzirme aşamasında kollarınızı değişimli kullanarak bebeğinize dünyayı farklı perspektiflerden görme olanağı verin. Bu aynı pozisyonda uzun süre kalan kolunuzun ağrısının hafiflemesini de sağlar.

Bebeğinizin emzirmeyi bırakma zamanı geldiğinde bırakmasına izin verin. Biberonun yarısına geldiğinizde (normalde hepsinin bitmesi gerekir) daha fazlasını vermeye çalışmayın. Sağlıklı bir bebek ne zaman durması gerektiğini bilir. Biberonla emzirilen bebeklerin meme emen bebeklere kıyasla daha hantal olmasının nedeni de bu zorlamadır.

Zaman tanıyın. Meme emen bebek sırf keyfini ve emme zevkini devam ettirmek için memenin içindeki süt bittikten sonra da emmeye devam eder. Biberonla beslediğiniz bebeğin aynı şeyi boş bir biberonla yapması mümkün değildir ancak aynı tatmini yaşaması için birkaç yol vardır. Biberon boşaldıktan sonra bebek süt sonrası uykuya dalmamışsa beslenme anının keyfini bebeği sosyalize ederek devam ettirebilirsiniz. Her beslemeden sonra bebeğiniz emmeye devam etmek istiyorsa daha küçük delikleri olan biberon ağızlıklarını deneyin; bu aynı öğün için bebeğinizin daha uzun süre ve daha çok uğraşmasını sağlar; ya da öğünlerden sonra kısa bir süre emzik veya bir miktar su verin. Bebeğiniz öğünün sonunda yaygara koparıyorsa yeterli mama verip vermediğinizi gözden geçirin. Bebeği gerçekten üzen şeyin açlık olup olmadığını anlamak için doktorunuzun izniyle mama miktarını biraz artırın.

Biberonla besleme konusunda kaygılanmayın. Bebeğinize meme vermek istiyor fakat bazı nedenlerle bunu yapamıyorsanız kendinizi suçlu görmeyin ve hayal kırıklığına kapılmayın. Bebeğinizi biberonla da iyi bir şekilde besleyebilir ve ona yeteri kadar sevgi gösterip sarılabilirsiniz. Suçluluk ve hayal kırıklığı bebeğinize aktarmak istemeyeceğiniz duygulardır.

BİBERONLA BESLEMEDE KOLAYLIK

Küçük bir bebeği biberonla besleme konusunda deneyimliyseniz -kardeşiniz, baktığınız bir bebek veya arkadaşınızın bebeği- bebeği kollarınıza aldığınız an hangi tekniğin en doğrusu olduğunu kavrarsınız. Eğer deneyimli değilseniz biberonla beslemenin esaslarını bilmeniz gerekir:

• Bebeğin yanağına parmağınızla veya emziğin ucuyla hafifçe vurarak "mama saatinin geldiğini" haber verin. Bu sayede bebek vurma yönüne doğru dönecektir. Daha sonra biberonun ağzını bebeğin dudaklarının arasına yerleştirin ve emmeye başlamasını seyredin.

• Biberona biraz eğim vererek mamanın biberonun ağız kısmını tamamen doldurmasını sağlayın. Böyle yapmazsanız ve bir kısmına hava dolarsa bebek hava yutar, bu da bebekte gaz yapar; bu durum her ikiniz için de keyifsizdir. Bu, otomatik olarak havasını boşaltan ve hava keselerini gideren biberonlarda gereksiz bir önlemdir.

• Bebek ilk günlerde fazla mama almak istemezse çok endişelenmeyin. Başlangıçta bebeğin beslenme gereksinimi çok azdır; bu sırada meme emen bebek tabiat ananın kendisine bağışladığı kadar (bir çay kaşığı kolostrum) sütle beslenmektedir. Hastanede size dolu (120 gr) biberonlar verilir, fakat bunların tamamen boşalmasını beklemeyin. Biberonun yarısını emdikten sonra uyuyakalan bebek size yeterince doyduğunu anlatmaya çalışıyordur. Fakat küçük bir miktar aldıktan sonra yaygara yaparsa, kafasını çevirirse veya biberondan uzaklaşıp emziği ağzına bir daha almayı istemezse geğirme ihtiyacı duyuyor olabilir. İyi bir yudumdan sonra biberon hâlâ reddediliyorsa öğün tamamlanmış demektir.

Öğün sırasında bebeğinizin aldığı besin miktarı kilosu arttıkça artacaktır; bebeğiniz birkaç gramdan 0.2 kg'a varan ölçülerde kilo alabilir; öyle ki, 12.haftaya ulaşıldığında toplam 0.9 kg almış olabilir. Bebeğiniz düzgün biçimde kilo almaya devam ettikçe her gün ne kadar besin veya kilo aldığı konusunda endişelenmeyin.

• Biberondaki mamanın ağızlıktan akma hızının uygun olduğundan emin olun. Bunu biberonu ters çevirip birkaç kez sallayarak kontrol edebilirsiniz. Süt dökülüyor veya fışkırıyorsa çok hızlı akıyor demektir; bir veya iki damla akıyorsa hızı çok yavaş demektir. Önce biraz süt fışkırıyor ve sonra birkaç damla geliyorsa hızı uygun demektir. Bebeğinizin emmesini gözleyerek de bu konuyla ilgili ipucu elde edebilirsiniz. Bebek birkaç kere biberondan emmeye çalışıyor ve sonra hayal kırıklığına uğramış görünüyorsa ağızlıkla ilgili problem olmadığını ve sütün akış hızının çok yavaş olduğunu düşünün. Öte yandan bebek çok fazla yutkunuyor ve guruldüyorsa, süt ağzının kenarlarından akıyorsa akış hızı çok fazla demektir.

Problem kapağın kapatılma şeklinde olabilir. Çok sıkı kapatılmış kapak kısmi vakum etkisi yaratarak akışı önler; kapağın gevşetilmesi sütün daha kolay akmasını sağlar. Kapağın ayarlanması akışı etkilemiyorsa problem ağızlığın deliğinde olabilir. Süt çok hızlı akıyorsa delik çok büyük demektir. Emziğin birkaç dakika kaynatılması deliğin çapını küçül-

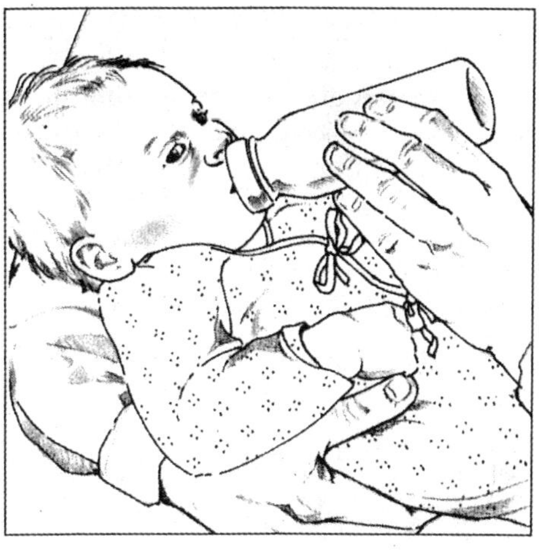

Biberonla besleme bebeğin babasına ve ailenin diğer üyelerine bebekle yakınlaşma, bebekle etkileşme ve kucaklaşma fırsatı verir ; beslenme sırasında sevgi göstermek için sütün ille de annenin memesinden gelmesi gerekmez.

BAŞARILI EMZİRME SEANSLARI İÇİN İPUÇLARI

Bebek doğduktan sonraki ilk haftalarda süt miktarı ne kadar olursa olsun bebeği beslemek pek çaba gerektirmez. Fakat bebeğinizin karnının doyması için gereken ister anne sütü ister biberon olsun şunları deneyerek işinizi kolaylaştırabilirsiniz:

Kalabalığı azaltın. Siz ve bebeğiniz erken dönemdeki bu beslenme seanslarına konsantre olmalı ve mümkün olduğunca az konuk ağırlamalısınız. Hastanede bulunduğunuz sırada beslenme saatleri içinde konuklara yasak getirmişse bu kuralı bebeğinizle baş başa sakin kalmanızı sağladığı için bir nimet olarak değerlendirin. Böyle bir kural yoksa konukları kendiniz engelleyin. Eve döndüğünüzde en azından kendinizi rahat hissedene kadar veya biberonla besleme ve emzirme konusunda becerikli hale gelene kadar bebeğin beslenme saatlerinde konukları en aza indirmeye çalışın. Konuklarınız olduğunda veya salondaki atmosfer sirk alanına döndüğünde bebeğinizle beraber yatak odasına çekilin. Telefonu fişten çekin ya da telesekreteri devreye sokun; başka çocuklarınız da varsa dikkatlerini sakin bir aktiviteye kaydırın veya bunu onlara kitap okumak için bir fırsat olarak düşünün.

Bir değişiklik yapın. Bebeğiniz biraz sakinleştiğinde bir değişiklik yapmanın zamanı gelmiştir. Temiz bir bez beslenme saatini daha rahat bir hale getirir ve hemen sonra bez değiştirme gereksinimini azaltır- bebeğiniz o sırada uykuya dalmışsa bir süre uyuması daha iyi olabilir. Ancak geceleri gerekmediği sürece bez değiştirmeyin; bu tip bir müdahale bebeğin uykusuna dönmesini güçleştirir.

Yıkama. Doğrudan ellerinizi kullanmıyor olsanız da bebeğin öğünlerinden önce ellerinizi sabunla yıkamalısınız. Bebeği emziriyorsanız her öğünden önce yıkanmanız gerekmez; günde bir kere sabunsuz bir duş almanız veya küvete girmeniz yeterlidir.

Rahat bir pozisyon bulun. Kas ağrıları ve yaygın vücut ağrıları büyümekte olan bebeği taşıyan yeni anne-babalar için bir meslek hastalığı sayılır. Bebeği garip bir pozisyonda beslemek probleme eşlik eder. Bebeği memeyle veya biberonla beslemeye başlamadan önce sırtınıza ve bebeğin altında kalan kolunuzun altına yeterli destek sağlayarak konforunuzu sağlamaya çalışın.

Bebeği rahatlatın. Bebeği çok sıkı sarmalamışsanız beslenme sırasında sarılabilmek için kundağını açın.

Çığlık atan bebeği sakinleştirin. Bağırıp çağıran bir bebek beslenme olayına konsantre olamaz ve hatta sindirmeyi başaramaz. Yumuşak bir şarkı söylemeyi veya biraz sallamayı deneyin.

Alarmlı uyandırıcı. Bazı bebekler öğünler sırasında uyuklarlar ve bebeği emzirme ya da biberonla beslenme olayına konsantre edebilmek için elbirliği içinde bir çaba göstermek gerekir. Bebeğiniz öğünler sırasında uykuya dalıyorsa sonradan anlatılacak olan uyandırma tekniklerini deneyin.

Temas kurun. Bebeğinize ellerinizle, gözlerinizle ve sesinizle sarılın ve okşayın. Öğünlerin sadece bebeğinizin günlük besin ihtiyaçlarını değil aynı zamanda anne sevgisi ihtiyacını da karşıladığını unutmayın.

Geğirme molası verin. Meme değiştirirken ya da biberon yarılandığında bebeğinize düzenli geğirme molaları verin. Eğer bebek emzirmeyi vaktinden önce kesiyorsa yine geğirme molası verin; bebeğin minik karnını dolduran yemek değil gaz olabilir.

tür fakat küçülme olmazsa ya emziği atmanız ya da bebeğin büyümesini bekleyip bunu küçük delikli biberonla değiştirmeniz gerekir. Akış hızı çok yavaşsa delik de küçüktür. Çengelli iğneyi veya büyük çaplı bir iğneyi iyice ısıttıktan sonra deliğe sokarak veya tahta bir kürdanı deliğe sokup çevirerek ve arkasından beş dakika kaynatarak genişletebilirsiniz. Ya da yeni bir delik açın.

• Gece verdiğiniz öğünleri biberonu yatağın başucunda tutmanız sağlayan bir alet yardımıyla kolaylaştırabilirsiniz. Bu sayede biberon siz kullanıncaya kadar soğuk kalır ve oda sıcaklığına getirildiğinde birkaç dakika içinde ısınır. Ya da biberonu bebeğin odasında buzun içinde bekletin ve bebek yaygara yapmaya başladığında duşun altında ılıştırarak verin.

MERAK ETTİKLERİNİZ

ÖĞÜNLER SIRASINDA UYUMA

"Doktor bebeğimi her üç-dört saatte bir beslemem gerektiğini söylüyor. Ama bazen bebekten beş-altı saat hiç ses çıkmıyor. Süt vermek için bebeği uyandırmalı mıyım?"

Bazı bebekler özellikle yaşamlarının ilk günlerinde öğünler sırasında uyumaktan memnun olurlar. Sizin bebeğiniz de bunlardan biriyse şu canlandırma tekniğini deneyin: bebeği kucağınızda oturur pozisyonda tutun; bir elinizle çenesini tutarken diğeriyle de sırtına destek olun. Şimdi bebeği bel hizasından öne doğru eğin. Canlanmaya başladığı anda emzirme pozisyonuna geçin. Emzirme şansını yakalamadan önce bebek uykusuna dönerse bunları tekrarlayın. Ayrıca kundağı açın, hatta bez dışındaki bütün giysileri çıkarın (çok küçük bebekler genellikle çıplak olmaktan hoşlanmazlar); bunun yanı sıra bezi değiştirin; bebeğin çenesinin altına parmağınızla dokunun; ayaklarını gıdıklayın ve geğirmesini sağlayın.

Bebeğiniz uyanıp emmeye başladıktan sonra yine uyursa biberonu veya memeyi kıpırdatın, yanaklarına hafifçe vurun, bebeği kıpırdatın ve yeniden emmesini sağlayacak şekilde davranın. Besleme döneminde bebeği tam doyurmak için birkaç kere kıpırdatmanız gerekebilir; bazı küçük bebekler öğünün başından sonuna kadar birkaç kere emip yeniden uyurlar. Yeniden emmesini sağlamayı başaramazsanız yukarda anlatılan uyandırma tekniklerini deneyin. Hiçbir çabanız işe yaramazsa bebeği uyandırmaya çalışmayın ve bırakın bebek uyusun. Ancak öğünler arasında beş saatten fazla uyumasına izin vermeyin.

Birkaç dakika emzirdikten sonra ve yeniden emzirme çabalarınız sonuç vermezse bebeğe uyuması için izin verin; bu süre içinde belki de bütün istediği beş dakikalık bir öğün olabilir. Ancak bebeğinizin gün boyunca 15-30 dakika aralıklarla emzirip uyumasına izin vermeniz iyi bir fikir olmayabilir. Gözlemlediğiniz olay buysa ve bebek öğünün ortasında uyumaya başlıyorsa mümkün olduğu kadar kısa süre içinde uyandırmaya ve bir kere daha uykuya dalmadan önce bebeğe öğününün tamamını vermeye çalışın.

Kronik uyku bebeğin beslenme düzenini aksatıyor ve sağlığını bozuyorsa (büyüme geriliği kısmına bakınız) hemen doktorunuza danışın.

ÖĞÜNLERDEN SONRA BEBEĞİN UYUMAMASI

"Sanırım bebeğim büyüyünce obur olacak. Yerine koyduğum anda ağlayarak yine mama istiyor."

Yeterli besin verdikten sonra bebeğinize yeniden mama verirseniz ilerde topaç gibi olacağı kesin. Bebekler açlık dışındaki nedenlerle de ağlarlar ve belki de onu yanlış anlıyorsunuzdur. Büyük olasılıkla bebeğiniz derin uykuya geçme problemi yaşıyordur. Birkaç dakika süreyle onu kendi haline bırakın ve bunu kendisinin başarmasını sağlayın. Belki de bebeğiniz uyumak istemiyordur ve beslenmek yerine kendisine ilgi gösterilmesini tercih ediyordur; bebeği insan içine çıkarın ve sosyalleşmesini sağlayın. Ya da sakinleşmeyi beceremiyordur. Biraz sallayarak ya da yumuşak hareketlerle bunu sağlamaya çalışın. Ayrıca gazı olabileceğini de hesaba katın. Bu durumdayken onu daha çok beslemeniz sadece problemi artırır. Kucağınıza veya omzunuza koyarak ve sırtını hafifçe ovalayarak geğirmesini sağlayın (öğünler arasında sık sık geğirmesini sağlayın). Belki de karyolasına yerleştirme biçiminiz sorun oluşturuyordur (bebeği uyumaya sevk edecek şekilde karyolasına koyma biçimleri daha sonra anlatılacaktır). Veya problem geçici olabilir, bebek yalnızca hızlı büyüyordur ve daha çok besine gereksinim duyuyordur.

Bebeğinize her acıktığında tekrar tekrar mama verirseniz (özellikle de aç değilken) yalnızca tombullaşmakla kalmayacak aynı zamanda ilerde önlenmesi güç bir sandviç tıkınma alışkanlığı geliştirecektir.

Ancak bebeğinizin uygun hızda kilo aldığından emin olun. Almıyorsa acıktığı için ağlıyor olabilir ve bu sizin yeterli miktarda süt üretemediğiniz anlamına gelir. Büyüme geriliği kısmına bakarak neden bebeğinizin gelişemediğini anlamaya çalışın.

DOĞUM AĞIRLIĞI

"Arkadaşlarımın bebeklerinin doğum ağırlığı 3.6 kg ile 4 kg arasında. Benim bebeğim miadında doğduğunda 3 kg'dı. Çok küçük değil mi?"

Sağlıklı bebekler doğduklarında çeşitli ağırlıklarda olabiliyorlar. Kimi uzun ve sırık gibi, tombul ve kocaman, hafif ve narin olabilir. 2.4 kg'ın altındaki doğum ağırlığı bebeğin gebelik sırasında yeterince beslenemediğini veya büyümenin bir şekilde engellendiğini (bilinmeyen ve kontrol edilemeyen nedenlerle veya annenin alkol alması, sigara veya ilaç kullanması nedeniyle) gösterebilir, ancak 3 kg'lık bir bebek 4 kg-'lık bebek kadar sağlıklı ve güçlü olabilir.

Bebeğin ağırlığını etkileyen birçok faktörden bazıları şunlardır:

Annenin gebelik döneminde aldığı besinler. Çok az besin almak veya doğru besinleri yeterince almamak bebeğin küçük kalmasına yol açabilir; çok fazla besin bebeğin ağırlaşmasına neden olur.

Annenin gebelik sırasında aldığı kilolar. Çok fazla kilo artışı bebeğin ağırlaşmasına neden olabilir ancak alınan besinler abur cubursa bebek zayıf, anne şişman olur.

Annenin doğumdan önceki yaşam biçimi. Sigara, alkol ve ilaç (uyuşturucu madde) kullanımı bebeğin büyümesini sekteye uğratır.

Annenin sağlığı. İyi kontrol edilmeyen şeker hastalığı (gebelikte görülen tip bile olsa) bebeğin aşırı kilolu doğmasına neden olur. Toksemi (preklampsi veya eklampsi) veya gelişimi yetersiz olan plasenta fötüsün gelişmesini önler ve sonuçta minik bir bebek oluşur.

Annenin doğumdan önceki kilosu. Kilolu olan anneler kilolu, zayıf olanlar da zayıf bebekler doğururlar.

Annenin kendi doğum kilosu. Annenin doğum kilosu 3.20 kg civarında ise ilk bebeğinin de aynı ağırlıkta olması olasılığı güçlüdür. Anne çok küçük veya çok büyükse bebek de aynı özelliği gösterir.

Genetik. Kilolu anne babaların kilolu bebekleri olur. Anne zayıf ve baba kiloluysa bebek küçük doğar; bu, doğanın zor doğum olasılığını azaltma yoludur. Bebek genetik olarak babasına benzemişse ilk yılda hızlı büyüyüp sonradan düşük doğum ağırlığı kompanse edilir.

Bebeğin cinsiyeti. Oğlanlar kızlara kıyasla daha uzun ve ağır olma eğilimi taşırlar.

Doğum sırası. İlk bebekler sonrakilerden daha küçüktür.

Bebeklerin sayısı. Aynı anda çoğul gebelik sonucunda doğan bebekler tek tek doğanlara kıyasla daha hafiftirler.

Irk. Doğulu, siyah ve Hintli bebekler beyaz

bebeklerden genelde daha hafif doğarlar (siyah ve beyaz bebekler arasındaki ağırlık farkları ırktan çok sosyoekonomik faktörlerle ilişkilidir; orta sınıftan siyah bebekler ve orta sınıftan beyaz bebeklerin ağırlıkları yakındır).

DUYGUSAL BAĞLANMA

"Acil bir şekilde sezaryen doğum yaptım ve daha bebeğimle duygusal bağ kuramadan bebeği yoğun bakım bölümüne aldılar. Bunun aramızdaki ilişkiyi etkileyeceğini düşünüyorum."

Doğumda bebekle bağ kurma fikri artık geçerliliğini kaybetmiştir. Doğumdan sonraki ilk 24 saatin 16'sında bebekle yakın temas içinde olmanın anne-bebek ilişkisi açısından iyi olduğu teorisi ilk defa 1970'lerde ortaya atılmıştır. Son araştırmalarda bunun çok anlamlı olmadığı gösterilmiş ve teorinin ilk savunucuları tarafından bu kavramın yanlış anlaşıldığı dile getirildiyse de popülerliğini koruyan bir görüştür.

Bu, sonuçları karmaşık olan bir kavramdır. Bir yandan birçok hastane bebeği hemen bebek odasına alıp anne-bebek arasındaki ilk bağlanmayı yıkmak yerine yeni annelere (ve hatta babalara) doğumdan sonraki ilk dakikalarda bebeklerini tutma, 10 dakikadan bir saate kadar olan sürelerle kucaklama ve emzirme olanağı tanırlar. Bu karşılaşma anneye ve bebeğe erken dönemde deri ve göz teması kurma fırsatı sağlar ve bu pozitif bir değişikliktir. Öte yandan, cerrahi yolla doğum yapanlar, travmatik vajinal doğum geçirenler, bebekleri özel bakıma alınanlar veya doğumdan hemen sonra bebeklerini kucaklarına alamayanların yavrularıyla yakın ilişki kurma şanslarını kaybettiklerini düşünme eğilimleri vardır. Bazı anneler bu olayı o kadar büyütürler ki bebeklerinin sağlığını tehlikeye atma pahasına davranırlar.

Birçok uzman anne-çocuk bağlanmasının hemen doğumda gerçeklemeyeceği görüşündedir. Yeni doğmuş bebeğin herhangi bir insanla anında temas kuramayacak kadar ilkel bir yaratık olduğunu düşünürler; bebek bırakın ömür boyu sürecek bir bağ kurmayı, bir hafta veya daha uzun zaman geçtikten sonra annesini tanımaya ancak başlar. Anne bebeğiyle bağlantı kurma becerisinden elbette uzak değildir, fakat buna hazır olmamasına yol açan nedenler vardır: uzun bir sancı döneminden sonra aşırı yorulma, ilaç almaktan halsiz kalma, kramp veya keşik nedeniyle ağrı çekme veya yeni doğmuş bebeği tutma ve onunla ilgilenme konusunda yeterince hazırlıklı olmama. Ayrıca anne-bebek arasındaki bağlanmanın yaşamın ilk gününde kurulmasının (hatta başlamasının) gerekliliği konusunda sağlam kanıtlar yoktur. Bazı araştırmacılar bu bağlanmanın bebeğin ilk yılının ikinci yarısındaki bir zamana kadar gerçekleşmeyeceğini bile düşünürler.

Doğumdaki bağlanma bebek ve anne arasındaki duygusal bağ kurulma sürecinin yalnızca bir parçası olabilir; ancak sadece başlangıcıdır. Bu başlangıç doğumdan sonraki saatlerde hastane yatağında, kuvöz kanalıyla veya haftalar sonra evde de yaşanabilir. Anne-babalarınız dünyaya geldiğinde annelerini çok az gördüler; babalarını daha da az, sadece eve gittikleri zaman görebildiler (doğumdan 10 gün sonra). "İhmal edilmiş" bu neslin büyük çoğunluğu güçlü, sevgi dolu aile bağlarıyla büyüdü. İlk bebekleriyle bağ kurma fırsatı yakalayan, fakat ikincisiyle böyle bir fırsatı olmayan annelerin çocuklarına karşı duygularında bir farklılık olmadığı ileri sürüldü. Evlat edinen ve bebek hastaneden taburcu olana kadar (hatta daha uzun bir süre) bebekle karşılaşmayan anne-babalar da güçlü bağlar kurabiliyorlar.

Bir yaşam boyu süren bir sevgi sihirli bir şekilde birkaç saat veya birkaç günde oluşmaz. Doğumdan sonraki ilk anlar bazıları için sevindirici olurken, diğerleri için unutmak istedikleri, hayal kırıklığına uğratan bir anı oluşturabilir. Her iki şekilde de bu anlar ilerdeki ilişkinin kalitesini ve karakterini belirlemez.

Anne-bebek arasındaki bağlanma gibi karmaşık bir süreç aslında gebelik sırasında başlar; bu sırada bebeğe yönelik tutumlar ve duygular gelişmeye başlar. Bu ilişki evrim geçirir ve bebeklik, çocukluk ve ergenlik ve hatta erişkinlikte değişerek devam eder. Sonuç olarak size rahatlamanızı öneriyoruz. Bu bağları kurmak için önünüzde daha çok zamanınız var.

"Doğum sırasındaki bağlanmanın bebek ile anneyi yakınlaştırdığını duydum. Doğumdan sonraki yarım saat boyunca kızımı kucağımda tuttum, fakat o zaman bana yabancı gibi göründü ve üç gün geçtikten sonra hâlâ aynı şekilde hissediyorum."

İlk bakışta aşk, romantik filmlerde ve romanlarda gelişir fakat gerçek hayatta ender olarak somutlaşır. Yaşam boyu süren bir sevginin gelişmesi ve derinleşmesi için zaman, bakım ve çok fazla sabır gerekir. Yenidoğan ve anne-baba arasındaki ilişkiyi kadın ve erkek arasındaki ilişki gibi düşünebilirsiniz.

Doğum sonrasında anne ve çocuk arasındaki fiziksel yakınlık anında duygusal yakınlık oluştuğu anlamına gelmez (doğum anındaki bağlanma taraftarları ne söylerse söylesin). Doğum sonrasındaki bu ilk anlar otomatik olarak anne sevgisi doğurmaz. Gerçekte, doğum sonrasında annelerin yaşadığı ilk duygu sevgiden çok kurtulma-hafiflemedir; bebeğin normal doğmasıyla ilgili bir hafifleme duygusu ve özellikle de doğum zor geçmişse görevin sona erdiği duygusu ağır basar. Karnınızda dokuz ay taşıdıktan sonra bu yaygaracı ve antisosyal bebek size bir yabancı gibi görünebilir ve ona karşı nötrden daha yakın bir sevgi besleyemezsiniz. Bir çalışmada annelerin yeni doğmuş bebeklerine karşı olumlu duygular beslemesi için ortalama iki haftadan fazla süre (bazen dokuz hafta sürer) geçmesi gerektiği bildirilmiştir.

Bir kadının yeni doğmuş bebeğine nasıl reaksiyon gösterdiği birçok faktöre bağlıdır: sancının süresi ve yoğunluğu; sancı çekerken ilaç alıp almadığı; bebeklerle yaşadığı önceki deneyimler (veya deneyimsizlik); bebek sahibi olma konusundaki duygular; kadının eşiyle ilişkileri; kadını meşgul eden dış kaynaklı kaygılar; kadının genel sağlığı ve en önemlisi kişiliği.

Reaksiyonunuz sizin için "normal" olandır. Günler geçtikçe rahatlık ve bağlanma duygusunun arttığını algıladığınız sürece kendinizi rahat hissetmelisiniz. En iyi ilişkilerin bazıları başlangıçta yavaş başlayanlardır. Bebeğe ve kendinize birbirinizi tanıma ve anlama şansı tanıyın ve sevme konusunda acele etmeyin.

Birkaç hafta geçtikten sonra da yakınlık gelişmiyorsa veya bebeğe karşı kızgınlık veya antipati hissediyorsanız bu duygularınızı çocuk doktoru ile tartışın. Bunları erken dönemde tartışmak ilişkinizin kalıcı hasar görmesini engelleme açısından önemlidir.

BEBEĞİN SİZİNLE AYNI ODADA OLMASI

"Bebeğimle aynı odada olmam doğumdan önce bana rüya gibi geliyordu. Şimdiyse cehennem gibi geliyor. Bebeğin ağlamasını kesemiyorum- bebeği yeniden bebek odasına gönderirsem ne tip bir anne gibi davranmış olurum?"

Sonuçta siz de bir insansınız . Doğum gibi güç bir olayın üstesinden geldiniz ve şu anda bundan daha da zorlu bir işe girişmek üzeresiniz: çocuk bakımı. Bu iki görev arasında biraz dinlendiğiniz için suçluluk duymayın.

Elbette bazı kadınlar odada bebekle birlikte olma konusunda rahattırlar. Doğum sonrasında yorgunluk değil coşku duyarlar. Ya da yeni doğmuş bebeklerle daha önceden deneyim yaşamış olabilirler (kendi bebekleri veya başkalarınınki). Bu kadınlar için de sabahın üçünde bir türlü sakinleşemeyen bir bebek hoş değildir, fakat bir kâbusa da benzememektedir. 48 saattir uyumamış olan, bedeni kıvrandıran bir sancıdan yeni çıkmış ve bebek bezi reklamı dışında bebeklerle ilgisi hiç olmamış bir kadın gün doğmadan başlayan bu nöbetler yüzünden gözyaşlarına boğulabilir ve kendine şu soruyu sorabilir: Neden anne olmaya karar verdim ki?

Üzüntülü olmak annenin bebeğe gücenmesine yol açar ve bu duyguları bebek de algılar. Bunun yerine bebeğiniz gece beslemeleri arasında bebek odasına gönderilirse her ikisi de dinlenmiş olan anne ve bebek sabah olduğunda birbirlerine alışma konusunda rahatlık yaşamış olurlar. Bebeğin gün boyunca odaya alınmasının önemli avantajlarını yaşamak için sabah iyi bir zamandır: bebeğinizin emniyetli bir ortamda, deneyimli ellerde nasıl bakıldığını görmek ve gerektiğinde yardım ve öneri almak için de bu iyi bir fırsattır. Bütün gün bebekle kalmayı tercih etmişseniz bile yardım için hemşireleri çağıramazsınız diye bir şey yoktur. Onlar bunun için orada bulunuyorlar.

Yeniden gece olduğunda bebeği yanınızda tutmaya devam edin ve neler olacağını gözleyin; sizi şaşırtabilir. Bebek molası verecekseniz yine bebek odasını kullanın. Bebeği sürekli odanızda tutmanız aile-merkezli bir bakım merkezinde harika bir seçenektir fakat herkes için uygun olmayabilir. Bebeği odada tutmaktan çok memnun olmamanız ya da yorgunluk hissetmeniz kötü ya da başarısız bir anne olduğunuz anlamına gelmez. İstemediğinizi hissettiğiniz sürece kendinizi zorlamayın ve bir kere bu işe soyunduğunuzda fikrinizi değiştirip part-time'a geçemeyeceğinizi zannetmeyin.

Esnek olun. Bebeğinizle hastanede geçirdiğiniz zamanın niceliğine değil niteliğine bakın. Evde zaten tüm zamanınızı bebeğe vereceksiniz ve hastaneler doğum sonrasında anneleri gittikçe daha erken taburcu ediyorlar; bugünlerde bu süre 24-48 saat arasındadır. Bundan sonra duygusal ve fiziksel olarak bebekle başa çıkmaya hazır olacaksınız.

BEBEK YETERİNCE BESLENEMİYOR

"Bebeğimi doğuralı iki gün oluyor ve memelerimi sıktığım zaman bir damla kolostrum bile gelmiyor. Bebeğimin açlık çekmesinden korkuyorum."

Bebeğiniz bırakın açlıktan ölmeyi, henüz aç bile değil. Doğduklarında bebeklerin iştahı hatta beslenme gereksinimleri olmaz. Bebeğiniz genellikle doğumdan sonraki üçüncü veya dördüncü günde bir meme dolusu süt için iştah duyduğunda siz de hazır olacaksınız. (Bazen özellikle de ikinci kez anne olanlarda süt daha erken gelir. Ender olarak, süt yedinci günden önce gelmeyebilir. Bu durumda, çocuk doktoru her emzirmeden sonra bebeğe mama verilmesini önerebilir.)

Memelerinizde henüz süt olmadığını söylememize gerek yok. Kolostrum (bebeğe kendi vücudunun henüz üretemediği önemli antikorları -bağışıklık maddelerini- ve besinleri sağlayan kolostrum bebeğin sindirim sisteminin temizlenmesine ve fazla salgının uzaklaştırılmasına da yardımcı olur) tabii ki vardır, fakat çok az miktardadır (ilk beslenmelerde bir çay kaşığının yarısı kadardır; üçüncü günde 10 emzirmede emzirme seansı başına üç çay kaşığından azdır).Memeleriniz dolmaya ve şişmeye başlayana kadar (sütün geldiğini gösterir) sütü elle çıkarmanız kolay değildir; bazı anneler için daha sonra bile zordur. Bir günlük bebek bile daha önce hiç deneyimi olmadığı halde bu ön sütü almayı sizden daha iyi becerir.

BEBEĞİN UYUKLAMASI

"Oğlum doğduktan sonra her şeye karşı çok uyanıktı fakat ondan sonra o kadar güzel uyumaya başladı ki emzirmek veya insan içine çıkarmak zor oluyor."

Bebeğinizle tanışmak için dokuz uzun ay beklediniz; şimdi karşınızda ama sürekli uyuyor. Bu yapacağı en doğal şey. Doğumdan sonraki ilk birkaç saat içinde uyanık olmak ve sonra derin uykuya dalmak (genellikle 24 saat) yenidoğanda gözlenen normal davranış tarzıdır (doğumdan sonraki yorgunluğun çıkması için bu iyi bir şanstır).

Yeni doğmuş bebeğinizin bu faydalı uykudan sonra hemen tüm uyaranlara yanıt veren bir arkadaş olmasını beklemeyin. İlk haftalarda ikidört saat süren uykuları ağlamayla son bulacaktır. Yarı uyanık durumda emzirilmek için canlanacak ve doyduğunda uyuklamaya devam edecektir. Hatta emzirilirken uyumaya başlayacak ve meme ucunu yeniden ağzına alması için memenizi sallamanız gerekecektir. Sonunda daha derin bir uykuya dalmadan önce siz memenizi uzaklaştırırken birkaç damla süt daha emecektir.

Gün boyunca her saat başında yalnızca üç dakika ve gece boyunca da daha az süreyle (öyle olacağını umuyorsunuz) gerçek anlamda uyanık olacaktır. Bu, aktif sosyalleşme için ayrılan sürenin gün boyunca yalnızca bir saat olması demektir. Daha uzun süre uyanık kalmasının ona sağlayacağı pek bir fayda yoktur ve uyuduğu süreler (özellikle REM uykusu) olgunlaşmasını sağlayacaktır. Yavaş yavaş uyanıklık dönemleri artmaya başlayacaktır. İlk ayın sonunda çoğu bebek günde iki-üç saat uyanık olur ve bu saatler ardışık bir şekilde, öğleden sonranın sonlarında yaşanır. Bazı uykular iki-üç saat değil de 6 veya 6,5 saat sürer.

Bu arada bebeğinizi daha iyi tanıma çabalarınızın önüne geçmeye çalışın. Karyolasının başında uyanıp sizinle oynamasını beklemek yerine onun uyuduğu zamanı uyku depolamak için kullanın. Bu uykuyu istemediğiniz halde, uyanık kalacağınız ilerdeki günler ve geceler için saklayın.

AĞRI İLAÇLARI

"Sezaryen ameliyatından kaynaklanan ağrım vardı. Kadın-doğum doktorum ağrı ilacı verdi, fakat ilacın sütüm yoluyla küçük kızıma geçmesinden korktuğum için almaya çekiniyorum."

Gereken ilacı almamakla bebeğe daha çok zarar veriyorsunuz. Giderilemeyen sezaryen sonrası ağrıdan kaynaklanan gerginlik ve yorgunluk bebeğinizle iyi bir ilişki kurma becerinizi (rahatlamanız gerekir) ve süt rezervinizi etkiler (dinlenmiş olmanız gerekir). Bunların ötesinde ilaç kolostrumunuzda çok az miktarda bulunur; sütünüz gelmeye başladığı anda narkotik ilaçlarla ağrınızı gidermeye ihtiyacınız kalmayacaktır. Bebeğinize çok az miktarda ilaç geçse bile zararlı etkiler bırakmadan bebeğin vücudundan atılır.

BEBEĞİN GÖRÜNTÜSÜ

"Bana bebeğin kime benzediğini soruyorlar. İkimiz de sivri kafalı, patlak gözlü, kepçe kulaklı ve basık burunlu değiliz. Bebeğimiz ne zaman daha güzel görünmeye başlayacak?"

Filmlere veya televizyondaki reklamlara iki-üç aylık bebeklerin çıkarılmasının iyi bir nedeni vardır; yenidoğanların çoğu fotojenik değildir. Anne-babanın gözü sevgiden körleşmişse de bebeklerinin mükemmelden uzak görünümleri konusunda yapabilecekleri pek az şey vardır. Neyse ki, bebeğinizin filmlerde veya bebek bezi reklamlarında başrol oyuncusu olmasını engelleyen özellikleri çok uzun sürmeyecektir.

Tarif ettiğiniz özellikler sivri kafalı, patlak gözlü, kepçe kulaklı ve basık burunlu bir akrabanızdan geçmedi. Bunlar, bebeğin sıkışık rahminizde kalmasından, doğuma hazırlık aşamasında kasıklarınızdan yaptığı zorlu geçişten ve doğum sırasında doğum kanalınızdan yaptığı son travmatik yolculuktan arta kaldı.

Bebeğin kafası böyle mucizevi şekilde tasarlanmamış olsaydı -kafatası kemikleri tam birleşmemiştir ve bu sayede bebek vajinadan geçerken şekil değiştirebilir- cerrahi müdahale gerektiren çok daha fazla doğum olurdu. Sonuç olarak, vajinal doğumla ortaya çıkan sivri kafa için minnettar olmalısınız ve kafatasının birkaç gün içinde normal yuvarlak şekline kavuşacağı konusunda kendinizi güvende hissetmelisiniz.

Bebeğinizin gözleri etrafındaki şişkinlik dünyaya yaptığı fantastik yolculuk sırasındaki nabız artışından kaynaklanır. (Gözlerine gümüş nitrat dökülen bebeklerde enfeksiyonu önleyici bu ilacın tahriş eden etkisi şişkinliğe yol açar). Bazıları, gözleri ilk defa ışıkla karşılaşan yenidoğanların bu şişkinlik sayesinde doğal yoldan korunduğunu düşünürler. Patlak gözlerin anne-babayı görmeyi etkileyerek bağlanmayı olanaksız hale getirdiği görüşü desteklenememiştir. Gözleriyle bir insanı diğerinden ayıramasa da, yenidoğan, şişmiş gözkapaklarına rağmen bulanık yüzleri fark edebilir.

Kepçe kulaklar da bebeğin sıkışık rahimde yaşadığı deneyimin bir sonucudur. Bebek büyümeye ve annesinin sıcak amniyotik kesesinde sıkışmaya başladıkça dışa dönen kulak doğumdan sonra da bu şekilde kalabilir. Bu geçici bir durumdur. Uzmanlar kulağı geriye katlayarak bantlamanın sonuç vermeyeceğini düşünürler ve bant bebeğin derisini tahriş edebilir; fakat bebeği uyuması için yan yatırırken kulağın normal pozisyonda olmasını sağlayarak normale dönme hızını artırabilirsiniz. Bazı kulaklarsa genetik olarak dışa dönük durma eğilimi taşırlar. Saç bu estetik problemi bir dereceye kadar kamufle edebilir ve istendiğinde plastik cerrahiyle kepçe kulak düzeltilebilir. (Ancak bir problem olarak görülmesi gerekmez: Clark Gable'ı hatırlayın.)

Basık burun sancı ve doğum sırasındaki sıkışmadan kaynaklanır ve doğal yolla normale döner. Bebek burnu erişkinlerdekinden çok farklı olduğundan (burun kemeri geniştir, hatta yoktur ve şekil belirgin değildir) bebeğin kime benzediğini söyleyebilmek için biraz daha beklemeniz gerekir.

GÖZ RENGİ

"Bebeğimin eşiminki gibi yeşil gözleri olacağını zannediyordum, fakat koyu gri görünüyor. Sonradan yeşile dönme olasılığı var mı?"

Gebelikteki tahmin oyunu -kız mı olacak, erkek mi?- bebeğin ilk aylarında yerini başka bir oyuna bırakır: Daha sonra gözleri ne renk olacak? Şu anda bunu tahmin etmek için erkendir. Çoğu beyaz bebek koyu mavi veya maviye çalan renkte gözlerle doğar. Doğulu bebekler koyu, kahverengi gözlere sahiptir. Koyu renkteki bebeklerin gözleri koyu kalmaya devam eder fakat beyaz bebeklerin göz renkleri üç ile altı ay arasında bir zamanda (belki de daha sonra) gerçek rengini alana kadar birçok değişikliğe uğrar. İristeki pigmentleşme ilk yıl boyunca artarak devam ettiğinden rengin derinliği bebeğin ilk yaş gününe kadar belirgin hale gelmeyebilir.

TIKANMA VE ÖKSÜRME

"Bebeğimi bana bu sabah getirdiklerinde tıkanma ve öksürmeye benzer olaylar geçirdi ve sıvı bir şeyler tükürdü. Henüz emzirmemiştim, dolayısıyla sütümü tükürmüş olamaz. Sorun nedir?"

Bebeğiniz aşağı yukarı dokuz ayını sıvı bir ortamda geçirdi. Hava solumadı, bir sürü sıvı yuttu. Hemşire veya doktor bebeğin havayolundaki sıvıları temizlemişse de akciğerlerinde salgı ve sıvı kalmış olabilir ve tıkanma ve öksürme bebeğin bu kalan maddeleri atma yoludur.

ÜRKME

"Bebeğimin sinir siteminde sorun olduğunu sanıyorum. Uyurken bile aniden sıçrayarak uyanıyor."

Bebeğinizin koyu kahveyi fazla kaçırmış olması olanaksız olduğundan gözlediğiniz bu sıçrama çok normal olan ürkme refleksinden kaynaklanır. Moro refleksi olarak da bilinen bu olayın belirgin bir nedeni yoktur; bazı bebeklerde diğerlerinden daha sık görülür fakat genelde yüksek ses, bebeği sarsmak veya düşme hissine (bebek yeterli destek verilmeden kucağa alındığında) tepki olarak ortaya çıkar. Tipik olarak, bebeğin vücudu katılaşır, kollarını simetrik olarak yanlara doğru açar, normalde sıkılı duran yumruklarını açar, dizlerini yukarı kaldırır ve sonra kollarını ve yine sıktığı yumruklarını vücuduna yaklaştırır; tüm bunlar birkaç saniyede olur. Çığlık da atabilir. Moro, bebeklerin doğuştan sahip olduğu koruyucu reflekslerden biridir; kaybedilen dengenin yeniden kazanılmasına yönelik ilkel bir reflekstir.

Ürkmüş bebeğin görüntüsü anne-babaları endişelendirir, fakat doktor asıl bu refleks olmadığında endişeye kapılmayı önerir. Yenidoğanlar bu refleks açısından düzenli olarak test edilirler çünkü bu, sinir sistemin iyi işlediğini gösteren bir belirtidir. Bebeğinizin gittikçe daha az ürktüğünü göreceksiniz. Bu refleks 4-6 ay içinde tamamen ortadan kaybolacaktır. (Bebeğiniz bazen ve her yaşta ürkme refleksi gösterebilir, fakat her zaman bu tipte reaksiyonla beraber görülmez.)

ÇENE TİTREMESİ

"Bazen, özellikle de ağlarken, bebeğimin çenesi titriyor."

Bebeğinizin çenesinin titremesi güçlü sevgi duygularınızı titreten doğumsal bir özellik gibi görünse de aslında sinir sisteminin, tıpkı akranlarındaki gibi, yeterince olgunlaşmadığını gösteren bir belirtidir. Ona gereksindiği sevgiyi gösterin ve sürdüğü sürece bu çene titremesinin keyfini çıkarın; fazla uzun sürmeyecek.

DOĞUM İZLERİ

"Bebeğimde ilk gözlediğim şey, yani onun kız olduğunu gördükten sonra, kasığının üze-

rindeki çıkıntılı, parlak kırmızı lekeydi. Sonradan geçecek mi?"

Kızınız sizden ilk bikinisini almanızı istediğinde bu çilek renkli doğum izi -diğer doğum izleri gibi- çoktan kaybolmuş olacaktır. Elbette bir doğum izine bakmak kabullenmesi zor bir işarettir. Bazen bu iz silikleşmeden önce biraz daha büyüyebilir ve doğumdan bir süre sonrasına kadar ortaya çıkmaz. Küçülmeye veya silikleşmeye başlamadan önce günden güne meydana gelen değişiklikleri gözlemek zordur. O nedenle, bazı doktorlar doğum izindeki değişiklikleri fotoğrafla saptarlar ve lezyonu düzenli olarak boyunu ölçerler. Bebeğinizin doktoru böyle yapmazsa kendinizi rahatlatmak için bunu kendiniz yapmalısınız.

Doğum izleri birçok şekilde, renkte ve dokuda olabilir ve şu kategorilerde toplanır:

Çilek renkli hemanjiyom. Bu yumuşak, çıkıntılı, çilek rengindeki doğum izi bir çil kadar küçük ve bir bardak altlığı kadar büyük olabilir ve fötüsün gelişmesi sırasında dolaşım sisteminden kopan, olgunlaşmamış vasküler maddelerden oluşur. Doğumda görünür olabilir veya yaşamın ilk haftalarında aniden ortaya çıkabilir; o kadar yaygındır ki her 10 bebekten birinde bu iz vardır. Çilek renkli doğum izleri bir miktar büyüyebilirler fakat sonunda incimsi gri renge dönüşürler ve 5-10 yaşlarında tamamen ortadan kaybolurlar. Anne-babalar çok belirginleşen izleri (özellikle de yüzdekileri) tedaviyle gidermek isterlerse de bu tip izlere büyümedikleri veya görme gibi işlevleri etkilemediği sürece hiç müdahalede bulunmamak en iyisidir. Tedavi, kendi kendine iyileşmesine izin verme yaklaşımından daha çok komplikasyona yol açar.

Bebeğinizin doktoru tedavi önerirse birkaç seçenek söz konusudur. En basit olanlar kompresyon ve masajdır ve bu, izin ortadan kaybolmasını hızlandırır. Çilek rengi hemanjiyomların daha agresif tedavileri arasında steroidlerin kullanımı, ameliyat, X ışınları veya lazer tedavisi, kriyoterapi (kuru buzla dondurma) ve sertleştirici ajanların uygulanmasıdır (varisli venlerde olduğu gibi). Birçok uzman bu doğum izlerinin %0.1'inde cerrahi müdahale gerektiğini düşünür. Çilek hemanjiyom (zaman içinde veya ameliyatla küçülür) nedbe veya kalıcı bir doku bıraktığında plastik cerrahiyle durum düzeltilebilir.

Bazen, çilek rengindeki iz kendiliğinden ya da üstü kaşındığı veya çarpıldığı için kanayabilir. Basınç uygulanması kan akışını düzeltebilir.

Kavernöz hemanjiyom. Bu doğum izi çilek renkli hemajiyomdan daha az yaygındır- her 100 bebekten yalnızca bir veya ikisinde görülür. Genelde çilek tipiyle beraber görülen bu durum daha büyük, olgunlaşmış damar elemanlarından oluşur ve derinin daha derin katmanlarını içerir. Mavi veya maviye çalan kırmızı renkteki büyük kitle başlangıçta çıkıntısızdır. İlk altı ayda hızla büyür ve sonraki ayda büyüme hızı yavaşlar. 12-18 ay içinde küçülmeye başlar. Beş yaşındayken %50'si, yedi yaşındayken %70'i, dokuz yaşındayken %90'ı ve çocuk on veya on iki yaşındayken %95'i ortadan kalkar. Genellikle çirkin bir iz bırakmaz, fakat bazen çok az nedbe kalabilir. Olası tedavi biçimleri çilek renkli doğum izindeki gibidir.

Somon renkli leke veya nevüs simpleks ("leylek ısırığı"). Somon rengindeki bu lekeler alında, gözkapaklarının üstünde, burnun ve ağzın kenarlarında görülmektedirler, fakat en çok ensede görülürler (bu yüzden "leylek ısırığı" adını alırlar). Yaşamın ilk iki yılında gittikçe silikleşirler ve çocuk kendini zorladığı veya bağırdığı zamanlar dışında belirgin değillerdir. Yüzdeki lezyonların %95'i tamamen ortadan kaybolduğundan bu doğum izleri estetik açıdan daha az endişe doğururlar.

Portwine lekesi veya flamöz nevüs. Mora çalan bu doğum izleri vücudun herhangi bir yerinde ortaya çıkabilir ve genişlemiş, olgunlaşmış kılcal damarlardan oluşur. Doğum sırasında çıkıntısız, düz pembe veya mora çalan lezyonlar şeklinde görülürler. Yavaş yavaş renk değiştirseler de zaman içinde çok fazla değişmezler ve kalıcı olarak kabul edilirler. Suya dayanıklı kozmetik kremlerle kapatılabilirler ve 12 yaşına gelindiğinde lazer tedavisiyle uzaklaştırılabilirler. Ender olarak, bu lezyonlar alttaki yumuşak doku veya kemiğin aşırı büyümesiyle ilişkilidirler ve yüzde görüldüklerinde beyin gelişiminde anormalliğe neden olurlar. Bu konuyla ilgili endişeniz varsa doktorunuza danışın.

Cafe au lait (sütlü kahve) lekeleri. Bu çıkıntısız lekeler ten renginden (süt dolu kahve) açık kahveye (çok az sütlü kahve) değişen renklerde olabilirler ve vücudun herhangi bir yerinde görülebilirler. Yaygın sayılırlar, doğumda veya yaşamın ilk birkaç yılında belirgindirler ve ortadan kaybolmazlar. Çocuğunuzda çok sayıda sütlü kahve lekeler varsa (altı veya daha fazla) bunu doktorunuza danışın.

Moğol lekeleri. Mavi ile açık gri arasında değişen ve çürüğü andıran Moğol lekeleri bebeğin poposunda veya sırtında bazen de bacaklarda ve omuzlarda görülürler; siyah, Doğulu veya Hint kökenli her 10 çocuktan 9'unda bu lekelerden vardır. Yanlış tanımlanan bu lekeler ataları Akdenizli olan bebeklerde de epey yaygındır; fakat sarı saçlı, mavi gözlü çocuklarda ender görülür. Çoğu doğumda görüldüğü ve ilk yıl içinde ortadan kalktığı halde bazen sonrasında ve hatta erişkinlikte bile görülmeye devam eder.

Konjenital pigmentli nevüsler. Bu benler açık kahveden siyaha kadar değişen renklerde ve tüylü olabilir. Küçük olanları daha yaygındır; büyük olanları yani "dev pigmentli nevüsler" enderdir; fakat sonradan habisleşme eğilimi taşırlar. Büyük benlerin ve şüpheli küçük benlerin kolayca alınabildikleri sürece uzaklaştırılması önerilir ve uzaklaştırılamayanlar bunların tedavisine alışkın olan bir doktor tarafından dikkatle izlenebilir.

CİLTLE İLGİLİ PROBLEMLER

"Bebeğimin suratının her tarafında beyaz sivilceler var. Ovalayınca geçer mi?"

Pürüzsüz bir cilt beklentisinde olan anne yeni doğmuş bebeğin yüzünün her tarafında (özellikle çene ve burunda) çok sayıda ve bazen bedende ve uzuvlarda hatta penisin üstünde bir veya iki tane beyaz sivilce görünce hayal kırıklığına uğrayabilir. Yenidoğanın olgunlaşmamış yağ bezlerinin tıkanmasıyla oluşan bu sivilcelere hiç müdahalede bulunmamak daha doğrudur. Sıkmaya veya ovalamaya çalışmayın. Birkaç hafta içinde kendiliğinden iyileşir.

"Bebeğimin yüzündeki ortası beyaz kırmızı lekeler konusunda endişeliyim."

Yenidoğanın deriyle ilgili problem yaşaması enderdir. Onun cildinde gördüğünüz bu lekeler en yaygın sorunlardan biridir: toksik eritem. Kaygı verici adına ve görüntüsüne rağmen -ortası beyaz, düzensiz şekilli kırmızı lekeler- toksik eritem kısa ömürlüdür ve tamamen iyi huyludur. Daha çok böcek ısırığına benzer ve tedaviye gerek kalmadan iyileşir.

AĞIZDAKİ KİSTLER VEYA BENEKLER

"Bebeğim ağzını tamamen açtığında dişetlerinde birkaç tane küçük, beyaz şişlik fark ettim. Acaba diş mi çıkarıyor?"

Etrafı (veya büyükanne ve büyükbabaları) velveleye vermeyin. Çok ender olarak bebeğin alt orta kesici dişleri vaktinden 6 ay veya daha önce çıkabilir ancak küçük beyaz şişlikler dişten çok sıvıyla dolu papül veya kistlerdir. Bu kistler yenidoğanlarda yaygındır ve bir süre sonra ortadan kaybolur; böylece bebeğinizin ilk dişsiz gülüşü için bir sürü zaman olur.

Bazı bebeklerin damağında sarıya çalan beyaz benekler görülür. Kistlerde olduğu gibi bunlar da yaygındır ve tıbbi açıdan önemli değillerdir. Epstein incileri olarak da adlandırılan bu lekeler tedaviye gerek kalmadan iyileşir.

ERKEN DİŞLER

"Doğumdan sonra bebeğimin ön iki dişinin çıkmış olduğunu görünce şok oldum. Doktor bunların çekilmesi gerektiğini söyledi, fakat bu düşünce beni ve eşimi endişelendiriyor."

Bazen yenidoğan ağzında bir veya iki dişle doğar. Bu dişler dişetlerine sıkıca tutunmuyorsa bebeğin bunları yutmasını veya tıkanmasını önlemek için çekilmeleri gerekir. Erken dişler ilk önce çıkan dişler veya fazladan dişler olabilir ve çekildiklerinde bunların yerine normal zamanında kalıcı dişler çıkar. Fakat sıklıkla bunlar kalıcı dişlerdir ve çekileceklerse asıl kalıcı olanlar çıkıncaya kadar geçici takma diş takılmalıdır.

PAMUKÇUK

"Bebeğimin ağzında beyaz bir şeyler var. Bunun süt kalıntısı olduğunu düşünüyordum fakat fırçaladığım zaman kanamaya başladı."

Sizde veya bebekle sizin aranızda mantar dolaşıyor. Pamukçuk olarak bilinen mantar enfeksiyonu bebeğinizin ağzında sorun oluştursa da, aktivitesine daha önceden doğum kanalında monilyal (Monila sınıfı mantar) enfeksiyon olarak başlamıştır ve bebeğinizin bu enfeksiyonu aldığı yer de orasıdır. Bu enfeksiyonun etkeni Kandida albikans'dır ve bu organizma normalde ağız ve vajinada yaşar. Diğer mikroorganizmalarla aynı anda kontrol edilir ve genelde problem çıkarmaz. Fakat bu denge bozulduğu zaman -hastalık, antibiyotik kullanımı ve hormonal değişiklikler (gebelik gibi)- mantar için uygun olan ve enfeksiyon semptomlarına neden olan koşullar oluşur.

Pamukçuk bebeğin yanaklarının iç taraflarında ve bazen de dilde, damakta ve dişetlerinde peynire veya lora benzeyen çıkıntılı beyaz lekeler şeklinde görülür. Kabuklar kalktığında altından kırmızı bir bölge çıkar ve kanama olabilir. Pamukçuk en çok yenidoğanlarda görülür fakat bazen daha büyük bebeklerde de görülebilir; özellikle de antibiyotik verilen bebeklerde bu enfeksiyon oluşur. Pamukçuktan kuşkulanıyorsanız doktorunuza danışın.

Maya enfeksiyonunun kendisi tehlikeli değildir ancak ağrı yapar ve bebeğin beslenmesini aksatır. Ender olarak, antifungal ajanlarla tedavi edilmezse komplikasyonlar görülür.

KİLO KAYBI

"Bebeğimin hastanedeyken biraz kilo kaybedeceğini biliyordum, fakat 3.375 kg'dan 2.76 kg'a düştü. Bu fazla değil mi?"

Kilo-alma departmanına bebeğin gelişimiyle ilgili raporlar vermeye çok istekli davranan yeni anneler bebeklerinin hastanede kaybettiklerinden daha çok kilo kaybettikleri zaman hayal kırıklığına uğrarlar. Ancak tüm yenidoğanlar yaşamlarının ilk beş gününde %5-%10 arasında kilo kaybederler; bu kreşteki beslenmeyle ilgili değil doğum sonrasındaki sıvı kaybıyla ilgilidir; bu dönemde bebekler çok az besin aldıklarından bu sıvı kaybı telafi edilemez. Meme emen bebekler (ön kolostrum oluştuğu zaman yalnızca birkaç çay kaşığı dolusu sütle beslenirler) biberonla beslenen bebeklere kıyasla daha fazla kilo kaybederler. Yenidoğanların çoğu beşinci günden sonra kilo kaybetmezler ve 10-15 günlük olduklarında eski ağırlıklarını yeniden kazanır veya onun üzerine çıkarlar; bu kayıtları o zamandan sonra tutmanız daha uygundur.

SARILIK

"Doktor bebeğimin sarılık olduğunu ve eve gitmeden önce Ultraviyole ışıkları altında durması gerektiğini söyledi. Ciddi bir olay olmadığını söylüyor, fakat bebrğimin hastanede kalacak olması beni endişelendiriyor."

Yenidoğanların bakıldığı yere girdiğinizde ikinci veya üçüncü günde bebeklerin yarısının renginin sarılaştığını görürsünüz; bu, yaştan değil sarılıktan kaynaklanır. Kafadan başlayan ve ayak parmaklarına kadar yayılan sararma[3] kandaki bilirübinden kaynaklanır ve gözlerin beyaz kısımlarını bile tutabilir. Oksijen taşıyan kırmızı kan hücrelerinin normal yıkım ürünlerinin sonuncusu olan bilirübin genelde kan dolaşımından uzaklaştırılır, karaciğerde işlemden geçtikten sonra böbrekler kanalıyla atılır. Ancak yenidoğanlar olgunlaşmamış karaciğerlerinin kaldıracağından daha fazla miktarda bilirübin üretirler. Sonuç olarak, bilirübin kanda birikir ve normal veya fizyolojik yenidoğan sarılığı (ikter) olarak adlandırılan sarımsı renge yol açar.

Fizyolojik sarılıkta sararma bebeğin yaşamının ikinci veya üçüncü gününde başlayıp ve be-

3. Bu süreç siyah ve kahverengi derili bebeklerde aynı şekilde işler, fakat sararma yalnızca avuç içlerinde, ayak tabaklarında ve gözlerin beyaz kısmında görülür.

bek bir haftalık veya 10 günlük olduğunda azalır. Böbrekleri daha az olgunlaşmış olan prematüre bebeklerde sararma daha da geç (genelde üçüncü veya dördüncü günde) başlar ve daha uzun sürer (genelde 15 gün veya daha uzun). Sarılık daha çok oğlan bebeklerde, doğumdan sonra çok kilo kaybeden bebeklerde, anneleri diyabetik olanlarda veya yapay sancıyla doğurulan bebeklerde görülür.

Bazen doktor fizyolojik sarılığı olan bebeği gözlem ve tedavi amacıyla bir süre daha hastanede tutmak isteyebilir. Çoğu zaman, bilirübin düzeyleri (kan testleriyle belirlenir) gittikçe azalır ve bebek evine problemsiz döner. Nadiren, bilirübin düzeyinde hızlı artış olur ve bu, sarılığın anormal veya patolojik olduğunu gösterir.

Patolojik sarılık son derecede az sıklıkta görülmektedir. Fizyolojik sarılıktan daha erken veya geç görülür ve bilirübin düzeyi daha yüksektir. Doğumda görüldüğünde veya bebeğin yaşamının ilk günlerinde ortaya çıktığında kan grubu uyuşmazlığından (bebeğin Rh faktörü anneninkinden farklı) kaynaklanan hemolitik hastalığı gösterir. Daha sonra (genelde doğumdan sonraki bir veya iki hafta içinde) görülen sarılık tıkayıcı sarılığı gösterir ve bu, karaciğerin bilirübini işleme olayında bozukluktan kaynaklanır. Patolojik sarılık genelde kalıtsal olan kan veya karaciğer hastalığı gibi nedenlerle ve intrauterin ve yenidoğan enfeksiyonlarıyla da oluşabilir. Anormal derecede yüksek bilirübin düzeylerini normale getirmek için uygulanacak tedavi bu maddenin beyinde birikerek kernikterus adlı bozukluğun önlenmesini sağlar. Sarılıklı bebekteki kernikterus belirtileri güçsüz ağlama, yavaş refleksler ve zayıf bir şekilde emmedir; tedavi edilmediğinde kalıcı beyin hasarına veya ölüme yol açar.

Hafif fizyolojik sarılık genelde tedaviye ihtiyaç duymaz. Daha ağır olgular Ultraviyole ışığının kullanıldığı fototerapiyle (bili-ışıkları da denir) etkili biçimde iyileştirilebilir. Tedavi sırasında bebekler çıplaktır ve gözleri Ultraviyole ışıklardan zarar görmemesi için kapatılır. Ayrıca deriden çok fazla miktarda su kaybı olduğu için bebeğe dışardan sıvı verilir ve beslenmesi bebek odasıyla sınırlanır. Bebeğin karın kısmına fiber optik bez sarılarak kullanılan yeni birimler daha çok esneklik sağlar ve bazen de bebeğin annesiyle eve dönebilmesini sağlar.

Patolojik sarılığın tedavisi nedenine göre yapılır fakat tıkanmaları gidermek için fototerapi, kan transfüzyonu veya ameliyattan faydalanılabilir. Bilirübin üretimini engelleyen yeni bir ilaçla tedavi de kullanılabilir.

Daha büyük bebek veya çocukta sarılık veya sararma kansızlığı, karaciğer enfeksiyonunu, başka enfeksiyonları veya karaciğerin yeterli çalışmadığını gösterir ve mümkün olduğu kadar kısa sürede doktora başvurulmalıdır.

"Meme emzirmenin sarılık yaptığını duydum. Bebeğimde sararma gözlüyorum, acaba emzirmeyi keseyim mi?"

Kan bilirübin düzeyleri meme emziren bebeklerde biberonla beslenen bebeklere kıyasla genelde daha yüksektir ve uzun süre (altı hafta kadar) yüksek kalabilir. Bunun abartılı bir fizyolojik sarılık olduğu ve tıbbi açıdan önemli olmadığı düşünülür. Emzirmeye devam edilmesi önerilir çünkü emzirmeyi kesmek ve/veya glükozlu su vermek bilirübin düzeylerini azaltmaktan çok artırır ve süt üretimini de olumsuz etkileyebilir. Meme verilen bebeklerin doğumdan sonraki ilk saat içinde emzirilmelerinin bilirübin düzeylerini azaltacağı düşünülür.

Gerçek anne sütü kaynaklı sarılık, bebeğin yaşamının ilk haftasının sonunda bilirübin düzeyleri hızla arttığında veya patolojik sarılığın diğer nedenleri dışlandığında akla gelmelidir. Bu durumun, bazı annelerin sütünde bilirübini parçalayan bir maddenin bulunmasından kaynaklandığı düşünülür ve emzirilen her 100 bebekten 2'sinde görüldüğü tahmin edilir. Tanı, yaklaşık 36 saat süreyle anne sütü yerine mama verildiğinde bilirübin düzeylerinde görülen şaşırtıcı düşüşe bakarak konur (bu süre içinde anne memelerindeki sütü besleme zamanlarında toplamaya ve süt rezervini doldurmaya devam eder). Emzirmeye yeniden başlandığında bilirübin düzeyleri yeniden artar, fakat önceki düzeye kadar artmaz. Birkaç hafta içinde durum düzelir.

EMZİK KULLANIMI

"Bebek odasında bebeklerin ağzına her ağladıklarında bir emzik tutuştururlar. Büyük bebekleri ağzında emzikle görünce sinir oluyorum ve şimdi emzik kullanmaya başlarsam benim kızım da bunlardan biri olacak."

Hastanenin bebek odasında geçirdiği iki- üç gün boyunca emzik kullanarak sakinleştirilen bebeğinizin emziğe yapışıp kalacağını sanmayın. Ancak bebeğinize hemen emzik vermemeniz için birçok neden vardır:

- Bebeğinizi emziriyorsanız bebeğin kafasının karışmasına (yapay meme emme hızından daha farklı bir hızda emilir) ve bebeğinizle emzirme olayına başlayamamanıza yol açar.

- İster meme, ister biberonla besleyin, bebeğiniz emzik emme duygusunu tatmin edebilir ve beslenme saatlerinde emmek istemeyebilir.

- Yeni doğmuş bebeğinizin isteklerini dile getirmek için ağlaması ağzına emzik yapıştırılmasından çok daha iyidir.

Bebek odası personelinin bebeğinize emzik vermesini istemiyorsanız bunu onlara söyleyin. Bebeğiniz ağlıyorsa ve bebek odasında onu sakinleştirecek kimse yoksa onu size getirmelerini isteyin ve ona gereksindiği sevgiyi gösterin; belki de meme emmek istiyordur ve onu emzirmeniz iyi olur. Ya da bebeği sürekli odanıza alıp alamayacağınızı araştırın. Eve gittiğinizde bebeğinizin emme ihtiyacı artarsa ve emzik kullanmayı düşünüyorsanız bu kitabın sonraki bölümlerine bakınız.

DIŞKI RENGİ

"Bebeğimin bezini ilk kez değiştirdiğimde dışkısının yeşile çalan siyah renkte olduğunu görünce şok oldum."

Bu, sonraki yıllarda bebeğinizin bezini değiştirirken karşılaşıp şok olacağınız birkaç keşiften sadece biridir ve çoğunlukla bunların sonradan tamamen normale döneceğini fark edeceksiniz. Bu karşılaştığınız şey mekonyumdur; rahimde kaldığı süre içinde bebeğinizin bağırsaklarını dolduran katranımsı ve yeşile çalan siyah renkte dışkıya mekonyum adı verilir. Mekonyumun bebeğinizin bağırsaklarında değil de bezde olması iyi bir işarettir ve bebeğin bağırsaklarının tıkanmadığını gösterir.

İlk 24 saatten sonra yani tüm mekonyum bağırsaklardan atıldıktan sonra geçici dışkıyla karşılaşacaksınız;[4] bu dışkı koyu yeşile çalan sarı renkte, sulu ve kıvam olarak "partiküllü" dür (özellikle meme emen bebeklerde görülür) ve bazen sümüklü bir sıvı da görülebilir. İçinde bir parça kan da olabilir; bu, bebeğin doğum sırasında yuttuğu anne kanıdır (kanlı dışkıyı doktora veya hemşireye göstermek ve içinizi rahatlatmak için saklayın).

Geçici dışkı görüldükten üç veya dört gün sonra bebeğinizin dışkısı yediklerine bağlı olacaktır. Meme emziriyorsanız dışkı altın sarısı (hardal rengi) bazen sulu ve gevşek, bazen partiküllü, ezilmiş veya hardal kıvamında olabilir. Mama ile besliyorsanız dışkı yumuşak fakat meme ile beslenen bebeğe kıyasla daha iyi şekilli olacaktır ve rengi açık sarıdan sarımsı kahverengine, açık kahverengine veya kahverengimsi yeşile kadar değişir. Mama demirle güçlendirilmişse (özellikle de içinde kazein yerine kesilmiş sütün suyu varsa) veya bebek demirli vitamin desteği alıyorsa dışkı yeşil, yeşilimsi, koyu kahverengi veya siyah olabilir.

Ne olursa olsun bebeğinizin bezindekileri onun yanında yatan bebeğinkiyle kıyaslamayın. Parmak izleri gibi, birbirine tıpatıp benzeyen iki dışkı yoktur. Parmak izlerinden farklı olarak bebekten bebeğe de farklılık göstermekle kalmaz aynı zamanda aynı bebekte günden güne de farklılık gösterirler. Bebek katı besinlere geçtiğinde görülen değişiklikler yedikleri çeşitlendikçe daha belirgin hale gelir.

GÖZDEKİ AKINTILAR

"Bebeğimin gözlerinde kabuk bağlayan sarımsı bir akıntı var. Bu enfeksiyon mu?"

Bu akıntı enfeksiyon değil daha çok hastanelerde bebeğin gözüne damlatılan ve gonokok

4. Bağırsaklardaki mekonyumun tümü bebek doğmadan atılırsa (sancı ve doğum sırasındaki stres sırasında olur) doğumdan sonraki ilk dışkılar geçici olabilir.

enfeksiyonu gelişmesini önlemek için kullanılan ilacın bir sonucudur. Daha önceleri önemli bir körlük nedeni olarak görülen bu durum enfeksiyonu önleyici tedaviyle tamamen ortadan kaldırılmıştır. Gümüş nitratlı damlalar doğum sırasında bebeğin gözlerine damlatıldığında (çoğu doğum odasında rutin olarak yapılır) her beş yenidoğandan birinde, doğumdan sonraki dördüncü veya beşinci günde ortadan kaybolan ve şişme ve gözde sarımsı akıntıyla karakterize olan kimyasal konjunktivit oluşur. Şu anda birçok hastane antibiyotik merhemi veya damlaları tercih ediyor; bunlar istenmeyen reaksiyonlara daha az yol açıyorlar (gümüş nitratın başka bir dezavantajı olan ve damlanın bebeğin yanaklarından akarken oluşturduğu geçici gri boyanma da olmaz) ve yalnızca gonokok enfeksiyonu değil, aynı zamanda yenidoğandaki klamidyal konjunktivit de önlenmiş olur.

Şişme ve akıntı düzelmiyorsa veya bu olaylar gümüş nitrat uygulandıktan sonraki ilk 24 saat içinde ortaya çıkıyorsa bir enfeksiyondan kaynaklanıyor olabilir. Semptomları hemen bakım hemşiresine veya bebeğinizin doktoruna bildirin. Hastaneden eve geldiğinizde fark ettiğiniz göz yaşarması, şişme veya enfeksiyon gözyaşı bezinin tıkanmasından kaynaklanabilir.

BİLMENİZ GEREKEN ÖNEMLİ ŞEYLER
Bebek Bakımına Hazırlık

Bezi ters mi taktınız? Bebeğin geğirmesi için beş dakika mı harcadınız? Banyo yaptırırken bebeğinizin kollarının alt tarafını unuttunuz mu? Endişelenmeyin. Bebekler çabuk affederler, hatta durumu fark etmezler bile. Bununla beraber, yeni anne-babalar her şeyi eksiksiz veya en azından doğru yapmak isterler. Bu Bebek Bakımına Hazırlık bölümü bu amaca ulaşmanıza yardımcı olur. Ama bunların yalnızca öneri olduğunu aklınızdan çıkarmayın. Sizin daha iyi fikirleriniz olabilir.

BEBEĞE BANYO YAPTIRMAK

Bebek tamamen kirlenmediği sürece günlük banyo yaptırmak gerekmez. Bez değişimi sırasında ve beslenmelerden sonra yerel temizlik yapmak yeterli olduğu sürece bebeğin emeklediği dönemde haftada iki-üç kere yaptırılan banyo bebeğin iyi kokmasını ve iyi görünmesini sağlar. Bu tip hafif bir banyo hem banyo yaptıran, hem de banyo yapan tarafından banyonun bir tören gibi algılandığı ilk haftalarda iyi olabilir. Banyodan hoşlanmayan bebeklere haftada iki-üç kere banyo yaptırılabilir; bundan sonra kir birikmeye başlar. Günlük olarak kritik yerlerin (yüz, boyun, kafa ve popo) süngerle silinmesi banyoların arasındaki dönemlerde iyi olur. Ancak bunu bir işlem gibi düşünen bu tip bebekler için günlük banyo vazgeçilmez bir törendir.

Banyo için günün herhangi bir anı uygun olabilir ama yatmadan önce yapılan banyo bebeğin gevşemesini sağlayarak uykuya hazırlık aşamasını oluşturur. Öğünden hemen önce veya sonra bebeğinize banyo yaptırmayın; karnın tamamen dolu olduğu sırada banyo yapılması bebeği kusturabilir. Bebek karnı açken de olaya katılmayabilir. Banyoya yeterli zaman ayırın; böylece telaşa kapılmamış ve banyo sırasında bebeği bir an bile başka işler yüzünden boş bırakmamış olursunuz. Varsa telesekreterinizi devreye sokun veya banyo sırasında telefona cevap vermeyin.

Taşınabilir küvet kullanırken (evin her yerini bu iş için kullanabilirsiniz) banyo veya mutfağı tercih edin, çünkü çok fazla su sıçrayabilir veya dökülebilir. Çalışma alanınız sizi sınırlamayan türde ve tüm malzemelerin sığabileceği büyüklükte olmalıdır. Bebeğin rahatlığı için (özellikle de ilk aylarda) banyo bitene kadar tüm fanları ve klimaları kapatın ve odanın sıcak olmasını sağlayın (mümkünse 22-25 derece). Bu sıcaklığı sağlayamıyorsanız banyoyu duşun buharıyla veya ısıtıcıyla ısıtmaya çalışın.

Sünger banyosu

Göbek kordonu ve sünnet yarası iyileşene kadar (aşağı yukarı iki hafta) küvet banyosu bir yasaktır ve bir süngerle silmek bebeğinizin temizlenmesi için tek yoldur. Kapsamlı sünger banyosu için bu aşamaları gerçekleştirin:

1. Banyo mekânı seçin. Kıyafet değiştirme masası, mutfak tezgâhı veya bebeğinizin karyolası (şilte yeterince yüksekse) sünger banyosu için uygun yerlerdir; yatağı veya karyolayı (ya da mutfak tezgâhını) su geçirmez örtüyle veya kalın bir havluyla örtün.

2. Bebeği soymadan önce şunların hepsini yanınızda bulundurun;

- bebek sabunu ve şampuanı
- iki yıkanma bezi (sabunlama için elinizi kullanıyorsanız biri yeter)
- steril pamuk toplar (gözleri temizlemek için)
- mümkünse kapüşonlu havlu
- temiz bez ve giysi
- pişik için merhem
- alkol ve pamuk topları veya alkollü bez (göbek kordonu için)
- sıcak su (musluktan uzaksanız)

3. Bebeği hazırlayın. Oda sıcaksa başlamadan önce bebeğin tüm giysilerini çıkartabilirsiniz veya meşgulken bebeği havluyla sarabilirsiniz (çoğu bebek tamamen çıplak olmaktan hoşlanmaz); oda soğuksa, bebeği yıkanmaya hazırlarken giysileri tek tek çıkartın. Oda sıcaklığı ne olursa olsun, bebeğin alt tarafını yıkamaya başlamadan bezini çıkarmayın; çıplak bir bebek her zaman silahlı ve tehlikeli olarak düşünülmelidir.

4. Vücudun en temiz yerinden başlayarak en kirli yerlere geçin; böylece yıkama beziniz temiz kalmış olur. Ellerinizi veya yıkama bezini sabunlayın fakat durulama için temiz bir bez kullanın. Yıkamada şöyle bir sıra izlemek faydalı olacaktır:

- Baş. Haftada bir veya iki kere, bebek sabunu veya şampuanıyla çok iyi biçimde yıkayın. Aradaki günlerde sadece suyla yıkayın. Bebeğin kafasını yıkamak için en kolay ve en rahat pozisyon kafayı lavabonun kenarında futbol topu tutar gibi tutmaktır. Diğer yerlere geçmeden önce bebeğin kafasını havluyla kurulayın (çoğu bebekte bu birkaç saniye sürer).
- Yüz. Sıcak suyla nemlendirilmiş steril pamuk topla bebeğin gözlerini burundan dışa gi-

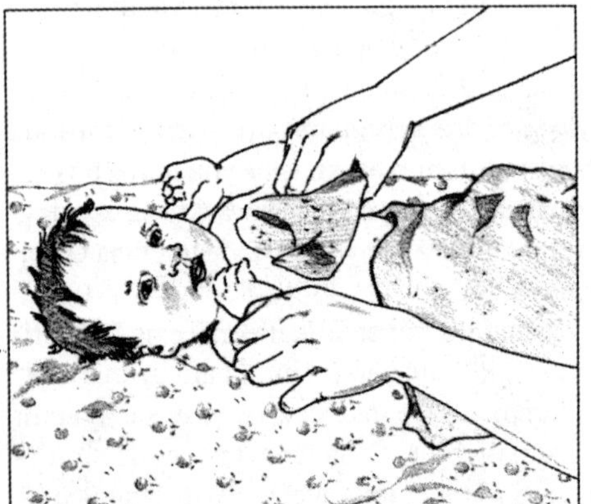

Üst tarafını yıkarken alt tarafını örtmek bebeği sıcak ve rahat tutar ve özellikle bebek erkekse ani işemelerden kaçınılmış olur.

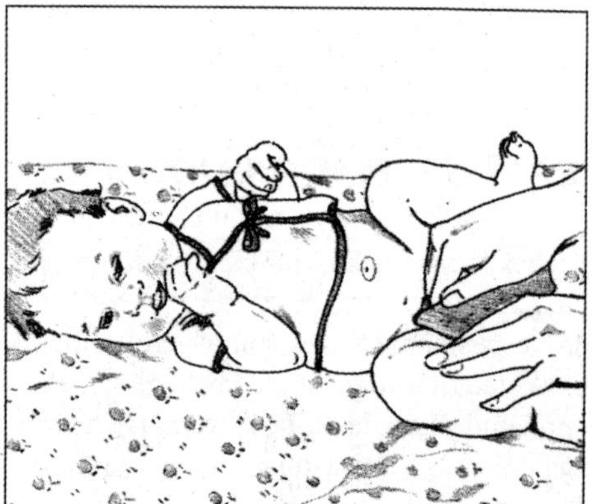

Bezlediğiniz bölge en çok konsantrasyon gerektiren bölgedir ve bu bölgede yerleşmiş herhangi bir mikrobun vücudun diğer taraflarına bulaştırılmaması için özel çaba harcanmalıdır.

decek şekilde temizleyin. İki göz için ayrı pamuk kullanın. Yüz temizliği için sabun gerekmez. Kulakların içini değil, dış taraflarını silin. Yüzün her tarafını kurulayın.

• Boyun ve göğüs. Bebek terli veya kirli olmadığı sürece sabuna gerek yoktur. Gövdedeki kıvrımların her birini temizlemeye gayret edin.

• Kollar. Kolları iki yana açarak avuç içlerine ulaşmaya çalışın. Yumruklarını açması için avuç içlerine bastırın. Eller için biraz sabuna gerek vardır, ancak bebek sabunlu ellerini ağzına götürmeden önce elleri iyice durulayın ve kurulayın.

• Sırt. Bebeği kafası bir yana yatık olacak şekilde karnının üzerine yatırın ve boyundaki her bir kıvrıma ulaşmaya çalışarak sırtı yıkayın. Burası kirli bir bölge olmadığından, sabun gerekli olmaz. Kurulayın ve oda soğuksa vücudun üst tarafını giydirin.

• Bacaklar. Bebeğin dizlerinin arkasına ulaşmak için bacakları açın, bebek bu duruma itiraz edecektir. Kurulayın.

• Bezlenen bölge. Sünnet edilen penis ve çıkarılan göbek kordonunun temizlenmesi için, yara iyileşene kadar özel şekilde davranın. Kızları önden arkaya temizleyin, vajinanın dudaklarını iki yana açarak sabun ve suyla temizleyin. Beyaz vajinal akıntı normaldir; gidermeye çalışmayın. Bezin temiz kısmı ve temiz su (ya da bir kaptan dökülen taze su) ile vajinayı durulayın. Oğlan bebekleri dikkatli biçimde yıkayın, sabun ve su kullanarak tüm kıvrım ve katmanlara ulaşmaya çalışın; fakat penis başındaki deriyi içeri çekmeyin. Bezlenen bölgeyi iyice kurulayın ve gerekirse merhem kullanın.

5. Bebeği bezleyin ve giydirin.

Bebeğin küvet banyosu.

Sünnet veya göbek kordonu iyileştikten sonra bebek küvet banyosuna hazırdır. Bebek suyun içinde bulunmaktan hoşlanmıyorsa birkaç gün daha süngerle temizlemeye devam edin ve sonra yeniden deneyin. Suyun sıcaklığının uygun olmasına ve bebeğin doğuştan gelen düşme korkusunu gidermek için bebeği sıkıca tutmaya çalışın.

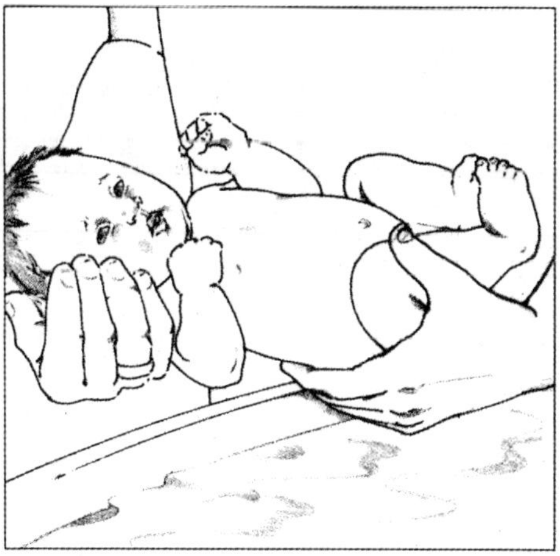

Çoğu bebek küvete girdiği anda ağlamaya başlar. Onu sakinleştirecek kelimeler kullanarak güçlü bir destek sağlayın.

1. Taşınabilir küvet için bir yer seçin. Banyo veya mutfak tezgâhını, lavabosunu ya da büyük küveti (küçük bir bebeği bu kadar büyük bir küvette idare etmeye çalışmak tehlikeli olabilir) kullanabilirsiniz. Bir sürü küvet ve banyo malzemesiyle rahat davranacak şekilde pozisyon alın. Küvet banyosunun ilk anlarında sabunu kullanmamayı tercih edebilirsiniz; sabunlanmış bebek küvette kayabilir.

2. Küveti doldurmadan ve bebeği soymadan önce şunların hepsini yanınızda bulundurun:

• önceden temizlenmiş küvet veya lavabo.[5]

• bebek sabunu ve şampuanı

• iki yıkanma bezi (sabunlama için elinizi kullanıyorsanız biri yeter)

• steril pamuk toplar (gözleri temizlemek için)

• mümkünse kapüşonlu havlu

• temiz bez ve giysi

• pişik için merhem (gerekiyorsa)

• ek olarak, sizin kuru kalmanızı sağlayacak plastik banyo önlüğü

3. Bebek küvetine 5 cm su koyun; bebek için sıcaklığın uygun olduğunu kontrol etmek için dirseğinizle suya bakın. Bebek küvetin içindey-

5. Eğer küvette sünger ya da havlu kullanıyorsanız, her kullanımdan önce bunları kurutmayı ihmal etmeyin.

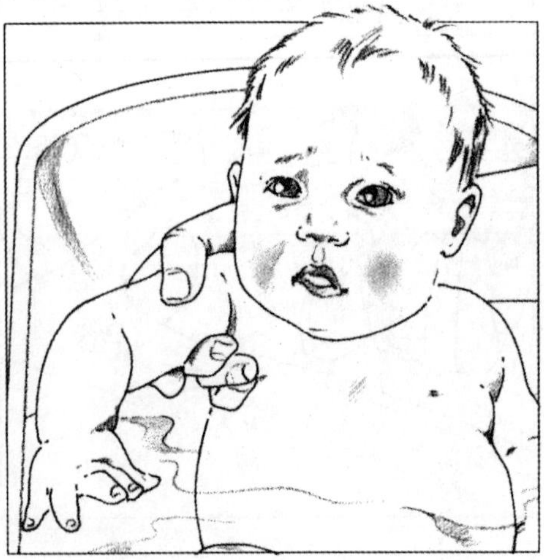

Küvetin kenarında bebeğin kaygan bedeni ve kafası için yeterince destek yoksa sizin kollarınızla destek olmanız gerekir. Hafifçe ama yine de sıkıca tutarak destek olun.

ken suyu açmayın, çünkü ani ısı değişikliğine neden olabilir. Küvete bebek sabunu veya banyo köpüğü koymayın; bunlar bebeğin cildini kurutabilir.

4. Bebeği tamamen soyun.

5. Bebeği yavaş yavaş suya daldırın ve bu arada bebeğin korkusunu azaltmak için yumuşak ve güven verici bir tonda konuşun; ayrıca

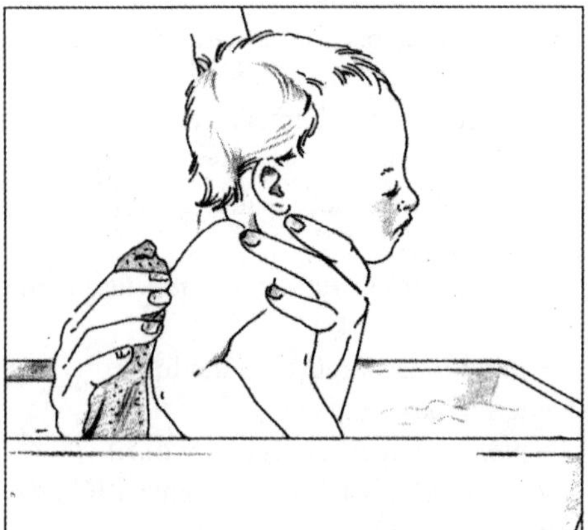

Bebeğin boynu başı yeterince kontrol edebilene kadar, bebeğin sırtını bir elinizle yıkarken diğer elinizle bebeğin boynunu düzgün biçimde tutun.

ürkme refleksini önlemek için bebeği sıkıca tutun. Küvet içinde yeterli destek olmadığı sürece ve bebek başını kontrol edebilene kadar boynun ve kafanın altından destekleyici biçimde tutun. Bebeği yarı yarıya arkasına yaslanmış şekilde tutun; birden sırtüstü kaymak bebeği korkutabilir.

6. Serbest kalan elinizi kullanarak en temiz bölgelerden başlayarak kirli yerlere geçin. Sıcak suyla nemlendirilmiş steril pamuk topla bebeğin gözlerini burundan dışa gidecek şekilde temizleyin. İki göz için ayrı pamuk kullanın. Sonra yüzü, kulakların dış tarafını ve boynu yıkayın. Sabun her gün her bölge için gerekli olmasa da (bebek üstünü tamamen kirletmediği sürece) elleri ve bezlenen bölgeyi temizlemek için her gün sabun kullanın. Her iki günde bir kolları, boynu, bacakları ve karın bölgesini bebeğin cildi kurumadığı sürece sabunla temizleyin. Sabunu elinize veya yıkama bezine sürün. Bebeğinizin ön kısımlarını temizlediğinizde sırtını ve poposunu temizlemek için ters çevirin.

7. Temiz yıkama beziyle bebeği durulayın.

8. Haftada bir veya iki kere bebeğin kafasını hafif bir banyo sabunu veya bebek şampuanıyla yıkayın. İyice durulayın ve havluyla kurulayın.

9. Bebeği havluya sarın ve küçük dokunuşlarla kurulayın; sonra giydirin.

BEBEĞİN GAZINI ÇIKARMA

Bebeğin meme veya biberonla süt emerken yuttuğu şey sadece süt değildir. Besleyici sıvıyla beraber hiç de besleyici olmayan hava da yutulur ve bebek öğününü tamamladığında bu gazdan rahatsız olabilir. Meme emilirken (en azından meme değiştirilirken) her 5 dakikada bir veya biberonla beslenirken ara ara bebeğin gazının çıkarılması bu nedenle önemli bir iştir. Bunun yapılması için üç yol vardır: omzunuza dayayarak, yüzü yana bakacak şekilde kucağınıza yatırarak veya dik oturtarak. Bunların hepsini deneyerek hangisinin en iyi yol olduğunu bulabilirsiniz. Hafif vuruşlar veya sırtını ovalama çoğu bebeğin gazını çıkarmak için yeterlidir ancak bazıları için daha kuvvetli dokunuşlar gerekebilir.

Omzunuza dayama. Bebeği omzunuzda sı-

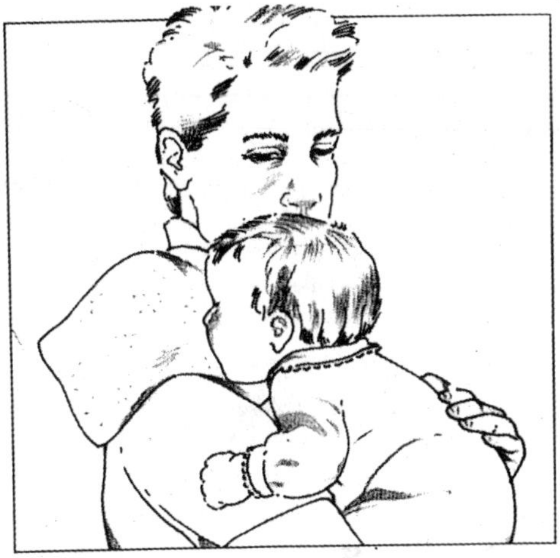

Bebeği omuzda tutarak gaz çıkarma birçok bebekte en iyi sonucu veren tutuş biçimidir ancak giysilerinizi korumayı unutmayın.

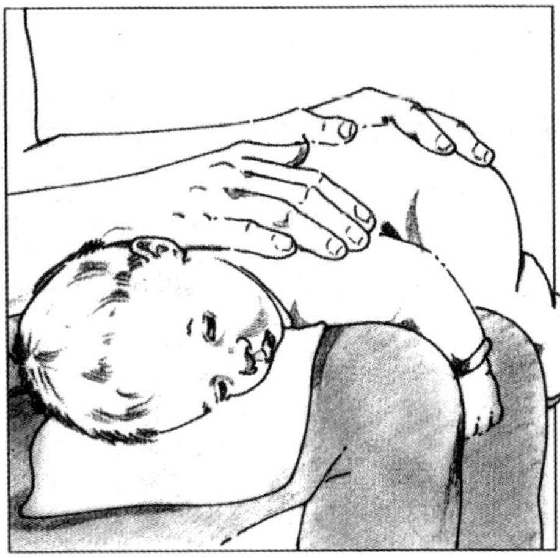

Kucakta tutarak gaz çıkarma pozisyonu sancılı bebeklerin gazını çıkarmak için avantaj sağlar.

kıca tutun ve bir elinizle poposunun altından kavrayarak diğer elinizle sırtına vurun veya ovalayın.

Yüzü yana bakacak şekilde kucağa yatırma. Bebeği bir bacağınızın üzerinde yüzü bir yana bakacak, midesi bir bacağınızın üzerinde olacak şekilde kucağınıza yatırın. Bir elinizle bebeği sıkıca kavrayın ve diğeriyle hafifçe sırtına vurun veya ovalayın.

Dik oturtma. Bebeği kafası öne eğik olacak şekilde kucağınıza oturtun ve bebeği koltuk altından tutarken bir elinizle göğüs bölgesine destek yapın. Bebeğin kafasının öne düşmemesine gayret ederek bebeğin sırtını ovalayın veya hafifçe vurun.

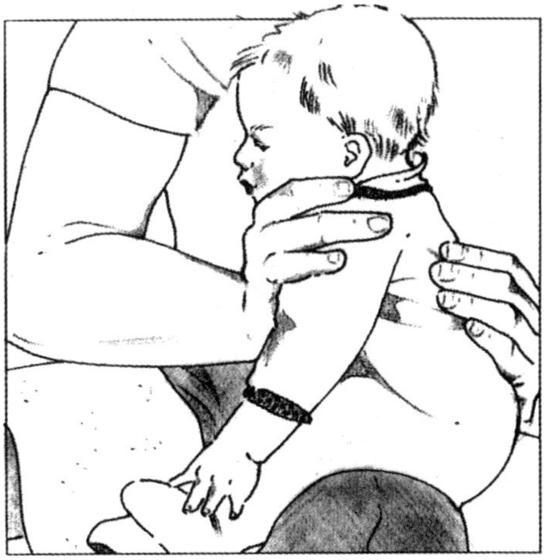

Yeni doğmuş bir bebek bile oturabilir, fakat başa yeterli destek sağlanıp sağlanmadığından emin olun.

BEBEĞİN BEZLENMESİ

Özellikle ilk aylarda bez değişikliğine sık sık gerek duyulur; bebeğin uyandığı sıralarda saatte bir olabilir. Hem bebeğiniz, hem de sizin için angarya olsa da, en azından öğünlerden önce ve sonra veya bağırsak hareketleri hızlandığında sık sık bez değiştirme bebeğin hassas poposunda pişik ve tahrişinin önlenmesi için en iyi yoldur. Hazır bez kullanıyorsanız ıslaklığı bir ölçü olarak alamazsınız, çünkü bunlar çok fazla ıslanmadıkları sürece ıslaklığı çok iyi biçimde emerler. Bebeğin bezini değiştirmek için uyuyan bebeği kaldırmanız gerekmez ve bebek çok ıslak ve rahatsız olmadığı ya da bağırsak hareketleri artmadığı sürece gece boyuncaki beslenmeler sırasında bezi değiştirmenize gerek yoktur; aktivite içinde olmak ve aydınlık bebeğin tekrar uykuya dalmasını güçleştirir.

Bebeğinizin bezini değiştirirken dikkat etmeniz gerekenler:

1. Bezi değiştirmeye başlamadan önce her şeyin elinizin altında olmasını sağlayın (evdeyseniz değişme masasında, evin dışındaysanız bez çantasında). Aksi takdirde, kirli bezi çıkarttığınız halde bebeğin altını temizleyecek malzemeniz olmaz. Gereksindikleriniz şunlardır:

- temiz bir bez.
- bir aylıktan küçük bebeklerde (veya pişik olanlarda) pamuk toplar ve temiz su ve kurulama için küçük bir havlu veya temiz bir yıkama bezi; daha büyük bebekler için ıslak mendiller.
- bez sızıntı yapmışsa yedek giysiler; kumaş bez kullanıyorsanız temiz bezler ve su geçirmeyen pantolon.
- pişik için merhem; losyon veya pudra gereksizdir; bu maddeler tehlikelidir ve hazır bezlerin yapışkan kısmının yapısını bozabilir.
- özellikle sıcak havalarda bebeğin kuru kalmasını sağlamak için mısır nişastası.

2. Ellerinizi bez değiştirmeye başlamadan önce yıkayın veya temizleyiciyle silin.

3. Bebeği eğlendirici şeyler bulun (canlı veya cansız). Canlı gösterileri bez değiştiren kişi, bebeğin kardeşleri, anne-babalar ve aileler yapabilir. Diğerleri bebeğin göz hizasına (daha sonra da uzanabileceği sınırlara) giren, içi doldurulmuş oyuncaklar, karyolanın üzerine sarkan oyuncaklar, müzik kutusu, mekanik oyuncaklar; bez değiştirirken size yeterli zamanı kazandıracak her şeyden faydalanabilirsiniz. Ancak pudra veya losyon şişelerini bebeğin eline vermeyin; daha büyük bebekler bunları ağızlarına götürebilirler.

4. Bebeğin bezini değişme masasının dışındaki bir yerde değiştiriyorsanız koruyucu kumaş bez veya yedek giysi bulundurun. Bebeği nerede değiştirirseniz değiştirin, bir dakika bile yalnız bırakmayın. Değişme masasına sabitleseniz bile bebeği kolunuzun uzanabileceği sınırlar içinde tutun.

5. Bezi çözün (kumaş bezlerde iğneyi, kâğıt olanlarda yapışkanlı kısmı) ama hemen çıkarmayın. Önce duruma bakın. Dışkı varsa bezle çoğunu temizleyin ve bebek oğlansa bezi penisin üzerinden bağlayın. Bezin kirlenmemiş tarafı yukarı gelecek ve koruyucu bir yüzey oluşturacak şekilde bebeğin alt kısmında katlayın ve bebeğin ön tarafını sıcak su veya temizleme beziyle temizleyin; tüm kıvrımlara ulaşmaya çalışın. Sonra bacakları kaldırın, popoyu temizleyin; kirlenmiş bezi kaydırarak bebeğin altından uzaklaştırın ve bacakları serbest bırakmadan önce temiz bezi bebeğin altına koyun. (Bu işlemleri yaparken, kendinizi korumak amacıyla bezi mümkün olduğunca penisin üzerinde tutun.) Su kullanmışsanız bebeği hafif dokunuşlarla kurulayın. Tahriş veya pişik görürseniz tedavi önerileri için sonraki bölümlere bakınız[6].

6. Kumaş bez kullanıyorsanız bunlar önceden katlanmış ve kullanıma hazır olmalıdır. Bebeğiniz büyümeye başlayınca daha çok katlamanız gerekebilir. Özel dokunan bölge oğlanlarda önde, kızlarda arkada olmalıdır. İğne kullanırken bebeğe saplanmaması için iğneyi sokarken bezin katları arasına parmaklarınız sokun. Bez değiştirirken iğneyi sabun kalıbına sokarsanız iğne kumaşın içinde daha rahat hareket eder. İğne gevşemeye başladığında atın.

Kâğıt bez kullanıyorsanız bebeği en iyi biçimde korumak ve sarmak için üretici firmanın talimatlarına uyun (her markanın önerisi ayrı olabilir). Bebek bezinin üzerindeki yapışkan kısmın bebeğin derisine yapışmamasına gayret edin.

Bezler ve koruyucu pantolonlar sızıntı olmaması için bebeğin vücuduna sıkıca oturmalıdır, fakat bebeğin hassas cildini tahriş etmemesi ya da sürtünmemesi için çok da sıkı olmasın. Bebeğinizin vücudundaki izler size bezin çok sıkı olup olmadığını gösterir.

Bez koyulduğunda penis aşağıya bakacak şekilde yerleştirilirse ıslaklık bebeğin iç çamaşırına ve giysilerine kadar yayılmayacaktır. Göbek kordonu tam olarak düşmemişse bu bölgenin havayla temas etmesi ve ıslak kalmaması için bezi aşağıya doğru katlayın.

7. Bezleri hijyene uygun şekilde atın. Mümkünse, katı dışkıyı klozetin içine atın (meme emen bebeklerde katı besin verilinceye kadar bezde dışkı görülmez). Kullanılmış kâğıt bezler

---

6. Oğlan bebekler bez değişimi sırasında erekte olurlar; bu tamamen normal bir olaydır ve fazla uyarıldıklarını göstermez.

ARABADA BEBEKLERİN EMNİYETİNİN SAĞLANMASI

Bebeklerini ilk kez dışarı çıkaran anne-babalar aniden rüzgâr çıkmasından veya yağmur bastırmasından korkarak bebeklerini sarmalarlar (bazen gereğinden fazla). Ancak milyonlarca anne-baba yavrularını asıl korumaları gereken yerde korumazlar. Kötü hava koşullarına kısa bir süre maruz kalmak bebek açısından çok olumsuz olaylara yol açmaz, ancak bebeği hatalı biçimde yerleştirilmiş bir emniyet koltuğunda oturtmak veya yolculuk yaparken emniyet koltuğunda oturtmamak çok kötü sonuçlara yol açabilir. Anne-babaların en çok korkması gereken olay hastalık değil, araba kazaları olmalıdır; her yıl bu kazalarda ölen veya sakatlanan çocuk sayısı önemli hastalıkların toplamından daha fazladır.

İlk kez bebeğinizle yolculuk yaparken (hastaneden eve) arabanıza bebekler için üretilen emniyet koltuğunun doğru biçimde yerleştirildiğinden ve bebeğin araba hareket ettiğinde yeterince emniyette olduğundan emin olun. Eviniz hastaneden birkaç blok ötede bile olsa bu koltuğu kullanın (kazaların çoğu sanılanın aksine otobanlarda değil, eve 30 km mesafede olmaktadır). Yavaş kullanmanıza güvenmeyin (45 km hızla gidilirken yapılan kazanın etkisi üç katlı mağazanın üçüncü katından düşmeyle aynıdır). Emniyet kemeri takmışsanız bile bebeği korumak için kollarınıza güvenmeyin (kaza sırasında bebeğiniz kollarınızdan kurtulabilir ve sizin vücudunuzla ön panel arasında sıkışabilir). Ayrıca ağır hasarın oluşması için illa de arabayı çarpmanız gerekmez; kazaların çoğu araba ani fren yapınca veya kazayı önlemek için direksiyon kırınca olur.

İlk seferden itibaren bebeğin emniyet koltuğuna alıştırılması bu olayı otomatik olarak benimsemesini sağlayacaktır. Düzenli olarak emniyet önlemleri dahilinde yolculuk yapan bebek hem daha emniyette olur, hem de daha kolay idare edilir. (Emekleme dönemindeki bebekle yolculuk yaparken bu önemlidir.)

Federal emniyet standartlarına uygun bir emniyet koltuğu aldıktan sonra şunlara dikkat edin:

- Koltuğun doğru şekilde yerleştirilmesi ve bebeğinizi emniyete almak için imalatçının önerilerine uyun. Her yolculuktan önce koltuğun doğru biçimde yerleştirildiğinden ve kemer veya kayışların sıkı bağlandığından emin olun. Kucak ve omuz gibi yeterince sıkı bağlanamayan bölgeler için çoğu koltukta olan kilitleme klipslerini kullanın.
- En az 8.5-9 kg olana ve dik oturabilene kadar bebekleri arkaya bakacak şekilde yerleştirin. 9 kg'ın üzerindeki bebekler yüzleri öne bakacak şekilde yolculuk yapabilirler; 12 kg-'ın üzerindekiler özel araba koltuğunda oturabilirler.
- Mümkün olduğu zaman, bebek arka koltuğun ortasında oturmalıdır; burası arabanın en güvenli yeridir; arabayı kullanan kişi arabada bebekle yalnızsa bebekle iletişim kurmak ve gözleyebilmek için ön koltuğa oturtmak iyi olur. (Hava yastığı olan arabalarda arkaya bakan koltukta oturan bebeği öne oturtmak tehlikelidir). Mümkün olduğu sürece, araba koltuğunu arabanın iki yanına yerleştirmekten kaçının, çünkü bu yerleşim yandan gelen etkilere açıktır ve bebek emniyet koltuklarında yanlardaki emniyet kemerlerini kullanmak zordur.
- Valiz gibi ağır ve büyük cisimlerin ani frende veya çarpışma sırasında tehlike saçan objeler haline gelmemeleri için sıkıca bağlanmaları gerekir.
- Omzunuzun üzerinden geçen kemeri mümkünse bebeğinize göre ayarlayın. Tüm kayışların sıkı şekilde bağlandığından emin olun; Çok küçük bebeklerde araba koltuğunun yan taraflarına ve baş ve boynun etrafına katlanmış yastık veya havlu koyun (bu amaç için özel yastıklı kayışlar uygundur). Koltuk çok derinse bebekle kasık civarından geçen kayış arasına kıvırdığınız bir havlu koyun.
- Daha büyük bebeklerde koltuğa plastik bağlantılar veya çok kısa kordonlar yardımıyla yumuşak oyuncaklar bağlayın; gevşek bağlanan oyuncaklar arabanın içinde savrulur veya düşerler; bu, bebeği üzer ve arabayı kullanan kişinin dikkatini dağıtır. Veya araba koltuğunda kullanım için özel olarak tasarlanan oyuncakları kullanın.

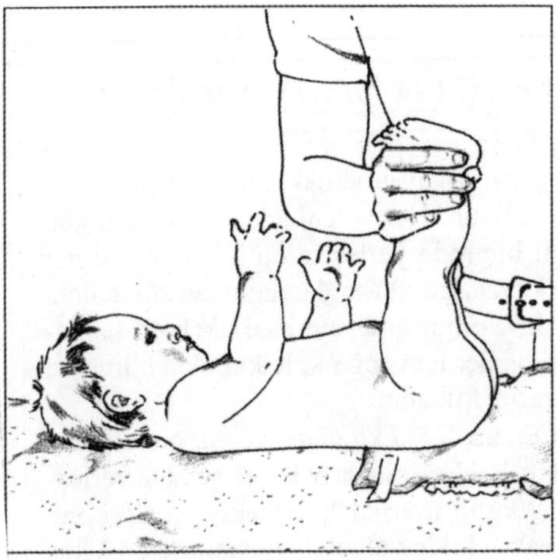

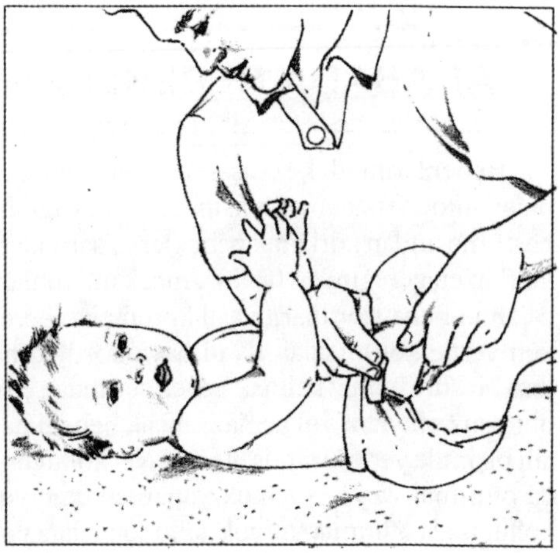

Hazır bezler bebeğin alt tarafını yapışkan kısma yapıştırmadığınız sürece bez değiştirme işini hızlandırırlar. Bebeği yerleştirdikten sonra bezin ön tarafını bebeğin bacakları arasına yerleştirip gerin; bezin bebeğin vücuduna iyice oturduğundan emin olun.

birbiri üzerine katlanıp, sıkıca bantlanarak plastik bir poşetin içinde çöpe atılabilir. (Gün boyunca kirlenen bezler için tek bir plastik poşet kullanmak ekolojik yönden daha sağlıklıdır.) Kullanılmış kumaş bezler ağzı sıkıca kapatılmış bez sepetinde yıkama ya da kullanım gününe kadar saklanmalıdır. Elinizde bunlardan yoksa eve ulaşana kadar plastik poşette taşınabilir.

8. Bebeğin giysilerini veya yatak takımlarını gerektiğinde değiştirin.

9. Ellerinizi sabun ve suyla yıkayın ve mümkünse temizleyicilerle silin.

BEBEĞİN GİYDİRİLMESİ

Yumuşak ve sarkık kollarla, inatçı bir şekilde kıvrılmış bacaklarla ve giysinin yakasından büyük kafasıyla, çıplak olmaktan duyduğu aktif nefretle bebeği giydirmek ve soymak bir mücadeleye dönüşebilir. Fakat bu angaryayı hem kendiniz hem de bebek için daha az külfetli hale getirmenin birkaç yolu vardır:

1. Kolay giyilip çıkarılan giysileri seçin. Yakası geniş olan ve boyundan geçerken zorlanmayacak olanlar tercih edilmelidir. Kollar özellikle gevşek olmalı ve en az miktarda kapama gerekmelidir (sırtta). Streç kumaştan yapılmış veya örülmüş giysiler diğerlerine kıyasla daha kolay giyilip çıkarılırlar.

2. Sadece gerektiği zaman değişiklik yapın. Sık sık tükküren bebeğin tükürüğünün kokusunun kötü olduğunu düşünüyorsanız her seferinde giysi değiştirmek yerine bu lekeleri temizleyici ve süngerle giderin. Ya da öğünlerden önce veya sonra bebeğe büyük bir önlük giydirerek bu tip kazaları önleyin.

3. Bebeği değişme masası ya da karyolanın şiltesi gibi düz bir yüzeyde giydirin. Etrafınızda bebeği eğlendirecek unsurlar olsun.

4. Giyinme zamanını sosyalleşme için uygun bir zaman olarak düşünün. Hafif tonda, neşeli bir konuşma bebeği tüm rahatsızlıklarından ve huzursuzluğundan arındırır ve olaya katılımını artırır. Giysilerle ilgili bir öğrenme oyunu bebeği hem eğlendirecek hem de motive edecektir.

5. Bebeğe giysisini giydirirken boynu iyice açın. Giysiyi boyundan geçirirken mümkün olduğu kadar germeye ve açmaya çalışın ve kulaklara veya buruna takılmasını engelleyin. Bebeğin kafasının giysinin içinde kaldığı sırada (bebek rahatsız olup ürkebilir) bunu "Anne nerdeymiş?" veya "işte buradaymış!" gibi cümlelerle oyuna dönüştürebilirsiniz; bebek yeterince büyüdüğü zaman sizin de bebeği görmediğinizi anlatmak için "Deniz neredeymiş? İşte buradaymış" gibi soru-cevap oyunu oynayın.

6. Giysilerin kollarını giydirirken kol bölümünün içinden elinizi geçirerek bebeğinizin elini tutun ve dışarı çekin. Bu sırada "Hanimiş bebeğimin elleri? İşte burada!" diyerek giyinmeyi oyuna çevirebilirsiniz, böylece bebeğinizin dikkati dağılır ve geçici olarak ortadan kaybolan elleri konusunda endişelenmemiş olur.

7. Fermuarı aşağı veya yukarı çekerken giysiyi bebeğin derisini sıkıştırmayacak şekilde davranın.

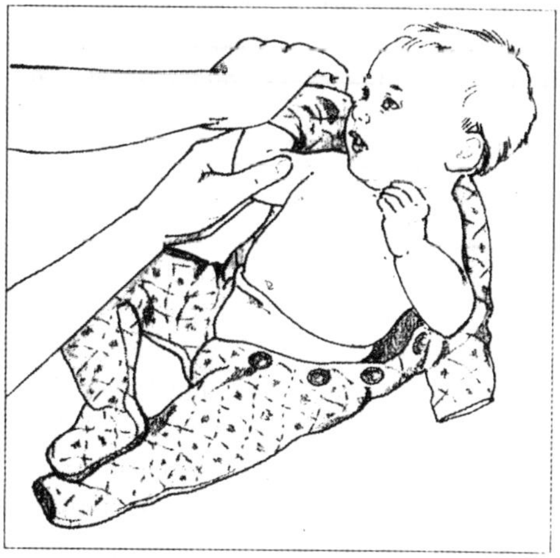

KULAK BAKIMI

Eskilerin "Dirseğinizden daha küçük şeyleri asla kulağınıza sokmayın" sözü yalnızca büyükannelerin değil aynı zamanda modern tıp otoritelerinin de kabul ettiği bir gerçektir. Kulağın içine kaçabilecek şeyleri kulağa sokmak - emekleme dönemindeki bebek farkında olmadan kulağına madeni para sokabilir veya iyi niyetli bir yetişkin bebeğin kulağına temizleme pamuğu kaçırabilir-tehlikelidir. Bebeğinizin kulaklarının dış tarafını yıkama beziyle veya pamuk topla temizleyin, fakat kulak kanalının içine parmak, pamuk veya kulak temizleme çubuğu sokmayın. Kulak doğal olarak kendini temizleyebilir ve herhangi bir malzemeyle kiri gidermeye çalışmak kirin daha derinlere itilmesinden başka bir fayda sağlamaz. Kir birikiyorsa bir sonraki görüşmenizde bunu doktorunuza danışın.

BEBEĞİN KALDIRILMASI VE TAŞINMASI

Küçük bir bebeği hiç taşımamış olanlar için bu deneyim sinir bozucu olabilir. Ancak aynı zamanda bebek için de böyle olabilir. Rahat ve sıcak rahim kozasının içinde emniyette ve nazik bir şekilde aylarını geçirdikten sonra, dışarı çekilip açık havaya çıkarılmak bebek için gerçek bir şoktur. Kafa ve boyuna yeterince destek verilmediği sürece bebek korku verici düşme hissine kapılabilir ve ürkme reaksiyonu oluşabilir. İyi bir bebek taşıma tekniği yalnızca bebeği güvenli şekilde taşımak değil, aynı zamanda güvende olduğunu hissettirerek taşımaktır.

Siz de sonunda her ikiniz için rahat olan bir taşıma tekniği geliştireceksiniz ve taşıma olayı sizin için tamamen doğal bir olay haline gelecek. Çamaşırları ayırırken, elektrikli süpürgeyi kullanırken veya süpermarkette etiketlere bakarken bebeğinizi omzunuzda asılı biçimde taşıyacak ve onun rahimde olduğu kadar emniyette olduğunu göreceksiniz. Aradaki zaman içinde size yardımcı olacak öneriler şunlardır:

Bebeği yattığı yerden kaldırmak. Bebeğe dokunmadan önce varlığınızı sesinizle veya göz temasıyla belli edin. Bilinçsiz bir şekilde, amaçsız bir yere doğru götürülmek üzere bilinçsiz ellerle kaldırılmayı bebek hissedecektir.

Bebeği kaldırmadan önce bu pozisyona alışması için ellerinizi bebeğin altından kaydırın (biri boynunun altından, diğeri poposunun altından) ve tam olarak bebeği kaldırmadan önce birkaç saniye bu şekilde tutun.

Bebeğin başının altındaki elinizi arkaya doğru kaydırarak kolunuzun sırta ve boyuna destek olmasını sağlayın ve bu sırada eliniz bebeğin poposunu iki yana sallandırsın. Diğer elinizle bacaklara destek olun, bebeği nazikçe kendinize doğru kaldırın ve bu arada okşayın. Vücudunuzu bebeğe yakınlaştırmakla bebeğin havada kaldığı süreyi kısaltmış ve rahatsızlığı azaltmış olursunuz.

Bebeği rahat bir şekilde taşımak. Siz bu şekilde kendinizi rahat hissediyorsanız küçük bir bebek tek kolla bile güzel bir şekilde taşınabilir (bir eliniz bebeğin poposundayken, kolunuzun dirsekten aşağısındaki kısmı sırtı, boynu ve başı destekler şekilde).

Daha büyük bir bebekle bir elinizi bacakların ve poponun altından geçirerek ve diğeriyle sırtı, boynu ve başı destekleyerek daha rahat olabilirsiniz (bir elinizle bebeğin kolunu sarıp bileğinizi başın altına koyabilirsiniz).

Bazı bebekler her zaman veya bazen omuzda taşınmayı tercih ederler. Bebeği omuza yerleştirmenin kolay yolu bir elinizle bebeği poposunun altından tutarken, diğer elinizle başı ve boynu kavramaktır. Bebeğin başı kendi kontrolünü kazanana kadar siz destek sağlamalısınız. Bebeğin poposunu dirseğinizi büktüğünüz yere oturtarak ve başı ve boynu desteklediğiniz elinizi yukarı kaydırarak bunu yapabilirsiniz.

Çok küçük bebekler bile öne bakacak şekilde taşınmaktan hoşlanırlar; böylece bebekler etraflarındaki dünyayı izleyebilirler ve büyük bebekler böyle taşınmayı tercih ederler. Bebeğin yüzünü dışarı bakacak şekilde tutun ve bir elinizi göğsünün üzerinden geçirin, sırtını vücudunuza yaslayın ve diğer elinizle bebeğin poposunu kavrayın.

Kalçadan taşıma bebeği kalçanızda tutarken bir elinizle bir şeyler taşımanıza olanak verir (Sırtınızın alt kısmında problem varsa bebeği bu şekilde taşımayın). Bebeği bir kolunuzla vücudunuza, poposunu kalçalarınıza yaslayın.

Bebeği yatağına yerleştirmek. Bebeği karyolasına veya arabasına koymak için eğilirken vücudunuza yakın tutun (aradaki mesafeyi azaltmak için); bir elinizi bebeğin poposunda tutarken, diğeriyle sırtı, boynu ve başı destekleyin.

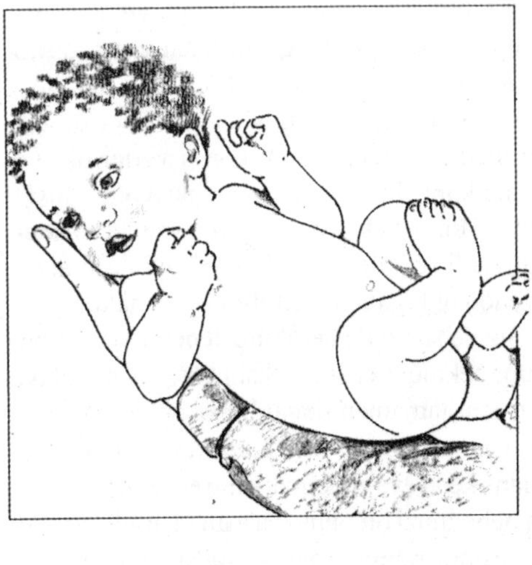

Yüzü yukarı bakacak şekilde yatan bebeği kaldırırken boynunu ve sırtı yeterince desteklemeye çalışın.

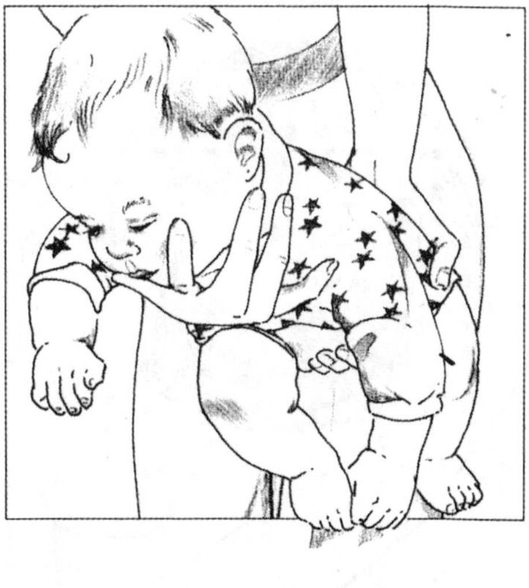

Yüzü aşağı bakan bebeği kaldırırken bebeğin çenesinin ve boynunun altından bir elinizi kaydırırken diğeriyle popsunu kavrayın.

Kalçada taşıma, bebeği tek elinizle taşırken diğerinin serbest kalmasını sağlar.

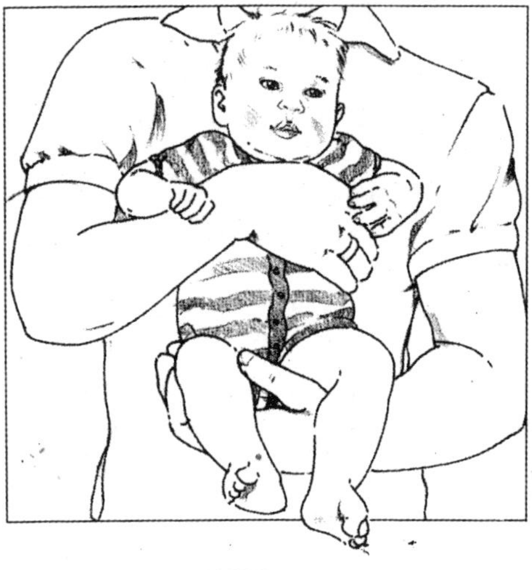

Bebekler öne bakacak şekilde taşınmayı tercih ederler çünkü bu, etraflarını görmelerini sağlar.

Bebek şiltenin emniyetini ve konforunu hissedene kadar ellerinizi bu şekilde tutun; sonra bebeği yerine koyun veya ona uyuma pozisyonu verin. Birkaç hafif dokunuşla veya bebeğe veda sözcükleri söyleyerek (bebek uyanıksa) uykuya geçişi sağlayabilirsiniz.

TIRNAK KESME

Yenidoğanın tırnaklarını kesmek çoğu anneyi endişelendirir ancak elleri üzerinde yeterli kontrolü olmayan bebek kendi yüzünü çizebileceğinden bu gereklidir.

Bebeklerin tırnaklarının doğumda fazlaca uzamış olduğu görülür ve onları kesmek kâğıt kesmek kadar kolaydır. Tırnak keserken bebeği sabit pozisyonda tutmak kolay değildir. Bebek derin uyuyorsa veya bebeği uyandırmaktan çekinmiyorsanız bebeğin tırnaklarını uyku sırasında kesmeniz işe yarayabilir. Bebek uyanıksa, siz tırnaklarını keserken bebeği tutan birinin olması iyi olur. Her zaman yuvarlak uçlu ve bebeklere özel olan tırnak kesme aleti kullanın; bebek huysuzlandığında batma olmayacaktır. Tırnak keserken bebeğin derisini sıkıştırmamak için tırnak ucundaki eti içe ve dışa doğru itebilirsiniz. Bu önlemleri aldığınızda bile bazen kan akabilir (çoğu anne bunu yapar). Böyle olduğunda steril bez kullanarak kanama duruncaya kadar bastırın; yara bandı gerekli olmaz.

BURUN BAKIMI

Kulakların içlerinde olduğu gibi, burnun içi de kendi kendini temizleyebilir ve özel bir bakım gerektirmez. Akıntı varsa burnun dışını temizleyin fakat pamuklu çubuk, kıvırdığınız peçete veya parmağınızla burnun içindekileri çıkarmaya çalışmayın; bu, içerdeki maddeyi daha da içeri itmekten veya hassas zarları zedelemekten başka işe yaramaz. Soğuk algınlığı nedeniyle bebeğin burnunda mukus varsa bunu bebeklere özel burun aspiratörüyle çıkarın.

BEBEKLE BİRLİKTE DIŞARI ÇIKMAK

Evden çıkarken en azından bebekle beraber olduğunuzda sakın eliniz boş çıkmayın. Genellikle, dışarı çıkarken gereksineceklerimiz:

Bir bez çantası. Bu çanta olmadan sokağa çıkmayın. Sadece bu iş için özel üretilmiş bir çanta veya herhangi bir taşıma çantası olabilir. Bazı önemli özellikler: biberon koyma bölmesi, kredi kartı, para ve ehliyet koymak için çok sayıda cep, yedek bez ve en az bir su geçirmez bölme. Çantayı hazır halde tutun ve düzenli olarak stoğu tazeleyin. Böylece çıkarken vakit kaybetmemiş olursunuz.

Bez değiştirme örtüsü. Bez çantanızda bir tane yoksa su geçirmez bir örtü kullanın. Havlu veya kumaş örtü de kullanabilirsiniz ancak bu, gezmeye gittiğinizde bez değiştirdiğiniz yerdeki halıları, yatağı veya mobilyaları ıslatabilir.

Bez. Yanınıza ne kadar bez aldığınız gezme sürenize bağlı olarak değişir. En azından gereksindiğinizden bir tane fazlasını alın. Birçok anne dışarı çıkarken yanına hazır bezler alır, ancak isterseniz kumaş bez de kullanabilirsiniz.

Islak temizleyiciler. Küçük bir paketi taşımak dolu ve büyük bir paketi taşımaktan daha kolaydır, ancak içindekileri sürekli yenilemeniz gerekir. Veya mini bir çantayla da idare edebilirsiniz. Temizleyiciler bebeği beslemeden önce, bez değiştirmeden önce ve sonra, mobilyadan veya giysilerden tükürük ve mama kalıntılarını uzaklaştırmada çok kullanışlıdırlar.

Küçük plastik poşetler. Kirlenmiş, hazır bezleri atmak için (özellikle de etrafta çöplük olmadığında) bu poşetleri kullanın. Ayrıca kirlenmiş ve ıslanmış giysileri eve götürmek için de bunlar gerekli olur.

Bir biberon su. Bebeğiniz suyu biberondan içiyorsa öğünler arasında bebeğe su vermek için (özellikle halk arasındayken emzirmek istemiyorsanız veya emzirmenin uygun olmadığı dini mekânlar gibi yerlerde) bu iyi bir yoldur. Su buza veya özel bir işleme gerek duymaz ve musluk suyu florluysa bebeğiniz bu önemli minerali almış olur. Doktorunuz öneriyorsa kaynatılmış su kullanın ve her çıkışta yanınıza bir şişe alın.

Mama. Biberonla beslediğiniz bebeğin bir sonraki öğününü yanınıza almalısınız. Açılmamış, kullanıma hazır mamayı (temiz plastik poşet içinde steril ağızlık da bulundurun) buzdolabında bekletmeniz gerekmez; ayrıca toz mamayı hazırlamak için yanınıza sterilize su da alın. Yanınıza evde hazırladığınız mamayı alıyorsanız bunu, içinde küçük buz poşeti veya buz küpleri olan geçirimsiz bir kapta saklamalısınız.

Omuz bezi. Arkadaşlarınız bebekle oynamayı sevecek ama tükürdüğü mama kalıntılarından hoşlanmayacaklardır. Kumaş bir bez bu utanç verici anları ve pis kokuyu uzaklaştıracaktır.

Yedek giysiler. Bebeği tertemiz giysileri içinde arkadaşlarınızın evine götürüyorsunuz. Arabadan inip eve girdiğinizde bebeğin sulu, hardal renginde dışkı yaptığını gördünüz. Bu, yanınızda yedek giysi (malzeme) taşımanızı gerektiren birkaç nedenden sadece biridir. Uzun sürecek ziyaretler için birden fazla yedek giysi bulundurun.

Fazladan bir örtü veya kazak. Özellikle mevsimler değişirken (sıcaklık ani değişkenlik gösterir) bebeğin üşümemesi için yanınıza fazladan bir örtü alın.

Emzik. Temiz plastik poşet içinde taşıyın.

Bebeği eğlendirecek oyuncaklar. Çok küçük bebeklerde görsel uyarıcıları artırmak (özellikle araba koltuğunda veya gezinti arabasında) önemlidir. Daha büyük bebeklerde fazla ağır olmayan ve bebeği oyalayacak oyuncaklar işe yarar. Emekleme dönemindeki bebekler içi dolu hayvanları ve kitapları severler.

Gölgelik. Bebek altı aylık olduğunda gölgelik tüm yıl boyunca gerekli olacaktır (kışın güneş ve kar bebekte ciddi yanıklar yapabilir).

Anne için bir sandviç. Meme emziriyorsanız veya uzun bir gezintiye çıkmışsanız ve yiyecek bulmanız güçse yanınıza meyve, bisküvi, karper peynir, ekmek veya kurutulmuş meyve alın. Sıvı içecek bulamayacağınız yerlere (park gibi) giderken yanınıza içinde soğuk veya sıcak içecek olan termos veya meyve suyu kutusu alın.

Bebek için yiyecek. Katı besinlere geçtiğinizde öğün sırasında dışarıda olacaksanız yanınıza bebek maması içeren kavanozlar (ısıtılmaları gerekmez); plastik torba içinde bir kaşık; önlük ve havlu peçete almalısınız. Daha sonra sıcak havada bozulmayacak cinsten besinler seçin (taze meyve, kraker, ekmek ve galeta); bunlar öğünler arasında açlığı bastıracak ve aynı zamanda bebeği oyalayacaktır. Ancak bebeğin sıkıntısını dağıtmak için abur cubura fazla dayanmayın; bu onu sonradan kıramayacağı bir alışkanlığa yöneltir.

PENİS BAKIMI

Penis glans adı verilen yuvarlak uçtan ve silindir şeklinde bir gövdeden oluşur. Gövde ve glans sulkus denen bir oyukla birbirinden ayrılır. Glansın ucunda meatus denen bir delik vardır ve bu delikten farklı zamanlarda semen ve idrar çıkar. Tüm penis prepüs denen bir deriyle boydan boya kaplıdır. Bu deri iki tabakadan oluşur: dış deri ve mukus zara benzeyen bir kısım.

Doğumda bu deri glansa iyice yapışıktır. Zaman içinde deri ve glans tabakaların yüzeyinden atılan hücreler nedeniyle ayrılmaya başlar. Atılan hücreler yaşam boyunca yenilenir ve sonradan beyazımsı, peynire benzeyen hücreler derinin ucuna doğru göç etmeye başlar.

Genellikle ikinci yılın sonunda sünnet edilmeyen her 10 bebekten 9'unda fakat bazen doğumdan beş, on yıl veya daha sonra deri ve glans tamamen ayrılır. Bu noktada deri glanstan geriye çekilebilir.

Sünnet edilmeyen penis. Genel kanının aksine, bebeklik döneminde, sünnet edilmeyen penise özel bakım uygulamaya gerek yoktur; banyo yapılırken sabun ve su ile temizlemek yeterlidir. Bu deriyi çekiştirmek, antiseptik maddelerle, bezlerle temizlemek hem gereksiz, hem de zararlıdır. Deri glanstan ayrıldığı anda bazen geri çekip altını temizleyebilirsiniz. Püberte döneminde deriyi çocuğun kendisi kaldırıp altını temizleyebilir.

Sünnet edilmiş penis. Kesik iyileştikten sonra yapılacak en iyi bakım sabun ve suyla penisi temizlemektir.

BEBEĞİ ŞAMPUANLAMAK

Küçük bir bebekte bu kolay bir işlemdir. Daha sonra şampuanla ilgili problem yaşamamak için bebeğin gözlerine sabun veya şampuan kaçmasını ilk günden engelleyin. Kepekli veya yağlı olmadığı sürece bebeğin başını haftada bir veya iki kere şampuanlayın.

1. Bebeğin kafasını bir kaptan döktüğünüz suyla veya musluktan aldığınız bir parça suyla ıslatın. Birkaç damla şampuan veya sabun (miktarı zor olursa durulaması daha zordur) dökerek bebeğin kafasını hafifçe ovuşturun.

2. Duşu çok fazla açmadan veya birkaç kap suyla kafasını iyice durulayın.

Kendi başlarına ayakta durabilen ve büyük

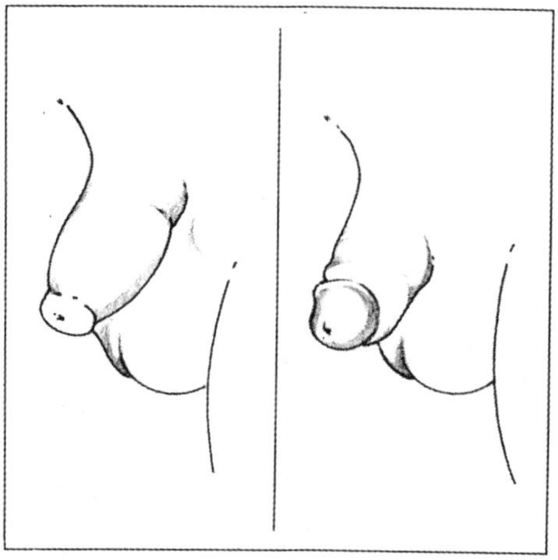

Sünnet edilmeyen penis (solda) ve sünnet edilen penis bebeklik çağında özel bakım gerektirir.

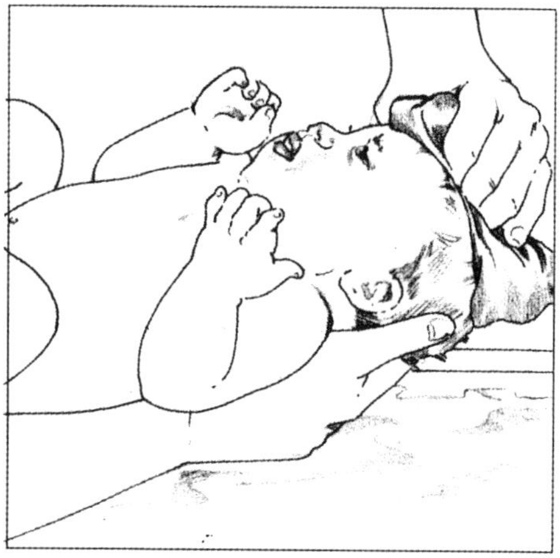

Bazen şampuan sürmek için en iyi yol yumuşak bir kese kullanmaktır.

küvette yıkanabilen bebekler küvet içinde şampuanlanabilir; ancak bebek kızsa şampuanlı kirli suda kalınması vajinal enfeksiyona yol açacağından dikkat gösterilmelidir. Buradaki problem bebeklerin kafalarını arkaya doğru atıp şampuanlamaktan kaynaklanır; çoğu bebek bu pozisyonu sevmez. Ucunda duş olan hortum bazı bebekler için eğlence kaynağı olurken diğerleri bundan korkarlar. Özel bir tasarım olan ve gözleri şampuandan koruyan bir malzeme, bebeğinize bunu takmayı başarırsanız, ideal olur. Bebeğiniz bu malzemeyi ve duşu reddederse küveti değil de lavaboyu kullanabilirsiniz. Bu işlem ideal değilse de hızlıdır ve her ikiniz için durumu kolaylaştırır.

BEBEĞİ KUNDAKLAMAK

Bazı bebekler için kundaklanmak huzur vericidir ve ağlamayı azaltır; bazılarıysa serbest olmamaktan yakınırlar. Bebeğiniz sarmalanmaktan hoşlanıyorsa nasıl yapacağınızı anlatalım:

1. Karyoladaki battaniyeyi veya örtüyü yayarak bebeği içine çapraz biçimde yatırın; örtünün bir ucunu 12 cm içeri kıvırın. Bebeğin kafasını bu kıvrımın üzerine yerleştirin.

2. Bebeğin sol koluna yakın olan köşeyi tutarak kolun üzerinden geçirin ve bebeği kapatın. Sağ kolu kaldırın ve örtünün köşesini sağ tarafta bebeğin arkasına doğru sarın.

3. Alttaki ucu kaldırın, bebeğin vücudunun üzerine getirin ve bebeği sarmalayın.

4. Öbür ucu alın, sağ kolun üstünden geçirin ve bebeğin sol tarafında kavuşturun.

Bebeğiniz ellerinin hareketinin engellenmesini sevmiyorsa sarmalamayı kolların altında yapın ve elleri serbest bırakın. Kundaklama bebeği sınırlayan bir şey olduğundan büyük bebeklerin gelişmesini önleyebilir; bu yüzden bebeğiniz bir aylık olduktan sonra kundaklamayın.

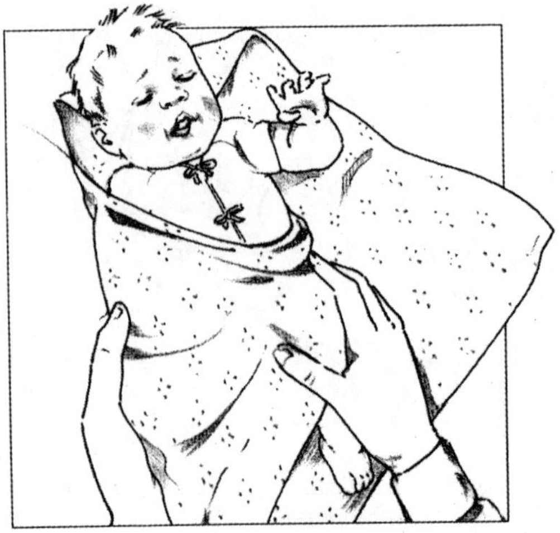

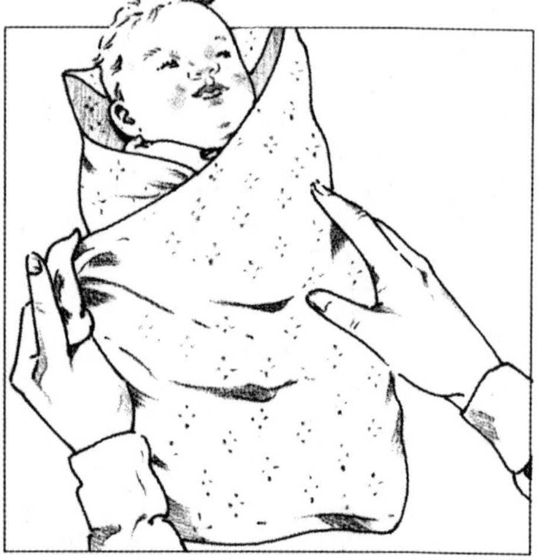

GÖBEK KORDONU KALINTISININ BAKIMI

Bebeğin anne rahmiyle olan bağlantısının son kalıntısı göbek kordonudur. Doğumdan birkaç gün sonra kordon kalıntısı kararır ve bir-dört hafta sonra düşer. Bölgenin hava almasını sağlayarak ve kuru olmasına dikkat ederek iyileşmeyi hızlandırabilir ve enfeksiyon kapmasını önleyebilirsiniz. Bunun için yapmanız gerekenler.

1. Bebeği bezlerken bezin ön tarafını aşağı katlayarak bölgenin hava almasını sağlayın ve idrarla teması önleyin. Bebeğin giysisini yukarı sıyırın.

2. Küvette banyo yaptırmayın ve kordon düşene kadar göbeği ıslatmayın.

3. Kordonu alkol (steril pamuk veya bezle) ile silin. Bu kordonun kurumasını ve temiz kalmasını sağlar.

4. Göbek etrafındaki bölge kızarırsa veya sızıntı olursa doktora danışın.

BEBEKLE İLGİLİ ÖNEMLİ BELGELER

Bebekle ilgili belgelerden ikisi daha sonra belli zamanlarda gerekli olacaktır. Bunlardan biri doğuma ve vatandaşlığa ait kanıt oluşturan ve ehliyet alırken, sigortadan faydalanırken, pasaport alırken ve evlenirken gereken doğum sertifikasıdır. Genellikle bebeğinizin doğumla ilgili kayıtları hastane tarafından tutulur ve doğum kaydı dosyası tamamlanana kadar siz resmi belgeyi almış olursunuz. Bu tip bir belgeyi ve doğum sertifikasını birkaç ay içinde alamazsanız hastaneye, yerel sağlık birimine başvurarak ne olduğunu araştırın. Belge size ulaştığında hata olup olmadığını kontrol edin. Hata varsa veya bebeğe hastanede isim koymayıp şimdi koymayı düşünüyorsanız gerekli düzeltmeleri veya eklemeleri o anda yapmalısınız. Doğum sertifikasında hata yoksa birkaç fotokopi alın ve güvenli bir yerde saklayın.

Bebeğinizin ihtiyaç duyacağı ikinci belge ise sosyal güvenlik kartıdır. Yeni doğmuş bebeği hemen işe elbette sokmayacaksınız, ancak onun adına bankada hesap açtırırken bu size gerekli olacaktır. Çocuğunuzun tasarrufunu kendi adına bankada saklamak isterseniz bebeğinki yerine kendi adınıza vergi ödemek durumundasınız. Bebek için sosyal güvenlik numarası alırken şahsi olarak veya postayla yerel sosyal güvenlik birimine başvurun (önce başvurmanız gerekir) ve bebeğin doğum sertifikasıyla beraber kendi ehliyetiniz veya pasaportunuz gibi inandırıcı belgeleri gösterin. (Bebeğinizin şimdiden sosyal güvenlik numarası almasını istemeseniz bile yasaların beş yaşından önce bunu şart koştuğunu hatırlayın).

-4-

İlk Ay

BEBEĞİNİZ NELER YAPIYOR OLABİLİR

Bu ayın sonunda bebeğiniz:

• Düz bir yüzeye yatırıldığı zaman kafasını kısa süreyle kaldırabilmelidir.

• Yüze odaklanabilmelidir.

Not: Bebeğiniz bunlardan birini veya daha fazlasını yapamıyorsa doktorunuza danışın. Ender olarak, gecikme problem olduğu anlamına gelir ancak bazen de sonradan normale dönüş gözlenir. Prematüre bebekler bu olgunluğa miadında doğanlardan daha geç ulaşırlar; bazen de düzeltilmiş yaşlarına göre değerlendirildiklerinde aynı şeyleri yapabilirler.

Bebeğiniz şunları da yapabilir:

• Çıngırağa bir şekilde yanıt verir (ağlayarak, sakinleşerek ve ürkerek).

• Yüzünün 15 cm üzerinde yay şeklinde hareket ettirilen nesneyi orta hatta kadar takip edebilir.

Bebeğinizin şunları da yapması olasıdır :

• Karnının üzerindeyken kafasını 45 derece kaldırabilir.

• Ağlama dışında sesler çıkartabilir (Aguu gibi).

• Yüzünün 15 cm üzerinde yay şeklinde hareket ettirilen nesneyi orta hattın ötesine kadar takip edebilir.

• Sizin gülüşünüze gülücükle yanıt verebilir.

Hatta bebeğiniz şunları bile yapabilir:

• Karnının üzerindeyken kafasını 90 derece kaldırabilir.

• Dik durduğunda kafasını sabit tutabilir.

• Ellerini kavuşturabilir

• Kendiliğinden gülmeye başlayabilir.

• Kahkahalarla gülebilir.

• Zevkten çeşitli sesler çıkarabilir.

• Yüzünün 15 cm üzerinde yay şeklinde hareket ettirilen nesneyi 180 derece (bir yandan öbür yana) takip edebilir.

Bu ayın sonunda bebek yüze odaklanabilir.

BU AYKİ DOKTOR KONTROLÜNDE NELER BEKLEYEBİLİRSİNİZ

Her doktorun veya hemşirenin bebek kontrolüne yönelik kendi yaklaşımı olmalıdır. Fiziksel muayenenin genel organizasyonu, inceleme tekniklerinin tipi ve sayısı ve yapılan işlemler çocuğun bireysel ihtiyaçlarına göre uyarlanmalıdır. Genelde bebeğiniz iki-dört haftalıkken yapılacak ilk kontrolde şunları beklemelisiniz: (İlk vizit özel koşullarda gerçekleşebilir: prematüre doğduğunda, sarılık olduğunda veya emzirmeyle ilgili sorun çıktığında).

- Sizin ve aile üyelerinin bebeğinizin beslenmesi, uykusu ve genel gelişimi hakkında sorular sorulmalıdır.
- Bebeğin kilosu, boyu, kafa çevresi belirlenmeli ve doğumdan sonraki gelişimin grafiği çıkarılmalıdır.
- Görme ve işitme muayenesi yapılmalıdır.
- Yenidoğan tarama testlerinin (fenilketonüri, hipotiroidizm veya doğumsal metabolizma kusurlarıyla ilgili testler) sonuçlarıyla ilgili rapor tutulmalıdır. Doktor bu testlerden bahsetmezse sonuçlar normal demektir ancak kendi kayıtlarınız açısından bunu araştırın. Bebek hastaneden testler yapılmadan çıkmışsa veya 72 saatten küçükken bu testler yapılmışsa şimdi yapılmalı veya tekrarlanmalıdır.
- Fiziksel muayene. Doktor veya hemşire aşağıdakilerin çoğunu veya tümünü değerlendirecektir, ancak deneyimli bir el veya göz değerlendirmeyi yaptığı halde açıklama yapmayabilir.

□ Stetoskopla kalp atışları belirlenmeli ve kalp atışları göğüs duvarının üzerinden dinlenmelidir. (İdeal olarak bebek bu sırada ağlamamalıdır.)

□ Karın bölgesi palpasyonla veya stetoskopla incelenerek kitle olup olmadığına bakılmalıdır.

□ Bacaklar döndürülerek kalça çıkığı olup olmadığı incelenmelidir.

□ Normal gelişim ve hareketin incelenmesi için ellerin, kolların, ayakların ve bacakların muayene edilmesi gerekir.

□ Anormallik olup olmadığının belirlenmesi için omurga ve sırtın muayene edilmesi gerekir.

□ Oftalmoskop veya kalem-ışıkla gözlerin, normal reflekslerin, odaklanmanın ve gözyaşı bezinin işlevinin incelenmesi gerekir.

□ Renk, sıvı ve hareketi açısından kulaklar otoskopla incelenmelidir.

□ Burundaki müköz zarların renk ve durumu ve anormalliklerin otoskopla belirlenmesi gerekir.

□ Tahta dil bastırıcı kullanılarak ağız ve boğazda şişlik, renk ve ağrı olup olmadığına bakılmalıdır.

□ Normal hareket, tiroid ve lenf bezi büyüklüğünün belirlenmesi açısından boynun incelemesi gerekir (lenf bezleri bebeklerde daha kolay hissedilir ve bu normaldir).

□ Lenf bezlerinde şişkinlik açısından koltukaltları incelenmelidir.

□ Bıngıldaklar elle muayene edilmelidir (yumuşak çıkıntılar).

□ Solunum ve solunum fonksiyonu gözlemlenmeli ve göğüs ve sırta hafifçe vurarak veya stetoskopla incelenmelidir.

□ Cinsel organlarda anormallik olup olmadığı araştırılmalıdır (fıtık veya inmemiş testisler); anüste yarık veya çatlak olup olmadığına bakılmalı, femoral nabız kasıklardan düzgün ve güçlü biçimde alınabilmelidir.

□ Renk, ton, pişik, lezyon (doğum izi) açısından deri incelenmelidir.

□ Bebeğin yaşına özgü refleksler kontrol edilmelidir.

□ Bebeğin genel hareket ve davranışları, sarılmaya tepkisi ve erişkinlerle ilişkileri belirlenmelidir.

- Bebeğin beslenmesi, uyuması, gelişimi ve bebek güvenliği açısından bir sonraki ay içinde neler olması gerektiği konusunda doktor ve hemşire anne-babayı yönlendirmelidir.
- Bebek meme emiyorsa D vitamini hakkında önerilerde bulunmalıdırlar.

Doktor Ziyaretinden önce şunlardan emin olun:

• Bebek hastalandığında yapılacakları öğrenin. (Gece yarısı doktorun aranmasını gerektiren olaylar nelerdir? Normalin dışındaki zamanlarda doktora nasıl ulaşabilirsiniz.)

• Geçen ay ortaya çıkan konularla ilgili endişelerinizi yansıtın (bebeğin sağlığı, davranış tarzı, uykusu, beslenme).

• Doktordan aldığınız bilgileri yazın ve mümkünse teybe kaydedin(başka türlü unutursunuz).

Eve ulaştığınızda bebeğin kilosu, boyu, kafa çevresi, kan grubu, test sonuçları ve doğum izleri gibi önemli bilgileri kalıcı sağlık kayıtları arasına kaydedin.

BEBEĞİNİZİN BU AYKİ BESLENMESİ

Sütün Sağılması

Ülkenin her tarafında tuvaletlerde, operanın ve spor aktivitelerinin ara verdiği zamanlarda, otobüs garajlarında ve istasyonlarda, bürolarda, fabrikalarda, mağazalarda, restoranlarda, okullarda ve hastanelerde kısaca kadınların çalıştıkları, oynadıkları,gezdikleri veya okudukları her yerde sütlerini sağdıklarını görebilirsiniz.

ANNELER NEDEN SÜTLERİNİ SAĞARLAR?

Bebeklerini bütün gün göğüslerinde taşıyıp emzirebilen ilkel toplumların aksine telaş içindeki sanayileşmiş ülkelerin kadınları her zaman, her yerde bebeklerini emziremezler. Bu ve bunun gibi nedenlerle, bebeklerini emziren her anne sütünü sağar veya pompayla alır. Sütün sağılma nedenleri:

• Gebeliğin sonlarında içe dönen meme uçlarını dışarı çıkarmak

• Evlat edinmiş annede veya sütü az gelen biyolojik annede süt üretimini artırmak

• Süt dolayısıyla memenin dolgunlaşmasını azaltmak

• Süt rezervini artırmak veya idame ettirmek

• Çalışırken veya evden uzakken ara beslemeler için süt biriktirmeyi sağlamak

• Çok dolu göğüslerde tıkanmayı ve süt pıhtılarını engellemek

• Bebek ememeyecek kadar küçük olduğunda veya emmeyi engelleyen bir ağız defekti görüldüğünde biberon veya tüple beslemek için sütü hazırlamak

• Hastanede yatan veya prematüre doğan bebek için anne sütü hazırlamak

• Annede veya bebekte hastalık sebebiyle emzirmeye ara verilmişse süt rezervinin idame edilmesini sağlamak

• Anne emzirmeye karar verdiğinde veya bebek inek sütüne alerjik olduğunda yeniden süt gelmesini uyarmak

ANNE SÜTÜNÜ SAĞMA TEKNİKLERİ

Eskiden süt sağmanın tek yolu elleri kullanmaktı; zor ve yorucu olan bu teknikle çok az miktarda süt alınabiliyordu. Bugün, meme emzirme olayı yeniden gündeme geldiğinden beri firmalar çeşitli tipte ve boyda meme pompası yapmaya başladılar: en düşük fiyatlı ve elle işletilen modellerin yanında elektronik ve çok yüksek fiyata kadar varanlar da üretilmektedir. Bu modeller pompayla süt alınmasını kolaylaştırıyorlar. Bazen anne eliyle süt sağmak istese de, genelde şu aletlerden faydalanır:

• Tirle (Bisiklet kornası şeklinde pompa); bu pompa sıkıldığında göğüslerden süt alınır. Bunlar kullanılması güç, kullanışsız, temizlemesi zor (hijyen koşullarına uymayan biçimde süt toplanır) ve göğüslerin ağrımasına neden olan alet-

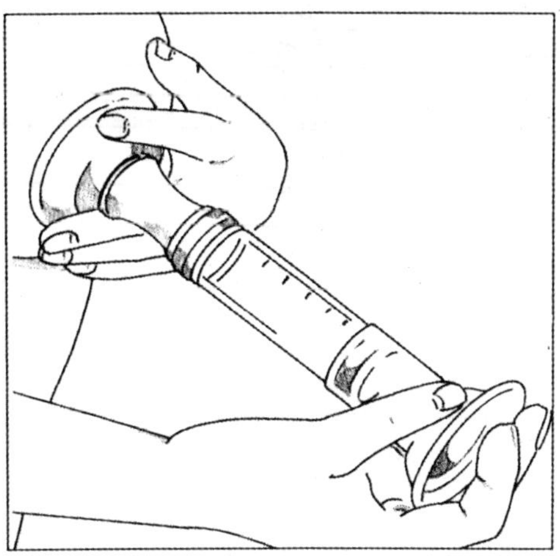

Pompayı tutan kol yorulsa da, şırınga pompa süt almanın en azından ekonomik ve kullanışlı yoludur.

lerdir ancak ekonomiklerdir. Bebeği emzirmek için süt gerektiğinde değil de bazen süt biriktirmek için kullanılmalıdır.

• Tetikle işletilen pompalar; tetik sıkıldığında emiş gücü oluşur. Bisiklet pompası tipinden daha ekonomik olan bu pompanın avantajı sadece tek elin kullanılmasıdır. Ancak sağ elin ağırlıklı olarak kullanılmasını ve güç gerektirir; elleri kuvvetli ve büyük olmayan kadınların bu pompayı kullanması güçtür ve kullanmadıkları kolun çaprazındaki memeden süt almak bazı kadınlar için güç olabilir. Başka bir dezavantajı camdan yapılmış olmasıdır. Kırılabilirlikleri ve bağışıklığı bozan maddelerin cama yapışması sebebiyle bebeğin yararına olmadığı düşünülür.

• Şırıngalı pompalar. Birbiri içine geçen iki silindirden oluşur. İçteki silindir meme ucuna yerleştirilir ve içe itilip dışarı çekildiğinde emiş gücü oluşur ve içine süt dolar. Bu tip en popüler olandır çünkü fiyatı uygundur, temizlenmesi kolaydır, taşınabilir ve bazılarında bebeğin emme basıncı tam olarak ayarlanabilir.

• Portatif, elle çalışan pompa. Gerektiğinde elektriğe bağlanabilen bu pompa elektrik olan yerlerde çok kullanışlıdır ve taşınabilirdir.

• Pille çalışan pompa. Her zaman kullanışlı ve taşınabilir özelliktedirler fakat her modeli elektrikli pompalar kadar güçlü değildir; çok pil harcamaları nedeniyle pahalıdırlar.

• Elektrikli pompalar güçlü, kullanılması kolay ve annenin ellerini emzirme için serbest bırakan (diğer meme veya başka aktiviteler için) pompalardır. Çok pahalılardır ancak zaman problemi varsa bu yatırıma değer. Bir ünitenin taşınabilirliği seçiminizi etkileyecekse elektrikli pompanın en iyi olmadığını aklınızda tutun. İsterseniz yolculukta kullanmak için ikinci bir portatif pompa alabilir ve elektrikli pompayı evde kullanabilirsiniz.

Birçok kadın hastanelerden veya eczanelerden elektrikli pompa kiralar; bazı kadınlar da bunları birleşerek satın alırlar, kullanırlar ve sonra satarlar. Bebek prematüreyse veya hastaysa, emzirmesi olanaksızsa ve doktor anne sütü öneriyorsa pompa sigorta kapsamına alınır. Kişisel pompa kitleri de piyasada satılmaktadır; bunlar tek kullanımlık veya sterilize edilebilen tiplerdedir.

Pompanızı seçmeden önce arkadaşlarınızla, anne eğitimi uzmanıyla, emzirme danışmanıyla veya doktorunuzla görüşerek modelleri ve tipleri tartışın. Sipariş vermeden önce ödünç alıp deneyin ve en kolay, kullanışlı, temiz ve evin dışında kullanacaksanız, taşınabilir olanını tercih edin.

SÜTÜN MEMEDEN SAĞILMASI

Temel hazırlıklar. Ne tür yöntem seçmiş olursanız olun ilk günlerde süt çıkarmayı ve biriktirmeyi zor bulabilirsiniz. Bu işe başlamadan önce şu hazırlıkları yapın:

• Göğüslerinizin en çok süt dolu olduğu zamanı seçin (çoğu kadın için bu sabahtır). Her üç-dört saatte bir süt toplamak için plan yapın. Her seans 20-40 dakika arasındadır ve bazen daha uzun sürebilir.

• Tüm ekipmanınızın temiz olmasına ve üretici firmanın önerdiği şekilde sterilize edildiğine dikkat edin. Her kullanımdan önce pompanızı yıkamanız temizlemeyi kolaylaştıracaktır. Pompayı evinizden uzakta kullanacaksanız yanınıza şişe yıkama fırçası, deterjan ve kâğıt havlular alın.

• Acemiyken sakin, rahat ve sıcak bir yer

seçerek (telefonlarla veya zille rahatsız edilmeyeceğiniz) pompanızı kullanın. çalışırken özel büronuz, kullanılmayan toplantı odası veya kadın soyunma odası pompalama için uygun yerlerdir. Evdeyken siz pompayla süt sağarken bebekle başkasının meşgul olması idealdir.

• Ellerinizi sabun ve suyla yıkayın; memenizi sadece suyla yıkayın, meme uçlarınıza sabun, merhem, krem veya başka bir şey sürmeyin.

• Bir bardak su, meyve suyu, kafeinsiz çay veya kahve ya da çorba için. Sıcak sıvılar soğuk sıvılara kıyasla daha çok süt gelmesini sağlar. Alkollü içecekler daha çok süt gelmesini sağlamaz fakat günde iki kereden fazla olmayacak şekilde bir bardak bira, şarap veya kokteyl içmek gevşemenize yardımcı olur.

• Ayaklarınızı uzatarak rahatlamaya çalışın.

• Pompalamaya başlamadan önce birkaç dakika gevşeyin. Meditasyon veya başka gevşeme tekniklerinden faydalanın, müzik dinleyin, televizyon seyredin ya da kendinize özgü rahatlama tekniğine başvurun.

• Bebeğiniz veya emzirmeyle ilgili düşüncelere dalın veya bebeğin fotoğraflarına bakarak süt gelmesini uyarın. Tam pompalama işine

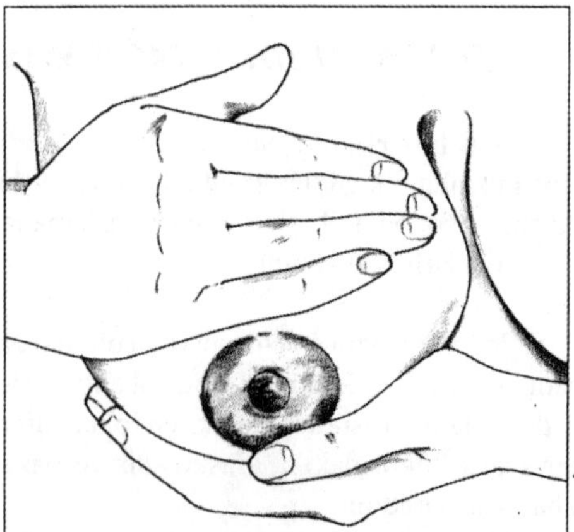

Göğsünüze masaj yaparken bir elinizi göğsünüzün altına koyun ve diğerini üste yerleştirin. Bir elinizin veya ikisinin avuç içini göğsünüzden meme ucunuza doğru yavaşça kaydırın ve hafif bir basınç uygulayın. Ellerinizi memenizin üzerinde döndürün ve tüm süt kanallarına ulaşabilmek için bu aşamaları tekrarlayın.

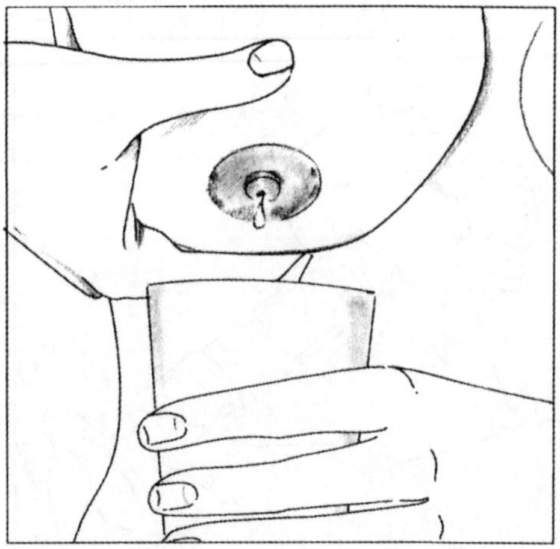

Memeden sütü elle toplamak yavaş ve bazen de ağrı veren bir işlemdir. Bu yöntem sadece küçük miktarda süt çıkarmak veya bebeğin ağzının rahat hareket etmesine olanak sağlamak için aşırı dolu göğüsleri hafifçe boşaltmak için kullanılır.

başlamadan önce odada bebeğin olması uyarıcı olur ancak ideal olan siz meşgulken bebekle başkalarının ilgilenmesidir. Elektrikli pompa kullanıyorsanız elleriniz serbest kalır ve bebeği tutabilirsiniz ancak bazı bebekler için memenin bu kadar yakınında olup emmemek hayal kırıklığına uğratıcı olabilir. Memeden süt gelmesini uyaran diğer yollar sıcak bir duş almak, beş-on dakika süreyle göğüsleri sıcak suda bekletmek veya öne eğilip göğüsleri sallamaktır.

• Sonuç almakta zorlanıyorsanız doktorunuza oksitosin burun spreyi yazmasını rica edin. Bunu yalnızca önerildiği şekilde kullanın.

Elinizle süt sağmak. Başlangıçta elinizi areola (meme halesi) bölgesine koyun ve başparmağınızı diğer parmaklarının karşıt tarafına yerleştirin. Elinizi göğsünüze doğru bastırın ve başparmağınızı ve diğer parmakları beraber bastırın. (Parmaklarınızı yalnızca areolada tutun; meme ucuna kaydırmayın). Sütün akmaya başlaması için ritmik hareketlerle buna devam edin ve parmaklarınızı areola üzerinde döndürün. Diğer memeye de aynı hareketi yapın ve süt alma aralarında göğüslerinize masaj yapın. Önce bir göğsünüze sonra öbürüne masaj yapın.

Çıkardığınız sütü toplamak istiyorsanız memenizin altına geniş ağızlı, sterilize bir kap koyun. Diğer memenizin altına sterilize edilmiş bir süt kabı koyarak çıkan damlaları biriktirin. Topladığınız sütü hemen steril biberonlara alın ve buzdolabında saklayın.

Elle çalışan pompa veya elektrikli pompayla süt sağmak. Kullandığınız pompanın talimatlarına uyun. Sabırlı olun; pompalamada ustalaşmak bir süre geçmesini gerektirir. Bebeğinizi bir göğsünüzle emzirirken diğerinde el pompası kullanmak istiyorsanız ya bebeği göğsünüze koyduğunuz bir yastıkla destekleyin, ya da siz bebeği tutarken pompalamayı başkasının yapmasını sağlayın. Elektrikli pompa kullanmak için ellerinize gerek olmadığından bir göğsünüzle bebeği emzirirken diğeriyle pompa işinizi yapın.

SÜTÜ TOPLAMAK VE SAKLAMAK

Plastik kaplar memeden çıkardığınız sütü toplamak ve saklamak için daha uygundur; bunun nedeni sadece camın kırılabilirliği değil aynı zamanda annenin hastalıkla savaşan beyaz kan hücrelerinin plastik olana kıyasla cam kaplara daha fazla yapışmalarından kaynaklanır ve bu, bebeğin sütten faydalanmasını azaltır. Birçok pompanın yanında süt toplama ve saklama kabı bulunur; diğerlerinde sütü toplamak için standart biberon vardır. Küçük bebekler için küçük biberonlar daha uygundur. Doldurulacağı ana kadar içinde buz parçacıkları olan termoslar anne sütünü taze saklamak için uygundur ancak buzlar problem çıkarabilir.

Süt oda sıcaklığında 30 dakikadan daha uzun süre kalacaksa veya 48 saatten daha uzun süreyle buzdolabında saklanacaksa kapları ve biberonları sterilize edin veya 82°C 'e ulaşan ısıda yıkayın. Aksi takdirde, sıcak ve sabunlu suyla yıkamak ve şişe fırçasıyla temizlemek yeterlidir.

Çıkardığınız sütü en kısa süre içinde buzdolabına kaldırın; bu olanaksızsa 6 saate kadar sütü steril bir kap içinde oda sıcaklığında (güneş almayan, kalorifersiz bir odada) bekletebilirsiniz. Memenizden çıkan sütü 48 saat süreyle buzdolabında bekletebilir veya 30 dakika bekletip sonra dondurabilirsiniz. Kaplara doldurduğunuz süt kabın dörtte üçünü doldurmalıdır (genleşmeyi hesaba katın) ve kabın üzerine tarihi yazın (her zaman önce en eski sütü kullanın). Anne sütü tek kapılı buzdolabında bir-iki hafta süreyle bekleyebilir; iki kapılı ve besinleri katı biçimde donduran no-frost modellerde sütü üç ay, 0 derecede donduruculu modellerde 6 aya kadar saklayabilirsiniz.

Anne sütünün buzunu çözdürmek için biberonu ılık duşun altında çalkalayın ve sonra 30 dakika içinde kullanın. Ya da buzdolabında çözdürerek üç saat içinde kullanın. Mikrodalga fırında, sobada veya oda sıcaklığında çözdürmeyin ve yeniden dondurmayın. Bebeğinizin biberonu bitirmesine az kalmışsa kalanı atın. Ayrıca yukarıda verilen sürelerden daha uzun saklanan sütleri de atın.

Göğüslerinizden çıkardığınız sütü düzenli olarak taşıyacaksanız yalıtılmış bir biberon çantası taşıyın veya buz poşetiyle beraber taşıyın.

MERAK ETTİKLERİNİZ

BEBEĞİ KIRMA KORKUSU

''Bebeği kucağıma almaktan korkuyorum; o kadar küçük ve kırılgan görünüyor ki...''

Yeni doğan bebekler Çin seramikleri kadar kırılgan görünebilirler ama hiç de öyle değillerdir. Aslında epey güçlülerdir. Kafaları yeterince iyi desteklendiği sürece normal taşıma sırasında zarar görmezler. İlk kez bebek sahibi olan anne-babalar için bu olay deneme niteliğindedir. Siz ve bebeğiniz için hangi tutuşun rahat olduğunu zaman içinde öğreneceksiniz çünkü bebek taşıma biçimi ebeveynden ebeveyne değişir. Bir süre sonra bebeğinizi bakkal torbası kadar rahat hatta onunla aynı anda taşıyabileceksiniz.

BEBEKLİK DÖNEMİ AKNESİ

"Bebeklerin muhteşem ciltleri olduğunu zannederdim. Ama benim iki haftalık bebeğim berbat bir akne vakası."

Bazı bebeklerde hiç de adil olmayan biçimde yalnızca birkaç günlükken bile adolesan çağındaki gibi akne görülür. Aslında yeni yetmelerin yaşadığı cilt probleminin nedeni bebeklerde de aynıdır : hormonlar. Yeni doğanlardaki aknenin nedeni kendi hormonları değil, annelerinin sistemlerinde bulunan hormonlardır. Başka bir akne nedeni yeni doğanlarda gözeneklerin tam gelişmemiş olmasıdır ve bu yüzden kirlerin deriye nüfuzu kolaylaşır.

Bebekteki akneyi sıkmayın, ovalamayın, losyonlarla silmeyin ya da müdahalede bulunmayın. Yalnızca günde iki-üç kere suyla yıkayın, kurumaya bırakın; sonradan hiçbir iz bırakmadan iyileştiğini göreceksiniz.

İŞİTME

"Bebeğim etrafındaki gürültülere pek tepki göstermiyor. Köpek havladığı sırada veya büyük kızım yaygara kopardığında uyumaya devam ediyor. İşitme problemi olabilir mi?"

Bebeğiniz köpeğin havlamasını veya kızınızın çığlıklarını duymuyor değil, yalnızca bu seslere alışkın. Dünyayı ilk kez rahminizden çıktığında görmüş olsa da, dışarıdaki sesleri ilk defa duyuyor değil. Teypte çaldığınız seslerden araba kornalarına, sirenlere varıncaya kadar her ses huzur dolu rahmin duvarlarından içeriye yansır ve bebek bu seslere alışır.

Çoğu bebek gürültülere tepki verir; erken bebeklik döneminde ürkerek, üç aylıkken gözlerini kırpıştırarak ve dört aylıkken sesin geldiği tarafa dönerek reaksiyon gösterir. Bu tip sesler ya bebeğin tepki vermeyeceği kadar alışık olduğu seslerdir ya da dikkatlice incelenmezse gözden kaçabilecek hafif bir pozisyon veya aktivite değişikliği görülebilir.

Bebeğinizin işitme problemi olduğundan endişe duyuyorsanız şu testi deneyin: kafasının arka tarafında ellerinizi çırpın ve ürküp ürkmediğine bakın. Ürküyorsa işitebildiğini anlarsınız. Ürkmüyorsa bir daha deneyin; çocukların hatta yeni doğanların etrafı görmezden gelme mekanizmaları güçlüdür ve o sırada bunu yapıyor olabilir. Testi tekrarlayınca yanıt alacaksınız. Eğer alamazsanız bebeğin sese tepki verme biçimlerini başka yollarla gözlemleyin: Sizin yumuşak sesinizle sakinleşiyor mu yoksa ağlamaya devam mı ediyor? Şarkı söylenmesine veya müziğe tepki gösteriyor mu? Alışık olmadığı bir gürültüyle ürküyor mu? Bebeğiniz ses tepki vermiyorsa durumu doktorunuzla görüşün. çocuğun işitme problemi ne kadar erken teşhis ve tedavi edilirse uzun vadeli sonuç o kadar iyi olacaktır.

Bazı çocuklar işitme problemi açısından yüksek risk taşırlar ve bu çocuklar rutin odyolojik incelemeden geçirilmelidir. Bunlar 2,5 kilogramın altında doğanlar, doğumdan hemen sonra ciddi sorun yaşayanlar (asfiksi, havale veya kafa içi kanama), işitme kaybına yol açan ilaçların anne tarafından alınması veya enfeksiyon (kızamıkçık) geçirenler, ailesinde nedeni bilinmeyen veya kalıtsal sağırlık olanlar; kulaklarında görünen bir anormallik olanlar ve zihinsel geriliği olan, kör, otistik veya serebral paralizi geçirenlerdir.

GÖRME

"Bebeğimin karyolasının tepesine oyuncak astım ve bebeğin renklerden hoşlanacağını düşündüm. Ama fark etmedi bile. Görme problemi olabilir mi?"

Büyük olasılıkla problem oyuncaktan daha doğrusu onu astığınız yerden kaynaklanıyor. Yeni doğmuş bir bebek 20-35 cm mesafedeki nesneleri en iyi şekilde görür; bu, rasgele bir mesafe değildir ve emzirilen bebeğin annesinin yüzünü görme mesafesi bu kadardır. Karyolasında yatan bebek için bu mesafeden yakını veya uzağı yalnızca bulanıklık ifade eder. Menzilin dışındaki mesafelerde bulunan parlak veya hareket halindeki nesnelere gözünü diker ama bakacak bir şey bulamaz.

Ayrıca ilk aylarda bebek tam karşıya değil

sağına ya da soluna bakar. Karyolasının tam tepesindeki oyuncak dikkatini çekmez ancak bir kenara asılan ilgisini çeker. Ama bazı bebekler üç-dört aylık olana kadar her nesneye ilgi gösterirler ve sonra göstermeyebilirler.

Sonuç olarak yeni doğmuş bebeğiniz görebilir ancak üç-dört aylık olana kadar tam görmesini beklememek gerekir. Bebeğinizin görme becerisini sınamak istiyorsanız kalem biçimindeki aydınlatıcıyı 25-30 cm mesafeden yüzüne tutun. ilk ayda bebek ışığa kısa süreyle odaklanır (gördüğünü anlayacağınız kadar uzun süre yoğunlaşır). İlk ayın sonunda bazı bebekler görme alanının ortasına kadar ışığı yavaşça takip ederler. Genelde üç aylık olana kadar bebek bir nesneyi bir taraftan diğer tarafa 180 derece izleyemez.

Bebeğinizin gözleri ilk sene içinde olgunlaşacaktır. Birkaç ay süreyle uzağı daha iyi görecek fakat derinliği algılayamayacaktır; bebeklerin bez değiştirme masalarından veya yataktan 9 aylık olana kadar düşmelerinin nedeni budur. Görme becerisi bu dönemde mükemmel değilse de nesnelere bakmaktan zevk alır ve bunlar ilerki yaşamı için deneyim oluşturur. Ona birçok görsel uyarıcı verin. Ancak devrelerini karıştırmayın; aynı anda yalnızca iki ayrı nesneyi fark edebilir. Dikkat süresi kısa olduğundan senaryoyu sık sık değiştirin.

Çoğu küçük bebek yüzleri incelemeyi sever. Siyah-beyaz çizgileri renkli olanlara; karmaşık olanları da basitlere tercih eder. Işığa bakmaya bayılırlar: abajur, lamba veya pencere (storlu olanlar) ilgilerini çeker. İyi ışıklandırılmış olan odaları loş olanlara tercih ederler.

Göz muayenesi bebeğin periyodik kontrollerinin bir parçasını oluşturur. Ancak bebeğiniz nesnelere veya yüzlere odaklanmıyorsa veya ışığa dönmüyorsa doktorunuzla bu konuyu görüşün.

TÜKÜRME-KUSMA

"Bebeğim o kadar sık mama tükürüyor ki yeterince beslenemediğini düşünüyorum."

Kızınıza ne yediriyorsanız ağzından çıkıyor diye düşünüyorsunuz ancak durum böyle değil. Size bir öğün gibi görünen sütün tükürük ve mukusla karışık bir-iki çay kaşığı dolusu süt olduğunu aklınızdan çıkarmayın. (Biraz sıvının ne kadar çok görünebileceğini anlamak için mutfak tezgahına birkaç çorba kaşığı dolusu sıvı dökmeyi deneyin.) Bebeğinizin kustuğu şey eğer yalnızca yemek borusuna kadar gidip oradan geri geldiyse pek fazla şekil değiştirmemiş olacaktır. Eğer dışarı çıkmadan önce mideye kadar gittiyse hem şekli değişmiştir hem de ekşi süt kokusu bulunur.

Bebeklerin çoğu bazen, bazıları da her öğünde mama tükürürler. Yenidoğanlardaki mekanizma yemek borusuyla mide arasındaki, olgunlaşmamış sfinkter ve atılamayan mukusla ilgili olabilir. Büyük bebeklerde süt havayla karışıp geğirmeyle yemek borusundan yukarı çıkınca (regürjitasyon) tükürme olayı oluşur. Bazen bebek çok fazla yedirildiği için tükürür.

Tükürmenin tedavisi yoktur. Ancak tükürmeye katkıda bulunan öğünler-arası hava yutmayı azaltabilirsiniz. Bunun için bebeği ağladığı zaman doyurmayın (sakinleştirmeye çalışın); bebeği beslerken ve besledikten sonra mümkün olduğunca dik oturtun. Biberon ağızlıklarının çok küçük veya çok büyük olmamasına dikkat edin ve mamanın (havanın değil) ağızlık kısmına dolmasını sağlayacak şekilde biberonu eğin. Bebeği küçük bir domuzcuk haline getirmeyin ve besledikten sonra bebeğin zıplamasını önleyin (mümkünse bebeği mama sandalyesine bağlayın). Bebeğin gazının çıkması için öğünün bitmesini beklemeyin ve öğün sırasında gazını çıkarın.

Ancak ne yaparsanız yapın bebeğiniz sık sık tükürüyorsa tükürmeye devam edecektir ve bu, en az altı ay sürecektir. Omzunuza veya kucağınıza bir bez yerleştirirseniz bebeğiniz iş başındayken daha rahat edersiniz. Bebeklerin çoğu dik oturtuldukları zaman daha az tükürürler ancak bazı bebekler birinci yaşlarını doldurana kadar tükürmeye devam edebilirler

Normal tükürmenin bir zararı yoktur (mobilya ve giysiler dışında)[1]. Sırt üstü yatan küçük bir bebek yemek borusundan ağzına geri çıkan

1. Çok az miktarda soda ile karıştırdığınız suyu içeren küçük plastik bir şişeyi civarınızda bulundurun. Üzerine bu karışımdan dökülmüş bezle silmek hem tükürüğü, hem de kokuyu giderir. Ya da ıslak temizleyici kullanın.

besinden boğulabileceği için tüküren bir bebek oyun oynarken veya uyurken karnının üzerine yatırılmalıdır.

Bazı tükürmeler ise bir problemle ilişkili olabilir. Bebeğinizin tükürmesi kilo almamayla, uzun süreli tıkanma ve öksürmeyle ilişkiliyse, kusmuğu kahverengi veya yeşilse ya da uzağa doğru püskürtme şeklinde kusuyorsa doktorunuza başvurun. Bunlar barsak tıkanıklığı gibi ameliyatla tedavi edilebilen tıbbi bir problemi gösterebilir.

KUNDAKLAMA

"Bebeğimi hastanede bana öğrettikleri gibi kundaklıyorum. Ama örtüyü tekmeleyip dağıtıyor."

Dış dünyadaki ilk birkaç gün içinde bebek kendini yönlendiremeyebilir. Dokuz ay boyunca sarmalandığı sıcak rahmin içinde kalan bebek birdenbire geldiği yeni ortama ayak uydurmak zorundadır. Çocuk-bakım uzmanları bu geçiş döneminin bebeğin önceden içinde bulunduğu ortamın bir örtü içinde bebeği kundaklayarak ve sarmalayarak taklit edilmesiyle en iyi şekilde yaşanacağını düşünüyorlar. Kundaklama bebeğin kendi uykusundayken tuhaf hareketler yapmasını da engeller ve vücut ısı dengesi tam oluşmadığından ilk günlerde bebeğin ısınmasını sağlar. Ancak sıcak bir odadayken bebeği sarmalamayın çünkü aşırı ısı SIDS (ani bebek ölümü sendromu) için risk faktörüdür.

Tüm bebeklerin hastanedeyken kundaklanması evde de kundaklanacakları anlamına gelmez. Birçok bebek birkaç hafta süreyle kundaklanmaktan rahatlık duyar ve daha rahat uyur. Sancılı veya gazlı bebeklere de iyi gelir. Bütün bebekler büyüdükleri zaman aktifleşirler ve artık kundaklanmak istemezler; üzerlerindeki örtüyü fırlatıp atarlar. Bazı bebekler başlangıçtan itibaren kundaklanmaktan hoşlanırken diğerleri hoşlanmayabilir. iyi bir kural: bebeğin hoşuna gidiyorsa kundaklayın, gitmiyorsa kundaklamayın.

ANNENİN YETERİNCE SÜTÜ OLMASI

"Sütüm geldiğinde göğüslerim çok dolup taşıyordu. Şimdi o doluluk kayboldu, sütüm sızmıyor ve bebeğim için yeterince süt olmayacağından endişeleniyorum."

Kadın göğsü kalibre edilemediğinden göz kararıyla süt miktarınızın ne olduğunu saptamanız zordur. Bunun yerine ölçü olarak bebeğinizi kullanın. Mutlu, sağlıklıysa ve düzenli kilo alıyorsa yeterince süt üretebiliyorsunuz demektir. Başarılı bir emzirme için göğsünüzden süt fışkırması veya sızması gerekmez. Bebeğinizde gelişme geriliği varsa daha sık emzirme veya daha sonra anlatacağımız ipuçları sütünüzün artmasını sağlayacaktır.

"Bebeğimi her 3 saatte bir emziriyordum ve bu yeterli oluyordu. Şimdiyse her saat emmek istiyor. Süt miktarımla ilgili bir sorun mu var?"

Bir kuyunun tam tersine süt rezervi düzenli kullanılmakla kurumaz; aslında, bunun tam tersi geçerlidir: Bebeğiniz daha çok emdikçe göğüsleriniz o kadar çok süt üretir. Bebeğinizi memenize daha sık yönelten olay büyüme veya iştah artışıdır. iştah artışı en çok üçüncü haftada, altıncı haftada ve üçüncü ayda görülür ancak bebeğin gelişimi sırasında herhangi bir zaman içinde de görülebilir. Bazen, gece uyuyan bebek büyümesi hızlandığı için emmek ister. Bu durumda, bebeğin aktif iştahı annedeki süt miktarının sürekli arttırılarak bebeğin büyüme ihtiyacını karşılamaya yönelik doğal bir olaydır.

Sadece rahatlayın ve büyüme hızı yavaşlayana dek bebeğinizin ihtiyaçlarına karşılık verin. Bebeğin iştahını karşılamak için mama vermeyin çünkü birden emzirmeyi kesmeniz süt miktarınızı azaltır ve bu da bebeğin istediği şeyin tam tersidir.

Bazen bebek gece boyu uyusa da gün boyunca emzirilmeyi geçici olarak daha fazla isteyebilir fakat bu da zaman geçtikçe azalır. Ancak bir haftadan fazla süreyle saatte bir emzirilmek isterse kilosunu yeniden ölçün. Belki de yeterince beslenemiyordur.

EMZİRDİĞİNİZ BEBEĞİNİZ YETERİNCE GELİŞEMİYOR

"Üç hafta sonunda bebeğim doğduğu za-

mandan daha cılız. çok fazla meme emiyor ve yeterince süt alamadığını düşünmüyorum. Yanlış olan nedir?"

Gebelik boyunca endişe verici bir konu olan kilo artışından sonra ikinci endişe konusu bebeğin ilk aylardaki kilo artışıdır. çoğu zaman kadınlar gebelikte çok fazla kilo alacaklarını düşünürler ancak bebeği olanlar bebeklerinin yeterince kilo almadıklarından endişe duyarlar.

Bazen yüzünde şişme görülen bebek, doğumdan sonra bu şişlik azaldıkça daha zayıf görünür. Ancak çoğu bebek üçüncü haftanın sonunda gittikçe yuvarlak hatlara sahip olmaya başlarlar ve bebeği her gün görenler bu değişiklikleri fark edemeyebilirler. Çoğu zaman meme emen bebeğin doğum ağırlığına iki hafta içinde yeniden ulaşacağı ve sonraki aylar içinde birkaç kilo daha alacağı düşünülür. Bebeğinizin gelişimi konusunda endişeleriniz varsa bebeği tartın. Bulgularınızdan dolayı rahatlayacaksınız. Hâlâ endişeleriniz varsa veya tartıya güvenemiyorsanız doktorunuza danışıp rutin muayene dışı zamanlarda ölçüm yapmasını isteyebilirsiniz.

Bebeğiniz daha çok emiyorsa gereksindiği besini alıyor anlamına gelmeyebilir, tam tersine yeterince beslenemediği için sürekli emmeye ve beslenmeye çalışıyordur. Bu durum geçicidir; bebek büyüme sürecine girdiğinde aldığı süt miktarını artırmaya çalışır. Ya da bu, rezervin yetersiz olduğunu gösterebilir. Ancak bunu anlamanın birkaç yolu vardır:

Bebek günde beş kere hardal kıvamında, pütürlü, büyük dışkılar yapıyor. Meme emen bebekler her beslenmeden sonra, bazen de günde 12 kere dışkı yaparlar. ilk haftalarda beşten az dışkılama yetersiz beslenme olduğunu gösterir.

Bezi her beslemeden önce değiştirildiğinde ıslak bulunuyor ve idrarı renksiz. Bebek günde 8-10'dan az kere idrar yapıyorsa, idrar sarıysa , balık gibi kokuyorsa veya ürat kristalleri (ıslak beze pembemsi kırmızı renk verir, toz haline gelmiş kiremite benzer ve anne emzirmeden önce normal, emzirdikten sonra normal değildir) varsa yeterli besin alamıyor demektir. Bunlar dehidratasyon (su kaybı) belirtileri olabilir ancak problem ciddileşene kadar ortaya çıkmayabilirler.

Bebeğinizi emzirirken çok fazla yutkunuyor ve ses çıkarıyor. Bu sesleri duymuyorsanız yeterince yutamıyor demektir. Ama düzenli kilo alan bebeğin sessiz emzirmesine aldırmayın.

Meme emdikten sonra bebeğiniz mutlu ve halinden memnun oluyor. Dolu dolu meme emdikten sonra bebeğin ağlaması, yaygarası bitmez ve parmak emmeye başlarsa hâlâ aç demektir. Her öğünden sonraki ağlamalar bebeğin aç olduğu anlamına gelmez; bebek gaz çıkarmaya veya dışkılamaya çalışıyor da olabilir.

Sütünüz geldiğinde memelerinizin şiştiğini fark ettiniz. Şişme süt üretebildiğinizi gösteren iyi bir işarettir. Sabahları kalktığınızda ve beş-altı saat sonra henüz emzirmemişken memeleriniz emzirme sonrasına kıyasla doluysa sütünüzün düzenli olarak geldiğini ve bebeğinizin bu sütü boşalttığını düşünün. Bebeğiniz kilo alıyorsa memelerinizin şişmemesi sizi endişelendirmemelidir.

Göğüslerinize süt dolduğunu veya sütün sızdığını hissediyorsunuz. Kadınlar sütlerinin geldiğini farklı biçimlerde algılarlar (sertleşme, batma, hantallaşma, doluluk veya fışkırma) ancak bunu hissetmek, bebeğinizin ağladığını duymak veya yalnızca onu düşünmek bile sütünüzün geldiğini gösterir. Her kadın sütünün geldiğini fark edemeyebilir fakat bununla beraber bebekte gelişme geriliği varsa sizi endişelendirmelidir.

Doğumdan üç ay sonrasına kadar âdet görmediniz. Çok fazla meme emziren kadında ilk üç ayda âdetler başlamaz. Daha erken başlaması hormon düzeylerinin azalmasına bağlı olabilir ve bu, yeterince süt üretilmediğini gösterir.

Rutin kilo ölçümünün yanında bebeğin bezi çıkarılmadan öğünden önce ve sonra bebek tartılabilir. Bu size bebeğinizin her öğünde ne kadar kilo aldığı hakkında fikir verebilir.

Doktor muayenesi bebeğinizin meme emdiğinde gelişemediğini gösteriyorsa olası nedenler çoktur. Bunlardan bazıları şunlardır:

Bebeği yeterince sık emzirmiyorsunuz. Bu durumda 24 saat içinde bebeğinizi 8 hatta 10 kez emzirin. Gün boyunca üç saatten fazla veya gece boyunca beş saatten fazla ara vermeyin (biberonla beslenen bebekler dört saatlik aralarla emzirilmelidir ancak meme emenlerde böyle bir kural yoktur). Bu, mama saatini kaçırmamak için uyuyan bebeğin uyandırılması veya bir saat önce doyurulan bebeğin saati geldiği için yeniden beslenmesi anlamına gelebilir. Bebeğiniz aç durmaktan sıkıntı duymuyorsa inisiyatifi elinize alıp olayı başlatmanız ve sık sık emzirmeniz gerekir. Sık emzirmeler bebeğin karnının doymasını, görünümünün dolgunlaşmasını hem de süt üretiminin uyarılmasını sağlar.

Her öğünde göğüslerden en az birindeki süt bitmiyor. Bebeğinize ilk memeyi en az 10 dakika verdiğinizde bu memedeki süt boşalmalıdır; bunu yaptıktan sonra ona ikincisinde istediği kadar oyalanma olanağı tanıyın. Her emzirmede memelerinizi değişimli olarak emzirmeyi unutmayın. Bazı kadınlarda her 5 dakikada bir meme değiştirmek iyi olur çünkü bebek daha doymadan her iki memeden aslan payını almış olur; ilk memedeki sütü toplam olarak en azından 10 dakika boyunca emzirmeye gayret gösterin. Bebek bunu yapmazsa süt üretimini uyarmak için memeyi pompayla boşaltın.

Bebeğiniz tembel veya yeterince emmiyor. Vaktinden önce doğan veya hasta bebeklerde ya da ağız gelişiminde anormallik (yarık damak veya dil kilitlenmesi) olanlarda bu durum görülebilir. Bebek ne kadar az emerse süt o kadar az üretilir ve gelişme geriliği ortaya çıkar. Bebek güçlü biçimde emmediği sürece memelerinizin yeterli süt üretmesi için yardıma ihtiyaç duyacaksınız. Bunun için her beslemeden sonra memelerinizdeki sütü boşaltan meme pompaları kullanabilirsiniz (bu yolla sonradan kullanmak üzere süt biriktirebilirsiniz). Süt üretimi yeterli düzeye gelinceye kadar doktor destekleyici mamaların destekleyici besleme sistemi (emziğe alışma olayını ortadan kaldırır) veya biberonla verilmesini önerecektir.

Bebeğiniz kolayca yoruluyorsa her göğsünüzü beşer dakika emzirmeniz önerilebilir ve daha sonra önceden biriktirdiğiniz sütü destekleyici besleme sistemiyle veya biberonla verebilirsiniz; böylece bebeğiniz daha az yorulur.

Bebeğiniz emme için çene kaslarını nasıl kullanacağını henüz öğrenemedi. Bu beceriksiz bebek annenin daha fazla miktarda süt üretmesi ve annesinin göğüslerini uyarmak için meme pompasına ihtiyaç duyacaktır. Ayrıca emme tekniklerini öğrenmek için de derslere gereksinim duyar; doktorunuz bunun için fiziksel teknik bile önerebilir. Bebeğiniz öğrenme dönemindeyken destekleyici besinlere gereksinim duyar.

Göğüsleriniz acıyor veya meme enfeksiyonu gelişti. Çektiğiniz acı emzirme hevesinizi

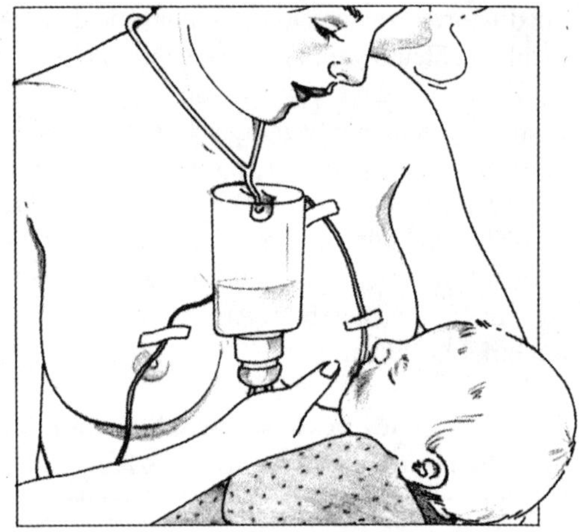

Destekleyici Besleme Sistemi. *Çok faydalı olan bu alet annenin süt üretimini uyarırken aynı zamanda da destek besinlerin bebeğe verilmesini sağlar. Annenin boynuna besleme biberonu asılır; biberondan çıkan ince tüpler göğüslerin üzerine bantlarla yapıştırılır. Bu biberon meme pompası ile önceden toplanan sütü, süt bankasından alınan sütü veya doktor tarafından önerilen sütü içerir. Bebek emdikçe destek niteliğindeki sütü memenin ucundaki ince tüpten alır. Bu sistem meme ucu karmaşasını önler (bebek biberon ve memeden emmenin farkını anlamalıdır) ve annenin daha fazla süt üretmesini sağlar (yapay yoldan bile olsa).*

ortadan kaldırdığı gibi emzirme sıklığını ve süt üretimini de azaltır. Ayrıca sütün gelmesini engeller. Mastiti (meme ucu iltihabı) tedavi etmeye yönelik müdahalelerde bulunun. Ancak göğüslerinizi kapatmayın. Bu bebeğinizin meme uçlarına ulaşmasını engeller, bu da sıkıntıyı artırır.

Meme uçlarınız içe dönük veya düz. Bu tip meme uçlarını bebeğinizin ağzıyla kavraması zordur. Bu nedenle bebeğin emmesi kesilir, sonuçta yeterli süt üretilemez; emzirme azaldıkça süt üretimi düşer ve negatif döngüye girilir. Bebeğe areolanızı başparmağınız ile işaret parmağınız arasına alarak ve tüm bölgeyi bastırarak emme konusunda yardımcı olun. Memeleriniz kapatan malzemeleri kullanmayın çünkü bu, bebeğinizin göğüslerinize ulaşmasını engeller.

Sütün gelmesini engelleyen başka faktörler var. Süt gelmesi fiziksel bir olaydır ve zihinsel durumunuz da bu olayı engelleyebilir. Bebeğinizi emzirmekten utanıyorsanız veya endişe duyuyorsanız ya da özel bir durumunuz varsa süt gelmeyebilir ve sütünüzün kalorisi ve hacmi de azalır. Bebeğinizi nerede rahat hissediyorsanız orada emzirin. Gevşemeniz için rahat bir sandalye bulun, yumuşak bir müzik çalın ve alkollü içecekler dışında bir şeyler için, gevşeme tekniklerini deneyin. Emzirmeden hemen önce sıcak duş almak ve memelerinize masaj yapmak da fayda sağlar. Bütün bunlar işe yaramazsa doktorunuza oksitosin sprey yazdırın. Bu sprey süt rezervinizi artırmasa da, sütün gelmesini ve bebeğinize ulaşmasını sağlar.

Bebeğiniz emme tatminini başka yerden sağlıyor. Bebek emme doyumunu emzikten veya besleyici olmayan başka bir kaynaktan sağlıyorsa sizin göğüslerinize olan ilgisi kaybolur. Emziği kaldırın ve emmek istediğinde bebeğinizi emzirin. Destekleyici niteliğinde su vermeyin; bu, iştahı azaltacak ve beslenmeyi olumsuz etkileyecektir. Ayrıca kandaki sodyum düzeyi değişecektir.

Meme değiştirirken bebeğin gazını çıkarmıyorsunuz. Hava yutan bebekte şişkinlik hissi olacak ve emmeyi kesecektir. Havanın vücuttan çıkarılması süte daha fazla yer açılmasını sağlar. Meme değiştirirken bebeğiniz bundan hoşlansa da hoşlanmasa da mutlaka bebeğin gazını çıkarın.

Bebeğiniz gece boyunca uyuyor. Kesintisiz bir gece uykusu annenin güzelliği için harikadır ancak süt rezervi için değildir. Bebek annesinden süt emmeden 7,8 hatta 10 saat geçirmeye başlarsa daha önce annenin göğüsleri rahatsız edici şekilde şişmekteyken bu durumda süt üretimi azalır ve sonunda destekleyici yöntemlere başvurulması gerekir. Bunu önlemek için bebeğinizi gecenin ortasında bir kere uyandırın ve besleyin. Bebeğiniz bu dönemde beslenmeden beş saatten fazla geçirmemelidir.

İşe geri döndünüz. İşe geri dönmek yani günde 8-10 saat emzirmemek süt üretiminizi azaltır. Bunu engellemenin yolu bebek yanınızda olmadığı zamanlarda her dört saatte bir süt biriktirmektir.

Çok kısa sürede çok fazla çaba harcıyorsunuz. Memelerinizden süt gelmesi çok fazla enerji gerektirir. Enerjinizi başka şekilde harcıyorsanız ya da yeterince dinlenemiyorsanız memelerinizdeki süt üretimi azalacaktır. Bir gün boyunca tam gün yatakta dinlenin. Sonraki üç-dört günü de ağırdan alarak geçirin ve bebeğinizin tatmin olup olmadığına bakın.

Karnınızın üzerinde uyuyorsunuz. Karnınızın ve hatta göğüslerinizin üzerinde uyuyorsunuz çünkü bunu gebeliğin son aylarından beri yapamadınız. Göğüslerinizin üzerine binen basınç süt üretiminizi azaltabilir. En azından süt bezlerinizin üzerindeki yükü azaltmak için biraz daha sırt üstü yatın.

Rahminizin içinde plasenta kalıntıları var. Vücudunuz gebeliğin tüm unsurları (buna plasenta kalıntıları da dahildir) tamamen ortadan kaybolana kadar doğum yaptığınızı kabullenemez. Plasenta tamamen kaybolana kadar yeterli miktarda prolaktin üretemezsiniz ve bu hormon süt üretimini uyaran bir hormondur. Kanamanız anormalse veya rahminizde plasenta kalıntıları varsa kadın-doğum doktorunuza başvurun ve dilatasyon ve kürtajla emzirme olayınızın düzene girmesini sağlayın. Bu sayede sağlığınız açısından bir tehlikeyi de ortadan kaldırmış olursunuz.

Sizin kendi çabalarınıza, eşinizin, arkadaşlarınızın desteklerine rağmen hâlâ başarılı şekilde emziremiyor olabilirsiniz. Genel kanının aksine bebeklerini destekleyici malzemeler olmadan emzirebilen çok az kadın vardır ve birçok kadın da hiç emziremez. Bunun nedeni fiziksel yani prolaktin hormonu eksikliği, süt bezi dokusunun yetersizliği, göğüslerinizin asimetrik olması veya meme ameliyatı geçirdikten sonra meme başındaki sinirlerin hasarı olabilir. Ayrıca emzirmeyle ilgili negatif duygular gibi psikolojik faktörler de süt gelmesini engelleyebilir. Bazen de belli bir neden bulunamaz. Göğüslerinizin yeterli süt üretememesinin nedeni gebelik sırasında yeterince büyümemesi olabilir. İkinci ve daha sonraki gebeliklerde durum değişebilir.

Bebeğiniz gelişemiyorsa ve sorun ilk günlerde çözümlenemezse doktorunuz destekleyici mamalara başlayabilir. Umutsuzluğa kapılmayın. Önemli olan bebeğinizi meme veya biberonla emzirmek değil yeterli ilgiyi ve bakımı vermektir. çoğu zaman destekleyici yöntemler kullandığınızda doğrudan anne-bebek teması kurma avantajınız vardır; ayrıca bebek biberonu bitirse bile emme zevkini uzatabilir.

Meme emzirme konusunda çok iddialı olanlar mamayla beslenmeyi onaylamazlar. Onun yerine diyetinizi radikal biçimde değiştirmenizi, bira mayası kullanmanızı, bira içmenizi önerirler. Beslenme şeklindeki değişikliklerin emzirme olayını etkileyeceği yönünde kesin kanıt yoktur. İsterseniz bunları deneyin ama bu arada bebeğiniz açlıktan ölmesin.

Meme emerken yeterince gelişmeyen bebek mamaya başlatılırsa büyüme hızı artar. Eğer artmazsa doktorunuza başvurarak kilo almayı neyin engellediğini bulmak gerekir.

BINGILDAKLAR

"Bebeğimin kafasına dokununca elime çok yumuşak bir çıkıntı geliyor. Bazen de nabzını oradan alabiliyorum. Bu beni korkutuyor."

Bu yumuşak çıkıntı (aslında iki tanedir ve bıngıldak olarak adlandırılır) göründüğünden daha serttir. Bıngıldakların üzerini kaplayan sert zar onları merak eden kardeşlerin parmaklarına ve gündelik dokunmalara karşı koruma sağlar. Kafatasındaki bu delikler kemiklerin birleşmemesinden kaynaklanır ve anne-babaları endişelendirmek dışında iki önemli nedenle orada bulunurlar. çocuk doğarken fötüsün kafasının doğum kanalının şeklini almasını sağlarlar; sert bir kafatası bu geçişi engeller. Daha sonra ise beynin gelişmesine olanak verirler.

İki delikten büyük olan yani öndeki bıngıldak yeni doğanın kafasının tam tepesindedir; baklava şeklindedir ve 5 cm kadar geniş olabilir. Bebek altı aylık olduğunda kapanmaya başlar ve 18 aylıkken tamamen kapanır. Bıngıldak normalde düzdür ancak bebek ağladığında sivrileşebilir ve bebeğin saçları seyrekse ve açık renkse nabız belirgin olarak görülebilir. İçine doğru çökmüş görünen bıngıldak bebeğin sıvı kaybettiğini gösterir (dehidratasyon) ve bebeğe hemen yeterli miktarda su verilmesine işaret eder. (Doktora hemen haber verin). Sürekli olarak çıkıntılı duran bıngıldak kafa iç basıncın arttığını gösterir ve hemen tıbbi müdahalede bulunmak gerekir.

Arkadaki bıngıldak bir santimetreden daha küçük olan ve kafanın arkasında bulunan küçük üçgen bir deliktir. Daha az dikkat çeker. Genellikle üçüncü ayda kapanır. Daha önce kapanan bıngıldaklar müdahaleye ihtiyaç duyarlar.

EMZİRME KAYNAKLI KABARTILAR

"Bebeğimin üst dudağında neden bir kabartı var? Çok mu hızlı emiyor?"

İştahı yerinde olan bebeğin güçlü bir şekilde emmesi normaldir. Meme uçları hassaslaşmış anneler böyle düşünmese de yenidoğanların üst dudaklarının tam ortasında çıkan bu kabartılar çok sert emmekten kaynaklanır, gerek meme gerekse biberonla beslenen bebeklerde görülebilir ve tıbbi açıdan problem oluşturmaz; hiçbir rahatsızlık vermez ve birkaç ay içinde tedavisiz iyileşir. Bazen öğünler arasında bile ortadan kaybolabilir.

GÖBEK KORDONUNUN İYİLEŞMESİ

"Kordon hâlâ bebeğimin göbeğinden düşmedi ve çok çirkin görünüyor. Mikrop kapmış olabilir mi?"

İyileşmekte olan kordonlar normalde olduklarından daha kötü kokar ve görünürler. Kordon kalıntısına çok özenli bir bakım gösteriyorsanız enfeksiyon kapamaz. Ancak kordonun etrafında kızarıklık görürseniz (alkolle silmekten veya enfeksiyondan kaynaklanır), göbekten veya kordondan pis kokulu akıntı oluyorsa doktora danışın. Enfeksiyon saptanırsa antibiyotik kullanmak gerekebilir.

Doğum sırasında parlak ve nemli olan kordon bir-iki haftada düşer ancak bu olay bazen daha erken dönemde görülür; bazı bebeklerde ise kordon düşmek bilmez. Kordon düşene kadar bu bölgeyi kuru tutun (bebeğe küvette banyo yaptırmayın), hava almasını sağlayın (bezi kordona değmeyecek şekilde aşağı doğru katlayın ve mümkün oldukça göbeği hava alacak şekilde açık tutun) ve alkolle temizleyin (etrafını tahrişten korumak için alkolle temizleme öncesi bebek losyonu kullanın).

GÖBEK FITIĞI (HERNİ)

"Bebeğim ne zaman ağlasa göbeği dışarı fırlıyor. Bebeğime bakan hemşire bunun fıtık (herni) olduğunu söyledi ve beline bel kuşağı sarılmasını öneriyor."

Tanı büyük olasılıkla doğru ancak tedavi önerisi yanlış. Doğumdan önce tüm bebeklerin karın bölgesinde kan damarlarının göbek kordonuna ulaşmak için geçtiği bir delik vardır. Bazı durumlarda (beyaz bebeklere kıyasla siyah bebeklerde) bu delik doğumdan sonra tamamen kapanmaz. Bu bebekler ağladığında delikten bir parça ince bağırsak dışarı fırlar, göbeği ve etrafındaki bölge (parmak ucu kadar da olabilir, limon kadar da) çıkıntı halini alır. Bu tip bir kitlenin görüntüsü endişe yaratırsa da tıbbi açıdan problem çıkarmaz. Fıtık bir süre sonra kendiliğinden iyileşir. Küçük delikler birkaç ayda, büyük delikler bir buçuk veya iki yıl sonra iyileşirler.

Bel sargıları, yara bantları ve yapışkan uçlu bantlar güncelliğini kaybetmiştir ve etkili olmayan reçetelerdir; ayrıca bant deriyi tahriş edebilir. En iyi tedavi hiç tedavi etmemektir. Göbek fıtıklarını ameliyatla düzeltmek basit, güvenli ve kolay bir yoldur fakat yalnızca anneyi veya bebeği rahatsız eden büyük ya da büyümekte olan delikler için geçerlidir. Doktor ameliyat etmeden önce çocuğun altı veya yedi yaşına gelmesini bekler çünkü fıtıkların çoğu o yaşlarda kapanır. Ancak fıtık içeri itildiğinde içeri girmiyorsa, aniden büyümeye başlarsa, hassaslaşırsa, bebek ağlayınca fırlıyorsa ve bebekte kusmaya yol açıyorsa doktora başvurun. Ameliyat etmek gerekebilir.

Göbek kordonu düşmeden önce geçici olarak dışarı fırlayan göbeği fıtıkla karıştırmayın. Fıtık bebek ağladığında dışarı fırlar, göbek fırlamaz.

HAPŞIRMA

"Bebeğim sürekli hapşırıyor. Hasta değil ama galiba soğuk aldı."

Bebeğiniz soğuk algınlığına yakalanmadı yalnızca solunum yollarında kalan amniyotik sıvı ve bir parça mukus var. Bebek bunları doğanın kendisine verdiği koruyucu bir refleksle dışarı atmaya çalışıyor: hapşırma. Sık sık hapşırma (ve öksürük) yeni doğanın çevreden burnuna kadar ulaşan yabancı partikülleri atmasına yardımcı olur (tıpkı erişkinlerde karabiberin hapşırmaya yol açması gibi).

İKİZLERLE DERTLERİNİZ DE EĞLENCENİZ DE ARTAR

Önceki nesillerde doğum öncesi tanıda en gelişmiş araç stetoskop iken ikizler doğduğunda anne-babalar şaşkınlığa düşerlerdi ve bu sürprize hazırlıklı olmaya vakitleri olmazdı. Bugün, ikiz bekleyen anne-babalar gebeliklerinin erken döneminde ultrasonda ikiz bebekleri gördüklerinden mağazalara panik içinde koşturup alışveriş yapmak ender bir olay haline gelmiştir. Yedi-sekiz aylık hazırlıktan sonra bile bebeklerin doğduğu güne hazırlanmak zor olabilir. Nasıl bir plan uygulayacağınız ve neleri bilmeniz gerektiğini kavramanız temelde kontrol edilemeyen bu olayı kontrol edebilmeyi sağlar.

İki katı hazırlanın. İkizler genellikle vaktinden önce doğduğu için bebekler doğmadan önce bütün hazırlıkları çok önceden başlatmış olmanız gerekir. Bebek bakımıyla ilgili her şeyi hastaneye gitmeden önce hazırlayın (Birinci Bölüm'deki bebek bekleyen anneler için hazırlık konusu sizin için iki kat önem taşımakta).Hazırlık yaparken çok fazla zaman ayırmanız gerekse de yorulmanıza hiç gerek yoktur. Bebekler eve gelmeden önce çok fazla dinlenin; onlar gelmeden önce son lüksünüz budur.

Aynı şeyleri iki kere yapın. Bu, ikizleri aynı anda uyandırıp beslemek, banyoya aynı anda sokmak ve pusetle gezdirmek anlamına gelir. Kucağınıza ikisini de aynı anda oturtarak sabunlayın veya birini omzunuzda, diğerini kucağınızda tutarak yıkayın. İkisini banyo yaptıramıyorsanız birini bir gece, diğerini ertesi gece yıkayın ya da daha seyrek yıkayın ve arada sabunlu bezle silin (yenidoğanların her gün yıkanması gerekmez).

Bebekle ilgili işleri ikiye bölün. Baba evdeyken işleri ikiye ayırın: ev işleri (yemek yapma, çamaşır yıkama, alışveriş) ve bebekle ilgili işler (bir bebekle siz, diğeriyle eşiniz ilgilensin). Çocuklara sırayla bakın ve ikisinin de size alışmasını sağlayın.

Emzirmek. İkizleri emzirmek fiziksel bir güçlüktür. Ancak ortalıkta bir sürü biberon ve mama olmasını engeller. Aynı anda emzirmek zamandan tasarruf sağlar ve günlük emzirme maratonunu azaltır. Bebekleri ayakları arkanıza gelecek şekilde futbol topu pozisyonunda tutabilirsiniz veya birini bir göğsünüze, diğerini öbür göğsünüze yerleştirebilirsiniz. Bebeklere verdiğiniz göğüslerinizi her seferinde değiştirin ve herhangi bir memeye alışmalarını engelleyin. Süt rezerviniz ikisi için yeterli değilse birini emzirirken diğerini biberonla besleyebilirsiniz. Yine bir sonraki öğünde bebeklerin yerini değiştirmeyi ihmal etmeyin. Enerjinizi ve süt rezervinizi korumak için bebek başına her gün 400-500 kalori daha alın ve yeterince dinlenmeyi ihmal etmeyin.

Biberonla beslerken başkalarından da yardım alın. İkizleri biberonla beslemek ya çok büyük ustalık, ya da başkalarının yardımını gerektirir. İki bebek de kucağınızda emzirilmek için hazır olduğunda geniş bir kanepeye oturun ve birini bir yanınıza, diğerini de öbür yanınıza alarak ikisinin de ağzına biberon verin. Ya da ikisini de kollarınıza alarak yastıklar yardımıyla kafalarını yükseltin. Bebek koltuğunda oturttuğunuz (asla yatırmayın) bebeğin eline biberon vererek diğerini klasik şekilde besleyin. Birini besledikten sonra diğerini beslemek de bir olasılıktır ancak bu, başka aktivitelere ayırdığınız az zamanınızı anlamlı ölçüde azaltır. Bu yolla bebekleri farklı besleme zamanlarına alıştırmış olur ve bebeklerden biri beslendikten sonra uykuya daldığında diğeriyle ilgilenme fırsatı bulmuş olursunuz. Ayrıca ikisi arka arkaya uyuduğundan ev işleriniz için de zaman kalır.

İşin yarısını yapın. Kâğıttan yapılmış tabak-çanak kullanın ve hazır yemekleri yiyin, evdeki tozu ve dağınıklığı kafanıza takmayın ve ailedeki herkesin kolayca yıkanan malzemeden yapılmış giysiler kullanmasını sağlayın. Hazır bez, mama önlüğü, plastik pantolonlar (kumaş bezin sızdırmaması için) kullanın.

Bütün kayıtlardan iki tane tutun. Hangi bebek ne zaman mama yedi? Hangisi banyo yaptı? Bugün kimin sırası? Bunları bir yere kaydetmediğiniz sürece karıştırmanız gayet doğaldır. Ayrıca aşıları, hastalıkları da sabit bir deftere kaydedin. Genellikle her şeyi iki bebeğe de aynı anda yaptırsanız da bazen kafanız karışabilir.

Kısa uyku. İlk aylarda uykunuz zaten azalmıştır ve bebekleri gece boyunca rasgele kaldırırsanız uyku süresiniz daha da azalır. Onun yerine birisi ağladığında ikincisini de uyandırıp ikisini birden besleyin. Gün boyunca her ikisi de uykuya dalmışsa kendiniz de biraz kestirin, en azından ayaklarınızı uzatıp oturun.

Yardımları iki katına çıkarın. İlk defa bebek sahibi olan tüm annelerin yardıma ihtiyacı vardır; sizin ise iki kat yardıma ihtiyacınız var. Bu konuda herkesten (arkadaşlardan, yakın akrabalardan, eşinizden, bebek bakıcısından) yardım alın. Mümkünse evden uzaklaştığınız zamanlar için iki bebek için iki bebek-bakıcısı tutun. Ya da komşularınızdan ve akrabalarınızdan birileriyle bağlantıya geçin. Böylece siz yokken bebeklerinizle ayrı ayrı ilgilenildiğinden emin olun.

Yaygara ve ağlamaları sıraya bindirin. Aynı anda iki yerde birden olamazsınız ve bebekleriniz de buna alışmak zorunda. Bir süre sonra bebekleriniz birbirlerini eğlendirmeye başlayıp sizin ev işleriyle ilgileneceğiniz zamanı artıracaklardır.

Tüm eşyaları iki katına çıkarın. İki çift kolunuz olmadığına göre size yardımcı olacak malzemeleri kullanmanızda fayda vardır: bebek taşıyıcısı (biri taşıyıcıdayken, diğeri kolunuzda), bebek salıncağı (altı haftalık olana kadar kullanılmaz) ve bebek koltukları. ikizler büyüdükçe oyun parkı güvenli hale gelecektir çünkü bebekleriniz birbirlerine arkadaşlık edeceklerdir ve tek çocuğa kıyasla daha sık ve daha uzun süreyle oyun parkında olmayı yeğleyeceklerdir. İkiz pusetlerden alın; marketlerin reyonlarında rahat dolaşabilmek için yan yana olanları değil de önlü arkalı olanları tercih edin. Araba için iki ayrı koltuk almayı da unutmayın. (Birini ön ortaya diğerini arka ortaya yerleştirin)

İkizler için destek grubuna katılın. İlk aylarını sağ salim atlatan diğer ikiz anne-babaları sizin için en önemli yardım ve destek kaynağı olabilirler; onlarla bir araya gelmeye çalışın. Mahallenizde ikizler destek grubu bulun; böyle bir grup yoksa siz başlatın. Ancak yalnızca bu gruplarla görüşüp klanlaşmamaya çalışın. ikizlere sahip olmak istisnai bir durum olsa bile tek çocuklarla oynamalarına da izin vermelisiniz. Bu sayede bebeğin sosyalleşme ve akranlarıyla birlikte olmasına katkıda bulunursunuz.

Çifte alarmda olun. Bir bebeğin yaşayabileceği her türlü tehlikeye ikizler daha da fazla girer. Bebekleriniz emeklemeye ve evin içinde gezinmeye başladığında biri muzurluk yapmasa diğeri yapacaktır. Sonuçta her ikisinin iki katı dikkatle izlenmeleri gerekir.

Her şeyin iki kat daha iyiye gideceğini düşünün. İkizlerle geçirilen ilk dört ay en zor geçen aylardır; ancak onlara alıştıkça işiniz kolaylaşacaktır. İkizlerin birbirlerinin en iyi arkadaşı olduğunu aklınızdan çıkarmayın; tek çocuk sahibi olan anneler bebeklerini nasıl oyalayacaklarını bilemezler. Sonraki aylar ve yıllarda size daha fazla zaman kalacaktır.

ŞAŞILIK

"Bebeğimin gözlerinin etrafında şişkinlik vardı. şimdi de şaşılaştı."

Bebekler anneyi endişelendirecek bir şey mutlaka bulurlar. Annelerin çoğu bebeklerinin gözlerinin şaşı olduğunu fark edince endişelenirler. çoğu zaman bebeklerin şaşı görünmesine yol açan olay gözlerinin iç tarafındaki yoğun deri katlanmalarıdır . Bebek büyüdükçe bu deri katları açılır ve gözlerdeki şaşılık kaybolur.

İlk aylarda bebeklerin gözlerinin aynı anda aynı hareketi sağlayamadığını fark edersiniz. Bu rasgele göz hareketleri bebeğin hâlâ gözlerini kullanmayı öğrenmekte ve göz kaslarını güçlendirmekte olduğunu gösterir; üçüncü ayda göz kordinasyonu daha da gelişir. Bebeğinizin gözleri senkron çalışmıyorsa doktorla bu problem hakkında görüşün. Strabismus veya gerçek göz şaşılığı söz konusuysa pediatrik göz doktoruyla görüşmek faydalı olabilir. Erken tedavi önemlidir çünkü bebek öğrendiklerinin çoğunu gözleri yardımıyla öğrenir. şaşı gözlerin ihmal edilmesi ambilopi veya göz tembelliğine yol açar (kullanılmayan göz tembelleşir ve güçsüzleşir; zaman içinde de kullanılmamaya başlar).

SÜREKLİ GÖZ YAŞARMASI

"İlk başta bebeğim ağladığında hiç yaş akmıyordu. Şimdi ağlamadığı zaman bile gözleri yaşlı. Bazen de yaşlar yanaklarından akmaya başlıyor."

Yenidoğanlarda gözyaşı çıkmadan ağlamak yaygın bir olaydır. İlk ayın sonuna kadar göz kürelerindeki gözyaşı bezleri gözyaşı üretmez. Bu sıvı gözlerin iç kenarlarında bulunan çok ince gözyaşı kanallarından aşağı ve burnun içine doğru akar. Ağladığınızda burnunuzun da akması bu yüzdendir. Bu kanallar 100 bebekten birinde çok incedir ve doğumda tıkalı olabilir.

Tıkanmış gözyaşı kanalı yaşı tam olarak akıtamadığından yaşlar gözlere dolar ve yanaklardan süzülür ve sonuçta mutlu bebekler bile ağlıyormuş gibi görünür. Tıkalı kanallar çoğu bebekte tedaviye gerek kalmadan ilk ayın sonunda açılırlar ancak doktorunuz gözlere masaj yapmanızı isteyebilir. (Masaj yaptığınızda gözler şişerse veya kırmızılaşırsa masajı kesin ve doktoru arayın).

Bazen gözyaşı kanalı tıkalı olduğu sırada bebeğin gözlerinin iç kenarlarında sarımsı beyaz bir salgı birikir ve göz kapakları bebek sabah uyandığında yapışır. Mukusu ve kabuğu, kaynatılmış ve sonra soğutulmuş suyla ve steril emici pamukla temizleyebilirsiniz. Ancak koyu kıvamlı, koyu sarı renkte akıntı ve/veya göz aklarında kırmızılaşma enfeksiyon belirtisidir ve tıbbi açıdan müdahale gerektirir. Doktor antibiyotik merhem veya damla yazabilir ve gözyaşı kanalı kronik olarak enfekte olduğunda bebeği göz doktoruna götürün. Göz doktoru çok ince bir telle normal gözyaşı akışını sağlamayı önerebilir veya bebeğinizin bir yaşına gelmesini bekleyebilir. Ender olarak, bu yol da işe yaramaz ve ameliyat gerekebilir.

İLK GÜLÜCÜKLER

"Herkes bebeğimin gülücüklerinin mutluluktan olmadığını ve bilinçsiz güldüğünü düşünüyor. Ama gerçekten mutlu görünüyor. Hangisi doğru?"

Her yerde, dergilerde ve kitaplarda yazar. Anne yakınlarından, arkadaşlarından, hiç tanımadıkları insanlardan ve çocuk doktorlarından duyar. Bebek mutlu olduğundan değil bilinçsiz bir şekilde gülümser. Ama hiçbir anne buna inanmak istemez.

Ancak bilimsel verilerden bebeklerin dörtaltı haftalık olana kadar gerçek sosyal anlamda gülmediklerini ortaya koymuştur. Yine de bebeğin bilinçsiz güldüğü doğru değildir. Rahatlıktan ve memnuniyetten de gülebilirler; birçok bebek uykuya dalarken, idrar yaparken veya yanaklarına dokunulduğunda gülümser.

Bebek gerçekten güldüğünde bunu hissedersiniz. Gerçekten gülene kadarki gülücüklerin neden kaynaklandığını önemsemeyin ve keyfini çıkarın.

BEBEĞİ UYGUN ISIDA TUTUN

"Kazak ve şapka giydirmek için hava çok sıcak ama bebeğimi bezleyip üzerine tişört giy-

dirip sokağa çıkardığımda herkes onu çıplak bıraktığımı düşünüyor."

Dışarıdaki iyi niyetli yabancılar (otobüsteki, mağazalardaki ve sokaklardaki) yeni annelerin (ikinci veya üçüncü kez bebek sahibi olsalar da) yanlış davrandıklarını düşünür. Ancak bunun bebeğinizle ilgilenme şeklinizi etkilemesine izin vermeyin. Büyükanneler ve büyükanneye benzer görüşte olanlar ne düşünürlerse düşünsünler bebeğin iç ısısı iyi dengelendiği sürece (yaşamın ilk günlerinde) bebeği çok fazla giydirmenize gerek kalmaz. (Bebeği çok fazla giydirmek veya çok az giydirmek ısı düzenlemesini bozacaktır).

Genelde bebek için kendi sıcaklık ölçünüzü esas alın (eğer herkes pişerken donan, ya da herkes donarken yanan biri değilseniz).

Ancak bebeğin ısınıp ısınmadığını kontrol etmek için bebeğin ellerini ölçü olarak almayın. Bebeklerin elleri ve ayakları vücudunun diğer yerlerinden daha soğuktur ve bunun nedeni dolaşım sisteminin yeterince olgunlaşmamış olmasıdır. Bebeğiniz hapşırdığında üşüdüğünü düşünmeyin; güneş ışığına tepki veriyor veya burnunu temizliyor olabilir. Bebeğiniz sıcaksa az giydirmemişsiniz demektir.

Yabancılara değil, bebeğinize kulak verin. Bebekler yaygara koparak veya ağlayarak üşüdüklerini belli eder. Böyle bir mesaj alıyorsanız elinizin tersiyle bebeğinizin ensesini, kollarını ve giysilerin altında kalan bölgeleri kontrol edin. Bebeğiniz sıcaksa aç veya yorgun olduğu için ağlıyordur. Bebeğiniz soğuksa biraz daha giydirin. Küçük bir bebek aşırı derecede soğuksa hemen sıcak bir yere yerleştirin; üzerinde yeterli giysi olduğu halde vücudu onu ısıtacak kadar sıcaklık üretemiyor olabilir. Bu arada giysinizin altına sokarak onu ısıtın.

Her türlü hava koşulunda ısıtılması gereken tek yer bebeğin başıdır; bebeğin başı örtülmediğinde ısı kaybı çok fazla olur ve çoğu bebek kafasında yeterince saç olmadığı için üşür. Çok soğuk günlerde bir yaşındaki bebeklere şapka takılması faydalıdır. Sıcak, güneşli günlerde siperli şapka bebeği güneşten korur.

Küçük bir bebek uyurken ısı kaybedeceği için fazladan ısıtmaya gerek vardır. Derin uykudayken bu ısı üretici mekanizma yavaşlar; dolayısıyla soğuk havalarda bebeğinizin üzerine bir battaniye daha örtmeniz gerekir. Geceleri soğuk odada uyuyorsa bebeği uyku tulumunun içinde uyutmak iyi olabilir.

Bebeği soğuk havada giydirmeye gelince kat kat giysiler hem güzel, hem de etkilidir. Birkaç hafif kat giysi tek bir kalın giysi tabakasından daha etkili ısınma. Çok sıcak yerlerde üstteki katı çıkarabilirsiniz ve soğuk yerler için hazırlıklı olmuş olursunuz.

Bazen bebekte vücut ısısını kontrol eden mekanizmanın normları farklıdır (aynı erişkinlerde olduğu gibi). Bebeğiniz sizden daha soğuksa veya sıcaksa bu gerçeği kabullenin. Bunun anlamı şudur: üşüyen bebeği daha fazla giydirmeniz gerekir. Vücut sıcaklığı fazla olan bebekteyse (kış günlerinde bile terlemeye bağlı isilik görülebilir) fazla giysileri çıkartmalısınız.

BEBEĞİ DIŞARI ÇIKARMAK

"Bebeğimi hastaneden eve getireli 10 gün oldu ve evde kendimi kapana kısılmış gibi hissediyorum. Ne zaman bebeğimle beraber dışarı çıkabiliriz?"

Hastane ile eviniz arasında tüp geçit yoksa bebeğinizi zaten dışarı çıkarmışsınız demektir. O günden sonra da dondurucu soğuklar olmadığı sürece zaten dışarı çıkarmalıydınız. Önceki nesillerin bebeği doğumdan sonraki iki hafta boyunca evden dışarı çıkarmama görüşü artık tamamen geçersizdir. Hastaneden eve gelebilecek kadar dayanıklı olan bir bebek parka veya süpermarkete de götürülebilir; hatta uzun gezintilere çıkarılabilir. (grip salgın olduğu zamanlarda ilk ay içinde çıkarmasanız iyi olur). Bebeğinizden daha fazla dinlenmeniz ve doğumdan sonraki haftayı ayakta dolaşmadan geçirmeniz gerekmesine rağmen bunu egzersiz olarak kabul edin ve ilk çıkışı planlayın.

Bebeğinizi dışarı çıkartırken onu uygun biçimde giydirin ve yanınıza ani hava değişimi için yedek giysi alın. Rüzgârlı ve yağmurlu havalarda pusete siperlik takın; çok nemli havalarda veya aşırı sıcakta bebeğinizin dışarıda geçirdiği zamanı sınırlayın. Güneş ışığına çok kısa süre maruz kalmasını sağlayın. Bebeğinizi arabayla gezdirecekseniz emniyet koltuğunu kullanın.

YABANCILARLA KARŞILAŞMA

"Herkes oğluma dokunmak istiyor. Kapıdaki görevli, süpermarketteki tezgahtar, evdeki misafirler oğluma çok meraklı. Mikrop bulaşmasından korkuyorum."

Bebeği sıkıştırmaktan daha güzel bir şey olamaz. Bebeğin yanakları, parmakları, çenesi, ayak parmakları dayanılmaz derecede şirindir. Kadınlar iş kendi bebeklerine gelince bebeklerinin sıkıştırılmasına tepki gösterirler. Bebeğinizin bu yolla mikrop kapacağı düşüncesinde haklısınız. çok küçük bir bebek enfeksiyonlara açıktır çünkü bağışıklık sistemi tamamen olgunlaşmamıştır ve vücudu yabancı maddelerle henüz tanışmamıştır. Dolayısıyla yabancılardan kibarca bebeğinize bakmalarını ama dokunmamalarını rica edin; özellikle de bebeğin ellerine dokunulursa bebek ellerini ağzına götürebilir. Bunu doktorunuzun istediğini bahane edin. Aileniz ve arkadaşlarınız da özellikle ilk ayda bebeğe ellerini yıkadıktan sonra dokunmalıdırlar. Bulaşıcı hastalığı olanlar özellikle tehlikelidir. Derisinde kırmızılık veya açık yaralar olan insanlardan ise özellikle uzak durulmalıdır.

Bebeğinizin bir şekilde yabancılarla temas içinde olacağını aklınızdan çıkarmayın. Mağazadaki meraklı biri bebeğinize dokunduğunda temizleyici bez çıkarıp bebeğinizin ellerini temizleyin (kimse görmeden).

Bebeğiniz büyürken insanlardan izole olacak değildir. O yüzden engelleyemeyeceğiniz mikroplarla uğraşmayı bırakıp bebeğin bağışıklık sisteminin yabancı mikroplarla tanışmasına izin verin.

DERİDEKİ RENK DEĞİŞİKLİKLERİ

"Bebeğim aniden iki renkli oldu. Alt tarafı kırmızı ve üst tarafı soluk renkte. Problem nedir?"

Bebeğinizin renginin gözünüzün önünde değişmesinden daha korkutucu bir olay yoktur. Ancak bebeğin yarısının renk değiştirmesinde endişelenecek bir şey yoktur. Dolaşım sistemi daha olgunlaşmadığından kan bebeğinizin bir yarısında toplanır. Renk değişikliği alt ve üst yarıdaysa bebeği baş aşağı (bir an için) çevirin, renk normale dönecektir.

Bebeğinizin ellerinin ve ayaklarının maviye çaldığını fark edeceksiniz ve geri kalan yerleri bu arada pembedir. Bu da olgunlaşmamış dolaşım sisteminden kaynaklanır ve ilk haftanın sonunda geçer.

"Bebeğimin altını değiştirirken bazen derisinin benek benek olduğunu görüyorum. Neden?"

Bebeğin derisinin mor (bazen mavimsi, bazen de kırmızımsı) beneklerle kaplanması annebabaların kafasında sorular oluşturur. Bebek üşüdüğünde veya ağladığında bu tip benekler görülür. Bu geçici değişiklikler de dolaşım sisteminin olgunlaşmamasından kaynaklanır ve çok ince derili bebeklerde kolayca fark edilir. Bu olayı sonraki aylarda gözlememeniz gerekir. Bu arada benek gördüğünüzde bebeğin ensesinin veya vücudunun orta hattının soğuk olup olmadığına bakın. Üşümüşse daha fazla giydirin veya örtün. Üşümemişse endişelenmeyin, birkaç dakika sonra benekler ortadan kaybolur.

BESLENME PROGRAMI

"Küçük kızımı sürekli emziriyorum. Her zaman duyduğum dört saatte bir besleme düzeni galiba doğru değil..."

Ne yazık ki bebeğiniz bu dört saatlik beslenme düzeninden haberdar değil ve özellikle ilk aylarda sürekli emiyor. Ne zaman açlık duysa emmek isteyecektir[2]. En azından şimdilik sürekli emmesine izin verin. Üç-dört saatte bir beslenme programları biberonla beslenen bebekler için geçerlidir ve buna genelde uyum gösterirler. Meme emen bebekler ise bundan daha fazla

2. Ancak doğum kasılmalarında olduğu gibi beslenme aralıkları ilk emzirmenin başıyla ikinci emzirmenin arasındaki zamandır. Dolayısıyla sabah 10'da 40 dakika süreyle emen ve sonra bir saat yirmi dakika uyuyan ve yeniden emen bir bebek bir saat yirmi dakikalık bir beslenme düzenine değil iki saatlik düzene alışmış demektir.

besine ihtiyaç duyarlar. İlk olarak, anne sütü biberonla verilen mamadan daha hızlı sindirildiğinden kısa süre sonra yeniden acıkma söz konusudur. İkincisi, sürekli emzirme süt rezervinizi artırmanıza yardım eder.

İlk haftalarda bebek ne kadar isterse o kadar emzirin. Fakat bebeğiniz üç haftalıkken her saat emzirilmek istiyorsa doktorla beraber kilo artışının normal olup olmadığını tartışın. Gelişimi iyiyse kendi durumunuza bakın. Saat başı emzirmek hem sizin için fazladan bir duygusal yük, hem de fiziksel yüktür; sonunda meme uçlarınızın ağrımasına ve yorulmanıza neden olur. Bunların ikisi de sizin için iyi değildir ve uzun süre uyuması ve yine uzun süre uyanık olup memeden başka şeylerle ilgilenmesi gerekir.

Süt rezervinizin yeterli olduğunu hesaba katarak bebeğinizi bir beslenme düzenine alıştırabilirsiniz. Beslenmeler arasındaki süreyi uzatmaya çalışın (bebeğinizin geceleri daha iyi uyumasını sağlayacaktır). Bebek beslendikten yarım saat sonra ağlamaya başlarsa onu besleme telaşına kapılmayın. Hâlâ uykusu varmış gibi duruyorsa emzirmeden uykuya dalmasına yardımcı olun. Yatağından kaldırmadan önce arkasını sıvazlayın, müzikli bir oyuncağı dinletin ve yine uyuyup uyumadığına bakın. Uyumazsa kucağınıza alın, kulağına şarkı söyleyin. Altını değiştirin, onu oyalayın ve dışarıda gezmeye çıkarın. Size ve dışarıdaki dünyaya olan ilgisi artacak ve emmeyi unutacaktır.

Sonunda onu emzirdiğinizde bazı bebeklerin oyalanma taktiğini kabullenmeyin; en az 10'ar dakika süreyle her iki memenizden emzirin. (20 dakika daha iyidir). Bu kadar süre emzirilmek istemezse her memenizi 5'er dakika verin ve toplam 10 dakika emerek doymasını sağlayın; sonra ilk memenizi ona istediği kadar verebilirsiniz. Uyuya kalırsa uyandırıp emmeye devam etmesini sağlayın. Her gün emdiği sürelerin aralığını biraz uzatabilirseniz bebeğiniz makul bir beslenme düzenine geçmiş olur (ikiüç saatte bir ve daha sonra dört saatte bir emzirme düzeni). Besleme düzeni saate göre değil bebeğin acıkmasına göre ayarlanmalıdır.

HIÇKIRIK

"Bebeğim sürekli hıçkırıyor ve belirgin bir neden yok. Bu onu da beni olduğu kadar rahatsız ediyor mu?"

Bazı bebekler doğumdan hemen sonra hatta doğumdan önce bile sürekli hıçkırırlar. Bebek rahminizdeyken sürekli hıçkırıyorsa ilk aylarda da hıçkırır. Ancak erişkinlerdekinin tersine yeni doğanlarda bunun belli bir nedeni yoktur ve bebeğin bir tür refleksidir; daha sonra kıkırdadığında da olabilir. Yine erişkinlerdekinin aksine bebeği rahatsız etmezler. Sizi rahatsız ediyorsa meme veya biberonla su verin; bu, hıçkırığı geçirecektir.

BAĞIRSAK HAREKETLERİ (DIŞKILAMA)

"Bebeğimi emziriyorum ve günde iki kere dışkılamasını bekliyorum. Ama bezini açtığım zaman dışkıladığını görüyorum; bazen günde 10 kere dışkı yapıyor ve bunlar pek katı olmayan dışkılar. Acaba ishal mi oldu?"

Bebeğiniz diğer bebeklerden farklı değil ve hepsi de bu kadar dışkı yapıyor. Bu kötüye değil iyiye işaret eder. Bebeğin dışkı miktarı yediklerinin miktarı kadar olduğundan günde beş veya daha fazla dışkı yapan bir bebeğiniz varsa onu yeterince besleyebiliyorsunuz demektir. Dışkı sayısı daha sonra günde bir dışkıya kadar inebilir ancak bazı bebekler ilk sene boyunca her gün çok fazla dışkılayabilir. Dışkı saymanız gerekmez ve dışkı sayısı günden güne değişebilir.

Meme ile beslenen bebeklerin sulu ve gevşek kaka yapması normaldir. Ancak pis kokulu, sulu ve mukuslu kakayla beraber ateş ve kilo kaybı ishale işaret eder ve anne sütüyle beslenen bebeklerde nadirdir. Bebeğinizi emziriyorsanız ve ishal olduğunda biberonla beslenen bebeklerden daha hızlı iyileşiyorsa bu anne sütünün antibakteriyel özelliklerinden kaynaklanır.

KABIZLIK

"Bebeğimin kabız olduğunu düşünüyorum.

iki veya üç günde bir kere kaka yapıyor. Bu durum mamadan mı kaynaklanıyor?"

Kabızlık bebeğin annesinden daha az kaka yapması olarak tanımlanır. Ancak bu güvenilir olmayan bir ölçüdür çünkü herkesin dışkılama tarzı farklıdır ve bebeğin ille de annesi kadar kaka yapacağı düşünülemez. Bazı biberonla beslenen bebekler üç dört gün boyunca kaka yapmazlar. Ama bu kakalar sertse, büyükse veya bebeğin poposunda ağrı ve kanama yapıyorsa (ıkınmadan dolayı anüste çatlama olur ve kanar) kabızlık söz konusudur. Bebeğinizin kakaları yumuşaksa ve problem çıkarmıyorsa endişelenmeyin. Yine de kuşkuya düşerseniz mamayı değiştirmeniz ya da öğüne bir-iki çay kaşığı dolusu ezilmiş erik veya meyve suyu katmanız yararlı olabilir. (Limon suyu vermeyin çünkü hem asitlidir, hem de alerji oluşturabilir.) Ancak özellikle mineral yağ, laksatif veya bitkisel çay vermeyin.

"Anne sütüyle beslenen bebeklerin hiç kabız olmadığını zannediyordum ancak bebeğim ne zaman kaka yapmaya çalışsa zorlanıyor ve ıkınıyor."

Anne sütüyle beslenen bebeklerin daha az kabız olduğu doğrudur çünkü bu süt bebeğin bağırsakları ve sindirimine en uygun olan besindir. Ancak bazı bebeklerin sonunda yaptığı kaka yumuşak olsa bile ıkındıkları ve zorlandıkları doğrudur[3]. Bunun nedeni bilinmiyor. Anne sütüyle beslenen bebeğin anüsünün yeterince basınçla kakayı itemediği düşünülmektedir. Diğer araştırmacılar da anüs kaslarının kakayı kolayca çıkarmak için yeterince güçlü veya koordine olmadığını öne sürerler. Bazıları da küçük bebeklerin ve özellikle yatar durumdayken kaka yapanların yerçekiminden yardım göremediğini düşünürler.

Neden ne olursa olsun sorun bebeğin diyetine katıların eklenmesiyle ortadan kalkacaktır. Bu arada endişelenmeyin. Ancak laksatif, mineral yağ veya başka ilaçlar denemeyin. Bebeğinizin bacaklarını yatar durumdayken pedal çevirir gibi hareket ettirmeniz fayda sağlayacaktır. Her şeyi yemeye başladığında da tahıllı yiyecekler, üzüm, meyve ve sebzeleri bol bol yedirmeye gayret edin.

GÜRÜLTÜLÜ BAĞIRSAK HAREKETLERİ

"Oğlumun bağırsak hareketleri o kadar gürültülü ki sindirim sorunu olduğunu düşünüyorum. Acaba sorun sütümden mi kaynaklanıyor?"

Bebekler hiç çekinmeden gürültülü kaka yaparlar. Bu gürültüyü öbür odadan duyabilirsiniz ve bu ilk kez bebek sahibi olan anneleri endişelendirebilir. Bu hareketler ve sesler normaldir ve yeterince olgunlaşmamış sindirim sisteminde oluşan gazın dışarı atılma gürültüsünden başka bir şey değildir. Bir veya iki ay içinde durum yatışır.

GAZ ÇIKARMA

"Bebeğim bütün gün gaz çıkarıyor. Midesinde problem olabilir mi?"

Sindirim sisteminden çıkan gaz anne-babalar için utanç verici olabilir. Ancak aynı gürültülü bağırsak hareketlerinde olduğu gibi bu normal bir durumdur. Bebeğinizin sindirim sistemi olgunlaştıkça gaz daha sessiz ve daha az çıkacaktır.

SÜT ALERJİSİ

"Bebeğim çok ağlıyor ve bir arkadaşım bebeğimin mamadaki süt tozuna alerjik olabileceğini söylüyor. Bunu nasıl anlarım?"

Süt alerjisi bebeklerdeki en yaygın alerjidir ancak ailesinde alerji görülmeyen ve görülen tek belirtinin ağlama olduğu bebeklerde olası değildir. Süte karşı ciddi alerjisi olan bebeklerde sık kusma görülür ve sulu, gevşek ve bazen de kanlı dışkı vardır. Daha az ciddi olan semptomlar ara sıra kusma ve gevşek mukuslu dışkılamadır. Bazı bebeklerde aksırma, burun akıntısı ve döküntü görülebilir. Süte karşı aşırı duyarlılığı belirleyen bir test yoktur. Ailenizde alerji yoksa ve bebekteki tek belirti ağlamaysa sorun sıradan gaz sancısı olabilir.

3. Emzirdiğiniz bebeğiniz yeterince kaka yapmıyorsa ve kilo alma hızı yavaşsa doktorunuza danışın. Yeterince beslenemiyor ve kaka yapacak kadar besin almıyor olabilir.

Başka belirtiler de varsa hidrolize edilmiş (protein kısmen parçalanmış) mamaya geçmek önerilir. Şikayetler düzelirse durumun süt alerjisi olduğu düşünülür. Bebek soyalı mamaya geçtiğinde bazen durumda değişiklik olmaz. O zaman soyaya alerjisi olduğu, sütten başka bir sorunu olduğu veya sindirim sisteminin yeterince olgunlaşmadığı düşünülür. Soyadan hidrolize mamaya geçmek sorunu çözebilir.

Nadiren sorun enzim eksikliği olabilir; bebek laktik asidi parçalayan laktaz enzimini üretemez. Bu bebekte sürekli ishal vardır ve kilo alamaz. Laktoz içermeyen mamaya geçilmesi önerilir. Doğumsal laktaz eksikliği kalıcıdır ve bebek sütlü ürünlere aşırı duyarlıdır . Sorun süt alerjisi veya aşırı duyarlılık değilse inek sütüne geçmeyi deneyin; anne sütüne daha yakındır.

Bebeğin inek sütüne alerjisi ilk senenin sonunda geçer.

BEBEK GİYSİLERİNİ DETERJANLA YIKAMAK

"Bebeğimin giysilerini toz sabunla yıkıyordum. Ancak yeterince temizlenmiyor. Ne zaman deterjana geçebilirim?"

Bebek deterjanı üreticileri bunu duymaktan memnun olmayacaktır ama bebeğin giysilerini aileninkilerden ayrı yıkamanız gerekmez. çok yüksek aktiviteli deterjanlar bile iyice durulandıkları takdirde bebeği tahriş etmez. (Sıvı deterjanların lekeleri temizleme gücü daha yüksektir ve durulama daha iyi yapılabilir.) Sabunla yıkadığınız zaman ayırmanız gereken bazı giysileri deterjanla yıkarken bir arada yıkayabilirsiniz.

Bebeğinizin tahriş olup olmadığını anlamak için bebeğin bir tişörtünü kendi giysilerinizle beraber yıkayın ve bolca durulayın. Tahriş görmezseniz sizin giysilerinizle beraber yıkayabilirsiniz . Eğer döküntü olursa başka bir deterjanı deneyebilirsiniz, bu da işe yaramazsa sabun kullanmaya devam etmeniz gerekebilir.

HUZURSUZ UYKU

"Bizimle aynı odada yatan bebeğim bütün gece dönüp duruyor ve uyuyamıyor. Acaba bizim yanımızda olduğu için mi uyuyamıyor?"

Uyku ilaçları veya yatak reklamlarında sıkça kullanılan "bebekler gibi uyumak" tabiri imrenilecek huzurlu ve dinlendirici bir uykuyu çağrıştırsa da bebeklerin uykusu hiç de o kadar huzurlu değildir. Yeni doğanlar çok uyurlar fakat uyku sırasında sık sık uyanırlar. Bunun nedeni uykularının REM uykusu olmasından kaynaklanır ve bu uykuda çok fazla hareket ve rüya vardır. Her REM uykusundan sonraki dönemde bebek, kısa sürelerle uyanır. Bebeğiniz gece boyunca ara sıra huzursuz sesler çıkardığında bunun nedeni sizinle aynı odada olmaktan rahatsız olması değil, bir REM döneminin sonuna gelmesidir.

Bebek büyüdükçe uyku paterni olgunlaşacaktır. Daha az REM uykusu ve daha çok "sessiz" derin uyku başlayacaktır ve bu sırada onu uyandırmanız güçleşecektir. Ara sıra huzursuz sesler çıkarmaya devam etse de bu daha seyrek olacaktır.

Bebekle aynı odada uyumanız bu dönemde onun uykusunu bozmasa da (yakında bozmaya başlayabilir) sizinkini bozar. Her mırıldanmada uyanmakla kalmayıp gece boyunca onu gerektiğinden fazla kucağınıza almanıza yol açabilir. Bebeğinizin gece mırıltılarını çok fazla önemsemeyin; yalnızca ağlaması uzun süre devam ettiğinde onu kucağınıza alın. Böylece her ikiniz de daha iyi uyursunuz. Bunun zor olduğunu düşünüyorsanız ve yeriniz de varsa ayrı mekanlarda uyumayı deneyin.

Ancak ani uyanma ve ağlamaya karşı uyanık olun; özellikle de bu ağlamanın diş çıkarma veya aşırı yorgunluk nedeniyle olduğunu düşünmüyorsanız. Böyle bir ağlama söz konusuysa ateş, iştah azalması veya ishal (bkz. 17. Bölüm) gibi hastalık belirtileri olup olmadığını kontrol edin. Şikâyetler devam ederse doktorunuzu arayın.

UYKU BİÇİMLERİ

"Yenidoğanların sürekli uyuduklarını zannederdim. Üç haftalık kızımız ise çok zor uyuyor."

Bebekler genellikle "ne yapmaları gerektiğini" bilemezler. Üç dört saatte bir "emmeleri gerekirken" gün boyunca emmek isterler, veya günde 16.5 saat "uyumaları gerekirken" 12 saat (veya 22 saat) uyurlar. Elbette bizim unuttuğumuz bir şeyi bilmektedirler - bebeğin belli bir zamanda yapması gereken belli bir şey olmadığını. Her şeyi kitaba göre yapan "ortalama" bebekler de vardır. Fakat bu bebekler azınlığı oluşturur. İlk aylarda bebeğin ortalama uyku süresi 16,5 saattir dendiği zaman bazı bebeklerin 10 diğerlerinin ise 23 saat (bazılarının ise bu ikisinin ortasında bir süre) uyudukları düşünülür. Bu sınırların iki ucundaki bebekler ortalama süre uyuyanlardan daha anormal değildir. Bazı bebekler tıpkı bazı erişkinler gibi uykuya daha az veya daha çok düşkün olabilirler.

Bebeğiniz sağlıklı olduğu sürece uyku düzenine aldırmayın. Çok az uyuyan bebekler sonradan da çok az uyuyan çocuklara dönüşürler ve hiç de şaşırtıcı olmayan biçimde anne-babaları da az uyur.

"Bebeğim gece boyunca birkaç kere uyanıyor. Annem onu şimdiden uyku düzenine alıştırmazsak iyi uyuma alışkanlığı kazanamayacağını söylüyor. Annem onu bütün gece emzirmek yerine ağlamasına izin vermem gerektiğini düşünüyor."

Annelerin çoğu, özellikle de gece boyunca uyumayan zor bir bebeği olanlar veya uykuya dalma güçlüğü olanlar, bebeklerine iyi bir uyku alışkanlığı kazandırmanın önemini bilirler. Ancak buna ilk aydan başlamak erken olur. Bebeğiniz dünyayı öğrenmeye yeni başlıyor. Bebek ağlayarak sizin yanında olmanızı istiyor ve kendini güvende ve rahat hissedene kadar buna devam edecektir.

Bebeğinizi emziriyorsanız uyku alışkanlığı edindirmeye çalışmanız emzirme olayını ve bebeğin büyümesini olumsuz etkiler. Meme emen bebekler biberon ile beslenenlere kıyasla daha çok beslenme ihtiyacı duyarlar ve bu özellikle de 3. veya 6. aya kadar iki saatte bir uyanmalarını gerektirir. Eskiden kalma dört saatlik aralarla uyku düzeni görüşü gibi ilk iki ayda gece boyunca uyumaları gerektiği düşüncesi de biberonla beslenen bebekler için geçerli fakat emzirilenler için gerçekten uzaktır.

Annenizin dediği gibi ileride bebeğinizin bir uyku disiplini almasını planlayın fakat bunu uygulamak için biraz zaman geçmesini bekleyin.

BEBEK UYURKEN GÜRÜLTÜ OLMASI

"Bir arkadaşım bebeği uyurken zilinin çalınmamasını, ev içinde ayakuçlarında yürünmesini istiyor ve telesekreteri devreye sokuyor. Bu biraz aşırı değil mi?"

Arkadaşınız bebeğini tamamen kontrollü bir ortamda uyutuyor ve bunu uzun süre devam ettirmesi zor, tabii ki bebeği tamamen yalıtılmış bir odada uyumadığı sürece.

Hatta arkadaşınızın çabaları işi zorlaştırmakta. Aniden yükselen bir gürültü bazı bebekleri uyandırsa da çoğu bebek itfaiye sirenleri, yangın alarmları ve köpek havlamaları sırasında uyumaya devam eder. Çoğu bebek için arka plandaki bir gürültü - TV veya teyp, klima, müzikli bir oyuncak, rahimde olduğu zamandaki sesleri taklit eden sesler - huzurlu uykuya mutlak sessizlikten çok daha fazla zemin hazırlar.

Bebeğin ne kadar gürültüyü tolere edeceği doğumdan önceki gürültü ve ses düzeyine bağlı olarak ve biraz da kendi mizacına göre değişir. Anne-babalar ipuçlarını bebeklerinden alarak ortamın ses düzeyini ayarlayabilirler. Eğer bebeğiniz sese aşırı duyarlıysa telefonun sesini kısıp, daha az gürültülü bir kapı zili kullanabilirsiniz. Eğer bebeğiniz her tür gürültüde rahatlıkla uyuyorsa bu tür önlemlere gerek yoktur.

Arkadaşınız bebeğinin hayatındaki tüm sesleri kısarak onun ileride gerçek dünyada uyuyabilmesini zorlaştırmaktadır.

EMZİK KULLANIMI

"Bebeğim öğleden sonraları yaygara koparıyor. Emzik vermeli miyim?"

Uzun vadede bebeklerin kendilerini rahatlatma yolları bulmaları gerekir. Başparmak (veya yumruk yapılmış el) da emzik veya meme görevi görür ve bunu siz kontrol edemezsiniz. Ne zaman ihtiyacı olsa yanındadır, gülmek, ses çıkarmak, ağlamak istediğinde kolayca ağzından çıkarabilir ve emzik gibi meme karmaşasına da yol açmaz.

Meme karmaşasına yol açacağından süt üretimi tam oluşana kadar anne sütü emen bir bebekte emzik kullanmak sakıncalı olabilir. Kilo almayan veya az emen bebeklerde kullanılmamalıdır çünkü emzik emme güdüsünü tatmin edecek ve memeye olan ilgisi kaybolacaktır.

Bazen bebek hiçbir şekilde sakinleştirilemezse veya emme hissinin doyurulması için henüz kendi olanaklarını keşfetmemiş bir bebekte emzik kullanılabilir. Anne bebeğine ilgi göstereceği zamanı emzikle geçiştirmemelidir. Bebeğine yaygara kopardığında emzik kullanan bir anne bebeğin derdini tam olarak anlamadan sorunu geçiştirmiş olur. Bebeğe bir hikâye okuyarak uykuya dalmasını sağlamak yerine, telefonda konuşurken bebeği ağladığında onu kucağına alıp yatıştırmak yerine susması için, yeni bir ayakkabı almaya gittiğinde olaya bebeği de dahil etmek yerine sessizliği sağlamak amacıyla emzik kullanabilir. Bunun sonucunda ağzında bir şey olmadan rahatlayamayan, kendini eğlendiremeyen, kendi kendine uykuya dalamayan bebekler ortaya çıkar.

Gece emzik verilen bebek emzik olmadan uyuyamamaya ve ağzından emzik düştüğünde ağlamaya başlayacaktır.

Başka bir dezavantaj sürekli emzik kullanmanın ağız yapısını bozmasıdır ve bu alışkanlık kalıcı dişler çıkmadan önce bırakılırsa iyi olur.

İlle de emzik kullanmak isterseniz ortodontik ve üzerinde hava delikleri olanlardan ve kırıldığında boğulma riski oluşturmaması için tek parça olan bir emzik alın. (Silikon olanlar lastik olanlara kıyasla daha yumuşaktır, daha uzun süre dayanır, bulaşık makinesinde yıkanabilir ve yapış yapış olmaz) Emziği asla pusete veya çocuk parkına asmayın ve boynuna, el bileğine iple veya kordonla bağlamayın - bu yüzden boğulan bebekler olmuştur. Alışkanlık yapmaması için bebeğiniz üç aylık olduğunda emziği bıraktırmaya çalışın. O zamana kadar da emziği her kullandığınızda kendinize bebeğinizin emziğe mi size mi ihtiyacı olduğunu sorun.

BEBEĞİN SOLUK ALMASINI KONTROL ETMEK

"Herkes bebeğin soluk alıp almadığını kontrol etmemle alay ediyor. Bunu geceleri yapıyorum. Bazen çok sessiz, bazen de gürültülü nefes alıp veriyor."

Sürekli bebeğinin solunumunu kontrol eden anne-babalar iyi bir espri konusu gibi görünse bile ilk defa bebek sahibi olduğunuzda siz de bundan kendinizi alamayabilirsiniz. Bu hiç de komik değildir. Bebeği yatırdıktan beş saat sonra uyandığınızda odaya tamamen sessizlik hakimse soğuk terler dökersiniz. Acaba kötü bir şey mi oldu? Neden hâlâ uyanmadı? Ya da beşiğinin yanından geçerken sessizce yattığını görürseniz onu sarsarak canlı olup olmadığını anlamaya çalışırsınız. Yüksek sesle horlar ya da sesli sesli nefes alıp vermeye başlarsa solunum problemi olduğundan şüphelenirsiniz. Siz de, milyonlarca yeni anne-baba da.

Bu davranış bir dereceye kadar normaldir ancak bebeğinizin değişken soluma biçimleri de normaldir. Yeni doğanın uykusunun çoğunluğu REM (hızlı göz hareketleri) uykusudur, bu sırada bebeğinizin nefes alış verişi düzensizdir. Uykusunda gözkapaklarının arkasında hareket eden gözlerini seçebilirsiniz. Bunun dışında bebek derin ve sakin bir uykudadır. Büyüdükçe REM uykusu azalacak ve daha derin uyuyacaktır. Siz de bebeğiniz sekiz saat deliksiz uyuduğunda sabah uyanıp uyanmayacağı konusunda daha az endişeli olacaksınız.

Yine de çocuğunuz büyüyüp de evden ayrılana kadar onun nefes alış verişini kontrol etme huyundan (ara sıra da olsa) tamamen vazgeçemeyebilirsiniz.

GECE VE GÜNDÜZLERİN KARIŞTIRILMASI

"Üç haftalık bebeğim bütün gün uyuyor ve gece boyu uyanık kalmak istiyor. Uyku düze-

nini nasıl değiştirsem de ben ve eşim biraz uyuyabilsek?"

Gündüzleri uykularını alıp da gece vardiyasında çalışan (ya da oynayan) bebekler anne-babalarına hayatı zindan edebilirler. Gece ile gündüz arasındaki ayrımın farkına varılamaması neyse ki geçici bir durumdur. Yenidoğanlar çevrede ışık farklarının olmadığı rahimde dokuz ay kaldıkları için dış dünyaya uyum sağlamak için biraz zamana gereksinimleri vardır.

Bebeğiniz büyük olasılıkla birkaç gün veya hafta içinde kendiliğinden gündüz ve geceyi karıştırma huyundan vazgeçecektir. Bu geçişi hızlandırmak için bebeğinizin gün içindeki uyku süresini üç-dört saatle sınırlayın. Bebeği uyandırmaya çalışın, onunla konuşun, gazını çıkarın, şarkı söyleyin. Biraz uykusu açıldıktan sonra onunla konuşun, şarkı söyleyin, görme alanı içinde bir oyuncak sallayın, kısacası onu uyanık tutmaya çalışın. Ancak gece boyu uyusun diye bütün gün uyumasını engellemeyin. Çok yorulmuş ve çok uyarılmış bir bebek akşam iyi uyuyamayacaktır.

Gündüz ile gece arasında kesin bir farklılık yaratmanız gerekebilir. Gündüzleri bebeği arabasıyla ve mümkünse dışarıda gezdirin. Odasında uyuyorsa odanın karanlık olmasını engelleyin. Uyandığında oyalayın. Gece bunun tersini yapın. Onu yatağına yatırın, odayı karartın ve sessizliği sağlayın. Gece uyandığında onunla oynamayın ve konuşmayın; onu beslerken ışıkları veya televizyonu açmayın; yalnızca fısıldayarak konuşun veya ninni söyleyin ve tekrar yatağına yatırıp uyuma koşullarını mükemmelleştirin.

Bebeğiniz gündüz bile uzun sürelerle uyuyorsa bunu bir şans olarak kabul edin. Vücut saati çalışınca geceleri de normal uyuyacaktır.

UYKU POZİSYONLARI

"Bize ilk bebeğimizin karnının üzerinde uyuması gerektiği söylendi. Şimdiyse yeni doğan bebeğimiz için doktorumuz sırt üstü yatırın diyor. Kafamız karıştı..."

Bilgilerin değişmesine ayak uydurmak giderek güçleşiyor. Uzmanlar, yıllar boyunca bebeklerin kendi tükürüklerinde boğulmamaları ve tıkanmamaları için karınlarının üzerinde yatırılmaları gerektiğini söylediler. Ancak şimdi sırt üstü yatırılmalarını öneriyorlar. Son araştırmalar kusmuğun yutulmasının önemli bir problem olmadığını gösteriyorsa da bebeği karnının üzerinde yatırmanın SIDS (Ani Bebek Ölümü Sendromu) riskini artırdığı biliniyor. Bebekleri sırt üstü veya yan yatırmak SIDS riskini %50 oranında azaltmaktadır. Amerikan Pediatri Akademisi sağlıklı ve zamanında doğan bebeklerin tümüne sırtüstü veya yan yatma pozisyonun önermektedir. Bu tip yatırma pozisyonu sağlıklıdır ancak çok kusan, solunum problemi olan ve üst solunum yolu malformasyonu olan bebeklerde sakıncalıdır.

İdeal olanı ilk andan itibaren bebeğin sırt üstü yatırılmasıdır böylece buna alışır ve rahat yatar. Bu şekildeyken yaygara koparırsa yan yatırmayı deneyin(bir battaniye veya havluyla arkasından destekleyerek). Birçok bebek, özellikle de kundaklanmış değillerse, yan yatırıldıktan sonra sırt üstü veya yüz üstü dönebilirler. Bebek yan veya sırt üstü durumdayken uyuyamıyorsa yüz üstü yatırmayla ilgili olarak doktorunuzla konuşun. Yüzüstü yatmayla riskin artması bebeğinizi mutsuz etmekle karşılaştırıldığında çok düşük olabilir.

Bebeğiniz sırtüstü yatarken daha fazla sıçradığını görebilirsiniz, bu da daha sık uyanmaya yol açabilir. Sırt üstü yatırıldığı için bebeğinizin kafatasının arkası düzleşebilir veya kel bir nokta oluşabilir, bunun nedeni genellikle bebeğinizin hep aynı yöne bakmasıdır (genellikle pencereye doğru). Bu sorunu önlemek için pozisyonunu değiştirin (bir gece bebeğinizin başı bir tarafa gelecek şekilde yatırıyorsanız, bir sonraki gece tam ters tarafa yatırın). Bu tip sorunlar bebeğiniz büyüdükçe düzelecektir. Durum ciddiyse özel bir saç bandı veya kasket sorunu çözecektir.

Birkaç ay içinde bebeğiniz kendi etrafında dönmeye başladığında bu tartışma gereksiz olacaktır. Ne şekilde yatırırsanız yatırın bebeğiniz kendi sevdiği pozisyona dönecektir.

BEBEĞİN DAHA İYİ UYUMASI

İyi uyuyan bir bebek olsa da olmasa da evde şunları deneyerek bebeğinizin uyumasına yardımcı olabilirsiniz.

Uygun bir uyuma yeri- Karyola müthiş bir buluştur ancak ilk günlerde bebeğe çok geniş ve izole gelebilir. Böyle olduğunda bebeği rahme benzeyen küçük ve dar eski tip beşiklerde uyutabilirsiniz. Güvenli olması için bebeği kundaklayın veya uyku tulumu kullanın.

Isının kontrol edilmesi- çok soğuk veya çok sıcak dereceler bebeğinizin uyumasını engelleyebilir. Bebeğinizi sıcak (sf. 342) ve serin havalarda (sf. 348) rahat ettirmekle ilgili önerilerden yararlanabilirsiniz.

Yumuşak hareketler- Rahimdeyken bebeklerin en aktif olduğu dönem annelerinin uyuduğu zamanlardır ve anne dolaşmaya başladığında bu hareketler bebeğe ninni gibi gelir. Rahim dışındayken de hareketlerin ve sallamanın bebeği sakinleştirici etkisi büyüktür.

Yumuşak ses tonu- Aylar boyunca kalp atışınız, karnınızın guruldaması bebeği rahatlattı. şimdi bu sesler olmadan bebek zor uyuyabilir. Müzik çalarak, fanı çalıştırarak veya rahimdeki sesleri ya da araba seslerine benzer sesler çıkaran aletleri kullanarak uyumasına yardımcı olabilirsiniz.

Bebeğin tecrit edilmesi-Bebek kendi odasında yatarken daha iyi uyur. Bu arada sizin varlığınızdan rahatsız olmaz ama kendi haline bıraksanız iyi olur. Ancak bebeğin ağlamasına karşı tetikte olmalısınız veya bebeğinizin odasına intercom yerleştirebilirsiniz.

Rutin- Yeni doğmuş bebeğiniz emzirilirken veya biberonla beslenirken uykuya dalacağından yatak saati uygulamasına geçmeniz gereksizdir. Böyle bir rutine geçmek için yine de hazırlıklı olmalısınız çünkü bebeğiniz altı aylık olduğunda belli bir düzeni yerleşmiş olmalıdır. Sıcak bir banyodan sonra yatak giysilerini giydirmek, yatakta biraz oyun oynamak çok küçük bebekler için sakinleştiricidir. Meme veya biberon vermek listenin en sonunda yer almalıdır ancak kendiliğinden uyumaya alışmış bebeklerde daha önce gelebilir.

Gün boyunca yeterli uyku alınması- Bazı anneler gece uykusu sorununu çözmek için gündüzleri bebek uyurken bile bebeği uyandırmak isterler. Bu büyük bir hatadır çünkü aşırı yorgun bir bebek dinlenmiş bir bebekten daha zor uyur

UYUYAN BEBEĞİ YATAĞINA GÖTÜRME

"Uyuyan bebeğimi karyolasına götürürken uyanmasından çok endişeleniyorum ve uyanıyor da..."

Sonunda uyudu -acıyan memelerinizde emzirip, ağrıyan kollarınızda sallayıp, giderek kısılan sesinizle ninniler söylediniz ve neredeyse saatlerdir uğraşıyorsunuz. Koltuktan yavaşça kalkıp onu yatağına doğru götürdünüz, bir yandan nefesinizi tutuyorsunuz ve bir yandan da yalnızca kullanmak zorunda olduğunuz kaslarınızı kullanıyorsunuz. Ardından sessiz fakat yakarış içeren bir duayla bebeğinizi yavaşça yatağına doğru indiriyorsunuz. Sonunda onu yatağına koymayı başardınız ama son saniyede biraz acele mi ettiniz. Yattı ama hemen uyandı. Başını sağa sola çevirerek önce hafifçe mırıldanarak itiraz etmeye başladı, iç çekmeleri bir süre sonra yüksek sesle ağlamaya dönüştü. Kendiniz de ağlamak üzereyken onu kucağınıza alıp her şeye baştan başlarsınız.

Bu senaryo bir bebeğin yaşadığı tüm evlerde aynıdır. Bebeği uyandırmadan karyolasına koymakta güçlük çekiyorsanız iyice uyuduktan sonra on dakika bekleyin ve şunları deneyin:

Yüksek bir şilte: Eğer siz bir goril olsaydınız bebeğinizi şiltesi alçakta bulunan bir yatağa sorunsuz bir şekilde yerleştirir, son 15 santimetrede onu yatağa adeta düşürür gibi bırakmak zorunda kalmazdınız. Yalnızca bir insan olduğunuza göre karyolasındaki şiltenin yüksek (yatağın kenarından en az 10 cm. aşağıda olmak kaydıyla) olması fayda sağlar, bebeğiniz oturmaya başladığında şilteyi aşağı indirmeniz gerekecektir. Ya da ilk zamanlarda bebeğinizi yatağı yerine puset, beşik, portbebe gibi içine kolay yerleştirebileceğiniz bir mekanda uyutun. Bu gibi alternatifler sallanabilir olmaları nedeniyle içine bebeği yatırdıktan sonra da sallamaya devam etmenize imkan tanırlar.

Doğru ışıklandırma: Bebeği karanlık bir odada uyutmak iyi bir fikir gibi görünse de odadaki eşyalara çarpmadan bebeği karyolasına yerleştirebilecek kadar ışık olması gerekir.

Taşıma mesafesinin kısalığı: Bebek odasıyla uyuduğu yer arasındaki mesafe ne kadar uzak olursa bebeğin uyanma olasılığı o kadar artar. Bu yüzden yatağına veya beşiğine en yakın yerde onu besleyin ve sallayın.

Üzerinden yavaşça kalkabileceğiniz divan veya koltuk. Her zaman bebeğinizi rahatsız etmeden kalkabileceğiniz bir divan seçin, böylece onu uyandırmazsınız.

Yatağın hazır olması: Eğer yatağı açmak ve içinden oyuncakları boşaltmak için ayak parmaklarınızı kullanmayı düşünmüyorsanız bebeği karyolasına yatırmadan önce yatağın boş olmasını sağlayın. Onu yatırmadan önce ortamı hazırlamak için oyalanmak uykusunu bölecektir.

Sıcak bir yatak. En iyi uyuyan bir bebeğin bile sıcacık yanağı buz gibi bir çarşafa değer değmez uykusu açılacaktır. Bebeğin soğuk yatak şokuyla karşılaşmaması için yatağı önceden sıcak su şişesiyle veya elektrikli battaniyeyi düşük ısı ayarına getirerek ısıtın fakat yatırmadan önce bunları yataktan uzaklaştırın ve ısıyı kontrol etmeyi unutmayın. Havlu veya örgü çarşaflar kullanın.

Sağ taraf. Ya da sol . Bebeği karyolasına koyarken onu uyuttuğunuz kolunuzu kullanın, böylece yatağa yerleştirmeden önce bebeğinizin kolunuzdaki pozisyonunu değiştirmeniz gerekmez. Yanlış tarafta uyuyakalırsa yatağına yatırmadan önce doğru pozisyona getirip biraz daha besleyin veya sallayın. Yatağını duvara yaslamazsanız ve yatağın her iki tarafından da bebeğinizi yatırma imkânınız olursa kolunuzu değiştirmeniz gerekmez.

Sürekli temas halinde olun. Bebek sizin kollarınızda rahatken ve güvendeyken aniden boşluğa bırakılma hissi, birkaç santimetre için bile olsa, bebeğinizi korkutup, uyandırabilir. Taşıma sırasında kollarınızla sallayın ve bebeğinizin sırtı yatağa değerken o taraftaki elinizi yavaşça altından çekin. Birkaç dakika elleriniz bebeğinizin yakınında kalsın, eğer uyanmaya başlarsa hafifçe temas edersiniz. .

Ninni söyler gibi bir ton kullanmak. Bebeğinizi geleneksel ninnilerle sakinleştirin. Karyolasına geldiğinizde ve sonrasında buna devam edin. Uyanır gibi olursa tekrar aynı tonda devam edin.

AĞLAMA

"Eve geldikten sonra bu kadar uslu bir bebeğimiz olduğu için kendimizi kutladık. 24 saat bile geçmeden ulur gibi ağlamaya başladı."

Eğer bebekler ilk bir iki günde daha sonraki haftalarda ağlayacakları şekilde ağlasalardı çoğu anne-baba hastaneden eve gelirken yenidoğan bebeklerini yanlarına alıp almama konusunda kararsız kalırlardı. Eve gelip rahatça yerleştikten sonra bebekler gerçek yüzlerini göstermekte tereddüt etmezler. Tümü biraz ağlar ama bazıları oldukça fazla ağlar. Ağlama bebeklerin tek iletişim kurma biçimleridir ve ilk bebek konuşması budur. Bebeğinizin aç mı, uykusuz mu, yalnız mı, rahatsız mı olduğunu ancak ağladığında anlarsınız. Şu anda imkansız görünse de daha sonra bebeğin farklı ağlamalarını deşifre etmeyi öğreneceksiniz.

Bazı ağlamalar ise temel ihtiyaçlardan kaynaklanmaz. Her beş bebekten dördü (bazı çalışmalara göre her 10 bebekten 9'u) günde 15 dakika-1 saat arasında nedensiz bir şekilde ağlarlar. Bu ağlamalar, kolik ağlamalarında olduğu gibi, genellikle akşamları olur. Bunun nedeni bebeğin etrafındaki koşuşturmanın bu saatlerde artması olabilir, baba eve gelir, yemek hazırlıkları başlar, yemek yenmeye çalışılır, evde daha büyük çocuklar varsa onlar da ilgi beklemektedir ve bütün bu hengame bebeğin kaldırabileceğinden fazladır. Ya da gün boyunca değişik görüntüler, sesler, kokular ve çevresindeki uyaranlarla meşgul olan bir bebek ağlayarak günün yorgunluğunu atmaya çalışıyordur.

Bazı mutlu bebekler yorgunluktan veya uyumaya çalışırken ağlarlar. Eğer bebeğiniz uyumadan önceki beş on dakika içinde ağlıyorsa bunu dert etmeyin. Bebeğiniz kendiliğinden bu alışkanlığından vazgeçecektir. Bu alışkanlık onu kucağıza almadığınızda veya ağzına emzik tutuşturmadığınızda daha çabuk düzelir. Bebeğe gün boyunca yeterli dinlenme zamanı tanınması geceleri yorgun olmasını azaltacaktır.

Her ne kadar çocuğunuz on sekizine gelene kadar zaman zaman gözlerindeki yaşları silmeniz gerekse de bebeğinizin ağlaması üç aylık olduktan sonra kendiliğinden geçer. Kendini ifade etmeye ve siz onu daha iyi anlamaya başlayınca hem daha az ve daha kısa sürelerle ağlayacaktır hem de ağladığında daha kolay sakinleştirebilirsiniz.

Daha önce pek ağlamayan bir bebekte görülen ani ağlama krizi diş çıkmasına veya hastalığa işaret edebilir. Bebeğinizin hasta olduğuna işaret edebilecek ateş veya başka bir belirti olup olmadığını kontrol edin ve yolunda gitmeyen bir şeyler varsa doktorunuzu arayın.

KOLİK (KARIN AĞRISI)

"Eşim ve ben bebeğimiz üç haftalık olduğundan beri birlikte akşam yemeği yiyemedik. Bebeğimiz akşamları saatlerce ağlarken sırayla bebeği evin içinde dolaştırıyoruz ve ancak ayak üstü atıştırabiliyoruz."

Kolikli bir bebeğin anne-babası için dört başı mamur bir yemek bile atıştırmaya dönüşür çünkü bebeğin çığlıkları arasında hızlı hızlı mideye indirilir. Doktorunuzun koliğin geçeceği yönündeki teselliler de bir işe yaramaz.

Her beş bebekten birinin öğleden sonra geç saatlerde başlayan ve gece yatma zamanına kadar süren ağlama krizlerine tutuldukları biliniyor. Kolik ağlaması normal ağlamadan farklıdır ve bebek sakinleştirilemeden saatlerce ağlar; nadiren ağlama 24 saat boyunca sürer. Genellikle kolik ağlaması her gün tekrarlar, bazen bir gece ara verdiği görülür.

Klasik anlamda koliği olan bir bebek dizlerini yukarı doğru çeker, yumruklarını sıkar ve hareketleri artar. Gözlerini yumabilir veya sonuna kadar açabilir, alnı kırışır, hatta kısa bir süre nefesini tutar. Bağırsak hareketleri hızlanır ve gaz çıkarır. Beslenme ve uyku düzeni ağlamayla bozulur; bebek huzursuzlaşır. Meme aranan bir bebek emmeye başladıktan kısa bir süre sonra ağlayarak emmeyi bırakabilir veya tam uykuya dalmışken birkaç dakika sonra uyanarak ağlamaya devam edebilir. Her bebekteki kolik nöbetleri farklıdır ve her anne-babanın tutumu değişiklik gösterebilir.

Kolik genellikle ikinci veya üçüncü haftada (prematüre bebeklerde daha sonra) başlar ve altıncı haftada en kötü düzeye ulaşır. Bu kâbusun sonsuza kadar süreceği düşünülür ancak on ikinci haftada sorun düzelmeye başlar; üçüncü ayda sorun tamamen ortadan kalkar (yine prematüre bebeklerde daha geç). Nadiren dördüncü veya beşinci aya kadar devam eder. Kolik birdenbire veya yavaşça sona erebilir. Arada iyi günlerin olduğu dönemler bulunabilir ve bir süre sonra da tamamen düzelir.

Bu günlük ağlama dönemlerine kolik denir ve paroksismal veya periyodik huzursuz ağlamadan ne ölçüde farklı olduğu bilinmez. Bebeklerini sakinleştirmeye çalışan anne-babalar için tanımların ve farklılıkların fazla bir önemi yoktur.

Koliğin nedeni bilinmemektedir. Teorilerse çoktur. Bunlardan bazıları çoktan terkedilmiştir: kolikli bebekler akciğerlerini çalıştırmaya başlıyorlar (kanıtlanmadı); meme emen bebeklerde annenin yediklerine, biberonla beslenen bebeklerde ise mama içeriğine karşı alerji veya duyarlılık gelişiyor (bazen neden olabilir); anne-babanın deneyimsizliklerinden kaynaklanabilir (kolik ikinci ve üçüncü çocuklarda daha seyrek görülmez, ancak anne-babalar bebeği susturma

KOLİK TEDAVİSİ

Kolik olan bebeğin anne-babası doktora ağlamayı kesecek sihirli bir ilaç için giderler. Böyle bir ilaç bulunmadığı gibi ilaçların yan etkileri fazla olduğundan doktorlar bu bebeklere ilaç yazmak istemezler. Ancak yaygın kullanılan bir ilaç vardır ve gazı azaltmak için reçetesiz satılır. Aktif maddesi simetikondur. Gazın bebeklerdeki kolik nedeni olduğu konusunda uzlaşma olmamasına rağmen kolikli bebeklerde de gaz olduğu biliniyor. Bu ürün vücuttan emilmediğinden tamamen güvenlidir ve yan etkisi yoktur. Kolikli bebeğinizde gaz oluyorsa doktora simetikon damlalarını sorun. Ticari isimler Mylicon ve Phazyme'dir.

konusunda daha idmanlı olabilirler); kolik kalıtsaldır (bazı ailelerde daha yaygın değildir); gebelik veya doğum komplikasyonları olanlarda kolik daha yaygındır (istatiksel olarak kanıt yok); açık hava koliği artırır (pratikte birçok anne-babanın kolikli bebeklerini yatıştırmada buldukları tek yöntem onu açık havada dolaştırmaktır)

Bebeklerin anneleri sinirli olduğu zaman kolik oldukları teorisi tartışmalıdır. Birçok uzman bebeğin ağlamasının annenin sinirini bozduğunu düşünüyorsa da koliği arttıran annenin sinirliliği değildir; onu ağırlaştıran faktördür.

Güncel bir teoriye göre ağlamak yeni doğmuş bebeğin olgunlaşmamış fizyolojisinden kaynaklanır: tüm bebekler ağlar ve kolik bu normal davranışın aşırı formudur. Başkaları da olgunlaşmamış sindirim sisteminin gaz geçerken aşırı kasıldığını ve kolik ağrısına neden olduğunu öne sürüyorlar. Üçüncü bir teoriye göre bebeğin vücudundaki progesteron düzeyi doğumdan sonra çok azaldığından ağrılı bağırsak spazmları görülür. Dördüncü bir açıklama ise bebeğin olgunlaşmamış sinir sisteminin istenmeyen bir davranış olan ağlamaya engel olamamasıdır.

En mantıklı açıklama, çok fazla ağlamayan yenidoğan bebeklerde tüm uyaranlara karşı blokaj olmasıdır ancak birinci ayın sonunda bu mekanizma ortadan kalkar ve dışarıya karşı daha uyanık olurlar. Uyaran bombardımanı altındaki bebek akşam saatlerinde iyice gergin ve uyarılmış olur. Sonuçta nedensiz ağlamalar görülür. Beşinci ayın sonunda bebek bu uyaranlarla başa çıkmaya başlar ve kolik sona erer.

Koliği artırıcı çevresel bir faktör olarak, nedeni tam olarak açıklanamasa da, evlerdeki sigara dumanı gösterilmiştir. Evde sigara kullanan kişi sayısı ne kadar fazlaysa bebekte kolik görülme olasılığı ve koliğin şiddeti artmaktadır.

Kolik ve paroksismal ağlama konusunda sevindirici nokta bu bebeklerin fiziksel ve duygusal olarak yıpranmamasıdır (aynı şeyi anne-babaları için söylemek güçtür) ve sonradan gayet iyi gelişme gösterip, diğer çocuklara kıyasla davranış bozukluğu göstermezler. Bebekliklerinde canhıraş bir şekilde ağlayanların sessiz sakin ağlayanlara kıyasla ileride problemlerin çözümünde daha iyi oldukları gösterilmiştir. En rahatlatıcı olan yanı ise sonsuza kadar sürmeyecek olmasıdır.

KOLİKLİ BEBEĞİN KARDEŞLERİNE YARDIMCI OLMA

"Küçük bebeğimin sürekli ağlaması üç yaşındaki kız kardeşini kızdırıyor. Ne yapabilirim?"

Kolikli bebeğin kurbanı evdeki kardeşlerdir. Burada gelmesini istemediği bir kardeş vardır ve hem kendi yerini tehdit etmekte hem de anne-babasıyla birlikte geçirdiği tek zaman olan akşam yemeğini sabote etmektedir. Kardeşler için yalnızca bebeğin ağlaması değil, onunla birlikte gelen olaylar da korkunçtur. Normalde yemek yenen, paylaşılan, oyun oynanan akşamüstü saatleri birdenbire bozulmuş yemeklere, sağa sola koşuşturmaya ve dikkati dağılmış bir anne-babanın ortada dönüp durmasına dönüşür. Bunun en kötü yanı da küçük kurbanın hissettiği çaresizlik duygusudur. Erişkinler en azından koliğe karşı bir şeyler yapıyorlardır (bu hiçbir işe yaramasa da) ve birbirlerinden yardım isteyebilirler, çocuğunuz ise yalnızca bir kenarda oturup olan bitene izleyici kalmak zorundadır.

Koliği kendiniz için sorunsuz hale getiremediğiniz gibi çocuğunuz için de sorunsuz hale getiremezsiniz ancak bununla daha iyi baş etmesi için yardımcı olabilirsiniz:

Onunla konuşun. Çocuğunuza onun anlayabileceği şekilde koliğin ne olduğunu anlatın. Bunun uzun süre devam etmeyeceğini, bebeğin bu yeni ve farklı dünyaya alışma süreci tamamlanınca ağlamanın büyük bölümünün ortadan kalkacağını söyleyin. Eğer kendisi de bebekken kolikli ise bunu ona anlatın, böylece ciyak ciyak ağlayan yaratıkların büyüdüklerinde oldukça sakin ve iyi çocuklar olacağı konusunda ikna olması kolaylaşır.

Onun suçu olmadığını anlatın. Küçük çocuklar evdeki her türlü sorun - anne-babanın münakaşasından, büyükbabanın ölümüne ve küçük kardeşin ağlamasına kadar - için kendilerini suçlarlar. Kimsenin suçlu olmadığını anlatmanız gerekir.

Onu sevdiğinizi gösterin. Bebek yüzünden ihmal ettiğiniz kızınıza zaman ayırın ve ilgilenin. Her gün onunla yapacak bir şeyle lun (en azından saçını farklı bir şekilde taray banyoda "yüzme" oyunu oynayın, onunla kura biye pişirin, büyük bir kâğıda resim çizmesine yardım edin) ve gün içinde ona birçok kez onu ne kadar çok sevdiğinizi söyleyin.

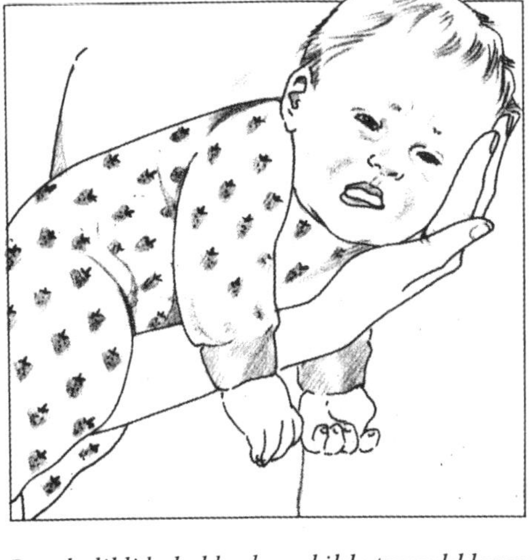

Bazı kolikli bebekler bu şekilde taşındıklarında, karınlarına uygulanan basınç nedeniyle rahatlarlar.

Yalnızca ona ayırdığınız bir zaman olsun. Yarım saat için bile olsa her gün büyük çocuğunuza özel bir zaman ayırmaya çalışın. Bebeğiniz uyurken, bebekle eşiniz ilgilenirken, anneniz bebeğe bakarken veya imkânınız varsa bebeği bakıcıya bırakarak zaman yaratmaya çalışın.

KOLİKTEN KURTULMAK

"Bu bizim ilk bebeğimiz ve sürekli ağlıyor. Neyi yanlış yapıyoruz?"

Rahatlayın. Bu sizin suçunuz değil. Bebekteki koliğin anne-babanın hatası sonucu ortaya çıktığı teorisi tamamen asılsızdır. Hatta her şeyi doğru yapsanız bile durum tamamen aynı olacaktır (elbette hiçbir ebeveyn her şeyi doğru yapamaz ve doğru kavramı bebekten bebeğe olduğu kadar ebeveynden ebeveyne de değişiklik gösterir) Bir sürü şeyi yanlış yapsanız bile durum daha kötü olmayacaktır (hiçbir ebeveyn her şeyi yanlış yapamaz). Koliğin bebeğin gelişimindeki bir problemden kaynaklandığı araştırmalarla gösterilmiştir.

Yapabileceğiniz en doğru şey bebeğin ağlaması konusunda mümkün olduğunca mantıklı davranmaktır. Kolikli her ebeveynin bildiği gibi bu hiç de kolay değildir fakat aşağıdaki öneriler yardımcı olabilir. Bebeğinizin ağlamasından siz sorumlu olmasanız bile sizin sakin olmanız bebeğinizin de sakinleşmesine yardımcı olabilir.

"Bazen kolikli bebeğimi üç saat boyunca sallayıp ve ağlaması kesilmediğinde onu camdan atacak raddeye geliyorum. Ama tabii ki bunu yapmıyorum. Böyle bir şeyi nasıl düşünebilirim? Ben ne biçim bir anneyim?"

Tamamen normal bir annesiniz. Ağlayan bir bebeği dinlemek zorunda olmak sinir bozucudur ve bebekten anlık olarak nefret edebilirsi-

AĞLAMAYLA BAŞA ÇIKMAK

...konusunda bir ilaç, bit-...a tedavi biçimi yoktur hatta bun-...ayı daha da kötüleştirebilir. Ama anne-babaların bebeklerinin ağlaması konusunda yapabilecekleri birkaç şey vardır; tümü her zaman işe yaramayabilir, bazısı hiçbir zaman işe yaramaz bazen de hiçbiri işe yaramaz ama tümünü de denemeye değer:

Ağlamasını önlemeye çalışın. Bebeklerin annenin sırtında veya göğsünde taşındığı toplumlarda sağlıklı bebeklerde uzun süren ağlamalar görülmemektedir. Son bir Amerikan çalışmasında, en az üç saat süreyle kucakta veya taşıyıcıda taşınan bebeklerin daha az süreyle böyle taşınanlara kıyasla daha az ağladıkları görüldü. Bu şekilde taşınmak bebeğin anneye fiziksel yakınlığını sağlar ve haz duymasına yol açar (rahimde olduğu gibi) , annenin de bebeğin ihtiyaçlarına daha duyarlı hale gelmesine yardımcı olur.

Bebeğinize karşılık verin. Ağlamak, ürkütücü ve geniş olan çevresini kontrol etmek için bebeğinizin elindeki tek silahtır: "Ne zaman ağlasam birisi benimle ilgilenir" Eğer düzenli olarak bebeğinizin ağlamasını karşılıksız bırakırsanız bebeğiniz yalnızca kendini güçsüz hissetmekle kalmaz, aynı zamanda da önemsiz olduğu hissine kapılır ("Ben öyle önemsizim ki ağladığım zaman kimse benimle ilgilenmiyor") Bazen de ne yaparsanız yapın bebeğinizin ağlamasını durduramadığınızı düşünseniz de düzenli olarak bebeğinizin ağlamalarına yanıt vermek onun ağlamasını azaltacaktır. Ağladıklarında anneleri hemen karşılık veren bebeklerin emekleme döneminde daha az ağladıkları saptanmıştır. Bebeğinizin birkaç dakikadan fazla ağlamasına izin verirseniz, ağlamasının şiddeti gittikçe artacak ve neden ağladığını anlamak zorlaşacaktır - bebek o kadar üzülür ki başlangıçta neden ağlamaya başladığını kendi bile unutabilir. Bebek ne kadar uzun süre ağlarsa onu susturmak da o kadar uzun sürer. Elbette duştayken, makarna süzerken veya kapıyı açarken elinizde ne varsa bırakıp bebeğinize koşmanız gerekmez. Bebeğinizin zaman zaman birkaç dakika fazla ağlamasının sonuçları -sizi beklerken başını belaya sokmadığı sürece- olumsuz olmayacaktır.

Anında yanıt vererek bebeğinizi şımartma konusunda endişelenmeyin. Küçük bir bebek şımaramaz. ilk aylarda çok ilgi gösterilen bebekler sonradan daha bağımsız olurlar.

Durdurulamayan ağlamaları olan bebekler için uzmanlar bir rutin oluşturmanın yararına inanıyorlar: bebeğinizin güvenli bir yerde, yatağında veya beşiğinde, 10-15 dakika ağlamasına izin verin, daha sonra onu kucağınıza alarak 10-15 dakika susturmaya çalışın, sonra tekrar yatağına bırakarak bunu tekrarlayın. Eğer bu uygulamayı rahatça sürdürebilirseniz uzun dönemde problemlere yol açmadığı bildirilmektedir.

Durumu araştırın. Bebeğinizin yalnızca ağlamak için ağladığına karar vermeden önce ağlamasının nedenini araştırın. Sebebin açlık olduğunu düşünüyorsanız meme veya biberon vermeyi deneyin, fakat her gözyaşında bebeğinize bir şeyler yedirmek hatasına düşmeyin. Bu küçük yaşta bile ancak acıktığı zaman yemek verin, dikkat ihtiyacını yiyecekle karşılamayın. Yorgun olduğunu düşünüyorsanız bebeğinizi pusetinde, beşiğinde veya kollarınızda sallayın. Eğer ağlamayı başlatan sebep ıslak bir bezse değiştirin (bezi tutturmak için çengelli iğne kullanıyorsanız, açık olup olmadığını kontrol edin) Bebeğiniz terlediyse giysilerinden bir iki katı çıkartın, camı açın veya fanı çalıştırın. Eğer problemi yaratan soğuksa (boynu, kolları veya vücudu dokunulduğunda soğuksa) bir kat daha giydirin veya ısıtıcıyı çalıştırın. Eğer bebeğiniz banyo öncesinde giysileri tamamen çıkarıldığında ağlıyorsa (çoğu yenidoğan çıplak kalmayı sevmez) üzerini bir havlu veya battaniye ile örtün. Uzun süre aynı pozisyonda kalmanın rahatsızlık yarattığını düşünüyorsanız bebeğinizin pozisyonunu değiştirin. Eğer son yarım saattir aynı manzarayı seyrediyorsa değiştirmeyi deneyin.

Rutin olaylar. Belirli bir programa göre (beslenme, yıkanma, dışarı çıkma, uyuma konusundaki düzenlemeler) daha iyi uyum sağlayan bebekler daha az ağlarlar. Bebeğinizi sakinleştirmek için kullandığınız rutine de sadık kalın. Ağlamasını durdurmak için bir gün yürüyüşe çıkmayı, bir başka gün arabayla gezdirmeyi, bir diğerinde bebek salıncağı kullanmayı denemeyin. Hangisi işe yarıyorsa genellikle aynı yöntemi kullanmayı deneyin.

Rahatlığı sağlayın. Bebek dokuz ay boyunca beraber olduğu annesinden ayrı kalmak istemeyebilir ve onun için ağlıyor olabilir. Sayfa 118'deki kutu içindeki önerilere göz atın.

Emme güdüsünün tatmini. Bebekler sadece beslenmek için değil emme duygusunun tatmini için de emerler. Bazıları kendi parmaklarını (özellikle de baş parmağı) emmeyi severler. Bazıları büyüklerin parmaklarını emmeye bayılırlar (tırnakların kısa kesilmiş ve temiz olmasına dikkat edin lütfen). Bazıları da emziği bunun için kullanırlar. Emziğin bir ip veya kordonla herhangi bir yere tutturulmadığından emin olun. (Bebeğinizin boynuna dolanabilir.) Emziği vermeden önce tüm ihtiyaçlarının karşılandığından emin olun ve yalnızca koliği varken emmesine izin verin.

Yeni bir yüz ve yeni kollar. Aynı bebekle sürekli uğraşan annede yorgunluk ve stres belirtileri başlar ve bebek bunu hissedip daha çok ağlar. Bebeği başkasının kollarına bırakın (eşiniz, anneniz, akrabanız, arkadaşınız) böylece ağlama sona erebilir.

Temiz hava. Temiz havaya çıkarılmak bebeğin ruh halini hemen değiştirecektir. Arabada veya pusette bebeğinizi gezdirin. Dışarısı karanlık olsa bile bebeğiniz sokaktaki ışıklardan ve arabaların farlarından hoşlanacaktır.

Hava kontrolü. Bebeklerin çoğunluğu hava yutmaktan rahatsız olurlar. Besleme ve geğirme sırasında bebeği dik oturtun. Doğru büyüklükteki emzik hava girişini engeller. Biberonu ağızlığa hiç hava girmeyecek şekilde tutun ve mama soğuk veya sıcak olmasın. (Bazı bebekler mamanın ısıtılmamış olmasından rahatsız olmazken bazıları bundan hoşlanmaz) Bebeğin sık sık geğirmesini sağlayın. Biberonla emzirirken her 20-30 cc'de bir, meme verdiğinizde her beş dakikada bir gazını çıkarın. Her iki durumda da beslenme sonrası gazını çıkarmayı unutmayın.

Daha az heyecan. Bebeğiniz doğduğunda herkes büyük bir merakla onu görmeye gelecektir, siz de herkesin görmesi için onu her yere götürmek isteyeceksinizdir. Bebeğinizi yeni ortamlara sokmak hoşunuza gidecektir. Bu yaklaşım bazı bebekler için uygun olsa da bazı bebekler için çok uyarıcı olabilir. Bebeğinizde kolik varsa, özellikle de öğleden sonraları ve akşamüzerleri, onu heyecanlanabileceği ortamlara sokmayın, ziyaretçi sayısını kısıtlayın,.

Beslenme kontrolü. Bazı bebekler yeterince beslenemedikleri için ağlarlar. Biberonla beslediğiniz bebeğiniz kilo almıyorsa doktorunuzla görüşerek mama miktarını artırın. Emzirdiğiniz bebeğiniz kilo almıyorsa sayfa 94'teki önerilerden yararlanın. Ancak katı besinlere geçmeyin çünkü bu teknik çok küçük bebeklerde işe yaramaz. Bazen mama veya anne sütündeki bir maddeye karşı alerji veya aşırı duyarlılık ağlamaya yol açabilir ama bu gibi durumlarda başka semptomlar da bulunur.

Onu eğlendirin. Bazı bebekler ilk aylarda oturup dünyayı izleyerek hayatlarından memnun olurken bazıları da kendileri bir şey yapamadıkları için sıkıntıdan ağlarlar. Onları çevrede gezdirmek ve o sırada neler yaptığınız ona anlatmak ve bazı oyuncaklarla onları oyalamaya çalışmak işe yarayabilir.

Başka kimselerden yardım alın. Bu durum "ben her işimi kendim yaparım" diyeceğiniz bir şey değildir. Bu konuda herkesten fayda görmeye çalışın.

Kabullenme. Değiştiremeyeceğiniz bir şeyi kabul etmekten başka çareniz yok. Bebeğinizin koliğini iyileştiremeyeceğinizi biliyorsunuz, bu durumda en iyisi durumu kabullenmektir. Kolay olmasa da bununla yaşamanız gerekiyor.

AĞLAYAN BEBEĞİ YATIŞTIRMAK

Ağlayan bebeği yatıştırmak için birçok yöntem vardır ve bir bebeğin yatışmasını sağlayan yöntem diğerinin ağlamasını artırabilir. Her defasında bir metodu kullanarak diğerine geçmeden önce iyice denediğinizden emin olun yoksa siz denersiniz, denersiniz, denersiniz, bebeğiniz ağlar, ağlar, ağlar. Bir metottan diğerine geçişler yapmak veya aynı anda birden fazla metot kullanmak bebeğiniz için fazla uyarıcı olabilir ve sıkıntısını artırabilir; ama genellikle yavaş tonda bir şeyler mırıldanırken sallamayı birleştirebilirsiniz. Aşağıdaki yöntemleri deneyin:

• Bebeği kollarınızda, bebek arabasında, beşikte veya otomatik bebek salıncağında (bebek altı haftalıktan büyükse) ritmik biçimde sallayın. Bazı bebekler hızlı sallanmayı yavaş sallanmaya tercih ederler ama çok sert biçimde sallamayın yoksa bebeğinizin boynunda yaralanmaya yol açabilirsiniz. Bazı bebekler yanlara doğru sallanmayı uyarıcı bulurken yukarı aşağı doğru sallanmayı sakinleştirici bulabilirler. Bebeğinizin farklı sallama biçimlerine tepkisini test edin.

• Arabayla ya da pusette bebeği gezdirin. FDA tarafından onaylanan ve yakın geçmişte icat edilen bir cihaz, siz bebeğinizi arabasında gezdirirken saatte 80-90 km hızla giden bir otomobil hissi vererek, sakinleştirme efekti olarak rüzgâr sesi yayınlamaktadır. Rahat uyu isimli bu ürünle yapılan çalışmalar işe yaradığını göstermektedir. (Bebeğinizin doktoruna danışın, Ross laboratuarlarına sipariş verebilirsiniz, 1-800-NO-COLIC)

• Bebek bir taşıyıcı içindeyken veya kollarınızdayken evin içinde gezinin. Denenmiştir ve geçerlidir, yorucu olabilir ama işe yarar.

• Bebeği kundaklayın. Bazı bebekler için sıkıca sarmalanmak çok rahatlatıcı olabilir.

• Bebeği kollarınıza alın ve göğsünüze yaslayın. Kundaklamak gibi sarılmak da birçok bebekte güven hissi uyandırır; bebeğinizi sıkıca göğsünüze yaslayın ve kollarınızı sıkıca dolayın. Sırtına hafifçe vurmak isteğe bağlıdır.

• Sıcak bir banyo yaptırın. Ama bebeğiniz banyo yapmaktan hoşlanıyorsa; bazı bebekler suya değer değmez çığlık atmaya başlarlar.

• Şarkı söyleyin. Bebeğinizin hafif sesle söylenen ninnilerden mi, neşeli tekerlemelerden mi yoksa pop müzikten mi hoşlandığını keşfetmeye çalışın. Hafif ve tiz bir sesin mi yoksa kalın ve pes bir sesin mi hoşuna gittiğini araştırın. Bebeğinizin beğendiği bir melodi keşfederseniz bunu tekrara tekrar söyleyebilirsiniz - çoğu bebek tekrara bayılır.

• Ritmik sesler. Birçok bebek bir fan veya elektrikli süpürgenin sesiyle, rahim içinde duyduğu guruldamaların teyp kaydıyla, ya da doğadaki seslerle - örneğin sahile vuran dalgalar ya da ağaçları yalayan rüzgâr sesi gibi - sakinleşebilir

• Bebeğe masaj yapın. Okşanmaktan ve dokunulmaktan hoşlanan bebekler için masaj sakinleştirici olabilir ancak bundan hoşlanmayanları rahatsız edebilir. Tekniğinizi geliştirmek istiyorsanız bebek masajı kitabı edinin veya basitçe bebeğinizin kollarını, sırtını, karnını ve bacaklarını nazik ve sevecen bir şekilde ovun. Dokunuşunuzun gıdıklamaya yol açacak kadar hafif olmamasına özen gösterin. Siz sırt üstü yatmışken bebeği yüzüstü üzerinizde yatırırsanız bunu her ikiniz için de rahatlatıcı bulabilirsiniz.

• Basınç uygulama taktiği. Bebeği kucağınıza alın ve karnının üzerine yatırın ve hafifçe sırtına vurun. Bu birçok kolikli bebeğin favori pozisyonudur ve onları en çok rahatlatan yöntemdir. Bazı bebekler dik bir şekilde omuza yaslanmayı tercih ederler ama yine karınlarına basınç uygulayıp sırtlarına vurmak ya da sırtlarını sıvazlamak gerekir.

BEBEĞİN AĞLAMASIYLA İLGİLİ OLARAK DOKTORA NE ZAMAN BAŞVURMALISINIZ?

Bebeğinizin gündelik ağlamalarının normal veya paroksismal kolik olması olasılığı var. Ancak tıbbi bir problem olup olmadığını anlamak için ağlamanın süresini, yoğunluğunu, sıklığını ve tarzını doktorla görüşün. Bazen yüksek sesle ağlamanın doğrudan tıbbi problemi gösterdiği anlaşılmıştır.

Bazen bebek annenin aldığı besinlere veya mamaya alerjik olabilir. Ailede alerji varsa bunu doktorunuzla konuşun. Emziriyorsanız sizden diyetinizdeki bazı şeyleri çıkarmanızı (örneğin süt ürünleri) isteyebilir, mamayla besliyorsanız mamanın değiştirilmesini önerebilir. Besinlerin içeriğinin değiştirilmesi koliği azaltırsa sorun alerji olabilir. Alerji oluşturan besini yeniden vererek sorunu test edebilirsiniz. Üç aydan daha uzun süren bir ağlama da alerjiyi düşündürebilir. Daha önce pek ağlamayan bir bebekte ani başlayan ve uzun süren bir ağlama ağrıyı veya hastalığı gösterebilir. Doktorunuzla görüşün.

niz. Bunu pek çok anne-baba kolayca itiraf etmese de kronik olarak ağlayan bebeklerin ebeveyni sizin hissettiğiniz gibi korkunç hislere kapılabilirler. Bu tür hislerinizin anlık olmadığını ya da bebeğinize gerçekten bir zarar verebileceğinizi düşünüyorsanız derhal yardım isteyin.

Kolikten en çok zarar görenin anne-baba olduğu şüphe götürmez. Ağlamanın bebeğe zarar vermediği rahatlıkla söylense de anne ve baba üzerinde iz bıraktığı kesindir. Ağlayan bir bebeği dinlemek rahatsız edici ve kaygı uyandırıcıdır. Objektif çalışmalar bebek ağladığı sırada çevresindeki herkesin, bir çocuğun bile, tansiyonunun çıktığını, kalp atışlarının hızlandığını ve derideki kan akımında değişiklikler olduğunu gösteriyor. Bebek prematüre doğmuşsa, rahimde yeterince beslenemediyse, veya anne toksemi geçirdiyse (eklampsi/preeklampsi) ağlarken sesi çok tiz olabilir ve tahammül edilemeyebilir.[4]

Koliğin devam ettiği iki üç ay süresince akıl ve ruh sağlığınızı korumak için aşağıda önerilenleri deneyin:

Ara verin. Kolik sancısı çeken bebekle haftanın yedi gün uğraşmışsanız eşiniz, sağlığınız ve işiniz gerginliğinizden etkilenecektir. En azından haftada bir gün, daha ideali bebeğinizin ağlama saatleri içinde günde birkaç saat mola verin ve bebekle başkalarının ilgilenmesini sağlayın. Eğer bütçeniz elveriyorsa parayla bir yardımcı tutun, ya da annenizden veya başka akrabalarınızdan, arkadaşlarınızdan yardım alın. (ağlamanın sizin hatanız olduğunu düşünen ve bunu doğrudan veya ima yoluyla size söyleyen akraba ve arkadaşlarınızdan uzak durun.)

Küçük yaygaracınız sayesinde siz ve eşiniz baş başa rahat bir akşam yemeği yiyemiyorsanız arada sırada yemek yemek üzere dışarı çıkın. Bebeğin beslenme saatleri arasına bir yemek sıkıştırmak çok zor değildir ancak eğer emziriyorsanız daha uzun süreli dışarıda kalışınız zor olabilir. Eğer dışarıda yemeğe çıkmak pratik değilse yürüyüşe veya bir arkadaşınızı ziyarete gitmeyi deneyin (tercihen küçük bebeği olmayan bir arkadaşınızı), tenis oynayın ya da masaja gidin.

Bebeğe mola verin. Tabii ki ağlarken bebeğinize yanıt vereceksiniz. Ancak tüm ihtiyaçları, ağlamasında hiçbir değişiklik yaratmadan, karşılandıktan sonra (yedirme, gazını çıkarma, altını değiştirme, rahatlatma, vs.) bebeğe sizden uzak kalması için yatağına veya beşiğine koyarak bir mola verin. Bebeğin sizin kollarınız yerine, 10-15 dakika süreyle yatağında veya beşiğinde ağlaması bir zarar vermeyecektir. Bu arada siz de başka şeylerle uğraşırsınız, uzanırsınız, bulaşıkları yıkarsınız, kek pişirirsiniz, televizyon izlersiniz veya birkaç sayfa kitap okursunuz. Bebeğiniz dinlenmiş bir anneyi perişan bir anneye tercih edecektir.

4. Bebeğin ağlaması çok tiz sesliyse doktorunuzla görüşün, bir hastalık habercisi olabilir.

Bebeğin sesini duymamaya çalışın. Bebeğinizin ağlamasının üzerinizdeki etkisini azaltmak amacıyla kulak tıkacı takın. Sesi tamamen ortadan kaldırmayacaktır fakat azaltarak daha tahammül edilebilir düzeye getirecektir. Kulak tıkacınız takılı olduğu sürece bebekten mola vermiş sayılırsınız ve kucağınızda bebeğinizle yürümeye devam etseniz bile gevşeyebilirsiniz.

Spor yapın. Egzersiz, sizde bolca bulunan gerginliği azaltmanın en iyi yollarından biridir. Sabah erken saatlerde bebeğinizle birlikte egzersiz yapın (bkz. Sayfa 479) yüzün, veya bir sağlık kulübünde spor yapın (bir kum torbası varsa yumruklayın) ya da huysuzluk yapıyorsa bebeği pusetine koyup kısa gezintilere çıkın; (hem sizi hem de bebeğinizi rahatlatacaktır.)

Yardım isteyin. Eğer doğum iznindeyseniz ya da eşiniz işine devam ederken siz evde kalıp çocuğunuzla ilgilenmeyi seçtiyseniz bebek bakımının hemen tüm yükü sizin üzerinizde demektir, eğer yardım almazsanız annelik görevinden istifa etmek isteyebilirsiniz. Yardım talep edeceğiniz ilk kişi eşiniz olmalıdır. Eğer denerlerse, çoğu baba bebeği susturma konusunda çok iyidir ancak bir kısmı ağlayan bir bebekle baş edemez. Diğer akrabalarınız yakınlarınızdaysa şanslısınız, onları da arayabilirsiniz. Birçok büyükanne yılların deneyimiyle bebekler üzerinde sihirli ellere sahiptir, ancak babalarda olduğu gibi bazıları ağlayan bir bebeğe tahammül edemez. Kız kardeşiniz, görümceniz veya yakın bir arkadaşınız da kurtarıcınız olabilir. Eğer kendi çocuğu da varsa deneyiminden yararlanabilirsiniz, eğer çocuksuzsa yine de bu işe neşe, heyecan ve yenilik getirecektir.

Gönüllü bulamazsanız deneyimli bir bebek bakıcısı veya bir bebek hemşiresi bulun böylece haftada bir veya daha fazla kez sizin yerinize ağlayan bebeğinizi sizden devralacak biri olur. Bebeklerle arası iyi olan ancak deneyimsiz bir genç kız hem masrafsız hem de etkili olabilir. En azından siz duş alırken, yemek hazırlarken hatta yemek yerken bebeğinizi pusette veya kucağında gezdirebilir.

Konuyu başkalarına açın. Bulduğunuz her omuza, eşiniz, bebeğinizin doktoru, sizin doktorunuz, tezgahtar, aileden biri, arkadaşınız, yaslanıp ağlayabilirsiniz. Konuşmak kolik sancısını azaltmaz ancak üzücü öykünüzü paylaşarak rahatlayabilirsiniz. En yararlı olanı diğer kolikli bebeklerin anne-babalarıyla konuşarak onların fırtınalı denizlerden sakin sulara nasıl ulaştıklarını öğrenmek olabilir.

Şiddet hissediyorsanız yardım isteyin. Hemen herkes sürekli ağlayan bir bebekten rahatsız olur. Fakat bazıları için böyle bir ağlama tahammül sınırlarını aşar. Bu da bazen çocuğa kötü davranmayla sonuçlanabilir. Bebeği camdan atmak konusunda ciddiyseniz ve bebeğe kötü davranmaya başladıysanız yardım talep edin. Eğer yapabilirseniz, bir komşunuza giderek kendinizi toparlayana dek bebeğinizi ona teslim edin. Daha sonra size yardım edebilecek birini, mesela eşinizi, annenizi, kayınvalidenizi, yakın bir arkadaşınızı, bebeğinizin doktorunu veya kendi doktorunuzu, ya da bölgenizdeki çocuk istismarı bürosunu arayın (bölgenizin telefon rehberinin kapağının içinde telefon numarası bulunur) Güçlü dürtüleriniz sizi çocuk istismarına yöneltmese de çocuğunuzla aranızdaki ilişkiyi bozabilir ve hemen yardım almazsanız annelik konusunda kendinize olan güveniniz azalabilir.

BEBEĞİ ŞIMARTMAK

"Bebeğimizi ne zaman ağlasa kucağımıza alıyoruz. Onu şımartmış mı oluyoruz?"

Bebeğinizin rahatını sağlamak en azından ilk altı ay içinde şımarmasına yol açmaz. Yapılan çalışmalar ağladıktan sonraki ilk dakikalarda kucağa alınan ve ihtiyaçları karşılanan bebeklerin uzun vadede daha az ağladıklarını ve taleplerinin azaldığını, ileride de şımarık değil aksine mutlu ve kendi kendine yeten çocuklar olduklarını gösteriyor. Ayrıca onunla daha yakın temasa geçmiş olursunuz ki bu da onun güven duygusunu pekiştirecektir. Bunun başka bir avantajı ağlaması azaldığı için hava da yutmayan bebeğin biberonla veya memeyle daha iyi beslenmesidir.

Bebeği hemen bütün işinizi gücünüzü bırakıp -tuvalette veya telefonda olabilirsiniz, ya da fırından tepsi çıkarıyorsunuzdur - kucağınıza alamayabilirsiniz. Onu mümkün olan en kısa sürede kucağınıza aldıktan sonra bunun bir zararı yoktur. Kolikli bir bebeğiniz varsa, ara sıra 15 dakika mola vermeniz ileride bir felakete yol açmayacaktır.

KUSMUKTA KAN OLMASI

"İki haftalık bebeğim bugün kustuğunda sütle beraber kan da gördüm. Gerçekten onun için endişeleniyorum."

İki haftalık bebeğin kusmuğunda kana rastlamak tehlikeye işaret edebilir. Ama panik yapmadan önce bunun sizin kanınız mı, yoksa bebeğin kanı mı olduğuna karar verin. Meme emziriyorsanız ve meme uçlarınız çatlamışsa sütle beraber kan da emiliyor olabilir. Bebeğiniz ancak yuttuğu bir şeyi kusabileceği için kusmuğuna karışan kan memenizin ucundan sızan kan olabilir.

Meme uçlarınızda belirgin bir sorun yoksa (bazı çatlaklar kolayca görünmeyebilir) doktorunuza başvurun.

EMZİRME KONUSUNDA FİKRİNİZİN DEĞİŞMESİ

"Kızıma meme vermemeye karar verdim ve sütümün kesilmesini istedim. şimdiyse emziren anneleri görünce yine emzirmek istiyorum. Sütüm geri gelir mi?"

Doğa bu tip değişiklikleri mazur görür, en azından çoğu zaman. Erken dönemde, bebek dört-yedi haftalıkken, daha önce meme vermeyi düşünmeyen ve sütü kesilen bir anne (ya da bebeğini sütten kestikten birkaç hafta sonra pişman olan bir anne) emzirmeye karar verirse tekrar süt vermede başarılı olabilir.

Denemeye başlamadan önce bunu gerçekten isteyip istemediğinize karar verin. Başarı kolay elde edilmez ve iki katı çaba göstermeniz gerekebilir. İlk birkaç hafta tekrar sütünüzün gelmesi için uzun zaman (başlangıçta bebeğinizi sık sık emzirmeniz gerekebilir) ve çaba (sütünüzü elle veya bir makine aracılığıyla sağmanız gerekebilir) harcamanız gerekebilir ve ilk başta hem sizin hem de bebeğiniz (başlangıçta bu yeni beslenme şekline itiraz edebilir) için oldukça büyük stres yaratabilir. Sütünüz yeniden gelse bile bebeğinizin tüm ihtiyaçlarına cevap veremeyebilirsiniz. Eğer emzirmek istediğiniz veya tekrarlamayı istediğiniz bir şeyse emziren anneler için dengeli beslenme bölümüne (Sf. 487) göz atın ve laktasyonu başlatmak için yapılan önerilerden (Sf. 457) yararlanın. Birçok anne ve bebekleri için bu çabaya değer.

"Üç haftadan beri oğlumu emziriyorum ve pek hoşuma gitmiyor. Biberona geçmek istiyorum ama kendimi suçlu hissediyorum."

Kendinizi suçlu hissetmenize gerek yok, hatta sebebi sizin için netse üzülmeniz de gereksiz. Meme emzirmeye başlamak deneme yanılma yoluyla başarılacak bir olaydır. Uyumun erken dönemlerinde yeterince tatmin olmayabilirsiniz. Emzirmekle ilgili olumsuz hislerinizin başlangıçta yaşadığınız zorluklardan kaynaklanmadığından eminseniz (kötü bir başlangıç genellikle ikinci ayın ortalarına doğru yumuşak bir hal alır) ve emzirmeye tüm zaman ve enerjinizi verdiğiniz halde sizin için olumlu bir deneyime dönüşme ihtimali zayıfsa emzirmeyi kesin. Ancak en azından bebeğiniz altı haftalık oluncaya kadar (iki aylık olması tercih edilir) emzirmeyi sürdürürseniz bu süre içinde bebeğiniz emzirmenin nimetlerinden yeterince yararlanabilir. Bu sürenin sonunda hâlâ emzirmekten keyif almıyorsanız bebeğinizi memeden kesin.

FOTOĞRAF FLAŞLARI

"Fotoğraf çekilirken bebeğim gözlerini kırpıştırıyor. Acaba gözleri mi yanıyor?"

Herhalde yalnız dünyaca ünlü yıldızlar yenidoğan bir bebek kadar patlayan flaşlara maruz kalmaktadır. Yenidoğanın anne-babası hayatının ilk günlerindeki yenidoğan bebeklerinin her anını görüntülemeye çalışırken flaşlar art arda patlar. Yıldızların aksine yenidoğanların ardına sığınacakları güneş gözlükleri yoktur. Bebeğinizin gözlerini çok yakınında patlayan flaşlardan korumak ve kamera ışıklarının onu rahatsız etmesini önlemek için fotoğraf seansları sırasında bazı önlemler almak yararlı olabilir. Bebeğinizin gözlerinin korunması için fotoğraf makinesinin en azından 1 m uzaktan çekmesini sağlayın. Mümkünse ışığı duvardan bebeğinizin yüzüne yansıtın. Daha önce bunları yapmadıysanız endişelenmeyin; gözleri çok büyük hasar görmeyecektir.

GÜRÜLTÜLÜ MÜZİK

"Eşim rock müziği çok yüksek sesle dinliyor. Kızımın kulaklarına zarar verecek diye korkuyorum."

Gürültülü müzik uzun süre dinlendiğinde (bu rock, klasik müzik veya herhangi bir tür olabilir) genç-yaşlı tüm kulaklara zarar verir -yani işitme kapasitesini azaltır. Bebeklerin ve küçük çocukların kulaklarıysa yüksek sesin zararlı etkilerine özellikle duyarlıdır. Kulaklardaki hasar, gürültünün şiddetine, ve maruz kalınan süre ve sıklığa bağlı olarak geçici veya kalıcı olabilir.

Ne kadar yüksek olursa müzik gürültülü olur? Bebeğin ağlaması gürültüye bir tepki olabilirse de müziğin sesini kısmak için onun protesto etmesini beklemeyin. Erişkinler için maksimum gürültü düzeyi 90 desibeldir ve bu kolaylıkla aşılabilen bir düzeydir. Evinizde desibel ölçme aleti yoksa müziği konuşmaya imkan verecek düzeyde dinleyin; bağırmak zorunda kalıyorsanız bu gürültü anlamına gelir.

VİTAMİN DESTEĞİ

"Konuştuğumuz herkesin vitaminler konusundaki düşünceleri farklı. Oğlumuza vitamin verelim mi vermeyelim mi?"

Sizin büyük-büyük anneniz genç bir anneyken herhalde vitamin desteğinden söz edildiğini duymamıştır, hatta vitamin sözcüğünü bile duymamış olabilir (vitamin ismi 1912'de kullanılmaya başlanmıştır); büyükannenize ise "içerdiği vitaminler nedeniyle" çocuklarına balık yağı vermesi önerilmiştir; sizin annenize her hangi bir ek besin vermesi söylenmemiş olabilir. Beslenme biliminin henüz emekleme döneminde olduğu düşünülürse yeni bilgiler edinildikçe önerilerin değişmesi kaçınılmazdır. Bilimsel dünyada bu kadar çok değişiklik yaşanırken halkın bu konuda ne yapılması gerektiği konusunda kafasının karışması şaşırtıcı değildir.

Güncel araştırmalar sağlıklı yeni doğanların çok sayıda vitamin içeren komplekslere ihtiyacı olmadığını gösteriyor. Anneleri yeterince beslenen bebekler emzirildiklerinde gereken bütün vitaminleri almış olurlar; biberonla beslenen bebekler de güçlü mamalarla vitamin desteği alırlar. Beslenme bozukluğu (emilim sorunu) olan bebekler ve annesi vejetaryen olup hiçbir hayvansal gıda veya vitamin desteği almayan bebekler istisnadır. ikinci gruptakilere en azından annenin sütünde yer almayan B12 vitamini ve mümkünse folik asit verilmelidir; elbette ki ideali demir katkılı vitamin-mineral desteği verilmesidir.

Birkaç aylık bebeklere vitamin verilmesinin gerekip gerekmediği tartışmalıdır. Piyasadaki mamalar demir içerdiklerinde tüm besin ihtiyacını karşılarlar. Öte yandan anne sütünün içeriği annenin aldığı besinlere, annenin sağlığına ve henüz anlamadığımız etkenlere göre değişiklik gösterebilir.

Katı gıdalara geçildiğinde bebeğin besinlerini kontrol etmek güçleşir. Bir gün sabahtan koca bir kase besin yüklü mısır gevreği ve öğlen birkaç kaşık yoğurt yiyip akşam yemeğinde havuç ve bezelyeyi reddedebilir. Ertesi gün biberon dışında bir şey kabul etmeyebilir. Bir diğer gün yemeklerin çoğu masanın üzerine dökülerek ve mama sandalyesinin muhtelif yerlerine sürülerek değerlendirilebilir ve bebeğinize önerdiğiniz yiyecekler tadına bakılıp tükürülebilir.

Bebeğinizin ağzına damlalıkla verdiğiniz vitaminlerin bir kısmı idrarla atılır (Amerikalıların aldıkları bolca vitamin sayesinde dünyanın en sağlıklı idrarına sahip oldukları söylenmektedir) Yine de bazı doktorlar her gün vitamin vermeyi bir sağlık sigortası gibi görürler. Bazıları da bunun gereksiz olduğuna inanırlar. Sizin doktorunuz da "tüm bebeklerin ihtiyacı olan dengeli bir beslenmesir" diyenlerdense ancak siz günlük diyet çeşitliliği karşısında besinsel açıdan kendinizi "sigortalı" hissetmek istiyorsanız, reçetesiz satılan vitaminlerden bebeğinizin günlük alması gereken miktarı aşmayacak şekilde vermenizde bir sakınca yoktur hatta yararlı bile olabilir.

Ancak bazı vitamin ve mineraller vardır ki verilmesi konusunda görüş birliği bulunmaktadır.

D vitamini. Günde 4 dakikadan haftada en az 30 dakika (sadece altında beziyle) veya şapkasız ve giyinikken haftada iki saat, günde yaklaşık 17 dakika güneş ışığına çıkarmanız bebeğinizi raşitizmden koruyacaktır. Bebeğinizin yalnızca bu şekilde D vitamini alması hem güneşe bağlı olarak şansa kalacaktır, hem de potansiyel tehlike oluşturur. Amerikan Pediatri Akademisi iki-dört haftalık bebeklerde D vitamini katkısını öneriyor. Bu vitamin mamalarda bulunur ancak anne sütünde olup olmadığı bilinmiyor. Bebeğinizi emziriyorsanız vitamin damlasıyla D vitamini verin. Bebeğe 400 üniteden fazlasını vermeyin; bu zararlı olabilir. D vitamini katkılı bir mamayla beslenen bebeğinize ek olarak D vitamini vermeyin.

Demir. İlk 18 ayda demir alamamak ciddi gelişimsel ve davranışsal sorunlar oluşturur. Yeni doğmuş bebeğiniz, düşük tartılı veya prematüre olarak doğmadıysa, yeterli demir deposuyla doğar ancak bu rezerv 4-6 ay içinde gittikçe azalır. Amerikan Pediatri Akademisi dört aylık bebeklere demir katkısı yapılmasını öneriyor. Demirli mamalar biberonla beslenen bebekler için yeterlidir ancak emzirilen bebeklerde başka seçeneklere ihtiyaç vardır. Katılara geçildiğinde demirle güçlendirilmiş tahıllı mamalar bir seçenek olabilir ancak doktor demirli sülfat da önerebilir.

Yeterli C vitamini alımı demir emilimini arttırır ve bebeğiniz katılara başladığında demirin etkilerini arttırmak için C vitamini eklemeniz gerekebilir. Klinik yönden demirin bebeklerin midelerini bozmadığı kanıtlanmıştır. Yine de fazla miktarlarda kullanım zararlı olabilir. Evde bir aylık miktardan daha fazlasını bulundurmayın ve çocukların kolay ulaşamayacağı bir yerde saklayın.

Flor. Bu mineral diş çürümesine karşı birebirdir. Yerel su kaynaklarındaki flor düzeyi 0.3 ppm'in altındaysa 6 aylıktan-üç yaşına kadar olan çocuklarda 0.25 miligram; üç ile altı yaşlar arasındaki çocuklarda da 0.50 miligram flor verilmesi gerekir. Flor düzeyi 0.3-0.5 ppm arasındaysa üç yaşına kadar olanlarda katkıya gerek yoktur; üç-altı yaşlardaki çocuklarda 0.25 mg katkı gerekir. Flor düzeyi 0.6 ppm) veya üzerindeyse demir katkısına gerek yoktur.

Çeşme suyunuz yeterli miktarda flor içeriyorsa (minimum 0.3 ppm) 6 aydan sonra şunlara dikkat edin:

- Sıvı veya karıştırılmaya hazır toz mama vereceksen iz çeşme suyuyla hazırlayın.
- Altı aydan sonra çocuğunuza her gün, tercihen bardakla, su içme alışkanlığı kazandırın.
- Çocuğunuz su içmiyorsa doktorunuzdan flor katkısı veya mineral katkılı damla isteyin.

Dişler çıkmaya başlayınca diş macunu bölgesel (tropikal) olarak kullanılabilir. Florun fazlası zararlıdır. Dişler gelişirken fazla flor alınması florozise veya beyaz çizgi oluşmasına yol açar. Bebekler ve çocuklar florozise özellikle yatkındırlar çünkü dişleri gelişmektedir. Fazla dozdan sakının. çocuğunuz diş fırçalamaya başladığında florsuz diş macunu kullanmasını sağlayın. Diş macununun kapağını kapatarak bebeğinizin kolay ulaşamayacağı bir yere koyun, bazı bebekler diş macunu yemeye bayılır.

Herhangi bir vitaminin belli dozların üzerinde verilmesi faydadan çok zarar getirir.

Eğer çocuğunuz vitamin damlalarından nefret ediyorsa sayfa 366'daki ilaç verme yöntemlerinden yararlanın.

SÜNNETTEN SONRAKİ BAKIM

"Oğlum dün sünnet oldu ve bugün o bölgede sızıntı var. Bu normal mi?"

Vücuttan bir parçanın ayrılması bu parça ne kadar küçük olursa olsun reaksiyon oluşturur. Sünnet edildikten sonra penis civarında ağrı, biraz kanama ve sızıntı olur; bu vücuttaki iyileştirici maddelerin o bölgeye gittiğini gösterir.

İlk gün için iki bez kullanmak faydalıdır hem penisin korunmasını sağlar hem de bebeğin uyluklarının birbirine çarpmasının engeller; bu daha sonra gerekmemektedir. Genellikle penis doktor tarafından gazlı bezle sarılır. Her bez değiştirdiğinizde penisi genellikle merhemli gazlı bezle sarmanız ve iyileşene kadar penisi ıslatmamanız önerilir. (nasıl olsa bu dönemde göbek kordonu da henüz düşmemiş olacağı için bebeğinizi banyoya daldırmayacaksınızdır).

SKROTUM ŞİŞMESİ

"Oğlumun üç testisi varmış gibi görünüyor."

Oğlunuzun testisleri skrotum adı verilen koruyucu kese içinde bulunur ve bu kesenin içinde bir miktar sıvı vardır. Bazen bebek doğduğunda skrotal kesenin içinde çok fazla sıvı olur ve şişmiş gibi bir görüntü oluşur. Bu yapıya hidrosel adı verilir ve endişelenecek bir şey yoktur çünkü ilk sene içinde tedaviye gerek kalmadan düzelir.

Ancak bebeğinizin durumunu doktorla konuşmanız ve bunun kasık fıtığı (hassasiyet, kızarıklık ve renk değişikliği de bulunur; bkz. Sf. 138) olup olmadığını anlamanız gerekir. Doktorunuz skrotuma ışık tutarak skrotumdaki şişmenin fazla sıvı birikimine mi yoksa kasık fıtığına mı ait olduğunu ayırt edebilir

HİPOSPADİAS

"Oğlumun penisinin ucunda olması gereken delik ucunda değil ortasında bulunuyor."

Zaman zaman doğum öncesi bebeğin gelişimi sırasında üretra (semen ve idrarı taşıyan boru) ve penis oluşurken bir şeyler ters gidebilir. Oğlunuzun durumunda glans boyunca ilerleyen üretra penisin ucuna değil ortasına açılır. Bu anormalliğe hipospadias denir ve ABD'de 1000 erkek bebekten 1 ila 3'ünde görülür. Üretranın penisin ucunda olduğu fakat tam da ucunda olmadığı birinci derece hipospadia küçük bir kusur olarak görülür ve tedavi edilmesi gerekmez. Deliğin penisin altında kaldığı ikinci derece hipospadiaslar rekonstrüktif ameliyatla iyileştirilir. Deliğin skrotumun yanında bulunduğu üçüncü derece hipospadiaslar da düzeltilebilir fakat bu durumda iki ameliyat gerekir.

Öndeki deri rekonstrüksiyonda kullanılacağından hipospadiaslı bebeklerin sünnet edilmemesi gerekir. Bazen kız bebeklerde de hipospadias görülür ve üretra vajinaya açılır. Bu da ameliyatla düzeltilebilir.

BEBEĞE FAZLA SU VERMEK

"Bir komşum kızımı sık sık emzirmek yerine ona biberonlar dolusu su vermememi öneriyor."

Biberonla beslenen bebeklerin özellikle çok sıcak havalarda suya ihtiyaçları olabilir (24 saatte 120,cc kadar) ancak anne sütüyle beslenen veya mamayla beslenen bebeklerde buna gerek yoktur. Çok fazla su alımı (özellikle de ticari olarak şişelenen sular) kanda sodyum düzeylerinin azalmasına ve bebeğin nöbet geçirmesine neden olabilir. Daha büyük bir bebeğe bardakla azar azar su verilebilir. Katı besinlere başlanan bebeklerde daha fazla suya ihtiyaç vardır.

BİLMENİZ GEREKEN ÖNEMLİ ŞEYLER
Bebekler Farklı Gelişirler

Bebek doğduğu günden itibaren yarış başlar ve kötü bir başlangıç yapmak anne-babaları hayal kırıklığına uğratır. Eğer gelişme tablosuna göre bebeğin 10 haftalıkken dönmesi gerekiyorsa neden onların bebekleri on iki haftalık olduğu halde hala dönmemiştir? Oyun parkında yandaki pusetteki bebek üç buçuk aylıkken bir nesneyi eliyle kavradıysa kendi bebekleri neden o zamana kadar böyle bir şey yapmadı? Eğer büyükanne tüm çocuklarının beş aylık olmadan önce oturduğunu söylüyorsa kendi bebekleri altı aylık olduğu halde neden hala acınacak bir şekilde kaykılıyor?

Ancak bu yarışa iyi başlayan her zaman ge-

BEBEĞİN GÜVENLİĞİNİ SAĞLAMAK

Bebekler göründüklerinden daha sağlamdırlar. Onları kucağınıza aldığınız zaman kırılmazlar, başlarını desteklemeyi unutursanız başları yerinden çıkmaz ve çoğu düşmeleri yarasız beresiz sonuçlanır. Ama kazalara açıktırlar. Başlarını belaya sokamayacak gibi görünen çok küçük bebekler bile bir şeye uzanmaya çalışırken başlarını derde sokabilir. Bebeğinizi kazalardan korumak için her zaman şunlara dikkat ediniz:

- Bebeğinizi arabayla gezdirirken mutlaka emniyetli araba koltuğu kullanın. Hem kendiniz emniyet kemeri takın, hem de sürücüye taktırın, sürücü emniyette değilse kimse değildir. İçki içtikten sonra araba kullanmayın veya bebeğinizin öyle birinin arabasında yolculuk yapmasına izin vermeyin.
- Bebeği büyük küvette yıkarken altına havlu koyarak kaymasını engelleyin. Bir eliniz sürekli bebeğinizin üzerinde olsun.
- Bebeği değişim masasında, yatakta, sandalyede veya kanepede bir an bile olsa yalnız başına bırakmayın. Henüz kendi etrafında dönemeyen bir yenidoğan bile vücuduyla uzanarak düşebilir. Bebeğin üzerini değiştirdiğiniz masanın emniyet kemerleri yoksa bir eliniz sürekli bebeğin üzerinde olsun.
- Bebek koltuğu kullanıyorsanız bunu değiştirme masasına, küçük bir masanın üzerine, mutfak tezgahına veya yeterince geniş olmayan herhangi yüksek bir yere koymayın yoksa bebeğiniz koltuğun devrilmesiyle düşebilir.
- Ne kadar iyi eğitimli olursa olsun evcil bir hayvanla bebeği yalnız bırakmayın.
- Bebeği beş yaşın altındaki kardeşiyle yalnız bırakmayın. Çocuklar arasında gayetli bir şekilde oynanan saklambaç bebeğinizin boğulmasıyla sonlanabilir veya sıkıca sarılma sonucu bebeğinizin kaburgaları zarar görebilir.
- Bebeği on dört yaşın altındaki bakıcıyla, tanımadığınız bir bakıcıyla veya henüz referanslarını kontrol etmediğiniz bir bakıcıyla yalnız bırakmayın. Tüm bakıcılar bebek güvenliği ve kalp-akciğer canlandırması konusunda eğitim almış olmalıdırlar.
- Bebeği havada atıp tutmayın veya sertçe sarsmayın.
- Posta kutusuna giderken, arabanızın park yerini değiştirirken, bodrum katındaki çamaşırhaneye göz atmaya gittiğinizde, kısaca hiçbir zaman bebeği evde tek başına bırakmayın. Bir yangının çıkması için sadece birkaç saniyede yeterlidir.
- Bir bebeği veya çocuğu asla arabada yalnız başına bırakmayın. Sıcak havada camları açmanız bile bebeğinizi sıcak çarpmasından koruyamayabilir. Her havada frenler boşalabilir ve çocuğunuzun arabayla sürüklenmesine neden olur, ya da pusuda bekleyen bir çocuk hırsızı arabanızdaki bebeğinizi alıp kaçabilir.
- Bebeği mağazada, yürüyüşte ve oyun parkında gözünüzün önünden bir an bile ayırmayın, bebek arabası veya puset bir çocuk hırsızı için özellikle kolay bir hedeftir.
- Bebeğin oyuncaklarını veya başka şeylerini iple karyolasına asmayın ve bebeğin boynuna veya koluna bilezik, kolye, madalyon, künye asmayın veya bebeğin karyolasının yakınında 12 cm.den uzun herhangi bir kurdele bulundurmayın. Kapşonlardaki, giysilerdeki veya pantolonlardaki bağcıklarının uçlarının sıkıca düğümlenmiş olduğundan emin olun yoksa yerlerinden çıkabilirler. Bebeğin ulaşabileceği yerlerde kordon, ip, sicim, zincir gibi herhangi bir şeyin olmadığından emin olun. Bebeğin karyolasının, değiştirme masasının ve oyun alanının elektrik kablolarından (bu çifte tehlike oluşturur), perde kordonlarından, jaluzi iplerinden, Telefon kablolarından uzak olmasına dikkat edin. Tüm bunlar kaza ile boğulmaya sebep olabilir.
- Kaza eseri boğulmayı engellemek için kuru temizleyiciler tarafından kullanılan plastik kılıfları yatağın üzerinde veya bebeğinizin ulaşabileceği herhangi bir yerde bırakmayın. Bebeğiniz uyurken de uyanıkken de onu yalnız başınayken ulaşabileceği içi dolu oyuncaklar, yastıklar ve benzeri şeylerden uzak tutun. Bebeğinizin bunlarla birlikte uyumasına izin vermeyin. Ayrıca peluş yatak örtüsü bulunan, içinde fasulye torbası olan, su yatağı veya duvara meyilli şekilde birleşen bir yatakta uyumasına da izin vermeyin.
- Bebeği açık bir pencerenin önünde bir an bile tutmayın.
- Evde yangın dedektörleri kullanın, bunları itfaiyenin önerilerine göre yerleştirin. Düzenli olarak bakımını yaptırın.

lişme göstermeyebilir ve yavaş gelişen bir bebek ilerde atılım yapabilir. Bebeğin yaşamının ilk dönemlerinde çok uyanık olması ilerdeki zekasının parlak olacağını düşündürse de zeka testleri bunu kanıtlayamamıştır. Bebekken yavaş olanların da parlak ve başarılı olabildikleri gösterilmiştir. Çalışmalar 7 çocuktan birinin üç yaşının ortalarından 17 yaşına kadar 40 IQ puanı aldığını gösteriyor. Sonuç olarak ortalama bir bebek ilerde ödüllü bir genç olabilir.

Çocuğun ilerdeki zekasını ölçememememizin bir nedeni zekanın bebeklerde nasıl anlaşılacağını bilemememizden kaynaklanır. Onlara soru soramayız ve cevap alamayız. Test uygulayamayız çünkü sözlü ve yazılı cevap veremezler. Bütün yapabileceğimiz bebeğin motor ve sosyal becerilerini incelemektir ve bunlar tam olarak zekayla aynı şey değildir. Gelişimin erken dönemindeki becerileri incelesek bile sonuçlarımız kuşkuludur; bebeğin performansının düşme nedeninin yeteneksizlik mi, fırsat eşitsizliği mi veya anlık ilgi kaybı yüzünden mi olduğunu söyleyemeyiz.

Çocuklar farklı hızlarda gelişirler. Bu farklılıklar beslenmeden çok doğayla ilgilidir. Her çocuk belli bir yaşta gülmek, oturmak, başını kaldırmak ve adım atmak üzere programlanmıştır. Yapılan çalışmalar gelişimsel zaman tablosunu değiştiremeyeceğimizi gösteriyor ancak bebeğe gelişmesi için yeterli zenginlikte ortam sağlanmazsa, beslenme düzeyi iyileştirilmezse, sağlığına önem verilmezse ve gereken sevgi ve ilgi gösterilmezse gelişmesi yavaşlar.

Bebek gelişimi dört alanda incelenebilir:

Sosyal gelişme. Bebeğin gülmeye, insan yüzlerine ve seslerine verdiği tepkiler onun sosyal bir varlık olduğunu gösterir. Bu alandaki gelişmede ciddi bir gecikme görme, işitme veya entelektüel ve duygusal gelişmede bir problem olabileceğini gösterir.

Dil gelişimi. Erken yaşlarda geniş bir kelime haznesine sahip olan veya cümlelerle ve ifadelerle konuşan çocuk dil alanında gelişim göstermiş demektir. Ancak ikinci yılda da jestler ve mimiklerle kendini ifade etmeye devam eden bir bebek de aynı dil gelişimi düzeyini sonradan yakalayabilir. Alıcı (reseptif) dil gelişimi yani bebeğin söylenenleri ne kadar anladığı ifade edici dil gelişiminden (bebeğin konuşabilmesi) çok ilerleme olduğuna işaret ettiğinden her şeyi anlayan fakat ifade edemeyen bebekte gelişme gecikmesi olasılığı yoktur. Yine, bu alandaki gelişimin yavaş olması görme veya işitme problemine işaret edebilir.

Kaba motor gelişme. Bazı bebekler rahimdeki ilk tekmelerden itibaren son derece aktiftirler; doğduklarında kafalarını erken kaldırırlar, erken yürürler ve daha atletik olurlar. Yavaş başlangıç yapanlardan bir kısmı sonradan bir futbol sahasında veya tenis kortunda parlayabilir. Çok yavaş gelişme gösterenler ise sağlık problemi açısından değerlendirilmelidir.

İnce motor gelişme. Erken dönemde el-göz koordinasyonu ve nesnelere uzanıp onlarla ilişki kurabilme ilerde ellerin iyi kullanılabileceğini gösterir. Ancak bu alanda beceri sahibi olmama ilerde becerikli olunmayacağını göstermez.

Entelektüel gelişmeyi gösteren belirteçler - yaratıcılık, mizah duygusu ve problem çözme becerileri- ilk yılın sonuna kadar belirgin hale geçmez. Sonunda yeterli fırsat, cesaret ve güç verilirse çocuğun doğuştan gelen becerileri gelişebilir.

Çeşitli alanlardaki gelişme hızı aynı değildir. Bir çocuk altı haftalıkken gülebilir ancak altıncı aya dek oyuncağına uzanamayabilir; başka bir bebek de sekiz aylıkken yürüyebilir fakat bir buçuk yaşına kadar konuşamayabilir. Bazen çocuk bütün alanlarda eşit olarak gelişme gösterebilir. Her şeyi erken yapabilen çocuğun ilerde parlak bir insan olması olasılığı vardır; aşırı derecede yavaş gelişme gösteren bir çocukta da ciddi sağlık problemleri olabilir; bu durumda profesyonel bir inceleme ve müdahale şarttır.

Çocukların gelişme hızları aynı olmasa bile hepsinde üç temel aşama göze çarpar:ilk olarak, çocuk yukardan aşağıya ve baştan ayak parmaklarına doğru gelişir. Bebekler dik oturmadan önce kafalarını dik tutabilirler; ve bacakları üzerinde doğrulmadan önce sırtlarını dik tutabilirler. ikincisi, gövdeden uzuvlara doğru gelişirler. çocuklar kollarını ellerinden önce, parmaklarını da ellerinden sonra kullanmaya başlarlar. Gelişme basitten karmaşık olana doğrudur.

Bebeğin öğrenmesindeki başka bir konu belli bir becerinin öğrenilmesine doğru yöneltilmiş derin konsantrasyondur. Bir beceride ustalaşılınca diğer bir beceri devreye girer ve bebek yeni becerisini geliştirmekle uğraşırken eski becerisini unutabilir. Bebeğiniz sonunda tüm becerilerini bütünleştirecek ve hepsini aynı anda ve otomatik olarak kullanabilecektir. Bu arada en son öğrendiği şeyi unutursa panik yapmayın.

Çocuğunuzun gelişme hızı ne olursa olsun ilk yıldaki başarısı önemlidir ve bu dönemdeki öğrenme hızı diğer tüm dönemlerden çok daha yüksektir. Bu zamanın keyfini çıkarın. çocuğunuzu diğer çocuklarla veya standart gelişme cetvelleriyle karşılaştırmayın. Bebeğin durumu bir hafta veya bir ay öncesine göre kendi içinde değerlendirilmelidir.

-5-

İkinci Ay

BEBEĞİNİZ NELER YAPIYOR OLABİLİR

Bu ayın sonunda: (nota bakınız):

• Gülücüğünüze gülücükle karşılık verebilir.

• Yüzünden 15 cm uzaklıktaki bir nesneyi orta hatta kadar takip edebilir (sonuna kadar izler).

• 1,5 aylık olduğunda çıngırağa belli bir şekilde karşılık verebilir (ürkerek, susarak, ağlayarak).

• Ağlama dışında sesler çıkarabilir.

Not: Bebeğiniz bu ana hedeflerden birine veya birkaçına ulaşamadıysa doktorunuzla görüşün. Ender olarak bu gecikme problem olduğuna işaret ederse de durum çoğu zaman normale döner. Prematüre bebekler bu hedeflere aynı yaş grubundaki bebeklerden daha geç ulaşırlar; düzeltilmiş yaşlarında (miadında doğmuş olsalardı) bu hedeflere yakınlaşırlar.

Bebeğiniz şunları da yapabilir:

• Karnının üzerindeyken başını 45 derece yukarı kaldırabilir.

• Yüzünün 15 cm uzağındaki nesneyi orta hattın ötesine kadar takip edebilir (sonuna kadar izler).

Bebeğinizin şunları da yapması olasıdır:

• Dik oturtulduğu zaman kafasını dik tutabilir.

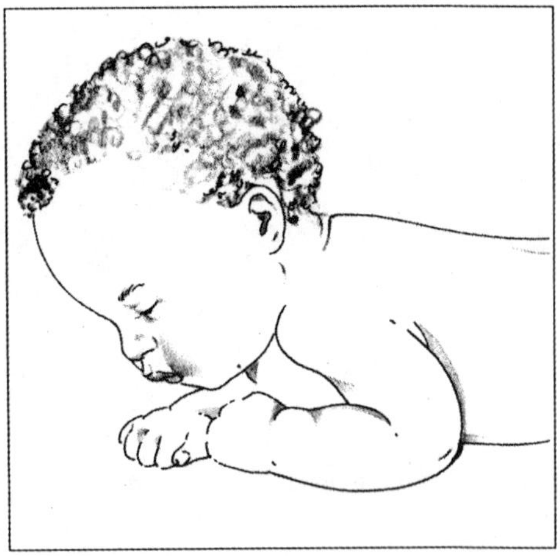

Bebeğiniz karnının üzerindeyken başını 45° yukarı kaldırabilir.

• Karnının üzerindeyken kollarının yardımıyla göğsünü yerden kaldırabilir.

• Yuvarlanabilir (bir yana).

• Parmaklarının ucuna oyuncak tutuşturulduğunda onu kavrayabilir.

• Küçük nesnelere dikkat gösterebilir.

• Bir nesneye uzanabilir.

• Agu gibi içinde sessiz harf olan kelimeler oluşturabilir.

Hatta bebeğiniz şunları bile yapabilir:

• Kendiliğinden gülmeye başlar.

• İki elini kavuşturabilir (2 ay ve 20 gün)

• Karnının üzerindeyken kafasını 90 derece yukarı kaldırabilir (2 ay ve 20 gün)

• Kahkahalar atabilir.

• Çığlıklar atabilir (memnuniyetten)

• Yüzünün 15 cm uzağındaki bir nesneyi 180 derece takip edebilir (bir yandan öbür yana).

BU AYKİ DOKTOR KONTROLÜNDE NELER BEKLEYEBİLİRSİNİZ

Her doktorun veya hemşirenin sağlıklı bebek kontrolünde uyguladığı yaklaşımı farklı olacaktır. Fiziksel muayenenin genel organizasyonunun yanında inceleme tekniklerinin tipi ve sayısı da bebeğin bireysel ihtiyaçlarına göre düzenlenir. Ancak genel olarak iki aylık bebeğin rutin muayenesinde şunların yapılması gerekir:

• Bebeğin ve ailesinin evdeki durumuyla ilgili sorular; bebeğin nasıl beslendiği, uyku düzeni ve genel gelişimi incelenir.

• Bebeğin ağırlığı, boyu, kafa çevresi değerleri ve bunların doğumdan itibaren grafiğe işaretlenmesi.

• Önceden görülen problemlerin kontrol edildiği ikinci bir fiziksel muayene.

• Gelişimin incelenmesi. Kafa kontrolü, el kullanımı, görme ve işitme becerileri ve sosyal etkileşimlerle ilgili testler yapılabilir veya bebeğin bu alanlardaki gelişimi sizin beyanlarınıza dayanılarak izlenir.

• İlk aşılama seansları (eğer bebek sağlıklıysa ve konrendikasyon yoksa).

• Beslenme, uyuma, gelişme ve bebek güvenliği gibi konularda sonraki ayda neler yapılabileceğiyle ilgili görüşler alınabilir.

• Gerekiyorsa D vitamini ve flor desteği konusunda öneriler alınabilir. Demir ilaveli mama kullanılmıyorsa demir katkısı görüşülür.

Doktorunuz kendiliğinden yanıtlamadıysa şu tip soruları sorabilirsiniz:

• Bebeğe aşı yapıldığında ne tip reaksiyonlar göreceksiniz? Bunları nasıl tedavi edeceksiniz? Ne tip reaksiyonlarda doktoru aramalısınız?

Ayrıca geçen ay bebeğin sağlığı, beslenmesi veya aileye uyumu konusunda sorular da sorabilirsiniz. Bebekle ilgili tüm parametreleri (boyu, kilosu, kafa çevresi, doğum izleri, aşıları, hastalıkları, aldığı ilaçlar, test sonuçları) sabit bir deftere kaydedin.

BEBEĞİNİZİN BU AYKİ BESLENMESİ
Biberonla Besleme

İlkel kültürlerde anneler bebeklerini her zaman emzirme şansına sahipler. Ancak bizim toplumumuzda anneler işlerine kısa süre sonra döndüklerinden destek niteliğindeki besinlerin kullanılması gerekli ve kaçınılmaz hale gelir. Bebek mamalarının gittikçe daha iyi hazırlanması ve kullanılması kolay meme pompalarının üretilmesi bu besinleri kullanma açısından büyük kolaylık sağlar.

NEDEN BİBERONLA BESLEMEK GEREKİYOR?

Bebeğini emziren anne destek niteliğindeki besinlere şu nedenlerle başlayabilir:

• Bebeği küçükken işe veya okula dönmek isteyebilir.

• Bebeği bir kaptan süt içebilene kadar (en erken sekiz veya dokuz ayda) onu emziremeyebilir.

• Bebeği yanına almadığı öğleden sonraları veya akşamlar olabilir, randevuları (doktor,diş hekimi vs.) olabilir veya derslere katılabilir.

• Acil durumlarda hazırlıklı olmak isteyebilir. (Hastalanabilir ve bebeğe bakamayabilirsiniz, bulunduğunuz bir toplantı uzayabilir ve emzirme zamanında evde olamayabilirsiniz, birkaç günlüğüne şehir dışına çıkabilirsiniz.)

Bebeklerine destek besinler vermeyen anneler bebeklerinin düzenine bağlı yaşarlar, ancak meme emziren anneler de kendilerine zaman ayırabilirler. (İki öğün arasında yemek için dışarı çıkmak veya bebeği gece uykusuna yatırdıktan sonra sinemaya gitmek gibi.) Besin desteği vermeme nedenleri şunlardır:

• Bebeğin biberona bağlanmasından endişe duyulması ve memeden kesme olayının iki aşamada olması: hem memeden kesme hem de biberondan. Bu tip anneler bebekleri sandalyede dik oturabildikleri anda bebeklerinin bir kaptan süt içmesini sağlarlar ve mama veya anne sütü için bir kap kullanırlar.

• Göğüslerindeki süt rezervinin düzenini bozmama isteği.

• Bebekleri biberonu reddediyorsa ve anne bu konuda baskı uygulamayı düşünmüyorsa.

NASIL BİBERON VERİLİR?

Ne zaman başlamalı? Bazı bebekler memeden biberona geçmekte zorlanırlar fakat çoğu anne beşinci veya altıncı haftaya kadar biberonsuz idare edebilir. Bundan önceki besin desteği başarılı bir emzirme olayını engeller ve bebeklerde meme ve yapay meme arasında karmaşa yaşanır.

Destek olarak ne kullanılmalı? İnek sütü küçük bebek için uygun olmadığından besin desteği konusunda iki seçenek vardır: Anne sütü veya mama.

• Anne sütü. Meme pompası siparişini hallettikten sonra annenin tek yapacağı süt toplamak olacaktır (ilk başta 45 dakika sürer; daha sonraları 15 ila 30 dakikaya iner, bazı kadınlar deneyim kazandıklarında toplam 10 dakikada iki memelerini birden sağabilirler). Anne sütü optimum beslenmeyi ve hastalıklara karşı direnci sağlar; az miktarda mama kullanılması bu süreci etkilemez ama fazlası etkiler.

• Mama. Kullanıma hazır mamalar en pahalı olanlardır ancak hemen hazırlanırlar; karıştırılması gereken formüller daha ekonomiktir ancak hazırlaması uzun sürer. Mama anne sütünden daha az besleyicidir ama genelde yeterlidir[1].

Meme sütü veya mamayla besin desteği vermeyi düşündüğünüzde bebeğinizden üç-dört saat ayrı kalacaksanız süt biriktirmeniz gerektiğini yoksa süt kanallarının tıkanıp süt rezervinizi azaltabileceğini aklınızdan çıkarmamalısınız. Topladığınız sütü atabilirsiniz veya sonra kullanabilirsiniz.

Ne kadar destek vermeliyim? Meme emzirmenin güzel tarafı bebeğinizin ne kadar alması gerektiği konusunda endişeye yer bırakmamasıdır. Biberona başladığınızda sayılar oyununa yenilmemeye dikkat edin. Direnin. Bebeğe bakan kişiye bebek ne kadar isterse o kadar süt vermesini ve istemediğinde vermemesini söyleyin. 4.5 kiloluk bir bebek bir öğünde 180 cc kadar fazla ya da 60 cc kadar az mama alabilir. Ayrıca bakıcınıza, eve döndükten sonra bebeği 1-2 defa emzirme şansı bulabileceğinizi, dolayısıyla bebeğinizi aşırı beslememesini hatırlatın. Aksi takdirde hem bebeğiniz şişmanlayabilir hem de fırsat olduğunda emzirilmesi zorlaşabilir.

Bebeğin üstesinden gelme. Biberonu vermeden önce bebeğinizin tam acıktığından (dikkat edin çok da aç olmasın) ve keyfinin yerinde olduğundan emin olun. Emzikler sıcak suyun altında ılıştırıldığında ve siz odada olmadığınızda ilk biberonlar daha kolay benimsenir. Anne dışındaki besleyiciler bebeği beslerken, tıpkı sizin emzirirken yaptığınız gibi, ona sarılmalı ve

---

1. Çok ender olarak bebek anne rahmindeyken veya bebek odasındayken verilen süte karşı aşırı duyarlı olur ve inek sütünün ilk damlalarına bile kötü bir reaksiyon verebilir. Bebeğiniz acı içinde ağlamaya başlarsa veya dudaklarında, dilinde ya da ağızdaki mukus membranlarda şişme ve aksırma görürseniz hemen doktora başvurun. Mama kullanıyorsanız demirli olanını vermeyin.

ACİL DURUMLAR İÇİN YEDEK BESİN

Bebeğin beslenmesi için biberon kullanmayı düşünmeseniz bile yeterli miktarda anne sütünü altı biberon dolduracak kadar toplayın ve dondurun. Hastalandığınızda veya ilaç kullandığınızda ya da aniden şehir dışına çıkmanız gerektiğinde bunları kullanabilirsiniz. Bebeğiniz biberona alışık değilse bile anne sütü içeren biberon mama içerene kıyasla daha kolay kabul görür.

onunla konuşmalıdır. Biberonla siz besleyecekseniz göğüslerinizin kamuflajını (dekolte bir bluz giymeyin veya sutyensiz olmayın) ihmal etmeyin ve müzik veya oyuncak gibi bir şeyle bebeğinizi oyalayın. Ancak çok fazla oyalamak da beslenmeyi unutturur. Bebeğiniz biberonun emziğini diliyle itiyorsa bir sonraki sefere emziği değiştirebilirsiniz. Bebeğiniz emzik kullanıyorsa biberonda kullanacağınız memenin de ona benzemesi yararlı olabilir.

Belli bir düzeni yerleştirmek. Yaşam düzeniniz günde iki kere beslenme saatini kaçırmanıza neden olacaksa, işe veya okula başlamadan en az iki hafta öncesinde her gün bir emzirme saatinde biberon verin. İkinci biberona geçmeden önce tüm bir hafta boyunca bebeğinizin alışmasını sağlayın. Bu, hem bebeğin anne sütü yerine mamaya geçmesine hem de sizin vücudunuzun daha az süt üretmesine yardımcı olur. Süt üretimi ve emzirme döngüsü yavaş yavaş kesilir ve rahatlıkla işinize dönebilirsiniz.

Biberonu aralıklarla kullanmak. Biberonu yalnızca ara sıra kullanacaksanız dışarı çıkmadan önce bebeğinize iki göğsünüzü de emzirmeniz sızıntıyı ve dolgunluğu engeller. (Fakat yine de önlem olarak göğüs pedinizi kullanın.) Bebeğinizin sizin eve dönüş saatinizden hemen önce beslenmediğinden emin olun (en az 2 saat). Böylece memeleriniz sütle aşırı dolduysa eve döner dönmez emzirme fırsatınız olacaktır.

BEBEK YETERLİ GELİŞME GÖSTEREMEDİĞİNDE BİBERONLA BESLEMEK

Bazen bebek anne sütüyle yeterince beslenemediğinde mama verilmesi önerilebilir. O zaman anne kararsızlığa düşebilir: bir taraftan emzirmeyi keserse bir daha başarılı emziremeyeceğini oradan buradan duyar; öte yandan da doktor ona bebeğe mama vermeye başlamadığı takdirde ciddi sağlık problemleri ortaya çıkacağını söylemektedir. En iyi çözüm annenin süt üretimini engellemeden bebeğe mama verme tekniğini uygulamaktır (daha önce anlatıldı).

MERAK ETTİKLERİNİZ

KONAK

"Kızımın saçlarını her gün yıkıyorum ama kafatasındaki kabuklardan kurtulamıyorum."

Konak olarak adlandırılan ve kafatasında görülen seboreik dermatit küçük bebeklerde ortaya çıkar. Hafif olgularda kafatasında yağlı pullanmalar olur ve mineral yağla masaj yapılması ve sonra kafanın şampuanla yıkanması bu kabukları uzaklaştırır. Ağır durumlarda, kabuklanma yaygındır ve kahverengi yamalar ve sarı kabuklar görülür; bu olgular her gün anti-seboreik şampuanla yıkanmalı ve kükürtlü salisilat içeren merhem sürülmelidir. Bazı olgular bu tip ilaçlarla daha da kötüleşirler. Kafatası terlediğinde pullanma fazlalaşacağından kafanın serin ve kuru tutulması önemlidir.

Beşik kasketi ciddi olduğunda seboreik kızarıklıklar yüze, boyuna ve popoya yayılabilir. Bunun için topikal merhem kullanmak gerekir.

Bazen bebek artık beşikte yatmadığı zamanlarda da bu pullanmalar devam eder. Bu sadece kozmetik bir problem olduğundan yoğun tedavi önerilmez.

GÜLÜMSEME

"Oğlum beş haftalık ve artık gerçekten bilinçli olarak gülmeye başladığını düşünüyordum, ama galiba öyle değil."

Endişelenmeyin. En mutlu bebekler bile altı veya yedi haftalık olana kadar sosyal anlamda gülemezler. Gülmeye başladıklarında da bazıları yaradılış olarak daha güleçtir. Bebeğin yalnızca ağzıyla değil yüzündeki tüm kaslarla gülmesi gerçekten güldüğünü gösterir. Bebekler gülmeye hazır olana dek gülebilmek için beklemekle birlikte bu süreç konuşmak, oyun oynamak ve sık sık sarılmakla kısaltılabilir. Bebeğinize gülümseyin ve sık sık onunla konuşun, göreceksiniz kısa bir süre sonra o da size gülümseyecektir.

BEBEĞİN ÇIKARDIĞI SESLER

"Altı haftalık bebeğim bir sürü ses çıkarıyor ama hiç sessiz harf kullanmıyor. Konuşma kusuru olabilir mi?"

Küçük bebekler ilk önce sesli harfleri çıkarırlar.(İlk haftalarla 2.ayın sonu arasında) Bebeğinizin ilk başlarda çıkardığı nefesle karışık melodik sesler gelişigüzeldir; fakat bir süre sonra onunla konuştuğunuzda bu seslerin size, yatağını paylaşan oyuncağına, yatağının üzerinde asılı duran göz alıcı nesnelere hatta divan örtüsündeki çiçeklere yöneltildiğini görebilirsiniz. Bu vokal egzersizler hem kendilerinin hoşuna gittiği için hem de sizin zevkiniz için bol bol tekrarlanır; bebekler kendi seslerini dinlemeye bayılırlar. Bir anlamda da bu eğitim işlevi görür, böylece bebeğiniz hangi gırtlak, dil ve ağız hareketlerinin hangi sesleri oluşturduğunu keşfeder.

Bu aşama, anne-babalar için ağlamadan sonraki iletişim aracıdır. Ve sadece bir başlangıçtır. Birkaç hafta ve ay içinde bebeğiniz yüksek sesle kahkaha atmaya (genellikle üç buçuk aylıkken), neşeyle çığlık atmaya (genellikle dört buçuk aylık olduğunda) ve birkaç sessiz harfi repertuarına almaya başlar. Bebeklerin sessiz harfleri kullanmaya başlama zamanları çok değişkendir. Ortalama olarak dördüncü ay kabul edilmekle birlikte üçüncü aydan itibaren sessiz harfleri kullanmaya başlayanlar olabileceği gibi beş altı aydan önce bu sesleri çıkaramayanlar da bulunabilir.

Bebekler sessiz harflerle alıştırma yaparken her seferinde bir veya iki yeni kombinasyonu denerler ve bu sesleri sürekli tekrarlarlar (ba, ga veya da gibi). Bir sonraki hafta yeni bir harf dizilimi keşfederler ancak öncekini unutmuş gözükürler. Gerçekte unutmamışlardır fakat konsantrasyonları düşük olduğundan bir seferde bir kelimede ustalaşmayı tercih ederler.

İki heceli tek sessiz harfli sesleri (a-ga, a-ba, a-da gibi) genellikle altıncı ayda şarkı söylercesine tekrarlanan tek sessiz harfli ses zincirleri izler (da-da-da-da gibi). Sekizinci ayda çoğu bebek baba, dada, mama gibi sesler çıkarmaya başlar ama genellikle iki üç ay daha bu seslerin anlamını bilmez. (Babalarının gururunu okşamak üzere çoğu bebek "an-ne" demeden önce "ba-ba" der) Sessizlerin tam anlamıyla kullanımı dört-beş yaşına kadar gerçekleşmez. Birçok normal bebek r ve s gibi belli sessiz harfleri çıkartmakta zorlanır; bu durum ilkokul yıllarına kadar sürebilir.

"Bebeğimiz erkek kardeşinin altı haftalıkken çıkardığı sesleri çıkarmıyor. Endişelenmeli miyiz?"

Bazı normal bebekler dil becerilerini ortalamadan daha erken, bazıları daha geç kazanırlar. Bebeklerin yaklaşık %10'u ilk ayın sonunda ses çıkarmaya başlarken, diğer bir %10'luk bebek grubu üç aylık oluncaya kadar ses çıkaramazlar. Bazıları 4.5 aylıkken sessizleri çıkartırken diğerleri sekiz ayın sonuna kadar bunu beceremeyebilirler. Erken dönemde konuşmaya başlayan bebeklerin ileride dil becerilerinin daha iyi olacağı düşünülmektedir (bu konuda yeterince kanıt bulunmamaktadır). Bu konuda oldukça geriden gelen % 10'luk kesimdeki bebeklerin fiziksel ya da gelişimsel bir problemi olabilir fakat bu da çok net değildir. Bu dönem bebeğinizin dil gelişimiyle ilgili endişeye kapılmak için çok erkendir ve büyük olasılıkla bebeğiniz normal sınırlar içindedir.

Sonraki birkaç ayda da bebeğiniz gösterdiğiniz çabalara ve cesaretlendirmeye rağmen bu ayki ana hedeflere ulaşamazsa doktorunuzla görüşün. Duyma ile ilgili incelemeler ve diğer testler yapılabilir. İşlerinizin yoğunluğu yüzünden çocuğunuzun çıkardığı sesleri fark etmemiş olabilirsiniz. Bu durum çoğunlukla ikinci çocukta olur. Daha az bir olasılıkla bir problem olabilir ancak erken teşhis daha kolay çözümü de beraberinde getirecektir.

ÇARPIK AYAKLAR

"Oğlumuzun ayakları içe dönük. Sonradan normale dönecek mi?"

Buna yanıt hemen hemen her zaman evettir. Bu çarpıklığın nedeni yenidoğanın bacaklarının normal kendi etrafında dönüşünden ve rahimde kaldığı için bir ayağın veya ikisinin garip pozisyonlarda kalmasından olabilir. Doğumdan sonra da bu içe dönüklük bir süre devam edebilir.

Sonraki aylarda bebeğinizin ayakları özgürlüğüne kavuştuğunda; emeklemek ve yürümek için kullanılmaya başladıkça güçlenecektir. Ayakların düzeltilmesi için alçıya veya özel ayakkabı giyilmesine gerek yoktur, bunlar sorunu çözmez.

Bebeğinizin ayaklarındaki eğriliğin bir anormalliğe bağlı olmadığından emin olun. Durumu doktorunuza danışın ve bebeğin ayak gelişimini sıkı bir izlemeye almasını sağlayın. Bebeğinizin ayakları kendiliğinden düzelmezse sonradan özel aletler veya ayakkabılar gerekebilir. Bunun ne zaman gerekli olabileceğini problemin türü ve doktorunuzun görüşü belirleyecektir.

BEBEKLERİN KARŞILAŞTIRILMASI

"Zaman zaman başka annelerle bir araya geliyorum ve ister istemez bebeklerimizi kıyaslıyoruz. Bebeğimin normal gelişip gelişmediğinden çok endişeleniyorum."

Bir oda dolusu hamile kadının karınlarının büyüklüğünü karşılaştırmasından daha çok kaygı yaratan bir şey varsa o da bir oda dolusu yeni doğum yapmış kadının bebeklerini kıyaslamasıdır. Gelişim normları (bu kitabın her bölümünde olduğu gibi) bebeğin normal gelişip gelişmediğini ve geride kalıp kalmadığını anlamanıza yardımcı olur. Bebeğinizi başka bebeklerle ya da daha büyük çocuklarınızla kıyaslamanız gereksiz yere korku ve hayal kırıklığı yaratabilir. Tamamen "normal" iki bebekten biri sesler çıkarma ya da sosyal ilişki kurma becerilerinde daha ilerideyken diğeri fiziksel yetenekler açısından (bir yandan diğer yana dönme) daha önde olabilir. İlk yıl içinde bebekler arasındaki farklılıklar giderek artış gösterebilir. Bir bebek erkenden emeklemeye başlayıp on beşinci aya kadar yürümeyebilir, bir diğeri ise hiç emeklemeden onuncu ayda adım atmaya başlayabilir. Bir annenin bebeğinin gelişimini değerlendirmesi de son derece özneldir ve her zaman doğru olmayabilir. Bir anne bebeğinin çıkardığı sesleri konuşmanın başlangıcı olarak algılamazken bir diğeri tek bir sesi bile "bana anne dedi" şeklinde yorumlayabilir.

Bütün bunları söylememize rağmen entelektüel olarak bebekleri karşılaştırmanın doğru olmadığını bilmek bunu yapmamak ya da yapanlardan uzak durmak anlamına gelmeyebilir.

Birçok anne, bir otobüse bindiğinde, bir doktorun bekleme odasına girdiğinde veya bir parkta bebeği olan başka bir kadınla karşılaştığında kendini tutamayıp masum sorular sormakta, bu da ister istemez karşılaştırmaya yol açmaktadır. (Ne tatlı bir bebek! Daha şimdiden oturmaya başladı mı? Kaç aylık?). Eğer yalnızca "kendi bebeğinizle ilgilenmeyi" başaramıyorsanız karşılaştırmanın gerçekte ne kadar anlamsız olduğunu düşünmeye çalışın. Sizin bebeğiniz tıpkı o doğmadan önceki karnınız gibi kendine özgüdür.

BEBEK TAŞIYICISI (ANA KUCAĞI) KULLANMAK

"Oğlumuzu sürekli bebek taşıyıcısıyla taşıyoruz. Bu iyi bir fikir mi?"

Her ne kadar A.B.D.' de yeni yeni kullanılmaya başladıysa da bebek taşıyıcıları pek çok diğer kültürde tarih öncesi çağlardan beri bebek taşımak için kullanılmaktadır. Bu aletler üç nedenle iyidir. İlk olarak, bebekler taşınmaktan mutlu olurlar; ikincisi daha az ağlarlar ve üçüncüsü bebekle ilgilenen kişiler özgür kalırlar. Bebek taşıyıcısı kullanacaksanız şunlara dikkat etmelisiniz:

Aşırı sıcak. Çok sıcak bir günde hava-su geçirmeyen kalın kumaştan yapılan bir taşıyıcı, ince giysiler giymiş olsa bile bebeğinizi pişirir, özellikle de bebeğin başı, bacakları, ayakları kapalı kalıyorsa. Bu ısı sıcak çarpmasına bile neden olabilir. Taşıyıcıyı sıcak havada veya fazla ısıtılmış bir odada/arabada kullanacaksanız bebeğin terleme durumunu sürekli kontrol edin. Fazla ısınmış görünüyorsa üzerindeki giysilerden bir kısmını çıkartın veya taşıyıcıdan tamamen uzaklaştırın.

Bebeğe ulaşan uyaranların azalması. Görme menzili taşıyan kişinin göğsüyle ya da başını kaldırdıkça yüzüyle sınırlanmış bir bebek dünyayı görme şansına sahip değildir. İlk haftalarda bu durum problem oluşturmaz ancak sonra ufkunu genişletmek zorundasınız. Bebeğin etrafını seyredebileceği öne ya da arkaya bakabilecek şekilde yerleştirebileceğiniz taşıyıcıları kullanın. Ellerinizi kullanmanız gerektiğinde taşıyıcıyı kullanıp diğer zamanlarda puset veya bebek arabasını tercih edin.

Çok fazla uyku. Taşıyıcılarda çok uzun süre taşınan bebekler normalde gereksinim duyduklarından daha fazla uyumaya eğilimlidir. Bunun iki istenmeyen sonucu vardır: ilk olarak, bebek, karyolasında uzun süre uyumak yerine küçük kestirmelerle yetinmeye başlar (markete koştuğunuzda 15 dakika, köpeği gezdirirken 20 dakika) . İkincisi, gündüz çok dinlenip akşamları aktifleşir.

Hasar riski. Küçük bir bebeğin boynu, sarsıldığında kafasını taşıyacak kadar gelişmiş değildir. Koşarken bebeği taşıyıcıda taşımak fikri size cazip gelebilir; hem spor yapıp hem de bebeğinizi oyaladığınızı düşünülebilirsiniz, ancak bebeği gezdirirken zıplatmak riskli olabilir. Bunun yerine, onu pusetle gezdirin. Ayrıca bebeğiniz taşıyıcıdayken eğilmeniz gerektiğinde dizlerinizi bükerek eğilin, belinizi bükerek eğilirseniz bebeğinizi düşürebilirsiniz.

Bu yaşta bebek taşıyıcısı kullanmak uygun olmakla birlikte sırtınızda oturur durumda taşınması için kendi kendine oturup başını dik tutmasını beklemeniz daha uygundur.

AŞILAR

"Bebeğimin doktoru aşılamanın güvenli olduğunu söylüyor. Ama ben ciddi hatta ölümcül aşı reaksiyonları geliştiğini duydum ve kızıma aşı yaptırmaktan korkuyorum."

Bugünün anne-babaları aşıların nadir ters reaksiyonları hakkında duyduklarıyla aşıların pozitif etkilerini göz ardı etme eğilimi taşıyorlar. Aşıların faydaları risklerinden çok daha fazladır. Yakın zamana kadar bebek ölümlerinin çoğu difteri, tifüs ve çiçek gibi bulaşıcı hastalıklardan kaynaklanıyordu. Kızamık ve boğmaca binlerce çocuğun ölmesine veya sakat kalmasına neden oluyordu. Anne-babalar çocuk felcinin (polio) salgın olduğu yaz aylarından korkar hale gelmişti. Bugün çiçek hastalığı tamamen ortadan kalktı, tifüs ve difteri ender hale geldi. Her yıl çok az bebek boğmaca ve kızamık geçiriyor ve çocuk felci annelerin hiç tanışmadıkları bir hastalık.

Aşı, güçsüzleştirilmiş veya ölü mikroorganizmaların veya onların ürettiği toksinlerin (ısı ve kimyasal işlemden geçirildikten sonra toksoid adını alırlar) vücuda verilmesi sonucunda kişide hastalıkla karşılaşmış gibi antikorlar oluşması esasına dayanır. Bağışıklık sistemi bu olayı belleğine kaydeder ve antikorlar özgül mikroorganizmaları tanıyarak yok ederler.

Eski zamanlarda yaşayan insanlar bile hastalık geçirildikten sonra bir daha hasta olunmayacağını biliyorlardı. Bugün aşılama her yıl binlerce küçük çocuğun hayatını kurtarır. Bazı aşı tipleri hafif bir ciddi veya kalıcı hasar riski taşırlar. Yüksek riskli çocuklar hariç aşılamanın faydaları risklerinden çok daha fazladır.

İlk kez yaygın uygulanan aşı olan çiçek aşısı o kadar başarılı oldu ki hastalık dünya üzerinden kalktı. Bebeğiniz ikinci aydan aşılanmaya başlanmalı ve çocukluk döneminde aşağıda ayrıntılı olarak anlatılan şu aşılara devam edilmelidir.

DTB. Bebeğe ilk yapılacak aşı difteri, tetanos toksoidlerini ve boğmaca (pertüsis) aşılarını içcren DTB aşısıdır. Her iki toksoide verilen yanıt aşırı nadirse de boğmaca aşısına yönelik reaksiyonlar yaygındır. Bunların çoğu ciddi tehlike oluşturmazlar. Boğmaca aşısının beyinde hasar oluşturduğu hatta ölüme yol açtığı düşünüldüyse de yapılan çalışmalar böyle bir bağıntı olmadığını göstermiştir. Yeni bir aselüler aşı (DTP) çok sayıda hücre içerene kıyasla daha az ters reaksiyon oluşturur. Şu anda bu yeni aşının yalnızca dördüncü dozdaki (15-18.aylar) ve beşinci dozdaki kullanımı (4 ve 6.yaşlar arası) onaylanmıştır. Daha ileri araştırmaların sonucunda tüm DTP serisi bu aşıyla yapılabilir hale gelecektir.

Bebeğinizin güvenli biçimde aşılandığından emin olmanız için şunlara dikkat etmelisiniz:

- Doktorunuz henüz klinik olarak belirgin hale geçmemiş bir hastalık olup olmadığını araştırarak DTB aşısı yapılmadan önce bebeği kontrol etmelidir.
- Bebeğinizi özellikle aşı yapıldıktan sonraki 48 saat içinde (72 saate kadar) dikkatle gözlemleyin ve şiddetli reaksiyon gördüğünüzde derhal doktora haber verin. İlk yedi gündeki anormal davranışları da olası beyin hasarı açısından izleyin.
- Doktorunuza aşıyı üreten firmanın adını, aşının sürüm tarihini ve herhangi bir reaksiyonu kaydetmesini söyleyin. Kendinize de bir fotokopisini alın.
- Bir sonraki DTB aşısı yapılmadan önce doktora varsa gördüğünüz reaksiyonları anlatın.
- Aşının güvenliğiyle ilgili endişeniz varsa doktorla görüşün.

OPV veya TOPV. Polio (çocuk felci) aşısı 30 yıldır büyük ölçüde hayat kurtarıyor. Çocuklar okula başlamadan önce toplam dört doz aşı olurlar: ikinci ve dördüncü ayda, 18.ayda ve 4-6.yaşlar arasında. Bazı doktorlar altıncı ayda bir doz daha aşı yapabilirler (yüksek riskli yerlerde yaşayan çocuklarda).

Bu aşı güvenlidir ve çocuklarda ters reaksiyon hemen hemen hiç görülmez. Ancak çok küçük (8.7 milyonda bir) bir paralizi (felç) olasılığı vardır ve aile içinde, aşılanan çocuktan polio bulaşma olasılığı daha yüksektir (5 milyonda bir). Ağızdan verilen canlı polio aşısı soğuk algınlığından daha önemli hastalığı olan bebeklerde ertelenir. Kanserli, bağışıklığı bozulmuş veya baskılanmış ya da evde bağışıklığı bozulmuş başka biriyle yaşayan çocuklarda uygulanmamalıdır. Enjekte edilebilen, inaktif aşı (IPV) bu çocuklar için daha uygundur ve doğrudan kan dolaşımına geçer. Bazı uzmanlar ilk iki polio aşısının IPV olmasını ve son ikisinde OPV kullanılmasını önerirler.

Kızamık, Kabakulak ve Kızamıkçık (KKK). Bu aşılarla kendi çocukluk döneminizde tanışmamış olabilirsiniz ancak bebeğiniz kesinlikle tanışacaktır. 12-15. aylardan daha önce yapılacak aşı etkili değildir[2]. Kızamık ciddi bir hastalıktır ve ölümcül komplikasyonlar oluşturabilir. Kızamıkçık ise o kadar hafif geçer ki semptomları fark edemeyebilirsiniz. Enfekte olmuş gebe kadında doğumsal kusurlar oluşturduğundan bebeklik çağında aşılama önerilir; hem gelecekte kız bebeklerin fötüslerini korumak, hem de enfekte çocukların gebe annelerine bulaşmasını önlemek için aşı yapılır. Kabakulak çocuklukta ciddi bir problem oluşturmaz ancak aşı yapılmadığında erişkinlik döneminde kısırlık veya sağırlık gibi komplikasyonları vardır.

KKK aşısına karşı ciddi reaksiyon gelişmez; gelişse de aşıdan 1 veya 2 hafta sonra görülür ve genellikle hafiftir. Beş çocuktan birinde aşının kızamık kısmından dolayı birkaç gün süren döküntü ve hafif ateş olabilir. Yedi çocuktan birinde aşının kızamıkçık kısmından ötürü döküntü veya boyunda şişkinlik olabilir ve aynı şekilde 20 çocuktan birinde eklemlerde şişme olabilir (üç hafta kadar sürebilir).

---

2 Bir yaşın altındaki çocuklar kızamık, kabakulak ve kızamıkçığa karşı tam bağışıklık kazanmazlar. Bu nedenle KKK daha erken yapılmaz.

DTB HAKKINDA BİLMENİZ GEREKENLER

DTB SONRASI GÖRÜLEN YAYGIN REAKSİYONLAR

Aşağıda verilen reaksiyonlar görülme sıklıklarına göre listelenmiştir; ilk üçü çocukların yarısında görülür.

- Enjeksiyon yerinde ağrı.
- Hafif-orta derecede ateş.
- Yaygara
- Aşı yerinde şişme
- Aşı yerinde kızarıklık
- Uyuklama
- İştah kaybı
- Kusma

Ateş ve ağrı için bebeklerde kullanılan asetaminofen aşıdan hemen sonra reaksiyonları azaltmak için profilaktik (profilaksi:korunma amaçlı önlem) olarak verilir. Aşı yerine sıcak kompres uygulanması bebeği rahatlatır. Ateş ve yerel şişme sonraki dozlarda daha yaygın bir problem olabilir, ancak yaygara koparma ve kusma daha az görülür.

DOKTORU NE ZAMAN ARAMALISINIZ

DTB enjeksiyonundan 48 saat sonra şunları gözlerseniz doktoru arayın.

- Yüksek tonda ve tiz, sürekli ağlama (üç saatten fazla süreyle)
- Çok fazla uyuma (bebeği uyandırmak olanaksız)
- Tuhaf derecede solukluk
- Rektal ısının çok yükselmesi
- Havale

Bilinç düzeyinde bozulma ve havale gibi beyin iltihabını (enflamasyon) gösteren semptomlar aşıdan bir hafta sonra gözlenir. (Yapılan son çalışmalara göre bu tip bir reaksiyon bile kalıcı hasar bırakmayabilir.)

Bazen aşının kabakulak kısmından ötürü tükürük bezlerinde şişme olabilir. Daha az sıklıkla görülen durumlar eller ve ayaklarda karıncalanma, uyuşma ve alerjik reaksiyonlardır ve bunları bebeklerde ayırt etmek güçtür.

Hafif soğuk algınlığı dışında hastalığı olan çocuklarda, kanser olgularında, vücudun direncini düşüren enfeksiyonlarda veya son aylarda gama globülin düzeyi artanlarda tedbirli olmak gerekir. Yumurta veya neomisin adlı antibiyotiğe karşı şiddetli reaksiyon gelişenlerde aşı tehlikeli olabilir.

BOĞMACA AŞISINI NE ZAMAN ATLAMALI?

Amerikan Pediatri Akademisi şu çocuklarda DTB aşısının boğmaca kısmının atlanmasını ve sadece DT (difteri ve tetanos kısmı) aşısı yapılmasını önermektedir:

- Önceden havale veya nöbet geçirenler (nörolojik hastalık olmadığı anlaşılana kadar).
- Epilepsi (sara) gibi doğrulanmış veya şüphelenilen nörolojik hastalığı olanlar.
- Önceki DTB yapıldıktan sonraki birkaç saat içinde ciddi alerjik reaksiyon; ilk 3 günde havale; ilk 2 gün içinde yüksek ateş veya 7 gün içinde ciddi beyin hasarı görülenler.
- Aşıdan sonra tiz ve yüksek tonda, üç saatten uzun süren ağlama, uyuklama, solukluk gibi belirtiler görülen bebekler.
- Vücudun enfeksiyona olan direncini düşüren ilaçlar ve tedaviler (kortizon, prednizon, bazı kanser ilaçları, radyasyon tedavisi) kullanan bebekler.

DTB aşısı konusunda karar verecek olan kişi bebeğin doktorudur. Ateş veya hafif soğuk algınlığında aşı yapılmayabilir. Alerjiye bağlı burun tıkanması olan bebeklerde sorun enfeksiyon değil alerji ise aşı ertelenmez.

Salgın sırasında yüksek riskli çocuklar bile aşılanır çünkü altı ayın altındaki 100 bebekten birini öldüren boğmaca aşının tehlikesinden daha zararlıdır. Yedi yaşından sonra boğmaca kısmı içermeyen güçlendirilmiş aşı yapılabilir çünkü hastalık bu yaştan sonra daha az riskli ve yaygındır ve aşı daha tehlikelidir. Bu yaştan sonra difteri kısmının da azaltılması önerilir. Büyük çocuklar için kombine aşı Td'dir ve bu aşı her 7-10 yılda bir yapılır.

Varisella zoster veya suçiçeği (VZV). Varisella veya suçiçeği ciddi yan etkiler oluşturmayan hafif bir hastalıktır. Reye sendromu ve bakteryel enfeksiyonlar görülebilir; hastalık lösemi, bağışıklık yetersizliği olan veya anneleri doğumdan hemen önce enfekte olan yüksek riskli çocuklarda ölümcül olabilir.

Hemofilus b aşıları. Bu aşılar bebeklerde ve küçük çocuklarda ciddi enfeksiyonlara yol açan ölümcül hemofilus b (Hib) bakterilerinin önünü kesmek için yapılır. ABD'de çocuklarda her yıl 12 000 menenjit vakasından (%5'i ölümcül) ve epiglottis olgularının (hava yollarını tıkayan ölümcül bir enfeksiyon) tümünden Hib sorumludur. Ayrıca küçük çocuklarda septisemi (kan enfeksiyonu), selülit (deri ve bağ dokusu enfeksiyonu), osteomiyelit (kemik enfeksiyonu), perikardit (kalp zarı enfeksiyonu) de oluşturur.

1990'larda onaylanan konjüge Hib aşısının yan etkisi azdır. AAP aşının ikinci, dördüncü ve altıncı aylarda, ve dördüncü dozun 12-15.aylarda yapılmasını önerir.

Diğer aşılarda olduğu gibi hafif soğuk algınlığı dışında hastalığı olan veya alerjik olanlarda bu aşı yapılmamalıdır. Ters reaksiyonlar enderdir ve çok az sayıda çocukta ateş, hassasiyet, kusma, aşı yerinde kızarıklık ve ağlama görülür.

Hepatit B aşısı. Şu anda tüm bireylere çocukluklarında Hepatit B aşısı yapılması öneriliyor. İlk HBV dozu doğumda yapılmalıdır. En-

ÖNERİLEN AŞILAMA ŞEMASI

YAŞ	DTB[1]	Td	OPV	KKK	Hib[1]	HBV[2]	VZV[3]
2 aya kadar						x	
2 ay	x		x		x		
2 - 4 ay						x	
4 ay	x		x		x		
6 ay	x				x[4]		
6 -18 ay			x			x	
12 - 15 ay[7]				x	x		
12 - 18 ay	x[5]						x
4 -6 yaş	x		x	x veya			
11 - 12 yaş				x			
11 - 16 yaş		x[6]					

1. DTB ve Hib aşıları bir dozda verilebilir. DTaB 15 aydan sonra verilebilir. 2. Hepatit B pozitif olan kadınların bebekleri ikinci dozu 1.ayda ve üçüncü dozu altıncı ayda olmalıdırlar. 3. Varisella zoster (suçiçeği) aşısı; şu anda sağlıklı çocuklarda kullanımı onaylanmış durumdadır. 4.Pedvax-HIB aşısı olan bebeklerde bu doz gerekmez. 5. DTB'nin dördüncü dozu üçüncüden en az 6 ay sonra yapılmalıdır. 6. Her 10 yılda bir yapılır. 7. 12-15 ayda önerilen aşıların tümü bir kerede veya ikiye bölünerek verilebilir.

fekte olan annelerin çocuklarında bu aşı zorunludur. Ek dozlar 2-4. aylarda ve 6-18. aylarda yapılmalıdır. Aşının ciddi yan etkileri yoktur.

HbOC-DTB. Bu aşı karmadır ve difteri, tetanos, boğmaca ve Hib'e karşı koruma sağlar. 2, 4, 6 ve 15. aylarda yapılabilir veya ilk üç aşı yapıldıktan sonra dördüncüsü DTaB olabilir. Artısı: hipodermik iğneyle sorun yaşanmaz.

Bebeğinizin aşılarında gecikme olursa endişelenmeyin. Bıraktığınız yerden aşılara devam edin.

GRİP AŞISI

"Herkes büyük bir grip salgınından bahsediyor. İki aylık oğluma aşı yaptırmalı mıyım?"

Genelde grip sağlıklı insanlarda çok az ciddi yan etki doğuran hafif bir hastalıktır ve salgından herkes etkilenmez. Bu nedenle yalnızca çok riskli çocuklara aşı önerilir: bunlar ciddi akciğer veya kalp hastalığı olanlar ve orak hücreli anemi ya da benzer kan hastalığı olanlardır. Yenidoğanlar gribe özellikle yatkındır, ancak altı aylığın altındaki çocuklarda grip aşısının faydası ve zararı hakkında çok az şey bilinmektedir.

Bir nedenle doktorunuz bebeğinize grip aşısı yapmak isterse aşının DTB ile aynı anda yapılmasına engel olun. Bu kombinasyon ters reaksiyon riskini artırır[3]. Grip aşısını Hib aşısıyla karıştırmayın.

İNMEMİŞ TESTİSLER

"Oğlum doğduğunda testisleri yerine inmemişti. Doktor testislerinin bir veya ikinci ayda karından inmiş olması gerektiğini söyledi, ama hâlâ inmedi."

Karın testisler için tuhaf bir yer gibi görünebilir fakat öyle değildir. Erkeklerde testisler ve dişilerde yumurtalıklar fötüsün karnındaki aynı embriyonik dokudan gelişirler. Yumurtalıklar yerinde kalır. Testislerin gebeliğin sekizinci ayında kasıklara ve oradan penisin tabanındaki skrotal keseye inmesi gerekir. Ancak miadında doğan oğlan çocukların %3-4'ü ve erken doğanların üçte birinde bu olay görülmez. Sonuç inmemiş testislerdir.

Testislerin gezici özellikleri nedeniyle, inip inmediklerini anlamak çok kolay olmayabilir. Normalde aşırı sıcakta testisler sarkar; bu, spermleri sıcaktan korumak için bir mekanizmadır ve ortam soğuk olduğunda ya da ellendiklerinde vücuda geri çekilirler (aşırı soğuk ve yaralanmalara karşı koruyucu olarak). Bazı çocuklarda testisler aşırı duyarlıdır ve vücutta uzun süre saklanırlar. Genellikle sol testis sağdakinden daha aşağıdadır, bu da sağ testisin inmediği izlenimini verebilir (ve birçok çocuğun endişelenmesine yol açar). İnmemiş testislerin tanısı bebek sıcak banyodayken bile her iki testisin skrotumda bulunup bulunmadığına bakılarak konur.

İnmemiş testisler idrara çıkma sorunu veya ağrı oluşturmazlar ve kendiliğinden inerler. Bir yaşına gelen 1000 erkek bebekten yalnızca 3 veya 4'ünde testisler hâlâ inmemiştir. Bazen beş yaşına kadar inmediklerinde ameliyat önerilir.

FITIK

"İkiz erkek bebeklerimin kasık fıtığı olduğunu ve ameliyat edilmeleri gerektiğini duyunca çok endişelendim."

Fıtık denildiğinde ilk akla gelen, erişkin bir insanın çok ağır bir şey kaldırması sonucu oluşan bir sağlık problemidir. Ancak fıtık yenidoğanlarda, çoğunlukla erkek bebeklerde ve özellikle de preterm bebeklerde (ikizler erken doğar) görülür.

Kasık fıtığında bağırsağın bir kısmı kasık kanallarından (aynı kanallardan testis skrotuma iner) birine doğru kayar ve kasığa gider. Bu durum, uyluğun karınla birleştiği yerdeki kıvrımlardan birinde yumru olarak ortaya çıkar ve bebek ağladığında dışarı fırlayıp sakinleştiğinde içeri girer.

Bağırsak skrotumun içine kadar inerse skrotumda şişme ve büyüme olarak ortaya çıkar ve skrotal fıtık olarak adlandırılır.

Kasık fıtığı genellikle problem oluşturmaz

3. Grip aşısı yumurta alerjisi olanlara yapılmamalıdır. Bunu bebek altı aylıkken bilemezsiniz; ancak çocuk daha sonra aşılanacaksa buna dikkat ediniz.

ancak bazen "boğulur". Fıtıklaşmış kısım kasık kanalını çevreleyen kaslar tarafından sıkıştırılır ve bağırsaklardaki kan akımı ve sindirim engellenir. Kusma, şiddetli ağrı ve hatta şok görülür. Bu nedenle bebeğinin kasığında veya skrotumunda bir şişkinlik fark eden anneler bunu en kısa zamanda doktorlarına bildirmelidirler. Fıtık boğulması en sık altı aylıktan küçük bebeklerde görüldüğünden doktorlar fıtık tanısı konduğunda - bebeğin ameliyata uygun olduğunu düşünerek- bu fıtığın ameliyatla onarılmasını önerirler. Bu ameliyat genellikle basittir ve çok kısa bir süre hastanede kalmayı gerektirir (bazen bir gün). Fıtık ameliyattan sonra nadiren nükseder, ancak bazı çocuklarda bir süre sonra diğer tarafta fıtık görülebilir.

Bebeklerdeki kasık fıtığı tanı konar konmaz tedavi edildiği için fıtık boğulması genellikle daha önce tanı konmamış bebeklerde ortaya çıkar. Bebeği aniden acı içinde ağlamaya başlayan, kusan, ayrıca dışkı yapmayan aileler hemen kasıkta bir şişkinlik olup olmadığını kontrol etmelidirler. Eğer böyle bir şişkinliğe rastlanırsa hemen doktora başvurmak gerekebilir. Doktoruna ulaşılamıyorsa en yakın acil birime gidilmesi uygundur. Bebeğin poposunu hafifçe kaldırmak ve acil birime gidene kadar fıtık bölgesine buz paketi konulması bağırsağın içe çekilmesine yardım edebilir, ama elinizle içeri itmeye çalışmayın. Bebeği rahatlatmak amacıyla meme ya da biberon vermeyin, çünkü acil bir ameliyat gerekebilir ve midesinin boş olması daha uygundur.

MEME UCUNUN İÇERİ DÖNÜK OLMASI

"Kızımın meme uçlarından biri dışarıda değil, içeri kaçmış gibi duruyor. Sorun nedir?"

Meme ucunun içe dönük olduğu anlaşılıyor ki bu durum bebeklerde sık görülür. Genellikle doğumda içeri dönük olan meme ucu bir süre sonra kendiliğinden normale döner. Dönmezse kendi bebeğini emzirene kadar sorun oluşturmaz; o zaman da meme ucunu dışarı çıkarmak için yapabileceği şeyler vardır.

MEMENİN REDDİ

"Bebeğim güzel bir şekilde meme emiyordu, son sekiz saattir emmeyi reddediyor. Sütümle ilgili bir sorun olabilir mi?"

Bir şeylerin ters gittiği kesin ama sorun acaba sütten mi kaynaklanıyor? Geçici olarak memenin reddi görülebilir ve her zaman belli bir nedeni vardır. En sık görülenler şunlardır.

Annenin yedikleri. Son zamanlarda bol bol sarımsaklı ve baharatlı yiyeceklere mi yöneldiniz? Ya da lahana ve benzeri gibi güçlü bir tat ve kokuya sahip şeyler mi yiyorsunuz? Bebeğiniz baharatlı veya ağır kokulu yiyeceklerinizi protesto ediyor olabilir. Bebeğinizi neyin rahatsız ettiğini anlayıp emzirmeyi kesene kadar onu yemeye ara verin.

Burun tıkanıklığı. Burnu tıkalı bebekler meme emerken ağızlarından nefes alamayacaklarından meme emme yerine soluk almayı tercih ederler. Burun aspiratörü veya burun damlası kullanarak burnu açın.

Diş çıkarma. Bebekler beş veya altıncı aya kadar diş çıkarma problemi yaşamasalar da bazıları daha erken diş çıkarırlar ve iki aylık bir bebek de diş çıkarabilir. Emzirildiğinde bu bebeklerin şişmiş damaklarına basınç uygulanacağından emzirme ağrılı hale gelebilir. Emmemenin nedeni diş çıkarmaysa bebeğiniz hevesle memenize yaklaşır, ama acı nedeniyle emmeyi bırakır.

Kulak ağrısı. Kulak ağrısı çeneye yayılır ve meme emerken durum daha da kötüleşebilir. Kulak enfeksiyonu ile ilgili diğer bilgileri sayfa 378'de bulabilirsiniz.

Pamukçuk. Bebeğinizin ağzında pamukçuk (mantar) varsa emzirme ağrılı olabilir. Meme ucu çatlaması sebebiyle bu enfeksiyonun size geçmesini engelleyin.(Sayfa 67'ye bakın)

Sütün yavaş gelmesi. Çok aç bir bebek sütün yavaş gelmesine dayanamaz (bazı kadınlarda sütün gelmeye başlaması beş dakikayı bulabilir) ve meme ucunu iter. Bunu önlemek için ona önceden biriktirdiğiniz sütü verin. Böylece emmeye başladığı andan itibaren gayretinin karşılığını alabilir.

Sizdeki hormonal değişiklikler. Yeniden gebe kaldıysanız (yoğun bir şekilde emziriyorsanız bu olasılık düşüktür fakat bebeğinizi erken dönemden itibaren mamayla besliyorsanız olabilir) salgılanan hormonlar nedeniyle sütünüzün tadı değişebilir ve bebek sütünüzü reddedebilir. Âdetlerinizin başlaması da aynı etkiyi yaratabilir fakat âdetler kısmen memeden kesme başlamadan önce genellikle görülmez.

Sizin gerginliğiniz. Endişeli veya gerginseniz emzirme sırasında bebek bu gerginliği hissedecektir. Gevşemeye çalışın

Sütten kesilme için hazırlık. Memeyi reddeden büyükçe bir bebek artık meme istemediğini belirtiyor olabilir. Genellikle bebekler annenin sütten kesmeye hazır olmadığı bir zamanda böyle bir istekte bulunabilirler.

Zaman zaman tıpkı bir erişkinde olduğu gibi bebek de öğün atlamak isteyebilir. Bu durum genellikle seyrektir. Eğer bebeğiniz emzirmeye inatla karşı koyuyorsa ya da beraberinde çeşitli hastalık belirtileri varsa durumu doktorunuzla tartışın.

BİR MEMENİN TERCİH EDİLMESİ

"Küçük kızım sol mememden süt emmek istemiyor. Sol memem sağ mememden daha küçük kaldı."

Bazı bebeklerin favori seçme tutkuları vardır. Bunun nedeni belli değildir. Belki o taraftaki kol daha güçlüdür ve daha iyi sarmalanıyordur veya o memedeki süt onun için daha özeldir. Ya da sağ elini kullanan anne, bebeğe sol memesini verirken sağ eliyle yemek yemek, telefonu tutmak, kitap okumak ya da diğer işleri yapmak gibi şeylerle meşgul olabilir. Belki de emzirmenin erken döneminden itibaren sezaryen yerindeki ağrıdan yatak odasında televizyonun bulunduğu yere kadar şu veya bu nedenle anne veya bebek bir memeyi diğerine tercih edebilir.

Nedeni ne olursa olsun kullanılmayan taraftaki aktiviteyi, pompa kullanarak veya emzirmeye o tarafla başlayarak (eğer bebeğiniz de bu konuda size yardımcı olursa) koruyabilirsiniz; ancak bazen bu çabalarınız da sonuçsuz kalabilir. Bir memenin büyük, diğerinin küçük kalması genellikle sütten kesildikten sonra düzelir, fakat küçük bir fark kalabilir. Ara dönemdeki en iyi çözüm sutyeninizdeki boşluğu pamuk, vs. ile doldurarak göğüslerinizin eşit büyüklükte görünmesini sağlamak olabilir.

Çok ender olarak memede tümör geliştiğinde bebek memeyi reddedebilir. Bebeğinizin bu davranışından doktorunuza söz edin.

ZOR BEBEK

"Kızım çok şirin bir bebek ama en küçük şeyde ağlamaya başlıyor. Eşim ve ben delirmek üzereyiz. Yanlış bir şey mi yapıyoruz?"

Hiçbir anne-baba zor bir bebek istemez. Hamilelik süresince hayalleri süsleyen, mutlu, memnuniyet sesleri çıkaran, gülümseyen, huzur içinde uyuyan, yalnızca acıkınca ağlayan ve munis bir çocuğa dönüşen bir bebektir. Ağlayan, susturulamayan, etrafı tekmeleyen zor bebekler her şeyi yanlış yaptıkları için bunun bedelini ödeyen başkalarının çocuklarıdır

Sizin gibi ebeveynler için mükemmel bebeğinizin doğumunun ardından birkaç hafta geçtikten sonra fanteziler yerini gerçeklere bırakır. Her dakika ağlayan, uyumayan, mutsuz ve tatmin olmamış görünen sizin bebeğinizdir Sorunuz gayet normal: Nerede yanlışlık yaptık?

Cevap şu, hiçbir yerde yanlışlık yapmadınız. Sadece ona kendi genlerinizden şanssız bazılarını aktardınız, bebeğinizin mizacı kalıtsal olabilir. Bunun dışındaki faktörler, yani çevre koşulları da bebeğin mizacını etkileyen önemli unsurlardandır. Zor çocukların IQ'sunun daha yüksek olduğu öne sürülmektedir. Anne-babasının yardımlarıyla kişilik özelliklerini geliştirerek zor bebek ilerde başarılı bir yetişkine dönüşebilir.

Bu değişimde anne-babanın rolü çok kritiktir. İlk aşama bebeğinizin sergilediği farklı davranışlarla bağıntılı olan kişilik özelliklerini belirlemektir. Bebeğiniz eşik değeri düşük bebek olarak adlandırılır. Bu tip bebekler olumsuzluklardan aşırı derecede etkilenirler. Islak bir bez, giysinin kırışması, boğazı sıkan bir bluz, çok parlak ışık, kaşındıran bir battaniye, soğuk bir yatak - bunlardan biri veya tümü bebeğinizin huzurunun kaçmasına neden olabilir. Bazı bebeklerde beş duyu organı da hemen aşırı yüklenirken bazılarında bir veya iki duyu organı daha duyarlıdır. Bebeğinizi olumsuz etkileyen koşulları azaltmayı ya da ortadan kaldırmayı deneyin:

• Sese karşı duyarlılık. Evdeki gürültü düzeyini en aza indirin. Radyo, teyp, televizyonun sesini kısın veya kapalı tutun, telefonunuzun sesini en kısık hale getirin, arkadaşlarınıza zili çalmayıp kapıyı tıklatmalarını söyleyin ve sesi emmesi için uygun yerleri halı ve örtülerle kaplayın. Bebekle yumuşak bir ses tonuyla konuşun ve herkese aynı şeyi yapmalarını söyleyin. Müzikli veya sesli aletlerin bebeğinizi rahatsız etmediğinden emin olun. Eğer sokak gürültüsü çok fazlaysa bebeğin odasını ses geçirmez hale getirin.

• Işığa veya görsel olaylara duyarlılık. Bebeğinizin odasına loşluk kazandırarak sabahları uyumasını sağlayın. Çok parlak ışıklardan kaçının. Bebeğinizi aniden çok fazla görsel uyarana maruz bırakmayın. Yatağına her defasında değişik bir oyuncak asın, veya oyun alanına yalnızca birkaç oyuncak yerleştirin. Parlak ve göz alıcı olanlar yerine yumuşak ve pastel renklerdeki oyuncakları tercih edin.

• Tat duyarlılığı. Sarımsak veya soğan gibi ağır kokulu yiyecekleri yedikten sonra bebeğinizi emzirdiğinizde kötü bir gün geçiriyorsa, sebebin sütünüzdeki yabancı tattan kaynaklandığını düşünebilirsiniz. Mamanın tadını beğenmiyorsa mamayı değiştirin. Katılara başladığınızda bazı tatları seçtiğini göreceksiniz.

• Dokunmaya karşı duyarlılık. Bazı bebeklerin bezleri ıslanır ıslanmaz huzurları kaçar, çok sıcak olduğunda ya da sert kumaşlardan yapılan giysiler giydirildiklerinde yerlerinde duramazlar, küvete daldırıldıklarında veya soğuk bir yatağa yatırıldıklarında, biraz daha büyüdüklerinde ise çorapları buruşukken ayakkabılarını bağladığınızda çığlıklar atabilirler. Bu bebeklerde rahat ve batmayan kumaştan giysiler kullanın. Banyo ve oda ısısını onun sevdiği düzeyde tutun. Bezini sık sık değiştirin (emici hazır bezler kumaş bezlerden daha iyi tolere edilir). Bazı bebekler sarılmaya ve dokunulmaya karşı aşırı tepkilidirler. Ona dokunmak yerine sözcüklerle ve bakışlarınızla sevginizi ifade edin ve sadece okşayın. Bebeği kollarınıza aldığınızda en çok rahat ettiği pozisyonu kullanın.

• Kokulara karşı duyarlılık. Tuhaf kokular bebeği rahatsız etmez, ancak bazı bebekler ilk yılın sonunda belli kokulara negatif tepki verirler. Kızarmakta olan soğan kokusu, annenin yeni parfümü veya babanın yeni tıraş losyonu bebeğin huysuzlanmasına neden olur. Eğer bebeğiniz kokulara karşı duyarlıysa onunla beraberken güçlü kokuları uzaklaştırın.

• Uyaranlara karşı duyarlılık. Çok fazla uyarılmak bazı bebekleri rahatsız edebilir. Onlara yumuşak ve nazik yaklaşmalısınız. Yüksek sesle konuşma, çok fazla oyuncak ve etrafında çok fazla insan olması huzursuzluk verebilir. Bu bebeğin daha iyi uyuması için sıcak bir banyo yaptırın ve yumuşak bir müzik dinletin.

Zor bir bebekle yaşamak zordur, ancak çok fazla sevgi ve ilgi göstererek onu uzun vadede uysallaştırabilirsiniz. Bebeğinizi zor bir bebek olarak tanımlamadan önce fiziksel bir problemi olup olmadığını araştırın. Herhangi bir hastalık veya alerji olasılığını inceleyin.

Bazen zor görünen bir bebek mamaya alerjiktir, diş çıkarıyordur ya da hastadır. Diğer tür zor bebeklerin tarifi için sayfa 142'deki tabloyu inceleyin.

İKİNCİ DİL

"Eşim Fransız ve bebekle yalnızca Fransızca konuşmak istiyor. Ben Türkçe konuşuyorum. Bebeğimin ikinci bir dil konuşması harika ama onun yaşında biraz kafa karıştırıcı değil mi?"

BEBEĞİNİZ ZOR BİR BEBEK Mİ?

Aktif bebek. Bebekler daha rahimdeyken aktif olup olmayacaklarına ilişkin ilk işaretleri vermeye başlarlar; doğumdan hemen sonra üzerlerindeki örtüyü tekmelemeye başladıklarında, bez değiştirme bir güreşi andırıyorsa ve uyku sırasında yatağın öbür ucunda bulunduklarında şüpheler de doğrulanmış olur. Aktif bebekler sürekli bir mücadele gerektirirler (zor uyurlar, beslenirken zorluk çıkarırlar ve başlarını derde sokarlar) ancak çok uyanık, ilgili ve ilginç de olabilirler. Onun kişiliğine müdahale edip sınırlamadan sakinleştirmeyi ve beslenmesini ve uyumasını şu şekilde sağlayabilirsiniz:

- Örtüleri tekmeleyen bebeklerde nevresimli battaniyeler kullanın.
- Aktif bir bebeği yatağında, bez değiştirme masasında veya herhangi bir yüksek zeminde bir an olsun gözünüzün önünden ayırmayın, genellikle dönmeyi erkenden öğrenirler ve sizin en beklemediğiniz sırada bunu denerler. Bez değiştirme masasında bebeği bağlama kayışları olması faydalıdır, fakat bir adımdan fazla uzaklaşacaksanız bu kayışlara güvenmeyin.
- Bir iki saniyeliğine bile olsa kendi başına oturmaya başladığında karyolanın şiltesini en alta indirin, bir sonraki adım tutunarak kalkmak ve yataktan çıkmak olabilir. Üzerine basmak için kullanabileceği tüm oyuncakları karyoladan uzak tutun.
- Aktif bir bebeği bebek sandalyesinde bir an olsun yalnız bırakmayın; ters dönebilir. Bebek tabii ki her zaman sandalyenin kayışlarıyla bağlanmalıdır.
- Aktif bebeğinizi sakinleştirecek şeyleri öğrenin -yumuşak bir müzik (sizin sesiniz veya teyp), sıcak bir banyo (asla bebeğinizi banyoda yalnız bırakmayın), resimli bir kitap (aktif çocuklar sakin çocuklar kadar erken hazır olmayabilir). Besleme ve uyku saatlerinde bebeği sakinleştirecek aktiviteler deneyin.

Bebeğin bir düzene sokulamaması. 6. ve 12. haftalarda başka bebekler belli bir düzene girdiği halde bu bebeklerle ilgili sorunlar yaşanır. Hem uyguladığınız programın dışına çıkarlar, hem de zaten belli bir programa girmek istemezler.

Bebeğin kendi düzenini yerleştirip sizinkini allak bullak etmesine izin vermeyin. Her ikinizin iyiliği için bebeğin doğal eğilimlerini fazla engellemeden bir program uygulamaya çalışın. Bebeğinizin her gün yaptığı aktivitelerin saatlerini kaydedin.

Tahmin edemeyeceğiniz şeyleri tahmin edilir hale getirmeye çalışın. Bu, mümkün olduğunca her gün aynı şeyleri aynı saatte yapmanız anlamına gelir. Hep aynı sandalyede emzirin, her gün aynı saatte banyo yaptırın, hep aynı yöntemle sakinleştirmeye çalışın (sallamak, şarkı söylemek ya da neden hoşlanıyorsa onu yapmak). Beslenme programını her gün aynı saatlerde uygulayın, bebeğiniz aç görünmese de bunu

Bebeğe ikinci bir dil olanağı tanımak ona paha biçilmez bir beceri sağlar, farklı biçimlerde düşünmesini sağlar ve kendi imajını oluşturmasına yardım eder. Eğer ikinci dil akrabalarının konuştuğu bir dilse kökleriyle bağlantısı da güçlenir.

Bazı uzmanlar dil öğretimine bebek doğar doğmaz başlanmasını önerirken diğerleri bunun her iki dil için dezavantaj olduğunu düşünürler. İki buçuk veya üç yaşına kadar beklenmesini önerenler vardır. Bu yaşlarda bebek yeni bir dili daha kolay kapar. Çocuk okumayı öğrendikten sonra ikinci dile başlanmasının o dildeki akıcılığı engellediği kabul edilir.

Şimdi ya da bir süre sonra yabancı dil eğitimine başlayacaksanız bir çocuğu ikinci dil öğ-

sürdürün. Aralarda acıkıyorsa ufak bir atıştırma yapmasına izin verin ama temel programdan sapmayın. Bebeği programa sokarken onu zorlamayın ve ona kolaylık sağlayın.

Zor bir bebekle geceler işkencedir çünkü onlar için geceler gündüzlerden farklı değildir. Uyku sorununu ve gece-gündüz karmaşasını gidermeye çalışın, fakat bunlar sizin bebeğiniz için kolay olmayabilir, çünkü bebek bütün gece uyanık kalmayı tercih edebilir. Kendi sağlığınız için işler düzelene kadar - ki tutarlı ve sakin olursanız eninde sonunda bir düzene kavuşacaksınız - eşinizle görev bölümü yapabilirsiniz. Aşırı durumlarda doktor bebeğe yatıştırıcı verilmesini (size değil bebeğe) önerebilir, böylelikle bir uyku programını daha kolay yerleştirme şansınız olabilir.

Uyum zorluğu veya ilk sefer karşılaştığı olayları reddetme. Bu bebekler alışık olmadıkları durumlara, kişilere, yiyeceklere tepki verirler. Bazıları alışık oldukları bir değişikliğe bile (örneğin evden arabaya gitmek) tepkiyle karşılık verebilirler. Bebeğiniz bu durumdaysa günlük hayatında ona pek fazla sürpriz yapmayın. Beslenme, banyo ve uyku saatlerinin aynı yer ve zamanda olmasına ve rutinden uzaklaşmamaya gayret edin. Yeni oyuncakları veya yiyecekleri ona hazır olduğu zaman verin. Örneğin yatağının üzerine yeni bir oyuncak asacağınız zaman bir iki dakika asılı tutup hemen indirin, Bir süre sonra tekrar asın ve daha uzun süre asılı bırakın. Bebeğiniz bu yeni oyuncağa alışıp hoşlanmaya başlayana kadar süreyi yavaş yavaş uzatın. Diğer oyuncakları ve kişileri de benzer şekilde tanıştırın. Eve yeni insanlar geldiğinde bebeklere alışma zamanı bırakın. Fiziksel temasa geçmeden önce bir süre aynı odada bulunmak, ardından uzaktan konuşmak ve sonra biraz daha yaklaşmak uygun olacaktır. Katı gıdalara geçtiğinizde besinleri sırayla verin ve sayısını giderek artırın. Son besin kabul edilmeden yeni bir besine başlamayın. Alışveriş yaparken farklı renk ve şekilde yeni bir biberon, yatak için yeni bir battaniye gibi gereksiz değişikliklerden kaçının. Bir şey eskir veya kırılırsa mümkün olduğunca aynısını veya bir benzerini edinmeye çalışın.

Yoğunluğu yüksek bebek. İlk andan itibaren bebek odasında en yüksek sesle ağlayan bebeğin sizinki olduğunu fark etmişsinizdir. Böyle bir ağlama en sağlam sinirleri bile yerinden oynatabilir, hele evde de devam ediyorsa. Bebeğiniz çok yüksek sesle ağlıyor ve yaygara koparıyorsa bebeğin sesini kısamazsınız; sizin yapabileceğiniz ortamdaki gürültü ve aktiviteyi en aza indirmek olabilir. Bebeğin odasını ses geçirmez malzemeyle kaplatın ve odasındaki gürültüyü azaltın. Kendiniz için de kulak tıkaçları, havalandırma aletinin sesi veya klima gürültüsü ağlama sesini duymanızı azaltmak için geçici çözümler olabilir. Ağlama birkaç ay içinde azalır, ancak bu bebekler ileride de diğer çocuklardan daha yüksek sesli ve gürültücü olabilirler.

Negatif veya mutsuz bebek. Gülmek ve mutlu sesler çıkarmak yerine bazı bebekler her zaman mutsuz görünebilir. Bunun anne-baba üzerine olumsuz etkisi büyüktür. Bazen bebeklerini sevmekte zorlanırlar, hatta reddederler. Bebeğinizi hiçbir şey mutlu etmiyorsa (ve tıbbi bir açıklama yoksa) ona karşı sevginizi ve ilginizi eksik etmeyin; bu bebekler ilerde ciddi erişkinler olurlar.

---

renmeye teşvik etmenin çeşitli yolları bulunur. Bir ebeveyn Türkçe konuşurken diğeri kendi dilini konuşabilir, ya da her iki ebeveyn de diğer dili konuşabilir (çocuğun okulda ve oyun oynarken Türkçe'yi zaten öğreneceği düşünülerek). Ya da büyükanne, büyükbaba veya bir bakıcı diğer dili konuşurken ebeveyn Türkçe konuşur (en az başarılı olan yöntem budur). Eğer öğretmen o dili akıcı bir şekilde konuşmuyorsa ikinci dil eğitimi başarılı olmaz.

Uzmanlar çocuğa dil öğretmek için özellikle ısrar edilmemesini ve çocuğu zorlamamayı onun yerine o dilde kitaplar okuyarak, oyunlar oynayarak öğretilmesini öneriyorlar. O dilin konuşulduğu yerlerin gezilmesi ve o dilde şarkılar dinletilmesi faydalıdır. İkinci dili öğretirken sa-

BEBEĞİNİZLE NASIL KONUŞUYORSUNUZ?

Bebekle iletişim yolları sayısızdır. Her anne-baba farklı yollar deneyebilir. İlerdeki aylarda veya şimdi deneyecekleriniz şunlar olabilir:

Bebeği alıştırma seansları. Bebeğin etrafında bulunurken ona yaptığınız şeyleri sözcüklerle anlatın. Bebeğinizi giydirirken "Şimdi bezini değiştiriyorum...T-shirt'ünü başından geçirelim... Tulumun düğmelerini ilikleyelim ..." gibi açıklamalar yapın. Mutfakta nasıl bulaşık yıkadığınızı tarif edin, veya makarna sosuna neler koyduğunuzu anlatın. Banyoda sabunlama ve durulamadan söz edin, şampuanın saçları temiz ve parlak yaptığını anlatın. O bunların ne anlama geldiğini anlamayabilir, ama sizin anlatmanız ve onun dinlemesi ona anlama yolunu açmış olur.

Ona sorular sorun. Soru sormaya başlamak için bebeğin size yanıt vermesini beklemeyin. Kendinizi onunla röportaj yapıyormuş gibi düşünün. Ona çeşitli sorular sorabilirsiniz: "Bugün kırmızı pantolonu mu yeşil tulumu mu giymek istersin? Bugün gökyüzü ne kadar mavi değil mi? Akşam yemeği için taze fasulye mi karnıbahar mı pişireyim?" gibi. Bir cevap için süre bırakın (bir gün bebeğiniz cevap vererek sizi şaşırtabilir) ve kendiniz yüksek sesle yanıtlayın. ("Karnıbahar mı? Çok iyi!")

Bebeğe bir şans tanıyın. Çalışmalar onlara yönelik konuşmak yerine anne-babaları onlarla konuşan bebeklerin daha erken konuştuklarını gösteriyor. Bebeğe sorular sorarken ona ses çıkarması için fırsat tanıyın.

Onun için her şeyi basitleştirin. Bebekle konuşurken mümkün olduğunca basit cümleler kullanın. "Işığa bak", "Bye-bye", "Cici köpek" gibi.

Zamirleri kullanmayın. Kendinizden bahsederken anne kelimesini kullanın; bebek ben, sen, o zamirlerini anlamayacaktır.

Sesinizi tizleştirin. Çoğu bebek tiz sesleri tercih eder ve belki de bu yüzden kadınların ses tonu erkeklerinkinden daha tizdir. Anneler bebekleriyle konuşurken genellikle seslerini bir veya iki oktav daha tizleştirirler. Bebekle konuşurken tiz sesle konuşun ve reaksiyonunu gözleyin. (Nadiren bazı bebekler daha pes seslerden hoşlanır, deneyerek bebeğinizin hangisini tercih ettiğini anlamaya çalışın.)

"Şimdi ve burada"ya sadık kalmaya çalışın. Bebeğinize her şeyi anlatsanız da başlangıçta hiçbir şey anlamayacaktır. Anlamaya başladıkça bebeğinizin doğrudan görebildiği veya o anda yaşadığı şeyleri anlatmak daha uygun olacaktır. Bebeğin konsantrasyonu düşük düzeyde olduğundan anlattıklarınızı tekrarlayın ve üzerinde durun.

Taklit edin. Bebeğin seslerini taklit edin ve bunu bir eğlence haline getirin. Bu, onun dil gelişimine zemin hazırlar.

Bebekle müzik yardımıyla etkileşin. İyi bir şarkıcı olmayabilirsiniz fakat bebekler sizin ne söylediğinizi umursamazlar. Müziğe jestlerle eşlik ederek bebeğin keyif almasını sağlayın. Eğer ortam şarkı söylemeye uygun değilse ninniler mırıldanıp ellerinizle eşlik edin; bu bebeğinizin neşesini artıracaktır.

Yüksek sesle okuyun. İlk başta kelimeler ona anlamsız gelecektir, ancak bebeğe nakaratları okumak için erken değildir. Bebek dilinde konuşmak istemiyorsanız ona ciddi bir şeyler okuyun (yemek tarifleri, dedikodu haberleri veya politika yazıları gibi).

Bebekten ipucu alın. Kesintisiz okumalar veya şarkılar herkesi olduğu gibi bebeğinizi de yorabilir. Bebeğiniz artık sıkılmışsa ona dinlenme fırsatı verin.

dece o dilde konuşulmalı ve bebeğin kavrama zorluğu çektiği yerlerde asıl diline çevrilmemelidir. Okul çağlarında ikinci dilin yazılışı ve okunuşu da öğretilmelidir, böylece anlamı ve yararı daha çok olacaktır. Okulda olanak yoksa bilgisayarlı eğitim metotları yararlı olabilir.

BEBEK DİLİNDE KONUŞMA

"Diğer anneler bebekleriyle nasıl konuşacaklarını biliyorlar. Ama ben altı haftalık oğlumla konuşamıyorum ve konuşmaya çalıştığımda kendimi aptal gibi hissediyorum. Benim bu tutumum galiba onun konuşmasını engelleyecek..."

Onlar minik ve pasiflerdir. Size yanıt veremezler. Yine de pek çok acemi anne-baba için bu dinleyici grubu karşısında konuşmak en zor şeylerden biridir. Diğer anne-babaların doğal olarak konuştukları bebek dili onların dilinin tutulmasından başka bir işe yaramaz, böylece sessizliğin içinde suçluluk duyarak ne yapacaklarını bilemezler.

Siz onun dilini öğrenmeseniz de o sizin dilinizi öğrenecektir, ama ilk başlarda erken iletişim konusunda çaba göstermeniz fayda sağlayacaktır. İletişim kurulmayan bebekler yalnızca dil gelişiminde değil diğer alanlarda da geri kalabilirler. Ancak bu ender bir durumdur. Anne-babalar kendi aralarında konuşurken de bebek o dili öğrenir. Bebekler kelimeleri seçebilirler.

Bebekle konuşurken ona özel zaman ayırın ve hiçbir durumda onunla konuşmaktan kaçınmayın. Bebek dilinde konuşmaktan utanmayın. Beğinizle baş başayken deneme yapmak başkalarının önünde konuşurken utanmanızı azaltacaktır. Böyle konuşmaya başladıktan sonra kalabalıkta bile farkında olmadan bebek konuşması kullanır hale gelebilirsiniz.

BİLMENİZ GEREKEN ÖNEMLİ ŞEYLER
Bebeğinizi İlk Aylarda Nasıl Uyarabilirsiniz

İçinde bulunduğumuz başarı—merkezli toplumda anne-babalar çocukları için erkenden endişelenmeye başlıyorlar. Eğer bebek üç haftalıkken gülümsemeye başlamazsa onun uygun bir ilkokula gidemeyeceğinden endişe etmeye başlıyorlar. Eğer iki aylıkken dönmeye başlamadıysa hazırlık sınıfındayken tenis takımına seçilemeyeceği endişesini taşıyorlar. Ardından her şeyi doğru yapmadıkları takdirde hastaneden eve getirdikleri minik bebeği ülkenin en iyi üniversitelerinden birine sokamayacakları konusunda kaygılanıyorlar.

Bebekler farklı hızlarda geliştiklerinden endişelenmeye hiç gerek yoktur. Ancak anne-babalar bebeğe sürekli zengin uyaranlar sağlarken bilinçli çaba göstermeseler de genellikle bebekleri için uygun bir ortam oluşturuyorlar.

Eğer yaptıklarınızın doğru olup olmadığını merak ediyorsanız aşağıdaki önerilere göz atın ve bebeğiniz için uygun uyaranları sağlama konusunda ipuçları alın.

BEBEĞE İYİ BİR ÇEVRE SAĞLAMAK

Bebeğinizi sevin. Bebeğe sevgi göstermek kadar onun gelişimine yardım edecek bir şey yoktur. Normal gelişim için ebeveyn ve/veya ebeveyn yedeğinin varlığı çok önemlidir.

Bebeğinizle ilişki kurun. Bebeğinizle etkileşime geçmek için her yolu deneyin. Gündelik işleri yaparken, bezini değiştirirken, banyo yaptırırken, araba kullanırken, alışveriş yaparken ona uyarıcı farklılıklar sunmak bebeğin zekâsını geliştirir. Dünyanın en yararlı oyuncakları bile bunlarla oynarken bir süre dahi olsa bebeğinizin yanında bulunmazsanız bir işe yaramaz. Sizin hedefiniz bebeği sürekli eğitmek değil, onunla ilgilenmektir.

Bebeğinizi tanımaya çalışın. Bebeğinizi neyin mutlu, neyin mutsuz ettiğini anlamaya çalışın. Onun kendine özgü bir bebek olduğunu ve standart kitaplardaki gibi olmadığını kavrayın. Gürültü onu rahatsız ediyorsa bundan kaçının. Heyecanmak bebeğin çok hoşuna gitmiyorsa oyun süresini sınırlayın.

Bebek ve kendi üzerinizdeki baskıyı kaldırın ve keyfinize bakın. Ne siz ne de bebeğiniz performans konusundaki kaygılarınızdan yararlanacaksınız. Öğrenme ve gelişim baskıyla engellenemez ama baltalanabilir. Ne kadar kamufle etmeye çalışırsanız çalışın bebeğiniz onun gelişim düzeyinden tatmin olmadığınızı anlayacaktır. Her ikinizin iyiliği için ona öğrenme konusunda baskı uygulamayın.

Bebeği biraz rahat bırakın. Yeterli dikkat hayati derecede önemlidir, ancak çok fazlası boğucu olabilir. Çocuklar ihtiyaç duyduklarında yardım görebilmek isterler, ama bunu kendi başlarına da halledebilmelidirler. Sürekli kollamanız bebeğinizin başka konulara ilgi duymasına engel olur. İleride ise tek başına oynama veya öğrenme yetisini azaltır; bebeğinizin her konuda size bağımlı olması sizin de işiniz zorlaştıracaktır. Bebekle oyun oynayın ve onunla nitelikli zaman geçirin, ancak bazen de onu oyuncaklarıyla baş başa bırakın.

Liderliği bebeğe bırakın. Liderliği bebeğinize bırakın. Oyuncaktan büyülenirse onunla birlikte siz de o oyuncağa odaklanın. Bu, bebeğe öğretici zaman tanıyacak ve bebeğin annesinin ilgisini çeken bir şeyler bulduğunu zannetmesini sağlayacaktır; bu sayede bebeğin kendine olan güveni artar. Bebeğe oyun saatinin sonu konusunda baskı yapmayın; o size bunu belli edecektir. Mesajı anlamamak ve baskı yapmak bebeğinizin kontrol duygusunun gelişmesine engel olacaktır ve zaman içinde oyun saatlerini her ikiniz için de tatsız zamanlar haline getirecektir.

Doğru zamanlama önemlidir. Bebek her zaman altı bilinç düzeyinden birindedir: 1) derin veya sakin uyku 2) hafif veya aktif uyku 3) uyuklama 4) fiziksel aktiviteye girme isteği ve uyanıklık 5) yaygara koparma ve ağlama 6) sessiz bir uyanıklık. Fiziksel gelişmeyi en etkili şekilde teşvik edeceğiniz bilinç düzeyi aktif uyanıklık dönemidir. Diğer öğretici aktiviteler için sessiz uyanıklık düzeyini kollayın. Bebeklerin kısa süreli konsantre olabildiklerini aklınızdan çıkarmayın. İki dakika kitaba baktıktan sonra kafasını çeviren bebeğiniz entelektüel gelişmeyi reddetmiyordur ancak yalnızca konsantrasyon azalmıştır.

Bebeği pozitif yönde teşvik edin. Bebeğiniz başarılı olduğunda (güldüğünde, oyuncağı yakaladığında) onu onaylayın ve memnuniyetinizi ona gösterin. Onu kucaklayın, sarılın ve harika bir bebek olduğunu hissettirin.

ÖĞRENME VE OYUN OYNAMADA KULLANILACAK PRATİK İPUÇLARI

Bazı anne-babalar çok fazla çaba harcamadan bebekleriyle oyun oynama-öğrenme aktivitelerine başlarlar. Bazı bebekler de uyaranlara fazlasıyla açık olduklarından bu aktivitelere hemen katılırlar. Bebeğin beslenmesi gereken duyuları:

Tat duyusu. Şu anda bu duyuyu uyarmanıza gerek yoktur. Bebeğinizin tat tomurcukları sadece anne sütünü ve biberon sütünü algılar. Bebek büyüdükçe tat ve tatma bir araştırma biçimi olacak ve bebek her bulduğunu ağzına götürecektir. Ağzına götürdüğü nesne zehirli, bebeği tıkayacak veya sivri olmadığı sürece bu araştırmaya müdahale etmeyin.

Koklama duyusu. Bebeğiniz etrafında değişik kokularla büyür. Anne sütü, annenin parfümü, kızarmış tavuk kokusu. Kokulara aşırı duyarlılık göstermediği sürece bebeğe başka kokular da tanıtın.

Görme duyusu. Eskiden bebeklerin doğduklarında göremediğini zannediyorduk, ama şimdi sadece görmekle kalmayıp öğrenmeye başladıklarını biliyoruz. Bebekler görme duyularının yardımıyla nesneler ve insanlar arasında kolayca ayrım yapabilirler, beden dilini yorumlamayı öğrenirler ve etraflarındaki dünyayı anlarlar.

Bebeğin odasına sadece göz zevkine hitap eden değil, onu uyarıcı görsel malzemeler yerleştirin. Odanın duvarlarını kontrast renklerde boyayın çünkü bu renkler pastel olanlara kıyasla bebeğin kafasında daha çok yer eder. (İlk altı haftada siyah-beyaz, daha sonra ise canlı renkler daha çekicidir.) Yatağındaki, oyun alanındaki ve arabasındaki oyuncak sayısını bir iki taneyle sınırlayın- çok fazla olması kafasının karışmasına ve aşırı uyarılmasına yol açabilir.

Birçok oyuncak ve nesne bebeğinizi görsel olarak uyarabilir:

- Oyuncaklar. Oyuncakları karyolanın üst bölümüne değil, bebeğin tamamen görebileceği şekilde yan tarafına asın. Bebeğin yüzüne olan mesafesinin 30-40 cm olması gerekir. (Çoğu bebek sağ tarafa doğru bakmayı tercih eder, sizin bebeğinizin tercihini araştırın)
- Hareket eden diğer nesneler. Bebeğinizin görme mesafesi içinde oyuncakları veya bir çıngırağı hareket ettirerek gözleriyle takip etmesini sağlayabilirsiniz. Bebeğinize bir akvaryumu veya bir kuş kafesini göstererek harekete alışmasını sağlayın. Bebeğiniz için sabun köpüğünden balonlar da yapabilirsiniz.
- Duran objeler. Bebekler etraflarındaki objeleri uzun süre seyreder ve ancak bu şekilde öğrenebilirler. Erken dönemin favorileri geometrik şekiller, siyah beyaz portreler ve benzerleridir. Canlı ve kontrastlı renkler soluk olanlara tercih edilir.
- Aynalar. Bebeğin karyolasının karşısına kendini görebileceği bir ayna takın; cam olanları değil metal bebek aynalarını tercih edin.
- İnsanlar. Bebekler etraflarındaki insanların yüzlerini uzun süre incelemeyi severler, siz ve diğer aile üyeleri bebeğinizin yakınında zaman geçirirseniz bebeğinize fırsat vermiş olursunuz. Aile resimlerinden kimin kim olduğunu da gösterebilirsiniz.
- Kitaplar. Bebeğe fotoğraflar, insan ve hayvan resimleri, aile resimleri gösterin. Çizimler net ve sınırları iyi belirlenmiş olmalı, (bir bebek için) fazla detay içermemelidir.
- Etrafındaki dünya. Bebek etrafını inceleyerek dünyada olup bitenleri tanımaya başlar. Dünyayı görmesi için fırsat yaratmaya çalışın, bunun için de mümkün oldukça bebeğinizin yüzünü dış dünyaya çevirin.

İşitme duyusu. Bebekler dili, ritm duygusunu, tehlikeyi, duyguları ve çevrelerindeki hemen her şeyi işiterek öğrenirler. İşitsel uyarı hemen hemen her kaynaktan gelebilir.

- İnsan sesleri. Bu sesler bebeğin yaşantısındaki en önemli seslerdir. Sesinizi kullanın: taklitler yapın, ninniler söyleyin, kedi gibi miyavlayın ve en önemlisi bebeğin seslerini taklit edin.
- Evdeki sesler. Elektrik süpürgesinin gürültüsü, çaydanlığın ıslığı veya musluk sesi, kâğıt hışırtısı (hışırdatması için bebeğinize gazete kâğıdı vermeyin, boyası zararlı olabilir) gibi evdeki objelerin çıkardığı sesler ilk yılın sonuna doğru bebeği korkutsa da sesleri tanıması açısından gereklidir ve özellikle de ilk zamanlarda bebeğinizin hoşuna gider.
- Yumuşak sesler çıkaran oyuncaklar. Bebeğinizin kendiliğinden çıngırağı sallamasını beklemeyin. İlk zamanlarda çıngırağı siz sallayın veya bebeğinizin avucuna koyarak sallamasına yardım edin, ya da bileğine bir çıngırak takın. Bebeğiniz sese doğru dönmeye başladıkça görme ve işitmesi arasındaki koordinasyon gelişecektir.
- Müzik kutuları. Bebeğinizin müzik kutusundaki melodiyi hemen tanıması sizi şaşırtacaktır; aynı zamanda göze hoş görünen, renkli bir müzik kutusu seçin, fakat bebeğinizin kolayca ulaşabileceği bir yerde olmamasına ve ağzına atabileceği küçük parçalarının bulunmamasına dikkat edin.
- Müzikli oyuncaklar. Bu oyuncakların anahtarlarının güvenli olduğundan emin olun. Müzikli oyuncaklar bebeğin görsel ve motor becerilerini geliştirmesine yardım eder. Çok gürültülü oyuncaklardan sakının.
- Çocuk kasetleri ve plakları: Almadan önce dinleyip kulağa hoş gelip gelmediğine bakın. Bu dönem çocuğunuzun klasik müzikle tanışması için de idealdir (banyo yaparken, akşam yemeği sırasında veya yatakta oynarken), ancak çoğu bebek rock gibi hareketli müzikleri tercih eder. Mutlaka bebeğinizin müziğe tepkisini inceleyin, hoşlanmazsa kapatın.

Dokunma duyusu. Dokunma, genellikle çok önemsenmemekle birlikte, bebeğin etrafındaki dünyayı tanırken kullandığı en anlamlı duyulardan biridir. Bebeğiniz dokunarak annenin yumuşaklığını, babanın görece daha sert olduğunu, bir oyuncak ayıya dokunmanın harika bir duygu olduğunu, sert bir fırçaya dokunmanın o kadar güzel olmadığını ve hepsinden de önemlisi kendisine bakan kişilerin sevgi dolu olduğunu hisseder ve her banyo yaptırdığınızda, beslediğinizde, altını değiştirdiğinizde ve kucağınızda salladığınızda bu mesajı almaktadır. Bebeğinizin dokunma duyusunu şunlarla geliştirebilirsiniz:

- Sevgiyle dokunan eller. Bebeğinizin nasıl dokunulmak istediğini anlamaya çalışın, yumuşak mı daha mı sert, yavaş mı, hızlı mı. Pek çok bebek kucaklanmaktan, öpülmekten, karınlarının gıdıklanmasından veya öpülmesinden, el ve ayak parmaklarına üflenmesinden hoşlanır. Anne ve babanın dokunuşlarındaki farklılıklar, abla veya ağabeyin sert dokunması veya gıdıklaması ya da işinin ehli büyükannenin kucağında sallaması hoşlarına gider.
- Masaj. En az 20 dakika süreyle masaj yapılan bebeklerin daha hızlı kilo aldığı ve daha iyi gelişme gösterdikleri saptanmıştır (masajın kendisinin mi yoksa daha uzun süre dokunmanın mı bu etkiye yol açtığı bilinmemektedir). Fazla dokunulmayan bebeklerde büyüme geriliği görülür. Bebeğinize sevdiği şekilde dokunun, hoşlanmadıklarından kaçının.
- Dokular. Bebeğin cildine farklı kumaşları dokundurun ve her birinin duygusunu tanımaya çalışın. Bebeği farklı kumaşların/maddelerin üzerine (yerdeki halı, havlu, babaannenin kürkü, yün kazak, mermer masa) yüzüstü yatırın.
- Farklı kumaşlardan yapılmış oyuncaklar alın. Yumuşak tüylü bir ayı, sert tüylü bir köpek, tahta bloklar, tahta kaşık, metal kâse, yumuşak bir yastık ve daha sert bir yastık gibi.

Sosyal gelişim. Bebeğiniz aile üyeleriyle etkileşerek, etrafı gözleyerek sosyalleşir. Bu dönem insanların birbirine nasıl davranması gerektiğini öğretmeye başlamak için uygun bir dönemdir. Sonradan kendi arkadaşlarıyla konuşurken sizin sesinizle ve kelimelerinizle konuştuğunu göreceksiniz.

Bebeğin sosyal gelişimini uyaran nesneler içi doldurulmuş oyuncaklar, hayvanlar ve bebeklerdir. Daha sonra kitaplar ve resimler onun sosyalleşmesine yardımcı olur.

İnce motor gelişme. Şu anda bebeğinizin el hareketleri rasgeledir fakat birkaç ay içinde amaçlı ve kontrollü el hareketi başlayacaktır; ellerine mümkün olduğu kadar özgürlük tanıyın ve örtünün altında hapsetmeyin (dışarıda olduğunuz zamanlar ve soğuk hava haricinde). Bebeğin küçük elleri için uygun olan küçük oyuncaklar seçin. Bebekler objeleri karşıdan kavrayamadıklarından bebeğe yandan verin. Elleriyle deneyim kazanması için bebeğinize şunlardan verin:

- Ses çıkaran çıngıraklar; bu tip çıngırakları bebek bir elinden ötekine aktarır; ağzına da sokabileceği minik oyuncaklar diş çıkarırken acıyı hafifletir.
- Beşik jimnastiği. Bebeğin karyolasının içinde oynayabileceği, çeşitli parçalardan oluşan setler bebeğin, çekme, itme, sallama gibi hareketlerini geliştirir. 15 cm.den uzun ipleri olanlara dikkat edin ve bebeğiniz oturmaya başladığında bu setleri bebeğinizin karyolasından uzaklaştırın.
- Aktivite gerektiren oyuncaklar. Bebeğin bastırabileceği, birkaç hareketle çalıştırabileceği oyuncaklar vermelisiniz. İlk başlarda bebeğiniz bunları kendisi çalıştıramaz, fakat bazıları küçük bir bebeğin bile dokunmasıyla çalışan oyuncaklardır. Bu oyuncaklar çevirme, döndürme, bastırma becerilerinin yanı sıra bebeğinizin neden-sonuç ilişkisini anlamasına da yardımcı olur.

Kaba motor gelişim. Motor beceriler iyi beslenme, sağlık koşullarının iyi olması ve bebeğin kendisinin uygulayabileceği fiziksel aktivitelerle gelişir. Üzerleri örtülen, bağlanan bebekler yeterli hareketleri yapamadıklarından motor gelişimleri sınırlanır. Karnının üzerine konmayan bebekler kafalarını daha geç kontrol edebilirler. Bebeğinizin pozisyonunu gün içinde sürekli değiştirin.

Bebeği ellerinden tutup çekerek kalkmasına yardım edin. Uçar veya koşar gibi hareketler yaptırın. Hareket eden oyuncağı yuvarlayarak bebeğin ona uzanıp yuvarlanmasını sağlayın. Bebeğin emeklemesini teşvik edin.

Entelektüel gelişim (zekâ gelişimi). Tüm duyuların gelişimiyle beraber ayrıntılı ve kaba motor gelişimin teşvik edilmesi bebeğin zekâ gelişimine katkıda bulunur. Bebeğinizle ilk andan itibaren bol bol konuşun. Objelere isimler verin, hayvanların, insanların isimlerini öğretin. Vücudun kısımlarını göstererek ismini söyleyin. Tekerlemeler söyleyin, öyküler anlatın, resimler gösterin. Otobüslere, trene, vapura binerek seyahat edin. Evdeyken bile bebeğin yerini sürekli değiştirin. Yaptığınız tüm işleri seyretmesini sağlayın ve öğrenmesi için asla baskı yapmayın. Her şeyi oyuna dönüştürün.

-6-

Üçüncü Ay

BEBEĞİNİZ NELER YAPIYOR OLABİLİR

Bebeğiniz bu ayın sonunda:

• Karnının üzerindeyken kafasını 45 derece yukarı kaldırabilir (2 ay 2 hafta).

• Yüzüne 15 cm uzakta bulunan nesneyi başından sonuna kadar takip edebilir (2 ay 3 hafta)

Not: Bebeğiniz bu ana hedeflerden birine veya birkaçına ulaşamadıysa doktorunuzla görüşün. Ender olarak bu gecikme problem olduğuna işaret ederse de durum çoğu zaman normale döner. Prematüre bebekler bu hedeflere aynı yaş grubundaki bebeklerden daha geç ulaşırlar; düzeltilmiş yaşlarında (miadında doğmuş olsalardı) bu hedeflere yakınlaşırlar.

Bebeğiniz şunları da yapabilir:

• Yüksek sesle güler.

• İki elini kavuşturabilir (2 ay 20 gün).

• Karnının üzerindeyken kafasını 90 derece yukarı kaldırabilir.

• Kendiliğinden güler.

• Çığlıklar atabilir (memnuniyetten).

• Yüzünün 12 cm uzağındaki bir nesneyi 180 derece takip edebilir (bir yandan öbür yana) (3 ay 1 hafta).

Bebeğinizin şunları da yapması olasıdır:

• Dik oturtulduğu zaman kafasını dik tutabilir.

• Karnının üzerindeyken kollarının yardımıyla göğsünü yerden kaldırabilir.

• Yuvarlanabilir (bir yana).

• Parmaklarının ucuna oyuncak tutuşturulduğunda onu kavrayabilir (3 ay 10 gün).

• Küçük nesnelere dikkat gösterebilir.

Hatta bebeğiniz şunları bile yapabilir:

• Ayaklarının üzerinde dik tutulduğunda vücudunun ağırlığını taşıyabilir.

• Bir nesneye uzanabilir (3 ay 20 gün)

• Oturması için kollarından çekildiğinde kafasını kontrol edebilir.

• Sesin geldiği yöne doğru dönebilir (özellikle annesinin sesine).

• Agu gibi sessiz harf kombinasyonları yapabilir.

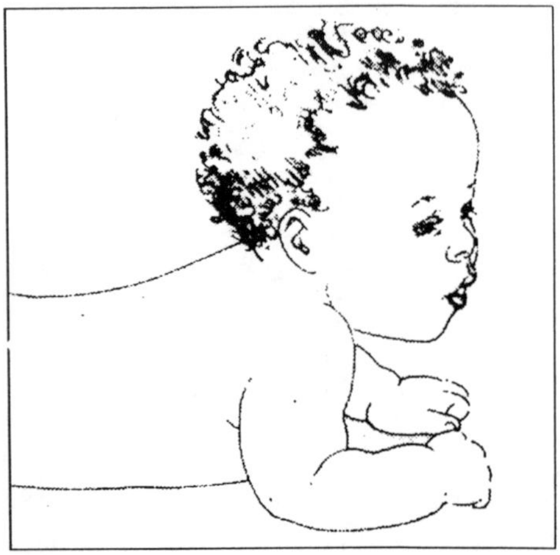

Üç aylık bebeklerin birçoğu, ama hepsi değil, başlarını 90 derece yukarı kaldırabilirler.

BU AYKİ DOKTOR KONTROLÜNDE NELER BEKLEYEBİLİRSİNİZ

Doktorlar genelde bu ayda düzenli kontrol günleri vermezler. Bir sonraki ayda yapacağınız ziyarete kadar bekleyemeyecek konular varsa doktora başvurmaktan çekinmeyin.

BEBEĞİNİZİN BU AYKİ BESLENMESİ
Çalışırken Bebeğin Beslenmesi

İş tariflerinde yer almayan fakat çalışan çoğu annenin tercih ettiği fazladan bir sorumluluk vardır. Bu, zaman kaybettirebilir ve zahmetlidir. Kahve ve çay molalarını ve yemek saatlerini kapsar. Zaten koşuşturma içinde geçen saatleri daha da telaşlı hale getirir. Ancak iş günlerinde bebeklerini emziren kadınlar bu durumdan memnundurlar.

Bunun birçok nedeni vardır: İlkin, çalışan anneler bebeklerine anne sütü emmenin fiziksel avantajlarını sunmaya devam etmiş olurlar (alerji ve hastalık riski azalır). İkincisi, bebeklerini evde bırakmaktan duydukları suçluluk duyguları azalır. Üçüncüsü, çalışan ve bebeklerini emziren anneler işe gitmeden önce ve eve döndükten sonra emzirdiklerinden günde en az iki kere bebekleriyle yakın temas kurmuş olurlar. Son olarak, işlerine geri dönen ve emzirmeye devam eden anneler emzirmenin duygusal faydalarını görmeye daha uzun süre devam edebilirler.

EMZİRMEYE VE İŞE DEVAM ETMEK

Küçük bir bebeğiniz varsa ve işe geri dönecekseniz önceden birçok olayı iyice planlamanız gerekir. İşinizle emzirmeyi beraber yürütmeyi düşünüyorsanız şunları aklınızda tutun:

• Süt rezerviniz tam dolana kadar biberona başlamayın. Çok erkenden başlamanız biberonun reddedilmesini önler, ancak erken başlamak meme karmaşasına yol açar ve süt miktarınızı azaltır. Biberona geçmeden önce emzirmeyle ilgili tüm problemlerin hallolmuş olmasını bekleyin (yara olmuş meme uçları gibi) ve yeterli sütünüz olduğundan emin olun. Birçok kadın için bu süre altı haftadır, ama bazı kadınlarda daha erken rayına otururken bazılarında daha uzun zaman sürebilir.

• İşe geri döneceğiniz günden çok önce biberon vermeye başlayın. Altı haftadan önce biberona geçmek istemeseniz de daha geçe kalmayın. Bebek büyüdükçe onu biberona alıştırmanız zorlaşır. Bebeğinizin günde en az bir biberon dolusu destek besin almasını sağlayın; biberonla daha sonra ne vermeyi planlıyorsanız onu yani anne sütü veya mama verin. Mümkün oldukça bunun evde olamayacağınız saatlere denk gelmesine dikkat edin.

• Mama yerine anne sütü vermeyi düşünüyorsanız işe dönmeden önce sütünüzü toplama konusunda ustalaşmaya çalışın. Acil durumlar için birkaç günlük süt yedeğiniz olsun. Mama kullanmayı düşünüyorsanız bile memelerinizden pompayla süt sağmayı öğrenin. Böylece süt kanallarınızın tıkanıp sütünüzün azalmasını önleyebilirsiniz.

• Mümkünse işe geri dönmeden önce bebeğinizin 16 haftalık olmasını bekleyin. Genelde, anne biberona ne kadar geç geçerse emzirme olayı o kadar başarılı biçimde devam eder. Bu süre içinde sağlıklı bir anne-bebek ilişkisi biçimlenmiş olur.

• İlk başlarda mümkünse part-time işte çalışmayı deneyin. Bebeğinizle geçen saatler emzirme olayını güçlendirir. Dört veya beş yarım gün çalışmak iki veya üç tam gün çalışmaktan daha yararlıdır. Yarım gün çalıştığınızda emzirmeyi günde bir kereden daha fazla atlamamış olursunuz. Sızıntı probleminiz azalır ve işteyken sürekli pompa ile süt almanıza gerek kalmaz. Gece çalışma da emzirmeyi daha az etkiler özellikle de bebeğiniz gece boyunca uyuyorsa. Ancak dinlenme ve romantizmi olumsuz etkileyebilir.

• Dengeli beslenmeye özen gösterin; sadece süt üretimi için değil enerjinizi korumak ve moralinizi sağlam tutmak için de buna ihtiyacınız olacak.

• İşyerinizden destek alın. İşyerinizdeki arkadaşlarınız ve şefiniz çalışırken emzirmenizi anlamayabilir ve üstelik onaylamayabilir; bu da otomatik olarak başarınızı azaltacaktır. Bu yüzden süt biriktirmek için önceden zaman ve yer ayırmaya çalışın. Sütü koyacak yeriniz veya taşıma imkânınız yoksa daha önceden biriktirdiğiniz pompayla aldığınız süte bağlı kalmak zorundasınız ve bu sütü hafta sonları, geceler ve sabahları biriktirebilirsiniz[1].

• Bebekle ilgilenen kişiye emzirme planınızı anlatın. Aksi takdirde eve bebeği emzirmek için koştuğunuzda bebeğinizin doymuş olduğunu göreceksiniz. Bakıcıya - eğer bilmiyorsa- anne sütüyle beslemenin yararlarını ve yollarını anlatın. Bebek bakıcısına bebeğin beslenme saatleri ve dışkılaması hakkında bilgi verin ve süt rezervinin azalmaması için sık emzirmenin gerekliliğinden söz edin. Eve gelmenize iki saatten daha az bir süre kaldığında bebeğinize biberon dolusu süt (veya su, ya da meyve suyu) verilmemesi konusunda kesin talimat verin.

• Eşinizden destek alın. Ev işlerinin yükünü paylaşın, böylece eve geldiğinizde bebeğinizi emzirmek için zaman bulabilirsiniz.

• Önceliklerinizi sıraya koyun. Her şeyi birden ve mükemmel bir şekilde yapamazsınız. Bebeğiniz ve eşinizle ilişkilerinizi öncelik listesinin en üst sıraya yerleştirin ve sizin için maddi, duygusal ve profesyonel olarak önemi çok büyükse işiniz dışında her şeyi bir kenara bırakın.

• Esnek olun. Sakin ve mutlu bir anne, bebeğin esenliği için yalnızca anne sütünden oluşan diyetten daha önemlidir. Bebeğinizin tüm besin ihtiyacını anne sütüyle karşılayabileceğiniz gibi isteseniz de bunu yapamayabilirsiniz. Bazen işte çalışmanın verdiği fiziksel ve duygusal gerginlik annenin süt miktarını engelleyebilir. Bebeğiniz yalnızca anne sütü ile gelişme göstermiyorsa evdeyken daha sık emzirin, mümkünse öğlen tatilinde eve gelerek bebeğinizi emzirin ve süt miktarınızı artırmaya çalışın. Bu da yeterli olmazsa mama takviyesi yapmanız kaçınılmazdır.

• Emzirmenin başarılı olması için uygun giysi giyin. Süt sızıntısının dışarıdan görülmemesi ve giysilerinizi lekelememek için gevşek, rahat bluzlar giyin. Açık renkli ve süt gelmesini engelleyen dar giysiler giymeyin. Dar giysiler meme uçlarınızı uyararak süt salgısının başlamasına ya da çok sıkı olurlarsa süt oluşumunu engellemeye yol açabilirler. Giysinizin ön bölümünün kolayca açılabilmesine dikkat edin ve yukarı çekildiğinde buruşmayacak veya şekli bozulmayacak kumaşlardan yapılmış giysileri tercih edin. Giysilerinizi korumak amacıyla sutyeninize pedler yerleştirin ve ıslandığında değiştirebilmek için çantanızda yedek ped bulundurun.

• Birkaç deneme yapın. Gerçekten işe gidecekmişsiniz gibi denemeler yapın. Hatta arada dışarıda sütünüzü sağmayı ihmal etmeyin. İlk seferinde evden birkaç saatten fazla uzaklaşmayın ve daha sonra bu süreyi uzatın. Ne tip problemlerin ortaya çıkacağına bakın ve çözümlerini düşünün.

• Tam gün çalışmaya başlayacaksanız perşembe veya cuma günü başlamayı ve hafta sonunda nelerin ters gittiğini anlamaya çalışın. Sonraki hafta daha kolay geçer.

• Emzirme sayınızı maksimum sayıda tutmaya yönelik bir program oluşturun. İşe gitmeden önce iki kere ve akşamları iki veya üç kere emzirin. İşyeriniz evinize yakınsa öğlenleri de emzirebilirsiniz veya bakıcının bebeği ikinize de yakın bir yere getirmesini isteyip orada bebeği-

1 Son çalışmalar anne sütünün oda sıcaklığında en fazla altı saate kadar saklanabileceğini gösteriyor; ancak fazladan güvence için sütünüzü sterilize edilmiş biberonlarda veya kaplarda toplayın ve mümkünse buzdolabında saklayın.

nizi emzirebilirsiniz. Eğer bebeğinizi bakıcının evine bırakıyorsanız, onu almaya gittiğinizde evde veya yola çıkmadan arabada emzirin. Bebeğinizi aldığınız anda emzirmeyi eve gidene kadar beklemeye tercih edin.

- İşyeri dışında yapabileceğiniz işleri (müdürünüzün bilgisi dahilinde ve izniyle) eve getirmeye çalışın. Bu size daha büyük esneklik kazandıracaktır. Evde çalıştığınız zamanlarda bebeğinizin bakımını büyük ölçüde bir bakıcının üstlenmesi gerekse de gerektiğinde bebeğinizi emzirebilirsiniz.

- İşiniz çok fazla seyahati gerektiriyorsa bebeğiniz sütten kesilene kadar bir günden fazla süren yolculukları engelleyin; süt rezervinizi sağlama almak için meme pompası bulundurun ve her 3-4 saatte bir sütünüzü sağın. Eve döndüğünüzde süt miktarınızın kısmen azaldığını görebilirsiniz ancak öncekinden daha sık emzirme, uygun diyet ve dinlenmeyle tekrar eski rezervinize kavuşabilirsiniz. Eğer sonuç istediğiniz gibi olmazsa iş dönemindeki emzirme saatleri için mama desteği gerekebilir.

- Bebeğinizin yeterli beslenmesi için evdeki emzirmelerde mamayı kullanabilirsiniz. Ancak mamayı emzirdikten sonra verin ve meme emzirme düzeninizi engellemesine izin vermeyin.

- Bebeğiniz ve sizin için ne uygunsa o yöntemi seçin; emzirin veya mama verin; tam gün çalışın veya yarım gün çalışın; emzirmeyi veya çalışmayı tamamen bırakın.

MERAK ETTİKLERİNİZ

BEBEĞİ DÜZENE ALIŞTIRMA

"Bebekleri belli bir düzene sokmaya çalışmaya iyi gözle bakılmadığını biliyorum. Ama bebeğin düzenine göre hareket etmekten çok yoruldum. Her saat ve gün boyu meme emmek istiyor."

Yeni neslin kadınları işyerindeki haklarını gözetirken bebeklerini de ilgilendiren haklarını unutuyorlar. Bebek büyüdükçe sizin de ondan istekleriniz olmaya başlayacak.

Bundan önce bebeğinizin oburluk derecesine varan emme isteğinin yalnızca yeterli beslenmeye yönelik olup olmadığını araştırın; belki süt rezerviniz yeterli değil ya da bebeğiniz çok aktif veya gelişmesinin en hızlı olduğu dönemleri yaşıyor. Gerçekten gelişimi hızlı mı? Vücudu giderek dolgunlaşıyor mu? Bebeklik terlikleri küçük gelmeye başladı mı? Eğer bunların hiçbiri olmuyorsa sayfa 96'daki süt miktarınızı nasıl artırabileceğinizle ilgili önerileri okuyun. Bunlar da işe yaramazsa bebeğinizin diyetini mamayla desteklemek konusunda doktorunuzla konuşun

Bebeğinizin gerçekten iyi bir gelişim sürecinde olduğunu düşünüyorsanız biraz da kendinizi düşünme zamanı gelmiş demektir. Saat başı emzirme sizi duygusal ve fiziksel açıdan yorar, meme uçlarınız yara olur, bütün gün ve gece emerek çok zamanınızı aldığı için bebeğinize karşı düşmanca duygular beslemeye başlayabilirsiniz. Bebek için de aşırı emzirme sağlıksız ve gereksizdir. Bebeğiniz yeterince uyuyamaz ve uyanık olduğu sürelerdeki gelişimi de olumsuz etkilenir. Ağzında sürekli meme olan bebek başka aktivitelere zaman bulamaz.

Üçüncü ayda bebeklerin çoğu belli bir düzene geçerler. Tipik bir bebek her sabah aynı saatlerde uyanır, emer, kısa süre uyanık kalır, biraz kestirir, öğle yemeği saatlerinde yine uyanır, emer ve öğle sonunda uzun bir süre uyanık kalır, yine emer ve akşam üstü yine uyur. Bu uyku anne-babanın uyku saatini geçerse saat 11 sıralarında onu uyandırıp besleyin. Bu andan sonra bebek altı saatlik bir uykuya dalar.

Bazı bebeklerin daha düzensiz bir hayatı vardır. Gün içinde değişik aralıklarla uyuyup beslenmek isteyebilirler. Dört saatte bir uyanma ve beslenme düzeninde olmasalar bile bu bebeklerin kendi düzenlerine göre günlük programı ayarlamak mümkün olabilir.

Bazı bebekler de üç ay geçtikten sonra bile belli bir düzene göre davranmazlar. Tamamen rasgele saatlerde beslenirler, uyurlar, banyo yaparlar. Bunları bir düzene oturtmaya çalışın. Emzirmeler arasındaki süreyi uzatmaya çalışın, çok emmesi can sıkıntısından olabilir. Ona uygun aktiviteler bulun.

Emzirmeden daha fazla zaman artırdığınızda diğer aktiviteler için hem siz hem bebeğiniz bir sürü zaman kazanmış olursunuz.

"Bebeğimi özel bir programa alıştıramadığımı duyan insanlar beni garipsiyorlar. Ama ben bu şekilde rahat ediyorum."

Bütün toplum belli bir programa göre hareket ediyor. Fakat hiçbir programa uymadan da gayet güzel idare edenler vardır. Bebeğiniz geceleri uyuyorsa, aktif, memnun ve olaylarla ilgiliyse şimdilik programsızlık tutumunuzu sürdürebilirsiniz.

Ancak bebeği belli bir yapı kazandırılmamış ortamda büyütmek sakıncalı olabilir. Bu tip bir yaşam biçimi seçmişseniz dikkat etmeniz gerekenler şunlardır:

- Bazı bebekler programsızlığa tolerans göstermezler. Yemek veya uyku saatleri geciktiğinde huzursuz olurlar. Bebek programsızlıktan memnun değilse ona daha kontrollü bir ortam sağlayın.
- Belli bir program dahilinde hareket edilmesinin aile bağlarını güçlendirdiği ve zaman içinde bebeğin esenliğini artırdığı düşünülmekte. Çok küçükken bebekler programsızlıktan yakınmasalar da büyüdükçe düzensiz olan yemek ve uyku saatlerine düzenli olarak ağlayarak ve huysuzluk yaparak tepki verirler.
- Bebek belli saatlerde uykuya dalmazsa siz de kendinize özel zaman bulamazsınız. Kendilerini üç kişi eğlenmenin heyecanına kaptıran anne-babalar iki kişinin de eğlendiğini unutabilirler.
- Düzenli uyku ve yemek saatleri olmayan aileler farkında olmadan bebeklerinin ihtiyaç duyduğu düzeni uygulamamış olurlar.
- Bebeğin ilk iki yılında işine geri dönen ve bebek bakıcısına belli bir program aktaramayan annelerin bebekleri uyumlarını kolaylaştıran bir rutine geçemeyeceklerdir.
- Tüm bebekler için belli bir düzenden yoksunluk gelişimlerini ve sonraki yaşam disiplinlerini olumsuz etkiler. (Okula zamanında yetişemezler, ödevlerini bitiremezler vs.)

Gerçekte hiçbir düzene oturtulmamış bir bebek de gelişmesini tamamlar ve çok sıkı bir disiplin çok gevşek bir yaşam biçimi kadar zararlıdır. Bebeğin yaşamını ne kadar organize edebildiğiniz bebeğin doğal uyku ve beslenme düzenlerine, kişilik yapısına göre değişir. Birisi için mükemmel olan diğerinde işe yaramayabilir.

BEBEĞİ YATAĞINA YATIRMA

"Bebeğim mememi emerken uyuyakalıyor. Bunun sonradan kötü bir alışkanlığa dönüşeceğini duydum."

"Bebeğinizi uykuya dalmadan henüz uyanıkken yatağına koyun ve şimdiden kendi kendine uykuya dalmayı öğrensin ki memeden veya biberondan kesildikten sonra uykuya dalma konusunda problem yaşanmasın." Okurken ne kadar kolay görünüyor değil mi? Birçok anne bunun pratikte bu kadar kolay olmadığını bilir. Emzirirken uyuyakalan bebeği uyandırabilmeniz güçtür. Hem zaten niye uyandırasınız ki?

Bebeğinize meme veya biberondan bağımsız uykuya dalmasını öğretmek için biraz daha büyümesini (altı-dokuzuncu aylar) beklemelisiniz. Bu alışkanlığını sürdürürse endişelenmeyin; sütten kesildiğinde vazgeçmesi hızlı olur.

Mümkün olduğu zamanlarda bebeği uyanıkken yatağına yatırın , ancak hemen uyku öncesindeki uyanıklık zamanı seçin. Biraz sallamak, ninni söylemek veya emzirmek bebeğinizi bu duruma getirir (fakat bunu uzatırsanız bebeğiniz mışıl mışıl uykuya dalabilir).

BEBEĞİN GECE BOYUNCA UYKUSUZLUK ÇEKMESİ

"Arkadaşımın bebeği hastaneden geldiğinden beri geceleri rahatça uyuyor fakat benimki geceleri uyanıyor ve meme emiyor."

Bebekler alışkanlıklara bağlanan yaratıklardır. Ona bir alışkanlık kazandırın; ona bağlanırlar; özellikle de ucunda yiyecek veya ilgi varsa.

Bazı bebekler üçüncü ayda gece beslenmeye ihtiyaç duymazlar, ancak bazı iki veya üç aylık bebekler (özellikle meme emenler) gece boyunca bir-iki kere emzirilmek isterler. Gece uyanma alışkanlığı beşinci- altıncı aya sarkarsa bunun ihtiyaçtan değil alışkanlıktan olduğunu düşünebilirsiniz.

Bebeğiniz gecede bir-iki sefer emmek isteyebilir ama üç-dört sefer emmeye ihtiyacı yoktur. Gece geç saatlerdeki emzirme sayısını gittikçe azaltmanız gerekebilir. Bunu şu şekilde başarabilirsiniz:

• Gece uykusundan önce verdiğiniz sütün miktarını artırın. Uyuklamakta olan bebeklerin çoğu mideleri tam dolmadan uykularına devam etmek isterler. Gazını çıkartarak onu beslemeye devam edin. Bir iki ay sonra katı gıdalara geçtiğinizde akşam beslenmesine mısır gevreği ya da başka bir yiyecek ekleyebilirsiniz. Bilimsel olarak kanıtlanmamış olsa bile böyle bir besin bebeğinizin gece boyunca deliksiz uyumasını sağlayabilir.

• Gece yatmadan önce bebeğinizi uyandırın ve meme verin; bu onu altı-sekiz saat idare eder. Ne yazık ki bazı bebekler uyandırıldıklarında bir şeyler yiyemeyecek kadar uykulu olabilirler ama az miktar da beslenseler normalde uyanacakları saatten bir iki saat sonrasına kadar idare edebilirler. (Tabii ki sizin bu ara beslemelerinizden sonra bebeğiniz daha çok uyanmaya başladıysa bu girişiminizi sonlandırın. Sizin uyandırmanız onun kendi başına uyanmasını da kolaylaştırıyor olabilir.)

• Bebeğinizin gün boyunca yeterince beslendiğinden emin olun. Beslenmiyorsa ihtiyaç duyduğu kalorileri gece emzirmelerinden kazanıyor olabilir. Durum buysa gündüzleri bebeğinizi sık sık emzirerek süt üretiminizi artırmaya çalışın. Biberonla besliyorsanız her öğündeki mama miktarını artırın. Ancak bazı bebeklerin iki saatte bir beslenme alışkanlığı edinip bunu hep böyle devam ettirmek isteyebileceklerini de aklınızdan çıkarmayın.

• Her iki saatte bir uyanıp meme istiyorsa (yeni doğan bir bebekte bu anlaşılabilir, fakat büyümekte olan iki üç aylık bir bebekte bu beklenmez) beslenmeler arasındaki süreyi her gün yarım saat artırarak uzatın. İlk ağladığında hemen yanına gitmek yerine uyumasını sağlayın. Yaygara koparmaya devam ederse onu sakinleştirmeye çalışın. Sakinleşmezse onu sallayarak, ninniler söyleyerek uyutmaya çalışın. Memeyle besleniyorsa sizin yerinize babasının onu kucağına alması daha etkili olabilir, böylece besin kaynağını hisseden, koklayan ve dokunan bir bebeği yatıştırmanın zorluğu engellenir. Odayı karanlık tutun ve çok fazla konuşmamaya gayret edin.

Tüm çabalarınıza rağmen bebek meme emmek isterse onu emzirin. Zaten bu kadar uğraşırken bir önceki geceye göre beslenme saatini en az yarım saat kaydırmış olacaksınız. Birkaç gün içinde bebeğinizin de uyanma saatini geciktirmesini bekleyebilirsiniz. Gece beslemelerini gittikçe azaltarak gecede bir sefer emzirmeye çalışın, ki bu birkaç ay daha devam edebilir.

• İstenmeyen gece öğünlerinin miktarını azaltmaya çalışın. Bebeğinizin biberonundaki mama miktarını her gece biraz daha azaltın. Giderek mamayı daha çok sulandırın ve sonunda tamamen suya dönüştürün. Bu noktada bazı bebekler o kadar çabalarının bir biberon suya değmediğini düşünecek ve yeniden uyumak isteyeceklerdir. Bazı bebekler ise uykularını bölmeyi tercih edecektir. Açlık suyla bastırılamayacağından en azından acıkma-beslenme döngüsünü kırmış olursunuz. (Mamayı sulandırmanın bebeğinizin günlük kalori ihtiyacını karşılama açısından bir problem oluşturmadığından emin olmak için doktorunuza danışın).

• Vermek istediğiniz gece öğününün miktarını artırın. Bütün öğünlerin ortasındaki öğünün miktarını artırmak faydalı olur. Memeden veya biberonun ucundan biraz beslenmek bebeği uzun süre tok tutmaz.

• Gerekmediği sürece gece bebeğinizin bezini değiştirmeyin. Bebeğinizi geceleri daha az besledikçe daha az bez değiştirmeniz gerekecek. Geceleri kumaş bez yerine kâğıt bezlerden kullanın. Bebeğinizi bir büyük bedendeki bezle bezleyin ve sızıntıyı engelleyin. Gece bezini değiştirmeniz gerekse bile hazır bezi değiştirmek kumaş bezi değiştirmekten daha kolay olacaktır.

• Bu ay bebeği kendi odasına geçirme zamanıdır. Size yakın olduğu için uyanıyor ve her ağlamada onu kucağınıza alıyor olabilirsiniz.

BEBEĞİN HÂLÂ EMZİK KULLANMASI

"Kızımın üç aylık olana kadar emzik kullanmasından yanaydım. Ama şimdi o kadar alıştı ki ağzından alamıyorum."

Bebekler aynı zamanda konfordan hoşlanan yaratıklarıdır. Konforlarını sağlayan birçok unsur vardır. Annenin memesi , biberon, sakinleştirici bir ninni veya bir emzik. Belirli bir konfor aracına alıştıklarında uzaklaşmaları daha da zor olur. Emzik kullanımıyla ilgili olarak gelecekte problem yaşamak istemiyorsanız şimdi bıraktırmanın tam sırasıdır. Bu yaşta belleği kısa süreli olduğundan emziği ortadan kaldırmanız onu unutturabilir. Ayrıca daha büyük bir bebeğe kıyasla değişiklikleri ve sakinleşmek için başka bir alternatifi daha kolay kabullenir. Emekleme çağındaki bir bebek hem emziği unutmaz hem de güçlü bir şekilde emziği geri almak için tutturur. Elbette üç aylık bir alışkanlığı ortadan kaldırmak bir yıldan uzun süren bir alışkanlığı kaldırmaktan daha kolaydır.

Bebeği emzikten vazgeçirmek için çeşitli sakinleştirici tekniklerden faydalanın: bebeğinizi sallamayı, şarkı söylemeyi, temiz bir eklem boğumunuzu emmesini sağlamayı veya sayfa 118'de sözü edilen tekniklerden herhangi birini deneyebilirsiniz. Tabii ki bu yöntemlerin her biri bebeğinizin ağzına emziği yerleştirmekten daha çok zamanınızı ve enerjinizi alacaktır, fakat uzun vadede bebeğinizin kendini oyalamak için farklı yollar öğrenmesine yol açacağı için daha yararlı olacaktır. (Emzik lehine ve aleyhine çeşitli görüşler için sayfa 70'e bakınız)

SPASTİK HAREKETLER

"Oğlum bir nesneye uzandığında başarılı olamıyor ve hareketleri spastiklerinkine benziyor. Acaba sinir sisteminde arıza mı var?"

Büyük olasılıkla sinir sisteminde bir problem yok, yalnızca çok küçük ve deneyimsiz. Hamilelik döneminde başladığı tekmelemeye kıyasla sinir sistemi gelişimi açısından çok yol kat etmiş olsa bile bebeğinizin gelişimi tümüyle tamamlanmamıştır. Bebek oyuncağı ıskaladığında hareketindeki koordinasyon eksikliği anneyi endişelendirebilir, fakat bu onun gelişim evresine göre tamamen normaldir. Bir süre sonra daha kontrollü olacaktır ve eğreti hareketleri yerini becerikli hareketlere bırakacaktır. Çok yakında gördüğü her şeyi ellemeye başladığında henüz gördüğü şeylere tamamen uzanamayıp ıska geçtiği günleri arayacaksınız.

Bu konuda biraz daha rahatlatılmaya ihtiyacınız varsa durumu doktorla görüşün.

BEBEĞE İNEK SÜTÜ VERMEK

"Bebeğimi emziriyorum ve ona destek besin vermek istiyorum. Ona inek sütü verebilir miyim?"

İnek sütü insan yavruları için uygun değildir. Anne sütüne ve mamaya kıyasla çok daha fazla tuz ve protein içerir. Bu da bebeğin minik böbrekleri için zararlıdır. Ayrıca demir de içermez. Sadece inek sütüyle beslenen bebekler ve demir ilave edilmemiş mamalarla beslenenler demir katkısına ihtiyaç duyarlar (vitamin-mineral damlaları şeklinde). İnek sütü başka açılardan da anne sütünden farklılık gösterir. Bazen inek sütü bebeklerin bir kısmında bağırsak kanamasına yol açabilir. Dışkıya çıkan kan gözle görülmez ancak kanama bebekte kansızlığa neden olabilir. Katkılı besinlere başladığınızda bebeğinizin doktoruna inek sütü ilave edip edemeyeceğinizi danışın. Bebeğiniz bir yaşına gelene kadar kendi sütünüzü sağarak vermek ya da hazır mamaları kullanmak daha uygun olabilir. Katı gıdalara geçildiğinde mısır gevreğine kendi sütünüzden katmak çok pratik olmayabilir. Bu amaçla inek sütü kullanıp kullanamayacağınızı doktorunuza danışın.

BEZDEN KAYNAKLANAN PİŞİK

"Bebeğimin altını sık sık değiştiriyorum ancak pişikten kurtulamıyorum."

Bebeğin bezlendiği bölgenin nem oranı yüksek olduğundan ve çok az hava aldığından, kimyasal maddelerden ve dışkı ile idrardan kaynaklanan tahriş ve ayrıca bezlerin ve giysilerin sürtünmesi isiliğe yol açar. Bez isiliği bebek bezlendiği sürece problem olmaya devam eder, yedinci ve dokuzuncu aylarda diyet zenginleştiğinden ve dışkı daha tahriş edici olduğundan isilik had safhaya ulaşır ve bebeğin cildi sertleştikçe azalmaya başlar.

Bazı bebeklerde isilik tekrarlar; bunun nedeni doğuştan isiliğe yatkın olmak, alerjik eğilimler ve dışkının ph'ının anormal olması, idrardaki amonyum miktarının fazla olması veya cildin kolay tahriş olan cinste olmasıdır. İsiliğin gerçek nedeni bilinmiyor ancak bebeğin hassas cildinin kronik nemden tahriş olması olarak açıklanır. Deri giysi veya bezin sürtünmesi ile daha tahriş olduğunda dışkıda ve idrardaki mikropların saldırısına açık hale gelir. Bezlenen bölgeyi sabunla ve deterjanla yıkamak bebeğin derisini daha da hassaslaştırır. İdrardaki amonyum asıl neden değildir, fakat önceden hasara uğramış cildi iyice tahriş edebilir. İsilik kızlarda bezin arkasında, oğlanlarda ön tarafta daha da yoğundur, yani idrarın toplandığı yerlerde daha da yaygındır.

Bez isiliği olarak adlandırılan durum bezlenen bölgedeki birçok duruma işaret eder. Bunların birbirinden nasıl ayırt edileceği tam olarak netleşmemiştir. Bu isilikler şöyle tanımlanır:

Perianal dermatit: Anüste kırmızılık biberonla beslenen bebeklerde alkali dışkı yapılmasından kaynaklanır ve katılara geçilene kadar meme emen bebeklerde pek görülmez.

Sürtünme isiliği. En yaygın isilik türüdür ve sürtünmenin en fazla olduğu yerlerde kırmızılık olarak görülür ancak derinin katlandığı yerlerde görülmez. Başka bir enfeksiyon olmadığı sürece bebeği rahatsız etmez.

Atopik dermatit. Bu isilik kaşındırır ve önce vücudun başka yerlerinde ortaya çıkabilir. 6. ve 12. aylar arasında bez bölgesine yayılır.

Seboreik dermatit. Bu koyu kırmızı isilik beraberinde sarı kabuklar da yapar ve kafatasından başlar; bazen de bezlenen yerden yukarı doğru yayılır. Pek çok pişik türünde olduğu gibi anne bebekten daha çok rahatsızlık duyar.

Kandida dermatiti. Parlak kırmızı ve bölgede hassasiyet yaratan bir isiliktir ve karın ile kasıklar arasındaki katlanmalarda görülür. 72 saatten uzun süreyle devam eden isilik kandida albikans ile enfekte olur (pamukçuk etkeni). Bu isilik antibiyotik verilen bebeklerde de görülür.

İmpetigo. Streptokok ve stafilokok gibi bakterilerle oluşan bu durum iki farklı formda görülür: büyük, ince çeperli çıbanlar patladığında kalın, sarı, kabuklu püstüllere dönüşürler ve kırmızılık bırakırlar. Uyluklarda, karnın alt tarafında ve popolarda görülür ve vücudun başka taraflarına da yayılabilir.

İntertrigo. Bu tip isilik derinin deriye değdiği yerlerde (deri katlanması olan yerde) sürtünmeyle oluşur. Bebeklerde karın ile uyluklar arasındaki göbek kıvrımlarında ve sıklıkla da koltuk altlarında görülür. İntetrigo isiliği sarımsı bir akıntı yapabilir ve idrar değdiğinde acı verir, bebeğin ağlamasına neden olabilir.

Bezin üst tarafında görülen dermatit. Bezin deriye değdiği üst tarafta oluşan isiliktir. Pişiğin en iyi tedavisi önlemedir. Bezlenen bölgenin kuru ve temiz tutulması önlemenin esas ilkeleridir. Koruyucu önlemler işe yaramazsa şunları yaparak isiliği giderebilirsiniz:

Bölgenin nemli tutulmaması. Bunun için bezi sık sık değiştirin. İnatçı isiliklerde bebek dışkıladığı veya idrar yaptığı anda bezi değiştirin. Çok fazla sıvı içilmesi bebeğin daha çok bezlenmesine ve daha çok isiliğe yol açar. Bebeğinize sıvı verirken şişelerce değil de bir bardak vermek yeterli olabilir.

Bölge hava alsın. Bebeğin poposunu mümkün olduğunca kapatmayın veya kuru havlunun üzerinde oturtun. Üşütmeyeceğinden eminseniz bu şekilde birkaç saat uyumasına izin verebilirsiniz. Hazır bez kullanıyorsanız beze birkaç delik açın, böylece içeri hava girmesini sağlamış olursunuz.

Tahrişi önleyin. İdrar ve dışkı gibi doğal olarak tahriş yapan maddeleri sınırlayamazsınız. Ancak sabun bebeğin cildini kurutabilir ve tahriş edebilir, günde bir kereden fazla sabun kullanmayın. Bebek dışkıladığında poposunu suyla iyice yıkayın (30 saniye ile bir dakika arası). Mendiller bebeğin derisini tahriş eden maddeler içerebilir. Alkol içerenler özellikle tahriş edicidir. Sizin kullandığınız marka sorun yaratıyorsa değiştirmeyi deneyin ancak döküntülü dönemlerde bu mendillerin hiçbirini kullanmayın. Çok bulaşmış bir dışkılama sonrası en pratik temizleme yolu küvete veya leğene oturtarak o bölgeyi yıkamaktır. Yıkadıktan sonra bebeğinizi iyice kurulayın. Sadece çişini yapmış olan bir bebek temizlik malzemeleri kullanmaksızın yalnızca bezinin değiştirilmesiyle idare edebilir.

Farklı bezler. Bebeğinizdeki isilik tekrarlıyorsa farklı bir bez kullanın. Bezleri evde yıkıyorsanız yıkama suyuna bir miktar sirke katın ve on dakika kaynatın.

Blokaj taktikleri. İdrar yaptıktan sonra bebeği yıkayın ve bebeğin poposuna kalın bir merhem tabakası sürün. Borik asit veya talk pudrası kullanmayın. Borik asit basit bez isiliğini gidermede yararlı olsa da zehirli bir maddedir ve çoğu doktor evde bulunmasını önermemektedir. Talk pudrası ise nemi alır ve bebeğin cildini kuru tutar, ancak bebeğin nefes yollarına kaçıp pnömoniye yol açabilir ve karsinojeniktir. Mısır nişastası iyi bir alternatiftir. Aile üyelerinin kullandığı merhem, antibiyotik veya antifungal (mantar ilaçları) maddeleri kullanmayın.

Bebeğinizdeki pişik tüm çabalarınıza rağmen iyileşmezse ve üzerinde kabarcıklar oluşursa doktorunuzu arayın. Seboreik dermatit için steroidli krem gerekebilir. Ancak uzun süre kullanmayın. İmpetigo için ağızdan antibiyotik verilebilir. İntertrigo için iyi bir temizlik sonrası hidrokortizonlu krem önerilebilir. Kandida için antifungal merhem kullanılmalıdır. İsiliğin giderilmesinin ne kadar zaman alacağını öğrenin. İsilik devam ederse doktor diyetle ilgili ve diğer faktörleri gözden geçirmek isteyebilir.

PENİSTE YARA

"Oğlumun penisinin ucundaki kızarma beni çok endişelendiriyor."

Gördüğünüz bu olay lokal bir isilikten başka bir şey değildir. Bazen o kadar şişer ki bebeğin idrar yapmasını engelleyebilir. Üretraya yayılması nedbe bırakabileceğinden en kısa sürede bunu gidermeye çalışın. Evde yapılmış bez kullanıyorsanız problem düzelene kadar hazır beze geçin, yukarıdaki tüm önlemleri alın ve iki üç gün içinde geçmezse doktora başvurun.

ANİ BEBEK ÖLÜMÜ SENDROMU (SIDS)

"Bir komşumun bebeği beşiğinde öldü. Ben de gece boyunca bebeğimi sürekli uyandırıyorum ve durumunu kontrol ediyorum. Bebeğin sesini alabileceğim cihazlar kullanmalı mıyım?"

Ani bebek ölümü sendromu adı verilmeden çok öncesinden beri anneler bebeklerinin uyku sırasında öleceklerinden korku duyarlardı. Ancak önceden bebeğinizde solunum durması krizi görmediyseniz SIDS olasılığının 1000 bebekte 2 ölüm olduğunu bilmenizde fayda vardır. Bu korkuyla sürekli kafanızı meşgul etmeniz ise her ikiniz için de zararlıdır.

Çoğu anne bebeği bir yaşına gelinceye kadar doğru dürüst uyuyamaz. Bu yaştan sonra SIDS riski azalır. Bir monitör kullanmanız korkularınızı giderir ancak aile dinamiğinizi bozar ve anne-bebek etkileşimini kötü etkileyebilir. Yanlış alarmlar da cihazı güvenilmez kılar. Bu tip aletler yaşamı tehdit eden apne nöbetleri geçiren, akciğer ve kalp problemleri olan veya kardeşi SIDS'den ölenler için geçerlidir.

Sizi rahatlatacak şeylerin başında bebek yoğun bakımının evdeki herkes (eşiniz, bebek bakıcısı, komşular, vs.) tarafından bilinmesidir. SIDS semptomları görüldüğünde resüsitasyona (hayata döndürme) başlanmalıdır. Korkularınız

SIDS (ANİ BEBEK ÖLÜMÜ SENDROMU) NEDİR?

SIDS bebeğin geçmişi, ölüm sonrası muayenesi veya ölüm sahnesinin incelenmesiyle açıklanamayan ani bebek ölümleri olarak tanımlanır. İki haftalık ile bir yaş arasındaki bebeklerde en önemli ölüm nedenidir. ABD'de her yıl 6000 bebek bu şekilde ölür. Önceden tamamen sağlıklı bebeklerin aniden ölmesi olarak düşünülen bu durumun sonradan normal görünen ama altta yatan bir bozukluğu olan bebeklerde görüldüğü anlaşılmıştır.

Ortalama bir bebeğin SIDS nedeniyle ölme riski çok düşüktür (1000'de 1,7). Sağlıklı bebeklerde bu oran daha da düşüktür. Ancak belli bir olayla bağlantısız bir şekilde aniden mavi renk alan, solunumu duran ve resüsitasyon gereken bebeklerde bu risk yüksektir. (20 saniyeden az süren apne geçirmiş bebeklerde risk yüksek değildir). Diğer riskli bebekler prematüre doğanlar, çoğul gebelikten sonra doğanlar ve küçük bebeklerdir. SIDS erkeklerde daha sık görülür.

Durumun kökeninin doğum öncesinde fötüsün gelişiminde olduğu teorisi doğum öncesinde yeterli bakım görmeyen, sigara içen ve şiddetli anemisi olan annelerden doğan bebeklerde risk artışıyla desteklenmiştir. Genç annelerin (20 yaş altındaki) bebekleri de risklidir. (Hem prenatal gelişim eksikliği hem de genç yaş nedeniyle)

Kalıtımın en önemli faktör olduğu şüphesi araştırmalarla kanıtlanamadı ancak, SIDS kurbanlarının kardeşlerinde hafif bir risk artışı söz konusudur. Bunun nedeni annenin gebelik dönemindeki ortamının büyük olasılıkla aynı olmasıdır. Irksal farklılıklar da genetik faktöre işaret eder. Bu farklılıkların tamamen mi sosyal eşitsizliklerden veya kültürel farklılıklardan kaynaklandığı pek açık değildir, çünkü SIDS yoksullarda daha fazla görülür.

SIDS ile doğum sırasında kullanılan anestezi veya ilaç, sancının birinci veya ikinci aşamaları, sezaryen doğum, idrar yolu enfeksiyonları, vajinit veya annedeki cinsel hastalık arasında bağıntı kurulamamıştır.

SIDS'nin nedeni tam olarak belirlenemiyor çünkü birden fazla SIDS söz konusudur ve birçok faktör olaya katkıda bulunur. Bir teoriye göre beyin sapının gelişimindeki bir gecikme SIDS'ye zemin hazırlar. Son çalışmalar yüzükoyun yatırılan bebeklerde (yumuşak yerlerde) riskin arttığını gösterdi. Bebek yüzü koyun uyurken fazla sarmalama veya bir enfeksiyon durumu riski artırabilir. SIDS nedeniyle ölen bebeklerde belli deri değişikliklerinin olduğu ve açıklanamayan nefes almama asfiksi özellikleri gösterdikleri, ayrıca ölümlerin daha çok ikinci ve dördüncü aylarda görüldüğü, soğuk havalarda olduğu ve gece yarısı ile sabah 8 arasında görüldüğü biliniyor.

devam ederse bebeğin kalp ve akciğerlerini yeniden muayene ettirebilirsiniz. Eğer SIDS açısından endişelenmenizi gerektirecek bir şey olmadığı söyleniyorsa rahatlayın. Eğer hâlâ rahatlayamadıysanız SIDS konusunda tecrübeli bir terapistle görüşerek korkularınızdan kurtulmaya çalışın.

"Dün öğleden sonra bebeğimi kontrol etmeye gittim; uykuya dalmış gibiydi. Karyolasında mavimsi bir renkte ve ölü gibi durgun yatıyordu. Dehşete düştüm ve onu sarsmaya başladım. O zaman normale döndü. Şimdi doktorumuz onu hastaneye yatırıp testler yapmak istiyor."

Böyle bir durumu bir alarm olarak kabul edin ve bunun sizin yanınızda olmasını bir şans sayın. Bu olayın tekrarlamaması için ciddi tıbbi önlemler almanız gerekir.

Doktorunuzun bebeklik apnesi (solunum durması) teşhisi ve hastaneye yatırma fikri isabetlidir. Bu tip bir nöbet bebeğin SIDS riskini artırır, ancak bebeğin SIDS yaşama olasılığı 100'de birdir. Bebeğin hastanede kalması ve testler yapılması asıl olayı aydınlatacaktır. Nöbetin nedeni basit bir hava yolu tıkanması havalı veya enfeksiyon da olabilir.

SIDS'ye özgü bir test yoktur ancak kapsamlı bir muayene bebeğe ilaç mı verileceğini veya eve mi gönderileceğini anlamaya yardım eder. Bu tip bir inceleme kardeşi SIDS semptomları yaşayan veya ölen, apne öyküsü olmayan veya yaşamı tehdit eden belirgin olaylar (ALTE) yaşayan bebeklerde de yapılmalıdır.

Bebeğin durumu netleşmezse veya bebekte ani ölüm riskine zemin hazırlayan olaylar varsa doktor bebeğin kalp ve akciğerlerini evdeyken izleyebilen aletler kullanmak isteyebilir. Bu monitör bebeğin karyolasına veya parkına takılabilir. Monitör bebeğinizi SIDS'den korumaz, ancak doktorun bebeği izleyebilmesini sağlar.

Ancak bebeği izlemeyi hayatınızın odak noktası haline getirmeyin. Böyle yaparak normal olan bebeğinizi sakat gibi görmüş ve gelişimine müdahale etmiş olursunuz.

Kriterleri doktordan doktora değişmekle birlikte iki ay içinde yeni bir episod yaşanmazsa bebeğinizin uzun uzun incelenmesi gerekmeyebilir ve monitörden uzaklaştırılabilir. İkinci kritik episodu geçirenlerde bu süre daha uzundur. Genellikle bu bebekler SIDS riskinin giderek azaldığı altıncı ay bitene kadar monitörize edilirler ve monitörize edilmiş olan bebeklerin % 90'ı birinci yılın sonuna kadar monitörden kurtulur.

"Prematüre doğan bebeğimde ilk birkaç haftada apne nöbetleri oldu, fakat doktor endişelenmemem gerektiğini söylüyor. Ben bebeğimin monitörle izlenmesini istiyorum."

Apne prematüre bebeklerde oldukça yaygındır; 32 gestasyon haftasından önce doğan bebeklerin %50'sinde apne gelişir. Apne bebeğin orijinal doğum tarihinden önce görülürse bu apnenin SIDS ile ilgisi yoktur ve bu tarihten sonra ciddi apneik nöbetler görmediğiniz takdirde endişelenmenize gerek yoktur.

Bazı uzmanlar miadında doğan bebeklerde bile bebeğin mavi renk alması, ani solunum durması veya resüsitasyon gereksiniminin SIDS riskini göstermediğini düşünüyorlar. SIDS'den ölen bebeklerin çoğunda önceden apne görülmez.

"DTB aşısının SIDS'ye neden olabileceğini duydum ve bebeğimi aşılatmaya korkuyorum"

Bu teori SIDS'nin DTB enjeksiyonlarıyla ilgili olabileceğinden hareketle ortaya atıldı ancak böyle olsa bile bu, nedenlerden sadece birisidir çünkü ani bebek ölümü aşılama tarihlerinden çok daha önce görülür. Yine de SIDS ile DTB arasında bugüne kadar bir ilişki kanıtlanamamıştır. DTB aşısı olan bebeklerin bazılarının SIDS nedeniyle ölmesi de şaşırtıcı değildir çünkü bu bebekler iki-dört aylıkken aşılanırlar ve SIDS de en sık ikinci ve dördüncü aylar arasın-

SOLUNUMLA İLGİLİ ACİL DURUMLARI DOKTORA BİLDİRME

Çok kısa süreyle solunum durması (20 saniyenin altında) normal olsa bile kısa veya uzun sürelerle bebeğin mavi renge dönmesi, nabzının yavaşlaması tıbbi müdahale gerektirir. Bebeğinizi canlandırmaya (hayata döndürme) çalışırken doktorunuza şunları bildirin:

-Solunum durması bebek uyanıkken mi uyurken mi oldu?

-Olay olduğunda bebek uyuyor muydu, besleniyor muydu, tükürüyor muydu, geğiriyor muydu veya öksürüyor muydu?

-Bebekte renk değişiklikleri oldu mu? (Solukluk, yüzünün mavi ya da kırmızıya dönmesi)

-Bebeğin ağlama tonunda değişiklik var mıydı? (örneğin daha tiz sesle)

-Bebeğinizin hareketleri nasıldı; hantal mı yoksa normal miydi?

-Bebeğiniz normalde gürültülü mü soluk alıp veriyor? Horluyor mu?

-Resüsitasyona gerek oldu mu? Hayata döndürebildiniz mi? Ne kadar sürdü?

da görülür. Hâlâ endişeniz varsa bebeğinizin doktoruyla görüşün. Onunla konuşmak sizi rahatlatacaktır ve DTB aşısını daha rahat yaptırabileceksiniz.

SÜTTEN ERKEN KESİLME

"Bu ayın sonunda tam zamanlı işime geri döneceğim ve bebeğimi sütten kesmek istiyorum. Onun için zor olur mu?"

Üç aylık bir bebek genelde bu duruma kolay adapte olur. Bebeğinizi memeden kesmek istiyorsanız en kolayı bu ay kesmek olacaktır. Emzirilmekten çok hoşlanıyor olsa da altı aylık olana kadar biberonla tanışmamış ve birdenbire sütten kesilmek zorunda kalmış olan bir bebeğe kıyasla daha kolay uyum sağlar. Siz de göreceksiniz ki bebeğinizi üç aylıkken memeden kesmek sizin açınızdan onun için olduğundan daha zordur.

İdeal şartlarda, bebeğini memeden kesmek isteyen anne bebeği beş-altı haftalıkken kendi biriktirdiği süt veya mama içeren biberon vermelidir. Böylece bebeğin biberona uyumunu arttırmış olursunuz. Bunu yapmadıysanız önce bebeği silikondan yapılmış emziğe alıştırın. Bu aşamada mama kullanmanız daha iyi olacaktır çünkü sütünüz azalmaya başlar. Tutarlı olun fakat ısrar etmeyin. Biberonu memeden önce vermeye çalışın. İlk seferinde itiraz ederse bir sonraki beslenme saatinde yine deneyin. Biberonu anneden başkası verirse bebek daha kolay kabullenir.

Biberondakinin bir kısmını bitirmesini sağlayın. Bunu yaptığında günün ortasındaki emzirmenizin yerine mama öğününü geçirin. Birkaç gün sonra gündüz yaptığınız emzirmelerden birinin daha yerine mama koyun. Bu değişimleri yavaş yavaş yapın; böylece göğüsleriniz şişmemiş olur. En son akşam emzirmenizi kaldırın. Böylelikle bir süre daha, sütünüz hemen kurumazsa, günde bir kez bebeğinizi emzirmeye devam edebilirsiniz ve sütten tamamen kesmeyi bir süre daha ertelemiş olursunuz.

BEBEKLE AYNI ODAYI PAYLAŞMAK

"10 haftalık kızımız doğduğundan beri bizimle aynı odada kalıyor. Onu ne zaman kendi odasına almalıyız?"

İlk haftalarda bebeğin yakınında olmak onun ihtiyaçlarını karşılamak için önemlidir. Ancak gece boyunca sık sık beslenme ihtiyacı ortadan kalktıktan sonra (iki haftalıktan üç aylığa bazen daha sonraya kadar) onunla aynı odada kalmanız birkaç ciddi soruna yol açar:

Anne-baba daha az uyur. Aynı odada kalmanız bebek her uyandığında sizin de onu kucağınıza almanız demektir. Her seferinde kucağınıza almasanız bile mırıldanmaları ağlamaya dönüşecek mi diye düşünerek bir süre uyanık olarak yatmaya devam edebilirsiniz. Bebeğinizin uyurken dönüp durması da uykunuzu bölebilir çünkü bebekler çok rahat uyumazlar.

Bebek daha az uyur. Her uyandığında onu kucağınıza almanız sadece sizin değil onun da uykusunu böler. Bebeğiniz uykusunun hafif fazlarında sizin aktivitenizden etkilenip uyanabilir.

Eşinizle daha az birlikte olacaksınız. Sevişmeye başladığınızda elbette bebeğinizin uyuduğundan eminsiniz (en azından öyle umuyorsunuz).Ancak bebeğiniz bu kadar yakınınızdayken (yüksek sesle nefes alıp verirken, başını çevirip dururken ve uykusunda mırıldanırken) ne kadar rahat olabilirsiniz?

Sonradan uyum sorunları olabilir. Tüm ailenin tek bir odada uyuduğu toplumlarda çocukları tek başına uyumaya alıştırmak bir sorun konusu olmamaktadır. Fakat bizim kültürümüzde birçok çocuğun bunu gerçekleştirmesi beklenirken bebeğinizin gereğinden uzun süre yanınızda kalması sonradan kendi odasına geçtiğinde duruma uyum sağlamakta güçlük çekmesine yol açacaktır.

Her zaman bebeğe ayrı oda vermek mümkün olmayabilir. Tek odalı bir dairede veya çok çocuğun bulunduğu küçük bir evde yaşıyorsanız odanızı bebeğinizle paylaşmaktan başka çözüm olmayabilir. Bu durumda odayı paravanla veya tavandan yere kadar bir perdeyle ayırın. Ya yatak odasını bebeğe bırakıp kendiniz salondaki divanda uyuyun. Ya da salonun bir köşesini bebeğe verip gece geç saatte televizyonunuzu yatak odanızda seyredin.

Bebeğiniz başka bir çocukla odayı paylaşıyorsa uyku düzeni ikisinin nasıl uyuduğuna bağlı olacaktır. Birisinin veya diğerinin uykusu hafifse ve gece boyunca uyanmaya başlarsa her biri diğerinin uyandığı dönemlerde uykuya devam edene kadar uyum sorunları yaşayabilirsiniz. Yine bir paravan veya perde sorunu çözerken büyük çocuğa mahremiyet de sağlar.

BEBEKLE AYNI YATAĞI PAYLAŞMA

"Çocukların anne-babasıyla aynı yatağı paylaşmasının faydalı olduğunu duydum. Böyle bir ayarlama belki de herkesin daha fazla uyumasını sağlayabilir."

Bizimki gibi bireyselliğin ön planda tutulduğu toplumlarda bağımsızlığı engellediği ve kişisel mahremiyeti olumsuz etkilediği düşünüldüğünden beraber uyumanın şu problemleri doğuracağı hesaba katılmalıdır:

Uyku problemleri. Bebekle aynı yatakta uyuma çocuklarda uyku bozukluklarına yol açar. Altı aylık ve dört yaş arası çocuklarla yapılan bir çalışmaya göre ebeveynleriyle aynı yatakta uyuyan çocukların %50'sinde uyku problemleri görülürken bu oran tek başına uyuyan çocuklarda % 15 olarak saptanmıştır; bir diğer çalışmada emekleme çağındaki çocuklardan anne-babalarıyla birlikte uyuyanların % 35'inde uyku problemleri bulunurken yalnız uyuyanlarda bu oran %7 olmuştur. Bir teoriye göre beraber uyuyan çocuklar kendi başlarına uykuya dalamazlar.

Diş problemleri. Aynı yatakta uyumak bebeklerdeki oburluk eğilimlerini artırır. Annesiyle aynı yatakta uyuyup sürekli meme emen ve sonra uyuyan bebeklerde diş çürümeleri yaygındır, özellikle de bu durum bir yaşından sonraya kadar devam ederse.

Gelişimle ilgili problemler. Bazı uzmanlar bebekle aynı yatakta uyumanın onun kendisini ayrı bir insan olarak algılamasını olumsuz etkilediğini göstermiştir; ayrıca ayrılma gerginliğinin de uzun sürmesine neden olur. Ailelerinden ayrı olduklarında bu çocuklar kendilerini yalnız ve güvensiz hissederler.

Akranlarla ilgili problemler. Aynı yatakta uyuyan çocuklar okula başladıklarında alay konusu olabilirler.

Evlilikle ilgili problemler. Bebekle aynı odada uyumak çiftlerin seks yaşantılarını kötü etkiler. Özellikle küçük çocukların anne-babayı sevişirken görmesi zararlı olabilir.

Güvenlik problemleri. Bebekle aynı yatakta uyuyan anne-babalar bazen bebeğin üzerine yuvarlanırlar veya buna benzer olaylar görülebilir.

Sınır koyma problemleri. Bir bebek veya küçük bir çocukla aynı yatakta uyumayı nasıl sonlandıracaksınız? Her zaman sizinle birlikte uyumaya alışmış bir çocuğu nasıl yalnız başına uyumaya ikna edeceksiniz? Uyurken sıcak bir bedene sarılan bir çocuğu bundan vazgeçirerek yalnız başına soğuk çarşafların arasına göndermek haksızlık değil midir? Siz bunun haksızlık olmadığını düşünseniz de uygulamada bunu başarmak imkansıza yakındır. Çocuğu kendi odasına alırken onu yalnız uyumaya alıştırmamışsanız bu alışkanlığından kurtulması zordur.

Üç ayı doldurduktan sonra anne-babayla bebeğin yataklarının ayrılması görüşü desteklense de, konu çok bireyseldir. Bazı toplumlarda ve ailelerde birlikte uyuyan çocukların özel bir sıcaklık ve konfor hissettiği doğrudur. Bazı aileler toplumun baskısına karşı koyup aile yatağını tercih edebilirler. Oluşabilecek risklerden haberdar oldukları sürece sorun yoktur. Ayrı uyumayı seçenler de bazı sabahlar veya her sabah bebeklerini yanlarına alarak sarılabilirler veya emzirebilirler.

BEBEĞİ HAVAYA ATMAK

"Eşim on iki haftalık oğlumuzu havaya atıp tutmaya bayılıyor ve bu, bebeğin de hoşuna gidiyor. Ama bebeği çok fazla sarsmanın bebeğe hasar vereceğini düşünüyorum."

Havadayken bebeğinizin yüzünde beliren mutlu ifadeyi gördükten sonra bunun bir trajediye dönüşebileceğine inanmak oldukça güçtür. Ancak gerçekten de bir trajedi oluşabilir. Bu tür bir şakalaşma sırasında görülecek iki tür hasar vardır. Birincisi, retinanın yırtılması ve körlüğe dek varabilen ciddi görme problemi oluşması; ikincisi de ölüme dek varabilen beyin sarsıntısıdır.

Bu hasarlar genelde bebek kızgınlıkla sarsıldığında oluşursa da şakalaşırken de olabilir. Bebeği sarsıcı hareketlerden kaçının ve ayrıca bebeği taşıyıcıyla taşırken fazla zıplatmamaya çalışın. Bu bebeğinizi tüm eğlencelerden mahrum edeceğiniz anlamına gelmez. Sıkıca tutarak bebeğinizi havada "uçurabilirsiniz", diğer zararsız fiziksel oyunları oynayabilirsiniz.

Bundan sonra havada zıplatmayı engellediniz artık geçmişteki bu tür oyunları düşünerek kuruntu yapmayın. Bir zarar olmuş olsaydı şimdiye kadar fark ederdiniz.

DIŞKILAMANIN AZALMASI

"Emzirdiğim bebeğimin kabızlık çekmesinden endişeleniyorum. Günde altı veya sekiz kez kaka yapıyorken şimdi günde bir kakayı zor yapıyor; bazen bütün gün hiç kaka yapmadığı oluyor."

Bundan endişelenmeyin, sadece minnettar olun. Dışkı üretimindeki bu azalma sizi daha az yorar. Meme emen bebeğin birinci ay ile üçüncü ay arasında daha az dışkılamaya başlaması normaldir. Kabızlık meme emen bebeklerde sorun oluşturmaz ve sık sık kaka yapmamak değil katı ve zor çıkan kakalar yapmak kabızlık belirtisidir.

BEBEĞİ BAKICIYLA BIRAKMAK

"Gece dışarı çıkmaya bayılıyoruz fakat kızımızı bu kadar küçükken bakıcının ellerine bırakmak istemiyoruz."

Bebeğinizi şimdiden başkasının bakımına bırakmak onun gelişimi için önemlidir; dışarıya istediğiniz zaman dışarı çıkın. Bu duruma ne kadar çabuk uyum sağlarsa o kadar iyidir. İki veya üç aylık bebekler annelerinin yüzünü tanırlar ama görüş menzilinden çıktıklarında bebekler onların yüzlerini unutur. İhtiyaçları karşılandığı sürece küçük bebekler mutlu olurlar. Dokuzuncu ayın içindeyken (bazı bebeklerde daha erken) bebekler ayrılma veya yabancılık gerginliği (anksiyete) yaşarlar ve ayrıca yeni insanlardan da ürkerler.

İlk başta kısa sürelerle dışarıda kalmayı tercih edebilirsiniz, özellikle de emziriyorsanız ve akşam yemeğinizi bebeğinizin iki beslenme saatinin arasına sıkıştırmanız gerekiyorsa. Kısa olmaması gereken süre bakıcının bebeğinize iyi bakması için program hazırlama sürenizdir. İlk kez bebeğinizi bakıcıya bırakacağınız zaman yarım saat erken gelmesini söyleyin, böylece çocuğunuzun alışkanlıklarını ve huyunu öğrenmesi için bir fırsatınız olur.

"Dışarı çıktığımızda bebeğimizi yanımıza alıyoruz. Bakıcıya bırakmadan önce bebeği uyutuyoruz ve zaten birkaç saat sonra eve dönüyoruz. Arkadaşlarımız bebeğin bize çok bağımlı olacağını söylüyorlar."

Son zamanlarda bebeklerinden sık sık ayrılan değil de sürekli bebekleriyle birlikte zaman geçiren anne-babalar sorun konusu oluyor. Böyle bir kaygıyı destekleyecek hiçbir veri bulunmamaktadır. Bebeğinizin şimdi bir bakıcıya alışmasının avantajları bulunmaktadır (yabancı kaygısı gelişmeden önce) siz de kendinizi eve bağlı hissetmezsiniz ama annesi sürekli yanında olan bir bebek aşırı bağımlı olacak diye bir kural yoktur. Bebekleriyle uzun zaman kalan anne-babaların bebekte bağımlılık yaratmadıkları ve bu bebeklerin gelecekte kendilerine ve etrafa güvenen çocuklar oldukları saptanmıştır. Bebeğiniz sevildiğinden, ailesinin tuttuğu bakıcının kendisine iyi bakacağından ve anne-babası bir yere gittiği zaman geri döneceklerinden emin olacaktır.

Sonuç olarak keyfinize bakın ve arkadaşlarınıza pek kulak asmayın.

EMZİRİLEN BEBEĞE BAĞLANIP KALMAK

"Bebeğime biberon vermeye hep karşı çıkmıştım, ancak şimdi dışarıda uzun bir gece geçirmem imkânsız hale geldi."

Hiçbir şey kusursuz olmaz, bebeğinizi tamamen emzirerek beslemek fikriniz bile. Meme emzirmenin avantajları vardır, ama bazen bundan pişmanlık duyabilirsiniz. Birçok kadın bu

BEBEK BAKICISINI KONTROL ETME YÖNTEMLERİ

En iyi bebek bakıcılarının bile talimatlar almaya ihtiyacı vardır. Bebeğinizi herhangi bir kişiye bırakmadan önce, bu kişinin şunları bildiğinden emin olun:

- Bebeğiniz en kolay nasıl sakinleştirilebiliyor (sallayarak, özel bir şarkıyla, bebek arabasında gezdirilerek)
- Bebeğinizin en sevdiği oyuncak hangisi
- Bebeğiniz nasıl uyumayı seviyor (sırtüstü, yüzüstü, yan)
- Bebeğiniz gazının nasıl çıkarılmasından hoşlanıyor (omzun üstünde, kucakta, yemekten sonra, yemek yedirirken)
- Bebeğin bezi nasıl değiştirilmeli ve altı nasıl temizlenmeli (Bez mi, pamuk mu kullanıyorsunuz? Tek bez mi çift bez mi?) ve bezlerle malzemeler nerede bulunuyor
- Bebeğin yedek giysileri nerede duruyor?
- Bebeğiniz biberonla besleniyorsa biberonu nasıl vermeli
- Bebeğin yiyip içebildikleri ve yiyip içemedikleri (sizin ya da doktorunuzun onaylamadığı hiçbir yiyecek ya da içeçek bebeğe verilmemelidir)
- Mutfağınızı ya da bebeğinizin odasının düzeni ve eviniz ya da apartmanınızla ilgili diğer bilgiler (hırsız alarmı ya da yangın çıkışları gibi)
- Bebeğinizin bakıcının tahmin edemeyeceği alışkanlık ya da özellikleri (çok sık tuvaletini yapıyor, bağırsakları çok çalışıyor, altı ıslandığında ağlıyor, ancak ışık açıkken uyuyor)
- Evcil hayvanlarınızın bakıcının bilmesi gereken özellikleri
- Bebeğin güvenlik kuralları
- Mumların nerede olduğu
- Yangın çıktığında, alarm çaldığında ya da tanımadığınız biri kapıyı çaldığında ne yapılması gerektiği
- Tanıdığınız biri siz yokken geldiğinde ne yapılması gerektiği

Bakıcınıza şunları mutlaka bırakmalısınız:

- Önemli telefon numaraları (Bebeğin doktorunun) sizin, evde bulabileceği bir komşunun, anne babanızın, hastanenin acil servisinin, apartman kapıcısının) ve mesajları alabilmesi için kâğıt kalem.
- En yakın acil servisin adresi ve tarifi.
- Acil bir durumda gerekli olabilir diye bir taksi durağının telefonu
- Gerekli bütün bilgileri -telefon numaraları, güvenlik vė sağlıkla ilgili ipuçları vs.- bir dosyada toplarsanız iyi olur. Gerektiğinde bu bilgileri değiştirebilir ya da yeni bilgiler ekleyebilirsiniz. Acil durumlarda gerekli olabilecek bir miktar parayı da bir zarfın içinde bu dosyaya eklemeyi unutmayın.

kararı verir ve sosyal yaşamlarını buna rağmen sürdürürler. İlkin, bebeğiniz akşam saat 8 veya 9'da uyumaya başladığında siz de gece dışarıda uzun süre kalabilirsiniz. İkincisi, katı gıdalara geçtiğinizde bebeğiniz acıktığında bakıcının bebeğe vereceği mamalar vardır. Son olarak, bir bardaktan içmeye başladığında bebeğiniz susadığında bir şeyler içebilecektir

Bu arada birkaç saatten uzun sürecek özel davetlere katılırken şunları yapmaya çalışın:

- Bakıcıyı ve bebeği de yanınıza alın, özellikle bir lobi gibi onların rahatça oturabileceği bir yer varsa. Bu biraz zahmetli olsa da siz eğlenirken bebeğiniz de arabasında uyuyabilir. Uyandığında bakıcı sizi haberdar edebilir ve siz de bebeğinizi tuvalette veya bu iş için ayrılmış bir yerde emzirebilirsiniz.
- Davet şehir dışındaysa ailenizle birlikte gidin. Kendi bakıcınızı yanınızda götürün veya gittiğiniz yerde bir bakıcı tutun. Kaldığınız yer resepsiyona yakınsa beslenme saatlerinde kolayca bebeğinizi emzirebilirsiniz.
- **Bebeğin uyku saatini ayarlayın. Bebek do-**

kuzda uyuyorsa ve siz akşam yedide çıkmak zorundaysanız bebeğin öğle uykusunu atlatın ve daha erken uyutun. Evden çıkmadan önce onu yeterince emzirdiğinizden emin olun ve gereğinde eve döner dönmez tekrar emzirmeyi planlayın.

- Daha önceden biriktirdiğiniz sütü veya suyu bırakın. Bebek uyanır da acıkırsa biberonu ağzına alacaktır. Bu aşamada meme karmaşası yaşanmaz ve endişelenmenize gerek yoktur. Eğer biberonu kabul etmezse bir süre ağlayıp uykuya dalacaktır. Eve döndüğünüzde açsa bebeğinizi emzirin. Eğer bakıcı bebeğinizin sizi sürekli aradığını ve dönmenizin iyi olacağını söylerse buna hazırlıklı olun.

BİLMENİZ GEREKEN ÖNEMLİ ŞEYLER
Bebeğe Bakan Kişilerin Seçimi

Bebeğinizi ilk defa bakıcıyla bırakmak yeterince zordur, hele de onu doğru kişiyle birlikte bırakıp bırakmadığınız konusunda endişeleriniz varsa. Bakıcı bulmak, telefon rehberini alıp annenize veya anaç komşunuza çocuğunuzu bırakmak kadar kolay değildir. Günümüz koşullarında büyükannelerin başka şehirlerde yaşadıkları veya kendilerinin de çalıştıkları düşünülürse bebeğinize bakacak kişi büyük olasılıkla aile dışından biri olacaktır.

Büyükannelerin bakıcılık yaptığı dönemlerde bir annenin en büyük endişesi çocuğunun çok fazla kurabiye yemesiydi. Çocuğunuzu tamamen yabancı birine (birilerine) bırakmak endişelerinizi daha çok artırabilir.: Bakıcı güvenilir mi? Sorumluluk sahibi mi? Bebeğin gereksinimlerine karşı dikkatli ve ilgili mi? Bebeğinizin tüm bedensel ve zihinsel potansiyelini geliştirebilecek mi? Çocuk bakımı felsefeleri sizinkine uyuyor mu? Sizin yerinizi almaya çalışmadan yeterince sıcak ve sevgi dolu olabilecek mi?

Bebeğinizden ayrılmak - 9'dan 5'e kadar işe giderken veya bir Cumartesi akşam yemeğe çıkarken ya da bir şov izlemek için- özellikle de ilk birkaç sefer hiç de kolay olmayacaktır. Fakat çocuğunuzu emin ellere teslim ettiğinizi bilmek kaygınızı ve suçluluk duygunuzu azaltacaktır.

EVDE BAKIM

Uzmanların çoğu anne bebekle her zaman beraber olamayan anneler için en iyi seçeneğin bebeklerin anne yerine geçen biri (bakıcı, au-pair) tarafından evde bakılmaları konusunda görüş birliği içindedirler.

Bunun avantajları vardır: bebek alışık olduğu ortamda olur; kendi yatağı, mama sandalyesi, oyuncakları yanındadır; diğer bebeklerin mikroplarıyla karşılaşmaz ve oradan oraya taşınmış olmaz. Eğer ev işlerinin çoğunu da yapması gerekmiyorsa bakıcının tüm dikkati kendi üzerindedir, böylece bakıcı ile arasında iyi bir ilişki gelişebilir.

Aynı zamanda dezavantajları da vardır: bakıcı hastalandığında, gelemediğinde ya da aniden işi bıraktığında hemen yerini alacak kimse bulunamaz. Bebek ve bakıcı arasında güçlü bir bağ varsa bakıcının aniden ayrılması bir krize yol açabilir veya bazı durumlarda annenin bakıcıyı aşırı derecede kıskanması problem yaratabilir. Bazı aileler için evdeki mahremiyetin kaybolması da bir sorun olarak görülür. Ayrıca, evde bakım masraflıdır, özellikle de eğitimli bir bakıcıyı bir öğrenciye, au pair'e ya da eğitimsiz birine tercih ettiğinizde.

Bakıcı ararken...

İdeal bakıcıyı bulmak zaman isteyen bir süreçtir; bunun için en az iki ay ayırın. Bakıcıyı bulmak için çeşitli yollar deneyebilirsiniz:

Çocuk doktorunuz. Bebeğinizin doktorunun dışında pek çok kişi, fazla sayıda bebeği ve tabii ki anne babayı tanımamaktadır. Doktorunuza bu konudaki önerilerini sorun; doktorunuzun ofisindeki ilan tahtasına bakarak bakıcı ilanlarını araştırın (bazı doktorlar bakıcı ilanı asan kişilerin referans mektuplarını resepsiyona bırakmalarını talep etmektedir) ya da kendiniz bakıcı aradığınıza dair bir ilan asın. Bekleme odasındayken de etrafınızdakilere sorun.

Diğer anne-babalar. Oyun alanında, kokteyl partilerinde, iş toplantılarında, nerede olursanız olun herkese iyi bir bakıcı tanıyıp tanımadıklarını veya kendi bakıcılarının iş arayıp aramadığını sormadan geçmeyin.

Kreş öğretmenleri. Kreş öğretmenleri genellikle çocuk bakıcılarından haberdardırlar. Bazen kendileri de akşamüstleri ya da hafta sonları bu iş için gönüllü olabilirler.

Bakım büroları. Bu bürolarda tecrübeli bakıcıların bir listesini bulabilirsiniz. Bu tür kuruluşlara cüzi bir ücret karşılığında üye olabilirsiniz. Üye olduktan sonra okullar, doğum günü partisi hizmetleri ve çocuk yetiştirmeyle ilgili her tür bilgi size iletilir. Sizin bölgenizde böyle bir hizmet olup olmadığını araştırın.

Bakıcı servisleri. Bu hizmetler aracılığıyla lisanslı ve eğitimli çocuk bakıcıları ve dadılara ulaşabilirsiniz; bu şekilde bir bakıcı seçimi sizi yoğun bir çabadan kurtaracaktır. (Yine de referansları kendiniz de inceleyin).

Bebek bakımı servisleri. Tam gün, yarım gün veya zaman zaman çalışmak üzere iş arayan bebek bakıcılarını telefon listesinden bulabilirsiniz.

Bölge hastanesi. Bazı hastaneler bebek bakımı ile ilgili danışma servisi sunmaktadırlar. Genellikle hastane tarafından önerilen bakıcılar aynı hastanenin bebek kursunu bitirmiş olup, yoğun bakım ve ilk yardım konularında eğitim almışlardır. Başka hastanelerde ve hemşirelik okullarında da bebek bakımı için hemşirelik öğrencileri uygun olabilir.

Yerel gazeteler. Günlük gazeteleri ve anne-babalara yönelik özel ilanlar içeren gazeteleri inceleyerek iş arayan bakıcı ilanları bulabilirsiniz veya siz gazeteye bir ilan verebilirsiniz.

Üniversite öğrencileri. Bölgenizdeki okulun öğrencilerinden yarım-gün, tam-gün, yıl boyunca veya yazın bebeğinize bakacak birini bulabilirsiniz.

Yaşlı insanlar. Hayat dolu yaşlılardan çok iyi bebek bakıcısı ve büyükanne-büyükbaba yedeği olur.

Au pair ve dadı organizasyonları. Bu servisler yatılı bir au-pair - genellikle genç bir kadın- veya tecrübeli bir bakıcı sağlayabilirler.

Olasılıkları gözden geçirirken...

Günler boyunca yetersiz adaylarla görüşme yapmak istemeyeceksinizdir, bu yüzden telefonda veya postayla gelen özgeçmişleri inceleyerek bir eleme yapın. Kimseyle konuşmaya başlamadan önce ayrıntılı bir iş tarifi hazırlayın böylece ne aradığınızı daha iyi bileceksiniz. Bu listede alışveriş ve çamaşır yıkamakla ilgili sorumluluklar olabilir ancak bakıcının bebeğinize vakit ayırmasını istiyorsanız bu listenin çok kabarık olmamasına dikkat edin. Telefonla ilk görüşmede karşınızdaki kişiye adını, adresini, telefon numarasını, yaşını, eğitim durumunu, tecrübesini (aslında tecrübe heves ve doğal yetenek gibi bazı özelliklerden daha az önemlidir), istediği ücreti (önceden ücret konusunda çevrenizde bir araştırma yapın) ve bu işi neden istediğini sorun. İşin gerektirdiklerini söyleyin ve hâlâ ilgilenip ilgilenmediğini sorun. Umut vaat eden adaylarla bir görüşme ayarlayın.

Görüşmeler sırasında adayın sorularından ve yorumlarından olduğu kadar ("Bebeğiniz sürekli ağlar mı?" sorusu normal bebek davranışı konusunda sabırsızlık belirtisi olabilir), sessiz kalmasından (bebekleri sevdiğini kendiliğinden dile getirmeyen veya sizin bebeğiniz hakkında herhangi bir yorum yapmayan birisi başka bir şey söylemeye çalışıyor olabilir) ipuçları edinmeye çalışın. Daha fazla bilgi edinmek için aşağıda bir liste şeklinde verilen soruları cevabı yalnız evet veya hayır olmayacak şekilde sorun. (Bebekleri sever misiniz? sorusuna "Evet" şeklinde verilen bir cevabın fazla önemi olmayacaktır).

Bakıcı adaylarıyla görüşme yaparken ona şu soruları sorun:

- Bu işi neden istiyorsunuz?
- En son işiniz neydi ve neden ayrıldınız?
- Bebeğimin yaşındaki bir bebeğin sizce ne gibi ihtiyaçları olabilir?
- Bebeğimin yaşamındaki yerinizi nasıl görüyorsunuz?
- Emzirme hakkında ne düşünüyorsunuz?

(Emziriyorsanız ve emzirmeye devam etmek istiyorsanız bu önemlidir - onun da desteğine ihtiyacınız olacaktır).

• Bebeğim aktifleşip başını derde sokmaya başlayınca nasıl başa çıkacaksınız? Çocukları nasıl disipline sokarsınız?

• Kötü havalarda işe nasıl geleceksiniz?

• Ehliyetiniz var mı? Araba kullanırken rahat mısınızdır? (bakıcının araba kullanması gerekiyorsa).

• Bu işi ne kadar sürdürmeyi düşünüyorsunuz? (Bebeğiniz kendisine alışır alışmaz işten ayrılan bir bakıcı ailenizin tümü için önemli bir problem oluşturabilir.)

• Sizin de çocuklarınız var mı? Onların ihtiyaçları işinizi etkileyecek mi? (Onun kendi çocuklarını getirmesi hem yararlı hem de sorunlu olabilir. Bebeğinizin sosyalleşmesi açısından iyi, mikrop bulaşması açısından kötüdür; ayrıca bakılması gereken diğer çocukların varlığı bebeğinize ayrılacak zamanın miktarını ve bakımın kalitesini azaltacaktır. Evinizin bir savaş alanına dönüşümü de daha fazla olabilir).

• Ev işlerini yapar mısınız veya yemek pişirir misiniz? Ev işlerinden bir kısmının ona devrederseniz evde olduğunuz zamanlarda bebeğinize daha fazla zaman ayırabilirsiniz. Ancak, bakıcı vaktinin çoğunu ev işleriyle geçirirse bebeğinize vakit ayıramaz).

• Sağlığınız ne durumda? Yakın zamanda yapılmış bir doktor muayenesi raporu ve tüberküloz testi sonucunu isteyin, ayrıca sigara (sigara içmiyor olmalıdır), alkol ve uyuşturucu ilaç kullanımı hakkında sorular sorun. Elbette uyuşturucu kullanan biri bu soruya olumlu yanıt vermeyecektir fakat uyuşturucu kullanımı sırasında ortaya çıkabilecek huzursuzluk, çok konuşma, sinirlilik, huzursuzluk, göz bebeklerinde genişleme, iştah azalması (amfetamin gibi uyarıcılar ve kokain); dilde peltekleşme, oryantasyon bozukluğu, konsantrasyon eksikliği ve alkol kokusunun eşlik ettiği ya da etmediği sarhoşluk belirtileri (alkol, barbitüratlar ve benzerleri); iğne ucu gibi küçülmüş gözbebekleri ve tatlı yeme ihtiyacı (eroin bağımlılığının erken dönemleri); öfori, inhibisyonun ortadan kalkması, iştah artışı, hafıza kaybı, kan çanağına dönmüş gözler hatta paranoya (marijuana) gibi bazı bulgular konusunda dikkatli olun. Bebeğe baktığı saatlerde uyuşturucu veya alkol kullanmamaya çalışan bir bakıcıda akan, sulanan gözler, esneme, kolay sinirlenme, kaygı, titreme, üşüme veya terleme gibi yoksunluk belirtileri ortaya çıkabilir. Elbette burada sayılan belirtilerin bir kısmı ilaç bağımlılığından ziyade bir hastalığın (fiziksel veya ruhsal) belirtileri de olabilir. Her iki koşulda da bebeğinizin bakıcısında bu belirtilere rastlarsanız bu durum sizi ilgilendirmelidir. Elbette işe düzenli devam etmeyi engelleyecek herhangi bir tıbbi durumdan da kaçınmalısınız.

• Son zamanlarda bebeğe uygulanacak ilkyardımla ilgili kursa gittiniz mi?

Bu soruları siz soruyor olsanız da cevap veren sadece bakıcı adayı olmamalıdır. Görüşmenizi tamamladıktan sonra onunla ilgili gözlemlerinizi kendinize sorduğunuz şu sorularla dürüstçe değerlendirmeye çalışın:

• Aday görüşmeye gelirken temiz ve düzgün giyinmiş mi? Her ne kadar bakıcınızın çalışma saatlerinde bir üniforma giymesini düşünmüyorsanız da kirlenmiş giysiler, yıkanmamış saçlar ve kirli tırnaklar olumsuz işaretlerdir.

• Düzen anlayışınız uyuşacak gibi mi? Eğer referanslarını bulmak için beş dakika boyunca el çantasının altını üstüne getiriyorsa, siz ise titizlik konusunda örnek gösteriliyorsanız bu işin yürümeyeceği açıktır. Diğer yandan son derece düzenli görünüyorsa ve siz de oldukça dağınıksanız anlaşma şansınız yine azdır.

• Güvenilir gözüküyor mu? Eğer görüşmeye gelirken gecikirse dikkatli olun. İşe her gelişinde gecikebilir. Daha önceki işverenleriyle bu konuyu görüşün.

• İşe fiziksel açıdan uygun mu? Narin görünümlü yaşlı bir kadın gün boyunca bebeğinizi kucağında taşıyamaz, emeklemeye başladığında ise peşinden koşturamaz.

• Çocuklarla arası iyi mi? Bakıcı adayı bir süre çocuğunuzla birlikte geçirmeden görüşme tamamlanmış sayılmamalıdır çünkü böylece aralarında iletişim olup olmadığını gözlemleme şansınız olur. Sabırlı, nazik, ilgili ve bebeğinizin ihtiyaçlarına duyarlı gözüküyor mu? Daha önceki işverenlerinden çocuk bakımı konusundaki tutumunu öğrenin.

• Bebeğin ihtiyaçlarına gerçekten nazik, anlayışlı ve özenli cevap verebiliyor mu?

• Zeki mi? Bebeğinizi sizin yerinize eğlendirecek ve eğitebilecek biri olması ve zor durumlarda uygun kararlar verebilmesi önemlidir.

• Siz onunlayken rahat mısınız? Adayın bebeğinizle kurduğu ilişki kadar sizinle kurduğu ilişki de önemlidir. Bebeğinizin iyiliği için bakıcı ile sizin aranızda sürekli, açık, rahat bir iletişim olmalıdır. Bunun olası olmasının yanı sıra kolay olması da önemlidir.

Eğer ilk görüşmeler sırasında herhangi bir adayı seçemediyseniz hemen pes etmeyin ve tekrar deneyin. Eğer işe yarayacaksa referansları inceleyerek görüşeceğiniz adayların bir kısmını eleyebilirsiniz. Bir adayın arkadaşlarının ve ailesinin adayla ilgili aktardıkları bilgilere prim vermeyin, eğer varsa daha önceki işverenlerini öğrenmek konusunda ısrar edin, eğer daha önce bir iş deneyimi yoksa veya sınırlıysa mutlaka çevresindekilerin, öğretmenlerinin veya objektif bilgi verebileceğine inandığınız kişilerin bilgilerine başvurun.

Tanışma aşaması

Gününüzü tamamen yabancı biriyle geçirmek fikri sizi gerginleştirebilir. Bebeğinizin annesini özleme stresine ek olarak böyle bir şeyi yaşamasının onu da gerginleştireceğini düşünebilirsiniz. Bu sıkıntıyı en aza indirebilmek için bebekle bakıcıyı daha önce tanıştırın. Bebeğinizi bakıcıya akşam bırakacaksanız ilk seferinde yarım saat erken gelmesini isteyin (bebeğiniz beş aylıktan büyükse bir saat) böylece bebeğinizin uyum sağlayacağı bir zaman olur. Bebeğinizi yavaş yavaş tanıştırın, önce sizin kollarınızdayken, ardından onu bir bebek koltuğuna veya salıncağa oturtarak nötral alandayken bakıcıya alışmasını sağlayın; bebeğiniz bu yeni kişinin yanında daha rahat olmaya başladıktan sonra onu bakıcının kucağına verin. İlk uyum sağlandıktan sonra bir veya iki saatliğine oradan uzaklaşın. Bir sonraki sefere yine bakıcının siz evden çıkmadan yarım saat önce gelmesini isteyin ve bu kez daha uzun süre dışarıda kalın. Üçüncü seferinde sizin de evde olduğunuz 15 dakikalık bir süre yeterli olacaktır ve bundan sonra bebeğiniz ve bakıcısı birbirlerinin en iyi arkadaşı olacaklardır. (Eğer değillerse doğru bakıcıyı seçip seçmediğinizi gözden geçirin).

Bebeğinizin her günkü bakıcısı için daha uzun bir tanışma süreci gerekmektedir. Bebeğinize bakacak kişi tüm günü sizinle geçirmeli ve yalnızca bebeğe değil evinize, sizin bebek bakma yönteminize ve evinizin rutin işlerine de alışmalıdır. Bu, birbirinizi daha iyi tanıma ve birbirinize sorular sorma fırsatı sağlar. Bu şekilde bakıcıyı çalışırken de görebilirsiniz ve gördüklerinizi beğenmezseniz fikrinizi değiştirme şansınız olabilir. (Bakıcınız için bebeğinizin tepkisini ölçü kabul etmeyin, bakıcınızın bebeğinize nasıl tepki verdiğini inceleyin. Bakıcınız ne kadar iyi olursa olsun en küçük bebekler bile anneleri yakınlarındayken bakıcıyı protesto ederler)

Bebeğiniz şu veya bu şekilde genellikle altı aylık olmadan ve yabancı korkusu başlamadan önce bakıcıya alışır.

Deneme dönemi

Seçtiğiniz bakıcıları mutlaka deneme döneminden geçirin ve çalışmasını değerlendirmeden karar vermeyin. Eğer başlangıçtan itibaren ilk iki veya dört haftanın deneme olduğunu bildirirseniz bu sizin için de bakıcı için de adil olacaktır. Bu dönem içinde bebeğinizi gözleyin. Hayatından memnun mu? Siz eve geldiğinizde onu canlı, mutlu ve temiz buluyor musunuz? Yoksa daha yorgun ve huzursuz mu? En son bez değişikliği epey önce mi yapılmış? Bakıcının nasıl göründüğü de önemlidir. Rahat mı yoksa gergin mi, bu işi devrettiği için rahatlamış gibi mi? Bebeğinizin neler yaptığını size anlatmaya meraklı mı, size bebeğinizin son numaralarını ya da fark ettiği herhangi bir problemi anlatıyor mu yoksa yalnızca bebeğinizin ne kadar uyuduğunu ve kaç biberon mama yediğini mi anlatıyor hatta daha da kötüsü ne kadar ağladığından mı söz ediyor? Bebeğin sizin bebeğiniz olduğunu aklında tutup onunla ilgili önemli kararları yalnız sizin verebileceğinizi biliyor mu? Yoksa tamamen ipleri ele almış gibi mi görünüyor?

Değerlendirmeniz yeni bakıcının çok iyi olmadığını düşündürüyorsa yeni birini aramaya başlayın. Emin değilseniz bir gün habersiz olarak eve erken gelerek ne olup bittiğini kendiniz görün. Ya da arkadaşlarınıza veya komşularınıza rica ederek bakıcınızla parkta, markette veya sokakta yürürken karşılaştıklarında durumun nasıl olduğunu size bildirmelerini isteyin. Eğer bir komşunuz normalde keyifli olan bebeğinizin siz olmadığınızda sık sık ağladığını söylüyorsa bu sizin için bir uyarı işareti olmalı.

Eğer, sizin açınızdan uygun bir bakıcı henüz doğmadıysa hemen işe başlama planınızı askıya alarak bebeğinizi yetersiz ve anlayışsız bakıcıların eline teslim etmeyin.

ÇOCUK YUVALARI

Bebekler için bu ideal bir durum olarak kabul edilmiyorsa da, bazı anneler çocuk yuvalarını seçerler çünkü başka seçenekleri yoktur.

İyi bir çocuk yuvası bazı avantajlar içerir. İyi organize edilmiş bu program bebeğin gelişimi ve büyümesiyle ilgili özgül hedeflere yöneliktir. Bebeklerin ve çocukların diğer çocuklarla oynayarak öğrenmelerini sağlar. Bu tip yuvalar bireysel olmadığından öğretmenin hastalanması ya da işten ayrılması sorun oluşturmaz, ancak bebeğin diğerine alışması biraz zaman alabilir. Çocuk yuvası işletmeciliğinin lisansla olduğu yerlerde program sağlık, güvenlik ve bazen eğitim açısından denetlenmektedir.

Bu yuvaların dezavantajları da vardır. İlkin, her yuva aynı derecede iyi organize değildir. Öğretmen başına düşen çocuk sayısı çok fazladır ve öğretmenler çok sık değişirler. Program konusunda daha az esneklik vardır ve yuva okul takvimini uyguluyorsa sizin çalıştığınız tatil günlerinde kapalı olabilir. Bu yuvalar epey pahalı olabilir fakat bakıcı parasından daha ucuza gelebilir. En önemli dezavantaj ise çocuklar arasındaki enfeksiyon oranının artmasıdır. Çalışan anneler başka seçenekleri olmadığı için genellikle çocukları hastalandığında da onları yuvaya göndermemezlik etmezler.

Elbette mükemmel çocuk yuvaları bulunmaktadır, önemli olan bunlardan birinde sizin bebeğiniz için bir yer bulunmasıdır.

Yuva ararken....

Yuvaların kaliteleri çok farklı düzeylerdedir ancak çoğu ortalarda yer alır. Bebeğiniz için en iyisini ararken şunlara dikkat etmelisiniz:

Lisanslı olması. Birçok yerde günlük bakımın yapıldığı yuvalar lisanslanarak sağlık ve güvenlik koşulları açısından kontrol edilir, fakat bakımın kalitesi genellikle kontrol kapsamına girmez. Bazı yerlerde ise yangın ve sağlık kuralları bile uygulanmamaktadır. Yine de kurumun lisanslı olması önemlidir.

Eğitilmiş ve uzman personel. En azından okul yöneticisinin erken çocukluk dönemi eğitimi konusunda eğitim almış olması beklenir; tüm personel bebek bakımı konusunda deneyimli olmalıdır. Genellikle ücretlerin düşük olması nedeniyle çalışan personelin çoğu başka bir iş kolunda eğitimi olmayan kişilerdir, bu durumda çocuk bakımı konusunda da eğitimleri yoktur. İşe yeni personel giriş çıkışı düşük olmalıdır, her yıl birçok yeni öğretmen varsa dikkatli olun.

Personelin sağlıklı ve güvenilir kişilerden oluşması. Çocuk bakımı konusunda çalışanların tümü tıbbi bir incelemeden geçmiş olmalı ve tüberküloz testi yapılmış olmalıdır. Özgeçmişleri incelenerek daha önce herhangi bir uygunsuzluk olup olmadığı araştırılmalıdır.

Öğretmen başına düşen çocuk sayısının makul olması. Her üç bebeğe en azından bir personel düşmelidir. Eğer sayı daha azsa ağlayan bir bebek bir diğerinin işi bitene kadar beklemek zorundadır.

Kurumun orta büyüklükte olması. Çok büyük bir kurumun idaresi, istisnalar olmakla birlikte, küçük bir kurumun idaresinden daha zordur. Ayrıca ne kadar çok çocuk varsa o kadar da çok hastalık olabilir. Kurumun büyüklüğü ne olursa olsun her çocuk için yeterli bir alan bulunmalıdır. Kalabalık odalar programın yetersizliğinin bir işareti olabilir.

Çocukların yaş gruplarına göre ayrılmaları. Bir yaşın altındaki bebekler daha büyük çocuklarla bir arada bulunmamalıdır.

Sevgi dolu bir atmosfer. Personel çocuklara karşı sevecen ve ilgili olmalıdır. Çocuklar mutlu, uyanık ve temiz görünmelidir. Sabahın erken saatleri yerine gün ortasında veya günün sonuna doğru habersiz olarak uğrarsanız yuvanın genel görünümü hakkında daha iyi bir fikir edinebilirsiniz. (Habersiz ebeveyn ziyaretini yasaklayan yuvalara dikkat edin).

Uyaranlarla dolu bir atmosfer. İki aylık bir bebek bile gerek sözel gerekse fiziksel yoğun bir etkileşimin olduğu, yaşına uygun oyuncakların bulunduğu uyaranlarla dolu bir ortamdan yararlanabilir. Çocuklar büyüdükçe ve eşyaları ellemeye başladıkça oyuncaklar, kitaplar, müzik ve dış ortamdan da yararlanmaya başlarlar. En iyi programlar "küçük turlar"ı içerenlerdir: bir veya iki öğretmenin eşlik ettiği üç ila altı çocuk süpermarkete, kuru temizleyiciye, evde çocuğuna kendi bakan bir annenin gidebileceği yerlere giderler.

Anne-babanın da programa dahil edilebilmesi. Ebeveynler herhangi bir şekilde programa katılmaları konusunda teşvik ediliyorlar mı? İşleyişle ilgili kararlar alan bir aile birliği komitesi var mı?

Uzlaşmacı ve uyumlu bir felsefe. Gündüz bakım evinin eğitim, din ve ideolojik politikası size uygun mu?

Dinlenme için yeterli fırsat tanınması. Yuvada da evde de olsa çoğu bebek gündüzleri uyur. Çocukların teker teker yataklarda uyuyabileceği sakin bir uyku alanı bulunmalıdır ve uyku saatini yuvanın programı değil çocuk belirlemelidir.

Katı sağlık ve hijyen kuralları. Evinizde çocuğunuzun ağzına soktuğu her şey konusunda tedirgin olmanız gerekmeyebilir fakat bir yuvada her çocuğun kendine ait mikropları varken bu konuyu önemsemeniz gerekir. Çocuk yuvaları birçok solunum ve sindirim yolu hastalığının yayılabildiği bir kaynak olabilir. Mikropların yayılmasını önlemek ve çocukların sağlığını korumak için iyi işletilen bir yuvada bir tıbbi danışman bulunmalı ve yazılı olarak aşağıdaki kurallar uygulanmalıdır:

- Bakıcılar bez değiştirdikten sonra veya çocuklara tuvalete gittiklerinde yardımcı olduktan sonra, burunlarını sildikten veya onları besledikten sonra ellerini sıvı sabunla çok iyi yıkamalıdırlar.
- Bezleme ve besin hazırlama yerleri tamamen ayrı olmalıdır ve her kullanımdan sonra temizlenmelidir.
- Bezler kapalı bir kutu içine atılmalıdır ve çocukların erişemeyeceği yerde tutulmalıdır.
- Oyuncaklar farklı çocuklar oynadıktan sonra temizleyici solüsyonla temizlenmelidir ve her çocuğun oyuncak kutusu ayrı olmalıdır.
- İçi doldurulmuş hayvanlar çocuğa özel olmalıdır ve sık sık yıkanmalıdır.
- Diş çıkarma halkaları , emzikler , yıkama bezleri, havlular, fırçalar ve taraklar çocuğa özel olmalıdır.
- Beslenme malzemeleri yıkanmalıdır veya tek kullanımlık olmalıdır (bebeklerin biberonlarına anne-babasının ismi yazılmalıdır).
- Bebeklerin katı besinleri hijyenik koşullarda hazırlanmalıdır.
- Bebeklerin aşıları tamamlanmalıdır.
- Orta-şiddetli derecede hasta olan özellikle ishal, kusma, ateş ve döküntüsü olan bebekler evde tutulmalıdır.
- Çocuklara verilecek ilaçlar yazılı kurallarla düzenlenmelidir.
- Bebekte bulaşıcı hastalık olduğunda merkezdeki tüm bebeklerin anne-babalarının dikkati çekilmelidir; hemofilus influenza (grip) durumunda hastalığın yayılmaması için aşı yapılmalı veya ilaç verilmelidir.[2]

Katı güvenlik kuralları. Küçük hasarlar günlük bakım merkezlerinde yaygın biçimde görülür. Tüm bebekler keskin, sivri, zehirli maddelerle başlarını derde sokabilirler. Merdiven başlarına, bebeklerinin parmaklarının sıkışmasına yol açabilecek kapılara, pencerelerin zeminden yukarda olmasına, radyatörlere, elektrik prizlerine, fanlara, ilaçlara ve yerlerde bakıcının ayağına takılıp düşürecek oyuncaklar olmamasına dikkat edilmelidir.

Beslenmeye dikkat edilmeli. Tüm yiyecekler ve ara öğünler sağlıklı, güvenilir ve çocukların yaşına uygun olmalıdır. Mama (veya anne sütü), yiyecekler ve yeme programı konusunda ailelerin talimatlarına uyulmalıdır.

2.Yeniden gebe kalmayı planlayan anneler için özel bir problem sitomegalovirüsün (CMV) yayılmasıdır ; bu organizma bebeklerde virüsü içeren tükürük ve idrarla sık temas edildiğinden kolayca yayılır. Aşılanmamış ve bebek bekleyen annede CMV doğmamış çocuğu riske sokar. Yapılan çalışmalarda aşılanmamış beş anne-babadan birine bulaştığı gösterilen CMV erişkinlerde veya çocuklarda semptom oluşturmaz. Yenidoğana yönelik risk olduğundan aşılanmamış ve bebek bekleyen kadınlar bebek bakımı tarzlarını değiştirebilirler.

ÇOCUK BAKIMININ BAROMETRESİ OLARAK ÇOCUĞUNUZ

Hangi çocuk bakımı alternatifi seçerseniz seçin çocuğunuzdaki ani kişilik değişikliklerine, size yapışmaya başlamasına, herhangi bi sebebi olmayan korku reaksiyonlarına hazırlıklı olun. Eğer çocuğunuz mutsuz görünüyorsa çocuk bakım ortamını araştırın ve gerekirsa değiştirin.

EVDE GÜNLÜK BAKIM

Birçok anne-baba bebeklerinin steril yuvalarda değil de, aile ortamında bakılmalarını tercih eder. Bu tip bakımın avantajları vardır. Birincisi diğer bakım tiplerinden daha ekonomiktir. Ailenin yanında verilen günlük bakım evdekine daha çok benzeyen bir ortam sunar. Enfeksiyon riski ve potansiyeli daha azdır. Zamanlama esnektir.

Dezavantajlar durumdan duruma değişir. Genellikle lisans bulunmaz; çocukların sağlığına ve emniyetine yeterli özeni gösterilemeyebilir. Bakıcı genellikle eğitimsizdir ve profesyonel çocuk bakımı bilgisine sahip değildir. Enfeksiyon riski düşük olsa bile çocuktan çocuğa mikrop bulaşma olasılığı her zaman vardır.

İŞYERİNİZİN KREŞİ

Uzun yıllardır pek çok Avrupa ülkesinde olağan olan işyeri kreşleri A.B.D.de çok nadiren bulunmaktadır. Böyle bir seçenek pek çok aileye kolaylık sağlar.

Avantajlar çekicidir. Acil bir durum olduğunda çocuğunuz yanıbaşınızdadır; öğlen tatilinde veya kahve molasında ziyaret ederek meme bile verebilirsiniz. Bu tür yerlerde genellikle profesyonel personel çalışmaktadır. karize ilgi ve sevgi gösteren, ilaç dozlarını aksatmayan ve bebeğin ateşli alnını serinleten anne kadar bakım veremez.

BEBEKLERİN İŞE TAŞINMASI

Bazen anne bebeğini, günlük bakım imkanı olmasa da, işyerine götürebilir. Zaman zaman bu işe yarayabilir. Bebek kolik problemi yaşamıyorsa, bebek çok hareketlenmeye başlamamışsa ve anne bebeğin karyolasını ve gerekli malzemeleri koyabileceği bir oda bulabiliyorsa ve de birlikte çalıştığı kişilerin ve patronun desteğini alıyorsa idealdir. Daha da ideali annenin işyerine bebek bakıcısını da getirmesidir. Bu tür bir ortam, hem işini hem de bebeğini birlikte idare etmek isteyen anneler için idealdir.

ÇOCUĞUNUZ HASTALANDIĞINDA...

Hiçbir anne çocuğunun hastalandığını görmek istemez ve özellikle çalışan anneler ilk ateş veya mide bozulması belirtisini gördükleri anda telaşa kapılırlar. Bebek hastayken nasıl bakılacaktır ve kim bakacaktır? Bu sorular anneyi meşgul eder.

İdeal olarak eşiniz veya siz hastalık izni alarak evde kalmalı ve bebeğin bakımıyla ilgilenmelisiniz. İkinci durum, evde bebekle birlikte kalabilecek güvenilir bir yakınızı veya bakıcıyı ayarlamaktır. Bazı çocuk yuvalarının hasta çocuklar için ayrılmış revirleri bulunabilir, böylece çocuğun etrafında tanıdık yüzler bulunur. Ayrıca hasta çocuklar için özel bakım üniteleri bulunur; fakat çocuğun tanımadığı bir ortamda tanımadığı kişiler arasında hem de böyle bir değişikliğe en az tahammül edebileceği zamanda bunun olması zordur. Bazı işyerleri anne-babanın işlerine devam edebilmeleri için hastalanan çocuğun bakım masraflarını, bebek hemşiresinin ücretinin ödenmesi veya hasta çocuk merkezinde bakımın sağlanması gibi, üstlenirler.

Bunlar hiçbir bakım olmamasından iyidir. Bu seçeneklerin hiçbiri ilgi ve sevgi gösteren, ilaç dozlarını aksatmayan ve bebeğin ateşli alnını serinleten anne kadar bakım veremez. Hasta çocukların gereksinimleri nedeniyle Amerikan Pediatri Akademisi anne-babaların işlerinden rahatça izin alarak çocuklarının bakımını kendilerinin üstlenmelerini önermektedir.

-7-

Dördüncü Ay

BEBEĞİNİZ NELER YAPIYOR OLABİLİR?

Bu ayın sonunda bebeğiniz (nota bakınız):

• Karnının üzerinde duruyorken başını 90 derece kaldırabilir.

• Yüksek sesle gülebilir (3 ay 20 gün).

• Yüzünün yaklaşık 15 cm üzerinde tutulan bir cismi 180 derecelik bir yay boyunca takip edebilir (bir taraftan diğer tarafa).

Not: Eğer bebeğiniz bu gelişim aşamalarından birine veya birkaçına erişememiş görünüyorsa, doktora kontrol ettirin. Bazen, bu gecikme bir probleme işaret ediyor olabilir, bununla birlikte çoğu defa bebeğiniz için normal olduğu anlaşılacaktır. Prematüre bebekler aynı doğum yaşındaki bebeklere göre bu aşamalara daha geç ulaşırlar, çoğu kez düzeltilmiş yaşları hesaba katıldığında (normal miadında doğma durumuna göre hesaplanan yaş) giderek arayı kapattıkları görülür, ama bazen de geç kalırlar.

Bebeğiniz şunları da yapabilir:

• Dik durumda iken başını tutabilir.

• Karnının üzerinde yatarken kollarından destek alarak göğsünü kaldırabilir.

• Yuvarlanabilir (bir tarafa doğru).

• Parmaklarının uçlarına veya arkasına değdirilen bir çıngırağı yakalayabilir.

• Bir üzüm veya diğer çok küçük nesnelere dikkat edebilir (4 ay 10 gün).

• Bir nesneye ulaşabilir.

• Neşe ile çığlıklar atabilir.

Bebeğinizin şunları da yapması olasıdır:

• Elerinden tutularak oturtulduğunda başını gövdesi ile aynı seviyede tutabilir (4 ay 10 gün).

• Ses yönüne (özellikle de annesinin sesine) dönebilir.

• A-guu gibi ya da benzeri sesli-sessiz kombinasyonlarını çıkartabilir.

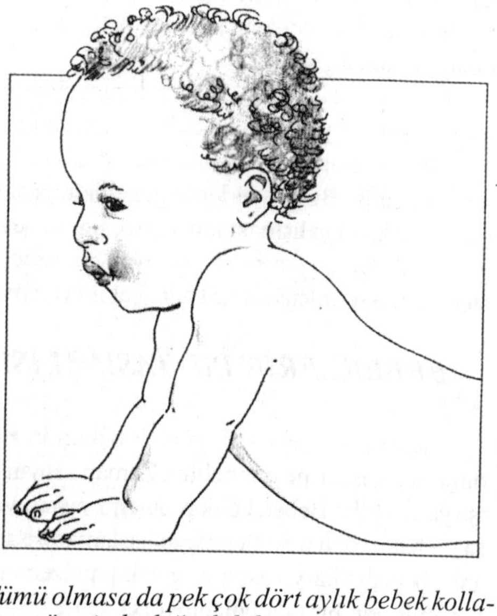

Tümü olmasa da pek çok dört aylık bebek kollarının üzerinde doğrulabilir.

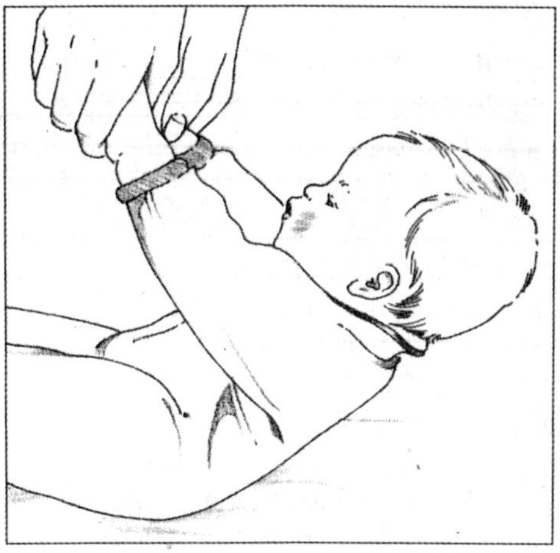

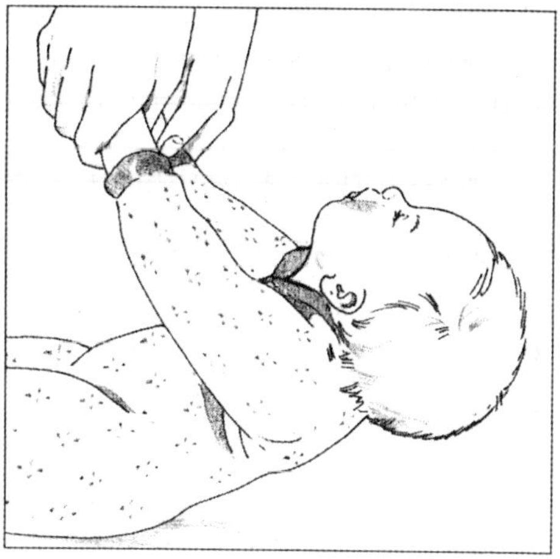

Dördüncü ayın sonunda bebeklerin çoğu kollarından çekilerek oturma pozisyonuna getirildiklerinde henüz başlarını vücutlarıyla aynı seviyede tutamazlar. Genellikle kafaları arkaya düşer.

Hatta bebeğiniz şunları bile yapabilir:

- Dik tutulduğunda bacakları üzerine biraz ağırlık verebilir.
- Desteksiz oturabilir.
- Oyuncağını almanıza itiraz edebilir.
- Sese doğru dönebilir.

BU AYDAKİ DOKTOR KONTROLÜNDE NELER BEKLEYEBİLİRSİNİZ

Her doktor ya da hemşirenin sağlıklı bebek kontrolündeki yaklaşımı farklı olacaktır. Fizik muayenenin genel organizasyonu, prosedürlerin ve kullanılan değerlendirme tekniklerinin türü ve sayısı çocuğun bireysel ihtiyaçlarına göre değişecektir. Ancak, genel olarak, bebeğiniz yaklaşık dört aylık olduğunda yapılan kontrolünde şunları bekleyebilirsiniz:

- Sizin, bebeğinizin ve ailenin geri kalanının evde iken bir sıkıntılarının olup olmadığı, bebeğinizin beslenmesi, uyuması ve genel gelişimi ile ilgili sorular.
- Bebeğinizin ağırlığının, boyunun ve baş çevresinin ölçülmesi, doğumdan itibaren kaydettiği gelişmenin diyagramlara işaretlenmesi.
- Daha önceki sorunların da yeniden kontrol edildiği fizik muayene. Başın arkasındaki arka bıngıldak artık kapanmış olabilir, başın tepesinde olan öndeki bıngıldak ise son muayeneden beri büyümüş olabilir.
- Gelişimin değerlendirilmesi. Muayene eden kişi bebeğinizin baş kontrolünü, el becerisini, görme, duyma ve sosyal etkileşmesini değerlendirebilmek için onu bir dizi testten geçirebilir ya da yalnızca gözlemlerle veya sizin bebeğiniz hakkında anlattıklarınızla yetinebilir.
- Eğer bebeğinizin sağlığı iyi ise ve başka kontrendikasyonlar yoksa ikinci dönem aşılar uygulanır. Önerilen aşılama programı için sayfa 137'ye bakınız. İlk dönem aşılara karşı gelişen reaksiyonları doktorunuza mutlaka anlatın.
- Beslenme, uyku, gelişme ve bebek güvenliği gibi konularda sonraki ayda neler umabileceğinize dair açıklamalar.
- Bebeğiniz anne sütü ile besleniyorsa D vitamini takviyesi ve eğer yaşadığı bölgede gerekiyorsa flor desteği ile ilgili öneriler. Demir içermeyen hazır mamalarla beslenen bebekler için demir ilavesi ile ilgili tavsiyeler.

Doktorunuz kendiliğinden bir açıklama yapmamışsa, şu konularda ona sorular sormak isteyebilirsiniz:

- Bebeğin ikinci dönem aşılarına karşı ne gibi

tepkiler vermesi beklenir? Siz bunları nasıl tedavi edebilirsiniz? Hangi reaksiyonlar için doktorunuzu aramalısınız?

• Katı gıdalara ne zaman başlanması önerilmektedir?

Ayrıca geçen ay ortaya çıkan endişelerinizi dile getiririn. Doktordan aldığınız bilgileri ve tavsiyeleri bir kâğıda yazın (yoksa mutlaka unutursunuz). Konuyla ilgili bütün bilgileri (bebeğin ağırlığı, kilosu, baş çevresi, doğum lekeleri, aşılamalar, hastalıklar, ilaçlar, test sonuçları ve diğerleri) bir sağlık dosyasında saklayın.

BEBEĞİNİZİN BU AYKİ BESLENMESİ
Katı Gıdalara Geçiş Hakkında Düşünceler

Günümüzde, bebeğini katı gıdalarla beslemeye hazırlanan bir annenin etraftan aldığı mesajlar çok çeşitli ve kafa karıştırıcıdır. Annesi "Ben *sana* daha iki haftalıkken başlamıştım. Sen neyi bekliyorsun?" diye soracak ve iddiasını kanıtlamak için de ortada olan bir gerçeğe dikkat çekecektir: "Sen sağlıklısın, öyle değil mi?" Çocuk hastalıkları uzmanı ise bebek 5-6 aylık olana kadar beklemesini söyleyecektir. Fikrini desteklemek için, bu konuda çok az araştırma yapıldığına işaret edecektir. İyi niyetli bir arkadaşınız ise katı gıdalara erken başlamanın bebeğin gece rahat uyumasına yardım edeceği fikrinde ısrar edecektir. Kanıtı açıktır: İlk kaşık dolusu gevreğini aldığından beri rahatça uyuyan bir bebek.

Kimi dinlersiniz? En iyisini anneniz mi bilmektedir? Ya da doktor mu? Veya arkadaşlarınız mı? Aslında bebeğiniz bilmektedir -katı gıdalara ne zaman başlanacağını ondan daha iyi kimse bilemez. Ve son zamanlarda yapılan araştırmalara göre bir bebeğe daha zengin bir diyet başlanmasındaki başlıca yol gösterici faktör, keyfi yaş parametrelerinden çok onun bireysel gelişimidir.

Katı gıdalara çok erkenden başlamanın (eskiden annenizin zamanında ya da bugün Avrupa'da moda olduğu gibi) birçok durumda fiziksel bir zararı olmadığına inanılmaktadır. Ancak tıbbi araştırmaların gösterdiğine göre çok küçük bir bebeğin sindirim sistemi –üzerine konan her nevi yabancı maddeyi ağzından dışarı ittiren dilinden tutun da birçok sindirim enziminden yoksun ince bağırsaklara kadar– gelişimsel olarak katı gıdalara karşı hazırlıksızdır. Bununla birlikte, katı gıdaların anne sütünün bazı yararlı etkilerini engellediği, ya da demirin emilimini etkilediği fikrine dayanarak bunları ilk yılın sonuna kadar ertelemek de doğru görünmemektedir.

Katı gıdalara başlanacağı zamanı seçmek – ne çok erken ne de çok geç– önemlidir. Katı gıdalara çok erkenden başlanması fiziksel olarak zararsızdır, ancak gelecekteki yeme alışkanlıklarını kötü yönde etkileyebilir. Katı gıdalara hazır olmayan çocuk bunları reddettiğinde, gevrek kâsesinin her iki yanında ortaya çıkan nafile gayret gelecekteki yemek zamanı kavgalarına zemin hazırlar. Bununla birlikte, gıdalara başlamak için çok fazla beklemek de (ilk yılın ikinci yarısının ortalarına kadar) zorluklara yol açabilir.

Büyümüş bir bebek emzirilmeye ve ağız tatminine gereğinden uzun bir süre alıştırılmışsa, katı gıdaların çiğnenmesi ve yutulması ile ilgili inceliklerin öğretilmesine karşı çıkabilir. Ve bu noktada, tıpkı alışkanlıklar gibi zevklerin de değiştirilmesi zordur; 4-6 aylık munis bir bebeğin tersine, bir yaşındaki bir çocuk yeni gastronomik deneylere açık olmayabilir.

Bebeğinizin katı gıdalar dünyasına o büyük adımı atmaya hazır olduğuna karar verebilmek için (bu sırada çoğu 4-6 aylıktır) aşağıdaki ipuçlarını araştırın ve doktorunuza danışın:

• Bebeğiniz başını dik tutabilmektedir. Süzülmüş bebek mamaları bile bebek destekle oturur durumda iken başını tutabilir hale gelene kadar verilmemelidir, daha koyu gıdalar için ise o yardımsız oturabilene kadar beklenmelidir, bu da çoğu kez 7. aya kadar mümkün olmaz.

• Dil itme refleksi kaybolmuştur. Bu refleks küçük bebeklerin yabancı cisimleri ağızlarından atmalarını sağlar (yabancı cisimlerin nefes borusuna kaçmasına karşı doğuştan gelen bir refleks). Şu testi deneyin: Anne sütü ile sulandırılmış bir parça bebek pirinci gevreğini kaşığın ucu ya da parmağınızla bebeğinizin ağzına koyun. Eğer gıda dil ile beraber gerisin geri geliyorsa ve bu defalarca tekrarlanıyorsa, refleks hâlâ mevcuttur ve bebek kaşıkla beslenmeye hazır değildir.

• Bebek sofra gıdalarına uzanmaya çalışmakta veya başka bir şekilde bunlara karşı olan ilgisini göstermektedir. Çatalı elinizden kapan veya ekmeği tabağınızdan aşıran, ve aldığınız her lokma ile ilgilenip heyecanını belli eden bir bebek erişkin gıdaları için istekli olduğunu anlatmaktadır.

• Dilini hem ileri-geri, hem de aşağı-yukarı hareket ettirebilmektedir. Bunu bebeği gözleyerek keşfedebilirsiniz.

• Bebek kaşıktan gıdayı alabilecek şekilde alt dudağını içeriye doğru çekebilmektedir.

Bununla birlikte, gelişimsel olarak katı gıdalara hazır görünen bir bebek bile beklemek zorunda kalabilir –sebep çoğu kez ailede kuvvetli bir alerji öyküsü bulunmasıdır. Alerji hakkında bildiklerimiz yeterli düzeye gelene kadar böyle ailelerin çocuklarının ilk yılın büyük kısmında anne sütü ile beslenmesi ve daha sonra da katı gıdaların her seferinde bir çeşit olmak üzere son derece dikkatle diyete eklenmesi önerilmektedir.

MERAK ETTİKLERİNİZ

ALTI DEĞİŞTİRİLİRKEN KIVRILIP DURAN BEBEK

"Kızım altını değiştirirken düzgün yatmıyor – devamlı dönmeye çalışıyor. Onun işbirliği yapmasını nasıl sağlayabilirim?"

Söz konusu olan kızınızın altı değiştirilirken göstereceği işbirliği ise, aylar geçtikçe ve fizik gelişimi moral gelişiminin önünde oldukça işbirliğinin daha da azalmasını bekleyebilirsiniz. Alt değiştirme sırasındaki yakışıksız muamele hissi, kabuğunun üzerine döndürülmüş kaplumbağanın çaresizliği ile bir araya geldiğinde, her seferinde bir savaş çıkacaktır. Püf noktası şudur: Çabuk davranın (alt değiştirme ile ilgili bütün donanımı bebeğinizi masanın üzerine yatırmadan önce hazır edin), ve ilgiyi başka yöne çeken nesnelerden yararlanın (masanın üzerinde hareketli bir oyuncak, görsel çarpıcılığı da olan bir müzik kutusu, ellerini ya ilgisini meşgul eden bir çıngırak ya da oyuncak gibi).

BEBEĞİN OTURTULMASI

"Bebeğimi arabası içinde oturtmuştum. Onun oturmak için henüz çok küçük olduğunda ısrar eden iki yaşlı kadın beni azarladı."

Eğer bebeğiniz oturmak istemeseydi size söylerdi. Elbette bir çok kelimelerle değil, ama siz onu oturtmak istediğinizde aşağı kayarak veya bir yana doğru dönerek bunu belli ederdi. Başı ve boynu arkasına yaslandığında alacağı destekten daha fazlasına ihtiyaç gösteren bir bebeği oturtmak doğru olmamakla beraber, başını iyi tutan ve oturtulduğunda kendini bırakmayan

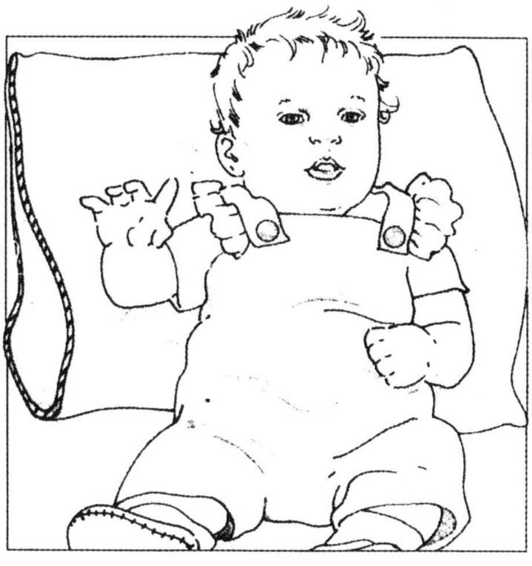

Bebeği oturur duruma getirmek yalnızca perspektifini değiştirmekle kalmaz, aynı zamanda kaslarını güçlendirerek desteksiz oturmak için deneyim kazanmasına yardımcı olur.

3-4 aylık bir bebek buna hazır demektir (oturtulduklarında bebeklerin başını dik tutacak şekilde hazırlanmış özel baş destekleri vardır). Bebekler oturtulmaktan sıkıldıklarında şikâyet ederek ya da kaymaya başlayarak bunu belli ederler.

Oturmak, bebek için hoş bir pozisyon değişikliği olduğu kadar, onun dünyayı daha geniş bir açıdan görmesini de sağlar. Dik duran bir bebek artık yalnızca gökyüzü, arabasının ya da portbebenin içi yerine gelip geçenleri -bunlardan bazılarının sizi kınayacağından şüpheniz olmasın- , dükkânları ve evleri, ağaçları, köpekleri, arabaları içindeki diğer bebekleri, okuldan evlerine yürüyen çocukları, otobüsleri, arabaları - ve genişlemekte olan dünyasındaki diğer olağanüstü her şeyi- görebilir. Ayrıca, yatmaya göre daha uzun süreler keyifli kalma eğilimindedir, bu da sokağa çıkmayı ikiniz için de zevkli hale getirir.

BEBEĞİN AYAKTA DURMASI

"Bebeğim dizlerim üzerinde 'ayakta' durmayı seviyor. Oturtursam ağlıyor. Fakat büyükannem eğer onun böyle erkenden ayakta durmasına izin verirsem bacaklarının eğrileceğinde ısrar ediyor."

Bebekler neyi yapmaya hazırlıklı olduklarını büyük-büyükannelerinden bile daha iyi bilirler. Ve sizin kızınız yaşındaki birçok bebek destekle ayakta durmaya hem istekli, hem de hazırdır. Bu onlar için bir eğlence, iyi bir egzersiz ve sırt üstü yatmaya ya da bir bebek sandalyesinde oturup durmaya göre hoş bir durum değişikliğidir -ve kesinlikle bacaklarda eğrilmeye yol açmaz.

Öte yandan, ayakta durmaya istekli görünmeyen bir bebek bunu yapmaya hazır olmadıkça zorlanmamalıdır. Gelişim tempolarını kendileri ayarlayan bebekler, bunu ebeveynlerinin yaptığı bebeklere göre daha sağlıklı ve mutlu olacaklardır.

BAŞ PARMAK EMME

"Oğlum parmağını emmeye başladı. İlk başlarda memnundum çünkü uyumasına yardımcı oluyordu. Ama şimdi bunun bir alışkanlık halini alacağından ve ileride bunu bırakamayacağından korkuyorum"

Bir bebek olmak kolay değildir. Ne zaman aradığınız tatmin ve rahatı size veren bir şey ele geçirseniz biri bunu sizden almak ister. Bazen de makul bir sebebi olmaksızın.

Aslında yaşamın ilk yılında bebeklerin çoğu bir ara parmaklarını emerler; hatta bazıları bu alışkanlığı daha rahim içerisinde iken edinirler. Bu şaşırtıcı değildir. Bebeğin ağzı yalnızca yemek yemek için değil, araştırma ve zevk için de önemli bir organdır (kısa bir süre sonra sizin de dehşetle fark edeceğiniz gibi, bebeğiniz ne bulursa, ister bir çıngırak ya da bir deliğin dibinden çıkardığı çoktan ölmüş bir böcek olsun, ağzına sokacaktır). Fakat bir bebek daha nesnelere ulaşmadan önce ellerini keşfedecektir -ve yeni keşfedilen bu elleri o harika duysal boşluğa, ağza götürmek ne kadar doğaldır. Ellerini ağzına ilk götürüşü şans eseri olabilir, ama bebek ağız içindeki parmakların hoş bir duygu verdiğini çabucak öğrenir. Çok geçmeden düzenli bir şekilde ellerini ağzına sokacaktır. Sonunda bebekler emmesi en etkili ve tatmin edici parmağın baş parmak (belki en dolgun parmak odur) olduğunda karar kılarlar ve parmaklarını ağza sokmak yerine baş parmaklarını emmeye başlarlar. Bazıları bir veya iki parmağa ya tüm bir yumruğa yapışırlar.

Başlangıçta bunun şirin bir alışkanlık olduğunu düşünebilirsiniz, hatta bebeğinizin sizin müdahalenize gerek kalmadan kendi kendini sakinleştirebileceği bir yol bulmasından dolayı minnettar olabilirsiniz. Daha sonraları, haftalar geçtikçe ve bu alışkanlık yoğunlaştıkça üzülmeye, küçük oğlunuzu baş parmağını sıkıca ağzına yerleştirmiş olarak okula giderken, sınıf arkadaşları tarafından alay edilirken ve öğretmenleri tarafından azarlanırken hayal etmeye başlarsınız. Baş parmak tırnaklarını ağza alınmaz hale getirmek için acı karışımlarla boyamak ve sonra da bunlar işe yaramadığında da devamlı söylenip yalvarmak mı zorunda kalacaksınız? Parmak emmenin yol açtığı diş deformitesini düzeltmesi için her ay ortodontiste mi gitmek, ya da, daha kötüsü, onu böyle bir davranışa iten gizli ruhsal problemleri ortaya çıkarabilmesi için çocuğunuzu her hafta terapiste mi götürmek zorunda kalacaksınız?

Evet, üzülmeyi bırakın ve bebeğinizin kendi kendisini hoşnut etmesine izin verin. Parmak emmenin tek başına "tehlikeli" ya da ruhsal bir hastalığın belirtisi olduğuna dair hiçbir kanıt yoktur. Eğer 5 yaşından önce bırakılırsa, kalıcı dişlerin yapılanmasını da olumsuz yönde etkilemez; ağızda bu zamandan önce oluşan herhangi bir şekil bozukluğu eğer alışkanlık bu sırada terk edilirse normale döner. Birçok uzman, gelişimsel bir davranış olduğu, ve büyümeyle birlikte terk edildiği için çocuğu 4 yaşından önce parmak emmekten vazgeçirmek için herhangi bir girişimde bulunulmaması gerektiğinde hemfikirdir.

Bazı çalışmalar çocukların neredeyse yarısının geçmişte parmak emdiklerini göstermiştir. Bu davranış 18-21 ay arasında en yoğun halini almakla birlikte, bazı çocuklar bu dönemde artık parmak emmeyi bırakır. Yaklaşık %80'i 5, %95'i de 6 yaşlarında kendiliklerinden vazgeçerler. Uykuya daha kolay dalabilmek için parmaklarını emen çocuklar, bunun kendileri için yalnızca oral bir haz şekli olduğu çocuklara göre bu alışkanlığı daha uzun zaman sürdürürler.

Parmak emmenin ağzın normal gelişmesini bozabildiği ve deformiteye neden olabildiği bir dönem olan kalıcı dişlerin çıkma zamanı yaklaştığında, çocuk artık bu alışkanlıktan kurtulmada aktif rol oynayabilecek kadar olgunlaşmıştır. Ve parmak emme genellikle ruhsal bir bozukluğun sonucu olmadığından, bu çocuklar psikolojik danışmadan ziyade özel olarak hazırlanmış bazı dental araçların tatbikinden yarar görürler (bazı çocuklar görünüşe göre ruhsal destek amacıyla parmaklarını emmektedirler ve danışmadan yarar görebilirler).

Bu arada, bırakın bebeğiniz parmağını emsin. Bununla birlikte, eğer anne sütü ile besleniyorsa, yeterince emzirildiğinden ve bunu telafi etmek için parmak emmediğinden emin olun, biraz daha uzun bir süre emzirilmek istiyorsa müsaade edin (bu noktada meme tamamen ya da buna yakın boşalmış olacağından çok fazla süt ememeyecektir). Ve eğer parmak emme çocuğun günlük aktivitelerinin odağı haline gelmişse ve onu diğer araştırıcı faaliyetlerden alıkoyuyorsa, zaman zaman parmağını ağzından çıkartın ve yeterince uzun süreler boyunca onu oyuncaklarla, parmak ve el oyunlarıyla ("bu küçük domuzcuk", "el çırpma oyunu", "ne büyük" gibi), ya da - eğer hoşlanıyorsa - ellerinden tutup ayakta durmasına müsaade ederek oyalayın.

Eğer bebeğiniz emekleme dönemine kadar parmaklarını emmeye devam ederse, özellikle ebeveyninizin neslinden -çoğu parmak emmekten nasıl kurtulunacağını göstermek için şartlanmıştır- bazı tatsız yorumlar bekleyebilirsiniz. Kendinizi zorunlu hissediyorsanız, onlara son araştırmalara göre parmak emmenin zararlı olmadığını ve çocuğun ruhsal bir sıkıntı içinde olduğu anlamına gelmediğini anlatın.

Eğer siz kendiniz daha önceki şartlanmalardan dolayı çocuğun parmak emmesinden rahatsızsanız, kendinizi psikolojik olarak bundan kurtarmaya çalışın. Bu işe yaramazsa, bebeğinizin baş parmağının yerini tutacak yeni bir sakinleştirici -buna da karşı bir tiksintiniz olmadığını farz ederek- isteyebilirsiniz. Ancak, tabii ki bu sizi kırmanız gereken yeni bir alışkanlıkla karşı karşıya bırakacaktır.

TOMBUL BEBEK

"Herkes benim küçük tombul kızıma gıpta ediyor. Ama ben içimden onun çok şişmanladığından korkuyorum. O kadar şişman ki zorlukla hareket edebiliyor."

Dizlerinde ve dirseklerindeki gamzelerle, Buda'nınkine taş çıkarabilecek bir göbekle, okşanacak katmerli bir çeneyle, ve yanaklarında çimdiklenecek bol etle, kızınız tepeden tırnağa bir bebek şirinliği fotoğrafıdır. Buna rağmen, tombul bebek aynı zamanda da bir sıhhat tablosu mudur ? Büyükanne-babası böyle düşünüyor olabilir. Öte yandan annesi ise muhtemelen tombul bebeğinin mutsuz bir şişko çocuk ve sefil bir şişman erişkin olma yolunda olmasından endişe ediyordur. Doktorların çoğu ise arada bir tavır takınırlar. Şişmanlığın sağlıklı olmadığında hemfikirdirler, ama bebeklikteki tombulluktan pek endişelenmezler çünkü bebeklikteki yağ hücresi artışının ileride mutlaka şişmanlığa yol açmadığı anlaşılmıştır. Aslında, her 5 tombul bebekten yalnızca biri ileride şişman bir erişkine dönüşmektedir.

Yine de erken dönemdeki aşırı tombulluğun dezavantajları vardır. Kımıldamak için fazla tombul olan bebek, hareketsizlik ve aşırı ağırlıktan oluşan bir kısır döngünün kurbanı olabilir. Ne kadar az hareket ederse, o kadar çok şişmanlar; ne kadar çok şişmanlarsa da o kadar az hareket eder. Hareket kısıtlaması onu öfkeli ve yaygaracı yapar, bu da keyfini yerine getirmek için annesinin onu daha çok beslemesine yol açar. Dört yaşında hâlâ aşırı kilolu ise -Amerikalı çocuklarda giderek daha sık karşılaşılan bir problem- ileride şişman bir erişkin olması ihtimali artar.

Bebeğiniz için jimnastik sahasında yer ayırtmadan önce, onun yalnızca toplu olmayıp gerçekten şişman olduğundan emin olun (bununla birlikte bebeklerde kas gelişimi fazla olmadığından zayıf bir bebeğin bile bir miktar yumuşak yağ dokusu olabileceğini unutmayın). Büyümesini sayfa 590'daki boy-ağırlık grafiğiyle kıyaslayın. Eğer ağırlığı sürekli olarak boyuna göre daha büyük bir hızla artıyorsa bunu doktoru ile görüşün.

Şişman bir erişkinin aksine şişman bir bebek için önerilen tedavi diyet değildir. Amaç aşırı kilolu bir bebeği zayıflatmaya uğraşmak yerine, onun kilo alma hızını azaltmaktır. Daha sonra, boyu uzadıkça zayıflayacaktır -bu birçok bebeğin aktiviteleri arttıkça müdahalesiz olarak yaptıkları bir şeydir. Aşağıdaki ipuçları yalnızca bebekleri halihazırda şişman olan anneler için değil, bebeklerinin şişmanlama eğiliminde olduğunu düşünen anneler için de yol göstericidir:

• Yalnızca açlığını gidermek için çocuğunuzu besleyin, diğer ihtiyaçlarını karşılamak için değil. Yanlış nedenlerle beslenen bir bebek (canı yandığında, veya keyifsiz olduğunda, annesi onunla oynayamayacak kadar meşgul olduğu zaman ya da arabasının içinde sıkıldığında) yanlış sebeplerle beslenmeyi istemeye devam edecektir, ve bir erişkin olarak da yine aynı yanlış sebeplerle yiyecektir. Her ağladığında onu beslemek yerine bir şarkı ya da bir kucaklama ile onu rahatlatın. Bebeğinizle oynayamayacak kadar meşgul olduğunuzda onu bir biberon yerine hareketli bir oyuncak ya da bir müzik kutusu ile oyalayın veya bırakın ne yaptığınızı seyretsin (havuçları rendeleyişinizi ya da onun yanı başında yerde çamaşırları katlayışınızı). Süpermarkette sakinleşsin diye habire dişlerinin arasına sıkıştırdığınız bisküvilerle onu bunaltacağınıza, siz alışveriş ederken meşgul olabileceği bir oyuncağı arabasına iliştirin. Anneniz neye inanırsa inansın, sürekli olarak bebeğinizin önüne yiyecek koymak sevgi belirtisi değildir.

• Eğer gerekiyorsa, diyette ayarlamalar yapın. Anne sütü ile beslenen bebeklerin şişman olmaya eğilimli olmamalarının bir sebebi de meme sütünün otomatik olarak bebeğin ihtiyacına göre ayarlanabilmesidir. Emzirmenin hemen başında gelen az yağlı, düşük kalorili "ön" süt aç olan bebeği emmeye teşvik eder. Emzirmenin sonunda gelen çok yağlı, yüksek kalorili "son" süt ise iştahı baskılar ve "sen kendini tok hissediyorsun" mesajı gönderir. Eğer bebek buna rağmen emmeye devam ederse sonunda meme boşalır. Sırf emzirmek için emzirmeye devam etmek aşırı kalori alımına yol açmaz. Hazır bebek mamaları aynı şekilde tüketilmemekle beraber, bebeğiniz süratle kilo alıyorsa ve aşırı derecede fazla kiloları varsa, doktoru düşük kalorili bir mamaya geçilmesini önerebilir. Bununla birlikte, böyle bir geçiş yapmadan önce, halen kullanmakta olduğunuz mamayı yeterince sulandırdığınızdan emin olun, aksi takdirde gram başına düşen kalori miktarı artar. Ama, doktorunun onayını almadan da fazla sulandırmaya karar vermeyin. Ya da kaymaksız veya az yağlı süte geçin. Bebeklerin de, hatta fazla kiloları olanların bile, anne sütündeki ve hazır mamadaki (ya da büyüdüklerinde tam inek sütündeki) kolesterole ve yağa ihtiyaçları vardır.

• Kesinlikle kalori içermeyen bir içecek olan suyu deneyin. Çoğumuz çok az su içmeye eğilimlidir. Bebek diyetleri tamamen, ya da tama yakın sıvı olduklarından, suyla desteklenmeye ihtiyaç göstermezler. Ama açlığı giderilmesine rağmen emmek isteyen ya da sıcak havada acıkmaktan çok susamış olan aşırı kilolu bebekler için su çok yararlı olabilir. Bebeğiniz beslenmeler arasında - yani bir önceki beslenmeden sonraki bir veya iki saat içerisinde – küçük ara öğünler istiyor görünüyorsa meme sütü ya da hazır mama yerine, şeker ya da başka bir tatlandırıcı eklenmemiş suyu bir fincan ya da biberon ile sunun (bebeğinizi suyun tadına, ya da daha doğrusu, belli bir tadı olmamasına erkenden alıştırırsanız bu ileride onun sağlıklı bir alışkanlık olan su içme alışkanlığını kazanmasını kolaylaştırır).

• Gece boyunca uyusun diye çok erkenden katı gıdalara başlamayın.- nadiren işe yarar ve aşırı kiloya neden olabilir (bunun yerine sayfa 155'teki bebeğin geceleri uyumasına yardımcı olabilecek püf noktalarını deneyin).

• Bebeğinizin diyetini gözden geçirin. Eğer katı gıdalara zaten başlamışsanız (kendiliğinizden ya da doktorunuzun önerisi üzerine) ve bebeğiniz birkaç kaşık dolusu mısır gevreğinden daha fazlasını yiyorsa, daha öncekine eşit miktarda anne sütü ya da hazır mama alıp almadığını kontrol edin. Eğer alıyorsa, fazla kilo almasının sebebi muhtemelen budur. Eğer erken başlamışsanız katı gıdaları azaltın ya da bir-iki ay için tamamen kesin (birçok uzman 4-6. aydan önce katı gıdalara başlanmamasını önermektedir). Küçük bir bebeğin katı gıdalarla verilen besleyici maddelere ihtiyacı yoktur (ek olarak verilebilecek demir dışında). Sonraları, daha çok katı gıda diyete eklendikçe, anne sütünün veya hazır mamaların payı giderek azaltılabilir ve sebze, yoğurt, meyve, mısır gevreği ve ekmek gibi katı gıdalara ağırlık verilebilir. Eğer bebek meyve suyu alıyorsa, suyla yarı yarıya seyreltin. Ve onu beslemek için şişeye (biberona) inceltilmiş gevrek ya da başka katı gıdalar koymayın - bebekler bu şekilde çok fazla gıda alırlar.

• Bebeğinizin hareket etmesini sağlayın. Eğer "zorlukla" hareket ediyorsa, aktiviteyi teşvik edin. Altını değiştirirken, sağ dizini birkaç kere sol dirseğine değdirin, sonra da tersini yapın. O sizin baş parmaklarınızı yakalamış halde iken ve siz de diğer parmaklarınızla bebeğinizin kollarını tutarken, onun kendisini oturur duruma doğru "çekmesine" izin verin. Dizlerinizin üzerinde ayakta durmasını ve zıplamasını - eğer hoşuna gidiyorsa - sağlayın (bebeğinizin hareket ettirmeye yönelik diğer ipuçları için sayfa 148'e bakın).

ZAYIF BEBEK

"Arkadaşlarımın bebekleri topaç gibi; benimki ise uzun ve ince - boyu 75. ve ağırlığı 25. persantilde. Doktorum iyi gittiğini ve üzülmemem gerektiğini söylüyor, ama ben üzülüyorum."

Zayıflık her zaman revaçta olmuştur - bebeklik dönemi hariç. Zayıf olmak erişkinlikte aranan bir özelliktir, bebeklerde ise tombulluk aranır ve istenir. Bununla birlikte, zayıf bebekler de çoğu kez topaç gibi olan akranları kadar sağlıklıdırlar.

Genel olarak, eğer bebeğiniz etrafla ilgili, aktif ve halinden hoşnut ise, istikrarlı bir şekilde kilo alıyorsa ve ağırlığı ortalamadan düşük olsa bile boyuna ayak uydurabiliyorsa, doktorun da söylediği gibi meraklanacak bir şey yoktur. Sizin çok az değiştirebileceğiniz bazı faktörler bebeğinizin gelişimini etkilemektedir. Örneğin, genetik faktörler- siz ve/veya eşiniz zayıf ve ufak-tefek yapılı ise bebeğiniz de muhtemelen öyle olacaktır. Ve aktivite faktörleri - hareketli olan bir bebek hareketsiz olana göre zayıftır.

Bununla birlikte, çözüm gerektiren birkaç zayıflık nedeni vardır. Bunlardan önemli bir tanesi de yetersiz beslenmedir. Eğer bir bebeğin ağırlık eğrisinde birkaç aydır düşme varsa ve bu düşüş sonraki ayda bir sıçrama ile telafi edilmiyorsa, doktor bebeğinizin yeterli beslenmediğini düşünmeye başlayacaktır. Eğer emziriyorsanız ve sorun yetersiz beslenme ise, sayfa 94'teki ipuçları bebeğinizin tekrar kilo almasına yardım edecektir. Eğer biberonla besliyorsanız, *doktor onayladıktan sonra* bebeğinizin diyetini katı gıdalarla takviye edebilirsiniz, ya da, yine doktorun onayıyla, hazır mamaları su ile daha az seyreltmeyi deneyebilirsiniz.

Bebeğinizi maksatlı olarak az beslemeyin. Bazı anne-babalar, bebeklerini gelecekte ince ve sağlıklı olacak şekilde büyütmeye istekli olduklarından, onların kalori ve yağ alımlarını kısıt-

BEBEĞİNİZ NASIL BÜYÜR

Bir bebek nasıl büyür? Pek hoş görünmeyen birtakım belirtileri saptamak amacıyla boy ve kilo eğrilerini çılgınca inceleyen titiz ebeveynlerin korkularının tersine, bebek kendisi için normal olan bir düzen içinde büyür.

Bir bebeğin gelecekteki boy ve ağırlığı büyük ölçüde daha döllenme anında belirlenmiştir. Ve doğum öncesinde içinde yaşadıkları koşullar yeterli olan, doğum sonrasında da sevgiden ve de gıdadan yoksun bırakılmayan bebeklerin çoğu eninde sonunda genetik potansiyellerini gerçekleştirirler.

Boyun (genetik olarak) belirlenmesi esas olarak anne ve babanın boylarının ortalamasına dayanmaktadır. Yapılan araştırmalar erkek çocukların genellikle bu ortalamanın biraz üzerine çıktığını, kızların da biraz altında kaldığını göstermektedir.

Ağırlık da önceden belirlenmektedir. Bir bebek genellikle çelimsiz veya tıknaz ya da halinden hoşnut ortalama vücut yapılı biri olmasını sağlayacak genlerle doğar. Ancak, bebeklikte edinilen yeme alışkanlıkları, onun bu kaderi gerçekleştirmesini ya da ondan uzaklaşmasını sağlar.

Bu kitabın arkasında bulunan "Hazır Referanslar" bölümündeki gibi büyüme eğrileri ebeveynler için bir endişe kaynağı haline gelmemelidir - bunları yanlış okumak ya da değerlendirmek çok kolaydır. Ancak, bu eğriler ebeveynlere ya da doktorlara bebeğin gelişiminin hangi noktada normalden ayrıldığı konusunda, anne-babanın ölçüleri (boy ve kilo), çocuğun beslenme durumu, ve genel sağlık durumu da dikkate alınarak, inceleme gerekip gerekmediği konusunda yol gösterirler. İlk yıl boyunca, büyüme sıçramalar halinde gerçekleştiği için, büyümenin çok az ya da çok fazla olduğunu gösteren tek bir ölçüm önemli olmayabilir. Yine de bir uyarı işareti olarak görülmelidir. Kilo alımındaki iki aylık bir duraklama, yalnızca bebeğin genetik olarak ufak tefek olmaya (özellikle boy gelişimi de yavaşlamışsa) programlanmış olmasından kaynaklanabildiği gibi, onun hasta ya da yetersiz beslendiğini de gösteriyor olabilir. Yine aynı iki aylık dönem içinde normalin iki katını bulan bir kilo artışı (eğer boydaki benzer bir sıçrama ile beraber değilse) doğum tartısı düşük ya da o zamana kadar az kilo almış olan bir bebeğin normali yakalama çabasını yansıtabilir, ancak, onun ileriki yaşamında şişman olma yolunda ilerlemeye başladığını da gösteriyor olabilir.

larlar. Bu çok *tehlikeli* bir uygulamadır çünkü bebeklerin normal büyüme ve gelişme için her ikisine de ihtiyacı vardır. İhtiyacı olan beslenme tarzından onu yoksun bırakmadan bebeğinizin iyi yeme alışkanlıkları edinmesini sağlayabilirsiniz.

Ayrıca, bebeğinizin çok uykucu ya da meşgul olması yüzünden öğünlerini düzenli olarak istemeyi unutmadığından emin olun. 3-4 aylık bir bebek, tüm gece boyunca uyusa da, bir günde en az 4 saatte bir beslenmelidir (genellikle en az 5 öğün). Anne sütü alan bazı bebekler hâlâ daha sık besleniyor olabilir, ama daha seyrek beslenme bebeğinizin yeterince gıda almadığı anlamına gelebilir. Eğer bebeğinizin beslenmediğinde yaygara çıkartmak gibi bir huyu yoksa, inisiyatifi kendiniz ele alın ve ona daha sık öğünler sunun - kısa bir gündüz şekerlemesini ya da hoş bir beşik egzersizini bölmek pahasına da olsa.

Nadiren bebeğin yeterince kilo almaması bazı besleyici maddelerin sindirim sisteminden emilememesine, yüksek metabolik hıza, veya kronik bir hastalığa bağlı olabilir. Tabii ki böyle bir hastalık derhal tıbbi bakım gerektirir.

KALPTE ÜFÜRÜM

"Doktorum bebeğimin kalbinde üfürüm olduğunu ama önemli olmadığını söylüyor. Yine de ürkütücü."

"Kalp"sözcüğü ne zaman bir teşhisin içerisinde geçerse, ürkütücüdür. Ne de olsa kalp yaşamı devam ettiren organdır, herhangi bir bozukluk ihtimali korkutucudur, özellikle de daha yaşama yeni başlayan bir bebeğin anne-babası için. Ancak, bir kalp üfürümü söz konusu olduğunda, vakaların çok büyük bir kısmında gerçekten de üzülecek bir şey yoktur.

Doktor bebeğinizin kalbinde üfürüm olduğunu söylediği zaman, bu, muayene sırasında kanın kalp içerisinde akarken oluşturduğu turbulanstan kaynaklanan anormal sesler duyduğu anlamına gelir. Doktor ne tür bir anormalliğin üfürüme yol açtığını, seslerin yüksekliğine (zorlukla duyulabildiği gibi normal kalp seslerini örtebilecek şiddette de olabilir), duyuldukları noktaya, tipine (müzikal ya da titreşimli, titreşen yayın çıkardığına benzer bir ses, ya da yuvarlanma sesi gibi) dayanarak çoğu kez söyleyebilir.

Genellikle, muhtemelen sizin bebeğinizde olduğu gibi, üfürüm gelişmekte olan kalbin düzensiz şeklinden kaynaklanmaktadır. Bu tür bir üfürüm "masum" ya da "fonksiyonel" olarak adlandırılır ve çoğu kez doktorunuzun muayenehanesinde steteskop ile yaptığı basit bir incelemeyle teşhis edilebilir. İleri testlere, tedaviye ya da aktivite kısıtlamasına gerek yoktur. Üfürümün duyulduğu bebeğinizin sağlık kayıtlarında yer alacaktır, böylece daha sonraki tarihlerde bebeğinizi muayene eden doktorlar böyle bir üfürümün hep olduğunu bilecektir. Sıklıkla, kalp gelişimini bütünüyle tamamladığında üfürüm de kaybolur.

Ancak, takip altına alınması gereken kalp üfürümleri de vardır. Bazıları kendiliğinden iyileşir ancak bazıları da tıbbi ya da cerrahi tedavi gerektirebilir ve daha da kötüleşebilir. Eğer bebeğinizdeki üfürüm bir problem ise, doktorunuz bunu size söyleyecek ve tedavi önerecektir. Birçok durumda üfürümleri olan çocuklar normal aktivitelerini sürdürebilirler -ve sürdürmelidirler. Bunun istisnası iyi gelişmeyen ya da egzersiz sırasında nefesi daralan veya moraran çocuklardır.

Kim ne derse desin endişeniz devam ediyorsa, bebeğin doktoruna üfürümün tipinin tam olarak ne olduğunu ve şimdi ya da ileride problemlere yol açıp açmayacağını sorabilir ve üzülmemeniz için neden bir sebep olmadığını anlatmasını isteyebilirsiniz. Eğer aldığınız cevaplar tatminkar değilse konsültasyon için bebeğinizin bir çocuk kardiyologuna sevk edilmesini isteyebilirsiniz.

SİYAH DIŞKI

"Bebeğimin son bezi siyah kaka ile doluydu. Sindirim sistemi ile ilgili bir sorun olabilir mi?"

Demir takviyesi alıyor olması daha muhtemeldir. Bazı çocuklarda, sindirim sisteminde normal olarak bulunan bakterilerle demir sülfat arasındaki reaksiyon dışkının kahverengi, yeşilimsi ya da siyah bir renk almasına yol açabilir. Bu renk değişikliğinin tıbbi bir önemi olmadığı gibi, endişelenmenize ve demir takviyesini kesmenize gerek yoktur. Çalışmalar, demirin sindirim problemlerine yol açmadığını göstermiştir. Eğer bebeğinizin kakası siyahsa ve demir içeren preparatlar ya da hazır mamalar almıyorsa doktorunuza danışın.

BEBEK MASAJI

"Bebeğine masaj yapan ve bunun diğer şeylerin yanı sıra iyi anne-bebek ilişkisi için de gerekli olduğunu söyleyen bir arkadaşım var. Ama ben bunu rahat yapabileceğimi sanmıyorum. Yine de yapmalı mıyım?"

Ne şekilde olursa olsun, anne-bebek etkileşimi (bir kitaba bakmak, ninni söylemek, veya birbirini kucaklamak) ilişkileri sıkılaştırır. Masaj istisna değildir. Ayrıca masajın (nazikçe okşamak) prematüre bebeklerin büyüme ve gelişmesi üzerinde de iyi etkileri olduğunu biliyoruz. Yaşamlarında daha çok uyarı ile karşılaşan, ve fiziksel olarak daha aktif olan miadında doğmuş bebekler için de bunun geçerli olup olmadığı, ya da masajın sağladığı ilave uyarıya ihtiyaç gösterip göstermedikleri bilinmemektedir.

Belki de şu an için söylenebilecek en iyi şey,

eğer anne-babalar bebeklerine masaj yapmaktan hoşlanıyorlarsa, yararlı olmasa da sırf verdiği keyif için buna devam etmelidirler. Diğer yandan, kendilerini bu konuda tereddütlü hisseden ebeveynler canlarını hiç sıkmadan bu konuyu unutabilirler ve bebekleri de bundan zarar görmez. Bebeğe yaklaşmanın daha bir çok yolu vardır.

EGZERSİZ

"Bebeğe egzersiz yapmanın önemi hakkında çok şey duydum. Küçük kızımı bir egzersiz sınıfına götürmem gerçekten gerekli mi?"

Amerikalılar aşırı olmaya eğilimlidirler. Ya tümüyle rahat yaşarlar ve yaptıkları tek egzersiz televizyonu açmak veya bira bardağına uzanmaktır, ya da kendilerini aşırı yoğun sabah koşularına kaptırırlar ve sonunda acı ve ağrılar içinde spor uzmanının ofisine gitmek zorunda kalırlar. Bebeklerini de, ya yüksek sandalyelerde veya arabalarda durağan bir yaşama zorlarlar ya da bir bebek atlet yaratmak beklentisi ile çocukları başlarını kaldırır kaldırmaz dışarı fırlarlar ve onları egzersiz sınıfına yazdırırlar.

Sağlıklı yaşam arayışına yönelik her iki uç aşırılık da faydasızdır ve genellikle başarısız olmaya mahkumdur. Hem kendinizin, hem de bebeğinizin yaşam tarzında ılımlılığı hedeflemek çok daha iyidir. O halde, bebeğinizin sağlıklı yaşama doğru giden yolda ilerlemesini istiyorsanız, onun fizik gelişimini ihmal etmek ya da yapabileceklerinin ötesine zorlamak yerine, şu noktalara dikkat edin:

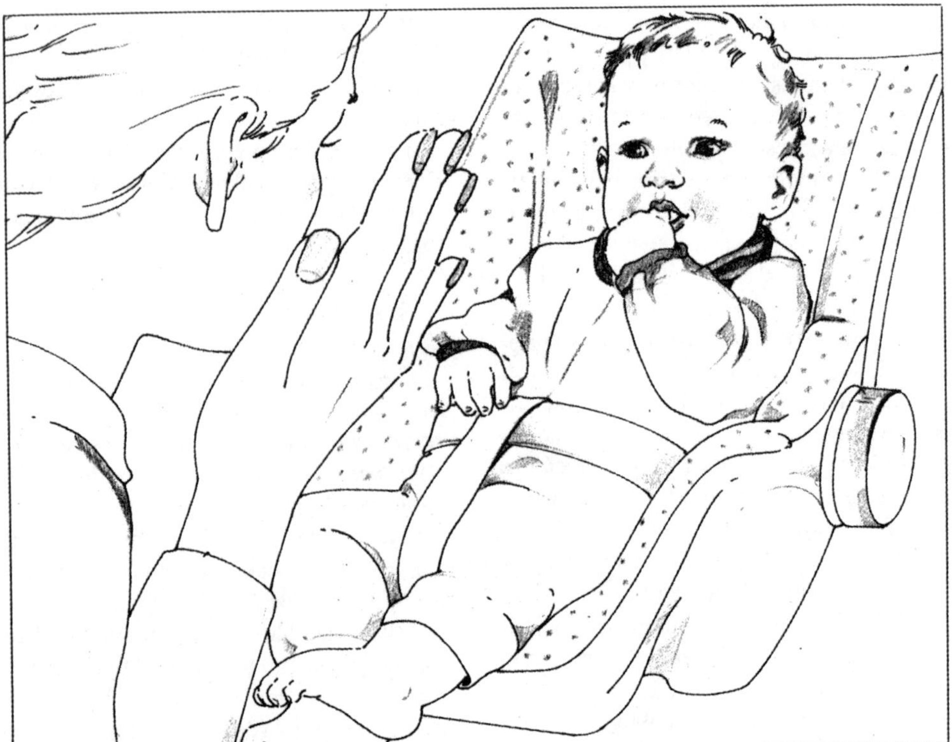

Bir bebek için oyun zamanı öğrenme zamanıdır. "Cee-eee" oyunu üç- dört aylık bir bebeği yalnızca güldürmekle kalmaz, ona obje sürekliliğini öğretir; böylece anne ya da baba yüzlerini saklasa bile orada bulunmaya devam ediyorlardır.

Onun zekâsını olduğu kadar vücudunu da harekete geçirin. Bizler daha beşikten itibaren çocuklarımızın entelektüel eğitimine önem veririz, çoğu kez fiziksel gelişimin kendiliğinden olacağını varsayarız. Ve, çoğu kez de böyle olacaktır-ama fiziksel egzersize biraz olsun zaman ayırmak hem size hem bebeğinize bunun önemini hatırlatacaktır. Bebeğinizle oyun oynamak için ayırdığınız zamanın bir bölümünü de fizik egzersize ayırın. Bu dönemde, fiziksel aktivite onu oturma (veya hazır olduğunda ayakta olma) durumuna doğru çekmekten, ellerini başını üzerine kaldırmaktan, dizlerini dirseklerine değecek şekilde ritmik olarak bükmekten, ya da onu ellerinizle gövdesinin ortasından kavrayıp havaya kaldırmak ve kollarını-bacaklarını bükmesini sağlamaktan ibaret olabilir.

Fizik aktiviteyi eğlence haline getirmek. Eğer onun kendi bedeni ve fizik aktivite hakkında iyi duygular beslemesini istiyorsanız, bu seanslardan zevk aldığından emin olun- ve bu sırada kesinlikle somurtmayın. Onunla konuşun ya da ona şarkı söyleyin ve ne yapmakta olduğunuzu anlatın. Fizik aktivitenin eğlenceli havasına girdikçe kısa ritmik şarkıları da ("egzersizimi, egzersizimi, ne çok seviyorum egzersizimi"gibi) tanımaya başlayacaktır.

Onu hapsetmeyin. Daima arabası içine güvenilir bir şekilde sarıp sarmalandıktan sonra yatırılan ya da bir portbebe içine tıkılan bir bebek, hareket etme olanağı bulamaz ve hareketsiz -dolayısıyla sağlıksız- bir çocuk olma yolunda bir güzel ilerlemeye başlar. Emeklemek için çok küçük olan bebekler bile yere ya da büyük bir yatağın ortasına serilmiş bir battaniyenin sağlayacağı hareket özgürlüğünden (şüphesiz ki devamlı gözetim altında olarak) yarar görebilir. Birçok 3-4 aylık bebek bu durumda sırt üstü yatarken yüzü koyun dönmek için çabalayacaktır (önce siz çevirin ve sonra tekrar sırt üstü yatırarak onlara yardım edin). Yüzükoyunken birçoğu elleri ve ağızları ile etrafı yoklayacaktır ve popolarını oynatıp başlarını ve omuzlarını kaldırarak sürünmeye çalışacaktır. Bütün bu faaliyetler doğal olarak ince kol ve bacakları çalıştırır –ve kısıtlanmış bir alanda bunların aynısını yapmak imkânsızdır.

Onun rahat olmasını sağlayın. Bebeklerin iyi gelişim için egzersiz sınıflarına ihtiyacı yoktur, aslında bunlar zararlı bile olabilir. Bebekler, imkân verildiğinde gereksindikleri fizik egzersizi tümüyle yaparlar. Anne-babaların çocuklarına egzersiz yaptırdıkları sınıfların, sandıklarının tersine, gelişimi hızlandırmak, kas gücünü artırmak ya da egzersizi sevdirmek gibi bir faydaları yoktur. Bunların esas değeri çocuğunuzla oyun oynamanızı teşvik etmeleri ve sınıfta başka çocuklarla karşılaşmasını sağlamalarıdır. Bebeğinizi götürmeye karar verdiğiniz bir egzersiz programında şu şartları arayın:

- Öğretmenlerin referansları iyi mi? Program çocuk hastalıkları uzmanı tarafından onaylanmış mı? (ancak bu bazen hatalı sonuçlara götürebilir, bilgilendirilmemiş bir uzman aslında çok iyi olmayan bir programı onaylamış olabilir) bebeklerin itilip kakıldığı ya da sarsıldığı bütün programlar tehlikelidir (sayfa 162'ye bakın). Ayrıca, bazı sınıflarda da bireysel gelişim yerine rekabetin teşvik edildiği ve eğlenceden çok gerilimin hakim olabildiği konusunda da uyanık olun.
- Bebekler eğleniyor mu? Eğer bir bebek egzersiz sırasında gülmüyor ya da tebessüm etmiyorsa bilin ki zevk almıyordur. Özellikle, ürkmüş ya da şaşırmış olup olmadıklarına veya onları huzursuz eden şeyleri yapmaya zorlanıp zorlanmadıklarına dikkat edin.
- Bebeğinizin oynayabileceği yaşına uygun yeterince bol donanım – halıyla kaplanmış merdiven basamakları, küçük kaydıraklar, salıncaklar gibi – var mı?
- Bebeklere serbestçe oynayabilmeleri için (kendi kendine ya da sizinle beraber yapacağı tecrübeler gibi) yeterince fırsat veriliyor mu? Sınıfta geçen zamanın çoğu kalıplaşmış grup aktiviteleri yerine buna ayrılmalıdır.
- Müzik programın bir parçası mı? Bebekler sallanma ve şarkı söyleme gibi ritmik aktiviteleri severler ve bir egzersiz programında bu ikisi birbirine iyi uyum gösterir.

Bırakın bebeğiniz ritmini kendisi seçsin. Bir bebeği egzersiz yapmaya ya da kendisini hazır hissetmediği veya havasında olmadığı herhangi bir şeye zorlamak son derece olumsuz davranışların yerleşmesine yol açabilir. Yalnızca o hazır olduğu zaman bebeğinizle egzersize başlayın, ve ilgisizlik ya da somurtkanlıkla bıktığını belli ettiğinde de bırakın.

Onu enerjik tutun. Bebeğinizin gelişimi için bedensel faaliyet kadar iyi beslenme de önemlidir. Katı gıdalara geçer geçmez (tabii ki doktorun izni ile) optimal bir gelişme ve oyun-eğlence için gereken enerjiyi ve besleyici maddeleri alabilmesi için onu sayfa 191'deki YENİ BAŞLAYANLAR İÇİN DİYET'e göre besleyin.

Sağlıksız bir anne olmayın. Örnek olarak öğretin; beraberce egzersiz yapan bir aile yine beraberce sağlıklı olur. Eğer bebeğiniz sizin markete araba kullanmak yerine yarım mil yürüyerek gittiğinizi, TV önünde cips gevelemek yerine her gün aerobik yaptığınızı, havuzun yanında güneşlenmek yerine yüzdüğünüzü görerek büyürse erişkin yaşama sıhhat hakkında ileride kendi çocuklarına da aktaracağı iyi duygularla girer.

BİLMENİZ GEREKEN ÖNEMLİ ŞEYLER
Bebek İçin Oyun Araçları

Bir oyuncak dükkânında gezinmek en civcivli zamanında bir karnavalda dolaşmaya benzer. İnsanın göz alıcı renklerle dikkati çekerek rekabet etmeye çalışan onca nesnenin bulunduğu koridorlarda, duyguları ve duyarlılıkları bombardıman eden bitmez tükenmez çeşitte kutunun ve düzenlemenin arasında nereden başlayacağına karar vermesi zordur. Bu tür gezintiler herhangi bir erişkinin içindeki çocuğu ortaya çıkarabilirse de, anne-babalar oyuncak seçiminin eğlencesi yanında bazı sorumlulukları da olduğunu bilmelidir.

Oyuncak endüstrisinin sunduğu en hoş paketlere, en göz alıcı hilelere aldanmamak ve çocuğunuza bir yığın yanlış oyuncak almamak için, bir şey satın almadan önce şu soruları kendinize sorun:

Oyuncak bebeğinizin yaşına uygun mu? Satın almak istediğiniz bir oyuncağın bebeğinizin yaşına uygun olup olmadığından emin olmak istemenizin en açık nedeni bebeğinizin oyuncağın değerini bilmesi ve ondan tümüyle zevk alabilmesidir. Ayrıca, en az bunun kadar önemli bir neden daha vardır. Bebeğinizin ilgi gösterdiği, hatta onunla ilkel bir düzeyde oynamayı becerebildiği, ama aslında daha büyük çocuklar için tasarlanmış bir oyuncak ona zarar verebilir, çünkü "yaşa uygunluk", güvenilirlik kavramını da kapsar. Ayrıca, bebeğinize henüz hazır olmadığı oyuncaklar vermenin başka dezavantajları da vardır; uygun yaşa geldiğinde bu kez onlardan sıkılabilir.

Bir oyuncağın bebeğiniz için uygun olup olmadığını nasıl anlarsınız? Bir ipucu ambalajın üzerinde belirtilmiş olan yaş aralığıdır, bununla birlikte, bebeğiniz belirli bir oyuncaktan ortalamaya göre daha erken ya da daha geç zevk alıyor olabilir. Bir başka yol da bebeğinizi oyuncakla beraberken gözlemektir –eğer bu oyuncak sizde zaten varsa ya da bunu bir arkadaşınızın evinde veya dükkânda deneyebiliyorsanız. Oyuncak onun ilgisini çekiyor mu? Onunla amacına uygun olarak mı oynuyor? Doğru oyuncak bebeğinizin zaten sahip olduğu becerileri geliştirmesine ve yenilerini kazanmasına yardımcı olacaktır. Ne çok basit (bu can sıkıntısını davet eder) ne de çok karmaşık (bu da başarısızlığa neden olur) olmalıdır.

Çocuğunuzu harekete geçiriyor mu? Oyuncakların hepsi bebeğinizi Harvard'a kabul mektubuna biraz daha yaklaştırmak zorunda değildir; bebeklik ve çocukluk aynı zamanda basit eğlence zamanıdır. Ancak, bebeğinizin görme (bir ayna ya da hareketli bir nesne), duyma (bir müzik kutusu veya içinde bir zil olan bir palyaço), dokunma (bir beşik jimnastiği ya da oyun tahtası), veya tat (bir dişleme halkası veya ağza alınabilir herhangi bir şey) duyularını uyaran bir oyuncak, yalnızca şirin ya da hoş olan bir oyuncağa göre onu daha çok eğlendirecektir. Bebeğiniz büyüdükçe, onun göz-el koordinasyonunu, kaba ve ince motor kontrolü, sebep sonuç kavramlarını, renk ve şekilleri tanımasını, sesleri ayırt etmesini ve uzaysal ilişkileri öğrenmesine yardımcı olan sosyal sözel gelişimini, hayal gücünü ve yaratıcılığını geliştiren oyuncakları daha çok isteyeceksiniz.

Güvenilir mi? Hepsi arasında belki de en önemli soru budur, çünkü oyuncaklar (tek başlarına yüz binlerce yaralanmaya yol açan bisikletler, kızaklar ve patenlerden hiç söz etmeksizin) yılda neredeyse 100,000'in üzerinde yaralanmadan sorumludur. Bebeğinize oyuncak seçerken, şu özellikleri arayın:

- Sağlamlık. Kolayca kırılan ya da parçalara ayrılan oyuncaklar sıklıkla küçük çocukların yaralanmasına yol açar.
- Güvenilir cila. Boya ya da diğer cilaların zehirli olmadığından emin olun.
- Güvenilir kurgu. Küçük parçaları, keskin kenarları, ya da kırılabilir kısımları olan oyuncaklar genellikle bebekler için güvenilir değildir.
- Temizlenebilme. Temizlenemeyen oyuncaklar mikropların üreme yeri haline gelebilir - her şeyi ağızlarına sokan bebekler için önemli bir sorundur.
- Güvenilir boyut. Yutulabilecek kadar minik (bebeğin yumruğundan küçük) olan, veya kırılabilir ya da sökülebilir küçük parçaları olan oyuncaklar önemli bir tehlike oluştururlar.
- Oyuncağın ipleri olmamalıdır. 15 cm'den uzun ipleri, kordonları veya lastikleri olan oyuncaklar boğulma riski nedeni ile asla bebeklerin yanında bırakılmamalıdır. Çocuk karyolalarına, parklarına veya herhangi bir yere plastik halkalarla iliştirilen oyuncaklar hem güvenli hem de parlak ve çekici oyun nesneleridir.
- Seslerin güvenilirliği. Oyuncak silahlardan, model uçaklardan, veya motorlu araçlardan gelen sesler bebeğin işitme duyusuna zarar verebilir, bu nedenle keskin, yüksek ya da tiz sesli oyuncaklardan ziyade müzikal ya da yumuşak sesleri olan oyuncakları tercih edin.

Düşünsel açıdan oyuncağı onaylıyor musunuz? Bu, bebek oyuncaklarında daha ileride ortaya çıkanlara göre daha küçük bir problemdir, ancak bir oyuncağın bilinç altına yolladığı mesaj ve bunun sizin değerlerinizle uyuşup uyuşmadığı konusunda düşünmek için erken değildir. Toplumun -en azından televizyonlarda çocuklar için bir oyuncak kargaşası yaratan kısmının- kendi çocuğunuza hangi değerlerin geçirileceğini belirlemesine izin vermeyin. Bebek oyuncaklarında bile bazı saçmalıklar fark edebilirsiniz, ve siz daha bunu bilmeden masum bebeğiniz siz onaylamadıkça asla satın almamanız gereken bir oyuncak için size yalvarıyor olacaktır. Eğer çocuğunuz sizin ona almayacağınız bir oyuncakla ortaya çıkarsa (bu sıklıkla olur) ona bu oyuncak hakkındaki duygularınızı anlatın. Örneğin, amcasının çocuğunuza doğum gününde verdiği kocaman makineli tüfek sizi huzursuz ediyorsa, bebeğiniz anlayacak kadar büyüdüğünde bunun bir oyuncak olduğunu, gerçek silahların ise tehlikeli olduğunu ve insanları yaralayabildiğini ona anlatın.

-8-

Beşinci Ay

BEBEĞİNİZ NELER YAPIYOR OLABİLİR

Bu ayın sonunda, bebeğiniz (nota bakınız):

• Dik durduğunda başını düz tutabilir (4 ay 7 günlükken).

• Karnının üstünde yatarken kollarından destek alarak göğsünü yerden kaldırabilir (4 ay 10 günlükken).

• Bir tarafa doğru yuvarlanabilir.

• Bir üzüme ya da diğer çok küçük nesnelere dikkat edebilir.

• Neşeyle çığlıklar atabilir.

• Bir nesneye doğru uzanabilir.

• Kendiliğinden gülümseyebilir.

• Parmaklarının uçlarına ya da arkasına değdirilen bir çıngırağı kapabilir.

Not: Eğer bebeğiniz bu gelişim aşamalarından birine veya birkaçına erişememiş görünüyorsa, doktora kontrol ettirin. Bazen, bu gecikme bir probleme işaret ediyor olabilir, bununla birlikte çoğu defa bebeğiniz için normal olduğu anlaşılacaktır. Prematüre bebekler aynı doğum yaşındaki bebeklere göre bu aşamalara daha geç ulaşırlar, çoğu kez düzeltilmiş yaşları hesaba katıldığında (normal miadında doğma durumuna göre hesaplanan yaş) giderek arayı kapattıkları görülür, ama bazen de geç kalırlar.

Bebeğiniz şunları da yapıyor olabilir:

• Bacaklarının üzerine bir miktar ağırlık verebilir (5 ay 7 gün).

• Ellerinden çekilerek oturtulduğunda başını gövdesi ile aynı seviyede tutabilir.

Bu ayın sonunda ellerinden çekildiğinde bazı bebekler desteksiz oturabilir fakat çoğu bu pozisyonda öne doğru düşer.

• A-guu ve benzeri sesli sessiz kombinasyonlarını çıkartabilir.

Bebeğinizin şunları da yapması olasıdır:

• Yardımsız olarak oturabilir.

• İnsan sesine doğru dönebilir

Hatta bebeğiniz şunları bile yapabilir:

• Otururken kendini ayakta durma pozisyonuna doğru çekebilir.

• Birisine veya bir nesneye tutunarak ayakta durabilir.

• Kendi kendine bir kraker yiyebilir.

• Oyuncağını almak istediğiniz zaman karşı gelebilir.

• Ulaşamayacağı bir yerde duran bir oyuncağı almak için çaba gösterebilir.

• Bir küpü ya da başka bir nesneyi bir elinden diğerine geçirebilir.

• Düşen bir nesneyi arayabilir.

• Bir şekerlemeyi eliyle arayabilir ve avucuna alabilir.

• Ga-ga-ga-ga-ga, ba-ba-ba-ba, ma-ma-mama, da-da-da-da gibi sesli sessiz kombinasyonları mırıldanabilir.

BU AYKİ DOKTOR KONTROLÜNDE NELER BEKLEYEBİLİRSİNİZ?

Birçok doktor bu ay için rutin kontrol önermemiştir ama gelecek aya kadar bekleyemeyecek bir sorun olduğunu düşünüyorsanız doktorunuzu arayabilirsiniz. Gerekli gördüğünüz taktirde doktorunuza başvurabilirsiniz.

BEBEĞİNİZİN BU AYKİ BESLENMESİ
Katı gıdalara başlanması

Bu sizin heyecanla beklediğiniz andır. Baba unutulmaz anı videoya kaydetmek üzere bir kenarda dururken, bebeğiniz parti kıyafetleri giydirilmiş ve çamaşırhaneden daha yeni gelmiş mama önlüğü takılı olarak o koca yeni yüksek iskemlesine kurulmuştur. Kamera çalışırken, ilk katı gıda lokması -büyük teyzesinin hediye ettiği işlemeli gümüş kaşıkla- kâseden bebeğin ağzına götürülür. Daha sonra, bebek ağzını açar ve gıda, deneyimsiz tat tomurcukları üzerindeki o ilk tuhaf etkiyi oluşturur oluşturmaz yüzünü buruşturarak sunulan o garip şeyleri çenesine, önlüğüne ve sandalye tepsisine kusar. Kes!

Aynı yemek masasını paylaştığınız sürece devam edecek olan mücadele, bebeğinize yemek yedirme mücadelesi-en azından onun yemesini istediğiniz şeyleri- artık başlamıştır. Ama bu, iyi beslenmenin daha ötesinde, öğün ve ara öğünlerden oluşan sağlıklı alışkanlıkların aşılanması sorunudur. Bebeğinizin ağzına giren lokmanın sıhhatli olması kadar yemek yenen ortamın hoş ve gerilimsiz olması da önemlidir.

Katı gıdalara başlandığı ilk aylarda, emzirmeye ya da biberonla beslemeye devam ettikçe, tüketilen gıdanın miktarı çok önemli değildir. Yemek yemek, bu ilk aşamalarda, yaşamsal bir işlevi olmaktan çok bir deneyim meselesidir - yeme teknikleriyle, farklı kokular ve çeşitli gıda maddeleri ile, ve yemek yemenin sosyal yönü ile.

AÇILIŞ GECESİ VE SONRASI

İlk yemek yeme tecrübesini unutulmaz hale getirmek için alacağınız tek önlem video cihazını hazırlamak değildir. Bu beslemeden ve daha sonrakilerden azami fayda elde edebilmek için zamanlamaya, ortama ve sahne donatımına da dikkat etmek isteyeceksiniz.

Zamanlamayı doğru yapın. Eğer emziriyorsanız, sağladığınız süt en düşük seviyeye indiği zaman (kadınların birçoğunda bu öğleden sonra ya da sabahın erken saatleridir) gösteriye başlayın. Eğer bebeğiniz acıkarak uyanıyorsa ve daha dişe dokunur bir öğünle daha çok uyuyorsa akşam saati de iyi bir seçimdir. Öte yandan, eğer bebeğiniz en çok sabahları acıkıyorsa, katı gıdaları o zaman da verebilirsiniz. Eğer mönü yalnızca mısır gevreğinden oluşuyorsa ve saat öğleden sonra 6 ise üzülmeyin- bir bebek kolay kolay biftek istemez.

Olaya neşe katın. Bir 5.00 gösterisi ayarladınız ama bebeğinizi huysuz ve yorgun buldunuz. Gösteriyi erteleyin. Bebeğiniz bu halde iken onu gıda dahil olmak üzere herhangi yeni bir şeyle tanıştıramazsınız. Yemek saatlerini bebeğinizin genellikle uyanık ve keyifli olduğu saatlere denk getirin.

Dolu bir mideyle açılış yapmayın. Katı gıdalar vermeden önce bebeğinizin iştahını bileyin, ama bunu yaparken de onu köreltmeyin. Az miktarda hazır mama ya da anne sütü ile onun iştahını açarak başlayın. Bu şekilde bebeğiniz bu yeni tecrübeye dayanamayacak kadar aç olmayacak ve karnı da tam olarak doymadığı için arkadan gelen gıda hoşuna gidecektir. Elbette, iştahı az olan bazı bebeklere katı gıdaları onlar açken vermek daha doğru olabilir, sizin bebeğiniz için hangisinin iyi olduğunu tecrübeyle öğreneceksiniz.

Uzun bir yapım için hazır olun. Bebeği beslemeyi diğer işleriniz arasındaki 5 dakikalık zaman dilimlerine sığdırmaya çalışmayın. Besleme zaman alan bir işlemdir, o nedenle bunun için yeterince zamanınız olduğundan emin olun.

Sahneyi hazırlayın. Kıpır kıpır eden bir bebeği bir yandan dizlerinizin üzerinde tutarken bir yandan da isteksiz bir ağza yabancı bir maddeyi sokmak tam bir felakettir. Sağlam bir besleme sandalyesi ya da koltuğu hazırlayın (sayfa 205'e bakın) ve ilk beslemeden günler öncesinden başlayarak bebeğinizin buna alışmasını sağlayın. Eğer bebeğiniz bunun içinde kayıyor ya da dönüyorsa, onu küçük bir battaniye, yorgan ya da birkaç havlu ile destekleyin. Bebeğinizin ve kendi zihninizin rahat etmesi için emniyet kemerlerini bağlayın. Her şeye rağmen bebeğiniz böyle bir sandalye ya da koltukta oturamıyorsa katıları bir süre için erteleyin.

Ayrıca kaşığınızın uygun özellikte olup olmadığını kontrol edin. Bunun mutlaka bir aile yadigârı ya da bir bebek kaşığı olması gerekmez, ancak küçük bir oyuğu olmalı (belki bir çay kaşığı) ve plastikle kaplanmış olmalıdır, bu bebeğin dişetleri açısından rahatlık sağlar. Bebeğinize tutması ve kullanması için kendi kaşığını vermeniz her lokmada bir üstünlük mücadelesine neden olacaktır ve sizin bireyselliği tomurcuklanmakta olan bebeğinize bir bağımsızlık duygusu verecektir. Kaşığın uzun bir sapı olması kolaylık sağlar, ama bebeğiniz kullanması için kaza ile yanlışlıkla gözüne sokmaması açısından kısa ve kıvrık saplı olanları tercih edin. Eğer küçük bebeğiniz illa sizin kaşığınız ile size "yardım" etmek istiyorsa, onun küçük elinin sizin yakın rehberliğiniz altında kaşığı tutmasına onu hedefe doğru götürmesine izin verin -çoğu kez bunu başaracaktır.

Son olarak, büyük, temizlemesi kolay, takıp çıkarması rahat bir mama önlüğü kullanın. Tercihinize bağlı olarak, bu silinebilir ya da ovulabilir katı ya da yumuşak plastikten, çamaşır makinesine atılabilir kumaş ya da plastikten, veya bir defa kullanmaya mahsus olarak kâğıttan yapılmış olabilir. Şimdi bebeğinizin artık küçük gelmeye başlayan tulumunu mısır gevreği lekeleri ile kirlenmesinden endişelenmiyor olabilirsiniz, ama eğer mama önlüğü alışkanlığı erkenden yerleşmezse, bunun ileride olması (imkânsız olmasa da) zordur. Ve kollarını sıvamayı da unutmayın. Ev için bir alternatif (oda ısısı müsaade ediyorsa) bebeğinizi üstü çıplak olarak yedirmektir. Yine de biraz temizlik yapmanız gerekecektir, ama lekeler problem olmayacaktır.

Destekleyici rol oynayın. Eğer bebeğinize gösteriyi yürütmesi için bir şans verirseniz, besleme konusunda başarılı olma ihtimali çok artar. Hatta daha kaşığı bebeğin ağzına götürmeden önce, masaya veya besleme sandalyesine bir parça yiyecek koyun ve çocuğunuzun onu incelemesine, ezmesine, sürtmesine hatta tatmasına izin verin. Daha sonra kaşıkla sunacağınız şey artık tümüyle yabancı olmayacaktır. Yeni gıdayı büyük delikli bir emziği olan bir biberon içinde sunmak bebeğe kendi başına beslenmek açısından iyi bir fırsat vermek gibi görünüyorsa da, birçok nedenden dolayı önerilmemektedir. Birincisi, yiyeceklerin bebeğin boğazına kaçmasına neden olabilir. İkincisi, biberon alışkanlığının yerleşmesine yol açabilir ve bebeğe nasıl büyükler gibi besleneceğini öğretmez (halbuki ilk beslemedeki asıl amaç budur). Ve üçüncüsü, bebekler bu şekilde çok fazla gıda aldıklarından, aşırı kiloya neden olabilir.

Gelecek programı cazip hale getirin. Ne de olsa ilk sunulan öğünler esas öğünler değildir, yalnızca sonrakiler için hazırlıktır. Seçilen gıdadan bir çeyrek ya da tam dolu çay kaşığı ile başlayın. Bebeğin dudakları arasına çok çok küçük bir parça koyun ve onun reaksiyon vermesini bekleyin. Eğer ilk lokma beğenilirse, ağız muhtemelen bir sonraki için daha çok açılacaktır, siz de bu sayede gıdayı onun daha rahat yutabileceği şekilde daha gerilere koyabilirsiniz. Bebek arzulu görünse bile, ilk birkaç denemede gıdaları tükürebilir, hatta ilk birkaç besleme tam bir fiyaskoya dönüşebilir. Ancak, katılara hazır bir bebek çok geçmeden tükürdüğünden daha fazlasını almaya başlayacaktır. Eğer lokmalar geri gelmeye devam ediyorsa, bebek muhtemelen bu büyük an için gelişimsel olarak hazır değildir. Bu sonuçsuz uğraşta nafile yere zaman, gayret ve gıda harcayabilirsiniz -ya da bir iki hafta daha bekleyip öyle deneyebilirsiniz.

Gösteriyi ne zaman sonlandıracağınızı bilin. Bebeğiniz ilgisini kaybettiği zaman asla yemeğe devam etmeyin. Bebekten bebeğe ve öğünden öğüne değişmekle beraber bunun işaretleri açıktır: somurtkanlık, çevrilen bir baş, sıkı sıkıya kapatılan bir ağız, tükürülen ya da etrafa fırlatılan gıdalar.

Eğer bebeğiniz daha önceden hoşlandığı bir gıdayı geri çeviriyorsa, bozulmadığından emin olmak için tadına bakın. Tabii ki reddetmesinin başka bir nedeni de olabilir. Belki bebeğinizin zevkleri değişmiştir (bebekler gıda konusunda çok maymun iştahlıdırlar) veya keyifsizdir ya da aç değildir. Nedeni ne olursa olsun, o gıdada ısrar etmeyin. Başka bir gıda deneyin ve eğer bu da işe yaramazsa perdeyi indirin.

AÇILIŞ HANGİ GIDALARLA YAPILMALI?

Bebek için ilk sıvı gıdanın anne sütü olması gerektiğinde herkes hemfikir olmakla beraber, ilk katı gıdanın seçimi konusunda -çocuk hastalıkları uzmanları arasında bile- tam bir fikir birliği yoktur. Bunun hangi katı gıdanın en iyisi olduğunu gösteren yeterince somut bilimsel kanıt olmamasıdır, ve bebekler bir gıdayı bir başkası kadar kolay kabul edebiliyor görünmektedir (bunun o bebek için uygun gıda olduğunu var sayarak). Eğer bebeğinizin doktorunun özel uyarıları yoksa, aşağıdakilerden birini deneyin. Bebeğinizin yüzündeki ifadeye bakarak onun ilk katı gıdaya olan tepkisini doğru olarak değerlendiremeyeceğinizi unutmayın-hemen hepsi, sunulan şey ne kadar hoşlarına da gitse özellikle ekşi tatlı gıdalarda şoka uğrarlar ve ağızlarını kilitlerler. Bebeğinizin ağzını yeniden açıp açmayacağını görmek için bekleyin.

Pirinç gevreği. Sütten pek de daha koyu olmayan bir kıvama gelene kadar inceltilebildiği için, pek çok çocuk bunu kolayca sindirebilir ve alerjik reaksiyonlara yol açmaz ve gerekli olan demiri sağlayabilir. Muhtemelen demirle zenginleştirilmiş pirinç gevreği en sık önerilen ilk katı gıdadır ve Amerikan Pediatri Akademisi'nin de ilk seçimidir. Bunu hazır mama ile, su veya tam inek sütü ile karıştırın (doktorunuz onayladıktan sonra, bir çoğu gevrekle karıştırmak üzere az miktarda inek sütüne 6. aydan önce izin vermektedir). Gevreği ezilmiş muz, elma püresi veya meyve suları ile karıştırmak ya da hazır olarak satılan meyveli gevreklerden almak gibi hatalara düşmeyin çünkü bebeğiniz çabucak tatlı gıdalara alışır ve diğer her şeyi reddeder.

Süte benzer bir gıda. Bir bebeğin aşina olduğu gıdaları daha kolay kabul edeceği teorisine dayanarak verilen ilk gıdalar genellikle tat ve/veya içerik olarak anne sütünü andıranlar olmaktadır (saf, şeker katılmamış tam sütten yapılan yoğurt ya da kefir gibi). Yoğurdu ister önce ister sonra verin, onu daha lezzetli hale getirmek düşüncesiyle meyve ya da şekerle beraber sunmayın. Bebeklerin çoğu bunu hemen iştahla yutacak ve kendilerine daha sonra verilecek olan ekşi ya da tatlandırılmamış gıdaları reddedecektir. Tabii ki süt ve süt ürünlerine karşı alerjik olan bebekler başka bir gıda ile başlamalıdır.

BEBEĞE VERİLEBİLECEK İLK GIDALAR

Aşağıdakilerden hemen hepsi küçük bebekler tarafından sevilir ve iyi tolere edilir. Ancak, bebeğinizi tatlı meyveler listesi ile tanıştırmadan önce, onu ilk üç kategorideki gıdalarla tanıştırın. Et ve tavuk ürünleri genellikle daha sonra –yedinci ve sekizinci ay civarında- verilir. Evde hazırlanan, ya da kullanıma hazır olarak satılan gıdalar ilk başta çok yumuşak kıvamlı olmalıdır -çekilmiş, püre haline getirilmiş, veya iyice ezilmiş ya da eğer gerekiyorsa koyu krema kıvamına gelene kadar sulandırılmış olarak. Kıvam altıncı-yedinci aylara kadar yumuşak olmaya devam etmelidir, sonra bebek büyüdükçe ve deneyimi arttıkça koyulaştırılabilir. Bebekler ilk başta genellikle yarım çay kaşığından daha azını alırlar, ama çoğu kısa zamanda 2-3 kaşık hatta daha fazlasını alabilir hale gelebilir. Gıdalar çoğu bebeğin tercih ettiği oda ısısında ya da hafifçe ısıtılmış olarak sunulabilir, ancak ısıtma çoğu kez bebeklerden çok erişkinlerin zevkine uygundur.

Pirinç gevreği	Kabak	Yoğurt(tatlandırılmamış)	Elma püresi	Sığır eti
Arpa gevreği	Tatlı patates	Kefir(tatlandırılmamış)	Muz	Piliç
Yulaf gevreği	Havuç		Şeftali	Hindi
	Yeşil fasulye		Armut	Kuzu
	Bezelye			
	Avokado			

Not: Oksalik asit içeriği yüksek olan ıspanağın bebek biraz daha büyüyene kadar verilmemesi önerilmektedir.

Tatlı bir gıda. Bebeklerin çoğu ezilmiş ya da makineden geçirilmiş muz (eğer gerekiyorsa bir miktar hazır mama ya da anne sütü ile sulandırarak) veya elma püresi ile başlamaktadır. Doğrudur, çoğu bunları iştahla alır, ancak daha sonraları da daha az tatlı gıdaları reddetmeye meyleder (sebzeler ve şekersiz gevrekler gibi). Bu genellikle ideal seçim değildir.

Sebzeler. Besleyici, ancak tatlı olmayan sebzeler teorik olarak iyi bir ilk seçimdir. Fakat bebekler kuvvetli ve değişik tat ve kokuları nedeni ile onları yoğurt ya da gevreğe göre daha az severler, bu nedenle sebzeler gastronomik deneylere karşı bebeklerde olumsuz bir tutuma neden olabilir. Ancak, bebeğin damağının yeni tatlara açık olduğu bir dönemde onları meyvelerden önce vermek daha akıllıcadır. Tatlı patates ya da havuç gibi "sarılar" genellikle yeşil fasulye ve bezelye gibi "yeşillere" göre damağa daha uygundur ve de daha besleyicidir.

BEBEĞİN REPERTUARININ GENİŞLETİLMESİ

Bebeğiniz kendisine ilk sunulan kahvaltı gevreğini iştahla silip süpürse bile, öğleyin ona yoğurt ve çalı fasulyesi ve akşam yemeğinde de köfteyle beraber tatlı patates vermeyi planlamayın. Daha ilkinden başlayarak, bebeğinize vereceğiniz her yeni gıdayı tek başına (ya da daha önce sorun yaratmamış olan diğer gıdalarla beraber) sunarsanız, onun bu gıdaya karşı bir alerjisi olup olmadığını anlayabilirsiniz. Örneğin, eğer gevrekle başlarsanız, bunu sonraki 3-4 gün boyunca tek başına verin. Bebeğiniz gevreğe olumsuz reaksiyon göstermiyorsa (aşırı şişkinlik ya da gaz, ishal, ya da kakada sümük, kusma, yüzde kızarıklık, soluk algınlığı ile ilişkili görünmeyen burun akıntısı, ve/veya göz sulanması, veya göğüste hırıltı, geceleri uyuyamama veya gündüzleri huysuzluk etme gibi), bünyesinin bu gıdaya karşı bir alerjisi olmadığını kabul edebilirsiniz.

Eğer reaksiyon olduğunu düşündüğünüz bir gelişme olursa, bir hafta bekleyin ve o gıdayı tekrar deneyin. Aynı reaksiyonun iki veya üç kez tekrarlanması bebeğinizin bu gıdaya karşı duyarlı olduğunun iyi bir göstergesidir. Tekrar vermeden birkaç ay bekleyin, ve bu arada aynı işlemi başka bir gıda ile yapın. Eğer bebeğiniz çeşitli gıdalara karşı reaksiyon veriyorsa veya ailenizde alerji öyküsü varsa bir haftadan daha sık aralarla yeni gıda denemeleri yapmayın. Eğer denediğiniz her gıdada sorun çıkıyorsa katılara birkaç ay sonra yeniden başlama konusunda doktorunuza danışın.

Yeni bir gıda verirken her seferinde aynı tedbirleri alın, gıdanın çeşidini, alınan miktarı ve reaksiyonları kaydedin (hafızanız sizi yanıltabilir). Tek bir gıda ile başlamaya dikkat edin-yalnızca ezilmiş havuç ya da bezelye gibi. Birçok hazır mama firması bu amaçla tek tip gıda içeren özel mamuller üretmektedir. Bunların küçük kavanozlarda sunulması israfı da önlemektedir. Bir bebek herhangi bir sorunla karşılaşmadan hem bezelye hem de havuç alabiliyorsa, bunları beraberce verebilirsiniz. Daha sonraları, bebeğin repertuarı genişledikçe, tek başına kullanıma hazır halde satılmayan yeni bir gıdayı (domates gibi) daha önce sorun görülmemiş olan diğer sebzelerle beraber bir karışım halinde verebilirsiniz.

Bazı gıdalar diğerlerinden daha alerjen oldukları için, daha sonra verilmelidirler. Örneğin buğday bebek diyetine pirinç, yulaf ve arpadan sonra eklenmelidir. Bu bazen sekizinci aya kadar değişebilir, bununla birlikte alerji belirtileri göstermeyen ve ailesinde de alerji öyküsü bulunmayan bebekler için doktorun daha erken izin vermesi mümkündür. Turunçgiller ve bunların suları diğer meyvelerden ve bunların sularından, deniz ürünleri de et ve tavuk ürünlerinden daha sonra verilir. Yumurta sarısı (çırpılıp yağda pişirilerek ya da katı yumurtayı ezerek) genellikle sekizinci aydan önce verilmez, alerjik bir reaksiyona yol açması çok daha yüksek olan yumurta akı için ise ilk yılın sonuna kadar beklenmelidir. Çikolata ve kabuklu yemişler (ceviz, fındık gibi) hem son derece alerjik, hem de bebek için uygun olmayan gıdalardır ve ilk yıl boyunca kesinlikle verilmemelidir.

YENİ BAŞLAYANLAR İÇİN DİYET

Bebeğiniz katı gıdaları şu anda çok az miktarda almaktadır ve hâlâ büyük ölçüde anne sütü ya da hazır mama ile beslenmektedir. Ancak 6. aydan itibaren yalnızca anne sütü ya da hazır mama bebeğinizin ihtiyaçlarının tümünü karşılamaya yetmeyecek ve beslenmesinin çoğu başka kaynaklardan sağlanacaktır. O halde, bebeğinizin öğünlerini şimdiden planlarken İyi Beslenmenin Dokuz Temel Kuralı'ndaki prensiplere göre düşünmek için erken değildir ve daha sonra bebeğiniz çeşitli gıdalar alabilmeye başladığında da "Günlük Düzine"deki ilkeler dikkate alınmalıdır. Kalp hastalıklarını ve kanserin birçok çeşidini önlemenin en iyi yolu sağlıklı bir diyet olduğundan, bebeğinizin besleme sandalyesinde edineceği yeme alışkanlıkları daha sonraki yaşamında hayat kurtarıcı olabilir. Erkenden başlanan uygun besleme, çocuğunuzun fiziksel, ruhsal, zihinsel ve sosyal gelişimini de olumlu yönde etkileyecektir. Onu daha başarılı bir öğrenci ve daha mutlu bir insan olmasını sağlayacaktır.

Sonraki birkaç ayda, yeni gıdaları yavaş yavaş ekleyerek ve miktarlarını da aşağıda gösterilen değerlere göre ayarlayarak Bebeğin Günlük Düzinesi'ni uygulamaya başlayabilirsiniz. Bebeğin ilk doğum günü yaklaşırken, Yeni Yürüyenin Günlük Düzinesi daha doğru olacaktır. Diğer Günlük Düzine seçenekleri sayfa 320'de başlayan listede görülebilir.

BEBEĞİN GÜNLÜK DÜZİNESİ

Kaloriler. Bebeğinizin yeterince ya da çok fazla alıp almadığını anlayabilmek için kalorileri saymanıza gerek yok. Hoş olmayan bir şekilde şişman mı? Muhtemel neden aşırı kalorilerdir. Veya bebeğiniz çok zayıf, ya da çok mu yavaş büyüyor? Muhtemelen kalori alımı yetersizdir. Tam bu sırada bebeğin gelişimini sağlayan kalorilerin büyük kısmı memeden ya da hazır mamalardan gelmektedir, giderek daha fazlası katı gıdalardan sağlanacaktır.

MİNİĞİNİZE BAL YASAK

Balın boş kalori vermek dışında çok az faydası olduğu gibi, aynı zamanda hastalık riski de taşır. *Clostridium botulinum* sporları içerebilir, bu erişkin için zararsızdır ama bebeklerde kabızlık, emmede güçsüzlük, iştah azalması ve uyuklama gibi belirtilerin görüldüğü botulizme neden olabilir. Nadiren ölümcül olan, ama ciddi bir hastalık botulizm zatürreye ve su kaybına (dehidratasyon) neden olabilir. Bazı doktorlar sekizinci ayda bala izin vermektedir, diğerleri ise ilk yılın sonuna kadar beklemeyi önerirler. Mısır şurubunda da bu sporlardan olduğu için bebeklere verilmemelidir. Bununla birlikte, hazır mamalar içinde olanı zararsızdır.

Protein. Günde 2-3 çorba kaşığı verilen yumurta sarısı (doktor onayladıktan sonra), et, piliç, süzme peynir, veya yoğurt, veya 30 gram peynir veya 60 gram tofu (pıhtılaşmış soya fasulyesi sütünden yapılan peynir benzeri yumuşak gıda) yeterli olur, bu dönemde protein esas olarak hâlâ anne sütünden veya hazır mamalardan sağlanmaktadır.

Kalsiyum içeren gıdalar. Anne sütü veya hazır mamalardaki kalsiyum bir bebek için yeterlidir, ancak, bunlar azaltılırken ve katıların miktarı arttırılırken, peynir, yoğurt, tam süt gibi kalsiyum içeren diğer gıdalar diyete eklenmelidir. Toplam kalsiyum ihtiyacı yaklaşık iki fincan tam süt ya da buna denk miktardaki anne sütü ile, veya diğer kalsiyum içeren gıdalarla bebek bir yaşına gelene kadar karşılanabilir (denklikler için sayfa 321'e bakınız).

Hububatlar ve diğer konsantre kompleks karbonhidratlar. Hububatlarla, baklagillerle, veya kurutulmuş bezelye ile günde iki veya dört defa yapılan servis bebeğin diyeti için gerekli olan vitamin, mineral ve bir miktar da protein katkısını sağlayacaktır. Bir servis ¼ fincan bebek gevreğine, yarım dilim kepek ekmeğine, veya ¼ fincan pişirilmiş hububat gevreği ya da makarnaya, ½ fincan kuru kepek gevreğine, veya ¼ fincan mercimek, fasulye, veya bezelye püresine eşittir, ancak ilk ay için bu miktarlarda tüketim beklemeyin.

Yeşil ve sarı sebzeler ve sarı meyveler. İki-üç çorba kaşığı kış kabağı, tatlı patates, havuç, brokkoli, kale (lahana familyasından kıvırcık yapraklı bir sebze), kayısı, sarı şeftali (önceleri püre olarak, sonraları daha kıvamlı halde) veya ¼ fincan olgun kantalup kavunu, mango, veya bebek ellerini kullanabilir hale geldiğinde doğranmış şeftali yeterli A vitamini sağlayacaktır.

C vitamini içeren gıdalar. C vitamini ile takviye edilmiş bebek meyve sularından veya greyfurt suyundan (bunlar genellikle sekizinci aydan önce verilmez) yalnızca ¼ fincan bile yeterli C vitamini sağlar. Yine ¼ fincan doğranmış kantalup kavunu veya mango, ya da ¼ fincan püre haline getirilmiş brokkoli veya karnıbahar da aynı işi görür.

Diğer sebze ve meyveler. Eğer bebeğinizin diyetinde boşluk varsa aşağıdakilerden birini günlük gıdasına ekleyin: bir-iki çorba kaşığı elma püresi, ezilmiş muz, püre haline getirilmiş bezelye ya da yeşil fasulye, veya patates püresi.

Yüksek yağ içerikli gıdalar. Hazır mama ya da anne sütü ile beslenmekte olan bir bebek ihtiyacı olan bütün yağ ve kolesterolü bu şekilde elde edebilir. Fakat daha çeşitli gıdalara geçildikçe ve bebeğin meme ya da biberonla geçirdiği zaman azaldıkça, yağ ve kolesterol alımının yeterli olduğundan emin olmak önemlidir. Verilen süt ürünleri tam yağlı ya da tam sütten imal edilmiş olmalıdır. Bebeğinizin protein ve kalsiyum ihtiyacının bir bölümünü gıdasına yağsız süt tozu ekleyerek sağlıyorsanız, yağın

İKİ GÖREVLİ KAVANOZLAR

Bebeğinizin mamasını küçük porsiyonlar halinde ısıtmak ve/veya servis yapmak için, çok sıcak suda elle ya da bulaşık makinesinde deterjanla yıkanmış boş bebek maması kavanozlarından yararlanın. Isıtma işini mikrodalga fırında değil de (burada gıdaların her yeri eşit ölçüde ısınmayabilir) ağzı açık kavanozu sıcak su içine koyarak yapın.

yerini tutabilmesi için, her 1/3 fincan süt tozuna 2 çorba kaşığı yarı yağlı süt ekleyin. Eğer ailenin diğer fertleri için az yağlı süzme peynir kullanıyorsanız, bir parça tatlı ya da ekşi krema ekleyerek bebeğinize de aynısını verebilirsiniz, ya da bebeğinizin her gün bir miktar yağlı sert peynir almasını (bunun yağ içeriği çok yüksektir) sağlayın (İsviçre ya da Çedar gibi, tercihen az sodyum içerikli). Diyetten yağlı süt ürünlerini eksik etmemek önemli olmakla beraber, bebeğin diyetini aşırı miktarda diğer yağlarla veya kızarmış gıdalarla yüklememek de aynı derecede önemlidir, çünkü bunlar gereksiz kilolara neden olabilir, hazım güçlüklerine ve kötü yeme alışkanlıklarına yol açabilir.

Demir içeren gıdalar ya da demir desteği. Demir eksikliğinin yol açtığı kansızlığı önlemek için, bebeğinize günlük olarak aşağıdakilerden birini verin: demir destekli gevrek ya da hazır mama, veya demir içeren bir vitamin preparatı. Et, yumurta sarısı, buğday tohumu, kepek ekmeği, kurutulmuş bezelye ve diğer baklagiller de diyete eklendikçe ilave demir sağlarlar.

Tuzlu gıdalar. Bir bebeğin böbrekleri yüksek miktarlarda tuzla başa çıkamadığından, ve küçük yaşlardan itibaren tuza alışmak ilerde hipertansiyonla ilgili problemlere yol açabileceğinden, bebeğin gıdalarına tuz eklenmemelidir. Özellikle süt ürünleri ve sebzeler gibi birçok gıda doğal olarak tuz içerir, bu nedenle siz öğünlerine tuz eklemeseniz bile bebeğinizde tuz eksikliği muhtemelen görülmeyecektir.

Sıvılar. Yaşamın ilk dört-beş ayında bebeğin ihtiyacı olan sıvının neredeyse tümü anne sütünden ya da biberondan sağlanır. Şimdiyse meyve suları, fincandaki süt, sebze ve meyve gibi diğer kaynaklar az miktarda sıvı sağlamaya başlamıştır. Hazır mama ve anne sütünün miktarı azalırken, alınan toplam sıvı miktarının da azalmadığından emin olmak gerekir. Sıcak havalarda sıvı miktarı artırılmalıdır, bu nedenle ısı yükseldiği zaman su ve suyla seyreltilmiş meyve suyu verilmelidir.

Vitamin desteği. Basit bir besleme politikası olarak, özellikle bebekler için formüle edilmiş vitaminleri ve mineral damlalarını verin. Bunlarda, eğer bebeğiniz demir destekli mama almıyorsa demir bulunmalıdır, ve Günlük Verilen Miktarlar'da belirtilenlerden daha fazla vitamin ve mineral içermemelidirler. Doktorunuzun onayı olmadan diğer vitamin veya mineral preparatlarını kullanmayın.

MERAK ETTİKLERİNİZ

DİŞLERİN ÇIKMASI

"Bebeğimin dişleri çıkıyorsa bunu nasıl anlayabilirim? Devamlı ellerini ısırıyor, ancak ben dişetlerinde bir şey göremiyorum."

Diş çıkma perisi bir kez ziyarete geldiğinde, bunun ne kadar süreceğini, ya da hoş bir tecrübe olup olmayacağını söylemenin bir yolu yoktur. Bir çocuk için çok uzun ve acı verici olabilirken, bir başkası için ise sakin bir gecenin ortalık yerinde sihirbazın çubuğunun bir sallanışıyla geçip gidiverir. Bazen haftalar aylarca dişetinde bir kabartı veya yumru görünür haldedir, bazen de dişler ortaya çıkana kadar hiçbir belirti yoktur.

Ortalama olarak ilk diş yedinci ay ortalarında belirir, ancak bazen inci beyazlık üçüncü ayda erkenden ortaya çıkarken, bazen de on ikinci aya , hatta bazen daha da ileri dönemlere kadar sarkabilir. Dişlerin çıkışı genellikle kalıtsal düzene uyar, yani sizin veya eşinizin dişleri erkenden çıkmışsa, bebeğinizde de aynı şekilde olması muhtemeldir. Bununla birlikte, diş çıkarma belirtileri dişlerin kendisinden iki-üç ay önce ortaya çıkabilir. Bu semptomlar çocuktan çocuğa değişir ve aslında bunların neler oldukları ve ne kadar ağrı verdikleri konusundaki görüşler de doktordan doktora değişmektedir. Ancak genellikle diş çıkaran bir bebeğin şu tecrübeleri yaşayabileceği kabul edilmektedir:

Salya akıtmak. Birçok bebek, onuncu hafta ile üçüncü-dördüncü ay arasından başlayarak salya akıtır. Diş çıkarma, bunu bazı bebeklerde diğerlerine göre daha çok artırmaktadır.

Çene ya da yüzde kızarıklık. Bol salya akıtan bir bebekte, çenede ya da ağız çevresinde sürekli salya temasının yarattığı tahrişe bağlı olarak kuru deride kızarıklık ya da çatlakların ortaya çıkması şaşırtıcı değildir. Bunu önlemek için, gün boyunca peryodik olarak salyayı nazikçe silin, bebeğiniz uyurken akan salyayı emmesi için de yatak çarşafının altına bir havlu koyun. Deride kuruma belirdiğinde, yumuşak bir deri kremi ile o bölgeyi sürekli nemli tutun (tavsiyede bulunması için doktorunuzu arayın).

Hafif öksürük. Aşırı salya bebeğin zaman zaman tıkanmasına ve öksürmesine yol açabilir. Bebeğiniz soğuk algınlığı, nezle, ya da alerji belirtileri göstermiyorsa bunda endişelenecek bir şey yoktur. Bebeklerin dikkat çekmek ya da ses repertuarlarını zenginleştirmek için öksürüğü sürdürmeleri sık görülen bir durumdur.

Isırma. Bu durumda bir ısırık düşmanlık belirtisi değildir. Diş çıkaran bir bebek eline geçen her şeyi - bu kendi eli, annenin memesi, yabancı birinin parmağı olabilir- ağzına sokarak dişetlerini rahatlatmaya çalışır.

Ağrı. Çıkmakta olan bir dişin baskısı altındaki dişetinde koruyucu yanıt olarak enflamasyon gelişir. Bu durum ise bazı bebeklerde dayanılmaz ağrılara yol açabilir, başkalarında ise sorun oluşturmayabilir. İlk diş (daha sonraki dişlerin çıkması sırasında bebeklerin çoğu bu sıkıntıyla birlikte yaşayabilir) ve azı dişleri (daha büyük oldukları için daha çok sıkıntı yaratabilirler fakat nasıl olsa birinci yaştan önce çıkmayacakları için şu sıralar böyle bir sorununuz olmayacaktır). çıkarken en fazla sıkıntı yaratan dişlerdir.

Huzursuzluk. Enflamasyon arttıkça ve keskin diş yüzeye yaklaştıkça bebeğin dişetindeki ağrı sürekli bir hal alabilir. Kronik ağrısı olan herkes gibi sıkıntılı olabilir ve "kendi normal hali"nden uzaklaşabilir. Yine bazı bebekler diğerlerine göre daha huzursuz olabilirler ve saatler ya da günler yerine huzursuzluk haftalarca sürebilir.

Beslenmeyi reddetme. Diş çıkarmakta olan bir bebek beslenmeyi reddedebilir. Ağzına bir şeyler sokarak kendini rahatlatmaya çalıştığı halde biraz önce açlıktan kıvranan bebeğiniz ağzına memenizi ya da biberonu alır almaz - emerken sıkıntısı artabileceği için- emmeyi bırakabilir. Bu senaryonun her tekrarından sonra (bazı bebekler diş çıkarırken gün boyu sürebilir) sıkıntısı daha da artar ve daha huzursuz hale gelir. Katı yiyeceklere başlamış olan bir bebek bir süreliğine bu yiyeceklere olan ilgisini yitirebilir, ancak bu sizi endişelendirmemelidir çünkü bebeğiniz sıvı gıdalardan da gerekli besinleri alır ve dişi çıktıktan sonra iştahı yerine gelecektir. Birkaç gün boyunca bebeğiniz çok az yediyse doktorunuzla görüşün.

İshal. Bunun diş çıkarmakla ilgisi olup olmadığının cevabı sorduğunuz kişiye göre değişir. Bazı anneler her diş çıkardığında bebeklerinin ishal olduğunu söylerler. Bazı doktorlar büyük olasılıkla artmış tükürük salgısı nedeniyle diş çıkarmayla bağırsak hareketlerindeki artış arasında bir bağıntı olduğunu düşünürler. Bazı doktorlar ise böyle bir bağıntının olduğunu kabul etmek istemezler; belki de annelerin her ishali diş çıkarmaya bağlayarak önemli gastrointestinal bozuklukların göz ardı edilebileceğinden çekindikleri için böyle davranırlar. Diş çıkardığı dönemde bebeğinizin dışkısının sulu olabileceğini bilin, ama iki dışkılamadan daha uzun süren ishali mutlaka doktorunuza bildirin.

Ateş. Ateş de tıpkı ishal gibi doktorların diş çıkarmayla bağıntılı olduğu konusunda tereddütlü yaklaştıkları bir belirtidir. Dişetlerindeki enflamasyon nedeniyle 38 C'nin altındaki bir ateş diş çıkarmaya eşlik edebilir. Yine de bebeğinizin ateşi varsa diğer zamanlarda ne yapıyorsanız öyle davranın ve üç günde azalmazsa doktorunuza haber verin.

Uykusuzluk. Bebekler yalnız gündüz saatlerinde diş çıkarmazlar. Gündüz bütün gün huzursuzlanmasına yol açan sıkıntısı gece boyunca devam edebilir. Gece boyunca deliksiz uyuyan bebekler bile gece uyanmaya başlayabilir. Eski alışkanlıklarına dönmemesi için hemen onu beslemeye çalışmayın. Bunun yerine kendi kendine tekrar uyumasını sağlayın. Gece uyanma da diğer problemlerin çoğunda olduğu gibi ilk diş ve azı dişleri çıkarken daha fazla görülür.

Dişeti hematomu. Zaman zaman diş çıkarken dişetinde kanamaya neden olabilir, bu da mavimtırak bir leke olarak görülür. Bu hematomlar için endişelenmeye gerek yoktur ve tıbbi girişim gerektirmeden kendiliklerinden düzelirler. Soğuk kompres acıyı azaltıp iyileşmeyi hızlandırabilir.

Kulak çekiştirme, yanak kaşıma. Dişetlerindeki ağrı sinir yolları boyunca kulak ve yanağa yansıyabilir özellikle de azı dişleri çıkarken. Bu nedenle bazı bebekler diş çıkarırken kulaklarını çekiştirip, çenelerini veya yanaklarını ovuşturabilirler. Bebeklerin kulak enfeksiyonu olduğunda da kulaklarını çekiştirdiklerini unutmamak gerekir. Bebeğiniz diş çıkarsa bile kulak enfeksiyonundan şüpheleniyorsanız doktorunuza danışın.

Büyükanne sayısı kadar denenmiş tedavi yöntemi bulunmaktadır. Bazıları işe yarar, bazıları yaramaz. Aşağıdakilerden bazılarını siz de deneyebilirsiniz:

Çiğneyecek bir şeyler vermek. Burada besin değerinden çok dişetlerindeki basıncı rahatlatmak amaçlanmaktadır, bu nedenle de çiğnenen şey soğuk olursa yararı artar. Dondurulmuş çörek, soğuk bir muz, veya havuç, bir tülbente sarılmış buz parçası, lastik bir diş halkası. Bebeğinize çiğnemesi için ne verirseniz verin mutla-

DİŞ TABLOSU

Bu, en sık görülen diş çıkma sırasıdır, fakat bireysel farklılıklar olabilir. Nadiren bir diş (veya bir çift diş) çıkmaz; böyle bir durumda doktorunuz sizi bir diş hekimine veya pediatrik bir diş hekimine gönderebilir. Bebeğinizin dişleri erken veya geç çıktıysa ikinci sette de aynı patern gözlenecektir.

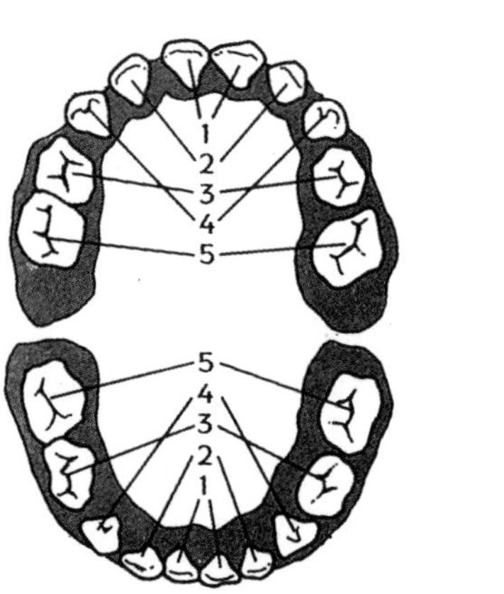

ka otururken ve başında bir erişkin varken çiğnemesine izin verin.

Dişlerini kaşıyabileceği şeyler. Birçok bebek büyüklerin parmağıyla dişetlerinin kaşınmasından hoşlanır. Bazıları ilk başta itiraz edebilir, çünkü kaşımak ilk başta acı verir fakat bir süre sonra acı yerini rahatlamaya bırakır.

Soğuk içecekler. Bebeğinize bir biberon soğuk su verin. Bebeğiniz biberonu reddederse bir bardakla vermeye çalışın, fakat eğer bardak kullanacaksanız suyun içinde buz bulundurmayın. Bu sayede bebeğinizin su ihtiyacını da karşılamış olursunuz, ishal veya artmış salyayla kaybettiği sıvıyı yerine koyarsınız.

Soğuk yiyecekler. Buzdolabında soğutulmuş şeftali püresi, elma püresi, yoğurt, bebeğinize oda ısısındaki yiyeceklerden daha çekici gelebilir.

Ağrıyı azaltacak bir şeyler. Başka hiçbir şey işe yaramazsa asetaminofen işinizi kolaylaştıracaktır. Doz ayarlaması için doktorunuza danışın. Doktorunuz önermediği sürece bebeğinizin dişetlerine başka bir şey sürmeyin. Bunun içine alkollü içecekler de dahildir. Alkol bebekler için çok zehirlidir ve birkaç damlası bile çocuğunuzun erkenden alkolden hoşlanmasına yol açabilir.

KRONİK ÖKSÜRÜK

"Son birkaç haftadır bebeğimin hafif öksürüğü var. Hasta görünmüyor ve sanki kasıtlı olarak öksürüyor. Bu mümkün olabilir mi?"

Beşinci ayda bile, birçok bebek tüm dünyanın bir tiyatro sahnesinden ibaret olduğunu fark eder. Bu nedenle, bir bebek birazcık öksürüğün -aşırı salyanın neden olduğu, ya da ses egzersizleri sırasında kendiliğinden ortaya çıkan- ne çok dikkat çektiğini keşfettiğinde, sıklıkla bu davranışı sırf oluşturduğu etki için devam ettirir. Bunun dışında sağlıklı oldukça, ve öksürük onu değil de o öksürüğü kontrol ediyorsa, üzerinde durmayın. Ve birtaneniz tiyatroculuk huyunu devam ettirmekte ısrarlı olsa da, muhtemelen zamanla artık kendisi (ya da siz) bundan bıkacağı için vazgeçecektir.

KULAK ÇEKME

"Kızım sürekli kulağını çekiyor. Canı yanıyormuş gibi görünmüyor, ama ben bir enfeksiyonu olabileceğinden korkuyorum."

Bebeklerin keşfedecekleri geniş bir coğrafya vardır ve bunun bir kısmı da kendi bedenlerindedir. Parmaklar, eller, ayak baş parmakları ve ayaklar, penis, veya vajina, ve bir diğer merak uyandırıcı uzuv olan kulak, zaman zaman bebeğin ilgisine konu olacaktır. Bebeğiniz kulağını çekiştirirken bir yandan da ağlamıyorsa veya aşikar bir huzursuzluk içinde değilse, ateş ve/veya diğer hastalık belirtileri yoksa (eğer varsa sayfa 378'e bakınız), bu yalnızca onun merakının bir dışavurumudur, bir enfeksiyon belirtisi değildir. Bazı bebekler diş çıkarma sırasında da kulaklarıyla uğraşırlar. Kulağın dış kısmındaki kızarıklık bir enfeksiyon belirtisi değildir, devamlı olarak elle oynanmaktan kaynaklanmaktadır. Eğer bir sorun olduğundan şüpheleniyorsanız, derhal doktorunuza danışın.

Kulak çekme gibi garip davranışlar sık görülür ve kısa sürelidir; bebek büyüdükçe ya da bunlardan sıkıldıkça yenileri ortaya çıkacaktır.

ŞEKERLEME

"Bebeğim artık gündüzleri daha az uyuyor. Ben onun ne kadar gündüz uykusuna ihtiyacı olduğunu bilmiyorum -ve bunu kendisinin de bildiğini zannetmiyorum."

Bu kaçınılmazdır. Hastaneden eve döndükten sonra geçen ilk birkaç hafta boyunca faal ebeveynlik için istekli olan gururlu anne ve baba beşiğin yanı başında bekleyip bebeğin hiç bitmeyecekmiş gibi görünen uykusundan uyanmasını beklerler. Sonraları, uykuları azaldıkça, bu sefer de "Neden hiç uyumuyor?" diye meraklanmaya başlarlar.

Beşinci ayındaki bir bebek gündüzleri her biri bir saat süren 3-4 şekerleme yapmakla beraber, bazıları 20'şer dakikalık 5-6 şekerleme ve diğerleri de iki tane 1.5-2 saatlik uyku ile yetinirler. Bununla birlikte, bebeğinizin yaptığı şekerlemelerin sayısından ve süresinden çok gözleri kapalı olarak geçen toplam süre önemlidir (beşinci ayda ortalama günde 14.5 saat, ancak bebekten bebeğe çok değişebilir). Daha uzun şekerlemeler sizin için daha pratiktir çünkü yapılması gereken işlere zaman ayırmanızı sağlar. Ek olarak, gündüzleri tavşan uykusuna yatan bir bebek geceleri de aynı düzenini devam ettirip sık sık uyanacaktır.

Şu tedbirlerle bebeğinizin daha uzun şekerlemeler yapmasını sağlayabilirsiniz:

• Uyuyabileceği rahat bir ortam sağlamak. Bebeğinizi omzunuzda uyutmak yalnızca omzunuzun tutulmasına yol açmakla kalmayıp onun da daha kısa uyumasına neden olacaktır. Bir beşik, bebek arabası, portbebe, hatta bir sedir (bebeğin kenara doğru kayması ihtimaline karşı yanına bir sandalye veya üzerine yastıklar yerleştirilmiş bir sehpa koyarak) tercih edilmelidir.

• Oda ısısı ne çok sıcak ne de çok soğuk olmalıdır ve bebek uygun bir şekilde örtülmelidir. Ancak hepimizin uyku sırasında, hareketsiz iken daha çok örtülmeye ihtiyacımız olduğunu unutmayın.

• Bebeğinizin beslenme saatinden hemen önce (çünkü boş midesi az sonra onu uyanmaya zorlayacaktır), bez değişmesine az bir zaman kala (poposu temizlenirken fazla uyuyamayacaktır), ya da az sonra bir misafir bekliyorsanız (gürültü olacaktır), veya uykusunun fazla uzun sürmeyeceğini tahmin ettiğiniz diğer durumlarda uyuyakalmasına izin vermeyin.

• Rahatsızlık vereceği tahmin edilen şeylerden kaçınmak. Kısa sürede nelerin bebeğinizin uykusunu böldüğünü öğreneceksiniz. Bu belki onun arabasını süpermarkete sokmaktır. Veya onu otomobildeki bebek koltuğundan alıp beşiğine yatırmaktır. Veya bir köpeğin yüksek sesle havlamasıdır. Ya da odasının yanındaki holde bulunan telefondur. Bebeğinizin uyuduğu ortamın şartlarını kontrol ederek, bu rahatsızlık sebeplerinden kurtulabilirsiniz.

• Şekerlemeler arasında bebeğinizin uzun süreler uyanık kalmasını sağlamak. Bebeğiniz artık yaklaşık 3.5 saat boyunca kesintisiz uyanık kalabilmelidir. Eğer böyle ise, muhtemelen daha uzun bir şekerleme yapacaktır. Sayfa 147 ve 233'teki tedbirleri deneyerek onun daha uzun zaman uyanık kalmasını sağlayabilirsiniz.

Bebeklerin birçoğu uykularını almak söz konusu olduğunda kendilerini gayet güzel idare edebilmekle beraber, hepsi yeteri kadar uyuyamayabilir. Eğer bebeğiniz sık sık huysuzluk ediyorsa yeterince şekerleme yapamıyordur ya da aldığı toplam uyku yetersizdir. Eğer bebeğinizin daha çok uykuya ihtiyacı olduğunu düşünüyorsanız, uyuma süresini uzatmak için müdahale etmek zorunda kalacaksınız. Ancak bebeğiniz çok az uyuyor ama yine de mutlu görünüyorsa, onun fazla uykuya ihtiyacı olmayan bebeklerden biri olduğunu kabul etmek zorunda kalabilirsiniz.

EGZAMA

"Emzirmeyi bırakıp biberona geçtiğimden beri, birden yanaklarında bir kızartı ortaya çıkmaya başladı. Kaşıntılı olmalı çünkü devamlı kaşımaya çalışıyor derisini soyuyor"

Bu, atopik dermatit olarak da bilinen klasik bir bebek egzaması öyküsüne benzemektedir. Bebek katı gıdalara başladığında, veya anne sütünden hazır mamalara, ya da hazır mamadan inek sütüne geçildiğinde ortaya çıkan bir deri hastalığı olan egzamanın bir tür alerjik reaksiyon olduğu zannedilmektedir. Yalnızca anne sütüyle beslenen bebeklerde nadirdir, ailesinde egzama, astım ya da saman nezlesi hikayesi bulunanlarda daha sıktır. Hazır mama ile beslenen bebeklerde genellikle üçüncü ay civarında belirir. Çoğu kez yanaklardan başlayan parlak ve derinin pul pul döküldüğü bir kızarıklık daha sonra başka yerlere, en çok kulak arkalarına boyuna, kollara ve bacaklara yayılır (genellikle 6-8. aydan önce alt bezi bölgesine yayılmaz). Küçük papüller veya sivilceler belirir, bunların içi sıvı ile dolarak sızıntı yaparlar ve daha sonra da kabuklanırlar. Şiddetli kaşıntı hissi çocukların o bölgeyi tahriş etmelerine ve bu zeminde enfeksiyon gelişmesine neden olabilir. Çok hafif, kendiliğinden iyileşenler hariç, komplikasyonları önlemek açısından egzamada tıbbi tedavi gerekir. Vakaların yarısında on sekizinci ayda kaybolur ve diğerlerinde de üç yaşında azalır. Bununla birlikte, egzaması olan her üç çocuktan birinde ileride astım ya da diğer alerjik hastalıklar ortaya çıkacaktır.

Egzamanın tedavisinde şu noktalara dikkat etmek önemlidir:

Tırnaklarını kesin. Egzamanın kaşınmasıyla ortaya çıkan tahrişi en aza indirmek için bebeğinizin tırnaklarının olabildiğince kısa kalmasını sağlayın. Özellikle uyku sırasında kaşımasını önlemek için ellerine bir çift kısa çorap ya da tek parmaklı eldiven geçirebilirsiniz, ama yine de yüzünü çarşafa sürterek rahatlamaya çalışabilir.

Yıkanmayı azaltın. Su ve sabunla temas deride kurumaya yol açabileceğinden, yıkanmayı haftada üç defa 10-15 dakikalık sürelerle kısıtlayın. Egzamalı bölgelerde sabun kullanılmaması gerekmekle beraber, kirli eller, dizler ve alt bezi bölgesi için ekstra yumuşak bir sabundan (Dove ve sıvı bebek sabunu gibi) yararlanabilirsiniz. Saçlarını yıkamak için de şampuan yerine aynı sabunu kullanın. Bebeğinizi klorlu havuz sularından ve tuzlu sulardan uzak tutun. Tatlı su banyosunun bir zararı yoktur.

Bol bol nemlendirici kullanın. Doktorun önerdiği zenginleştirilmiş bir deri kremini banyodan sonra deri hâlâ nemli iken hasta bölgelere bol bol sürün. Bitki yağları veya vazelin kullanmayın.

Çevreyi kontrol edin. Aşırı sıcak, soğuk, ya da kuru havalarda bebeğinizi dışarı çıkarmayın, çünkü bunlar egzamayı kötüleştirebilir; evinizi de ne çok soğuk ne de çok sıcak tutun, havanın kurumaması için nemlendirici cihaz kullanın.

Pamuklu kullanın. Terlemek egzamayı kötüleştirdiğinden sentetiklerden, yünlülerden ve bebeğinizi aşırı giydirmekten kaçının. Ayrıca, hepsi de egzamayı artırabilen kaba dikişli ve kesimli kaşındırıcı özellikteki giysilerden de kaçının. Kaşıntıya en az neden olan ve en rahat giysiler, gevşek olarak giydirilen yumuşak pamuklulardır. Bebeğiniz halı üzerinde oynarken de derinin tahriş olmaması için yere bir pamuklu çarşaf serin.

Kısıtlı bir karantina uygulayın. Diğer çocukları bebeğinizden korumak için değil, ama bebeğinizi ona virüs (özellikle herpes) veya korunmasız ve açık olan deride ciddi sekonder enfeksiyonlara yol açan başka hastalıklar bulaştırabilecek diğer çocuklardan korumak için bu gereklidir[1].

Diyeti kontrol edin. Doktorun gözetimi altında, egzamayı tetikleyen veya alevlenmesine yol açan bütün gıdaları diyetten çıkartın.

Tıbbi tedavi uygulayın. Bebeklik döneminde başlayıp sona eren egzamanın genellikle uzun vadeli etkileri yoktur. Ancak bu durum çocukluğa kadar devam ederse, hasta deri kalınlaşabilir, rengini yitirebilir ve çatlayabilir. O halde tedavi -genellikle hasta bölgelere sürülecek steroidli bir krem, kaşıntıyı gidermek için bir antihistaminik ve eğer sekonder bir enfeksiyon gelişmişse antibiyotikten oluşur- şarttır.

BİR SIRT TAŞIYICISI KULLANMAK

Bebeğimiz bir göğüs taşıyıcısında taşınamayacak kadar büyüdü. Bir sırt taşıyıcısı kullanmak güvenilir mi?"

Bebeğiniz yardımsız olarak, çok kısa bir süre için olsa dahi oturabildiğinde bir sırt taşıyıcısına terfi etmeye hazır demektir- tabii eğer bu ikinize de uyuyorsa. Bazı anneler bunu bebeklerini taşımak için uygun ve güvenilir bir yol olarak kabul ederken, diğerleri bir külfet ve kaslar için bir yük olarak değerlendirirler. Bazı bebekler bir sırt taşıyıcısının büyüklüğü ve yüksekliği karşı-

1. Çocuğunuzun yakın zamanda çiçek hastalığı geçirmiş biriyle temas etme olasılığı çok düşüktür. Ancak böyle bir temasın ya da gerçek çiçek aşısının ekzamalı çocuğunuz için çok riskli olduğunu unutmayın.

sında korkuya kapılırlar, diğerleri ise kuş gibi tünemenin verdiği güvensizlikle ürkerler. Eğer bir sırt taşıyıcısının siz ve bebeğiniz için uygun olup olmadığını anlamak istiyorsanız, satın almadan önce dükkandaki bir numune ile veya bir arkadaşınızınki ile deneme yapın.

Eğer zaten bir sırt taşıyıcısı kullanıyorsanız, bebeğiniz güvenilir bir şekilde bağladığınızdan mutlaka emin olun. Ayrıca sırttaki pozisyonunda bebeğinizin etrafı seyretmenin çok ötesinde şeyler yapabileceğini -marketlerde raflardan teneke kutuları alabileceğini, bir hediyelik eşya dükkânında bir vazoyu devirebileceğini, parkta fundaların yapraklarını koparıp sonra da yiyebileceğini- unutmayın. Ayrıca sırt taşıyıcısı ile beraberken, mesafe tahmininin daha farklı olacağını da -örneğin kalabalık bir asansörde geriye gittiğinizde ya da alçak bir kapıdan geçerken- aklınızda tutun.

BOŞ NASİHATLER

"Ne zaman oğlumla dışarı çıksam, onun yeterince iyi giyinmediğini, diş çıkarması konusunda neler yapmam gerektiğini, ya da ağlamasını nasıl durdurabileceğimi anlatan en az bir düzine insana rastlıyorum. Bu davetsiz tavsiyelerden nasıl kurtulabilirim?"

Eğer iyi ayırım yapabiliyorsanız, arabanın etrafını saran korodan gelen bazı öneriler gerçekten işinize yarasa da, bu iyi niyetli yabancılardan işittiklerinizin çoğunun en iyisi çabucak bir kulağınızdan girip öbür kulağınızdan çıkmasını sağlayın.

Küçük bir siteme maruz kalmış olarak eve geri dönebilir ya da boş yere bir on beş dakikayı akıl hocalarınızı kendi yöntemlerin doğruluğuna inandırmaya çalışarak harcayabilirsiniz. Ancak bir çok durumda en iyisi yüze bir tebessüm takınmak ve olabildiğince çabuk uzaklaşmaktır. Onların konuşmasına izin vererek iyi bir gün geçirmelerini sağlayabilir, ama kendi gününüzü de mahvedersiniz.

Eğer aldığınız tavsiye akla yakın gibi görünüyorsa, bebeğinizin doktoru ya da başka bir güvenilir kaynak ile konuşarak bunu kontrol edebilirsiniz.

BARDAK/FİNCAN KULLANMAYA BAŞLAMAK

"Bebeğimi biberonla beslemiyorum, ama doktorum artık ona meyve suyu verebileceğimi söyledi. Onu bardak/fincan ile beslemeye başlamak için henüz çok mu erken?"

Fincandan içme ister beş, ister on, ister on sekizinci ayda başlasın, şu muhakkak ki bebeğiniz ihtiyacı olan sıvının hepsini bir gün fincan ile almaya başlayacaktır. Ama ona erken dönemlerde bir kaptan içmesini öğretmenin çeşitli avantajları vardır. Bir defa, meme ya da biberonla sıvı almanın dışında başka bir yol daha olduğunu öğrenecektir, bu alternatif onun her ikisinden de ayrılmasını kolaylaştıracaktır. Bir başkası, anne emziremiyor ya da emzirmek istemiyorsa, veya biberon hazır değilse sıvı(su, meyve suyu, ve altıncı aydan sonra süt) vermek için ek bir olanak sağlar.

Erken fincan eğitiminin bir başka faydası daha vardır: beş aylık bir bebek oldukça munistir. Ama eğer fincan için bebeğinizin ilk doğum gününe kadar beklerseniz, dirençle karşılaşmanız sürpriz olmayacaktır. Yalnızca inatçı bir şekilde kendi huylarını geliştirmekle kalmayıp, fincana razı olması halinde memesinden ya da biberonundan vazgeçmek zorunda kalacağının da bilincinde olacaktır. Ve fincanı kabul etse bile, onu beceriyle kullanabilene kadar bir süre geçecektir, bu da onun fincandan yeterli sıvı alabilmesi için haftalar, aylar geçmesi- yani meme ya da biberondan bir o kadar süre daha ayıramamanız- demektir.

Bebeğinizin fincanı kolayca ve beceriyle kullanabilmesi için:

Destekle oturabilir hale gelene kadar bekleyin. Bebekler daha iki aylıkken bile fincana başlayabilirler ama destekle oturabilir hale geldiklerinde boğulma ihtimali azalır.

Güvenilir bir fincan seçin. Fincanı siz tutsanız bile, bebeğiniz artık daha fazla istemediğinde onu düşürebilir ya da ona sinirle vurabilir, bu nedenle kullandığınız fincanın kırılmaz olmasına dikkat edin. Ağırlığı dibinde olan bir

BEBEĞİN GÜVENLİ BESLENMESİ

Her yıl yaklaşık 10 milyon vaka ile gıda zehirlenmesi Amerika Birleşik Devletlerindeki en sık hastalıklardan biridir. Ve ayrıca en kolay önlenebilenidir. Yemek sofrasından kaynaklanan diğer riskler de (cam kıymıklar, mikrop bulaşması) önlenebilir. Bebeğinizin güvenle beslenebilmesi için her şeyi yaptığınızdan emin olmak istiyorsanız, her yemek hazırlayışınızda aşağıdaki tedbirleri alın:

• Bebeğinizi beslemeden önce mutlaka ellerinizi su ve sabunla yıkayın; eğer besleme sırasında çiğ ete, tavuk etine, balığa ya da yumurtaya dokunursanız (bunların hepsi bakteri barındırırlar) ellerinizi tekrar yıkayın. Burnunuzu sümkürdüğünüzde ya da ağzınıza dokunduğunuzda da ellerinizi yıkayın. Eğer elinizde açık bir yara varsa, bebeğinizi beslemeden önce bir yara bandı ile üstünü kapatın.

• Kuru bebek gevreklerini ve açılmamış bebek gıdası kavanozlarını aşırı sıcak(sobanın üzeri gibi) veya soğuk (ısıtılmamış bir kiler) yerlerden uzakta, kuru ve serin bir yerde saklayın.

• Bebek gıdası kavanozlarını açmadan önce üzerlerindeki tozları temiz bir bezle ya da musluğun altına tutarak temizleyin.

• Eğer kavanoz çok zor açılıyorsa, boyun kısmı üzerine ılık musluk suyu akıtın ya da kapağın kenarını bir şişe açıcı ile "pop" sesi duyana kadar zorlayın; kavanozun içine cam kırıkları dökülebileceği için tepesine vurmayın.

• Bebeğinizi direkt olarak bebek gıdası kavanozundan beslemeyin (eğer o sırada içinde olan gıda son gıda değilse), ve kâsede kalan mamayı sonraki öğüne saklamayın, çünkü bebeğin salyasındaki enzimler ve bakteriler mamayı sindirmeye başlayacaktır, bu da mamanın sulanmasına ve daha çabuk bozulmasına yol açar.

• Bir kavanozu ilk kez açmadan önce, kapağının üzerinde amblemin olup olmadığına dikkat edin, açarken "pop" sesini duymaya gayret ederek daha önce hiç açılmamış olduğundan emin olun. Amblemi kalkmış olan ya da "pop" sesi gelmeyen kavanozları atın ya da iade edin. Eğer daha büyük bir bebek (ya da herhangi biri) için sıradan konserve gıdalar kullanıyorsanız şişmiş ya da sızıntı yapan kutuları atın. Sıvı kısmı berrak olması gerekirken bulanık ya da süt gibi bir hal alan gıdaları kullanmayın[2].

• Bir konserve kutusu açacağı kullanırken, temizliğinden emin olun (her kullanımdan sonra yıkayın ve bu iş için bir kenarda ovalama teli ve bir diş fırçası bulundurun), paslı görünmeye başladığında ya da temizleyemediğinizde onu atın.

• Kavanozdan her seferinde temiz bir kaşıkla bir öğünlük mama çıkartın. Eğer bebek biraz daha fazla isterse, yeni bir temiz kaşık kullanın.

• Kavanozdan bir öğünlük mama aldıktan

kap kolay devrilmeyecektir. Kırılmaz da olsa, kâğıt ya da plastik bir kap bebeği eğitmek bakımından işe yaramayacaktır- çünkü bebek bunları zevkle buruşturabilir.

Kullanımı kolay bir fincan seçin. Tercih edilen fincanın tipi çocuktan çocuğa değişir, bu nedenle çocuğunuzun en çok hangisini seveceğin bulabilmek için birçok fincanla deney yapmak zorunda kalabilirsiniz. Bazı çocuklar yakalayabilecekleri bir ya da iki sapı olan fincanları sever, diğerleri ise sapsız olanları (eğer böyle bir kap bebeğin nemli küçük ellerinden kayacak gibi oluyorsa, etrafına birkaç şerit yapışkanlı bant sarın, aşındığında da bandı değiştirin). Kapağında ağız yeri olan bir fincan (kupa) teorik olarak emmeden yudumlamaya doğru hoş bir geçiş (muhtemelen özellikle

2 Konserve gıdalar donmuş ya da taze olanlara göre daha az besleyicidir ve tuz ve/veya şeker oranları yüksektir, bu nedenle bunları bebeklerde ihtiyatla kullanın.

sonra, kapağını tekrar kapatın ve yeniden kullanana kadar buzdolabında saklayın; eğer yeniden kullanana kadar geçen süre meyve suları için üç; ve diğer her şey için de iki günden fazla ise onu atın.

• Bebek mamalarını ısıtmak gerekli değildir (erişkinler et ve sebzeleri ısıtılmış olarak tüketmeyi tercih edebilirler, ama bebekler henüz bu tür damak zevkleri geliştirmemişlerdir), ama eğer ısıtıyorsanız, yalnız bir öğünlük ısıtın ve ısıttığınız kısımdan tüketilmeyen bölümü atın. Bebeğin gıdasını mikrodalga fırında ısıtmayın, kap soğuk kalmakla beraber, iç kısım dışarıda da bir süre daha pişmeye devam eder ve bebeğin ağzını yakacak kadar ısınabilir. Bunun yerine elektrikli bir tabakta ya da ısıya dayanıklı bir cam kâseyi kaynar suyun üzerine tutarak ısıtın (bu şekilde gıda aşırı ısınmaz, yalnızca sıcak tutulmuş olur). Sıcaklığını kontrol etmek için bebeğin kaşığıyla tadına bakmak yerine yemeği karıştırın ve bileğinizin iç kısmına bir parça damlatın. Kaşıkla tadına baktıysanız bebeğinize yeni bir kaşık kullanın.

• Taze bebek gıdalarını hazırlarken, kapların ve çalıştığınız yüzeylerin temiz olmasına dikkat edin. Soğuk yiyecekleri soğuk ve sıcakları da sıcak tutun; gıdalar en çabuk 15-50 °C arasında bozulur; bu nedenle bebek gıdalarını bu ısılarda bir saatten daha uzun süre tutmayın (erişkinler için güvenilir süre 2-3 saate yakındır).

• Doktor yumurta akına izin verdiğinde, vermeden önce tamamen piştiğinden emin olun. Çiğ yumurta akında salmonella mikrobu barınabilir.

• Yemek pişirirken tadına bakmak için her seferinde temiz bir kaşık kullanın, ya da her seferinde yeniden temizleyin.

• Eğer bir gıdanın tazeliğinden şüpheliyseniz onu atın.

• Dışarı çıkarken, yanınıza açılmamış kavanozları veya taze suyu kendiniz ekleyebileceğiniz suyu alınmış bebek gıdalarını alın. Açık kavanozları ve soğutulması gereken her türlü şeylerin bulunduğu kapları, eğer bir saatten önce servis yapamayacaksanız, içinde buz olan yalıtılmış bir çantaya ya da bir buz kutusuna koyun. Gıda soğukluğunu yitirmişse bebeğinize yedirmeyin.

Bebeğin gıdasındaki bir başka tehlike kaynağı kimyasal kirlenmedir -meyve ve sebzelerdeki pestisidler, hazır gıdalardaki katkı maddeleri, ette, tavukta, ve balıkta kazara ya da kasıtlı olarak bulunan maddeler (sayfa 241'e bakın). Çoğu kez, bu kimyasal maddelerden kaçınmanın başlıca yolu bunları içeren gıdaları almamaktır, ancak onlardan mutfakta da kurtulmanın bazı yolları vardır:

• Organik olarak yetiştirildikleri belgelenmemişse sebze ve meyvelerin kabuğunu soyun.

• Kabuğunu soymadığınız bütün sebze ve meyveleri su ve bulaşık deterjanı ile mümkünse fırçalayarak yıkayın. Deterjan artıklarını temizlemek için güzelce çalkalayın.

annelerinin göğüs ucu yerine biberona alışmış çocuklar için) sağlayacaktır, ama bazı çocuklar bundan hoşlanmaz, belki bu tür kaplardan sıvı almayı daha zor buldukları için ya da anne veya babasının kullandığına tıpa tıp benzeyen bir fincan (kupa) istedikleri için. Ve bu tür kapların ilk kullanışlarında bebekler daha az sıvı dökmekle beraber, bebek eninde sonunda bunun koruması olmaksızın içmeyi öğrenmek zorunda kalacaktır, bu da ileride daha çok döküp saçmaya yol açar.

Koruma sağlayın. Bebeğinize bir kaptan içmeyi öğretmek çok temiz bir iş olmayacaktır, oldukça uzun bir süre gırtlağından geçen suyun daha çoğunun çenesinden aşağı akmasına hazır olun. O halde, bebeğiniz ustalaşana kadar, içme dersleri sırasında onu emici ya da su geçirmez bir mama önlüğü ile koruyun. Eğer onu dizinizin üstünde besliyorsanız, su geçirmez bir önlük kullanın.

Bebeğinizin rahat olmasını sağlayın. Onu, kendini güvende hissedeceği bir şekilde dizinize, bebek koltuğuna veya mama sandalyesine oturtun.

Fincanın içine doğru muhtevayı koyun. En kolayı ve en az zarar vereni su ile başlamaktır. Daha sonra anne sütü ya da hazır mamaları da (ama doktorunuz onaylayana kadar inek sütünü değil) veya sulandırılmış meyve suyunu da deneyebilirsiniz, bazı bebekler ilk başta fincan içerisinde yalnızca meyve suyunu, bazıları da sütü kabul ederler.

Bir defada yutma tekniğini kullanın. Kaba çok az miktarda sıvı koyun. Kabı bebeğin dudakları arasında tutun ve ağzına birkaç damla akıtın. Sonra kabı uzaklaştırın ve tıkanmadan yutmasına fırsat verin. Bebeğiniz başını çevirerek, kabı iterek ya da huysuzluk ederek yeterince aldığını belli ettiğinde seansı bitirin.

Bu teknikle bile, en az bebeğinizin ağzına giren miktarda sıvının dışarı akabileceğine hazırlıklı olun. Sonunda, bol pratik, sabır ve azim meyvelerini vermeye başlayacaktır.

İşbirliğini teşvik edin. Bebeğiniz fincanı sizden "ben bunu kendim yaparım", edasıyla kapmaya çalışabilir. Denemesine izin verin. Birkaç bebek bu erken zamanlarda bile fincan kullanmayı becerebilir. Eğer dökerse üzülmeyin - bu öğrenme sürecinin bir parçasıdır. Fincanı sizinle beraber tutarak işe katılmayı da öğrenebilir.

Israrcı olmayın. Eğer bebeğiniz birkaç denemeden sonra bile hâlâ fincana karşı koyuyorsa ve bu durum sizin birkaç değişik fincan ve sıvı denemenize rağmen devam ediyorsa, kabul etmesi için ona baskı yapmayın. Bunun yerine, projeyi birkaç hafta için askıya alın. Bir daha denediğinizde, değişik bir fincan veya kupa kullanın ve heyecanlanmasını sağlamak için küçük bir gösteri yapın ("bak annen senin için ne aldı"). Ya da itirazcı bebeğinizin boş bir fincanla oyuncak niyetine bir süre oynamasına izin verin.

GIDA ALERJİLERİ

"Hem benim hem de eşimin birçok şeye karşı alerjimiz var. Oğlumda da aynı problemin olacağından korkuyorum."

Ne yazık ki kalıtılan özellikler yalnızca lüle lüle parlak saçlar, uzun bacaklar, müziksel yetenek, ya da mekanik istidat değildir. Daha az hoş özellikler de bebeğe geçer ve hem annenin hem de babanın alerjik bir bünyesi olması, ileride bebeklerinin de alerjik bünyeli biri olması ihtimalini anne babasında öyle bir problem olmayan bir bebeğe göre çok daha fazla artırır. Fakat bu bebeğinizin ömür boyunca kurdeşen dökeceği ya da hapşıracağı anlamına gelmez. Bu konuyu bebeğinizin doktoru ile ve gerekirse bir pediyatrik alerji uzmanı ile tartışmanız gerektiği anlamına gelir.

Bir bebek, bağışıklık sisteminin antikorlar yaparak hassaslaştığı belirli bir maddeye karşı alerjik olur. Hassasiyet, vücudu o madde ile ilk kez karşılaştığı zaman gelişebileceği gibi ancak yüzüncü karşılaşmadan sonra da gelişebilir. Ama bir kez gelişir gelişmez, o maddeyle karşılaşılan her seferde antikorlar harekete geçer ve burun akıntısı, baş ağrısı, hırıltı, egzama, hapşırık, ishal, karın ağrısı ve huzursuzluğu, şiddetli kusma ve daha ciddi durumlarda da anafilaksi ve şok gibi bir çok fiziksel reaksiyona yol açabilir. Hatta bazen alerjinin huysuzluk gibi davranış bozukluklarına dahi neden olabileceğine dair bazı kanıtlar vardır.

Alerjiye en çok yol açan gıdalar süt, yumurta, yer fıstığı, bezelye ve fasulye, çikolata ve bazı baharatlardır. Bazen çok az miktarda gıda bile oldukça ciddi alerjik reaksiyonlar yaratabilir. Çocuklar genellikle yiyeceklere karşı oluşan alerjik reaksiyonları atlatırlar, ama daha sonra ev tozları, polenler ve hayvan kepeği gibi yeni çevresel alerjenlere karşı hassasiyet geliştirirler.

Bununla birlikte, bir gıdaya ya da herhangi başka bir maddeye karşı gelişen bütün reaksiyonlar alerjiye bağlı değildir. Hatta çocuklar üzerinde yapılan bazı çalışmalarda, uzmanlar, daha önceleri hepsine de "alerji" tanısı konmuş bireylerin yarısından daha azında alerji saptayabilmişlerdir. Alerji gibi görünen bir reaksiyon aslında bir enzim yetersizliği olabilir. Laktaz enzimi yetersiz düzeyde olan çocuklar süt şekeri olan laktozu iyi sindiremezler ve süt ve süt ürünlerine karşı kötü reaksiyonlar verirler. Çölyak hastalığı olanlar da birçok hububatta bulunan gluteni sindiremezler ve bu hububatlara karşı sanki alerjileri varmış gibi tepki verirler. Kolik gibi tam olgunlaşmamış bir sindirim sisteminin yol açtığı bebeklikte sık görülen problemlere de yanlışlıkla alerji tanısı konulabilir.

Ailelerinde alerji öyküsü olan bebekler için doktorlar genellikle aşağıdaki tavsiyelerde bulunmaktadır.

Emzirme. Biberonla beslenen bebeklerin anne sütü ile beslenen bebeklere göre alerjik reaksiyonlar göstermeleri ihtimali daha yüksektirinek sütünün alerjiye en çok neden olan maddelerden biri olması buna sebep olarak gösterilebilir. Bebeğinizi emziriyorsanız, eğer mümkünse ilk yıl boyunca buna devam edin. İnek sütünün gıdasının başlıca içeriği haline gelmesi ne kadar geç olursa o kadar iyidir. Alerjik ailelerde gıda takviyesine gerek olduğunda soya fasulyesi kökenli hazır mamalar önerilmektedir, ama bazı bebekler buna da karşı alerji gösterirler[3]. Bu bebekler için protein hidrolizatlı mamalar gereklidir.

Katıların geciktirilmesi. Artık şuna inanılmaktadır ki bir bebek potansiyel bir alerjenle ne kadar geç karşılaşırsa ona karşı hassasiyet geliştirmesi ihtimali o kadar azalır. Bu nedenle doktorların çoğu alerjik ailelerde katıların başlanmasını ertelemekten yanadır -beşinci, sıklıkla altıncı aydan sonra, hatta bazen daha geç olarak.

Yeni gıdaların diyete yavaş yavaş eklenmesi. Bebeğe bir defasında tek bir cins yeni gıda vermek her zaman akıllıcadır, ama bu alerjik ailelerde özellikle önemlidir. Yeni bir gıdanın bir diğeri başlanmadan önce bütün bir hafta boyunca her gün verilmesi önerilmektedir. Eğer herhangi bir istenmeyen reaksiyon ortaya çıkarsa-dışkının yumuşaması, gaz, cilt kızarıklığı(bez pişiği dahil), verilen gıdayı devamlı tükürmek, hırıltı veya burun akıntısı gibi- genellikle gıdanın derhal kesilmesi ve en azından birkaç hafta daha verilmemesi önerilmektedir. Bundan sonra sıkıntısız bir şekilde gıdayı kabul etmesi mümkün olabilir.

3. Son araştırmaların gösterdiğine göre, bebekler bazen annelerinin sütündeki inek sütü ya da yumurta proteinine karşı alerji geliştirmektedirler. Bunu doğrulamak için daha çok araştırma yapılması gereklidir.

Önce daha az alerjen olan gıdaların verilmesi. Başlangıç olarak alerjiye en az yol açan gıda olan bebek pirinci gevreği önerilmektedir. Arpa ve yulaf genellikle mısır ve buğdaydan daha az alerjendir ve daha önce verilmelidir. Meyve ve sebzelerin çoğu probleme yol açmaz, ancak ebeveynlerin domates, çilek, kiraz ve ağaççileği gibi meyvelerden uzak durmaları önerilmektedir. Kabuklu deniz hayvanları, bezelye ve benzerleri de bekleyebilir. Oldukça alerjik olan diğer gıdaların çoğu -sert kabuklu yemişler, amerikan fıstığı, baharat ve çikolata- bebekler için kesinlikle uygun değildir ve iki yaşını doldurana kadar verilmemelidir.

Bazı yiyecekleri sırayla diyetten çıkararak ve özel sıvı diyetlerden yararlanarak alerjinin nedeni saptanabilir, ancak bunların uygulanması güç ve zaman alıcıdır. Gıda alerjisi için yapılan deri testleri çok güvenilir değildir, bir insanın yediğinde herhangi bir alerjik reaksiyon göstermediği bir gıdayla yapılan deri testinde pekâlâ pozitif sonuç çıkabilir. Kan örneklerinden alerjinin tespit edilebildiği iddia edilen "gıda duyarlılığı" tarama testleri daha da az güvenilirdir ve son derece pahalıdırlar. Ayrıca ne FDA ne de Amerikan Pediatri Akademisi tarafından onaylanmışlardır.

Neyse ki çocukluk çağı alerjilerinin çoğu geçicidir. Bu nedenle bebeğiniz şu anda süte ya da buğdaya karşı alerjik bile olsa, birkaç yıla kadar, belki de daha kısa zamanda bu geçecektir.

YÜRÜTEÇLER

"Bebeğim etrafta yürüyemediği için çok canı sıkkın görünüyor. Bütün gün beşiğinde yatmakla ya da bebek koltuğunda oturmakla

yetinmiyor, ama ben de onu bütün gün taşıyamam. Bir yürüteçten yararlanabilir miyim?"

Hem bebek (hiçbir yere gidemediğinden sabırsızlandığı için) hem de anne (tek seçeneği ya devamlı bebeği taşımak ya da onun ağlamasını dinlemek olduğu için) sizinki gibi bir durumda bunalırlar. Böyle bir sıkıntı genellikle bebeğinizin rahat oturduğu fakat henüz emeklemediği dönemde yoğundur. Bunun tek çözümü yakın zamana kadar bir yürüteç kullanımı olmuştur. Ancak yürüteçler her yıl tıbbi müdahale gerektiren 24.000 yaralanmaya ve müdahalesiz geçiştirilen binlerce kazaya yol açmaktadır.

Daha güvenilir seçenekler sabit ya da daireler halinde hareket eden bir yürüteçtir, bunların hareket serbestisi daha az olmakla beraber bir miktar esneklik sağlarlar.

Her şeye rağmen hareketli bir yürüteci tercih ederseniz, bunun *size* hareket serbestisi garantisi veremeyeceğini unutmayın, devamlı bebeğinizin yanında kalmalı ve onu gözetim altında tutmalısınız. Ayrıca güvenli bir yürüteç seçerken sayfa 42'deki ipuçlarına göz atmalı ve aşağıdaki noktalara dikkat etmelisiniz:

Bebeğinizin yürüteci kullanışını test edin. Bebeğinizin buna hazır olup olmadığını değerlendirmenin en iyi yolu onun bir yürüteci kullanmasına izin vermektir. Eğer bir arkadaşınızda yoksa, bir dükkâna gidin ve bebeğinizin yer tipi bir modeli denemesini sağlayın. Mutlu görünüyorsa ve yürütecin içine biçare bir şekilde kendini bırakmıyorsa, buna hazır demektir. Henüz ondan uzağa gitmesini beklemeyin, hatta ilk başta hiçbir yere gidemeyebilir ve ileriye doğru bir adım atacağı yerde geri geri gitmesi de muhtemeldir.

O "dolaşırken" siz de dışarıda dolaşmayın. Bebeğinizi, çok fazla hareketlilik göstermese de, bir yürütecin içinde iken *asla*, bir an bile yalnız bırakmayın. Kendini duvara yaslayarak ittirerek ya da birkaç geniş adımda odadan dışarı çıkabilir ve merdivenlerden yuvarlanabilir.

Çocuğunuzun güvenliği için erkenden tedbir alın. Yürüteci içindeki bir bebek de, yürüyen ya emekleyen bebekler kadar tehlike altındadır. Bu nedenle bebeğiniz yürüteci olmadan etrafta gezinemese bile, kendi sağlığına zarar vermek bakımından en az hareketli bir bebek kadar risk altında olduğunu unutmayın.

Onun yolu üzerindeki tehlikeleri uzaklaştırın. Yürüteç/merdiven kazalarının çoğu güvenlik kapısının olmadığı ya da kapının açık unutulduğu merdivenlerde olmakla beraber, bazıları kapı duvara sıkı bir şekilde bağlanmadığından oluşmaktadır. O halde, en iyisi, bebeğiniz yürüteci içinde iken onun merdivenlere ulaşmasını önleyecek şekilde etrafa sandalye ya da başka ağır eşyalardan oluşan engeller yerleştirmektir. Yürüteçli bir bebek için diğer tehlike kaynakları arasında kapı eşikleri, zemin değişiklikleri (halıdan muşambaya ya da asfalttan çimene geçerken olduğu gibi), yerde unutulan oyuncaklar, halını gevşek olduğu yerler ve yürütecin devrilmesine yol açabilecek diğer alçak engeller bulunur ve bebeğin etrafa salınmasından önce bu engellerin kaldırılması ya da yollarının kesilmesi gerekmektedir.

Onun saatlerce etrafta dolaşmasına izin vermeyin. Her seans için yürüteç içinde geçen zamanı yarım saat ile sınırlandırın. Yürüteç bebeğe yapay bir hareket olanağı kazandırır, bu da onun kendi hareket yeteneğini geliştirirken tembel davranmasına yol açabilir. Bütün bebeklerin, daha sonra emeklemelerine faydası olacak bazı egzersizler yapabilmeleri için -dört uzvu üzerinde dururken belini yerden kaldırmak gibi- belirli bir süreyi yerde geçirmeleri gerekmektedir. Ayağa kalkma ve daha sonra da yürüme denemeleri yapabilmek için masa ve mutfak sandalyelerine tutunup kendilerini yukarı çekmeye ihtiyaçları vardır. Çevresindeki nesneleri tutabilmek ve araştırabilmek için yürütecin sağlayacağından daha çok serbestiye ihtiyacı vardır.

Yürüteci bırakmak için onun yürümeye başlamasını beklemeyin. Bebeğiniz başka bir şekilde etrafta dolaşabilmeye başlar başlamaz -emeklemek ya da tutuna tutuna küçük adımlarla yürümek gibi- yürüteci kaldırın. Unutmayın ki

MAMA SANDALYELERİ İÇİN GÜVENLİK KURALLARI

Bir bebeğin güvenli beslenmesi denince yalnızca yeni gıdaların diyete yavaş yavaş eklenmesi ya da bozulmalarının önlenmesi anlaşılmamalıdır. Aslında, bebeğin güvenli beslenmesi daha ilk kaşık doldurulmasından -bebek bir besleme sandalyesine oturtulduğunda- başlar. Öğünlerin sorunsuz geçmesi için, şu kurallara uyun:

Bütün mama sandalyeleri

• Bir bebek mama sandalyesinde iken mutlaka gözetiminiz altında olmalıdır, bebeğinizin siz onları getirmeye gittiğinizde yalnız kalmaması için beslenmeden önce yemeği, mama önlüğünü, ağız silme bezini, kapkacağı ve gerekli olabilecek diğer her şeyi hazırlayın.

• Güvenlik kemerlerinin iyi bağlandığından daima emin olun. Bebeklerin alttan kaymalarını önlemek için kasık kemerlerini kontrol edin.

• Sandalyenin bütün yüzeylerini ve yemek yenen yüzeyleri temiz tutun (deterjan ya da sabunlu suyla yıkayın ve iyice durulayın); bebekler bir önceki öğünden kalma çürümekte olan bir besin parçasını tereddütsüzce alıp iştahla yerler.

Yüksek sandalyeler ve alçak besleme masaları

• Geçmeli tepsilerin yerlerine sıkı bir şekilde oturduklarından emin olun; gevşek bir tepsi kemeri bağlanmamış bir bebeğin tepe üstü düşmesine neden olabilir.

• Katlanır tipte sandalyeleri açılmış duruma getirirken kilitlerini kontrol edin, yoksa bebeğiniz içinde otururken sandalye birden tekrar katlanabilir.

• Sandalyeyi masalardan, duvarlardan ve bebeğin tekme atıp sandalyesinin devrilmesine yol açabileceği diğer yüzeylerden uzak tutun.

• Tepsiyi takıp çıkarmadan önce bebeğin parmaklarının nerede olduğuna -sıkışmamaları için- dikkat edin.

Kancalı koltuklar

• Bunları yalnızca sabit tahta ya da metal masalar üzerinde kullanın, üst kısmı gevşek ya da cam olan masalarda, desteği ortasında olan (bunlar bebeğin ağırlığı ile devrilebilir), veya alüminyumdan yapılmış katlanır masalarda, oyun masalarında ve masa örtüsü üzerinde kullanmayın.

• Eğer kancalı koltukta oturan bir bebek masayı sallayabiliyorsa, masa yeterince sabit değil demektir; oturma yerini bunlara bağlamayın.

• Koltuğun kavrama gücünü azaltan masa örtülerinden ya da diğer kumaşlardan kaçının.

• Bebeğinizi yerleştirmeden önce koltuktaki bütün kilitlerin, kıskaçların, kemerlerin güvenilir bir şekilde bağlanmış olduğundan emin olun; önce bunları çözmeden bebeğinizi koltuktan almayın. Kıskaçların temiz ve çalışır durumda olup olmadıklarını kontrol edin.

• Bebeğinizin düşmesine karşı bir güvenlik tedbiri olarak koltuğun altına bir sandalye ya da başka bir şey koymayın, ya da koltuğu bir masa desteğinin ya da bacağının karşısına gelecek şekilde koymayın; bebek bunlardan destek alarak koltuğu ittirebilir ve yerinden çıkartabilir. Bebeğiniz koltuğunda iken bir köpeğin ya da başka bir çocuğun onun altında durmasına izin vermeyin, çünkü bunlar da koltuğun yerinden çıkmasına neden olabilir.

onun amacı bebeğinizin hareket edememekten kaynaklanan huysuzluğunu gidermekti. Onu yürüteci içinde tutmaya devam etmek onun yürümeye başlamasını hızlandırmayacağı gibi, sürekli kullanımı "yürüme karışıklığına" (bir bebeğe daha meme emmeyi öğrenmeden biberonla besin verildiğinde ortaya çıkan meme karışıklığı gibi) yol açabilir çünkü yürüteç ile yürümek ve yardımsız olarak yürümek farklı vücut hareketleri gerektirir. Bir yürüteçte nasıl dengede durulacağını ya da nasıl düşüleceğini öğrenmeye gerek yoktur, ama bu beceriler yardımsız yürüme için mutlaka şarttır. Bununla birlikte, yürüteçle dolaşmak, yardımsız olarak atılan ilk bir kaçadıma göre daha kolay, risksiz ve daha sonuç getiricidir.

SIÇRAMA OYUNCAKLARI

"Bebeğimize bir sıçrama oyuncağı hediye ettiler. Bundan hoşlanıyormuş gibi görünüyor, ama biz güvenilir olup olmadığından emin değiliz."

Bebeklerin çoğu bağımsız olarak hareket edebilmeye başlamadan çok önce sıkı egzersiz için son derece isteklidirler. İşte bu nedenle birçoğu sıçrama oyuncaklarında akrobatik hareketler yapmaktan hoşlanırlar. Anacak bu tür aletlerin getirdiği potansiyel bazı tehlikeler vardır. Bazı pediatrik ortopedi uzmanları sıçrama aletlerinin bebeklerde bazı kemik ve eklem incinmelerine yol açabileceği konusunda uyarmaktadırlar. Buna ek olarak, sıçrama aletinin sağladığı neşe, çok geçmeden yerini can sıkıntısına terk eder, çünkü bebek ellerini ve kollarını nâsıl ya da ne kadar hareket ettirirse ettirsin, hep aynı noktada kaldığını fark edecektir.

Eğer bir sıçrama aleti almaya niyetlenirseniz, doktora bunun güvenilirliği hakkında danışın. Herhangi bir bebek oyalayıcı alette olduğu gibi (yürüteç, salıncak gibi) bunu da kendinizin değil bebeğinizin ihtiyacı olduğu için aldığınızdan emin olun; eğer bebeğiniz bununla mutlu değilse, derhal uzaklaştırın. Ve bebeğiniz ondan tümüyle hoşnut olsa bile onu bir an olsun bir sıçrama aleti ile yalnız bırakmayın.

MAMA SANDALYELERİ

"Şimdiye değin bebeğimi dizlerimin üzerinde besliyordum, ama bu gittikçe zorlaşıyor. Onu ne zaman bir mama sandalyesine oturtabilirim?"

Üst baş kirlenmeden bebek beslemenin bir yolu olmamakla beraber (ileride ikinizin de yıkanabilir giysilerden oluşan bir gardroba ihtiyacınız olacaktır), bir mama sandalyesi yedirmeyi hem daha az yorucu hem de daha verimli hale getirir. Bu sırada bebeğin oturmak için hâlâ desteğe ihtiyacı olmakla beraber, bir bebek koltuğu da (bebeğin güvenliği sağlanmış olarak ve sizin sürekli gözetiminiz altında) mama sandalyesinin işini görebilir. Kendi başına güzelce oturabildiği zaman, yüksek ya da başka herhangi bir tip mama sandalyesine geçilebilir.

Bebeklerin çoğu ilk başlarda yeni koltuklarında kayabilirler ya da kendilerini bırakabilirler. Küçük yastıklar, rulo haline getirilmiş havlular, ya da bir bebek yorganı veya battaniyesi bir oturma acemisini koltuğuna sıkıştırmakta kullanılabilir, ve güvenlik kemerinin de bağlanması (bu zaten her şartta bağlanmalıdır) yardımcı olmalıdır.

BİLMENİZ GEREKEN ÖNEMLİ ŞEYLER
Çevresel Zararlar Ve Bebeğiniz

Güvenliliği sorgulanan, karsinojen (kansere neden olan maddeler) olduğundan şüphe edilen ya da karsinojen olduğu kanıtlanmış maddelerle ve mutajenlerle (genlerde değişikliğe yol açan maddeler) dolu bir dünyada büyümenin bebeklerin genç ve tehlikeye açık olan vücutları üzerinde ne gibi etkileri vardır? Anne babalar bebeklerini bu tür tehlikelerden korumak için ne ölçüde dikkatli olmalıdır?

Neyse ki dünyamız birçok annenin korktuğu ya da pek çok gazetecinin iddia ettiği gibi tehlikelerle dolu bir yer değildir. Gebelik sırasında da olduğu gibi, bir bebeğin uzun vadede sağlığını etkileyebilecek faktörlerin çoğu, doğumdan itibaren hasta ya da sağlıklı bebek bakımını uygun bir şekilde yaparak, bir anne tarafından kontrol edilebilir: Bebeği başından itibaren en iyi şekilde besleyerek, egzersiz gibi sağlıklı yaşam stiline uygun alışkanlıkları teşvik ederek ve örnekler yoluyla sigara ve alkol kullanımı gibi zararlı alışkanlıklar edinmesini önleyerek.

Ancak çevremizdeki bazı riskleri yalnızca kısmen ya da dolaylı olarak kontrol altında bulundurabiliriz. Bunların oluşturduğu tehlikenin kontrol altında tutabildiklerimize göre daha küçük olduğuna inanılmakla beraber, yine de zararlı olabilirler. Özellikle küçük çocukların anneleri için bunlar önemlidir, çünkü çocuklar erişkinlere göre çevresel zararlı etkenlere daha açıktırlar. Bunun bir nedeni bedenlerinin daha ufak olmasıdır -aynı miktardaki bir zararlı madde daha çok hasara neden olabilir. Bir başkası organlarının hâlâ gelişme aşamasında olması ve bu yüzden de çeşitli türdeki zararlı etkenlerden daha çok etkilenmeleridir. Bir diğeri de çocukların beklenen yaşam sürelerinin daha uzun olmasıdır; bir etkenin vücutta bir zarar oluşturabilmesi için birçok yıl geçmesi gerektiğinden, erkenden böyle bir etkene maruz kalan bir çocuk için risk daha büyüktür.

Ama riskten arınmış bir dünyada yaşamanın mümkün olmadığını unutmamak gerekir, yalnızca daha az riskli bir dünya ümit edilebilir. Sürekli olarak risk/yarar dengesini hesaplarız: penisilin milyonlarca hayat kurtarır ama bazen de ölüme neden olabilir (burada yarar açık olarak riske ağır basmaktadır); tütün tiryakilere büyük zevk verir; ama bir taraftan da her yıl binlerce kişinin zamanından önce ölmesinden sorumludur (burada ise birçok kişi elde edilen yararın karşılaşılan riske değmediğinde birleşecektir); Birleşik Devletler'de her yıl on binlerce insan trafik kazalarında ölmektedir, ancak milyonlarca yolcunun seyahat edebilmesi için arabalar gereklidir. (Burada, birçoğu yararların risklere üstün geldiğini kabul eder.)

Bütün riskleri ortadan kaldıramayız, ancak birçok durumda onları az çok azaltabiliriz. Penisilin örneğinde, daha önce ona karşı alerjik reaksiyon gösterenlere bu ilacı vermeyerek riskleri azaltabiliriz. Tütün kullanımı örneğinde ise, tiryakiler dumanı içlerine çekmeyerek (gerçi bu sefer de etraflarında bulunan kişiler için riski artırırlar), veya düşük katranlı ya da düşük nikotinli sigaralar içerek (tiryakilerin birçoğu bu tür sigaralardan daha çok sayıda içerek yine aynı miktarda kimyasal madde alsalar da), ya da daha az sigara içerek (bu durumda da her sigarayı sonuna kadar içerler) riski azaltabilirler. Araba kullanımı ile ilgili olarak, dikkatli ve içkisiz araba kullanarak, aşırı hızdan kaçınarak, daha güvenli arabalar seçerek, ve bebek araba koltukları ve kemer gibi güvenlik donanımlarından yararlanarak riskleri oldukça azaltabiliriz.

Aşağıdakilerden neredeyse hepsinin de hem yarar hem de riskleri vardır, ama riskleri azaltmak hemen daima mümkündür.

EV PESTİSİTLERİ (Böcek İlaçları)

Evlerdeki haşaratlar hastalıkları taşır ve bulaştırırlar, görünüm olarak iticidirler ve özellikle kemiriciler ısırarak ağrılı ve tehlikeli yaralara yol açabilirler. Ancak evlerdeki böcek ilaçlarının çoğu özellikle bebeklerin ve emekleme dönemindeki çocukların ellerinde (ve ağızlarında) zararlı zehirlerdir. Hem evinizi haşaratın istila etmesini önlemek, hem de böcek ilaçlarının yarattığı riskleri en aza indirmek için şu tedbirleri alabilirsiniz:

Tıkama taktikleri. Pencerelerde tel örgüler kullanın ya da böceklerin ve solucanların girebileceği noktaları kapatın.

Yapışkan böcek ya da fare tuzakları. Öldürücü kimyasal maddelerin kullanılmadığı bu tuzaklar yer böceklerinin kapalı kutulara (hamam böceği tuzakları), veya kapanlara(karınca tuzakları), sineklerin artık modası geçmiş olan sinek kâğıtlarına ve farelerin de yapışkan dikdörtgenlere yapışarak yok edilmelerini sağlarlar. İnsan derisi de bu yüzeylere yapışabileceğinden (ayırmak genellikle can yakıcıdır) bu tuzaklar açıldıklarında çocukların erişemeyeceği yerlere konmalıdırlar ya da gece onlar yataklarında iken yerleştirilmeli ve sabah uyanmadan önce toplanmalıdırlar. Kemiricilerin ölüm süresini uzatmak gibi de bir dezavantajları vardır.

Kutu tuzaklar. Bu her zaman çok kolay olmamakla beraber, yufka yürekliler kemiricileri kutular içine hapsedip sonra da onları yerleşim alanlarından uzakta kırlarda ya da ormanlarda salmayı tercih edebilirler. Bu kemiriciler ısırabildiği için, tuzaklar çocukların erişebileceği yerlere konmamalı ya da onlar etrafta dolaşmıyorken kurulmalıdır.

Kimyasal böcek ilaçlarının dikkatli kullanımı. O çok övülen borik asit de dahil olmak üzere, böcek ilaçlarının neredeyse tamamı hem haşarat hem de insanlar için son derece zehirlidir. Eğer bunları tercih ederseniz *asla* bebeklerin ulaşabileceği yerlerde kullanmayın ya da saklamayın, veya yemek hazırlanan yüzeylere değdirmeyin. Daima en az zehirli olan maddeyi kullanın (bölgenizdeki EPA ya da sağlık departmanına danışın). Eğer bir sprey kullanıyorsanız, en azından bunu kullandığınız anda ve günün geri kalanında çocukları dışarıda tutun. Daha da iyisi, ilaçlamayı tatile çıkmadan, veya büyükanneyi ziyaret etmeden, ya da herhangi bir nedenle evden çıkmadan önce yapın. Döndüğünüzde evinizin ya da dairenizin havalanabilmesi için bütün pencereleri açın.

KURŞUN

Yüksek miktarlarda alınan kurşunun çocukların beyninde ciddi hasarlara yol açabildiği uzun yıllardır bilinmektedir. Son zamanlarda ise, küçük dozlarda alınan kurşunun bile öğrenme ve davranış problemlerine, işitme ve dikkat eksikliğine yol açabildiği gibi, IQ düşüklüğüne, enzim fonksiyonlarında bozukluklara, büyümede gecikmeye, böbrek hasarına da neden olabildiği anlaşılmıştır. Bağışıklık sistemi üzerinde bile kötü etkileri olabilir.

O halde, anne babaların bebeklerinin bulunduğu ortamdaki kurşun kaynaklarını iyi tanımaları ve bunlara olabildiğince az maruz kalmak için alınması gereken tedbirleri iyi bilmeleri gerekmektedir.

Kurşunlu boyalar. Kullanımının kanunen yasak olmasına rağmen, kurşunlu boyalar hâlâ çocuklar için önemli bir kurşun zehirlenmesi kaynağı oluşturmaya devam etmektedir. Birçok eski evde hâlâ kurşunlu boyalar vardır ve çoğu kez yeni boya tabakalarının altında yüksek yoğunlukta kurşun bulunur. Boya çatlarken, mikroskobik parçacıklar etrafa dökülür. Bunlar daha sonra bebeğin ellerine, oyuncaklarına, elbiselerine -ve sonunda da ağzına- bulaşırlar. Eğer evinizde kullanılmış olan boyada kurşun bulunması ihtimali varsa, ev halkı, özellikle de çocuklar ve hamile kadınlar dışarıda iken bütün boyaları işinin ehli birisine kazıtın. Boyalı olan bütün eşyaların -oyuncak, beşik, ya da bebeğin temas ettiği her şey- kurşunsuz olduğundan emin olun. Özellikle Birleşik Devletler dışından ithal edilen ya da satın alınan eşyalar konusunda uyanık olun.

Akaryakıttaki kurşun. Kurşunsuz benzin kullanılmasına ilişkin yasalar yürürlüğe girene değin, bu çevremizdeki en önemli kurşun kaynaklarından biriydi. Yasaklama sayesinde, maruz kalan insanlardaki ve havadaki kurşun oranı dramatik ölçüde azaldı.

İçme suyu. EPA tahminlerine göre on milyonlarca Amerikan evinde kullanılan su kurşunla kirlenmiş haldedir. Kurşun, çoğu kez, özellikle suyun korozif nitelikte olduğu yörelerdeki evlerde, kurşun ya da kurşunla lehimlenmiş borulardan suya karışmaktadır. Kirlenmenin çoğu su henüz ana kaynaklarda iken değil de evlere girdikten sonra olduğu için, birçok yerde halk bu durumu düzeltmek için esaslı bir girişimde bulunmamıştır. Eğer içme suyunuzun kurşunla (veya başka zararlı maddelerle) kirlenmiş olmasından korkuyorsanız, onu yerel bir su idaresinde, bir sağlık kuruluşunda veya EPA'da (eğer böyle bir test yapıyorlarsa) kontrol ettirin. Eğer kurşun saptanırsa, mutfağınızdaki lavaboya bir ters osmoz filtresi taktırabilir (bu yalnızca kurşunu değil faydalı olan floru da azaltır) ya da musluğu açtıktan sonra, içme ya da yemek pişirmede kullanmadan önce suyun en az üç dakika akmasını sağlayabilirsiniz. Yemek pişirme için sıcak su musluğundan gelen suyu kullanmayın, çünkü daha çok kurşun içerir. İçindeki kurşunun daha da yoğunlaşmasına yol açacağından suyu beş dakikadan fazla kaynatmayın.

Toprak. Dökülen ev boyaları, endüstri artıkları, kurşunlu boyaların kullanıldığı evlerin yıkılmasından kaynaklanan tozlar en sonunda toprağa karışırlar. Fanatik olmanız gerekmemekle birlikte, bebeğinizin bunlardan avuç dolusu yutmamasına dikkat edin.

Gazete ve dergiler. Baskı mürekkeplerindeki kurşun oranı yüksektir, bu nedenle özellikle 4 renkli boya tekniğiyle basılan dergi ve gazetelerin bebeğinizin diyetinin olağan bir parçası haline gelmesine izin vermeyin. Bir bebek gazeteyi ağzına alıyorsa ona başka bir eğlence bulmanın zamanı gelmiş demektir.

Bebeğinizi bilinen kurşun kaynaklarından uzakta tutmaktan başka, onun iyi beslenmesini, özellikle yeterli demir ve kalsiyum almasını sağlayarak kurşun zehirlenmesine karşı direnç kazanmasını sağlayabilirsiniz. Özellikle muhtemel bir yüksek risk bölgesinde yaşıyorsanız doktorunuza tarama testleri hakkında danışın.

DİĞER SU KİRLİLİĞİ NEDENLERİ

Amerika Birleşik Devletleri'ndeki suyun büyük kısmı içmeye uygundur, halk kullanımına açık suyun ancak küçük bir kısmı (%2) önemli sağlık riskleri yaratan maddeler içerir. Arıtmanın klor değil de kömür ile yapıldığı su sistemleri daha güvenlidir, ancak henüz yalnızca birkaç dağıtım bölgesinde bu teknik kullanılmaktadır. Suyunuzun güvenilir olmadığından şüphe ediyorsanız, nasıl test yaptırabileceğinizi bölgenizdeki EPA'ya danışın. Eğer kirli olduğu anlaşılırsa, bir su arıtıcısı genellikle yeterli güvenliği sağlayacaktır. Eviniz için hangi tip arıtıcının en iyi olduğu suyunuzu kirleten maddelere ve harcadığınız suyun miktarına göre değişir.

ODA HAVASI KİRLİLİĞİ

Birçok bebek zamanının çoğunu ev içinde geçirir, bu nedenle soludukları havanın niteliği son derece önemlidir. Bazen bir evin içindeki hava otoyoldaki kadar kirli olabildiğinden, oda havasının temizliği açısından, şu noktalarda dikkatli olun:

Yemek pişirme sırasında çıkan gazlar. Teflon veya Silverstone kaplamalar yemek pişirme açısından güvenli görünmekle beraber, aşırı ısıtıldıklarında ya da yandıklarında son derece zehirli olabilirler. Bu dumanlara maruz kalan kuşların ölebildiği ve erişkinlerin de "polimer dumanı ateşi" ile hastanelere başvurdukları bildirilmektedir. Teflon kaplamaların uzun vadedeki etkileri bilinmemektedir, akciğerlerde fibroz ve nedbe dokusu gelişimi gibi potansiyel riskler söz konusu olabilir. Çocuklar üzerindeki etkileri de bilinmemektedir. Evinizdeki olası problemleri önlemek için, asla yağ biriktirmeye yarayan yanmaz tavalar kullanmayın (bunlar çabucak ısınmaktadır), yanmaz özellikteki bir mutfak malzemesini asla yüksek ısılarda kullanmayın (müsaade edilen sıcaklığın en üst seviyelerinde veya fırınlarda alttan akan yağı yakalamak için),ve bu tür malzeme kullanım sırasında daima gözünüzün önünde olsun (yemeğin sıvı kısmı buharlaşıverip yüzeyin yanmasına neden olabilir).

Karbon monoksit. Yanmakta olan yakıtlardan kaynaklanan bu renksiz, kokusuz, tatsız ama tehlikeli gaz (akciğerlerin zarar görmesine, görme bozukluğuna ve beyin fonksiyonlarında bozulmaya yol açabilir ve yüksek dozlarda öldürücü olabilir) birçok kaynaktan sızabilir: iyi çekmeyen odun veya gaz sobaları (alev kısmındaki havalandırmayı kontrol edin) yavaş yanan odun sobaları (iyi hava alarak yanmasını hızlandırın), ve ayarı kötü yapılmış diğer ısıtıcılar (ayarlarını düzenli olarak kontrol edin -alev mavi olmalıdır- ve gazların dışarı çıkması için de vantilatör taktırın); bacaları tıkalı olan şömineler (ateşin için için yanmasına asla müsaade etmeyin, ve bacaları düzenli olarak kontrol ettirin). Eve bitişik garajlar (asla kapalı bir garajda arabayı çok kısa bir süre için bile çalışır halde bırakmayın. Özellikle de garajın duvarı ya da tavanı evinizin bir bölümüyle komşuysa evin içine gaz sızıntısı olabilir.)

EMNİYETSİZ OYUN KUMU

İnce kumu sevenler için haberler kötü. Son araştırmalara göre oyun kumu bazen tremolit denen özel bir asbest ile kirlenebilmektedir. Tremolit lifleri havada uçarlar ve solunduklarında ciddi rahatsızlıklara yol açarlar. Ev içlerinde problem daha da büyüktür, çünkü burada kum nemli olan dış ortama göre daha kuru olma ve toz halinde dağılma eğilimindedir. Bebeğinizin evde ya da kreşte oyun alanında kazdığı kumun kontamine olup olmadığını bilmeniz neredeyse imkânsız olmakla beraber, tozlu ve solunum yolu ile alınma riski olup olmadığını saptayabilirsiniz. Bir kürek dolusu kumu döktüğünüzde bir toz bulutu beliriyorsa, ya da bir kaşıkla suya karıştırdığınızda kumun çökmesinden sonra bulanık bir görünüm kalıyorsa kumu geri verin ya da atın. Deniz kıyılarındaki doğal kum gibi başka kaynaklardan yararlanın (oyun kumlarının birçoğu ufalanmış taş ya da mermerden elde edilmektedir).

Benzopirenler. Tütünün ya da odunun tam yanmaması sonucunda etrafa yayılan katran benzeri organik partiküller birçok solunum sistemi hastalığına yol açabilir (göz-burun, gırtlak tahrişleri, hatta amfizem ve kanser). Bebeğinizin bunlara maruz kalmasını önlemek için, evinizde sigara içilmesine müsaade etmeyin (sigara içmek isteyen misafirleriniz bu işi dışarıda yapsınlar), odun sobasının bacasının iyi çektiğinden emin olun, yanıcı cihazlardan çıkan gazları evin dışına doğru verin, cihazlardaki hava filtrelerini düzenli olarak değiştirin ve evinizdeki havalandırmayı artırın. Evinizin sıkı bir şekilde yalıtılması yakıt tasarrufu sağlayacaktır, ama bir yandan da potansiyel olarak tehlikeli dumanların evin içerisinde kalmasına neden olur.

Partikül halindeki madde. Göze görünmeyen birçok partikül (minik parçacıklar) evimizin içindeki havaya dağılabilir ve çocuklarımıza zarar verebilir. Bunların başlıca kaynakları ev tozları (duyarlı çocuklarda alerjiye neden olabilirler), sigara dumanı, odun dumanı, ventile edilmeyen gazlı cihazlar, gaz sobaları ve asbest içeren inşa malzemeleridir (bunlar kanser ve kalp hastalığı gibi ciddi sağlık problemlerine neden olabilirler). Yukarıda anlatılan aynı tedbirler (sigara içmeme, uygun ventilasyon, filtre değiştirme) bu tehdidi en aza indirebilir. Hava filtreleri bu partiküllerin çoğunu temizleyebilir ve özellikle evdeki alerjik kişiler için yararlıdır. Eğer evinizde temizlenmesi gereken asbest varsa, partiküllerin etrafta uçuşmasını istemiyorsanız profesyonel yardım isteyin.

Çeşitli dumanlar. Temizlik sıvılarından, bazı aeresol spreylerden (eğer florokarbon içeriyorlarsa çevreye de zararlı olabilirler), terebentin ve boya ile ilgili diğer maddelerden kaynaklanan dumanlar son derece zehirli olabilir. Eğer yine de bu malzemelerden kullanıyorsanız en az zehirli olanını tercih edin (su esaslı boyalar, balmumu cilalar, bitkisel yağlardan elde edilen boya incelticileri) ve asla çocuklar ya da bebekler yakındayken kullanmayın. Bunları evde kullanılan diğer bütün malzemeler gibi çocukların erişemeyeceği yerlerde saklayın. En iyisi bunları evin dışında tutmaktır, çünkü buharlaşacak olurlarsa açığa çıkan gazlar insanların bulunduğu yerlere ulaşmaz.

Formaldehit. Modern ürünlerin birçoğunun formaldehit içerdiği dünyamızda (suntalardaki reçineden döşemelerde kullanılan yapıştırıcılara kadar), hayvanlarda burun kanserine, insanlarda da solunum problemlerine, deri kızarıklığına, bulantı ve diğer sorunlara yol açan bu gazın her yerde bulunması şaşırtıcı değildir. Bir eşya en çok yeni iken formaldehit saçar, ancak daha sonra da yıllarca gaz saçmaya devam edebilir. Potansiyel zararı en aza indirebilmek için, evinizi yaptırırken formaldehitsiz malzeme kullanın. Evinizde zaten bulunan formaldehitin etkilerini azaltmak için, sunta yüzeyleri bir epoksi tutkal ile kaplayın, daha iyisi ve güzeli, evinizde küçük bir bahçe kurun. 15-20 saksı çiçeği orta büyüklükte bir evdeki formaldehiti gidermeye yeter. Eğer evinizde yüksek oranda formaldehit bulunduğundan şüphe ediyorsanız, ilgili sağlık kuruluşları ile temas kurun.

Radon. Bu renksiz, kokusuz, radyoaktif gaz kayalarda ve toprakta doğal olarak bulunan uranyumun artık ürünüdür ve A.B.D.'de kanserin ikinci en önemli nedenidir. Biriktiği evlerde oturan ev halkı tarafından farkına varmadan solunarak akciğerleri radyasyon bombardımanına tutar.

Birikme, altta bulunan toprak ve kayalardan evin içine sızma şeklinde gerçekleşir ve yapıdaki kötü havalandırma nedeni ile evin içinde kalır. Aşağıdaki önlemleri alarak radonun yol açabileceği ciddi sorunlardan korunabiliriz:

□ Özellikle yüksek radonlu bir bölgede ev almadan önce, radon kontaminasyonu için test yaptırın. Yerel EPA test için nereye başvurulacağı konusunda size yardım edecektir.

□ Radon seviyesi yüksek bir bölgede yaşıyorsanız, ya da evinizin kontamine olduğundan şüphe ediyorsanız, test ettirin. İdeal olarak, ortalama bir değer elde edebilmek için test birkaç aylık bir periyod boyunca sürdürülmelidir. Pencerelerin kapalı olduğu dönemlerde seviyeler genellikle daha yüksektir.

□ Eğer evinizdeki radon seviyesinin yüksek olduğu anlaşılırsa, bölgenizdeki bir radon giderme firmasının yerini öğrenebilmek için EPA'yı arayın ve onlardan radon düzeylerinin nasıl düşürüleceğine dair yazılı doküman isteyin. Muhtemelen ilk tedbir evin temelindeki ve zeminindeki çatlakların tamir edilmesi olacaktır. Pencerelerin açılarak havalandırmanın sağlanması, kapalı yerlere, çatı aralarına menfez açılması, hava geçirmez yalıtım malzemelerinin uzaklaştırılması daha da önemli tedbirlerdir. Bazı durumlarda, evin tümüyle havalandırmasını sağlayan bir sistem gerekebilir.

BESİNLERDEKİ ZARARLI MADDELER

Üretimin kitle halinde yapıldığı dünyamızda imalatçılar ürettikleri gıdanın daha hoş görünmesini, daha iyi tat vermesini (en azından doğal olan aslı kadar), ve daha çok dayanmasını sağlayacak birçok yol bilmektedirler. Ama bir imalathanede işlemden geçememiş olan gıdalar bile kirlenmiş (böcek ilaçları ya da yetiştirme veya saklama sırasında kullanılan kimyasal maddelerle) olabilir, ya da topraktan veya sudan öylece çıkartılmış olabilirler. Birçok durumda, bu tür kimyasalların insanlar için risk oluşturup oluşturmadığı bilinmez, ya da riskin küçük olduğuna, hatta bazen "doğal" gıdaların oluşturduğu tehlikeden bile (örneğin hindistancevizi yağı kalp hastalığının gelişmesine katkıda bulunabilir, ya da bozulmuş yer fıstığındaki aflatoksin kansere yol açabilir) önemsiz olduğuna inanılır. Yine de, bebeğinizi korumak için gıda seçerken ve hazırlarken şu tedbirlere uymak akıllı bir tutum olur:

• Çok fazla kimyasal katkı maddesi içeren işlenmiş gıdalar almayın. Böyle gıdalar, kimyasal içerikli olmaktan dolayı başka taze gıdalara göre daha az besleyicidirler ve bu nedenle bebeğin diyeti için iyi seçimler değildirler. Birçok katkı maddesinin güvenilir olduğuna inanılmakla beraber, birçoğu da bu yönden kuşkuludur. Özellikle aşağıdakileri içeren gıdalar için uyanık olun: bromlu sebze yağları (BSA), butillenmiş hidroksianizol (BHA), butillenmiş hidroksi toluen (BHT), kafein, monosodyum glutamat (MSG), propil galat, kinin, sakarin, sodyum nitrat ve sodyum nitrit, sülfitler, ve yapay kokular ve renkler. Kuşkulu katkı maddeleri arasında ise "carrageenan" (deniz yosunlarından elde edilen bir madde), hiptil paraben, fosforik asit ve diğer fosfor bileşikleri (yalnızca fosfor tehlikeli olduğu için değil, ama aşırı alımı halinde kalsiyum-fosfor dengesinin de bozulmasına yol açtığı için) sayılabilir.

• Yapay tatlandırıcılar içeren gıdaları bebeğinize vermeyin. Sakarinin hayvanlarda kansere yol açtığı gösterilmiştir ve piyasada hâlâ bulunabilmesinin tek sebebi kilo kontrolünde de-

BEBEKLERE VERİLMEMESİ GEREKEN GIDALAR

• Tütsülenmiş ya da işlemden geçirilmiş etler (sosis, domuz pastırması gibi). Hem nitrat ve diğer kimyasal maddelerden, hem de yağ ve kolesterolden zengin olan ve bazen kemik (bu bazen kurşun ve başka maddelerle kirlenmiş olabilir) içerebilen bu gıdalar, bebeklere çok nadiren verilmelidir.

• Tütsülenmiş somon ya da alabalık gibi tütsülenmiş balıklar. Tazeliklerini korumak için genellikle nitratlarla muamele edilen bu gıdalar bebekler için uygun değildir.

• Suyun kirli olduğu yerlerde yakalanan balık. Bölgenizdeki sağlık kuruluşları hangi balıkların güvenilir olduğu, hangilerinin olmadığı ve hangilerinin de yalnızca belli durumlarda yenebileceği konusunda size bilgi verebilmelidir.

• Kafein ve ilişkili bileşikler içeren kahve, çay, kakao, ve çikolata gibi yiyecek ve içecekler. Kafein bir bebeği çok sinirli hatta daha kötü yapabilir, kalsiyumun ve diğer besleyici maddelerin emilimini engelleyebilir.

• Sütsüz krema (yağ, şeker ve kimyasal maddelerle doludur), donmuş soya fasulyesi sütü ile yapılan tatlılar gibi taklit yiyecekler, meşrubatlar (gereğinden çok şeker ve bazen de kimyasallar içerirler). Bebeğinizi kimyasal kokteyllerle değil, gıda ile besleyin.

• Doğal ot çayları. Bunlarda çoğu kez şüpheli maddeler (örneğin karakafes çayında bir karsinojen bulunmaktadır) bulunabilir ve bebeğin vücudu üzerinde sıklıkla istenmeyen, hatta tehlikeli etkiler oluşturabilir.

• Bebekler için özel olarak hazırlananlar (ve tarif edildiği şekilde verilenler) haricindeki vitamin preparatları. Aşırı vitamin bebekler için özellikle zararlı olabilir, çünkü vücutları onları erişkinler kadar çabuk işleyemez. Çiğnenebilir C vitamini preparatlarındaki asit dişlere zarar verebilir ve ne bebekler ne de erişkinler tarafından kullanılmalıdır.

• Çiğ balık. Küçük çocuklar çiğ balıklarda bulunabilecek parazitleri öldürecek kadar kuvvetli çiğneyemezler ve bunlar ciddi hastalıklara neden olabilir.

• Alkollü içecekler. Hiç kimse bunu bebeğin günlük diyetine koymaz, ama bazı kültürlerde bir bebeğe küçük bir yudum vermek bir eğlence olarak görülmektedir. Hem alkol bir bebek için zehirli olabileceğinden, hem de bebek buna karşı bir zevk geliştirebileceğinden bu tehlikeli bir oyundur.

• Kurşun, PCB, ya da başka zararlı maddelerle kirlenmiş musluk suyu. Bölgenizdeki EPA ya da su idaresine danışın, ya da kirlenmeden şüphe ediyorsanız suyunuzu özel olarak test ettirin.

• Kontamine olduğu bilinen sebze ve meyveler. Belli bir meyve ya da sebzenin zararlı olduğu haberi yayılırsa, adı temize çıkana kadar ya da kirlenmemiş bir çeşidi bulunana kadar onu satın almayın.

ğerli bir yardımcı olmasıdır. Bebeklerin kalori kısıtlayıcı diyetlere ihtiyacı yoktur (ve böyle diyetlere de sokulmamalıdırlar), bu nedenle tatlandırıcılar bebeğin diyeti içinde yer almaz. Aspartam adlı tatlandırıcı erişkinler ve hatta bebekler için emin görünmekle beraber, buna da bir bebeğin diyetinde yer yoktur çünkü kalori kısıtlaması doğru değildir.[4]

• Eğer mümkünse kimyasal maddeler içermeyen sebze ve meyveler alın (ama eğer alamıyorsanız da üzülmeyin, çünkü bilimadamları bu tür kimyasalllardan kaynaklanan riskin çok küçük olduğuna inanmaktadırlar). Mevsimindeki yerel ürünler güvenli görünmektedir, çünkü taşıma ya da depolama için fazla miktarda kimyasal madde kullanımı gerektirmezler. Yine, böcek ilaçlarının içe işlemesine engel olan kalın koruyucu kabuklu veya yapraklı besinler (muz, mısır, karnıbahar gibi) de güvenilirdirler. İyi gö-

4 Tatlandırıcının içinde yer alan fenilalanini sindirme problemi olan kişiler ve fenilketonürisi(FKU) bulunanlar aspartam kullanmamalıdırlar.

GIDALARDAN KAYNAKLANAN RİSKLERİN PERSPEKTİFİ

Mümkün olduğunda ailenizin diyetindeki kimyasalları kısıtlamak mantıklı görünüyorsa da, katkı maddesi ve kimyasal korkusu onların diyetindeki gıda zenginliğinin azalmasına ve iyi beslenememesine yol açabilir. Unutmayın ki kepekli hububatlardan, sebzelerden ve meyvelerden (özellikle brokoli, karnıbahar, Brüksel lahanası, A vitamininden zengin olan sebzeler ve meyveler) zengin bir dengeli beslenme büyüme ve gelişme için gerekli besin maddelerini sağlamakla kalmaz, aynı zamanda çevreden kaynaklanan muhtemel karsinojenlere de karşıt etki gösterir. O halde kimyasal madde alımını pratik olduğu müddetçe kısıtlayın ve bu iş sırasında kendinizi ve ailenizi paniğe sokmayın.

rünmeyen gıdalar da (lekeler ya da siyah noktalar gibi) muhtemelen güvenilirdir, çünkü gıdaların güzel görünmesini genellikle kimyasallar sağlar. Bir çok durumda ABD malları ithal edilenlere göre daha az kontaminedir (bununla birlikte greyfurt, armut, ıspanak, soğan, tatlı ve beyaz patates için halen bunun tersi doğrudur). "Organik olarak yetiştirilmiştir" etiketi taşıyan gıdaları almak işinizi kolaylaştırabilir, ancak bu gıdaların mutlaka kimyasallardan arınmış olduğu garanti edilemez (sayfa 214'e bakınız)

• Kullanmadan önce sebze ve meyvelerin kabuğunu soyun (özellikle mumlu cilaları olanları) veya su ve bulaşık deterjanı ile yıkayın ve mümkünse sert bir fırça ile fırçalayın. Salata ve çilekleri fırçalamaya kalkmayın, elma ve dolmalık kabakta kullanın. Bu ne yazık ki sistemik kimyasal artıkları temizlemez, ama bir miktar koruma sağlar.

• Bol çeşitli gıdalara başlar başlamaz bebeğinizi mümkün olduğunca zengin bir diyetle besleyin. Çeşit, yaşama lezzetten daha fazlasını katar -aynı zamanda bir güvenlik tedbiridir (değişik kaynaklardan sağlanan çeşitli vitamin ve minerallerin sağlayacağı daha kaliteli beslenmeden hiç söz etmeksizin). Devamlı elma suyu vermek yerine, her gün değişik meyve suları sunun (bir gün elma ertesi gün portakal, üçüncü gün kayısı ve dördüncü gün de armut). Verdiğiniz proteinli gıdaları, gevrekleri ve ekmekleri, sebze ve meyveleri de çeşitlendirin. Bu her zaman kolay olmayacaktır -çocukların bir çoğu değiştirmesi zor gıda alışkanlıkları geliştirirler ve vazgeçirmek de zor olabilir.

• Bebeğinizin hayvan yağı alımını kısıtlayın (süt ya da hazır mamalardakiler hariç). Çünkü yağ kimyasal maddelerin (antibiyotikler, böcek ilaçları ve diğerleri) depolandığı yerdir. Tereyağı, hayvani yağ ya da kümes hayvanlarından elde edilen yağ yerine sıvı yağ ya da margarinle pişirin (bu kalp için de daha iyidir). Etin yağını ve tavuğun derisini temizleyin. Sığır ve domuz eti ve piliç porsiyonlarını da küçük tutun. Mümkün olduğunda, kimyasal ya da antibiyotik kullanmadan yetiştirildiği yazılı etiketleri olan et ve tavuk ürünlerini tercih edin.

• Kirli olduğundan şüphelenilen sularda yakalanmış balıkları asla bebeğinize yedirmeyin (sayfa 212'ye bakınız)

• Tazeliği şüpheli olan gıdaları kullanmayın. Gıdalardan kaynaklanan en büyük tehlikelerin bir kısmı bozulmuş gıdalardan kaynaklanır. Bunlar yalnızca gıda zehirlenmesine yol açmaz (bu problemin nasıl önlenebileceği hakkındaki bilgiler için sayfa 200'e bakınız), bozulmuş yer fıstığı, mısır, ve diğer hububatlardaki aflatoksin kansere de neden olabilir.

• Gıda güvenliği ile ilgili gelişmeleri yerel gazeteleri takip ederek ya da konuyla ilgili makul ve panik yaratmayan bir dergiye abone olarak takip edin (A.B.D'de Science for the Public Interest adlı kuruluş tarafından yayımlanan *Action Healthletter* isimli dergi gibi. 1501 16th Street NW, Washington, DC 20036-1499) ve ailenizin diyetini buna göre ayarlayın.

• Kanser karşıtı etki gösterdiğine inanılan turpgiller (Brüksel lahanası, brokoli, karnıbahar, lahana), kuru bezelye ve fasulye, beta karoten-

GİDEREK DAHA KOLAY BULUNABİLEN ORGANİK GIDALAR

Organik olarak yetiştirilen gıdalar sağlıklı besin dükkânlarında, hatta bazı süpermarketlerde giderek daha sık görülmektedir. Ancak çoğumuz için hâlâ alışveriş çantalarımızı yalnızca organik gıdalarla doldurabilmek mümkün değildir. Yeterince üretilmemektedirler ve bulunabilenler de pahalıdır. Ancak, talep arttıkça ve çiftçiler organik üretim tekniklerinin yalnızca müşterileri, kendileri ve çevreleri için iyi olmakla kalmayıp aynı zamanda kazançlı olduğunu da anladıkça daha çok ekim alanında kimyasal madde kullanmadan üretim yapılacaktır. Biz de manavımızda giderek artan çeşitte organik gıdalar bulacağız.

Halen, ne yazık ki, federal standartlar yoktur ve "organik" diye etiketlenen her şey böcek ilacı ya da başka kimyasallar kullanmadan üretilmiş olmayabilir. Özel acente ya da devlet sertifikası olup olmadığını kontrol edin

Neyse ki, küçük bebekler ve anneleri süpermarketlerden ve sağlıklı besin dükkânlarından giderek daha bol kavanozlanmış organik bebek gıdası temin edebilmektedir (kimyasal madde ya da tuz veya şeker ilave edilmemiş olan gıdalar). Küçük bir bebeğin isteyebileceği her şey (başlangıç gevreklerinden ve ezilmiş meyve ve sebzelerden esas kombine menülere kadar) bulunabilmektedir. Yakında yeni yürümeye başlayanlar için de gıdalar bulunabilecektir.

Organik gıdalar satın almak, ihtiyacınız olanı bulabildiğinizde ve parasını da ödeyecek gücünüz olduğunda, birkaç amaca birden hizmet eder. Bir tanesi, elbette, ailenizi istenmeyen kimyasallardan korumaktır. Her ne kadar kimyasal maddelerle işlenmiş gıdalar ve insanlarda görülen hastalıklar arasında bağ olduğuna dair somut kanıtlar yoksa da, uzun vadeli etkilere yol açmadıklarını gösteren yeterince araştırma yapılmamıştır. İkinci amaç, marketleri organik ürünler stoklamaya teşvik etmektir. Eğer yakın çevrenizde organik gıdalar bulunmuyorsa, süpermarketinizden ya da üretici firmadan bunları getirmesini isteyin; tüketici ilgisi üretimin artmasını ve fiyatların inmesini sağlayacaktır. Ve, yine, organik gıda bulamıyorsanız ya da bunları satın alacak gücünüz yoksa üzülmeyin -diğer ürünlerin tüketilmesinden kaynaklanan riskler küçüktür.

den zengin gıdalar (havuç, tatlı patates, brokoli) ve lif içeriği yüksek besinler (kepek ekmeği, taze meyve ve sebzeler) gibi gıdaları tercih edin.

• Tedbirli olmak makul olmakla birlikte, paniğe de gerek olmadığını unutmayın. En kötümser tahminlerle bile, gıdalarda bulunan kimyasallar kanser vakalarının çok az bir kısmından sorumludur. Tütün, alkol, kötü beslenme, yetersiz bağışıklama gibi faktörler ve koltuk kemerlerini bağlamayı unutmak gibi hatalar bebeğinizin sağlığı için çok daha büyük tehditler oluştururlar.

BİR TÜKETİCİ OLARAK SİZİN ROLÜNÜZ

Çevreden gelen tehditlerden çocuğumuzu korumak için mümkün olan bütün tedbirleri almamız yeterli değildir. Onların, ve onların çocuklarının geleceğini güvence altına alabilmek için bizim tümüyle kontrol edemediğimiz şeyleri kontrol eden kişilere ulaşmamız ve onlara baskı yapmamız gerekir: dışarıdaki hava, yediğimiz gıda, içtiğimiz gıda -ve bunları düzenleyen yönetim. İsteklerinizin duyulmasını sağlamak uzun vadede bebeğiniz için yapabileceğiniz en önemli şeylerden biri olabilir. Gıdaların yetiştirilmesi ve işlenmesinde kimyasal kullanımının daha sıkı yasalarla düzenlenmesi ve kimyasal maddeler içeren gıdaların açık bir şekilde etiketlenmesi için sizi temsil edenlere baskı yapın. Ayrıca FDA ve EPA'ya gıdalarda giderek daha çok kullanılan kimyasallar hakkındaki endişelerinizi yazın.

HER GÜN BİR ELMA-YİNE GÜNDEMDE

Alar'ın (daminozid) kullanımıyla ilgili olarak 1980'lerin sonlarında ortaya çıkan büyük tartışma, bir yandan aşırı beyanatların tüketicilerin kafasını nasıl karıştırabildiğini ve bir yandan da toplum baskısının politikaları nasıl etkileyebildiğini gösteren iyi bir örnektir. Meyvelerin (çoğunlukla elma, üzüm ve amerikan fıstığı) olgunlaşmasını hızlandırmada kullanılan Alar bazı çalışmaların bunun özellikle her hafta litrelerce elma suyu tüketen çocuklar için bir kanser tehdidi oluşturabileceğini göstermesi üzerine endişe uyandırdı. Endişelenen annelerin zihnindeki korku o kadar büyüktü ki pek çoğu evlerine elma ve elma ürünleri girmesini yasakladı ve elmayı bebeklerinin diyetinden çıkarttı. Hatta bazıları her çeşit sebze ve meyveyi kısıtladı. Bu gereksiz aşırılık çocukları geçici olarak gereksindikleri vitamin ve minerallerden yoksun bırakmış olabilir. Fakat tüketicilerin seslerini yükseltmesi, market idarecilerini ve imalatçıları sorgulaması bu kimyasal maddenin kullanımında ani bir azalmaya ve sonunda da meyve bahçelerinde de yasaklanmasına neden oldu. Ders: Gıdalardan kaynaklanan tehditler karşısında paniğe kapılmayın, ama sesinizin de duyulmasını sağlayın.

-9-

Altıncı Ay

BEBEĞİNİZ NELER YAPIYOR OLABİLİR?

Bebeğiniz bu ayın sonunda (nota bakınız):

• Oturur duruma doğru çekildiğinde başını gövdesi ile aynı seviyede tutabilir (6 ay 10 gün).

• A-guu veya benzeri sesli sessiz kombinasyonlarını çıkartabilir.

Not: Eğer bebeğiniz bu gelişim aşamalarından birine veya birkaçına erişememiş görünüyorsa, doktora kontrol ettirin. Bazen, bu gecikme bir probleme işaret ediyor olabilir, bununla birlikte çoğu defa bebeğiniz için normal olduğu anlaşılacaktır. Prematüre bebekler aynı doğum yaşındaki bebeklere göre bu aşamalara daha geç ulaşırlar, çoğu kez düzeltilmiş yaşları hesaba katıldığında (normal miadında doğma durumuna göre hesaplanan yaş) giderek arayı kapattıkları görülür, ama bazen de geç kalırlar.

Şunları yapması muhtemeldir:

• Dik tutulduğunda bacakları üzerine bir miktar ağırlık verebilir.

• Yardımsız olarak oturabilir (6.5 aylıkken).

Bebeğiniz şunları da yapabilir:

• Birisine veya bir eşyaya tutunabilir.

• Kendi kendine bir kraker yiyebilir.(5 ay 10 gün)

• Oyuncağını aldığınızda itiraz edebilir.

• Ulaşamayacağı bir yerde duran bir oyuncağı almaya çalışabilir.

• Bir elinden diğerine bir küp ya da başka bir nesneyi geçirebilir.

• Düşen bir nesneyi arayabilir.

• Bir şekerlemeyi araştırabilir ve avucuna alabilir.

• İnsan sesine doğru dönebilir.

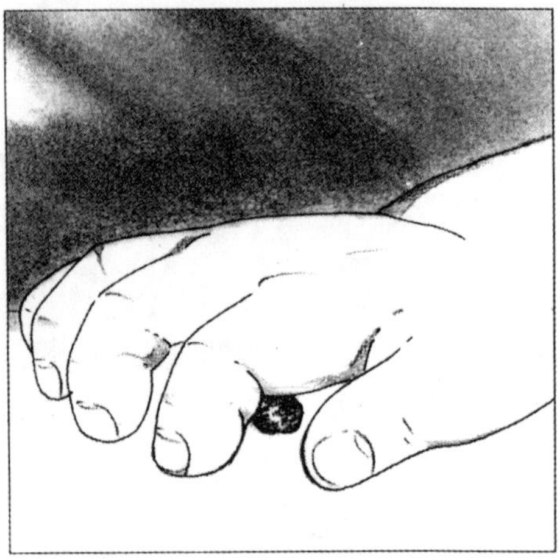

Bazı bebekler küçük ve zararlı nesneleri avuçlarıyla kavrayabilirler -bu yüzden yakınlarındaki nesnelere dikkat edin.

• Ga-ga-ga-ga-ga, ba-ba-ba-ba, ma-ma-ma-ma, da-da-da-da gibi sesli sessiz kombinasyonları mırıldanabilir (6 ay 10 gün).

Hatta bebeğiniz şunları bile yapabilir:

• Oturur durumdan ayakta durma durumuna doğru kendini çekebilir.

• Yüzü koyun yatarken oturabilir.

• Herhangi bir küçük cismi parmağı ya da baş parmağı ile yakalayabilir.

• Anlamlarını bilmeksizin mama, baba diyebilir.

BU AYKİ DOKTOR KONTROLÜNDE NELER BEKLEYEBİLİRSİNİZ

Her doktor ya da hemşirenin sağlıklı bebek kontrolündeki yaklaşımı farklı olacaktır. Fizik muayenenin genel organizasyonu, prosedürlerin ve kullanılan değerlendirme tekniklerinin türü ve sayısı çocuğun bireysel ihtiyaçlarına göre değişecektir. Ancak, genel olarak, bebeğiniz yaklaşık altı aylık olduğunda yapılan kontrolünde şunları bekleyebilirsiniz:

• Sizin, bebeğinizin ve ailenin geri kalanının evde iken bir sıkıntılarının olup olmadığı, bebeğinizin beslenmesi, uyuması ve genel gelişimi, ve eğer çalışıyorsanız, çocuk bakımı ile ilgili sorular.

• Bebeğinizin ağırlığının, boyunun ve baş çevresinin ölçülmesi, doğumdan itibaren kaydettiği gelişmenin diyagramlara işaretlenmesi.

• Daha önceki problemlerin yeniden kontrolünü de kapsayan fizik muayene. Muhtemelen bu ziyarette ya da sonrakilerde artık ağız da kontrol edilmeye başlanacaktır (çıkan ya da çıkmak üzere olan dişler nedeni ile). Başın arkasındaki posterior fontanel (bıngıldak) artık kapanmış olacaktır, başın tepesinde olan öndeki ise muhtemelen artık küçülmüş olacaktır.

• Gelişimin değerlendirilmesi. Muayene eden kişi sizin anlattıklarınıza güvenebilir ya da bebeği gözlemekle yetinebilir, ya da bebeği, oturur duruma çekildiğinde baş kontrolü, görme, duyma, nesnelere uzanma ve yakalayabilme yeteneği, küçük nesnelerin araştırılması, yuvarlanma ve ayaklarının üzerine bir miktar ağırlık verme ve sosyal etkileşim ve konuşma ile ilgili bir dizi "testten" geçirebilir.

• Eğer bebeğin sağlığı iyi ise ve konterndikasyonlar yoksa üçüncü dönem aşılar. Duruma göre değişebilen aşılama takvimi için sayfa 137'ye bakınız. Daha önceki aşılamalar sırasında oluşan reaksiyonlar hakkında doktorunuzdan bilgi alın.

• Muhtemelen kansızlık olup olmadığının kontrolü için hematokrit ve hemoglobin düzeylerine bakılacaktır (parmak ucundan alınan kandan), özellikle düşük doğum tartılı bebeklerde.

• Besleme, uyku, gelişim ve güvenlik gibi konularda bir sonraki ayda nelere karşı hazırlıklı olunacağına dair aydınlatıcı bilgiler.

• Eğer bölgenizde gerekiyorsa flor takviyesi ve eğer bebeğiniz anne sütü ile besleniyorsa D vitamini takviyesi ile ilgili öneriler. Demir katkılı hazır mamalarla beslenmeyen bebekler için demir takviyesi ile ilgili öneriler.

Doktorunuz kendiliğinden bir açıklama yapmamışsa, şu konularda ona sorular sormak isteyebilirsiniz:

• Üçüncü dönem aşılamalarda ne gibi reaksiyonlar beklenebilir? Bunları nasıl tedavi etmelisiniz? Hangi reaksiyonlar için doktoru aramalısınız?

• Artık bebeğin diyetine hangi gıdaları ekleyebilirsiniz? Bebek sütü bir fincandan alabilir mi?

Ayrıca geçen ay ortaya çıkan endişelerinizi dile getirin. Doktordan aldığınız bilgileri ve tavsiyeleri bir kâğıda yazın (yoksa mutlaka unutursunuz). Konuyla ilgili bütün bilgileri (bebeğin ağırlığı, kilosu, baş çevresi, aşılamalar, hastalıklar, ilaçlar, artık verilmesi mümkün olan yiyecekler ve diğerleri) bir sağlık dosyasında saklayın.

BEBEĞİNİZİN BU AYKİ BESLENMESİ
Ticari ya da Evde Hazırlanmış Bebek Gıdaları

Bebek gıdaları 1930'larda süpermarket raflarında ilk çıkışlarını yaptıkları zaman, modern çağın konforuna adım atmanın gururunu duyan yorgun ve aceleci anneler tarafından şükranla karşılandılar ve evlerdeki mama presleri de rafa kaldırıldı. Bugün en az onlar kadar yorgun, aceleci ve zamanı daha da az olan pek çok anne ticari bebek ürünlerinden uzak durmakta ve bunun yerine mama preslerine (ya da muhtemelen blender ya da mutfak robotlarına) geri dönmektedirler. Konforu tercih edenler de bunu utanarak yapmaktadır.

Ticari gıdalar son zamanlarda kendilerine yapıştırılan olumsuzluk etiketini hak ediyorlar mı? Ev yapımı gıdalardan daha mı az sağlıklılar? Ev yapımı olanlar daha besleyici ve daha mı güvenli? Karar vermeden önce aşağıdakileri okuyun.

TİCARİ BEBEK GIDALARI

1970'lerde annelerin bebekleri için yararlı olduğunu zannederek satın aldıkları ticari gıdaların tam tersine zararlı olabileceği anlaşıldığında bunlara karşı olan genel tutum da değişiverdi. Bu gıdalarda eklenmiş şeker ve tuz, besleyici olmayan katkı maddeleri ve koyulaştırıcılar ve MSG gibi şüpheli katkı maddeleri vardı. Bunun anlaşılmasıyla ticari bebek gıdası formülasyonları da düzelmeye başladı, bu kısmen tüketicilerin ve tıp camiasının baskısı, kısmen de endüstrinin kendi ürünlerini mükemmelleştirme ve imajını düzeltme arzusu sayesinde gerçekleşti.

Günümüzün ticari bebek gıdalarında genellikle eklenmiş tuz ya da kimyasal maddeler yoktur ve şeker ya da katkı maddeleri de tek cins gıda içeren mamalara nadiren eklenmektedir. Her zaman bir artı puan olmuş olan kolaylık unsurları; bunların sunmaya hazır halde olmaları, bebeğe uygun porsiyonlarda kavanozlarda satılmaları, kalan kısmın tekrar kapatılabilmesi ve buzdolabında saklanabilmesidir. Fakat birçok olumlu özellikleri daha vardır. Meyveler ve sebzeler toplanır toplanmaz pişirildikleri ve paketlendikleri için besleyici değeri olan maddeleri büyük ölçüde korumaktadırlar. Gıdalar tat ve içerik olarak sabittir, ayrıca güvenilir ve sağlıklıdırlar. Özellikle bunları satın alarak kazandığınız zaman sizin için değerli ise ve fazla miktarda gıda hazırladığınızda daha çok besinin ziyan olacağını düşünüyorsanız, nispeten ucuzdurlar.

Ticari bebek gıdalarının avantajı en çok katıların ilk verildiği aylarda belirgindir. İnceltilmiş çeşitleri yeni başlayanlar için en iyi seçenektir ve tek çeşit gıda içerenler alerji takibinin daha kolay yapılmasını sağlarlar. Büyük firmalar buna hazır olan bebekler için daha zengin içerikli gıdalar imal etmekle beraber, birçok anne bebeği aile mönüsündeki yumuşak pişirilmiş, ezilmiş, kaba doğranmış ya da lapa halindeki gıdaları yiyebilmeye başlar başlamaz ticari gıdaları bir kenara bırakır. Yine de yolculuk sırasında kullanmaya hazır gıdaları tercih edebilirler ve acil durumlar ya da dışarıda yemek istedikleri zamanlar için bunlardan el altında bulundurmak isteyebilirler.

Elbette ki "bebek gıdası" diye satılan her şey bebekler için iyi değildir. Etiketleri okuyun ve şeker veya mısır şurubu, tuz, modifiye edilmiş nişasta ve diğer koyulaştırıcılar, kısmen ya da tam olarak hidrojenlendirilmiş yağ, monosodyum glutamat (MSG), doğal koku ya da renk ve koruyucular içeren gıdalardan kaçının. Bazı gevreklere, meyvelere, ve diğer tatlılara eklenen şeker tat tomurcukları henüz saflığını kaybetmemiş olan ve doğal gıdalardaki şekerle yetinebilen bebekler için kesinlikle lüzumsuzdur (zaman zaman ekstradan şeker vermek istiyorsanız sayfa 563'teki tarifleri kullanın veya yalnızca konsantre meyve suyu ile tatlandırılmış ürünleri satın alın). Bazı pudinglerde ve kremalarda yumurta vardır; eğer bebeğinize henüz yumurta vermemişseniz, bunlardan kaçının.

"Anında kullanılmak üzere" ya da kurutulmuş bebek gıdaları büyük kolaylık sağlar çünkü ağırlıkça hafiftirler, açıldıktan sonra dolapta saklanmaları gerekmez, ve sudan başka sıvılarla karıştırılarak besleyici değerleri artırılabilir. Ancak bazı sakıncaları da vardır: hepsinden önce, bazılarında bebeğinizin gereksinimi olmayan kısmen hidrojenlenmiş ya da doymuş bitkisel yağlar ve/veya nişastalar bulunur. İkincisi, derhal kullanılmak üzere hazırlanmış olan gıdaların besleyici değeri kavanozlanmış olanlardan azdır. Son olarak, suyu alınmış ve tekrar su eklenmiş bir gıdanın tadı kaçınılmaz olarak taze olandan farklı olacaktır; bu da bebek sofra gıdalarına geçtiğinde onun tat tomurcuklarında algılama karışıklığına yol açar. O halde suyu alınmış gıdalar bir seyahat sırasında büyük kolaylık sağlamakla beraber, rutin kullanım açısından muhtemelen bebeğiniz için en iyisi bunlar değildir.

"Organik" bebek gıdaları piyasada henüz yenidir, ancak pahalıdır ve kolay bulunamamaktadır. Bunlar güvenilirdir ve besleyici değerleri de iyidir, ama eğer bunları alacak gücünüz yoksa üzülmeyin. Ticari çeşitler, organik olmasalar da genellikle bilinen potansiyel zararlı maddeleri içermezler (MSG, Alar, koruyucular, ve renklendiriciler) ve bebeğiniz için riskli değildirler.

EVDE HAZIRLANAN BEBEK GIDALARI

Eğer zamanınız, enerjiniz ve motivasyonunuz varsa elbette ki bebeğinizin gıdalarını kendinizin hazırlamasında hiç bir sakınca yoktur-aşağıdaki kurallara uymak koşuluyla:

- Yeni bir gıda verecekseniz, bunu başka şeyler katmadan hazırlayın ve sunun.
- Şeker ya da tuz eklemeyin. Eğer ailenizin tümü için yemek yapıyorsanız, tuz ve baharat eklemeden önce bebeğinizin porsiyonunu ayırın.
- Ne pişirirken ne de sofrada bebeğin gıdasına yağ ekleyin.
- C vitaminini tahrip edebildiklerinden bakır kaplarda pişirmeyin.
- Asitli gıdaları (domates gibi) alüminyumda pişirmeyin, çünkü az miktarda alüminyum çözünüp gıdaya karışabilir.
- Sebzeleri buharda, basınç altında, ya da susuz ortamda pişirin, böylece ışığa, havaya, ısıya ve suya daha az maruz kalırlar.
- Patatesleri kabuklarıyla kaynatın, fırınlayın, ya da mikrodalga fırında pişirin; kabuklarını daha sonra soyun.
- Asla karbonat kullanmayın, gıdanın rengini koruyabilir ama içindeki mineral ve vitaminleri de boşaltabilir.
- Baklagilleri geceden (fasulye ve bezelye) ne ıslatın ne de kaynatın; iki dakika boyunca kaynatın, sonra bir saat boyunca dinlenmeye bırakın ve aynı suda pişirin.
- Yemeğin sağlıklı bir şekilde hazırlanması ile ilgili olarak sayfa 200'deki Bebeğin Güvenli Beslenmesi'ndeki prensiplere uyun.

Katıların başlanmasından sonraki ilk birkaç hafta veya bebek en az altı aylık olana kadar, sunduğunuz gıda iyice püre haline getirilmiş, suyu sıkılmış ya da elekten geçirilmiş olmalıdır (bununla birlikte muzu ezebilir ve sıvı ile inceltebilirsiniz). Rahatlık açısından, havuç, bezelye ya da diğer sebzeleri buz küpleri içinde dondurabilirsiniz. Küpleri teker teker hava geçirmeyen buzdolabı torbalarında saklayın. Kullanmadan önce küpleri torbalarından çıkarmadan buz dolabında, bir mikrodalga fırında (tabii pişirme değil defrost ayarında iken) ya da soğuk su altında çözdürün- oda ısısında değil.

MERAK ETTİKLERİNİZ

BAĞIRSAK HAREKETLERİNDEKİ DEĞİŞİKLİKLER

"Daha önce emzirmekte olduğum bebeğime geçen haftadan itibaren katı gıdalar vermeye başladım, ancak dışkısı daha katı bir hal aldı -bunu bekliyordum-, aynı zamanda daha koyu renkli ve kötü kokulu. Bu normal mi?"

Ne yazık ki bebeğinizin içinden geçen her türlü gıdanın masum ve sevimli bir şekilde dışarıya çıktığı zamanlar artık geride kaldı. Dışkının katı, hardalımsı ve zararsız görünümünü terk edip sert kıvamlı, koyu renkli, kokulu bir hal alması daha önce çocuğunu emzirmekte olan bir anneyi şoka sokabilir. Ancak, değişiklik estetik olarak hoş olmamakla beraber, normaldir. Bebeğinizin diyeti erişkinlerinkine benzedikçe dışkısı da erişkinlerinkine benzemeye başlayacaktır -bununla birlikte daha önce emzirilmekte olan bir bebeğin kakası sütten tamamen kesilene kadar biberonla beslenene göre biraz daha yumuşak kalacaktır.

"Bebeğime ilk havucunu daha yeni verdim, dışkısı açık portakal rengiydi."

İçeri giren bir şey dışarı çıkmalıdır. Sindirim sistemi pek gelişmemiş olan bebeklerde alınan gıda çok fazla değişikliğe uğramayabilir. Katılar başlandıktan sonra, dışkının özelliği her seferinde değişebilir, çoğu kez renk ve içerik bakımından son öğünü yansıtır. Daha sonraları, tam olarak çiğnenmeyen gıdalar, özellikle sindirmesi zor olanlar, bir bütün halinde veya buna yakın bir şekilde çıkabilir. Dışkıda mukus yoksa ve anormal bir şekilde yumuşak değilse (bunlar gastrointestinal irritasyon belirtileridirler ve buna yol açan gıdanın birkaç hafta süre ile bırakılmasını gerektirirler), kaygılanmaksızın yeni yeni zenginleştirmekte olduğunuz diyete devam edebilirsiniz.

BİBERONUN REDDEDİLMESİ

"Zaman zaman biraz soluklanabilmek için bebeğime biberonla süt vermek istiyorum ama içmeyi reddediyor. Ne yapabilirim?"

Bebeğiniz dün doğmadı. Ve nispeten daha küçük bir bebeğin tersine, ne istediğini, ne istemediğini ve istediği şeyleri kendi tarzında en iyi nasıl elde edebileceğini artık bilmektedir. İstedikleri: sizin yumuşak, ılık, sevimli göğüsleriniz. İstemedikleri: Lastikten ya da kauçuktan yapılma fabrikasyon bir meme ucu. İstediklerini kendi tarzında en iyi nasıl elde edebileceği: İlki için ağlayarak, ikincisini de reddederek.

Bebeğinizin yaşamına biberonu sokmak için bu kadar uzun süre beklemeniz şartları aleyhinize çevirmiştir; bunun için en iyi zaman 6. hafta dolaylarıdır (sayfa 218'e bakınız). Ancak, aşağıdaki inceliklere dikkat ederek yine de ona karşı üstünlük kazanabilirsiniz:

Onu midesi boşken besleyin. Birçok bebek aç olduğu sırada bir gıda kaynağı olarak biberona daha açıktır. O nedenle bebeğiniz gerçekten aç olduğunda onu biberonla besleyin.

Ya da onu midesi doluyken besleyin. Bazı bebekler, annelerinin memesini aradıkları sırada biberona karşı düşmanca bir tutum takınabilirler ve biberonu sunanın da kendilerini aldattığı hissine kapılabilirler. Eğer sizin bebeğinizde de olan buysa (bunu yalnızca deneme yanılma ile anlayabilirsiniz), açlığının zirvede olduğu anlarda ona biberon vermeyin, ara sıra öğünler arasında sunun -bu sırada yeni deneylere ve küçük bir lokmaya ruhen daha hazır olacaktır.

Kayıtsız görünün. Sanki bu bir ölüm-kalım meselesi gibi davranmak yerine, tepkisi ne olursa olun sakin görünün.

Yemekten önce oynamasına izin verin. Beslenmeden önce biberonla oynamasına izin verin. Eğer onu kendi başına inceleme şansı olursa, biberonun yaşamına, ve ümit edilir ki, ağzına girmesine ses çıkarmaz. Hatta bunu kendisi bile yapabilir -diğer her şeyi yaptığı gibi.

Göğüslerinizi ondan uzak tutun. Hatta kendiniz pek ortada gözükmeyin. Emzirilmekte olan bir bebek, annesi kokusunu alamayacağı kadar uzakta iken babasının, büyükanne ya da bakıcısının kendisini biberonla beslemesine daha çok uyum gösterir. En azından bu destek besleme şekli iyice oturana kadar, sesinizi duyması bile bebeğin biberona olan iştahını yok edebilir.

Hoşuna giden bir içeceği deneyin. Belki de bebeğin itiraz ettiği biberon değil içindekidir. Bazı bebekler aşina oldukları anne sütü ile dolu biberonu kabul ederler, ama bazıları da sütün esas kaynağını hatırlarlar ve farklı bir sıvıyı daha rahat alırlar. O zaman anne sütü yerine hazır mamayı ya da sulandırılmış elma suyunu deneyin.

Uyurken verin. Biberonu verecek olan kişinin bebeğinizi uykudan kaldırıp öyle vermesini isteyin. Birkaç hafta sonra biberonu uyanıkken de kabul edebilir.

Ne zaman teslim olacağınızı -geçici olarak- bilin. Biberonun bir savaş aracı olmasına izin vermeyin, yoksa savaşı kazanma şansınız yok olur. Bebeğinizin biberona karşı koyduğunu görür görmez, onu uzaklaştırın ve daha sonra yine deneyin. Gereken tek şey kararlılık -bir yandan da sakin tutumunuzu koruyarak- olabilir. Yenilgiyi kabul etmeden önce en az birkaç hafta boyunca 3-4 günde bir biberonla beslemeyi deneyin.

Bununla birlikte, yenilgi kaçınılmaz olursa, ümitsizliğe kapılmayın. Göğüslerinize başka bir alternatif daha vardır:kap. Birçok bebek, daha 3-4 aylıkken bile bir kaptan içmeyi sever ve ek gıdaları hoşlanarak bu şekilde alır (sayfa 199'a bakınız); ilk yılın sonuna doğru (hatta bazen 8-9. aylarda) bir çoğu kaptan içmek konusunda doğrudan memeden kaba geçebilecek kadar ustalaşır -bu da annelerini bebeği biberondan ayırmak için gerekecek olan ilave çabadan kurtarır.

BEBEK İÇİN AYAKKABILAR

"Bebeğim elbette henüz yürümüyor, ama ayakkabıları olmadığı zaman onun tam olarak giyinmediği hissine kapılıyorum"

Bu gelişim aşamasında bebeğiniz için en iyisi çorap giymesi ya da hava müsaade ediyorsa ayaklarının çıplak olmasıdır. Bununla birlikte, özel bazı durumlarda ayakkabı giymesinde de bir sakınca yoktur -seçim doğru yapılmak koşuluyla. Bebeğinizin ayakları yürümeye henüz uygun değildir, o halde giyeceği ayakkabının da böyle bir işlevi olmayacaktır. Bebek ayakkabıları hafif ve hava geçirebilir özellikte olmalıdır (deri ya da bez, ama plastik değil), ve tabanları da bebeğinizin baş parmaklarını hissedebileceğiniz kadar yumuşak olmalıdır (sert tabanlı olanlar kesinlikle tercih edilmemelidir). Bilek desteği sert olan ayakkabılar, bebeğin ayakları için hem şu anda, hem de ileride yürümeye başladığında da, lüzumsuz ve sağlıksızdır. İlk ayakkabıların ne kadar çabuk küçük gelmeye başladığını düşünürseniz aynı zamanda pahalıdırlar da.

Boyunun uygunluğunu kontrol etmek için, ayakkabının her tekinin ucuna baş parmağınızla basın. Eğer bebeğinizin en uzun ayak parmağı ile (bu çoğu kez baş parmak, bazen de onun yanındakidir) ayakkabının en ucu arasındaki mesafe sizin baş parmağınızın kalınlığına eşitse, ayakkabı doğru boyda demektir ve büyüme için mesafe vardır. Enini kontrol etmek için, ayağın en geniş olduğu yerde ayakkabıyı çimdiklemeye çalışın. Eğer yapabiliyorsanız, yeterince boşluk var demektir. Bebeğinize ne şimdi ne sonra çok küçük olan ayakkabılar giydirin.

BÜYÜK KÜVETTE YIKANMAK

"Oğlum bebek küvetinde yıkanmak için çok büyüdü, ama onu büyük küvette yıkamaya korkuyorum."

Ailenin banyo küvetine dalmak hem sizin hem de bebeğiniz için ürkütücü görünebilir; ne de olsa böylesine büyük bir göl için o çok küçük ve kaygan bir balıktır. Eğer hem kazaları önlemek hem de bebeğin korkularını gidermek için gereken tedbirler alınırsa, büyük küvet 6 aylık bir bebek için gerçek bir harikalar diyarı halini alabilir ve yıkanmak da ıslak olmakla beraber hoş bir aile törenine dönüşebilir. Bebeğinizin su içinde mutlu olmasını istiyorsanız, banyo küvetinde yıkanma ile ilgili püf noktaları için sayfa 71'deki Bebek Bakımına Hazırlık'a bakın ve aşağıdaki kuralları uygulayın.

O oturabilen bir ördek olana kadar bekleyin. Bebeğiniz desteksiz, ya da çok az bir destekle oturabiliyorsa yıkanma sırasında ikiniz de daha rahat edersiniz.

Emin bir şekilde oturmasını sağlayın. Islak bir bebek kaygan bir bebektir ve iyi oturabilen bir bebek bile (hatta bir erişkin bile) banyoda kayabilir. Bir an için suyun altına girmesi zararlı değildir, ama bunun yarattığı dehşet uzun vadede bir banyo korkusuna neden olabilir (elbette, eğer kayarsa ve siz orada değilseniz, sonuçlar çok daha ciddi olabilir). Neyse ki günümüzün annelerinin tüm bir yıkanma boyunca bir elleri ile bebeklerini tutmaktan başka bir alternatifleri daha vardır: küvetin dibine sıkıca yapışan lastik vantuzlu banyo koltukları. Koltuk bebeğin içinde durabileceği bir simit kadar basit, ya da üzerine oturabileceği plastik bir deniz atı kadar marifetli olabilir. Bazı koltuklarda, bebeğin kaymaması için altına konan köpük yastıkları vardır. Eğer sizinkinde yoksa, bebeğin altına koyacağınız temiz bir sabun bezi ya da küçük bir havlu da aynı işi görür. Nemli ortamda mikropların üremesini önlemek için bezi duru sudan geçirin, sıkın ve asarak kurutun; ya da her banyoda yeni bir bez kullanın. Eğer koltuğun bir köpük yastığı varsa aynı sebepten bunu da kullandıktan sonra kurutun.

Bebeğinizin alışkın olduğu bir kayıktan suyu test etmesine izin verin. Onu birkaç akşam boyunca eski küvetinin içinde iken, daha sonra terfi edeceği büyük küvete koyarak yıkayın. Böylece daha sonra yeni küveti suyla doluyken ve kendisi de içinde iken ona o kadar korkunç görünmeyecektir.

Yemekten sonra yüzmek yok. Annenizin bıkmadan tekrarladığı öğütlerin tıbben doğru olup olmadığı şüphe götürür. Ama bebeğinizi yemekten hemen sonra yıkamamak mantıklı olabilir, çünkü aktivite artışı yediklerinin ağzına gelmesine neden olabilir.

O müthiş üşümeyi önleyin. Bebekler üşümekten hoşlanmaz ve üşümeyle banyo arasında bir ilişki kurarlarsa, yıkanmaya isyan edebilirler. O halde banyonun yeterince sıcak olduğundan emin olun. Eğer yeterince sıcak değilse, banyoyu küçük bir ısıtıcı ile ısıtmak isteyebilirsiniz (güvenlik önlemleri için sayfa 266'ya bakın). Küvet dolana kadar ve siz bebeğinizi onun içine sokmaya hazır olana kadar elbiselerini çıkartmayın. Bebeğinizi sudan çıkarır çıkarmaz sarabileceğiniz yumuşak, büyük ve tercihen başlıklı bir havluyu hazır bulundurun. Soğuk havalarda, havluyu bir radyatörde ısıtmak iyi bir fikirdir, ama havlunun fazla ısınmadığından emin olun. Giydirmeden önce, bedenindeki kıvrım yerlerine de dikkat ederek bebeğinizi güzelce kurulayın.

Hazırlıklı olun. Havlu, sabun bezi, sabun, şampuan, banyo oyuncakları ve bebeğinizin banyosu için gereken her şeyi onu küvete sokmadan *önce* hazırlayın. Eğer bir şey unutursanız ve onu getirmek için gitmek zorunda kalırsanız, *bebeğinizi bir havlu ile sarın ve onu beraberinizde götürün.* Ayrıca, sabun, jilet, şampuan gibi potansiyel tehlikesi olan her şeyi banyodan önce küvetin içinden çıkartın.

Dirsek testi yapın. Sizin elleriniz bir bebeğin nazik derisine göre sıcak suya çok daha fazla dayanıklıdır. Musluktan akıttığınız suyun doğru sıcaklıkta olduğundan emin olabilmek için, bebeğinizi içine sokmadan önce dirsek ya da el bileğinizle onu kontrol edin. Su, bebeğin içinde rahat edebileceği kadar ılık olmakla birlikte, kaynar da olmamalıdır. Önce sıcak su musluğunu kapatın, böylece damlayabilecek su serin olacaktır ve bebeğiniz haşlanmayacaktır. Banyo musluğunun üzerindeki bir güvenlik örtüsü bebeğinizi yanıklardan ve çarpmalardan koruyacaktır.

Onun yanında olun. Bebeğiniz banyonun her anında sizin gözetiminiz altında olmalıdır - ve bu banyo yapmaya başladığı andan itibaren 5 yıl boyunca devam etmelidir. Onu, koltuğundayken dahi, bir saniye için bile *banyoda asla yalnız bırakmayın.*

Onu eğlendirin. Küveti bebeğiniz için yüzen bir oyun alanı haline getirin, böylece bir yandan onun dikkatini başka tarafa çekebilir ve bir yandan da onu yıkayarak esas işi yapabilirsiniz. Özel olarak hazırlanmış küvet oyuncakları-(özellikle suyun yüzeyine fırlayanlar) ve her büyüklük ve şekildeki su kapları bu amaca mükemmel hizmet ederler. Küvet oyuncaklarının üzerinde bir küf tabakası gelişmemesi için kullandıktan sonra onları kurulayın ve kuru bir kapta saklayın.

Bebeğin sağa sola su fışkırtmasına izin

verin. Ama siz kendiniz bunu yapmayın. Birçok bebek banyoda su ile oynamaktan çok hoşlanır ve bebeğiniz sizi ne kadar çok ıslatırsa o kadar mutlu olacaktır (çok ıslanmak canınızı sıkıyorsa plastik bir önlük giyin). Her ne kadar bebek sağa sola su fışkırtmaktan hoşlansa da başka birinin hedefi olmak hoşuna gitmeyebilir. Birçok bebek kendisine su atıldığı için banyodan soğuyabilir.

BANYO KORKUSU

"Kızım banyo küvetinde banyo yapmaktan çok korkuyor ve şuursuzca çığlık atıyor, onu zorla küvetin içinde tutabiliyoruz."

Sayısız defalar banyo yapmış bir erişkine saçma görünse de bir bebeğin banyo korkusu oldukça gerçektir ve her defasında banyo küvetinden de devasa olarak ortaya çıkar. Ve bebeğinizi korkusunun kaynağı ile zorla yüzleştirmek korkusunu yenmesini sağlamayacaktır. Amacınız yavaşça, sabırla ve anlayışla banyo hakkındaki hisleri tersine çevirmek, küvete gitmek için burayı daha tanıdık ve suyu da sıcak bir arkadaş yapmak olmalıdır.

Temizliğe uzanan iyi bilinen yollar. Bebeğiniz banyo küvetinde banyo yapmayı tamamen isteyene kadar onu zorlamayın. Onu bebek küvetinde yıkamaya devam edin, eğer bundan da rahatsız oluyorsa veya artık sığmıyorsa bunun yerine sünger banyolarına devam edin.

Kuru bir deneyim sağlayın. Ortama alışması için ve bu alanda eğlenebileceğini anlayabilmesi için eğer istekliyse su koymadan bazı oyuncaklar ile birlikte küvetin içine koyun (kaymasını önlemek için büyük bir havlu veya banyo taburesinin üzeri). Oda sıcaksa ve çıplak oynamaktan hoşlanan bir bebekse çıplak oynamasına izin verin. Diğer hallerde giyinik tutun. Herhangi bir banyo küveti durumunda olduğu gibi hiçbir zaman yanından ayrılmayın.

Örnek kullanın. Bebeğinizi bir başkası tutarken yıkanabilir bir bebeğe veya yumuşak bir hayvan üzerinde yıkama işleminin her basamağını anlatarak örnek bir yıkama yapın. Bebeğiniz yeterince büyüdüğü zaman yıkanmaya yardım etmesine veya kuru küvette oturduğu yerde küçük bir leğende bebeğini yıkamasına izin verin.

Hoşa giden ıslak eğlenceler deneyin. Oturabilen bebek için plastik bir leğeni (onun bebeklik küvetini veya bulaşık leğeni kullanabilirsiniz) ılık su, bebek şampuanının köpükleri ve oyuncaklarla doldurun. Bunu havlu serilmiş küvetin içine veya çocuğunuz küvete girmeyi reddediyorsa mutfağa veya banyoda yere koyun. Bebeğinizi giyinik veya çıplak olarak onun yanına koyun ve sürekli gözetiminiz altında keşfetmesine yardım edin. Henüz oturamayan bebeğinizin su ile oynayabilmesi için daha küçük bir kabı veya çanağı doldurun ve bunu yemek arabasının tablasına veya yürütücü arabasına koyun.

Arkadaş sistemi. Bazı bebekler banyoya eğer arkadaşları varsa daha tahammüllüdürler. Bebeğinizle onun konforu için ayarlanan bir ısıda beraber banyo yapmayı deneyin. Beraber yapılan banyolara alıştığı zaman tek başına da deneyebilirsiniz.

Sabırlı olun. Eninde sonunda bebeğiniz küvete tekrar girecektir. Fakat baskı yapılmadan, kendi hızında yapmasına izin verilirse daha hızlı yapacaktır.

BEBEĞİN DİŞLERİNİN FIRÇALANMASI

"Küçük kızım ilk dişini daha yeni çıkardı. Bir komşum hemen fırçalamaya başlamam gerektiğini söyledi ama bu bana çok saçma geliyor."

Çıkmadan önce çok acıya ve damakta ilk defa göründüklerinde heyecana neden olan bu küçük inciler yok olmaya mahkûmdurlar. Hepsinin kalıcı dişlerle değişmek üzere okul çağının başlarında ve ortalarında düşmeleri beklenebilir. Bu nedenle bunlara şu anda neden iyi bakım yapmaya gerek var?

Birkaç neden sayılabilir, her şeyden önce bu dişler kalıcı dişler için yer tuttuğuna göre bunların kaybı ağız yapısında kalıcı değişikliklere neden olabilir. Bebeğiniz uzun yıllar bu öncül dişlere ısırmak ve çiğnemek için ihtiyaç duyacaktır; kötü dişler beslenmeyi bozabilir. Ve sağlıklı dişler çocuğun kendine güven duyması için önemli olan normal konuşma gelişimi ve görünüm için gereklidir. Bozuk dişlerinden ötürü düzgün konuşamayan, eksik veya çürümüş dişleri nedeniyle ağzını sürekli kapatmak zorunda hisseden çocuk kendini iyi hissetmez. Sonuç olarak çocuğunuzun dişlerini erkenden fırçalamaya başlarsanız iyi ağız sağlığı alışkanlıkları geliştirmesi mümkün olabilecektir.

İlk çıkan dişler temiz bir gazlı bez, yıkama bezi ile silinebilir veya su ile nemlendirilmiş çok yumuşak ve ufak (üç sıra kıl grubu içeren) yenidoğan diş fırçaları ile yemeklerden sonra ve yatarken fırçalanabilir. Diş doktorunuza veya eczacınıza uygun diş fırçaları hakkında danışın. Gazlı bez ilk azılar çıkana kadar daha kapsamlı bir iş başarmasına rağmen diş fırçası da bebeğe diş fırçalama alışkanlığını kazandıracağı için ikisi beraber kullanılmalıdır.[1] Nazik olun, bebek dişleri yumuşaktır. Dilde de mikroplar bulunduğundan onu da hafifçe silin ya da fırçalayın.

Bebek dişi için diş macununa ihtiyaç yoktur fakat bebeğinizin ilgisini çekiyorsa bir parça sürebilirsiniz. Tükürmeyi becerene kadar mercimekten daha büyük macun kullanmayın, çoğu bebek ağzına giren her şeyi yutar, özellikle suyun fazla flor içerdiği bölgelerde olmak üzere aşırı dozda flor alımı olabilir. Çoğu çocuk bunu kendi başına yapmak için isteklidir. Bir kere beceri kazandıktan sonra (birkaç ay boyunca bu olmayacaktır) yemeklerden sonra kendi başına fırçalamasına izin verebilirsiniz, yatak zamanı rutini olarak gazlı bez ile detaylı bir temizlik yapabilirsiniz.

1. Pediyatrik diş doktoru küçük dişleri temizlemede gazlı bezden daha etkili olan, tek kullanımlık kumaş parmak şeklindeki bezleri nereden temin edebileceğinizi söyleyebilir.

Aynı zamanda kendi dişlerinizin bakımını yaptığınızı da izlemesini sağlayın. Eğer anne ve baba iyi bir diş bakımı sistemi uygularlarsa, kızınız fırçalama ve daha sonra iplik ile temizleme konusunda daha titiz olacaktır.

Her ne kadar fırçalama ve iplik ile temizleme bebeğinizin hayatı boyunca önemli olmaya devam edecekse de şu andan başlayarak düzenli beslenmede iyi bir diş sağlığı için aynı önemde olacaktır (aslında bebeğiniz doğmadan başladı). Kalsiyum, fosfor, flor, diğer minerallerin ve vitaminlerin yeterli alımı (özellikle dişetlerinin sağlığı için gerekli olan vit-C) ve rafine şekerler içeren gıdaların tercih edilmemesi (ticari diş bisküvileri de buna dahildir) ya da yapışkan doğal şekerleri içeren yiyeceklerin kullanılmaması bir ağız dolusu çürüyen dişlerin kanayan dişetlerinin sıkıntısını önleyebilir. İdeal olarak şekerleri günde bir iki ile sınırlandırın, güne yayılan şekerli dönem arttıkça dişlerin riski artar. Yemek arası vermek yerine daha az zarar verdikleri dönemler olan yemek aralarında verin. Ya da bebeğinizin dişlerini her şekerli gıdadan sonra fırçalayın.

Fırçalamanın mümkün olmadığı zamanlarda bebeğiniz öğünler arasında karbonhidrat oranı yüksek gıdalar alıyorsa plaklardaki bakterilerce üretilen dişleri çürütücü asitlerin etkilerini bloke eden bir parça peynir (İsviçre peyniri çedar gibi) yedirin. Dişler için daha ileri bir güvence istiyorsanız bebeğinizi bir bardak meyve suyu ile yetinmeye alıştırın, biberonu ile uyumasına izin vermeyin.

İyi ev bakımı ve uygun beslenme yanında bebeğiniz sağlıklı diş ve dişetlerini kalıcı kılmak için profesyonel bir diş bakımına ihtiyaç duyar. Şimdi, herhangi bir acil durum oluşmadan önce çocuk hekiminizden pediatrik diş doktorunu veya çok çocukla uğraşan ve bu alanda deneyimi olan bir genel diş doktorunu önermesini isteyin. Çocuğunuzun dişleri ile ilgili herhangi bir sorunuz olursa hemen doktorunuzu arayın veya bir randevu alın. Eğer bu gerekmiyorsa ikinci ve üçüncü doğum günleri arasında bir yerlerde genel bir kontrol planlayabilirsiniz. Bazı yenidoğanların kötü

BEBEĞİMİN İLK DİŞ FIRÇASI

Kıllar yumuşak olmalı ve bozuldukları zaman değiştirilmelidirler. Zamanla bakteriler fırçanın üzerine yerleştikleri için fırça yeni görünse bile 6-8 haftada bir (bazılarına göre her üç haftada bir) değiştirilmelidir. Sevilen Susam Sokağı veya Disney karakterlerinin olduğu diş fırçaları fırçalamayı daha çekici kılar fakat kalitelerini diş doktorunuza danışın.

ısırma, biberon nedenli çürük gibi diş problemleri erken düzeltilmelidir. Diğerleri, sonradan kendi kendine aralıkları kapanan aralıklı dişler nadiren erken müdahale gerektirirler.

BEBEĞE İNEK SÜTÜ VERMEK

"Bebeğimi emziriyorum ve başka şeylerle beslemek istiyorum. Formül sütlerle başlamak istemiyorum, inek sütü verebilir miyim.?"

Yaşamın ilk yılındaki bir çocuk için az miktarlarda inek sütünün sorun oluşturması zor gözükse de, anne sütü yada formül süt ile beslenen çocuğu ilk doğum gününden önce inek sütüne geçirmek pek iyi bir fikir değildir. Amerikan Pediatri Akademisi, mümkün olan hallerde anne sütüne ilk yılın sonuna kadar devam edilmesi görüşündedir. Bunun mümkün olmadığı hallerde demir ile zenginleştirilmiş formülalar ilk seçenektirler. Birkaç nedeni vardır. İnek sütü yetersiz miktarlarda demir, linoleik asit ve vit-E, fazla miktarlarda sodyum, potasyum ve protein içerir. İkinci olarak inek sütü bebeğin tahıllar gibi gıdalardaki demiri kullanmasını bloke eder. Üçüncü olarak inek sütü bazı bebeklerde bağırsak kanamasına yol açar.

Altı aylık bir bebeğin besin ihtiyacı daha büyük çocuklardan farklı olduğundan, bebeğinizi daha büyük çocuklar için hazırlanmış mamalara geçirme konusunda danışın. İlk yaşına bastığı zaman yağsız veya az yağlı süt yerine tam süt kullanmaya çalışın. Tam süt iki yaşına kadar verilir.

BEBEK-BİBERON-AĞIZ

"Bebeğinin ön dişi biberon ağız nedeniyle çekilen bir arkadaşım var. Bunun küçük oğlumuza olmasını önlemek için neler yapabiliriz.?"

İlk yaşın içindeki bir bebeğin gülümsemesi ile dişlerin olması gereken yerde bir boşluk görünmesinden daha hoş bir şey yoktur. Biberon kullanmadan yıllar önce ön dişleri kaybolmuş çocuklar hoş değillerdir. Ve bu her yıl artan sayılarda bebeğin sorunu olmaktadır.

Biberon ağzı bozukluğu düzeltilebilmektedir. Dişlerin en hassas olduğu, hayatın ilk iki yılında bebeklerin biberonları ağızlarında uyuya kalmaları sonucu görülür. İçilmekte olan sıvının (inek sütü, anne sütü, mama, meyve suyu, şekerli su) içindeki şekerler ağız bakterileri ile karışıp dişleri çürütürler. Uyku sırasında yemekleri sulandıran, yutmayı kolaylaştıran tükürük salgısı çok yavaşlar ve kirlilik artar. Bebek uyumadan önce biraz gıda alır ve bunun çok az kısmını yutar, geri kalan saatler boyu gıda ağız ile temas eder. Biberon ağzını önlemek için:

- Kesinlikle bebeğin dişleri çıkmadan önce de alışmaması için şekerli su vermeyin. Aynısı dağ çileği suyu, kokteyller, meyve ve meyve suyu gibi içkiler için de geçerlidir.
- Bebeğinizin dişleri çıktıktan sonra bir şişe süt ya da meyve suyu ile yatırmayın. Tek bir kez yapmak fazla zarar yapmaz ama tekrarlayanlar yapar.
- Yatağa yatırmak için biberon vermeniz gerekliyse içine musluk suyu doldurulmuş biberon dişlere hiç zarar vermez, eğer florür eklenmişse yararı da olabilir.

• Bebeğinizin bir şişe süt ile sakin durması, yatması için pasifize etmeye çalışmayın. Tüm gün emzirme gece boyu emme kadar zararlı olabilir. Biberonlar öğünlerin bir parçası olarak görülmelidirler ve bunlara uygun ortamda (kollarınız, bebek oturağı ve daha sonra yüksek sandalye) ve uygun zamanda verilmelidir.

• Yatağınızda uyuyan bebeğin tüm gece memede kalmasına ve arada sırada emmesine izin vermeyin.

• Bebeğinizi 12 aylık olunca biberon ve memeden kesin.

ANEMİ

"Gelecek seferki kontrolde doktorun neden oğlumu anemi için test etmesi gerektiğini anlamıyorum. Oğlum prematüreydi fakat şu anda çok sağlıklı ve aktif."

Bir zamanlar çocukların çoğu 6 ile 12 aylar arasında anemik olurlardı, yoksul ailelerin çocukları halen olmaktadır. Hafif anemisi olan bebekler sağlıklı ve aktif göründüklerinden, erişkindeki[2] anemi bulgularını göstermediklerinden ve problemin nedenini anlamanın tek yolunun kandaki hemoglobin oranını testlerle ortaya koymak olduğundan anemi için test yapmak rutin hale gelmiştir. Kırmızı kan hücrelerinde bulunan ve oksijen dağıtımını yerine getiren protein olan hemoglobinin azalması ile anemi tanısı koyulur.

Günümüzde demir desteği sayesinde orta sınıftan her 100 çocuktan ancak 2 veya 3'ünde anemi görülmektedir ve rutin tarama artık gerekmemektedir. Pek çok doktor düşük doğum ağırlıklı çocuklar için 6 ile 9 ay arasında, diğerleri için 9 ve 12 ay arasında testi uygulamaktadır.

Bebekler bazen kanama sonucu kırmızı kan hücrelerinin kaybı, kan uyuşmazlığı nedeniyle hücrelerin tahrip edilmesi veya orak hücreli anemi, Akdeniz anemisi (sayfa 446 ve 451'e bakınız) gibi kalıtımsal bir hastalık nedeniyle anemik doğabilirler. İlk yıl içinde gizli kanama (inek sütünün çok erken başlanması nedeniyle olabilir) veya çengelli kurt gibi parazitlerle infestasyon sonucu anemik hale gelebilirler. Folik asitin ve B12 vitamininin eksik alımı sonucu anemi ile karşılaşabiliriz, bunların her ikisi de katı vejetaryen annelerin sütlerinde yetersiz miktarlarda olabilir veya C vitamini hemoglobin üretimini bozuyor olabilir.

Fakat hemoglobinin en temel yapıtaşı demirdir ve demir eksikliği bebeklerde görülen en sık anemi nedenidir. Miadında doğan bebekler genellikle gebeliğin son birkaç ayında oluşturulan demir depoları ile doğarlar ve ilk birkaç ay bunları taşırlar. Daha sonra hızlı büyümenin gereklerini karşılamak için kan hacimlerini artırmaya yardımcı olan minerallere yüksek miktarlarda ihtiyaç duymaya devam eden bebekler, diyetlerinde demir takviyeli vitamin ve minerallere, demirle güçlendirilmiş bebek tahıllarına, ya da demir ilaveli formül sütler gibi demir kaynaklarına ihtiyaç duyarlar. (biberonla beslenenler)[3] İlk dört, altı ay sadece anne sütü vermek bebeğinizi beslemenin en iyi yolu olarak kabul edilse ve anne sütündeki demir çok iyi emilime uğrasa da buna rağmen anne sütüyle beslenmek doğum öncesi demir depoları tükendikten sonra yeterli demir alımını temin etmiyor.

Demir eksikliği anemisi; prematüreler gibi doğumdan önce yeterli miktarda demir depolayacak zamanı olmamış ve anneleri gebeliğinde yeterli demir almamış çocuklar gibi yetersiz demir depolarına sahip olan bebeklerde sıktır. Demir emilimiyle etkileşen bağırsak problemleri (ishal gibi) ya da metabolik sorunlar (çöliak hastalığı) olan bebeklerde demir eksikliği daha sonra gelişir. Emilim kusurları olmayan, yeterli depoyla doğmuş fakat stokları tükenince hiç demir takviyesi almamış olan bebeklerde de anemi gelişebilir.

2. Erişkinde ve büyük çocuklardaki anemi belirtileri şunlardır: başlangıçta solukluk, huzursuzluk, güçsüzlük, iştah azalması, çevreyle ilginin azalması, daha sonra derinin balmumu gibi olması, soluk sarı renk alması ve enfeksiyonlara yatkınlıktır.

3. Tahıllarda normalde demiri bağlayıp vücutta kullanılmaz hale getiren fitatlar bir zamanlar bebek tahıllarındaki demir takviyesini etkisiz hale getirmişti. Fakat yeni üretim metotlarıyla bu sorunun üstesinden gelindi ve şimdi bebek tahılları çok iyi bir demir kaynağıdır.

Demir takviyesinin ne zaman başlaması gerektiği bir tıbbi görüş meselesidir, tavsiyesi için bebeğinizin doktoruna itimat etmelisiniz.

Tipik olarak demir eksikliği anemisi gelişen bebek esasen anne sütü, inek sütü ya da demirden fakir formül sütlerle beslenen ve çok az katı gıda alan bebektir. Anemi bebeklerin tek demir kaynağı olan katı gıdalara karşı iştahını azalttığı için daha az demir /daha az yemek/daha az demir/daha az yemek siklusu kurulur ve bu meseleyi daha da kötüleştirir. Doktor tarafından verilen demir damları durumu düzeltir.

Bebeğinizde demir eksikliği anemisinin gelişmesini önlemek için aşağıdakileri deneyin:

• Eğer biberonla besleniyorsa, bebeğinizin demirle güçlendirilmiş bir formül süt aldığından emin olun.

• Eğer anne sütü alıyorsa bebeğinizin herhangi bir şekilde demirle güçlendirilmiş bebek tahılı ya da vitamin damlaları gibi demir takviyesi aldığından emin olun. Aynı zamanda mümkün oldukça demir emilimini iyileştirmek için C vitamininden zengin besinler verin. (sayfa 321'e bakın)

• Bebeğiniz katı alımını artırdıkça demirden zengin gıdaları da ekleyin.

• Bebeğinize kepekli gıdalar vermekten kaçının çünkü demir emilimiyle etkileşebilir.

VEJETARYEN DİYETİ

"Biz katı vejetaryeniz ve kızımızı da aynı şekilde yetiştirmeyi planlıyoruz. Vejetaryenlik ona yeterli beslenme sağlayabilir mi?."

Çocuklarını vejetaryen olarak hafif kilo eksikliği dışında çok az ya da hiç etkilemeyecek şekilde yetiştiren milyonlarca vejetaryen vardır. Fakat tüm hayvansal ürünleri kısıtlamanın hem çocuklar hem de yetişkinler için riskleri vardır. Buna rağmen yine de şunları uygulayarak daha iyi sonuçlara ulaşabilirsiniz.

• Bebeğinize anne sütü verin. Soya sütünden yapılan formül sütler anne sütü için kusurlu yedek besinler olduğu için süt verebilen vejetaryen anne de emzirmeli ve bebeğinin ilk altı ay ya da yaklaşık bir sene gerekli tüm besinleri almasını sağlamalıdır. Bu arada kendisi de yüksek kalitede süt üretmek için ihtiyacı olan tüm gıdaları almalıdır (folik asit ve B_{12} vitamini takviyesi de dahil). Eğer emzirmiyorsa kullandığı soya sütünün bebeğinin doktoru tarafından tavsiye edildiğinden emin olmalıdır.

• Anne sütü verdiğiniz bebeğinize demir, D vitamini (güneş ışığından başka tek ana kaynağı rutin olarak D vitamini ilave edilen süttür.) içeren vitamin-mineral takviyesi, folik asit ve B_{12} vitamini (sadece hayvansal ürünlerde bulunur) verin (vitamin takviyeleri hakkında daha fazla bilgi için sayfa 122'ye bakınız). Bebeğiniz anne sütünden ya da formül sütlerden kesildiğinde de takviyeler verebilirsiniz.

• Bebek tahılları kullanma zamanı geçtikten sonra hububat verebilirsiniz. Bu tahıllar ona genelde hayvansal ürünlerin ve rafine edilmiş benzerlerinin sağladığından daha fazla vitamin, mineral ve protein sağlarlar.

• Bebeğiniz katı gıdalara geçtiğinde ek protein sağlamak için soyadan oluşan gıdalar kullanabilirsiniz. Birinci yılın sonuna doğru tamamen yumuşak olarak pişirilmiş esmer pirinç, ezilmiş nohut ve diğer sebzeler (bezelye ve fasulye) ve yüksek proteinli ya da kepekli tahıllı makarnalar diyetlerine protein kaynağı olarak eklenebilir. (sayfa 321'in daha fazla proteinli sebze listesi için bakın)

Bebeğinizi sütten kesince sağlıklı, güçlü kemikler ve dişler için yeterli kalsiyum aldığından emin olun. İyi vejetaryen kaynakları arasında kalsiyumlu hazırlanmış muhallebiye benzer mamalar, (ama çoğu pirinç sübyesi ve donmuş tatlılarının çok az ya da hiç kalsiyum içermediğinin farkında olun) brokoli ve diğer yeşil yapraklılar ve son olarak da dövülmüş badem ve şamfıstığı yer almaktadır (iyi dövün ki bebeğinizin boğazına kaçmasın) Bu yemekler bebeğinizin standart olarak en sevdikleri olmadığı için eğer kızınıza süt vermek istemiyorsanız o zaman diyetine kalsiyum eklemeniz gerekecektir. Doktoruyla görüşün. Süt ürünleri kullanan vejetaryenler bebekleri ve çocukları için iyi bir beslenme temin etmekte süt kullanmayanlara göre daha az zorluk çekerler. Süt ürünleri yeterli miktardaki A, B_{12} ve D vitamini yanında büyüme ve iyi sağlık için gereken protein ve kalsiyumu da sağlarlar. Eğer yumurta sarıları da diyetin bir parçasıysa, ek bir demir kaynağı sağlarlar, ama yine de çoğu çocuk için demir takviyesi yine de iyi bir fikir olabilir (ve tabii ki çocuğunuz büyüdükçe yumurtalar her gün verilen bir yemek olmamalıdır.) Yine doktorunuza danışın.

TUZ ALIMI

"Kocamın ve kendimin ne kadar tuz kullandığımız konusunda oldukça dikkatliyim. Fakat kızımın diyetindeki tuz konusunda ne kadar dikkatli olmam gerekiyor?"

Bebekler, hepimiz gibi bir miktar tuza ihtiyaç duyarlar. Fakat diğerlerimiz gibi çok fazla tuza da gereksinim duymazlar. Gerçekte, böbrekler yüksek miktarlarda sodyumla başa çıkamaz ki doğa da kesinlikle bu sebepten dolayı anne sütünü çok düşük bir sodyum oranıyla yaratmıştır (inek sütündeki bardak başına 120 miligrama kıyasla bardak başına sadece 5 miligram sodyum). Çok fazla tuzun özellikle hipertansiyon öyküsü olan ailelerde, ergenlikte yüksek kan basıncı seviyesine yol açması büyüyen bir gerçektir. Çalışmalar, bebeklerin tuzlu şeyleri kendiliğinden seçmediklerini fakat olağan bir tercihin yüksek sodyumlu bir diyetle beslendiklerinde gelişebileceğini ki bu tercihin de ilerideki hayatları için ölümcül olabileceğini göstermiştir. Artan kanıtlara cevap olarak, sodyum fazlalığı bebekler için iyi değildir ve bebek besini üreticilerinin bir kısmı tariflerindeki tuzu azaltmışlardır. Bebeklerinin besinlerini kendileri hazırlayan anneler de aynısını yapmalıdır. Bezelyelerin ya da pürelerin yalnız siz böyle sevmediğiniz için üzerlerine tuz serpilmeksizin çocuğunuzun da hoşuna gitmeyeceğini sanmayın. Ona yiyecekleri tuzla karıştırmadan tatması için bir şans verin ve böylece bütün hayatı boyunca sahip olacağı doğal bir yiyecek lezzeti geliştirmiş olur.

Bebeğinizin fazla tuzlu yeme alışkanlığını edinmediğinden emin olmak ve ailenin geri kalanının tuz akımını azaltmaya yardım etmek için tabloyu düzenli bir şekilde okuyun. En beklemediğiniz ürünlerde, beyaz peynir ve daha sert peynirler, ekmek, kahvaltı tahılları, kek ve kurabiyeler de dahil olmak üzere (düşük sodyumlu çeşitleri seçiniz) yüksek miktarlarda sodyum bulacaksınız. Altı ay ila bir yaş arasındaki bebekler günde 250-750 miligramı aşmayan sodyuma ihtiyaç duyarlar. Her öğünde 300 miligram ya da daha fazla sodyum içeren besinlerin alımı bu seviyeyi daha yukarı iter. Bebek için alışveriş yaparken, öğün başına çoğunlukla 50 miligramın altındaki besinleri hedefleyin.

KEPEKLİ TAHIL ALIŞKANLIĞI

"Kepekli ekmeğin bebeğim için iyi olduğunu biliyorum fakat ben hoşlanmıyorum ve onunda hoşlanacağını sanmıyorum. Beyaz ekmek yiyip daha sonra kepekli tahıl yemesi onun için daha iyi olmaz mı.?"

Annenizin mama sandalyenizdeyken size verdiği ilk ekmek neydi? Büyüdüğünüzde yumurtanızın yanında ne cins bir kızarmış ekmek vardı? Öğle yemeğinizdeki ton balığı ne tür bir ekmek kullanılarak sandviç yapılmıştır? Tüm bu üç soruya cevabınızın beyaz olması şiddetle muhtemeldir ve beyaz ekmeği tercih etmenizde hiçbir gariplik yoktur. Erken geliştirdiğimiz yemek tercihlerimiz hayatımız boyunca bizimle kalır (eğer onları değiştirmek için çaba harcamazsak) ve bu yüzden bebeğinize sadece kepekli tahılları şu an ve tüm çocukluğu boyunca vermeniz kesinlikle önemlidir. Eğer bunu yaparsanız sadece kepekli tahılı severek büyümekle kalmayıp tadı bebek mamasına benzeyen ve hamur kıvamında olan beyaz ekmeğe karşılık kepekli tahılı tercih edecektir. Eğer ailenin geri kalanı da onunla birlikte kepekli besinleri şiddetle tercih ederse hepinizin esmer ve sağlıklı ekmekleri seçmesi uzun zaman almayacaktır.

BEBEKLERE VERİLEN BESİNLERİN SODYUM İÇERİĞİ

BESİN	MİKTAR	SODYUM (mg)
Anne Sütü	1 bardak	5 mg.
Formül Süt	1 bardak	Değişir, ama genelde anne sütüne yakın
Saf inek sütü	1 bardak	120 mg.
Bebek tahılı	1/4 bardak	0 mg.
Bebek meyveleri (bir yerde yetişen)	1/2 kavanoz	2-10 mg.
Bebek tatlı patatesleri	1/2 kavanoz	20 mg.
Bebek havuçları	1/2 kavanoz	35 mg
Bebek bezelyesi	1/2 kavanoz	7 mg
Saf süt yoğurdu	2 yemek kaşığı	20 mg
Beyaz peynir (sütten)	2 yemek kaşığı	110 mg
Tuzsuz beyaz peynir	2 yemek kaşığı	15 mg
Kepekli ekmek	1/2 dilim	90 mg
Tuzsuz kepekli ekmek	1/2 dilim	5 mg
Pirinç keki	1 tam	28 mg
Tuzsuz pirinç keki	1 tam	0 mg.

*Eğer genelde düşük yağlı çeşitleri bulunan tuzlanmamış beyaz peynir kullanıyorsanız bebeğin anne sütü, formül sütler, sert peynir, ve sade yoğurt gibi diğer kaynaklardan yeterli miktarda yağ almasına dikkat edin ya da her 1/4 bardaklık beyaz peynire bir yemek kaşığı hafif tatlı ya da ekşi kaymak ekleyin.

ERKEN KALKMA

"Başlangıçta bebeğimizin gece boyunca uyumasından gayet memnunduk. Ama her sabah saat gibi 5:00'da uyanmaya başladığından beri, hepimiz onun gece yarısı uyanmasını istemeye başladık."

Bebek geceleri uyanıyorsa, tekrar uyumaya başladıktan sonra en az birkaç saat daha uyuma ihtimali vardır. Ancak, anne babasını çıldırtıcı bir uyanıklık ve enerji ile selamlayan, güne horozların bile horladığı bir sırada hazır ve enerji dolu olarak başlayan bir bebek söz konusu olduğunda, tekrar akşam olana kadar uyuma ümidi yoktur. Ve sayısız anne baba bu edepsiz uyanıklıkla baş etmek durumundadır.

Çoğu kez, ebeveynlerin bununla yaşamayı öğrenmekten başka seçenekleri yoktur. Ancak bazı durumlarda bu küçük inatçı alarmı yeniden ayarlamak mümkün olabilir:

Şafak zamanının ilk ışıklarının içeri girmesine müsaade etmeyin. Bazı bebekler (bazı erişkinler gibi) uyudukları sırada güneş ışığına karşı bilhassa duyarlıdırlar. Özellikle günlerin uzun olduğu ve günün erkenden ağardığı dönemlerde, bebeğin odasının karanlık olmasını sağlamak onun daha uzun süre uyumasına yardım edebilir. Karartıcı perdelerden ya da geceleyin cama asmak üzere kalın bir battaniyeden yararlanın.

Trafik gürültüsünü engelleyin. Eğer bebeğinizin penceresi sabah saatlerinde trafiğin yoğun olduğu bir sokağa bakıyorsa, gürültü onun erkenden uyanmasına neden olabilir. Sesi engellemesi için cama kalın bir battaniye ya da perde asarak, penceresini kapalı tutmaya çalışın veya eğer mümkünse onu sokaktan uzak bir odaya götürün. Ya da sokak gürültülerini boğması için bir pervaneden yararlanın.

Bebeği daha geç saatlerde yatırın. Belki de bebeğiniz erkenden yatırıldığı için zamanından önce uyanıyordur. Yatma saatini bir saat ya da daha fazla ileri alana kadar her akşam onu on dakika daha geç yatırın. Bunun işe yarayabilmesi için bir yandan da gün içindeki şekerleme ve yeme zamanlarını da aynı tempoyla ileri saatlere almak gerekebilir.

Sabahları daha geç uyumasını sağlayın. Erken uyanan bazı bebekler bir-iki saat içinde tekrar uyurlar. Bunu önlemek için, beşiğine dönüş saatini her sabah 10 dakika geciktirerek bir saat ya da daha fazla ileriye alın, bu sonunda onun gece uykusunun uzamasını sağlayabilir.

Gündüz uykularını azaltın. Bu yaşta bireysel farklılıklar olmakla birlikte günlük ortalama uyku süresi 14.5 saattir. Belki sizin bebeğiniz gündüzleri çok fazla uyuyordur ve gece uykusuna olan ihtiyacı bu nedenle azalmış olabilir. Gündüz şekerlemelerini, her birini kısaltarak ya da birini tamamen kaldırarak kısıtlayın. Fakat bunu bebeğinizi günün sonunda yorgun düşecek noktaya getirmeyin.

Onu bekletin. Beşikten gelen ilk çağrıyla yataktan fırlamayın. Beş dakika ile başlayarak onun yanına gittikçe daha çok gecikerek gidin - elbette, eğer feryat etmiyorsa. Eğer şanslıysanız tekrar uykuya dalabilir veya en azından bir süre kendi kendine oyalanabilir.

Beşiğine oyuncaklar koyun. Eğer odayı karanlık tutmak işe yaramıyorsa, ışığın içeri sızmasına izin verin ve siz uyanmadan bebeğinizin oynaması için yanına güvenilir oyuncaklar bırakın (beşiğin kenarına iliştirilen hareketli oyuncaklar, boğulma riski olmayan, uzun tüylerle kaplanmamış hayvanlar ve diğer güvenli beşik oyuncakları).

Onu kahvaltı için bekletin. Eğer saat 5:30'da yemeğe alışmışsa, açlık düzenli olarak kendini bu saatte belli edecektir. Bebeğinizle beraber bu saatte kalkıyorsanız bile, onu hemen beslemeyin. Kahvaltı için sabah erkenden uyanmamasını istiyorsanız onu giderek daha geç besleyin.

Ne yazık ki bazen bu gayretlerin hepsi de boşa çıkabilir. Bazı bebeklerin gerçekten de diğerlerinden daha az uykuya ihtiyacı vardır, ve eğer sizin bebeğinizin de onlardan biri ise, kendi kendine kahvaltı edebilecek kadar büyüyene değin sabah erkenden kalkmak zorunda kalacaksınız demektir.

HÂLÂ GECE BOYUNCA UYUMAYAN BEBEK

"Bebeğim hâlâ gecede iki defa uyanıyor ve onu ne kadar sallarsak sallayalım ya da sakin-

leştirmek için uğraşalım emzirmeden uyumuyor. Biz hiç uyumayacak mıyız?"

Bebeğiniz, hepimiz gibi yaşamının geri kalanında geceleri defalarca uyanacaktır. Ama kendi kendine tekrar nasıl uyuyacağını öğrenene kadar ne siz ne de o güzel bir gece uykusu alabileceksiniz.

Bebeğinizin tekrar uyumasına yardım etmek -meme, biberon, emzikle, ya da sallayarak, okşayarak, şarkı söyleyerek, ninni kasetleri ile) onun bunu kendi kendine nasıl yapacağını öğrenmesini geciktirmekten başka bir işe yaramaz. Ancak onun uyku perisi olmaya devam etmenizin artık pratik olarak mümkün olmadığı an kaçınılmaz olarak gelecektir. İşte eğer o anı şimdi olarak kabul ederseniz hem siz hem de o daha çok uyuyacaksınız.

İlk adımınız sayfa 154'teki ipuçlarını uygulayarak onun geceleri uyanma sayısını ve gündüzleri yaptığı şekerlemelerin süresini azaltmak olmalıdır. Daha sonra da aşağıdaki yaklaşımlardan birini deneyerek yardımsız uyuma eğitimine başlayın:

İlgiyi birden kesmek Eğer bebeğiniz beslenmek için geceleri genel olarak bir iki defa uyanıyorsa yanıt vermeyin -bırakın ağlasın.

Yavaş yavaş azaltmak. Eğer bebeğiniz geceleri üç-dört defadan daha çok uyanıyorsa, ya da siz yukarıdaki taktiği uygularken huzursuz oluyorsanız, daha yavaş hareket edin. Çağırdığı zaman cevap verin ama onu besleyerek değil. Bunun yerine farklı bir metotla onun tekrar uyumasını sağlayın (hafif hafif vurarak, ninni söyleyerek, sallayarak). Geceleri beslenme ihtiyacı ortadan kalktıktan sonra da onun ağlamasına göz yumduğunuz daha yavaş tempolu bir program uygulayın.

Eğer bütün bu ince tedbirlere rağmen bebeğiniz hâlâ gece boyunca uyumuyorsa problem muhtemelen onun gündüz ya da gece uykularına nasıl daldığı ile ilgilidir. Bazı bebekler uyku zamanından önce emzirilmeden ya da biberonla beslenmeden gece boyunca uyuyabilirken, bazıları bunu yapamaz. Eğer sizin çocuğunuz bunlardan biri ise, onun uyku öncesi düzeninde de değişiklikler yapmanız gerekebilir. Gündüz şekerlemesinden ya da gece uykusundan önce onu yeterince besleyin, ve sonra da, uykusu gelince uykuya tam olarak dalmadan, uykulu bir halde beşiğine koyun. Bebekler ilk başlarda bu şekilde pek kolay uyumazlar, ancak hemen hemen çoğunda birkaç ağlamadan sonra olumlu sonuç alınır.

Mantıklı görünüyor -ama bu mümkün mü? Siz isteseniz de istemeseniz de bebeğiniz beslenirken uyuyakalıyorsa ne olacak? Bu durumda, en iyisi her öğünden sonra tekrar kendiliğinden uyuyabilmesi için onu uyandırmaktansa, girişimlerinizi bir süre için ertelemektir. Neyse ki, bebekler büyüdükçe beslenirken giderek daha az uyumaya başlarlar, ve sizin de bebeğinizi uyanıkken beşiğine koymak için daha çok fırsatınız olur. Ortaya çıkan her fırsatı değerlendirin, sonunda bebeğinizin kendi kendine uyumayı öğrendiğini göreceksiniz.

Anne sütü ile beslenen bazı bebekler yürüyene kadar geceleri uyanmaya ve emzirilmeye devam ederler, bunu ihtiyaçları olduğu için değil, her gece kendilerine reddetmeyecekleri bir şey sunulduğu için yaparlar: emzirilmenin keyfi. Ve anneleri yanıbaşlarınde belirmeye devam ettikçe de geceleri uyanmayı sürdürürler. Anneleri de dakik bir sütçü olabilmek uğruna emzirme döneminin sonuna kadar (bu yeni dönemde sanki bir sihir yapılmış gibi birden bire geceleri uyumaya başlarlar) kendi uykularını feda etmeye hazırdırlar. Ancak geceleri emzirmeyi uzatmanın bebeklere bir yararı olduğu kesinlik kazanmamıştır. Uyku problemi en çok geceleri anneleri ile uyuyan ve emzirilen bebekler arasında görülür -çoğumuzun zannettiğinden daha sık görülen bu durum dişler çıktıktan sonra geceleri sık sık emzirme nedeniyle diş çürüklerine de yol açar.

AĞLAMA

"Herkes geceleri uyandığında bebeğimin ağlamasına aldırış etmememi söylüyor. Ama bu bana çok zalimce geliyor."

Bebeğinin ağlamasına kayıtsız kalmak onun

her türlü ihtiyacına cevap vermeye şartlanmış bir ebeveyne gerçekten de insanlık dışı ve zalimce bir cezalandırma gibi görünebilir, özellikle de onun tek suçu gece yarısı anneciğini ve babacığını yanında görmek istemekse. Ancak, uyku uzmanlarının bize söylediğine göre, aslında bir bebeğin ihtiyaçlarına cevap vermenin en iyi yolu ona kendi başına nasıl uyunacağını öğretmektir. Yine de bu fikre prensip olarak karşı iseniz, denemeyin. Muhtemelen oyun planına sadık kalamayacaksınız ve gönderdiğiniz karışık sinyaller onun uyumasına yardım etmek yerine kafasını daha da çok karıştıracaktır. Bunun yerine onun yeniden uyumasına yardımcı başka bir yol deneyin (muhtemelen gece beslemesi dışında).

Daha katı -ya da başka bir ümidi kalmamış- insanlar için, bebeğin ağlamasına kayıtsız kalmak hemen daima işe yarar. Aşağıdaki yaklaşımlardan birini deneyin.

Ne olursa olsun ağlamasına kayıtsız kalmak. Eğer bir saat ya daha uzun süren şiddetli ağlama ya da feryada dayanabiliyorsanız, gece yarısı uyandığında bebeğin yanına gidip, onu emzirmeye, yatıştırmaya, ya da onunla konuşmaya teşebbüs etmeyin. Bırakın kendisini bitkin düşürene ve zihnindeki ağlayarak bir sonuç elde edebileceği ümidi tükenene kadar ağlasın ve sonunda uyuya kalsın. Sonraki gece aynı şeyi tekrarlayın; ağlama kesinlikle daha kısa sürecektir. Sonraki akşamlarda ağlama süresi sonunda tümüyle kaybolana kadar daha da kısalacaktır. Bebeğiniz ne sizin ne kendisinin daha önce inanacağı bir şeyi başarmıştır: ağzında bir meme ve kendisini saran bir çift kol olmadan uyuyabilmek.

Sabah 6:00'da uyandığınız ve bütün bir gece hem sizin hem de bebeğinizin kesintisiz olarak uyuduğunuzu fark ettiğiniz o unutulmaz şafak zamanına kadar muhtemelen sinirleriniz bebeğiniz gibi çılgınca feryat edecektir. Kulaklıkların, pervanenin dönüşünün veya radyo ya da televizyondan gelen müziğin ve insan seslerinin oluşturduğu uğultunun bebeğin ağlamasını duymanızı tümüyle engellemeden onu yumuşatabileceğini fark edebilirsiniz. Bir ara bağlantı ile bebeğin ağlamasını bir hoparlörden izleyebiliyorsanız, olduğundan daha yüksek gelen ses sizi daha da rahatsız edebilir. Bu problemi ağlamaya başladığında bağlantıyı kapatarak çözebilirsiniz. Eğer bebeğiniz gerçekten de histerikse, onu her halükarda duyacaksınız. Eğer onu hiç duyamıyorsanız, 20 dakika sonra çalmak üzere bir alarm kurun ve alarm çaldığında ara bağlantıyı tekrar açıp hâlâ ağlayıp ağlamadığını kontrol edin. Ağlaması durana kadar bunu her 20 dakikada bir tekrar edin.

Eğer bebeğinizin ağlamasında sıkıntıda olduğu izlenimini veren bir değişiklik olursa, mutlaka yanına gidip kontrol edin: örtülerine dolanmış ya da kendini yukarı çektikten sonra tekrar yatamayarak o vaziyette kalmış olabilir. Eğer bir problemi varsa, onu rahatlatın, şefkatle bir-iki defa okşadıktan ve birkaç sevgi sözcüğü söyledikten sonra yanından ayrılın.

Kısa bir süre için ağlamasına kayıtsız kalmak. Eğer bir saat boyunca devam eden yürek burkucu yalvarmalara dayanabilecek yapıda değilseniz, birkaç dakika için (dayanabileceğiniz kadar) bebeğinizin ağlamasına tepki vermeyin, sonra yanına gidin (ya da eğer, bebek beslenme kaynağı olarak sizi tanımışsa, babasını gönderin), bir iki defa okşama ve kulağına fısıldayacağınızın bir "seni seviyorum"ile ona güven verin (onu yatağından kaldırmadan). Onun yanında siz onu sakinleştirirken uyuyakalabileceği kadar uzun süre kalmayın. Aynı işlemi, bebeğiniz kendiliğinden uyuyana kadar, onu yalnız başına bıraktığınız süreyi her seferinde 5 dakika ya da daha fazla uzatarak tekrarlayın. Ertesi akşam, kendi başına geçirdiği süreyi birkaç dakika daha uzatın ve sonraki geceler bu süreyi, ilk uyanıştan sonra kendiliğinden uyuyabilene kadar daha da uzatın. Ancak bu yaklaşımın bir sakıncası vardır: bazı bebekler ebeveynlerinin yanlarına gelmesi ile sarsılırlar ve daha da yürek paralayıcı bir şekilde ağlamaya başlarlar, bu da onların yeniden uyuması için geçen süreyi uzatır.

Ebeveynleri için pek hoş olmayarak, bazı bebekler kendi kendilerine uyumayı öğrenemezler, hatta bazen kararlılıkla uygulanan bir "kayıtsızlık" programından sonra bile. Bazıları gün

GECE BOYUNCA UYUMAK İÇİN BİR BAŞKA YOL

Eğer bebeğinizin ağlamalarını dinlemeye dayanamayan yufka yürekli ebeveynlerden biri iseniz, başka bir seçeneğiniz daha olabilir. Son çalışmaların gösterdiğine göre "sistematik uyandırma" adlı bir program, belki biraz daha yavaş olmakla beraber kayıtsız kalma kadar işe yaramaktadır. Sistematik uyandırma ile ilgili olarak hâlâ cevapsız kalmış bir çok soru vardır ve bunların en önemlisi de neden işe yaradığıdır. Yine de muhakkak ki denemeye değer bir metottur.

İşte nasıl uygulanacağı: Bir hafta boyunca, bebeğinizin gecenin hangi saatlerinde uyandığını bir günlüğe kaydedin, böylece olağan uyanma saatleri hakkında bir fikriniz olacaktır. Ve, sonra, saatinizi beklenen ilk feryattan yarım saat öncesine kurun. Alarm çalınca, kalkın, bebeği uyandırın ve olağan uyanmalarda ne yapıyorsanız onu yapın) alt bezi değiştirme, emzirme, sallama ya da her ne ise). Her normal uyanma saatinden önce siz uyanarak bunları uygulayın. Bu sistematik uyanmalar arasındaki süreyi giderek artırın ve daha sonra da birer birer bunları eksiltin. Birkaç hafta sonra bunları tümüyle kaldırabilmelisiniz.

içinde yeterince gıda almıyor ve gece yarısı gerçekten de aç oldukları için uyanıyor olabilir. Bu bebeklerin özellikle günün geç saatlerinde daha çok beslenmesi işe yarayabilir (unutmayın eğer bebeğiniz prematüre ise ya da gebelik süresine göre düşük kilo ile doğmuşsa, gece beslemelerine diğer bebeklere göre daha uzun süre gereksinimi olabilir). Diğerleri alerji ya da diğer hastalıklara yakalanmış olabilir. Bu bebekler, ve gece uyanmaları halledilemez bir problem haline gelenler için mutlaka doktora danışılmalıdır. Diğer bazı bebekler ise aşırı duyarlıdırlar ve başka bebeklerin uyanıkken dikkat bile etmedikleri uyarılardan etkilenirler ve uyuyamazlar. Çevrenin titizlikle kontrol altına alınması -gürültü, ışık, sıcaklık, ve giysiler rahat ve uykuyu kolaylaştırıcı özellikte olmalıdır- bu bebekler için yardımcı olabilir. Bazılarının da fazla uykuya ihtiyacı yoktur ve sabahın ikisini oyun oynamak için müthiş bir zaman zannederler. Böyle bebekleri olan ebeveynler için tek ümit, çocuklarının bir süre sonra gece yarısı oyunlarından tek başlarına zevk almayı öğrenmeleridir.

Nadiren bazı bebekler uyumadan önce ve geceleri de uyandıktan sonra her seferinde birkaç dakika ağlar. Bu durumda endişeye gerek yoktur -sizi sürekli olarak uyandırmadığı sürece.

BİLMENİZ GEREKEN ÖNEMLİ ŞEYLER
Bebeğinizi Harekete Geçirmek

Bebeğiniz artık ne fiziksel, ne ruhsal, ne de zihinsel olarak ele avca sığabilir haldedir. Artık öğrenme sürecinde aktif rol almaya ve 5 duyusunu koordine etmeye -dokunulan şeye bakmak, işitilen şeyi araştırmak, tadılanı ellemekhazır ve bunları yapabilecek durumdadır.

Bebeğinizi İlk Aylarda Nasıl Uyarabilirsiniz. bölümünde (sayfa 145) ele alınan aynı prensipler bebeğinizin ilk yılının ikinci yarısı yaklaşırken hâlâ geçerlidir, ama ona sağlayabileceğiniz aktivitelerin çeşidi artık çok daha geniştir. Esas olarak, bunlar gelişimin şu alanlarına yönelik olmalıdır:

Kaba motor beceriler. Bebeğiniz hazır olduğunda (bunu deneyene kadar bilemezsiniz), aşağıdakileri yapması için ona fırsat verin:

• Kucağınızda ayağa kaldırın ve zıplatın.

• Oturur duruma doğru çekin.

• Eğer gerekiyorsa yastıklarla destekleyerek dik olarak oturtun.

• Parmaklarınıza tutunurken ayakta duracak şekilde onu yukarı doğru çekin.

• Beşikte ya da parkta onu ayakta duracak şekilde yukarıya doğru çekin.

• Onu havada "uçurun".

İnce motor beceriler. Bebeğin ellerini kullanma becerisini geliştirmesi sonunda onun kendi kendine yemek yeme, resim çizme, yazma, diş fırçalama, ayakkabı bağlarını bağlama, düğme ilikleme, anahtar çevirme ve daha birçok başka beceri kazanmasını sağlayacaktır. Eğer bebeklere ellerini kullanmaları, her çeşit nesneye dokunmaları, keşfetmeleri ve tecrübelerde bulunmaları için bol fırsat verilirse daha çabuk ustalaşırlar. Aşağıdaki ipuçları ince motor beceriler edinilmesini kolaylaştıracaktır:

• Aktivite tahtaları. Çeşitli aktiviteler bebeğe ince motor becerilerini geliştirebilmeleri için bol bol pratik yapma imkânı verir, bununla birlikte birkaç ay geçmeden bebekler bunların hepsinin üstesinden gelemeyebilir.

Bebekler dizler üzerinde ayakta durmayı severler. Bebeği bu pozisyona doğru çekmek hem onu eğlendirir hem de onun kendini yukarıya doğru çekebilmesi ve ilerde de yardımsız olarak ayakta durabilmesi için gerekli olan kaslarını güçlendirir.

• Bloklar-bu yaş için uygun olan irili ufaklı tahta, plastik ya da bez küpler.

• Yumuşak bebekler ve doldurulmuş hayvanlar -bunlarla uğraşmak el becerisini geliştirir.

• Gerçek ya da oyuncak ev eşyaları -bebekler gerçek ya da oyuncak telefonlardan (kordonu çıkarılmış olarak), kaşıklardan, ölçü kaplarından, tencere ve tavalardan, kâğıt kaplardan ve boş kutulardan genellikle hoşlanırlar.

• Çeşitli büyüklüklerde ve sertlikte tutması ve sıkması için toplar. Özellikle bebek oturabildikten sonra toplar çok eğlencelidir -bebek onları yuvarlayabilir ve peşlerinden emekleyebilir.

• Parmak oyunları -el çırpma ve benzeri oyunları oynayan ilk önce siz olacaksınız, ama daha sonra siz farkına varmadan bebeğiniz bu oyunlardan bazılarını kendi başına oynayabilecek duruma gelecektir. Kendiniz bir iki kez nasıl oynanacağını gösterdikten sonra siz şarkı söylerken ona parmak oyunu oynaması için yardım edin.

Sosyal beceriler. İlk yılın ortalarında bebeklerin çoğu oldukça kolay ilişki kurar. Gülümseler, gülerler, çığlık atarlar, birçok şekilde etrafla ilişki kurarlar ve arkadaşlıklarını bütün misafirlerle paylaşmaya isteklidirler; -çoğunda henüz "yabancı endişesi" gelişmemiştir. Bu nedenle bu dönem sosyalizasyonu teşvik etmek ve bebeğinizi değişik yaşlardaki birçok insana -diğer bebeklerden yaşlı insanlara kadar- göstermek açısından büyük bir fırsattır. Bunu bir kilise ya da sinagogda, alışveriş esnasında, arkadaşlarınız evinizde iken ya da siz onlara misafirliğe gittiğinizde veya bebeğinizi aynada kendi imajıyla karşılaştırarak yapabilirsiniz. Ona "merhaba" gibi basit selamları ve bay-bay diyerek el sallama, öpücük üfleme ve "teşekkür ederim" deme gibi diğer temel sosyal davranışları öğretin.

Zihinsel ve dille ilgili beceriler. Kavrama yavaş yavaş ortaya çıkmaya başlamıştır. Önce isimler (annenin, babanın, kardeşlerin) tanınmaya başlar, arkasından temel sözcükler ("hayır", "biberon", "bay-bay" gibi) ve çok geçmeden de sık duyulan cümleler ("emzirilmek istiyor musun?"gibi) bunları takip eder. Algılayıcı lisan (sizin ne dediğinizi anlaması) konuşma lisanın-

BEBEĞİNİZLE ŞİMDİ NASIL KONUŞABİLİRSİNİZ

Bebeğinizin dil gelişiminin başlarında olduğu şu sırada ona söyleyeceğiniz her şeyin yeni bir anlamı olacaktır. Bu, daha önce gelişen algılayıcı (işitilen şeyin anlaşılması) ve daha yavaş olgunlaşan anlatıma yönelik (konuşma) lisanın öğrenilmesinde temel oluşturacaktır. Aşağıdaki kurallara dikkat ederek bebeğinizin her iki tür lisanı da öğrenmesine yardımcı olabilirsiniz:

Yavaş olun. Bebeğinizin sizin anlaşılmaz dilinizi çözmeye çalıştığı sırada hızlı konuşursanız onun gayretlerini yavaşlatırsınız. Bebeğinizin kelimeleri kapmasına fırsat vermek için çoğu kez daha yavaş, daha açık ve daha basit bir şekilde konuşmanız gerekir.

Basit kelimeler üzerinde yoğunlaşın. Akıcı konuşmalarınıza devam edin, ama belli bazı kelimeleri vurgulayarak başlayın. "Şimdi senin alt bezini değiştireceğiz" diye başlayıp bir yandan da onu tutarken "bez, bu senin bezin" ile devam edin. Besleme saatinde, "Kaba meyve suyu koyuyorum" derken bir yandan da meyve suyunu tutun ve "meyve suyu, işte meyve suyu" diye ilave edin; aynı şekilde, kabı tutun ve "kap" deyin. Genel olarak, cümlelerinizi daha kısa ve basit tutun ve daha çok bebeğin günlük yaşamında kullanılan kelimeler üzerinde yoğunlaşın. Bebeğinize söylenmiş olanları çözebilmesi için sözlerinize yenilerini ilave etmeden önce mutlaka yeterli zaman verin.

Zamirlerden kaçının. Zamirler henüz bebeğinizin kafasını karıştırmaktadır, bu nedenle "bu annenin kitabı" ya da "bu Jamie'nin oyuncak bebeği" gibi ifadeleri tercih edin.

Taklit üzerinde durun. Bu dönemde bebeğinizin çıkartmakta olduğu seslerin sayısı artmakta, ve buna paralel olarak da sizler birbirinizi taklit ederken daha çok eğlenmektesiniz. Tüm bir konuşma birkaç sesli-sessiz üzerine inşa edilebilir. Bebek "ba-ba-ba-ba" der ve siz de derin bir "ba-ba-ba-ba" ile karşılık verirsiniz. Bebeğin "da-da-da-da" diye cevap vermesine karşılık siz de "da-da-da-da" dersiniz. İkinizin de hoşuna gittiği müddetçe bu uyarıcı diyaloğa devam edebilirsiniz. Eğer bebek yeni denemelere açık görünüyorsa, bir yandan da onu taklidi teşvik eden yeni bazı hecelerle ("ga-ga-ga-ga" gibi) tanıştırabilirsiniz. Ama rollerin tersine dönmesi bebeğin keyfini kaçırıyorsa, geri çekilin. Yalnızca birkaç ay sonra bebeğiniz sizin başlatmanıza gerek kalmadan sözlerinizi taklit etmeye çalışacaktır.

Bir şarkı ve şiir repertuarı oluşturun. Gün boyunca aynı emzirme şarkısını ya da kısa şiiri defalarca tekrarlamak sizi sıkabilir. Buna karşılık bebeğiniz bu tekrarlardan hem hoşlanacak hem de onlardan yeni şeyler öğrenecektir. Kaynağınız ister Kaz Ana, ister Dr. Seuss, ister kendi yaratıcılığınız olsun asıl önemli olan tutarlılıktır. Ayrıca artık bebeğin plak ya da teypten dinlediği müziğin de repertuarını genişletmek zamanı gelmiştir.

Kitaplardan yararlanın. Bebek henüz hikâyeler dinlemeye hazır değildir, ancak canlı resimleri olan kitaplardaki basit şiirler küçük bir bebeğin bile dikkatini çekebilir. Basit nesneleri, hayvanları ya da insanları defalarca gösterin. "Köpek nerede" diye sormaya başlayın ve bir süre sonra bebeğinizin tombul parmağını doğru noktaya koyduğunu hayretle göreceksiniz.

Yanıt için bekleyin. Bebeğiniz henüz konuşmakla birlikte, etraftan aldığı bilgiyi işleme tabi tutmaya başlamıştır ve çoğu kez söylediğinize bir tepki verecektir -bu yalnızca heyecanlı bir çığlık (arabası ile bir gezinti vaat ettiğiniz zaman) ya da keyifsiz bir sızlama (salıncaktan inme zamanı geldiğini söylediğinizde) olsa bile.

Yönetici olun. Bebeğinizin "büyükanneyi öp" veya "el salla", ya da "anneye oyuncak bebeği ver" gibi basit emirleri öğrenmesi ve bunlara uyması önemlidir (bebeğinizin de kendi isteklerini bildirirken aynı şeyi kendiliğinden yapmasını istiyorsanız bu emirlerin başına "lütfen"-sözcüğünü ekleyin). Bu kolay olmayacaktır, ama bebek emirlerinizi yerine getirmediğinde hayal kırıklığına uğramayın. Onun sizin istediğiniz şeyi yerine getirmesine yardım edin, sonunda bunu başaracaktır. Ama bu gerçekleştiğinde ortamda izleyiciler olduğunda öğrendiği son numarayı göstermesini isteyerek eğitilmiş bir folk balığı gibi davranmayın.

dan önce gelişir. Zihinsel gelişmenin diğer belirtileri de ufukta görünmektedir. Başlangıçta pek öyle gözükmemekle beraber, bebeğiniz basit problemleri çözme, gözlem ve hafıza gibi yetenekleri geliştirmek için ilk adımlarını atmaya başlamıştır. Aşağıdakileri yaparak ona yardım edebilirsiniz:

• Bebeğin sebep sonuç ilişkilerini gözlemesine (küvette bir kabı su ile doldurun ve bebeğinize onu ters çevirtin) ve nesnelerin sürekliliğini öğrenmesine (sevdiği bir oyuncağı bir kumaşla örtün ve sonra da bırakın bu oyuncağı arasın) yardım eden zekâ uyarıcı oyunlar (sayfa 286'ya bakınız) oynayın.

• Bebeğinizin işitsel algılamasını keskinleştirmeye devam edin. Üzerinizden bir uçak ya da sokaktan sirenlerini öttürerek bir itfaiye arabası geçerken bunları bebeğinize gösterin ve "Bu bir uçak mı?" ya da "İtfaiyeyi duyuyor musun?" diye sorun. Bu, bebeğinizin sesler dünyası için işitsel ayarlarını yapmasına yardım edecektir. Aynı şeyleri elektrik süpürgesini çalıştırırken, banyoda suyu akıtırken, çaydanlık ıslık çalarken ya da kapı zili çaldığında da yapın. Ve hoşuna giden eğlenceli sesleri de unutmayın -dil şaklatma, ıslık çalma ve benzeri oyunların hepsi önce taklidi arkasından da dil gelişimini teşvik ederler.

• Onu kavramlarla tanıştırın. Bu tüylü oyuncak ayı yumuşaktır, şu kahve sıcaktır, araba hızlı gider, erken kalktın, top masanın altında gibi. Süpürge süpürmek içindir, su içmek ve yıkanmak içindir, havlu kurulanmak, sabun da yıkamak içindir. İlk sözleriniz bebeğe anlamsız gelecektir ama sonunda, birçok tekrardan sonra fikirlerin ona da geçtiğini göreceksiniz.

• Merak ve yaratıcılığı teşvik edin. Eğer çocuğunuz bir oyuncakla alışılmışın dışında bir şekilde oynamak istiyorsa, cesaret kırıcı ya da küçük düşürücü olmayın (Eğer Edison'un, Einstein'ın, Marie Curi'nin anne babaları çocuklarının farklı şeyler yapmalarına itiraz etselerdi acaba bugün nerede olurduk?). Bebeğinize deney ve araştırma yapması için fırsat verin -bu bahçede iken tutam tutam ot koparması ya da banyoda ıslak bir süngeri sıkması demek olsa bile. Bebek kendisine anlatılanlardan çok kendi deneyleriyle çok daha fazla şey öğrenir.

• Öğrenme sevgisini teşvik edin. Bebeğinize özel bazı gerçekleri ve kavramları öğretmek önemli olmakla beraber, ona nasıl öğreneceğini öğretmek ve öğrenme sevgisi aşılamak da en az bunun kadar önemlidir.

-10-

Yedinci Ay

BEBEĞİNİZ NELER YAPIYOR OLABİLİR

Bebeğiniz bu ayın sonunda (nota bakınız):

- Yardımsız olarak oturabilir.
- Kendi kendine bir kraker yiyebilir.

Not: Eğer bebeğiniz bu gelişim aşamalarından birine veya birkaçına erişememiş görünüyorsa, doktora kontrol ettirin. Bazen, bu gecikme bir probleme işaret ediyor olabilir, bununla birlikte çoğu defa bebeğiniz için normal olduğu anlaşılacaktır. Prematüre bebekler aynı doğum yaşındaki bebeklere göre bu aşamalara daha geç ulaşırlar, çoğu kez düzeltilmiş yaşları hesaba katıldığında (normal miadında doğma durumuna göre hesaplanan yaş) giderek arayı kapattıkları görülür, ama bazen de geç kalırlar.

Bebeğiniz şunları da yapabilir:

- Dik tutulduğunda bacakları üzerine bir miktar ağırlık verebilir.
- Oyuncağını aldığınızda itiraz edebilir.
- Ulaşamayacağı bir yerdeki bir oyuncağı almak için çabalayabilir.
- Bir elinden diğerine bir küpü ya da başka bir nesneyi geçirebilir.
- Düşen bir nesneyi arayabilir.
- Bir şekerlemeyi arayabilir ve avucuna alabilir.
- İnsan sesine doğru dönebilir (7 ay 10 gün).
- Ga-ga-ga-ga, ba-ba-ba-ba, ma-ma-ma-ma, da-da-da-da gibi sesli-sessiz kombinasyonlarını mırıldanabilir.

Bebeğinizin şunları da yapması olasıdır:

- Birisine ya da bir eşyaya tutunarak ayakta durabilir.

Hatta bebeğiniz şunları bile yapabilir:

- Oturur durumdan ayakta durma durumuna doğru kendini çekebilir.
- Yüzü koyu yatarken oturabilir.
- El çırpma oyunu oynayabilir ya da el sallayabilir.
- Herhangi bir küçük cismi parmağı ya da başparmağı ile yakalayabilir.
- Eşyalara doğru yürüyebilir.
- Anlamını bilmeksizin anne veya baba diyebilir.

BU AYKİ DOKTOR KONTROLÜNDE NELER BEKLEYEBİLİRSİNİZ

Doktorların çoğu bu ayda sağlıklı bebek muayenesi yapmazlar. Bir sonraki aya kadar bekleyemeyeceğiniz kaygılarınız varsa doktorunuzu arayın.

BEBEĞİNİZİN BU AYKİ BESLENMESİ
Yumuşak Gıdalardan Daha Katı Gıdalara Geçilmesi

Bebeğiniz katı gıdalara geçerken şu ana kadar hiçbir sorunla karşılaşmamış olsanız da, ya da başınızdan birtakım terslikler de geçmiş olsa, önünüzde aşmanız gereken bir engel daha var: yumuşak gıdalarla daha katı kıvamlı gıdalar arasındaki engel. Ve bebeğiniz maceralara açık ve hevesli bir gurme veya zor beğenen ve somurtuk bir bebek de olsa, ya da, katılar konusunda deneyimli veya beslenme sandalyesinde henüz yeni de olsa, bu geçişi ilk yılın daha geç dönemlerinde yapmaktansa şimdi yapmak daha iyidir, çünkü bu sırada yeni denemeler dik başlı itirazlarla pek karşılaşmaz.

Ama ailece et lokantasına seferler düzenleyeceğiniz zaman henüz gelmedi. Bebekler ilk dişleri çıktıktan sonra da daha çok dişetleri ile çiğnemeye devam ederler -ve bunlar da elbette iri et parçaları ile baş edemezler. Şimdilik sıkılmış gıdalara göre biraz daha dişe dokunur kıvamda olan ezilmiş ya da kaba püre haldeki gıdalar bebeğin damağına daha uygundur.

Piyasada bulunan "jünyör" veya "sınıf 2", gıdaları kullanabilirsiniz, ya da ailenize sunduğunuz yemeği, tuz ya da şeker eklenmemiş olmak koşuluyla ezerek bebeğinize verebilirsiniz. Sütle sulandırılmış ev yapımı yulaf ezmesi (ama bunda bebek yulaf ezmesinde olduğu gibi demir olmadığını da unutmayın); ezilmiş süzme peynir (tuzsuz olması tercih edilir, sayfa 229'daki dipnota bakın); rendelenmiş elma ya da armut; kaynatılıp ezilmiş ya da kaba püre haline getirilmiş meyve (elma, kayısı, şeftali, erik gibi); ve sebze (havuç, tatlı ve beyaz patates, karnıbahar, kabak gibi) denebilir gıdalar arasındadır. Yedinci ayda ek olarak et ve derisi alınmış tavuk etini (püre ya da kıyma halinde veya çok küçük parçalar halinde doğranmış olarak) ve küçük parçalar halinde yumuşak balık eti verebilirsiniz. Doktorun iznini aldıktan sonra yumurta sarısına başlayabilirsiniz (son derece alerjik olan yumurta akı için muhtemelen biraz daha beklemeniz önerilecektir), bunu katı halde pişirip ezilmiş olarak, yağda kızartarak ya da yumurtalı ekmek ya da gözleme halinde verebilirsiniz ve bununla beraber aynı öğünde demir emilimini kolaylaştırması için portakal suyu gibi C vitamini içeren bir gıda daha sunun. Meyvelerdeki (muz ve mango), sebzelerdeki (taze fasulye, brokoli gibi) ve etlerdeki liflere dikkat edin. Balık etindeki kılçıkların tamamen temizlendiğinden emin olun (ezildikten sonra bile bulunabilirler).

Bazı bebekler yedi aylıkken ekmek ve bisküvi de alabilirler, ama seçiminizi dikkatli yapın. Kepekli ve tuz ya da şeker eklenmeden hazırlanmış olmalı ve ağızda kolayca eriyebilmelidirler. Başlamak için ideal gıdalar bir cins küçük ekmek olan dondurulmuş ve kepekli bagel (serttir, ama bebeğin koparabildiği parçacılar yumuşak olacaktır) ve tuzsuz pirinç kekleridir (kolay ufalanırlar, buna karşılık bebeğin ağzında hemen çözülüverirler ve pek lezzetli olmamakla beraber bebeklerin çoğu bunu sever). Bunlarda bir sorun olmuyorsa, bebek kepekli ekmeğe hazır demektir. Boğazına kaçma tehlikesini azaltmak için kabuğunu alın ve dilimlenmiş ekmeği küçük küpler halinde sunun, beyaz ekmekten kaçının çünkü bu ıslandığında hamurlaşır ve boğaza kaçabilir. Ekmeği ve bisküvileri yalnızca bebeğiniz oturabilir hale geldiğinde ve sizin gözetiminiz altında iken verin. Ve boğazına bir şey kaçtığında ne yapmanız gerektiğini iyi bildiğinizden emin olun.

MEME ISIRMA

"Kızımın şimdi iki dişi var ve emzirirken onlarla göğüs uçlarımı ısırmayı bir eğlence zannediyor."

Size zarar vermesi pahasına bebeğinizin eğlenmesine izin vermenize gerek yok. Aktif emzirme sırasında bebek ısıramayacağı için (bu sırada dili dişler ve meme arasındadır), ısırma genellikle yeterince emdiğinin ve şu anda sizinle yalnızca eğlenmekte olduğunun işaretidir. Eğlence muhtemelen bir defasında onun kazara göğsünüzü ısırdıktan sonra sizin bağırmanız, onun kıkırdaması ve sizin elde olmayarak gülmeniz ile başlamış ve oyun bu şekilde devam etmiştir -sizi ısırır, bir tepki bekler ve siz "hayır" deyince gülümser, sizin yüz ifadenizi bozmamak için gösterdiğiniz zayıf gayretin farkındadır.

O halde gülmemek için kendinizi tutun ve kesin ve sert bir şekilde "Hayır!" diyerek ve memeden ayırarak sizi ısırmasının kabul edilebilir bir şey olmadığını ona anlatın. Eğer memenize asılmaya çalışırsa, parmağınızla ayırın. Bunların birkaç defa tekrarlanmasıyla anlayacak ve vazgeçecektir.

Isırma alışkanlığını şimdiden önlemek, ilerideki daha ciddi ısırma sorunlarının önüne geçmek açısından önemlidir. Dişlerin görevinin ısırmak olduğunu, ancak, buna uygun olan (dişleme halkası, ekmek parçası, bir muz) ve olmayan şeyler olduğunu (annenin memesi, kardeşin parmağı, babanın omuzu) çok geçmeden öğrenecektir.

BEBEĞİ ŞIMARTMAK

"Ağlamaya başlar başlamaz bebeğimi kucağıma alıyorum, ve günün çoğunu onu taşıyarak geçiriyorum. Onu şımartıyor muyum?"

Kızılcık sopası kullanmamak bebeğinizi şımartmaz (hatta uzmanlar istisnasız olarak bunun kullanılmaması gerektiğini söylemektedir), ama eğer onu bütün gün kucağınızda gezdirirseniz bu kesinlikle olacaktır. Yedinci aylarındaki bebekler annelerini kullanmak konusunda gayet ustalaşmıştır, "bebek taksisi" oyunu oynayan anneler (bebeklerinin dokunaklı bir kol sallamasıyla onları hemen kucaklarına alanlar) bebeklerinin uyanık oldukları saatlerde devamlı görev başında olacaklarını bilmelidirler.

Bazı toplumlarda bebek günün büyük bölümünü annesi ile geçirir, ancak bizimki bunlardan biri değildir. Burada bebeğin erkenden belli ölçüde bağımsızlık kazanması amaçlanmaktadır-kısa süreler için kendi kendini eğlendirmeyi öğrenerek. Bu hem annesinin kendi ihtiyaçları ve diğer sorumlulukları için zaman ayırmasını sağlar, hem de bebeğin kendisinin iyi bir arkadaş olduğu fikrini güçlendirerek kendine olan güvenini artırır. Ayrıca diğer insanların da hakları ve ihtiyaçları olduğunu öğretir-erkenden anlaşılması önemli olan bir kavram.

Bebeğinizi şımartmak istemiyorsanız, şimdiden bazı tedbirler almalısınız. Daima mesafeli durarak, aşağıdakileri deneyin. Eğer bebek, bu deneylerin onun huysuzluğunu kışkırtacağı yolundaki beklentinizin farkına varırsa, tahmininizi doğru çıkartmak için her türlü zorluğu yaratacaktır:

- Bebeğinizin gerçek bir ilgi eksikliği yüzünden kucakta taşınmak istemediğinden emin olun. Gün boyunca birkaç defa oturup onunla gerçekten oyun oynadınız mı? (Bir kitap okumak, bir oyuncakla oynamak ya da ayakta durma alıştırması yapmak.) Yoksa onunla olan bütün etkileşiminiz onu bir oyun parkında oyuncağı ile yalnız bırakmaktan, sarıp sarmalayıp içine koyduğunuz arabası ile çarşıya gitmekten, siz akşam yemeğine başlarken onu oyuncağıyla bırakmaktan ya da siz işe gitmeye hazırlandığınız sırada onu alıp sallamaktan mı ibaret? Eğer böyleyse, bebeğiniz hiç dikkate alınmamaktansa pek eğlenceli olmamakla beraber bütün gün kucakta taşınmanın daha iyi olduğu kanaatine varmış olabilir.

• Bundan sonra, bebeğinizin fiziksel ihtiyaçları olup olmadığını kontrol edin. Yemek zamanı mı? Aç mı? Yorgun mu? Eğer böyleyse, onun ihtiyaçlarını karşılayın ve bir sonraki basamağa geçin.

• Onu başka bir yere götürün: eğer beşikte ise oyun parkına, oyun parkında ise yürütece götürün; eğer yürüteçte ise yere koyun. Bu tedbirler onun seyahat tutkusunu tatmin edebilir.

• Onu eğlendirecek oyuncakları ve eşyaları olduğundan emin olun -tencere ve tavalar, doldurulmuş hayvanlar- nelerden hoşlandığını siz biliyorsunuz. Dikkat alanı dar olduğu için, ulaşabileceği alan içine iki ya da üç oyuncak bırakın, bunun tersine çok fazla oyuncak onu yoracak ve sinirlendirecektir. Rahat durmuyorsa yeni oyuncaklar temin edin.

• Şikâyet etmeye devam ediyorsa, ona doğru eğilin (ama onu kucağınıza almayın) ve ilgisini başka tarafa çekin. Tahta kaşıkla tencereye nasıl vurulacağını ya da oyuncak hayvanlardaki "gözler-ağız-burun"u göstermek gibi.

• Eğer kısa bir süre için sakinleşmişse, hâlâ isteksiz bir şekilde itiraz etse bile yapmanız gereken işler olduğunu söyleyin ve tereddüt etmeden yanından ayrılın. Onun görüş alanı içinde kalın ve eğer işe yarıyorsa gevezelik edip şarkı söyleyin, yalnızca varlığınız huysuzluğunu daha da artırıyorsa ve bebeğinizin bu sırada oyun parkı ya da beşiğinde olması koşuluyla görüş alanı dışına çıkın (ama mutlaka onu duyabileceğiniz bir yerde olun). Bunu yapmadan önce, ortadan kaybolduktan sonra tekrar geri geleceğinizi anlatmak için köşenin arkasına geçip başınızı içeri uzatın.

• Her seferinde onu oyuncakları ile biraz daha uzun süre yalnız bırakın, eğer gerekiyorsa bırakın daha uzun süre itiraz etsin. Ama daima o ağlamadan önce yanına dönerek onu teskin edin ve sonra işlemi tekrarlayın. Onu kucağınıza mümkün olduğunca almayın, ama bunu irade savaşına da çevirmeyin -onun kazanacağı kesindir. Eğer ağlamaya başlayana kadar beklerseniz, ilgi çekmek için gereken şeyin bu olduğu sonucuna varacaktır.

• Onu kucağınıza almadığınız ya da günün her dakikasında onunla oynamadığınız için kendinizi suçlu veya huzursuz hissetmeyin. Eğer böyle davranırsanız, tek başına oynamanın eğlence değil cezalandırma olduğu ve yalnızlığın iyi bir şey olmadığı mesajını verirsiniz. Onunla oynamak için bol vakit ayırdığınız sürece, birbirinizden ayrı olarak geçirdiğiniz zamanın ikinize de yararı olacaktır.

HÂLÂ GECE BOYUNCA UYUYAMAYAN BEBEK

"Apartmanda geceleri uyuyamayan tek bebek benimki. Hiç uyuyamayacak mı?"

Bütün bebekler geceleri uyanır ve bu dönemde artık birçoğu kendi kendilerine tekrar uykuya dalmayı öğrenmiştir. Ne yazık ki bu bebeğinize el sallamayı ya da başka oyunları öğrettiğiniz gibi öğretebileceğiniz bir şey değildir; kendi kendisine öğrenmesi gereken bir şeydir. Ve öğrenebilmesinin tek yolu da sizin ona bunun için fırsat vermenizdir. Bu da uyandığında tekrar uyuyabilirsin diye onu emzirmemek, biberon vermemek, onu sallamamak, ya da herhangi bir başka metot uygulamamak; bunun yerine sizin yardımınız olmadan tekrar uyuyabilmesi için mücadele etmesini sağlamak demektir. Başarması bir kaç gece, hatta bir hafta alabilir -ama nadiren daha uzun sürer.

Eğer sayfa 231'deki önerileri hiç denememişseniz, ya da deneyip de sonuç alamamışsanız, veya siz bebeğinizden önce yenilgiyi kabullenmişseniz, şimdi (tekrar) denemek zamanıdır. Eğer bunu yaparsanız, apartmanın geri kalanı gibi sizler de rahatça uyuyabileceksiniz demektir.

BEBEĞİ ŞIMARTAN BÜYÜKANNE-BÜYÜKBABA

"Annem ve babam yakınımızda oturuyor ve her hafta defalarca kızımı görüyorlar. Geldiklerinde onu sevgi ile boğuyorlar ve her kaprisine boyun eğiyorlar. Onları seviyorum ama kızımı böyle şımartmalarından hoşlanmıyorum."

Büyükler için hayat çok kolaydır, bir bebeği sonuçlarına katlanmaksızın istedikleri kadar şımartabilirler. Torunları onun için getirdikleri tatlı çörekleri iştahla yerken onu zevkle seyredebilirler, ama az sonra sofrada tok ve suratsız bir çocukla savaşacak olan kendileri değildir. Şekerleme yapması gereken zamanlarda onunla oynayarak uyumasına engel olabilirler, ama daha sonraki huysuzlukla ilgilenmek zorunda değildirler.

Torunlarını şımartmak büyüklerin vazgeçemeyeceği bir hak mıdır? Bir ölçüye kadar, evet. Sizin çocukluğunuz zamanında onlar sizi sevgili biberonunuzdan ayırırken, nefret ettiğiniz ıspanağı size yedirmeye çalışarak, eve ne zaman dönüleceği konusunda sizinle boğuşarak görevlerini yapmışlardır. Şimdi ise yükü omuzlamak sırası sizindir ve onlar da az çabayla çok şeyin kazanıldığı bir işi, torunlarını şımartma işini hak etmişlerdir. Yine de, herkesin üzerinde görüş birliğine vardığı yol gösterici bazı gerçekler vardır:

- Uzakta oturan büyükanne ve büyükbabalara daha çok esneklik tanınabilir. Bebeğinizi senede iki-üç defa yalnızca tatillerde ve özel durumlarda gören büyükler muhtemelen onu şımartamazlar, ama bunu yapmaları için de onlara her türlü fırsat tanınmalıdır. Büyüklerinizin ilk yaş günü nedeni ile yaptığı bir günlük bir ziyarette bebeğiniz bir gündüz şekerlemesini kaçırmışsa ya da uyku saatini geçirmişse, ya da siz büyüklerinizi ziyaret ettiğinizde bebeğiniz sizin tercih edeceğinizden biraz daha fazla süre krallar gibi kucakta gezdirildiyse, üzülmeyin. Bırakın bu seyrek aksamalardan herkes zevk alsın ve kızınızın daha sonra her zamanki rutinine döneceğini düşünerek rahat olun.
- Roma'ya yakın oturan büyükler Romalılar gibi davranmalıdır -çoğu kez. Aynı kasabada, özellikle aynı evde yaşayan büyüklerin bebeği şımartması ve hayatı hem bebek hem de onun anne babası için çekilmez hale getirmesi ihtimali daha yüksektir. Tutarsız davranışlar -her sızlanışında bebeği kucağına almayan bir anneye karşılık bunu yapan bir büyükanne- çocuğun zihninin karışmasına ve mutsuz olmasına yol açar. Öte yandan, çocuk kuralların bulunulan yere göre değiştiğini kolayca öğrenecektir: dedesinin evinde iken yemek sırasında bütün sofrayı batırabilmekte, ama annesinin evinde bunu yapamamaktadır.
- Ebeveynlerin koyduğu belli kurallar çiğnenmemelidir. Çocukları ile 24 saatlerini paylaşanlar onların ebeveynleri olduğuna göre, önemli konularla ilgili kuralları koyacak olanlar da yine ebeveynler olmalıdır -uzakta veya yakında olsunlar, aynı düşüncede olmasalar da büyükler bu kurallara uymak zorundadır. Bir ailede yatma saati, bir başkasında şekerli ya da faydasız içecekler, ve bir diğerinde de televizyonda çocukların seyretmesine izin verilen programlar (henüz yedi aylık bir çocuk için söz konusu olmayan ama çok geçmeden tabloya katılacak olan bir sorun) bu kuralların konusu olabilir. Elbette, eğer anne babalar her konuda katı bir tutum sergilemek istiyorlarsa, bu durumda büyüklerin arada bir bazı esneklikleri talep etmesi maruz görülmelidir.
- Büyüklere ait bazı hakların da dokunulmaz olduğu bilinmelidir. Örneğin, anne-babanın pahalı, değersiz ya da zevklerine uymadığı için satın almayacakları bir oyuncağı çocuğa hediye etmeleri. Ve ona anne ya da babanın vereceğinden fazlasını vermeleri (bununla birlikte güvenilir olmayan oyuncaklar tartışmasız yasaktır ve anne-babanın değerlerine uymayan oyuncaklar için de satın almadan önce tartışmak gerekir). Genel olarak, her şeyden biraz daha fazla vererek (sevgi, zaman, maddi şeyler) kendilerini torunlarına teslim etmeleri (evet, şımartmaları) söz konusudur. Ama bu şımartmayı anne-babanın koyduğu kuralları ihlal edecek noktaya getirmeden.

Büyükler kendilerine konan sınırları aşarlarsa ne olur? Sizin o kadar incelikle koyduğunuz ve tutarlılıkla uyguladığınız kuralları görmezden gelir ve açıkça ihlal ederlerse ne yapmalı? O zaman onlarla açıkça konuşmanın zamanı gelmiş demektir. Konuşmayı sevecen ve gerilimsiz olarak sürdürün -ama eğer farklılıklarınız ölüm kalım meseleleri üzerinde yoğunlaşıyorsa (babanızın araba koltuğu kullanmanın önemini reddetmesi, üvey annenizin bebeğinizi kucağında tutarken sigara içmesi), sorunun ciddiyetini vurgulayın. Onların bebekle vakit geçirmesini ne kadar istediğinizi, ama koymuş olduğunuz kuralları çiğnemelerinin onun kafasını karıştırdığını ve yaşama düzenini bozduğunu ve aile dengesini sarstığını açıklayın (bunu daha önce de yapmış olsanız bile). Bazı konularda esnek olmaya hazır olduğunuzu, ama diğer konularda da onların boyun eğmesi gerektiğini anlatın. Eğer bu da işe yaramazsa, bu kitabı "Bebeği Şımartan Büyükanne-Büyükbaba" adlı bölümü açılmış olarak, mutlaka görecekleri bir yere bırakın.

BEBEĞİM ÜSTÜN YETENEKLİ Mİ?

"İddialı bir anne olmak istemiyorum. Ama bebeğimin üstün yetenekleri varsa bunları ihmal etmek de istemiyorum. Sıradan parlak bir bebeği üstün yetenekli bir bebekten nasıl ayırabilirsiniz?"

Her bebeğin birtakım yetenekleri vardır. Sanatsal. Sosyal. Atletik. Mekanik. Ve bir çocukta ortaya çıkan yetenek her ne olursa olsun, annebabaya düşen bunu teşvik etmek, övmek ve daha çok değer verecekleri bir yeteneği olmadığı için hayıflanmamaktır. Bu teşvik yetenek ortaya çıkar çıkmaz başlamalıdır -bu ilk yıl bile olabilir. Fakat teşvik, zorla istemek ya da çocuğunuzu itelemekten çok daha farklıdır ve bunların ikisi de onun için iyi değildir.

Bununla birlikte, insanların çoğu yetenekli bir çocuk hakkında konuşurken, genellikle zihinsel performansı kastederler. Sıra dışı bir zihinsel yetenekle ödüllendirilmiş olanlar arasında bile farklılıklar vardır. Bazı çocuklar sayılarda, bazıları uzaysal ilişkilerde ve diğerleri de kelimelerde iyidir. Bazıları yaratıcı iken bazıları da organizasyonda müthiştir. Daha sonra bunların hepsini olmasa da birçoğunu zekâ testleri ile değerlendirmek mümkündür, ama bunu bebeklik döneminde yapmak zordur. İlk yıldaki IQ'yu değerlendirmek için kullanılan motor gelişim testleri, çocuğun daha sonraki IQ'su hakkında pek iyi fikir vermez. Bebeğin bilgiyi işlemesini ve çevresindekileri kullanma becerisini değerlendiren testler bu bakımdan daha iyidirler, ama her yerde yapılamamaktadırlar. Yine de, ilk yılındaki bebeğinizin zâkasını değerlendirebileceğiniz bazı ipuçları vardır:

Gelişmenin uyumlu oluşu. Her şeyi "erkenden" yapan bir bebek (gülümsemeyi, oturmayı, yürümeyi, konuşmayı, nesneleri eline almayı ve diğerlerini) muhtemelen hızlı bir şekilde gelişmeye devam edecektir ve ileride gerçekten de yetenekli olduğu ortaya çıkabilir. Erken ortaya çıkan sözel yetenek, özellikle ilk yıldan önce olağandışı bazı kelimelerin söylenmesi anne babaların yetenekli bebeklerde sıklıkla gözledikleri bir olgudur ve muhtemelen ileri zekânın bir göstergesidir, bununla birlikte, bazı yetenekli bebekler sözel yönden oldukça yavaş bir gelişim sergileyebilirler.

İyi hafıza ve gözlem gücü. Yetenekli çocuklar birçok bebeğin henüz bir hafıza belirtisi göstermediği dönemlerde hatırladıkları şeylerle anne-babalarını şaşırtırlar. Ve nesneler hatırladıklarından farklı bir görünüm aldığında (annenin kesilmiş saçı, babanın yeni ceketi, ameliyattan sonra büyükbabanın gözündeki sargı bezi) bunu hemen fark ederler.

Yaratıcılık ve orijinallik. Bir yaşından küçük çocuklar henüz yetkin bir şekilde problem çözememekle beraber, yetenekli çocuklar, örneğin, bir koltuğun arkasında sıkışmış bir oyuncağın oradan nasıl alınabileceğini bularak, bir şekilde kitaplıktaki yüksek raflara erişmeyi becererek (alt raflardan aldıkları kitapları üst üste koymak gibi) veya sözel yeteneklerinin ötesinde olan bir kelime için bir işaret lisanı kullanarak (kitaptaki hayvanın bir fil olduğunu anlatmak için burunlarını, ya da tavşan olduğunu anlatmak için kulaklarını göstererek) anne-babalarını şaşırtabilirler. Yetenekli olma yolunda ilerleyen bir bebek oyuncaklarla alışılmamış bir şekilde oynayarak, oyuncak olmayan nesneleri oyun objelerine dönüştürerek, sanki onları "kullanıyormuş gibi" yaparak da yaratıcılığını ortaya koyabilir.

Mizah duygusu. Daha ilk yılda bile, parlak bir çocuk günlük yaşamdaki uygunsuzluklara gülebilir: gözlüklerini alnına kaydıran büyükanne, köpeğe ayağı takılıp bardağındaki meyve suyunu döken baba gibi.

Merak ve konsantrasyon. Bebeklerin hepsi de son derece meraklı olmakla birlikte, çok yetenekli olanlar hem meraklıdırlar, hem de merak ettikleri şeyi araştıracak azme ve konsantrasyona sahiptirler.

Bağlantı kurma yeteneği. Yetenekli çocuk, diğerlerine göre nesneler arasında daha çok ve daha erkenden ilişkiler kurmaya başlar ve daha önce öğrendiklerini yeni durumlara uygulayabilir. Dokuz-on aylık bir bebek babasının evde okumakta olduğu bir kitabı kitapçıda görebilir ve "baba" diyebilir. Ya da, apartmandaki asansörün düğmesine basmaya alışmışsa, dükkânda bindiği asansörde düğmeyi arayabilir.

Zengin hayal gücü. Yetenekli bir bebek ilk yıldan önce "yapıyormuş gibi"yapabilir (bir fincan kahve içmek ya da bir bebeği sallamak). Kısa süre sonra da hikâyeler ve oyunlar uydurabilir, arkadaşlarını taklit edebilir ve diğer benzer şeyleri yapabilir.

Uyumada güçlük. Yetenekli çocuklar gözlem ve öğrenme ile öylesine meşguldürler ki dünyayı zihinlerinden uzaklaştırıp uyuyamazlar-ebeveynleri çıldırtan bir özellik.

Algılama ve hassasiyet. Yetenekli çocuklar annenin ne zaman üzgün ya da kızgın olduğunu anlayabilir, babasının "uf" olduğunu fark edebilir (parmağındaki yara bandını görerek), ağlayan kardeşini neşelendirmeye çalışabilir.

Bebeğiniz bu özelliklerin hepsini ya da çoğunu gösterse bile, ona "yetenekli" etiketini yapıştırmak için henüz çok erkendir. Şimdi onun ihtiyacı olan şey bu şekilde etiketlenmek değil, sevilmektir. Elbette, onu yeteneklerini harekete geçiren bir çevrede büyüterek büyümesini ve gelişmesini teşvik edebilirsiniz. Ona okuyun, onunla konuşun, onunla oynayın. Ama dikkatinizi yalnızca onda olmasından hoşlanacağınız yeteneklerin gelişmesine vermeyin-belki de sözel ya da müzikal. Daha çok onun genel gelişimi ile ilgilenin-zihinsel olduğu kadar fiziksel ve sosyal olarak da. Büyürken, onu özel yetenekleri olduğu için değil sizin çocuğunuz olduğu için sevdiğinizi, ve "zeki" olmasa da bu sevgiyi eksik etmeyeceğinizi ona hissettirin. Onu nazik, ilgili olmaya ve daha az ya da daha farklı yetenekleri olan insanlara da değer vermeye özendirin.

KÜÇÜK ATIŞTIRMALAR

"Bebeğim devamlı yemek istiyor. Ne ölçüde yemesi onun için iyidir?"

Kendi annelerinin ara öğünler hakkındaki uyarıları (yemekten önce olmaz, birtanem -iştahını kapatır!) hâlâ kulaklarında çınlayan günümüz anneleri bebeklerini yemek aralarında beslemek konusunda isteksizdirler. Yine de, ılımlı ölçülerde olmak koşuluyla ara öğünler bebeklerin ve çocukların hayatında önemli bir rol oynar.

Ara öğünler öğrenmek için bir fırsattır. Yemek zamanında bebek bir kâseden kaşıkla beslenmektedir, ara öğünlerde ise küçük bir parça ekmek ya da bisküviyi kendi parmaklarıyla alıp ağzına götürme imkânı vardır -ağzının ne kadar küçük ve koordinasyonunun da ne kadar zayıf olduğunu düşünürseniz azımsanmayacak bir başarı.

Ara öğünler boş mideyi doldururlar. Bebeklerin çabucak dolan ve boşalan küçük mideleri vardır ve bir ara öğün almadan midelerini sonraki öğüne kadar yetişkinler gibi dolu tutamazlar. Katılar bir bebeğin diyetinin en önemli kısmı olduğundan, onun beslenme ihtiyacını karşılamak için ara öğünlere gerek olacaktır. Bebeğinize Günlük Düzine'sini günde yalnız üç öğün ile vermenin imkânsız olduğunu göreceksiniz.

Ara öğünler bebeğe dinlenme fırsatı verir. Hepimiz gibi, bebeklerin de zaman zaman iş ya da oyuna ara verme ihtiyacı vardır (oyunları onların *işidir*) ve ara öğün bu fırsatı sağlar.

Ara öğünler oral haz sağlarlar. Bebeklerin yönlenimi hâlâ büyük ölçüde ağız yoluyladır. Buldukları her şey doğrudan ağızlarına gider. Ara öğün onlara anneleri tarafından azarlanmaksızın nesneleri ağızlarına sokma olanağı verir.

Ara öğünler meme ya da biberondan daha kolay ayrılmasını sağlar. Bebeğinize katı gıdalar halinde küçük ara öğünler vermemişseniz, meme ya da biberondan ayrılmamakta inatlaşacağından emin olabilirsiniz. Ara öğünler emzirme sıklığını azaltmanıza ve sonunda onu memeden tümüyle ayırmanıza yardım eder.

Bütün iyi yanlarına rağmen ara öğünlerin bazı sakıncaları da vardır. Hataya düşmeden bu iyi yanlardan yararlanabilmek için, şu noktaları göz önünde tutun:

Ara öğünler zamanında verilmelidir. Anneniz haklıydı; -esas yemekten hemen önce verilen ara öğün bebeğin iştahını azaltabilir. Bu sorundan kaçınmak için ara öğünleri iki esas yemek zamanının ortasında verin. Sürekli bir şeyler yemesi bebeği devamlı ağzında bir şeyler bulundurmaya alıştırır, bu da eğer çocukluğa ya da erişkinliğe kadar devam ederse zararlı olabilir. Ayrıca ağızda devamlı gıda bulunması dişlerin de çürümesine neden olabilir -kepekli ekmekteki sağlıklı nişasta bile ağız içinde salya ile karşılaştığında şekere dönüşür. Sabahleyin bir, öğleden sonra bir ve eğer yatma saati ile akşam yemeği arasındaki süre uzunsa bir de gece verilen ara öğün yeterli olmalıdır. Elbette, bir öğünün verilmesi alışılmışın ötesinde gecikecekse bir istisna yapabilirsiniz.

Doğru sebeplerle verilen ara öğünler. Ara öğünler için iyi (yukarıda anlatılanlar) ve iyi olmayan nedenler vardır. Eğer bebeğin canı sıkılıyorsa (bir oyuncakla onu oyalayın), incinmişse (bir kucaklama ya da şarkı ile onu yatıştırın) veya ödüllendirilmesi gereken bir şey başarmışsa (onu sözlü olarak yada alkışlayarak övün) ara öğün vermekten kaçının.

Ara öğünleri doğru ortamda verin. Ara öğünlere esas öğünler kadar çok önem verilmelidir. Güvenlik (sırt üstü yatarken, etrafta emeklerken, ya da yürürken yiyen bebek lokmaları çok kolayca boğazına kaçırabilir) ve görgü kuralları (iyi sofra davranışları en iyi sofrada öğrenilir) açısından ve ev temizliğini yapan kişiyi de düşünerek (siz, ya da temizliği yapan her kimse, her köşede dökülmüş ya da kırıntı halde gıda artıkları bulmaktan hoşlanmayacaktır) ara öğünler bebek otururken, tercihen beslenme sandalyesinde iken verilmelidir. Elbette eğer dışarı çıkmışsanız ve bebeğiniz bu sırada arabasında ya da otomobil koltuğunda ise ara öğünü ona burada da verebilirsiniz. Ancak bu kısıtlı ortamlarda verilen küçük öğünlerin esas yemeğin yerini tuttuğunu zannetmemelidir, arabasına ya da otomobil koltuğuna yerleşir yerleşmez kendisine bir bisküvi verileceği beklentisine kapılmamalıdır.

DEVAMLI AZAR AZAR YEMEK (ATIŞTIRMAK)

"Atıştırmanın herkes özellikle küçük çocuklar için en sağlıklı beslenme şekli olduğunu duydum. Oğlumu bu şekilde mi beslemeliyim?"

Erişkinler arasında moda olmadan çok önce, atıştırma küçük çocukların gastronomik tercihi idi. Fırsat verildiğinde bebeklerin çoğu sofraya oturmaktansa gün boyunca atıştırmayı ve ellerinde bir bisküvi ya da meyve suyu ile oynamayı seçerler. Bazı uzmanlar günde üç esas ve birkaç ara öğün yenen geleneksel beslenmeye göre bunun daha sağlıklı olduğunu iddia etseler de diğerleri bu fikre katılmamaktadır. Şu noktaları göz önünde tutun:

Atıştırma uygun beslenmeyi engeller. Yonca tarlasında çimlenen bir buzağı ihtiyacı olan besleyici maddelerin çoğunu bu şekilde alabilir. Ama bütün gün elinde bisküvi-meyve suyu ile gezen bir bebeğin Günlük Düzine'sini bu şekilde alabilmesi pek mümkün değildir. Besinsel ihtiyaçlar iki üç ara öğün ve esas öğünlerle çok daha iyi karşılanır.

Atıştırma oyuna engel olur. Elinde devamlı bir bisküvi ya da ekmek parçası olan bir bebek (devamlı biberonu olan bebekler gibi) yeterince oynayamaz ve araştırma yapamaz. Ve bebek hareketlendikçe, gıda ile beraber emeklemesi ya da yürümesi boğulma riskini artırır.

Atıştırma sosyal ilişkileri kısıtlar. Ağzında devamlı yiyecek olan bir bebek sosyal ve sözel becerilerini geliştiremez ve yemek zamanındaki sosyal ilişki fırsatını da kaçırır.

Atıştırma sofra adabını öğrenmesini engeller. Çocuklar sofra adabını kanepede çörek kıtırdatarak, yatakta süt içerek ya da halıda peynir yiyerek öğrenemez.

HÂLÂ OTURAMAYAN BEBEK

"Bebeğim henüz oturmaya başlamadı, yaşına göre geri kalmasından endişe ediyorum."

Normal bebekler değişik yaşlarda değişik gelişimsel aşamalarda olabildiklerinden, "normal" aralığı her aşama için büyük değişkenlik gösterir. Her ne kadar "vasat"bir bebek 6.5 ay civarında yardımsız olarak oturabilse de, bazı normal bebekler dördüncü ayda oturabilirken, bazılarında bu dokuzuncu aya kadar gecikebilir. Sizin bebeğinizin de henüz rahat rahat bu limitlerin içinde olduğuna göre, geciktiği için üzülmenize gerek yok.

Bir bebeğin belirli bir yaşta oturabilmesi ve diğer önemli gelişimsel becerileri kazanması genetik olarak programlanmıştır. Bir ebeveynin bu programı hızlandırmak için yapabileceği pek fazla şey olmamakla beraber, yavaşlamasını önlemenin bazı yolları vardır. Erkenden bir bebek koltuğunda, arabada, ya da besleme sandalyesinde sık sık oturtulan bir bebek kendi kendini destekleyebilir hale gelmeden önce birçok alıştırma yapmış olur ve kısa bir süre sonra bunu başarabilir. Öte yandan, zamanının çoğunu bir bebek koltuğunda sırt üstü yatarak geçiren bir bebeğin oturması fazlasıyla gecikebilir. Aslında, bebeklerin sürekli olarak annelerinin göğsünde taşındığı gelişmemiş ülkelerde bebekler dik durmaya o kadar alışmışlardır ki, daha oturamadan yürümeye başlarlar. Oturmanın (ve diğer motor becerilerin) gecikmesine engel olabilen bir başka faktör de aşırı kilodur. Tombul bir çocuk oturmaya çalışırken zayıf olana göre daha kolay kayar.

Bebeğinize amacına ulaşabilmesi için yeterince fırsat verebildiğiniz sürece sonraki iki ay içerisinde bunu başarması ihtimali yüksektir. Eğer başaramazsa, ve/veya başka bir çok yönden de yavaş geliştiğini düşünüyorsanız, doktoruna danışın.

DİŞ LEKELERİ

"Kızımın iki dişi sanki gri bir renkle boyanmış gibi. Çürüyor olabilirler mi?"

Büyük bir ihtimalle kızınızın incilerinin mat gri bir renk almasına yol açan şey çürüme değil demirdir. Sıvı preparatlar şeklinde vitamin ya da mineral takviyesi alan bazı bebeklerin dişlerinde renk değişikliği görülebilir. Bunun bebeğinizin dişlerine kesinlikle zararı yoktur ve sıvı vitaminleri bırakıp da çiğnenebilir olanlara başlayınca kaybolur. Bu arada, vitamini verdikten hemen sonra bebeğinizin dişlerini fırçalar ve onları tül ya da benzeri seyrek dokunmuş bir kumaşla silerseniz boyanmayı en aza indirebilirsiniz.

Eğer bebeğiniz sıvı vitamin almıyorsa, ve özellikle yatma zamanında biberonla bol miktarda hazır mama ya da meyve suyu içiyorsa, renk değişikliği, çürüme, travma ya da doğumsal bir diş minesindeki doğumsal bir bozukluğun belirtisi olabilir. Bunu olabildiğince çabuk doktorunuza ya da çocuklar konusunda uzman bir diş hekimine danışın.

SİZE YARAMAZLIK YAPAN BEBEK

"Bakıcısı bebeğimin onunla birlikte iken mükemmel olduğunu söylüyor, ama ben iş dönüşü daha kapıdan içeriye adım atar atmaz yaramazlık yapmaya başlıyor. Kendimi korkunç bir anne gibi hissediyorum."

Bu yaştaki birçok bebek gibi sizinki de etrafındakileri nasıl kullanacağını öğrenmektedir. Ve birçok iyi anne gibi siz de bu tuzağa düşüyorsunuz. Bu erken dönemde bile, oldukça basit düzeyde de olsa, bebeğiniz siz eve döndüğünüzde kendisine biraz daha çok ilgi ve sevgi göstermenizi garantiye alabilmek için unutulmuş ve ihmal edilmiş kurban rolü oynamanın en iyi yol olduğunu fark edebilecek kadar kurnazdır. Sizin kararsızlığınızdan, suçluluk duygunuzdan yararlanarak istediğini elde eder -bu muhtemelen sizin zaten ona vereceğiniz bir şeydir, ama o işini şansa bırakmak istemez.

Bebeklerin, yeni yürüyenlerin, hatta daha büyük çocukların diğer bakıcılarından çok anne-babalarına karşı yaramazlık yapması onlarla iken kendilerini daha güvende ve rahat hissetmelerinden kaynaklanır. Gösterilen sevgide azalma riski olmaksızın duygularını açığa vururlar. Ama bu yaramazlık her zaman gelişigüzel değildir-çoğu kez bir amacı vardır. Böylece hem anne-babasının dikkatini çeker ve bunun sürekli olmasını sağlar, hem de onların sınırlarını test eder: "Annem (ya da babam) patlayana ya da teslim olana değin ne kadar ileri gidebilirim?". Gece yarısı emzirilmek için ağlayan bebek işte bunu yapmaktadır. Ezilmiş havucu saçına başına sürmesindeki ya da oyuncaklarını oyun parkından atmasındaki amaç da budur. Yürütecini devamlı olarak merdivenlerin başına -yasak bölgeye-getiren bebek de aynı hesabı yapmaktadır.

Sizi belli bir ölçüye kadar istismar etmesi hem normaldir, hem de muhtemelen sağlıklı bir davranıştır. Bu bir çocuğa çevresini kontrol etme fırsatı verir. Ama çığrından çıkarsa ruhsal gelişimine zarar verebilir. O halde, anlamlı görünüyorsa bebeğinizin isteklerine uyun-gerçekten de yeterince ilgi görmediğinde ve size bunu belli ettiğinde. Ama onun sağlığı ve güvenliği ve kendi iyiliğiniz için gerekli olduğunu düşündüğünüz sınırlamaları koyun ve onlara sadık kalın.

BİLMENİZ GEREKEN ÖNEMLİ ŞEYLER
Bir Süper Bebek Büyütmek

Onları televizyon talk-show'larında izledik ve fotoğraflarını da önemli dergilerin kapaklarında gördük. Annelerin gururla onların ne büyük şeyler başardığını anlatmalarını merak, hoşnutsuzluk ve kıskançlıkla dinledik. Altı aylıkken sözcükleri, bir yaşında iken kitapları ve iki yaşındayken de *The New York Times'ı* okuyabildiklerini duyduk. Başkalarının nasıl olup da bebeklerine bu kadar yoğun baskı yapabildiklerine hayret ettik. Ve bizlerin de kendi bebeğimize aynı şeyi yapmamız gerekip gerekmediğini sorguladık.

Süper bebek kavramı kuşkusuz medyada heyecan yaratmıştır, bu toplum geneline de önemli ölçüde yayılmış ve bazı topluluklarda da hissedilir etkileri olmuştur. Bu küçük dahileri ele alan birçok kitap yazılmış ve programlar yapılmıştır -hatta çalışmalarını tamamen bu konu üzerinde sürdüren bir enstitü bile vardır. Ancak bebeklerin ve çocukların normal gelişim hızlarının ötesine zorlanması gerektiği iddiası çocuk gelişimi konusundaki en güvenilir uzmanlar arasında pek taraftar bulmamaktadır. Bunun nedeni bu tür programların yararlı ya da işe yaradıkları konusunda yeterince kanıt olmamasıdır. Bebeklere normalde öğretilenlerin dışında birçok beceri kazandırmak mümkün olsa bile (kelimeleri tanımak gibi), bunu yapmanın kanıtlanmış bir yöntemi yoktur. Yoğun erken eğitimin uzun vadede geleneksel eğitim şekillerine karşı bir avantajı olduğuna dair de bir kanıt yoktur. Müzik, atletizm ve tıp gibi birbirlerinden çok farklı alanlarda büyük başarılar göstermiş erişkinler üzerinde yapılan çalışmalar, onların kendi alanlarındaki becerilerini çocukluğun erken dönemlerinde kazandıklarını, ve bu yetenek ilk ortaya çıktıktan sonra da ciddi ve yoğun çalışma yerine bir oyun şeklinde geliştiğini göstermiştir.

Bebeklerin yaşamın ilk yılında öğrenmeleri gereken birçok şey vardır -aslında okuldaki ilk yıllarında öğrenmeleri gerekenden de çok. Bu yoğun on iki ay boyunca, diğer insanlarla olan bağın (anne, baba, kardeşler, bakıcı, ve diğerleri), güvenin ("Sıkıntıda olduğumda annemin ve babamın bana yardım edeceğine güvenebilirim") ve nesnelerin sürekliliği kavramının ("Annem sandalyenin arkasına saklandığında onu göremesem de orada olduğunu biliyorum") öğrenilmesi gerekmektedir. Ayrıca vücutlarını (oturmak, ayakta durmak, yürümek); ellerini (daha ince işleri olduğu kadar nesneleri ellerine almayı ve düşürmeyi); ve akıllarını (ulaşılamayan-raftan-oyuncağın-nasıl-alınabileceği gibi problemlerin çözülmesi); yüzlerce kelimenin anlamını ve dilleri, dudakları ve gırtlaklarını kullanarak bunların nasıl telaffuz edileceğini ve kendilerinin kim olduğu hakkında bazı şeyleri de ("Ben nasıl bir insanım, neleri severim, neleri sevmem, beni üzen ya da sevindiren şeyler nelerdir?") öğrenmek durumundadırlar. Zaten bu kadar yoğun bir program varken, buna öğrenilmesi gereken yeni maddeler eklemek, gelişimin bazı aşamalarının ihmal edilmesine yol açabilir.

Anne-babalar nadiren daha hazır ve istekli olmadan çocuklarını ayakta durmaya zorlarken, birçoğu onlara okuma gibi zihinsel bir başarı göstermeleri için baskı yapmaktadır. Neden? Belki zorlanan bir bacağın incinebileceğini düşünmek yorgun bir zihnin incinebileceğini düşünmekten daha kolay olduğu için. Ya da bazı ailelerde zihinsel başarılara fiziksel başarılardan daha çok önem verildiği için.

Çocuk gelişimi ile çevrelerin erken eğitim programlarına açıkça karşı çıkmasına rağmen bir süperbebek yaratmanın çekiciliğine kapılan anne-babalar şu soruları kendilerine sormalıdırlar:

• Amacım nedir? Çocuğumun diğerlerinden kendisini daha üstün hissetmesini mi sağlamak? (Böyle bir duygunun ona ileriki yaşamında yararı olacak mı?) Eğitime erken başlamasını mı sağlamak? Yüksekokula küçük bir çocuk olarak devam etmenin duygusal etkileri ve psikolojik sonuçları nelerdir? Çocuk dahilerin yaşamlarının daha zengin ve daha tatminkar olduğuna dair bir kanıt yoktur (hatta yaşamı felaketlerle dolu çocuk "dahi"ler vardır). Anne-babaları ve diğerleri bu çocukları erkenden bireysel kimlikleri ile değil kendilerine öğretilenleri kavrayabilme yeteneği ile yargılamaktadırlar.

• Çocuğumun bir ön hazırlık olmaksızın günümüzün son derece rekabete dönük akademik ortamında başarılı olamayacağı korkusu ile mi hareket ediyorum? Okula başlamadan okumayı öğrenen çocukların okulda arkadaşlarının önüne geçebildiği bilinmekle beraber, zengin bir okuma hazırlığı olan (alfabe ile tanışmış olma, şarkılar ve hikâyeler, ve diğer birçok zenginleştirici deneyim) ve resmi eğitim başlayana kadar kelimeleri çözmeyi öğrenmemiş olan çocuklar bunları kolayca yakalar ve onlar kadar başarılı olurlar.

• Bebekler ve çocuklarla rahat mıyım? Bebeklerinin düzeyine inemeyen bazı kişiler (çünkü, örneğin, bebeklerle konuşabilme marifetleri yoktur), çocuklarını mümkün olduğunca kendi düzeylerine çıkarmaya çalışırlar. Fakat bebeklerin bebekliğe ihtiyacı vardır ve size doğru sürüklemektense onlarla bulundukları yerde karşılaşmanız daha doğru olabilir.

• Çocuğumu belli bir alanda -örneğin, okuyarak, lisanda- gelişmeye zorlamam diğer alanları nasıl etkiler? Çocuğunuzun sosyal (oyun gruplarıyla ya da oyun alanında) ve fiziksel (bir kaydırağa tırmanıp kayma, bir top atma, bir basamaktan atlama) gelişimine yardım edecek ya da onun artan merakını (yerdeki bir toz yumağından gökteki bulutlara kadar her şey) teşvik edecek zamanı bulabilecek misiniz? Her erişkin bütün ihtiyaçlara cevap veremeyebilir, ya da böyle olmak zorunda değildir -ama çocuklar geliştirmeyi en çok istedikleri boyutları saptamadan önce güçlerini ve zayıflıklarını anlamak, kişiliklerini gerçekleştirmek için mümkün olan bütün yolları ortaya çıkarmak ve araştırmak isterler. Bu anne-babanın değil çocuğun yapması gereken bir seçimdir ve şüphesiz ki zamanı da ilk yıl değildir.

Bir süper bebek yaratmama kararı alan anne-babalar bile bebekliğin basit problemlerinde bol bol uyarı ve yardım sağlayarak; onu çeşitli ortamlarla karşılaştırarak (dükkânlar, hayvanat bahçeleri, müzeler, benzin istasyonları, parklar ve diğerleri); gördükleri insanlar hakkında konuşarak ("bu hanım çok yaşlı", "bu adam oturmak zorunda çünkü bacağında ufu var", "şu çocuklar okula gidiyor"); ve cihazların nasıl çalıştığını ("Görüyorsun, musluğu açıyorum ve su akmaya başlıyor"), ve neye yaradıklarını ("Bu bir sandalye, sandalye oturmak içindir") ve aralarındaki farkları ("Atın kuyruğu uzun, domuzunki ise kısa") tarif ederek maksimum potansiyellerine kendileri için uygun olan hızda erişen müthiş çocuklar büyütebilirler. Bebeğinizin k, ö, p, e, k harflerinin köpek diye okunduğunu bilmesindense bir köpeğin havladığını, yediğini, ısırabildiğini, dört ayağı olduğunu ve tüylerle kaplı olduğunu öğrenmesi onun için daha iyidir.

Eğer bebeğiniz harflerle, sayılarla, kelimelerle ilgileniyorsa bu merakını tatmin edin. Ancak birdenbire oyun alanına düzenli geziler düzenleyip bütün tabelaları okutmaya çalışmayın. Öğrenme -bu top oyunu da olsa bir harf de olsaher zaman eğlenceli olmalıdır. Eğer sürekli bazı hedeflere ulaşmaya çalışırsanız öğrenmek ikiniz için de pek zevkli olmayacaktır. Bebeğinizin sizi yönlendirmesine izin verin, bırakın hızı o ayarlasın, eğer küçük öğrenciniz sıkılır veya mutsuz olursa vites küçültmeyi deneyin.

Çocuklar kendileri için -aileleri için değilönemli olan şeyleri öğrenerek kendilerine olan güvenlerini artırırlar. Eğer annemin veya babamın yapmamı istediği şey benim yapmayı istediğim şeyden daha önemli şeklinde bir mesaj alırlarsa özsaygıları zedelenir. Anne ve babanın beklentilerine (gerçekçi veya değil) ulaşma sırasında ister istemez hatalar olur. Uzun vadede çocukların bebekliklerinde okumayı veya piyano çalmayı öğrenmesinden daha önemli olan kendilerini sevmeyi ve saymayı öğrenmeleridir.

-11-

Sekizinci Ay

BEBEĞİNİZ NELER YAPIYOR OLABİLİR

Bebeğiniz bu ayın sonunda (nota bakınız):

• Ayakta tutulduğu zaman ayaklarının üzerine bir miktar ağırlığını verebiliyor olmalıdır.

• Bir kraker parçasını tek başına yiyebilmelidir.

• Bir küpü veya başka bir nesneyi bir elinden diğerine geçirebilmelidir (genellikle 8.5 aylıkken).

• Bir oyuncağı arayıp bulmalı ve yumruğunun içine alabilmelidir.

• Duyduğu bir sese doğru dönebilmelidir (genellikle 8 ay 10 günlükken).

Not: Eğer çocuğunuz bu önemli gelişmelerden bir veya birkaçına ulaşmamışsa doktorunuzla görüşün. Nadir durumlarda böyle bir gecikme bir problemin varlığına işaret edebilir, ancak çoğu zaman sizin bebeğiniz için normal olduğu anlaşılacaktır. Erken doğan bebekler bu önemli gelişmelere yaşıtlarından daha geç ulaşırlar ve bunları yapabildikleri zaman genellikle düzeltilmiş yaşları (normal zamanlarında doğsalardı olacakları yaş) veya bazen daha geç zamanlardır.

Bebeğiniz şunları da yapıyor olabilir:

• Bir kişiye veya cisme tutunarak ayakta durabilir (8.5 aylıkken).

• Bir oyuncağını almaya çalıştığınız zaman itiraz eder.

• Ulaşamayacağı bir oyuncağı almak için uğraşır.

• Ce-e oynayabilir.

• Karın üstü dururken oturur hale geçebilir.

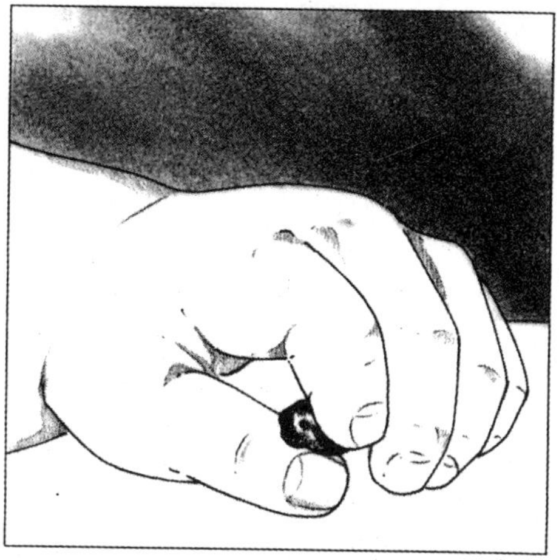

Sekizinci ayda bazı bebekler baş parmaklarını ve işaret parmaklarını kullanarak küçük nesneleri tutabilirler.

Bebeğinizin şunları da yapması olasıdır:

- Oturur durumdayken kendini itip ayakta durur pozisyona gelebilir.
- Ufak bir nesneyi başparmağının ve işaret parmağının herhangi bir yeriyle tutabilir.
- Yarı anlaşılır şekilde anne-baba diyebilir.
- Sekizinci aydan itibaren bazı bebekler baş ve işaret parmaklarını kullanarak küçük nesneleri tutabilirler.

Hatta bebeğiniz şunları bile yapabilir:

- Ellerini çırpma oyunu oynayabilme veya güle güle şeklinde el sallayabilir.
- Mobilyalara tutunarak yürüyebilir.
- Kısa sürelerle tek başına ayakta durabilir
- Hayır kelimesini anlayabilir (ancak her zaman buna uymayabilir).

BU AYKİ DOKTOR KONTROLÜNDE NELER BEKLEYEBİLİRSİNİZ

Doktorların çoğu sağlıklı çocukların bu ay için rutin kontrolünü yapmazlar. Eğer gelecek ayki kontrole kadar bekleyemeyecek endişeleriniz varsa doktorunuzu arayıp görüşün.

BEBEĞİNİZİN BU AYKİ BESLENMESİ

Sonunda Parmak Besinleri

Çoğu anneler için çocuklarını besleme hevesi kısa sürede küçük ağızlara sokmaya çalıştıkları pirinç gevreği kadar incelir. Sıkıca kenetlenmiş dudaklar, en kritik anda çevrilen kafalar, kaşığa uzanan ve hedefine ulaşmasına az bir zaman kala ters çeviren küçük tombul bir el, ve her gün günde üç kez sürekli tekrarlanan bu karmaşık işler anneleri birkaç ay önce yapmak için can attıkları bu işi bırakmaya hazır hale getirir. Şanslı bir şekilde bu şekilde davranma fırsatı kendini oldukça çabuk bir şekilde gösterir. Çoğu bebekler yedi aylık olduklarında ya da bazen daha önceleri parmak besinlerini yemeye hem istekli hem de yetenekli duruma gelirler.

Bu geçiş yavaş yavaştan ziyade genellikle aniden olur. Bebekler ağızlarının içine birilerinden bağımsız olarak bir besin götürebileceklerini keşfettikleri zaman, ağızlarının içine ustaca sokabilecekleri besinlerin sayısı süratle artar. İlk önceleri çoğu bebek pirinç kekini veya bir ekmek parçasını yumruğu içinde tutarak kemirir çünkü henüz parmaklarını tek tek uyumlu bir şekilde kullanarak besinleri tutup taşıyamazlar. Avuç içinde kalan son besin parçasını yemek sırasında problem ortaya çıkınca duydukları sıkıntıyı ağlamaklı bir halde protesto ederek gösterebilirler. Bazıları için çözüm, avucunu ağzına dayayıp tamamen açmaktır. Bazıları ise besini yere bırakır ve daha iyi yenebilecek şekilde tekrar tutmayı denerler.

Başparmak ile işaret parmağı arasında bir cisme pozisyon verip tutmak becerisi çoğu bebekte dokuz ila on ikinci aya kadar gelişmez. Ancak bazıları bu şekilde tutma becerisini diğerlerinden önce kazanırlar. Bu beceri kazanılır kazanılmaz bir bebek bezelye veya bozuk para gibi çok küçük nesneleri tutabilir, bunları ağzına götürebilir ve kendine göre akşam yemeği mönüsünü genişletirken böyle bir cismin nefes borusuna kaçma riskini de beraberinde taşır.

Parmak besinlerini idare etmeyi öğrenmek, genelde yemek masasında özgür kalmak yolunda atılmış ilk adımdır. İlk önce parmak besinleri bir çocuğun diyetinin küçük bir kısmını oluştururlar; kendini besleyebilme becerisi geliştikçe günlük besin alımının büyük bir oranı bebeğin kendi elleriyle ona ulaşacaktır. Bazıları bir kaşığa hükmetmeyi ikinci yıllarının ortalarında veya daha erken öğrenirler ve daha medeni olan bu beslenme şekline dönerler; diğerleri daha uzun bir süre besinlerinin çoğunu (gevrek veya peynir gibi şüpheli parmak besinlerini bile) ağızlarına götürmek için ellerini kullanırlar. Az bir kısmı, ki genelde etraf kirlenip çok zaman geçeceğinden dolayı "tek başlarına yapmalarına" izin verilmeyenler kendi kendilerine beslenmeleri gereken zaman geçtikten çok sonra bile dışarıdan yardım alarak beslenmek zorunda kalırlar.

İlk parmak besini olmayı hak edecek besinler arasında bebeğin dişetleri arasında dolaştırıp yutulabilir hale getireceği veya ağız içinde çiğnemeye gerek kalmadan dağılabilen besinler ve daha önceki denemelerde püre kıvamına gelmiş olanlar yer alırlar. Bu besinleri büyük çoğunluğu çiğnenebilir parçalar halinde kesilmiş olmalıdırlar. Sert olanlar bezelye büyüklüğünde, yumuşak olanlar misket büyüklüğünde olmalıdırlar. İyi seçimler arasında tam buğdaydan yapılmış bagetler, ekmekler veya tostlar, pirinç kekleri veya ağız içinde rahat dağılan diğer kraker türleri yer alır. Yulaf gevrekleri (en iyileri tuz veya şeker eklenmeden yapılanlardır ve sağlıklı besin dükkânlarında bulunur), mısır ve buğday besinleri, küçük doğal peynir küpleri (Baby Swiss, çedar, Edam, Havarti gibi), yumuşak muz ve çok yumuşak armut parçaları, şeftali, kayısı, kantalup veya mango, iyice yumuşayacak şekilde pişirilmiş havuç, beyaz veya tatlı patates, brokoli veya koli çiçeği (sadece çiçekliler), bezelye (kesilmiş veya ezilmiş), haşlanmış, pişirilmiş balık (kılçıkları için çok iyi arama yapın), yumuşak köfteler (çorba veya sos içinde pişirin ki sertleşmesinler), çeşitli boy ve şekillerde iyi pişirilmiş ve çocuğun almasına izin verilmeyen maddeleri içermeyen hamur işleri (gerekirse pişirmeden önce veya sonra parçalara ayırın), çırpılmış veya lop pişirilmiş yumurta sarısı ve beyazını yiyebilecek hale geldiği zaman tüm yumurta, yumuşak pişirilmiş Fransız tostları parçaları veya tam buğdaydan yapılmış pankekler (yine ilk başta yumurtanın sarısı ile daha sonra beyazını yiyebilecek hale gelince tüm yumurta kullanılarak yapılmalıdır). Parmak besinlerini eklediğiniz zamanlara denk gelecek şekilde yeni yürümeye başlayan çocuklar için üretilen ticari besinleri veya kesilmiş ya da ezilmiş küçük ve yumuşak parçalar içeren sofra besinleri kullanarak çocuğun besinlerini zenginleştirebilirsiniz.

Parmak besinlerini vermek için kırılmayan bir tabak üzerine veya bebeğin beslenme masasının üzerine dört beş parça serpiştirin ve bebek yedikçe yerlerine yenilerini koyun. Yeni yemek yemeye başlayanlar önlerine çok fazla özellikle de tek bir noktaya yemek konduğu zaman ya hepsini birden ağızlarının içine tıkıştırmaya ya da ellerinin tersiyle hepsini yere göndermeye çalışırlar. Diğer yemeklerde olduğu gibi parmak yiyecekleri de sadece oturan bir bebeğe verilmelidir. Emekleyen ve yürüyen bebeklere verilmemelidir.

Nefes borusuna kaçma tehlikesinden dolayı bebeğinize ağzında erimeyecek, dişetleriyle çiğneyemeyeceği veya kolayca nefes borusuna kaçabilecek patlamış mısır, fındık, tüm bezelye, çiğ sert sebzeler (havuç, dolmalık biber) veya meyveler (armut, elma), et parçaları veya sosis (içerdiği yüksek sodyum ve koruyucu maddeler nedeniyle zaten bebekler için uygun bir besin değildir) gibi -besinler vermeyin.

Azı dişleri en erken ilk bir yılın sonlarına doğru çıkmaya başladıktan sonra (ilk çıkan dişler ısırmak içindir ve çocuğun çiğneme yeteneğine bir katkıları yoktur), gerçek çiğneme gerektiren besinler verilmeye başlanabilir. Bunların arasında çiğ elmalar ve diğer sert lifli çiğ meyve ve sebzeler, küçük et dilimleri, pişmemiş besinler (yumuşak ve taze olmalı ve ilk önce ezilmiş olarak verilmelidirler) ve çekirdekli veya çekirdeksiz üzüm (derisi soyulmuş ve ikiye bölünmüş) sayılabilir. Ancak havuç, patlamış mısır, fındık, ve sosis gibi sorun çıkartabilecek besinleri vermek için daha pek çok ay beklemek gerekir. Bu besinleri vermek için bebeğinizin çok iyi çiğnemeye başladığı zamanları bekleyin.

Yapısı ne olursa olsun bazı besinleri çocuğunuza ne şimdi ne de daha sonra, hiç vermemeniz gerekir. Hiç besleyici değeri olmayan abur cubur yiyecekler, ilave şeker veya tuz ile hazırlanmış besinler, rafine ekmek ve gevrekler bunlar arasında sayılabilir. Bunlar eninde sonunda evin dışında çocuğa verileceklerdir, ama bu zamana kadar çocuğunuz bunların günlük yiyecekler olmadığını anlamış olacaktır.

BEBEĞİNİZİN İLK KELİMELERİ

"Bebeğim çok sık anne demeye başladı. Komşum anlamını bilmeden sesler çıkardığını söyleyene kadar çok heyecanlanmıştık. Doğru mu söylüyor?"

Buna en doğru cevabı sadece çocuğunuz verebilir ancak o da en azından şimdilik bunu söyleyecek durumda değil. Çocuğunuzun ne zaman anlamını bilmeden gerçek kelimelere benzeyen sesler çıkartmaktan, anlamlı konuşmaya geçtiğini tam olarak söylemek çok güçtür. Bebeğiniz şu anda sesleri çalışıyor olabilir veya gerçekten annesini çağırıyor olabilir, ancak hangisini yaptığı çok da önemli değildir. Önemli olan ses çıkarması ve duyduğu sesleri taklit etmeye çalışıyor olmasıdır. Çoğu bebek ilk önce "da-da" der. Bunun nedeni babasını daha çok sevmesi değil, sadece ilk önce bu sesleri çıkartmayı daha kolay bulmasının bir yansımasıdır.

Pek çok dilde anne ve baba yerine geçen gayri resmi kelimeler birbirlerine çok benzerler. Daddy, papa, pappa, baba. Mommy, mama, mummy, imma. Bunların bebeklerin çıkardıkları ilk hecelerden çocuklarının ilk kelimelerini bulmaya çalışan ebeveynleri tarafından yakalanıp türetildiğini iddia etmek çok doğru bir tahmin olur. Uzun bir zaman önce İspanyol bir bebek tipik bir şekilde "maa-maa" şeklinde söylenirken gururlanan annesi onun "madre" dediğinden emindi. Ve eski bir musevi bebeği ilk olarak "ah-ba" dediği zaman, babası muhtemelen göğsünü gererek "Av demeye çalışıyor" demişti.

İlk kelimenin söylendiği zaman çok değişkenlik gösterir ve tabii ki ebeveynlerin objektif olmayan değerlendirmelerinden de etkilenir. Uzmanların görüşlerine göre ortalama bir bebek ifade etmek istediğini söylemeye ve söylediği şeyin farkında olmaya on ay ila on dört ay arasında başlar. Küçük bir yüzde içerisindeki çocuk birkaç ay daha erken başlar ve tamamen normal bebeklerin bir kısmı ikinci yıllarının ortalarına kadar tek bir anlaşılır kelime söylemezler veya söyleseler bile etraftakilerin anlayacağı şekilde olmaz. Ancak sıklıkla bir bebek tek başına veya birleştirerek nesneleri tanımlamak amacıyla birkaç hece kullanabilir (bye bye için "ba-ba" gibi) ancak ebeveynler daha açık bir şekilde söyleyene kadar bunu duymaya hazır olmadıkları için anlamayabilirler. Hareket yeteneklerini geliştirmekle çok meşgul olan bir çocuk -mesela erken emekleyip yürüyen, merdiven çıkmayı öğrenen veya itfaiye arabasını kullanmayı öğrenen bir çocuk- daha az aktif olan çocuklara göre ses çıkartma yönünden daha yavaş davranabilir. Bu konuda endişelenmeye gerek yoktur, yeter ki kendisine söylenen tanıdık kelimelerin çoğunu anladığı anlaşılsın.

Bebeğiniz ilk kelimesini söylemeden çok önce dilini kullanma yeteneklerini geliştirecektir. İlk önce söylenenleri anlamaya başlayacaktır. Bu alıcı dil doğumdan itibaren bebeğinizin duyduğu ilk kelimelerle gelişmeye başlar. Yavaş yavaş etrafındaki kelime curcunası içinden kelimeleri ayırt etmeye başlar ve bir gün ilk yılının ortalarında adını söylersiniz ve size döner. Bir kelimeyi tanımıştır. Bundan kısa bir süre sonra diğer insanların isimlerini ve her gün gördüğü nesnelerin isimlerini anlamaya başlar. Anne, baba, şişe, meyve suyu, ekmek gibi. Birkaç ay içerisinde hatta bazen daha çabuk bir zamanda, basit komutlara uymaya başlar ("Isır bakalım" ya da "el salla" veya "anneyi öp" gibi) Bu anlama süreci konuşma gelişiminden çok daha hızlı olarak ilerler ve konuşmanın gelişmesinin önemli bir yapı taşıdır. Anlamaya ve konuşmaya yönelik dil gelişimine her gün çeşitli yollarla katkıda bulunabilirsiniz (bakınız sayfa 235)

BEBEĞİM HENÜZ EMEKLEYEMİYOR

"Arkadaşımın bebeği altı aylık olduğundan beri emekliyor. Benim oğlum neredeyse sekiz

aylık ve emeklemeye yönelik hiç ilgisi yok. Eğer biraz kımıldarsa bu göbeği üzerindeyken oluyor. Gelişmesi gecikmiş durumda mı?"

Emekleme söz konusu olduğu zaman, bir bebeğin durumu diğerleriyle karşılaştırılmamalıdır. Emeklemek bebeklerin belli bir yaşta kazandıkları yetenekler arasında değildir ve olup olmamasıyla genel gelişmelerini değerlendiremeyiz. Göbeği etrafında hereket etmek veya sürünmek genelde el ve dizler üzerinde hareket etmenin ya da emeklemenin bir öncüsü sayılır. Bazı bebekler altı aylıkken emeklerler ancak 7.5 ila 9 ay arası daha tipiktir. Bazı bebekler hiç emeklemezler. Ayağa kalkarlar ve dayanarak yürümeye başlarlar (iskemleden kahve masasına, oradan koltuğa) ve sonra serbest yürümeye başlarlar. Emeklemek, oturmak ve doğrulmak gibi her çocuğun gelişim süreçleri arsında bulunmadığı için, değerlendirmeler arasında kullanılmayan bir kriterdir.

Emekleyen çocuklar arasında bile türler değişkenlik gösterirler. Çoğu geri geri veya yana doğru emeklemeye başlarlar ve haftalarca ileri doğru gitmezler. Bazıları tek diz üzerinde, bazıları popoları üzerinde ilerlerler ve bazıları el ve ayakları üzerinde, yürümenin hemen öncesindeki evrede olduğu gibi emeklerler. Bir bebeğin bir noktadan diğerine gitmek için seçtiği yöntemden ziyade bağımsiz hareket etmek için uğraşıyor olması önemlidir.

Bazı bebekler karınları üzerinde kendilerini çekerek başlarlar. Çoğu elleri ve dizleri üzerinde emeklemeyi sürdürürken, bazıları ayakları üzerine kalkıncaya kadar sürünmeye devam ederler.

Bir bebeğin emekleyebilmesinden önce iyi bir şekilde oturabilmesi gerekir. Bundan sonra emekleyip emeklememesi veya ne zaman emeklediği kişisel bir konudur ve eğer birkaç gelişim alanında geri değil ise (sosyal, kaba veya ince motor hareketler, dil ve bunun gibi) endişe edilecek bir şey yoktur. İyi emekleyen çocuklar genelde geç yürürlerken hiç emeklemeyen çocuklar erken yürüyebilirler.

Bazı bebekler hiçbir zaman emekleyemezler çünkü bunu yapmak için onlara şans tanınmaz. Zamanının çoğunu bir yürüme aracına, bebek taşıyıcısına veya benzeri bir alete mahkûm olarak geçiren bir çocuk kendini dizleri ve elleri üzerine kaldırmaya çalışmak için az, elleri ve dizlerini hareket ettirmek için çok daha az fırsat bulacaktır. Çocuğunuzun yerde başında biri olacak şekilde bolca vakit geçirmesini sağlayın (Yerin süpürülmüş ve tehlikeli maddeler ile küçük cisimlerden arındırılmış olması şartıyla yerdeki kirden endişelenmeyin.) Bebeğinizi ileri hareket etmeye yönlendirmek için sevdiği bir oyuncağı veya ilginç bir nesneyi önünde kısa bir mesafe uzağa koyun. Dizlerini örtün, çünkü çıplak dizler soğuk ve sert bir zeminde veya pürtüklü bir halı üzerinde rahatsız edici ve hatta çocuğunuzun emekleme hevesini kırıcı etki gösterebilir. Eğer kullanıyorsa yürüme aletinden ayırın ve sadece siz yanındayken hareket etmesine izin verin.

Önünüzdeki aylarda bir şekilde bebeğiniz ayağa kalkacaktır -ve dertler başlayacaktır-; bundan sonra "Neden bu kadar acele etti?" diye merak etmeye başlayacaksınız.

SÜRÜNMEK

"Küçük kızımız bir dizi üzerinde emekliyor, diğer bacağı ise düz duruyor. Etrafta geziyor ancak garip görünüyor."

Bir yerden diğerine gitmek için meraklı ve kararlı olan bir çocuk için şekil ve güzelliğin önemi yoktur. Ve sizin için de öyle olmalıdır. Çocuğunuz etrafta bağımsız bir şekilde dolaşmak için uğraş gösterdiği sürece bunu nasıl yaptığı önemli değildir. Sürünmek -tek diz üzerinde emeklerken diğer bacağı arkadan sürümek- biraz garip gözükebilir. Aynı şekilde popolarının üzerinde oturup yerde ilerleyenler de garip gözükürler. Ama tüm bu işlemler bebeklerde sizinki de dahil olmak üzere yapılmak istenen işi yapmak için yeterlidir.

DAĞINIK EV

"Çocuğum artık emeklemeye başladı, her şeyi çekiştiriyor ve ben evdeki dağınıklıkla baş edemez oldum. Onu ve yaptığı dağınıklığı daha çok kontrol etmeye çalışmalı mıyım yoksa boş mu vermeliyim?"

Dağınıklık sizin en kötü düşmanınız olabilir ancak maceracı bir bebeğin en iyi dostudur. Sürekli düzenli tutulan bir ev yeni hareketlenmeye başlayan bir çocuk için Kristof Kolomb'un bir denize veya Lewis ile Clark'ın bir kasaba otoparkına duyacağı merak kadar ilgi uyandıran bir maceradır. Mantık ve güvenlik sınırları çerçevesinde (çocuğunuzun çek defterinizi dağıtmasına veya Rolodex'inizi tekrar düzenlemesine izin vermemelisiniz) çocuğunuz kaslarını hareket ettirirken merakını giderebilmelidir. Etrafta serbestçe dolaşıp dağınıklık yapmasına izin vermek entelektüel gelişimine ve fiziksel gelişimine yarar sağlayacaktır. Bu gerçeği kabullenmek sizin sağlığınız için önemlidir. Çocukları olmadan önceki gibi evlerini temiz tutmaya çalışıp dağınıklıkla mücadele eden ebeveynler bunu pek başaramayacakları için hayal kırıklığına uğramaya ve aşırı huzursuzluk ve bıkkınlık hissetmeye mahkûm olurlar.

Ancak siz gerçeklerle yaşamaya alışmak için birkaç adım atabilirsiniz:

Güvenli bir ev ile başlayın. Çamaşırlarını yatak odasının ortasına atması veya mutfakta yerleri peçetelerle kaplaması kabul edilebilir bir durum olsa da, likör şişelerini birbirine vurup ne olacağını merak etmesi veya klor temizleyiciyi halıya dökmesi uygun olmaz. Dolayısıyla bebeğinizi serbest bırakmadan önce evinizi çocuktan, çocuğunuzu da evdeki tehlikelerden koruyacak önlemleri aldığınızdan emin olun. (Bakınız sayfa 262)

Kaosu sınırlayın. Takıntılı yanınızı daha mutlu tutmak için evinizin bir ya da iki odasını dağınıklığa ayırmanız uygun olacaktır. Bunun anlamı bebeğinizin serbest olarak sadece kendi odasında ve belki mutfak, aile odası veya salonda -onun ve sizin birlikte en çok vakit geçirdiğiniz yerde- dolaşmasını sağlamaktır. Alanları sı-

El ve dizler üzerinde hareket klasik emekleme tekniğidir. Bazı bebekler bu şekilde etrafta gezmekten o kadar memnundurlar ki aylar boyunca yürümeye çalışmazlar.

Emekleme ile yürüme arasında bir geçiş olan el-ayak pozisyonu bir bebeğin ilk aldığı ve sürdürdüğü bir alışkanlık olabilir veya yürümeye doğru olan gelişim süreci içinde bir öncü olabilir.

nırlamak için kapıları ya da bebeklerin geçemeyeceği geçitleri kullanın. Eğer küçük bir daireniz varsa çocuğunuza bu tür kısıtlamalar getiremeyebilirsiniz; onun yerine gündüzleri dağınıklıkla ilgilenmeyip geceleri ortalığı toplamakla uğraşmayı tercih edebilirsiniz.

Oluşabilecek dağınıklığı azaltmak için çocuğunuzun ulaşabileceği raflardaki kitapları sıkıca yerleştirmeyi ve parçalayamayacağı kitapları kolayca alabileceği yerlere koymayı deneyebilirsiniz. Daha hassas ve zarar görebilecek dolapları çocukların açamayacağı şekilde sıkıca kilitleyip (kırılacak eşya, değerli eşyalar ve tehlikeli eşyaların durduğu dolaplar); dökülüp saçılacak eşyaları alçak masaların üzerinde tutmayıp oynamasında zarar olmayan birkaçını ortada bırakarak önlem alabilirsiniz. Onun kendine ait hissedeceği bir dolap veya çekmece ayırın ve içini kâğıt kupa ve tabaklarla, tahta kaşıklarla, bir metal kupa veya cezveyle, boş kutularla, ve plastik bigudilerle doldurun.

Çocuğunuzun banyonuzu rujunuzla boyamasına, en sevdiğiniz kitaplarınızın sayfalarını yırtmasına, mutfağın her yanına gevrek kutularını boşaltmasına ve evinizi kendi isteğine göre tekrar dekore etmesine izin vermediğiniz için kendinizi suçlu hissetmeyin. Hareketlerine sınırlar koymak hem aklınızı korumanıza hem de gelişimine yardımcı olmasına yardım edecektir ve diğer insanların hatta ebeveynlerin bile haklarının olduğunu anlamasını sağlayacaktır. Çocuklar sınırlar konmadığı zaman gerçekten çok ileri giderler.

Kendinizi geri çekin. Çocuğunuz ortalığı darmadağın edip tuttuğu her şeyi bir yana atarken onun peşinden gitmeyin. Bu onda huzursuzluk yaratacaktır ve yaptığı her şeyin kabullenemez olduğu kadar yararsız da olduğunu düşünmesine neden olacaktır. Aynı zamanda düzelttiğiniz her şeyi yeniden bozması sizi de huzursuz edecektir. Bunun yerine ciddi temizlikleri günde iki kez, biri sabahki oyun faslından sonra iskemlesinde otururken, diğeri de öğleden sonra veya yattıktan sonra olacak şekilde yapın.

Düzenli olması için tekrar tekrar ona ders verin. Esaslı temizliklerinizi o ortalıkta gezerken yapmayın. Ama her oyun döneminin sonunda onunla birlikte birkaç şeyi kaldırın ve anlayacak kadar büyük olmasa da "Şimdi annenin bunları kaldırıp yerine koymasına yardım eder misin?" şeklinde vurgulamalar yapın. Oyuncak kutusuna geri koyması için bir blok, dolaba geri koyması için bir kap veya çöp kutusuna atması için bir kâğıt parçası verin ve her hareketini alkışlayın. Önünüzdeki yıllar boyunca temizlediğinden çok daha fazla ortalığı dağıtacak da olsa, bu erken dersler zaman içinde yerinden aldığı bir şeyi tekrar yerine koyması gerektiğini anlamasını sağlayacaktır.

Ortalığı dağıtırken rahat olmasını sağlayın. Çocuğunuza sürekli eleştirici monologlar yapmayın.("Ne kadar kötü bir çocuksun. O boya lekesini duvardan asla çıkaramayacağım.") Çocuğunuzun doğal ve sağlıklı merakını ("Eğer bu su bardağını çevirirsem ne olur?" "Eğer bu çekmecedeki bütün giysileri çıkartırsam altında ne bulurum?") yansıtmasının kötü bir şey olduğunu veya kendisinin kötü olduğunu düşünmesine neden olmayın. Eğer tekrar olmasını istemediğiniz bir şey yaparsa bunu bilmesini sağlayın ama bir yargıç olarak değil, bir öğretmen olarak.

Onun hakkından gelemezsiniz ama ona katılmayın. Kaybedeceğiniz bir savaş için savaştığınızı düşünerek dağınıklığın birikmesine ve umursamaz olmak gerektiğine karar vermeyin. Bu şekilde yaşamak moralinizi düzeltmeyecek ve bebeğinize bir yararı olmayacaktır. Bir çocuğun ortalığı dağıtmasına izin vermek sağlıklı da olsa, sürekli bir düzensizlik içinde yaşamasına neden olmak sağlıklı değildir. Yatma zamanı geldiğinde dağınık bir dünya bırakıp ertesi sabah düzeleceğini bilmek ona güven hissi verecektir. Aynı zamanda dağınıklık yapmayı daha eğlenceli ve tatmin edici bir hale getirecektir. Zaten dağınık olan bir odayı dağıtmanın neresi ona cazip gelecek ki?

Güvenli bir yer ayırın. Genç fırtınanızın arkasında bıraktığı dağınıklıkla başa çıkmak her zaman mümkün olmayabilir ama fırtınanın ortasında sakin bir yer ayırmaya çalışın -örneğin yatak odanız veya salonunuz- ve bebeğinizin buraya girip oynamasını engelleyin ya da öğleden sonra veya akşamları oradan uzaklaştırdığınızdan emin olun, böylece her günün sonunda sizin ve kocanızın kaçacağı bir cennet olacaktır.

Güvenliği elden bırakmayın. Düzensizliği çok fazla önemsemeyecek bir davranış içinde olmanın istisnası güvenliği tehdit edecek bir durumun söz konusu olması halinde gerçekleşir. Eğer çocuğunuz meyve suyunu döker veya köpeğin su tasını devirirse hemen temizleyin. Dökülen bu maddeler halıyla kaplı olmayan zeminleri kayak pistine çevirirler ve düşmeler kaçınılmaz olur. Ayrıca kâğıt parçalarını ve dergileri bebeğinizin işi biter bitmez ortadan kaldırın ve trafiği (özellikle merdivenleri) oyuncaklardan özellikle de tekerlekli olanlardan her zaman arındırılmış tutmaya özen gösterin.

YERE DÜŞMÜŞ YİYECEKLERİ YEMEK

"Bebeğim sürekli krakerini yere düşürüyor ve tekrar alıp yemeye devam ediyor. Hiç temiz gibi görünmüyor- Güvenli mi?"

Yerleri üzerinde yemek yiyecek kadar temiz tutmasanız da bebeğinizin üzerinde piknik yapmasında bir zarar yoktur. Yerde mikroplar vardır ama önemli sayıda değildirler. Ve çoğu zaman bu mikroplar eğer yerde çok fazla oynuyorsa çocuğunuzun daha önce karşılaştığı mikroplardır. Aynısı başka insanların evleri, süpermarketler, alışveriş mağazaları için de geçerlidir. Yine de çocuğunuzun yabancı bir zemin üzerindeki krakeri alıp tekrar yemesi estetik duyularınıza ters gelirse, elindekini çöpe atıp yenisi ile değiştirmek uygun olacaktır.

Ancak bazı istisnalar vardır. Bakteriler kuru zemin üzerinde çoğalma şansına sahip olmasalar da, nemli veya ıslak zeminde çok çabuk artarlar. Eğer mümkünse banyoya, gölcüklere, veya benzeri nemli ya da ıslak yerlere düşmüş besinleri yemesine izin vermeyin. Besin üzerindeki nem de problem olabilir. Bir kraker veya herhangi bir besin ağız içinde birkaç kez ıslatılmış ve sonra kuru bile olsa bakterilerin çoğalabileceği bir yerde birkaç saat kadar bekletilmişse yenmesi uygun değildir. Dolayısıyla ortada duran ıslak besinleri bebeğinizin tekrar almasına izin vermeyin. Tabii ki her zaman seçim şansınız olmayacaktır ve bebekler uzun süredir ortada duran yiyecekleri bulup siz onları durdurana kadar ağızlarına atacaklardır. Şansınıza bunun sonucunda çok nadiren hasta olurlar.

Dışarıdayken de dikkatli olmalısınız. Çoğu bebek biberonunu sokakta düşürüp tekrar alıp ağzına götürünce hastalanmasa da, köpeklerin tuvaletlerini yaptığı, düşüncesiz insanların tükürdüğü yerlerden kötü mikropların alınma riski daha fazladır. Sokağa düşürülen her oyuncağı, biberonu, yiyeceği, veya emziği özellikle yer ıslaksa iyice yıkayın veya yenisi ile değiştirin. Eğer akan su bulamıyorsanız bez kullanarak emzik veya oyuncakları silin. Oyun alanlarında köpekler olmayacağından ve insanlar tükürme konusunda daha duyarlı olacaklarından yerler ıslak olmadığı sürece daha az endişelenmek gerekir. Yüzeydeki kiri temizlemek yeterli olacaktır. Ancak orada bile su birikintileri tehlikeli hastalık yapıcı mikropları barındırabilirler ve bebekler, oyuncakları ve yiyecekleri buralardan uzak tutulmalıdırlar. Çığlıklar atan bir çocukla mücadele etmek ile yiyeceğini çöpe atıp emniyetli davranmak arasında kalmamak için daima fazladan yiyecek taşıyın.

TOPRAK YEMEK VEYA DAHA KÖTÜSÜ

"Oğlum her şeyi ağzına atıyor. Şimdi yerde çok oynadığı için ne yediğini daha az kontrol edebiliyorum. Ne güvenlidir, ne güvenli değildir?"

Bebeklerin ağzına girebilecek her şey girer: Çamur, kum, köpek maması, böcekler, sigara izmaritleri, kokmuş yiyecekler, hatta kirli mendiller. En iyisi bu tip şeylere ulaşmasını engellemekse de bu her zaman mümkün olmaz. Pek az çocuk emekleme dönemini ağzının içine en az bir kez ebeveynlerini düşündürecek bir şey atmadan geçirir. Bazıları tek bir sabahı bile olaysız geçirmezler.

Ancak temiz olmayan maddelerden çok temizlemek için kullanılanlardan korkmanız gerekir. Bir ağız dolusu toprak çok nadiren insana zarar verirken, temizleyici maddelerden alınacak bir yudum bile ciddi hasara yol açabilir. Her şeyi bebeğinizin ulaşabileceği yerlerin dışında tutamazsınız, dolayısıyla ona en çok zarar verebilecek olanlar üzerinde (bir liste için sayfa 166'ya bakınız) konsantre olun ve kazara ağzına girebilecek bir böcek veya köpek tüyünü yakalamaya çalışın. Eğer onu kanaryayı yutmak üzere olan bir kedinin bakışıyla yakalarsanız, bir elinizin başparmağı ve işaret parmağı ile yanaklarını sıkarak ağzını açın ve diğer elinizin bir parmağını kanca şekline getirerek cismi ağzından çıkartmaya çalışın.

Ciddiye alınması gerekenlerin başında -bariz zehirli maddelerin yanı sıra- çürümeye başlayan besinler gelir. Hastalığa neden olan bakteriler veya diğer mikroorganizmalar oda ısısında süratle çoğalırlar. Dolayısıyla bozulan veya bozulmak üzere olan (en sık evcil hayvan çanaklarında, mutfaktaki çöplerin arasında, ve süpürülmemiş mutfak veya yemek odasında yerde bulunur) yiyecekleri bebeğinizin ulaşabileceği yerlerin dışında tutun.

Aynı zamanda bebeğinizin yutabileceği ya da nefes borusuna kaçırabileceği küçük nesneleri de ağzına götürmesine izin vermemelisiniz. (Düğmeler, şişe kapakları, ataçlar, çengelli iğneler, metal paralar ve bunun gibi). Çocuğunuzu oyun oynaması için yere koymadan önce yerleri araştırarak çapı 3 santimetreden ufak olan nesneleri ortadan kaldırın. Ayrıca potansiyel zehir olabilecek maddeleri de ortadan kaldırın. (Gazete veya kurşun içeren boya ile boyanmış mobilyalar gibi). Ek bilgi ve çocuğunuzdan uzak tutmanız gerekenleri öğrenmek için Evinizi Bebeğiniz İçin Güvenli Hale Getirmek bölümüne bakınız. (Sayfa 262)

EREKSİYONLAR

"Çocuğumun bezini değiştirirken bazen ereksiyon oluyor. Penisi ile çok mu fazla oynuyorum?"

Çocuğunuzun penisini, altını değiştirmek ve banyo yaparken temizlemek amacıyla gerektiği kadar ellediğiniz sürece fazla ellemiyorsunuz demektir. Oğlunuzun ereksiyonları dokunmalara hassas bir seks organının normal reaksiyonlarıdır. Aynı şekilde bir kız çocuğunun klitoris ereksiyonları da daha az dikkat çekmesine rağmen en az o kadar sıktır ve normaldir. Bir bebek bezi değiştirilirken bezi penisine sürtününce, meme emerken veya banyoda onu yıkarken ereksiyon gösterebilir. Bütün erkek çocukların bazen ereksiyonları olur, (anneleri farkında olmasa bile) ama bazılarında diğerlerinden fazla olur. Bu tip ereksiyonların tarafınızdan özel ilgi görmesi gerekmez.

GENİTAL ORGANLARIN KEŞFİ

"Kızım son zamanlarda altında bezi olmadığı zamanlarda genital organlarıyla oynamaya başladı. Bu kadar erken bir yaşta bu normal mi?"

İnsanlar kendilerini iyi hissetmelerine neden olan şeyleri yaparlar. Tabiat Ana genital organları yarattığı zaman bunu düşünüyordu; eğer onları dokununca zevk alınacak şekilde yaptıysa, ilk önce doğal olarak sahipleri tarafından dokunulacaklardır ve daha sonra doğru zaman geldiğinde karşı cinsten biri dokunacaktır ki bu şekilde nesillerin devamı sağlansın.

Bebekler doğdukları andan itibaren seksüel canlılardır veya daha doğrusu doğumdan önce erkek fetüslerin rahim içerisinde ereksiyonlarının olduğu gösterilmiştir. Bazıları, sizin bebeğiniz gibi, ilk yaşlarının ortalarına doğru seksüel yanlarını araştırmaya başlarlar, bazıları bunu yılın sonuna kadar yapmazlar. Bu ilgi kaçınılmazdır ve bir bebeğin gelişiminin sağlıklı bir parçasıdır, tıpkı daha önceleri el ve ayak parmaklarına olan ilgi gibi. Bu tür bir merakı engellemeye çalışmak (eski nesiller böyle yapmaya zorunlu hissediyorlardı) el ve ayak parmaklarıyla oynamasına engel olmak kadar yanlıştır.

Size her kim ne derse desin, kendi genital organlarıyla oynayan çocuklar ya da bebekler (bu hareket daha geç bir yaşa kadar mastürbasyon olarak adlandırılamaz) fiziksel ya da psikolojik bir zarar görmezler. Bu tür oyunlar oynayan çocuklara ya da bebeklere yaptıklarının kötü ya da kirli olduğunu hissettirmek ise zararlı olabilir ve gelecekteki seksüel hayatlarında veya cinsel kimliklerinde olumsuz etkileri olabilir. Kendini uyarmayı bir tabu haline getirmek bunu daha da cazip hale getirebilir.

Aynı zamanda genital organlara değen parmakların ağza sokulmasının zararlı olduğu korkusu da asılsızdır; bir bebeğin genital organlarındaki mikropların tümü kendine aittir ve herhangi bir tehdit oluşturmazlar. Ancak eğer kızınızın elleri kirliyken bu işi yaptığını görürseniz ellerini yıkayıp olası bir enfeksiyonu önlemeniz uygun olacaktır. Bir erkeğin genital organları kızlarınki gibi enfeksiyona açık olmasa da, hem kızların hem de erkeklerin elleri ıslak bir alt bezinin değdiği yerlere değdikten sonra yıkanmalıdır.

Bebeğiniz anlayacak yaşa geldiği zaman vücudunun bu kısmının özel olduğunu ve ona dokunmasının normal olduğunu, ancak bir topluluk içinde dokunmasının veya başka birinin dokunmasına izin vermesinin uygun olmayacağını anlatmalısınız.

KİRLENMEK

"Kızım izin verdiğim zaman oyun alanında emeklemeye bayılıyor. Ama yerler çok kirli..."

Tüm bu düşüncelerinizi ve kızınızın yere çömelip kirlenmesine karşı olan direncinizi kırın. Olayların içinde olmak istedikleri zaman kenarda beklemeye zorlanan çocuklar tertemiz ancak tatminsiz olurlar. Çocuklar her zaman yıkanabilirler. En belirgin toprak izi bile ıslak bir bezle veya ıslak bir mendille daha oyun alanındayken veya arka bahçedeyken bile temizlenebilir. Yerleşmiş kirler de daha sonra banyo yaparken çıkabilir. Ağızlarına giren toprak bile - dışarıda zaman geçiren çocuklar kaçınılmaz olarak bir miktar toprak ve kum yiyeceklerdir- zarar vermez; toprak yemesini izlemek sizi hasta edecektir ama o hasta olmayacaktır. Dolayısıyla bu tür hassasiyetleri bir kenara bırakın ve etrafta köpek pisliği ya da kırık cam parçaları olmadığından emin olduktan sonra başında durarak küçük sporcunuzun emeklemesini sağlayın. Eğer çok kirli bir şeyin içine girerse ellerini bir bezle silip yoluna devam etmesini sağlayın.

Kirlenmek tüm çocukların hoşuna gitmez. Bazıları oynamaktan çok seyretmeyi severler. Eğer sizinki bunlardan biriyse sizin onun kirlenmesini istemediğinizden dolayı duraksamadığından emin olun. Yavaşça onu daha aktif olması yolunda cesaretlendirin, ama zorlamayın.

Yumuşak ayakkabılar veya terlikler beton üzerinde emeklerken ayaklarını koruyacaktır; sıcak havalarda çim üzerinde yürürken çıplak ayaklarla yürümesi yeterlidir. Dizleri üzerinde yürürken pantolon veya şort giymesi daha iyi olur ancak temizleme becerilerinizi daha fazla zorlayacaktır. Toplum içinde temiz ve bakımlı görünmesinden gurur duyuyorsanız, çantanızda bir oyun elbisesi bulundurun ve onu yola çıkarmadan önce üzerini değiştirin. Daha sonra onu yıkayın ve ayrılmadan önce tekrar temiz elbiselerini giydirin.

SERT OYUNLAR

"Benim kayınbiraderim oğlumuzla sert oyunlar oynamaktan hoşlanıyor. Onu havaya atıp yakalıyor ve benzeri şeyler yapıyor. Çocuğun çok hoşuna gittiği muhakkak ama güvenli mi?"

Güvenli değil. Çoğu zaman bebeğinizin vücudunun bir şeye hazır olup olmadığını anlamak için ona güvenmeniz yeterlidir. Mesela katı yiyeceklere başlamak, ayakta durmak bunların arasındadır ama bu tip sert oyunlarda bu geçerli değildir. Pek çok çocuk havaya atılıp tutulma duygusuna bayılır (bazıları bundan korksa da severler) ama bu tür yaklaşımlar, eğlenceli ya da sinirli bir şekilde yapılması fark etmez, iki yaşın altındaki çocuklar için aşırı derecede tehlikeli olabilir.[1]

---

1. Bazı ebeveynler sinirlendikleri zaman çocuklarına vurmaktansa onları sarsmayı tercih ederler, çünkü bu çocuğu disiplinine sokmak için daha uygun bir yol gibi görünür veya kızgınlığı veya bıkkınlığı atmak için çocuğu sarsmanın çocuğun canını yakmayacağı düşünülür. Bunlardan hiçbiri doğru değildir. Çocuğunu cezalandırma düşüncesindeki her ebeveyn çocuk bakımı ve onunla ilgili duyguları konusunda yardım görme ihtiyacı içinde demektir.

Bir bebeği havaya fırlatmak ya da sarsmak veya şiddetle zıplatmak (bir bebek taşıyıcısı içinde taşırken koşturmak gibi hareketler) sonucu çeşitli yaralanmalar meydana gelebilir. Bir tanesi boynun öne ve geriye ani ve şiddetli sarsılması şeklinde yaralanmadır (arkadan çarpılan bir arabadaki erişkine olduğu gibi). Çocuğun başı vücuduna oranla daha ağır olduğu ve boyun kasları tam olarak gelişmediği için başa olan destek zayıftır. Bebek şiddetle sallandığında ileri geri gidip gelen kafa içerisindeki beyin kafatasına sürekli çarpar durur. Böyle bir yaralanma sonucunda beyinde şişme, kanama, basınç ve muhtemelen kalıcı sinirsel hasar oluşup zihinsel veya fiziksel özürle sonuçlanabilir. Diğer bir yaralanma türü ise bebeğin hassas gözüne gelebilecek darbelerdir. Eğer retina ayrışması veya yaralanması veya optik sinir hasarı oluşursa kalıcı görme problemleri hatta körlük oluşabilir. Zarar görme ihtimali kafa içindeki kan basıncını artıran ağlama veya baş aşağı tutma gibi durumlarda artar, çünkü hassas damar duvarlarının patlama ihtimali yükselmektedir. Bu tür yaralanmalar göreceli olarak nadirdirler ama zarar o kadar ciddidir ki böyle bir riske girmeye değmez.

Geçmişteki sert oyunlar için endişe ederek vakit harcamayın. Eğer çocuğunuz yaralanma belirtileri göstermemiş ise muhtemelen bugüne kadar zararsız gelmiştir. Eğer herhangi bir endişeniz varsa çocuğunuzun doktoruyla görüşün.

Diğer bazı sert hareketler de bu yaş için uygun değildir. Bir bebeğin hatta küçük bir çocuğun eklemleri zayıftır, bu yüzden ellerinden tutarak sallamayın veya ani olarak kolundan çekerek yürütmeye çalışmayın (yürümek istemediği zamanlar). Sonuç çok ağrılı (neyse ki tedavisi kolay) bir omuz ya da dirsek çıkığı olabilir.

Bunlar sert oyunları tamamen yasaklamaz; sadece daha dikkatli yapılmasını sağlar. Pek çok bebek gövdesinin ortasından tutulup havada nazikçe uçurulmaya bayılır. Gıdıklama eğlencelerine (gülmekten katıldığı zaman durun), güreş maçlarına ve emekleyebildikleri zaman kovalanmaya bayılırlar. Ancak bazı bebekler, kız ve erkek, sert hareketlerden hoşlanmazlar. Dolayısıyla dayılar ve dedeler de dahil olmak üzere herkesten nazik bir davranışı hak ederler.

OYUN PARKI KULLANIMI

"Oyun parkımızı birkaç ay önce aldığımızda bebeğimiz içinde sürekli oturmak istiyordu. Ama şimdi beş dakika geçmeden dışarı çıkmak için çığlıklar atıyor."

Birkaç ay önce bebeğiniz için oyun parkı onu sınırlamıyordu, tam tersine bebek onu kendi özel oyun alanı olarak görüyordu. Şimdi yavaş yavaş dışarıda bir dünyanın olduğunun -en azından salonun- farkına varmaya başlıyor ve araştırmak istiyor. Bir zamanlar cennetini sınırlayan dört duvarı artık huzursuzluk engelleri olarak görüyor ve kendisini içerden dışarı bakıyormuş gibi hissediyor.

Bebeğinizin size verdiği ipucunu değerlendirin ve oyun parkını sadece acil durumlar için kullanmaya başlayın. Kendi emniyeti veya sizin rahatlığınız (mutfakta yeri silerken, fırına bir şey koyarken, telefona cevap verirken, tuvalete giderken, veya hazırlanmak için bebeğinizin yanından ayrıldığınızda) için kısa süreli ve sık olmamak kaydıyla onu kontrol altında tutmak için kullanın. Oyun parkında kaldığı süreyi bir defada beş ila on beş dakika arasında bir süreyle sınırlayın. Bu süre aktif bir sekiz aylık bebeğin dayanabileceği süredir. Birlikte olduğu eşyaları değiştirin. Oyuncaklarını sık olarak değiştirin, çabuk sıkılmasın. Eğer oyun oynarken sizi görmeyi ve duymayı tercih ediyorsa, oyun parkını yakınınızda tutun. Eğer siz yokken daha sakin oluyorsa yandaki odada tutun (ama sık sık kontrol edin). Eğer zamanı dolmadan itiraz etmeye başlarsa bu ortamda oynamaya alışık olmadığı değişik bir şeyler vermeyi deneyin. (Birkaç kap kacak veya kapaksız bir veya iki boş plastik soda şişesi) Eğer bu da işe yaramazsa olabildiği kadar kısa sürede onu dışarı çıkarın.

Dışarı kaçma ihtimaline karşı uyanık olun. Aşırı hareketli ve kuvvetli bir çocuk oyuncakların üzerine basıp tırmanarak kaçabilir. Dolayısıyla bunları oyun parkının dışında tutun. Aynı zamanda üst tarafa oyuncak asmayın.

"Kızım onu bıraksam bütün gün oyun parkında kalabilir ama bırakıp bırakmamakta kararsızım."

Bazı bebekler saatler boyu oyun parkının içinde kalmaktan mutluluk duyarlar ve bu ilk yılın sonuna dek sürebilir. Belki kaçırdıklarının farkında değillerdir, belki de özgürlüklerini isteyecek kadar girişken değillerdir. Ancak böyle bir durum bir annenin işlerini rahatça yapmasına izin verirken bebeğin entelektüel ve fiziksel yönden yeterli iş yapmasına engel olur. Dolayısıyla bebeğinizi dünyaya başka bir açıdan bakması yönünde cesaretlendirin. Oyun parkını bırakma konusunda önce biraz duraksama yaşayabilir ve bu dört duvarın sağladığı güvenliği kaybetmeye bağlıdır. Açık alanda onunla beraber oturmak ve onunla oynamak, ona en sevdiği oyuncağı veya örtüyü vermek veya emekleme girişimlerinde tezahürat yapmak geçiş dönemini kolaylaştıracaktır.

BEBEĞE OKUMAK

"Oğlumun okumaya ilgi duymasını istiyorum. Ona bir şeyler okumak için çok mu erken?"

Televizyonun çocukları kitaplardan erken ve kolay bir şekilde uzaklaştırabildiği bir zamanda, bir çocuğa okumak için muhtemelen hiçbir zaman erken değildir. Bazıları daha rahim içindeyken çocuğa bir şeyler okumanın değeri olduğuna inanırlar ve çoğu kişi doğumdan hemen sonra çocuğuna okumaya başlar. Ancak ilk yılın ortasını geçene kadar bebek okuma olayına aktif olarak katılmaz. İlk önce kitabın kenarlarını kemirir. Daha sonra ona okuduğunuz kelimelere dikkat etmeye başlar. (Bu noktada anlamlarından çok kelimelerin ritim ve seslerine dikkat eder.) Çizimlere de ilgi gösterir. (Renk ve desenleri inceler, ancak bunları bildiği nesnelerle ilişkilendirmez.)

Çocuğunuzun erkenden kitap kurdu olması için aşağıdaki taktikleri kullanın:

Kendiniz okuyun: Eğer siz televizyon karşısında bir kitabın (veya bir gazetenin ya da bir derginin) arkasında geçirdiğinizden daha fazla vakit geçiriyorsanız, çocuğunuza bir şeyler okumanın etkisi daha az olacaktır. Küçük çocuğu olanların sakince okumak için uygun vakit bulmaları zor da olsa, denemeye değer; her davranış gibi, istenen ya da istenmeyen, çocuklar sizin söylediğiniz gibi değil de sizin yaptığınız gibi davranırlar. Bebeğinizi emzirirken ya da biberon verirken bir kitaptan birkaç sayfa okuyun, odasında oyun oynarken kitap okuyun, gece başında beklerken ona "bu annenin kitabı" diyebileceğiniz ve siz uyuyakalmadan önce okuyabileceğiniz bir kitap bulundurun.

Çocuk kitapları koleksiyonuna başlayın: Kitapçı raflarında binlerce çocuk kitabı bulunur ama pek azı yeni başlayanlar için uygundur. Uygun olanı bulmak için aşağıdaki özellikleri arayın:

- Sağlam yapılı ve kolay parçalanmayan kitapları seçmeye çalışın. Bu tip kitaplar lamine sayfaları olan, yuvarlak kenarlı, ayrışmadan ağza alınabilecek ve yırtılmadan kıvrılabilecek olanlardır. Lamine kaplı kumaş kitaplar da iyidir ama bez kitaplar parçalanmaz olmalarına karşın oldukça işe yaramazlardır. Düz durmazlar, bebekler sayfalarını çeviremez ve gerçek kitaplara pek benzemezler. Karton bir kitaptaki spiral bağlar artı puandır çünkü hem kitabın düz durmasını sağlar hem de çocukların oynaması için çok cazip oyuncaklardır. Vinil kitaplar banyo zamanı için iyidirler. Banyo yaptığı zamanlar bir çocuğun okuma seansı için yeteri kadar uzun süreli oturabildiği ender zamanlardandır. Bunları nemli bırakmamak için her banyodan sonra iyice kurulayın ve kuru bir yerde saklayın.
- Büyük, parlak, tanıdık nesnelerin gerçekçi resimleri özellikle hayvanlar, araçlar, oyuncaklar ve çocukların olduğu çizimler. Resimler net olmalıdır böylece bebek bir bakışta serseme dönmemelidir.
- Çok karışık olmayan yazılı metin. Ninniler bir bebeğin dikkatini sürdürebilmesi için en uygun olanlardır, çünkü çocuk anlamaktan ziyade kulak zevki için dinliyordur ve bir hikâyeyi takip edebilmesi için daha pek çok ay geçmesi gerekir. Sayfa başına bir kelimeden oluşan kitaplar da güzeldir çünkü anlayarak kelime haznesini geliştirmesine yardımcı olurlar ve sonuçta konuşmak için kelime hazinesi de gelişmiş olur.

• Hareketli sayfalar. Ce-ee oyununu taklit eden kitaplar, dokuları öğrenmeye teşvik eden ''dokun ve hisset'' türü kitaplar ve küçük kapakların altında saklı sürprizleri olan kitaplar izleyici katılımını sağlarlar.

• Atılabilir okuma materyali. Bebekler aynı zamanda çok renkli çizimleri olan dergileri ellemek ve bunlara bakmak isterler. Dolayısıyla eskileri atmak yerine, bebeğiniz için bir kısmını saklayın. Tabii ki bebeğiniz onlarla işini bitirdiğinde atmanız gerekecektir.[2]

Ebeveyn gibi okumayı öğrenin: Okuma yazma biliyor olabilirsiniz. Ama bir çocuğa bir şey okumanın başka özellikleri de vardır. Ton ve vurgulama önemlidir; yavaş okuyun, bir şarkı gibi tonlayıp gereken yerleri vurgulayın. Her sayfada durarak önemli yerleri vurgulayın ("Tepeden aşağı düşen çocuğa bak" veya "Küçük köpek nasıl gülüyor görüyor musun?") veya ona hayvanları veya insanları gösterin ("Bu bir inek. İnekler 'möö' der" veya "Beşikte bir bebek var, bebek beşikte sallanıyor").

Okumayı alışkanlık haline getirin: Okumayı bebeğin günlüğüne işleyin. Her gün en az iki defa birkaç dakika sessiz ama uyanık olduğu zaman ve karnı tok olduğu zamanlarda okuyun. Yatmadan önce, yemekten önce, banyodan sonra gibi zamanların tümü uygun okuma zamanlarıdır. Ama bebeğiniz verdiklerinizi alıyorsa programa sadık kalın. Emeklemek istediği zaman veya iki kapağı birbirine vurarak müzik yapmak istediği zaman kitapla üzerine gidip zorlamayın.

Kütüphaneyi açık tutun: Değerli ve zarar görebilecek kitaplarınızı yüksek bir rafta tutup onları ebeveyn denetimindeki okuma zamanlarına ayırın ama küçük (şaşırmasını önlemek için) değişken (sıkılmasını önlemek için) bir kitaplığı bebeklere dayanıklı kitaplardan oluşturup onlara ulaşmasını ve tadını çıkarmasını sağlayın. Bazen bir bebek anne veya babasıyla birlikte kitap okumaya itiraz edebilir ve kendi başına sayfaları çevirip kendi hızıyla resimlere bakarak "okumak" isteyebilir.

SOL VEYA SAĞ ELİNİ KULLANMAK

"Bebeğimin her iki eliyle de eşyaları alıp oyuncaklarına uzandığına dikkat ettim. Sağ elini kullanması için onu yönlendirmeli miyim?"

Azınlıkta olanlara eşitsiz davranılan bir dünyada yaşıyoruz. Solaklar yaklaşık %10 oranında bir azınlığı oluştururlar ve bu ayrımdan nasiplerini alırlar. Pek çok kaplar, ütüler, patates soyacakları, makaslar, ve masa düzenleri sağ elini kullananlara göre yapılmıştır. Solaklar yemek masalarında dirsek dirseğe çarpışmaya ve kendilerine ters gelen elleriyle el sıkışmaya mahkûm olurlar. Ebeveynler çocuklarını bu azınlık grubuna sokmamak için sol elini kullanmaya yatkın bir bebeği sağ elini kullanmaya zorlarlar.

Uzmanlar bir zamanlar genetik geçişli olduğu düşünülen bir özelliğin ebeveynlerin zorlamalarıyla değiştirilmeye çalışılmasının çeşitli öğrenme güçlüklerine yol açacağını düşünüyorlardı. Şimdi ise çocuğun doğal el kullanımının değiştirilmesini önermeseler de çeşitli genetik özelliklerin iyi ve kötü olanları dahil solaklıkla ilgili olduğunu düşünmektedirler. Bunların çoğunluğu solaklar ve sağ elini kullananlar arasındaki farklara yani beynin sağ ve sol yarı kürelerindeki gelişim farklılığına bağlıdır. Solaklarda beynin sağ tarafı baskındır ve bu sayede uzaysal ilişkilerde üstünlükleri vardır ve belki de bu yüzden spor, mimari ve sanat dallarında çokça yer alırlar. Erkeklerdeki solaklık oranı kızlara göre daha fazla olduğundan, testosteron yani bir erkeklik hormonunun beyin gelişimini ve el kullanımını etkilediği düşünülmektedir. Bir insanı solak ya da sağ elini kullanan bir kişi yapanın ne olduğunu tam olarak söyleyebilmemiz için daha çok sayıda araştırma yapmak gereklidir ve el kullanımının insanın hayatını nasıl etkilediği de araştırılmalıdır.

Çoğu bebek ilk önce her iki elini de eşit olarak kullanır. Birkaç ay içerisinde bazıları bir eli-

2. Ancak bebeğinizin gazete veya dergi parçalarını ağzına götürmediğinden emin olun. Her ikisi de yüksek oranda kurşun içerirler ve sık sık yutulmaları bebeğiniz için tehlikeli seviyelerin oluşmasına neden olabilir. (Yanma da havaya kurşun yayılmasına neden olacağından, tutuşturmak için gazete veya dergi kullanmayın)

ni diğerinden daha sık kullanmaya başlar. Bazıları ise bunun için ilk doğum günlerinin gelmesine kadar beklerler. Bazıları önce bir ellerini kullanmaya başlarken daha sonra bunu değiştirirler. Önemli olan sizin kullanmasını istediğiniz değil, bebeğin en rahat olduğu elini kullanmasını sağlamaktır. Nüfusun %70'i sağ elini kullanır, %20'si ise sağ elini kullanmaya yatkındır, aksine ilişkin bir şey görmezseniz sizin bebeğinizin de böyle olacağını varsayabilirsiniz. Sağ eline bir şeyler verin. Eğer sol elini uzatıp tutuyorsa veya sağ eliyle alıp sol eline geçiriyorsa Mets için yirmi oyun kazanma veya dünyanın en yüksek binasını dizayn etme yolunda olabilir.

EVİNİZİ ÇOCUĞUNUZUN VERECEĞİ ZARARLARA KARŞI KORUMAK

"Her zaman bir bebeğin hayatımızı değiştirmeyeceğini söyledim. Ama kızımız etrafta emeklerken yıllar boyunca teker teker sahip olduğumuz pek çok değerli şey tehlike altında. Onlari paketleyip kaldırmalı mıyım yoksa kızıma onlardan uzak kalmasını mı öğretmeliyim?"

Pek çok porselen dükkânı yedi ya da sekiz aylık bir bebeği misafir etmekten ne kadar memnun olursa bir boğayı misafir etmekten de o kadar memnun olur. Ve gerçekten de kırılabilir eşyalarınızın salonunuzda bebeğinizle birlikte durma şansı bir arenada El Toro ile dururken olduğu kadardır.

Dolayısıyla eğer Paris'ten aldığınız Baccarat kâsenizi veya en iyi arkadaşınızın size verdiği Wedgewood vazosunu kırık bir şekilde bebeğinizin ayakları dibinde görmek istemiyorsanız, bebek yeteri kadar büyüyene veya onlara saygıyla davranacak yaşa gelene kadar (birkaç yıl sürebilir) ulaşamayacağı bir yerde saklayın. Aynı şekilde sanatsal olsun ya da olmasın çekip düşürdüğü zaman onu incitebilecek kadar ağır olan nesneleri de ortadan kaldırın.

Yine de aileniz önünüzdeki yılları tümüyle süslemelerden arındırılmış bir evde geçirmemelidir (sizin ve çocuğunuzun yararı açısından.) Eğer onun hayatta narin ve kırılgan şeylerle birlikte yaşamayı öğrenmesini istiyorsanız, bu yaşta bile bazılarıyla karşılaşmalıdır. Birkaç basit ve az kıymetli parçayı bebeğinizin ulaşabileceği yerlerde bırakın. Onu ellemek için uzandığında sert bir şekilde "Hayır dokunma ona. O anne ve babanın!" deyin. Ona bir oyuncak verin ve kendi oyuncağının ona ait olduğunu anlatın. Eğer yasaklanan nesneye ulaşmakta ısrarcı olursa, ortadan kaldırın ve ertesi gün tekrar yerine koyun. (Çok fazla hayır etkisini kaybeder.) Şu anda uyum göstereceğine güvenemeseniz de (küçük bebeklerin hafızaları kötüdür) sonuçta çocuğunuz anlayacaktır, böylece Baccarat ile Wedgwood'u geri getirebilirsiniz.

BİLMENİZ GEREKEN ÖNEMLİ ŞEYLER
Evinizi Bir Bebek İçin Güvenli Hale Getirmek

Bir günlük narin bir bebeği şişman yedi aylık bir bebeğin yanına koyup karşılaştırırsanız yenidoğan, çok çaresiz ve kolayca zarar verilebilir gözükecektir. Gerçekte zarar görmeye açık olan büyük bebektir. Yeni edinilen beceriler doğru kararlarla birleştirilemediğinden aslında bebekler ilk yıllarının ikinci yarısında kendi sağlıklarına aşırı derecede zararlı hale gelirler.

Bir bebek tek başına dolaşmaya başladıktan sonra (veya yürüme aletinde gezerken) ortalama bir ev tehlikeli, heyecan verici, potansiyel bubi tuzaklarıyla dolu, yaralanmalara hatta ölüme neden olabilecek bir vahşi alan haline dönüşür. Yenidoğan veya yeni yürümeye başlayan çocuk olsun, Metropolitan Hayat Sigortası Firması'nın "riskli ilk yıl olarak" tanımladığı dönemde çocuğunuzun tek koruması iyi hisleriniz, öngörünüz, ve sonsuz şüpheciliğinizdir.

Genelde bir kazayı tetikleyen şey birkaç faktörün bir araya gelmesidir. Tehlikeli bir nesne veya madde (bir bebek için merdivenler veya bir ilaç), bir kurban (bebeğiniz) ve muhtemelen çevresel faktörler (kapısı olmayan merdivenler, kilitsiz bir ecza dolabı) bunlara dahildir ve kurban ile tehlikeyi bir araya getirirler. Bebek kazalarında ebeveynin veya bakıcının bir anlık dikkatsizliği bile kazaya katkıda bulunabilir.

Bir tehlike ihtimalini en aza indirmek için tüm bu faktörler bir şekilde elden geçirilmelidirler. Tehlikeli nesneler ve maddeler ulaşılmayacak yerlere konmalıdır, bebeğiniz kademeli bir eğitimle daha az etkilenebilir duruma getirilmelidir, tehlikeli ortam değiştirilmelidir (merdivenlere kapı konmalı, dolaplar kilitlenmeli) ve belki de en önemlisi bakıcılar sürekli olarak özellikle kazaların sık olduğu stresli zamanlarda daima uyanık olmalıdır. Pek çok büyük kaza başkalarının evinde olduğu için -özellikle büyükanne ve büyükbabaların evlerinde- tüm bu tedbirleri sık olarak ziyaret ettiğiniz evlerde de uygulamalısınız ve kitabın bu bölümünün çocuğunuza sık sık bakanlar tarafından okunmasını önermelisiniz.

Kazalara katkıda bulunan faktörleri değiştirip düzeltmenin yollarına gelince:

Davranış Şekillerinizi Değiştirin

Bebeğinizin davranış biçimine şekil vermek şimdi başlayıp pek çok yıl boyunca tamamlanamayacak uzun ve yavaş bir eğitim süreci gerektireceğinden, bu aşamada çocuğunuzun sağlığına etki edecek en önemli unsur sizin davranış biçiminizdir.

• Daima uyanık olun. Evinizi ne kadar çocuklardan koruyacak şekilde düzenlemiş olursanız olun kazaları tamamen önleyemeyeceğinizi unutmayın. Sizin veya bir başka bakıcının dikkati sürekli olmalıdır. Özellikle sizin çocuğunuz oldukça hareketli ve meraklı ise.

• Ev temizliği maddelerini, ilaçları, elektrikli aletleri, güçlü aletleri veya diğer tehlikeli olabilecek bir nesne veya maddeyi kullanırken eğer bebeğiniz serbestçe dolaşıyor ise, işinizin ortasında ilginizin başka bir yere yönelmesini engelleyin. Bebeğin başının ciddi şekilde derde girmesi için bir saniye bile yeterlidir.

• Stresli zamanlarınızda ve günün stresli anlarında özellikle dikkatli olun. Bir bıçağı masada unutmak, bebeği yüksek bir iskemlede unutmak veya merdiven kapısını açık unutmak gibi olaylar en çok huzursuz olduğunuz zamanlarda olacaktır.

• Hiçbir zaman bebeğinizi evinizde veya apartmanda tek başına bırakmayın. Oyun parkında veya diğer güvenli bir yerde olmadığı sürece herhangi bir odada da tek başına bırakmayın. Sadece uyuduğu zamanlarda birkaç dakikadan fazla yalnız kalabilir. Bebeği her ne şekilde olursa olsun, oyun aracında veya benzeri bir güvenli yerde, uyurken ya da uyanıkken okul öncesi bir çocukla (genelde kendi güçlerinin ve yapacakları hareketlerin sonuçlarının farkında olmazlar) ya da bir evcil hayvanla yalnız bırakmayın (sakin biriyle bile.)

• Çocuğu uygun bir şekilde giydirerek daha az zarar görebilir duruma getirin. Sadece yanmaz uyku giysileri kullanın (ve düzgün şekilde yıkayın) ; pijamaların ayak kısımlarının çok gevşek olmadığından, pantolon paçalarının çok uzun olmadığından veya çorap ve terliklerin ayağa kalkmaya veya yürümeye çalışan bir çocuk için fazla kaygan olmadığından emin olun. Bebeğin takılıp düşmesine yol açacak giysiler kullanmadığınızdan emin olun ve boyu 30 santimden uzun olan bağları bebeğinizin bir yerine dolanmaması için kısaltın.

• Eğer ilk ve acil yardım yöntemlerini bilmiyorsanız öğrenin (bakınız sayfa 389). Her zaman kazaları önleyemezsiniz, ancak ciddi bir kaza olduğunda ne yapılacağını bilmek hayat kurtarabilir.

• Bebeğinize özgürlük tanıyın. Çocuğunuzun içinde bulunduğu ortamı mümkün olduğu kadar güvenli bir hale getirdikten sonra engellemelerden kaçının. Çocuğunuzun güvenlikten haberdar olduğunu bilmesini istemenize rağmen, çocukluğunun doğal deneyimlerini yaşamasını engellememelisiniz. Hepimiz gibi çocuklar da hatalarından dersler alırlar; hata yapmalarını tamamen engellemek gelişimlerini engelleyebilir. Koşmaktan, tırmanmaktan veya yeni şeyler denemekten korkan bir çocuk sadece serbest oyunla elde edilebilecek eğitimden uzak kalmakla kalmaz, aynı zamanda çocukluk döneminin eğlencesinden de geri kalır.

Bebeğinizin Çevresini Değiştirin

Şimdiye kadar bebeğiniz dünyayı ve evinizi esas olarak kollarınızın arasından ve sizin göz hizanızdan gördü. Şimdi dört ayağı üzerinde aşağıdan bakmaya başlarken, siz de ona bu bakış açısıyla bakmak zorundasınız. Bunu yapmanın bir yolu sizin de yere inmenizdir; oradan bakınca daha önce hiç fark etmediğiniz ve varlığından dahi haberdar olmadığınız tehlikeleri görebilirsiniz. Diğer bir yol ise yerden bir metre yüksekliğe kadar -bir bebeğin ulaşabileceği normal mesafe- var olan her şeyi incelemektir.

Evdeki değişiklikler: Evinizde dolaşırken bakmanız ve gerektiğinde değiştirmeniz gerekenler şunlardır:

• Pencereler. Eğer yer seviyesinin üstündeyseler, üreticinin yönlendirmeleri doğrultusunda pencere koruyucuları takın veya 15 santimden fazla açılmayacak şekilde ayarlayın.

• Perdelerin kordonları, fiyonkları. Bebeğinizin boynuna veya herhangi bir yerine dolaşmasını engelleyecek şekilde bağlayın; bir oyun parkını veya bir iskemle ya da yatak gibi bebeğin tırmanabileceği nesneleri bu bağcıklara ulaşabileceği yerlere koymayın.

• Elektrik kabloları. Bebeğin ulaşabileceği yerlerden kaldırıp mobilya arkalarına saklayın ve böylece ağzına götürüp elektrik çarpmasını, çekiştirmesini, lambaları veya diğer ağır nesneleri aşağı çekiştirmesini engelleyin.

• Elektrik prizleri. Çocuğun içlerine saç tokası gibi şeyler veya ıslak bir parmak sokmasına ve çarpılmasına engel olmak için üzerlerini kapaklarla örtün veya önlerine ağır mobilyalar koyarak ulaşmasını engelleyin.

• Yerinde sabit olmayan mobilyalar. Hareketli bebeğiniz çekiştirdiğinde devrilebilecek iskemle, masa, veya diğer mobilyaları şimdilik ortadan kaldırın. Bebeğin devirebileceği kitaplık gibi nesneleri duvara sabitleyin.

• Şifonyer çekmeceleri. Kapalı tutun ve böylece bebeğinizin içine tırmanmasını ve şifonyeri devirmesini önleyin. Eğer sabit değilse duvara sabitlemeyi düşünün.

• Bebeğin ulaşabileceği boyalı yüzeyler. Kurşun içermediklerinden emin olun. Eğer içeriyorlarsa veya emin değilseniz tekrar boyayın veya duvar kâğıdı kaplatın. Eğer testlerde boyada kurşun olduğu anlaşılırsa tamamen çıkartmak en doğru yoldur.

• Kül tablaları. Bebeğin ulaşamayacağı bir yere koyun ki sıcak bir şeye değmesin veya kül ve izmaritleri avuçlamasın. Daha iyisi, çocuğunuzun sağlığı ve emniyeti için evinizde tütün kullanımını yasaklayın.

• Ev bitkileri. Bebeğinizin ulaşamayacağı yerlerde tutun. Böylece bunları devirip yaralanmaz. Zehirli bitkiler konusunda özellikle dikkatli olun. (Bakınız sayfa 272)

• Gevşek mobilya ve dolap tutamakları. Yutulabilecek veya nefes borusuna kaçabilecek kadar küçük olanları (bebeğin yumruğundan küçük olanlar) sabitleyin veya yerlerinden sökün.

• Radyatörler. Kış mevsimlerinde etraflarına bariyerler koyun veya üzerlerini radyatör örtüleri ile kapatın.

• Merdivenler. Yukarıya bir kapı koyun ve aşağıda üçüncü basamaktan sonra bir kapı daha koyun.

• Balkon demirleri ve çubuklar. Dik duran demirler arasındaki mesafenin 13 santimetreden fazla olmamasına dikkat edin ve hiçbirinin gevşek olmadığından emin olun.

• Şömineler, ısıtıcılar, fırınlar, yer ısıtıcıları. Küçük parmakları sıcak yüzeylerden ve yangından korumak için koruyucu levhalar veya diğer bariyerler koyun. (Yer ısıtıcılarının üzerine koyacağınız levhalar bile ikinci derece yanıklara neden olabilecek kadar ısınabilirler.) Isıtıcıları kullanmadığınız zaman prizden çekin ve mümkün olduğunca çocukların ulaşamayacağı yerlerde saklayın. (Isıtıcıların çevresel riskleri hakkında bilgi almak için bakınız sayfa 209)

• Masa örtüleri. Eğer masanın bir kenarından aşağı sarkarak duruyorlarsa ve yerlerinde sabit değillerse, bebeğiniz onları çekmemesi gerektiğini öğrenene kadar örtüleri kaldırın. Veya bunun yerine masanın üzerinde örtü varken çocuğunuzu yerde bırakmayın.

• Cam masalar. Ağır bir masa örtüsüyle kaplayın veya geçici olarak ulaşılamayacak yerlere koyun.

• Masa, sandık ve benzeri eşyaların keskin kenarları ve köşeleri. Eğer bir bebek bunlara çarpabilecek gibi görünüyorsa, bunları evde yapılmış veya satın alabileceğiniz bantlar veya köşe koruyucularla kapatın.

• Kilimler. Kaymadıklarından emin olun. Merdivenlerin tepesine koymayın veya buruşuk olarak kalmalarına izin vermeyin.

• Yerdeki parke, marley, seramik zemin ve halılar. Tüm gevşek yerleri onarın ve takılıp düşmeyi engelleyin.

• Ağır kitaplık ayırıcıları ve benzeri malzemeler. Bunları bebeklerin ulaşıp deviremeyeceği yerlere koyun; bebekler sandığınızdan daha güçlüdürler.

• Oyuncak sandıkları. Bunların kapakları hafif olmalıdır ve kapanma mekanizmaları güvenli olmalıdır (veya hiç kapakları olmamalıdır). Aynı zamanda havalandırma delikleri de olmalıdır (bebek içeride kilitli kalırsa hava alabilsin diye). Genellikle açık raflar oyuncakları saklamak için daha güvenlidirler.

• Bebek yatağı. Bebeğiniz ayağa kalkma isteği göstermeye başladıktan sonra (tamamen kalkana kadar beklemeyin) şilteyi en alçak pozisyonuna getirin ve iri oyuncaklar, yastıklar veya basamak taşı olarak kullanılabilecek her şeyi ortadan kaldırın ve bu sayede özgürlüğe ve sonucunda felakete gidecek yolu kapatın. Çocuğunuzun boyu 90 santimetreye ulaşınca büyük bir yatak kullanmanın zamanı gelmiş demektir.

• Yerdeki dağınıklıklar. Takılmayı önlemek için trafik olan yerleri temiz tutmaya gayret edin. Kâğıtları ve dökülen her şeyi hemen ortadan kaldırın.

• Garaj, bodrum, ve hobi alanları. Kapılarını sıkıca kapayıp çocukları dışarıda tutun. Çünkü bu gibi yerlerde pek çok tehlikeli alet ve zehirli maddeler bulunur.

• Tehlikeli veya kırılabilir nesneler içeren diğer alanlar, örneğin kıymetli çay takımının bulunduğu salon. Bebeği dışarıda tutmak için bir kapı veya bir engel koyun.

Aynı zamanda tipik bir evde bulunan tehlikeli nesnelerin de güvenli bir şekilde çocukların ulaşamayacağı çekmeceler, dolaplar, veya sandıklar veya kesinlikle ulaşılamayacak raflarda saklanması konusunda uyanık olun (bebeklerin bazen ne kadar yükseğe tırmanabildiği konusunda şaşırabilirsiniz). Bu gibi nesneleri kullanırken siz arkanızı döndüğünüzde bebeğinizin onlara ulaşamayacağından emin olun ve işiniz biter bitmez tekrar yerlerine kaldırın veya bir tanesinin ortada bırakıldığını fark eder etmez yerine kaldırın. Özellikle dikkatli olmanız gerekenler:

• Makas, bıçak, zarf açacağı, jilet (lavabonun kenarında bırakmayın) ve kesici aletler gibi sivri uçlu nesneler.

• Misket, madeni para, çengelli iğne veya çapı 3 santimetreden ufak, yutulma riski olan herhangi bir nesne.

• Tükenmez kalem, kurşun kalem ve yazmak için kullanılan diğer nesneler (bunları zehirli olmayan pastel kalemler ile değiştirin.)[3]

• Toplu iğne, tığ, makas, ve düğmeler gibi dikiş nakış malzemeleri.

• Naylon poşetler, kuru temizleme torbaları, ve yeni elbiselerin kılıfları gibi plastik torbalar (bebekler böyle bir torbanın yüzlerini kapatması durumunda nefessiz kalarak boğulabilir).

• Kibrit, kibrit kutusu, çakmak ve sıcak sigara izmaritleri gibi yanıcı maddeler.

• Hobi veya iş aletleriniz- eğer evde bir artist varsa boya ve tinerler; terzi varsa iğneler; marangoz varsa ilgili aletler ve benzeri örnekler.

• Oyuncaklar (eğer büyük kardeşlere ait iseler genellikle bebekler veya üç yaş altında yeni yürümeye başlayan çocuklar tarafından kullanılmamalıdırlar. Bunların arasında küçük parçaları olan yapı setleri (legolar), motosiklet gibi oyuncaklar, minyatür araba ve kamyonlar, ve sivri köşeli herhangi bir nesne, küçük parçalar, kırılabilen ya da ayrılabilen ufak parçalar, veya elektrikli olanlar).

• Ufak piller. Saat, hesap makinesi, duyma cihazları, kameralar, ve benzeri cihazlarda kullanılan disk şeklindeki piller (bunlar kolayca

3. Bazı çocuklar tıpkı anne ve babaları gibi kalem kullanmak isterler; eğer sizin çocuğunuz da istekliyse güvenli bir şekilde oturup siz onu yakından takip ederken kullanmasına izin verebilirsiniz.

ZEHİR KONTROLÜ

Her yıl Amerika Birleşik Devletleri'nde 130.000 çocuk tehlikeli maddelerin kazara yutulmasının kurbanı oluyor. Bu üzücüdür ama şaşırtıcı değildir. Çocuklar, özellikle de çok küçük olanlar dünyadaki pek çok keşfi ağızlarıyla yaparlar. Ellerine aldıkları hemen her şey ağızlarına gidecektir. Nesneleri veya maddeleri henüz güvenli ve tehlikeli olarak sınıflamamışlardır. Her şey sadece ilginçtir. Tat alma duyuları da onları bizde olduğu gibi uyaracak kadar gelişmemiştir, dolayısıyla bir maddenin tadı çok kötüyse tehlikeli olacağını düşünmezler.

Masum yavrunuzu tehlikelerden korumak için aşağıdaki kuralları eksiksiz uygulayın:

- Potansiyel olarak zehirli olabilecek her maddeyi bebeğinizin görebileceği veya ulaşabileceği yerlerden kaldırıp kilitleyin. Emekleyen bebekler bile alçak iskemlelere, taburelere veya minderlere tırmanabilirler.
- Tıbbi ilaçları kullanırken ve verirken tüm emniyet kurallarına uyun (bakınız sayfa 365).
- Parlak renkli ve cazip bir şekilde paketlenmiş ev temizlik malzemelerini, çamaşır deterjanlarını veya diğer maddeleri almaktan kaçının. Bebeğinizin dikkatini çekeceklerdir. Eğer gerekiyorsa, resimleri siyah bir bantla kapatın. (Ama uyarıları ve önerileri kapatmayın.) Aynı zamanda cazip yiyecek kokulu zehirli maddelerden kaçının (nane, limon veya kayısı gibi).
- Eğer mümkünse çocukların açamayacağı şekilde paketlenmiş ürünlerden alın.
- Kullandıktan hemen sonra tehlikeli maddeleri tekrar yerine koymayı bir alışkanlık haline getirin; mobilya cilası kutusunu veya benzeri şeyleri birkaç dakikalığına bir yere bırakıp telefona cevap vermeye gitmeyin.
- Yiyecek ve yenmeyecek maddeleri ayrı ayrı muhafaza edin ve hiçbir zaman yenmeyecek olanları boş yiyecek kutularına koymayın (elma suyu şişesinde çamaşır suyu bulunması veya makine yağını reçel kavanozuna koymak gibi). Bebekler yemeklerinin nereden geldiğini çok çabuk öğrenirler ve meyve suyu şişesindekini içmemeyi veya reçel kavanozu içindekini yalamamayı anlayamazlar.
- Balmumundan meyveler gibi yenebilir gibi görünüp aslında yenmeyecek olan nesneleri kullanmaktan kaçının.
- Zehirli maddeleri atarken hepsini lavabodan aşağı boşaltın. Aksi belirtilmediyse atmadan önce kutunun içini iyice yıkayın ve hemen evin dışındaki kapağı kapatılan bir çöp kutusunun içine koyun. Hiçbir zaman evinizdeki bir çöp kutusuna veya mutfak çöpünün içine atmayın.
- Mümkün olduğu sürece, iki madde arasında tercih yaparken üzerinde daha az uyarı bulunanı seçmeye gayret edin. Genelde daha az tehlikeli olduğu kabul edilen ev ürünleri arasında klorsuz çamaşır suları, sirke, Bon Ami, boraks, yıkama sodası, limon yağı, balmumu, zeytinyağı (mobilya için), kimyasal olmayan sinek kâğıtları, Elmer tutkalı, mineral yağlar (yağlamak için, içeride kullanılmaz), sıkıştırılmış hava drenaj açacakları (yakıcı maddeler veya granüllere tercih edin) sayılabilir.
- Gördüğünüz zaman zehirli olduğunu düşünmenize yardım etmesi için, zehirli olabilecek tüm maddeleri üzerine "zehir" yazın. Eğer bu tür işaretleri görmekte zorlanıyorsanız, her ürünün üzerine siyah bir bantla "X" işareti koyun (ama uyarıları ve önerileri kapatmayın). Sonuçta çocuğunuz da bu maddelerin güvenli olmadığını anlayacaktır.
- Aşağıdakilerin tümünü potansiyel tehlike olarak görün:

  Alkollü içecekler
  Amonyaklı cıva (tıbbi olarak kullanılmaz)
  Aspirin
  Borik asit (tıbbi olarak kullanılmaz)
  Kamfore yağı (tıbbi olarak kullanılmaz)
  Klorlu çamaşır suları
  Kozmetikler
  Bulaşık makinesi deterjanları
  Drenaj temizleyicileri
  Mobilya cilaları
  Böcek veya fare zehirleri
  Demir hapları (bebeğinkiler bile)
  Karosen
  Boya (en iyisi evde bulundurmamaktır)
  Her tür tıbbi ilaç
  Terebentin (yararsızdır)
  Wintergreen yağı (tıbbi olarak kullanılmaz)
  Uyku hapları
  Trankilizanlar
  Haşere ve bitki öldürücüler

yutulabilen ve bebeğin yemek borusu veya midesi içinde tehlikeli maddeler salgılayabilen nesnelerdir).

• Balmumu, kâğıt, plastik, veya bebek veya çocuk tarafından ağza alınması güvenli olmayan bir materyalden yapılmış sahte yiyecekler (balmumundan bir elma, Sundae dondurma gibi görünüp kokan bir mum, çilek gibi kokan ve görünen bir çocuk silgisi).

• Temizlik malzemeleri.

• Cam, porselen veya diğer kırılabilir nesneler.

• Özellikle gece lambalarında kullanılan küçük ampuller bir bebek tarafından ağzının içine alınıp kırılabilir.

• Mücevherler, özellikle koparılabilen boncukları olanlar ve yüzük gibi küçük nesneler (hepsi bebeğinizin ilgisini çeker ve kolayca yutulabilirler).

• Naftalin paketleri (zehirlidirler).

• Ayakkabı boyaları (ortalığı dağıtmakla kalmazlar, bebeğinizi de hastalandırabilirler).

• Parfüm ve kozmetikler (potansiyel olarak zehirli maddelerdir); vitaminler ve ilaçlar.

• Oyuncak düdükler (bebekler bunları nefes borularına kaçırabilirler veya dışarı kırılır veya açılırsa içindeki küçük topu nefes borularına kaçırabilirler).

• Balonlar (şişirilmemiş veya patlamış olanlar nefes borusuna kaçabilirler).

• Fındık, patlamış mısır, veya sert şekerler gibi küçük, sert parmak besinleri ortalıkta şeker kaplarında bırakılırlarsa bebekler bunları yutup nefes borularına kaçırabilirler.

• Silahlar (eğer evde bulundurmanız gerekiyorsa).

• Asit ve benzerleri (en iyisi bunları evinizde bulundurmamaktır).

• Alkollü içecekler (sizi bir miktar rahatlatacak kadar içki bebeğinizi ölümcül derecede hastalandırabilir.

• İpler, kablolar, jimnastik ipleri, kasetler veya bebeğin boynuna dolanabilecek ve boğulmaya neden olabilecek herhangi bir şey (bebekler içinde ses teybi bulunan oyuncak bebeklerle veya içi doldurulmuş hayvan oyuncaklarla yatmamalıdırlar).

• Evinizde bulunan ve bebek tarafından ağza alındığında ve yutulduğunda tehlikeli olabilecek diğer her tür nesne. Sayfa 266'daki zehir listesine bakınız.

Yangın emniyeti değişiklikleri: Bir çocuğun ya da çocukların bir yangında kaybedildiğini duymak bile yeterince sıkıntı vericidir. Yangının önlenebileceğini bilmek veya ölümcül şekilde yayılmadan fark edilebileceğini bilmek daha da rahatsızlık vericidir. Evinizin her köşesini olası yangın tehlikelerine karşı kontrol edin ve "burada yangın olmaz" diyebilecek duruma gelin:

• Eğer evinizde sigara içiliyor ise (herkes için içilmemesi daha iyi olacaktır), tüm puro ve sigara izmaritlerini, külleri, pipo küllerini, ve kullanılmış kibritleri dikkatli bir şekilde ortadan kaldırın ve bunları hiçbir zaman bebeğinizin ulaşabileceği yerlerde bırakmayın. Evinizde sigara içen herkes izmaritlerini ortadan kaldırmayı bir alışkanlık haline getirmelidir ve sigara içen misafirleriniz olduğu zaman kül tablalarını hemen boşaltmalısınız.

• Hiç kimsenin, ziyaretçiler dahil, yatakta sigara içmesine izin vermeyin.

• Kibritleri ve çakmakları çocukların ve bebeklerin ulaşabileceği yerlerden uzak tutun.

• Çöplerin birikmesine izin vermeyin (özellikle boya ve benzeri yanıcı maddelerin).

• Elbise temizliği için kerosen veya satın alınabilir parlayıcı sıvılar kullanmaktan kaçınmaya çalışın.

• Yemek pişiren veya ateşe, odun fırınına yakın çalışan birinin, siz veya başkası, uzun kollu, sarkan fularları olan veya sarkan bluzlar gibi kazara tutuşabilecek özellikleri olan giysiler giymesine izin vermeyin.

• Bebeğinizin uyurken giydiği giyeceklerin uluslararası standartlara uygun, yanmaya dayanıklı özellikleri olduğundan emin olun.

• Her sene ısıtma sisteminizi kontrol ettirin, elektrik devrelerine fazla yüklenmemeye dikkat edin, daima fişleri prizlerden uygun şekilde çıkartın (kabloyu çekiştirmeyin) ve elektrikli aletleri ve kabloları düzenli olarak kontrol ederek

GÜVENLİK EKİPMANLARI

Dolap kilitleri (mutfak dolaplarını ve çekmecelerini meraklı parmaklardan korumak için)

Dolap mandalları (aynı işler için)

Fırın korumaları

Kapı kolu korumaları (küçüklerin kapıları açmalarını zorlaştırmak için)

Şeffaf plastik köşe yumuşatıcılar (masa köşelerini yumuşatmak için)

Kenar minderleri (Sivri kenarlar için aynı şeyi yapmak için)

Priz kapakları veya engelleri (kapanan kapaklara ek olarak aletler takılı olduğu zaman kullanılabilecek menteşeli korumalar da vardır.

Banyo deliği güvenlik kapağı

Kaygan olmayan dekorasyonlar (banyo zeminleri için)

Kaygan olmayan adım taburesi (bebek yürüdüğü zaman)

Kilitler için çocuk emniyetleri

Oturak kapakları (kullanılmadığı zaman kapağını kapalı tutmak için vantuzlar veya mandallar)

aşınmaları ve/veya gevşek bağlantıları saptamaya çalışın. Aydınlatma için sadece 15 amperlik sigortalar kullanın ve hiçbir zaman sigorta yerine başka bir şey kullanmayın.

• Eğer ısıtma aletleri kullanıyorsanız, devrildikleri veya üzerlerine bir şey yaslandığı zaman otomatik olarak kapananlardan kullanmaya dikkat edin.

• Yangın söndürücüleri yangın riskinin en fazla olduğu mutfak, fırın, şömine gibi yerlere yakın yerleştirin. Acil bir durumda mutfak yangınlarını söndürmek için bikarbonat sodası yararlı olabilir. Bir yangını ancak küçükse ve fırın, tava,veya çöp kutusu gibi sınırlı bir alandaysa söndürmeye çalışın. Eğer sınırlı değilse söndürmek yerine evden dışarı çıkın.

• Eğer hâlâ yapmadıysanız bölgenizdeki itfaiyenin tavsiyeleri yönünde yangın ve duman detektörleri yerleştirin. Düzenli olarak çalıştıklarını ve pillerinin bitmediğini kontrol edin.

• Kaçmayı kolaylaştırmak için iskemle ve ip merdivenleri belli birkaç üst kat penceresine yerleştirin; büyük çocuklara ve erişkinlere bunların nasıl kullanılacaklarını öğretin. Bir oyuncak bebeği tutarak aşağı inme egzersizleri yapın.

• Düzenli aralıklarla yangın provaları yapın ki bu sayede evinizde yaşayanlar acil bir durumda nasıl çabuk ve emniyetli bir şekilde dışarı çıkıp, aile üyeleriyle nerede buluşacaklarını bilsinler. Ebeveynlere ve diğer erişkinlere kurtarmaları gereken çocukları saptayarak söyleyin. Herkesin (bebek bakıcıları dahil) bir yangın durumunda ilk yapılması gereken şeyin, elbiseler, kıymetli eşyalar, yangını söndürmek ile oyalanmayıp derhal alanı boşaltmak olduğunu bildiğinden emin olun.[4] Ölümlerin çoğunun nedeni boğulma veya sıcak buhar veya dumana bağlıdır ve direkt olarak alevler sonucu meydana gelmez. İtfaiye mümkün olduğu kadar çabuk olarak sokaktaki veya komşudaki bir telefondan aranmalıdır.

Mutfaktaki değişiklikler: Yeni hareketlenmeye başlayan bebeğinizin dikkatini en çok çeken ve aynı zamanda en tehlikeli yerlerden biri olan mutfağınızda bir tur atın. Aşağıdakileri uygulayarak mutfağınızı daha güvenli bir hale getirebilirsiniz:

• İçinde çok büyük parçaların yanında küçük parçaların, kırılabilecek cam nesnelerin, sivri uçlu aletlerin, tehlikeli temizlik bileşiklerinin, ilaçların, tehlikeli besin maddelerinin (fıstık, fıstık yağı gibi nefes borusuna kaçabilecek olanlar, acı biber gibi) yer aldığı çekmece ya da dolaplara çocukların açamayacağı mandallar yerleştirin. Eğer bebeğiniz güvenlik mandallarını nasıl açacağını keşfederse (bazı meraklı olanlar keşfederler), tüm tehlikeli nesneleri ulaşılamayacak yerlere yerleştirmek veya bebeğinizin mut-

4. Tek istisna yangın söndürme cihazı ile söndürülebilecek iyi sınırlı bir yangındır.

fağa girmesini tamamen önleyecek bir kapı veya engel kullanmak zorunda kalacaksınız demektir. Çocuğunuz büyüdükçe neyin tamamen ulaşılamayacak olduğu değişecektir, dolayısıyla depolama düzeniniz de değişmelidir.

• En az bir dolabı (dolaplara parmağını sıkıştırma ihtimali çekmecelere oranla daha azdır.) küçük araştırmacının rahatça tadına varabilmesi için ayırın. Birkaç kap kacak, tahta kaşıklar, mutfak bezleri, plastik kaplar ve benzerleri saatler boyu sürecek eğlence sağlayabilir ve bebeğinizin merakını tatmin ederek onu yasak yerlerden uzak tutabilir.

• Tencere ve tavaların saplarını ocağın üzerinde dururlarken bebeğin uzanamayacağı şekilde arkaya doğru tutun. Eğer ocağın düğmeleri ön taraftaysa bir çeşit engel kullanarak onları dokunulamaz hale getirin. Bir alet mandalı konvansiyonel ve mikrodalga fırınları ulaşılamaz yapacaktır.

• Bebeğinizi elektrikli aletlerin, fırının veya tehlikeli olabilecek başka şeylerin yanına tezgâhın üzerine oturtmayın. Arkanızı döndüğünüz anda parmaklarını tost makinesinin içinde, ellerini sıcak bir tencerenin içinde veya bir bıçağı ağzının içine girerken görebilirsiniz.

• Bir bebeği ve kahve gibi sıcak bir içeceği aynı anda taşımayın. Bebeğin bir anda hareket edip sıvıyı dökmesi ve muhtemelen ikinizi birden yakması çok kolaydır. Aynı zamanda sıcak bir içeceği veya çorbayı bebeğinizin ulaşabileceği bir şekilde masanın üzerinde bırakmayın.

• Çöpleri bebeğinizin açamayacağı sıkıca kapalı bir kutuda veya lavabonun altında mandallı bir dolabın içinde saklayın. Çocuklar çöpleri eşelemeye bayılırlar ve çöpün içinde -çürük besinlerden kırık camlara kadar- çok sayıda tehlike vardır.

• Dökülenleri hemen temizleyin. Yerleri kaygan hale getirirler.

• Mutfak deterjanlarını, pudraları, gümüş cilalarını ve diğer tüm mutfak malzemelerini seçmek, kullanmak ve saklamak için güvenlik kurallarını uygulayın. (bakınız sayfa 266).

Banyodaki değişiklikler: Bir bebeğe mutfak kadar çekici gelen ve yine o kadar tehlikeli olan bir diğer yer de banyodur. Ulaşılmasını engellemenin bir yolu kapının yüksek bir yerine bir çengel ile halka koymak veya benzeri bir mandal kullanmak ve kullanılmadığı zamanlarda bunları kapalı tutmaktır. Aşağıdaki önlemleri alarak banyonuzu bebeğiniz için güvenli bir yer haline getirebilirsiniz:

• Tüm ilaçları (antiasitler gibi reçetesiz satılanlar dahil), ağız gargaralarını, diş macunlarını, vitamin haplarını, saç spreyi ve malzemelerini, deri losyonlarını ve kozmetikleri bebeğin ulaşamayacağı bir yerde saklayın. (Aslında ilaçlar ve vitaminleri yatak odasında saklamak gerekir çünkü burada banyoya oranla daha az nem bulunur.)

• Bir güneş lambasını veya ısıtıcıyı bebeğinizin çalıştırabileceği bir yerde bırakmayın. Eğer ortada bırakmak zorundaysanız, kullanılmadığı zamanlarda güneş lambasını yerinden çıkartın ve fişini prizden çekin.

• Bir saç kurutma makinesini bebeğiniz banyodayken veya suyla oynuyorken kesinlikle bebeğinizin yanında kullanmayın ve başka birine kullandırtmayın.

• Kullanmadığınız zamanlarda küçük elektrikli aletlerin fişlerini hiçbir zaman prizde bırakmayın. Bir bebek, saç kurutma makinesini tuvalete sokup elektrikle çarpılabilir, bir tıraş makinesini çalıştırıp kendini kesebilir veya ütü ile kendini yakabilir. Eğer çocuğunuz ellerini iyi kullanabiliyorsa aletlerin fişini prizden çıkartmak veya eğer alet Ekim 1987 öncesi bir saç kurutma makinesi ise (bu alet fişi prize takılı değilken bile elektrik çarpmasına neden olabilir) yeterli olmayacaktır. (Bu küçük akıllılar aletlerin nasıl çalıştırıldıklarını kolayca keşfederler ve bu da felakete varan sonuçlara neden olabilir.) Bu aletleri hiç ortada bulundurmamak en iyisidir.

• Evinizdeki su sıcaklığını 40–50 C derece seviyesinde tutup kazara haşlanma tehlikesini ortadan kaldırın ve her zaman sıcak su musluğunu soğuk su musluğundan önce kapatın. Bebeği banyoya sokmadan önce rutin olarak banyo suyunun ısısını dirseğinizle kontrol edin. Eğer banyo kabınız kaymayacak şekilde yapılmamış ise kaymayı önleyici yapışkan malzemeler kullanın.

• Kullanmadığınız zamanlarda tuvaletin kapağını vantuzlar veya bu iş için özel olarak yapılmış aletler yardımıyla kapalı tutun. Çoğu bebek tuvaleti özel yüzme havuzları olarak görürler ve bulabildikleri fırsatta içinde oynamak isterler. Bu temizliğe uymamakla kalmayıp, enerjik yeni yürümeye başlayan bir çocuğun önce kafasını sokması durumunda felakete varan sonuçlar doğurabilir.

• Banyo musluğunun üzerini koruyucu kaplamalarla örterek bebeğin üzerine düşmesi durumunda yanmasını ya da yaralanmasını önleyin.

• Bebeğinizi banyoda tek başına bırakmayın. Rahatça oturuyor veya özel bir banyo iskemlesinde olsa bile yanında olun. Bu kural, çocuğunuz beş yaşını doldurana kadar geçerli olmalıdır.

• Kullanılmadığı zamanlarda banyo küvetinde asla su bulundurmayın. Küçük bir çocuk oynarken küvetin içine düşebilir ve 5 santim yüksekliğindeki suda bile boğulma görülebilir.

Dışarıda daha güvenli olmak için yapılması gereken değişiklikler:

Ev, bir bebek için en tehlikeli ortam olsa bile, kendi arka bahçenizde –veya başkasınınkinde- bile ciddi kazalar meydana gelebilir. Aynı şekilde çevredeki sokaklarda ve halka açık oyun alanlarında da kazalar olabilir. Bu kazaların pek çoğu kolayca önlenebilir:

• Hiçbir zaman bir bebeğin veya yeni yürümeye başlayan bir çocuğun tek başına dışarıda oynamasına izin vermeyin. Bir bebek arabasında veya korumalı bir şekilde olsa bile sürekli yakından takip etmek gerekir. Bir anda uyanabilir ve serbest kalmak için çırpınırken bir şeylere dolanabilir. Uyuyan ancak bağlanmamış bir bebek sürekli dikkatli biri tarafından göz altında tutulmalıdır.

• Yüzme havuzlarına ve diğer su birikintilerine, birkaç santim su ile bile dolu olsalar bebeklerin ve yeni yürümeye başlayan çocukların yaklaştırılmamaları gerekir. Emekleseler, tek başlarına yürüseler veya yürüteç içinde geziyor olsalar bile buna dikkat etmek gerekir. Eğer bir yüzme havuzunuz varsa etrafına çit yaptırın ve kapılarını her zaman kapalı tutmaya dikkat edin. Oyuncak havuzları boşaltıp ters çevirin ve suyun birikmiş olabileceği diğer yerlerin boşaltıldığından emin olmadan bebeğinizi oynamak için dışarıya çıkarmayın.

• Halka açık oyun alanlarında bebeğinizi oynaması için serbest bırakmadan önce etrafı kontrol edin. Kendi arka bahçenizi köpek pisliklerinden (içlerinde kurtlar barınabilir), kırık camlardan ve diğer tehlikeli çöplerden arındırmak kolay bile olsa, park görevlileri aynı şeyi yapmayı daha zor bulabilirler.

• Sadece "Lütfen papatyaları yeme" demek yeterli değildir. Bebeğinizin evde veya dışarıda hiçbir bitkiyi yememesi gerektiğini bildiğinden emin olmalısınız. Çiçek yetiştirmeyin veya zehirli bitkilerin etrafını çitlerle çevirin. (bakınız sayfa 272'deki kutu)

• Dışarıda oyun oynarken kullanılan malzemenin güvenli olduğundan emin olun. Sağlam yapılmış, doğru birleştirilmiş, sıkıca bağlanmış ve çitlerden veya duvarlardan en az 2 metre uzakta inşa edilmiş olmalıdır. Sivri ve sert kenarların yaralanmalara yol açmasını engellemek için tüm vida ve somunların üzerini kapatın ve gevşek olanlar olup olmadığını düzenli aralıklarla kontrol edin. Salıncaklar için S şeklindeki çengelleri kullanmaktan kaçının (zincirler bunlardan dışarı fırlayabilirler), ve çapı 15 ila 25 santimetre arasında değişen halkaların olmamasına dikkat edin, çünkü çocuğun başı bunların içinde sıkışıp kalabilir. Salıncaklar yumuşak malzemelerden yapılmış olmalıdırlar (deri veya kanvas, tahta veya metale tercih edilmelidir) ki ciddi kafa yaralanmaları engellenebilsin. Dışarıda en uygun oyun alanı zeminleri kum, talaş, tahta parçaları, kauçuk içerikliler ya da çimen veya diğer şok emici materyalden oluşanlardır.

Bebeğinizi Değiştirin

Kazalar kazalara yatkın olanların başına daha sık gelir. Tabii ki bebekler de rahatlıkla bu kategori içine girerler. Ama evinizi kazalara karşı güvenli hale getirirken bebeğinizi kazalara karşı bilinçlendirmek için çok erken değildir. Çocuğunuza tehlikeleri öğretin. Bir iğnenin ucuna dokunur gibi yapıp "Ah" deyin ve elinizi acımış gibi hızla geri çekin. Uyarı kelimelerinden oluşan bir kelime ("Ah", "uff", "yandım", "battı") ve cümle ("Elleme", "O tehlikeli", "Dikkat et", "O cıs", "Uff olur") dağarcığı oluşturup bunları kullanın. Bu sayede bebeğiniz tehlikeli nesnelerle, olaylarla ve maddelerle bu kelimeleri otomatik olarak ilişkilendirecektir. İlk önceleri oynadığınız tiyatro ufaklığın bir kulağından girip diğerinden çıkıyormuş gibi görünecektir ve gerçekten de öyledir. Ama yavaş yavaş beyni bilgileri depolamaya başlayacaktır ve bir gün derslerinizin amacına ulaştığı belli olacaktır. Şimdi bebeğinize aşağıdakileri öğretin:

Keskin veya sivri nesneler: Bıçak, makas, jilet, veya zarf açacağını bebeğinizin önünde kullandığınız zamanlarda bunun keskin olduğunu, bir oyuncak olmadığını, ve sadece annenin babanın ve diğer büyüklerin dokunabileceğini ona anlatın. Çocuğunuz büyüdükçe ve ince hareketlerin kontrolünü daha iyi öğrendiği zaman, çocukların kâğıt makası ve bir tereyağı bıçağıyla ona kesmesini öğretin. Sonunda bu aletlerin erişkin modellerini gözetim altında kullandırmaya geçin.

Sıcak nesneler: Yedi veya sekiz aylık bir bebek bile sürekli olarak elinizdeki kahvenin (veya ocağın, yanan bir kibritin veya mumun, radyatör veya ısıtıcının, şöminenin) sıcak olduğunu ve dokunulmaması gerektiğini söylediğinizde sizi anlayacaktır. Pek yakında "sıcak" kelimesi otomatik olarak "dokunma" sinyalini bebeğinize vermeye başlayacaktır. Verdiğiniz mesajı sıcak ama onu yakacak kadar sıcak olmayan bir nesneye dokunmasını sağlayarak şekillendirin. Mesela kahve fincanınızın dış yanı bu iş için uygundur. Bir çocuk bir kibriti yakacak ya da bir fincan kahve taşıyacak kadar büyüyünce nasıl güvenli bir şekilde bunları yapacağı ona öğretilmelidir.

Basamaklar: Ebeveynlere, evlerinde bağımsız olarak veya yürüteç içerisinde yeni hareket etmeye başlayan bir bebekleri olduğu zaman, merdivenlere güvenlik için kapı koymaları öğütlenir. Bir yandan bu çok önemli bir güvenlik önlemiyken pek az aile bunu uygular, diğer yandan merdivenler hakkında hiçbir bilgisi olmayan bir bebek açık bir merdiven bulduğu zaman en büyük risk altında olan kişidir. Dolayısıyla evinizde üçten fazla basamağı olan merdivenlerin başına bir kapı koyun. Aşağı inmek bir bebek için çıkmaktan çok daha zordur dolayısıyla daha tehlikelidir. Ancak merdivenlerin alt ucundan itibaren üçüncü basamağa da bir kapı koyun ki bebeğiniz güvenli bir şekilde aşağı yukarı inip çıkma egzersizlerini yapabilsin. Uzman bir hale geldiği zaman kapıları arada bir açıp tüm merdiveni tırmanmaya çalışmasını sağlayın ve bu arada siz de birkaç basamak aşağıda durarak küçük bir el ya da ayak kaydığında yardım etmek için hazır bekleyin. Yukarı çıkmak tamamen öğrenildikten sonra, bebeğe nasıl güvenli olarak aşağı ineceğini öğretin. Bu çok daha zorlu bir iştir ve öğrenilmesi birkaç ay sürebilir. Nasıl merdiven inip çıkılacağını bilen çocuklar arada sırada karşılaşabilecekleri korumasız merdivenlerle karşılaştıklarında hiç tırmanma tecrübesi olmayan bebeklere oranla çok daha fazla güvendedirler. Ama kapıları yerinde tutmaya devam edin ve bebeğinizin başında durmak için etrafta olmadığınız zamanlarda kapalı tutun ve çocuğunuz yaklaşık iki yaş civarında güvenilir bir merdiven tırmanıcısı olana kadar bu alışkanlığınızı sürdürün.

Elektrik tehlikeleri: Elektrik prizleri, elektrik kabloları, ve elektrikli aletlerin tümü meraklı zihinler ve eller için çok cezbedicidirler. Bir bebeği korumasız bir prize bir şeyler sokarken rahatsız etmek veya görünen tüm kabloları ortadan kaldırmak yeterli değildir. Aynı zamanda bebeği sürekli tehlikeli potansiyelleri konusunda uyarmak ("Ah") ve daha büyük çocuklara elektriği uygun bir şekilde kullanmayı ve su ile birlikte olduğunda doğabilecek riskleri öğretmek gerekir.

Küvetler, havuzlar ve diğer su içeren ilgi alanları: Su oyunları eğlenceli ve eğiticidir. Ama aynı zamanda bir bebeğe yanında annesi, babası veya başka bir büyüğü olmadan küvete, havuza, su birikintisine, veya başka bir su birikintisine

YEŞİLLİKLERE KIRMIZI IŞIK

Pek çok bahçe ve ev bitkisi yendiği zaman zehirlidir. Bitki yaprakları ve çiçekleri bebeğin ağza uyan her şeyin içeri girebileceği kuralı için bir istisna olamayacağından, zehirli türler çocukların ulaşamayacağı yerlerde olmalıdırlar. Ev bitkilerini yükseğe ve yaprak ve çiçeklerinin aşağı düşemeyeceği şekilde yerleştirin ve bebeklerin ayağa kalkarak, emekleyerek, veya tırmanarak onlara ulaşamayacağından emin olun. Daha da iyisi, zehirli ev bitkilerini çocuğu olmayan arkadaşlarınıza verin. Saklamak istediğiniz tüm ev bitkilerinin üzerine doğru botanik adını yazın ki böylece bebeğiniz kazara yaprak veya çiçeklerini yerse zehir merkezine ya da bebeğinizin doktoruna doğru bilgiyi verebilesiniz. Tüm bitkileri, zehirsiz olanlar dahil, bir vuruşta devrilmeyecek yerlere koyun.

Aşağıdaki ev bitkileri bazıları çok düşük dozlarda olmak üzere zehirlidirler:

Dumb Cane, İngiliz sarmaşığı, tilki eldiveni, hyacinth bulbs (ve bol olursa yaprakları ve çiçekleri), hydrangea, iris rootstalk, ve rhizome, vadi nilüfer çiçeği, philodendron, Kudüs çileği

Zehirli doğal bitkiler arasında sayılabilecekler:

Azalea, rhododendron, caladium, daffodil ve narcissus bulbs, dafne, İngiliz sarmaşığı, tilki eldiveni, holly, hyacimth bulbs (ve bol olursa yaprakları ve çiçekleri), hydrangea, iris rootstalk ve rhizome, vadi nilüfer çiçeği, Japon yew tohumları ve yaprakları, larkspur, laurel, sabah zafer tohumları, oleander, privet, rhubarb yaprakları, tatlı bezelyeler (özellikle aynı zamanda tohum da olan "bezelyeler"), domates bitkisinin yaprakları, wisteria pods ve tohumları, yews.

Tatillerin gözdeleri olan holly ve misletoe ve daha az oranda poinsettia aynı şekilde tehlike listesinde yer alırlar.

girmemesi gerektiğini öğretmek gerekir. Bu kapsama yüzme dersleri almış bebekler ve çocuklar da girerler. Genç bir çocuğu tamamen sudan uzaklaştıramazsınız, dolayısıyla hiçbir zaman suyun yanında tek başına bırakmayın. Ama su ile ilgili bazı güvenlik kurallarını öğretmeye başlayabilirsiniz.

Zehirli maddeler: Ev temizliğinde kullandığınız maddeleri, ilaçları, ve benzerlerini kilit altında tutmaya dikkat ediyorsunuz. Ama ebeveynleriniz sizi ziyarete geliyorlar ve babanız kalp ilacını salondaki masanın üzerinde bırakıyor. Veya kız kardeşinizin evindesiniz ve klorlu çamaşır suyu ile bulaşık makinesi deterjanını mutfak lavabosunun altında tutuyor. Eğer bebeğinize maddelerin güvenliği hakkında dersler vermeye başlamadıysanız kendinize dert arıyorsunuz demektir. Şu mesajları tekrar tekrar verin:

- Annen veya baban veya tanıdığın başka bir büyük insan sana vermediği sürece hiçbir şeyi yiyip içme. (Bu, bir çocuğun zor anlayabileceği bir konu olmasına rağmen tüm çocukların eninde sonunda öğrenmesi gereken önemli bir konudur)
- İlaçlar ve vitamin hapları bazen o şekilde tatlandırılmış bile olsalar şeker değildirler. Annen veya baban ya da tanıdığın başka bir büyük insan sana vermediği sürece bunları yiyip içme.
- Ne olduğunu bilmediğin hiçbir şeyi ağzına atma.
- Sadece annen baban ve başka büyükler aspirin, sprey, veya diğer potansiyel olarak zehirli maddeleri kullanabilirler.

Bunu ilaçları kullandığınız, küveti ovduğunuz, mobilyayı cilaladığınız ve benzeri işlerde sürekli tekrarlayın.

Evinizin dışında da tehlikeler vardır ve bebeğiniz bunlara karşı da hazırlıklı olmalıdır:

Sokak tehlikeleri: Şimdiden sokak kurallarını öğretmeye başlayın. Bebeğinizle birlikte sokakta karşıdan karşıya her geçtiğinizde arabaları dinleyip onlara dikkat etmek gerektiğini, yeşillerde geçip aralarda durmayı, ve Yürü ışığını beklemenin gerektiğini anlatın. Eğer mahallenizde araba garajları varsa onlar için de "durup, bakıp, dinlemek" gerektiğini anlatın. Çocuğunuz yürümeye başladığı zaman asla trafik olmasa bile bir erişkinin elini tutmadan karşıdan karşıya geçmemesi gerektiğini söyleyin. Kaldırımlarda da ellerinden tutmak iyi bir fikirdir ama yeni yürümeye başlayan çocukların çoğu özgür olarak dolaşmaya bayılırlar. Eğer buna izin verirseniz (en azından bir süre vermek zorunda kalacaksınız), tam anlamıyla her an bir gözünüzün çocuğun üzerinde olması gerekecek.

Bebeğinize yanında siz veya başka bir erişkin olmadan evden çıkmaması gerektiğini öğrettiğinizden emin olun. Zaman zaman emekleme çağındaki bir çocuk evden tek başına çıkarak tehlikeye maruz kalır.

Arabada güvenlik. Bebeğinizin arabada mutlaka araba koltuğuna oturmasını sağlayın ve ona bunun nedenini açıklayın. Arabayla ilgili diğer güvenlik kurallarını da hatırlatın: örneğin camdan dışarı bir şey atmaması gerektiğini, direksiyonu ellememesini, kapı ve pencere kolları ve düğmeleriyle oynamaması gerektiğini. Daha büyük çocuklara arabanın kapı kilidinin içeriden nasıl açıldığı öğretilmelidir, böylece arabada kilitli kalmaları önlenebilir.

Oyun alanındaki tehlikeler. Bir bebeğe bile oyun alanında uyması gereken güvenlik kuralları öğretilebilir. Bebeğinize bir salıncağı sallamamasını (üstünde biri olduğunda ve hatta boş olsa bile), ya da sallanan bir salıncağın önünden geçmemesini öğretebilirsiniz. Bu kurallara kendiniz de dikkat edin ve düzenli olarak bebeğinize hatırlatın. Kaydıraktan kaymaya başlamadan önce bir önceki çocuğun tamamen kaydıraktan inmiş olması gerektiğini ve kaydırağa ön yüzünden tırmanmanın çok tehlikeli olduğunu söyleyin.

Bebeğinize güvenlikte yaşamayı öğretmenin en iyi yolu bol bol pratik yapmaktır. Eğer kendiniz emniyet kemerini bağlamıyorsanız çocuğunuzu araba koltuğuna sıkı sıkı bağlamanızın, veya kırmızı ışıkta karşıdan karşıya geçiyorsanız ona trafik kurallarını anlatmanın anlamı yoktur. Bir yangınla karşılaşmak istemiyorsanız şöminenizi paravansız bırakıp, her yere izmaritlerinizi atmanız caydırıcı olmayacaktır.

-12-

Dokuzuncu Ay

BEBEĞİNİZ NELER YAPIYOR OLABİLİR

Bebeğiniz bu ayın sonunda:

- Uzaktaki oyuncağı yakalamaya çalışabilir.
- Düşen nesneleri takip edebilir.

Not: Eğer bebeğiniz bunlardan birini veya birkaçını yapamıyorsa doktor kontrolü gerekir. Nadiren gecikme bir problemin belirtisi olabilirse de, çoğu zaman her şey normale döner. Prematüre bebekler, aynı doğum yaşındaki bebeklere oranla daha geç yesilevi kazanırlar, genellikle düzeltilmiş yaşta veya (zamanında doğsalardı olacakları yaşta) daha geç ulaşırlar.

Bebeğiniz şunları da yapabilir:

- Oturur pozisyondan ayağa kalkabilir (9.5 aylık).
- Yüzüstü pozisyondan oturur duruma geçebilir (9 ay 10 günlük).
- Oyuncağını alırsanız ister.
- Birisine veya bir şeye tutunarak ayakta durabilir.
- Başparmağı ile ve herhangi bir parmağı ile küçük şeyleri tutabilir (9 ay 8 günlük).
- Farkına varmadan anne-baba der.

Bebeğiniz şunları da yapması olasıdır:

- El oyunları oynayabilir veya el sallayabilir.
- Mobilyalara tutunarak yürüyebilir.
- Hayırı anlar (fakat her zaman uymaz).

Hatta bebeğinizin şunları bile yapabilir:

- Top oynayabilir (size geri yuvarlar).
- Fincandan tek başına içebilir.
- Baş ve işaret parmaklarının ucuyla küçük nesneleri tutabilir.
- Kısa süreli tek başına ayakta durabilir.
- Ayakta durabilir.
- Anne-baba diyebilir.
- Anne-baba dışında bir kelime söyleyebilir.
- Tek- kademeli istekleri yerine getirebilir (onu bana ver).

BU AYKİ DOKTOR KONTROLÜNDE NELER BEKLEYEBİLİRSİNİZ

Her doktorun, sağlıklı bebek takibinde kişisel yaklaşımı vardır. Fizik muayenenin düzeni, değerlendirme tekniklerinin sayısı ve tipi çocuğun kişisel ihtiyaçlarına göre değişir. Fakat, genelde dokuzuncu ay kontrolünde dikkat edilmesi gerekenler şunlardır:

• Siz, bebeğiniz ve diğer aile fertlerinin evdeki durumu, bebeğin beslenmesi, uykusu ve genel gelişimi ile ilgili sorular. Eğer çalışıyorsanız, çocuğun bakımı ile ilgili sorular.

• Bebeğin kilo, boy ve baş çevresinin ölçümü ve doğumdan itibaren gelişiminin işaretlenmesi.

• Varsa, eski problemlerin kontrolünün de dahil olduğu fizik muayene. Bebeğin tepesindeki fontanel (bıngıldak) şu anda daha da küçüktür,hatta kapanmış olabilir.

• Gelişim değerlendirmesi; muayene eden kişi "testler" yaparak bebeğin desteksiz oturmasını, yardımlı veya yardımsız ilerlemesini, nesneleri tutmasını veya nesnelere uzanmasını, küçük nesneleri tutmasını, düşen veya saklanan nesneyi aramasını, ismine yanıt vermesini, anne-baba-bay bay-hayır gibi kelimelere dikkatini, sosyal oyunlarla ilgisini değerlendirebilir veya sadece gözlemlere ve sizin bebeğin yaptığı ile ilgili söylediklerimize güvenebilir.

• Aşılama. Daha önce yapılmamışsa ve bebeğin sağlığı iyiyse ve başka kontraendikasyon yoksa. Eğer olmuşsa, eski aşı reaksiyonlarını mutlaka tartışın. Tüberkülin deri testi, yüksek riskli bölgelerde şimdi yapılabilir veya 15. aya kadar ertelenebilir. KKK (Kızamık, Kızamıkçık, Kabakulak) aşısı öncesinde veya aynı zamanda yapılabilir.

• Anemi kontrolü için hemoglobin, hematokrit incelemesi. (Genelde parmak ucundan kan alınır).

• Önümüzdeki ay içinde beslenme, uyku, gelişim ve bebeğin güvenliği ile ilgili beklentilerle ilgili yol gösterme.

• Flor, demir, D vitamini ve diğer desteklerle ilgili öneriler.

Eğer doktor kendiliğinden söylemediyse sormak isteyebileceğiniz sorular:

• Eğer yapılmışsa, tüberkülin testine pozitif ve negatif reaksiyonlar nedir? Eğer pozitif reaksiyon varsa ne zaman haber vermelisiniz?

• Bebeğe ek olarak hangi gıdalar verilebilir? Bebek fincandan süt içebilir mi? Eğer henüz başlanmamışsa turunçgiller, balık, et, yumurta akı ne zaman verilebilir?

• Eğer hâlâ biberonla besleniyorsa, kesme ne zaman düşünülebilir veya hâlâ fincana veya biberona geçilmemişse meme ne zaman kesilebilir?

Ayrıca geçtiğiniz ay içinde kafanıza takılan şeyleri sorun. Doktorun açıklamalarını not alın (yoksa unutabilirsiniz). Tüm gerekli bilgileri (bebeğin kilosu, boyu, baş çevresi, aşıları, verilen yiyecekler, test sonuçlarını, hastalıkları, verilen ilaçları) bir sağlık dosyası oluşturarak düzenli bir şekilde kaydedin.

BU AYDA BEBEĞİNİZİN BESLENMESİ

İyi Alışkanlıkların Kazanılması

Hepimiz böyle bir anneyle karşılaşmışızdır. Çocuğu bir partide dondurma, pasta, şekerleme yediğinde söylenen, bir lokantada sağlıklı bir yemek yerine kızarmış patates isterse homurdanan, yemekte kola yerine su içmesi konusunda ısrar eden bir anne. Çocuğu arkadaşının evinde ikram edilen esmer ekmekle hazırlanmış sandviçe itiraz ettiğinde sızlanır ve öğretmen beslenme saatinde süt içmediğini söyleyince çok sinirlenir. Çocuğun daha sağlıklı beslenmesini istediğini anlatır durur, fakat içinden çoktan bu savaşı kaybettiğini düşünür. Tüm çocuklar abur cubur yiyecekleri tercihi etme eğiliminde midir?

İyi niyetli fakat yanlış yönlendirilen anneler şaşırabilir, ancak cevap hayırdır. Çocuk damağı boş bir liste ile dünyaya gelir; öğrenilen tatlar, verilen gıdalara bağlıdır. Beslenmenin ilk aylarında bile sonuç olarak Çeçen çocuğun susam soslu erişte, Hintli çocuğun raita veya İngiliz çocuğun böbrek tartı yemesinin nedeni genetik değil, sofrada karşılaştığı yiyecekler yüzündendir. Ve çocuğumuzun nasıl besleneceği -normal ekmek veya kepekli ekmekle hazırlanmış sandviçi mi, havuç salatasının olduğu güzel bir yemeği mi, bir kutu çikolatalı bisküviyi mi, kuru kayısıyı mı yoksa şekerlisini mi tercih eder- esas olarak şu anda önüne koyacağınız yiyeceklerle bağlantılıdır.

Eğer ilerde çocuğunuzun yeme alışkanlıklarından şikâyet etmek istemiyorsanız başlangıçtan itibaren bebeğinize doğru besinler vermeye başlayın.

Beyaz unla hazırlanmış yiyecekleri göz önünden kaldırın. Normal ekmeği, francalayı, pizzayı, bisküviyi, pastayı, krakeri rengi nedeniyle kötüleyip bunu küçük çocuklara öğretmek gerçekten kolaydır. Süpermarketlerden tam -tahıl ürünlerini alın, evde tam-tahıl ürünlerini kullanın ve restoranlarda da mümkün oldukça kepek, çavdar gibi rafine edilmiş unla hazırlanan ekmek isteyin.

Bebeğinizi henüz tatlıyla tanıştırmayın. Tatlı besinleri ne kadar geç verirseniz o kadar iyi. Bebeğinizin köy peyniri veya sade yoğurdu muzla karıştırmadan veya gevreği elma suyu veya ezilmiş kayısı ile karıştırmadan yemeyeceğini düşünmeyin; hiçbir şeye alışık olmayan tat duyuları bu besinleri kabul etmekle kalmaz, sevmeyi de öğrenir. Meyveyi kısıtlayın, bebeğiniz sadece tatlı olmayan bir şey yedikten sonra verin, genelde sebzelere daha önce başlayın, Yavaş yavaş meyve suyu, tatlı bisküvi, pasta ve reçeli ödül olarak vermeniz doğru olsa da, öğleden sonra taze meyve yerine bisküvi vermeyi, her yemeğe bol şeker koymayı, verdiğiniz her bisküviye reçel sürmeyi alışkanlık haline getirmeyin. Daha büyük bir kardeşi yoksa, bunları ilk yaş gününe veya daha sonraya erteleyebilirsiniz.

Bebeğe şeker vermeyin. Bebeğin diyetine şekeri sokmamak, aslında az miktarda şekeri denemekten daha kolaydır. Eğer başlangıçta şekerle tatlandırılmış tatlılar verirseniz, daha sonra kısıtlamak zor olacaktır. Bu tür yiyecekleri, bebeğiniz "sadece bir adet", "bu özel bir durum" gibi sözleri anlayıncaya kadar vermeyin. Bu yasaklamanın iki önemli faydası vardır. Birincisi, ilerde çocuğun şeker tadını etkiler, çalışmalara göre erken dönemde şeker verilen çocuklarda, geç alanlara oranla, tatlı yiyeceklere karşı daha güçlü bir istek gelişir. İkinci olarak, besleyici gıdalar için tat alma duyusunun gelişme şansını sağlar.

Çocuklarınıza tohum verin. Buğday tohumu. Bebeğinizin mısır gevreğine, yoğurduna, elma püresine veya makarnasına bir miktar buğday tohumu serpmeniz yalnızca vitamin, mineral ve ekstra protein katkısı sağlamayıp aynı zamanda bebeğinizin bu yararlı besinin tadına alışmasını da kolaylaştıracaktır. Birkaç ay sonra komşunuzun çocuğu mısır gevreğine biraz daha şeker eklenmesi konusunda tuttururken bebeğinizin buğday tohumu eklemeniz konusunda ısrar ettiğini görebilirsiniz. Daha sonraki yıllarda çocuğunuzun ne yiyeceğine siz karar veremeseniz de böyle bir tercih onun daha sağlıklı beslenmesine yardımcı olacaktır.

Ezilmiş şeyi çiğneme. Hiç dişi olmayan bebeğin bile dişetini kaşımak için bir şeylere ihtiyacı vardır. Artık süzülmüş yiyecekler geçmişte kalmalı, parmak yiyecekler ve taneli yiyecekler diyette yerini almalıdır. Uzun süre süzülmüş yiyeceklerle beslenen bebekler, büyük taneli yiyecekleri kabul etmezler ve çiğneme konusunda oldukça tembelleşirler. Bu durum, ileride yeterli beslenmesini ciddi şekilde etkiler.

Sütün içine bir şey katmadan verin. Doktor inek sütüne izin verdiğinde bunu az miktarlarda ve içine bir şey katmadan verin. Çikolatalı süt sadece çok şeker içermekle kalmaz, sütteki kalsiyum emilimini azaltır (yeni çalışmalara göre bu önemli derecede olmasa da) ve bazı çocuklarda alerjik reaksiyonlar görülebilir. Ayrıca, sütün tadını gizlice değiştirdiğinizde (sadece su koysanız bile) bebeğin katışıksız gerçek süt için tat alma duyusunu bozabilirsiniz. Bütün katkıları (kakao,şeker vs) okul öncesi yaşlardaki kaçınılmaz ''sütümü istemiyorum'' itirazına saklayın.

Tuz vermeyin. Bebeklerin, yiyeceklerde doğal olarak bulunan tuz dışında tuza ihtiyacı yoktur. Bebek için hazırladığınız besinlere tuz koymayın ve özellikle tuz içeriği yüksek yiyecekler vermekten kaçının, çünkü çocuğunuza sağlıksız bir beslenme zevki kazandırmış olursunuz[1].

Bebeğinizin diyetini değişik şeylerle hazırlayın. Alışık olmadığı yiyecekleri verdiğinizde burun kıvırması sürpriz değildir. Çoğu zaman, aileler her zaman kahvaltıda aynı gevreği, öğle ve akşam yemeklerinde benzer bebek mamaları ile bebeklerini beslerler ve farklı bir tat imkânı sağlamazlar. Bebeğinizi beslerken maceracı olun, tabii ki doktorunuzun önerilerini uygulamamazlık yapmayın ve bebeğinizin yaşına göre hareket edin. Farklı tam tahıl gevreklerini deneyin; sıcak soğuk; farklı tam tahıl ekmekleri (yulaf, çavdar, buğday) gevrekleri farklı şekillerde; tam tahıllı veya yüksek proteinli ekmekler; farklı süt ürünleri (yoğurt, köy peyniri, İsviçre peyniri gibi sert peynirler, çedar, düşük yağlı krem peynir....); havuç, bezelye, muz dışında değişik meyve sebze (tatlı patates küpleri, mango dilimleri, taze böğürtlen, süt tozu kreması vb.)

Sizin değişik yiyecekler denemeniz çocuğunuzun yalnız şokellalı ekmek yemek istediği bir dönem olmayacağını garanti etmeyebilir ve birçok çocuk böyle bir dönemden geçer. Ancak farklı besinlere alışkanlık, daha geniş bir diyet zeminini ve daha iyi beslenmeyi sağlar.

Beyin yıkama. Evde iyi beslenmeyi uygulamakla kalmayıp, telkin de edin. Çok küçük çocuklar bile şekerin kötü, beyaz ekmeğin iyi olmadığını, tam tahıl ekmeğinin en iyisi olduğunu öğrenebilir. Yalnız bu çocuğunuzun şeker veya beyaz ekmek istemeyip her zaman tam tahıl ekmeğinde direneceği anlamına gelmez. Çocuklar ailelerini test eder ve sizin çocuğunuz da tadı yasaklanmış bir yiyeceği isteyerek test edecektir. Kabul etmeyin. Eğer bir kez kabul ederseniz, bebeğiniz bir dahaki sefere daha ısrarcı olacaktır.

Ayrıcalıklar yapın. Eğer abur cubur tamamen yasaklanırsa bebeğiniz şiddetle ister. Kesin yasaklamalar yerine, bebeğiniz özel durumları anlayacak yaşa geldiğinde bu tür yiyeceklerden arada bir az miktarda verin. Eğer çocuğunuzun tat duyusunu uygun şekilde geliştirdiyseniz, bu yiyecekler beklenildiği gibi beğenilmeyecektir.

Kendiniz yapın. Eğer siz kendiniz uygulamazsanız tüm yukarıdaki girişimler başarısız olacaktır. Eğer kahvaltıda kek, öğle yemeğinde beyaz ekmek, peynir, günün geri kalanında cips ve şeker yiyorsanız, çocuğunuzdan da daha fazlasını bekleyemezsiniz. Yani henüz iyi çeşitli diyete geçmediyseniz (Sayfa 487'ye bakınız), artık zamanıdır. Evdeki herkes için geçerli.

Suçluluk duygusuna kapılmayın. Çoğu annenin, bebeklerine yararı olmayan yiyecekleri vermeye başlamalarının nedeni suçluluk duygusudur. Anneler çocuklarını, çocukluk çağının tatlılarından (ve çikolatalı sütten ve sosisli sandviçten)mahrum etmeye dayanamazlar. Kendinizi de bu şekilde düşünüyorken bulursanız şu iki noktayı düşünün. Birincisi bir bebek neler kaçırdığının farkında değildir. Bir partide iseniz ve dondurma ve pasta ikram ediliyorsa, siz bebeğinize yemek için meyve suyu ve tatlandırılmış kurabiye verirseniz zaten çok sevinecektir. Öğrenme yaşı geldiğinde şikâyetleri duymaya başlarsınız. (Köy peyniri ile dondurma artık aynı şey değildir ve emin olabilirsiniz ki, doğum günü partisinde abur cuburu sınırladığınızda çocuğunuz sayesinde suçluluk duygusuna kapılacaksınızdır, ancak uzun dönemde çocuğunuz size teşekkür edecektir. Eğer kendinizi suçlu hissetmeniz gerekiyorsa, şimdi hissetmeniz; dişçi çocuğunuzun ağzında birçok çürük olduğunu söylediğinde veya kilo problemi olduğunda ya da yetişkin olduğunda diyet alışkanlıkları nedeni ile yüksek tansiyonu olduğu için pişman olmanızdan iyidir.

1.Bazı büyük çocuklar avuçlarına tuz alıp yalamayı çok severler. Sizin cocuğunuz da bunu yapıyorsa doktorunuza danışın. Çoğu durumda bu bir alışkanlıktan ibarettir, ancak küçük bir olasılıkla metabolik bir bozuklukla da ilgili olabilir.

BEBEĞİ MASADA BESLEMEK

"Bebeğimizi ayrı olarak besliyoruz ve biz yemek yerken onu oyun alanına bırakıyoruz. Ne zaman bizimle birlikte yemeğe başlamalı?"

Hem kendini hem de bebeği aynı zamanda beslemek, çoğu aile için problemdir. En azından hoş değildir veya her yemek sonrası antasid gerekebilir. Bu nedenle, bebeğiniz tamamen kendi kendine beslenene kadar yemeklerini ayrı verin. Fakat bu aile ile birlikte masaya oturmayacağı anlamına gelmez (programınız elverdiği sürece.) Böylece sofra kurallarını öğrenir, sosyalleşir. Pratik ve uygun olduğu zaman sandalyesini masanın yanına çekip masada kendi malzemelerini verin. (Sadece kırılmaz tabak ve kaşık).Ve eline yiyecekler verin, onu masadaki iletişime dahil edin. Diğer bir yandan yaşamınızdaki romantizmi koruyabilmek amacıyla bazı geç akşam yemeklerini kendinize ayırın.

ÇOK ERKEN YÜRÜMEK

"Kızımız her büyüğün elini tutarak sürekli yürümek istiyor. Bazı yakınlarımız buna izin vermememizi istiyor, çünkü hazır olmadan önce yürümek bacaklarına zarar verebilirmiş."

Çocuğun bacaklarından çok kendi belinizi incitmeniz daha büyük olasılık. Eğer kızınızın bacakları bu türde yürüme öncesi bir aktiviteye alışık değilse bunu istememesi gerekirdi. Erken ayakta durma gibi erken yürüme de (yardımlı veya yardımsız) bacaklarda yamukluğa veya başka bir fiziksel probleme neden olmaz. Aslında, bu aktiviteler yararlıdır da, çünkü yürüme ile kullanılan bazı kaslar çalışmış olur ve gelişir. Ve eğer ayakkabısız ise, ayakları da güçlenir. Yani beliniz izin verdiği sürece yürümesine izin verin. Bu dönemde yürümek istemeyen bir bebek ise tabii ki yürümeye zorlanmamalıdır. Gelişmenin tüm aşamalarında olduğu gibi sizin bebeğiniz de zamanı geldiğinde yürüyecektir.

AYAKTA DURMAK.

"Bebeğimiz ayakta durmayı yeni öğrendi. Bu bir kaç dakika için hoşuna gidiyor, daha sonra bağırmaya başlıyor. Ayakta durmak bacaklarını incitebilir mi?"

Eğer çocuğunuzun bacakları onu ayakta tutmaya hazır olmasaydı, ayakta duramazdı. Bağırmasının nedeni ağrı değil, engellenmesi. Ayakta durmayı öğrenmiş birçok bebek gibi, düşene veya yardım edilene kadar bu alışık olmadığı pozisyonda kalır. Ve burada iş size düşmektedir. Dengesizliğini görür görmez, nazikçe oturmasına yardım edin. Yavaşça yapın. Böylece kendi başına nasıl yapacağını öğrenir, bu birkaç gün, en fazla birkaç hafta sürer. Aynı zamanda bebeğiniz sıkıntıda iken yardım edebilmek için daha fazla zaman harcamanızı bekler.

"Bebeğim evdeki her şeye tutunarak ayağa kalkmaya çalışıyor. Güvenliği için onu oyun alanında mı tutmalıyım?"

Çocuklarımız ne kadar çok şeyi yapmayı öğrenirse büyükler o kadar sinirli olur. Çocuklar ayağa kalkmayı öğrenir, dolaşır, en sonunda yürümeyi öğrenir ve beyinlerine oranla daha güçlü oldukları döneme girerler. Bu dönemde kaza riski yükselir. Oyun alanına kapamak (yakından kimsenin takip edemeyeceği kısa süreler dışında) çözüm değildir. Bu sizin için sinir bozucu olabilse de, bebeğinizin oyun alanı dışındaki dünyayı keşfetme şansı da olmalıdır. Ve siz bu dünyayı mümkün olduğunca güvenli kılmalısınız.

Özellikle tutunarak ayağa kalkmaya çalıştığı her şeyin (eğer gerekiyorsa bunu anlamak için diz çökerek onun seviyesine inin) güvenilir olduğundan emin olun. Sallanan masaları, kitaplıkları, sandalyeleri, yer lambalarını şimdilik ulaşamayacağı yerlere kaldırın. Sehpaların köşeleri ve sivri uçlarına yumuşak şeyler koyun, çünkü üzerine düşebilir. (Büyük olasılıkla düşecektir). Kırılabilir, tehlikeli eşyalar o ulaşmadan ortadan kaldırılmalıdır. Eğer bulaşık makineniz varsa bebeğiniz çevresindeyken açık bırakmayın. Kayma ve takılmaları önlemek için elektrik kablolarının yol ortasında olmadığından, yerde kâğıt olmadığından emin olun. Yere bir şey dökülürse hemen silin ve kurulayın. Eğer ayaklarının problem çıkarmayacağına inanıyorsanız yalın ayak veya çoraplarla yürümesini tercih edin.

Çocuk ayağa kalkmaya başladığı zaman odanın içinde dolaşır. Örneğin koltuktan masaya, oradan duvara, kanepeye ve babasının ayağına, daha fazla uzaklaşamaz. Ancak odada bir yere bıraktığınızda onu başka bir yerde, hatta başka odada bulabilirsiniz. Bu nedenle evinizdeki her odanın her yeri bebeğiniz için zararsız olmalıdır. Eğer bunu bebeğiniz emeklerken yapmamışsanız veya emeklememişse evinizi bebeğinize güvenilir yapmak için 262. sayfaya bakınız.

YABANCI KORKUSU

"Küçük kızımız her zaman arkadaş canlısı ve dışa dönüktür. Dün köyden yeğenlerimiz geldi. Onlarla oynamayı çok severdi. Ne zaman yanına yaklaşsalar ağlamaya başlıyor. Kızımıza ne oldu?"

Olgunlaştı -ama olgun olmayan bir şekilde. İlk gün kaç aydan sonra anneyi babayı tanımakla birlikte, 6 ayın altındaki bebekler genelde herkese olumlu yaklaşırlar. Tanıdığı büyükler veya yabancılar olsun, ihtiyaçlarını karşılayabileceklerini düşünüp üzerlerine atlarlar. Genelde bebek 8-9. aya geldiğinde (yabancı korkusu 6. ay civarında başlasa da) kimin kendi yanında olduğunu fark eder; anne ve baba ve bir iki tanıdık kişi ve bakıcısına yapışır, yabancıların onu onlardan ayıracağını düşünür. Bu dönemde çok sevilen dedeler-nineler hatta bakıcı bile aniden reddedilebilir, çocuk çaresizce anne-babasına bağlanır (özellikle de bakımı ile en çok ilgilenene). Yabancı korkusu çok çabuk kaybolabilir veya birinci yılının sonuna kadar görülmeyebilir. 10 bebekten yaklaşık ikisinde bu korku hiç görülmez (büyük olasılıkla bu bebekler her türlü yeni duruma kolayca uyum sağlayabilmektedir). Veya bu dönem fark edilmeden hızla geçer. Eğer bebeğiniz yabancı korkusu yaşıyorsa, sosyal olması için baskı yapmayın, yavaş yavaş alışacaktır ve en iyi yol bu işi kendi kendine halletmesidir. Aynı zamanda arkadaşlarınıza ve aile fertlerine, bebeğinizin bir utangaçlık döneminden geçtiğini söyleyin (kişisel olarak algılamamalılar). Hızla yanına yaklaşılması bebeği korkutur. Bebeğinize aniden sarılmak ve kucağa almak yerine direncini yavaşça kırmalarını önerin: sizin kucağınızdayken ona gülümsemek, onunla konuşmak ya da ona bir oyuncak uzatmak gibi. Bebek yavaş yavaş alışabilir ve alışmasa bile en azından ağlamaz, kötü hissetmez.

Aniden, uzun süredir birlikte olduğu bakıcıyla kalmak istemez ise ne kadar ağlarsa ağlasın, evi terk ettiğiniz zaman susar. Eğer bakıcı yeni ise alışması için biraz zaman vermelisiniz. Bakıcı ile bırakıldığında eğer gerçekten avutulamıyorsa, çocuğun bakımını yeniden değerlendirmeniz gerekir. Belki de siz etraftayken dikkatli gibi gözükse de bakıcı bebeğinize gerekli ilgi ve sevgiyi vermiyordur, veya sebep yabancı korkusu olabilir. Bazı çocuklar, özellikle anne sütü alan bebekler, anneleri gittiğinde, babaları veya büyükanneleri bakıcı olsa bile, saatlerce ağlayabilirler. Böyle bir durumda, eğer mümkünse bu dönem geçene kadar, çocuğunuzdan ayrı kalmamalısınız.

GÜVENİLEN NESNELER

"Son birkaç aydır, bebeğimiz battaniyesinden ayrılmıyor. Emeklerken bile battaniyesini peşinden sürüklüyor. Bu onun güvensizlik hissettiği anlamına mı geliyor?"

Bir miktar güvensizlik hissetmesi son derece normaldir. Son birkaç ay içinde anne babasının bir uzantısı değil de ayrı bir insan olduğunu fark etmiştir. Bu fark ediş oldukça heyecan vericidir, ancak az da olsa korku içerir. Birçok bebek, anne babasının her zaman yanında olamayacaklarını anladığında geçici bir süre güvendiği bir nesneye bağlanır (yumuşak bir battaniye, oyuncak hayvan, biberon). Aileleri gibi, nesneler de rahatlık sağlar; özellikle de sıkıntısı varsa, hasta olduğunda ve yorulduğunda, fakat ailelerinden farklı olarak, bu nesne bebeğin kendi kontrolü altındadır. Ailelerinden ayrı kalması problem olan bebekleri yalnız yatırmak yerine böyle bir nesne ile yatırmak uykuya geçişlerini kolaylaştırabilir.

Bazen bir nesneye aşırı bağlı olmayan bir bebek, aniden yeni ve istenmeyen bir durumla karşılaştığında (yeni bakıcı, yuva, taşınma, vb) böyle bir nesneye bağlanabilir. Bu geçici nesne 2-5 yaş arasında bırakılabilir (parmak emme ile aşağı yukarı aynı zamanda) fakat genelde kaybolana ya da parçalanana kadar bağımlılık devam eder. Bazı çocuklar bir iki gün ağlar, daha sonra alışırlar.

Ailelerin bu nesneyi bırakmaları için baskı yapmaması gerekse de, bazı sınırları koyabilirler. Böylece bu bağlılık daha kabul edilebilir olur ve ayrılması da daha kolaylaşır:

- Eğer bu alışkanlık erken dönemdeyse, geleceği düşünerek, kullanımını sadece evle veya yatakla sınırlayın. Fakat tatile ya da gece kalacağınız bir yere giderken yanınıza almayı unutmayın.
- Nesneyi koku sinecek kadar kirlenmeden yıkayın. Yoksa bebek nesne kadar kokusuna da alışabilir ve yıkandığı zaman hararetli bir şekilde eski kokusunu arayabilir. Eğer uyanıkken elinden alamıyorsanız, uyurken yıkayın.
- Eğer nesne bir oyuncaksa, iki adet temin edebilirsiniz. Böylece eğer biri kaybolursa yerine ötekini koyabilirsiniz, değiştirerek yıkayabilirsiniz ve zaman zaman değiştirerek ikisinin de çok kirlenmesini önleyebilirsiniz. Eğer nesne bir battaniye ise birkaç parçaya bölebilirsiniz, böylece kaybolan, yırtılan parçaların yerine bir diğeri koyulabilir.
- Nesne hakkında ne kadar az konuşulursa o kadar iyi olur, çocuğunuz büyüdükçe bu battaniye (veya başka bir şeye) ihtiyacının olmayacağını söyleyebilirsiniz.
- Boş bir biberon veya su dolu bir biberon kabul edilebilirse de, meyve suyu veya süt dolu bir biberonu güven nesnesi olarak kabul etmesine izin vermeyin. Uzun süre bu sıvıları emmek özellikle geceleri diş çürüklerine neden olabilir ve bebeğin yeterli katı gıda almasını engelleyebilir.
- Bebeğiniz, ihtiyacı olan rahat ortamı (sevgi ve dikkati) ona sağladığınızdan emin olun. Eğer hoşlanıyorsa sık sık sarılıp,öpün, onunla konuşup, oynayın.

Bir nesneye bağlanmak, çoğu bebeğin normal gelişiminin bir parçası olsa da bu nesneye çok bağlı olan çocuk insanlarla iletişim kurmaz, oyuncakları ile oynamaz, henüz karşılaşmadığı fiziksel ve duygusal ihtiyaçlarını pratiğe dökemez. Böyle olduğunu düşünüyorsanız doktorunuzla görüşün.

DÜZTABANLIK

"Bebeğimiz ayağa kalktığı zaman ayak tabanları tamamen düzleşiyor. Düztaban olabilir mi?"

Bebeklerde bu düzlük bir kuraldır, bir istisna değil. Öyle bir kuraldır ki, istisna bulma imkânınız yok gibidir. Bunun birkaç nedeni vardır; İlk olarak bebeğiniz fazla yürümediği için, kıvrımı oluşturacak kaslar yeterince çalışmamıştır. Ayrıca bir miktar yağ bu bölgede birikmiştir. Ve bebek yürümeye başladığında, bacakları ayrık basarak denge sağlamaya çalışır ve kıvrıma daha fazla yük binerek ayak düz gözükür.

Birçok çocukta, düztabanlık yıllar içinde yavaş yavaş düzelir ve büyüme tamamlandığında kıvrım iyi oluşmuş olur. Çok az çocukta taban düz kalır (ciddi bir problem değil). Fakat bunu şu anda tahmin etmek mümkün değildir.

DİŞLERİN ÇIKMAMASI

"Bebeğimiz neredeyse 9 aylık ve henüz bir tek dişi bile yok. Dişlerini çıkartmak için ne yapabiliriz?"

Bu dişsiz damakları sevebiliyorken sevin ve emin olun ki dişi olmayan 9 aylık birçok bebek var. Hatta bazı bebeklerin bir yaşında doğum günü pastasını yemek için kullanabilecekleri tek bir dişleri bile yoktur. Ancak zaman içinde bebeğinizin dişi çıkacaktır.

İlk diş ortalama 7 ay civarında çıksa da sınır 2 (nadiren daha erken) -12 ay (bazen daha sonra) arasıdır. Geç diş çıkarma genellikle kalıtsaldır ve bebeğinizin gelişimi ve zekâsı ile ilgisi yoktur (2. diş de geç çıkacaktır). Dişsiz olmak, taneli besinlere geçmeyi etkilememelidir. 2. yaşın ortasında azı dişleri çıkana kadar dişli ve dişsiz tüm bebekler dişetleri ile çiğnerler.

HÂLÂ SAÇI ÇIKMADI

"Kızımız saçsız doğdu ve hâlâ başında birkaç tüy dışında bir şey yok. Saçları ne zaman çıkacak?"

Ne zaman dışarı kızı ile çıksa, "ne kadar tatlı bir oğlan" sözünü duymaktan yorulmuş bir anne olarak ilk yılın ikinci yarısında kellik üzücü olabilir. Fakat dişsizlik gibi, saçsızlık da bu yaşta normaldir ve kalıcı değildir. Açık renk tenli bebeklerde daha sık rastlanan bu problem, gelecekteki kelliğin habercisi değildir. Zamanı gelince kızınızın saçları da çıkacaktır (ikinci yılın sonlarına doğru miktarı artacaktır) Şimdiye kadar bir avuç dolusu karmaşık saçı yıkamak ve taramak gibi bir probleminiz olmadığı için minnettar olmalısınız.

EMMEYE İLGİSİNİN KAYBOLMASI

"Ne zaman oğlumu emzirmek için otursam, başka bir şey yapmak istiyor gibi gözüküyor. Düğmelerimle oynuyor, saçlarımı çekiyor, televizyona bakıyor."

İlk aylarda, bebeğin tüm dünyası annesinin memesidir ve emmeyi bırakabileceğine inanmak imkânsız gibidir. Ve hâlâ bazı bebekler bırakana kadar emmeye tutku ile bağlıdırlar, çoğu 9.ay civarında emmeyi bırakmaya çalışır ve ilgisizleşirler. Bazıları emmeyi tamamen reddeder; bazıları 1-2 dakika emer ve bırakır; bazıları da emzirirken kolayca ayrılabilir. Bazen boykot geçicidir. Belki bebek beslenme ihtiyaçlarını yeniden düzenlendiği bir dönemden geçiyordur veya belki de âdet döneminizdeki hormonal değişiklikler nedeni ile tat değişikliği olduğu için bırakmıştır. Ya da dün akşam yediğiniz sarımsaklı yemek nedeniyledir. İştahının azalmasının nedeni bir virüs veya diş çıkarma olabilir.

Eğer bebeğiniz, memenizi sürekli reddediyorsa, size emmeyi bırakmayı hazır olduğunu söylüyor olabilir, çünkü emmeye daha az ihtiyacı vardır. Daha fazla katı gıda ve biberonla süt alıyordur veya kucakta ya da yatarak beslenmeyi sevmiyordur. Fakat emzirmeyi bırakma zamanı geldiği kararını vermeden önce, problemin beslenme ortamı olmadığından emin olun; çünkü bebeğiniz işine konsantre olmuyor olabilir. Bu olasılığı ortadan kaldırmak için, loş sessiz bir odada emzirmeyi deneyin. Televizyon, radyo, başka bir çocuk ve konuşan insanlar olmasın. Eğer bebeğiniz hâlâ emmiyorsa, gerçekten bırakma döneminde olabilir. Tabii ki siz buna hazır olmayabilirsiniz. Sizden önceki annelerin öğrendiği gibi memenizi bebeğinize verebilirsiniz fakat içiremezsiniz.

Yine de, bırakma işlemini yavaş yavaş yapın. Hem bebeğinizin sağlığı hem de sizin huzurunuz için. Yavaş yavaş bırakma bebeğinize yeni besinleri artarak alma imkânı sağlar. Örneğin inek sütü veya mama. Göğüslerinizde de üretimde azalmayı yavaş yavaş sağlayarak ağrılı şişlikleri önlersiniz (bırakmanın ipuçları bkz sayfa 306, eğer bebeğiniz emmeyi reddediyorsa ani bırakmayı daha kolaylaştırmak için bkz sayfa 308).

Doktorunuza, tam inek sütü mü (düşük yağlı değil), yoksa bir yaşına kadar mama ile mi devam edeceğinizi sorun. Eğer biberonu kabul ediyorsa yeterli sütü bu yolla verebilirsiniz. Bazen memenizi emmek istemediği gibi biberonu da kabul etmeyebilir. Henüz hiç biberonla beslenmediyse daha sonra biberonu bırakma evresini yaşamaktansa, fincanla süt vermek de bir alternatif olabilir. Fincan kullanmaya daha erken başlayan bebekler, bu yaşta oldukça ustalaşmışlardır. Alışık olmayanlar da çabuk alışırlar. Yeterli süt veya mama almayan çocuklara, kalsiyum kaynağı olarak yoğurt veya sert peynirler verilebilir.

GEREKSİZ BESLENME ALIŞKANLIKLARI

"Katı gıdaları ilk vermeye başladığımda, kızım her şeyi seviyor gibi gözüküyordu Daha sonra ekmek dışında hiçbir şey yememeye başladı."

Aileleri, bazı çocukların hava, sevgi ve biraz ekmekle yaşayabileceğini söylerler. Ailelerin ilgilerine rağmen seçerek yiyenler bile yaşayacak kadar beslenirler. Çocuklar yaşamak ve büyümek için ihtiyaçları olan şeyleri yemek üzere programlanmıştır. Elbette erken beslenme öyküsünde bu programı değiştirecek bir şey olmadıysa.

Gelişimin bu aşamasında çoğu bebek besin ihtiyacının büyük kısmını anne sütünden mama veya inek sütünden sağlar. Demirli vitamin hapları da verilmelidir. Fakat dokuzuncu ayda besin ihtiyaçları artmaya başlar ve süt ihtiyacı azalır. Bebeğinizin alımının ihtiyacını karşıladığından emin olmak için, beslenme stratejinize şunları da ekleyin:

Ekmek yemesine izin verin; veya gevrek, muz ya da en çok neyi seviyorsa. Birçok bebeğin haftalık besin veya aylık besin programı var gibidir. Bu dönemde tek bir şey yerler. En iyisi, onun besin seçimine saygılı olun, çok aşırı olsa bile örneğin kahvaltı, öğle yemeği ve akşam yemeği için gevrek gibi. Zaman içinde eğer imkân tanınırsa çocuk kendi tat repertuarını oluşturur.

Fakat tam tahıl olduğundan emin olun. Elbette bebeğiniz bir iki gıdayı kabul ediyorsa da. yüksek kalitede beslendiğinden emin olun. Eğer ekmek, kraker, gevrek istiyorsa tam tahıl ürünü olmasına dikkat edin. Eğer meyve veya meyve suyuysa, tatlandırılmamış olmasına dikkat edin ve daha besleyici olanlarını vermeye çalışın. Örneğin kayısı, şeftali, mango, portakal.

Yapabilirseniz ilave edin. Bebeğinize bir besini veremediğiniz zaman, bunu başka şeylerle birlikte vermek yanlış değildir. Ekmeğine krem peynir, ezilmiş muz veya köy peyniri ya da eritilmiş İsviçre peyniri sürün[2]. Tost veya yumurtalı ekmek de verebilirsiniz. Veya ekmeğini havuç, peynir, meyve gibi diğer ihtiyaçları ile birlikte pişirin ya da hazır olarak alın. Eğer istediği tahıl ürünü ise, buğday tohumu ile karıştırın, havuç, elma sosu, kayısı gibi meyvelerle veya içi pişirilip kurutulmuş meyvelerle birlikte verin. Eğer en çok sevdiği şey muz ise, süt içine ince parçalar halinde dilimleyin ve tahıl tohumlarıyla karıştırın, az miktarda gevrek veya köy peyniri ile veya ekmeğe sürerek verin.

Püreyi Bırakın. Bebeğinizin bu itirazının nedeni, yeterince püre yemiş olması ve erişkinler gibi normal gıdalara hazır olduğunun bir göstergesi olabilir. Yiyebileceği yumuşaklıktaki iri taneli gıdalara geçerek gelişmekte olan damağına uygun lezzetler sağlayabilirsiniz ve bebeğiniz tam da istediğiniz gibi olabilir.

Mönüyü çeşitlendirin. Bebeğiniz hep aynı yiyecekleri yemekten sıkılmış olabilir; iştahını artırmak için değişiklikler gerekebilir. Kahvaltıda tahıl ürünlerini istemiyorsa, yoğurt veya kızarmış ekmeği deneyebilirsiniz. Öğlen yemeğinde peynirle karıştırılmış bezelye ve havuç hoşuna gitmiyorsa karnıbahar veya brokoli ile karıştırılmış tereyağlı erişte verebilirsiniz. Eğer parçalanmış et veya haşlanmış patates akşam yemeğinde çekici gelmiyorsa, haşlanmış balık verebilirsiniz.(Ek fikir almak için faydalılar listesine bkz. sayfa 320.) Bebeğin mönüsünü ayarlarken,herkesle birlikte yemek yemesini de deneyebilirsiniz, belki ayrıcalıklı olmak hoşuna gitmiyordur. (Daha önce hiç vermediğiniz bir yiyeceği veriyorsanız bkz. sayfa 190)

Külahları değiştirin. Belki de, yeni bir inatçılık ve bağımsızlık dönemi başlıyordur ve bu nedenle yemek saatinde ağzını sıkıca kapıyor olabilir. Yeme sorumluluğunu kendisine verin, böylece daha istekli yiyebilir (bebeğin kendi kendini beslemesi için uygun kurallar için bkz. sayfa 288)

İştahını kapatmayın. Birçok bebek, çok fazla su, mama ve anne sütü aldığı için çok az yer. Bebeğinize günde faydalı meyvelerden en fazla 2 porsiyon (mümkünse biri meyve suyu diğeri bütün meyve şeklinde) ve mama (veya süt) en fazla 3 kez verilmelidir. Eğer daha fazlasını içmek isterse, su veya sulandırılmış meyve suyu

---

2.Bazı yağsız krem peynirler protein açısından daha zengindirler ve bebekler için besleyici özellikleri fazladır. Ancak satın almadan önce etiketlerini okumayı ihmal etmeyin.

verin ve bunları gün içine dağıtın. Eğer anne sütü veriyorsanız, ne kadar süt aldığını tam olarak bilemezsiniz, fakat emin olabilirsiniz ki günde 3-4 defadan fazla emzirmek iştahını etkileyip azaltır.

Yemek arası atıştırmaları engelleyin. Bebek kahvaltıyı reddettiğinde anne ne yapar? Bebeğin karnını sabah boyunca abur cuburla doldurur, böylece bebek öğle yemeği yemez. Eğer öğle yemeği atlanırsa ne olur? Bebek öğleden sonra acıkır, atıştırma devam eder ve akşam yemeğine yer kalmaz. Bu döngüden uzak durun. Hem bebeğin iştahını azaltır, hem sizin de içinizi karartır; atıştırmayı, bebek öğünlerde ne alırsa alsın öğle öncesiyle ve öğleden sonra ile sınırlayın. Eğer atlanan öğün varsa, atıştırma saatindeki miktarı biraz arttırarak, bir sonraki öğüne kadar geçişi kolaylaştırabilirsiniz.

Gülmeyi ihmal etmeyin. Beslemekte zorlandığınız zaman, tabağa mümkün olduğunca az yiyecek koyun, bazı oyunlar yaparak yedirmeye çalışın. (Aa bak, bir tren tünele doğru geliyor gibi). Bebek siz istediğiniz için değil, aç olduğu için yediğini hissetmelidir. Eğer kesinlikle daha fazla istemiyorsa, veya hiç yemiyorsa, tabağı önünden alın ve yemeği bitirin.

Özellikle ateşle birlikte olan grip ve akut hastalık durumlarında geçici iştah azalması görülebilir

Kansızlık beslenme yetersizliği (her ikisi de orta seviyede) (Amerikan bebeklerinde nadirdir) veya başka bir hastalık durumunda nadiren kronik iştahsızlık görülebilir. Eğer iştahsızlıkla birlikte enerji azlığı, çevreye karşı ilgisizlik, gelişimde gerilik, yetersiz kilo alımı veya belirgin kişilik değişikliği (örneğin huzursuzluk, sinirlilik) mevcutsa bebeğinizi bir doktorun görmesi gerekir.

KENDİ KENDİNE YEMEK YEME

"Kaşığı ne zaman bebeğime doğru yaklaştırsam, yakalamaya çalışıyor. Eğer yeteri kadar yakın olursa kaşığı tutup kendi kendine yemeye çalışıyor. Daha az yemeye başladı, üzülüyorum."

Kaşık kullanmanın zamanı. Bebeğiniz bağımsız olduğunu göstermeye çalışıyor, en azından sofrada. Hevesini kırmaktansa, onu yüreklendirin. Fakat karışıklığı ve aç kalmasını önlemek için, bu sorumluluğu ona yavaş yavaş verin. Eğer mümkün olursa ona yemek yedirirken eline bir kaşık verin. İlk başta sallamaktan başka bir şey yapmayabilir, daha sonra kaşığı doldurup ağzına götürebilir. Yine de, bir süre daha yemek yerken gözünüz üzerinde olsun. Daha sonraki basamak olarak, siz kaşıkla beslerken eline yiyecek bir şeyler verin. Bazı bebekler her ikisini de kendileri yapmak isterler; başka türlü yediremiyorsanız bırakın kendisi yesin. Yemek süreleri ilk başta daha uzun ve yorucu olur, fakat kısa sürede deneyim kazanır (Sandalyesinin altına gazete sermek, temizliğin daha kolay olmasını sağlar).

Ne yaparsanız yapın, yemek zamanını savaş haline getirmeyin, yoksa kalıcı beslenme problemlerine neden olabilirsiniz. Kendi kendine beslenme tamamen oyun haline gelip, bebek hiç beslenemez ise (biraz oyun normaldir), kaşığı alıp siz besleyin. Eğer buna engel olursa, ağzını silin, yemeğini bir sonraki öğüne kadar erteleyin.

UYKU DÜZENİNDE DEĞİŞİKLİKLER

"Kızım birden sabah uykularını reddetmeye başladı. Gündüz bir kez uyuması onun için yeterli mi?"

Günde bir kez uyumak yorulmuş aileler için yetersiz olsa da, bir yaşına gelmiş bir bebeğin ihtiyacını karşılar. Bazı bebekler, bu yaşta gündüz uykularını tamamen kesmek ister. İlk başta sabah uykusu kesilir, fakat nadiren bu öğle uykusu olabilir. Bazı şanslı ailelerin bebekleri 2.yaşa kadar günde 2 kez uyumaya devam eder, bu da oldukça normaldir; tabii ki eğer gece uykularını etkilemiyorsa. Eğer bebek uyumak istemiyorsa, gündüz uykusunu bire indirebilirsiniz.

Bebeğinizin ne kadar uyuduğu değil, uykunun faydalı olup olmadığı önemlidir. Eğer bebeğiniz gündüz uyumak istemiyorsa veya uyuyor ve akşam yemeğinde çok yorgun görünüyorsa, ekstra uyku ihtiyacı olabilir fakat uyku ile zamanını kaybetmek istemeyip bu değerli zamanı çeşitli aktiviteler ve etrafını incelemek için kullanmak isteyebilir. İhtiyacı olan uykuyu uyumamak onu daha mutsuz yapar, gün içinde uyumsuzdur, gece zor yatar ve iyi uyumaz; yorgun gözükür.

Eğer bebeğiniz ihtiyacı olan uykuyu alamıyor gibi geliyorsa, uyutabilmek için çaba gösterin, dikkatini çekecek bir şey olmayan karanlık bir odada uyutmaya çalışın. Eğer bu fayda etmez ise, arabaya bindirip gezdirin veya pusete yatırıp yürüyüşe çıkın (Birçok şehir bebeği tüm gündüz uykusunu pusette, banliyo çocuğu da arabada uyur). Eğer gerekiyorsa, uyutmadan önce ağlatın. Yirmi dakika ağlama sonrasında genellikle uykuya dalacaktır.

"Her şeyi doğru yaptığımızı düşünüyoruz. Bebeğimiz her zaman kolayca uyurdu. Son zamanlarda bütün gece uyanık kalıp oyun oynamak istiyor."

Bu küçük bir kasabadan, büyük bir şehre taşınmak gibidir. Birkaç ay önce çocuğunuzun gece uyanık olması için bir neden yoktu. Şu anda yapacağı birçok keşif, oynayacağı birçok oyuncak, iletişim kuracağı birçok insan mevcut ve ayrıca yeni yeni öğrendiği fiziksel aktiviteler var (Ayakta durmayı yeni yeni öğrenirken kim yatmak ister?) Çocuğunuz uyku ile zaman harcamak istemiyor.

Bu durumda bebeğiniz kendisi için neyin yararlı olduğunu maalesef bilmiyor. Gün içinde yetersiz uyumanın yanında, gece geç yatmak bebeği aşırı derecede yorar ve böylece iyi bir düzen kurması engellenir. Az uyku uyuyan çocuklar zor uykuya dalarlar ve gece uyanırlar. Gün içinde huysuz olurlar ve kazaya uğrama eğilimleri fazladır.

Eğer bebeğiniz gece uyumuyorsa, emin olun ki gün içinde yeterince uyuyordur (bkz sayfa 197). Ayrıca yatmak için bir zaman belirleyin veya zamanı belirlediğiniz halde istemeyerek uyguluyorsa zorunlu hale getirin. Bazen bebeğinizi bakıcısı veya büyükbaba-büyükanne yatırıyorsa, bu kuralları bildiklerinden emin olun.

Eğer yatma zamanı rutinleri açısından kendinizi yetersiz hissediyorsanız, aşağıdakilerden bazılarını veya hepsini deneyebilirsiniz.

Banyo. Gün boyunca dizleri ile tüm yeri silip, muzlu elleri ile başını kaşıyıp, kum havuzunda yuvarlandıktan sonra bebeğin banyoya ihtiyacı olur. Akşam banyoları bebeği temizlemekten çok sakinleşmesini sağlar. Sıcak suyun uyku getirici bir etkisi vardır. Bu imkânı bebeğe gündüz banyo yaptırarak harcamayın.

Uykuyu getirecek bir atmosfer. Işıkları karartın, televizyonu kapatın, büyük çocukları odadan çıkarın, dikkatini çekecek şeyleri minimuma indirin.

Bir masal, bir şarkı. Bebeğinizin altını temizleyip pijamasını giydirdikten sonra rahat bir koltuk veya kanepeye birlikte oturun veya yatağına yatın. Basit bir öykü okuyun, eğer birinci öykünün sonunda hâlâ uyanıksa canlı değişik ses tonlarıyla değil de, yumuşak monoton bir ses tonuyla anlatın veya eğer istiyorsa resimli kitaplara bakmasına izin verin. Yavaşça şarkı ve ninni söyleyin, neşeli şarkıları başka zamana bırakın. Bebeğin motoru çalıştıktan sonra durdurmak zordur.

Gece lambası. Bazı bebekler karanlıktan korkar. Eğer sizin bebeğiniz de bu gruptansa uyumlu olması için gece lambası kullanın.

İyi geceler. Yatağa en sevdiği oyuncak veya hayvanı koyun. Ona el sallayın, herkese iyi geceler öpücüğü verin, bebeğinizi yatağına yatırıp yanından ayrılın.

Eğer odadan çıktığınızda ağlıyorsa, kısa süre için yanına gidip iyi olduğunu görün, tekrar öpün ve yanından ayrılın. Eğer ağlamaya devam ediyorsa bırakın ağlasın. Denenmiş ve genelde doğru teknik 231. sayfada anlatılmıştır ve sıklıkla faydalı olur, fakat artık daha büyük ve daha akıllı olduğu için bu sizin için zor olabilir. Bu yaşta büyük olasılıkla sizi odasına nasıl getireceğini bilmektedir veya en azından odasına gitmediğinizde suçlu hissetmenize neden olacağının farkındadır tekrar tekrar yatakta durup ağlayabilir, ta ki siz gidip tekrar yatırana kadar;veya anne baba diye seslenerek durumu daha da zor hale getirebilir. Yanına gidip sakinleştirseniz de onun tekrar yalnız bıraktığınızda tekrar ağlayacaktır. Yapacağınız en iyi şey, kendi başına uyumayı öğreninceye kadar onu yalnız bırakın.

"Bebeğimize yatak kurallarını öğretemedik, çünkü her zaman emerken uyuyup kalıyor."

Bebeğiniz her gece meme emerken uyuyorsa emmeye başlamadan önce yatak kurallarını uygulayın – İyi geceler de dahil olmak üzere – veya emerken uyumasını engellemek istiyorsanız, banyo yaptırmadan önce gürültülü, aydınlık, kalabalık bir ortamda emzirin. Eğer tüm çabalarınıza rağmen uyuyorsa, emzirmeden önce yatak kurallarını yerine getirin ve birkaç hafta sonra tekrar deneyin.

"Sanıyorum ki bebeğimin uyku problemi oluyor, çünkü diş çıkarıyor. Yapacağım bir şey olmadığını bildiğim halde geceleri ağlamasına izin verdiğim için kendimi suçlu hissediyorum."

Şu anda kendini suçlu hissetmek, ileride uykusuz kalmaktan iyidir. Tüm ailelerin de çok iyi bildiği gibi diş ağrısı olan bebekleri rahatlatmak için yapabileceğiniz hiçbir şey yok. Gecenin ortasında denemenin bir faydası yoktur. Bu dönemlerde yanında olursanız, diş çıkarmadığı dönemlerde de yanında olacağınıza inanır. Diş ağrısı birkaç gece bebeğinizi sık sık uyandırır; ağladığı zaman anne – babasının yanına gideceğini bilirse bütün gece ağlamayı sürdürebilir. Yanına gitmemekte direnin, bırakın kendisi yatsın. Eğer ikinizi de mutlu ediyorsa bir iki dakikalığına yanına gidin, uyumasını söyleyip yanından ayrılın.

Eğer hâlâ direniyorsa, doktorunuza yatmadan önce bir doz asetaminofen verip veremeyeceğinizi sorun. Fakat, geceleri uyanma nedeninin, bir hastalık –örneğin geceleri ağrısı şiddetlenen kulak iltihabı olmadığından emin olun.

YAVAŞ GELİŞME

"Bebeğimiz yeni yeni desteksiz oturmaya başladığı için korkuyoruz, arkadaşlarımızın bebekleri daha erken oturdu."

Her bebeğin gelişimi esas olarak sinir sistemi gelişimi hızını etkileyen genlerle belli olur. Oturma, ayağa kalkma, yürüme, gülme ve belli yaşta belli kelimeler söyleme önceden programlanmıştır. Bebeklerin çok az bir kısmında bunların tümü olması beklenen zamanda görülür; çoğunda daha hızlı, bir kısmında da daha yavaştır. Örneğin bir bebek çok erken gülüp, konuşabilir (sosyal – dil yetenekler) fakat bir yaş civarına kadar oturmayabilir (kaba motor hareket). Bir başkası 8 aylık yürüyebilir (kaba motor hareket) fakat bir yaşında bile küçük şeyleri tutamayabilir (ince motor hareket). Motor yeteneklerin gelişme hızının zekâ ile ilgisi yoktur.

Birçok şeyi diğer çocuklardan geç yapsa da, gelişim normal sınırlar dahilinde basamak basamak gelişiyorsa genelde önemsenecek bir şey yoktur. Gelişme diğer çocuklara göre oldukça yavaş ise, bir doktorun görmesinde fayda vardır. Çoğu zaman böyle bir görüşme aileyi rahatlatır. Bazı çocuklar yavaş gelişseler de, tamamen normaldir. Bazen gerçekten bir problem olup olmadığını anlamak için incelemeler yapılması gerekebilir.

Nadiren doktor önemsemese bile, her türlü açıklamaya rağmen, ailelerin kafasında şüpheler kalabilir. Rahatlamanın en iyi yolu, gelişim uzmanının bebeği değerlendirmesidir. Bazen bebeğinizin doktoru yetersiz gelişim bulgularını fark etmeyebilir. Bu uzman değerlendirmesinin iki amacı vardır. İlk olarak aileler rahatlatılabilir. İkinci olarak, eğer bir anormallik var ise erken tanı ile çocuğun tam gelişimi sağlanabilir.

ANORMAL DIŞKILAMA

"Bugün bebeğimin bezini değiştirdiğimde kafam gerçekten çok karıştı! Kakasının içinde kum taneleri varmış gibi duruyor. Fakat hiç kum havuzunda oynamadı."

Bez değiştirmekten bıkmaya başladığınız bu dönemde, bu size bir sürpriz olur. Bazen dışkı-

...ki bu değişikliğin nedenini anlamak mümkündür. Korkutucu kırmızı renk? Genellikle böğürtlen suyu. Siyah şeritler? Küçük siyah yabancı nesneler? Böğürtlen. Açık yeşil tanecikler? Bezelye. Sarı tanecikler? Mısır. Çekirdek? Domates, kabak, patlıcan.

Bebekler çok iyi çiğneyemediği için ve sindirim sistemi tamamıyla gelişmediği için, yediği şeylerin çoğu renk ve şekil değiştirmeden çıkar[3]. Sizin bebeğinizde olduğu gibi, kumlu gibi dışkı çok görülür, bunun nedeni kum havuzunda oynaması değil, bazı yiyeceklerdir. Özellikle bazı tahıllar- bazı katkı maddesi içeren yiyecekler, örneğin parlak yeşil (katkılı üzüm suyu), pembe kırmızı (kiraz katkılı tahıl) dışkıyı renklendirir, bu yüzden bebeğinizin bezini gördüğünüzde panik yapmayın ve onun son yediği şeyleri gözden geçirin. Hâlâ içiniz rahat değilse doktorunuzla haberleşin.

BEBEK VE BİSİKLETE BİNME

"Ben ve eşim bisiklete binmeyi çok seviyoruz. Onu da yanımıza rahatça alabilir miyiz?"

Bisiklete binmek, tüm aileyi bir arada tutmak ve egzersiz yapmak için iyi bir yol olabilir. Fakat bebek güvenlik uzmanlarına göre bunun bazı riskleri vardır. Eğer gerçekten güvenli olmak istiyorsanız, tek başına bisiklete binin.

Eğer tüm uyarılara rağmen, bebeğinizle birlikte bisiklete binmek istiyorsanız, aşağıdaki kurallara uyun:

- Çocuğunuz bir yaşına geldikten sonra yanınıza alın. Eğer iyi bir bisikletçi değilseniz ve bisikletiniz bakımlı değilse yanınıza almayın.
- Gerek siz gerekse çocuğunuz gerekli olan kaskları takmadan bisiklete binmeyin.
- Yeterli teçhizatınız yoksa bisiklete binmeyin; çocuğunuzun elleri, ayaklarına bir hasar gelmeyecek şekilde güvenli bir çocuk koltuğu olması gerekir. Bisiklete binmeye başlamadan önce kemerini taktığınızdan emin olun. Veya çocuğunuzu bisikletinizin arkasında taşıyabileceğiz bir taşıyıcıya sahip olun. Dezavantajı, bu taşıyıcı birçok arabanın seviyesinden aşağıdadır ve trafik kazası riski artar. Bu taşıyıcıyı bisiklet yollarında kullanmak en güvenilir yoldur.
- Bisiklet gezilerinizi park, bisiklet yolu, sakin caddeler gibi güvenli yollarda yapın. Karlı, buzlu, ıslak, kalabalık yollardan uzak durun. Bayır aşağıya inerken bisikletten inip yürüyün. Hatta en iyisi bir bakıcı tutun, bisiklete sırayla binin veya bebeğinizin sizinle birlikte bisiklete bineceği zamana kadar bekleyin.

BİLMENİZ GEREKEN ÖNEMLİ ŞEYLER
Bebeklerin Oynayacağı Oyunlar

Bebek bakımı ile ilgili her şey nesilden nesile değişmekte. Artık eğilim anne sütü yönünde. Kirli bezleri yıkayıp tekrar kullanmak yerine, artık atıyoruz. Birçok değişikliğe rağmen, bazı şeyler aynen devam ediyor. Örneğin diş çıkarma döneminde, kaşıyıcı hâlâ kullanılıyor. Elde yapılmış beşikler üç nesildir kullanılmakta ve bebeklerin sevdiği oyunlar da öyle.

Büyükannenizle oynadığımız bazı el oyunları sizin bebeğiniz için de geçerlidir. Bu oyunlar sadece eğlenmek için değildir, çocuğun sosyal gelişimini de etkiler; hareket, sayma, dil yeteneğini geliştirir.

Ce-ee. Yüzünüzü kapatın (ellerinizle, battaniye ile) ve anne nerede diye sorun. Yüzünüzü açıp "cee seni gördüm" deyin. Yorulana kadar tekrar tekrar yapın; birçok bebek bu oyunu çok sever.

El çırpma. Şarkı söylerken ellerinizi çırpın, bebeğinizin elini tutup nasıl yapıldığını gösterin. İlk başta bebeğiniz ellerini geniş açamaz. Zamanla tamamen açmayı öğrenir, bu bir yaşına kadar olmayabilir, zorlamayın. Bebeğiniz kendi kendine ellerini çarpabilir. Sizin ellerinizi tutup birbirine çarpmak hoşuna gidebilir.

Örümcek oyunu. Parmaklarınızı kullanın,

3. Bezelye, mısır gibi taneli yiyecekleri ezerek vermeniz hem bunların sindirimini kolaylaştırır hem de daha güvenlidir.

bir elin baş, diğer elin işaret parmağı. Örümceğin tırmanışını canlandırın ve şarkı söyleyin. Daha sonra yine parmaklarınızı kullanarak, yağan yağmuru canlandırın, şarkıya devam edin, kollarınızı açıp havaya kaldırın.

Buraya bir kuş konmuş. Bebeğin elini avucu yukarı bakacak şekilde bileğinden tutun. İşaret parmağınızı bebeğinizin avucunun ortasına değdirerek "buraya bir kuş konmuş" deyin. Daha sonra başparmağından başlayarak "bu tutmuş", "bu eve götürmüş", "bu pişirmiş", "bu yemiş" diyerek serçe parmağa kadar gelin. Son olarak da serçe parmağı tutarak "bu da okuldan gelmiş, hani bana hani bana" demiş diyerek avucundan başlayarak kolunun iç yüzünü ve isterseniz çocuğunuzun karnını gıdıklayın.

Bu kadar. "Bebekler ne kadar büyük?" (çocuğunuzun veya köpeğinizin ismini de kullanabilirsiniz), kollarını açmasına yardım edin, "Bu kadar" deyin.

Göz-burun-ağız. Bebeğin ellerini tutun. Gözlerinize değin, daha sonra burnunuza, daha sonra ağzınıza, sırayla hepsinin ismini söyleyin.- "Göz, burun, ağız." Organları daha hızlı başka hiçbir şey öğretemez.

Yağ satarım bal satarım ustam ölmüş ben satarım. Bu oyunu bebeğiniz yürümeye başladığında oynayabilirsiniz. Bebeğinizin elinden tutun (hatta bir daire oluşturabilmek için bir arkadaşını veya bir başka büyüğü de davet edin) ve daire şeklinde dönmeye başlayın. Bu arada "yağ satarım, bal satarım, ustam ölmüş ben satarım" şarkısını söyleyin. Daha sonra hep beraber diz çökün ve siz veya gruptaki bir diğer büyük elinde mendille dairenin çevresinde dönmeye devam etsin. Siz bu arada şarkıyı söylemeye devam edin. Şarkının bitiminde dönmekte olan kişi elindeki mendili çocuğun/çocuklardan birinin arkasında yere bıraksın. Hepiniz arkanıza bakın ve mendil kimin arkasındaysa mendili bırakanı kovalamaya başlasın. Kovalanan kişi yakalanmadan kovalayan kişiden boşalan yere çökerse diğeri ebe olur ve dönerek bir başka kişinin arkasına mendili bırakmaya çalışır. Bu arada "yağ satarım şarkısı" söylenir.

-13-

Onuncu Ay

BEBEĞİNİZ NELER YAPIYOR OLABİLİR

Bu ayın sonunda, bebeğiniz (bakınız Not):

• Birisine ya da bir şeye tutunarak ayakta durabilir.

• Oturur durumdayken kalkabilir.

• Bir oyuncağı almaya çalıştığınızda karşı koyar.

• Rastgele "anne" veya "baba" der.

• "Ce" oyunu oynar.

Not: Eğer bebeğiniz, bu mihenk taşlarından bir ya da daha fazlasına ulaşmamış görünüyorsa, doktor ile irtibat kurun. Birçok durumda, bu gecikme zamanla düzelirken, bazen bu olay bir problem göstergesi olabilir. Prematüre bebekler diğer bebeklere göre bu yetenekleri hedeflenen yaştan biraz daha geç elde edebilirler (burada hedef yaş, çocuğun zamanında doğduğu tarihte bu yetenekleri kazanacağı yaştır).

Bebeğiniz şunları da yapabilir:

• Yüz üstü yatarken, oturur duruma geçebilir.

• Oyun için el çırpabilir veya el sallayabilir.

• Küçük objeleri, baş parmak ve diğer parmaklarını kullanarak kaldırabilir.

• Eşyalara tutunarak yürüyebilir.

• "Hayır" kelimesini anlayabilir (fakat buna nadiren uyar).

Bebeğin şunları da yapması olasıdır:

• Bir an için ayakta durabilir.

• Bilinçli olarak, "anne" (11 ay) ya da "baba" (10 ay) diyebilir.

Hatta bebeğiniz şunları da yapabilir:

• İsteklerini ağlamadan belli edebilir.

• Top oynayabilir (topu size geri yuvarlar).

• Bir fincandan kendi başına su içebilir.

• Küçük objeleri baş parmak ve diğer parmaklarının uçlarını kullanarak özenle kaldırabilir.

• Anlaşılamaz garip bir dil kullanabilir (bebek anlaşılamaz kelimeler üretir).

• Ayakta tek başına güzelce durabilir.

• "Baba" ve "anne" dışında bir kelime söyleyebilir.

• İşaretle birlikte, tek basamaktan oluşan emirlere uyabilir (elle göstererek, "onu bana ver!")

• İyi yürüyebilir.

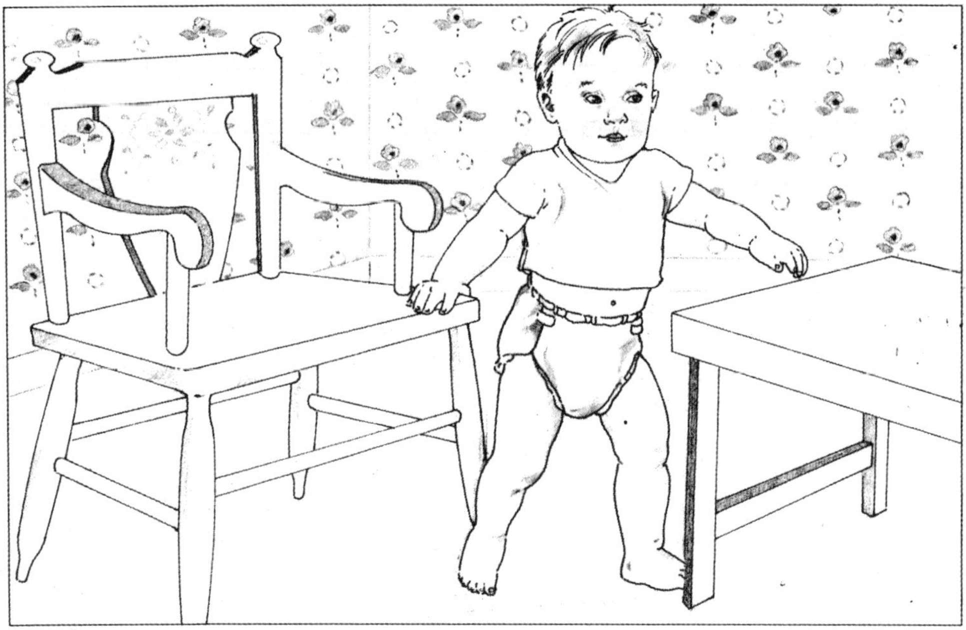

Birçok on aylık bebek, tamamen bağımsız yürümeden önce son adım olarak "eşyalara tutunarak yürüme"yi öğrenir. Bir elleri ile bir yeri tutarken, önce diğer elleri ile öteki eşyaya uzanırlar ve sonrada ayaklarını ilerletirler. Bebeğin bu hareketlerinin güvenli olması için çevrede sabit eşyalar bulunmasını temin ediniz.

BU AYKİ KONTROLDE NELER BEKLEYEBİLİRSİNİZ

Çoğu doktor, sağlam çocuk kontrollerinde bu ayı izleme takvimine dahil etmezler. Eğer bir sonraki kontrole kadar bekleyemeyecek bir durum söz konusu ise, doktorunuzu o zaman arayın.

BEBEĞİNİZİN BU AYKİ BESLENMESİ

Memeden Kesmeyi Düşünmek

Dünyanın birçok yerinde farklı kültürel fak törler -erken ya da geç memeden kesmek- bulunmaktadır. Fakat Amerika'da emzirme yeni yeni moda olduğu için böyle bir kültür bulunmamaktadır. Kimi kadın 6 hafta, kimisi 6 ay, kimisi de 3 sene ya da daha fazla emzirir. Bebeğin doğumundan önce bebeğin ne kadar süreyle emzirileceği planlanabilir, fakat bu süre annenin yeniden işe dönmesiyle ilgilidir. Veya anne ve bebek aniden emzirmeye olan ilgilerini kaybedebilirler.

Ne kadar emzireceğinize karar verirken, birçok kişisel faktörle birlikte bazı bilimsel normları da göz önünde bulundurmak isteyebilirsiniz.

Bilimsel Veriler. Önceden belirttiğimiz gibi, yenidoğanlar birkaç hafta ile sınırlı bile olsa emzirilmekten yararlanırlar. Çünkü bu dönemde, bebekler hastalıklar ile savaşmak için gerekli antikorları kazanmaya başlarlar. İlk 6 hafta bebek emzirilirse, -daha az hastalık ve daha az alerji ile- çok daha iyi gelişir. Bebek 4 aylık iken katı mamaya başlamak mümkündür, ancak sadece meme ile beslenen bebekler 6 ay boyunca ek gıdaya başlamadan yalnız anne sütü almaya devam edebilirler. İlk 6 aydan sonra, bebek için halen ana besin kaynağı olarak anne sütü devam edebilir (anne sütü almayan bebekler için mama), fakat buna destek olarak katı besinlere de başlamak gerekir.

Bilimadamları, ilk yaşın sonuna doğru anne sütünün protein, çinko, bakır, potasyum içeriğinin yeterli olamadığını söylemekteler. Bebek ikinci yıl artık inek sütündeki besin maddelerine ihtiyaç duyar. Halen bebeğinin emziren anneler bundan zevk alabilirler, fakat şu unutulmamalıdır ki artık anne sütü bebek için ana besin kaynağı olmaya yetmemektedir. İlk yaşını geçen bebekler, artık emzirilmeye ihtiyaç duyar gibi görünmezler.

İlk bir seneden sonra, hatta ikinci, üçüncü senelerde emzirmeye devam edilmesinin çocuğun duygusal gelişimine etkisi kesin olarak kanıtlanmamıştır. Fakat şu görülüyor ki uzun süren emzirme veya biberon kullanımı diş çürümelerine sebep olmaktadır. Bunun sebebi emerken veya biberon kullanırken sütün ağız içinde göllenmesidir. Aynı şey, yudum yudum içmeyi sağlayan bardak kullanımında görülmemektedir. İlk yılın sonunda emzirmeye veya biberon kullanımına ağırlıklı olarak devam etmenin bir başka riski daha vardır. Bu da, yatarak emmekten kaynaklanan artmış kulak enfeksiyonu riskidir.

Sizin hisleriniz. Halen çocuğunuzu emzirmekten zevk alıyor musunuz? Ya da günde birkaç defa göğüslerinizi bluzunuzdan çıkarmak, size yorucu gelmeye mi başladı? Emzirirken sahip olamadığınız kimi özgürlükleri mi özlediniz? Büyümüş bir bebeği emzirmek sizi rahatsız mı ediyor? Emzirmeyle ilgili olumlu hisleriniz azalırsa, bebeğiniz bunu hemen anlayacaktır. Bebek bunu emzirmenin değil kendisinin reddedilmesi veya istenmememsi gibi algılayabilir. Dolayısıyla memeden kesme uygun olacaktır.

Bebeğinizin hissettikleri. Bazı bebekler kendiliklerinden emmeyi bırakırlar. Emzirme sırasında huzursuz hareketleri ile bunu gösterirler. Artık gıda almanın farklı yollarına hazır olduklarını gösterirler. Dikkatli olmalısınız, zira bebeğin bu tip işaretlerini yanlış yorumlayabilirsiniz. Emzirmede ilgisizlik; 5 aylıkken sadece artan çevre ilgisine işaret ederken; 7 aylıkken hareket etme arzusunun yemek arzusundan ağır bastığını gösterir; 9 aylık veya sonrasında; artan bağımsızlık arzusu ve olgunluğun işaretidir. Her yaşta, emzirmede ilgisizlik bir hastalığa ya da diş çıkarmaya işaret edebilir. Hiçbir yaşta bu sizin reddedilmeniz olarak yorumlanmamalıdır, sadece verdiğiniz süt reddedilmektedir.

Çoğunlukla bebekler 9 ila 12'inci aylar arasında memeyi kendiliklerinden bırakırlar. Eğer bebeğiniz 18'inci ayda halen bırakmak için işaretler göstermiyorsa (bu pek nadir görülen bir şey değildir), muhtemelen memeyi kendiliğinden bırakmayacaktır.

Sizin durumunuz. Anneler ilk seferinde bebeklerini başarıyla emzirseler de zamanla emzirmeyi zor ve zahmetli bulabilirler. Bunun sebebi zamanla emzirmenin spor, sosyal faaliyetler, iş ve aşk ile çatışmaya başlamasıdır. Bu olduğu zaman ortaya çıkan negatif hisler hemen bebeğe de geçer ve emzirme işlemi hem anne hem bebek için zevk vermesi gerekirken, bir problem halini alır. Bu durumlarda memeden kesmek uygun bir harekettir, fakat bununla beraber hayatınızda diğer önemli değişiklikleri yaparken dikkatli olun. Bebeğinize ve kendinize bu yeni adım için biraz alışma süresi verin. Bazen, hastalık ya da seyahat durumlarında memeden kesmek çok ani olabilir.

Bebeğinizin durumu. Bebeğinizi memeden kesmek için en uygun zaman evde her şeyin yolunda olduğu zamandır. Seyahat, hastalık, diş çıkarma, bakıcı değişimi, taşınma veya sizin işe başlamanız gibi bebek için ek stres faktörleri varlığında, memeden kesmemelisiniz. Bu işi biraz ertelemelisiniz.

Sizin sağlığınız. Eğer kendinizi sürekli bitkin hissediyorsanız ve bunu emzirmenin fiziksel-duygusal gereksinimlerinden başka bir şey açıklayamıyorsa, doktorunuza başvurup memeden kesmeyi danışmalısınız. Doktorunuzun tavsiyeleri doğrultusunda gücünüzü yeniden kazanabilirsiniz. Bunu yapmadan önce emin olun ki bu problem, yeterince istirahat edememek ya da yeterli beslenememek kadar kolay çözülebilir bir sorun değildir.

Bebeğinizin sağlığı. Bazen bebeğiniz büyüdükçe, sütünüz ona az gelmeye başlayabilir. Eğer bebeğiniz yeterince kilo alamıyorsa, huzursuz ve rahatsız görünüyorsa ya da büyüme eksikliğine dair göstergeleri veriyorsa (bakınız sayfa 94), sütünüz onun tüm besin ihtiyacını karşılayamıyor olabilir. Destek olarak katı gıda ya da mama düşünebilirsiniz veya emzirmeyi tamamen kesebilirsiniz. Çoğunlukla memeden kesilen çocuk, emzirilirken hiç ilgi göstermediği gıdalara karşı ani bir ilgi duyar ve yeniden gelişmeye başlar.

Bebeğinizin diğer besin kaynakları. Eğer çocuğunuz evvelden beri şişeden içebiliyorsa, memeden biberona direkt geçiş nispeten kolay olur. Veya bebeğiniz bardaktan içebiliyorsa (çok iyi içebilmesi gerekmez), memeden bardağa geçiş de mümkündür (bu 9 ila 10'uncu aya kadar pek mümkün değildir). Diğer taraftan bebeğiniz meme dışında hiçbir yerden gıda almak istemiyorsa, biberon ya da bardak kullanabilecek duruma gelinceye kadar memeden kesmeyi ertelemelisiniz.

Bebeğinizin yaşı. Kendileri istemeseler bile, çoğu bebek 9 ila 12'inci aylarda memeden kesilebilir. Çünkü bu aylarda emme ihtiyacında azalma, beslenirken kucaklanmaya karşı koyma ve bağımsızlık duygusu hâkimdir. Bu yaşta bebek daha sonrasına oranla memeye daha az bağlıdır ve yürümeye başlayan bir bebeğe göre memeden daha kolay kesilebilir.

Bebeği memeden kesmeye karar vermek uzun bir çalışmanın (bebeği memeden diğer gıda kaynaklarına yönlendirmek) ilk adımıdır. Bu çalışma, biberondan alınan ilk yudum veya kaşıkla verilen ilk katı gıda ile başlar. Kimi kadın için karar vermek memeden kesmekten çok daha kolayken, kimisi için asıl sorun karar vermektir. Nasıl olursa olsun, memeden kesmek her kadın için çok karışık duygulara sebep olur. Bu duygular bebeklerinin tamamen ihtiyaçlarının karşılandığı, onların büyüme yolunda yeni bir adım atmalarına kadar hafiflemez. Aynı zamanda anneler, bebeklerine artık eskisi kadar yakın olamayacaklarını ve bebeklerinin artık kendilerine eskisi kadar bağımlı olmayacaklarını düşünüp üzülürler.

Erken ya da geç memeden kesme, bir çocuğun büyümesinde kaçınılmaz bir adımdır. Anne ne kadar şevkle emzirse de, çoğu bebek belli bir zaman sonra emmeyi bırakır. Anneler, uzun yıllar sonra bile başka emziren anneleri izlerken üzülürler.

MERAK ETTİKLERİNİZ

KÖTÜ YEME ALIŞKANLIKLARI

"Çocuğum hiçbir şeyi elinde sıkıp, sıvıştırıp, saçına başına sürmeden yemiyor. Ona bazı sofra kurallarını öğretmeye çalışmalı mıyız?"

10 aylık bir bebekle birlikte yemek yemek, hemen hemen herkesin iştahını kaçırabilecek bir olaydır. Bu yaşta yemek yemek kadar oyun oynamak da vardır. Dolayısıyla bebeğin midesine giden yemekten fazlası üstünde, başında kalır.

Bu nedenledir ki yemek saatleri artık sadece besin almak için değil aynı zamanda bebeğiniz için keşfetmek ve yeni şeyleri bulmak için zaman demektir. Banyo ve kum havuzunda olduğu gibi bebeğin dokunma hissi, sıcaklık hissi, sebep sonuç ilişkisini geliştirmesini sağlar. Patatesleri masada ezmek, yoğurdu avuçlamak, muzu üzerine sürmek, krakerleri elinde sıkarak kırmak, sizin için ne kadar iğrenç olursa olsun bebek için yeni deneyimler demektir.

Bebeğiniz yemeklerin cazip fiziksel özelliklerini tamamen öğrenene kadar kâğıt havlu kullanmaya hazırlıklı olun. Ancak o zaman yeni bir adım atmaya hazır olacaktır. Fakat bu sadece durup güleceğiniz ve evinizi,sinirlerinizi korumak için, onu ilerki söz dinleyeceği günlere hazırlamak için hiçbir şey yapmayacağınız anlamına gelmez. İleride uyabileceği sofra kurallarına onu hazırlayabilirsiniz:

Örtü kullanmak. Biraz korunma, kâğıt havlu masrafını azaltacaktır. Mümkün olan tüm korunma yöntemlerini kullanın. Örneğin yemek yenen yerin altına gazete serin, sonra atarsınız. Bebeğinize önlük giydirin, yalnız bununla kendini rahat hissetmeli. Kollarını dirseklerine kadar sıyırın, böylece buradan yukarısı nispeten temiz ve kuru kalır (eğer odanın ısısı yeterli ise bebeğinizi üstü çıplakken de besleyebilirsiniz).

İstenmeyen hareketlere engel olmak. Bebeğinizin kendince yaptığı denemelere engel olmak istemezsiniz, ama onun etrafı pisletmesini çok da kolaylaştırmayı tercih etmezsiniz. Mesela ona yemeğini, kolayca dökülebilecek düz tabaklardan ziyade kâse ile verin. Ya da yemeğini direkt olarak mama sandalyesinin tepsisine koyun, ama tepsinin iyice temizlenmiş olduğundan emin olun. Vantuzlu kâse kullanmak iyi bir yöntem olabilir, ancak sadece düzgün yüzeylerde işe yarar. Dökülmeleri en aza indirmek için, meyve sularını kapağında küçük ağızlığı olan kupalarla verebilirsiniz, tabii eğer bebeğiniz böyle bir ağızlıktan içebiliyorsa. Eğer böyle içemiyorsa normal bir fincana bir miktar sıvı koyun ve bebeğinizin içmediği zamanlarda bardağı ondan uzakta tutun. Bir defada birden fazla kâse ve bir kâsede 2-3'ten fazla yemek vermeyin. Çünkü bebekler çok fazla seçenekten bunalabilir ve yemek yemek yerine oyun oynayarak reaksiyon gösterirler. Güvenlik ve ekonomik sebeplerden ötürü bütün yemek malzemelerini kırılmaz materyallerden seçin.

Sakin davranın. Çoktan öğrendiğiniz gibi bebekler doğuştan oyuncudurlar .Eğer masada yaptıklarına gülerseniz, onu aynısından daha fazla yapmaya cesaretlendirirsiniz. Aynı zamanda eleştiriyi de pek sevmezler."Çabuk dur, yapma" gibi sözler onların hareketlerini kontrol etmeye yaramaz, hatta artırmalarına sebep olur. En iyi politika bu gibi basit durumlarda yorum yapmamaktır. Tabii eğer bebeğiniz kaşık ya da eliyle birkaç düzgün lokma alırsa, onu cesaretlendirin. Böyle düzgün hareketlerin işe yaradığını bilmesini sağlayın.

Kaşığa alıştırmak. Havada sallamaktan başka bir şey yapmasa da, yemek yemek için diğer elini kullansa da, sürekli olarak kaşığı eline verin. Böylece bir süre sonra yemeği kaşıkla yeme düşüncesini kazanacaktır.

Sakın düşmanca bir tavır almayın. Umutsuz anneler bazı umutsuz davranışlara başvururlar. Yemek yeme ve oyun oynama yetkisini tamamen bebeklerinin elinden alırlar. Bu hareket daha temiz yemekleri sağlar. Fakat aynı zamanda bebeğinizin kendini beslemesini öğrenmesini ve sofra kurallarını öğrenmesini geciktirir.

İyi bir örnek olun. Bebeğinize doğru hareketleri öğreten ne dersler ne de uyarılardır, bunun en iyi yolu sizleri izlemesidir. Eğer siz masada elinizle yer, ağzınız doluyken konuşur, sormadan yemeklere atlar, ağzınız açık olarak çiğnerseniz, bebeğiniz sizin umduğunuzdan çok daha farklı alışkanlıklar kazanır, yani düzgün sofra kurallarına pek uyamaz.

Ne zaman ateşkes ilan edeceğinizi bilmelisiniz. Bebeğin, yemekle oynamaya harcadığı vakit açıkça yemek yemek için harcadığı vakti geçiyorsa, yemeği bitirmenin vakti gelmiştir. Masayı temizleyin ve bebeği mama iskemlesinden kaldırın. Bebeğin bunu protesto etmesi beklenmez (zaten yemekten sıkıldığı için böyle davranmaktadır), ancak protesto ederse bir oyuncak veya oyunla dikkatini dağıtın.

BAŞINI VURMAK, SALLANMAK VE YUVARLANMAK

"Çocuğum başını duvara ya da karyolasının kenarına vuruyor. Onu seyretmek bana acı

veriyor, fakat kendisi hiç acı hissediyor gibi görünmüyor, hatta bu işten mutlu oluyor."

Bu bebeğinizin ritim duygusunu kazandığının işaretidir ve siz ona bir davul alana kadar bunu bu şekilde belli etmeye devam edecektir. Baş sallamak (sallanmak, yuvarlanmak) ritmik hareketlerdir, bu yaşta çocukların kendi ritim duygularını gösterir ve onlara büyük zevk verir. Çoğu yenidoğan müzik duyduğunda başını sallarken, buna sebep olan başka şeyler de vardır. Bazı çocuklar anne ya da baba tarafından sallanmanın verdiği hissi almaya çalışırlar. Diş çıkaran çocuklar ağrı ile mücadele etmek için sallanırlar ve diş çıkarmanın sonuna kadar sallanmaya devam ederler. Tabi bu arada sallanmak alışkanlık haline gelebilir. Uyku zamanı ya da gece yarısı uyanınca sallanmak uykuya yardımcı bir hareket olabilir. Belki de sallanmak bütün gün oluşan gerginlikten kurtulmanın bir yoludur. Bu davranışlar kimi stres verici olaylar ile tetiklenebilir veya artabilir (mesela memeden kesmek, yürümeye başlamak, yeni bebek bakıcısı vb.).Sallanmak ve yuvarlanmak erkek ve kızlarda eşit görülürken başını vurmak erkek çocuklarda daha sıktır.

Sallanmak sıklıkla 6 ay civarında başlar, başını vurmak çoğunlukla 9 aya kadar başlamaz. Bu alışkanlıklar haftalar, aylar ya da yıllar sürebilir. Aile müdahale etmediği takdirde bu alışkanlıklar çocuk tarafından 3 yaş civarında terk edilir. Kızmak, tedirgin etmek ya da bu harekete ilgi göstermek bunun düzelmesini sağlamaktan ziyade, problemin daha kötüye gitmesine sebep olabilir.

İnanması zor da olsa başını vurmak, sallanmak ya da yuvarlanmak bebeğinizin sağlığı için risk faktörü oluşturmaz. Eğer bebeğiniz başka türlü de mutlu görünüyorsa, kendisine düzenli olarak zarar vermiyorsa (anlık oluşan bir çürük önemli değildir), endişelenecek bir şey yoktur. Fakat eğer bebeğiniz bütün vaktini bu hareketlere ayırıyorsa, başka garip hareketler sergiliyorsa, yavaş gelişiyorsa ve çoğunlukla mutsuz görünüyorsa, doktorunuz ile bağlantı kurup problemi anlatın.

Bebeğinizi bu hareketlerden birisini bırakmaya zorlayamazsınız. Aşağıdaki ipuçları onun bu alışkanlıklardan kurtulmasına yardımcı olabilir:

- Bebeğinize daha çok sevgi verin, onu kucaklayın, sallayın (gün içinde de, yatakta da).
- Daha kabul edilebilir ritmik aktiviteler bulun. Mesela ona sallanan sandalyede sallanmayı öğretin. Ya da ona birbirine vurup ses çıkartabileceği oyuncak veya kaşıklar verin. Onu salıncakta sallayın. Birlikte müzikle el çırpmaca ya da başka el oyunları oynayın.
- Gün içinde bebeğinize hareketli oyunlar oynaması için bol zaman verin ve yatmadan önce yavaşlaması için şans tanıyın.
- Uykudan önce kucaklama, sessiz oyun ve kucakta sallamadan (uyuyana kadar değil) oluşan düzenli bir sistem oluşturun.
- Eğer çocuğunuz başını çoğunlukla karyolasında vuruyorsa, o zaman uykusu gelene dek onu karyolasına koymayın.
- Eğer çocuğunuz çoğunlukla karyolasında sallanıyor ya da başını vuruyorsa duvar ya da eşyalardan kaynaklanabilecek tehlikeyi en aza indirmelisiniz. Karyolanın altına kalın bir halı serin, tekerleklerini çıkartın böylece ortalıkta gezinmesin, karyolayı mümkün olduğunca eşyalardan ve duvarlardan uzaklaştırın. Veya karyolanın çevresini yumuşak bir malzeme ile kaplayın.
- Başını vurduğu yerlere (mesela karyolasına) yastık yerleştirebilirsiniz. Ya da yere bir döşek serebilirsiniz, fakat buralarda tatmin olamazsa sert yerler arayacaktır.

GÖZ KIRPMAK

"Son birkaç haftadır kızım gözlerini çok kırpıyor. Rahatsız ya da görmesi ile ilgili bir problemi varmış gibi görünmüyor. Fakat yine de gözleri ile ilgili bir problemi olduğunu düşünmeden edemiyorum."

Büyük ihtimalle işin asıl sebebi, çocuğun merakıdır. Gözleri açıkken dünyanın neye benzediğini bilir, peki ya yarım kapattığında ya da hızla açıp kapattığında? Bu denemelerinin sonuçları öyle cezbedici olur ki büyü kaybolana dek göz kırpma alışkanlığını sürdürür. (Daha büyüdüğünde, örneğin 2 yaş civarında aynı şeyi kulakları ile yapmaya başlar, elleri ya da parmakları ile kulaklarını sürekli kapatıp, açar. Böylece seslere ne olduğunu anlamaya çalışır.)

Tabii eğer çocuğunuz insanları fark etmekte zorlanıyor, bakışlarını bir cisme odaklayamıyorsa doktor ile bağlantı kurun. Eğer olaylar yukarıda anlatıldığı gibi normal gelişmiyorsa kontrol sırasında bunu doktorunuza anlatın. Şaşı bakmak da benzer bir problemdir ve geçicidir. Eğer başka belirtiler varsa ya da düzelmiyorsa, o takdirde doktora haber verin.

SAÇLARINI KARIŞTIRMAK VE ÇEKMEK

"Kızım uykulu ya da huzursuz olduğu zamanlarda kendi saçlarını çekiyor."

Bu hareket de çocuğunuzun stresini yenmek için yaptığı bir harekettir. Ya da bebekken meme emdiği sırada sizin saçlarınıza tutunduğu anları kendince yeniden yaratmaya çalışıyordur. Bu hareketleri özellikle stresli olduğu zamanlarda, örneğin yorgunken ya da uykuluyken yapıyorsa anlayış gösterebilirsiniz.

Saç çekme, saçla oynama, parmak emme gibi huylar sıklıkla hiçbir hastalık etkisi olmaksızın çocukluk çağına kadar devam edebilir. Tabii sürekli ve de şiddetle saç çekmek, saç koparmak durdurulmalıdır. Aşağıdaki ipuçları durdurmanıza yardımcı olabilir:

- Özellikle stresli olduğu zamanlarda, ona daha çok ilgi ve sevgi gösterin.
- Saçlarını daha kısa kesin ki çok rahat oynayamasın.
- Ona çekip koparması için tüylü bir oyuncak alın.
- Ellerini meşgul edecek oyunlara yönlendirin.

Eğer tüm bunlar işe yaramazsa doktorunuza danışın.

DİŞ GICIRDATMA

"Oğlum şekerleme yaparken bir yandan sürekli dişlerini gıcırdatıyor. Bunun bir zararı var mı?"

Baş sallama, saç çekme, parmak emme gibi, diş gıcırdatma da stresten uzaklaşmanın bir yoludur. Bunu azaltmak için onun hayatındaki stresli anları azaltmaya çalışın. Bu zamanlarda, vurmalı oyuncak veya fiziksel aktiviteler yaratmaya çalışın. Uyku öncesi biraz daha fazla ilgi ve sevgi de, onun diş gıcırdatmaya olan ihtiyacını azaltabilir. Bu hareket dişlerine zarar vermeden, zamanla kaybolur.

Stres bu işin tek sebebi değildir. Bebek diş gıcırdatırken aldığı his ya da duyduğu sesten hoşlanıyor olabilir. Fakat çok uzun sürmeden bu olaya olan ilgisini kaybedecektir.

Eğer çocuğunuzun diş gıcırdatması giderek artıyorsa, dişlerine zarar geleceğini düşünüyorsanız doktorunuzu arayın.

KATILMA

"Son zamanlarda, bebeğim ağlarken katılmaya başladı. Bugün o kadar uzun süre nefesini tuttu ki neredeyse kendinden geçecekti. Bu tehlikeli olabilir mi?"

Değişmez bir şey varsa o da, bebek nefesini tuttuğunda asıl acıyı ebeveynler çeker. Bebek katılıp morardıktan sonra, otomatik solunum merkezinin devreye girmesi ile saniyeler içinde normale döner. Ama bunu gören ebeveynler saatler boyunca düzelemez.

Nefes tutmak, sinir, hayal kırıklığı veya ağrı gibi hisler ile tetiklenir. Bu durumlarda ağlamanın şiddeti giderek artar, zamanla histerik bir hal alır, bebek hiperventilasyon(derin ve sık solunum) yapmaya başlar ve sonunda nefes almayı keser. Hafif durumlarda sadece dudaklar mavileşir. Bazen ağır durumlarda tüm vücut mavi olur, hatta bebek kendinden geçer. Kendinden geçtiği sırada vücudu kaskatı kesilebilir. Bu olay genellikle bir dakikadan kısa sürede düzelir, yani hiçbir beyin hasarı oluşmaz.

Her beş bebekten bir tanesi herhangi bir zamanda katılabilir. Bazen bu olay arada sırada olurken, bazen günde bir iki defa tekrarlar. Katılma daha çok aile ortamında olur ve 6 ay ile 4 yaş arasında sıktır. Fakat daha erken de başlayabilir ya da daha uzun sürebilir. Epilepsi nöbetinden ayrılabilir (zaten bir ilgisi yoktur).Katılmada ağlama tetikleyici bir faktördür ve bebek kendini kaybetmeden önce mavileşir. Epilepsinin ağlama ile bir ilgisi yoktur, çocuk nöbet öncesi mavileşmez.

Katıldığı için kendinden geçen çocuklar için hiçbir tedavi gerekmez. Zaten bu alışkanlığın geçmesinin tek çaresi zamandır. Tabii ağlamayla sonuçlanacak olayları azaltmada kimi taktikler işe yarayabilir:

- Bebeğinizin yeterince dinlendiğinden emin olun. Yorgun çocuklar bu işlere çok daha yatkındır.
- Her sorunu savaş haline getirmeyin. Sizin otoriteniz tartışılamaz ama bunu sürekli ispat etmeniz gerekmez.
- Katılma krizi başlamadan önce müzik,oyuncak veya başka bir gereç yardımıyla bebeğinizi sakinleştirmeye çalışın (fakat yiyecek vermeyin -bu alışkanlık yaratır).
- Mümkünse tüm ailedeki stresi en aza indirmeye çalışın
- Katıldığında soğukkanlı davranmaya çalışın. Çünkü sinirlenirseniz, durum daha kötüleşebilir.
- Katılma krizinin ardından beyaz bayrak sallamayın. Çünkü bebeğiniz isteklerinin bu yolla karşılanacağını anlarsa, bu hareketi daha sık yapmaya başlar.

Eğer bu katılma nöbetleri bir dakikadan uzun sürüyorsa, ağlamak ile ilişkisi yoksa, başka şeylerden şüphe ediyorsanız doktorunuzu arayın.

TUVALET EĞİTİMİ

"Benim annem, kız kardeşimi ve beni 10 aylıkken tuvalet konusunda eğitmeye başlamış. Çevreme baktığımda 3 yaşında olup halen bebek bezi kullanan çocukları görüyorum. Çocuğumu tuvalet için eğitmeye ne zaman başlamalıyım."

Birçok hikâye dinleriz annelerimizden, bunlara göre bundan 30 sene önce her çocuk ilk doğum gününe gelmeden ya da biraz sonra tamamen tuvalet alışkanlığını kazanmıştır. Fakat eğitilen bebekler değil anneleridir. Büyük tuvaletin kontrolünü sağlamak kolaydır. Özellikle her sabah kahvaltı ertesi tuvaletini yapan düzenli bebeklerde veya büyük tuvalet öncesi belirgin işaretler (mesela çömelmek) veren bebeklerde bu eğitim daha kolaydır. Asıl zor olan idrar kontrolüdür. Tabii bazı çocuklar bezlerini ıslatmadan önce ağlarlar, bu anı yakalayabilmek küçük bir zaferdir. Çünkü işbirliği sağlamak zordur ve çocuk ne yaptığının farkında değildir. Olaylar refleks olarak gelişmektedir. Bu denemeler çoğunlukla başarısızlıkla sonuçlanır. Kontrol kazandığını sandığınız bebek aniden altına kaçırır.

Aşağıdaki işaretleri bebeğinizde izlediğinizde, tuvalet eğitimi çok daha kolay, başarılı, kısa süreli olur: Bebeğiniz büyük tuvaletinin bilincine varmalı (bağırsak hareketlerinin, tuvalet yaptığının), 2-3 saat altını ıslatmadan durmalı, tuvalet için kendi başına giyinip soyunmalı, kuralları anlayabilmeli ve onlara uyabilmelidir.

Tabii lazımlık için hazır olmaması, onunla tanışamayacağı anlamına gelmez:

Ne yaptığını bilmesini sağlayın. Çoğunlukla bebeğin bağırsak hareketlerinin başladığı çok kolay anlaşılır. Çömelir, kendini sıkar, oynamayı bırakır, kızarır. Bebeği bu durumda yakaladığınızda ona ne yaptığını anlatmaya çalışın. Fakat bunu tarif etmek için her defasında aynı kelimeyi kullanın. Sonra onu temizlerken, kirli bezi ona da gösterin.

Görsel olarak çocuğun idrar yapacağını anlamak imkânsızdır. Banyoda, çıplakken, altını değiştirirken idrar yaparsa, ne yaptığına dikkat çekin. Yine her defasında aynı kelimeyi kullanın. Islak bezini değiştirirken, bezin neden ıslak olduğunu ona anlatın.

Sizin ne yaptığınızı görmesini sağlayın. Çocuklar mükemmel taklitçilerdir. Bu durumda siz tuvaletteyken onu dışarı atmak yerine, içeri davet edin. Bir yandan da yaptıklarınızı ona canlı olarak anlatın. Eğer daha büyük bir çocuğunuz varsa ve seyirciden sıkılmıyorsa, onu da bu işe dahil edebilirsiniz. Bebeğinize, anne, baba, ağabey, ablaların lazımlığa gittiklerini, onun da büyüyünce gideceğini söyleyin. Eğer sesten korkmuyorsa, sifonu ona çektirin ve her şeyin suyla gidişini birlikte izleyin. Eğer kendi başına tuvalete oturmaya hevesli görünüyorsa, ona bir lazımlık alın ve denemesini sağlayın. Fakat onu yalnız bırakmayın, sıkılınca da kaldırın. Böylece kendi isteği ile lazımlıkla tanışmış olacak ve korkmayacaktır.

Bebeğinizin çıkardıkları ile ilgili kendini iyi hissetmesini sağlayın. Her türlü eğitimde, pozitif kişisel-imaj başarı için çok önemlidir. Dolayısıyla çocuğunuz tuvaletini yaptığında, ondan nefret etmesini sağlayacak hareketler yapmayın (örneğin, "ay ne pis, öf!").Bezlerini temizlerken memnuniyetsiz yüz ifadelerinden kaçınmaya çalışın.

İlk yaşın sonunda, çocuğunuz meraklıyken onu lazımlıkla daha yakın hale getirin. Hiçbir zaman onu lazımlığa yapmaya zorlamayın. Sadece onu cesaretlendirin, tamamen hazır olana dek bekleyin. Muhtemelen ikinci ya da üçüncü doğum gününe doğru ciddi eğitim için hazır olacaktır.[1]

ANAOKULLARI

"Bebekler için birçok anaokulu ilanı görüyorum. Eğer sonunda bir tanesine göndermezsem, kızımı bir şeylerden yoksun bırakıyormuşum gibi hissedeceğim."

Siz büyük ihtimalle ilkokula başlamadan önce anaokuluna gitmişsinizdir. Ancak bebekken, anaokuluna katılmamışsınızdır. Muhtemelen daha yürüyüp-konuşamadan, sanat, müzik ya da yüzme dersleri almamışsınızdır. Ya da bunları almadığınız için kendinizi bir şeylerden yoksun kalmış saymıyorsunuzdur. Bugünün annelerinin bebeklerini bir aktiviteye sokmak heveslerini bir kenara bırakırsak, bebeğiniz bir sınıfa yazdırılmadığı için kendisini yoksun hissetmeyecektir.

Bu tip sınıflar yenidoğanlar için sadece gereksiz değil bazen zararlı da olabilir. Bebeklerin gelişmek için tek ihtiyacı çevresini incelemek için zaman, kendi evi hakkında bilgi almak ve tüm bunlar için büyüklerinden biraz yardım almaktır. Çocuğun bu ihtiyaçlarını önceden karar verilmiş bir yer ile sınırlamak, örneğin sınıfla, onun doğal öğrenme ve keşfetme hevesini azaltıp, kendine saygısını zedeleyebilir. Bu bebeğinizin tüm sosyal aktivitelerini keseceğiniz anlamına gelmez. Çocuğunuzun başka çocukların yanında oyun oynaması onun için faydalıdır-onlarla oynamayı becerecek yaşta olmasa bile-.Ya da diğer büyüklerin yanında oyun oynamalıdır. Diğer anneler ile konuşup, farklı fikirleri paylaşmak sizin açınızdan da faydalı olacaktır.

Erkenden anaokuluna göndermeden, bebeğinize bazı grup alışkanlıklarını kazandırabilirsiniz:

- Onu oyun parklarına götürün. Yürüyemese bile salıncak, küçük kaydırak ve kum havuzlarından zevk alır. Özellikle de diğer çocukları izlemekten hoşlanabilir.
- Bir oyun grubuna katılın. Başka anneleri tanımıyorsanız, o zaman pediatri ofislerine başvurun. Bu tip oyun grupları belirli aralıklarla bir araya gelirler ve grup aktivitelerine giriş için iyi bir yol teşkil ederler.
- Onu gayri resmi bebek egzersiz sınıfına yazdırın, sayfa 184'deki rehber noktaları inceleyin.

YÜRÜYÜŞ AYAKKABILARI

"Kızımız ilk adımlarını attı. Ne tip ayakkabılar seçmeliyiz?"

Yeni yürüyen bebek için en iyisi hiç ayakkabı giymemektir. Doktorlar eller gibi, ayakların da en iyi gelişiminin çıplakken olduğunu söylerler. Çıplak ayakla yürümek ayağın şeklinin ve kuvvetli eklemlerin oluşumunu kolaylaştırmaktadır. Hava sıcak olduğunda ev içinde ona ayakkabı giydirmeyin. Hatta yerler güvenli ise bahçede de. Özellikle kumda çıplak ayak yürümesi, onun için güzel bir egzersizdir.

Ancak güvenlik ve sağlık açısından (bebeğinizin cama veya köpek pisliğine basmasını istemezsiniz) ve elbette ki görünüşü için de bebe-

---

1.Yeni neslin tuvalet eğitimi konusunda tembel olmasının sebeplerinden biri de hazır bez kullanımıdır. Bu mucizevi bezler o kadar emici olabilirler ki bebeklerin cildi kuru kaldığı için bezi ıslattıklarını hissetmezler. Bu nedenle de daha önceki nesillerin çocuklarında görülen ıslak bezden kurtulma çabasının aksine bezden kurtulmak konusunda hiçbir aceleleri yoktur.

ğinizin çoğu zaman bir çift ayakkabıya ihtiyacı olacaktır. Bebeğinizin sanki ayağında ayakkabı yokmuşçasına rahat olabilmesi için ayakkabı seçerken şunlara dikkat edin:

Esnek tabanlar. Kolay esnemeyen ayakkabılar, ayağın doğal hareketleri ile çelişecektir. Birçok doktor ilk adımlarda lastik ayakkabı önerirken, bazıları da klasik ilk adım ayakkabılarını öneriyorlar. Ayakkabı seçerken doktorunuza danışın ve almadan önce test edin.

Düşük bileklik. Yüksek bileklikli ayakkabılar almayın, muhtemelen anneniz size bu tip ayakkabılar almıştır (siz yeni yürürken).Bu tip ayakkabılar daha stabil olmalarına karşın, birçok doktor bunların eklem hareketleri ile çeliştiğini savunmaktadır. Henüz yürüyemeyen bir bebeğe, destek olsun diye kesinlikle yüksek bileklikli ayakkabı alınmamalıdır.

Delikli ve esnek üstü olan ayakkabılar. Sağlıklı olmak için, ayakların egzersiz ve hava almaya ihtiyacı vardır. En iyi egzersiz ve havalanmayı deri, bez ve kanvas ayakkabılar sağlar. Plastik ayakkabılar havalanmayı azaltır ve çok terlemeye sebep olur. Üzerinde geniş bantları olan koşu ayakkabılarından da kaçının çünkü bunlar da fazla terlemeye sebep olurlar. Eğer yağmurlu havalar için lastik bot almak zorunda kalıyorsanız bunları sadece kötü havalarda kullanın ve evde çıkartın.

Düz tabanlı, topuksuz ayakkabılar. Yeni yürüyen bebekler zaten denge sağlamakta zorlanırlar. Lastik ya da benzer tabanlar kaymayı engellerler. Ya da kösele tabanın düz değil de girintili çıkıntılı olması da kaymayı azaltır. Eğer uygun ayakkabıların tabanı çok kaygan ise tabanını zımparalayın veya birkaç yapışkan bant kullanın.

Bükülmez arkalık. Ayakkabının arkası bükülmez olmalıdır (topuğun arkası). Daha iyisi kenarları yumuşak bir materyal ile desteklenmeli ve düzgün bir yüzeye sahip olmalıdır. Böylece çocuğun topuğunun arkası zedelenmemelidir.

Rahat olmalı. Ayakkabının büyük gelmesi, küçük gelmesinden çok daha iyidir. Fakat en iyisi tam olmasıdır. Zaten ayakkabılar, çıplak ayak kadar özgürlük vermez, bir de ayakkabı darsa daha da sıkıntı verir. Eğer ayakkabı kalın çorapla giyilmeyi gerektiriyorsa, öyle yapın. Alışveriş yapmadan önce ayağı iyice ölçün ve test etmeden almayın. Bu işi bebek ayaktayken yapmaya özen gösterin. Ayakta dururken ayakkabının üstü açılmamalı (yürürken açılabilir), her adımda topuğu ayakkabıdan çıkmamalıdır. Parmağınızla ayakkabının önüne basıp büyüklüğü kontrol edin. Hafif bir mesafe varsa iyidir, mesafe fazlaysa ayakkabı büyük, mesafe yoksa küçüktür. Ayrıca ayakkabının arkasında da küçük parmağınızın sığabileceği yer olmalıdır. Ayakkabı aldıktan sonra birkaç haftada bir kontrole devam etmelisiniz, zira bebek çok hızlı büyür. Ayakkabının önündeki ve arkasındaki mesafeler azaldığında yeni bir ayakkabı almayı düşünmeye başlayın. Bebeğinizin ayaklarında kızarıklıklara rastlamanız da, ayakkabının artık küçük gelmeye başladığını işaret eder.

Standart şekiller. Sıra dışı şekiller, mesela kovboy botları, büyüyen ayağın şeklini etkileyebilir. Düzgün şekilli ayakkabılar seçmeye özen gösterin.

Bebek ayakkabıları için dayanıklılık çok önemli bir ihtiyaç değildir, çünkü bebekler çok hızlı büyürler. Tabii çocuk ayakkabıları çok pahalı olduğu için, çocuktan çocuğa bunları devretmek düşünülür. Fakat ayakkabılar giyenin ayağının şeklini alır, başkasının ayak şeklini alan bir ayakkabının başka bir bebek tarafından kullanılması pek uygun değildir. Tabii fazla kullanılmayan ve şekli bozulmayan ayakkabılar bunun dışındadır.

Ayakkabı kadar içindeki çorap da önemlidir. Çorap hava almayı rahatlatan materyalden yapılmış olmalıdır (örneğin havlu). Sıkı çoraplar da ayağın gelişimini engelleyebilir. Çok büyük çoraplar da kıvrılıp çocuğunuzu rahatsız edebilir. Ayakkabıyı giydirmeden önce çorapları iyice çektiğinizden emin olun. Lastikli çoraplar uyum açısından rahattır, fakat bunlar da zamanla küçülüp çocuğun ayağını sıkabilir. Bunu bıraktığı iz ve kızarıklıklardan anlayabilirsiniz.

ISIRMA

"Bebeğim bizleri yumuşak bulduğu yerlerimizden ısırmaya başladı. İlk başlarda bu iş sevimli geliyordu. Şimdi ise kötü bir alışkanlık sahibi olduğundan korkuyoruz, ayrıca canımız yanıyor."

Bebeğinizin yeni dişlerini her fırsatta denemesi doğal bir şeydir. Tabii sizin de ısırılmak istememeniz son derece doğaldır. Dişleri daha da artıp acı daha da fazlalaşmadan ve bu bir alışkanlık haline varmadan engel olmak istemeniz çok normaldir.

Isırma ilk başta sadece deneysel bir harekettir, bebek birisine zarar verdiğinin farkında değildir. Oyuncaklarını ısırdıktan sonra sıra size gelir. Sizi ısırdığında aldığı tepki hoşuna gider ve zamanla daha çok tepki almak için daha çok ısırır. Isırdığı kişiden aldığı acı göstergesi, ünlemler ya da tasdik dolu sözler onun bu işi daha çok yapmasını sağlar. Bağırmak da bir tepki olduğu için bu da onu daha çok ısırmaya teşvik eder. Sizin de onu ısırmanız da pek iyi bir çözüm değildir. Bu arada sevgi göstermek içinde bebeği ufak ufak ısırmanız onun ısırma alışkanlığını kamçılar.

Bu işten kurtulmanın en iyi yolu: Bebek her ısırdığında ona kararlı biçimde "Isırmak yok!" deyin ve dikkatini başka oyun ya da oyuncaklara çekin. Her defasında bunu tekrarlayın, sonunda bu alışkanlıktan kurtulacaktır.

SAÇ BAKIMI

"Kızım başında saçlar ile doğmuştu ve bunlar giderek düzensizleşmeye başladı. Artık idare etmesi zor bir hal aldı."

Fazla saçı olmayan 9 aylık bir bebeğe annelik yapmak rahattır. Fakat düzensiz, uzun saçlı bir bebekle uğraşmak herkesi çıldırtabilir. İşler düzelmeden evvel iyice kötüye gider. Özellikle yeni yürüyenler için her şampuan ve saç tarama bir savaş demektir. Eğer yeterince cesur iseniz saçlarını kestirebilirsiniz. Aşağıdaki ipuçlarına uyarak işleri biraz daha kolay hale sokabilirsiniz:

- Yıkamadan önce saçları açın, çünkü yıkadıktan sonra daha çok karışabilir.
- Eğer bebeğiniz izin veriyorsa şampuan sonrası özel bebek saç kremlerini kullanın. Eğer daha fazla banyoda oturmak istemiyorsa, kremli şampuan kullanın. Böylece taramak daha kolay olacaktır.
- Geniş dişli tarakları ve uçları plastik kaplı fırçaları tercih edin -ince dişli taraklar saçların kırılıp kopmasına yol açar.
- Saçları bir elinizle açmaya çalışırken diğer elinizle de saç diplerini tutun ki siz çekince çocuğunuzun canı yanmasın.
- Saç kurutma makinesi kullanacaksanız, fazla sıcağa ayarlamayın. Zira çocuğun narin saçlarına zarar verebilirsiniz.
- Bebeğin saçına kurdele takmayın ve atkuyruğu yapmayın. Çünkü bu bölgesel kelliklere neden olabilir. Eğer atkuyruğu yapacaksanız fazla sıkmayın ve özel kurdeleler kullanın.
- İki aylık aralarla bu işte uzman bir salonda bebeğin saçlarını düzelttirin.
- Saç bakımlarını bebeğin yorgun, aç veya sıkıntılı zamanları dışında yapın.
- İşi eğlenceli hale getirmek için önceden farklı oyuncaklar verin. Ya da saç tarama işini aynanın önünde yapın, böylece sizi seyredip yaptığınızın sonuçlarını görebilsin.

KORKULAR

"Bebeğim benim elektrik süpürgesini çalıştırmamı ilgiyle izliyor, fakat sesle birlikte aniden korkuyor."

Çocuk büyüdükçe yüksek seslerden korkmayacaktır. Tabii yine de sesi ilk duyduğunda irkilir. Küçük çocuklar sesin bir tehlikeye işaret edip etmediğini ayıramadıkları için korkarlar. Çocuğun dünya görüşü geliştikçe, çevresindeki gerçek tehlike faktörlerini anlamaya başlar.

Günlük yaşamda sizin fark etmeyeceğiniz birçok şey, bebeğinizi korkutabilir. Örneğin; elektrikli süpürge, mikser, siren sesi, sifon sesi, köpek havlaması,bebeğin bluzunun başından çıkarılması, bebeği havaya kaldırmak...

Birçok çocuk bu korkular ile karşılaşır. Kimi bu korkuları öyle çabuk atlatır ki anne babalar farkına bile varmaz. Daha hareketli ortamlarda yaşayan çocuklar ve kendilerinden büyük kardeşleri olanlar bu korkular ile daha erken tanışırlar.

Birçok çocuk büyüdükçe bu korkularını geride bırakır, biraz aptalca bir cesaretle yollarına devam ederler. O zamana kadar onlara korkuları ile baş etmede şu şekilde yardımcı olabilirsiniz:

Onu zorlamayın. Süpürgeyle onun üzerine gitmek her şeyi daha zorlaştırır ve korkusunu artırır. Bu fobi size ne kadar anlamsız gelse de bebek için çok anlamlıdır. Beklemeli ve bu korku ile kendince uygun zamanda yüzleşmelidir.

Alay etmeyin. Onun korkuları ile alay etmeniz, sadece onun kendine güvenini kırar ve korkusuyla yüzleşmesini zorlaştırır. Bu korkuları onun gibi ciddiye alın.

Korkuları kabul edin ve sempati gösterin. Onun korkularını kabul edin ve rahatlatmaya çalışın, böylece onun yükünü hafifletip korkularından kurtulmasına yardımcı olabilirsiniz. Herhangi bir şekilde aniden korkarsa, onu hemen alıp kucaklayın. Fakat çok fazla sempati göstermeyin, çünkü çok abartırsanız o da gerçekten korkulacak bir şey olduğuna inanır.

Güven verin, yeteneklerinin artmasını sağlayın. Korkularını anlayışla karşılamanın yanında asıl hedefiniz onların üstesinden gelmesine yardım etmektir. Korktuğu şeylere alışmasını sağlamaya çalışın. Örneğin fişe takılı değilken elektrikli süpürge ile oynamasına izin verin, böylece korktuğu aleti zamanla sevebilir.

Fiş takılı değilken süpürgeye alıştığında, eğer izin verirse ortalığı süpürürken onu kucağınızda taşıyın. Sonra ona makinenin nasıl çalıştırıldığını öğretin. Eğer onu korkutan sifon sesiyse, tuvalete kâğıt attırın ve onu sifonu çekmeye cesaretlendirin. Köpeklerden korkuyorsa, siz köpek severken onun uzaktan ve ya babasının kucağından sizi izlemesini sağlayın. Hazır olduğunda, nasıl seveceğini gösterip, sevmesine izin verin.

BİLMENİZ GEREKEN ÖNEMLİ ŞEYLER
Disipline Etmeye Başlamak

Çocuğunuzu ilk kez ayağa kalktığında alkışlarsınız, ilk adımları ile deli gibi sevinirsiniz. Şimdi ise bu kutlamaların ne getirdiğini düşünüyorsunuz. Çünkü artık ayaklanan bebeğiniz başına daha rahat bela açabilecek. Çocuğunuz en sevdiğiniz programı kaydederken videoyu kapatabilir, masanın örtüsünü asılıp düşürebilir, metrelerce tuvalet kâğıdını tuvalete atabilir ya da raflardaki ve çekmecelerdeki eşyaları ortalığa dökebilir. Bütün bunlara engel olabilmek için artık bebeğinizi oyun parkının içine bırakamayacaksınız.

Bebeğinizin bu yeni yetenekleri ilk defa size gurur vermektense endişe verir. İlk defa evde disiplin düşüncesi aklınıza gelir. Zamanlama doğrudur. 10 aylıktan çok sonra bu işe başlamak işleri zorlaştırabilir. Ya da 10 aydan çok erken başlamak, zaten çocuğun hafızası tam gelişmediği için işe yaramayabilir.

Neden bebeği disipline ederiz? Her şeyden önce doğru ve yanlış kavramlarını aşılamak için. Çocuğunuzun bunu tamamen kavraması oldukça zaman alacaktır, siz şimdiden doğru ile yanlış arasındaki farkları ona örnekler ile anlatmaya başlamalısınız. İkinci olarak bu sayede ona kendi kendisini kontrol etmeyi öğretmeye başlarsınız. Ana fikri bir süre kapamazlar, bu biraz zaman alır. Üçüncü olarak başkalarının haklarına saygı göstermeyi öğrenmesine yardımcı olur. Böylece bebek ilk başlardaki bencil kimliğinden başkalarını düşünen sosyal bir kimliğe doğru gelişir. Ve son olarak sizin, evinizin ve çocuğunuzun zarar görmesini engellemeye yarar.

Çocuğu disipline etmek için bir program hazırlarken şunları da akıldan çıkarmayın:

• Disiplin çoğu insan için kurallar, ceza ve belirli kalıplardan meydana gelir. Fakat disiplin kelimesinin Latince'deki asıl anlamı "öğretmek"tir.

• Her çocuk, her aile birbirinden farklıdır. Fakat bazı evrensel davranış kuralları vardır, bunlar her zaman ve her insanda uygulanabilir.

• Çocuk neyin güvenli olup olmadığını ya da hangi hareketlerine izin verilip verilmediğini öğrenene kadar, çevre ya da kendi güvenliğinden tamamen siz sorumlusunuz.

• Sevginizin azalacağını ima etmek çocuğun kendine güvenini tehdit eder. Dolayısıyla hareketi ne kadar kötü olursa olsun onu hâlâ sevdiğinizi bilmelidir.

• En ideal disiplin ne çok sert ne de çok yumuşak olandır. Sıkı disiplin, sadece ebeveyn gücüne bağlı kalır. Yani çocuğun kendi kendini kontrolünün gelişmesine yardım etmez ve bundan ötürü çocuk ebeveynlerinin gözünden kurtulduğu anda tamamen kontrol dışı kalır. Tabii çok yumuşak anneler de, ileride iyi davranışlı çocuklar yetiştirmede pek başarılı olamazlar. Fazla anlayış gösterilen çocuklar kaba, sevimsiz, bencil, tartışmaya yatkın ve kolay uyum göstermeyen çocuklardır.

İki uç nokta da çocuğa sevilmediği hissini aşılar. Sert ebeveynler sevgisiz, yumuşak olanlar ise ilgisiz görünürlerken iyi disiplin bu iki uç noktanın arasında bir yere tekabül eder. Yani kabul edilebilir limitler olacak ve bunlar sevgiyle fakat katı bir şekilde korunacak.

Aslında uç noktalara kaçılmadığı sürece aileden aileye ufak tefek farklılıklar olacaktır. Bazı aileler daha esnekken bazı aileler daha katı olabilir.

• Etkili disiplin, bireysel disiplindir. Eğer birden fazla çocuğunuz varsa her birinin doğumdan itibaren farklı kişiliklere sahip olduğunun farkındasınızdır. Bu değişiklikler çocuğun nasıl disipline edileceği konusunda önem taşır. Kimi çocuk basit bir uyarı ile mesajı alırken, kimi ciddi şekilde uyarılmadan ya da sesinizdeki sertliği hissetmeden mesajı almaz. Kimi de fiziksel olarak engellenmedikçe tehlikeden uzaklaşmaz. Dolayısıyla taktiğinizi çocuğunuza göre belirleyeceksiniz.

• Koşullar da çocuğunuzun cevabını etkiler. Normalde sert uyarılara uyan bir çocuk, diş çıkartırken veya yorgunken aynı şiddette bir uyarı altında ezilebilir. Gerektiğinde çocuğunuzun ihtiyaçlarını karşılamak için vites değiştirin.

• Çocukların sınırlara ihtiyacı vardır. Çoğunlukla kendilerini kontrol edemezler ya da güdülerine hâkim olamazlar. Sınırlar, anne babalar tarafından belirlenir ve sevgiyle onlara uymaya zorlanırlar. Bunların amacı çocuğu büyürken güvenli ve tutarlı tutmaktır. Bebek olduğu için bu sınırları esnetmek ilerisi için hiç de iyi bir davranış değildir.10 aylıktan daha büyük bir bebek sırf küçük olduğu için kardeşinin saçını çektiğinde ya da annesinin henüz okumadığı bir dergiyi yırttığında hoş görülmemelidir.

Sınırlar sizin önceliklerinize bağlıdır. Kimi evde ayakkabıyla kanepeye oturulmaz, oturma odasında yemek yenmezken, kimi evde anne-babanın çalışma masasından uzak durmak çok önemlidir. Birçok ailede "izin almak", "teşekkür etmek", "birbirine saygı göstermek" ortak beklentilerdir. Kuralları dikkatle koymalı ve bunlara uyulmasını sağlamalısınız.

Küçük yaştan itibaren kurallar ile yaşamayı öğrenmek, birçok kötü olaya engel olmayı ve ileride sırf kurallardan oluşan sosyal hayata hazırlanmayı kolaylaştırır. Örneğin okul, oyun ve iş.

Sınırları koymak, bebeği buna uymaya zorlamaktan tabii ki daha kolaydır."Hayır" dediğinizde size sevimli sevimli gülümseyen çocuğunuzu da "hayır" dediğinizde hemen gözleri yaşaran yavrunuzu zorlamak da çok güçtür. Fakat katı olmaya çalışın ve bunun çocuğunuzun iyiliği için olduğunu asla unutmayın. Şu anda çocuğunuzun krakerleri oturma odasında yemesi pek önemli olmayabilir, fakat bu ileride karşılaşılacak daha ciddi baş kaldırmaların habercisidir. Bir süre daha protesto edileceksiniz, fakat çocuğunuz zamanla kuralları kabul edecektir.

• Bebeğin başının belaya girmesi kötü bir şey değildir. Çünkü çocuklar iyi ve kötüyü ayıramazlar ve bunun için hataları kötülük olarak alınamaz. Dünyayı, denemeler, sebep-sonuç ilişkileri ve büyüklerin yardımı ile anlarlar. "Bardaktaki suyu dökersem ne olur?", "Acaba dolabın içinde ne var?", "Dolabı boşaltsam nasıl olur?", "Annem buna ne reaksiyon gösterir?..."

Sürekli çocuğunuza kötü olduğunu söylemek

onun egosuna ve kendine güvenine zarar verir. Çocuğun sürekli "Sen kötüsün!" lafını duyması, zamanla kendini kötü olması gerektiğine inandırır. Çocuğunuzu değil, hareketlerini eleştirin (örneğin, "ısırmak kötüdür").

• Tutarlık önemlidir. Eğer ayakkabıyla kanepeye çıkmak bugün yasak, yarın serbest ise ya da yemek öncesi elleri yıkamak bugün gerekli iken yarın değilse, çocuğun bundan öğreneceği tek şey dünyanın karışık, kuralların da anlamsız olduğudur. Eğer tutarlı olamazsanız, başarılı olamazsınız.

• Üstüne gitmek çok önemli bir noktadır. Mesela televizyon kablosuyla oynayan bir bebeğe uzaktan "hayır" demek, uyarının etkili olmasını sağlamayabilir. Böyle tehlikeli bir durumda ilk "hayır" etkili olmuyorsa, derhal harekete geçmelisiniz. Sözünüz kadar hareketleriniz de olayı desteklemelidir. Bebeği alın ve televizyondan uzaklaştırın, mümkünse diğer odaya götürün. Aklındaki televizyon fikrini yok etmek için dikkatini dağıtacak bir oyun oynatın. Çoğu durumda bebek olay yerinden uzaklaştırılınca hemen onu unutur. Çok azı bunu aklında tutar, bunları da sizin engellemeniz gerekir. "Hayır" kelimesini duyduklarında bunu gurur meselesi yapan çocuklar da ortamdan uzaklaştırmaktan yarar görür.

• Bebeklerin ve ufak çocukların çok kısıtlı bir hafızaları vardır. Yani bir şeyi ilk seferinde öğrenmelerini ya da bir hatayı bir daha tekrarlamamalarını beklemeyin. Sabırlı olmayı öğrenin ve aynı uyarıyı defalarca tekrarlamaya hazır olun. "Videoya dokunma", "Köpek mamasından yeme". Sonunda öğrenecektir.

• Bebekler "hayır" oyununu severler. Çoğu bebek annelerinin "hayır"ları ile mücadele etmeyi sever. Ne olursa olsun "hayır" kelimesinin oyuna dönüşmesine veya kahkahayla sonlanmasına izin vermeyin. Çünkü bebek daha sonra sizi ciddiye almayacaktır.

• Çok fazla "hayır" zamanla etkisini kaybedecektir. Ayrıca kimse en önemli üç kelimesi "hayır, hayır, hayır" olan affetmeyici bir diktatörle yaşamak istemez. Tabii çocuğunuzun da böyle bir ortamda yaşamasını istemezsiniz. Çocuğunuzun, bir diğer kişinin ya da evin herhangi bir yerine zarar gelmeyecek gibiyse "Hayır" sözcüğünü çok sık kullanmayın. Unutmayın ki her ufak şey savaş gerektirmez. Eğer güvenli bir çevre (bakınız sayfa 263) oluşturabilirseniz, o zaman daha az "hayır"a ihtiyaç duyarsınız.

Her "hayır"a alternatif olarak bir "evet" üretmelisiniz. Örneğin, "Hayır, babanın kitabıyla oynayamazsın, ama bununla oynayabilirsin." Çoktan masanızdaki eşyaları boşaltmış bir çocuğa "Annenin masasına dokunamazsın" demek yerine "Bakalım bunları masanın çekmecelerine geri koyabilecek misin?" denebilir. Bu tip mesajlar çocuğa kendini kötü hissettirmeden durumu düzeltmenin iyi bir yoludur.

Olay çok vahim değilse ya da hata yaptığınızı düşünüyorsanız, o zaman bebeğe anlık bir zafer verin. Böylece her gün size karşı kaybetmeye devam ettiği yenilgilere alışması kolay olacaktır.

• Çocukların hata yapmaya da izinleri olmalıdır, böylece bu hatalardan ders alacaklardır. Eğer çocuğunuza hata yapacağı hiçbir şey bırakmazsanız, o zaman her şeyi öğretmek zorunda kalırsınız. Bu da imkânsızdır. Evde bazı hatalara izin vermelisiniz (tehlikeli olanlar hariç), böylece bebeğiniz bunlardan ders alacaktır.

• Hatayı düzeltmek ve ödüllendirmek, cezalandırmaktan çok daha iyidir. Neden cezalandırıldığını anlayamayacak yaştaki bir çocuğu cezalandırmak faydasızdır. Bir bebek etrafa tuz döktüğü için oyun bahçesine hapsedildiğini anlayamaz. Kötü davranışı cezalandırmaktansa, iyi davranışı ödüllendirin. İyi davranışları ödüllendirme, gururlandırma veya pozitif destek işe yarar. Diğer bir olumlu yaklaşım da her hareketin bir sonucu olduğunu öğretmektir. Yapılan bir hatanın suçlusu sonuçları da göze almalıdır. Örneğin dökülen bir süt temizlenmeli veya dökülen kitaplar rafa geri dizilmelidir.

• Sinir, siniri tetikler. Çocuğunuz çok sevdiğiniz bir şeyi kırarsa kendinize sakinleşmek için zaman tanıyın, gerekiyorsa bir süre için olay mahallini terk edin. Çünkü eğer sinirle bağırırsanız yaptığından pişman olacağına, sinirli bir hal alır. Sakinleştiğinizde ona neyi yanlış yaptığını anlatın. (Bu oyuncak değil, annenin eşyası, sen onu kırdın ve annen üzüldü." Bunların çoğu aklından uçup gidecek de olsa bu açıklamayı yapmak son derece önemlidir.

Çok sinirlendiğinizde şunu hatırlayın, asıl hedefiniz uzun zamanda ona bir şeyleri öğretmektir. Bağırıp, çağırmak ona sadece yanlış hareketleri öğretir.

Anlık olarak sinirlerinize hâkim olamayabilirsiniz, canınızı fazla sıkmayın. Bir anne olarak zaaflarınız olabilir ve bunları bebeğiniz de bilmelidir. Bu hareketleriniz çok sık olmadıkça, iyi anneliğinizi etkilemez. Bu tip olaylar olduğunda, çocuğunuzdan bağırdığınız için özür dileyin. Ona çok sinirlendiğinizi ve onu hâlâ sevdiğinizi söyleyin. Böylece hem olayı düzeltir, hem de insanların kimi zaman sevdiklerine de kızabileceklerini ve bunun normal olduğunu gösterecektir.

• Disiplin eğlence konusu olabilir. Mizah hayatın içindedir, disiplin konusunda da çok etkili bir araçtır. Bunu sizi sinirlendirecek durumlarda özgürce kullanın. Mesela montunu giydirmenize izin vermiyorsa, protesto bağırışları içinde faydasız bir savaşa girmeyin. Sinirinizden kurtulun, mesela montu köpeğe giydirmeye çalışın. Yapmaya çalıştığınız bu komik hareket onun mont giymeye karşı koymasını unutturur ve hedefinize ulaşmanızı sağlar.

Mizah disiplin işine bir değişiklik olarak sokulabilir. Çocuğunuza emir verirken aslan ya da köpek gibi davranın. Onun sevdiği bir karakteri kullanın, örneğin büyük bir kuş gibi davranın, yapması gerekenleri anlatırken komik şarkılar uydurup işi eğlenceli hale getirin. (İşte yüz böyle yıkanır, böyle yıkanır, böyle yıkanır... gibi). Onu azarlamak yerine aynada suratınızda ilginç ifadeler yapın: "Ağlama, ağlama, ağlama". Daha zor olan ikinci yıl yaklaşırken, fazla ciddi olmayan konulara biraz mizah katarak işleri daha güzel hale getirebilirsiniz. Ancak ciddi bir durumda da asla yüz ifadenizi yumuşatmayın, zira bunu yaparsanız vermeye çalıştığınız ders bütün etkisini kaybedebilir.

• Kazalar, bilinçli olarak yapılan yanlışlara göre daha farklı müdahale gerektirirler. Herkesin hayatta hata yapmaya hakkı vardır. Duygusal, entelektüel ve fiziksel açıdan tam gelişmemiş olan çocukların hata yapmaya çok daha fazla hakları vardır. Çocuğunuz masada ekmek almaya çalışırken sütü devirirse, en ideal yaklaşım,"Hay Allah, süt döküldü, daha dikkatli olmaya çalış canım!" demektir. Fakat süt bilerek döküldüyse şunu deneyin: "Süt içmek içindir, dökmek için değil. Dökmek hem ortalığı pisletir hem de süt ziyan olur, gördün mü bak başka süt yok." Bu etkili olacaktır. Ayrıca bebeğin eline havlu verip temizlemeyi gösterebilirsiniz ve ileride bardağa daha az miktarda sıvı koyabilirsiniz. Ara sıra bebeğinizin sıvılar ile ilgili tecrübelerinin artması için uygun ortamlarda sıvı dökerek tecrübe kazanmasını sağlayın.

• Anne ve baba ailedeki erişkinleri canlandırmalıdır. Eğer çocuğunuzun sorumlu davranmasını bekliyorsanız, kendiniz de olmalısınız. Mesela onu parka götürmeye söz verdiyseniz, bu sözünüzde durmalısınız. Olgun bir anne ne olursa olsun sözünde durmalı. Çocuğunuzun yaptığı hataları kabul etmesini istiyorsanız şöyle davranmalısınız: Örneğin süt döktüğü için ona kızdıysanız ve sonradan sütü eşinizin döktüğünü fark ettiyseniz, olgun bir şekilde davranıp çocuğunuzdan özür dilemelisiniz. Ve bir dahaki sefere bir olay olduğunda hemen sonuca varmamaya çalışın. Çoğu zaman kendinizi bebeğinizin seviyesine inmiş olarak buluyorsanız, mesela onun öfkesine siz de katılıyorsanız, artık davranışlarınızı gözden geçirmenin zamanı gelmiştir.

• Çocuklar saygı duymaya değer varlıklardır. Ona bir nesne, "sadece bir bebek" ya da sahip olduğunuz bir şey gibi davranmayın. Diğer herkese davrandığınız gibi saygı gösterin. Ona karşı kibar davranın (lütfen deyin, teşekkür edin, özür dileyin), bir şeyi yasakladığınızda nedenini açıklayın (anlamayacağını düşünseniz bile), onu istek ve duygularına anlayış ve sempati ile yaklaşın (izin vermeyecek olsanız bile), onu utandırmaktan kaçının (mesela başkalarının önünde azarlamaktan kaçının), söylediklerini dinlemeye özen gösterin. Düzgün cümleler kullanmaya 4-5 yaşlarında başlanır. Bu zamana kadar bebek isteklerini işaretler ve bazı kelimeler ile anlatır. İşte bu dönemde de onu dinlemek çok önemlidir, her ne kadar zor da olsa. Unutmayın ki bu bebeğiniz için de zor bir durumdur.

• Ebeveynler ile çocuk (ya da çocuklar) arasında adil bir hak dengesi olmalı. Bebek küçük-

TOKAT ATALIM MI, ATMAYALIM MI?

Nesilden nesile geçen dayak olayı, araştırmacılar tarafından göstermiştir ki hiçbir zaman dayak disiplin konusunda işe yaramamıştır ve yaramayacaktır. Dayak yiyen çocuk, yaptığı harekete sadece dayak riski devam ettiği sürece ara verir. Dayak riskinin ortadan kalktığını hissettiği anda yeniden hareketi tekrarlar. Çoğunlukla kendilerine vuran insanlara itaat etmek veya uymak istemezler. Disiplinin asıl amacı olan doğru ile yanlış arasındaki farkı öğrenemezler (sadece ne için dayak yiyeceklerini, ne için dayak yemeyeceklerini öğrenirler).

Dayak ayrıca birçok negatif etkiye de sahiptir. Mesela bunlardan biri, dayak şiddeti öğretir. Çocuğunu ya da karısını döven birçok insan zamanında kendisi de dayak yemiştir. Bir akranına vuran bir çocuğa, bunu nereden öğrendiğini sorarsanız "annemden öğrendim" cevabını alırsınız. Kimisi için de dayak, tartışmaları çözmenin tek yolunun kaba kuvvet olduğunu öğretir. Ve çocuğun, hayal kırıklıkları, sinirle başa çıkabileceği daha ılımlı alternatif yolları öğrenmekten alıkoyar. Aynı zamanda gücün kötüye kullanılmasını da gösterir (güçlünün, güçsüze karşı). Tabii bir de istenmeden de olsa sinirle yapıldığında, çocuğun yaralanmasına sebep olabilir. Siniriniz geçtikten sonra dayak, daha az fiziksel hasara neden olur, ancak olayın sıcaklığı geçtikten sonra olması daha fazla soru uyandırıcıdır. Şu kesindir ki daha vahşi olarak alınır ve hareketin düzeltilmesinde çok daha az etkilidir.

Eğer bir ebeveyn için dayak tavsiye edilemez bir şey ise, başka biri için elbette hiç tavsiye edilemez. En azından çocuk sizin tarafınızdan dövüldüğünde, sizin ona dikkat ettiğinizi bildiği için güvendedir. Bu insan başkası olursa bu böyle olmaz. Öğretmen, bakıcıları ve çocuğunuzla hep başbaşa kalan herhangi birinin hiçbir fiziksel yaptırım uygulamama konusunda önemle uyarılması gerekir.

Çoğu uzman ve ebeveyn bir konuda aynı fikirdedir. Henüz kelimeleri anlayamayan bir bebek çok ciddi bir hata yapıyorsa (sıcak bir yüzeye yaklaşıyor, caddeye atlıyor...), eline ya da poposuna vuracağınız ses veren bir tokat kabul edilebilir. Ancak çocuğun idrak yeteneği geliştikten sonra artık fiziksel cezalandırma kabul edilemez.

ken, tecrübesiz aileler için bu konuda yanlış yapmak kolaydır. Bu yüzden uç noktalara kaçabilirler. Kimi ebeveynler tüm haklarından bebekleri için feragat ederler ve ne dışarı çıkarlar, ne de kendi arkadaşları ile vakit geçirirler. Bütün hayatlarını bebeklerine göre planlarlar. Kimileri de tam tersini yapar, halen çocukları yokmuş gibi davranırlar. Yorgun bir bebeği bir partiden diğerine götürürler, futbol maçı için bebeğin banyosunu atlarlar, çocuk doktoru randevularını alışveriş yüzünden kaçırırlar. Bu gücünüzü kötüye kullanmaktır (ve bir çocukla karşılaştırıldığında bir erişkinin gücü çok fazladır). İki uçtan da kaçınıp dengeyi kurmak önemlidir.

- Kimse mükemmel değildir, kimsenin de mükemmel olması beklenemez. Sakın çocuğunuz için ulaşılması olanaksız olan standartlar yaratmayın. Çocuklar ileride bir yetişkin gibi davranabilmek için bütün bir çocukluğu yaşamaya ihtiyaç duyarlar. Ve sizin mükemmeli beklemediğinizi de bilmeliler. Çocuğunuzun davranışları ile ilgili iddialı yorumlar yapmaktan kaçının. Mesela "Sen dünyadaki en iyi bebeksin" demek yerine, "Bugün çok iyiydin" türü bir sözü tercih edin. Zaten kimse sürekli iyi olamaz, siz bir de bu tip abartılı sözler kullanırsanız, çocuk gelecekteki beklentilerinize ulaşamayacağından korkmaya başlar.

Kendinizden de mükemmeli beklememelisiniz. Hiç kendini kaybetmeyen, bağırmayan, çocuğunu dövmeyi istemeyen bir ebeveyn yeryüzünde yoktur. Hatta eski televizyon dizilerindeki baba bile en iyisini bilemez. Bazen sinirinizden o anda kurtulmak, onu boşaltmak, içinize atmaktan çok daha iyidir. İçe atılan sinir çoğunlukla uygunsuz bir zamanda ve yapılan kabahatle orantısız olarak bir anda patlar.

Eğer bebeğinizle ilgili çok fazla kendinizi kaybettiğinizi düşünüyorsanız, altta yatan sebebi bulmaya çalışın. Acaba çocukla ilgili tüm temizlik işlerinin size ait olmasından mı kızgınsınız? Acaba gerçekte kendinize ya da başka birine mi kızgınsınız ve bunu çevredeki en savunmasız varlık olan bebeğinizden mi çıkartıyorsunuz? Acaba bebek için çok fazla mı kural koydunuz? Ya da etrafta bebeğin başını belaya sokabileceği çok fazla şans mı bıraktınız? Eğer böyle ise, duruma bir çare bulmaya çalışın.

- Çocuklar kendi hayatları üzerinde biraz kontrole sahip olduklarını bilmek isterler. İyi bir mental gelişim için herkes gibi bebekler bile bazı seçimleri kendileri yapmak isterler. Elbette bir bebek için kendi yolunu seçmesi her zaman mümkün değildir, fakat mümkün olduğu zamanlarda buna izin verin. Bebeğinize bazen seçme hakkı tanıyın; mesela salıncak mı, kaydırak mı; kraker mi, ekmek mi ya da filli önlük mü, palyaçolu önlük mü gibi.

-14-

On Birinci Ay

BEBEĞİNİZ NELER YAPIYOR OLABİLİR

Bebeğiniz bu ayın sonunda (bakınız NOT):

• Yüz üstü yatarken, oturur duruma geçebilmelidir.

• Küçük bir objeyi, baş veya diğer parmaklarının herhangi bir yerini kullanarak kaldırabilmelidir. (10.5 aylık)

• "Hayır" kelimesini anlamalıdır (fakat her zaman buna uymaz).

Not: Eğer bebeğiniz, bu mihenk taşlarından bir ya da daha fazlasına ulaşmamış görünüyorsa, doktor ile irtibat kurunuz. Birçok durumda, bu gecikme zamanla düzelirken, bazen bu olay bir problem göstergesi olabilir. Prematüre bebekler diğer bebeklere göre bu yetenekleri hedeflenen yaştan biraz daha geç elde edebilirler (burada hedef yaş, çocuğun zamanında doğduğu tarihte bu yetenekleri kazanacağı yaştır).

Bebeğiniz şunları da yapabilir:

• El çırpma oyunu oynayabilir ya da el sallayabilir.

• Eşyalara tutunarak yürüyebilir.

Bebeğinizin şunları da yapması olasıdır:

• Baş ve diğer parmak uçlarını kullanarak bir cismi özenle kaldırabilir.

• Anlık olarak ayakta durabilir.

• Rastgele anne veya baba diyebilir.

• Anne ve baba dışında bir kelime söyleyebilir.

Hatta bebeğiniz şunları bile yapabilir:

• Ayakta iyi durabilir.

• İsteklerini ağlamadan da gösterebilir.

• Top oynayabilir (topu size geri yuvalar).

• Kendi başına bir fincandan su içebilir.

• Kendince anlaşılmaz bir dilde sözler söyleyebilir.

• Anne ve baba dışında iki, üç kelime söyleyebilir.

• Tek adımdan oluşan emirlere uyabilecek, el işareti olmaksızın (onu bana ver -elinizi göstermeden-).

• İyi yürüyebilir.

BU AYKİ DOKTOR KONTROLÜNDE NELER BEKLEYEBİLİRSİNİZ

Çoğu doktor, sağlam çocuk kontrollerinde bu ayı izleme takvimine dahil etmez. Eğer bir sonraki kontrole kadar bekleyemeyecek bir durum söz konusu ise, doktorunuzu o zaman arayın.

BEBEĞİNİZİN BU AYKİ BESLENMESİ

Bebeğinizi Memeden Kesmek

Bebeği memeden kesme diğer tüm bakımlar gibi gözünüzde büyüyebilir, bu işleme zaten çoktan başlamış olduğunuzu bilmek belki sizi biraz rahatlatır. Ona ilk kez bir bardaktan birkaç yudum içirdiğinizde, kaşıkla ilk lokmasını aldığında ya da biberondan ilk yudumu aldığında, zaten bu işleme başlamıştınız.

Memeden kesme temel olarak iki ana devreden oluşur:

Devre 1: Bebeği memeniz dışında başka bir kaynaktan süt veya mama almaya alıştırmak. Memeden emen bir çocuğu şişeye alıştırmak zaman alacaktır, bu tip alternatif beslenme yollarını denemek bile zaman alacaktır. Dolayısıyla tamamen sütten kesmeyi planladığınız günden çok önce çalışmalara başlamalısınız.[1]

Eğer önceden bebeği bardak ya da biberon ile tanıştırmadıysanız, memeden kesme çok daha yavaş ve zor olabilir. Bazı durumlarda bir emzirmeyi atlayıp bebeği aç bırakmanız gerekebilir. Bu işlemi üç-dört gün tekrarlarsınız ve sadece alternatif olarak seçtiğiniz beslenme türünü ona sunarsınız. İnatçı bebekler başlangıçta değişimi kabul etmeyebilir, fakat hepsi sonunda alışır.

İlk 6 aydan önce biberon ya da bardakla kendi sütünüzü, mamayı veya suyu verebilirsiniz. Bu zamandan sonra doktorlar sulandırılmış meyve suyu veya inek sütünü verebileceğinizi söylüyor. Bu besinleri babasının elinden almaya başladığı zaman artık bebek; besleme dönemine geçiş için çok iyi bir zamandır.

Devre 2: Emzirmeyi azaltmak. Sigara tiryakilerinin sigarayı bırakması, çikolata tiryakilerinin çikolatayı bırakması için birdenbire bırakmak iyi bir yoldur. Fakat bebeğin memeyi bırakması böyle olmaz. Emekliye ayrılacak olan meme için de bu iyi bir yol değildir. Bu olay bebek için hem fiziksel, hem de duygusal açıdan çok travmatiktir. Eğer memeden kesme çok ani yapılırsa, anne için de olası problemler daha yakındır. Örneğin sızıntı, memelerde şişme, süt kanallarında tıkanma ve enfeksiyonlar. Araya bir hastalık ya da önemli bir olay girmedikçe bu işi aniden yapmayın. Hedeflediğiniz kesin memeden kesme tarihinden en az birkaç hafta önce bu işe yavaş yavaş başlayın. Eğer çocuğun hayatında önemli bir değişiklik olacaksa bu süreci biraz erteleyin. Örneğin taşınmak, annenin işe başlaması ya da bakıcının değişmesi gibi.

En ideal azaltma politikası emzirme sayısını her seferinde bir adet azaltmaktır. Örneğin emzirme sayısını bir azaltıp, birkaç hafta bekleyin. Hem göğüslerinize hem de bebeğinize bu yeni sisteme alışması için vakit tanıyın. Sonra bir tane daha azaltın. Çoğu anne ilk iptal edeceği emzirme zamanını seçerken, bebeğin en az ilgilendiği, en az emdiği, kendi işleri ile en çok çakışan emzirmeyi seçer. Eğer anne çalışmıyorsa bu genelde gün ortası emzirmesidir. 6 aydan küçük bebekler gıda için büyük ölçüde anne sütüne bağımlıdır. Bu bebeklerde kestiğiniz her emzirme seansının yerine mama koymalısınız. Daha büyük bebekler için bunun yerini kahvaltı veya yemek alabilir.

Eğer bebeğinizi onun istediği zaman emziriyorsanız, bu biraz düzensiz olabilir. Bu durumda ciddi olarak emzirmeyi kesmeyi düşünme-

1.Eğer biberonu seçtiyseniz, ilk yaş gününden ya da biraz sonra bu bebeğinizi biberondan kesmelisiniz. Böylece biberon emerek uyumaktan kaynaklanan diş çürümesi problemine engel olabilirsiniz.

KENDİNİZİ RAHAT ETTİRMEK

Kademeli olarak emzirmeyi kesmek birçok istenmeyen problemi engelleyebilir. Örneğin çocuğunuz çok fazla emiyorsa ve siz aniden keserseniz, göğüslerinizde çok daha fazla bir şişmeyle karşılaşabilirsiniz. Eğer böyle olursa bir kısım sütü kendiniz sağmalısınız, fazla yapmaktan kaçının zira fazla yaparsanız süt yapımını da uyarırsınız. Kademeli kesmek size olan duygusal etkiyi hafifletir, ama tamamen ortadan kaldıramaz. Menturasyon, hamilelik, doğum ve loğusalık gibi emzirmeyi bırakmak da hormonal bir karışıklığa yol açar. Bunun sonucu olarak, hafif depresyon, huzursuzluk ve ruh halinde sallanmalar olabilir. Bütün bu olaylar, eğer başka çocuk sahibi olmayı planlamıyorsanız, çocuğunuzla olan bu çok özel ilişkiyi kaybetmenizin vereceği üzüntü ile daha da şiddetli olabilir. (Çok az sayıda annede, emzirmenin bırakılmasından sonra ciddi boyutlarda depresyon oluşur ve uzman yardımı gerekir; bununla ilgili işaretler için bakınız sayfa 498.)

Tamamen emzirmenin bırakılışından birkaç hafta sonra göğüsleriniz sütten arınmış görünür. Halen ufak miktarlarda süt sağabiliyorsanız, buna sakın şaşırmayın. Çünkü bir sene sonra bile halen biraz süt gelebilmesi son derece normaldir. Göğüslerinizin büyümesi-küçülmesi ve genetik faktörler veya emzirmeye bağlı daha az dik oluşu zamanla normale dönecektir.

Özellikle sütün fazla olduğu ilk aylarda emzirmeyi kesmek zorunda kalmak, anne için çok daha ciddi rahatsızlıklar yaratabilir. Kademeli bırakmaya oranla çok daha büyük bir riskle, göğüsler çok fazla şişer, ateş olur, grip benzeri tablo oluşur. Enfeksiyon ve diğer ciddi komplikasyonlarla karşılaşma riski çok daha fazladır. Sıcak kompres ve/veya sıcak duş ile aspirin kullanımı şişen göğüslerden kaynaklanan ağrıları azaltabilir. Sıvı alımını da azaltmak süt miktarının azalmasına yardımcı olabilir. Memeden süt sağmak şişliği azaltmaya yarar, fakat süt yapımını uyaracak kadar fazla sağmamalısınız. 24 saat sonra şikâyetleriniz azalmadıysa, doktor ile bağlantı kurun.

Ani olarak memeden kesmek, bebek içinde stresli bir olaydır. Eğer hiçbir alıştırma yapmadan memeden kesmek zorunda kalırsanız, bebeğinize çok daha fazla ilgi, kucak ve sevgi verin. Onun için stres yaratabilecek diğer her şeyi en aza indirmeye çalışın. Evden uzak kaldığınızda aynı ilgiyi evdeki diğer fertlerin de göstermesini sağlayın (anneanne, baba, bakıcı vb.).

den önce, biraz daha katı olup meme saatlerini bir düzene sokmalısınız.

Annenin programı ne olursa olsun, sabah erken ve gece geç emzirme hem anne hem de bebek için en zevkli ve rahat meme saatleridir. Ve bunlar çoğunlukla en son bırakılanlar olur. Kimi anneler sadece bu işten aldıkları zevk için memeden kestikten birkaç hafta ya da ay sonra bile bu iki emzirme saatine devam ederler. (Bu seçenek her anne için uygun değildir, çünkü kimi annede emzirmeyi azaltmayı takiben kısa bir süre süt miktarı hızla azalır.) Bazı kadınlar, özellikle bütün gün evde olanlar, ara emzirmeleri azaltmak yerine, tüm emzirmeleri aynı anda azaltırlar, bu da işe yarayan bir metottur. İlk başlarda her emzirme öncesi bir miktar sütü bardak veya biberon ile verin, bu sayede emzirme süresini biraz azaltırsınız. Sonra birkaç hafta içerisinde kademeli olarak süt miktarını çoğaltırken, emzirme süresini azaltın. Böylece bir süre sonra memeden kesme işini başarıyla tamamlamış olacaksınız.

Anlık hastalıklar, ağrılı diş çıkarma dönemleri veya taşınma ya da tatil gibi çevre değişiklikleri bebeğin geri gitmesine neden olabilir. Ve bebek daha çok meme isteyebilir. Anlayışlı olun ve fazla üzülmeyin. Çünkü bu tip bir gerileme geçici olacaktır. Bebeğin hayatı normale döndüğü anda, çalışmalarınıza devam edebilirsiniz.

Unutmayın ki emzirmek bebek ile aranızdaki

ilişkilerden yalnızca birisidir. Emzirmeyi bırakmak, bu ilişkiyi ya da aranızdaki sevgiyi azaltmayacaktır, hatta kimi kadın bu duygularının, emzirmeye az zaman harcayıp zamanının çoğunu bebekle aktif olarak bir şeyler yaparak geçirdiğinde daha da güçlendiğini söylemektedir.

Bebek farklı rahatlama yollarına başvuracaktır, mesele başparmağını veya battaniyeyi kullanabilecek. Memeden kesildiği zaman bu şekil davranışlar normal ve sağlıklı davranışlardır. Ayrıca sizden daha fazla sevgi isteyecektir, bu sevgiyi ona vermelisiniz. Bu tip ekstra sevgi, ona ileride bağımsız olması için gerekli güven duygusunu verecektir.[2]

Bebeğinizin memeden kesildikten sonra memeyi özleyeceği konusunda endişelenmenize gerek yok. Böyle bir şey olmayacaktır. Bebekler yaşam için çok kuvvetli mekanizmalar kurarlar, ki bunlardan emzirilmede çok iyi bir hafızaya sahiptirler, fakat bunu bile çok kısa zamanda unuturlar ya da en azından aranmayı bırakırlar.

MERAK ETTİKLERİNİZ

EĞRİ BACAKLAR

"Kızım ilk adımlarını atmaya başladı, bacakları korkunç bir şekilde eğriliyor."

Çocukların iki yaşına kadar bacaklarının eğrilmesi ya da dört yaşında çarpık bacaklı olmaları, Betty Grable'a paraları için koşmalarını gerektirmez. Betty'nin bile ilk adımları sırasında muhtemelen bacakları eğikti. İlk iki sene hemen hemen her çocuk eğri bacaklara sahiptir (bacaklarını bitiştirdiklerinde dizleri birbirlerine dokunmaz.) Daha çok vakitlerini yürüyerek geçirdiklerinde bu defa çarpık bacaklı olurlar (artık dizleri birbirine dokunur, fakat ayak bilekleri dokunamaz.). Ergenlik çağına kadar bacaklar tam olarak düzgün şekilli hale geçemezler. Özel ayakkabılar, ortopedik cihazlar (barlar, destekler ya da diğer ortopedik destek cihazları bu normal dönemde gerekli değildir ve normal gelişime bir etkileri olmaz.

Bazen, doktor gerçek bir anormalliği tespit edebilir. Belki sadece bir bacak eğilmiştir, veya bir diz içe doğru dönmüştür, ya da bebek çarpık bacaklıdır (bazen sadece tombul uyluklarından dolayı böyle görünürler), veya normal bir eğrilme zamanla yürümenin başlaması ile çok belirgin bir hal almaktadır. Bu gibi durumlarda veya ailede eğri bacak ya da çarpık bacak hikâyesi varsa, çocuk o zaman çocuk doktoru veya ortopedisk tarafından daha ileri bir tetkike alınmalıdır. Duruma göre tedavi gerekebilir ya da gerekmeyebilir (bakınız sayfa 133).

Israrla eğrilen bacakların, günümüzde en sık sebebi raşitizmdir. Raşitizm D vitamini ile desteklenen mamalar ve anne sütü alan çocuklara verilen D vitamini preperatları sayesinde bugün Amerika'da fazla karşılaşılan bir hastalık olmaktan çıkmıştır.

KONUŞMANIN ANLAŞILAMAMASI

"Küçük kızımız birkaç kelime söylüyor, fakat bunları sadece ben ve eşim anlayabiliyoruz. Birçok sessiz harf ile ilgili problemleri var, örneğin "f" yerine "b" veya "k" yerine "d" diyor. Bu onun konuşma terapisine ihtiyacı olduğunun işareti midir?"

Daha çocuğunuzu bir konuşma terapistine götürmek için çok erken. İngiliz alfabesinde 21 sessiz harf vardır, yalnız başına ya da kombinasyon olarak 23 farklı ses oluştururlar, üç, dört bazen daha sonraki yaşlarda ancak çocuğunuz bunları beceriyle kullanmayı öğrenir. (altı, yedi yaşındaki birçok çocuk halen "th" sesi ile ilgili problem yaşamaktadır.) İlk başta öğrenmek için çok heceli kelimeler özellikle zordur. Bazı çocuklar 2 yaş civarında ailesi veya çevre tarafından anlaşılabilecek şekilde konuşabilir. Ancak çoğu çocuk 4 ya da 5 yaşına varmadan bu işi beceremez.

2. Eğer bebeğinizi ilk seneden sonra memeden kesmeyi planlıyorsanız, ve emzirmeyle ilgili olarak daha fazla bilgi için, bakınız "Emzirmenin Tam Kitabı", Dr. Marvin Eiger ve Sally Wondkos Odls, Workman Yayımcılık.

Aile dışından birisinin çocuğun konuşmasından bir şey anlamaması normaldir. Evdekiler bu konuşmaları anlar, çünkü onların kulakları çocuğun diline alışmıştır. Başkalarıyla anlaşabilmek için çocuklar yeni bir dile alışabilmek için olduğu kadar zamana ihtiyaç duyar.

Çocuğunuz hata yaptığında sürekli onu düzeltmeyin. Hatalı telaffuzundan dolayı isteklerinden alıkoymayın. Örneğin "su" için "bu" dediğinde veya "biberon" için "bi" dediğinde, ona istediğini verin. Bu yaklaşım onun yeni kelimeleri, hatta bildiği kelimeleri bile kullanmakta tereddüt etmeye sevk eder. Fakat onun kelimelerini sürekli tekrarlamayın, onunla konuşurken bu kelimeleri kullanmayın (örneğin "dada" eve geliyor gibi). Veya kelimeleri telaffuz edişini tatlı bulduğunuzu ona belli etmeyin (öyle olsa bile). Eğer hatalı telaffuzlarının etkileyici olduğu kanısına varırsa, bunları uzun süre sürdürmeyi tercih edebilir.

Yapabileceğiniz şey hatalarını kabul etmek ve onu gayretlerinden ötürü alkışlamaktır ve aynı zamanda doğru telaffuzları örnekler ile ona öğretmelisiniz. Örneğin lambayı işaret ederek "damba" dediğinde (gurur duyduğunuzu belli ederek), ona "evet çok iyi, lamba" deyin. Ya da size kendi dilinde "mu" istediğini söylediğinde, "demek muz istiyorsun, al bakalım muz deyin. Uzun bir süre, hatta belki birkaç yıl "muz" demeyi beceremeyecektir. Fakat söyleme şeklini takdir ettiğinizi bilecektir, aynı zamanda daha henüz telaffuzunun iyi olmadığı mesajını da alacaktır. Sonunda kelimeleri doğru söylediğinde gurur duyacaksınız, fakat emin olun biraz da pişman olacaksınız, çünkü artık onun bebekçe konuşmalarını duyamayacaksınız.

EBEVEYN ÇIPLAKLIĞI

"Bazen çocuğumun önünde kıyafetlerimi değiştiriyorum, fakat acaba onun gelişimine kötü bir etkisi olabilir mi?"

Kapalı kapılar arkasında giyinmeden önce biraz zamana sahipsiniz. Uzmanlara göre, okul öncesi çağına kadar çocukların önünde soyunmanın onlar üzerinde kötü bir etkisi yoktur. Üç ila dört yaştan sonra düşünceler değişir. Bu noktada bazı uzmanlar, çocuğun karşı cins ebeveynini çıplak görmesinin pek sağlıklı olmadığına inanırlar. Şu kesindir ki bir yaşın altında bir yenidoğan annesini çıplak gördüğünde uyarılmaz (meme emmedikçe), ya da ne gördüğünü ileride hatırlayamaz. Ayrıca annesinin anadan doğma haliyle en güzel hali arasındaki farklılığı da anlayamaz.

Eğer çocuğunuz izlediği şeylerle ilgili olarak çok meraklı ise, örneğin pubik kıllarınıza dokunmak istiyorsa, göğüslerinize asılıyorsa, rahatsız olduğunuz herhangi bir keşif hareketini dilediğiniz zaman kesmekte serbestsiniz. Duruma göre davranın, asla fazla reaksiyon göstermeyin. Özel yerlerinize olan ilgisi açıkta olan yerlerinize (burnunuz, kulağınız, vb.) olan ilgisinden az değildir. "Bu annenin" şeklinde cevaplar onun kişisel gizlilik kavramını anlamasına ve ileride kendisi için de aynı gizlilik kavramına sahip olmasına yardımcı olacaktır. Ve aynı zamanda ona suçluluk duygusu aşılamayacaktır.

YERE DÜŞMELER

"Çocuğum yürümeye başladığından beri kendimi bir felaket bölgesinde yaşıyormuş gibi hissediyorum. Kendi ayağına takılıyor, sandalyeleri deviriyor, masa köşelerine kafasını vuruyor..."

Bu yaş, ebeveynlerin kendilerinin ve bebeklerinin yaşamlarından endişe ettikleri dönemdir. Yarık dudaklar, mor gözler, şişlikler, sıyrıklar ve birçok sayısız işaretin bebeklerinizde görüldüğü dönemdir. Anne ve baba için gergin sinirler ve hızlı kalp atışları demektir.

Bebekler sürekli ilerleyecek, tekrar tekrar aynı şeyleri yapacaklardır, yoksa nasıl kendi başlarına dolaşmayı hatta diğer öğrendiklerini öğrenirlerdi. Eski bir atasözünde söylendiği gibi ata binmeyi öğrenmek sadece yedi kez düşmeyi gerektirir. Fakat yürümeyi ve tırmanmayı öğrenmek biraz daha farklı bir anlaşmaya tabidir. Bir sabahta yedi ya da daha fazla düşüş gerekir, bu nadir bir olay değildir. Kimi çocuklar dikkat etmeyi çok çabuk öğrenirler, kahve masasını bir defa devirdikten sonra birkaç gün yaklaşmazlar ve sonra da daha dikkatli davranırlar. Kimi de dikkati asla öğrenmeyecek gibi görünür, asla korkmaz, asla acı hissetmez, masayı onuncu kez devirdikten beş dakika sonra on birinci için görev yerine gelir.

Yürümeyi öğrenmek, bir deneme yanılma yoludur; daha açık olmak gerekirse adım atmak ve düşmekle olur. Öğrenme sürecine karışmamalısınız. Sizin yapmanız gereken sinirli bir izleyici olmadan, çocuğunuz düştüğünde, güvenle düşmesini sağlayacak her türlü önemi almanız. Odadaki halının üzerinde düşmesi sadece egosuna zarar verecekken, merdivenlerden yuvarlanması çok daha fazla zarar getirir. Koltuğun yuvarlak kenarına çarpmak biraz ağlatabilir, ancak camın sivri köşesine vurmak ortalığı kan gölüne çevirebilir. Böyle ciddi kazaları azaltmak için evinizin bebeğiniz için güvenli olduğundan emin olun (bakınız sayfa 262). Çocuğun önündeki en belirgin tehlike unsurlarını yok etseniz de, unutmayın ki onun için en önemli güvence kaynağı sizsiniz (veya kim çocuğunuza bakıyorsa). Her ne kadar çocuğunuz çevresini keşfetmek için biraz alana ihtiyaç duysa da, buna ancak sizin veya bir büyüğünün gözetiminde sahip olabilir.

En düzenli evlerde bile bazen ciddi kazalar olabilir. Bu nedenle bu tip kazalara hazırlıklı olmalısınız. Bebek-resüstasyon kurslarına veya ilk yardım kurslarına gitmelisiniz (bakınız sayfa 398).

Ebeveyn reaksiyonu çoğu zaman çocuğun da kazaya olan reaksiyonuna etki eder. Eğer her düşüş bir ya da birkaç tane "Aman iyi misin?" diyen ebeveyni olay yerine getirirse, bir süre sonra çocuk bir yerine bir şey olmasa da, olmuş kadar ağlar. Ve bir süre sonra aşırı dikkatli veya macera hissini kaybetmiş bir çocuk haline gelebilir. Belki de normal fiziksel gelişimi için gerekli olan engelleri aşmak için tereddüt etmeye başlayacak. Diğer taraftan eğer ebeveynler soğukkanlı davranırlarsa "Of, düştün!, iyisin, hadi bakalım devam!" bu, çocuklarını gerçek bir askere çevirebilir. Böylece küçük düşüşleri umursamadan hemen ayağa kalkar ve yürümeye adım kaybetmeden devam eder.

HENÜZ KENDİNİ ÇEKİP AYAĞA KALKAMIYOR

"Ara sıra denemesine karşın, bebeğim henüz kalkmayı beceremiyor. Normal olarak gelişip gelişmediği konusunda endişe ediyorum."

Bebekler için yaşam, hiç sonu gelmeyen fiziksel, entelektüel ve duygusal bir yarıştır. Büyüklerin çok büyük hediye kabul ettiği yuvarlanma, oturma, ayağa kalkma gibi yetiler çocukların hatırı sayılır eforlarıyla aşılan büyük engellerdir. Daha birçok yeni efor da sırada beklemektedir.

Kimi bebekler bu yeteneği erkenden beşinci ayda elde ederken, kimisi de bu iş için ilk yaş gününe kadar bekler. İşte bu iki uç noktanın arasındaki dönemde çoğu çocuk ayakta duramaz ve düşer. İlk kalkışında çocuğun ağırlığı da çok önemlidir. Hafif bir çocuk ağır olana karşı daha az bir eforla kalkabilir. Öte yandan güçlü ve iyi kordine bir bebek ne kadar ağır olursa olsun erken kalkabilir. Bütün gününü pusette, bebek taşıyıcısında geçiren bebeğin egzersiz yapmak için pek vakti olmayacaktır. Ayrıca her dengede durmaya çalışmasında ona problem yaratacak kırılacak eşyalarla çevrili bir bebek de ayağa kalkmayı istemeyecektir. Kaygan ayakkabı ve çoraplar çocuğun kalmasını zorlaştırır ve çok fazla düşmesine sebep olup bu iş için olan şevkini azaltabilir. İyi ayakkabılar ve kaymayan çoraplar çocuğun işini kolaylaştırır, ona üstünde durabileceği sağlam ayaklar sağlar. Çocuğunuzu heveslendirmek için sevdiği bir oyuncağı ancak kalkarak ulaşabileceği bir yere koyabilirsiniz. Ayrıca kucağınızdayken ona kalkması için sık sık yardım edin böylece bacak kaslarının da kuvvetlenmesine yardımcı olmuş olusunuz, kendine güven duymasını sağlarsınız.

Bu mihenk taşına ulaşmak için ortalama yaş 9 ay civarıdır, çoğunlukla bu iş bu zamanda gerçekleşir, bazıları da 12 ay civarında bu yeteneği kaparlar. Elbette, eğer çocuğunuz ilk yaş gününde bu işi beceremiyorsa, doktorla konuşup bir problem ihtimalini kontrol etmelisiniz. Böyle bir problem yoksa yapacağınız şey oturup onun için uygun zamanı beklemektir, o zaman kendiliğinden kalkacaktır. Çocuklar kendi kendilerine ilerlemelerine izin verildiğinde, kendilerine olan güvenlerini kazanırlar, "kendi başıma yapabilirim". Hazır olmayan bir çocuğu zorlamak, onun ilerlemesinden ziyade gerilemesine neden olur.

BEBEĞİN DİYETİNDE KOLESTEROL

"Ben ve eşim yediklerimizde kolesterol içeriğine özen gösteriyoruz. Çocuğumuza yağsız süt başlamalı mıyız sorusunu doktorumuza sorsak 'hayır' cevabını alıyoruz. Bu onunla ilgili kolesterolü hiç düşünmememiz anlamına mı gelir?"

Bebek bir ve ikinci yaşlarında günlük et ve yumurtalarını yiyemeyen ebeveynlerine göre çok daha şanslıdır. Yağ ve kolesterol çocuk için zararlı değildir, hatta beyin ve sinir sisteminin gelişmesi için gereklidir. Yağı tamamen alınmış ve az yağlı sütler bebekler için pek uygun değildir. Çünkü bunlarda protein/yağ oranı yüksektir ve sodyum oranı fazladır, işte bu sebeple böbreklere fazla yük biner. Uzmanlar en azından ilk altı ay ya da bir sene anne sütü veya mama verilmesi gerektiğini savunurlar. Memeden kesildikten sonra da tam süt verilmeli. Bazıları 15'inci ayda %2'lik süte geçmeyi önerir. Yağsız süte geçiş için de 18'inci ayı önerir. Kimileri de bebeğin ikinci yaş gününe kadar tam süte devam edilmesini önerirler.

Bilimsel verilerin eksik olması nedeniyle ne kadar yağın gerektiği veya ne kadar yağın fazla olduğu kesin söylenemez. Ilımlı davranmak muhtemelen en iyisidir.[3]

Çocuğun yağ ve kolesterol alımını katı kurallara bağlamak gereksiz de olsa, onun ilerideki sağlıklı beslenmesini de etkileyecek olan iyi bir yemek alışkanlığını kazanmasını sağlamak gerekmektedir. Çalışmalar göstermiştir ki, Amerika'da okul öncesi çağdaki çocuklarda ateroskleroz başlamaktadır. Bu da ileride gelişebilecek kalp hastalıklarına yol açmaktadır. Bu çocuklarda kan kolesterol değerleri yetişkinlere yakın çıkmıştır ve kalp hastalıklarının az görüldüğü ülkelerdeki kendi yaşıtlarına oranla da yüksek bulunmuştur. Amerika'nın koroner geleceği ile ilgili kötü sinyaller veren bu istatistikler, diyet alışkanlığı ile ilgilidir. Bu diyet alışkanlığı, mama iskemlesinde doymuş yağ, kolesterol ve az sebze ile. Bu diyet kalp ve damar hastalıklarının yanı sıra bir takım kanserler içinde risk faktörüdür, özellikle kolon, meme ve rektum kanserleri için.

Bebeğinizin diyetinde tam süte bir süre daha yer vermeye devam edecekseniz, yumurta ve peynir konusunda katı sınırlamalara gitmenize gerek yoktur. Ancak olası hastalık ve ölümleri engellemek için kötü beslenme alışkanlıklarından şimdiden vazgeçmeye başlamalısınız.

Yağı yasaklamak. Bebeğiniz eğer ekmek, pankek, sebze ve balığa yağsız alışırsa, ileride yağı azaltmak için problem çekmeyecektir. Ve eğer tersi ise, büyüdüğünde ekmeğine sürdüğü yağdan vazgeçmeyecektir.

Kızartmalardan vazgeçmek. Kızarmış besinler küçük çocuklar da dahil olmak üzere kimse için iyi değildir. Kızartmak yerine patatesi fırına verin, balığı, tavuğu kızartmak yerine haşlayın ve bunu tüm aileniz için böyle yapın.

Peynir için seçici davranın. Yüksek protein, kalsiyum içerikli sert peynirler örneğin İsviçre, mozarella, çedar peynirleri eğer yüksek oranda yağ ve kolesterole sahip olmasalardı dengeli bir diyetin iyi dostları olurlardı. Yüksek doymuş yağ oranları, kolesterol hem bebekler hem de diyet yapanlar için zararlıdır. Dolayısı ile az yağlı peynirlere (yağı azaltılmış mozarella, ya da diğer yağsız sütten yapılmış peynirler) bakın, bunlarda 100 gr.'da 15-20 gr.'dan fazla yağ olmamalı. Bunlar tam olarak düşük yağlı peynir olmasa da ılımlı bir seçimdir.

Yüksek sodyum oranlı peynirler hem bebek için hem de ileride kalp sağlığı için iyi değildir. Örneğin, 30 gr.'da 35 miligramdan fazla sodyum olmamalı.

Eğer çocuklar daha ufakken düşük yağlı ve sodyumlu peynirlere alışırsa ileride de yüksek yağlı ve tuzlu besinleri tercih etmeyeceklerdir.

---

3. Fazla kolesterol üretmeye ailesel bir yatkınlığı olan çocuklarda, yağ ve kolesterol için katı sınırlar konur ve bu onun gelişimine kötü etki yapmaz. Eğer ailenizde böyle bir yatkınlık varsa, özellikle erken yaşta inme (felç) damar hastalığı, öyküsü veya kalp krizi öyküsü varsa bunu doktorunuza söyleyin ve bebeğinizin kan kolesterol testini yaptırın.

SAĞLIKLI BİR KALP YETİŞTİRMEK

Hiçbir zaman, bebeğinizin gelecekte kalp krizi geçirme riskini azaltmak için erken değildir. Şunlar size yardımcı olacaktır:

- İkinci yıldan sonra kolesterol ve doymuş yağ oranı düşük bir diyet hazırlayın. Ama önceden tedbirli bir diyet alışkanlığı ile tanışmasını sağlayın. Eğer ailenizde hiperkolesterolemi (yüksek kan kolesterolü) öyküsü varsa, çoğunuzun kolesterol düzeyinin doktor tarafından izlenmesini sağlayın.
- Bebeklikten itibaren düşük sodyumlu diyet verin.
- Omega-3 yağ asitlerinden zengin besinler seçin, örneğin yağlı balıklar (somon, ringa, uskumru vb.). Omega-3 balık yağı kapsüllerini kullanmayın, bunların etki ve güvenirliği ispatlanmamıştır.
- Kilosunu sürekli takip edin, eğer boyuna göre hızlı ilerlemeye başlarsa harekete geçin (bakınız sayfa 108). Şişman bir bebek ileride şişman bir çocuk ve sonra da şişman bir erişkin olabilir.
- Sigara kullanmayın ve evde sigara içilmesini yasaklayın. Sigara içen ebeveynlerin çocukları, içmeyenlere göre daha fazla sigara içme şansına sahiptir. Bebeklikten itibaren ona sigaranın kötü yönlerini ve zararlarını anlatın. Böylece ileride içme olasılığı azalır.
- Çocuğunuza fiziksel aktivitenin değerini, zevkini öğretin. Kendinize sedanter bir yaşam seçmeyin, çocuğunuzun da böyle bir hayatı seçmesine izin vermeyin.
- Eğer çocuğunuzun tansiyonu sınırda veya yüksek ise doktorunuzun tavsiyelerine uyun.
- Şekeri azaltın. Şeker, krom ihtiyacını artırır ve diyabet riskini yükseltebilir. Diyabet kalp krizine yol açabilen bir hastalıktır.

Diğer ürünler. Daha yağsız süte geçmeyecek olsanız da, memeden keserken düşük yağlı peynir, yoğurt, süzme peynir (mümkünse tuzsuzları seçin) kullanabilirsiniz, bu yılın sonunda. (Tabii çocuğunuzun yeteri kadar tam yağlı süt, yumurta ve sert peynir aldığını sayıyoruz) Böylece bebek daha zengin ürünler için ihtiyaç duymayacak. Çok fazla yağ ve bir o kadar şeker içeren hazır dondurma ve diğer dondurulmuş tatlılar bebeklere verilmemelidir. Evde hazırlanabilecek gıda oranı yüksek tatlılar için bakınız sayfa 568, 569.

Proteinde seçici olun. Yeterli miktarlarda protein tüm aile için önemlidir. Bu iş için seçtiğiniz besin kaynakları düşük yağ oranına ve kolesterol düzeyine sahip olmalı. Örneğin balık, derisi yüzülmüş kümes hayvanları, kuru fasulye ve bezelye. Eğer bebeğiniz şimdiden balık ve tavuğu severse ileride bir hamburger çocuğu olmaktan kurtulabilir. Haftada üçten fazla kırmızı et pişirmeyin, etin yağsız bölümlerini seçin ya da yağını temizleyin. Kırmızı eti tamamen kesmek problem değildir, yalnız çocuğun diyetinde başka demir kaynakları olduğundan emin olun.

Mönüyü lifli besinlerle doldurun. Yağ kolesterolü, kalp hastalığı riskini artırır, pektin ve yulaf kepeği bu riskleri azaltır. Çocuğunuzun besinlerinde elma gibi pektinden zengin meyveler ve yulaf olduğundan emin olun.

Balığı tercih edin. Lif gibi balık da kan kolesterolünü azaltıcı etkiye sahiptir. Muhtemelen bu etkisi içindeki omega-3 3 yağına bağlıdır. Çocuğunuzu erkenden farklı balık çeşitleri ile tanıştırın. Özellikle yumuşak, tatlı, kolay çiğnenebilir, az yağlı ve sodyumlu balık etlerini seçin. Aman kılçıklara dikkat edin.

Etikete bakın. Çocuk ve erişkinlerin diyetlerindeki kolesterol ve yağın en büyük kaynağı hazır yemeklerdir. Amerika'da kek ve pastalar tereyağı ve margarinden uzak duran kişiler için diyet kaynaklı yağın en önemli kaynaklarıdır.

Gizli yağlardan kaçınmak için aldığınız ürünlerin etiketindeki "kötü" bölümünde yer alan yağ içeriğine dikkat edin. Yağsız mı yapıldığına ya da tercih ettiğiniz yağ çeşitlerini içerip içermediğine bakın. Toplam yağ miktarı az olan ürünler, ailenizin sağlığını daha az tehdit eder. Yemek pişirirken yağı azaltın. Pişirirken tarifteki yağı değiştirmeden azaltın.

Özellikle yapışmaz tavalar kullanın ve daha çok sebze yemekleri pişirin, bu sayede kullanacağınız yağ miktarını azaltırsınız. Fırında pişirirken yağı azaltın ve yerine su ekleyin.

Yumurtaları bölün ve kolesterole hâkim olun. 280 miligramlık kolesterol deposu, yumurtanın sarısında gizlidir. Yemek tariflerini uygularken, yumurtaların tümü veya bir kısmının sadece beyazını kullanın (iki yumurtanın beyazı bir yumurtanın tümüne eşittir), bunu tüm aile için pişirirken uygulayın. Erişkinler ve çocuklar bir haftada üçten fazla yumurta sarısı yememelidir, yüksek kolesterolü olanlar bundan çok daha azını yiyebilir. Bebeğiniz şu anda her gün yumurta yiyebilir, fakat 18'inci aydan sonra bu miktarı azaltmaya başlayın, yemeklere kattığınız yumurtaları da hesaba katmayı unutmayın.

Fast-food restoranlarına gitmeyin. Birçok fast-food hem fazla yağlı, hem fazla kolesterollü, hem de tuzludur. Ayrıca besin değeri de çok düşüktür. Dolayısıyla aileyi fast-food restoranlara çok nadir götürün ve yağı daha az olanları seçin (örneğin, pizza, balık, haşlanmış tavuk, fırında patates, salata). Evde hazırlanan burgerler bebek için kötü değildir, fast-food restoranlarında hazırlananlar ise yağdan ve tuzdan fazla zengindir ve beyaz ekmek çok besleyicidir.

Çocuğunuz iki yaşını geçtiğinde normal aile diyetine tamamen katılabilir. Bu diyette, kalorinin % 50-55'i karbonhidratlardan (ekmek, tahıllar, kuru fasulye, bezelye, sebze ve meyveler), % 15-20'si proteinden (balık, kümes hayvanları, et, süt ürünleri, baklagiller), % 30'u yağlardan (en fazla % 10'u doymuş yağ asitlerinden, % 10'u doymamış yağ asitlerinden, veya zeytinyağından)[4]. Günlük toplam kolesterol (en çok sağlıklı-diyet kılavuzlarına göre her 1000 kalori için 100 miligramı geçmemelidir. Günde en fazla 250-300 miligram olabilir. Düşünün, bir ufak kalıp yağ 10 miligram, bir yumurta yaklaşık 280 miligram, bir bardak tam inek sütü 33 miligram, 30 gr. Çedar peyniri 30 miligram, 90 m hamburger 76 miligram, kolesterol içermektedir. İki yaşında bir çocuk günde 1000-1300 kalori, bir erişkin 1800-2400 kalori tüketir.

BÜYÜME DALGALANMALARI

"Doktorumuz oğlumun boy persantilinde 90'dan 50'ye düştüğünü söyledi. Endişelenmememi söyledi fakat ben gelişiminde yanlış bir şeyler olmasından korkuyorum."

Bir doktor çocuğun gelişimini izlerken, büyüme eğrisinden çok daha fazlasına bakar. Boy ve kilo birbiri ile uyumlu mu? Bebek gelişimindeki mihenk taşlarını zamanında geçiyor mu? (oturma, kalkma, yürüme vb.) Aktif ve uyanık mı? Mutlu görünüyor mu? Annesi ile iyi ilişkide görünüyor mu? Saçları ve cildi sağlıklı görünüyor mu? Eğer doktorunuz gelişimini normal buluyorsa siz de öyle düşünmelisiniz.

Bu tip bir büyüme değişimi genellikle şununla alakalıdır; bebek daha büyük bir eğriye yakın doğmuştur ve zamanla kendi genetik büyüme çizgisine yaklaşmaktadır. Eğer siz ve eşiniz fazla uzun değilseniz, bebeğinizin 90'ıncı persantilde kalmasını beklemeyin. Ayrıca boy sadece bir tane gene bağlı değildir. Dolayısı ile annesi 150 cm, babası 180 cm olan bir bebek ergenlik çağında bunlardan birisine yakın bir boyda olmak zorunda değildir. Çoğunlukla ikisinin arasında bir boyda olur. (Ancak her nesil bir öncekine göre biraz daha uzun olmaktadır.)

Tesadüfen bu veya bir önceki kontrolde bir ölçüm hatası yapılmış olabilir. Bebeklerin boyu genellikle yatarken ölçülür, bebeğin kıpırdaması yanlış ölçümlere sebep olabilir. Çocuğun boyu ayakta ölçülmeye başlandığında boyu 2-3 cm.

4.Bunlar Amerikan Kalp Vakfının iyi sağlık ve az kalp krizi için önerdiği değerlerdir. Tıbbi bir karar olmadıkça çocuğunuzun yağ alımını verilen değerin altına indirmeyin. Yağlar (özellikle, soya, mısır, anne sütü), bir diyette çok önemli olan gerekli yağ asitlerinden linoleik asit içerirler. Yağlardan çok fakir bir diyet besin yönünden eksik demektir.

YAĞLAR: İYİ, EN İYİ, KÖTÜ

Aileniz için yemek hazırlarken seçeceğiniz yağın onların sağlığına büyük etkisi vardır. Mümkün olduğu sürece "iyi" ve "en iyi" listesinden seçin, "kötü" listesinden uzak durun.

İYİ	EN İYİ	KÖTÜ
Margarin	Avokado yağı	Hurma yağı
(Doymuş/doymamış yağ oranı: 1-2)	Zeytin yağı	Hindistancevizi yağı
Yerfıstığı yağı	Kolza tohumu yağı	Kakao yağı
Çiğit yağı (Doymuş yağı biraz fazladır)	Ayçiçek yağı	Hidrojenli sebze yağı
	Mısır yağı	Tavuk ya da diğer kümes hayvanlarının yağı
	Soya yağı	Sığır yağı
	Diğer doymamış yağı fazla yağlar	Domuz yağı
		Tereyağı*

* Eğer aileniz tereyağını seviyorsa, günde kişi başına 1 çağ kaşığı verebilirsiniz. Bu miktar kolesterol artışına neden olmaz.

azalmış gibi görünür, zira ayağa kalkınca kemikleri biraz oturur.

Çocuğunuzun iyi beslendiğinden emin olun, büyüdükçe de bunu takip edin. Her türlü sağlık sorununu doktora haber verin. Bütün kontrol değerlerini kaydedin, sonra baktığınızda ne kadar hızlı büyüdüğünü göreceksiniz.

BİLMENİZ GEREKEN ÖNEMLİ ŞEYLER
Bebeğinize Konuşması İçin Yardım Etmek

Çocuğunuz çok yol kat etti. Yeni doğduğunda tek iletişim yolu ağlamaktı ve kendi isteklerinden başka hiçbir şeyi anlatamıyordu. Altı aylık olduğunda sesleri çıkartmaya başladı, kelimeleri anladı, kızgınlık, tepki ve mutluluğunu belli etti. Sekiz aylık olduğunda, ilkel ses ve el işaretleri ile mesajlarını iletti. Ve şimdi on bir aylıkken (veya biraz daha sonra), ilk gerçek kelimelerini söyledi. Bütün bu olan bitenlere rağmen daha çok gelişme sizi bekliyor. Takip eden aylarda kelimeleri anlayışı belirgin şekilde artacak ve yılın sonlarında kendini ifade şeklinde dramatik bir patlama olacak.

Bebeğinizin konuşmasına şöyle yardım edebilirsiniz:

Etiket, etiket, etiket. Bebeğinizin yaşamındaki her şeyin bir adı vardır, bunu kullanın. Bebeğin çevresindeki her şeyi isimlendirin (küvet, tuvalet, mutfak, oyun havuzu, sırayla gözünüze, burnunuza, ağzınıza değdirin, en sonunda da elini öpün), ona vücudunun diğer kısımlarını işaret edin, kuşları, arabaları, ağaçları, yaprakları, çiçekleri, arabaları, kamyonları, uçakları gösterin. İnsanları da unutmayın, erkekleri, kadınları, kız çocuklarını, oğlan çocuklarını, bebekleri, anneleri, babaları gösterin. Sık sık ismini kullanarak kimliğine alışmasını sağlayın.

Dinleyin, dinleyin, dinleyin. Ona söylediğiniz kadar, onun ne kadar söylemesine izin verdiğiniz de önemlidir. Onu ne dediğini anlamasanız da, onu dinleyin. "Güzel, gerçekten öyle mi?" gibi yanıtlar verin. Bir soru sorduğunuzda cevabını bekleyin, bu bir gülümseme veya vücut hareketi olabilir. Onu karışık kelimelerinin içinden gerçek olanları ayırmak için çaba sarf edin. Birçok ebeveyn bebeğin bu ilk kelimelerinin farkına varamaz. Çocuğun kelimelerini ilgili objelerle eşleştirmeye çalışın, bazen çok alakasız olsalar da eğer her defasında aynı obje için aynı kelimeyi kullanıyorsa bu da yeterlidir. Eğer çocuğunuzun isteğini anlamakta zorlanıyorsanız, o zaman muhtemel seçenekleri işaret ederek, ona istediğini gösterme şansı tanıyın ("Topu mu istiyorsun?", "Biberonu mu istiyorsun?", gibi). Bebeğin istekleri daha anlaşılır olana kadar iki taraf için de işler zordur. Ama bir tercüman gibi sürekli çalışmak işlerin daha hızlı ilerlemesine yardım eder, ayrıca bebeğe bazı şeyleri anlatmanın doyumunu hissettirir.

Kavramlara konsantre olun. Şu ana kadar çok şey elde ettiniz, fakat daha bebeğinizin öğreneceği çok fazla şey var. Bunlar onda gelişmesine yardım edebileceğiniz bazı kavramlar (siz başkalarını da bulabilirsiniz):

- *Sıcak ve soğuk:* Bebeği kahve bardağına sonra buza, sıcak suya sonra soğuk suya, sıcak yulaf ezmesine sonra soğuk süte dokundurun.
- *Yukarı ve aşağı:* Onu hafifçe yukarı kaldırın, sonra aşağı indirin, masanın üzerine sonra yere koyun, onu bakınması için havaya kaldırın sonra yere döndürün.
- *İçinde ve dışında:* Cisimleri bir kutuya doldurun, sonra boşaltın.
- *Boş ve dolu:* Bir kovayı banyo suyuyla doldurun sonra boşaltın, kumla doldurun sonra boşaltın.
- *Kalkmak ve oturmak:* Bebeğin elini tutup birlikte ayağa kalkın ve sonra oturun.
- *Islak ve kuru:* Kuru bir havlu ile ıslak bir çamaşırı karşılaştırın, onun yeni yıkanmış saçı ile sizin kuru saçınızı karşılaştırın.
- *Büyük ve küçük:* Küçük bir topla büyük bir topu yan yana koyun, aynada ona "annenin büyük" ve "bebeğin küçük" olduğunu gösterin.

Çevreyi, sebep ve sonuç ilişkisini açıklayın. "Güneş parlak, böylece biz aydınlanıyoruz.", "Buzdolabı soğuk, böylece yemekler soğuk ve lezzetli kalıyor.", "Anne küçük bir fırça ile dişlerini fırçalıyor, orta boy bir fırça ile saçlarını tarıyor ve büyük bir fırça ile yerleri siliyor.", "Duvardaki düğmeye bas ve oda aydınlansın, bir daha bas ve karanlık olsun.", "Eğer kitabı yırtarsan, biz onu bir daha okuyamayız.", ve diğerleri. Böylece artan dikkat ve anlayış ile çevresine bağlanır. Diğer insanların da duygu ve ihtiyaçlarını anlamaya başlar. Bu onun gelişiminde çok önemli bir adımdır. Papağan gibi kelimeleri ezberlemektense, kullanacağı dilin uzmanı olur.

Renk ayrımı: Uygun olduğu zaman renkleri ayırmaya başlayın. "Bak kırmızı balon, senin bluzun gibi.", "Bak kamyon yeşil, senin pusetin gibi.", veya "Ne kadar güzel sarı çiçekler."

Çift-konuşma yapın. Erişkinlerin deyimlerini kullanın ve sonra ona kısaca çevirin. "Sen ve ben yürüyüşe çıkıyoruz. Anne ve sen attaya gidiyorsun.", "Oh, kahvaltını bitirdin. Bebek hepsini ham yaptı." İki şekliyle de söylemek onun iki şeklini de anlamasına yardım eder.

Büyümüş gibi konuşun. Bebek dili yerine, erişkin dilini biraz basitleştirerek kullanın. "Oğlum biberonu mu istiyor?", "Bebek bibiyi mi istiyor?"a göre çok daha iyidir. "Köpek" yerine "köpecik", "bebek" yerine "bebecik" demekte sakınca yoktur, böyle daha doğal geliyorlar.

Zamirleri öğretin. İlk sene veya daha fazla süre bebek zamirleri düzgün kullanamaz, ama şimdi onu bu kelimelere alıştırmak için uygun zamandır, zamirleri isimler ile birlikte kullanın. "Anne, Josh'a kahvaltıya gidiyor. Sana yiyecek bir şeyler vereceğim.", "Bu kitap annenin -bu benim- şu kitap Nina'nın; yani senin." Bu ona iyelik kavramını öğretecektir.

Onu cevap vermeye yöneltin. Kelime veya işaretlerle size karşılık vermesi için her şeyi deneyin. Ona seçenekler sunun; "Ekmek mi, kraker mi istersin?", "Mikili pijama mı, yoksa uçaklı pijama mı?" ve ona isteğini kelimeler veya işaretlerle göstermesi için şans tanıyın ve sonra seçiminin ismini söyleyin. Sorular sorun: "Yoruldun mu", "Kahvaltı ister misin?", "Salıncak ister misin?" Baş hareketi evet ya da hayır kelimelerinden önce kullanılır, fakat bir yanıttır. Eşyaları bulmakta ondan yardım isteyin (kaybetmemiş olsanız da) "Top nerede?", "Bebeğini bulabildin mi?" Ona bulması için zaman verin, sonra bir öpücük, kucaklama ile ödüllendirin. Doğru yöne bakması bile yeterlidir. "Doğru, bebeğin orada!".

Onu zorlamayın. Bebeği cesaretlendirin. İsteklerini kelimeler olmadan işaretler ile gösterirken ona, "Annene ne istediğini söyle," deyin. Homurdanır veya işaret ederse, ona bir seçenek sunun. "Kamyonu mu, topu mu istiyorsun?". Eğer hâlâ kelime söylemiyorsa, seçimi onun yerine siz adlandırın, "Aaa, evet işte istediğin top," deyin ve verin. Hiçbir zaman bir şeyi söylemedi ya da yanlış söyledi diye ona vermemezlik etmeyin. Fakat bir dahaki sefere aynı şeyi tekrar edin, sabırlı olun ve vazgeçmeyin.

Emirleri basit tutmaya çalışın. Bu yaştaki çoğu bebek basit emirlere uyabilir. Bir seferinde yalnız bir basamaktan oluşan emir verin. "Lütfen kaşığı kaldır ve bana ver," yerine önce "Lütfen kaşığı kaldır.", kaldırdıktan sonra "Şimdi lütfen kaşığı bana ver," tipi konuşmayı tercih edin. Bunlarda bebeğin başarı zevkini tatması için zaten yapabildiği şeyleri de ara sıra söyleyin. Örneğin bebek krakere erişmişse ona "Krakeri al," deyin. Bu çalışmalar anlayışın gelişmesine yardım edecek, bu da dili destekleyecektir.

Dikkatlice düzeltin. Çok nadiren bir bebek bir tek kelimeyi düzgün söyleyebilir, hiçbir bebek tüm kelimeleri erişkinler gibi söyleyemez. Birçok sessiz harf birkaç yıl daha bebeğin yeteneklerinin ötesinde kalacak, bunun için de kelimelerin sonları atlanacak ("ço sü" aslında "çok süt" anlamına gelecek, "aşa git" aslında "aşağı git" olacak). Bebeğiniz bir kelimeyi yanlış söylediğinde okul öğretmeni gibi sert düzeltmeyin, fazla sertlik onun deneme şevkini kırabilir. Onun hassas egosuna zarar vermeden ılımlı davranmaya çalışın. Çocuğunuz gökyüzüne bakıp, "Dız ve dede" dediğinde, ona, "Evet canım yıldız ve ay dede," diye cevap verin. Bebeğin hatalı telaffuzları çok tatlı olsa da onları tekrar etmeyin, bu onun kafasını karıştırır (bebek onların nasıl söylenmesi gerektiğini bilir).

Okuma repertuarınızı genişletin. Hayvan, oyuncak, çocuk, araba resimli kitaplar kadar şiirler de yürümeye başlayan çocukların favorileridir. Sadece birkaç çocuk basit hikâyeler dinlemeye hazırdır, çoğu daha birkaç ay daha bu işe hazır olmazlar. Buna hazır olanlar bile birkaç dakikadan fazla kitapla duramazlar, dikkatleri bu iş için hâlâ yetersizdir. Bebekler bu işe aktif olarak katılabilirlerse daha iyi tolere ederler. Resimleri anlatmayı kesin ("bak kedi, şapka takmış"), ona tanıdığı bir şeyi göstermesini söyleyin (onları isimlendirmek bir sonraki adımdır) ve daha önceden görmediği ya da hatırlamadıklarının da isimlerini söyleyin. Bu zamanda (bazı çocuklar biraz daha sonra) en sevdikleri kitaplardaki şiirlerin son kelime ya da cümlelerini tekrarlayabilirler.

Sayısal düşünün. Sayı saymak onun için çok uzak bir kavramdır. Fakat bir ve birçoğu ayırabilir. "İşte sana bir kurabiye" ya da "Ağaçta ne kadar kuş var, bak" ya da "İki oyuncak kedin var" gibi cümleler onun temel matematik kavramlarına alışmasına yardım edecektir. Sayın ve şarkı uydurun, bebekle merdivenleri çıkarken "Bir, iki ne sevimli kedi," diyerek basamakları sayın. Parmaklarla sayıları bağdaştıran oyunlar oynayın (tavşan ailesi gibi). Bebeğin yaşına saymayı sokun, yemek yaparken kaç bardak un koyduğunuzu sayın, mamasına muz koyarken dilimleri sayın vb.

-15-

On İkinci Ay

BEBEĞİNİZ NELER YAPIYOR OLABİLİR

Bu ayın sonunda, bebeğiniz (bakınız NOT):

• Eşyalara tutunarak yürüyebilir. (12 ay 20 günlük)

Not: Eğer bebeğiniz, bu mihenk taşlarından bir ya da daha fazlasına ulaşmamış görünüyorsa, doktor ile irtibat kurun. Birçok durumda, bu gecikme zamanla düzelirken, bazen bu olay bir problem göstergesi olabilir. Prematüre bebekler diğer bebeklere göre bu yetenekleri hedeflenen yaştan biraz daha geç elde edebilirler (burada hedef yaş, çocuğun zamanında doğduğu tarihte bu yetenekleri kazanacağı yaştır.)

Bebeğiniz şunları da yapabilir:

• El çırpma oyunu oynayabilir veya el sallayabilir (çoğu çocuk 13 ayda bu becerileri kazanır).

• Bir bardaktan kendi başına bir şeyler içebilir (çoğu bebek bunu 16.5 aya kadar yapamaz).

• Baş parmak ve diğer parmaklarının uçlarını kullanarak küçük bir cismi beceriyle kaldırabilir (12 ay 8 günlük, çoğu bebek bu beceriyi 15 ay civarında kazanır).

• Anlık ayakta durabilir (çoğu 13 aydan önce yapamaz).

• Rastgele anne ve baba diyebilir (çoğu bu kelimelerden en az birini 14 ay civarı söyler).

*Anne ve baba dışında bir kelime söyleyebilir (çoğu ilk kelimesini 14 ay veya sonrasına kadar söylemez).

Bebeğinizin şunları da yapması olasıdır:

• İsteklerini ağlamadan gösterebilir (çoğu 14 ayı geçmeden bunu yapamaz).

• Top oynayabilir (topu size geri yuvarlar, çoğu 16 aya kadar bu beceriyi kazanamaz).

• Ayakta iyi durabilir (çoğu bunu 14 aya kadar yapamaz).

• Kendince garip bir dilde konuşabilir (yarısı ilk doğum gününe kadar bu işe başlamaz, çoğu da 15 aya kadar).

• İyi yürüyebilir (4 bebekten 3 tanesi 13 buçuk aya kadar iyi yürüyemez. Çoğu daha sonra da. İyi emekleyenler, yavaş yürür. Diğer bütün gelişimler normalken yürümenin biraz gecikmesi çok endişe gerektirmez).

Hatta babeğiniz şunları bile yapabilir:

• Anne ve babadan başka üç ya da daha fazla kelime söyleyebilir (bebeklerin yarısı buna 13 aya kadar ulaşamaz, diğerleri de 16 aya kadar).

• İşaretler olmadan tek adımdan oluşan emirlere uyabilir ("Bana şunu ver! Elinizi gösterme-den, çoğu çocuk ilk yaş gününe kadar bunu yapmaz, birçoğu da 16 aya kadar).

BU AYKİ DOKTOR KONTROLÜNDE NELER BEKLEYEBİLİRSİNİZ

Her doktor ve pratisyen-hemşirenin sağlam çocuk kontrollerine farklı bir yaklaşımı vardır. Fiziksel muayenenin organizasyonu, kullanılacak tekniklerin seçimi, prosedürler her çocuk için değişebilir. Fakat şunlar genellikle 12 aylık bir çocuğun kontrolünde bekleyeceğiniz şeylerdir:

• Sizin, bebeğinizi ve ailenin evdeki durumuyla ilgili sorular, bebeğin uykusu, yemesi ve genel gelişimi ile ilgili sorular. Eğer çalışıyorsanız, çocuk bakımı ile ilgili sorular.

• Bebeğin kilo, boy, baş çevresi ve gelişim eğrisinin saptanması.

• Fizik muayene, daha önceden var olan problemlerin yeniden kontrolü. Şimdi bebek kalkabiliyor. Ayak ve bacakları ayakta (tutunarak veya tutunmadan) ve yürürken (yürüyebiliyorsa) kontrol edilecek.

• Daha önceden yapılmadıysa, anemi kontrolü için hemoglobin ve hemotokrit incelemesi (parmak uçundan minik iğne ile alınır).

• Büyümenin değerlendirilmesi. Doktor bebeği bir takım testlere tabi tutar. Bu sayede onun kendi başına oturup oturamadığına, tutunup kalkabilmesine, tutunarak yürümesine, hatta tutunmadan yürümesine, objelere ulaşıp yakalamasına, küçük ojeleri tutmasına, saklı veya yere düşmüş objelere bakmasına, ismi söylenince reaksiyon göstermesine, kendini biraz beslemesine, bardak kullanmasına, giyinmede koopere olmasına, anne-baba-güle, güle gibi bazı kelimeleri anlayıp söylemesine, el çırpma gibi bazı sosyal oyunları oynamasına bakacak. Bu gözlemleri ve sizin anlattıklarınız doğrultusunda bebeğin gidişatını değerlendirecek.

• Bebeğin sağlığı uygunsa, daha önceden yapılmadıysa ve herhangi bir kontraendikasyon yok ise aşılar yapılacak. Önceden olmuş bir aşı reaksiyonu varsa bu işe başlanmadan mutlaka doktorunuza söyleyin. Eğer çocuğunuz tüberküloz hastası ile yakın temasta bulunmuş ve risk altında ise, Montoux tüberküloz testi yapılacak. Önceden yapılmış olabilir, veya KKK (kızamık-kızamıkçık-kabakulak aşısı) ile birlikte olmuştur.

• Önünüzdeki aydan neler bekleyeceğiniz konusunda bilgiler. Beslenme, uyku, gelişim ve diğer çocuk güvenliği konuları ile ilgili.

• Flor, demir, D vitamini ve diğer destekler ile ilgili tavsiyeler.

Eğer doktorunuz zaten cevaplamadıysa, şu soruları ona sorabilirsiniz:

• Tüberküloz testi yapılırsa onu kim değerlendirecek. (İlk 24 saat kızarıklık normal sayılır, fakat 48 ya da 72 saat sonra kızarıklık ve şişlik pozitif sayılır.) Ne zaman çağrılmalı ya da gelmelisiniz?

• Bebeğinize hangi yeni gıdalar verilebilir. Bebek bardakla süt alabilir mi? Ne zaman tama süt, balık, et, yumurta sarısı ve turunçgil meyveler yemeye başlayabilir? (zaten henüz verilmemiş ise)

• Bebek biberondan içiyorsa, biberonu ne zaman kesmelisiniz, bebek meme emiyorsa, memeden ne zaman kesmelisiniz?

Eğer varsa geçen ayla ilgili tasalarınızı anlatın. Doktorun söylediklerini not alın (yoksa unutursunuz). Bebeğin bilgilerini bir sağlık dosyasına kaydedin (boyu, kilosu, baş çevresi, aşıları, test sonuçları, hastalıkları, aldığı tedaviler vb.).

BEBEĞİNİZİN BU AYKİ BESLENMESİ

En İyi Olası Bebek Diyeti

Ailenin diğer elemanlarının sağlıklı beslenmesi ile bebeğin sağlıklı beslenmesi için etkili olan kurallar hemen hemen aynıdır. Ufak tefek birkaç farklılık vardır, bunlar da çocuğun yaşından kaynaklanır.

Her ısırık sayılır. Hamileyken ve emzirirken sizin yediğiniz her lokma bebeğiniz için çok yararlı olmuştu. Şimdi de bebeğinizi, kaşıkla, bardakla vs. beslerken lokmalara yiyen bebeğinizin kendisidir. Ufak bebeklerin sınırlı bir kapasite, lezzet ve doyma noktaları vardır, bundan ötürü besin değeri düşük yemeklere harcanan ısırıklar pek iyi sayılmaz. Boş besinler (şekerli kurabiye, kek ve şekerler) az verilmeli, bunun yerine besleyici olanlar ön planda tutulmalı (Mesela meyve suyu ile tatlandırılmış tam-tahıl kullanılan kurabiye ve kekler).

Her kalori eşit değildir. Bir çikolata parçasındaki 100 kalori, besin değeri olarak küçük bir muzdaki 100 kaloriye eş değildir; yemekleri ve ara öğünleri buna göre planlayın.

Öğün atlamak risklidir. Öğün atlamak büyümekte olan bebeğin ihtiyacı olan besin alımını azaltır. Düzgün aralıklar ile yemek yememek, çocuğun günlük enerjisini azaltacağı gibi ayrıca onu sinirli, huzursuz yapar. Bunun sebebi düşmüş kan şekeridir. Ayrıca ufak kapasitelerinden ötürü üç öğün dışında atıştırmalara da ihtiyaç duyarlar. Tabi bazen yemek ya da atıştırmalara karşı gelebilirler, fakat bundan ötürü onu cezalandırmamalısınız. Düzenli bir öğün sistemini oturttuktan sonra ara sıra birkaç öğün kaçırmasına izin verebilirsiniz.

Verim etkilidir. Kilo sorunu genelde çocukluk çağında başlar. Eğer bir bebek istenmeyen kilolar alıyorsa bunun çözümü diyet değildir, besin seçimine dikkat etmek önemlidir. Kalorisi az ama besin değeri yüksek besinler iyidir (meyve, sebze, tam tahıl ekmeği-yağsız olacak). Eğer bebeğin kilosu düşükse, yine besin değeri yüksek gıdaları, fazla kalori ile kombine etmelisiniz, fakat miktarı çok fazla tutmayın (fıstık yağı, avokado, muz, peynir). Kilo önemli olsun olmasın, tek seferde birden fazla besin ihtiyacını karşılayacak gıdaların seçilmesi çok önemlidir (A ve C vitamini için karnabahar, protein ve kalsiyum için yoğurt).

Karbonhidratlar, kompleks bir konudur. Karbonhidratlar, şeker ve nişasta bebeklerin favorileridir. Çoğu bebek proteinli besinleri, örneğin balık ve eti geri çevirirken karbonhidratlı besinlerden vazgeçmez. Karbonhidratlar basit ve kompleks olmak üzere iki gruba ayrılırlar. Kompleks karbonhidratlar kalorinin yanında vitamin, mineral, protein ve lif sağlarlar (örneğin tam tahıl ekmeği, fasulye, bezelye, yüksek proteinli pastalar, meyveler ve sebzeler). Basit olanlar ise bunlar basit şeker ya da rafine nişasta olarak bilinir kalori dışında çok az şeye sahiplerdir (örneğin şeker, bal, rafine tahıl). Evde doğru karbonhidratları kullanın, diğerlerini sadece mecbur kaldığınızda tercih edin (davet veya gezilerde başka seçeneğiniz yoksa).

Şeker hiçbir şeydir, sadeçe problemdir. Şeker biraz kaloriden başka hiçbir şey sağlamaz. Çocuğu doyurur ve onda faydalı besinler için yer bırakmaz. Ayrıca şeker bakterilerin üremelerine ortam hazırlayarak, diş çürümelerine yol açar. Dolaylı olarak bebeğin krom ihtiyacını attırarak diyabet gelişimi riskini artırır. Hiperaktivite ile şeker yemeyenlere oranla daha aktif olduğunu göstermiştir. Diğer çalışmalar ise bu bağlantıyı gösterememiştir.

Hemen hemen tüm çocuklar şeker sever. Fakat erkenden fazla şeker yiyen çocukların ileride daha fazla şeker düşkünü olduğu gösterilmiştir. Şekerleri bebeğinizden uzak tutun, gerektiğinde sadece şekerlendirilmiş besinleri kullanın. Çoğu anne çocuk iki yaşına gelip diğer çocuklarla ilişki kurana kadar şekeri tamamen yasaklar, bu daha kolay gelir. Şeker olmaması demek tatlı yok demek değildir. Şekersiz bir evde bebek kek ve kurabiyelerden yemelidir. Eğer meyve ve suyu ile tatlandırma yaparsanız çok daha hoşlarına gider.

Besinleri sunarken, nereden geldiklerini göz ardı etmeyin. Doğal bir yiyeceğin sahip olduğu besin değerleri de doğaldır. Hazır yemeklere kazayla veya bilerek katılan kimyasal maddeler, eksik olan besin değerlerinden çok daha zararlı olabilirler. Çocuklar daha ufak oldukları için, arıtma mekanizmaları daha yavaş çalıştığı için bu tip maddelerden daha fazla zarar görebi-

SÜT SEÇİMİ

Çocuğunuzu memeden yeni kestiyseniz veya kesmek üzere iseniz memenin veya mamanın yerini alacak olan süt çeşidinin seçimi çok önemlidir. Amerikan Pediatri Akademisi bu iş için en uygun sütün tam süt olduğunu söylemektedir. Çünkü yağısız süt fazla protein ve sodyum içermektedir bu da bebeğe zararlıdır. Ayrıca bebek 15 aya kadar tam sütteki kolesterol ve yağa ihtiyaç duyar. Çünkü bunlar sayesinde beyin ve sinir sistemi gelişimi için gerekli maddeleri sağlar. Bazıları %2 yağlı süte geçmeyi ve 18 ay civarında da tamamen yağsız süte geçmeyi önermektedir. Diğerleri iki yaşına kadar tam süte devam edilmesini tavsiye eder. Bunu doktorunuz ile görüşün.

Sütün pastörize olması çok önemlidir. Pastörize etmek sütün bir kısım besinlerini azaltsa da enfeksiyon riskini azalttığı için çok önemlidir.

Bebeğinizin yeterince süt aldığından ve doğru ölçülü biberon kullandığınızdan nasıl emin olabilirsiniz. Bir yöntem, günlük süt ihtiyacını hesaplamaktır. Bu 2 tam ve 2/3 bardakta süt yapar ve buna ek olarak 1/3 bardak (dökülme payı) ilave. Her sabah bunu temiz bir kapta hazırlayın ve buzdolabına koyun. Çocuğa vereceğiniz bütün sütü buradan karşılayın (içeceğini ve mamalara koyduklarınızı). Gün sonunda bunun tümü tükenmişse, çocuğun ihtiyacı karşılanmıştır (tabi eğer dökülmediyse). Eğer her akşam çok fazla süt artıyorsa veya çok fazla süt mama sandalyesine dökülüyorsa, şu yollarla bebeğin diyetine ilave kalsiyum desteği yapabilirsiniz:

*Eğer bebeğiniz sadece bir buçuk bardak süt içiyorsa, o zaman yarım bardak yağsız süte bir sofra kaşığı hafif krema ekleyin.

*Bebeğin içmediği her 1/3 bardak süt için diyetine şunlardan birini ekleyin: 10/15 gr. az yağlı peynir (örneğin mozarella), 20 gr. bol yağlı peynir (örneğin çedar), 1/4 bardak yoğurt, 60 gr kalsiyum katkılı portakal suyu.

Bazı günler bebek bunlardan bazılarını atlarsa kaygılanmayın, bir sonraki gün eksik kalan tamamlayacaktır.

lirler. Dolayısıyla doğal besin maddelerini seçmeye çalışın. İşlenmemiş besinleri, taze veya dondurulmuş sebzeleri, taze etleri, taze peynirleri tercih edin. Başka şeyler ile fazla karıştırmayın. Çok fazla saklamayın, fazla pişirmeyin, hava, su ve sıcağa fazla maruz bırakmayın.

Ailece iyi bir yeme alışkanlığı edinin. Babası tabağında havuçlarını bırakan ve şekerlemeyi tercih eden, annesi kahvaltıyı şekerleme ve kurabiyelerle geçiştiren bir çocuk elbette havuç yemez ve şekerli besinlere yönelir. Tek başına yemek zevkli değildir, ailece yemek zevklidir. Bebeğin ve sizin yararınız için tüm ailenin diyetini düzenlemelisiniz.

Diyetin sabote edilmemesine dikkat edin. Çocuğunuz tabii ki alkol, tütün kafein ve haplarla diyetini bozmayacaktır. Fazla abur cubur yemek diyetini bozacaktır, çünkü bunlar faydalı besinlerin yerini alırlar. Tabi evdeki alkol, tütün ve diğer maddelerin yerini çocuk öğrenirse bu da bir sorun olabilir.

YENİ EMEKLEYENLER İÇİN EN İYİ OLASI GÜNLÜK DÜZİNE

Bu ilk olarak En İyi Olası prenatal beslenme yollarını kolaylaştırmak için geliştirilmiştir. Bu geliştirilmiş yolla bebeği beslemek çok kolaydır. Çocuğun az porsiyonlar yediğini düşünürsek ona uygun gıdaları uygun kombinasyonlar ile verin. Tek başına birden fazla besin maddesi içeren gıdaları unutmayın. Ölçüleriniz tam olmayabilir. Bir kibrit kutusu kadar peyniri ve yarım kupa havucu çıplak gözle ölçemiyorsanız, rahat hissetmek için bunları aletle ölçebilirsiniz. Genelde ölçü kaşıkları kullanmak, ayarları tutturmanın kolay bir yoludur.

BEBEKLER İÇİN VEJETARYEN PROTEİN KOMBİNASYONLARI

Çocuğunuzun protein ihtiyacının bir kısmını hayvansal ürünlerden karşılaması tercih edilir: et, balık, tavuk, yumurta. Sizin diyetinizde bu imkânsız ise, aşağıdaki kombinasyonlardan sebze kaynaklı olarak protein ihtiyacını karşılarlar: Tam protein öğünü için (6 gr. kadar) baklagiller listesinden bir porsiyon ile tahıllar listesinden bir porsiyon birleştirin.

TAHILLAR
15 gr. soya
1/6 bardak yulaf (pişmemiş)
1/4 bardak pişirilmiş pirinç
1/3 bardak pişirilmiş bulgur
1 dilim tam tahıl ekmeği
1 küçük (30 gr.) tam buğday ekmeği
3/4 sofra kaşığı fıstık yağı

BAKLAGİLLER
3 sofra kaşığı bezelye, soya fasulyesi, fasulye
1/3 bardak yeşil bezelye

Not: Baklagilleri iyice ayıklayın ve ezerek yedirin. Fındık da iyi bir protein kaynağıdır, fakat iyice ezmeden vermeyin.

Kalori-ortalama 900 ila 1350. Hesaplamak gerekli değildir. Onun kilosunu izleyerek yeteri kadar kalori alıp almadığını takip edebilirsiniz. Aynı eğride devam ediyorsa kalori alışı yeterlidir, fazla değildir. ani bir değişim bebek çok kilo aldığında veya kilo verdiğinde olur. Bu gelişim eğrisine yeterli besin miktarı bebeğin metabolizma, büyüklük ve hareketliliğine bağlıdır. Unutmayın çok az kalori onun gelişimini ve büyümesini yavaşlatır.

Protein-dört bebek servisi (yaklaşık 25 gram). Bir bebek servisi yaklaşık olarak şunlardan birisine eştir: ¾ bardak süt, 1?4 bardak yağsız kuru süt, 1?2 bardak yoğurt, 3 sofra kaşığı peynir, 20 gr. sert peynir, 1 tam yumurta veya 2 yumurtanın beyazı, 20-30 gr. balık; kümes hayvanı veya kırmızı et, bir buçuk sofra kaşığı fıstık yağı, bir bebek vejetaryen protein kombinasyonu.

C vitaminli besinler-iki ya da fazla bebek servisi[1]. Bu servislerin tüm öğünlere dağıtmanız, verilen demir içerikli besinlerden demir alımını da arttıracaktır (örneğin kahvaltıda bir bardak portakal suyu, öğlen meyve vb.). Bir bebek servisi şunlardan birine eştir: 1/2 küçük portakal veya 1/4 orta greyfurt, 1/4 bardak taze çilek, 1/4 taze portakal suyu, 1/4 Brüksel lahanası, 1/2 bardak pişirilmiş yeşillik, 1/4 orta yeşil biber veya 1/6 orta kırmızı biber, bir küçük soyulmuş domates, 3/4 bardak domates suyu, 3/8 bardak sebze suyu.

Kalsiyumlu besinler-dört bebek servisi. Bir bebek servisi şunlardan birine eştir: 2/3 bardak süt, 1/3 bardak süt 1/8 bardak yağsız süt, 1/4 bardak yağsız süt, 1/2 bardak kalsiyum katkılı süt[2], 20 gr. az yağlı peynir, 120 ml. kalsiyumlu portakal suyu.

Bir yarım bebek servisi 40 gr. konserve somon ve 30 gr. konserve sardalyaya eştir.

Yeşil yapraklı ve sarı sebzeler ve sarı meyveler-günlük iki ya da daha fazla bebek servisi.[3] Bir bebek servisi şunlardan birine denktir: 1 taze orta kayısı, 1/8 büyük mango, 1/2 büyük şeftali, 2-3 sofra kaşığı pişmiş yeşillik, 1/4 küçük havuç, 1/2 şeker katılmamış sukabağı, 1 küçük soyulmuş domates, 1-2 bardak domates püresi, 3/4 bardak domates suyu, 1/4 büyük kırmızı biber.

Diğer meyve ve sebzeler-bir, iki ya da daha

1.Çocuğunuz hastalanır veya üşütürse dörde çıkartın.

2. Yağsız süt ve kalsiyumlu süt kalsiyum ihtiyacını karşılamak için kolay bir yoldur. Fakat bunları çok sık kullanmaktan kaçının.

3. Çok fazla karoten-bu madde A vitamininden gelir-erişkinlerde olduğu gibi bebeğin derisinin sararmasına sebep olur. Bunun için çok fazla bu tip besin vermeyin. Örneğin günde üç dört tane havuç fazladır.

BEBEKLER İÇİN MANDIRA PROTEİN KOMBİNASYONLARI

Bunlardan birini vejetaryen protein kaynağı tablosundan bir tahıl veya baklagil ile kombine edin.

2 sofra kaşığı lor peyniri
1/3 bardak süt
2 sofra kaşığı yağsız süt tozu
1/3 bardak yoğurt
1/2 yumurta, 1 yumurta beyazı
10 gr. az yağlı sert peynir (örneğin mozarella)
15 gr. çok yağlı peynir (comenibert gibi)

fazla bebek servisi. Bir bebek servisi şunlardan birine eştir: 1/2 elma, 1/2 beyaz şeftali, 1 ufak muz, 1/4 bardak elma suyu, 1/3 bardak vişne, 1/2 dilim ananas, 1/4 orta avokado, 3/8 bardak yeşil bezelye, 1/4 bardak dilimlenmiş mantar, 1/2 küçük mısır.

Tam tahıl ve diğer konsantre kompleks karbonhidratlar-altı veya daha fazla bebek servisi. Bir bebek servisi şunlardan birine eştir: 1/2 dilim tam tahıl ekmeği, 1/2 küçük pita, 2-4 tam tahıl krakeri.

Demiri zengin besinler-hemen her gün. İyi demir kaynakları: kırmızı et, soya, buğday, tam tahıl, karaciğer ve diğer sakatatlar (bunları az verin zira kolesterolleri fazla), ıspanak (az verin çünkü nitrat ve oksalik asit düzeyleri yüksek). Bunlarla birlikte C vitaminli besinler de alınırsa demir daha iyi emilir. Eğer çocuğunuz bunlardan fazla almıyorsa ve solgun görünüyorsa o zaman doktorunuz demir tedavisine başlayabilir.

Bol yağlı besinler-günlük altı ila yedi bebek servisi. Bir bebek servisi şunlardan birine eştir: 1-2 sofra kaşığı çoklu doymamış yağ, zeytinyağı, tereyağı, margarin veya mayonez, bir buçuk sofra kaşığı krem peynir, 1 sofra kaşığı fıstık yağı, 1/4 ufak avokado, 1 yumurta, 2/3 bardak tam süt, 3/4 tam-süt yoğurt, 1 sofra kaşığı ağır krema, 2/3 ons sert peynir, 6 dilim tam tahıl ekmeği, bir buçuk ons kuzu, sığır veya domuz eti. Bunlar günlük kalorinin %30'unun yağlardan elde edilmesini sağlar. Tam süt içeren ve haftada birkaç yumurta yiyen çocukta ekstra hayvansal yağ ihtiyacı yoktur. Yağ açığı doymuş yağa nazaran doymamış yağlar ile kapatılmalıdır (örneğin zeytinyağı). Tipik bir bebek yağ ihtiyacını şöyle giderir, 2 bardak süt, 20 gr. peynir, 1 yumurta, 3 dilim tam tahıl ekmeği, 40 gr. biftek. İlave yağ gerekmez.

Tuzlu besinler-ilave tuzu yasaklayın. Her insan sodyumklorürdeki (tuz) sodyuma yaşamak için gerek duyar. Fakat Amerikalı bebek, çocuk ve yetişkinler ihtiyaçlarından çok daha fazla tuz almaktadır. Sodyum ihtiyacı olan verdiğiniz besinlerle kolaylıkla karşılanmaktadır (süt, yumurta, peynir vb.), hatta kolayca artabilmektedir. Fazla tuz alımını engellemek için yemek pişirirken çok az tuz kullanın ve tuzlu gıdaların alımını kısıtlayın (örneğin patates cipsi, kraker, yeşil zeytin vb.). Ayrıca kullandığınız tuz iyotlu olmalı, böylece iyot eksikliğini önlemiş olursunuz.

Sıvılar-günlük dört ila altı bardak. Bebek sıvı ihtiyacının bir kısmını yemeklerden, meyvelerden, sebzelerden alır, bu da %80-95 sudur. Fakat 4-6 bardak meyve suyu tercihen sulandırılmış, sebze suları, çorba, veya saf su verilmelidir. Süt bir bardakta sadece 2/3 bardak sıvı sağlar.

Destekler. Bazı doktorlar bir veya daha büyük yaşta sağlıklı bebeklere destek gerekmediğini düşünürler. Bazıları da ilk yılı geçene dek sigorta olarak demirli mineral-vitamin desteklerinin gerekliği olduğunu savunurlar. Çocukların ilginç yeme alışkanlıklarını göz önüne alırsak bu iyi bir düşüncedir. Ancak ona her gün vitamin hapı vermeniz, ona düzgün bir diyet sağlamayacağınız anlamına gelmez. Seçtiğiniz vitamin-mineralin bebeğin yaşına uyumlu olması çok önemlidir. Çocuğun dişleri çıkana dek sıvı ilaçları kullanın sonra çiğneme tabletlerine geçersiniz.

İLK DOĞUM GÜNÜ PARTİSİ

"Evdeki herkes kızımın ilk doğum günü için heyecanlanıyor. Bu partinin özel olmasını istiyorum fakat onun için çok ağır olmasını istemiyorum."

Birçok aile ilk doğum gününe kendini öyle kaptırır ki onun hâlâ bir bebek olduğunu unuturlar. Bu gece maalesef onur konuğunun fazla ilgi altında ezilmesi veya ağlaması ile sonlanabilir.

Konuk sayısını az tutun. Çok fazla insanla (aileden olsa bile) dolu, gürültülü bir oda sonunda onun ağlamasına neden olur. Uzun davetli listesini evlilik töreni için saklayın. Bu seferlik yakın akraba ve dostlarla idare edin. Eğer başka bebeklerle vakit geçirdiyse o zaman doğum gününde de birkaç bebek çağırın. Yoksa doğum günü onun sosyal yaşamına başlaması için pek uygun değildir.

Dekora dikkat. Odayı birçok maske, kurdele ve balonla süslemek size hoş gelebilir fakat ona gelmez. Çok fazla insan gibi bu da bir bebeğe ağır gelir. Hafifçe süsleyin (seveceği bir oyuncak ayı, kuş vb.).

Ona pasta yedirin. Fakat pasta onun yememesi gereken türden olmasın (örneğin çikolata, fındık, bal vb.). Mesela meyve suyu veya taze şekersiz kremayla ıslatılmış havuç keki. Bunu da sevimli bir şekle sokabilirsiniz. Evde yapılmış ya da hazır dondurma ile servis yapabilirsiniz.[4] Pastayı bebeğin yemek saatinde kesin ve onun porsiyonunu ufak tutun. Eğer pasta faydalı besinlerden yapıldıysa ve bebek çok severse bırakın yesin. Doğum günü boğulma riskiyle karşılaşma için uygun zaman değildir, dolayısı ile mısır, fıstık gibi tehlikeli yiyecekleri uzak tutun. Ayrıca güvenlik amacıyla tüm küçük konukların oturarak yemesini sağlayın.

Palyaço çağırmayın. Veya sihirbaz ya da herhangi paralı oyun arkadaşı. Bunlar bebeğinizi korkutur. Bir yaşında bir bebek narin ve duygusaldır, bir an ona tatlı gelen biraz sonra onu korkutabilir. Onun parti oyunlarına katılmasını da beklemeyin, daha bunlar için erken. Birkaç tane de ufak konuk varsa ortalığa aynı çeşit oyuncaklardan çıkarın. Aynısından birkaç tane olması çekişmeyi engeller. Basit ve güvenli olarak renkli lastik toplar, banyo oyuncakları, hediyeler açılmadan önce ufak misafirlere verilebilir.

Ondan performans beklemeyin. Kameraya bir gülücük, birkaç adım veya hediyeler açılırken sevinme elbette güzel şeylerdir fakat bunlara fazla bel bağlamayın. Ona bir ay önceden gerekli alıştırmaları yaptırdıysanız mumları üfleyebilir fakat çok mükemmellik beklemeyin. Onu kendi haline bırakın (fotoğraf çekilirken dönebilir, pahalı hediyeler yerine boş bir kutuyla oynayabilir, ayakta biraz bile durmayabilir).

İyi zamanlayın. Günü seçmek çok önemlidir. Bu özel günden önce iyi dinlendiğinden ve beslendiğinden (partide yesin diye öğlen yemeğini atlamayın) emin olun. Sabahları uyuyorsa partiyi sabah yapmayın veya öğlen yemekten sonra şekerleme yapıyorsa parti için bu zamanı seçmeyin. Yorgun bir bebeği bir partiye davet etmek felaketleri davet etmek anlamına gelir. Partiyi kısa kesin -en fazla bir buçuk saat- zira partinin sonunda ya da ortasında enkaz haline gelmemeli.

Kaydetmeyi unutmayın. Parti onun çocukluğu gibi çok hızla geçer. Video veya fotoğraflar çok değerlidir.

HENÜZ YÜRÜYEMİYOR

"Bugün oğlumun ilk yaş günü ve o henüz ilk adımını atmaya çalışmadı bile. Şimdi yürümesi gerekmiyor mu?"

İlk yaş gününde ilk adımlarını atmak bir bebek için ve hatta ailesi için uygun olsa da, bazı

4. İyi haber: meyve suyu ile şekerlendirilmiş dondurmalar satılmaktadır ve çok lezzetlidir. Kötü haber: bunların bazıları ağır krema ve yumurta sarısından yapılmaktadır. Bunları sadece özel günlere saklayın ve hafif olanlarını seçmeye gayret edin.

bebekler bunu yapmazlar. Kimileri haftalar aylar önce bu işe başlarken bazıları bu anlık mihenk taşına çok sonra ulaşırlar (bazen çevrede anne babaları yokken). Kameralarını bu iş için hazırlayan aile fertleri için yürümeden geçen bir doğum günü hayal kırıklığı anlamına gelir, fakat bu bir gelişme problemine işaret etmez.

Farklı çalışmalar ortalama yürüme yaşını 13-15 ay arasında vermektedir. Çoğu çocuk ilk yaş gününden sonra yürür. İlk adımın 9 ayda, 15 ayda veya sonra atılmış olması bebeğin zekâsı ile ilgili bir gösterge değildir.

Erken veya geç yürüme genetik programla da ilişkilidir ve aileye bağlıdır. Elbette kilo ve vücut yapısı da çok önemlidir. Ağır bir bebek hafife, uzun bacaklı kısa bacaklıya göre daha zor yürür. Bu ayrıca ne aman ve ne kadar emeklemeyi öğrendiğine de bağlıdır. Efektif emekleyemeyen bir bebek bu işi rahatça yapana göre daha erken yürüyebilir.

Kötü beslenme ve kötü çevre de yürümeyi geciktirebilir. Mesela annesinin ellerini ilk bırakışında kötü bir düşüş negatif bir etki olabilir. Böyle bir durumda bebek tamamen toparlanmadan yeni bir deneme yapmamalıdır. Ailesi tarafından çok zorlanan ve her gün egzersiz yaptırılan bir çocuk isyan edebilir. Ve kendi başına bırakılsa daha erken yürüyebilecekken bu iş gecikir. Hastalıklar yüzünden enerjisi azalmış bir bebeğin ilk adımları gecikebilir. Odadan odaya gayet iyi yürüyen bir bebek, havasında olmadığı zamanlarda hem iki adımda bir düşebilir; havası düzeldiğinde tekrar normale döner.

Sürekli olarak oyun havuzunda oturtulan, pusette oturan bu yüzden bacak kaslarına gelişme şansı verilmeyen bir bebeğin de yürümesi gecikir, tabi diğer yönleri de. Ona ayağa kalkması, tutunarak ilerlemesi için zaman ve uygun ortam hazırlayın. Tehlikeli eşyaları uzaklaştırın, kayganlığı engelleyin ve koltukları yakın koyun böylece güvenle birinden diğerine tutunarak ilerleyebilsin. Yere basarken ayak parmaklarından da yardım aldığı için çıplak ayakla daha kolay yürür. İlk adımını atan bir bebek için çoraplar çok kaygan, ayakkabılar çok sert ve ağırdır.

Çoğu bebek bir buçuk yaş civarı yürümeye başlar. Eğer çocuğunuz 18 ayda hâlâ yürümüyorsa doktorla konuşup yürümeye engel olan fiziksel ve duygusal olayları araştırtın. Fakat bu yaşta bile yürümeyen bir çocuk panik için neden değildir.

BİBERONA BAĞLILIK

"Bir yıl sonunda oğlumu biberondan kesmeyi umuyordum. Ancak biberona öylesine bağlı ki onu bir dakika bile ayırmak mümkün olmuyor."

Küçük bir ayı ve tatlı bir battaniye gibi biberon da bir bebek için duygusal rahatlık ve haz anlamına gelir. Fakat küçük bir ayı veya battaniyenin aksine doğru kullanıldığında veya bir yaşından çok sonra kullanılmaya devam edildiğinde çok zararlı olabilir.

Biberondan içmenin bebek için en zararlı sonucu dişler üzerinedir. Bir kısmı zaten aşınmıştır ve gelecek olanlar da aşınacaktır. Ağzında biberonla uykuya dalan bebekler de diş kaybı, sağlıksız bir ağız ve kötü beslenme alışkanlıkları görülür. Diğer bir tehdit kulaklar üzerinedir. Bir yaşından sonra biberon kullanmaya devam eden çocuklarda kulak enfeksiyonlarının görülme şansı fazladır. Ayrıca biberon, bebeğin dengeli beslenmesini de engeller. Tüm gün boyunca biberondan süt ve meyve suyu emmek onu mutlu eder ve açlığını giderir. Fakat diğer gerekli besinleri almasına engel olur. Eğer tüm bunlar şimdi bardağa geçmenin gerekliliğini düşündürmeye yetmiyorsa bir de onun sürekli biberonlayken gelişiminden kaybedeceklerini düşünün. Sürekli elinde biberon olan bir çocuğun, oyun oynamak, çevresini keşfetmek ve öğrenmek için sadece bir eli boş kalır. Ayrıca sürekli ağzı dolu bir çocuk konuşmaya da pek vakit bulamayacaktır.

Bu nedenlerle birçok pediatr ilk yaş günü veya biraz sonrasında biberonun terk edilmesini tavsiye etmektedir. Biberondan ayırmak için zaman kolay olmayacaktır, ancak kuvvetli bir bağımlılık oluşmuşsa hemen şimdi ayırmak sonra ayırmaktan daha kolay olacaktır. Çünkü sonraları bebekte inatçılık ve başkaldırı daha kolay ortaya çıkar. Kesme ile ilgili kolaylaştırıcı ipuçları sayfa 306'da verilmiştir.

Eğer şu anda tamamen biberonu bırakabileceğini düşünmüyorsanız, en azından biraz kısıtlamalısınız. Ne zaman, nerede ve ne sıklıkla biberon kullanacağını kısıtlayın. Günde iki veya üç defa biberonu verin, yemek aralarını küçük atıştırma ve bardaktan sıvılarla destekleyin. Biberonu suyla doldurmak da onun ilgisinin azalmasına yardım edecektir, ayrıca dişlerini de çürütmeyecektir. Dolaşırken, yatakta, oyun oynarken biberondan emmesine izin vermeyin. Sadece bir erişkinin kucağında içmesinde ısrar edin, eğer kucaktan inerse biberonu alın ve buzdolabına koyun, tabii eğer hâlâ doluysa. Sonunda kucakta beslenmekten sıkılıp, şişeyi bırakacaktır. O gün çok uzakta olsa bile bu tip katı kurallar sayesinde bu dönem boyunca kendine verebileceği zararı azaltırsınız.

MEMEDEN KESİLMİŞ BEBEĞİ YATAĞA YATIRMAK

"Bebeğimi daha henüz hiç uyuya kalmadan yatağına yatırmadım-her zaman uyuyana dek meme emer. Peki artık bardak kullanmaya başladığında onu nasıl yatıracağım."

Bebek için rüyalara dalana değin süt emmek ne kadar kolaydı. Ve sizin için de böyle huzur dolu bir ortamda emzirmek. Ancak eğer memeden kesmekte ciddiyseniz, geceleri onu yatağa yatırmak biraz daha fazla çaba gerektirecek.

Uyumak için ihtiyaç duyduğunuz uyku hapları ve gece yarısı şovları gibi alışkanlıklardan vazgeçmek mümkün olduğuna göre memeden süt emmeden vazgeçmek de mümkündür. Bir kez başardığınızda, bebeğiniz hayatının en değerli yeteneklerinden birisini kazanacaktır, kendi başına uykuya dalmak. Bu hayali gerçekleştirebilmek için şu planı izleyin:

Eski alışkanlıkları koruyun. Her gece uyku vaktinde, rutin olarak aynı işleri aynı işleri sırayla yapın. Her gece tekrarlanan aynı olaylar herkesin, bir çocuğun ve bir erişkinin uykusunu getirir. Halen böyle bir alışkanlık yaratmadıysanız, uykudan önceki memeyi kesmeden en az iki hafta önce bir tane oluşturmalısınız. Çevre şartlarının da uyku için uygun olmasını sağlayın. Oda ne sıcak, ne soğuk olsun, karanlık veya hafif bir ışık olsun. Ev halkı normal seste bir fon oluşturabilir, böylece ihtiyacı olduğunda sizin yanında olacağınızı bilir (bebeği uyutmak için daha fazla ipucu, bakınız sayfa 111).

Yeni bir olay ekleyin. Memeden kesme gününe birkaç gün ya da bir hafta kala uyku öncesine bir ufak kahvaltı ekleyin. Pijamaları ile yatakta otururken bir şeyler atıştırsın, siz de bu arada ona bir şeyler okursunuz. Yemeği hafif tutun, fakat tatmin edici olsun (örneğin bir kurabiye, yarım bardak süt veya bir parça peynir), bunun zevkini çıkarmasına izin verin. Bu ufak yemek hem onun bırakmakta olduğu memenin yerini alacak, hem de süt içmek uyumasına yardım edecek. Tabii önceden onun dişlerini fırçalıyorsanız, şimdi bunu ufak yemekten sonra yapmalısınız. Dişlerini fırçaladıktan sonra susuzluk hissederse, ona su verin.

Eski bağımlılığı ortadan kaldırın, fakat yerine yenisini eklemeyin. Eğer uyku getirecek herhangi bir şey varsa, uyumak çok kolaydır. Eğer bebeğinizin uyuması için yeni bir destek verirseniz (şarkılar, sallanma veya müzik), ortadan kaldırmak için yeni bir alışkanlık yaratmış olursunuz. Tamamen kendi başına uyku yeteneği, onu yalnız başına bıraktığınızda gelişir. Dolayısı ile uykudan önce müzik veya şarkı sağlayabilirsiniz fakat bunu uyuyana kadar sürdürmeyin. Onu yatağına kuru, mutlu, rahat ve kucaklayarak yatırın, fakat uyanık olsun.

Biraz ağlamaya hazır olun. Veya çok fazlasına. Muhtemelen bu yeni sisteme karşı gelecektir. Çok az bebek bu değişimi kavga etmeden kabul eder. Fakat ağlamalar birkaç gece içerisinde azalmalı ve sona ermeli. (Bebeğin ağlamasına izin verecek metotlar için bakınız sayfa 231)

GECE UYANMAK

"Bebeğimiz tüm gece uyurdu, fakat aniden gecede bir iki defa uyanmaya başladı. Onu odasında yalnız bıraktığımda çok üzülüyorum, onu ağlarken bırakmak istemiyorum."

Ayrılma kayısı 12-14 ay arasında doruk noktasına çıkar ve gündüzleri sıktır. Fakat geceleri de ortaya çıkabilir. Gece onu ayırmak onu yalnız başına bırakır, ayrıca gündüz ayırmaktan çok daha fazla duygusal travmaya neden olabilir. Sonuç olarak birçok bebek huzursuz, sinirli ve uykusuz geceler geçirir.

Gece ayrı olmaktan kaynaklanan kaygı, annesi çalışan çocuklarda daha ciddi boyutlardadır (zaten gündüz annesini göremeyen çocuk, onu gece de kaybetmekten korkar), ortalıkta bir de yeni bakıcı varsa işler çok daha zorlaşır. Gündüzleri yanında olun veya olmayın, yatmadan önce onun endişelerini hafifletmek için onu kucaklayın ve ona özel ilgi gösterin, bu ona uykudan önce bir sigorta olacaktır (masayı toplamayı ve bulaşıkları biraz sonraya bırakın). Uyku öncesi verilen yoğun anne ve baba sevgisi ona yardım edecektir.

Eğer bebeğiniz uykuya dalmakta zorlanıyorsa veya gece korkuyla uyanıyorsa, 'bırak ağlasın' pek iyi bir yaklaşım olmaz. Onun yanına gidin, başında on dakika kadar oturun, sakince 'Şşşşşş' yapın ve sırtını okşayın. Onu uykulu, sakin ve umutlu olarak atağında bırakın ve eğer mümkünse tekrar ağladığında geri dönmeyin. Eğer bebek diş çıkardığı için uyanıyorsa, bakınız sayfa 371. Eğer hiçbirisi işe yaramıyorsa, doktorunuzla sütsüz bir diyet bağlantı kurun, zira süt tahammülsüzlüğü uykusuzluğa neden olabilir.

UTANGAÇLIK

"Eşim ve ben son derece sosyal insanlarız. Kızımızın ne kadar utangaç olduğunu görmek bizi çok üzüyor."

Siz ve eşiniz ne kadar sosyal olursanız olun, kızınız gerçekten utangaç ise bunun kaynağı yine sizsiniz. Oluşturduğunuz örnekten değil, genetik yapıdan. Utangaçlık el işi veya el yazısı gibi doğumsaldır ve kişiye hastır. Kişiye özgü olsa da bunu aileler ortaya çıkartır. Utangaçlığı değiştirmek mümkündür, fakat tamamen ortadan kaldırmak çok nadirdir. Bu çocuğunuzun kişiliğinin bir parçası ise değiştirmeye çalışmayın.

Kimi çocuklar hep içe dönük kalırken, çoğu gelecekte girişken birer erişkin olur. Onların kabuklarını kıran aile baskısı ve yönlendirmesi değil, büyük sevgi ve destektir. Onun utangaçlığına dikkat çekmek, kısa dönemde onun kendine güvenini zedeler ve ileride onu daha fazla utangaç yapar. Diğer yandan ona yardım etmek, onun kendini rahat hissetmesini ve başkaları ile daha rahat hissetmesini sağlayacak, sonunda utangaçlığa son verecektir.

Utangaçlığı sadece eksik olan sosyal yaşamından kaynaklanıyor olabilir. Bir hatta iki yaşındakiler bile henüz arkadaşlık yapmaya hazır değillerdir. Üçüncü doğum günü yaklaşırken sosyal konulardaki hızlı gelişimi ile sizleri şaşırtabilir.

SOSYAL GERİLİK

"Son birkaç haftadır bir oyun grubuna yazıldık. Fakat bebeğimin diğer bebeklerle oynamadığını fark ettim. Onu nasıl daha sosyal yapabilirim."

Yapamazsınız ve yapmamalısınız. İki yaş altında bir bebek sosyal bir varlık değildir ve hiçbir program onu sosyal yapamaz. Sosyal eksiklik sadece eski nesillerin konusu değildir. birçok çocuk 3, 4 hatta 5 yaşına kadar grup oyunlarına katılmaz. Fakat bugünün anneleri daha bebek bir yaşına varmadan onu oyun gruplarına sokmakta, iki ve üçünde de anaokuluna yazdırmaktadır. En azından bir kısmında bu düşünce hakimdir.

Erkenden yaşıtlarıyla birlikte olmak nedeniyle çocuğunuza birkaç virüs ve hastalıktan başka fazla bir zarar gelmez. Fakat sosyalleşme için ebeveyn baskısı çocukta duygusal hasarlara yol açabilir. Bu yüzden üç yaşın altındaki çocuklar bu işe hazır değildir. çok nadiren yan yana oynamaktan fazlasını yapabilirler, bir arada oynayamazlar. Bu bencilliklerinden değildir. Henüz diğer çocukların da dikkat ve zaman harcamaya değer olduklarının farkında değillerdir.

Unutmayın, bebeğiniz nasıl oyun arkadaşı olunacağını bilmek zorunda değildir. Davranışları yaşına bağlıdır. Onu başka çocuklar ile oynamaya itmek, bu tip olaylardan tamamen kaçmasına sebep olur. En iyisi onun sosyalliğini olduğu gibi kabul edip, kendi akranları ile ilişkisini onun kontrolüne bırakın. Sadece şu an için değil, gelecek yıllar için de.

PAYLAŞMA

"Küçük oğlumun bir oyun grubu var. O ve diğer çocuklar zamanlarının büyük bir kısmını aynı oyuncağa sahip olmak için savaşmakla harcıyorlar. İşler ne zaman düzelecek?"

Bir süre daha değil. İki veya sıklıkla üç yaşına gelmeden çocuklar paylaşma kavramını anlamaya başlayamazlar. Şu anda onların kendi ihtiyaç ve istekleri, onlar için önemli olan tek şeydir -akranları obje olarak görürler, kişi olarak değil-. Bu sebeple oyun grubundaki her çocuk istediği herhangi bir anda, istediği herhangi bir oyuncakla oynama hakkının kendinde olduğunu sanır. Önümüzdeki iki sene içinde onu paylaşma noktasına getirmek, büyük ölçüde açıklama ve tatlılıkla ikna etmekle mümkün olacaktır. Ve tabii ki bu noktaya erişmesi onun için önemlidir. Ama 2 ya da 3 yaşındaki çocuğunuz bir misafiriniz oyuncak kamyon ya da ayısına dokunmasına karşı çıkması, parktaki bir çocukla çörekleri paylaşmaması, küçük kuzeni yürütecini kullandığında bağırması halinde, fazla müdahale etmemeniz önemlidir. Siz bile ne sıklıkla, bırakın bir yabancıyı bir arkadaşınızın bile arabanızı kullanmasına, dondurmanızın yarısını yemesine, ya da en sevdiğiniz sallanan sandalyenizdeki yerinizi almasına izin veriyorsunuz?

VURMAK

"Oğlum kendinden biraz büyük çocuklarla beraber oyun grubunda bulunuyor. Bazıları istekleri olmayınca diğerlerine vurmaya başladı ve benim oğlum da aynısını yapıyor. Bu konuda ne yapmalıyım?"

Bebeğin yumruğu nadiren zarar verebilir. Fakat sadece zararsız olması demek buna izin verilebileceği anlamına gelmez. O henüz diğer çocukların da hisleri olduğunu anlayamaz, fakat vurmaması gerektiğini öğrenebilir.

Çocuğunuz vurduğunda, ısırdığında veya herhangi zararlı bir hareket yaptığında derhal reaksiyon gösterin ve soğukkanlı davranın. Öfke onu daha savunmacı ve sinirli hale sokabilir. Poposuna bir tokat vurmak ona sinirlendiğinde vurmanın uygun olacağını öğretir. Fazla reaksiyon göstermek, bir dahaki sefere daha çok ilgi çekmek için tekrarlayacağı anlamına gelir. Onu hemen olay yerinden uzaklaştırın ve bu arada ona vurmanın kötü olduğunu ve insanların canını yakabileceğini anlatın. Öğütler sona erdiğinde kafasını dağıtmak için konuyu değiştirin. Her gerektiğinde bu şekilde davranın, sonunda olayı kapacaktır.

Aynı zamanda, oyun sahasında çocuğun kullanabileceği ve bir yumruktan daha fazla zarar verebilecek şeylere dikkat edin (ayak, oyuncaklar, çubuklar vs).

BİR YETENEĞİ UNUTMAK

"Geçen ay kızım hep giderken el sallıyordu. Fakat şimdi bunu unutmuş gibi görülüyor. Onun zekâ olarak ilerleyeceğini düşünmüştüm, tersini değil."

Daha farklı yetenekler için gelişiyor. Bir bebek bir yeteneği öğrenene kadar sürekli tekrarlar ve bir defa öğrendi mi bir kenara bırakıp, yeni bir yeteneği kovalamaya başlar. Mesela her gidişinde el sallamaktan sıkılmış olabilir, artık her dört ayaklıyı gördüğünde zevkle havlar veya el çırpmaca oynar. Yapmayı bıraktığı şey artık ilgisin çekmiyor demektir. Unuttuklarına üzülmekten vazgeçin ve kovalamaya başladığı yeni yetenekler için onu cesaretlendirin.

Ancak bebeğiniz düzenli olarak yaptığı birçok şeyi kaybederse, endişelenebilirsiniz. Ve eğer yeni hiçbir şeyi öğrenemiyorsa, doktora haber verin.

İŞTAH AZALMASI

"Aniden oğlum yemeklere olan ilgisini kaybetti, sadece yemekten biraz alıp sonra da hemen mama sandalyesinden inmek istiyor. Hasta olabilir mi?"

Doğa kanunları gereği oğlunuz yeme konusunda idare düzenine geçmiş olabilir. İlk aylardaki hız ve miktarda yemeğe devam etse, ufak bir çocuk yerine küçük bir gemi olurdu. Çoğu bebek ilk sene kilolarını üçe katlar, ikinci sene sadece dörtte birlik bir artış izlenir. Dolayısıyla bu iştah azalması normal gidişin gereğidir.

Onun yemek alışkanlığını etkileyen başka faktörler de vardır. Biri çevreye olan ilgisinin artmasıdır. İlk yılın büyük kısmı yemek saatlerinde tek gördüğü annesinin kolları ve mama sandalyesiydi. Şimdiyse bunlar onu yapabileceği, görebileceği ya da keşfedebileceği birçok yeni şeyden alıkoyan görüntülerdir (yapacak çok şey, açılacak çok bela fakat bir günde çok az zaman var).

Artmakta olan bağımsızlık duygusu da onun önüne konan yemeğe reaksiyon göstermesine yol açabilir. Büyümekte olan bir bebek yemek masasının hâkiminin sizin yerinize kendisinin olması gerektiğini düşünebilir. Farklı lezzet arayışı kural olabilir. Bir hafta boyunca her gün fıstık ezmesi, yemek isteyebilir, ertesi hafta ise fıstık ezmesini ağzına sokmayabilir. Onunla savaşmaktansa, seçimlerine göre mönüyü planlayın (seçtiği yiyecekler sürece). Sonunda yemek konusundaki tuhaflıkları düzelecektir.

Belki de bebek, mama sandalyesine hapsedilmeyi sevmiyordur, o zaman onu da ailenin yanında masaya oturtun. Veya sizler kadar uzun süre masada oturmaktan sıkılıyordur. Yemeği gelene kadar onu masaya oturtmayın ve huzursuzlandığı anda aşağı indirin.

Bazı çocuklar diş çıkartırken geçici olarak iştahlarını kaybederler. Özellikle ilk iştahsızlığa eşlik eden huzursuzluk, parmak çiğneme ve diğer diş çıkartma belirtileri varsa, emin olun bu durumun geçmesiyle iştah düzelecektir. Eğer ateş ve halsizlik gibi hastalık belirtileri varsa doktorunuza haber verin. Eğer kilo alması durduysa, halsiz görünüyorsa, hareketsiz ve huzursuz ise, cildi kuruysa, saçları cansızsa bir hekime danışmalısınız.

Onun bu normal gelişimine bağlı iştah azalması için hiçbir şey yapamazsınız. Ancak yediği kadarı ile yeterli besin aldığından emin olun (Aşağıya bakınız).

BEBEK UYGUN BESİN ALIYOR

"Oğlum et ve sebze yemediği için yeterince protein ve vitamin alamadığından korkuyorum."

Bir yaşında bir çocuğun ara sıra ve telaşla yediği yemeğin onun ihtiyacını karşılayamayacak gibi görünmesi mümkündür, fakat ihtiyaçları o kadar ufaktır ki, karşılanır. İhtiyaçlar sadece belirli kaplarda gelmez (et ve balıktan protein, ıspanaktan A vitamin vb.), beklenmedik lezzetli yollarla da gelebilir.

• Protein. Bebeğiniz hiç et, balık ve tavuk tatmadan da yeterli proteini alabilir. Süzme peynir, sert peynir, yoğurt, yumurta, tam tahıl ekmeği, kuru fasulye ve bezelye bunu sağlayabilir. Bir yaşında çocuğun ihtiyaçları, 2+2/3 bardak süt ve 2 dilim ekmek, 2 bardak süt ve 30 gr. İsviçre peyniri, 1 bardak yoğurt, 1/4 bardak süzme peyniri ile karşılanabilir.

Eğer bebeğiniz proteinli besinleri sevmiyorsa, ona örneğin yağsız süttozu ve yumurta kullanarak pankek hazırlayın. Sayfa 563'deki tariflere ve sayfa 321'deki vejetaryen protein kombinasyonlarına bakın.

• Sebze vitaminleri. Vitaminlerin tümünü farklı sebzeler hazırlayarak verebilirsiniz (sukabağı kurabiyesi, havuç keki, domates suyu, vb.). Daha az sevilen yeşil sebzelerdeki vitaminlerin tümünü, sarı şeftali, mango ve tatlı patateslerden sağlayabilirsiniz. Daha fazla kaynak için yeşil sebze, sarı sebze ve sarı meyve listelerine bakınız. Ve sayfa 563'deki tarifleri deneyiniz.

Ve onu beslerken, şu noktaları unutmayın:

Bebeğin iştahının yol göstermesine izin verin. Açken bol yemesine ve tokken az yemesine izin verin. Sakın zorlamayın. Fakat aralarda yemesine engel olarak asıl öğünlerde acıkmasını sağlayın.

Abur cuburu engelleyin. Çok ufak bir gereksiz besin (şekerleme, kızarmış patates) onun doyup hiçbir faydalı besin alamadan yemek odasını terk etmesine yol açabilir.

Pes etmeyin. Bugün etini, balığını veya ıspanağını yememesi yarın da yemeyeceği anlamına gelmez. Zorlamadan bunları ona uygun hale getirmeye çalışın. Bir gün tabağı silip süpürerek sizi şaşırtabilir.

Bir gün boyunca sadece meyve suyu, muz, süt, pankek ve vitamin hapları ile idare etse bile, günlük ihtiyacını aldığını bilin ve rahat olun.

İŞTAH ARTIŞI

"Ben bir yaşında bir çocukta iştah azalması olacağını bekliyordum. Benim kızımda artmışa benziyor. Şişman değil fakat bu hızla yemeğe devam ederse şişmanlayacağından korkuyorum."

Daha fazla yemesinin sebebi daha az içmesi olabilir. Memeden veya biberondan yeni kesilen bir bebek tümünü süttün karşılamaya alıştığı kalori ihtiyacı için katı gıdalara yönelir. Daha fazla kalori aldığı anlamına gelmez sadece farklı formda alıyordur. Fazla yürüdüğü, daha hızlı büyüdüğü veya kalori ihtiyacı arttığı için daha fazla yiyor olabilir. Ve eğer kızınızın ağırlık ve boy eğrileri aniden birbirlerinden uzaklaşmıyorsa, aşırı yediği yolunda gereksiz yere endişe etmenize gerek yoktur. Ne kadar yediğinden ziyade, ne yediğine daha çok dikkat edin; iştahının besleyici değeri olmayan yiyeceklere sarf edilmemesine ve yediklerinin yağ içeriği yüksek yiyeceklerle dolu olmamasına (bunlar şişmanlığa neden olabilirler) dikkat edin. Yeme sebebine de dikkat edin. Örneğin, açlık yerine sıkıntıdan dolayı yemek yiyor gözüküyorsa, yemekler arasında mutfağın dışında kendini meşgul edebileceği yeterli olanaklar ağlayarak yardımcı olabilirsiniz (atıştırma alışkanlığını kontrol altında tutmak için diğer öneriler sayfa 243'de). Eğer duygusal bir tatmine olan ihtiyacından dolayı yediğinden şüpheleniyorsanız, yeteri kadar ilgi ve sevgi gördüğünden emin olun.

KENDİ BAŞINA BESLENMEYİ REDDETMEK

"Oğlumun kendini besleyebileceğinden kesinlikle eminim- bunu birkaç defa yaptı. Ama şimdi şişesini tutmayı, bir fincanı kaldırmayı ya da kaşığı kullanmayı kesinlikle reddediyor."

Bir bebek olarak kalmak ve büyümek istekleri arasındaki iç çatışma, bebeğiniz için başlamış durumdadır. İlk kez olarak, isteklerinden birine cevap verebilecek durumdadır ama bebekliğin emin ve rahat rolünden vazgeçmek anlamına gelebileceği için bunu yapmak istediğinden emin değildir. İçgüdüsel olarak, eğer kendi daha az bir bebek olursa sizin de daha az bir anne alacağınızı hissetmektedir.

Bebeğinizi çok hızlı büyümeye zorlamayın. Kendini beslemek istediği zamanlarda buna izin verin. Eğer beslenmek istiyorsa da, onu siz besleyin. Eninde sonunda, eğer ikisinin doğal gidişat içinde bunu aralarında halletmelerine izin verirseniz büyük oğlan, bebeği yenecektir -içindeki çatışma, erişkinliğine değin, gelişmesinin her aşamasında tekrar ortaya çıkacak olmasına rağmen. Bu arada, kendi kendine yeterli olabilmesi için ona her türlü olanağı sunun -şişeyi, fincanı ve kaşağı, onları kullanmaya zorlamaksızın çocuğunuzun eli altında bulundurun. Yemeklerde ve atıştırma zamanlarında, ona sıklıkla parmak gıdaları sunun. Bu yaştaki pek az çocuk gerçek anlamda bir kaşık kullanmayı başarabilir, çoğu kendini besleme yolundaki ilk tecrübelerini parmaklarıyla gerçekleştirirler.

Kendi kendini beslediği zaman, etrafında bulunup bu kararını pekiştirecek şekilde onu cesaretlendirecek, övecek ve en önemlisi, güven verecek dikkat gösterin. Anne tarafından beslenilmeye son vermesinin, annesinden vazgeçmek anlamına gelmediğini bilmeye ihtiyacı vardır.

NE YAPACAĞININ ÖNCEDEN BELLİ OLMAMASI

"Küçük kızım, ne istediğine karar vermeyi başaramıyor. Bir an, işlerimi halletmeye çalışırken bacaklarıma asılıp evin içinde beni takip ediyor. Bir an ise ona sarılmak isteyip oturduğumda benden uzaklaşmaya çalışıyor."

K:zınız bir şizofren değil -sadece normal bir yaşındaki çocuk. Kendi kendini beslemeyi reddeden çocuk gibi, özgürlük özlemi ve bu özgürlük için çok yüksek bir bedel ödemek arasında kararsız kalmış durumda. Ondan başka bir şeyle meşgul olduğunuzda ya da onun takip edebileceğinden daha hızlı hareket ettiğinizde, sizi ve sevginizi, yiyeceğini, konforunu ve sizin temsil ettiğiniz emniyeti kaybetme korkusu ile bacağınıza sarılmaktadır. Diğer taraftan, daha erişilebilir olduğunuz zaman, ulaşılmazı oynamayı ve sizin varlığınızın güvencesinde özgürlüğü denemeyi seçer.

Özgürlüğü ile daha huzurlu ve ne kadar büyürse büyüsün onun annesi olarak kalacağınız gerçeğinin güvencesinde olunca, daha az sarılgan olacaktır. Ama kişiliğindeki bu ayrılık, önünüzdeki yıllar boyunca kendini göstermeye devam edecektir, muhtemelen kendisi bir anne olsa bile. (Siz de kimi zamanlar, kısa bir an için bile olsa, yeniden annenizin küçük kızı olmayı dilemenize karşın, hayatınıza en ufak müdahalesinde kızgınlık duymaz mısınız?)

Bu arada, kendini daha güvende hissetmesini sağlayarak ona yardımcı olabilirsiniz. Mutfakta havuç soyuyorsanız ve o da salonda ise, onunla konuşun, düzenli olarak işinize ara verin ve onun yanına gidin ya da onu yanınıza davet ederek birkaç havuç ve bir sebze soyacağı verip yüksek sandalyesini hemen yanınızda lavabonun önüne koyun ve size yardım etmesini isteyin. Bebeğinizin özgürlük yolundaki adımlarını destekleyin ve alkışlayın ama tökezleyip sizin kollarınızda avunmaya döndüğünde de sabırlı ve anlayışlı olun.

Bir insan olarak istekleri doğrultusunda ona verebileceğiniz zaman konusunda da gerçekçi olun. Yemeği masaya koyarken ayağınızın dibinde ağlayıp duracağı ya da çek defterinizi gözden geçirirken sadece kısa süreli dikkat gösterebileceğiniz zamanlar olacaktır. Sizin onu her zaman seveceğinizi ve isteklerini karşılayacağınızı bilmesinin olduğu kadar, siz de dahil olmak üzere diğer insanların da ihtiyaçları olduğunu bilmesi de önemlidir.

ARTMIŞ AYRILIK ENDİŞESİ

"Bebeğimizi daha önce de bir bakıcı ile bıraktık. Ama şimdi bizi dışarı çıkmak üzere hazırlanırken görünce korkunç bir kargaşa çıkartıyor ve biz de kendimizi çok suçlu hissediyoruz."

Bu, tam anlamıyla onun hissetmenizi istediği duygudur. Fikrinizi değiştirip evde kalmanızın yanında, dışarı çıkmaktan dolayı suçluluk hissetmeniz en önemli kozudur. Anne ve babasını manipüle etmek yolundaki bu davranışını anlayışla karşılamanız gerekmesine rağmen, bunu başarmasına izin vermemelisiniz. Gelişmenin bu döneminde, artmış ayrılık endişesi normaldir ve bu problemle uğraşan pek çok anne babanın korktuğunun aksine, çok nadiren ebeveynlerin yaptıkları ya da yapmadıkları bir şeyin sonucudur. Kısmen, çocuğunuzun artık çok daha iyi bir hafızaya sahip olmasıyla ilgilidir. Paltonuzu giymenizin, çantanızı almanızın ve onu almaksızın "güle güle" demenizin ne demek olduğunu hatırlar ve kapıdan çıktığınız zaman, belirsiz bir süre için yok olacağınızı sezer. Gerçekten de, eğer geçmişte sık olarak onu bir bakıcı ile beraber bırakmadınızsa, geri döneceğinizden yana şüpheleri olabilir.

Bebeğinizin yaratmayı başardığı bu suçluluk duygusu bütün gece sürebilmesine rağmen, buna neden olan sahte davranışlar, güle güleler bittikten, kapı kapandıktan ve bebek, devam etmenin boşuna olduğunu anladıktan kısa süre sonra sona erer.

Bebeğinizin kızmalarını ve sizin suçluluk hissinizi en aza indirmek, ayrıca bir bakıcı ile bırakılmaya alışmasını en yüksek oranda sağlamak için, evden çıkmadan önce şunlara uyun:

- Bebeğinizi sadece güvenilir değil, aynı zamanda bebeğiniz ne kadar çekilmez olursa olsun anlayışlı, sabırlı, duyarlı ve sevgili bir bakıcı ile bıraktığınıza emin olun.
- Bakıcının, siz evden en az on beş dakika kadar önce gelmesini sağlayın (eğer bebeğinizle ilk karşılaşması ise daha önce) ve ikisinin, siz henüz evde iken beraberce bir şeyler yapmasını (boyama yapmak, susam sokağını izlemek, camdan dışarı bakmak, lego ile oynamak, bebeği yatağa yatırmak) sağlayın. Bebeğiniz siz henüz evde iken bakıcısı ile bir şeyler yapmayı reddederse endişelenmeyin; bu, anne babasına yedekleri kabul etmeyeceğini söyleyen can fikirli bir çocuktur. Siz gider gitmez, neredeyse kesinlikle bakıcısının dostluğuna razı olacaktır.
- Gidişinizi bebeğinize önceden haber verin. Bakmadığı bir anda gizlice evden çıkmaktan sakının, herhangi bir anda haber vermeden gidebileceğiniz korkusuna kapılıp aşırı sarılgan olabilir. Bunun yerine on ya da on beş dakika kadar önceden dışarı çıkacağınızı ona haber verin. Bundan fazla zaman verirseniz unutabilir, daha az zaman verirseniz, alışmaya fırsatı kalmaz.

• Evde ayrılmanızı her ikinizden de birer öpücüğü de içeren mutlu bir tören haline getirin. Ama güle gülelerinizi unutmayın ya da aşırı duygusal hale getirmeyin. Çocuğunuz gözyaşları içinde bile olsa, yüzünüzde bir gülümseme bulundurun ve sanki her şeyi kolaylıkla yapıyormuşsunuz gibi davranın. Eğer bir pencere varsa, gidişinizi izleyebilir; bakıcıya, ona el sallayabilmeniz için çocuğunuzu pencereye getirmenizi söyleyin.

• Eğer siz evi terk ederken bebeğiniz ağlıyorsa, teselli edici olun. Büyümüş gibi davranıp ağlamamasını söylemek yerine, siz özlemesini anladığınızı ve sizin de onu özleyeceğinizi ona söyleyin.

• Geri döneceğinize dair içini rahatlatın. "Görüşürüz ufaklık", gidişiniz ve geri dönmenizle bağdaştırabileceği kolay bir deyiştir. Bir gün o da mutlu bir şekilde buna yanıt verebilecek hale gelecektir.

Eğer bebeğiniz siz gidince sürekli olarak ağlıyorsa, yanlış bakıcı ile çalıştığınızı, bebeğinizle beraberken ona yeterince güven ve dikkat veremediğinizi ya da dışarı gitmenize alışması için fazladan desteğe ihtiyacı olduğunu düşünmelisiniz. En sonuncusu için, bebeğinizi bir seferinde on beş dakika süreyle olmak üzere, iyi tanıdığı birisi ile ara sıra yalnız bırakın. Geri döneceğinizden emin olunca, bu kısa denemeler sonunda daha uzun beraberliklere de alışacaktır. Dışarıda olduğunuz süreyi, birkaç saate ulaşana kadar on beşer dakikalık zamanlarla uzatın.

SÖZSÜZ KONUŞMA

"Küçük kızımız çok az kelime söylüyor ama bir işaret dili geliştirmiş gibi gözüküyor. İşitmesi kötü olabilir mi?"

Bunun sebebi muhtemelen çocuğunuzun işitmesinin kötülüğü değil, yeterince becerikli olmasıdır. Çocuğunuz, söylenenleri anladığı ve başarısız da olsa sesleri taklit etmeye çalıştığı sürece, işitmesi hemen hemen kesin olarak iyi demektir. İşaret dilini kullanması ya da daha ilkel yollarla ihtiyaç ve düşüncelerini ifade etmesi (homurdanmak gibi), geçici bir handikap (kelime dağarcığının sınırlı olması) ile baş etmenin yaratıcı bir yoludur. Bu yaştaki bazı çocuklar, kelime oluşturmakta diğer çocuklara oranla daha fazla zorlanırlar; pek çoğu için bu zorlanma okul öncesi ve bazen ana okulu ya da ilkokula kadar devam eder. Diş yerine dif ya da sevgi yerine sefgi diyebilirler, bu sırada yaşıtlarının çoğu çok anlaşılır biçimde konuşmaktadırlar.

Sözel olarak iletişim kurma eksikliğini kompanse etmek için, bu çocukların çoğu kendi dillerini geliştirirler. Bazıları, sizin çocuğunuz gibi, elleriyle konuşmakta ustadırlar. İstedikleri şeye doğru ellerini uzatır ve istemediklerini elleri ile iterler. El sallamak güle güle, yukarı uzatılan bir parmak yukarı, aşağı uzatılan bir parmak ise aşağı demektir. Bir köpeği göstermek için havlayabilir, fil demek için burunlarını, tavşan demek için kulaklarını gösterebilirler. Bazıları, iletişim kurmak için şarkı mırıldanırlar (televizyon seyretmek istedikleri zaman susam sokağı müziğini mırıldanabilirler).

Bunlar, büyük bir yaratıcılık ve güçlü bir iletişim isteği gerektirdiklerinden dolayı- her ikisi de yetişmenin iyi özellikleridir- çocuğunuzun özel dilini deşifre etmek için elinizden geleni yapmalı ve onu anladığınızı göstermelisiniz. Ama asıl hedefin gerçek konuşma olduğunu unutmayın. Bir ninni mırıldandığı zaman, "Yatağa gitmek mi istiyorsun?"; sütü işaret ettiği zaman, "Bir bardak süt istiyorsun demek. Tamam." ve masal kitabında bir tavşan resmi gördüğünde kulaklarını gösterirse, "Çok iyi. Bu bir tavşan. Tavşanın uzun kulakları vardır," şeklinde cevap verin.

Ancak, arkasından ya da başka bir odadan seslendiğinizde sizi duymuyor gibi gözüküyor veya basit komutları anlayamıyorsa, doktoruna işitmesini test ettirmelisiniz.

CİNSİYET FARKLILIKLARI

"Çocuklarınızı cinsiyetlerine göre ayrım yapacak şekilde yetiştirmemek için çok çaba gösteriyoruz. Ama ne kadar uğraşırsak uğraşalım, on bir aylık oğlumuzun bebeklerle oynamasını sağlayamıyoruz- onları bir duvara fırlatmayı tercih ediyor."

Çocuklarının evde üretilmiş seksüel stereotipler haline gelmesini engellemeye kararlı olan iyi niyetli pek çok ebeveynin karşılaştığı keşifte bulunmuş durumdasınız. Cinsel eşitlik, zamanı gelmiş olan bir idealdir ama cinslerin aynı olması, zamanı asla gelemeyecek olan bir fikirdir-en azından tabiat ananın bu işte bir sözü olmaya devam ettiği sürece. Oğlanlar ve kızlar, görünen odur ki, rahimde şekillenirler, oyun odası ya da bahçede değil.

Cinsler arasındaki farklılıklar, bilimadamlarının şu an inandıklarına göre, testosteron ve östradiol gibi cinsiyet hormonlarının salgılanmaya başlaması ile birlikte uterusta başlamaktadır. Erkek fetüsler ilkinden, dişi fetüsler ise ikinciden daha fazla miktarda almaktadır. Görünen odur ki bu, beyin gelişimindeki farklılıklara ve hayattaki değişik güç ve yaklaşımlara neden olmaktadır.

Bilimadamlarının bütün farklılıkları ortaya koyabilmeleri için daha yapılması gereken pek çok şey olmasına karşın, doğuştan itibaren mevcut olan bazı ayrılıkların farkındayız. Daha hastaneden eve gelmeden önce bile, kızlar, özellikle konuşan yüzlere daha uzun süre ile odaklanabilirler. Kızlar daha ziyade dokunma, ağrı ve sese tepki verirlerken, erkekler görsel uyarılara daha çok yanıt verirler. Kızlar daha duyarlıdırlar ama daha kolayca teskin edilip rahatlatılabilirler; erkekler daha fazla ağlama ve daha rahatsız olma eğilimindedirler. Tabii ki bu farklılıklar, erkek ve kız grupları için geçerlidir ve tek tek bireyler için geçerli olmayabilir; bazı kızların bazı erkeklerden daha erkeksi özellikleri olabileceği gibi, bazı erkeklerin de bazı kızlardan daha feminen özellikleri olabilir.

Erkeklerin daha büyük kas kitlelerinin, daha büyük akciğer ve kalplerinin olduğu ve acıya daha az duyarlı oldukları erkenden bellidir; kızların daha fazla vücut yağı, farklı bir pelvis şekilleri vardır ve ilerki hayatlarında erkeklere kıyasla daha düşük bir dayanıklılıklarının olmasına yol açacak şekilde, kaslarında oksijen üretimlerinin farklı bir yolla yapılır. Kız bebekler ise kesinlikle daha zayıf olan cins değillerdir - en baştan itibaren erkeklere oranla daha sağlıklı ve dayanıklıdırlar.

Fiziksel gelişme ilerledikçe, çoğu erkeğin çoğu kızdan fiziksel olarak daha aktif olduğu ortaya çıkar. Kızlar genellikle kişilerle ilgilenirlerken erkekler eşyalarla ilgilenirler -kızların bebekleri ve evcilik oyununu, erkeklerin ise kamonları ve motorları sevmelerinin nedeni bu olabilir. Kızlar, dil yeteneklerini daha erken ve daha çabuk olarak kazanırlar, bunun muhtemel sebebi, uterustaki hormonal çevre dolayısıyla beyin yarımkürelerinin ikisinin de aynı büyüklükte olması ve uyum içinde çalışmasıdır. Diğer yandan erkekler, mekan ve mekanik yetenekleri gerektiren işlerde daha iyidirler; muhtemelen bunun sebebi sağ beyin yarımkürelerinin sola oranla daha fazla gelişmiş olmasıdır. İlginç olarak, yeni doğduklarında bile erkekler de kızlar kadar naziktirler, kızlar erkeklerden daha korkak değillerdir ama korkularını daha kolaylıkla gösterirler -büyük ihtimalle öğrenilmiş bir özelliktir.

Çocuklar diğerleriyle oynamaya başladıkları zaman (bu yaşta paralel oyuna katılırlar), genel olarak erkeklerin fiziksel ve sözel olarak çok daha saldırgan oldukları ve kızların daha yumuşak başlı olduğu açığa çıkar. Erkekler grup oyunlarından, kızlar teke tek oyunlardan hoşlanırlar. Okulda, kızlar dil alanlarında üstünlüklerini sürdürürler (heceleme, okuduğunu anlama, kelime, yaratıcı yazma) ve erkekler mekân becerileriyle öne çıkarlar (derinlik algılanması, labirent ve geometrik bilmecelerin çözümü, harita okuma) buluğ çağlarına gelindiğinde matematikte öne çıkarlar) ama bunun doğanın ya da yetiştirilmenin hangisinin sonucu olduğu açık değildir). Çakışmalar olmasına rağmen, kızlar daha erken olgunluğa erişirler.

Çocuklar büyüdükçe, psikolojik ve duygusal farklılıklar daha belirgin hale gelir. Erkekler, psikolojik olarak daha kolay etkilenirler -ebeveynlerinin boşanmasının altından kalkmakta güçlük çekmesi daha olası olanlardır. Ahlaki gelişme de farklılık göstermektedir: erkekler manevi yargılarını adalet ve kanuna göre verilirken, kızlar kaygılarına göre karar vermektedirler.

Kızların bebeklerle oyalanması ve erkeklerin kamyonlarla oynaması gerçeği kaderlerinin önceden belirlenmiş olduğu anlamına mı gelmektedir? Kısmen, evet- kızlar büyüyüp kadın olacak, oğlanlar büyüyüp erkek olacaklardır. Ama davranışlarının büyük bir kısmı, ebeveynlerinin davranışlarına ve oluşturdukları örneğe bağlı olacaktır. Bakış açıları cinsiyet ayrımı yapmayan, hem erkek hem de kadınlara saygısı olan, cinsiyetinin keyfini çıkartan, gelecekteki hayat rollerini herhangi bir steryotipin etkisinde değil, kendi şahsi güç ve tutkularına bağlı kalarak seçen çocuklar yetiştirebilirsiniz. Aşağıdaki önerileri izlemek, bu amaçlara ulaşmanıza yardımcı olacaktır:

• Erkekler ve kadınlar arasında doğuştan farklılıklar bulunmasının, herhangi bir cinsin herhangi bir şekilde daha iyi ya da daha kötü, daha güçlü ya da daha zayıf olması demek olmadığı gerçeğini hatırlayın. Farklılıklar zenginlik katar, aynı olmak yavandır. Bu tutumu çocuklarınıza aktarın.

• Çocuklarınıza birey olarak muamele edin. Grup olarak erkekler kadınlara göre daha fazla kasa sahip ve daha agresif olmalarına rağmen, bazı erkeklerden daha fazla kasa sahip ve daha agresif olan bazı kadınlar vardır. Eğer daha ziyade erkeksi özellikleri olan bir kızınız ya da feminen özellikli bir oğlunuz varsa, sakın onu azarlayıp küçük görmeyin. Çocuğunuzu, olduğu haliyle kabul edin, sevin ve destekleyin.[5]

• Aşırı uçları törpüleyin. Çocuğunuzu olduğu gibi kabul etmek, bazı değişiklikler yapmak için sağduyunuzu kullanmaktan kaçınmak demek değildir. Eğer çocuğunuz aşırı agresif ise, bu agresivitesini bastırmasını öğretmelisiniz. Diğer yandan, eğer aşırı pasif ise de, kendine güvenmesini cesaretlendirebilirsiniz.

• Bir stereo yaratmak ya da yıkmak için değil, çocuğunuz için eğlendirici ve öğretici olduğuna gerçekten inandığınız için oyuncaklar alın. Eğer çocuğunuz oyuncağını sizin beklediğinizden farklı bir şekilde kullanıyorsa (oğlanlar ve kızlar, aynı oyuncakları farklı şekillerde kullanırlar, aynı cinsiyet içinde bile bu kullanım farklılıklar gösterir) bunu kabul edin.

• Farkında olmadan cinsiyet ayırımcı tuzaklara düşmeyin. Hıçkırmakta olan yeni yürümeye başlayan çocuğunuza koca adam olduğu için ağlamaması gerektiğini söyleyip kız kardeşi ağladığı zaman onu kucaklamayın. Kızınıza olan iltifatlarınızı "Ne kadar güzel gözüküyorsun" ve oğlunuza olan iltifatlarınızı "Ne kadar da güçlüsün" ya da "Koca adam olmuşsun" şeklinde sınırlandırmayın. Her şekilde, bunları uygun oldukları zamanlarda söyleyin. Bir oğlana kız kardeşine karşı tatlı davranışlarından ya da kız çocuğuna topu iyi atmasından dolayı da iltifatta bulunun. Bunu, çocuklarınızın cinsel rollerini değiştirmek için değil, bir çocuğun kişiliği, her biri beslenmek isteyen pek çok cevherden oluştuğu için yapın.

• Değişik yetenekler ve hayat rolleri hakkında değerlendirmeler yapmaktan kaçının. Örnek olarak, eğer çocuk bakımının saygı uyandırmayan bir iş olduğu izlenimini yaratırsanız, ne erkek ne de kız çocuğunuz büyüyünce bunun değerini anlayabilir. Eğer çalışmak için büroya gitmenin tam gün evde çocuğuna bakmaktan ya da büro dışı bir ortamda çalışmaktan daha değerli bir iş olduğu fikrini verirseniz, bu iki seçeneğe de değer vermezler.

• Ailedeki işleri, önyargılı bir stereotipe dayanarak ya da böyle bir stereotipi yıkmak için değil, kabiliyet, ilgi ve mevcut zamana göre pay edin. Bu, en iyi aşçının yemek pişirme işinin çoğunu yapması (diğer eş, bulaşıkları yıkayıp ortalığı toplayabilir) ve en iyi hesapçının defterleri tutması demektir. Eğer ebeveynlerden birinin işi daha az zaman alıyorsa ya da ev dışında hiç işi yoksa, bu ebeveyn çocuklarla daha fazla zaman geçirmeli ve diğer ebeveyn, çocuklarıyla zaman geçirmeyi mümkün olduğu sürece bir öncelik haline getirmelidir. Kimsenin yapmak istemediği işler, değişimli olarak yapılabilir, anlaşarak yararlanabilir ya da o anki duruma göre halledilebilir ("Tatlım, çöpü dışarı çıkartabilir misin lütfen?"), ama bu son sistem dikkatle kontrol edilmedikçe, hazin bir şekilde başarısız ola-

5. Çocukluğunda bebeklerle oynayan, sert sporlardan uzak duran erkekler, aileleri (özellikle babaları) tarafından "erkek olmaları" konusunda baskı görürlerse (duygusal baskı ya da fiziksel ceza olabilir) ileriki yaşamlarında homoseksüel olmaya daha fazla eğilimli olurlar. Babalarından uzaklaştıkları için bir erkek sevgisine ve yetişkinliklerinde de bir erkekle ilişkiye ihtiyaç duyarlar. Eğer çocuk cinsel kimliğinden hoşnut görünmüyor, hemcinsleriyle oynamayı sevmiyorsa, profesyonel yardıma başvurmak yerinde olabilir.

bilir (kimse çöpü dışarı çıkartmadığı zaman olduğu gibi).

• Bir örnek oluşturun. Erkek ve kadınlarda sizin ve kocanızın hangi nitelikleri değerli saydığınıza karar verin ve bunları kendinizde ve çocuklarınızda geliştirmeye çalışın. Çocuklarınızın almasını istediğiniz cinsel rolün bir örneği olun. Bir oğlan çocuğuna oynaması için bebekler vermek, onun bakıcılığı öğrenmesi için, önünde babasının bakıcılık rolünü görmesinden çok daha az etkili olacaktır. Fiziksel yeteneklerini geliştirmek için bir kız çocuğuna beysbol sopası ve top vermek, annesinin her gün koşu yapıyor olmasından çok daha az etkili olur. Küçük çocuklar, cinsel kimliklerini kısmen kendi cinslerinden olanlarla oynayarak, kısmen de kendi cinsinden olan ebeveyn ile özdeşleşerek geliştirirler; eğer siz cinsel rolünüzün ne olduğundan emin değilseniz, onlar da olmayabilirler.

BİR YATAĞA GEÇMEK

"Altı ay içinde ikinci bir bebek bekliyoruz. Oğlumuzu ne zaman ve ne şekilde çocuk karyolasından yatağa geçirmeliyiz?"

Çocuğunuzun bir yatak için hazır olup olmaması, ikinci bir kardeşin yolda olup olmamasından çok, çocuğunuzun yaşına ve boyuna bağlıdır. Genel olarak kabul edilen kural: eğer bir çocuk 90 santim boyunda ise ya da kendi başına bir çocuk karyolasından çıkabiliyorsa, yatak için hazırdır. Bazı atik çocuklar, 90 santimlik sınıra ulaşmadan çocuk karyolasından dışarı çıkabilirler; daha az maceraperest olan diğerleri hiç denemeyebilirler bile.

Eğer daha büyük olan çocuğunuzun henüz bir yatak için hazır olmadığını ve yeni bebek geldiğinde de bunun değişmeyeceğini düşünüyorsanız, ona bir yatağa dönüşebilen yeni bir çocuk karyolası satın alın. Bu şekilde, onu şimdiden yeni karyolaya geçirebilirsiniz ve yeni bebek geldiğinde de kendini yerinden olmuş hissetmez. Yatak için uygun özellikleri kazanınca ya da yeterince olgun göründüğünde sadece karyolayı dönüştürmek gerekecektir. Gecenin ortasında yatağından çıkması ihtimaline karşı, oda kapısını kapalı tutun ya da önüne engelleyici çit yerleştirin; ayrıca açık pencere ve küçük ellerin ulaşabileceği elektrikli vantilatörler gibi tehlikeleri uzak tutmak suretiyle odasını gece ve gündüz mümkün olan en emin şekilde tutun. Eğer kendi yatak odanızdan onu duyamayacağınızdan korkuyorsanız, hareketlerine duyarlı bir diafon yerleştirin. Yataktan düşmeye meyilli uykucular için, koruyucu bir ray, iyi bir tedbirdir.

Eğer ilk çocuğunuz anlayabilecekse, ona yeni özel bir yatak alacağınızı anlatın. Stratejik bir "Bebek onun içinde uyuyamaz çünkü o büyük çocuklara göre bir yatak" cümlesi ekleyin. Seçiminde rol alması mümkün ise bunu sağlayın ya da zaten evinizde olan bir yatağa geçirmeyi planlıyorsanız, çarşaf ve yorganını seçmesine izin verin. Yeni yatağa geçişi bir fırsat bilip, ona yanında eşlik etmesi için süslü bir şekilde ambalajlanmış yeni bir oyuncak ya da bebek alın ve birkaç erişkin dekoratif eşyası bulundurun ve bunu görkemli ve şatafatlı bir hale getirin. İdeal olan, çocuk karyolasını birkaç hafta ortadan kaldırıp yeni bebek gelene kadar hazırlamayın, ya da beklenen tarihten en fazla iki hafta önce bu işe başlayın. Bu şekilde kendini daha az yerinden olmuş hissedecektir. Yeni bebek bir beşikte ya da bebek arabasında birkaç hafta kadar uyuyabilir böylece, yeni yürümeye başlayan çocuğunuz için değişikliğe alışma süresi uzatılabilir. Çocuk karyolasının değişimi zamanı geldiğinde, daha büyük olan çocuğunuza yeni kardeşi için bebek karyolasından çıkma zamanının geldiğini açıklayın (Bir bebek olduğun ve bebek yatağında uyuduğun zamanları hatırlıyor musun?). Kullanmak için ondan izin istemeyin; eğer hayır derse büyük bir probleminiz olacaktır. Bebek için karyolaya birkaç oyuncak iliştirmenize yardım etmesini isteyin ya da bebeğin odası için bazı resimler ya da diğer dekorasyonları seçmenize katılmasını sağlayın.

TELEVİZYON İZLEMEK

"Yemek hazırlarken bebeğim için Susam Sokağı'nı açmaya başladığımdan dolayı çok suçlu hissediyorum. Seviyor gibi gözüküyor ama kızımın televizyon bağımlısı olacağından endişe ediyorum."

Bu yerinde bir endişedir. Nielsen indeksine göre, iki ila on iki yaşları arasındaki çocuklar haftada ortalama olarak 25 saat televizyon izlemektedirler. Eğer kızınız bunlardan biri olursa, liseden mezun olana kadar 15000 saatini televizyon karşısında geçirmiş olacaktır- okulda geçirdiğinden 4000 saat daha fazla. Ve eğer izledikleri dikkatli bir şekilde seçilmiyorsa, araştırmaya göre 18000 cinayet, sayısız miktarda soygun, tecavüz, bombalama ve kavga göreceği gibi, hayal edebileceğinizden daha fazla sekse tanık olacaktır (saatte 13.5 davetkâr an). Aynı zamanda, ona ve onun aracılığıyla size değeri şüpheli ürünler satmak isteyen 350000 reklamın masum hedefi olma durumundadır.

Çocukların aşırı televizyon seyretmesinin başka dezavantajları da vardır. Şişmanlık ve okul başarısının düşüklüğü ile ilişkili olabileceği bildirilmiştir. Aile üyeleri arasındaki iletişimi azaltabileceği için, aile hayatını etkileyebilir. Belki de en kötüsü, bozulmuş ve sapık bir dünya imajı yaratarak, gerçek dünyada kabul edilmeyen davranış ve inanış şekilleri oluşturmak suretiyle, çocuğun gelişmekte olan değerler sistemini karıştırır. Amerika Birleşik Devletleri'ndeki televizyon yayınlarının, çocuklar için neredeyse hiç uygun program içermemesi de ebeveynlerin televizyon ile ilgili sorunlarına katkıda bulunur (genellikle şiddet içeren çizgi filmler ve şov programları tekrarları çok yaygındır). Devlet televizyonu programları, kendini kontrol, paylaşma, kooperasyon, ırk hoşgörüsü ve başkalarına karşı nezaket gibi pozitif nitelikleri öğretmek amacı taşıması yönünden çoğunlukla kayda değer bir istisnadır. Ama o bile genellikle televizyon ekranının kafa karıştırıcı ve hipnotik ışık ve renk karışımından başka bir şey ifade etmediği 10 ayın altındaki çocuklar için tavsiye edilmez; bu çocuklar neler olup bittiğini sezemezler.

Yeni yürümeye başlayan çocuğunuz televizyon seyretmeye hazır göründüğü zaman (örneğin Susam Sokağı müziğini duyduğu zaman heyecanla ellerini çırpıyorsa), seyrini reklam olmayan, değeri olan tek bir programla sınırlayın. Daha büyüdüğünde bile, televizyon izlemesi sınırlanmış olmalıdır. Eğer siz ya da evdeki diğer bir kişi bütün gün televizyon seyrediyorsa, sınırlamaları uygulamak zor olabilir. Küçük bir çocuğun dikkat süresi çok kısadır, bu sebeple ilgisin kaybetmeden sadece kısa bir parça izleyebilir ya da parça parça izler. Ama eğer televizyon daima açıksa, bunun böyle olması gerektiğini düşünür ve ekran karanlıkken onu özler. Yemek zamanlarında, özellikle ailenin beraber olduğu yemeklerde, televizyonu kapalı tutmaya çalışın, yoksa aile iletişiminizin çoğu zamanı televizyonun monoton, sersemletici etkisine kaybedilir.

Rahat bir bebek bakıcısı olarak televizyonu kullanmaya mümkün olduğunca karşı durun (gerçekçi olarak, bunu her zaman başaramayacaksınız). Bunun yerine, bebeğinizle beraber televizyon seyredin ve tanıdık nesneleri, hayvanları, insanları işaret ederek ve neler olduğunu anlatarak buna katılın. Çocuğunuz büyüdüğü zaman, bu açıklama ve tartışma sürelerini uzatın. Eğer çocuğunuzun televizyon seyretme zamanı sizin iş yaptığınız zamanlar ise, televizyonu görebildiğiniz ve ara sıra bazı yorumlar yapabileceğiniz bir yerde işlerinizi görmeye çalışın.

Yeni yürümeye başlayan çocuğunuz için tek odiyovizüel eğlence kaynağı olarak televizyona güvenmek yerine, hayal gücünü uyarmak ve yeterli müziksel aktivite de sağlamak için kaset ve plakları kullanın. Size, çocuğunuzun ne zaman ve ne seyrettiğini kontrol etme imkânını veren ve devlet televizyonu gibi reklam içermeyen kaliteli video bantları ile destek yapın (Disney klasikleri, ikinci yıl ve sonrasında popülerdirler).

HİPERAKTİVİTE

"Kızım bütün gün hareket halinde- sürünüyor, yürüyor, tırmanıyor, daima hareket ediyor. Hiperaktif olacağından endişe ediyorum."

Ortalama yeni yürümeye başlayan bir çocuğun çılgın temposunu gözleyince, bu kadar çok bir yaşında çocuk annesinin çocuklarının hiperaktif olduğu yolundaki endişeyi paylaşmalarının nedenini anlamak kolay olur. Ama büyük çoğunluğunun tasalanmalarını gerektirecek hiçbir şey yoktur. Yeni yürümeye başlayan çocuklarla ilgili tecrübesi az olan biri için anormal yüksek gözüken bir aktivite, çoğunlukla normaldir. Hayal kırıklığı ile geçen pek çok aydan sonra, çocuğunuzun elde etmek için o kadar gayret ettiği hareketlilik sonunda onun olmuştur. Her fırsatını bulduğunda ortalıkta kıpırdanması, sürünmesi ya da tırmanması şaşırtıcı değildir. Onun açısından bakıldığında, yapmak istediği keşifler için bir gün çok kısadır.

Gerçek hiperaktivite -resmi adıyla "hiperaktiviteli dikkat eksikliği bozukluğu (ADD)", erkeklerde kızlardan on kat daha sık görülür, uygunsuz ve üretken olmayan aşırı hareket, çok kısa dikkat süresi ve düşünmeden hareket etmek ile karakterizedir. Bütün ebeveynlerin bildiği gibi, bu özellikler bütün yeni yürümeye başlayan çocuklar için sık görülen niteliklerdir; ama sadece fonksiyonellik ile çatışacak kadar abartılı oldukları zamandır, bir probleme işaret eder.

Eğer endişe verici hiperaktif davranışlar sürüyor ve çocuğunuzun dikkat süresi o büyüdükçe artmıyorsa, doktoruyla konuşun; gerçek hiperaktiviteyi kontrol altına alabilecek çeşitli farklı yaklaşımlar mevcuttur. ADD bazen zekâ geriliği, beyin hasarı, işitme kaybı veya duygusal güçlükler ile ilişkili olabileceği için, tedaviye başlanmadan önce bu problemler ekarte edilmelidirler.

Bu esnada, çocuğunuzun yeterli miktarda dinlendiğinden de emin olun -aşırı yorgun bir çocuk, yavaşlayacağına hızlanma eğilimindedir. Kitap okumak, bulmaca çözmek ve küplerle oynamak gibi sakin aktivitelerle onu kandırın ama kısa dikkat süresini ve bu yaşta böyle oyunların genellikle bir erişkinin katılımını gerektirdiğini aklınızdan çıkartmayın. Kontrolden çıkar gibi olduğunda, onu yatıştırmak için sıcak bir banyoyu deneyin. İyi beslendiğinden ve yüksek şekerli bir diyet almadığından emin olun -kanıt kesin değildir ama çocukların küçük bir kısmı şekere ve muhtemelen diğer bazı gıdalara, gıda boyalarına ve katkı maddelerine hiperaktif davranışlarla tepki verebilirler.

NEGATİVİZM

"Oğlum kafasını sallayıp hayır demeyi öğrendiğinden beri her şeye olumsuz cevap veriyor- istediğinden emin olduğum şeylere bile."

Tebrikler -bebeğiniz yeni yürümeye başlayan bir çocuk oluyor. Bu geçiş ile birlikte, artan bir yoğunlukla önünüzdeki sene boyunca pek çok kereler göreceğiniz bir davranış tipi başlıyor: negativizm.

Ebeveynler için ne kadar zor olursa olsun. Negativizm, küçük bir çocuğun gelişmesinin normal ve sağlıklı bir parçasıdır. İlk kez olarak, sizin yumuşak bebeğiniz değil, kendi şahsiyeti olma, biraz güç kullanma, limitlerini test etme ve ebeveyn otoritesine karşı durma olanağı vardır. En önemlisi tamamıyla kendisine ait olan fikirleri açıklıkla ve belirgin bir şekilde ifade edebilmektedir. Ve keşfetmiştir ki, en etkili olan fikir "Hayır!"dır.

Neyse ki, negativizmin bu aşamasında, çocuğunuz hayır derken azılı olduğu kadar bu fikirde ısrar etmez. Aslında, hiç onu kastetmiyor olması muhtemeldir -almak için patırtı kopardığı muzu uzattığınızda "hayır" demesi ya da gerçekten istediğini bildiğiniz salıncakta sallanmayı önerdiğinizde kafasını sallaması gibi. Adın atmayı öğrenmek gibi, nasıl "hayır" denileceğini ve nasıl kafa sallanacağını öğrenmek de bir beceridir -ve uygun olmasalar bile, bunları çalışması gereklidir.

BİLMENİZ GEREKEN ÖNEMLİ ŞEYLER
Emekleme Çağındaki Çocuğunuzun Uyarılması

İlk sözcükler. İlk adımlar. Bebeğinizin dağarcığındaki bu iki yeti ile öğrenme oyunu her zamankinden daha eğlenceli hale gelir. Dünya büyük adımlarla hızla gelişmektedir; çocuğunuzun çevresini inceleyip öğrenmesine olanak tanıyın ve onun fiziksel, sosyal, entellektüel ve duygusal gelişimini artırmak için aşağıdaki önerilere göz atın:

Hem evin içinde hem de dışında yürüyeceği yerin emniyetli hale getirilmesi. Paytak paytak yürüyen yavrunuz büyük olasılıkla bir pusete veya sırt taşıyıcısına hapsedilmekten hoşlanmayacaktır, çok gerekmedikçe bunları kullanmayın. Her fırsatta yürümesi için bebeğinizi yüreklendirin fakat özellikle sokaklarda, caddelerde ve araba yollarında olası tehlikelere karşı gözünü dört açın. Çok iyi yürüyemeyen bir bebek için ilgisini çeken bazı şeyleri hafifçe yüksek yerlere koyarak kendisinin uzanmasını veya bu nesnelere yönelmesini sağlayın.

Sizin gözetiminiz altında tırmanması için emniyetli yerler. Bebekler merdiven çıkmaya (siz etrafta değilken bir kapı gereklidir), kaydırağa tırmanmaya (her ihtimale karşı tam arkasında durun) veya alçak bir iskemleye çıkıp, yataktan inmeye bayılırlar. Onların istediklerini yapmalarına izin verin fakat yakınlarda olun ve gerekirse yardım etmeye hazır olun.

Fiziksel olarak aktif olmasının desteklenmesi. Fazla aktif olmayan bir bebek daha aktif olması konusunda biraz yüreklendirilmeye gereksinim duyabilir. Sizin de yere inerek emeklemeniz ve onun sizi yakalaması için kovalamasını ("gel ve beni yakala") istemeniz ya da onu yakalamakla tehdit etmeniz ("gelip seni yakalayacağım"), böylece onun haretketlenmesini sağlamanız gerekebilir. Sevdiği oyuncak ve nesneleri kolayca alamayacağı yerlere koyarak bunları alması için biraz hareket etmesini sağlamanız uygun olacaktır. Korkan bir bebeğin biraz moral ve fiziksel yardıma ihtiyacı olabilir. Böyle bir bebeği deneme konusunda ikna etmeye çelışın fakat ısrarcı olmayın ve denemediği için onu aşağılamayın. Kendi başına yapmaya hazır olana kadar çekingen bir çocukla birlikte siz de kaydırağa tırmanarak kayabilirsiniz. Yürüme konusunda tereddütlü olan bebeğiniz elinizi (veya her iki elinizi birden) tutabilir. Bebeğiniz tek başına bebek salıncağında sallanmaya başlayana kadar daha büyük çocuklar için olan salıncağa birlikte binin.

Zengin bir çevre. İçinde yaşadığı evin, arabanın veya her zaman gittiği süpermarketin dışında bir şey görmeyen bir bebek çok sıkılacaktır. (bu sırada bebeğe bakan kişinin de ne kadar sıkılmış olacağını tahmin edebilirsiniz). Kapının dışında çok heyecan verici bir dünya bulunmaktadır ve bebeğiniz her gün bunu görmelidir. Yağmur veya kar yağarken dışarı çıkmak (çok kötü hava koşulları dışında) bile bebeğiniz için eğitici olacaktır. Bebeğinizi oyun parklarına, parklara, müzelere (emekleme çağındaki çocuklar resim ve heykellerden çok hoşlanır; boş olduğu saatlerde geniş galerilerde emeklemek de zevklidir), oyuncak dükkânlarına (süpervizyon gereklidir), restoranlara (çocukların kabul edildiği restoranları seçin), evcil hayvan satılan dükkânlara, alışveriş merkezlerine ve diğer kalabalık ortamlara götürün ve vitrinlere bakıp pek çok insanı görebilecekleri ortamlar hazırlayın.

İtilip çekilen oyuncaklar. Yürümeye yeni başlayanlar için itilen veya çekilen oyuncaklar oldukça yararlıdır, henüz yürüme sınırında olanlar içinse güven (ve fiziksel destek) sağlarlar. Üstünde oturup ayaklarıyla hereket ettirdikleri oyuncaklar bazı bebeklerin yürümesini kolaylaştırsa da diğerleri kendi başlarına yürümeyi tercih ederler. Bu aşamada yürüteç kullanımı faydadan çok zarar oluşturmaktadır.

Yaratıcı malzemeler. Bir yaşındaki bebeklerin çoğu için pastel boyayla karalama yapmak çok eğlencelidir. Kâğıdı masaya, yere veya bir yazı tahtasına yapıştırırsanız kağıdın kayıp düşmesini engellemiş olursunuz ve boyaların istenmeyen yerleri boyamasını önlersiniz, veya bebeğiniz boyalardan birini ısırmaya kalkarsa boyanın ne şekilde kullanılacağını göstermeniz kolay olur. Çok yakın gözlem yapabildiğiniz durumlar dışında bebeğinizin kurşun veya tükenmez kalem kullanmasına izin vermeyin çünkü bebeğiniz üstüne düşerse sivri uçları son derece tehlikeli olabilir. Bazıları için parmakları kullanarak boya yapmak eğlenceli olabilir fakat bazıları da bu sanatttan arta kalan boyalı ve çamurlu parmak-

GÜVENLİK ÖNLEMLERİ KONUSUNDA HATIRLATMA

Bebeğiniz giderek daha akıllı oluyor fakat karar verme yeteneği zekâsı ve motor becerilerine yetişene kadar epeyce zaman geçecektir. Bu nedenle bebeğiniz ikinci yaşına girerken şimdiye kadar sürdürdüğünüz dikkati ve uygulamakta olduğunuz her türlü güvenlik önlemini sürdürerek bebeğinizin artık büyük bir beceriyle tırmandığını veya tırmanmaya başlayacağını aklınızdan çıkarmayın. Bu da, evinizde kilitli veya sürgülü olmayan hiçbir şeyin minik ellerden saklanamayacağını ve artık bebeğinizin başını daha hızlı bir şekilde ve daha büyük belalara sokabileceği anlamına gelmektedir. İkinci kez güvenlik önlemlerini gözden geçirin ve bebeğinizin yalnızca yerdeyken ulaşabileceği şeyleri değil tırmanarak ulaşabileceklerini de dikkate alarak bebeğinizi korumak için gerekli tüm önlemleri alın. Yürümeye başlayan bebeklerin istedikleri şeylere ulaşmak için her tür imkândan yararlandıklarını, kitapları üst üste dizerek veya bir sandalye ya da bir oyuncağın üzerine çıkarak istedikleri rafa uzanabildiklerini aklınızdan çıkarmayın. Bebeğinizin tırmanabileceği tüm sandalye, masa, raf, vs.nin onun ağırlığını taşıyacak kadar sağlam olduğundan emin olun. Bebeğinize sınırlar koyun ("Hayır oraya tırmanamazsın!") fakat yine de bugünden yarına bebeğinizin bu kısıtlamaları hatırlamasını beklemeyin.

lardan hoşnut olmayabilir. Ellerin yıkandığında boyanın gideceği gösterilse bile bazı çocuklar bunu denemek istemeyebilirler. Müzikli oyuncaklar da eğlenceli olabilir fakat ses kalitesi iyi olanları seçmeye gayret edin. Siz nasıl yapılacağını gösterirseniz bir tencerenin tabanına tahta veya metal bir kaşıkla vurarak bebeğiniz müzikal emprovizasyon da yapabilir.

Sokup çıkarılan oyuncaklar. Bebekler birşeyleri bir yerlere sokmaya sonra da onları çıkarmaya bayılırlar, ancak bu ikincisi ilkinden daha önce gelişir. Bebeğinize sokup çıkarılan oyuncaklar alabileceğiniz gibi evin içindeki boş kutuları, tahta kaşıkları, ölçme kaplarını, kağıt tabak ve bardaklar veya peçeteler gibi malzemeleri de kullanabilirsiniz. Yeni başlayanlar için bir kovanın içine çeşitli küçük nesneler (bir bebeğin ağzına sokup boğulmasına yol açabilecek kadar küçük değil) doldurun. Bebeğiniz bu konuda daha yatkın olana kadar doldurma işleminin çoğunu siz yapın. Evin içinde kum (bkz. sf. 210; pek çok aile pirinci tercih eder) ve su (sadece küvette ve bebek mama sandalyesinde otururken izin verebilirsiniz) kullanılarak doldurma boşaltma da yapılabilir ve bebeklerin çoğu her iki materyalden de hoşlanır fakat sürekli gözetim yapılmalıdır.

Şekillere göre ayırma. Bebekler daire, üçgen, dikdörtgen sözcüklerini öğrenmeden çok önce bu şekilleri ayırd edebilirler ve şekillere göre ayırma oyuncaklarını kullanarak gerekli deliklere yerleştirebilirler. Bu oyuncaklar el becerilerini geliştirdiği gibi bazen renklerin öğrenilmesine de yardımcı olabilirler. Ancak, bebeğiniz bu oyuncakları kullanmayı öğrenene kadar birçok kez göstermeniz ve yardım etmeniz gerekebilir.

El becerisi oyuncakları. Döndürme, çevirme, itme, bastırma ve çekme gerektiren oyuncaklar çocukların ellerini değişik şekillerde kullanmalarına olanak sağlar. Karmaşık manevraların öğrenilmesine dek anne-babaların birçok kereler ne yapılacağını göstermesi gerekebilir fakat bir kez öğrenildikten sonra bu oyuncaklar saatlece konsantre olarak oynamaya olanak sağlar.

Banyo oyuncakları ve su oyunları. Bunlar pek çok kavramın öğrenilmesini sağlar ve halının ya da mobilyaların batmasına yol açmadan suyla oynama zevki verir. Küvette baloncuklar yapmak da zevklidir fakat bir süre daha balonları sizin üflemeniz gerekecektir.

Lideri takip et oyunu. Önce baba ellerini çırpar, sonra anne de el çırpmaya başlar. Bebeğin de bunu yapması teşvik edilir. Sonra baba kollarını kanat çırpar gibi hareket ettirir ve onu anne izler. Bir süre sonra bebek de lideri taklit edecektir ve sonunda kendisi liderlik yapmaya başlayacaktır.

Kitaplar, dergiler, resimli olan her şey. Evinizin salonunda canlı bir at, fil ve aslan barındıramazsınız fakat bunların tümünün hatta başkalarının da kitaplar veya dergiler içinde sizi ziyaret etmelerini sağlayabilirsiniz. Gün boyunca çeşitli kereler bebeğinizle birlikte kitaplara bakın ve okuyun. Her seferi birkaç dakikadan uzun sürmeyecektir çünkü bebeğinizin dikkati kısa sürede dağılacaktır fakat hepsi birbirine eklendiğinde daha sonraki okuma alışkanlığının temellerinin atılmasını sağlayacaktır.

Evcilik ve diğer oyunlar için oyuncaklar. Oyuncak tabaklar, mutfak gereçleri, oyuncak yiyecekler, oyun evleri, kamyonlar ve arabalar, şapkalar, büyüklerin ayakkabıları, kanepe minderleri ve akla gelebilecek herşey bir çocuğun hayal dünyasında gerçek gibi algılanabilir. Bu tür oyunlar sosyal becerilerin gelişmesine katkıda bulunduğu kadar ince motor koordinasyonu (giysileri giyip çıkarmak, yumurta veya çorba pişirmek), yaratıcılığı ve hayal gücünü de artırır.

Sabır. Yürüme çağındaki çocukların becerileri altı aylık bebeklerinkinden çok daha fazla gelişmiş olsa da dikkatlerini belli bir konuya yöneltme süreleri fazla artmamıştır. Bazı oyuncaklarla uzun süre oynasalar bile siz onlara hikaye okumak istediğinizde veya başka oyuncaklarla oynamaya yönelttiğinizde beş dakikadan daha fazla oturamayabilirler. Bu konuda anlayışlı olun ve bebekler büyüdükçe dikkat sürelerinin de artacağını unutmayın.

Alkış. Yeni beceriler geliştirdikçe bebeğinizi alkışlayın. Bir şeyler öğrenmiş olmak bebeğinizi tatmin etse de bunun fark edilmesi daha önemlidir.

İKİNCİ BÖLÜM

Özel Bilgiler

-16-

Mevsimler ve Bebek

Eğer bebeğinizi iklimi kontrollü bir cam kafes içinde yetiştirmiyorsanız, hava değişiklikleri mutlaka hayatınızı etkileyecektir. Mevsim değişiklikleri ile beraber rüzgâr, sıcak, soğuk, kar ve yağmur gelip geçtikçe anne-babalar, hele de yeni iseler bir sürü soru ile karşılaşırlar. Beslenme, giyim, oyun hakkında, güneş ve soğuk yanıkları hakkında, güneş koruyucuları ve şömine camları hakkında, yüzme dersleri ve tatiller hakkında bitmez sorular...

Bebeğin Beslenmesi: Mevsimleri Dikkate Alın

Bebeğinizin besin ihtiyacı yıl boyunca olduk ça sabittir, ancak mevsimlere bağlı ısı aşırılıklarına göre bazı ayarlamalar gerekir.

Soğuk havada: Eğer bebeğiniz zamanının çoğunu ev dışında geçirmek durumunda ise, ısı üretebilmek için ekstra kaloriye ihtiyaç duyar. Ayrıca soğuk aylarda bebekler güneşe daha az çıktıkları için günlük diyeti ister özel formüllü-katkılı hazır mama veya süt ya da başka süt ürünleri olsun ister sadece anne sütünden ibaret olsun içinde yeterine D vitamini olduğundan emin olmalısınız. Sadece anne sütüyle beslenen bebekler için özel çoklu vitaminler verilebilir[1]. Kış sabahlarında rahatlatıcı bir ılıklıkta -asla sıcak değil- sütlü mısır gevreği, soğuk bir kahvaltıdan daha keyif verici olabilir. Bununla birlikte çoğu çocuk süt ya da mamalarını soğuk içmeyi tercih eder; ısıtma besinlerin bir kısmını tahrip ettiğinden en iyisi de budur zaten. Bağışıklık sisteminin gücünü korumak, yakalanan hastalıkların daha hafif geçmesini sağlamak için bebeğinize yeşil yapraklı, sarı renkli sebzeler ve sarı renkli meyveler yolu ile A vitamini ve C vitamini içeren gıdalarla da (bkz s 192) C vitamini kazandırmalısınız.

Ilık havada: Yazın ya da sıcak iklimli yerlerde bebeğiniz daha fazla terler ve daha az yediği sanılabilir. Terleme ile kaybedilen sıvıyı telafi etmek için sıvı alımını artırmalısınız. Çok küçük bebeklere emzirme ya da mama verme aralarında sık sık su verin. Eğer tam bir şişe süt içmiyorsa daha da sık su vermeyi deneyin. Daha büyükçe çocuklarda diyete sulandırılmış meyve suyu veya alışmışlarsa karpuz, şeftali ve domates gibi sulu meyveler ekleyin. Kola, meyveli gazozlar gibi şekerle tatlandırılmış içecekler susuzluğu artırdığı için bunları kullanmayın, bunlar zaten bebekler için uygun değildir. Aynı şe-

1. Güneş ışınlarına çok fazla maruz kalma tavsiye edilmediği için hekiminiz diyete ilaveten yıl boyu D vitamini takviyesi önerebilir.

kilde tuz ilave edilmiş içecekler (sporcular için hazırlanmış formüller) de tavsiye edilmez. Yaygın inanışın tersine, sıcak havada çok miktarda sodyum alımı gereksizdir, hatta zarar dahi verebilir.

Sıcağın bozduğu iştahı düzeltmek istiyorsanız, bebeği sıcak bir günde dışarıdan dönüşten hemen sonra beslemeyin. Önce serinlemesi için bir müddet bekleyin. Sonra da mümkünse fan veya klima ile serinletilmiş bir odada yemek yedirin. Eğer katı yemeklere başlanmışsa bebek bir seferde çok yemek istemediğinde yemek yerine daha çok kahvaltılıklar önerin ve hangisini severse ona devam edin. Havuç, kavun, mango, brokoli, peynir gibi besini yoğun gıdaları seçin ve saf kalorili gıdalardan kaçının. Yeterince taneli besin almadığını düşünüyorsanız, makarna, hamur işi ya da tatlısının üzerine buğday kepeği serpiştirebilirsiniz ya da içeceğine karıştırabilirsiniz. Eğer meyve sularını tercih edip sütü ya da mamayı reddediyorsa, tatlısına ya da mısır gevreğine yağsız süz tozu ekleyerek, kahvaltısına peynir ekleyerek, ev yapımı tatlılar yaparak (bkz s. 568, 569) ve sütlü dondurma yedirerek kalsiyum alımı sağlanmalıdır.

MERAK ETTİKLERİNİZ
YAZIN VEYA SICAK HAVALARDA NASIL DAVRANMALI

BEBEĞİ SERİN TUTMAK

Mevsim yaz, giyim sorun değil diye düşünülebilir. Acaba gerçekten öyle mi? Düşünün, az mı gördünüz, anne plaj elbisesi ile, ayağında sandallar, ensesi serinlesin diye saçlarını atkuyruğu bağlamış, ittiği arabadaki bebek kutup kışına yakışır elbiseler içinde? Bu iyi niyetli annelerin anlayamadıkları şey, sıcak havada bebeklerin, hatta çok küçük bebeklerin büyüklerinden daha kalın giyinmeleri gerekmediğidir. Aşırı giyim sadece gereksiz değildir, isilik ve daha aşırı durumlarda sıcak çarpması gibi istenmeyen sonuçlara da yol açabilir.

Soğuğu hissetme duygunuz güvenilmez değilse (çevrenizdekiler üşürken üşümemek ya da çevredekiler rahatken üşümek gibi) çocuğunuzu kendiniz gibi giydirin. Eğer kendinizi şort ve tişört ile rahat hissediyorsanız bebeğiniz için de aynı kıyafet yeterlidir. Kazak içinde bunalıyorsanız, bebek de bunalacaktır. Yüksek sıcaklıkta, hafif, bolca ve açık renkli bir giyim en rahatıdır. Hafif bir delikli şapka veya bone başı fazla ısıtmadan güneşten korur. Terlemeyi emmek için kumaş emici olmalıdır, ancak elbise ıslandığında değiştirilmelidir. Bu nedenle mutlaka bir takım yedek elbise bulundurmak gerekir. Bebeği göğsünüzde taşımak için ağır kumaştan yapılmış ve bebeği baştan ayağa kapatan taşıyıcıları tercih etmeyin. Yüksek ısıda sizin vücut ısınıza eklenen ventilasyon azlığı taşıyıcının içinde ısının hapsolmasına ve aşırı yüksek sıcaklığa neden olur. Eğer bebek doğrudan güneş ışığına maruz kalacaksa, elbise seçerken zararlı ışınlara karşı korunma da göz önüne alınmalıdır.

Sıcak havada kapalı mekânlar içinde bir klima cihazının ya da fanın serinletici etkisi sizi nasıl rahatlatıyorsa bebeğinizi de aynı ölçüde rahatlatır. Sadece cihazın doğrudan bebeğin üzerine üflemesi ve oda ısısının 22 C'nin altına düşmesi engellenmelidir. Tabii cihaz ve kabloları bebeğin ulaşamayacağı yerde olmalıdır. Sıcak gecelerde uyku için sadece bir pike yeterli olur. Ancak klima cihazı çalışıyorsa battaniye veya yorgan gerekebilir.

Ellerin veya ayakların soğuk olması bebeğin üşüdüğü anlamına gelmez ancak terleme (boyun, baş ve koltuk atlarını kontrol ediniz) fazla sıcak belirtisidir.

SICAK ÇARPMASI

Anneler çoğunlukla bebeklerinin üşüyeceklerinden korktukları için aşırı sıcağın da soğuk kadar tehlikeli olabileceğini sıklıkla göz ardı ederler. Hayatın ilk yılı içinde bebekler aşırı sıcağa özellikle hassastır. Bunun nedeni ısı düzenleme sistemlerinin henüz mükemmelleşmemiş olması ve kendilerini serinletmelerinin güç olmasıdır. Bunun sonucu olarak aşırı ısınma ciddi, hatta öldürücü sıcak çarpmalarına neden olur. Sıcak çarpmasının ani gelişimi tipiktir. Dikkat edilmesi gereken belirtiler sıcak ve kuru cilt (nadiren nemli olabilir), çok yüksek ateş, diyare, ajitasyon (aşırı huzursuzluk) veya uyuklama, konfüzyon (bilinç bulanıklığı), havale ve şuur kaybıdır. Eğer bebeğinizde bu belirtiler görülürse, hemen acil tıbbi yardım istemek ve sayfa 385'teki ilk yardım prosedürlerini izlemek gerekir.

Tüm diğer tıbbi acil durumlarda olduğu gibi en iyi tedavi korunmadır. Sıcak çarpmasını aşağıdaki yollarla önleyebilirsiniz:

- Sıcak havada bebeğinizi asla, park etmiş arabanın içinde bırakmayın. Pencereler açık olsa dahi içeride ısı hızla ve tehlikeli derecede yükselebilir. Örneğin dış ortam ısısı 35 C iken iç ısı on beş dakika içinde pencereler yarı açık olduğunda 40 C'ye, kapalı olduğunda ise 65 C'ye çıkabilmektedir.
- Bebek ateşli iken battaniyelere sarmalamayın, ve sıcak su torbası uygulamayın. Ateşli bebek ısınma değil serinleme ihtiyacındadır. "Terletmek" hangi hava koşullarında olursa olsun tavsiye edilen bir tedavi şekli değildir.
- Sıcak havada bebeği hafifçe giydirin ve direkt güneş ışığından koruyun. Taşıyıcı içinde de aşırı ısınmasından kaçının.
- Sıcak havalarda bebeğinizin ekstra sıvı almasını sağlamalısınız.
- Yeni yürümeye başlamış çocukların çok sıcak veya rutubetli havada ev dışında oynamasını bir seferde 30 dakika ile sınırlayın ve tercihen gölgede kalmasını sağlayın.

AŞIRI GÜNEŞ

Bir zamanlar, güneşte çikolata gibi yanmış, plajda yaz güneşi altında gülüp oynayan gençler sağlıklı, zamanının çoğunu evde geçirmekten beyaz kalmış çocuklar ise hastalıklı olarak yorumlanırdı. Güneş ışığının kuvvet macunu gibi sıhhate yararlı ve piliç çorbası gibi şifa verici olduğuna inanırdık. Bu maalesef bir yanılgıydı. Bugün biliyoruz ki, cilt kanseri (öldürücü melanoma dahil), çiller ve ileri yaşlarda cildin erken kırışmasının güneşte bronzlaşmadan daha kuvvetli bir nedeni bulunmamaktadır. Güneşte bronzlaşmış bir cilt sağlıklı görünse de aslında bronzluk, cildin zedelenmiş olduğunun bir belirtisidir ve bu hassas parçamızın daha fazla harap olmaya karşı kendini korumaya çalışma yoludur.

Güneş ışınlarına aşırı maruz kalmak ile katarakt gelişimi arasında da kuvvetli bir ilişki olduğu gösterilmiştir (güneşli iklimlerde çok daha sık görülmektedir), son zamanlarda vücutta beta karoten miktarını azalttığı da anlaşılmıştır. Beta karoten, kansere karşı koruyucu olduğuna inanılan bir maddedir. Eğer bu anlatılanlar şiddetli güneş ışığına yaklaşımınızı etkilemezse, şunu da göz önünde bulundurun: uçuk ve bazı diğer virüslü deri hastalıkları, vitiligo (deride rengi yok olmuş beyaz lekeler), PKU (ferilketonüri) ve ışığa hassas egzama gibi birçok başka hastalığı da alevlendirdiği veya ortaya çıkmasına neden olduğu bilinmektedir. Ayrıca bazı ilaçları (örneğin tetrasiklin) kullananlarda ciddi yan etkilere neden olabilir.

Kemik gelişimi ve kuvvetlenmesi için eldeki tek D vitamini kaynağı olduğu için, eskiden bebeği günde azından birkaç dakika güneşe göstermek, sağlıklı büyüme ve gelişme için elzemdi. Günümüzde tüm bebek mamaları, sütler ve tüm diğer süt ürünleri D vitamini katkılıdır, ayrıca bebek vitamin şurupları içinde de D vitamini bulunmaktadır. Böylece yeterince D vitamini alsın diye bebeğinizin cildini harap etmenize gerek kalmamıştır.

Bebeğinizin aşırı güneşin zararlı sonuçlarından korunmasını sağlamak için güneş güvenlik ile ilgili aşağıdaki bilgi ve tavsiyeleri hatırda tutunuz:

Güneşte Güvenlik Gerçekleri:

- Güneşin en şiddetli ve ışınlarının en tehlikeli olduğu saatler saat 10.^{00} ile 15.^{00} arasındadır.
- Güneş ışınlarının %80'i bulut tabakasını aşar. Bu nedenle sıcak günlerde hava bulutlu bile olsa korunma gerekir.
- Su ve kum, güneş ışınlarını yansıtır, cildin

GÜNEŞ KORUYUCU SEÇERKEN NELERE DİKKAT EDİLMELİ

Yüksek SPF. Güneş koruyucuların etiketlerinde 2'den 20'ye kadar (nadiren 50'ye kadar) içerdiği koruma faktörü sayısı yazar. Sayı arttıkça koruma da artar. Çocuklara en az 15 faktör tavsiye edilir, hassas ciltli olanlara 30 en iyi sonucu verir. Bronzlaşma için geliştirilen ürünleri çocuklarda kullanmayın. Koruyucu etkileri yoktur.

Etkinlik: Hem kısa (UVB) hem de uzun dalga (UVA) ultraviyole ışınlarını süzen maddeler içeren bir koruyucu seçin. UVB yanıklara ve kansere yol açarken, bronzlaştıran UVA uzun dönemde cilt harabiyetine ve UVB'nin kanser yapıcı etkilerini pekiştirmeye neden olur.

Güvenlik: Kimi koruyucuların içerdiği maddeler bazı çocuklarda deride tahriş veya alerjik reaksiyonlara neden olabilir. Tüm vücuda sürmeden 24 saat evvel küçük bir bölgeye test uygulayın. Test için küçük bir miktar koruyucuyu kolun iç yüzüne sürün ve tampon ile kapatın. 24 saat sonunda bandı açın ve bölgeyi on beş dakika güneşe tutun. Bölge kızarır ve şişerse başka bir ürünü deneyin. Herhangi bir ürünü kullanınca bebeğin cildi kaşınır, kızarır ya da başka bir reaksiyon gösterirse veya gözlerinde tahriş olursa yine başka bir türü seçin. Özellikle de bebeklerin kullanımına uygun ve lipoallerjenik ürünleri tercih edin.

Suda koruma: Eğer bebeğiniz suya girecekse, su geçirmeyen (dört defa 20 dakikalık suda kalmadan sonra etkisi devam eden) veya suya dayanıklı (iki girişten sonra etkisi devam eden koruyucu) seçin.

Unutmamalısınız ki güneş koruyucu ile dahi güneşte kalma sınırlandırılmalıdır.

hasara uğrama riskini ve koruma gereksinimini artırır.

- Islak deri, ultraviyole ışınlarının derine işlemesine daha yatkındır, bu nedenle su içindeyken ekstra önlem gerekir.
- Güneş şemsiyeleri ve ağaçların gölgeleri, özellikle de plajda güvenilir bir koruma aracı değildir.
- Aşırı sıcak, rüzgâr, yüksek irtifa ve ekvatora yakınlık güneşin tehlikelerini şiddetlendirir, bu hallerde ekstra önlem alınmalıdır.
- Etraftaki kar da güneş ışınlarını yansıtır, yanıklara neden olabilir.
- Çocukların cildi güneşe özellikle duyarlıdır. Çocuklukta geçirilmiş bir tek şiddetli güneş yanığı en kötü cilt tümörü olan habis melanom riskini iki kat artırır. Hatta çocukluk yıllarında geçirilen oldukça hafif görünüşlü yanmalar bile deri kanserleri ve cildin erken yaşlanması ile ilişkilidir. Tüm cilt kanserlerinin %90'ından güneşin sorumlu olduğuna inanılmaktadır ki çocuğun önlenmesi mümkündür.
- Açık renk gözlü, açık renk saçlı hassas ciltli insanlar güneşe karşı en hassas olmakla beraber, güneşin zararlı etkilerinden kimse bağışık değildir.
- Ne kadar yavaş elde edilirse edilsin, güvenli bronzlaşma diye bir şey yoktur. Hiçbir koruyucu da hasarın artmasını engelleyemez.
- Vücudun güneşin zararlarına en hassas bölgeleri burun, dudaklar ve kulaklardır.

Güneş Güvenliği Kuralları:

- Altı aydan küçük çocukları özellikle yazın güneşin şiddetli saatlerinde güneş ışığına maruz bırakmaktan kaçının. Çocukları gölgelik veya taşıyıcı ile koruyun ancak doktor onayı olmadan güneşten koruyucu krem kullanmayın.
- Daha büyük çocuklar güneşe çıkmadan en az on beş, tercihen otuz dakika evvel cildin açık bölgelerine güneşten koruyucu sürün. Güneşten koruyucuyu bebeğin ağzına ya da gözlerine kaçırmayın.Dudak, burun ve kulaklar gibi çok hassas bölgeleri korumak için doktorunuzdan dudak koruyucu, ruj veya çinko oksit kullanma konusunda bilgi ve onay alın.
- Güneş altında tüm bebekler şapka giymelidir, şapka gözleri ve yüzü korumak için siper-

likli olmalıdır. Ayrıca vücudun üst kısmını korumak için gömlek giydirilmeli, suya gererken dahi çıkarılmamalıdır. Elbiseler hafif sık dokunmuş kumaştan olmalıdır. İki kat ince ince kumaş bir kattan daha iyi koruyabilir, ancak kalın giydirmemeye dikkat edilmelidir.

• Sıcak havalarda tüm ev dışı işlerinizi sabah erken veya öğle sonrası geç saatlere alın. Çocukları mümkün olduğunca öğlen güneşinden koruyun.

• Fıskiye altında, havuzda, su birikintilerinde serinlemeye çalışan çocuğun tüm vücuduna suya dayanıklı güneşten koruyucu sürün.

• Ultraviyole lambaları gibi her türlü yapay bronzlaşma aracından kaçının. Bu araçların da ciltte erken yaşlanma ve cilt kanserine neden olduğu düşünülmektedir ve bebekler için uygun değildir.

• Eğer bebeğiniz ilaç kullanıyorsa ilacın güneşle etkileşmediğinden emin olun.

• Kendi cildinizi de güneşten koruyarak ona iyi örnek olun.

Güneş Yanığı Bulguları

Birçok anne-baba güneş altındaki çocuklarının derileri kızarmadığı müddetçe güvenlikte olduğunu kabul ederler. Ne yazık ki bu hatalıdır. Güneş yanığı oluşum aşamasında gözle görülmez., gördüğünüz zaman ise çok geçtir. Güneşe maruz kalıştan iki-dört saat sonrasına kadar deri kızarması, ısınması ve iltihabi reaksiyon görülmez. Kızarıklığın ıstakoz rengine dönmesi ise on-on dört saatten evvel olmaz. Şiddetli bir güneş yanığında su toplanması ve ağrı da olur. En şiddetli vakalarda baş ağrısı, bulantı titreme ve halsizlik de görülür. 48-72 saat içinde kızarıklık solmaya ve belirtiler azalmaya başlar ki bu aşamada, hafif vakalarda dahi cilt soyulmaya başlar. Nadiren rahatsızlık hissi bir hafta kadar sürebilir. Güneş yanığının tedavisi için 392. sayfadaki tavsiyeleri izleyiniz.

BÖCEK SOKMALARI

Böceklerin çoğunluğu zararsız olmakla beraber ısırmaları ve sokmaları daima ağrıya veya kaşıntıya neden olur ve çok seyrek de olsa hastalık bulaştırabilir veya şiddetli alerjik reaksiyona neden olur. Bu yüzden bebeğinizi böceklerden ve sokmalarından elden geldiğince korumanız gerekir.

Isırığa Karşı Korunma

Arılar ve diğer sokucu böcekler: Bebeklerinizi, arıların yoğun olarak bulunduğu yonca tarlaları veya yaban çiçeklerinden, meyve bahçelerinden uzak tutun. Evinizin arka bahçesinde dahi özellikle sıcak günlerde veya şiddetli bir yağmurun ertesinde dikkatli olun. Eğer evinizde bir arı yuvası bulursanız ilaçlama şirketine temizletin. Arıları cezbetmekten kaçınmak için elbiseleri beyaz ya da pastel renklerden seçin, koyu ve parlak renkleri tercih etmeyin. Kokulu pudralar, losyonlar ve saç spreyi kullanmayın. Arabanızda böcek yakalamak için küçük bir bez bulundurun.

Sivrisinekler: Sivrisinekler suda ürerler bu nedenle evinizin yakınındaki su birikintilerini giderin. Bebeği gece sivrisineklerin çıkış saatinde ev içinde tutun, pencereleri telleyin ve telleri sağlam tutun.

Keneler: Kenelerin çok bulunduğu yere giderken elbiselere düşük konsantrasyonlu bir böcek kaçırıcı uygulayın, ama cildinize sürmeyin. Aileyi ve ev hayvanlarını muayene edin, kene bulursanız hemen giderin (bkz s 390).

Tüm ısıran ve sokan böcekler: Bu tür böceklerin bulunduğu yerlerde kollar, bacaklar ayaklar ve başı kapalı tutun. Kenelerin bulunduğu yerde paçaları çorapların içine sokun.

YAZ MEVSİMİNDE SAĞLIK EMNİYETİ

Yazın gelişi, bir sürü kaza ihtimalini de birlikte getirir. Aşağıdaki önlemler ihtimallerin gerçeğe dönüşme şansını en aza indirir:

• Sıcak havalar genellikle pencerelerin açık olması anlamına geldiğinden pencerelerin tümünde sağlam korkuluklar olmalıdır. Evinizde ya da bulunduğunuz yerde korkuluk yoksa pencereleri on beş santimden fazla açmayın veya üstten açın. Pencerelerin altına çocuğun tırmanabileceği eşyalar koymayın.

• Kapılar da sıklıkla açık bırakılır, emeklemeye ya da yürümeye başlayanları dışarıya davet eder. Kapıların tümünün (sürgülü kapılar dahil) kilitli olduğundan emin olun.

• Evin dışındayken, emekleyen ya da yürüyebilen bir bebekten asla gözünüzü ayırmayın. Etrafta salıncak ya da çocuk parkı oyuncakları varsa özellikle dikkat edin. Evinizin bahçesindeki herhangi bir oyun aletinin duvar veya çitten en az iki metre uzak olmasına ve etrafının koruyucu malzeme (kauçuk, kum, talaş vs) ile kaplanmış olmasına dikkat edin. Bebek salıncakta iken daima iki eli ile tutunması, dengede ve tam ortada oturması, salıncak durmadan inmeye kalkışmaması için ısrarcı olun. Kaydırakta baş aşağı kaymayı yasaklayın ve çocuğa diğer çocuklara dikkat etmesini öğretin. Güneş altındaki metal kaydırağa çocuğu oturtmadan evvel elinizle ısısını kontrol edin, yanığa neden olabilir.

• Bebeği yüksek otların içinde yere veya zehirli otların bulunabileceği bir yere koymayın. Otluk ve ormanlık arazide elbiselerin bebeği tamamen kapatmamasına dikkat edin. Üzerine zehirli bir bitki bulaştığında kendi ellerinizi koruyarak tüm elbiseleri çıkarın. Bebeği sabunla ve bol su ile hemen ve iyice yıkayın. Elbiselerin tümü de iyice yıkanmalı, ayakkabılar silinmelidir. Eğer bir reaksiyon görülürse kaşıntıyı gidermek için kalamin veya benzeri bir losyon sürün.

• Yazla birlikte barbeküler de kullanılmaya başladığından bebeği yanıklardan korumak için önlem alın. Izgaralar çocuğun ulaşım alanı dışında tutulmalı, sıcak eşyanın yanında çocuğun tırmanabileceği bir eşya bulunmamalıdır. Masa üstü ızgaraları, sağlam kaidelere yerleştirilmelidir. Kömürün, ateş söndükten sonra uzun zaman sıcak kalabileceğini unutmayın, tercihen ızgaranın işi bittikten sonra kömürleri suyla ıslatıp iyice soğutun ve çocukların ulaşamayacağı bir yerde saklayın.

BEBEK VE YÜZME

Çocuklarının hemen su kazalarına karşı güvenliği hem de yaşıtları içinde üstünlük sağlaması amacı ile veliler çocuklarını yüzme okullarına kaydettirme eğilimindedir. Ancak Amerikan Pediatri Derneği ve diğer uzmanlar küçük bebekleri yüzme okuluna göndermenin iyi bir fikir olmadığını düşünmektedir. Emekleme çağındaki çocuklara su yüzünde kalmayı öğretmek kolay olmakla beraber -küçük çocuklar doğal yapıları gereği batmazlar, çünkü vücutlarında yağ oranı yüksektir- onlara bu becerilerini hayatı tehdit eden bir durumda kullanmak mümkün değildir. Bunun yanı sıra erken yaşta yüzme öğrenmek çocuğu daha sonra öğrenenlerden daha iyi bir yüzücü de yapmaz. Üç yaş altındaki çocuğun yüzme okulundan herhangi bir fayda sağlayacağı şüphelidir. Buna ek olarak, umumi havuzlara küçük yaşta girmeye başlanmasının ishaller, orta kulak iltihabı kaşıntı ve diğer cilt sorunlarına yol açtığı düşünülmektedir.

Bunlar, bebeğinize su içinde rahat hareket etmeyi öğrenmesine yardım etmenize engel değildir, suda can güvenliği eğitimi için önemli bir ilk basamak oluşturur. Bebeğinizle suya atılmadan önce aşağıdaki noktaları kendiniz öğrenmelisiniz. Çocuğunuzu yüzme okuluna göndermeyi düşünüyorsanız da bunları akılda tutmanız gerekir.

• Bir bebek kafasını mükemmelen kontrol edebilecek gelişime ulaşmadan evvel havuza sokulmamalıdır. Rahatlıkla ve rutin olarak başını 90° kaldırabilmelidir. Genellikle dört veya beşinci ayda kazanılan bu beceri gelişmeden evvel bebeğin başı suyun içine düşebilir.

• Sık tekrarlayan kulak enfeksiyonları dahil herhangi bir kronik tıbbi problemi olan bir bebek için doktorun onayı alınmalıdır. Soğuk algınlığı ya da başka bir hastalığı olan bir bebek tamamen iyileşene kadar, banyo dışında su faaliyetinden uzaklaştırılmalıdır.

• Suya girmeyi seven bir bebek suyun yanında, sudan korkandan daha çok tehlike altındadır. Asla bir bebeği, yüzme dersi almış olsa bile, kısa bir süre bile su kenarında (banyo, havuz, deniz, kazan) bırakmayın. Boğulma bir telefonu cevaplamadan çok daha az bir sürede meydana gelebilir ve bir-iki santimetre su yeterli olabilir. Suyun yanından birkaç saniye bile ayrılsanız, bebeği de alın.

• Çocuğun sudaki aktivitesi, sorumlu bir büyüğün nezaretinde birebir çalışma ile olur. Büyük sudan korkmamalıdır çünkü bu korku çocuğa geçer.

• Yüzme öğretmeni bebeklere yüzme öğretme konusunda eğitilmiş ve çocuklarda kalp akciğer sistemine ilk yardım konusunda sertifikalı olmalıdır.

• Sudan korkan veya suya girmeye direnç gösteren bir bebek zorlanmamalıdır.

• Çocuğun oynayacağı su ılık olmalıdır. Genellikle bebekler 29-30 C ısıdan hoşlanırlar. Altı aydan küçükler asla bu ısının altında bir suya sokulmamalıdır. Hava ısısı sudan en az üç derece yüksek olmalıdır ve üşümeyi önlemek için suda kalma otuz dakikalık seansları geçmemelidir. Enfeksiyon riskini azaltmak için havuz suyu klorlanmalı ve temizlenmelidir.

• Bezli bebeklerin bezinin üzerine muşamba pantolon geçirilir ancak idrar sızmasından endişeye gerek yoktur. Çocukların mesaneleri küçük olduğundan sızan idrar önem taşımaz, klor az miktarda bakteriyi elimine eder.

• Bebeğin yüzü suyun içine sokulmamalıdır. Bebekler su altında soluklarını refleks olarak tuttukları için su yutarlar. Çok miktarda su yutma kanı sulandırır ve su zehirlenmesine yol açar. Bu kan sulanması sodyum düzeyini tehlikeli bir şekilde düşürür. Sonuçta meydana gelen beyin şişmesi, huzursuzluk, güçsüzlük, bulantı, titreme, şuur bozukluğu, havale, hatta komaya yol açabilir. Toplam kan hacmi az olduğu için ve ağızlarındaki herhangi bir şeyi yutma eğiliminde oldukları için bebekler su zehirlenmesine karşı büyüklerden daha hassastır. Bebek suda iken herhangi bir problemi olmadığı ve belirtileri suyun içiminden 3-8 saat kadar sonra başladığı için çoğu zaman hastalıkla yüzme arasında ilişki kurulamaz.

Suyun altında kalma enfeksiyon, özellikle kulak ve sinüs enfeksiyonları ve hipotermi (vücut ısısının tehlikeli derecede düşmesi) riskini artırır.

• Can simitleri, kolluklar, deniz yatakları veya diğer yüzücü cihazlar bebeğe ve ebeveyne sahte bir güven duygusu verirler. Ancak bir bebeğin simitten veya yataktan suya kayıvermesi bir anlık meseledir. Bebekler ve küçük çocuklar suyun etrafında can yelekleri giymelidir ancak bu önlemler büyüklerce kesintisiz gözetimin yerini asla tutmaz.

• Havuzda yüzen bir oyuncak ölüme neden olabilir: kullanılmayan her türlü havuz eşyası havuz dışında tutulmalıdır.

• Drenaj deliğinin kapağı bozuk olan bir havuz tamir edilene kadar kullanılmamalıdır. Drenajın emiş kuvveti küçük bir çocuğu ciddi bir şekilde yaralayabilir.

• Bebekleri gözeten erişkinler acil yardım konusunda bilgili ve tercihen uygulamalı kurs görmüş olmalıdır (bkz sayfa 403). Kurtarma malzemeleri yakında olmalı ve etrafta kalp-akciğer sistemine ilk yardım tekniğini gösteren posterler bulunmalıdır.

YAZIN SÜTTEN KESME

Yaşlı kadınların (veya büyüklerinden öğrenmiş gençlerin) tersine öyküler anlatmalarına rağmen, bebeği yaz başlamadan evvel memeden kesmeye ya da bunu sonbahara ertelemeye neden yoktur. Çocuğu memeden kesmek için en iyi zaman sizin ve bebeğiniz için en uygun olan zamandır. Mevsime ya da hava raporuna göre planlanması gerekmez.

Bu öykünün modası geçmiştir, bebeklerin sıcak mevsimde daha fazla sıvıya ihtiyaç duyduğu kesindir. O halde yalnızca bebeğinizin, memeden olsun, şişeden, bardaktan ya da sulu meyvelerden olsun yeterince sıvı almasını sağlamanız yeterlidir.

GIDALARIN BOZULMASI

Güneşli ve sıcak günlerde yemeklerin bozulma eğilimi çok daha yüksektir, bu nedenle bebeğin gıdalarının bozulmasını önlemek için tedbir almak gerekir. Besin zehirlenmesi riskini azaltmak için 200. sayfadaki tavsiyeleri izleyin. Dışarıda iken mama, süt, açılmış meyve suyu

AİLENİZİ BOĞULMADAN KORUMA

Ailenizi boğulmaya karşı korumanın en iyi yolu:

1.Çocuklarınıza yanında bir büyük yokken suya girmemeyi ve su kenarında itişip kakışmamayı öğretiniz. Yüzme bilen çocuklar dahi etrafta bir arkadaşı yokken suya girmemelidir.

2.Çocuklar -içinde birkaç santim su olan bir bahçe havuzu dahi olsa- su etrafında iken mutlaka bir büyük tarafından gözetildiklerinden emin olun.

3.Kullanılmayan plastik çocuk havuzlarını daima boşaltın ve yağmurun doldurmaması için ters çevirin.

4.Çocuklarınızın girebileceği tüm havuzların (sizin veya komşunuzun) yüksek çitle çevrilmiş olduğundan ve çocukların ulaşamayacağı şekilde kilitli olduğundan emin olun.

5.Havuzlar veya göller etrafında oynayan veya tekneye binen çocukların yüzme öğrenene ve su içinde sorumluluk sahibi olacak yaşa gelene kadar can yeleği giymelerinde ısrar edin.

6.Havuzunuz varsa bir havuz alarmı taktırın, ancak kabul etmelisiniz ki bu mutlak bir güvenlik sağlamaz.

7.Üstü kısmen örtülmüş bir havuzu asla kullanmayın, çünkü çocuklar örtünün altında kalabilir.

8.Havuz örtülerinin de su ile dolabileceğini ve havuz kadar tehlikeli olabileceğini unutmayın.

9.Çocuklarınıza üç veya dört yaşına gelince su üzerinde kalmayı ve köpek gibi yüzmeyi öğretin.

kavanozları veya diğer yiyecekleri soğuk tutmak için buz paketçikleri kullanın. Derin dondurucuda, her an kullanıma hazır küçük buz paketçikleri bulundurun. Veya içecekleri bir termosa koyunuz ya da içine buz atın. Süt veya mamaların sulandırılmaması gerekir, bunların içine buz atılmaz. Uzun yolculuklar için soğuk tutucu kutular daha uygundur. Tekrar ısınmış yiyecek ya da içeceği kullanmayın, bu arada bakteriler üremeye zaman bulmuş olabilir.

YANAKLARDA ŞİŞME

Yazları anneleri ve doktorları şaşırtan, yanaklarda nedeni açıklanamayan ve bazen kızarma ile birlikte olan bir şişme tablosudur. Problem soğuk gıdaların emilmesi nedeni ile dokuların zedelenmesi sonucu ortaya çıkan mevsime bağlı bir iltihabi durumdur. Tedavi gıdayı değiştirmek ve daha ılık gıdalara geçmektir. Şişme çabucak geriler ve kızarma birkaç haftada açılır.

MERAK ETTİKLERİNİZ
KIŞIN VE SOĞUK HAVALARDA ÇIKABİLECEK SORUNLAR

BEBEĞİ SICAK TUTMAK

Dışarıda hava soğuk. Ve tıpkı havanın sıcak olduğu günlerdeki gibi sizin kendi rahatlığınız, daha büyük bebekleri ve çocukları giydirmede rehber olabilir. Ancak altı aydan küçük çocuklar vücut yüzeyinin vücut ağırlığına oranı yüksek olduğundan ve ısı üretmek için titreme yetenekleri olmadığından soğuğa karşı sizden biraz daha fazla korunmaya ihtiyaç duyarlar.

Hava hafifçe soğuk olduğunda dahi küçük bir bebeğin şapka giymesi gerekir (vücut ısısının %25'i baş yolu ile kaybedilir. Hava sıcaklığı donma noktasına yaklaştığında şapka kulakları da kapatmalı, ellere eldiven giydirilmeli, ayaklara kalın çoraplar ve botlar giydirilmeli, boyna atkı sarılmalıdır. Rüzgâr ısırmaya başladığında veya ısı çok düştüğünde atkı tüm yüze sarılabilir veya baş ve yüz tümü ile eşarpla örtülebilir. Ancak küçük bir bebek ne kadar iyi sarılıp sar-

HAVANIN DEĞİŞKENLİĞİ

En iyi giyinenler listesinin başında olanları bile şaşırtacak bir hava varsa o da ilk ve sonbaharda sıkça rastlanan ne olduğu anlaşılamayan havadır. Küçük bir bebeğin deneyimsiz annesi için bu durum daha da karmaşıktır. Eğer gün doğumunda hava bir kuzu gibiyken gün batımında kükreyen bir aslana dönüşüyorsa (ya da tam tersi) bir bebeğin dolabından nasıl bir kıyafet seçersiniz?

Genellikle değişken bir hava için yapılabilecek en iyi şey bebeğinizi kat kat giydirmektir. En pratik olan da hava sıcaktan soğuğa veya tam tersine değiştikçe kolayca giydirilip çıkarılabilen ince katlardır. Havanın birdenbire aniden soğumasına karşı önlem olarak yanınızda bir süveter veya battaniye bulundurmak yararlı olacaktır. Her tür havada küçük bir bebeğe şapka giydirmek iyi bir fikirdir – sıcak havalar için siperi de olan ince bir kasket, soğuk havalar için ise daha kalın bir şapka. Daha büyük bir bebek, güneş ve rüzgarın fazla olmadığı 16-22°C'de şapkasız gezdirilebilir. Bebeğinizin ısı dengesi düzene girdikten sonra (yaklaşık altı aylıkken) sizin kendi rahatınızın bebeği giydirirken size yol gösterebileceğini unutmayın. Bebeğinizin kollarının, bacaklarının veya ensesinin yoklanması (küçük bebeklerde eller ve ayaklar hemen her zaman soğuktur) size bebeğinizin rahat olup olmadığı hakkında fikir verecektir. Yokladığınız bu vücut bölümlerinin soğuk olduğunu düşünüyorsanız ve/veya bebeğiniz huysuz görünüyorsa üşümüş olabilir.

malanmış da olsa çok soğuk havada uzun süre dışarıya çıkarılmamalıdır.

Soğuk havada çok sayıda hafif giysi tabakası, iki kat kalın elbiseden daha koruyucu ve daha az kısıtlayıcıdır. En azından bir tabaka yün ise bebeği daha iyi korur. Kuş tüyü ya da imitasyonu kış için uygun bir giysidir.

Aşağıdaki soğuk hava önlemleri soğuk havada bebeğinizin rahatını sağlamada yardımcı olacaktır:

- Bebeğinizin dışarı çıkmadan kısa süre evvel yemek yemiş olması veya kahvaltı yapmış olmasına dikkat ediniz. Soğuk havada ısı üretimi için çok kalori gerekir. Sıcak bir yemek rahatlatıcıdır, ancak ısıtıcı etkisi uzun sürmez.
- Yürümeye başlamış bir bebek kışın dışarıda yürütülürse su geçirmeyen astarlı ayakkabı giydirilmelidir. Ayakkabılar içinde hava dolaşımına müsait olacak şekilde ferah olmalıdır, bu sayede soğuğa karşı biraz daha izolasyon sağlanmış olur.
- Araba içinde aşırı ısınmayı önlemek için mümkünse bebeğin şapkasını ve elbisesinin bir katını çıkarın, mümkün olmazsa arabayı serin tutun. Yine otobüs içinde veya trende elbisenin bir kısmını çıkarın.
- Rüzgârlı havada, cildin rüzgâra açık kısımlarına çatlamayı önlemek için hafif bir nemlendirici sürün.
- Soğuk açık havada bebeğinizin burnu akarsa endişe etmeyin. Burun içindeki salgıları normalde arkaya doğru atarak dışarı akmasını önleyen silialar (titrek tüyler) soğukta geçici olarak felce uğrar. Kapalı ortama girildiğinde akıntı duracaktır. Burnun alt kısmına (içine değil) sürülecek bir parça krem ya da vazelin çatlamayı önler.

SOĞUK YANIĞI

Bebeğinizin burnunun akmasından endişe etmezken burun, kulaklar, yanaklar, el veya ayak parmaklarının çok soğumamasına, beyazlaşmış ya da sarımsı gri renk almamasına dikkat etmek gerekir. Bu soğuk yanığı çok ciddi zedelenmeye neden olabilir. Bu bölgeler acilen ısıtılmalıdır. Bunu nasıl yapmak gerektiği ile ilgili bilgiler 396. sayfada bulunabilir.

Soğuk havaya uzun süre maruz kalmadan

sonra bebeğin vücut ısısı normalin altına düşebilir. Bu bir tıbbi acil durumdur. Dokunulduğu zaman anormal derecede soğuk olan bir bebeği en yakın hastanenin acil servisine götürmek için zaman yitirilmemelidir.

Soğuk hava ile ilgili bu tür acil durumları bebeğinizi uygun bir şekilde giydirerek, cildin açık kısımlarını koruyarak ve aşırı soğuklarda bebeğin dışarıda kalmasını kısıtlayarak önleyebilirsiniz.

KAR YANIĞI

Yazın tropikal plajlarda oynayan bir çocuk güneş yanığı tehlikesi ile karşı karşıya olduğu gibi kış tatilinde güneşli havada kardan adamın yanında oynayan çocuk da aynı risk altındadır. Kar, güneşin ultraviyole ışınlarının %85 kadarını yansıttığı için zayıf bir kış güneşi dahi bir bebeğin hassas cildini yakabilir. Kar ve güneş altında uzun süre geçirecekseniz bebeğinizin cildini elbise, siperli bir şapka ve güneş koruyucu ile korumanız gerekir.

BEBEĞİ İÇ ORTAMDA SICAK TUTMAK

Soğuk havada bebeğin bulunduğu odanın ısısı gündüz 20-22°, geceyse 16-18° arasında olmalıdır. Eğer ısı bunun üzerine çıkarsa kuru ve ısınmış hava burnun mukoza tabakasını kurutur, burun mukozası mikroplara karşı daha hassas hale gelir, ayrıca cilt de kurur ve kaşınır. Bebeğinizin çarşafını bir sıcak su yastığı veya şişe ile evvelden ısıtabilirsiniz, ancak çarşafın yatma zamanı çok sıcak olmamasına dikkat etmelisiniz. Veya soğuk havalarda daha rahatlık sağlayan pazen çarşaf kullanabilirsiniz. Isınmayı kolaylaştırmak için yatağa hafif battaniyeler yayın. Eğer bebeğiniz yorganını tekmeliyorsa bir uyku tulumu kullanın. Bebeğinizin odasının gece gündüzden daha soğuk olduğunu hatırda tutun, uyku esnasında metabolizma da yavaşladığından ekstra örtünme gerekir. Ancak bebeğinizi yatırırken sık rastlanan aşırı giydirme hatasına düşmemeye çalışın. Ancak gece göl gibi terlemiş olarak uyanırsa, bir kat örtüyü kaldırın.

CİLT KURULUĞU

Hemen her yaştan çok sayıda insan, kışın cilt kuruluğu ve kaşıntıdan şikâyet eder. Birçok kimse bebeklerin cildini dış ortamda rüzgâr ve soğuğun kötü etkisinden korumakla onların cildini yumuşak ve esnek tutabileceğini kabul ederse de öyle değildir. Kışın cilt kuruluğunun ana nedeni dış ortam değil iç ortamdır. Evlerin çoğunda ısınma sistemleri faaliyete geçer geçmez iç ortam havası ısınır ve kurur. Kışın cilt kuruluğunun ana nedeni bu kuru ve sıcak havadır. Bu olumsuz etkiyi aşağıdaki yollarla giderebilirsiniz:

Evinizdeki rutubeti artırın: Isınma sisteminize bir nemlendirici ekleyin ya da en azından bebeğin odasına bir soğuk nemlendirici (bkz sayfa 572) alın. Eğer bu mümkün değilse radyatörlerin üzerine sıcak su kapları koyun (tabii çocuğun ulaşamayacağı yerlere) su buharlaştıkça, hava nemlenecektir.

Bebeğinizin iç nemini artırın: Bebekler (ve hepimiz) cilt için gereken nemi dıştan olduğu kadar içten de alırız. Bebeğinizin yeterince sıvı aldığından emin olun.

Bebeğin cildindeki nemi artırın: Hemen banyo sonrasında bebeğinizin nemli cildine kaliteli bir bebek losyonu uygulamak rutubetin korunmasına yardımcı olur. Doktorunuzdan belli bir ürünü tavsiye etmesini isteyin veya eczaneden hipoallerjik bir tanesini seçin.

Sabunu azaltın: Sabun kurutucudur. Günde bir defa bezleme bölgesine uygulama dışında çok küçük bebeklerde kullanılması nadiren gerekir. Emekleme çağındakilerin dizleri, el ve ayaklarının sabunlanması gerekebilir. Ancak genel olarak çok az sabun kullanın, özellikle köpük banyosu ya da sıvı sabun kullanmayın, çünkü sabunlu su normal sudan daha fazla kurutucudur. Ve yumuşak bir sabun kullanın -tavsiye için doktorunuza başvurun.

Isıyı düşürün: Ev ısındıkça hava daha da kurur. Birkaç haftalıktan büyük bebekler için evin 20°'den sıcak olmaması gerekir. Eğer bebek bu ısıda üşümüş görünürse ısıyı artırmak yerine biraz daha giydirmek daha iyidir.

ŞÖMİNELER

Televizyonun varlığından önceleri aileleri soğuk kış akşamlarında bir araya getiren şömineler vardı. Bugün de gürleyen bir ateş, ruhları ve bedenleri ısıtmak için televizyona rakip olabilir. Bununla beraber ailede bebekler ve küçük çocuklar varsa ateşin etrafında onların güvenliğini sağlamak gerekir. Şömineyi küçük, kuvvetli ve ısrarcı ellerin kaldıramayacağı kadar ağır bir perde ile kapalı tutun (közler saatler boyunca sıcaklığını muhafaza edebilir). İlave korunma olarak bebeğinize erken yaşta ateşin yakıcı olduğunu ve dokunmanın can yakacağını öğretin. Bacanın da temiz olması ve dumanın içeri dolmamasını sağlamalısınız.

ÖZEL GÜNLERİN TEHLİKELERİ

Küçük bir çocuk için bayram ya da yılbaşına girmek üzere hazırlanmış bir evden daha harikulade bir şey yoktur. Ancak uygun önlemler alınmazsa hiçbir şey daha tehlikeli olamaz. Bir oturma odasında gizlenmiş bir sürü problem bulunabilir. Aşağıdakilerin tümü bebeğiniz için birer potansiyel tehdit oluşturmaktadır. Bazıları dikkatle kullanılabilir, bazıları asla kullanılmamalıdır -en azından çocuğunuz büyüyüp, akıllandığı ve daha dayanıklı olduğu zamanlara kadar:

Ökseotu ve Kudüs kirazı: Her ikisi de yenirse öldürücüdür. Bunları evinize getirmeyin veya çocuğu onların yanında oynamaya bırakmayın.

Çobanpüskülü: Bu bitki hafif derecede zehirlidir (ciddi bir şikâyet olması için büyük miktarlarda yenmesi gerekir). Ancak bebekten uzak tutmak akıllıcadır. Yılbaşı çiçeği emindir.

Poinsettia: Bu tatil süsü ağızda lokal tahrişe ve çok miktarda yenirse ciddi zehirlenmeye neden olur. Çocuktan uzak tutun.

Yeşil yapraklı ağaçlar ve dallar: Bunlar astım krizlerini veya benzer rahatsızlıkları şiddetlendirebilir ve eğer dikkatli olunmaz ise bir yangın potansiyeli de oluştururlar. Evinizde bu tür alerjisi olan varsa belki de bir yapma ağaç düşünmek daha doğru olur.

Çam iğneleri: Bunlar soluk borusuna kaçarlarsa çok şiddetli öksürüğe neden olurlar (genellikle çocuğu ters çevirmek ve sırtının ortasına vurmakla giderilebilir). Bunları düzenli olarak süpürün ve eğer mümkünse çam ağacını, dallarını bebeklerin ulaşım alanının dışında tutun.

Kar fırtınası cam ağırlıkları: Etrafta çok dolaşan söylentilerin aksine bunların içindeki sıvı zehirli değildir. Ancak kırıldığında mikroplanabilir. Eğer çatlarsa atın.

Melek saçı: Bu cam orijinlidir. Deriyi tahriş edebilir, eğer yutulursa iç kanamaya neden olabilir. Bebeğin ulaşımından uzak tutun.

Yapma kar spreyi: Solunum problemlerini şiddetlendirebilir, eğer ailede bu varsa kullanmayın.

Ağaç ışıkları: Bu süsler küçük çocuklar ısırabileceği için kesiklere neden olabilir, çocukların uzanamayacağı yerlere asın. Özellikle küçük, kırpışan ışıklara dikkat edin, yutulduğunda zarar veren kimyasal bir madde içerirler.

Mumlar: Yaktıktan sonra çocukların ulaşamayacağı bir yere kaldırın. Tabii perdeler ve diğer yanıcı eşyadan da uzak tutun. Eğer pencereye yerleştirirseniz, perdeleri sıkıca bağlayın.

Mini dekoratif eşyalar: Küçük ağaç biblolar, ağaç ışıkları, bebeğin yumruğundan küçük her şey -veya ayrılabilen ya da kırılabilecek bir parçası- solunum borusuna kaçabilir. Bunları kullanmayın ya da bebeğin alamayacağı yerde kullanın.

Gelin teli, cam veya plastik süsler ve stiro köpüğü: Bunların tümü soluk borusuna kaçma tehlikesi arz eder.

Ağaç koruyucuları: Eğer kullanıyorsanız, nitrat içermediğinden emin olun, eğer yutulursa kan rahatsızlığına neden olabilir. Meraklı bir bebeğin ağaç leğenine dalması mümkündür.

Hediyeler: Bunlarda da sayısız tehlike mevcuttur. Parfümler, kolonyalar, kozmetikler zehirlenmeye neden olabilir, kol saati pilleri, şeker ve çikolata drajeleri ve küçük parçalı oyuncaklar ambalaj lastikleri ve poşetler solunum yolunu tıkayabilir.

Yiyecek ve içecekler: Yalnız etraftaki şeyler değil masa üzerindekiler de tehlike yaratabilir. Her yıl yüzlerce çocuk, dikkatsizce masada unutulmuş bir bardak martini, bira ya da benzeri içkileri bir dikişte içtikten sonra aileleri tarafından hastanenin acil servisine götürülmektedir. Binlercesi de ellerine çok fazla uzatılan şekerli tatil gıdaları ile dişlerine, iştahlarına ve yeme alışkanlıklarına zarar vermektedir. Alkollü içkilerin kısa süreli de olsa etrafta bırakılmamasına dikkat edilmelidir. Emekleme çağındaki orta derecede aktif çocuklar sehpalara ya da masa kenarlarına ulaşabilirler.

Özel günler için evinizi süslerken malzemelerin bebeğinizin ulaşamayacağı yerde tutun veya bebek uykuda iken çalışın. Tüm önlemlerinize karşın bir talihsizlik olacaksa ilk yardım ve kalp -akciğer masajı tekniklerini öğrenerek ve de elinizin altında olması için yakın acil yardım- zehirlenme merkezinin telefonunu duvara asarak hazırlanmak daha akıllıca olacaktır.

ÇOCUĞA HEDİYE ALIRKEN GÜVENLİK TEDBİRLERİ

Özel günler için çocuklara hediye-oyuncak alırken anne-babanın ilk dikkat edeceği şey güvenlik olmalıdır. Oyuncak mağazaları bayram ve yılbaşlarında cazibelerini artırdıkça siz de bebeğinize emin ve yararlı bir oyuncak alma kurallarını tamamıyla öğrenene kadar sabredin. Öğrenmeye 184. sayfayı okuyarak başlayabilirsiniz. Unutmamalısınız ki üretici firmalar her zaman sizin bebeğiniz için neyin en iyisi olduğunu hesaba katamazlar, özellikle de bayram ve yeni yıl günlerinde dikkatli olunmalıdır.

BİLMENİZ GEREKEN ÖNEMLİ ŞEYLER
Seyahat Mevsimi

Anne baba olmadan evvel, herhangi bir mevsim seyahat mevsimi olabilirdi. Yazın bir arkadaşın yazlığına gidiş, aile ile dağda kış tatili, yoğun iş günleri arasına sıkıştırılmış apar-topar hafta sonu kayakları, ilkbaharda Paris turu, yerler buzlandığında güneye kaçamak tatiller.

Peki şimdi ne olacak? Bebekle birlikte şehir içinde basit bir alışverişe çıkmak için gereken eforu düşününce (planlama saatleri, uygulama, bebek, eşyaları ve yiyecekleri ile on kiloya varan yükü ağrıyan omzunuzda taşımak), iki haftalık bir tatil ya da aile büyüklerine iki günlük bir ziyaretin hazırlıklarına girişmeyi düşünmek bile yorucu olsa gerek.

Buna rağmen, küçük bir seyahate çıkmak ya da büyükannenizin ısrarlı davetlerini kabul etmek için çocuklarınızın kendi eşyalarını taşıyacak kadar büyümelerini ya da yaz kampına gitmelerini beklemeniz gerekmez. Bebekle birlikte tatile çıkmak nadiren dinlendirici, hemen hemen daima mücadele olsa bile yine de bu seyahatler faydalı ve zevkli olabilir.

ÖNCEDEN PLAN YAPMAK

Yorgun bir ruh ve çantaya atılan birkaç eşyanın sizi istediğiniz yere götürebildiği, anında verilen kararla hafta sonu tatiline kaçılan günler, bebeğinizin doğumu ile birlikte aniden sona erdi. Şimdi bir tatil yapmaktan fazla bir zamanı tatil planlamak için harcamanız söz konusu. Bebekle birlikte ayakları yere basan bir tatil için hazırlık aşamaları şunları içermelidir:

Zamanınızı kısıtlamayın: Fırtına gibi yol alarak beş günde altı şehri gezdiğiniz tatilleri unutun. Bunun yerine bol bol serbest zaman sağlayan alçakgönüllü, zaman kısıtlaması olmayan yolculuklar düşünün. Yolda fazladan bir gün geçirmek, plajda fazladan bir öğle sonrası veya havuz başında bir sabah geçirmeyi tercih edebilirsiniz.

Çocuğa pasaport çıkarın: Çocuğunuzu kendi pasaportunuzla yurt dışına çıkaramazsınız. Yaşı ne olursa olsun, her yolcunun kendi pasaportunun olması gerekir.

Tıbbi önlemler alın: Eğer yurt dışına çıkıyorsanız, doktorunuza bebeğin aşılarının bu seyahate uygun ve yeterli olup olmadığını kontrol ettirin. Tropikal seyahat yapacaksanız, ülkede uygulamayan özel aşılar (örneğin koleraya karşı) veya koruyucu tedaviler (örneğin sıtmaya karşı) yaptırmanız gerekebilir.

Eğer uzun bir seyahate çıkacaksanız, eskisinden bu yana çok zaman geçmiş ise bebeğe iyi bir inceleme yaptırın. Çocuğunuzun sağlığının iyi olduğundan emin olmanın yanı sıra doktorla bu görüşme yola çıktıktan sonra karşılaşabileceğiniz dertler hakkında sorular sorma -ki telefonu kaldırıp muayenehaneyi aramak imkânsız olabilir- ve yapacağınız seyahati doktorla tartışma fırsatı da verir. Eğer son inceleme bir önceki ay içinde yapılmışsa sadece bir telefon görüşmesi de yeterli olabilir.

Eğer bebeğiniz ilaç kullanıyorsa, yanınızda yeterli kadar ilaç bulunmalıdır. Ayrıca ilacın dökülmesi, kaybolması olasılığına karşı da bir reçete bulundurunuz, aksi halde dert kapıdadır. Eğer bir ilacın soğuk tutulması gerekiyorsa sürekli olarak buz içinde muhafaza etmek zor olabilir, bu nedenle doktorunuza soğutma gerektirmeyen bir muadili olup olmadığını sormanız faydalı olur. Bebeğin burnu tıkalı ise onu huzursuz eder, uykusunu bozar ve uçakta kulak ağrısına neden olur; bu nedenle çocuk nezleli ise, hekiminizin uygun bir burun açıcı ilaç önermesini isteyin. Gittiğiniz yerde yemekler midenize yabancı ise, "turist ishali" için de bir reçete istemelisiniz. Birlikte götürdüğünüz tüm ilaçların, bebeğinizin yaşına göre uygun dozajı, kullanılma durumları ve muhtemel yan etkilerini bilmeniz gerekir. Son olarak, özellikle uzun seyahatlerde gideceğiniz yer veya yerlerde bir çocuk doktorunun adını almanız faydalı olacaktır.

Seyahat zamanı: Yola günün veya gecenin hangi saatinde çıkacağınız ,diğer faktörler yanında bebeğin programı, programdaki değişikliklere nasıl reaksiyon gösterdiği, sizin seyahat aracınız varış yeriniz ve seyahat süresine bağlıdır. Uçakla doğudan batıya bir seyahat yapıyorsanız, vardığınız yerin saati ile bebeğin yatma saatine denk gelmesi iyidir. Yolda kısa bir uyku çekilirse, inişten sonraki telaş ve patırtı alıştığı uyku saati geciken bebeğin birkaç saat uyanık kalmasına yardımcı olur. Bu sayede bebek yeni vardığı yerin saatine uyum sağlamış olur (elbette uçakların rötar yapmaması için dua da etmek zorundasınız).

Seyahatlerinizi, yolcu sayısının az olduğu zamanlarda yapmayı tercih etmelisiniz. Bu zamanlarda çok sayıda boş koltuk bulunabilir, hem bebeğiniz daha geniş bir hareket alanı bulur, hem de rahatsız olacak yolcu sayısı daha az olur.

Eğer bebeğinizde arabada uyuma alışkanlığı varsa ve uzun bir araba seyahati düşünüyorsanız, yol aldığınız saatlerin çoğunluğunun onun uyku ya da şekerleme saatlerine gelmesine dikkat edin. Aksi halde varacağınız yere uykusunu tamamen almış ve tüm gece oynamak isteyen bir bebekle ulaşırsınız. Bebek tren, otobüs ve uçakta iyi uyuyorsa ve uyanıkken bu dar mekânlarda huysuz oluyorsa, seyahat zamanını gündüz uykularına denk getirmelisiniz. Eğer bu araçlarda uyuyamayacak kadar çok heyecanlı oluyorsa önce uykusunu uyutup sonra yola çıkmak sükûnet sağlayabilir.

Görünüyor ki en önemli husus gideceğiniz yere mümkün olduğunca çabuk varmaktır, ama bu her zaman olmaz. Hareketli bir bebek için aktarmalarla yapılan bir seyahat, uzun ve duraksız bir seyahatten daha iyi olabilir.

Önceden sipariş verin: Uçakta çocuğunuzu hava yollarının standart yemekleri ile beslemeyi düşünmeyin; başlangıçlar çok yüksek sodyum içerir, ekmekler değişiktir, tatlılar şekerlidir ve besin değeri yoktur. Daha iyisi, önceden özel sipariş verin ve peynir, meyve, normal ekmek ısmarlayıp çocuğunuzla paylaşın. Bu siparişler 24 saat önceden bir telefonla verilebilir, biletinizi konfirme ederken ısmarlayabilirsiniz. Buna rağmen yanınıza bir parça kahvaltılık almayı da unutmayın, uçuşlar rötar yaptığında veya siparişiniz yanlış yere gittiğinde yemek için uzun süre beklemek bebeği -ve tabii etraftaki herkesi- huzursuz eder.

Bazı havayolları özellikle denizaşırı uçuşlarda bebekler için yiyecek, bebek bezi ve portbebe bulundurmaktadır, rezervasyon yaptırırken sorabilirsiniz.

Uygun oturma yeri: Eğer uçakla seyahat ediyorsanız, bölme önünden koltuk almayı deneyin, bu sayede hareket için biraz daha yeriniz olur, bebek ayağınızın dibinde oynayabilir. Eğer bulamazsanız, koridor tarafını tercih edin. Ne yaparsanız yapın sadece kendi rahatınız için değil, etrafınızdakilerin de rahatı için sakın çoklu sıraların ortasından yer almayın.

Rezervasyon sırasında en azından uçak tamamı ile dolu değilse yanında boş koltuk bulunan bir yer olup olmadığınızı sormalısınız.

Trenle uzun seyahatte kuşetli vagon tercih ediniz. Size ait bir yer, biraz mahremiyet sağlar ki trende bebekle uzun bir seyahatte gerçekten ihtiyaç duyulan şeylerdir.

Önceden yer ayırtın: Seyahat sezonu dışında yola çıktığınızda otel rezervasyonunun gerekli olmadığını düşünebilirsiniz. Gittiğiniz bölgedeki, fuar, bayram, toplantı vb gibi bilemediğiniz sürprizler yer bulamamanıza neden olabilir. Gece nerede duracağınızı önceden planlayın. Oraya umduğunuzdan geç varabileceğinizi düşünün ve çocuk karyolası da olan bir odayı önceden ayırtın.

Uygun bir otel seçin: Mümkünse otel seçerken ailelerin ihtiyaçlarına cevap veren bir otel seçin, çoğu böyle değildir. Bekleyebileceğiniz şeyler bebekler için yatak ve bebek bakıcısı bulunup bulunmadığıdır. Bunlar yoksa muhtemelen otelde rahat edemeyeceksiniz.

Donanımlı olun: Özellikle yanınızda başka bir büyük yoksa ya da birden fazla çocukla seyahat ediyorsanız, doğru malzemeyi yanınızda bulundurmakla seyahat kolaylaşır:

- Bebek küçükse sırta takılan bir portbebe. Bu sayede elleriniz valiz taşımak üzere serbest kalır - özellikle biniş ve inişlerde önemlidir.
- Büyükçe bebekler için hafif ve çok küçük, katlanır bir tekerlekli taşıyıcı. Küçük poşetleri tutamaklara asabilirsiniz, ama aracın arkaya devrilmemesine dikkat edin.
- Yeni yürüyenler için el bileklerini birbirine bağlayan bir kelepçe bağ. Çok barbarca görünebilir ama çocuğu zaptetmenin tek yolu olabilir.
- Seyyar bir bebek koltuğu. Bezden yapılı ise hemen hemen hiç ekstra yük olmaz.
- Bir araba koltuğu. Eğer uçakta yanınızda boş bir yer varsa çok işe yarar. Vardığınız yerde araba kiralamayı düşünüyorsanız arabaya çocuk oturacağı da isteyebilirsiniz, ancak rezervasyonda unutmamalısınız.

Bunun dışında kalan, çocuk yatağı, yemek sandalyesi vs gibi donanımı da varış yerinde kiralamanız ya da ödünç almanız mümkündür. Ancak bunları evvelden ayarlamaya çalışın.

Dere geçerken at değiştirmeyin: Seyahatinizde gereksiz problemlerden kaçınmak istiyorsanız, hemen öncesinde gereksiz değişiklikler yapmayın. Örneğin seyahatin hemen öncesinde çocuğunuzu memeden keşmeye çalışmayın. Alışılmamış ortamlar ve günlük programdaki değişiklikler zaten yeterince stres oluşturur, bunu artırabilecek her şeyden kaçınmalısınız. Üstelik yolda bebeği emzirmekten kolay bir besleme yolu da yoktur. Seyahate yakın katı besinlere başlamayın. Kaşıkla beslemeye başlamak evde bile size ve bebeğe yeterince mücadele ortamı yaratır. Eğer bebeğiniz katı besinlere geçmeye hazırsa bunlara birkaç hafta evvelden başlayabilirsiniz. Yalancı meme de bebeği yolda oyalamak için faydalıdır.

Bebeğiniz gece boyunca sık sık uyanıyorsa, yolculuğa çıkmadan hemen önce bu problemi düzeltmeye kalkışmayın. Aksi takdirde otel odasında veya misafirlikte bebeğinizin uykuya dalana kadar ağlaması hiç de hoş karşılamaz. Uykuları tamamen düzene oturmuş bebeklerin bile yolculuk sırasında ve eve döndükten sonraki ilk günlerde uyku düzenlerinde okşamalar ve gece uyanmaları görülebilir.

Korunmacı ya da çekingen olmayın: İlerideki isteklerinizi kararlaştırırken beklediğiniz işbirliği bulamazsanız soğukkanlılığınızı yitirmeyin. Çok şey istemekten ya da hoşnutsuz olmaktan kaçının, ancak gereksiz yere de çok gayret sarf etmeyin. Bugüne kadar bildiğiniz problemler seyahatiniz boyunca da görülecektir: kimi zaman uçuş personeli, yol arkadaşlarınız, otel yöneticileri sizin için gereken her şeyi yapmayabilirler, ama diğerlerini göz ardı etmemelisiniz.

Konfirme edin: Yola çıkış gününden önce tüm rezervasyonlarınızı konfirme edin ve evden ayrılmadan da uçuş saatinin değişip değişmediğini kontrol edin. Havaalanına vardığınızda uçuşunuzu iptal olmuş ya da dört saat rötarlı bulmak istemiyorsanız tabii. Aynı şey tren için de geçerlidir.

BAVULLARI AKILLICA HAZIRLAMAK

Evinizdeki hemen her şey, mutfak lavabonuz dahil (kirli şişeleri yıkamak, lekeleri temizlemek için) yolculukta size gereklidir, ama bunların tümünü yanınıza alanız tavsiye edilemez. Bunun yerine, sadece gerçekten ihtiyacınız olan şeyleri alarak ve seçiminizde mümkün olduğu kadar seçici davranarak uygun bir ortam yaratmaya yönelmelisiniz: numune boylarda sıvı bebek sabunları, asetaminofen, diş macunu ve bunun gibi derli toplu, ekstra emici türden bezler, parlak renkli ve karışık desenli yani leke kaldıran ve çamaşırhaneye az muhtaç edecek, hafif kumaştan, yani yıkamanız gerekirse çabuk kuruyacak, hepsi birbirine uyabilen elbiseler.

Eğer kolayca bulunabilecek şeyleri gittiğiniz yerden almayı düşünürseniz, hele de bu bir zevk olacaksa -örneğin Bermuda'dan birkaç küçük şort ve tişört ya da Paris'ten bir kutu bebe şampuanı almak gibi- yükünüzü azaltabilirsiniz. Ama dağlara gidecekseniz tüm ihtiyaçlarınızı almalısınız. Tipik bir seyahat için bagajınızda şunlar bulunmalıdır:

Bir bez çantası. Hafif ve içi plastik kaplı olmalı, mendil, şişe gibi acil ihtiyaçları koymak için dış gözleri olmalı ve omuza asılabilmelidir. Bu çantada bulunması gerekenler:

- Hafif ve tercihen kapüşonlu bir su geçirmez naylon ceket veya arabada, trende, uçakta ya da otobüsteyseniz kazak.
- İlk etap için ve muhtemel gecikmelere de yetecek sayıda ekstra tutucu, ekstra emici çocuk bezi. Bu bezlerin tümünü taşımaktansa mümkünse etap aralarında veya yolda satın almayı planlayın.
- Sizin ve bebeğin ellerini ve de altını temizlemek için ıslak bezler. Bu bezlerle bebeğiniz tadına bakmadan önce uçakta veya trende koltuğun kolunu veya pencerenin pervazını temizleyebilir, bebeğiniz kustuğunda veya yemek yerken üstünü kirlettiğinde leke almaması için üstünü başını da silebilirsiniz. Yolculuk sırasında farklı gıdalar, bezin seyrek değiştirilmesi ve hava değişikliği pişiklere neden olabilir.
- Pişik merhemi.
- Büyük, su geçirmeyen bir mama önlüğü, veya bir paket tek kullanımlık önlük. Önlük unutulduğunda yerine bez peçeteleri kullanmak için bir çengelli iğne.
- Ağzı iyice kapanabilen plastik torbalar. Böylece kirli mama önlüklerini veya kirlenmiş giyecekleri, akıtan şişeleri ve bebeğinizin kirli bezlerini uygun koşullarla karşılaşana veya bir çöp bidonu bulana kadar yanınızda taşımanız kolaylaşır.
- Varış yeriniz güneşli veya karlı olacaksa ve bebeğiniz altı aydan büyükse güneşten koruyucu.
- Bebeğin altını değiştirirken kullanmak veya üzerinde oyun oynaması için küçük ve hafif bir battaniye. Veya bu amaçla kullanmak ve gerektiğinde omzunuza almak için bir şal da alınabilir.
- Bebeği kucağa almak, altını değiştirmek veya çarşafları korumak için su geçirmez pet.
- Bir metrekare kadar plastik örtü, yemekte otel eşyalarını ve bebeğin elbisesini korumak için.
- Varsa bebeğinizin favori oyuncağı veya battaniyesi.
- Bir çift çorap veya bot. Havalandırmanın ortamı çok soğuttuğu yerlerde gerekebilir.
- Bol miktarda içecek ve kahvaltılık. Yolda, uçakta, trende bebeğiniz için uygun yiyecek bulabileceğinize güvenmemelisiniz. Geçireceğinizi hesapladığınız öğün sayısından iki fazlasına yetecek kadar yiyecek alınız. Bebeğinizin rutin mutfağına bağlı olarak çeşitli bebek yiyeceği, kraker, mısır gevreği, ekmeği zenginleştirmek için buğday kepeği, hamur işi, hazır mama,

termos veya şişe içinde meyve suyu, uygun bardaklar.

• Bir plastik torbada bir düzine plastik kaşık, yıkamak mümkün olmazsa atılabilir.

• Gerçekten pratik ve emici olduğu için kâğıt havlu parçaları. Rulodan yaprak yaprak koparıp, yanınıza bir miktar alabilirsiniz.

• Bebeğinizi oyalamak için bir eski ve bir yeni oyuncak -eski rahatlık ve güvenilirlik, yeni ise heyecan ve uğraş vermek için-. Büyük bebekler için bilmece oyuncaklar, küçükler için ayna, çıngırak, sesli hayvancıklar. Çok sayıda ev oyuncağı almayın, kaybolabilir. Ağır ve yer kaplayıcı olanları seçmeyin, taşımak problem olur. Diş çıkaran bebek için bir çiğneme lastiği bulundurun.

• Küçük bir el çantası. Elleriniz tüm yükü taşımakta yetersiz kalacağı için ayrıca bir el çantası taşımak gerçekten zor ve biraz riskli olur (muhtemelen bir yankesiciye yeterince düzensiz, telaşlı ve dağınık kolay bir av olarak görüneceksiniz). Bunu yerine biletler, paranız, kredi kartlarınızla birlikte cüzdanınız, reçeteler, doktorun adresi ve telefonu gibi kişisel eşyayı küçük ve ellemekle kolayca tanıyabileceğiniz bir el çantası içinde bez çantasına koyun. Veya cüzdanınızı cebinizde taşıyın, tabii tüm elbiselerinizde yeterince derin cepler varsa.

Bebeğin elbiseleri için bir çanta: Bebeğin seyahat gardırobu için ideali, küçük, hafif, yumuşak saplı, omza ve sırta asılabilen bir çantadır. Taşıt içinde el altında taşınabileceği için her an problemsizce ve herkesin içinde valizinizi açmadan yeni bir elbise çıkarabilirsiniz. Eğer bebeğin eşyalarını kendi valizinize koyarsanız ve bu da yanınızda bulunmazsa (kontrole gittiğinde olduğu gibi) bez çantasında bir iki takım elbise bulundurunuz.

Bir ecza ve tuvalet çantası: Bu çantanın meraklı bir bebeğin açamayacağı türden olması gerekir. Tercihen ya bir kilidi olmalı ya da kolay açılmamalıdır. İdeali su geçirmez olmalı, temizlenmesi kolay olmalı ve yine omza asılabilmelidir. Bu çantayı mümkün olduğunca yanınızda taşıyın ki ilaç gerektiğinde kullanabilesiniz. Ayrıca içindeki sıvılar uçağın kargo kompartımanında donmadan dolayı bozulmasın. Bu çantada bulunması gerekenler:

• Reçete ile aldığınız ilaçlar ve vitaminler, yolculuk süresince size yetecek kadar olmalıdır. Bebekler için asetaminofen, kusma için bir kusma ilacı, ishal için bağırsak hareketlerini azaltıcı bir ilaç (iki yaştan küçüklere Lomotil tavsiye edilmez), doktor tavsiye etmişse bir burun açıcı.

• Sağlık sigortası ile ilgili tüm bilgiler.

• Ev dışı geziler için böcek kaçırıcı, zehirli ot bulaşığı için sabun, kalamin losyonu, böcek sokması ilaçları ve bebek alerjik ise arı sokması kiti.

• Sağlık sigortası ile ilgili tüm bilgiler.

• Ev dışı geziler için böcek kaçırıcı, zehirli ot bulaşığı için sabun, kalamin losyonu, böcek sokması ilaçları ve bebek alerjik ise arı sokması kiti.

• Kaza ile zehirlenmeye karşı İpeka şurubu (tıbbi tavsiye olmadan almayın), flaster, yapışkan gaz petler, antibakteriyel krem (örn. Neosporin), kas zedelenmesi için elastik bandaj, termometre, cımbız ve bebek için tırnak makası.

• Sıvı bebek sabunu. Hem cilt hem de saç temizliğinde kullanılabilir. Otel odalarında bulunan sabunlar bebekler için değildir.

• Bebeğin diş temizliği için diş fırçası veya dişler çıkmamışsa gaz petler.

• Konserve açacağı ve makası da olan çok amaçlı cep çakısı.

• Eğer bebek ışıkta uyumayı seviyorsa bir gece lambası.

YOLCULUK ZEVK OLABİLİR

İster hava, ister kara, ister trenle yolculuk yapın, bu yolculuğu kolaylaştırabilirsiniz.

Uçakla. En büyük avantajı en hızlı taşıt olmasıdır. Rahat etmek için şunları yapın:

• Bagaj vs. gibi detaylar için havaalanına erkenden gidin. Ama fazla bekleyecek kadar erken de gitmeyin.

• Çocukla seyahat edenler için uçağa erken binmek bir avantajdır, bir an evvel yerleşme ve diğer yolcular hücum etmeden eşyaları dolaplara yerleştirme imkânı sağlar. Bununla beraber, dar yerde rahat durmayacağını düşündüğünüz bir bebeğiniz varsa, biniş esnasında da koridorlarda dolaşmak mümkün olmayacağı için beklemeyi ve en son binmeyi tercih edebilirsiniz. Eğer yanınızda bir diğer büyük varsa biri eşyalarla önceden binebilir, diğeriyse dışarıda bebekle binişin sonunu bekleyebilir.

• Kalkış ve inişe göre beslenmeyi ayarlayın. Çocuklar (özellikle de bebekler) kalkış ve iniş sırasındaki kabin basınç değişikliklerine bağlı kulakta basınç ve bazen ağrı hissi duymaya büyüklerden daha eğilimlidir. Bu sıralarda çocuklara yiyecek vermek ya da emzirmek sık yutkunmaya neden olacağından kulakta basınç artışını engellemeye yardım eder.

• Eğer bebek çok fazla gürültü yaparsa ve şikâyete yol açacağını düşünürseniz, dostça davranan yolcuların yardımını kabul edin, size kötü ve şikâyetçi bakanları ise görmezden gelin.

• Hava yolculuğu susamaya yol açabileceği için uçuş süresinde bebeğinize bol bol sıvı verin -eğer emziriyorsanız siz de ekstra sıvı içmelisiniz. Ancak kafein ve alkol içeren içeceklerden uzak durmanızda fayda var.

• Eğer bebeğinizin mamasının ısıtılması gerekirse uçak personelinden biberonu veya sütü ısıtmasını rica edin. Ancak sütü çocuğa vermeden evvel iyice çalkalayıp karıştırın ve ısısını iki defa kontrol edin. Mikrodalga fırınlar homojen bir ısınma sağlamaz, çocuk haşlanabilir.

• Eğer yalnız seyahat ediyorsanız tuvalete giderken bir personelden çocuğa bakmasını istemekten çekinmeyin.

• Uçağı en son terk edin, hem sıkışmazsınız hem de çok miktardaki eşyanızı toplamak için zaman kalır. Sizi karşılamaya gelecek kişiye de uçağı en son terk edeceğinizi bildirin.

Trenle: Trenle seyahat, uçaktan yavaş olmakla beraber çocuğa biraz daha fazla hareket imkânı sağlar. Eğer aşağıdakileri hatırınızda tutarsanız tren seyahatiniz kolaylaşır:

• Kondüktörden sigara içilmeyen bir kompartıman isteyin.

• İyi bir yer bulabilmek için mümkün olduğunca erken binin. Vagonun en ön sırasına tekerlekli sandalyeli bir yolcu yerleşmemişse, burası bir aile için en uygun yerdir çünkü bebeğiniz önünüzdeki boşlukta oynayabilir veya altı değiştirilebilir. Ayrıca vagonların sonundaki dörtlü koltuklar da iyi bir seçimdir, ailenizle birlikte rahatça yayılmanıza imkân verir. Eğer tren kalabalıksa ve yolculuk uzunsa bebeğiniz için ayrı bir yer tutmak ve kondüktör geldiğinde ödeme yapmak uygundur. Eğer sadece bir kişilik yeriniz varsa pencere ya da koridoru seçmek için ancak yazı-tura atabilirsiniz çünkü pencere tarafında bebek dışarıyı seyrederek oyalanabilir, koridorda ise bebek huysuzlanırsa sık sık gezintiye çıkarabilirsiniz.

• Emin olun ki, eğer yalnız seyahat ediyorsanız ve bebeğiniz hâlâ portbebeye sığabilecek gibi ise, portbebe olmadan tuvalete dahi gidemediğinizi göreceksiniz. (Bebeğinizi, kısa süre de olsa, özellikle de bir istasyona yakınken asla kimseye emanet etmeyin).

• Trene inerken veya binerken birinin yükünüzü taşımak için yardım önerisini kabul edin, ancak tanımadığınız bir kimseye bebeğinizi emanet etmeyin.

• Eğer seyahatiniz uzun sürecekse yanınıza çocuğunuzun oyuncaklarından bir seri alabilirsiniz, böylelikle eskisinden bıktıkça bir yenisini vermeniz mümkün olur. Arada da biraz dışarıyı seyrettirebilirsiniz. Çocuğa pencereden dışarı bakarken arabaları, atları, inekleri, insanları, evleri, gökyüzünü, bulutları göstererek oyalamak, dağarcığı boşaldığında çok annenin kurtarıcısı olmuştur.

• Elinizin altında atıştıracak bol şey olmalıdır. Trenlerde yemek araları genellikle uzundur ve almayı planladığınız son sandviçin de satılmış olduğunu görmek pek de alışılmamış değildir.

Eğer arabanızdaysanız: Otomobil yolculuğu elbette diğerlerinden daha yavaş ve eğer sürücü iseniz daha yorucu, bebek için daha kısıtlayıcıdır. Ancak, size diğer vasıtalardan daha çok kendi temponuzda yol alma, istediğiniz yerde ve zamanda mola verme ve bulunduğunuz yerden çıkar çıkmaz istediğini yere gidebilme şansı verir. Aileniz için otomobil seyahatini aşağıdaki yollarla daha çekici kılabilirsiniz:

• Tüm erişkinler ve büyük çocuklar için em-

YÜKSEK İRTİFADA

Deniz seviyesine göre yüksek bir bölgeye seyahat ediyorsanız, bazı önlemler almanız gereklidir. Yükseklerde güneş ışınları daha yoğun olduğundan güneşten koruyucu kullanma ve güneşe dikkatli çıkma konusunda daha dikkatli olmalısınız. Ve sıvı gereksinimi arttığından, burada kaldığınız sürece bebeğiniz günde daha fazla meyve suyu veya su ister. Kansız bir bebekte, yüksek irtifadaki havada oksijen seviyesinin düşüklüğü nabız ve solunumu hızlandırır ve yorgunluğa neden olur. Bu durumda bebeğinizde bir enfeksiyon ya da kalp hastalığı -ki doktora danışmayı gerektirir- gibi bir durum yoksa yapılacak acil bir şey yoktur. Ancak sık aralıklarla istirahat vermelisiniz.

niyet kemerleriniz ve küçükler için araba koltukları bulunmalı, herkes güvenlikle yerine yerleşmeden ve tüm kapılar güvenlikle kapanmadan araba asla hareket etmemelidir. Sıcak havada plastik döşemeleri yumuşak kumaşlarla, havlu ile veya pelüşle kaplayın. Araba koltuğundaki küçük bir bebeğin başı, rulo yapılmış bir havlu veya piyasadan satın alınmış bir boyun desteği ile dik tutulabilir, uylukların altına konan katlanmış bir battaniye rahatı ve direnci artırır.

- Sık sık molalar verin (her iki saatte bir veya gerektiğinde), çünkü bebekler uzun süre arabada oturmakla huzursuzlaşırlar. Mola verdiğinizde, bebeği de dışarı çıkarın ve eğer emekleme ya da yürüme çağında ise, bırakın biraz bildiğini yapsın. Tabii arada beslenme molaları da verin.
- Rolleri değiştirin. Herkes için yolculuk ve yoldaşlıkta bir değişiklik olsun diye şoförü değiştirip bebeğin yanına oturtun.
- Bebeğin koltuğuna, oyuncaklar yapıştırın veya 10 cm'den uzun olmayan bağlarla bağlayın ki bu sayede çocuğun attığı oyuncakları toplamak için defalarca kemerinizi çözmek zorunda kalmayın.
- Soğuk havada yolculuk yapıyorsanız, özellikle de bir fırtına bekleniyorsa, soğukta sıkışıp kalma haline karşı ekstra elbise ve battaniye bulundurun. Otomobil sıfırın altında ısılarda çok hızlı olarak öldürücü bir buzhaneye dönebilir.
- Bebeği sıcak ya da ılık havada, asla park ettiğiniz arabada yalnız bırakmayın, pencereler açık bile olsa araba hızla bir ölüm fırınına dönüşebilir.

EVİNİZDEN UZAK OTEL, MOTEL VEYA BAŞKA YERLERDE NELER YAPMALI

Ev dışında bebekle birlikte geçirilen ilk gece biraz huzursuzluğa yol açabilir. Ancak önlemleri alırsanız, siz de bebeğinizde rahat edersiniz.

- Gideceğiniz yere vardığınızda, özellikle bebeğiniz hareket çağında ise- bir güvenlik kontrolü yapmalısınız. Bebek yatağının korkuluklarının 7,5 cm'den daha fazla aralıklı olmadığına dikkat edin, eğer daha geniş ise bebeği yanınızda yatırın. Açık pencereler, elektrik kabloları, ve diğer nesnelerin ulaşılabilecek gibi olmadığından emin olun. Açık kapıları kapatın.
- Bebeğinizi oyun ya da alt değiştirmek için yatağa koyarsanız, yatağı bebekten ve bebeği yatağın mikrobundan korumak için su geçirmez peti kullanınız.
- Bebeği odada beslerken, otelin halısını korumak için yere plastik örtünüzü veya yoksa sadece nezaket gereği olarak gazete kâğıdı yayın, böylece kirlilik konusunda hesap vermek zorunda kalmazsınız.
- Aktif bir bebeği kısıtlamayın. Halı gözle görülebilecek şekilde kirli değilse sizin gözetiminiz altında emeklemesinde sakınca yoktur ve yürüyebiliyorsa, yine sizin gözetiminizde olmak şartı ile araştırma yapmasında bir sakınca bulunmaz.
- Otelden bir çocuk bakıcısı isteyin. Onunla resepsiyonda bizzat buluşun ve istediğiniz kişi olduğundan emin olun.

RESTORANDA NASIL BAŞEDİLİR

Bir zamanlar bebekler halka açık lokantalarda nadiren görülürdü. Günümüzde bebeklerin birçoğu restoranlarda çocuk parkındaki kadar zaman geçiriyor. Eğer sizinki bugüne kadar bu zevki tanımadıysa, aşağıdaki tavsiyeler seyahatinizdeki restoran beklentilerinizi kolaylaştırabilir:

- Erkenden yemeğe inmeyi ve çabucak bitirmeyi planlayın. Bebekle beraber yerken kendinizin değil bebeğin programına uymak durumundasınız. Ayrıca erken servis veren restoranları tercih etmek durumundasınız, çünkü bebekler beklemekten çok yemek için zaman harcarlar. Ve bebeğiniz yemeğini bitirdiyse gitme zamanı gelmiştir diyebilirsiniz. Tatlı yemek ve kahve içmek için zaman harcamak, çoğu küçük çocuk ebeveyni için geçmişte kalan bir zevktir.
- Eğer seyyar bir bebek yemek sandalyesi getirmeyi düşünmüyorsanız yüksek sandalyeleri veya bebek yemek sandalyeleri olup olmadığını sormak için restoranı arayın. Resepsiyon böyle bir sandalye olmasa bile bebeğinizi ağırlamak için size bir yol gösterecektir.
- Arkalarda veya sessiz bir köşede bir masa isteyin ki grubunuz diğer müşteriler ya da restoran personelini mümkün olduğunca az rahatsız etsin. Ayrıca eğer emziriyorsanız bu durumda çocukla ilgilenmek için biraz daha mahrem kalabilirsiniz.
- Beraberinizde önlük ve ayrıca restoran halı kaplı ise bebeğin sandalyesinin altına yaymak için plastik örtüyü getirin.
- Servis araları veya bebeğin yemeğini bitirdiği zamanlar için beraberinizde birkaç oyuncak veya kitap getirmelisiniz. Ancak bunları hemen ortaya çıkartmayın, gerektiğinde ise birer birer gösterin. Başlangıçta bebeğiniz kaşıkla oynayarak, etrafa gülümseyerek veya restoranın dekorasyonuna bakarak oyalanacaktır.
- Öncelikle meze ısmarlayın ki (özellikle bebeği oyalayan, elde yenecek yemekler) ana yemekler geciktiğinde bebek yiyecek bir şey bulabilsin. Yine bu katı yiyecekleri paket yaptırın, ileride gerekebilir. Bebeğiniz masada yenenleri yiyecek yaşta değilse, bir veya iki kavanoz bebek yemeği bulundurun ki hâlâ yemek bekleyen büyükler aç kalmasın.
- Bebeğinizi restoranda emekleyerek veya dolaşarak sağı solu araştırmasına asla izin vermeyin, çünkü bu araştırma ağır bir tepsi veya kaynar çay ile gelen bir garsonun çarpması sonucu ciddi bir yaralanma ile sonuçlanabilir.
- Siparişinizi hemen verin ve bebeğin siparişinin mümkün olduğunca çabuk gelmesi için özellikle ricada bulunun. Eğer eşinizle veya başka bir büyükle birlikteyseniz, biriniz yemek ısmarlamak görevini alıp diğeriniz yiyecek gelene kadar lobide çocuğu oyalayabilir.
- Eğer istediğinizi mönüde görmezseniz, sorun. Restoranların çoğunda bir bebek için ne isterseniz mutfakta bulunur. İyi seçimler: köy peyniri, buğday ekmeği, peynir, hamburger (hazırı değil, çünkü çiğ beklediğinden bakteri üreyebilir), tavuk, kılçıksız balık, püre veya haşlanmış patates, bezelye püresi, iyi pişmiş havuç, kavun vs...
- Suyun temiz olduğundan şüphe ettiğiniz ve besin temizliğinin problem olduğu yerlerde musluk suyundan (bebek için şişeli soda veya meyve suyu kullanın) çiğ sebzelerden, buzdan, pastörize olmayan ya da soğuk tutulmayan süt ürünlerinden ve de sineklerin uçuştuğu ve bardakların kirli göründüğü restoranlardan kaçının.
- Diğer müşterileri de kollayın. Eğer bebek şiddetle ağlıyor ya da etraftaki insanları rahatsız ediyorsa, bir gezinti zamanı gelmiştir.
- Arada da olsa siz ve yol arkadaşınız (eğer yalnız olmayacak kadar şanslıysanız) nöbetleşe olarak yiyip, bebeği oyalayabilirsiniz.

ZEVK ALMAK

- Seyahat programında gerçekçi olun. Yalnızca büyükler için bir seyahatte bir bebekle herkesle aşık atmanız mümkün olamaz. Eğer programınızı çok doldurursanız, zevkiniz azalacaktır.
- Seyahat programında esnek olun, eğer Savannah'tan Lauderdale'e bir araba yolculuğu düşündüyseniz ve bebek araba koltuğunda bunu

Daytona'ya kadar planladı ise bir mola daha vermeyi düşünün. Atina'da şehri gezmek için iki gün geçinmeyi planladıysanız, ancak bebeğin çılgınlığı ilk günden harabeleri harap edecek düzeyde ise Parthenon gezisini başka bir güne, belki de bir dahaki gelişe erteleyin.

• Bebeğin sıkılmadığı ya da uzun süre sessizlik gerekmeyen yerlerde zamanınızı geçirin. Harabeler, parklar, hayvanat bahçeleri batta bazı müzeler -zamanlarının çoğunu etraftaki insanlara bakarak geçirseler bile- bebekler ve küçük çocuklar için ilginç olabilir. Tiyatro, opera ya da konsere gitmek istediğinizde, eğer mümkünse bir bebek bakıcısı tutun.

• Eğer herkes iyi zaman geçirmek istiyorsa, önce kimin isteklerinin geldiğini unutmayın. Eğer bebek zamanında beslenmez ya da altı değiştirilmezse ya da hesapta olmayan bir şekilde sürekli geç yatırılırsa sonuçları herkese dokunur. Kuşkusuz Roma'da Romalılar gibi davranmak gerekir, tabii bebeğinizin hesabı sizinkine uyuyorsa...

-17-

Bebeğiniz Hastalandığında

Hiçbir şeyin görüntüsü, anne-babasının durumunu saymazsak, hasta bir çocuğunki kadar acıklı, çaresiz ve yardıma muhtaç olamaz.

Bir bebeğin hastalığı, çok hafif olsa bile anne babasını daha çok etkiler; özellikle de ilk bebeğin ilk kez hastalanması. İlk belirtiler görüldüğünde kaygı başlar, belirtiler ağırlaştığında ya da yeni belirtiler ortaya çıktığında alarm verilir, doktoru aramalı mı aramamalı mı, ne zaman aramalı diye düşünülür (çocuklar istisnasız olarak doktorun çalışma saatleri dışında, gece yarısı veya hafta sonları hastalanırlar), doktorun geri aramasını beklerken zaman geçmek bilmez (on beş dakika bile sürse, hiç aramayacakmış gibi gelir), ardından ilaç vermenin sıkıntısı başlar, bir yandan da sürekli kaygı, kaygı, kaygı vardır.

İster inanın ister inanmayın, zamanla her şey daha iyi olacaktır. Deneyimleri arttıkça anne-babalar, ateşi çıkan bir bebeği veya kusan bir çocuğu kendilerinden emin bir şekilde ve panik yaşamadan idare eder hale gelirler. Bu noktaya daha çabuk ulaşmak için belirtileri değerlendirebilmek, bir bebeğin ateşini ölçmeyi ve sonucu yorumlamayı öğrenmek, hasta bir çocuğun nasıl besleneceği konusunda bilgi sahibi olmak, en sık görülen çocuk hastalıklarını tanımak ve gerçek bir acil durumla karşılaşıldığında durumu kavrayıp nasıl başa çıkılacağını bilmek gereklidir.

DOKTORU ARAMADAN ÖNCE YAPMANIZ GEREKENLER

Bebeğiniz gerçekten hasta olduğunda çoğu çocuk doktoru -günün veya gecenin hangi saati olursa olsun- sizinle haberleşmekten memnuniyet duyar. Ancak, şimdiye kadar çoktan ezberlediğiniz telefon numarasını çevirmeden önce bebeğinizin doktorunun durumu değerlendirebilmek için sizden öğrenmek isteyebileceği bilgileri bir yere kaydederek hazırlıklı olmanızda fayda var. Bebeğinizin sağlığı konusunda etkin bir görev almak istiyorsanız gerekli olduğunda aşağıdaki bilgileri sağlayabilmek konusunda bilgili ve yeterli olmalısınız. Birçok basit hastalıkta yalnızca iki veya üç belirti bulunur fakat herhangi bir şeyi atlamadığınızdan emin olmak için listeyi baştan sona taramanızda fayda var. Doktorunuza belirtilerin ne zaman başladığını, herhangi bir şeyin belirtileri başlatıp başlatmadığını, belirtileri artıran veya azaltan şeyler olup olmadığını (örneğin oturtulunca öksürüğün azalması, yedirince kusmanın artması gibi), evdeki ilaçlardan hangilerini kullandığınızı söylemeye hazır olun. Bebeğiniz suçiçeği olan kuzeniyle bir araya geldiyse, kardeşinde de ishal varsa veya bulaşıcı hastalığı olan herhangi biriyle temas ettiyse, ya da yakın zamanda düşme gibi herhangi bir yaralanma geçirdiyse doktorunuz bunları öğrenmekten memnun olacaktır. Doktorunuza bebeğinizin yaşını ve varsa kronik tıbbi hastalığını hatırlatmayı ihmal etmeyin.

Nöbetçi eczanenin ismini ve telefonunu yakınınızda bulundurun, doktorunuz telefon ederek almanız gereken ilaçları eczaneye bildirmek isteyebilir. Doktorunuzun talimatlarını kaydetmek üzere elinize bir kâğıt kalem alın.

Ateş. İlk ateş testini dudağınızı bebeğinizin alnına değdirerek yapabilirsiniz. Eğer dokunduğunuzda sıcaklık hissederseniz bir derece ile daha kesin bir bilgi edinin (bkz. Sayfa 383). Hastalığın yanı sıra oda veya hava sıcaklığının (karlı bir havada dışarıdan eve döndüğü zamana kıyasla fazla ısıtılmış bir odada oyun oynadıktan sonra bebeğinizin ateşi daha yüksek olacaktır) aktivite miktarının (egzersiz, enerjik bir oyun veya şiddetli ağlama krizi bebeğinizin ateşini yükseltebilir) ve gün içinde ölçüm yaptığınız saatin (akşam saatlerinde ateşi artma eğilimindedir) de dereceyi etkileyebileceğini aklınızda bulundurun. Bebeğinizin alnı soğuksa anlamlı bir ateşi olmadığını düşünebilirsiniz.

Kalp atış hızı (nabız). Bazı durumlarda bebeğinizin kalp atış hızını bilmek doktorunuza yardımcı olacaktır. Bebeğiniz çok hareketsiz veya ateşli görünüyorsa şekilde görüldüğü gibi kolundan nabzını ölçmeye çalışın. Bebeklerdeki normal kalp atış hızı uykuda dakikada 100 ila 130 vuru, uyanıkken 140 ila 160 vuru ve ağlarken 160 ila 200 vurudur. Çocuklar büyüdükçe kalp atış hızları giderek azalır ve iki yaş civarında dakikada 100 ila 140 olur.

Solunum. Bebeğinizde solunum güçlüğü varsa, öksürüyorsa veya düzensiz ve hızlı soluk

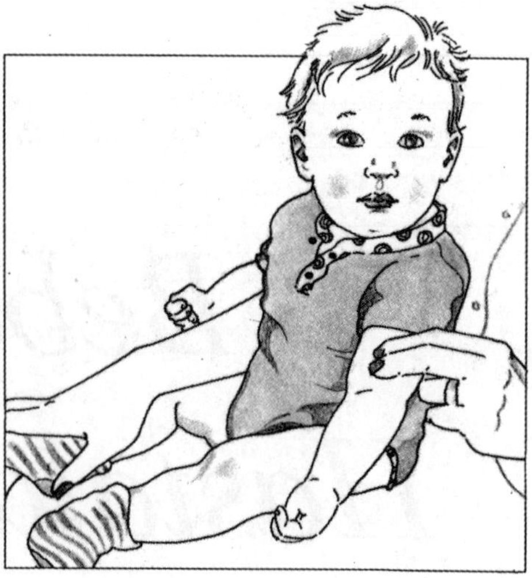

Bebeğiniz sağlıklı ve sakinken brakial (kolundaki) nabzını ölçmeye çalışarak egzersiz yapın.

alıp veriyorsa bir dakikada göğsünün kaç kez inip kalktığını saymaya çalışın. Aktivite sırasında uykuya kıyasla solunum daha hızlıdır (ağlama dahil) ve hastalık nedeniyle artabilir ya da azalabilir. Yenidoğanlar genellikle dakikada 40 ila 60 nefes alırlar; bir yaşındaki bebekler ise 25 ila 35. Eğer her nefes alıp verdiğinde bebeğinizin göğsü kalkıp inmiyorsa, solunumu hırıltılıysa ve zorlukla yapıyorsa (burnu tıkalı olmadığı halde) bu bilgiyi doktorunuza iletin.

Solunum belirtileri. Bebeğinizin burnu akıyor mu? Burnu tıkalı mı? Akıntı sulu mu koyu mu? Renksiz mi, beyaz mı, sarı mı, yeşil mi? Öksürüğü var mı?, Öksürüğü kuru mu, tırmalanma gibi mi, ötme gibi mi, ağır mı? Öksürürken balgam çıkarıyor mu? (bazen şiddetli bir öksürükle balgamla karışık kusma görülür.)

Davranış. Bebeğinizin davranışlarında normale göre bir değişiklik var mı? Bebeğiniz yorgun ve halsiz mi, huzursuz ve huysuz mu, yanıtsız veya yatıştırılamaz halde mi? Arada bir gülümseyebiliyor mu?

Uyku. Bebeğiniz normalden daha fazla mı uyuyor ya da alışık olmadığınız şekilde uyukluyor mu? Ya da uykuya dalmada güçlük çekiyor mu?

Ağlama. Bebeğiniz normalden fazla mı ağlıyor? Ağlarken sesi veya ağlamanın şiddeti farklı mı - örneğin daha tiz sesli mi?

İştah. Bebeğiniz her zamanki gibi yiyor mu? Biberonu veya memeyi ya da katı gıdaları reddediyor mu? Veya gördüğü her şeyi yemeye mi çalışıyor?

Cilt. Bebeğinizin cildi herhangi bir şekilde farklı görünüyor mu? Kızarık mı? Beyaz ve renksiz mi? Mavimtırak veya grimtrak mı? Nemli ve sıcak mı (terli) veya nemli ve soğuk mu? Veya aşırı kuru mu? Dudakları, burun delikleri veya yanakları aşırı kuru mu veya pul pul olmuş mu? Bebeğinizin cildinin herhangi bir yerinde - koltuk altları, kulaklarının arkası, kol ve bacakları gövdesi veya başka bir yerinde - döküntü veya lezyon var mı? Döküntü veya lezyonun rengini, şeklini, ebadını ve yapısını nasıl tarif edersiniz? Bebeğiniz bunları kaşımaya çalışıyor mu?

Ağız. Dişetlerinde çıkmaya çalışan dişlerin sebep olduğu şişkinlik mevcut mu? Dişetlerinde, yanakların iç yüzünde, damakta veya dilde herhangi kırmızı veya beyaz nokta ya da lekeler var mı?

Boğaz. Bebeğinizin boğazının girişindeki kubbe kızarık mı? Beyaz veya kırmızı nokta ya da lekeler var mı?

Fontanel (bıngıldak). Bebeğinizin tepesindeki yumuşak nokta hâlâ açık mı, içeri çökmüş mü yoksa dışarı doğru bombeleşmiş mi?

Gözler. Bebeğinizin gözleri normalden farklı mı görünüyor? Cam gibi, boş, içeri çökük, mat, sulu veya kızarık mı? Altlarında koyu renk halkalar var mı veya yarı yarıya kapalılar mı? Akıntı varsa rengini, miktarını ve kıvamını nasıl tarif edersiniz?

Kulaklar. Bebeğiniz bir veya her iki kulağını çekiştiriyor veya karıştırıyor mu? Herhangi bir kulağında akıntı var mı?

Lenf bezleri. Boynundaki lenf bezleri şişmiş görünüyor mu?

Sindirim sistemi. Bebeğiniz kusuyor mu? Ne sıklıkta? Çok miktarda mı kusuyor yoksa hemen hemen hiçbir şey çıkarmıyor mu? Kusmuğu nasıl (süt kalıntıları mı içeriyor, sümüklü mü, pembemsi mi, kanlı mı?) Kusması basınçlı mı oluyor? Uzak bir mesafeye fışkırma şeklinde mi? Kusmayı başlatan herhangi bir şey var mı - örneğin yemek yemek gibi? Bebeğinizin dışkılama düzeninde herhangi bir değişiklik oldu mu? Sulu, sümüklü bir ishali veya kanlı bir dışkılaması var mı? Dışkılaması daha sık, ani veya basınçlı mı? Yoksa bebeğiniz kabız mı? Tükü-

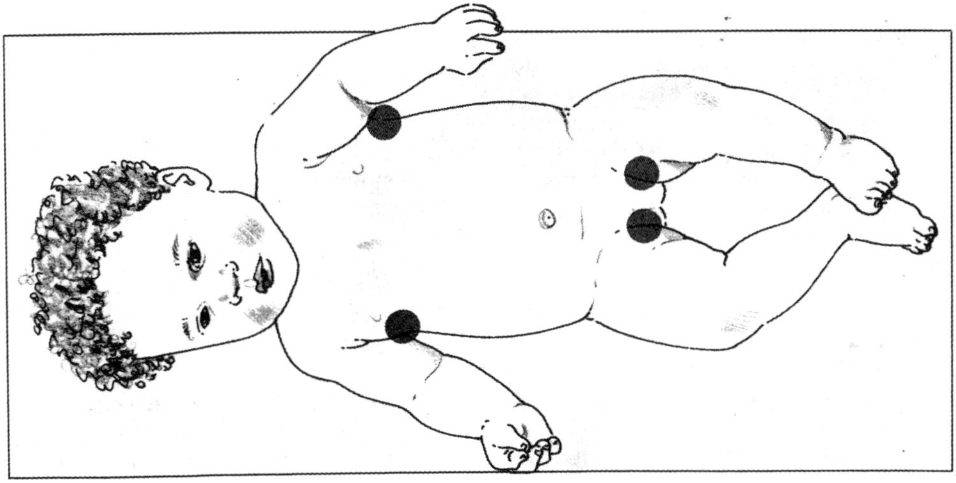

Lenf bezleri (işaretli bölgeler) bağışıklık sisteminin bir parçasıdır. Herhangi bir lenf bezindeki şişme bir enfeksiyonun habercisi olabilir ve doktora bildirilmelidir.

ANNELERİN İÇGÜDÜLERİ

Bazen herhangi özel bir belirti bulamazsınız fakat bebeğiniz sizce "normal" gözükmemektedir. Doktorunuzu arayın. Büyük olasılıkla bir şeyi olmadığı konusunda ikna olacaksınız fakat tedavi edilmesi gereken belli belirsiz bir şeyi fark etmiş de olabilirsiniz.

rük salgısında azalma veya artma var mı? Belirgin bir yutma güçlüğü var mı?

İdrar yolları. Bebeğin bezleri normalden daha az mı ıslak? Yoksa daha ıslak mı görünüyor? Renk veya kokusunda herhangi bir değişiklik var mı (örneğin koyu sarı veya pembe gibi)?

Karın. Bebeğinizin karnı herhangi bir şekilde normalden farklı mı (daha düz, daha yuvarlak, şişkin gibi)? Hafifçe bastırdığınızda veya dizlerinden birini karnına doğru büktüğünüzde acı çekiyor gibi gözüküyor mu? Ağrısı ne tarafta - sağda mı, solda mı, karnının üst tarafında mı, alt tarafında mı?

Motor belirtiler. Bebeğinizin üşümesi, titremesi, vücudunun katılaşması veya nöbeti oldu mu veya oluyor mu? Ensesi sertleşmiş mi veya zor mu hareket ettiriliyor - çenesini göğsüne değdirmek mümkün mü? Vücudunun herhangi bir yerini hareket ettirmede güçlük var mı?

BEBEĞİNİZİN NE KADAR DİNLENMEYE İHTİYACI VAR?

Büyükannelerden, büyük teyzelerden ve komşularınızdan gelen iyi niyetli öneriler ne olursa olsun hasta bir bebeğin yatağa bağlanmasına veya "sessiz sakin" bir ortamda tutulmasına gerek yoktur. Bebeğinizin vücudunun ihtiyaçlarını dinleyip buna göre hareket edebilirsiniz. Çok hasta bir bebek günlük aktivitesini azaltarak dinlenmeyi tercih edecektir, hafifçe hasta veya iyileşmekte olan bir bebek ise aktif olacaktır ve oyun isteyecektir. Her iki durumda da kendiliğinizden kısıtlama yapmanız doğru olamayacaktır. Bebeğinizin size yol göstermesine izin verin. (Bir bebek hastayken dinlenmeye ihtiyacı olan biri varsa bu annedir.)

HASTA BİR BEBEĞİ BESLEMEK

Hastalık döneminde genellikle iştah kaybı görülür. Bazen, sindirim sistemi bozukluklarında olduğu gibi, bu istenen bir şeydir çünkü yemek yenmemesi iyileşme sürecinde mide ve bağırsakların dinlenmesini sağlar. Bazen de, ateş varlığında olduğu gibi, bu iyi bir şey değildir çünkü enfeksiyonla mücadelede ateş oluşumuna yardımcı olacak ekstra kaloriler alınamamaktadır.

Sindirim sistemini etkilemeyen pek çok hafif hastalıkta tek tek hastalıklar bölümünde belirtilenlerin dışında özel bir diyete gerek yoktur. Ancak, hasta bir bebeğin beslenmesiyle ilgili genel yaklaşımlar şunlardır:

Sıvı alımını artırın. Bebeğinizin ateşi varsa, solunum yolu enfeksiyonu geçiriyorsa (soğuk algınlığı, bronşit gibi) ya da ishalin eşlik ettiği bir sindirim sistemi hastalığı mevcutsa dehidratasyonu önlemek için katı yiyecekler yerine sıvı yiyecekleri ve su miktarı yüksek yiyecekleri (meyve suları, sulu meyveler, çorbalar) veya rehidratasyon sıvılarını (gerekirse) verin. Bebeğiniz her seferinde yalnız bir yudum alsa bile gün boyunca bunları sık sık verin. Doktorunuz aksini önermediği sürece biberonla veya memeyle beslenen bebekleri istedikleri sürece besleyebilirsiniz.

Kaliteyi artırın. Bebeğinizin istediği her şeyi - besleyici olmasa da şeker veya tuz oranı yüksek olsa da - yemesine izin verme eğiliminiz bulunsa bile böyle yapmayın. Kaloriden başka bir şeyden zengin olmayan yiyecekler çocuğunuzun yemesi gereken yiyeceklere karşı iştahını kapatacaktır. Bir çocuk (bir erişkin gibi) bağışıklık sistemini güçlendirmek için bolca vitamin ve minerale gereksinim duyar, bu yüzden bebeğinizin besleyici özelliği olan şeyler yediğinden emin olun. (Sindirim sistemi bozuklukları besin alımını engelliyorsa sayfa 378'e bakın). Doktorunuz aksini söylemedikçe bebeğinizin vitaminlerini vermeye devam edin.

Sevdiği yiyecekleri verin. Hasta çocuğunuzun abur cubur yemesini istememeniz son derece doğal - bebeğinizin iştahı iyi değilse ve diyet kısıtlaması yoksa - ancak sağlıklı yiyeceklerden istediklerini yemesine izin verin. Bu dört gün arka arkaya sadece mama veya anne sütü ve muz (ya da günde üç kez mısır gevreği, veya kabak böreği hatta portakal suyu ve süt) olsa bile. Daha büyük bir çocuğun iştahını açmak için görünüşleri kadar içerikleri de çekici olan yiyecekler hazırlayabilirsiniz, örneğin yüzü olan krepler gibi (tarifleri Hazır Referanslar bölümünde bulabilirsiniz.)

Çocuğunuzu zorlamayın. Bebeğiniz son 24 saat içinde ağzına bir lokma koymamış olsa bile onu yemeye zorlamayın. Bebeğinizi zorladığınız takdirde hastalığı düzelse bile yeme konusunda oluşabilecek problemler düzelmeyebilir. Birkaç günlük yarı açlık döneminden sonra bebeğiniz çok zayıflamış görünebilir fakat bu konuda endişe etmeyin, çünkü bir hastalık döneminden sonra kaybettiği kilolarını yerine koyana kadar bebeğiniz gayretli bir şekilde yemek yiyecektir. Doktorunuzu iştah kaybı konusunda bilgilendirin.

İLAÇ NE ZAMAN GEREKİR

Bazen ilk yaşı içindeyken bebeğinizin ilaç kullanması gerekebilir. İlk seferinden itibaren ilaçlarla ve kullanımlarıyla ilgili doğru soruları sorduğunuzdan emin olun.

İlaçlar Hakkında Bilmeniz Gerekenler

Doktorunuz ya da eczacınız aşağıdaki soruları yanıtlayabilir. Cevaplarını bir yere kaydederseniz (bir deftere ya da daha da iyisi kalıcı sağlık dosyasına) şimdi veya daha ileride gerekli olduğunda göz atabilirsiniz. Hafızanıza güvenmeyin.

- İlacın jenerik ismi nedir? Piyasadaki ismi nedir?
- Nasıl etki eder?
- Bebeğiniz için uygun doz nedir? (Bebeğinizin kilosunu aşağı yukarı bilirseniz gereğinde doktorunuza bu bilgiyi vererek ilacın dozunu hesaplamasına yardımcı olabilirsiniz)
- İlaç ne sıklıkta verilmelidir; bebeğinizin gece uykusu sırasında uyandırılarak ilaç verilmesi gerekir mi?
- Yemeklerden önce, yemek sırasında veya yemeklerden sonra mı verilmelidir?
- Yalnızca bazı içeceklerle alınmalı mı? Bazı başka içeceklerle alınması sakıncalı mıdır?
- Ne tür yan etkilerin ortaya çıkması beklenebilir?
- Ne tür istenmeyen etkiler görülebilir? Hangileri doktora bildirilmelidir? (Doktorunuza daha önceki reaksiyonlar hakkında bilgi verin.)
- Çocuğunuzun kronik bir tıbbi hastalığı varsa ilacın bunun üzerinde olumsuz bir etkisi olabilir mi? (İlacı yazan doktoru bu durumdan haberdar edin çünkü elinde o anda bu bilgi olmayabilir.)
- Çocuğunuz başka bir ilaç kullanıyorsa olumsuz bir etkileşim ortaya çıkabilir mi?
- Ne kadar zaman sonra bir düzelme beklenebilirsiniz.
- Eğer bir düzelme görülmezse ne kadar zaman sonra doktorunuzu aramalısınız?
- İlaç ne zaman kesilmelidir?

İlacı Doğru Şekilde Vermek

İlaçlar tedavi amacıyla kullanılır. Uygunsuz bir şekilde kullanılırlarsa yarardan çok zararlı olabilirler. İlaç kullanımı konusunda aşağıdaki kuralları uygulayın:

- Bebeğiniz üç aylıktan küçükse doktor tarafından bebeğiniz için önerilmeyen hiçbir ilacı (reçetesiz satılanlar dahil) vermeyin. Bebeklerin bünyesi daha büyük çocuklara ve erişkinlere kıyasla ilaçları daha uzun süre tutar ve hızla kandaki ilaç düzeyi yükselir.
- Her zaman çocuğunuza verdiğiniz ilacın taze olduğundan emin olun. Bir ilacın son kullanma tarihi geçtiyse ya da rengi, kokusu ya da

yapısı değiştiyse çocuğunuza vermeyin. Tarihi geçmiş ilaçları tuvalete dökün.

• Bebeğinizin doktorunun tarif ettiği dozlara dikkat ederek veya reçetesiz alınan ilaçların üzerlerinde yazan tariflere göre ilacı verin. Ölçüm yapabileceğiniz bir kaşık, damlalık veya bardak (genellikle bunları eczanenizden temin edebilirsiniz) kullanarak ölçümleri doğru yapmaya çalışın (mutfak kaşıkları değişken olabilir). Kalibre edilmiş bir kaşık kullanırken ilacın dökülmesini önlemek için önce ölçüm yapın sonra ölçtüğünüz miktarı başka bir kaşığa boşaltarak çocuğunuza verin.

• İlacı verdiğiniz saatleri kaydedin (bebeğinizin kayıt defterini kullanın veya buzdolabının üzerine bir kâğıt yapıştırarak kayıt tutun), böylece son dozu ne zaman verdiğinizi şaşırmazsınız. Bu şekilde doz atlamamış veya aynı dozu yanlışlıkla iki kez vermemiş olursunuz. Ancak bir dozun gecikmesi konusunda çok endişelenmeyin; bir sonraki dozu zamanında vermeye çalışın.

• Şişenin üzerindeki direktiflere göre saklama koşullarını inceleyin ve buna uymaya çalışın. Bazı ilaçların buzdolabında veya serin bir yerde saklanması gerekir, bazılarının da kullanılmadan önce çalkalanması gereklidir.

• Eğer ilacın şişesinin üzerindeki direktiflerle doktorunuzun ve/veya eczacınızın tarifi çelişirse eczacınızı veya doktorunuzu arayarak ilacı vermeden önce bu çelişkinin giderilmesini sağlayın.

• Doğru şişeyi aldığınızdan emin olsanız bile bir ilacı vermeden önce mutlaka şişesindeki etiketi okuyun. Bir ilacı karanlıkta veriyorsanız önce aydınlık bir yerde etiketini kontrol edin.

• Bir başkası için yazılmış bir ilacı (kardeşi için yazılmış bile olsa) doktoru önermediği takdirde çocuğunuza vermeyin. Doktorunuzun onayı olmadan daha önce kendisi için yazılmış olsa bile herhangi bir ilacı çocuğunuza vermeyin.

• Bebeğinize ilaç verirken yatar pozisyondayken vermeyin, boğulmaya neden olabilir.

• Antibiyotikleri, doktorunuz başka türlü önermedikçe, çocuğunuz tamamen iyileşmiş görünse bile önerilen süre boyunca verin.

• Bebeğinizde bir ilaç kullanımı sırasında istenmeyen etki görüldüğünde geçici olarak ilacı kesin ve tekrar başlamadan önce doktoruna danışın.

• Bir ilacı doktorunuzun önerdiği süreden daha uzun süre vermeyin, kestiğiniz bir ilacı doktorunuza danışmadan tekrar vermeye başlamayın.

• Bebeğinize verdiğiniz ilaçları, hangi hastalık için verildiğini, ne kadar süreyle verildiğini ve herhangi bir yan etkiye yol açıp açmadığını bebeğinizin sağlık kayıtlarına yazın. (Bkz. Sayfa 379)

İlacı Yutmasına Yardım Etmek

İlacı doğru şekilde vermeyi öğrenmek anne babalar için ilk adımdır ve genellikle de en kolay olanıdır. Birçok çocuk için hastalığın tedavisi hastalığın kendisinden daha kötüdür ve bir ilacın içilmesini sağlamak umutsuz bir çabalama gerektirir. Hatta yutulan bir ilaç bile genellikle derhal geri gelerek bebeğin, anne-babanın, mobilyaların üzerine veya yerlere püskürtülür.

Eğer şanslıysanız sizin bebeğiniz de ilaç verme töreninden ve hatta tuhaf sıvıların -vitamin, antibiyotik veya ağrı kesici gibi ne olursa olsun- tadından bile hoşlanan ve ilaç damlalığını görür görmez küçük bir serçe gibi ağzını açan bebeklerden biridir. Bu kadar şanslı değilseniz bebeğiniz başlangıçtan itibaren veya yaşı büyüdükçe daha akıllanarak ilaç alımına karşı büyük bir direnç gösterir. Böyle bir bebeğe ilaç vermeyi zevkli hale getirmenin hiçbir yolu olmasa da aşağıdaki öneriler bebeğinizin daha az sıkıntıyla daha çok ilacı yutmasına yardımcı olabilir:

• Etkisini azaltmayacaksa ilacı soğutun (eczacınıza danışın); soğuk olduğu zaman tadı daha az belirgin olacaktır.

• Çok derin olmayan bir kaşık kullanın, böylece bebeğiniz tarafından ilacın alınması kolaylaşabilir. (Eğer kaşığı çıkarırken tamamen boşalmadığını görürseniz ters çevirerek kaşıkta kalanları bebeğinizin diline sürün.) Eğer bebeğiniz hiçbir şekilde kaşıktan hoşlanmıyorsa ve bir damlalık önerilen doz için yetersiz kalıyorsa eczacınızdan ilaç kaşığı veya plastik bir şırınga temin etmeye çalışarak ilacı bebeğinizin ağzının arka tarafına boca edin; fakat bir defada yutabileceğinden daha fazla ilaç vermeyin. Eğer bebeğiniz kaşık, damlalık veya şırıngaya itiraz ediyorsa ve ilacı bir emzikten almayı kabul edecek gibiyse eliyle tutabileceği bir biberonun emzik bölümüne ilacı koyarak emmesini teşvik edin. Ardından bir miktar su emmesini sağlayın böylece emziğin içinde kalan ilaç da alınmış olur.

• Kaşığı bebeğinizin arka tarafına yönlendirin, damlalık veya şırınga kullanıyorsanız azı dişlerinin hizasını veya arka dişetleriyle yanağının arasını hedefleyin çünkü tat alma tomurcukları daha çok dilin ön ve orta bölgesinde yer alır. Ancak kaşık veya damlalığın dilin arka bölgesine değmesine engel olun yoksa kusma refleksiyle karşılaşabilirsiniz.

• İlacı yemeklerle birlikte veya yemekten sonra vermeniz konusunda uyarılmadıysanız genellikle yemekten hemen önce vermeye çalışın. Bunun nedenlerinden birincisi bebeğinizin aç karnına ilacı kabul etmesi daha kolay olacaktır, ikincisi bebeğiniz hemen kusarsa daha az yiyeceği çıkarmış olur.

• Yardım kabul edin. Debelenen ve vermeye çalıştığınız ilacı kabul etmeyen bir bebeğin açmayı ısrarla reddettiği ağzına bir kaşık dolusu ilacı dökmeden vermek anne ahtapot için bile zorken iki kollu bir anne için neredeyse imkânsızdır. Eğer babası (veya bir diğer yardımcı) bebeği tutmak üzere yanınızda değilse bebeğinizi mama sandalyesine veya bebek koltuğuna oturtarak başlamadan önce kemerini bağladığınızdan emin olun. Eğer bebeği zaptetmek için bir sandalyeniz yoksa şunu yapmayı deneyin: Önce ilacın miktarını ölçerek bir damlalığa, şırıngaya ya da silme dolu olmayacak şekilde bir kaşığa koyun ve elinizin kolayca ulaşabileceği bir masanın üzerinde hazır bulundurun. Sırtı dik bir sandalyeye oturun ve yüzü öne doğru dönecek şekilde bebeğinizi kucağınıza alın. Sol kolunuzu bebeğin kollarını sıkıca yerinde tutacak şekilde bebeğinizin gövdesinin önünden geçirin. Sol elinizle çenesini kavrayın, baş parmağınız ve işaret parmağınızla her iki yanağına bastırın. Bebeğinizin başını hafifçe geriye iterek ağzını açması için yanaklarından bastırın. Sağ elinizle ilacı verin (eğer solaksanız söylenenlerin tam

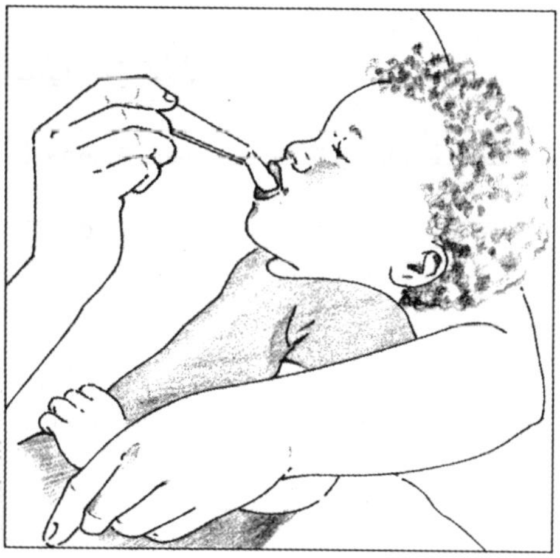

İlacı bebeğinizin ağzına akıtmak için bir ilaç kaşığı ya da bir damlalık kullanın.

tersini yapın). İlacı yutana kadar bebeğinizin yanaklarını hafifçe bastırmaya devam edin. Tüm bu işlemler birkaç saniye sürecektir; eğer daha uzun sürerse bebeğiniz bu şekilde tutulmaya itiraz etmeye başlayacaktır.

• Geçmiş tecrübelerinize dayanarak en kötüsünü bekleseniz bile bebeğinize ilaçla yaklaşırken kendinizden emin olun. Eğer bebeğiniz bir savaşla karşılaşmayı beklediğinizi anlarsa mutlaka bir savaşla karşılaşırsınız. Her şartta bir savaş çıkabilir ama kendinizden emin bir tavrınız olduğunda şans sizden yanadır.

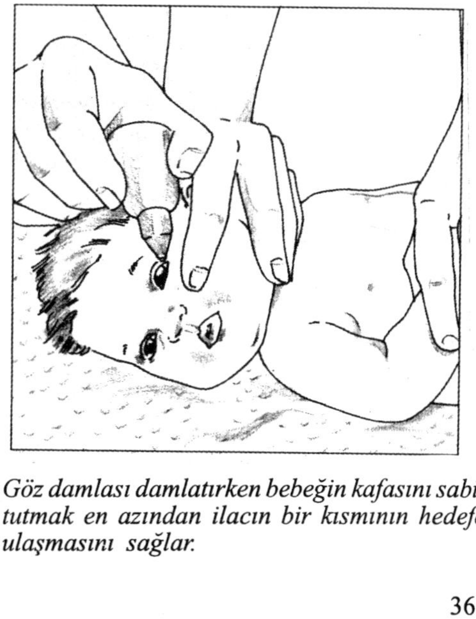

Göz damlası damlatırken bebeğin kafasını sabit tutmak en azından ilacın bir kısmının hedefe ulaşmasını sağlar.

TAVUK ÇORBASI TEDAVİSİ

Eski kadınlar, tavuk çorbasının, doktorların verdiği ilaçlar kadar faydalı olduğunu iddia ettiklerinde yalan söylememişlerdi. Artık tıbbi araştırmalar, önlük giyen aşçılarımızın dediklerini doğruluyor: Sevildiğimizi hissetmemizin yanı sıra, sıcak bir tavuk çorbası üşütme ve gribin etkilerini azaltıyor. Fakat bebeğinize bu mutfaktan gelen ilacını verirken, çok tuz içeren ve dolayısıyla kimyasal dengesizliğe ve böbreklerin aşırı derece yorulmasına yol açan paket ve kutudaki çorbalardan sakının. Hazır çorba vereceğinize, mutfağa girip önlüğünüzü takın ve piliç veya hindi parçaları, bol maydanoz, havuç, kereviz, pırasa, soğan ve biraz sarımsak kullanarak çorbanızı hazırlayın. Yüzeye yağ ve köpük, çıkana dek ve et kemiklerden ayrılıncaya kadar tenceredekiler hafif ateş üzerinde kaynasın. Çorbayı süzgeçten geçirin ve bebeğe rahat bir sıcaklıkta bir kaşıkla, biberondan ya da fincandan içirin. (Çorbanın yanında vermedikçe havuçlardan püre yapmayın, çünkü vitaminlerinin çoğu çorbanın suyuna karışmıştır).

• Son çare olarak ilacı az miktarda (1 veya 2 çay kaşığı) meyve suyuyla karıştırın - elbette doktor böyle bir şeyi yapmamanızı söylemediği sürece. Fakat ilacı daha büyük miktarlarda yiyecek veya içecekle karıştırmayın çünkü bebeğiniz tümünü bitirmeyebilir. Eğer bebeğiniz yeni yiyecekleri deneme konusunda çok çekimser değilse ilacı daha önce tanımadığı bir meyve veya meyve suyu ile karıştırın, böylece tanıdığı bir meyve suyunun tadının ilaç nedeniyle değişmesi bunun ileride reddedilmesine yol açabilir.

• Suda çözünen asetaminofen tatsızdır ve bir kaşık meyve suyu veya meyveyle karıştırılarak kolayca verilebilir.

BEBEKLERDE SIK RASTLANAN SAĞLIK PROBLEMLERİ

Yaşamlarının ilk yıllarında çocuklar genellikle sağlıklıdır ve geçirdikleri hastalıklar genellikle zamanında geçirilmesi gereken hastalıklardır. (Bunlarla ilgili detayları görmek için sayfa 573'e bakınız). Fakat, bazen sık karşılaşılan hastalıklar veya bazı bebeklerin çok sık geçirdikleri hastalıklar vardır ki bunları anne babaların bilmeleri gerekir. Bu hastalıkların arasında: alerjiler, her zaman karşılaşılan soğuk algınlıkları, kabızlık, kulak enfeksiyonları ve ishal ve kusma ile birlikte olan mide rahatsızlıkları vardır.

ALERJİLER

Belirtiler: Vücut sisteminin veya herhangi bir organın hassasiyetine bağlı olarak ortaya çıkarlar. Aşağıda, sık rastlanan alerji çeşitlerini ve bunlarla ilgili belirtileri bulacaksınız:

• Üst solunum yolları: burun akıntısı (alerjik sinir), sinüzit (çok ufak bebeklerde olmaz), kulak ağrısı (Orta kulak iltihabı), boğaz ağrısı (alerjiden dolayı devamlı ağızdan nefes alınması nedeniyle oluşur), geniz akıntısı (kronik öksürüğe neden olan burnun arka kısmından gırtlağa doğru olan burun akıntısı), spazmodik -inatçı öksürük.

• Alt solunum yolları: alerjik bronşit, astım.

• Sindirim sistemi: sulu bazen kanlı ishal, kusma ve gaz.

• Deri: egzama gibi kaşıntılı deri kızarıklıkları, (sayfa 197'ye bakınız), "ürtiker" de denilen kırmızı şişkin, kaşınan lekeler, genellikle gözlerin ve ağzın kenarlarında oluşan kızarıklar. Ve anjionörotik ödem (yüzde özellikle de gözlerin ve ağzın çevresinde şişme, fazla kaşıntılı değildir). Bu tür şişlikler boğaz civarında oluştuğu zaman nefes alıp verme işlemi zorlaşmaya başlar.

• Gözler: kaşınma, kızarıklık, sulanma ve konjiktivitin diğer belirtileri.

Mevsim: Yılın herhangi bir zamanı olabilir. Özellikle polenlerin sebep olabileceği ilkbahar, yaz ve sonbahar aylarında.

Neden: Bağışıklık sisteminin kişinin hassas olduğu alerjik etkenlere karşı salgıladığı histamin ve buna benzer maddeler. Alerjiye doğru eğilim ailelerden gelir. Alerjinin ortaya çıkması ailelerin farklı bireylerinde farklı şekillerde görülür. Örneğin çilek kiminde saman nezlesine, kiminde astıma bir diğerinde ise kaşıntılara neden olabilir.

Bulaşma şekli: Yutma ile (örneğin polen tozları veya hayvanlardan bulaşma) sindirim yolu ile (süt veya yumurtanın akı) veya penisilin iğnesi veya arı, böcek sokması ile.

Süre: Değişebilir. Alerji birkaç dakikadan birkaç saate veya birkaç güne kadar sürebilir. Bazı alerjiler, örneğin inek sütü alerjisi gibi, uzun bir zaman sürebilir; çocuk büyüdükçe alerjinin çeşidine göre süresi de değişkenlik gösterebilir. Alerjisi olan insanlar hayatları boyunca çeşitli şeylere karşı alerjilere sahip olabilirler.

Tedavi: Zor bir yöntem olsa da alerjinin en iyi tedavi şekillerinden birisi, alerji yapan maddeleri hastanın hayatından çekip atmaktır. Eğer çocuğunuz gerçekten alerjikse, onun hayatından alerji yapan maddelerin (deri testlerinin 18 aylıktan küçük bebeklerde kesin neticeler vermediğini bilmemize rağmen) çıkmanın yolları şunlardır:

• Gıda alerjileri. Diyet değişiklikleri bölümüne bakınız.

• Polenler. Eğer polen alerjisinden şüphe ediyorsanız (en iyi ipucu, polenlerin havada bulunduğu zaman belirtilerin gözlemlenmesi ve ortadan kaybolduklarında belirtilerin yok olmasıdır). Polen sayısı havada maksimum düzeyde olduğu zaman veya polen mevsiminde rüzgârlı günlerde özellikle ilkbahar, yaz sonu ve sonbaharda polenlerin tipine bağlı olarak çocuğunuzu mümkün olduğu kadar kapalı bir yerde tutmaya çalışın. Polenlerden arındırmak amacı ile çocuğunuzu her gün yıkayın. Sıcak havalarda odayı camları açarak havalandırmak yerine klima kullanarak havalandırın. Eğer dışarıda dolaşan kedi köpek gibi bir evcil hayvanınız varsa onun polenleri dışarıdan eve sokmasını engellemek amacı ile eve alınca yıkayın.

• Evcil hayvanlar. Bazen evcil hayvanlar da alerji kaynağı olabilirler. Böyle durumlarda bebeğiniz ile kedinizi veya köpeğinizi ayrı odalarda bulundurmaya gayret edin. (Ciddi durumlarda evcil hayvanınıza başka bir ev bulmak en iyi yoldur.) At kılı bebeklerde alerjiye neden olabilir, bunun için bebeğinizin yatağının dolgu maddesi olarak at kılı olmamasına dikkat edin.

• Ev tozu. Bu gözle görülmeyen parçacıklar evinizin havasını doldurur ve ev bireyleri tarafından solunurlar. Birçok insan için hiçbir problem olmayan bu küçük parçacıklar hassasiyeti olanlar için büyük problem oluşturur. Bu tür bir alerjiden şüphelendiğiniz zaman mümkün olduğu kadar bebeğinizin bulunduğu odayı tozlardan arındırmaya çalışın. Bebeğinizin odada bulunmadığı bir zaman mobilya spreyi ile veya nemli bir bezle toz alın; halı ve kilimleri elektrik süpürgesi ile temizleyin; toz tutabilecek yatak çarşaflarından halılardan ve bebeğin oynayıp uyuduğu yerlerdeki toz tutucu eşyalardan kaçının; oyuncaklarını sık sık yıkayın; elbiselerini plastik torbalar içinde muhafaza edin; yorganlara ve yastıklara hava geçirmez kılıflar kullanın (bebek yorganları genellikle hava geçirmez kılıflar içerisindedirler); sıcak hava üfleyen fanlara filtre koyun; bir hava filtresi monte ettirin. Perdeler, kilimler ayda en az iki kere yıkanmalıdır veya paketlenip kaldırılmalıdır. Nem oranı ise devamlı düşük tutulmaya çalışılmalıdır.

• Küf. Evinizdeki nem oranını iyi çalışan bir giderici veya uygun bir havalandırma sistemi ile azaltın ve mutfak ile çamaşır yıkadığınız yer veya banyonuzu buharı dışarı atabilecek bir şekilde düzenleyin. Küf yapabilecek yerler (çöp kutuları, buzdolapları, banyo perdeleri ıslak köşeler) düzenli olarak temizlenmeli ve küf giderici maddeler uygulanmalıdır. Ev bitkilerinin sayısı mümkün olduğu kadar aza indirilmeli ve odunlar ev içinde bulundurulmamalıdır. Ev dışında ise kanalizasyon sistemi çok iyi durumda olmalı, yap-

BEBEĞİNİZİN SEMPTOMLARININ TEDAVİSİ

SEMPTOM	UYGUN TEDAVİ
Öksürük	Nemlendirilmiş hava* Sıvı alımının artırılması* Sütün salgı oluşumunu artırdığı düşünülen altı aylıktan büyük bebeklerde süt ürünlerinin azaltılması Doktor tarafından önerildiyse öksürük ilacı Doktor tarafından önerildiyse ve nasıl yapılacağı gösterildiyse postural drenaj
Krup benzeri öksürük	Yoğun buhar* Ev dışında gezinti
İshal	Sıvı alımının artırılması, oral rehidratasyon (sayfa 377) Diette bazı değişiklikler (sayfa 378) Doktor tarafından önerildiyse diare ilaçları Dik pozisyonda tutmak*
Kulak ağrısı	Asetaminofen veya aspirin gibi bir ağrı kesici** Kulağa bölgesel sıcak hava verilmesi (sıcak su şişesi) Doktor tarafından önerildiyse dekonjestan Enfeksiyon için önerildiyse antibiyotikler Doktor tarafından önerildiyse kulak damlası
Ateş	Sıvı alımının artırılması (sayfa 386) Yeterli kalori alımı Doktor tarafından önerildiyse asetaminofen veya aspirin gibi bir ateş düşürücü** İlaç uygun veya yeterli değilse ılık su banyosu veya süngerle uygulanması (sayfa 387) İnce giysiler ve oda ısısının azaltılması (sayfa 386)
Kaşınma	Calamin losyon (Caladryl veya başka bir antihistaminik ilaç değil) Uygun ısıda sıcak banyo (dirsek veya bileğinizle test edin; altı aydan küçük bebekler için uygun değildir) Rahatlatıcı ılık banyo*

SEMPTOM	UYGUN TEDAVİ
Kaşınma (devam)	Kolloidal yulaf banyosu Kaşımanın ve enfeksiyonun önlenmesi (tırnakları kısa kesin ve antibakteriyel sabunla yıkayın; uyurken ellerine çorap veya eldiven giydirin) Asetaminofen gibi bir ağrı kesici (suçiçeği olasılığı varsa aspirin vermeyin)** Doktor tarafından önerildiyse oral antihistaminik (cilde uygulanan antihistaminik ve anestezikler değil)
Burun tıkanıklığı	Nemlendirilmiş hava* Tuzlu su ile çalkalama* Burun aspirasyonu* Başın yükseltilmesi* Sıvı alımının artırılması* Doktor tarafından önerildiyse dekonjestan Doktor tarafından önerildiyse burun damlası
Küçük bir yaralanma sonrası ağrı veya rahatsızlık	Rahatlatın (sarılın) Dikkatini dağıtın (sayfa 396) Asetaminofen veya aspirin gibi bir ağrı kesici** Hangisi uygunsa lokal olarak sıcak veya soğuk uygulaması
Boğaz ağrısı	Rahatlatıcı, asit olmayan yiyecek ve içecekler Asetaminofen veya aspirin gibi bir ağrı kesici** Gerekirse ateş tedavisi (karşı sayfaya bakın) Daha büyük çocuklar için tuzlu suyla gargara
Diş çıkarma ağrısı	Rahatlatın (sarılın) Dişetlerine lokal soğuk uygulama yapın (sayfa 194) Dişetlerine bastırın (sayfa 195) Doktor tarafından önerildiyse asetaminofen veya aspirin gibi bir ağrı kesici**
Kusma	Küçük yudumlar halinde sıvı verilmesi (sayfa 377) Kısıtlanmış diyet (sayfa 377)

*Hazır referanslar bölümünde bu tedavinin nasıl yapılacağı ile ilgili yararlı önerilere bakınız

** Bir bebek veya çocuğa aspirin vermeden önce sayfa 387'deki önlemlere bakınız.

SOLUNUM YOLLARINDAN KAYNAKLANAN FAKAT ENDİŞELENMENİZİ GEREKTİRMEYEN SESLER

Dört ile sekiz haftalık arası bebeklerin çoğu hafif horultuya benzer sesler çıkarırlar. Bu sesler bebeğin burun ve gırtlağının arkasından geçen havanın üst solunum yolları sisteminin iç yüzünde bulunan salgı oluşturan bezlerin aşırı çalışmasından kaynaklanan bir sestir. Bu sesler genellikle bebeğin göğsüne elinizi koyduğunuzda bir hırıltı halinde hissedebileceğiniz seslerdir. Bu çeşit hafif horlamalar bebeğin nefes almasını engellemez ve soğuk aldıkları zaman olduğu gibi ağızları kapalıyken nefes almalarını zorlaştırmaz. Bu durum, normalden daha dar burun delikleri veya daha yüksek damakları olan bebeklerde daha belirgin olur. Bu tür sesli nefes alma endişelenmenizi gerektirmez ve bebek büyüdükçe birkaç hafta içerisinde yavaş yavaş geçer.

Bazı bebeklerin nefes alırken veya beslenirken lıkırtıya benzer bir ses çıkarttıkları gözlenir. Bu lıkırtı sesi gırtlak veya gırtlağın aşağısından veya ses tellerinden gelir. Bu birçok bebekte genellikle sık rastlanan yumuşak ve elastiki bir "nefes borusu" yapısının sonucu olan tracheomalacia nedeniyledir. Titreşimli veya sıvı içinden gelen bir ses olsa bile buna bağlı bir öksürme olmaz. Bu çeşit hafif hırıldamalar ikinci yaşa kadar devam etse de büyümeyi engelleyici değildir ve tıbbi bir tedavi gerektirmez. Bu durum hava girişindeki kıkırdak halkalar geliştikçe ortadan kaybolur.

Eğer yeni doğmuş bebeğinizde hafif horlamalar veya genizden gelen sesler işitirseniz bu konuyu doktorunuza danışmanız yararlı olacaktır. Büyük bir ihtimalle "bu normaldir" cevabını alacaksınız. Ancak diğer taraftan daha büyük bir bebek aniden garip solunum sesleri çıkamaya başlarsa bir an önce doktorunuza başvurun. Nefes verirken kalın bir ses çıkarmaya başlayan bir bebek, ki buna nefes alıp verme zorluğu da denilir, hemen doktora haber verilmelidir.

raklar ve bitki artıkları yığın halinde bırakılmamalı, bahçe güneş ışığından mümkün olduğu kadar faydalanmalı ve küf oluşturabilecek nemli ortamlardan mümkün oluğunca kaçınılmalıdır. Çocuğunuzun kum havuzu ise yağmur yağdığında üstü kapalı olarak korunmalıdır.

• Arı zehiri. Arı zehrine alerjisi olan her kim olursa olsun arıların bulunabileceği ortamdan mümkün olduğu kadar uzakta bulunmalıdır. Bu kişilerin arı sokmasına karşı gerekli malzemeleri bulundurmasında büyük fayda vardır.

• Çeşitli alerjiler. Çocuğun çevresinden daha birçok alerji oluşturabilecek madde uzaklaştırılabilir. Yün battaniyeler (ya onları başka bir şeyle kaplayın ya da pamuklu veya sentetik olanları kullanın); bebeğiniz kullanabilecek yaşa geldiğinde köpük veya hipoalerjik polyester doldurulmuş yastıklar kullanın, kurtüyü yastıktan kaçırın; tütün dumanından sakının (ya evde hiç sigara içmeyin ya da bebeğe yakın yerlerde sigara içmeyin); kokulardan sakının (kokmayan spreyler kullanmaya çalışın); hipoalerjik sabunlar kullanın, deterjandan vazgeçin veya çamaşırda çivit kullanın. Alerji vücudun bağışıklık sisteminin, dışarıdan gelen etkilere gösterdiği bir tepkisi olduğundan alerjiye karşı savunmayı özellikle polenlerde, havada uçuşan tozlarda ve hayvanların neden olduğu alerjilerde olumlu sonuçlar verebilir. Çok şiddetli durumlar dışında bu yöntemin kullanımı çocuk 4 yaşına gelene kadar başlamaz. Antihistaminler ve stereoidler alerjik durumlarda kullanılabilir ve hem bebeklerde hem de çocuklarda olumlu sonuçlar verebilir.

Diyet Değişikleri

• Olabilecek gıda alerjilerini ortadan kaldırmak için her zaman dengeli beslenme sağlayabilecek farklı gıdaları deneyin. (Bakınız sayfa 192) Alerji yaptığını düşündüğünüz gıdayı (tıbbi gözlem altında) kesin (inek sütü, buğday, yumurtanın beyazı ve turunçgiller); eğer belirtiler birkaç hafta içinde ortadan kaybolmaya başlarsa büyük bir ihtimalle alerjen maddeyi yakalamış sayılırsınız. Aynı yiyecekleri bir kere daha verdiğinizde aynı belirtileri elde ediyorsanız yakaladığınız maddenin sağlamasını da yapmış olursunuz. Buğday yerine çavdar, pirinç, veya arpa unu deneyebilirsiniz, inek sütü yerine soya, yumurta sarısı yerine bütün yumurta ve portakal suyu yerine de C vitaminini sağlamak için mango, brokoli, karnıbahar veya tatlı kırmızı biber verebilirsiniz.

• Üst solunum yolları alerjilerinde yeteri kadar sıvı gıda verilmelidir. Anne sütü veya biberonla beslenen bebeklerin çoğunun yeteri kadar sıvı gıda almalarına rağmen sütten kesilmiş birçok bebek yeteri kadar sıvı almayabilir.

Önlemler

• Ailesinin geçmişinde alerji rastlanan bebekler için en az 6 ay daha da iyisi 1 yıl süre ile anne sütü ile besleme yardımcı olabilir.

• Katılarla geç tanışma (genellikle 6. aydan sonra) ve sonra da tedbirle yaklaşma (bkz sayfa 187) daha riskli besinlerle daha da geç tanışmak iyi olur (inek sütü, yumurta akı ve beyaz çikolata). Bu yiyecekler verildikten sonra reaksiyonlar dikkatle gözlemlenmelidir.

Komplikasyonlar

• Astım.

• Çok ender olmak üzere tedavi edilmediği takdirde ölümcül olabilecek anafilaktik şok.

Doktoru ne zaman çağırmalı: Bir alerjiden şüphelendikten hemen sonra. Aynı zamanda çocuğunuzda yeni belirtileri hisseder hissetmez çağırmanız yerinde olur. Eğer astıma benzer bir nefes alma zorluğu, sık nefes alma, hızlı kalp atışı, yüzde bir solgunluk, üşüme, deride nemlenme, uyuklama veya bilinç kaybı olduğunu hissedersiniz çocuğunuzu doktora götürmekte gecikmemelisiniz.

Alerjinin tekrarlama olasılığı: Bazı alerjiler yetişme çağında bir daha tekrarlanmamak üzere kaybolsa da bazıları tekrar oluşabilir.

Benzer belirtilerle ortaya çıkan hastalıklar:

• Bronşit (ancak bu hastalıkta sık sık öksürük krizlerinin görülmesi bronşit astım olduğunu gösterir.)

• Soğuk algınlığı (alerjik rinite benzer).

• Mide hastalıkları (Sindirim sistemi alerjisinde görülen belirtilere benzerler).

SOĞUK ALGINLIĞI VEYA ÜST SOLUNUM YOLLARI ENFEKSİYONU (ÜSYE)

Soğuk algınlığı, bebekler ve küçük çocuklar arasında çok yaygındır. Çünkü henüz farklı soğuk algınlığı etkenlerine karşı bağışıklık geliştirme şansları olmamıştır.

Belirtiler:

• Akan bir burun (burun akıntısı önce sulu daha sonraları ise daha kıvamlı ve sarımsı renktedir)

• Hapşırma

• Burun tıkanıklığı

Bazen:

• Özellikle çocuk yatar haldeyken artan, kuru öksürük

• Ateş

• Kaşıntısı

• Aşırı halsizlik

• İştah kaybı

Mevsim: Bütün bir yıl boyunca olabilir.

Neden: Soğuk algınlığı için var olduğu bilinen farklı 100 virüsten biri

Bulaşma şekli: Genellikle el teması ile geçer.

Kuluçka süresi: Bir ile dört gün arası.

Hastalığın süresi: Genellikle üç ila on gün arası, ancak küçük bebeklerde daha da uzun sürebilir.

Tedavi: Bilinen kesin bir tedavi şekli olma-

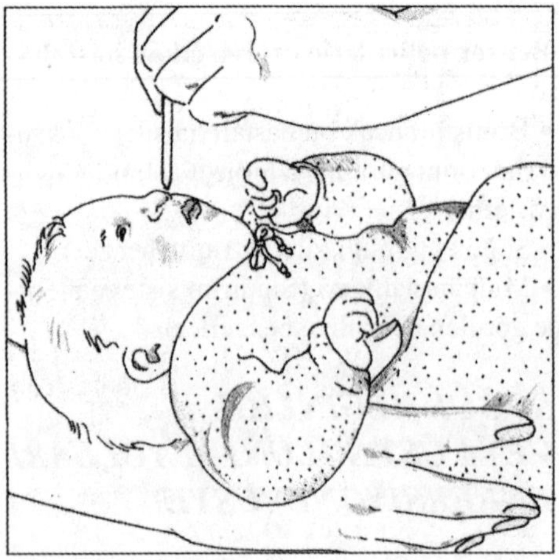

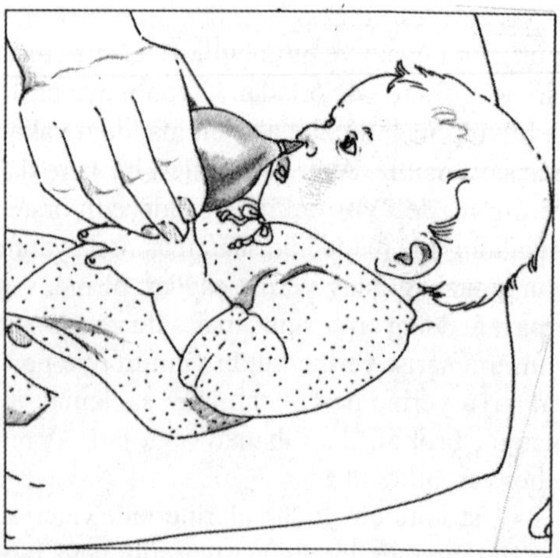

Tıkalı bir burun nedeniyle nefes almakta zorluk çeken bir bebeğe burun içini yumuşatması için tuzlu su (serum fizyolojik) damlatılması (sol resim) ve rahat nefes alabilmesi için burun deliklerinden aspirasyon yapılarak içerideki kalıntıların emilerek dışarı alınması (sağ resim)

masına rağmen belirtilere göre aşağıdaki yöntemler uygulanır:

• Bir emme pompası ile burun içinin temizlenmesi (yukarıdaki şekil). Eğer burun içi sert ise daha önceden serum fizyolojik ile yumuşatılmalıdır. Böyle bir uygulama bebeği beslemede kolaylık sağlayacağı gibi aynı zamanda rahat uyumasına da yardımcı olur.

• Ortamın havasındaki nem oranını arttırma ile (sayfa 571) burun içinin de ıslak kalmasını sağlamak burun tıkanıklığını önlediği gibi bebeğin daha da rahat nefes almasını sağlar.

• Bebeği sırt üstü değil de yüzü koyun uyutunuz. Bunun için bebeğin daha rahat nefes almasını sağlamak için yatak örtüsünün veya yatağının altına yastık veya benzeri şeyler koyarak başının bir miktar havaya kalkmasını sağlamanız gerekmektedir.

• Burun tıkanıklığı açıcılar (dekonjestan) sadece doktorun tavsiyesine uyularak daha rahat yemek yemesi ve uyuması için kullanılabilir.

• Piyasadaki burun damlaları eğer gerekli ise doktorunuzun tavsiyesine uyarak burun tıkanıklığını gidermek için kullanılabilir. Kullanım şeklini dikkatlice takip edin çünkü birkaç günden fazla kullanmak ters tepki yapabilir ve bebeğiniz daha kötü olabilir.

• Vazelin türü ürünler burun dışına, alt taraflara ve çevresine, tahrişleri ve deri kızarıklarını önlemek için kullanılabilir. Ancak böyle bir madde kullanılırken burun deliklerine kaçırmamaya dikkat edilmelidir çünkü nefes almayı engelleyebilir.

• Öksürük ilaçları sadece uykunun bölünmesine neden olan kuru öksürükleri yok etmek için kullanılmalıdır ve kesinlikle doktorun tavsiyesine uyulmalıdır. Öksürük giderici bir ilaç, hiçbir zaman doktor reçetesi dışında bebeklere verilemez. Antibiyotikler, başka bir mikrobik durum ortaya çıkmadıkça soğuk algınlığı için hiçbir fayda sağlamaz.

• Tedaviye bir faydası olmasa da bebeğinizi ilk üç gün içinde evden dışarı çıkartmamanız ve başkalarıyla temas ettirmemeniz hastalığın diğer kişilere bulaşmasını önleyecektir.

Beslenme değişikliği: Aşağıda yazılı istisnalar dışında, bebeğiniz iştahlı olmasa da normal beslenmesine devam etmelidir.

• Neden olabileceği için süt ve süt ürünlerinin verilmesi azaltılmalıdır. Ancak doktor başka bir şey önermediği taktirde anne sütü alan bebekler bu şekilde beslenmelerine devam etmelidirler.

• Sıvı gıdaların çok miktarda verilmesi, ateş

ŞİDDETLİ ÖKSÜRÜK

Eğer bebeğiniz veya küçük çocuğunuz aniden kontrol edilemez bir şekilde öksürmeye başlarsa ve soğuk algınlığı veya başka bir hastalığa yakalanmış görünmüyorsa bunun sebebinin yutmuş olabileceği herhangi bir şeyden kaynaklandığı ihtimalini göz önünde bulundurun.

ve burun salgıları ile kaybedilen sıvıyı yerine koyacağından, faydalıdır. Eğer bebek yeteri kadar büyümüşse ve burnu tıkalı ise biberonla beslemek yerine sıvı gıdaları bir bardak ile vermek daha rahat olacaktır.

• Bebek yeteri kadar C vitamini içeren gıdalar almalıdır. C vitaminin faydası hâlâ tartışılmaktaysa da yapılan araştırmalar bunun bazı belirtileri tedavi ettiğini ortaya koymuştur. Bunun için C vitaminini içeren narenciye ve buna benzer gıdalar ile bebeğinizin sıvı ihtiyacını karşılamak iyi bir yöntemdir.

Korunma: Özellikle bebeğinizi veya bebeğinizin eşyalarını ellemeden önce sizin ve aile bireylerinin ellerini dikkatlice yıkaması gerekmektedir. Öksürme ve hapşırma sırasında ağzınızı kapatın, kumaş mendil yerine, kullanıldıktan sonra atılan kâğıt mendilleri tercih edin, yiyecek içecek kaplarını ve havlularınızı ortak kullanmayın, eğer mümkünse soğuk algınlığı olan biri bebeğin oyuncaklarını ve beslenme kaplarını ellememeye özen göstersin.

Komplikasyonlar: Soğuk algınlığı bazen kulak enfeksiyonlarına veya bronşite neden olabilir. Çok seyrek de olsa soğuk algınlığının zatürree ve sinüzite yol açtığı da görülür.

Doktoru ne zaman çağırmalı: Bu bebeğinizin ilk soğuk algınlığı ise; bebeğiniz üç aylıktan küçük, veya dört aylıktan küçük ve ateşi 38 dereceden yüksek ise, eğer ateş aniden çıkar ve iki günden fazla devam ederse; kuru öksürük iki günden fazla devam ederse; bebeğinizin uyumasını engelleyen bir hal alırsa ve kusmaya neden olursa, nefes alma zorluğu olduğunu hissederseniz; koyu yeşilimsi bir sümük oluşur ve iki günden fazla devam ederse; sümükte kanlı varsa; alışılmadık bir şekilde bağlıyorsa (kulaklarını çekiştirerek veya çekiştirmeksizin) veya tamamen bir iştahsızlık söz konusuysa; ayrıca ufak bebeklerde üç haftadan daha fazla, biraz daha büyüklerde ise altı hafta süren öksürük bebeğinizi doktora götürmek için bir sebep teşkil eder.

Hastalığın tekrarı: Herhangi bir soğuk algınlığı virüsüne yakalanarak bu virüs için bir bağışıklık sistemi geliştirmiş olan bebek diğer bir virüse yakalanınca o virüsün bağışıklığına sahip olmadığı için yine soğuk algınlığı geçirebilir.

Benzer belirtileri olan diğer hastalıklar:

• Kızamık, kızamıkçık ve su çiçeğinin belirtileri aynı soğuk algınlığı gibidir. Bu hastalıkların belirtilerini ayrıca okuyunuz (sayfa 573)

• Üst solunum yolları alerjileri

• Grip

KABIZLIK

Bu sorun anne sütü ile beslenen bebeklerde (bağırsakları nadiren çalışsa bile) kabızlık çekmedikleri için, anne sütüne alternatif gıdalarla (mamayla) beslenen bebeklerde ise daha sık görülür.

Belirtiler:

• Seyrek dışkılama ve sertliğinden dolayı zorlanma (genellikle küçük sert parçacıklar halindedir). Seyrek dışkı yapma her zaman kabızlığın nedeni olmayabilir, bebeğinizin kendine has bir özelliği de olabilir.

• Eğer anüs bölgesinde sert dışkı çıkarmaktan dolayı bazı çatlaklar oluşmuşsa dışkı kanlı olabilir.

• Midesinde rahatsızlık ve karın ağrısı

• Huzursuzluk

Dönem: Yılın herhangi bir zamanı olabilir ancak kışları meyve az tüketildiği zamanlar daha sık görülür.

Neden: Az çalışan bir sindirim sistemi, çeşitli hastalıklar, yetersiz lifli gıda tüketilmesi, yetersiz vücut hareketleri, veya dışkı çıkarma işlemini sancılı bir hale getiren anüs bölgesindeki çatlaklar; seyrek olarak da tıbbi nedenler.

Süre: Skonikleşebilir veya ara sıra olabilir.

Tedavi: Anne sütü ile beslenen bebeklerde pek rastlanmamasına rağmen, belirtiler görüldüğü zaman doktora hemen bildirilmelidir. Eğer yapabiliyorsanız, kabızlığa neden olabilecek anormallikleri gözden geçirmeye çalışın. Ara sıra ortaya çıkan kabızlıklar genellikle beslenmede yapılan bazı değişiklerle tedavi edilebilir. Seyrek rastlanan kabızlıklarda veya hafif geçen kronik kabızlıklarda genellikle beslenmede yapılan değişiklikler veya özellikle küçük bebeklerde bazı vücut egzersizleri fayda sağlayabilir (bebeğinizin dışkı zorluğu çektiği zamanlarda sırt üstü yatırarak ayaklarına bisiklet hareketi yaptırmaya çalışın). Doktorun tavsiyesi olmadan kesinlikle hiçbir ilaç vermeyin.

Beslenme: Beslenme değişikliği doktorunuzla konuştuktan sonra uygulayın.
• 25-50 ml. erik veya elma suyunu biberon, bardak veya kaşık ile içirin.
• Sert gıdalar yiyen bir bebek için sabahları verdiğiniz mısır gevreğinin içine bir çay kaşığı kepek unu katın; muz dışında meyve ve sebzeyi her zamankinden daha fazla verin.
• Biraz daha büyümüş bebeklerde üç fincandan daha fazla süt vermekten kaçının.

Korunma: Bebeğin beslenmesine sert gıdalar eklendiğinde meyve ve sebzeye sadece öğütülmemiş tahıl taneleri atmamaya özen gösterin. Bebeğin ilk yılında bebeğinizin hazır olduğunu hissettiğiniz andan itibaren yemeklerine tahılları un alinde koymak yerine bütün halde koymayı tercih edin. Aynı zamanda bebeğinizin yeteri kadar sıvı aldığından emin olun ve bol bol egzersiz yaptırın.

Komplikasyonlar:
• Çatlaklar
• Tuvalet eğitiminde zorluklar
• Dışkının taşlaşması (doğal şekilde çıkmayan ve sertleştiği için elle uzaklaştırılması son derece ağrılı olan dışkı)

Doktora ne zaman haber vermeli: Bebeğiniz sık sık kabız oluyorsa, daha önceden hiç böyle bir şey yokken birdenbire böyle bir sorunla karşılaşırsanız veya dışkıda kana rastlarsanız.

Hastalığın tekrarı: Eğer ilk karşılaşıldığında kesin tedavi yapılmazsa bir alışkanlık halini alabilir.

Aynı belirtilere sahip diğer hastalıklar: Bağırsak tıkanıklıkları veya anomalileri.

İSHAL

Bu sorun da anne sütü ile beslenen bebeklerde oldukça az rastlanan bir durumdur. Çünkü anne sütünde bulunan maddeler ishali oluşturan mikroorganizmaların oluşmasını büyük ölçüde engellerler.

Belirtiler:
• Sık sık sulu dışkı yapma
Bazen
• Sıklığın artması
• Miktarın artması
• Sümükümsü dışkı
• Kusma

Mevsim: Yılın her vakti olabilir. Ancak yazları meyve tüketimi fazla olduğu zamanlarda daha sık rastlanır.

Sebepleri: Çeşitlidir.
• Hastalık
• Diş çıkarma
• Belirli gıdalara karşı olan hassasiyet

• Gereğinden fazla meyve ve meyve suyu (özellikle elma ve üzüm) tüketimi veya diğer ishal yapıcı tipte gıdalar

• Gastroinnes final enfeksiyon (virüs, bakteri veya parazit kökenli)

• Antibiyotik tedavisi (antibiyotik tedavisi sırasında bebeğe yoğurt yedirilmesi içerdiği canlı kültürler nedeniyle bebeği ishalden koruyabilir)

Bulaşma şekilleri: Enfeksiyon dışkının ağız veya el ile teması yolu ile geçebilir. Aynı zamanda bozulmuş yiyecekler de ishal yapabilir.

Kuluçkalama devresi: İshale sebep olan organizmaların türüne göre değişebilir.

Süresi: Genellikle birkaç saatten birkaç güne kadar değişebilir, fakat bazı durumlarda eğer nedenleri tamamen ortadan kaldırılmazsa kronikleşebilir.

Tedavi: Nedenlere bağlı olarak tedavi şekli değişmekle birlikte en yaygın ishal tedavisi diyet ile yapılanıdır. Bazen ilaç verilir. Kesinlikle ishal olan bir bebeğe doktorun onayı olmadan tıbbi tedavi uygulanmamalıdır, aksi taktirde bebeğin sağlığını tehlikeye atabilirsiniz. Bebeğin altını, tahrişten korumak için her dışkılamadan sonra değiştiriniz ve her değiştirmede kalın bir tabaka pişik merhemi sürünüz. Eğer pişik olursa sayfa 157'deki açıklamaları okuyunuz.

Bebek çok küçükse ve çok ağır bir şekilde ishal olmuşsa sıvı tedavisi için hastaneye yatırmakta fayda vardır.

Beslenme değişiklikleri:

Birçok durumda mama ya da anne sütü vermeye devam etmek en iyi yöntemdir. İshalli bir bebek geçici olarak laktoza karşı dayanıksız olduğundan soya içeren laktosuz bir gıda rejimi tavsiye edilir.

• İshal nedeniyle oluşan su kaybını önlemek amacı ile en azından iki saate bir 50-60 ml. sıvı verilmesi gerekir. Anne sütüne veya hazır mamalara ilave olarak hemen her eczanede bulunan bir rehidrasyon karışımı (Pedialyte, Resol veya Lytren) tavsiye edilir. İki veya üç dakikada bir bir kaşık, bardak veya biberon ile birkaç yudum verilmesi tavsiye edilir. Bebeğe kesinlikle tatlandırılmış içecekler, yapay meyve suları, sporcuların içtiği sıvılar veya evde yapılmış tuz ve şeker karışımı içecekler vermeyin.

• Eğer bebek düzenli bir şekilde alıyorsa katı yiyeceklere devam edebilirsiniz. İshal teşhisi kesinleşene kadar bazı gıdalarda kısıtlama yapma teorisi yarar getirir. Bebek ne kadar sık beslenirse ishalin etkisi o kadar az olur. Muz püresi, pirinç veya pirinç gevreği, patates ve makarna gibi nişastalı gıdalar bebeğin genel gıda alımına bağlı olarak iyi bir seçim oluştururlar. Az miktarlarda protein içeren gıdaların (tavuk veya köy peyniri gibi) verilmesi uygundur.

• Eğer kusma varsa katı gıdalar kusma durana kadar verilmemelidir. Ancak süzülmüş meyve suları (eğer doktor tavsiyesi ise seyreltilmiş meyve suyu veya ağız yoluyla kullanılan rehidrasyon sıvısı) vermek iyi sonuçlar verir. Biraz daha büyük bebekler için ise sulandırılmış meyve suyu ile karışık gazoz verilmesi uygundur. Bu tür gıdaları küçük miktarlar halinde vermek (küçük bebeklerde daha da az olmak üzere her seferinde bir veya iki çorba kaşığından fazla olmamak şartıyla) ishali durdurmada çok faydalı olacaktır. Kusma azaldıkça bu gıdalara diğerleri de eklenebilir.

• Genellikle iki veya üç gün sonra dışkı normale dönmeye başladıktan sonra doktorunuz bebeğinizin artık normal gıdalara dönmesini tavsiye edecek ancak birkaç gün daha sütü ve süt içeren gıdaları kısıtlı tutmaya devam etmenizi isteyecektir.

• Biberon ile beslenen bebeklerde ishalin iki veya üç haftadan daha fazla sürmesi halinde doktorunuz değiştirebilir.

Korunma: İshalden tamamıyla uzak durmak imkânsızdır ancak riskler aşağı çekilebilir.

• Yiyecekleri sağlığa uygun bir şekilde hazırlayınız. (sayfa 200'e bakınız.)

• Bebeklere verdiğiniz meyve sularını gerektiği kadar sulandırın ve bir günde alınan miktarı kısıtlayın. (Günde bir litreye yakın üzüm veya elma suyu içen bebeklerin ve ufak çocukların kronik ishale yakalandıkları bilinir.)

Komplikasyonlar:
• Pişik
• Eğer çok fazla olursa koma hatta ölüme neden olan aşırı su kaybı.

Doktoru ne zaman çağırmalı: Bir veya iki kereye mahsus sulu dışkı pek fazla önemli değildir, ancak bunun devam etmesi ishali düşündürür ve tıbbi bakım gerektirir:

• Bebeğe verdiğiniz hazır mamanın veya diğer gıdaların bozulmuş olduğundan şüphe ettiğiniz zamanlarda.
• Bebeğiniz 24 saatten daha uzun bir süre sulu dışkı çıkarıyorsa.
• Bebeğinizin kusması devamlı ise veya 24 saatten daha fazla sürmüşse.
• Bebeğiniz dışkısında kan görürseniz.
• Bebeğinizin ateşi devam ederse veya hasta görünüyorsa.

Doktoru derhal çağırmanız gereken durumlar: Eğer bebek aşırı su kaybı belirtileri gösteriyorsa, idrara çıkışı azalmışsa, (bezleri her zamanki kadar ıslak olmaz ve idrarın rengi sapsarıdır), gözlerinde gözyaşı yoksa ve gözleri içeri göçükse, cildi kurumuşsa ve tükürüğü azalmışsa.

Tekrar yakalanma olasılığı:
Eğer sebebi tamamen ortadan kaldırılmadıysa muhtemelen tekrar ishal görülebilir. Bazı bebekler çok sık ishal olabilirler.

Benzer belirtileri olan diğer hastalıklar:
• Gıda alerjileri
• Gıda zehirlenmesi
• Enzim eksiklikleri

ORTA KULAK İLTİHABI (OTTITES MEDIA)

Östaki boruları kısa ve dar olduğundan bebeklerin kulak enfeksiyonlarına yakalanma olasılıkları çoktur.

Belirtiler: Akut orta kulak iltihabında genellikle şu belirtiler görülür:

• Özellikle geceleri artan kulak ağrısı (Bebekler bazen kulaklarını elleriyle ovar, çeker veya tutarlar; fakat genellikle ağlamak dışında ağrılarını belirten başka hareket yapmazlar; hatta bazen bunu bile yapmazlar. Bebek eğer süt emerken veya biberonla beslenirken kulak ağrısı nedeni ile ağlıyorsa bunun sebebi kulak ağrısının çene kemiğine vurmasıdır).
• Hafif veya ağır ateş
• Rahatsızlık ve huzursuzluk hali

Bazen:
• Mide bulantısı ve/veya kusma
• İştah kaybı

Nadiren
• Kulak zarının muayenesinde önce pembe bir renk göze çarpar ve sonraları kırmızılık ve şişkinlik görülür (gerçi bebeğin kulağı tutulan ışık nedeni veya ağlama neticesinde de kırmızıya dönüşebilir). Tedavi edilmezse basınç kulak zarını patlatarak kulak kanalına iltihap dolmasına ve daha çok acı vermesine neden olur. Kulak zarı zaman içinde kendiliğinden iyileşebilir, fakat tedavi, daha ileride olabilecek hasarı önler.

Genellikle:
• İşitme kaybı (geçicidir ancak tedavi edilmeden aylarca kendi halinde bırakılırsa kalıcı olabilir).

Bazen
• Kulak içinde su bulunması dışında hemen hemen hiçbir belirtiye rastlanmaz.
• Emme veya yutma sırasında hava kabarcığı patlamasına benzer ses duyulması.

Mevsim: Bütün bir yıl boyu olabilir ancak kış aylarında daha çok rastlanır.

Nedenleri: Bazı alerjiler orta kulak iltihabı yapabileceği gibi, asıl neden bakteri veya virüslerdir. Bebekler ve küçük çocuklar dar ve kısa östaki borularına sahip oldukları, kulak iltihaplarına neden olabilecek üst solunum yolları hastalıklarına sıklıkla yakalandıklarından, gelişmemiş bağışıklık sistemleri olduğundan veya genellikle sırtüstü yatarken beslendikleri için orta

BEBEĞİNİZİN SAĞLIK ÖYKÜSÜ

Eğer yeni bebeğinizin bebek kitabında yeterince boş yer yoksa bebeğinizin sağlık öyküsünü yazmak için kalıcı bir defter edinebilirsiniz. Bebeğinizin tüm doğum verilerini, her hastalığı ile ilgili bilgiyi, aldığı ilaçları, aşılarını, gittiği doktorları ve bunun gibi bilgileri kaydedebilirsiniz. Aşağıda neleri yazmanız gerektiğini gösteren bir örnek bulunmaktadır.

DOĞUMDA

Kilo: Boy: Baş çevresi:

Doğum sırasındaki durumu:

Birinci ve beşinci dakikalardaki

APGAR puanı:

Brazelton ve diğer testlerin sonuçları:

Herhangi problem ve anomaliler

ÇOCUKLUK HASTALIKLARI

Tarih: İyileştiği tarih:

Belirtiler:

Doktoru:

Tanı:

Açıklamalar:

Önerilen ilaçlar: Ne süreyle bu ilaçları kullandığı:

Yan etkiler:

AŞILAR

Tarih: Reaksiyonlar:

DTP: (difteri, boğmaca, tetanoz)

Tekrarlar:

Polio (çocuk felci):

MMR (kızamık, kızamıkçık, kabakulak):

Diğerleri:

kulak iltihabı olabilirler. Çocuklarda ve bebeklerde büyüklere nazaran, sıvıları ve burun salgılarını kulakların aşağı kısmından burnun arka kısmına ve boğaza doğru süzmeye yarayan östaki borusu dar olduğu için mikroplar kolaylıkla bu yoldan orta kulağa geçebilirler. Buna aynı zamanda yetişkinlerde olduğu gibi bu soruların dikey değil de yatay olmaları, zamanlarının çoğunu sırt üstü yatarak geçiren çocuklarda süzme işinin yeterli olmayışı neden olur. Bu boruların kısa olması en ufak bir soğuk algınlığında şişmeden dolayı kolayca tıkanmasına neden olur. Tıkanık borulardan kolayca geçemeyen sıvı orta kulakta birikmeye başlar ve orta kulak iltihabının nedenini oluşturur. Uçakla seyahat sırasında basınç nedeniyle bu borunun daralması sıvı birikmesine yol açar ve kulaktaki rahatsızlık bundandır. Burada biriken sıvı enfeksiyon üreten bakteriler için mükemmel bir üreme ortamıdır (genellikle streptococci ve hemoplilus influenza).

Bulaşma şekli:
Doğrudan bulaşmaz, ancak kreşlerdeki bebeklerin bu hastalığa karşı dayanıklılığı çok azdır. Kulak enfeksiyonu aileden kalıtım ile geçen bir hastalık olabilir.

Kuluçka süresi: Genellikle soğuk algınlığı ve gribi takip eder.

Süresi: Değişiklik gösterir fakat akut orta kulak iltihabının tedavisi on gün sürer. Seröz orta kulak iltihabı ise kronik bir hal alabilir.

Tedavi: Orta kulak iltihapları tıbbi tedavi gerektirirler. Kesinlikle kendi kendinize tedavi etmeye çalışmayın. Tedavi şekilleri aşağıdadır.

- Bakteri enfeksiyonunu ortadan kaldırmak için akut orta kulak iltihabında etkin antibiyotikler kullanılır. Bazen antibiyotik ile birlikte bir enflamasyon giderici ajan (kortikostereoid) verilir.
- Eğer doktor reçetesi ile verilmişse kulak damlası kullanılır.
- Ateş ve ağrıyı kesmek için bebek aspirini veya parasetamol tek başına bazen de kodein ile birlikte verilebilir.
- Ağrıyı kesmek amacı ile doktora gidene kadar sıcak su torbası ile ılık kompres yapılabilir (sayfa 572'ye bakınız).
- Tıkalı bir östaki borusunu açmak amacı ile sadece reçete ile kullanılabilen burun damlaları ya da spreyler kullanılabilir. Ancak son zamanlardaki araştırmalar bunun tedaviyi hızlandırmadığını göstermiştir.
- Eğer kulak zarı patlamaya yakın durumda ise Myringotomy (kulak zarına ufak bir kesik atarak enfeksiyonlu sıvının kulaktan dışarı atılmasının sağlanması) yapılır. Çizilen kulak zarı on gün içinde iyileşir ancak bu zaman içinde çok iyi bakım gerektirir.
- Kronik bir enfeksiyon, antibiyotik tedavisine cevap vermediği zaman içeride kalan iltihaplı sıvıyı çıkarmak üzere kulağa minik bir tüp konulması. Bu işlem genel anestezi uygulanarak yapılır ve hiçbir tedavinin olumlu cevap vermediği durumlarda gerçekleştirilir. Genellikle yollardan biri altı ay veya her ikisi birden dört ay kadar hiçbir iyileşme göstermeden sıvı birikmesi devam ederse bir operasyona başvurulur. Tüp dokuz ila on iki ay sonra kendiliğinden düşer. Böyle bir operasyonun daha ilerideki enfeksiyonu önlemede faydası olur.
- Kulağın veya her iki kulağın, rahatsızlığın kronikleşmemesinden emin olana kadar sık sık muayene edilmesinde fayda vardır.
- Arka arkaya oluşan kulak enfeksiyonlarının tamamen ortadan kaldırılmasında alerji tedavisinin çok faydası vardır.

Beslenme değişikliği: Ateşi düşürmek amacı ile verilen ekstra sıvı gıdalar.

Korunma: Orta kulak iltihabından korunmanın kesin bir yolu henüz bilinmemektedir. Ancak, yapılan son araştırmalar aşağıda yazılanların hastalığa yakalanmış bir bebekte riskleri en aza indirebileceğini göstermektedir.

- Dengeli bir beslenme ile sağlanan iyi bir sağlık, yeterli dinlenme ve düzenli tıbbi bakım.
- En azından üç ay süre ile anne sütü ile beslenme.
- Bebeğiniz soğuk algınlığı olduğu zaman mümkün olduğu kadar başını yüksekte tutacak bir besleme ve uyuma biçimi (başı yükseltmek için direkt olarak bebeğin başının altına yastık koymayın yükseltme işini yatak çarşafının altına yastık koyarak yapın).

• Bebeğiniz soğuk algınlığı veya alerji olduğunda ve özellikle uçağa bindirmeden önce burun damlası kullanılmalı ve birçok kulak sorununun oluştuğu uçağın havalandığı veya indiği zamanlarda bebeğinizi emzirmeli veya biberonla beslemelisiniz.

• Orta kulak iltihabına yakalanmanın en üst düzeyde olduğu mevsimlerde sık sık kulak iltihabına yakalanan veya soğuk algınlığını henüz atlatmış çocuklarda düşük dozda antibiyotik kullanılmalı (antibiyotikler soğuk algınlığını iyileştirmezler ancak orta kulak iltihabı gibi soğuk algınlığını takip eden bir hastalığa yakalanmalarını engeller).

• Bebekler sigara dumanından arındırılmış bir ortamda bulundurulmalıdırlar.

• Evde tek başına bakımı yapılan bir çocuğun grup halinde bakımı yapılan çocuklara göre orta kulak iltihabına yakalanma olasılığı daha azdır.

Komplikasyonlar:

• İşitme kaybına yol açan kronik orta kulak iltihabı vakaları.

• Mastoid enfeksiyonu

• Menenjit, bakteriyemi, zatürree

• Beyin apsesi

• Yüz felci

Doktoru ne zaman çağırmalı: Öncelikle çocuğun bir kulak ağrısı olabileceğinden şüphe eder etmez. Belirtilerin iki gün içinde geçtiğini gözlemezseniz veya bebeğinizin durumu daha da kötüye giderse. Kulak iltihabından şüphelenmeseniz bile bebeğinizin her zamankinden daha az duyduğunu hisseder hissetmez doktorunuza haber vermeyi ihmal etmeyin.

Hastalığa tekrar yakalanma olasılığı: Bebeklerin bir kısmı sadece bir veya iki defa bu hastalığı geçirip bir daha yakalanmamalarına rağmen bazıları hiç kulak iltihabı olmazlar. Bazıları ise bebeklikleri veya okulöncesi yıllarında sık aralıklarla kulak iltihabı olurlar.

Benzer belirtileri olan diğer hastalıklar: Yabancı bir cismin kulağa kaçması, yüzücülerde olan kulak sorunları ve solunum yolları enfeksiyonu ile ilgili ağrı, kulak iltihabını düşündürebilir.

ATEŞ HAKKINDA BİLMEMİZ GEREKEN HER ŞEY

Annenizin başucunuzda elinde derece ile endişeli bir sesle "Ateşin çok yüksek, doktor çağırmamız lazım," dediğini çok iyi hatırlıyor olmanıza rağmen "ateş" her zaman için sizi telaşlandıracak bir şey olmamalı. Eski çağlarda insanlar ateşin kötü alışkanlıkları yok ettiğine inanırlardı. Orta çağlarda ise ateşin frengi ve benzer hastalıkların daha çabuk iyileşmesini sağlayan bir olgu olduğuna inanılırdı. Ve gerçekten ateşi düşürme özelliğine sahip olan aspirinin ortaya çıktığı 100 yıl öncesine kadar ateşin faydalı olduğuna inanılırdı. Sizin nesliniz yetişkin çağlara gelene kadar hafif ateş bir endişelenme sebebi, yüksek ateş ise tamamen bir panikleme olarak kabul edildi.

Gariptir ama Hipokrat, ateş hakkında bir nesil önceki modern tıp toplumunun sahip olduğundan daha iyi bir nosyona sahipti. Yapılan son araştırmalar Hipokrat'ın ortaya koyduğu gibi yüksek ateşin zarardan çok fayda sağladığını, vücuttaki kötü alışkanlıkları yakıp ortadan kaldırmasa bile vücudu tehdit eden kötü mikropları ortadan kaldırdığını ispatlamıştır. Korkulması veya savaşılması gereken bir hastalık belirtisi yerine, ateş vücudun enfeksiyona karşı geliştirdiği önemli bir savunma aracıdır.

Bilimadamlarının bildirdiğine göre ateşin vücut üzerinde yaptığı etkiler şunlardır:

Virüsler, bakteriler ve mantarlar gibi istilacılara karşı savaşan vücuttaki beyaz kan hücreleri interlökin denilen bir hormon salgılarlar ve bu hormon da beyine giderek vücut ısısını ayarlamak için hipotalomusu uyarırlar. Vücut ısısı yükseldikçe bağışıklık sisteminin tamamı enfeksiyona karşı daha iyi bir mücadele vermeye başlar. Ateş aynı zamanda vücudu işgal eden bu mikropların mineral ihtiyacını karşılamayıp onları açlığa mahkûm etmek için çok fazla düşebilir de. Ve bir virüs saldırıya geçtiğinde ateş vücuttaki antivürüs maddeleri ve interferon üretimini artırmaya yardımcı olur.

Bir insanın vücut ısısı normalden birkaç derece fazla yükselmeye başladığında o kişi aniden üşüme nöbetlerine girer.[2] Bu üşüme ateşin yükselmesini birkaç değişik yolla etkiler.

Titreme birçok şekilde ateşin daha da yükselmesine katkıda bulunur. Genellikle olan istemsiz titreme, vücuda sinyaller göndererek termostat ayarının yükseltilmesi için ateşi olan kişinin sıcak içecekler içmek, bir battaniye daha örtmek veya bir süveter daha giymek gibi çeşitli önlemler almasına katkıda bulunur. Aynı zamanda ısı kaybını azaltmak üzere damarlar büzüşür ve yağ depolanan dokularda da ısı oluşturmak üzere yağ yıkımı görülür (bu da ateş sırasında ekstra kalori alma gerekçelerinden biridir).

Çok yüksek ateş, genelikle ateşin başlangıcında, bebeklerde ve küçük çocuklarda zaman zaman havaleye neden olabilir. Anne ve babalar için korkutucu olsa da günümüzde doktorlar ateşli havalelerin tehlikeli olmadığına inanıyor. (Havalelerin güvenli bir şekilde halledilmesi için sayfa 386'ya bakınız). Araştırmalar, ateşli havale geçiren çocukların ileride hiçbir zihinsel ya da nörolojik bozukluk göstermediğini söylemektedir, fakat bu çocukların gelecekte epileptik olma riskleri biraz daha fazladır (ancak, havalenin epilepsinin sebebi olmayıp bu bozukluğa yatkınlığın bir göstergesi olduğundan şüphe edilmektedir). Bir kez ateşli havale geçiren bebeklerde bunun tekraralama riskinin % 30-40 olduğu ve tıbbi tedavinin bu riski etkilemediği bildirilmiştir. Ayrıca, hastalık sırasında ateşin tedavisi bu çocuklarda nöbetin oluşma sıklığını azaltmamaktadır ve bunun sebebinin de bu nöbetlerin hemen her zaman hastalığın başında ve ateşin yükseldiği evrede ve dolayısıyla henüz ilaç verilmeden önce görülmesi olabilir.

Bebeklerde görülen ateşin %80-90'ı viral enfeksiyonlara bağlıdır (tedavisiz iyileşir). Günümüzde doktorların çoğu altı aylıktan büyük bebeklerde ateş 39°C'yi geçmeden düşürmeyi önermemektedirler, hatta bazıları ateşin iyice yükselmesini beklemektedir. Buna karşılık, ateş düşük olsa bile ağrı ve sızıların azaltılması amacıyla, bebeği rahatlatmak ve bazen endişeli bir annenin sakinleşmesi için bebek asetaminofeni önermektedirler. Diğer yandan bakterilerin neden olduğu hastalıklar tedavi edilmelidir. Antibiyotikler enfeksiyonu yenerek ateşi dolaylı yoldan düşürürler. Hastalığın türüne, seçilen antibiyotiğe, çocuğun rahatlık düzeyine ve ateşin yüksekliğine bağlı olarak antibiyotiklerle birlikte reçeteye ateş düşürücüler de yazılabilir.

Diğer enfeksiyonlara bağlı ateşlerden farklı olarak septisemi (kanın zehirlenmesi) gibi vücudun bakteriler taraından yaygın tutulumu ile ilişkili olan şoktaki ateş varlığında vücut ısısının derhal düşürülmesi için tıbbi tedavi gereklidir.

Normalde vücut ısısı sabahları 2:00-4:00 arasında en düşük seviyededir (dilaltından ölçüldüğünde 35.8°C), yataktan kalkıldığı sırada da göreceli olarak düşüktür (36°C civarında olabilir), daha sonra gün içinde giderek yükselerek akşam 6:00-10:00 arasında 37°C civarındaki en üst düzeye ulaşır. Sıcak havalarda daha yüksek, soğuk havalarda daha düşük, egzersiz sırasında ise dinlenme anındakine kıyasla daha yüksek olma eğilimi vardır. Bebeklerde ve küçük çocuklarda erişkinlerdekinden daha istikrarsız ve değişken seyreder.

Her hastalıkta ateş farklı olabilir. Bazılarında bebek iyileşene kadar ateş sürekli yüksek kalabilir, bazılarında ise sabahları düşük seyrederken akşamları yüksek olabilir, ya da periodik olarak en üst seviyelere çıkabilir veya belirsiz şekilde inip çıkabilir. Ateşin seyri bazen doktorların tanı koymasına da yardımcı olabilir.

Ateş vücudun enfeksiyona karşı cevabı olduğunda nadiren 41°C'yi geçer, ve hemen hiçbir zaman 42°C'yi aşmaz. Ama eğer ateş vücudun ısıyı düzenleme mekanizmasındaki bir yetersizlik sonucu (sıcak çarpması gibi) ortaya çıktıysa 45.5°C'ye kadar fırlayabilir. Bu tür ateşler, içsel bir anomali ya da daha sık olarak sauna, sıcak bir banyo, sıcak havada park edilmiş bir arabanın içinde oturmak gibi dıştan bir ısıtıcının etkisiyle olabildiği gibi vücudun çok fazla ısı ürettiği ya da kendini yeterince soğutamadığı zamanlarda görülür. (Dışarıdaki hava 29.5°C olsa

---

2. Bu bölümdeki tüm derece değerleri, aksi bildirilmedikçe standard yöntem olan dilaltı (oral) ölçümlere aittir.

ve arabanın camları 5 cm açık olsa bile arabanın içindeki sıcaklık 45°C'ye fırlayabilir). Sıcak ya da nemli havada zorlayıcı fiziksel egzersizler yapmak ve sıcak havalarda kalın giyinmek de fazla ısınmaya neden olabilir. Bebekler ve yaşlıların ısı düzenleme mekanizmaları daha az güvenilir olduğu için sıcak çarpmasına daha hassastırlar. Isı düzenlemesindeki yetersizliğe bağlı gelişen ateş kendi başına bir hastalıktır ve görünüşe göre yararlı olmaması bir yana, aynı zamanda tehlikelidir ve acil tedavi gerektirir. Hastalıkla ilişkili aşırı yüksek ateşler (41°C) de acil tedavi gerektirir. Ateş çok yüksek olduğunda artık faydasını yitirmiş olduğuna inanılmaktadır ve bağışıklık cevabı üzerindeki yararlı etkisi tersine dönebilir.

BEBEĞİN ATEŞİNİ ÖLÇMEK

Genellikle bebeğin alnına dudaklarınızı (veya elinizin dış tarafını) değdirdiğinizde 10 kereden 9'unda ateşini doğru olarak anlayabileceğiniz için (fazla giydirdiğiniz için vücut ısısı çok artmasa da cildi sıcak olan bir bebek dışında) ve ateşini ölçmeye çalışmanız bir savaşa neden olabileceğinden bazı doktorlar altı aylık olduktan sonra bebeğin ateşinin dereceyle ölçülmesini pek önermemektedirler. Yine de çoğu doktor anne-babanın öpücüğünden daha kesin bir bilgi sahibi olmayı tercih eder. Bir hastalığın seyri sırasında ateşin ölçülmesi "Tedavi ateşin düşmesini yeterince sağladı mı?" veya "Kötüye gidişi düşündürecek şekilde ateş giderek daha fazla mı yükseliyor?" sorularını cevaplamaya yardımcı olabilir. Ateş ölçümü yararlı olmakla beraber çoğu deneyimsiz ve kaygılı anne-babanın yaptığı gibi her saat başı ölçüm yapmak gerekmez. Çoğu zaman sabah ve akşam birer kere ateşi ölçmek yeterlidir. Eğer bebeğiniz daha hasta görünüyorsa arada da ölçüm yapabilirsiniz. Eğer bebeğiniz daha iyiyse ve dudaklarınızı değdirdiğinizde ateşin düştüğünü hissediyorsanız tekrar derece ile ölçüm yapmanız gerekmeyebilir.

Vücut ısısının ölçümü genellikle ağızdan, rektumdan, koltukaltından veya kulaktan yapılabilir. Bebeğinizin ağzına derece sokmak tehlikeli olabilir (çoğu doktor çocuğunuz dört veya beş yaşına gelene kadar ağızdan ateş ölçülmesini önermez) ve şimdilik diğer yollardan birini kullanmanız gerekmektedir.

Başlamadan önce. Ateşini ölçmeden önceki yarım saat bebeğinizin sakin olmasını sağlayın çünkü ağlayıp bağırmak hafifçe yükselmiş bir ateşin daha da yükselmesine yol açar. (Ateşi ağızdan ölçtüğünüzde ölçümden önce sıcak veya soğuk içeceklerden uzak durmak gerekse de rektal veya koltuk altından ateş ölçümü sırasında böyle bir önlem almak gereksizdir.

Derecenin hazırlanması. Dereceyi soğuk suyla sabunlayarak yıkayın (ılık veya sıcak suyla yıkarsanız cıva genleşerek derecenin camını çatlatabilir veya kırılmasına yol açabilir), durulayın ve sonra alkolle ıslatılmış pamukla silin. Cıvanın hizasına bakın ve 35.5°C'den yüksekse dereceyi cıvanın olduğu bölgenin tam karşı ucundan baş ve işaret parmağınızın arasında tutarak elinizi bilekten aşağı doğru silkerek sallayın ve dereceyi düşürün. Mümkünse, derecenin elinizden kayması açısından önlem olarak bu işlemi banyodaki lavabonun yanından ziyade bir yatak ya da kanepenin üzerine doğru yapın. Eşyalarla aranızda yeterince mesafe bırakın ki derece yanlışlıkla bir yere çarpıp kırılmasın. Rektal bir dereceyi yerleştirmeden önce cıvalı ucunu vazelinleyin. Ağızdan ölçüm yaptığınız bir dereceyi suyla iyice durulayarak alkol tadını gidermeye çalışın.

Ateşin ölçülmesi. *Rektal:* Dereceyi hazırlayın ve bebeğinizin poposunu açın, bu arada onu sakinleştirici şeyler söylemeyi ihmal etmeyin. Daha sonra bbeğinizi kucağınıza (bu pozisyon size daha çok kontrol imkânı sağlar ve bacakları aşağı doğru 90 derece sarkacağı için derecenin yerleştirilmesi de daha kolay olur), bir yatağa veya bez değiştirme masasına (altına küçük bir yastık veya katlanmış bir havlu koyarak kalçalarını yükseltirseniz derecenin yerleştirilmesi kolaylaşır) yüzüstü yatırın. Bebeğinizin dikkatini başka yere çekmek için sevdiği şarkıları söyleyin veya bebeğinizin görebileceği bir yere sevdiği bir kitap veya oyuncağı koyun. Bir elinizle poposunu iki yana açarak anüsün (rektumun açılma deliği) görünür hale gelmesini sağlayın. Diğer elinizle derecenin cıvalı ucunu 2.5 cm kadar içeriye yerleştirin fakat zorlamamaya dikkat edin. Dereceyi işaret ve orta parmaklarınızla sabitleştirerek iki dakika tutun, bu arada diğer parmaklarınızın yardımıyla bebeğinizin poposunu sıkıştırarak derecenin çıkmasını veya bebeğinizin hareket etmesini önlemeye çalışın. Bebeğiniz aktif bir direnç göstermeye başlarsa dereceyi hemen çıkarın. Derece içeride yarım dakika bile kalsa, bir derece kadar sapmayla gerçek ateşini tahmin edebilirsiniz ve doktoruna yaklaşık bir değer söyleyebilirsiniz. Okumadan önce bir kağıt mendille dereceyi silin. (Eğer içiniz daha rahat edecekse önce dereceyi bir yere bırakıp - ölçümünüz değişmeyecektir - bebeğinizin altını bezleyi onu yerine yatırdıktan sonra da dereceyi okuyabilirsiniz.)

Nadiren derece içeride kırılabilir. Böyle birşey olursa ve tüm parçaları bulamadıysanız doktorunuza haber verin. Ancak endişelenmeyin; küçük bir çizikten başka bir yaralanma ihtimali oldukça zayıftır ve cıva zehirsiz bir formda olduğu için bebeğinize bir zarar vermez (değerli metallere zarar verebilir).

Timpanik: Bu derece kulaktan ateş ölçümünde kullanılır fakat biraz beceri gerektirir.

Eğer bunlardan bir tane edinirseniz (fiyatları giderek düşmekte) bebeğinizin doktorunun nasıl kullanılacağını göstermesini isteyin.

Aksiller veya koltuk altı: Daha az güvenilir

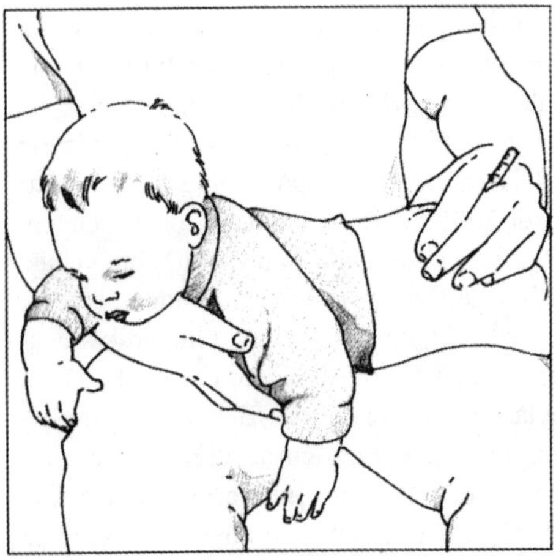

Rektal metod

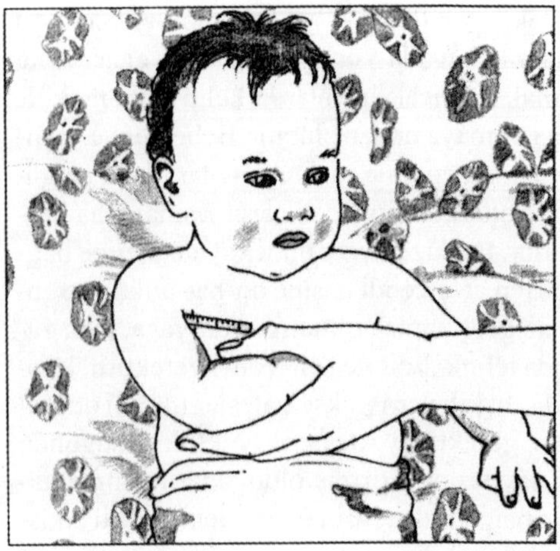

Koltukaltı metodu

olan bu ateş ölçme yöntemini bebeğiniz ishal olduğunda veya rektal ölçüm için rahat durmadığında veya elinizde sadece oral uygulanan derece varsa (oral bir dereceyi hiçbir zaman rektal ölçümde kullanmayın) uygulayabilirsiniz. Bebeğinizin üzerini tamamen soyun, böylece cildi ile derece arasına kumaş sıkışmasını önlemiş olursunuz, ve koltuk altının kuru olduğundan emin olun. Derecenin (oral veya rektal) cıvalı ucunu bebeğinizin koltuk altına iyice yerleştirerek üzerine kolunu sıkıca kapayın ve dirseğinden bastırarak yerinde tutun. Bu pozisyonu mümkünse en az dört veya beş dakika sürdürün, doğru bir ölçüm için sekiz dakika kadar zaman gerekebilir. Şarkı söyleyin, teyp çalın, televizyonu açın - bu süre içinde bebeğinizin sakin kalması için önceden kanıtlanmış yöntemlerden birini kullanın.

Oral: Bebeğinizin ateşini ağzından (oral) ölçmeye başlamadan önce dudaklarını kapatarak dereceyi dilinin altında tutmayı becermesi ve dereceyi ısırmaması konusundaki direktifi anlaması gerekmektedir ki bu da, bazen daha erken olsa bile, genellikle dört beş yaş civarındadır. İyi bir oral ölçüm için derecenin dilin altındaki boşluğa iyice yerleştirilip iki ila dört dakika tutulması gerekir (eğer ağızdan nefes alma söz konusuysa dereceyi ölçmek daha uzun sürer).

Derecenin okunması. Rektal bir ölçüm vücudun içinin sıcaklığını ölçtüğü için en doğru ölçümdür fakat oral ölçüm de standart kabul edilir. Bebeklerde en sık kullanılan yöntem olan rektal ateş ölçümünde saptanan değerler oral ölçümle saptanan değerlerden yarım ila bir derece daha yüksektir; koltuk altından saptanan değerler ise bir derece kadar daha düşüktür. Oral ölçümde 37°C normaldir; rektal olarak ise normal ölçüm 37.5°Cdir; koltuk altından yapılan ölçümde ise normal sınır 36.5°C'dir. Rektal olarak ölçülen 39°C, oral olarak ölçülen 38.5°C ve koltuk altından ölçülen 38°C'ye eşittir.

Cıvalı bir termometreyi okurken iyi aydınlatılmış bir yerde termometreyi elinizle çevirerek cıva kolonunu görmeye çalışın. Cıva seviyesini sayıların olduğu tarafta hizalayın, sayılar tam dereceleri ve derecelerin onda ikilik aralıklarını göstermektedir. Cıvanın sonlandığı nokta dereceyi belirtir. Ateşi ölçtüğünüz zamanı ve saptadığınız değeri bir yere kaydedin. Bulduğunuz dereceyi doktorunuza bildirirken bunun rektal mi, oral mi yoksa koltuk altı bir ölçüm mü olduğunu belirtiniz.

Derecenin saklanması. İşiniz bittikten sonra termometreyi tekrar soğuk ve sabunlu suyla yıkayın, durulayın ve alkolle silin. Daha sonra kabına koyarak güneşli bir pencere, radyatör, şömine üzeri, çamaşır kurutucusu, ve mutfaktaki ocak gibi sıcak yerlerden uzakta (sıcak termometrenin içindeki cıvanın genleşmesine ve camın kırılmasına yol açabilir) saklayın.

ATEŞİ DEĞERLENDİRMEK

Bir bebeğin ne kadar hasta olduğunu değerlendirmede davranışları ateşinden daha önemlidir. Bir bebek menenjit veya zatürree geçirirken hiç ateşi olmayabileceği gibi basit bir soğuk algınlığı sırasında yüksek ateşi olabilir.

Aşağıdaki koşullarda ateşi olan bir bebek derhal tıbbi yardıma gereksinim duymaktadır (gece yarısı bile olsa doktorunuzu arayın ve eğer doktorunuza ulaşamazsanız acil servise başvurun):

- Bebeğiniz iki aylıktan küçükse
- Rektal olarak ateşi 40.5°C'nin üzerinde ise
- Bebeğiniz ilk kez bir havale geçirdiyse (vücudu gerilir, gözleri yuvarlanır ve kolları ve bacakları çırpınır)
- Bebeğiniz sürekli ağlıyor ve bir türlü susturulamıyorsa (bunun bir kolik ağlaması olmadığı kesinse), dokunulduğu veya hareket ettirildiği sırada canı yanıyormuşçasına ağlıyorsa, veya mızırdıyorsa, tepki göstermiyorsa veya gevşek bir şekilde yatıyorsa
- Bebeğinizin cildinin herhangi bir yerinde mor noktalar varsa
- Burnunu temizlediğiniz halde bebeğiniz nefes almakta güçlük çekiyorsa
- Bebeğinizin ensesi sertse ve başının göğsüne doğru eğilmesine direnç gösteriyorsa
- Ateşin çıkmasından önce bebeğiniz sıcak bir dış ortama örneğin sıcak havada güneşe veya bir otomobilin içinde yüksek ısıya maruz kaldıysa. Sıcak çarpması olasılığı vardır ve derhal acil tıbbi yardım gerekir. (Bkz. Sayfa 342)
- Hafif ateşi olan ve fazla giydirilip battaniyelerle sarılmış bir bebekte aniden ateş yükselirse. Bu da sıcak çarpması gibi ele alınmalıdır.
- Doktorunuz, bebeğinizin ateşi çıkarsa aramanızı söylediyse
- Eğer bir şeylerin yolunda gitmediğinden şüpheleniyor fakat ne olduğunu tam olarak bilmiyorsanız

Aşağıdaki durumlarda ateşi olan bir bebek, şartlar uygun olduğunda doktora gösterilmelidir:

- Bebeğiniz iki ila altı aylık arasındaysa (daha küçük bebeklerin acil müdahaleye gereksinimleri vardır)
- Bebeğinizin kalp, böbrek, nörolojik hastalık, orak hücreli anemi veya diğer bir kronik anemi gibi kronik bir hastalığı varsa
- Geçmişte bebeğinizin ateşli havale öyküsü varsa
- Bebeğinizde susuz kalma belirtileri mevcutsa: idrara seyrek olarak çıkmak, koyu sarı idrar, tükürük ve gözyaşının azalması, dudaklarının ve cildinin kuru olması, gözlerinin ve bıngıldağının içeri çökmesi
- Bebeğinizin davranışı farklılıklar gösteriyorsa: aşırı huysuzsa, aşırı derece uyukluyorsa,

uyuyamıyorsa, ışığa duyarlıysa, her zamankinden daha fazla ağlıyorsa, yemeyi reddediyorsa, kulaklarını çekiştiriyorsa

• Birkaç gündür hafif seyreden ateşi birdenbire çok yükselirse; ya da birkaç gündür soğuk algınlığı olan bebeğinizin ateşi yükselmeye başlarsa (bu durum, orta kulak iltihabı veya bademcik iltihabı gibi ikincil bir enfeksiyonun göstergesi olabilir)

• Ateşi rektal olarak 39°C'den yüksekse (ya da doktorunuz ateşi kaçın üstüne çıktığında aramanızı önerdiyse). Ateşinin bu derecelerde olması tek başına önemli bir hastalık belirtisi olmasa da (hafif hastalıklarda bile bebeklerin ateşi 40.5-41°C'ye çıkabilir) yine de emin olmak için doktorunuza danışın.

• Ateşi ilaçlarla düşmüyorsa

• Hafif nezle ve soğuk algınlığına eşlik eden 39°C'nin altındaki rektal ateşi üç gün veya daha uzun süre devam ediyorsa

• Herhangi başka bir hastalık belirtisi olmaksızın ateşi 24 saatten fazla devam ediyorsa

ATEŞİ DÜŞÜRMEK

Eğer bebeğinizin ateşi varsa doktorunuz farklı bir şey söylemediyse aşağıdakileri uygulayabilirsiniz:

Bebeğinizi serin tutun. Yaygın inanışın tersine ateşi olan bir bebeğin battaniyelerle, kat kat giysilerle veya ısıtılmış bir odada sıcak tutmak iyi bir uygulama değildir. Bu yöntemler vücut ısısını tehlikeli seviyelere kadar yükselterek sıcak çarpmasına yol açabilir. Bebeğinize ince giysiler giydirerek vücut ısısının uzaklaştırılmasını kolaylaştırabilirsiniz (sıcak havada bezinden başka bir şey giydirmeyebilirsiniz) ve oda ısısını 20-21°C'de tutmanız yeterlidir (gerekirse havayı serinletmek amacıyla air conditioner veya bir fan kullanabilirsiniz fakat bebeğinizi hava akımından uzak tutun).

Sıvı alımını artırın. Ateşin yükselmesi cilt aracılığıyla sıvı kaybını artıracağı için ateşi olan bir bebeğin yeterli sıvı aldığından emin olmak çok önemlidir. Daha büyük bebekler için iyi sıvı çeşitlerini sık sık verin. Bunlar sulandırılmış meyva suları ve sulu meyveler (turunçgiller ve kavun, karpuz gibi); su; sulu çorbalar; jelatinli tatlılar (bkz. Sayfa 568); ve meyve sularından yapılmış dondurmalardır. Daha küçük bebeklere anne sütü veya mama sık sık verilmelidir. Sık sık su içmeyi destekleyin fakat ısrar etmeyin. Birkaç saat boyunca bebeğiniz sıvı almama konusunda ısrarlı olursa doktorunuzu haberdar edin.

FEBRİL KONVÜLSİYONLARLA (ATEŞLİ HAVALE) BAŞETMEK

Ateşli havaleler genellikle bir iki dakika sürer. Eğer sizin bebeğiniz de ateşli havale geçirirse sakin olun (bu tür havalelerin tehlikeli olmadığını aklınızdan çıkarmayın) ve aşağıdakileri yapın. Bebeğinizi kollarınızın arasında sıkmadan tutun veya bir yatak ya da diğer yumuşak bir yüzeyde yan yatırın ve mümkünse başını gövdesinden daha aşağı seviyede tutmaya çalışın. Bebeğinizi beslemeye veya ağzına bir şey sokmaya çalışmayın veya ağzında bir şey varsa (emzik gibi) çıkarmaya çalışmayın. Böyle bir nöbet sırasında bebeklerin genellikle bilinci kapalıdır fakat hiçbir yardım gerekmeden hızla düzelirler. Beş dakika veya daha uzun süren bir nöbet acil yardım gerektirir - size en yakın acil yardım numarasını arayın.

Nöbet bittikten sonra, bebeğiniz uyumak isteyecektir. Eğer sizin bebeğiniz de uyumak isterse onu yan yatırarak arkasını battaniye veya bir yastıkla destekleyin. Daha sonra doktorunuzu arayın. Eğer hemen acil yardım alamazsanız bu arada beklerken bebeğinizi ıslak süngerle silin ve eğer altı aylıktan büyükse asetaminofen vererek ateşini düşürmeye çalışın. Fakat bebeğinizi su dolu bir küvete sokarak ateşini düşürmeye çalışmayın, bu arada bir nöbet daha geçirebilir ve nefes yollarına su kaçabilir.

ASPİRİN Mİ BAŞKA BİR İLAÇ MI?

Gerek aspirin gerekse asetaminofen (Tylenol, Tamol, Vermidon, vs.) antipiretiktir (ateşi düşürücü) ve ateşi düşürmede eşit derecede etkilidirler, fakat aspirin iltihabın giderilmesinde (bölgesel bir enfeksiyonda kızarıklık, şişkinlik, ısı artışı ve ağrı) ve ağrının azaltılmasında daha etkilidir. Aspirin ve asetaminofen birlikte verildiklerinde istatiksel olarak daha uzun süre ateşin düşmesini sağlarlar (yaklaşık altı saat). Dönüşümlü olarak verilmelerinin yararlı olup olmadığı konusu henüz netleşmemiştir.

Aspirin etkili ve değerli olmasına karşın çeşitli yan etkilere sahiptir. Bağışıklıkla ilgili yanıtı azaltabilir, mide-barsak sisteminde iltihaba veya kanamaya yol açabilir, trombosit fonksiyonunu bozabilir (her tür kanama riskinde artışa neden olur) ve duyarlı kişilerde astım ataklarını ortaya çıkarabilir. Suçiçeği ve grip gibi viral hastalıklar sırasında çocuklara aspirin verilmesiyle Reye sendromu oluşumu arasında bir bağıntı kurulduğu için böyle bir hastalığı olduğundan şüphelenilen bebek veya çocuklara aspirin verilmesi önerilmemektedir.

Buna karşılık asetaminofen, nadiren karaciğer harabiyetine yol açsa da ve zaman zaman allerjik reaksiyonları tetiklese de göreceli olarak oldukça az yan etkiye sahiptir. Bu nedenle doktorlar ateşin düşürülmesi için çocuklara aspirin yerine daha çok asetaminofen önermektedirler. Asetaminofenin bebekler için sıvı formu ve sıvı formu almaya direnen bebekler için de rektal fitil formları mevcuttur.

Ateş düşürücü ve ağrı kesici olan ibuprofen de bebekler için reçete ile kullanılabilmektedir.

Bu ilaçların tümü büyük miktarlarda tehlikeli olabildiği için doktorun önerdiğinden daha fazla verilmemelidir; kullanılmadıkları zaman da bebek ve çocukların erişemeyeceği bir yerde kilitli olarak (tüm ilaçlar gibi) saklanmalıdır.

Eğer gerekliyse ateş düşürücü ilaçlar verin. Bebeğiniz altı aylıktan küçükse herhangi bir ilaç vermeden önce doktorunuzla görüşmeyi bekleyin. Eğer ateşi rektal olarak 39.5°C'den yüksekse ve/veya bebeğiniz çok huzursuz görünüyorsa ve hemen doktorunuza ulaşamıyorsanız ılık su tatbikiyle bebeğinizin ateşini düşürmeye çalışın (aşağıya bakın). Daha büyük bebeklerde ilaç verme kararı doktorunuzun daha önceki önerilerene göre alınabilir. Bebeğinizin ateşi gece yarısı yükselirse ne yapmanız gerektiğini önceden doktorunuza sorun. Ateşi kaç olduğunda ıslak bez uygulanması, ilaç verilmesi ya da doktorunuzun aranması gerektiğini öğrenin. Eğer daha önceden bu bilgiye sahip değilseniz ve bebeğiniz altı aylıktan büyükse ve gece yarısı ateşi 39°C'nin üzerindeyse ve acil tıbbi yardım gerektirecek (bkz. Ateşi değerlendirmek bölümü)başka bir belirti yoksa uygun dozda bebek asetaminofeni verebilirsiniz (Bkz. Sayfa 568). Eğer ateşi düşmezse, daha da yükselirse veya bebeğiniz huzursuz görünüyorsa doktorunuzu arayın. Doktorunuza ulaşana kadar ılık suyla ıslatılmış bez veya ılık su dolu küvette yıkamayı deneyin.

Islak bez uygulayın. Daha önceleri ateşli bir bebeğin tedavisinde rutin olarak uygulanan ıslak bez yöntemi artık yalnız ateş düşürücü ilaçlar işe yaramadığında, altı aylıktan küçük bir bebeğin ateşi ilaç kullanılmadan düşürülmeye çalışıldığında ya da ateşli bir bebeği rahat ettirmek için uygulanmaktadır.

Islak bez uygulaması sırasında kullanılacak suyun sıcaklığı ılık olmalıdır (temas edildiğinde ne sıcak ne de soğuk olup, vücut sıcaklığında olması gerekir). Serin veya soğuk su kullanılması veya alkol uygulanması titremeye yol açarak vücudun algılamasını karıştırarak termostat ayarını yükseltmesine ve ateşin azalmak yerine artmasına neden olabilir. Buna ek olarak, eğer solunursa alkolün buharı zararlı olabilir. Sıcak su kullanılması da vücut ısısını artırıp fazla giydirmede olduğu gibi sıcak çarpmasına neden olabilir. Ateşli bir bebeği banyo küvetinde veya dışında ıslak bezle silebilirsiniz fakat her iki durumda da oda uygun bir sıcaklıkta olmalıdır.

• Küvetin dışında ıslak bez uygulaması. Başlamadan önce küvetin veya bir leğenin içinde üç bezi ılık suyla ıslatın. Yatağa veya kucağınıza su geçirmez bir örtü veya muşamba bir masa örtüsü yayarak üzerine kalın bir havlu yerleştirin ve bebeğinizi havlunun üzerine sırtüstü yerleştirin. Bebeğinizi soyun ve üzerine ince bir örtü veya havlu örtün. Bezlerden birini suyu damlamayacak şekilde sıkın ve katlayarak bebeğinizin alnına yerleştirin (bu işlem sırasında bez kurumaya başlarsa tekrar ıslatın). Bir başka bezi alarak hafifçe bebeğinizin vücudunu silin, bunu yaparken her seferinde bir bölgeyi silin ve diğer bölgeler örtülü kalsın. Boyun, yüz, karın, dizlerin ve dirseklerin içyüzü üzerinde konsantre olun fakat koltuk altları ve kasık bölgesini ihmal etmeyin. Sizin sıvazlamanız sırasında yüzeye gelen kan akımı, ılık su ciltten buharlaşırken soğuyacaktır. Beziniz kurumaya başladığında bunu üçüncü bezle değiştirin. En az yirmi dakika ila yarım saat bebeğinizi ıslak bezle silmeye ve gerektikçe bezi değiştirmeye devam edin (vücut ısısnı düşürmek için bu süre gereklidir). Eğer herhangi bir zaman tastaki su vücut ısısının altına düşerse biraz ılık su ekleyerek ısıyı ayarlayın.

• Küvette ıslak bez uygulaması. Birçok bebek için banyo yapmak rahatlatıcı ve sakinleştiricidir, özellikle de hasta olduklarında. Sizin bebeğiniz de böyleyse ıslak bez uygulamasını küvette yapın. Yine suyun sıcaklığı vücut ısısında olmalıdır ve ateşi düşürmek için yirmi dakika ila yarım saat ıslak bez uygulamasını yapmanız gerekmektedir. Ateşli havale geçiren bir bebeği küvete koymayın.

Yapmamanız gerekenler. Bebeğinizin ateşi varken yapmanız gerekenleri bilmeniz kadar yapmamanız gerekenleri bilmeniz de önemlidir.

• Onu dinlenmeye zorlamayın. Gerçekten hasta olan bir bebek yatakta veya dışarıda dinlenmek isteyecektir. Sizinki dışarı çıkmak istiyorsa hafif bir aktivite zararsızdır fakat vücut ısısını artırabileceği için aşırı aktiviteden kaçınmak gerekir.

• Doktorunuz önermedikçe lavman yapmayın

• Bebeğinizi aşırı giydirmeyin ve battaniyeyle sarmalamayın

• Bebeğinizi ıslak bir havlu veya ıslak bir bezle sarmayın, bu ciltten ısı çıkışını engelleyecektir.

• Ateşli bir bebeği aç bırakmayın. Ateşin yükselmesi hasta bebeklerin kalori ihtiyacını artırır, hatta daha az değil daha çok kaloriye ihtiyaç duyarlar.

• Sıcak çarpmasından şüphe ediliyorsa aspirin veya asetaminofen vermeyin

BEBEĞİNİZİ TANIYIN

Bebeklerin, tıpkı erişkinler gibi ağrı karşısında farklı tutumları olabilir. Bazıları oldukça fazla ağrıya dayanıklıykan (emekleyen bir bebeğin kanepeden yere düştükten sonra hiç sesini çıkarmadan tekrar kanepeye tırmanması gibi) bazıları da dayanıksız olabilir (yün halıda bile olsa en ufak bir zedelenmede yaygarayı koparan bir bebek). Bir bebeğin ne kadar hasta olduğunu anlamada da bu tür farklılıkları akılda tutmakta fayda vardır. Örneğin her zaman kahramanca davranan bebeğiniz bir veya her iki kulağını da çekiştiriyorsa ancak mızmızlanmıyorsa bir kulak enfeksiyonundan şüphe edip doktoruyla konuşun. Diğer yandan ağrıya çok duyarlı bir bebeğiniz varsa her sızlandığında doktoru aramak üzere telefona koşturmanız gerekmez.

Bir işaret olarak ateş. Küçük bir bebekte ateş varsa ve herhangi bir başka hastalık belirtisi yoksa bir idrar yolu enfeksiyonundan şüphe edebilirsiniz. Tanı genellikle idrar tahlili ile konur. Eğer bir idrar yolu enfeksiyonu varsa bu enfeksiyonun kökeninde idrar yollarındaki bir anormalliğin yatıp yatmadığını anlamak için ileri tetkikler gerekebilir. Eğer bulunursa basit bir cerrahi girişimle düzeltilebilir.

-18-

İlkyardımda Yapılması ve Yapılmaması Gerekenler

Kazalar olacaktır. En bilinçli anne-babalar ve bakıcılar bile, hepsinden kaçınamaz. Ancak, yapabilecekleri bir şey, kaza olduğu zaman durumun gereğini bilip uygulayarak, ciddi yaralanmaları önlemektir. Bu bölüm, bunu yapmanıza katkıda bulunacaktır. Eğer, canlı bir ilkyardım kursu ile desteklenirse, daha da yararlı olacaktır. Ancak, acil bir durumda ne yapacağınıza kitabı açıp bakmak için, bebeğin sandalyeden düşmesini veya bir zakkum çiçeği çiğnemesini beklemeyin. Şimdi- problem çıkmadan öncesık rastlanılan yaralanmalarda ne yapılacağı konusuna, bebeğe banyo yaptırmak veya altını değiştirmek kadar aşina olun ve durum gerektirdiğinde, daha az rastlanılan acil durumlar hakkında bilgi sahibi olun (örneğin bir kamp yolculuğuna çıktığınızda sinek ısırmaları konusunu okumak gibi). Bebeğin bakımında görevli olan diğer insanların da aynı bilgi düzeyine ulaşmasını gözetin.

Aşağıda, en sık rastlanılan yaralanmalar, bunlar hakkında neler bilmeniz gerektiği, nasıl tedavi edildikleri (ve nasıl tedavi edilmedikleri) ve ne zaman tıbbi yardım isteneceği listelenmiş ve kolay bulunabilmesi için her yaralanma numaralanmıştır.

Acil bir durumda bu sayfaların kolay bulunabilmesi için, sayfaların üstüne gri bir bant da eklenmiştir.

Karın Bölgesi Yaralanmaları

1. İç kanama: Bebeğin karnına gelen bir darbe, iç organları yaralayabilir. Böyle bir yaralanmanın belirtilerinden bazıları şunlardır: karında yara veya renk değişikliği; kusma veya öksürük ile koyu veya parlak kırmızı renkte kahve telvesi kıvamında kan gelmesi (bu bebeğin yakıcı bir madde içtiğini de gösterebilir); dışkıda veya idrarda kan (koyu veya parlak kırmızı olabilir); şok (soğuk, soluk deri, zayıf, hızlı nabız; üşüme, bilinç bulanıklığı ve sıklıkla bulantı, kusma ve/veya yüzeysel soluma). Acil tıbbi yardım isteyin. Eğer bebek şokta gibi görünüyorsa, (#44), acil tedaviye başlayın. Yiyecek ve içecek vermeyin.

2. Karındaki kesilme ve yaralanmalar:- Diğer kesiler (#47,48) gibi tedavi edin. Ciddi bir yaralanmada bağırsaklar dışarı çıkabilir. Bunları karın içine geri sokmaya çalışmayın. Üstlerine nemlendirilmiş temiz bir örtü veya bez sarın ve hemen tıbbi yardım isteyin.

Isırıklar:

3. Hayvan ısırıkları: Isırılan yeri hareket ettirmemeye çalışın. Hemen doktoru çağırın. Yarayı yumuşak bir şekilde, sabun ve su ile 15 dakika yıkayın. Antiseptik veya başka bir şey uygulamayın. Kanamayı kontrol altına alın. (#47, 48, 49) ve steril bandaj uygulayın. Hayvanı inceleme için kontrol altında tutmaya çalışın, ancak ısırılmaktan kaçının. Köpekler, kediler, yarasalar, kokarcalar ve rakunlar kuduz olabilir, özellikle de bir sebep yokken saldırmışlarsa. Enfeksiyon (kırmızılık, ağrı, şişlik), kedi ısırıklarında sıktır ve antibiyotik gerektirebilir.

4. Böcek ısırıkları: Böcek ısırması ve sokmalarını aşağıdaki şekilde tedavi edin.

• Balarısının iğnesini bıçağın künt kenarı veya tırnağınız ile çıkartın. İğneyi tırnaklarınız veya cımbız ile tutmaya çalışmayın -bu hareket, kalan zehrin daha fazlasını derinin içine iletir.

• Keneleri künt cımbızla veya kâğıt havlu ya da lastik eldiven ile korunmuş olarak parmak uçlarınızla uzaklaştırın. Böceği olanak olduğunca bebeğin cildine yakın tutun, düzgün bir şekilde yukarı doğru çekin. Döndürmeyin, sıkıştırmayın, ezmeyin, delmeyin. Vazelin, benzin veya sıcak kibrit gibi halk ilaçları kullanmayın, -bunlar durumu kötüleştirebilir. Böceği, tıbbi muayene için saklayın. Lyme hastalığından şüpheleniyorsanız (sayfa 580), doktoru çağırın. Bir balarısı, eşekarısı, karınca, örümcek veya kene sokmasında, bölgeyi yıkayın. Şişme veya ağrı olursa, buz veya soğuk kompresler (sayfa 570) uygulayın, ardından böcek sokması ilacı uygulayın.

• Sivrisinek sokması gibi kaşıntılı sokmalarda, kalamin solüsyonu uygulayın.

• Örümcek ısırığını takiben aşırı bir ağrı olursa, acil yardım isteyin. Örümceği bulmaya çalışın ve onu hastaneye götürün, en azından tanımlayabilecek durumda olun; zehirli olabilir. Eğer örümceğin zehirli olduğunu biliyorsanız -kara dul, kahverengi recluse örümcek, tarantula veya akrep gibi- belirtiler ortaya çıkmadan acil yardım isteyin.

• Herhangi bir arı, eşekarısı sokmasından sonra aşırı ağrı veya şişme, nefes darlığı gibi aşırı duyarlılık belirtilerini arayın. İlk sokmada bu şekilde belirtiler saptanan kişilerde, zehre karşı aşırı duyarlılık veya alerji gelişmekte ve bu durumda, bir sonraki sokma, acil tedavi yapılmazsa, ölümcül olabilmektedir. Bebekte hafif ağrı ve hafif şişlik dışında herhangi bir problem gelişirse, bunu doktora bildirin; o da alerji testi önerecektir. Alerji tanısı konursa, arı mevsiminde dışarı çıktığınızda, arı sokması acil çantası taşımanız gerekebilir.

• Özellikle bir bebekte, önceki reaksiyon fark edilmeden de aşırı duyarlılık gelişebilir. Bir sokma, vücutta ürtikere yol açarsa, nefes darlığına, ses boğuklaşmasına, öksürüğe, hırıltılı solunuma, şiddetli baş ağrısına, bulantı ve kusmaya, dilde şişmeye, yüzde şişmeye, kuvvetsizliğe, baş dönmesine ve bayılmaya sebep olursa, acil tıbbi bakım için başvurun.

5. Yılan sokmaları. Bebeğin zehirli bir yılan tarafından sokulması nadir de olsa (A.B.D-'de dört ana tip -çıngıraklı yılan, mercan yılanı, bakır başlı yılan ve pamuk ağızlı veya su mokaseni- mevcuttur ve hepsinin, ısırdıkları yerden tanınmalarını sağlayan dişleri vardır) bu sokmalar çok tehlikelidir. Bebek küçük olduğu için, çok küçük bir miktar zehir dahi ölümcül olabilir. Böyle bir sokma olduğunda, bebeği ve sokulan bölgeyi mümkün olduğunca hareketsiz tutmak önemlidir. Eğer sokulan yer bir kol veya bacaktaysa, bir atel ile hareketsizleştirin ve kalpten aşağı bir seviyede tutun. Varsa ağrıyı azaltmak için soğuk kompres kullanın ancak bir sağlık görevlisinin önerisi olmadan buz veya başka ilaç kullanmayın. Zehri ağızla emmek (ve tükürmek) yararlı olabilir ancak yardıma 4-5 saat uzakta değilseniz ve ciddi belirtiler oluşmazsa, herhangi bir kesi yapmayın. Bebek soluk almıyorsa, KPR (sayfa 403)suni ve kalp masajı uygulayın. Şoku tedavi edin. (#44) Acilen tıbbi yardım sağlayın; olanak varsa, yılanın tipini tanımaya hazır olun. Eğer bir saat içinde tıbbi yardım alamayacaksanız, dolaşımı yavaşlatmak amacıyla sıkılan yerin yaklaşık 5 cm. yukarısına hafifçe sıkan bir bandaj (kemer, kravat, veya saç kurdelasını, altından bir parmağın geçebileceği sıkılıkta) yapın (böyle bir turnikeyi ayak veya el parmağı, boyun, baş, veya gövde etrafına sarmayın). Turnikenin uzak tarafında kalan vücut kısmındaki nabzı sık sık kontrol ederek (bkz sayfa 362) dolaşımın kesilmediğinden emin olun, eğer turnikeyi uyguladığınız kol veya bacak şişiyorsa bandajı gevşetin. Bağlandığı zamanı not edin.

Zehirli olmayan yılan sokmalarını delici yara (#54) olarak değerlendirin ve bebeğin doktoruna haber verin.

6. Deniz hayvanlarının sokmaları: Bu sokmalar, sıklıkla ciddi değildir. Ancak bazen bebekte veya çocukta ağır reaksiyonlar olabilir. Önlem olarak hemen tıbbi bakım istenmelidir. İlkyardım, sokan deniz hayvanının cinsine göre değişir ancak genel olarak, sokan hayvandan kalan parçalar, bir bez veya giysi (kendi elinizi korumak için) ile uzaklaştırılmalıdır. Ağır kanama (#403), şok (#44) ve solunum durması (bkz sayfa 403) durumlarında tedaviye hemen başlanmalıdır (hafif kanamadan korkmayın, toksinleri temizlemeye yardımcı olabilir). Stingray (Manta balığı), lionfish (iskorpit), kedi balığı, kaya balığı ve deniz kestanesi sokmaları, eğer olanak varsa, sıcak suya sokulmalı ve 30 dakika veya tıbbi yardım gelinceye kadar beklenmelidir. Denizanası zehrine karşı alkol veya sulandırılmış amonyak uygulanabilir. (Hazırlıklı olmak için plaj çantasına birkaç adet alkol emdirilmiş bez koyun).

Kanama

bkz. #47, 48, 49

Kanama, iç

bkz. #1

Kırık Kemikler veya Kırıklar

7. Kırılmış olma olasılığı olan kollar, bacaklar, boyun kemikleri veya parmaklar. Kırığın bazı belirtileri: kaza sırasında bir kopma sesi, şekil bozukluğu (bu çıkık anlamına da gelebilir, #16), vücudun o kısmını oynatamama veya o kısma yön verememe, şiddetli ağrı (devamlı ağlama bir belirti olabilir), hissizlik ve/veya karıncalanma (bebek bunların ikisini de ifade edemez), şişme ve renk değişikliği. Eğer kol veya bacakta bir kırıktan şüpheleniyorsanız, doktorla görüşmeden çocuğu hareket ettirmeyin- güvenliği için gerekmedikçe. Bebeği hemen hareket ettirmeniz gerekiyorsa, yaralanmış kısmı (kol, bacak, baş, boyun) bir cetvel, dergi, kitap veya başka bir sert cismin üstüne, deriyi korumak için yumuşak bez örterek atele alın. Veya atel olarak küçük, sert bir yastık kullanın. Ateli kırık bölgesinde, bunun altında ve üstünde, bandajlar, kumaş parçaları, kravatlar veya eşarplarla tutturun ancak dolaşımın bozulmasına sebep olacak kadar sıkı olmamasına gayret edin. Eğer atel olarak kullanabileceğiniz hiçbir araç yoksa, yaralanmış kol veya bacağı kolunuzla atele alın. Atelin dolaşımı bozmadığından emin olmak için sık sık kontrol edin. Tıbbi yardım gelene kadar şişliği indirmek için bir buz torbası uygulayın. Küçük çocuklardaki kırıklar sıklıkla hızlı iyileşse de, düzgün iyileşme için tıbbi tedavi lazımdır. Kırıktan sadece şüphelenseniz de çocuğunuzu doktora götürün.

8. Açık kırıklar. Eğer kemik ciltten dışarı

çıkıyorsa kemiğe değmeyin. Yarayı varsa steril gazlı bez veya temiz bir bez ile kapatın; kanamayı, gerekirse basınç uygulayarak durdurun (#49) ve acil tıbbi yardım isteyin.

9. Olası boyun veya omurga yaralanmaları. Eğer boyun veya omurga yaralanmasından şüpheleniyorsanız, bebeği hiçbir şekilde hareket ettirmeyin. Acilen tıbbi yardım çağırın. Çocuğu örtün ve yardım gelene kadar rahat tutun; olanak varsa, başın etrafına ağır cisimler koyarak (kitap gibi) hareketsiz kalmasını sağlayın. Yiyecek ve içecek vermeyin. Ciddi kanama (#49), şok (#44) ve solunum durması varsa (bakınız sayfa 403), bunları hemen tedavi edin.

Yaralanmalar, Deri

bkz. #45

Yanıklar

*Önemli:*Eğer çocuğunuzun kıyafeti alev almışsa, bir palto, battaniye, kilim, yatak örtüsü veya kendi vücudunuzu (yanmazsanız) kullanarak, alevleri söndürün.

10. Küçük sınırlı sıcak yanıkları. Yanmış kol veya bacağı serin suya sokun veya gövde ve yüz yanıklarına soğuk (50-60 derece) kompresler uygulayın. Bebek artık ağrı duymaz görünene kadar, yaklaşık yarım saat, devam edin. Buz uygulamayın, bu cilt hasarını artırabilir ve oluşan kabarcıkları koparmayın. Soğuk uygulamasından sonra, yanmış alanı hafif dokunmalarla kurulayın ve yapışmayan bir materyalle (yapışmayan bandaj veya acil bir durumda alüminyum folyo) örtün. Yüz, eller, ayaklar ve genital organlardaki yanıklar için hemen doktora başvurulmalıdır. Bir yaşından küçük çocuklarda herhangi bir yanık, çok küçük de olsa, doktorun aranmasını gerektirir.

11. Geniş sıcak yanıkları. Bebeği düz yatırın. Yanık bölgesinde, yaraya yapışmamış bütün kıyafetleri çıkartın. Yaralanan bölgeye serin, ıslak kompresler koyun (bir seferinde vücut alanının %25'inden fazlasını kaplamamak kaydı ile). Bebeği rahat olacağı kadar ılık tutun. Bacakları yanmışsa, kalp seviyesinden yukarıda tutun. Yanığa baskı, kremler, tereyağı veya diğer yağlar; tuz veya borik asit uygulamayın. Bebeğin bilinci açıksa ve ciddi ağız yanıkları yoksa, emzirin veya su- başka bir sıvı verin. Çocuğu acilen doktora götürün veya acil tıbbi yardım isteyin.

12. Kimyasal yanıklar. Yakıcı maddeler (kireç, asit gibi) ciddi yanıklara sebep olabilir. Kuru kimyasal maddeyi ciltten hafifçe fırçalayın ve kirlenmiş kıyafetleri uzaklaştırın. Cildi bol miktarda su ile yıkayın; kimyasal madde kutusunun üzerinde belirtilen bir panzehiri veya sabun kullanın. Bir doktoru, Zehir Kontrol Merkezi'ni veya bir acil birimi arayın. Solunum güçlüğü varsa, bu, yakıcı duman solunumuna bağlı akciğer hasarına bağlı olabilir; acilen tıbbi yardım için başvurun. (Bir kimyasal madde yutulması, bkz. #41).

13. Elektrik yanıkları. Olanak varsa, elektriğin kaynağını devreden çıkarın. Veya, yer fırçası, tahta merdiven, halat, minder, sandalye, hatta büyük bir kitap ile -ancak çıplak elle değil- kurbanı kaynaktan uzağa çekin. Bebek nefes almıyorsa, KPR (suni solunum veya kalp masajı yapın). Bütün elektrik yanıkları bir doktor tarafından değerlendirilmelidir. Bu sebeple, bebeğinizin doktorunu çağırın veya hemen bir acil birime başvurun.

14. Güneş yanığı. Eğer bebeğinizde (veya ailenizdeki herhangi bir kişide) güneş yanığı olursa, günde 3-4 defa, 10-15'er dakika süreyle, serin çeşme suyu ile ıslatılmış kompresler uygulayarak (bkz. sayfa 570) ve bu uygulamaya kızarıklık geçinceye kadar devam ederek tedavi edin; buharlaşan su, cildin serinlemesini sağlayacaktır. Bu uygulamalar arasında Nutraderm, Lubriderm, veya benzer bir nemlendirici krem veya sulanan yerleri kurutucu etkisi olan Calamine liniment (çinko oksit ve %0.5 demir oksit içeren, pembe, suda çözünmeyen toz) sürün. Yaraya vazelin sürmeyin çünkü iyileşme için gerekli olan havanın cilde ulaşmasını engeller. Özellikle doktor tarafından önerilmedikçe, anti-

HAZIRLIKLI OLUN

• Bebeğinizin doktoru ile, bir yaralanma olduğunda en iyi hareket planının ne olduğunu tartışın- muayenehaneye gitmek veya başka bir protokol. Öneriler yaralanmanın ciddiyetine, haftanın gününe veya günün saatine göre değişebilir.

• İlk yardım malzemesini, çocukların erişemeyeceği bir şekilde, bir kaza anında bir bütün olarak kaza yerine taşınabilecek bir kutu halinde düzenleyin. Olanak varsa, tekrar telefon alacağınız zaman, taşınabilir bir telefon alın ki, evinizin içinde veya çevresindeki bir kaza bölgesine götürebilin.

• Evinizdeki her telefonun yakınına, ailenizin gittiği doktorların, Zehir Kontrol Merkezi'nin, en yakın (veya sizin kullanmayı planladığınız) hastane acil merkezinin, eczanenizin, Acil Tıbbi Hizmetin (birçok bölgede 112), acil bir durumda arayabileceğiniz yakın bir arkadaş veya komşunuzun telefonlarını yazın. Aynı listenin bir kopyasını, çocuğun bez çantasında taşıyın.

• Acil birimine en hızlı varmaya yarayan yolu bilin.

• Bebek KPR'si konusunda bir kursa gidin ve düzenli olarak hatırlatma kursları ve evde bebek üzerinde düzenli denemeler ile becerilerinizi taze ve etkin tutun. En sık rastlanılan yaralanmalardaki ilk yardım girişimlerini bilin.

• Acil bir durumda acil birimine veya doktorun muayenehanesine taksi ile gitmek için bir miktar nakti emin bir yerde tutun.

• Küçük kazaları sakin karşılamayı öğrenin ki, ciddi bir yaralanma başınıza gelirse, sakin kalmaya hazır olun. Yaklaşımınız ve sesinizin tonu (veya diğer bir bakıcının) bebeğin yaralanmaya vereceği tepkiyi etkiler. Sizin panikte veya üzüntülü olmanız, bebeği üzebilir. Üzgün bir bebeğin, acil bir durumda, işbirliği yapması olasılığı daha düşüktür ve tedavisi daha güçtür.

• Küçük yaralanmalar için yumuşak sevgi ve bakımın en iyi ilaç olduğunu hatırlayın. Ancak, yaralanmanın ciddiyetine göre ayarlama yapın. Bir gülümseme, bir öpücük veya bir yumuşak söz ("iyisin"), dizini hafifçe çarpması gibi bir durumda yeterlidir.Ancak ağrılı, sıkışmış bir parmak için yüksek dozda öpücük ve belki biraz da eğlence gerekir. Birçok durumda ilk yardımdan önce bebeği sakinleştirmeniz gerekecektir. Sadece hayatı tehdit eden durumlarda (neyse ki bunlar nadirdir ve meydana geldiklerinde bebek pek güçlük çıkaracak durumda olmaz) bebeği sakinleştirmek için biraz zaman ayrılması, tedavinin sonucunu etkiler.

histaminikler vermeyin. Ciddi yanıklarda steroid krem ve pomatları önerilebilir, büyük su dolu kabarcıklar boşaltılıp pansuman yapılabilir. Aksine bazı iddialar olmuşsa da, aspirin deri hasarını engellemez; ancak bebeklerde ağrı kesici olarak kullanılan asetaminofen, rahatsızlığı azaltabilir.

Kimyasal Yanıklar

bkz. #12

Konvülziyonlar (Havale-Nöbet)

15. Bir konvülziyonun belirtileri şunlar olabilir;Olduğu yere yığılma, gözlerin yukarı dönmesi, ağızda köpük, vücudun kasılması ve takiben kontrolsüz ani hareketler ve en ciddi durumlarda solunum sıkıntısı (bkz. sayfa 381) Bir konvülziyona şöyle yaklaşın. Bebeğin etrafındaki alanı açın, yaralanmasını önlemek amacı dışında hareketini engellemeye çalışmayın. Boyun ve göğüs bölgesindeki kıyafetleri gevşetin ve bebeği bir yanına, başı kalçadan aşağıda olacak şekilde yatırın. Ağzına, yiyecek, içecek, emzik ve biberon dahil hiçbir şey koymayın. Doktoru çağırın. Konvülziyon geçince, ateş varsa, serin suya bastırılmış bir sünger ile cildi silin ancak, bebeği banyo yaptırmayın veya yüzüne su atmayın. Bebek nefes alamıyorsa, hemen KPR başlatın. (bkz. sayfa 403)

Kesiler
bkz. #47, 48

Çıkıklar
16. Omuz ve dirsek çıkıkları küçük çocuklarda sık görülür;çünkü sıklıkla acelesi olan erişkinler tarafından çekilirler. Kolda bir şekil bozukluğu, çocuğun kolunu oynatamaması sıklıkla, ağrı sebebiyle ısrarlı ağlama ile birlikte olduğunda, tipik belirtilerdir. Muayenehaneye veya bir acil birime hızla gidilmesi ve deneyimli personelin çıkan bölümü yerine koyması, ağrıyı hemen geçirir. Ağrı şiddetliyse, evden ayrılmadan önce bir buz torbası uygulayın ve atele alın.

Köpek Isırıkları
bkz. #3

Boğulma
17. Çocuk sudan bilinçsiz halde çıkarıldıktan sonra hızla kendine gelse de tıbbi değerlendirmeye alınmalıdır. Bilinci açılmayan çocuk için birisinin acil tıbbi yardım istemesini sağlayın. Siz KPR'ye başlayın ve daha sonra telefon edin. Ne kadar uzun sürerse sürsün, çocuk kendine gelene veya yardım gelene kadar KPR'yi kesmeyin. Kusma varsa, bebeği bir tarafa çevirerek kusmuğun boğazına kaçmasını engelleyin. Başa bir darbe gelmesinden ve boyun yaralanmasından şüpheleniyorsanız, bu kısımları hareketsiz hale getirin.

Kulak Yaralanmaları
18. Kulakta yabancı cisim. Bebeği, kulağı aşağı bakacak şekilde döndürüp, başını hafifçe sallayarak, cismin düşmesini sağlayın. Bu işe yaramazsa, başka yöntemler deneyin.

- Kaçan nesne bir böcekse, bir fener tutarak dışarı çıkmasını sağlayın.
- Metal bir cismi, bir mıknatıs ile çekmeye çalışın.
- Plastik veya tahta bir cisim için, düzleştirilmiş bir ataş üzerine hızlı kuruyan bir yapıştırıcı damlatın (cilde yapışabilenleri kullanmayın) ve eğer cismi görüyorsanız ona dokunun. Kulak deliğine ataşı sokmayın. Yapıştırıcı kuruyunca ataşı çekerek cismi çıkarmaya çalışın. Bebeği hareketsiz tutacak kimse yoksa, bunu denemeyin.

Bütün bu yöntemler başarısız olursa, cismi parmaklarınız veya bir araç yardımı ile çıkarmaya çalışmayın. Bebeği doktorun muayenehanesine veya bir acil birime götürün.

19. Kulak yaralanması. Sivri bir cisim kulağa itilmişse, veya bebekte kulak yaralanması belirtileri varsa, (kulak kanalından kanama, ani duyma güçlüğü, şişmiş bir kulak memesi) doktoru arayın.

Elektrik Şoku
20. Olanak varsa elektrik kaynağını kapatın veya çocuğu akımdan, kuru, metal olmayan bir cisim ile -yer fırçası, tahta merdiven, kıyafet, yastık, sandalye, hatta büyük bir kitap- kurtarın. Hemen acil tıbbi yardım isteyin ve çocuk nefes almıyorsa, KPR'ye başlayın.

Göz Yaralanması
Önemli: Yaralanmış bir göze basınç uygulamayın, parmaklarınızla dokunmayın, doktorun önerisi olmadıkça ilaç uygulamayın. Küçük bir fincan veya bardak (veya göz siperi) ile gözü örterek veya gerekirse bebeğin iki elini de tutarak, bebeğin gözünü ovuşturmasını engelleyin.

21. Gözde yabancı cisim. Cismi görebiliyorsanız (örneğin bir kum tanesi) ellerinizi yıkayın ve nemli bir pamuk kullanarak, bebeğin gözünden uzaklaştırmaya çalışın. Gerekirse bebeği sabit tutarak, gözüne normal (vücut) sıcaklıkta su akıtarak cismi uzaklaştırmaya çalışabilirsiniz. Bu başarısız olursa, üst göz kapağını bir kaç saniye süre ile alttakinin üzerine çekmeye çalışın.

Bütün bu çabalar başarısız olursa ve cismi hâlâ görebiliyorsanız veya bebek huzursuz görünüyorsa, doktorun muayenehanesine veya bir acil birime gidin çünkü cisim gömülmüş veya gözü çizmiş olabilir. Gömülmüş bir cismi kendiniz çıkarmaya çalışmayın. Yolda, rahatsızlığı bir ölçüde gidermek amacıyla, gözün üzerine steril gazlı bezi gevşek bir bant ile tutturun veya birkaç temiz kâğıt mendil veya kumaş mendil ile örtün.

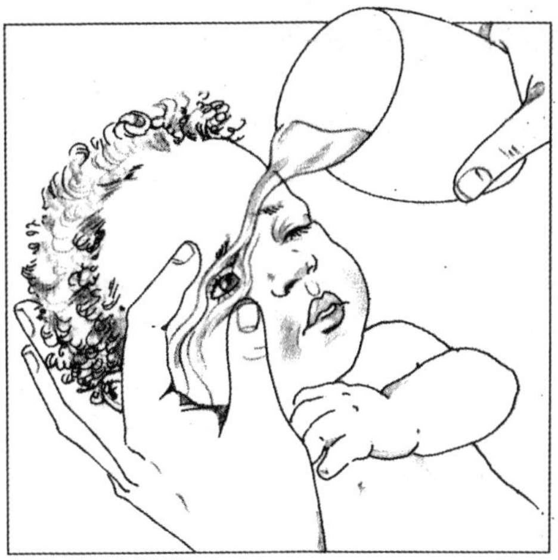

Bebek göz banyosundan hoşlanmaz ancak yakıcı bir maddeyi uzaklaştırmak için bu şarttır.

22. Gözde yakıcı madde. Gözü elinizle açık tutup, 15 dakika süreyle (bir bardak veya şişeden su dökerek) hemen ve iyi bir şekilde yıkayın. Eğer sadece bir göz etkilenmişse, diğer gözün yukarıda kalması ve kimyasal maddenin o tarafa akmaması için bebeğin başını döndürün. Damlalar veya kremler kullanmayın, bebeğin gözünü veya gözlerini ovuşturmasına izin vermeyin. Daha ileri öneriler için doktoru veya Zehir Kontrol Merkezi'ni arayın.

23. Gözün sivri veya keskin bir cisim ile yaralanması. Bir yandan yardım isterken, bir yandan bebeği yarı-yatar, sırtüstü pozisyonda tutun. Cisim hâlâ gözün içindeyse çıkarmaya çalışmayın. Değilse, gözü steril gazlı bez veya kâğıt mendil veya temiz ince tülbent ile hafifçe örtün. Her iki durumda da acil tıbbi yardım isteyin. Bu yaralanmalar, sıklıkla olduklarından daha kötü gözükseler de, gözün çizildiği veya delindiği her durumda yaralanma ne kadar hafif olursa olsun, bir göz hekimine danışmak akıllıca bir harekettir.

24. Gözün künt bir cisimle yaralanması. Bebeği sırtüstü yatar pozisyonda tutun. Gözü, bir buz torbası veya soğuk kompres ile örtün. (sayfa 570). Eğer göz morarırsa, bebeğin görmesinde bir sorun varsa, gözünü çok fazla kaşıyorsa, veya bir cisim göze yüksek hızda çarptıysa, doktora başvurun.

Bayılma

25. Solunumu kontrol edin, yoksa hemen KPR'ye başlayın (bkz. sayfa 403). Solunum varsa, bebeği düz yatırın ve hafif ısınacak şekilde örtün. Boyun etrafındaki elbiseleri gevşetin. Bebeğin başını bir tarafa çevirin ve ağızdaki yiyecekleri veya cisimleri uzaklaştırın. Yiyecek veya içecek bir şey vermeyin. Hemen doktoru çağırın.

El ve Ayak Parmağı Yaralanmaları

26. Ezilmeler. Bebekler, her zamanki merakları ile, parmaklarını çekmece ve kapılara kaptırarak ağrılı ezilmelerle karşılaşma eğilimindedirler. Böyle bir durumda, parmağı buzlu suya sokun. On beş dakikada bir, donmayı önlemek amacıyla ara verilerek (parmağın tekrar ısınmasına yetecek kadar), bir saate kadar devam edilmelidir. Ne yazık ki çok az bebek bu kadar süreyle sakin durur ancak kuvvet kullanarak veya onu oyalayarak birkaç dakika uygulama yapabilirsiniz. Bir yere çarpılmış bir ayak parmağı da aynı şekilde soğuk uygulamasından fayda görür ancak işbirliği yapmayan bir bebekte sıklıkla pek uygulanabilir değildir. Yaralanmış el ve ayak parmakları yukarıda tutulurlarsa, daha az şişerler

Eğer yaralanmış bir parmak çok hızlı şişerse, şekli bozuksa veya düz hale getirilemiyorsa, bir kırıktan şüphelenin. Eğer, ekseni etrafında burkulma veya parmağın dönen bir tekerin akslarının arasında kalması gibi bir yaralanma varsa, hemen doktoru arayın.

27. Tırnak altında kanama. Bir parmak kötü bir şekilde yaralandığında, tırnağın altında bir kan pıhtısı oluşabilir ve basıncıyla ağrı yapabilir. Eğer kan, tırnağın altından sızıyorsa, akmasını kolaylaştırmak için tırnağın üzerine basın; bu baskıyı azaltacaktır. Bebek zorluk çıkarmıyorsa, yaralanmış yeri buzlu suya sokun. Eğer ağrı devam ediyorsa, basıncı azaltmak için tırnakta bir delik açılması gerekebilir. Doktorunuz bu işi yapabilir veya size nasıl yapacağınızı anlatabilir.

GENÇ BİR HASTAYI TEDAVİ ETMEK

Bebekler nadiren işbirliği yapan hastalardır. Hastalıklarının belirtileri ne kadar rahatsız edici, yaraları ne kadar ağrılı olursa olsun, tedaviyi daha kötü olarak göreceklerdir. Kalamin solüsyonunun, suçiçeği yaralarının daha az kaşınmasını sağlayacağını, buz torbasının, yaralanmış parmağın şişmesini engelleyeceğini açıklamak işe yaramaz. Mantık yürütebilme yetisi olan daha büyük çocuklar dahi direnç gösterecektir. Ancak, bir bebeği veya küçük çocuğu, hastalığını veya yaralanmasını tedavi ederken oyalamak yardımcı olabilir. Sevdiği müzik kutusu, video veya kaset, havlayan ve kuyruğunu sallayan bir köpek, sehpanın üzerinde dolaşan bir çuf çuf tren, dans eden, zıplayan, aptal şarkılar söyleyen bir anne-baba veya kardeşin sağladığı eğlence (tedavi yapılmadan ve gözyaşları akmaya başlamadan önce), başarılı bir tedavi ile felaket bir tedavi arasındaki farkı yaratabilir. Kullandığınız suda gemiler yüzdürmeyi, bir ayıcığın ateşini ölçmeyi deneyin, köpeciğin ayağına buz koyun.

Tedavi sırasında ne kadar güç kullanacağınız, hastalığın veya yaralanmanın şiddeti ile ilgilidir. Hafif dolmuş bir burunda, sümüğü temizlemek için savaşa değmez. Ancak dolmuş burun, nefes almasını ve yemek yemesini engelliyorsa, savaşa gerekli olabilir. Küçük bir yara, buz torbasını reddeden bebeği ve kendinizi üzmenize değmeyebilir. Ancak ciddi bir yanıkta, bebek bütün tedavi sırasında bağırsa da, soğuk uygulamanın yararları vardır. Birçok durumda en azından kısaca tedavi edinbir yaranın buzda birkaç dakika dahi kalması, cilt altı kanamayı azaltır, 30 saniye süre ile dahi ateş ölçmek, bebeğin durumu hakkında oldukça iyi bir fikir verir. Bebeğin mutsuzluğu, tedavilerin yararlarını aşacaksa, tedavi yapmayın.

28. Kırılmış tırnak. Küçük bir kırıkta, kırılan tırnak kesilecek uzunluğa gelene kadar yapışkan bir bantla güvenliğini sağlayın. Tama yakın bir kırıkta, kırık hattından tırnağı kesin ve tırnak parmak ucunu koruyabilecek uzunluğa gelene kadar bir bandajla parmağı sarın.

29. Ayrışmış tırnak. Hâlâ bir ucundan tutuyorsa, tırnağı tam olarak ayırın. Olanak varsa, parmağı 20 dakika kadar soğuk suya sokun ve daha sonra antibiyotikli krem sürüp, yapışmayan bir bantla örtün. Sonraki üç gün, günde bir defa 15 dakika süreyle ılık suya (yarım litre suya yaklaşık 1/2 çay kaşığı tuz) sokun. Her uygulamadan sonra antibiyotikli krem sürün ve temiz bandaj yapın. Dördüncü günden itibaren, iyileşme devam ediyorsa, kremden vazgeçin ve hafta boyunca günlük banyolara devam edin. Tırnak tamamen büyüyünceye kadar, tırnak yatağını bandajla kapalı tutun. Enfeksiyonu düşündüren bir kızarıklık, ısı artışı ve şişlik olursa, doktoru arayın.

Donma

30. Bebekler donmaya çok eğilimlidir, özellikle parmakları, burnu ve yanakları. Donan kısımlar çok soğuk hale gelir ve beyaz veya sarımsı gri bir renk alırlar. Bebekte bu bulguları saptarsanız, vücudun donmaya başlamış bölgelerini ısıtın -paltonuzu ve gömleğinizi açın, bebeği cildinize değecek şekilde içeri alın. En kısa zamanda bir doktora veya acil birime başvurun. Bu olanaklı değilse, bebeği evin içine alın ve kademeli ısıtma süreci başlatın. Vücudun bir kısmı donmuş bir bebeği kalorifer, ocak, ateş veya ısı lambasının yanına koymayın, çünkü hasar görmüş olan derisi yanabilir; sıcak suda hızlı çözme işlemlerini de denemeyin, bu da hasarı artırabilir. Bunun yerine, etkilenen parmakları 39°C -normal vücut sıcaklığından biraz daha yüksek, değildiğinde hafif ılık hissi veren suya sokun. Burun, kulaklar ve yanaklar gibi suya sokamadığınız kısımlar için, aynı sıcaklıkta kompresler (ıslak bez veya havlu) kullanın ancak basınç uygulamayın. Cilt rengi normale dönene kadar, yaklaşık 30-60 dakika süreyle işleme devam edin (gerekirse ılık su ekleyin), bebeği emzirin veya biberon veya fincan ile ılık (sıcak değil) içecekler verin. Donmuş cilt ısınırken kırmızı ve hafif şiş hale gelir ve su dolu kabarcıklar oluşabilir. Bebeğin yaralanması bu aşamaya kadar doktor tarafından görülmemişse, tıbbi yardım istenmelidir.

Etkilenen bölge ısındığında, bebeği doktora götürmek için (veya başka bir sebeple) dışarı çıkmanız gerekirse, etkilenen bölgeleri yolda ılık tutmaya özellikle dikkat edin, çünkü çözülmüş dokuların tekrar donması, ek hasara sebep olabilir.

Soğuğa uzun süre maruz kalan bebeğin vücut sıcaklığı, normal seviyenin altına düşebilir. Bu, hipotermi adı verilen acil bir durumdur -temas edildiğinde, aşırı derecede soğuk olan bebeğin, hiç zaman kaybedilmeden en yakın acil birimine sevk edilmesi gereklidir. Yolda, bebeği vücudunuza temas edecek şekilde sıcak tutun.

Baş Yaralanmaları.

31. Baş derisinde kesikler ve yaralar. Baş derisinde çok miktarda kan damarı olduğu için, baş kesileri, küçük olsalar da, fazla kanamaya sebep olabilir. Aynı şekilde bu bölgedeki çarpmalar sonucu oluşan çürükler de hızla şişme eğilimindedirler. Başka yerlerdeki bir kesi (#47,48) veya yarada (#45) olduğu şekilde tedavi edin.

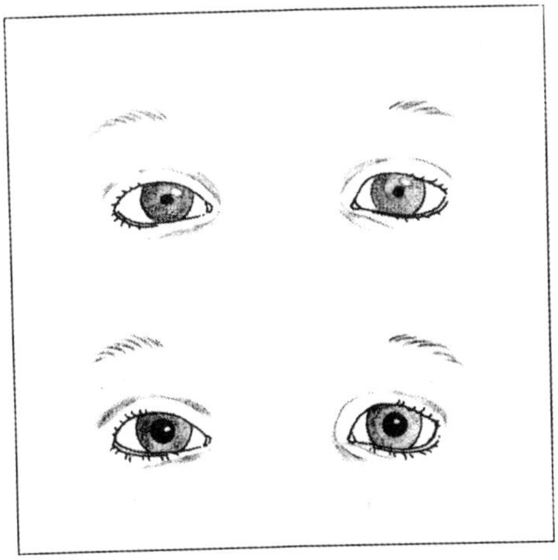

Göz bebekleri ışığa tepki olarak küçülür (yukarıda) ve daha sonra büyür (aşağıda).

Çok küçük baş derisi yaralanmaları dışında doktorla görüşün.

32. Olası ciddi kafa travması. Bebeklerin çoğu, ilk yaşları içinde, birkaç defa başlarını hafifçe çarparlar. Sıklıkla bunların çoğuna, annenin "öpeyim-geçsin" öpücüklerinden başka bir şey gerekmez; ancak başına ciddi bir darbe gelmiş olan bebeği, 6 saat süreyle dikkatle gözlemek doğru bir hareket olur. Kafa travmasından sonra, çocuk aşağıdaki belirtilerden birini gösteriyorsa, doktoru arayın veya acilen tıbbi yardım gelmesini sağlayın:

- Bilinç kaybı (kısa bir uykululuk hali, 2-3 saati geçmediği sürece, sıklıkla görülür ve telaşlanacak bir nokta değildir).
- Konvülziyonlar (Havale)
- Uyandırılma güçlüğü (travmadan sonraki ilk 6 saat süresince, gün içi uykusu sırasında bir-iki saatte bir, gece 2-3 sefer, bebeğin tepki verip vermediğine bakın. Uyuyan bebeği uyandıramıyorsanız, solunumunu kontrol edin; bkz. sayfa 403)
- Bir iki seferden fazla kusma
- Kafatasında çökme veya çıkıntı olması
- Kol veya bacağını oynatamama
- Kulaktan veya burundan kan veya sulu sıvı gelmesi
- Gözler çevresinde ve kulak arkalarında siyah-mavi alanlar oluşması
- Günlük normal yaşam ve/veya uykuyu engelleyen, bir saatten uzun süren belirgin ağrı.
- Travmadan sonra bir saati geçen baş dönmesi (bebeğin dengesi bozulmuş görünür.)
- Gözbebeklerinin büyüklüklerinin eşit olmaması, halen ışığa büzülerek cevap verme, ışık uzaklaştırıldığında tekrar büyüme tepkilerini vermemeleri.
- Kısa bir zamandan daha uzun süren, doğal olmayan solukluk.

Yardım beklerken, bebeği, başı bir tarafa dönük olarak yatırın. Şoku tedavi edin. Bebeğin solunumu durursa, KPR (sayfa 403) başlatın. Doktorla konuşana kadar yiyecek ve içecek vermeyin.

Sıcak Travmaları

33. Sıcak çarpması tipik olarak ani olur. Dikkat edilecek belirtiler, sıcak ve kuru (ara sıra nemli) deri, çok yüksek ateş, diyare, ajitasyon veya letarji,havale, konvülziyon veya bilinç kaybıdır. Sıcak çarpmasından şüpheleniyorsanız, bebeği buzlu suya batırılmış havlu ile (lavaboya su doldurun, buz atın, havluyu ıslatın) havluya sarın, acil tıbbi yardım sağlayın ve bebeği en yakın acil birimine götürün. Havlu ısınırsa, soğutulmuş yeni bir havluyla devam edin.

Hipotermi
bkz. #30

Böcek Isırıkları
bkz. #4

Patlamış veya Kesilmiş Dudaklar,
bkz. #34, 35

Ağız Yaralanmaları

34. Dudak yarılması. Çok az bebek ilk yaşını, dudağında en azından bir yarık olmaksızın atlatabilir. Çok şükür bu yarıklar sıklıkla çok hızlı iyileşir. Ağrıyı hafifletmek ve kanamayı kontrol etmek için buz torbası uygulayın. Daha büyük bir bebek, erişkinin gözetiminde dondurma külahı veya büyük bir buz parçası emebilir (buz küçük çocuğunuzun boğazına kaçabilecek kadar küçülünce, yenisi ile değiştirin). Eğer yarık iyice açık kalıyorsa veya kanama 10-15 dakikada durmazsa, doktoru arayın. Bazen dudak yaralanması, bebeğin elektrik kablosunu çiğnemesinden kaynaklanır. Bundan şüpheleniyorsanız, doktoru arayın.

35. Dudak veya ağız içindeki kesiler. Bu yaralanmalar da küçük çocuklarda sık olur. Küçük bebeklerde buz torbası, daha büyük çocuklarda erişkin gözetiminde bir dondurmanın veya buz kübünün emilmesi (bu kübü çocuğun boğazına kaçabilecek kadar küçüldüğünde, yenisi ile değiştirin), dudak ve yanak içindeki kanamayı kontrol eder ve ağrıyı azaltır. Dilde kanama kendiliğinden durmazsa, durdurmak için, kesinin kenarlarını bir parça gazlı bez veya tülbent ile

Kesilmiş dudağa, bir parça gazlı bez ile işaret parmağı ve başparmakla basınç uygulaması, kanamayı durdurur.

sıkıştırın. Eğer yaralanma boğazın arka tarafında veya yumuşak damaktaysa (ağzın üst arka kısmı), sivri bir cismin (kurşunkalem veya çubuk) sebep olduğu delici yaralanma varsa veya kanama 10-15 dakikada durmazsa, doktoru arayın.

36. Yerinden çıkmış diş. Eğer kalıcı bir diş yerinden çıkmışsa, taç kısmından (kökten değil) tutularak akan su altında hafifçe temizlenebilir. Diş hekimine giderken, yerine yerleştirilebilir veya ağızda veya çeşme suyu veya süt içinde taşınabilir. Kazadan sonra ilk 30-45 dakikadan fazla zaman geçmemişse, diş doktoru dişi yerine takabilir. Diş hekiminizin, çıkmış bir süt dişini yerine yerleştirmeye çalışması güçtür (böyle yapılırsa sıklıkla apse gelişmekte ve diş tutmamaktadır), bu sebeple, dişi korumaya yönelik önlemler gereksizdir. Ancak diş doktoru dişi bir bütün olarak görmek isteyecektir. Dişetinde kalan parçalar yerinden oynayabilir ve soluk yoluna düşerek bebeğin boğulmasına sebep olabilir. Bu nedenle, dişi de yanınıza alarak, diş hekimine ve diş hekimine ulaşamıyorsanız bir acil birimine başvurun.

37. Kırılmış bir diş. Toprak ve yabancı cisimleri ağızdan ılık su ile temizleyin. Bebeğin ağzında kırık diş parçalarının kalıp kalmadığını kontrol edin- bunlar boğulmaya sebep olabilir.

Yaralanan dişin üzerine gelen yüz bölgesine soğuk kompresler koyarak (bkz. sayfa 570) şişmeyi en aza indirin. Sonraki uygulamalar için hemen diş doktorunu arayın.

Burun Yaralanmaları

38. Burun kanamaları. Bebeği hafifçe öne eğilmiş bir şekilde dik tutarak, burun kanatlarını 5-10 dakika süreyle işaret parmağı ve başparmak arasında sıkıştırın (bebek hemen ağzından solumaya başlayacaktır). Bebeği sakinleştirmeye çalışın çünkü ağlaması kanamayı artırır. Kanama devam ederse, kanayan deliği emici pamuk ile doldurun, 10 dakika daha sıkın ve/veya soğuk kompresler uygulayın. Bunlar başarılı olmaz ve kanama devam ederse, doktoru arayın -bu sırada bebeği dik tutmaya devam edin. Sık sık olan burun kanamaları, kolayca durdurulsa da, bebeğin doktoruna bildirilmelidir.

39. Burunda yabancı cisim. Burundan solumakta güçlük ve/veya kötü kokulu, bazen kanlı burun akıntısı, burnun içine bir şeyin girdiğinin belirtileri olabilir. Bebeği sakin tutun ve ağızdan nefes almasını teşvik edin. Kolayca alınabilecek gibiyse, cismi parmaklarınızla çıkartın, ancak karıştırmayın, cımbız veya bebek beklenmedik bir şekilde ani hareket ederse burna zarar verebilecek veya cismi ileri itecek bir alet kullanmayın. Cismi çıkartamıyorsanız, burnunuzdan sümkürün ve bebeğin sizi taklit etmesini sağlamaya çalışın. Bu başarısız olursa, bebeği doktora veya bir acil birime götürün.

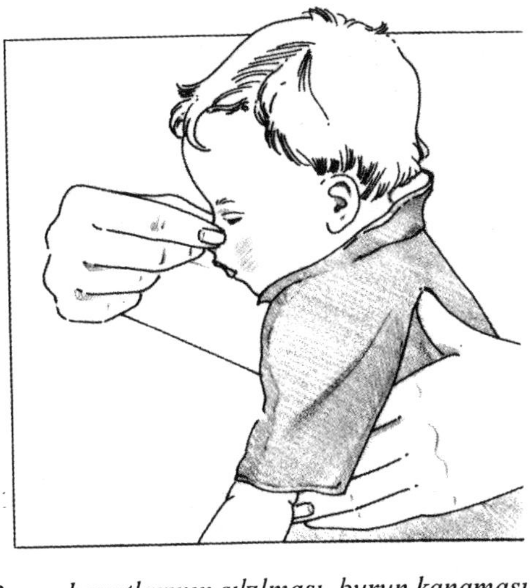

Burun kanatlarının sıkılması, burun kanamasını durdurur.

40. Burna gelen darbeler. Kanama varsa, kanın yutulması veya bebeğin soluk borusuna kaçması risklerini azaltmak için, bebeği dik ve öne eğik tutun. (#38) Şişmeyi azaltmak için bir buz torbası veya soğuk kompresler kullanın. Kırık olmadığından emin olmak için doktora başvurun.

Zehirlenmeler

41. Yutulmuş zehirler. Yiyecek olmayan her madde, olası bir zehirdir. Eğer bebeğinizin bilinci kapanırsa ve siz tehlikeli bir madde yuttuğundan şüpheleniyorsanız, acil tedaviye hemen başlayın. Bebeği masaya sırtüstü yatırın ve solunumunu kontrol edin (bkz. sayfa 403). Solunum belirtisi yoksa, hemen KPR başlatın. İki dakikadan sonra acil tıbbi yardım isteyin, daha sonra bebek kendine gelene veya yardım yetişene kadar KPR'ye devam edin.

Zehirlenmenin daha sık görülen belirtileri şunlardır: uyku hali, huzursuzluk, normalden farklı diğer davranışlar; hızlı düzensiz nabız ve/veya hızlı soluma; ishal veya kusma (bebek, kusmuğu ile boğulmasını engellemek için, bir tarafına döndürülmelidir), gözlerin aşırı hareketliliği, terleme, salya artışı; sıcak-kuru deri ve ağız, geniş (çok geniş) veya büzülmüş (iğne başı) göz bebekleri, titreşen, yanlara kayan göz hareketleri, tremorlar veya havaleler.

Bebeğinizde bu belirtilerden birkaçı varsa (ve başka bir şekilde açıklanmaları olanaklı değilse) veya bebeğinizin kesinlikle şüpheli bir madde yuttuğunu düşünüyorsanız ya da böyle bir olasılık varsa, kendiniz tedavi etmeye çalışmayın. Bebeğe ağızdan hiçbir şey vermeyin (yiyecek, içecek, genel panzehir olarak bilinene aktif kömür; ipeka, tuzlu su veya yumurta akı gibi kusmayı uyaracak herhangi bir madde). Bunun yerine doktor, yerel Zehir Kontrol Merkezi'ni veya hastane acil birimini acilen arayarak yönerge isteyin. Belirtiler olmasa da arayın, bir kaç saat ortaya çıkmayabilirler. Telefonun yanına giderken, yanınıza, bebeğin yuttuğunu düşündüğünüz kabı, üzerindeki kâğıdı ve içinde kalanları götürün. Maddenin adını (veya eğer bebek bitki yediyse, bitkinin adını), bebeğin ne kadar yediğini düşündüğünüzü, eğer saptamak olası ise, bildirin. Bebeğinizin yaşını, boyunu, kilosunu ve bulguları bildirmeye hazır olun.

Bir çok zehirde midedeki zehirin büyük bir kısmının kusma ile çıkarılması için ipeka şurubu ile kusma sağlamanız istenecektir.[1] Zehir Kontrol Merkezi'nin veya doktorun önerdiği miktarda verin. (İpeka yoksa, sıvı deterjanı -bulaşık makinası deterjanı değil- kullanıp kullanmayacağınızı sorun. Yirmi dakika içinde kusma olmazsa, dozu tekrarlayın -sadece bir defaya özgü olmak üzere. Kusma sağlayabilirseniz, kusmuğu derin bir tava veya kaba toplayın. Acil birimine ve doktorun muayenehanesine gelmeniz beklenirse, kusmuğu analiz için bir plastik torbada taşımak daha kolay olabilir ancak bebeğin tekrar kusabileceğini düşünerek yanınıza temiz bir kap veya tas alın). Şüphelendiğiniz maddeyi de (şişe içinde tabletler, temizleme sıvısı şişesi, zakkum dalı) beraberinizde götürün.

Altı aylıktan küçük bebeklerde, solunum yoluna kaçma riski fazla olduğundan, genellikle kolayca uyarılamaz. Altı ay ile bir yaş arası bebeklerde sadece tıbbi gözetim altında yapılmalıdır.

Yakıcı bir madde (çamaşır suyu, amonyak veya musluk açar) veya kerosen, benzen, ve petrolden elde edilmiş herhangi bir madde (mobilya cilası, mobilya temizleme sıvısı yutulduğunda, hiçbir yaşta kusturma girişiminde bulunulmaz. Hastanın bilinci yerinde olmadığında, bulanık olduğunda veya tremor ve konvülziyon varlığında da aynı şekilde kusturmadan kaçınılır.

42. Zehirli gaz ve dumanlar. Benzin buharı, otomobil egzozu, bazı zehirli kimyasallar, ateşten gelen yoğun duman toksik olabilir. Bunlara maruz kalmış bebeğe hemen hava sağlayın (pencereleri açın veya bebeği hemen dışarı çıkarın). Bebek soluk almıyorsa, hemen KPR'ye başlayın (sayfa 403) ve solunum tekrar başlayana veya yardım gelene kadar devam edin. Olanak varsa, siz KPR'ye devam ederken, birisinin Zehir Kontrol Merkezi'ni veya bir acil birimini aramasını sağlayın. Eğer etrafta kimse yoksa, iki dakika resüsitasyon yaptıktan sonra hızla telefon edin ve hemen KPR'ye devam edin. Eğer bir ambulans çağırmadıysanız, bebeği hızla bir tıp kurumuna götürün; ancak bunu KPR'yi bırakma pahasına veya siz de zehirlendiyseniz ve karar verme yeteneğiniz etkilendiyse, yapmayın. Arabayı başkası sürsün. Solunumu başlatmayı başarsanız da, acil tıbbi yardım gerekecektir.

1. İpekanızı kullanırsanız, yerine yenisini koyduğunuzdan emin olun.

Delici Alet Yaralanmaları

bkz. #50

Sıyrıklar

bkz. #46

Kopmuş Kol Bacak veya Parmaklar

43. Böyle ciddi kazalar nadir olur ancak olduğunda ne yapılması gerektiğini bilmek, ekstremitenin, parmağın kaybedilmesi ile kurtarılması arasındaki farkı yaratır. Aşağıdaki adımları, duruma göre hızla atın:

- Kanamayı kontrol altına almaya çalışın. Steril gazlı bezlerle, temiz bir alt beziyle, temiz bir peçeteyle veya bezle yaraya yüksek basınç uygulayın. Kanama devam ediyorsa, basıncı artırın. Fazla bastırarak zarar vermekten korkmayın. Tıbbi gözetim olmadan turnike uygulamayın.
- Şok varsa tedavi edin. Bebeğin derisi soluk, soğuk, veya soğuk-nemliyse, nabız hızlı ve güçsüzse, solunum yüzeyselse, şoku tedavi edin; bebeğin kıyafetlerini gevşetin, ısı kaybını önlemek için bebeği gevşekçe örtün ve bacakları bir yastığın üstüne (veya katlanmış bir kıyafet) alarak, beyne kan gitmesini sağlayın. Solunum güçleşmiş görünüyorsa, bebeğin başını ve omuzlarını hafifçe kaldırın.
- Gerekirse solunumu tekrar başlatın. Bebek solumuyorsa hemen KPR'ye başlayın (bkz sayfa 403)
- Kopan ekstremite veya parmağı saklayın. Olanak olduğunca çabuk, temiz, nemli bir beze veya süngere sararak bir plastik torbaya koyun. Torbayı buzlarla paketleyin ve kapatın. Kopan kısmı direkt buz üstüne koymayın, kuru buz kullanmayın, suya veya antiseptiğe sokmayın.

• Yardım isteyin. Acil tıbbi yardım için telefon edin veya bir başkasının telefon etmesini sağlayın. Ya da bir acil birime doğru hızla yola çıkın (önceden arayın ki sizin için hazırlık yapılsın). Buzla paketlenmiş kopuk organı da yanınıza alın; cerrahlar onu yerine yerleştirilebilir. Sevk sırasında yaranın üzerinde baskıyı devam ettirin ve gerekirse, diğer yaşam kurtarıcı manevralara devam edin.

Şok

44. Ciddi yaralanmalar veya hastalıklarda şok gelişebilir. Belirtiler soğuk, soğuk-terli, soluk deri; hızlı, zayıf nabız; titremeler; nöbetler (havale); ve sıklıkla bulantı veya kusma, aşırı susama ve/veya yüzeysel solunum. Tedavi için bebeği sırtüstü yatırın. Sıkan kıyafetleri gevşetin, beyne kan gitmesini sağlamak için bacakları bir yastığın veya kıvrılmış bir kıyafetin üstüne alın, üşümeyi ve sıvı kaybını önlemek için bebeği hafifçe örtün. Solunum güçleşmişse, bebeğin başını veya omuzlarını hafifçe kaldırın. Acil tıbbi yardım isteyin.

Deri Yaralanmaları

Önemli: Deri yaralandığında tetanos olasılığı belirir. Çocuğunuzda açık bir cilt yarası olursa, tetanos aşısının güncelliğini kontrol edin. Enfeksiyon belirtileri (şişme, sıcaklık, ağrı, etrafta kızarıklık, yaradan cerahat sızması) varsa, doktoru arayın.

45. Çürükler. Olanak varsa, yaralanmış kısmı dinlendirmek için sakince oynamasını teşvik edin. Yarım saat süreyle soğuk kompresler, buz torbası veya beze sarılmış buz uygulayın. (buzu cilde direkt uygulamayın). Cilt açılmışsa, yarayı bir kesi olarak tedavi edin. (#47,48). Yara; eksen etrafında burulma veya el veya ayağın hareket eden bir tekerleğin içine kaptırılması gibi bir mekanizma ile oluşmuşsa, hemen doktoru arayın. Nasıl oluştuğu belli olmayan veya ateşin eşlik ettiği yaralanmalar da doktor tarafından görülmelidir.

46. Sıyrıklar. Bu yaralanmalarda (diz ve dirseklerde sıktır), cildin en üst katı (katları) sıyrılır ve alttaki doku dışa açık ve ağrılı hale gelir. Derin olarak sıyrılan yerlerden sıklıkla hafif kanama olur. Steril gazlı bez veya pamuk veya temiz bir tülbent ile, yarayı su ve sabunla yıkayarak toprak ve kiri uzaklaştırın. Bebek buna çok direnç gösterirse, sıyrığı banyoda suya sokmaya çalışın. Kanama kendiliğinden durmazsa, baskı uygulayın. Steril, yapışmayan bir bandaj ile örtün. Birçok sıyrık hızla iyileşir.

47. Küçük kesiler. Bölgeyi temiz su ve sabunla temizleyin. Daha sonra kesiyi akan su altında tutarak toprak ve yabancı maddeleri uzaklaştırın. Steril, yapışmayan bir bandaj uygulayın. Kelebek bandaj (bkz. resim) küçük bir kesiyi, iyileşme sırasında kapalı tutar. Bebeğin yüzündeki herhangi bir kesi konusunda doktorla görüşün.

48. Büyük kesiler. Steril bir gazlı bez, temiz bir alt bezi, temiz bir peçete, temiz bir tülbent veya gerekirse çıplak elinizle, kanamayı durdurmak için basınç uygulayın, yaralanan kısmı kalp seviyesinin üstüne çıkarın ve olanak varsa bu ikisini aynı anda yapın. Kanama, 15 dakikalık bir baskı uygulama süresinden sonra hâlâ devam ediyorsa, gazlı bez veya bez ekleyerek baskıyı artırın (fazla bastırarak zarar vermekten korkmayın). Gerekirse yardım gelene, bebeği doktora veya bir acil birime ulaştırana kadar, baskı uygulayın. Başka yaralanmalar varsa, bunlarla ilgilenebilmek için, yaraya baskı uygulamak için kullandığınız malzemeyi bağlayın veya bandajlayın. Kanama durduğunda yaraya, dolaşımı engellemeyecek sıkılıkta steril, yapışmayan bir bandaj uygulayın. İyot, Burrows sıvısı ve diğer antiseptikleri, doktor önerisi olmadan kullanmayın. Açık duran, derin görünen veya yarım saatte kanaması durmayan yaralar için bebeği doktora götürün (önce telefon edin).

49. Aşırı kanama: Kol veya bacakta ciddi yaralanma varsa veya kan fışkırarak akıyorsa, Yerel Acil Tıbbi Yardım Servisi'ni arayın veya en yakın Acil Birime hızla gidin. Aynı zamanda, yaraya, gazlı bez, temiz alt bezi, temiz peçete, tülbent veya havlu ile baskı uygulayın. Ka-

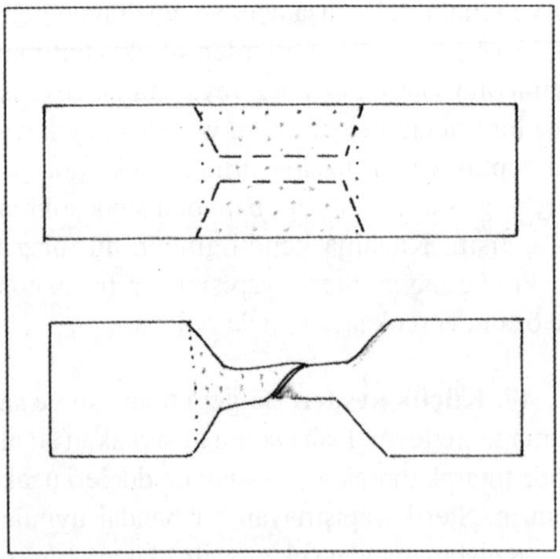

Kelebek bandaj, dudakları açık duran bir yaranın kapanmasını sağlayarak iyileşmesini hızlandırır. Normal bir yara bandını şekildeki gibi inceltip,tek bir tur attırarak, kuvvetli bir kelebek bandaj elde edebilirsiniz.

nama durmazsa, baskıyı artırın. Tıbbi öneri olmadan turnike kullanmayın çünkü bazen yarardan çok zarar verebilir. Baskıyı yardım gelene kadar devam ettirin.

50. Delici alet yaralanmaları. Yaralanan yeri, 15 dakika süreyle çok sıcak olmayan sabunlu suya sokun. Bebeğin doktoruna danışın veya acil birime gidin. Yarada duran cismi (bıçak veya sopa) çekmeyin çünkü bu kanamayı artırabilir. Hareketini engellemek için gerekirse destek pansumanı yapın. Bebeği olanak olduğunca hareketsiz ve sakin tutarak, yaranın ayrılıp durumun kötüleşmesini engelleyin.

51. Kıymık batması. Bölgeyi temiz su ve sabunla yıkayın, buz torbası ile hissizleştirin (bkz. sayfa 572). Kıymık tam olarak batmışsa, alkol veya kibrit alevi ile sterilize edilmiş bir dikiş iğnesi ile gevşetmeye çalışın. Bir ucu görünüyorsa, cımbızla (alkol veya alev ile sterilize edilmiş) çıkarmaya çalışın. Tırnaklarınızla çıkarmaya çalışmayın, kirli olabilirler. Kıymığı çıkardıktan sonra bölgeyi tekrar yıkayın. Kıymık rahat çıkmıyorsa, birkaç gün boyunca günde üç defa 15'er dakika süreyle ılık, sabunlu suya sokun; bu işlem kıymığın alınmasına katkıda bulunabilir. Başarılı olamazsanız veya bölge enfekte olursa (kızarıklık, sıcaklık ve şişme ile belli olur), doktora başvurun. Ayrıca kıymık derine girmişse ve bebeğinizin tetanos aşıları eksikse, doktora başvurun.

Kıymıklar
bkz. #51

Güneş Yanığı
bkz. #14

Diş Yaralanması
bkz. #36,37

Ayak Parmağı Yaralanması
bkz. #26,27,28,29

Dil Yaralanması
bkz. #35

İPEKANIZA ETİKET KOYUN

İlkyardım malzemelerinizin arasında bir İpeka şişesi bulundurmak iyi fikir olsa da, bu emetik (kusmayı uyarıcı), doktorun önerisi olmaksızın verilmemelidir. Bundan emin olmak için, şişenin üstüne geniş bir yapışkan ile şu uyarıyı iliştirin: "Doktorun veya Zehir Kontrol Merkezi'nin Direktifi Olmadan Kullanmayın!". Bebeğin doktorunun ve Zehir Kontrol Merkezi'nin telefonlarını da ekleyin; bu numaralar, evinizdeki bütün telefonların yanında asılı olmalı. Son kullanma tarihi geçmiş İpeka kullanmaktan korkmayın. Kullanım süresi geçtikten sonra 4 yıla varan sürelerle %100 etkin ve güvenli olduğu bilinmektedir. Misafirlik ve seyahat için de aynı şekilde etiketlenmiş bir şişe bulundurun.

Yakın zamanda yapılmış bazı çalışmalarda, sıvı kömürün, bazı zehirlenmelerde ön planda tercih edilmesi gereken bir tedavi yöntemi olduğu anlaşılmıştır. Yerel Zehir Kontrol Merkezi ile görüşerek, tıbbi malzeme çantanızda sıvı kömür bulundurmanızı önerip önermediklerini sorun.

BEBEKLER İÇİN RESÜSİTASYON (YENİDEN CANLANDIRMA) TEKNİKLERİ

Buradaki yönergeler sadece hatırlatmak amacını taşımaktadır. Çocuğunuzun iyiliği için, bu hayat desteği girişimlerini doğru yaptığınızdan emin olmak için bebek KPR'si konusunda bir kursa gidin (yakın yerde bir kurs bulmak için doktorunuz veya yerel bir hastane ile temas kurun). Düzenli olarak, en azından ayda bir, bu yönergeleri veya kursta öğretilenleri tekrar okuyarak ve adım adım bir oyuncak bebek üzerinde uygulayarak (hiçbir zaman bebek üzerinde, başka bir şahıs üzerinde veya ev hayvanı üzerinde değil) acil bir durum çıktığında otomatik olarak uygulayabileceğinizden emin olun. Becerilerinizi canlı tutmak ve en yeni yöntemleri öğrenmek için ara sıra hatırlatma kurslarına gidin.

Nefes almayan, nefes alabilmek için çırpınan ya da moraran bir çocuk üzerinde, aşağıdaki protokol uygulanmaya başlanmalıdır.

Bebek nefes almaya çabalıyor ancak henüz morarmamışsa, acil tıbbi yardım isteyin, bebeği olanak olduğunca sessiz, ılık ve en rahat göründüğü pozisyonda tutun.

Resüsitasyon gerekiyorsa, bebeğin durumunu 1-2-3. adımlarla izleyin.[2]

1. Tepkisiz Olup Olmadığını Kontrol Edin

Bilinçsiz yatan bebeği, ismini birkaç kere yüksek sesle söyleyerek uyandırmaya çalışın. Bu işe yaramazsa, bebeğin ayak tabanlarına vurmayı deneyin. Son çare olarak, bebeğin omuzlarını hafifçe sallamayı veya omuzlarına hafifçe vurmayı deneyin- şiddetli sallamayın. Kırık bir kemik veya baş, boyun veya omurga yaralanması olasılığı varsa, hiç sallamayın.

2. Yardım İsteyin

Hiç tepki alamazsanız, başkasının acil tıbbi yardım istemesini sağlayın ve siz 3. adım ile devam edin. Bebekle yalnızsanız ve KPR becerinizden emin değilseniz, gecikme olmadan devam edin, bir yandan da düzenli olarak yüksek sesle bağırarak komşulardan veya geçenlerden yardım isteyin. Ancak, KPR'e aşina değilseniz ve/veya panik halinde donmuş hissediyorsanız, bebekle en yakın telefona gidin (baş, boyun veya omurga yaralanması yoksa) veya daha iyisi, bebeğin yanına taşınabilir telefon getirin ve Yerel Acil Tıbbi Hizmet'i arayın. Temas kurduğunuz kişi, size en iyi yolu gösterecektir.

Önemli: Acil Tıbbi Yardım Birimi'ni arayan kişi, gerekli bilgileri tam olarak verene dek ve Acil Tıbbi Hizmet görevlisi sorularını bitirene dek telefonda kalmalıdır. Aşağıdaki bilgiler verilmelidir. Bebeğin adı ve yaşı, mevcut yeri (adres, kavşak, apartman numarası, birden fazla yol varsa en iyi yol), durumu (bebeğin bilinci yerinde mi? soluk alıyor mu? kanama? şok? kalbi atıyor mu?), durumun sebebi (zehir, boğulma, düşme vs.), eğer biliniyorsa telefon numarası, eğer bölgede telefon varsa. Telefon eden kişinin görüşmeden sonra size kısaca bilgi vermesini isteyin.

3. Bebeğe pozisyon verin. Bebeği bir bütün halinde, başı, boyunu ve omurgayı destekleyerek, düz-sert bir yere alın. (Masa iyidir, eğilmeniz gerekmez, ama yere eğilmeniz gerekebilir). Çabucak, bebeğe, yüzü yukarı bakacak, baş kalp hizasında olacak şekilde pozisyon verin ve A-B-C[3]'yi kullanarak durumunu değerlendirin.

A: HAVA YOLUNU AÇIN

Baş, boyun veya omurga yaralanması yok-

2. Bu protokol, Amerikan Kızıl Haçı'nın ve Amerikan Kalp Birliği'nin en son kurtarma yöntemlerine göre ve New York'taki Bellevue Hastanesi'nin Acil Bakım Enstitüsünden Barbara Hogan'ın yardımı ile hazırlanmıştır. Sizin aldığınız eğitim bazı açılardan farklı olabilir ve temeli oluşturmalıdır.

3.Baş, boyun veya omurga yaralanmasından şüpheleniyorsanız, 2. adıma gidin, hareket ettirmeden bebeğe bakın, onu dinleyin, nefes alıp almadığını hissedin. Solunum varsa, acil bir tehlike olmadığı sürece (yangın veya patlama gibi) bebeği oynatmayın. Solunum yoksa ve solunum desteği bebeğin mevcut durumunda uygulanamıyorsa, bebeği, baş boyun ve gövde bir arada hareket edecek şekilde bir bütün olarak, yüzü yukarı bakar pozisyona gelecek şekilde döndürün.

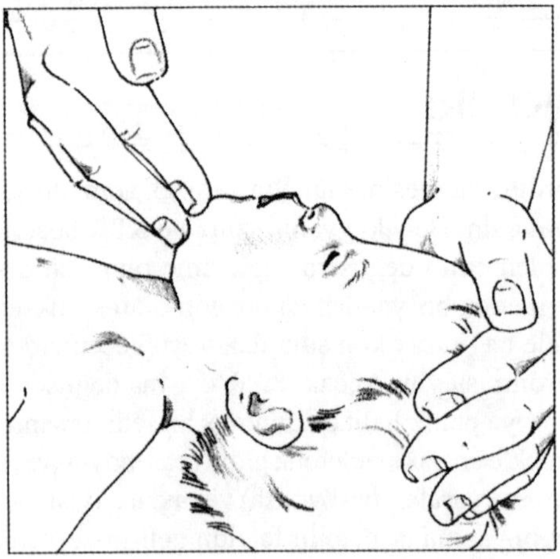

Baş arkaya yasla -çeneyi yukarı kaldır manevrası

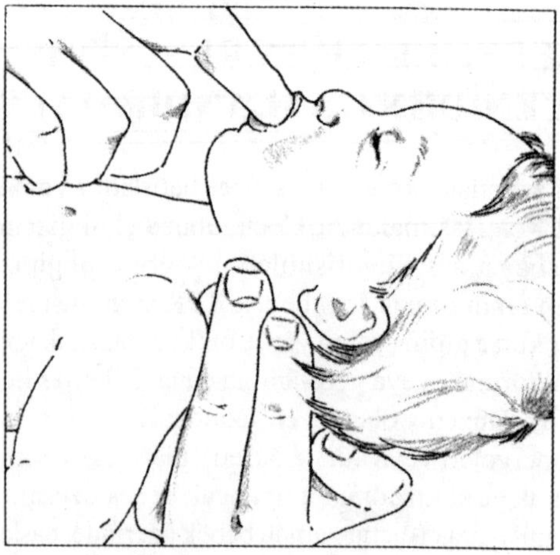

Bebeğin ağzındaki kusmuğun ve yabancı cisimlerin temizlenmesi.

sa, aşağıdaki baş eğ başı arkaya yasla- çene kaldır çeneyi yukarı kaldır manevrasını kullanarak hava yolunu açmaya çalışın. Eğer böyle bir yaralanmadan şüpheleniyorsanız çene-itme yöntemini (aşağıda) kullanın.

Önemli: Bilinci kapalı olan bir bebeğin hava yolu gevşemiş bir dil, küçük dil veya yabancı bir cisimle tıkanabilir. Bebek solumaya başlamadan açılmalıdır.

Başı arkaya yasla, çeneyi yukarı kaldır. Çocuğun başına en yakın olan elinizi alnın üstüne, diğer elin iki parmağını (başparmak hariç) çene altındaki kemikli kısma koyun. Bebeğin başını arkaya doğru, alına hafifçe baskı yapıp çeneyi kaldırarak eğin. Çene altındaki yumuşak dokulara baskı yapmayın veya ağzın tam kapanmasına izin vermeyin (gerekirse baş parmağınızı aralarına sokarak dudakları açık tutun). Bebeğin başı, nötral pozisyon denilen şekilde tavana bakmalıdır -çene ne göğsün üstüne düşmeli ne de havaya doğru dikilmiş olmalıdır. Bir yaşından büyük çocukta hava yolunu açık tutmak için gerekli baş eğme derecesi, biraz daha fazla olabilir (nötral-plus pozisyon). Hava yolu nötral pozisyonda açılmıyorsa, solunumu kontrol etmeye (B) geçin.

Boyun veya omurga yaralanması şüphesi olduğunda, çene-itme yöntemi. Dirsekleriniz bebeğin yattığı zemine değecek şekilde, iki tarafta da alt ve üst çenenin birleştiği açıya iki veya üç parmak yerleştirin ve çeneyi nötral pozisyona doğru yöneltin (bakınız baş-eğme, yukarıda).

Önemli: Bebek hemen solumaya başlamazsa, tıbbi yardım arayın. Bilinci kapanmış, solunumu durmuş veya neredeyse boğulmuş her bebek tıbbi değerlendirmeye alınmalıdır.

B: SOLUNUMU KONTROL EDİN.

1. Baş eğ veya çene it manevralarını yaptıktan sonra, 3-5 saniye süre ile bakıp, dinleyip, hissederek bebeğin soluk alıp almadığını kontrol edin. Bebeğin burun veya ağzının yakınına kulağınızı yaklaştırdığınızda, hava geçişini duyuyor veya hissediyor musunuz? Bebeğin yüzüne yakın tuttuğunuz bir ayna buğulanıyor mu? Bebeğin göğüs ve karnının inip kalktığını görüyor musunuz? (Tek başına bu, solunumun bir kanıtı değildir çünkü bebeğin solumaya çalıştığı ve başaramadığı anlamına da gelebilir).

Normal solunum başlarsa, hava yolunun açıklığını, baş eğme veya çene itme manevrası ile devam ettirin. Bebeğin bilinci yerine gelirse ve hareket ettirilmemesini gerektiren bir başka yaralanması yoksa, bir yanına çevirin. Başka çağıran olmadıysa, şimdi acil tıbbi yardım isteyin. Eğer bebek, bağımsız olarak soluk alıp vermeye ve aynı zamanda kuvvetle öksürmeye başlarsa bu, bebeğin bir tıkanıklığı açmaya çalıştığını gösterir. *Öksürmesine müdahale etmeyin.*

Solunum yoksa, *veya* bebek nefes almaya çabalıyorsa, dudakları morarmışsa ve/veya zayıf, boğuk bir ağlama sesi çıkarıyorsa, acilen akciğerlere hava girişini sağlamalısınız. Aşağıdaki şekilde devam edin. Acil yardım sağlanamamışsa ve yalnızsanız, komşuların ve geçenlerin dikkatini çekmeye çalışmaya devam edin.

2. Eliniz alında olarak, bebeğin başını nötral pozisyonda (bir yaşından büyük bebekte gerekirse nötral-plus pozisyonda) tutarak, hava yolunun açık kalmasını sağlayın. Diğer elinizin bir parmağı ile bebeğin ağzında *görünen* kusmuk, toprak veya diğer yabancı materyali çıkarın. Görünen bir şey yoksa, süpürmeye çalışmayın.

Önemli: Herhangi bir noktada kusma olursa, bebeği hemen bir yana çevirin, ağzındaki kusmuğu parmakla temizleyin, bebeği sırtüstü pozisyona getirin ve kurtarma işlemine devam edin.

3. Ağzınızdan bir nefes alın ve ağzınızı bebeğin ağzı üstüne sıkıca kapatın (bakınız resim). Bir yaşından büyük bebekte sadece ağzı kapatın, burun kanatlarını, başı geri eğilmiş tutan elin parmakları ile kapatın (bakınız resim).

4. Bebeğin ağzına her biri 1-1.5 saniyelik, iki hafif ve yavaş nefes verin, arada başınızı hafifçe çevirip nefes almak için durun.Her nefeste bebeğin göğsünü izleyin. Göğüs kalktığında üflemeyi kesin ve bir sonraki nefesi vermeye başlamadan önce göğsün inmesini bekleyin. Ayrıca giren ve çıkan havanın yarattığı sesleri duyun.

Önemli: Unutmayın ki, küçük bir bebek akciğerini doldurabilmek için sadece küçük bir miktar havaya ihtiyaç duyar. Hafifçe üflemek akciğerleri tam anlamıyla şişirmese de, çok hızlı ya da kuvvetle üflemek de havayı mideye itip gerginliğe sebep olabilir. Kurtarma sırasında herhangi bir noktada bebeğin karnı gerilirse, sakın içeri itmeyi denemeyin çünkü bu bebeğin kusmasına sebep olur ki bu da kusmuk içeriğinin akciğerlere kaçmasına sebep olabilir. Eğer gerginlik göğüs kafesinin genişlemesini engelliyorsa, bebeği mümkünse bir yana çevirin, başını aşağı koyun ve karnına nazikçe bir iki saniye basınç uygulayın.

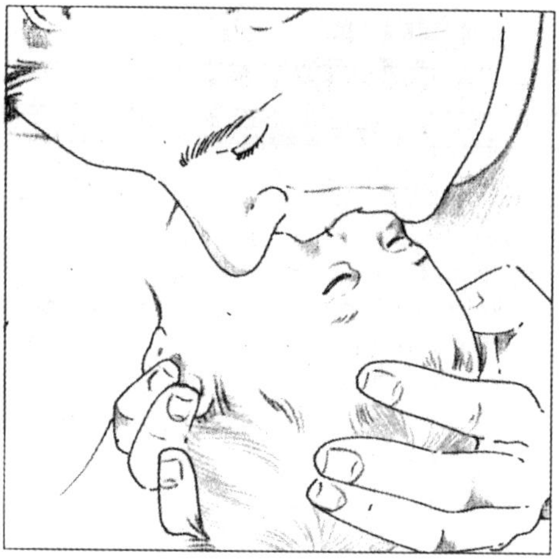

Bebeklerde suni solunum yaparken bebeğin ağzı da burnu da kapatılmalıdır.

5. Eğer göğüs kafesi her nefesle beraber kalkıp inmiyorsa, kafa geride çene yukarda (çene hamlesi) pozisyonunu yeniden ayarlayın. Gerekliyse biraz daha güçlü üfleyin. Eğer göğsü hâlâ yükselmiyorsa, hava yollarının yiyecek ya da yabancı bir cisimle tıkanmış olması muhtemeldir. Bu durumda bu maddeyi çabucak yerinden çıkarmak için 408. Sayfadaki "Bebek Boğulursa"-daki yöntemi uygulayın.

Bir yaşından büyük bir bebek için ve bazen daha büyük bir bebek için çeneyi biraz daha nötral pozisyonundan yukarda tutmak bebek için hava yolunu açmak ve ventile etmek (hava yollamak) için gerekli olabilir. Bu nedenle yeniden çeneyi kaldırıp, iki nefes daha verin. Eğer bu da işe yaramazsa çeneyi daha da kaldırıp tekrar deneyin ve bunu çene dosdoğru yukarı bakana kadar devam ettirin. Eğer göğüs kafesi hâlâ yükselmiyorsa o zaman "Bebek Boğulursa" bölümüne geçebilirsiniz.

C-DOLAŞIMI KONTROL EDİN

1-İki başarılı nefesten sonra hava yolunun açık olduğundan emin olur olmaz, hemen nabzına bakın. Bir yaşından küçük bir çocuğu size yakın olan kolunda nabzını bulmaya çalışın; bir elinizi hava yolunun açıklığını sağlamak için bebeğin başına koyun, öteki elinizle de bebeğin kolunu vücudundan uzaklaştırın ve avucunu yukarı döndürün. İşaret ve orta parmaklarınızla omuz ve dirsek arasındaki kolun iç yüzündeki iki kas arasındaki nabzı bulmaya çalışın, sayfa 362'ye bakın (daha büyük çocukta boyundaki saç damarı nabzını alın). Kalbi atan bir çocuğa kardiopulmoner resusitasyon (KPR) (kalp akciğer canlandırılması) yapmak tehlikeli olduğundan dikkatlice arayıp nabızları bulmak için kendinize 5-10 saniye zaman tanıyın. Anne babalar stresli durumlarda bebeğin nabzını kolayca bulabilmek için alıştırma yapmalıdırlar.

2-Eğer hiç nabız alamazsanız derhal KPR'ye başlayın (406. sayfaya bakın). Eğer nabız alabiliyorsanız, bebeğin kalbi atmaktadır. Solunum kendiliğinden geri dönmezse derhal solunum canlandırmasına başlayın (sayfa 406).

ACİL TIBBİ SERVİSLERİ HAREKETE GEÇİRİN

Eğer acil servis hâlâ aranmamışsa ve telefon edecek müsait birisi varsa, hemen aramalarını sağlayın. Bebeğin durumu değerlendirilmeden arama yapıldıysa aramayı yapan kişinin tekrar servis operatörü ile bebeğin durumu hakkında bilgi vermesi (bebeğin bilinci açık mı değil mi, solunum ve nabız var mı) için bağlantı kurmasını sağlayın. Eğer bebeğinizin KPR ve solunum kurtarmasına ihtiyacı varsa, telefon etmek için kendiniz zaman ayırmayın. Aralıklarla komşulardan ve yakından geçenlerden bağırarak yardım isteyin, ilkyardımı aralıksız sürdürün.

CANLANDIRMA: KURTARMA SOLUNUMU

1. Bir yaşın altındaki bebeklerin ağzına yukarıda anlatıldığı gibi kabaca üç saniyede bir nefes üfleyin (dakikada 20 nefes) (nefes alın, bir iki üç ve nefes alın). Bir yaşından büyük bebekler için ise dört saniyede bir nefes verin (dakikada bir nefes). Bebeğin göğsünün her nefeste inip çıktığından emin olun.

2. Bir dakikalık suni solunumdan sonra kalbin durmadığından emin olmak için bebeğin nabzını kontrol edin. Eğer durmuşsa, doğal solunumu 3-5 saniye boyunca dinleyin, görün ve hissedin (sayfa 404). Eğer bebek bağımsız olarak nefes almaya başlamışsa, hava yolunu açık tutmaya devam edin ve yardım gelmesini beklerken sık sık solunumunu ve nabzını kontrol edin, bebeği mümkün oldukça sıcak ve sessiz bir ortamda tutun. Eğer kendiliğinden solunumu geri gelmezse, suni solunuma devam edin ve her dakikada bir nabız ve solunumu kontrol edin.

Önemli: Hava yolu suni solunumun etkili olması için açık tutulmalıdır. Suni solunum esnasında bebeğin başını nötral pozisyonda tutmaya çalışın.

3. Eğer yalnızsanız ve acil tıbbi yardım henüz çağrılmamışsa çocuğunuzun bağımsız solunumu geri döner dönmez yardım çağırın. Birkaç dakika içinde çocuğun kendi kendine solunumu hemen başlamamışsa, telefona giderken bebeği futbol topu tutar gibi taşıyın ve suni solunuma devam edin. Telefonda basitçe "bebeğim nefes alamıyor" deyin ve çabucak ve açıkça tüm bilgiyi verin (yukarıya bakın). Servis operatörü kapatmadan telefonu kapatmayın, eğer mümkünse operatör konuşurken de suni solunuma devam edin, daha sonra hemen suni solunuma geri dönün.

Önemli: Bebek kendiliğinden nefes alana ya da tıp uzmanları görevi üstlenene kadar suni solunumu bırakmayın.

KALP AKCİĞER CANLANDIRMASI (KPR): Bir Yaşın Altındaki Bebekler.[4]

Önemli: KPR'de oksijenin kan tarafından emildiği yer olan akciğerlere gönderen suni solunum, oksijenlenmiş kanı hayati organlara ve bedenin geri kalan kısmına suni olarak pompalayan göğüs kompresyonları ile ardışık uygulanmalıdır.

4. Bebekten çocuğa uygulanan resusitasyon yöntemlerinde değişik uygulamalar için Amerikan Kalp Derneği, Amerikan Kızıl Hac ve Amerikan Pediatri Akademisi tarafından bir yaş kesinti noktası olarak uygun görülmüştür.

1. Bebeğin yüzü yukarı bakarken, sert, düzgün bir yüzeyde devam edin. Bebeğiniz başı kalp seviyesinde olmalıdır.

2. Bir elinizi bebeğin alnına koyarak başını nötral pozisyonda tutun. Bebeğin omuzlarının altına küçük katlanmış bir havlu, bez ya da başka bir destek koyun. Birazcık kaldırmak, hava yolunu açık tutmak için de yardımcı olacaktır. Başının arkaya fazla düşmesine de sebep olmayın. (404. Sayfadaki şekle bakın)

3. Serbest elinizin üç orta parmağını bebeğin göğsüne koyun. Bir meme başından diğerine uzanan yatay bir çizgi hayal edin, işaret parmağınızın ucunu bu çizgiyle göğüs kemiğinin (=sternum, bebeğin kaburgaları arasında yukardan aşağı uzanan yassı kemik) kesiştiği noktanın hemen altına yerleştirin. Basınç uygulamanız gereken alan bu kesişimin bir parmak genişliği kadar altındadır.

4. İki ya da üç parmağınızı kullanarak sternumu 2-2.5 cm kadar dik olarak derine bastırın (dirsekleriniz bükülmemelidir.) Her basıncın sonunda parmaklarınızı sternumdan kaldırmadan basıncı kesin ve normal duruma dönmesini sağlayın. Her seferinde eşit zaman ayırdığınız ve düzensiz aralıklı hareketlerden kaçınarak yumuşak bir basınç uygulama-gevşetme ritmi geliştirin.

5. Her beşinci sıkıştırmadan sonra parmaklarınız hâlâ sternum üzerinde aynı pozisyondayken duraklayın ve 1-1½ saniyelik yavaş bir kurtarma nefesi verin. Göğüs kafesinin kalktığını görün (eğer kalkmıyorsa, parmaklarınızı sternumdan kaldırın, çeneyi yukarı kaldırıp tekrar nefes verin.) Dakikada 100 basınç uygulamayı hedefleyin ve her beş basıdan sonra bir kez kurtarma nefesi verin. Saniyeleri saydığınızdan daha hızlı bir şekilde sayın: bir, iki, üç, dört, beş -nefes.

6. Yaklaşık bir dakika sonra beş saniye ara vererek bilekteki nabzını kontrol edin. Eğer nabzını alamıyorsanız, yavaş bir kurtarma soluğu vererek sonra yine kalp-akciğer canlandırmasının basınç uygulama-oksijenlendirme döngüsüne devam edin ve birkaç dakikada bir nabzını kontrol edin. Eğer nabzını alırsanız o zaman kalp masajını kesin. Üç, beş dakika kadar kendiliğinden nefes alıp almadığını gözlemleyin, dinleyin ve hissetmeye çalışın. Eğer solunumu varsa, hava yolunu açık, bebeği sıcak ve sessiz tutun ve bebeğin solunumunu kontrol edin. Hâlâ nefes almıyorsa o zaman yukarıda anlatılan şekilde sadece kurtarma nefeslerine devam edin.

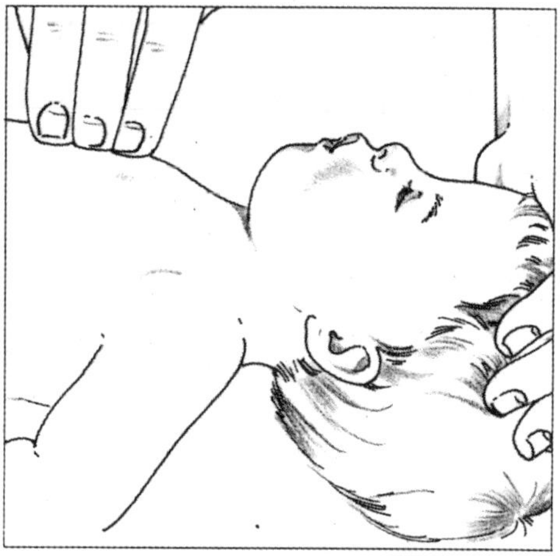

Bebeklerde kalp masajları iki ya da üç parmakla yapılabilir.

7. Bir dakikalık kalp-akciğer canlandırmasından sonra hâlâ yalnızsanız ve şimdiye kadar sizin için acil tıbbi yardım çağıracak kimseyi bulamamışsanız hemen telefonun yanına gidin (mümkünse bebeğinizi yanınızda taşıyın ya da telefonu bebeğinizin yanına getirin) ve yardım çağırın. Sonra derhal kurtarma işlemlerine geri dönün.

Önemli: Solunum ve kalp atışları eski haline geri dönünceye ya da tıbbi yardım gelene kadar KPR'yi kesmeyin.

KALP-AKCİĞER CANLANDIRMASI (KPR): Bir Yaşın Üzerindeki Bebekler

1. Çocuğun yüzü yukarı bakarken sert, düzgün bir yüzeydeyken başlayın. Çocuğun başının altında yastık olmamalı, başı kalbiyle aynı seviyede olmalıdır. Çocuğun başı hava yolunu açık tutmak için nötralden biraz yukarı pozisyonda olmalıdır. (sayfa 404)

2. Ellerinizi yerleştirin: İşaret ve orta parmaklarınızla sizin tarafınızdaki göğüs kafesinin alt sınırını bulun, göğüs kafesinin sınırını göğüs kemiğinin (sternum=bebeğin kaburgalarının ortasında aşağı doğru uzanan yassı kemik) kaburgalarla birleştiği girintiye kadar takip edin. Bebeğin ayaklarının yakınındaki elinizin orta parmağını bu girintiye, işaret parmağınızı da yanına koyun. Öteki avucunuzun bileğinizle birleştiği kısmı uzun ekseni uzunluğuna gelecek şekilde işaret parmağınızın üstüne koyun. Böylece iki parmağınız ve eliniz sternum boyunca sıralanmış olur.

Önemli: Sternumun ucuna(ksifoid çıkıntısı adını alır) fazla basınç uygulamayın. Böyle yaparsanız ciddi iç hasar yaratabilirsiniz.

3. El bileğinizin iç kısmı ile göğse 2.5-4 cm derinliğe kadar basınç uygulayın. Tek temas el bileğinizin iç kısmı ile sternumun alt yarısı arasında olmalıdır ve basınç uygularken kaburgaların üzerine bastırmamalısınız. Her basıdan sonra elinizi göğsün üzerinden kaldırmadan göğsün dinlenme pozisyonuna dönmesine izin verin. Dağınık hareketlerden kaçınarak her seferinde eşit zaman vererek basınç uygulama-gevşeme ritmi kurmaya çalışın.

4. Her beşinci basıdan sonra, duraklayın ve bebeğin burun deliklerini kapatarak, 1-1½ saniyelik yavaş bir nefes verin. Kalp masajları beyne yeterli miktarda oksijen sağlamak için kurtarma nefesleri ile beraber yapılmalıdır (kalbi atmayan bir çocuk solunum yapmıyor, oksijen almıyor demektir. Her beş basıdan sonra bir nefes vererek dakikada 80-100 basınç uygulamayı hedefleyin. Saniyeden daha hızlı saymaya çalışın: bir, iki, üç, dört, beş -nefes alın.

5. Yaklaşık bir dakika sonra beş saniye nabzını arayın. Eğer nabzını bulamıyorsanız, burnunu kapatarak yavaş bir nefes verin, sonra KPR'nin basınç uygulanma-oksijenlendirme döngüsüne devam edin. Eğer nabzını bulursanız, kalp masajını bırakın. Fakat eğer bebek hâlâ nefes almıyorsa o zaman sadece suni solunuma devam edin.

6. Eğer bağırarak yardım çağırmayı başaramamışsanız ve acil tıbbi yardım hâlâ çağırılmamışsa bir dakikalığına telefona gidin ve hemen arayın, sonra hemen kurtarma işlemlerinize geri dönün. Eğer mümkünse bebeği de futbol topu tutar gibi taşıyarak telefona yanınızda götürün ve suni solunuma devam edin.

Önemli: Solunum ve kalp atışları eski haline geri dönene, ya da tıbbi yardım gelene kadar KPR'yı bırakmayın.

BEBEK BOĞULURSA

Öksürmek hava yolundaki bir engeli yerinden çıkarabilmek için doğanın bir yoludur. Bir bebek (ya da herhangi biri) yemek ya da yabancı bir cisim yüzünden boğulmakta ise, fakat nefes alıyor, ağlıyor ve etkili bir şekilde öksürüyorsa karışmamanız gerekir. Ama iki ya da üç dakika sonra da bebek hâlâ öksürmeye devam ediyorsa, acil tıbbi yardım çağırın. Boğulan kişi nefes almak için çırpınıyorsa, etkili bir şekilde öksüremiyorsa, tiz sesler çıkarıyorsa ve rengi maviye dönüşüyorsa (genellikle dudaklardan başlar), şu yardım işlemleri izlenmelidir. Eğer bebeğin şuuru kapalıysa, nefes almıyorsa ve hava yolunu açıp ciğerlere hava üfleme çabalarınız başarısız olursa derhal işlemlere başlanmalıdır. (Sayfa 404'deki A ve B adımlarına bakın.)

Önemli: Krup ya da epiglottit gibi enfeksiyonlar sebebiyle hava yolu tıkanıklığı meydana gelebilir. Hasta görünen, boğulan bir bebeğe acil bakım ünitesinde derhal müdahale edilmelidir. Sorunu halletmek için tehlikeli ve faydasız girişimler yaparak zaman kaybetmeyin.

Bir Yaşın Altındaki Bebekler İçin (Şuuru Açık ya da Kapalı)

1. Yardım çağırın: Eğer başka birileri varsa, telefon edip acil tıbbi yardım çağırmalarını isteyin. Eğer yalnızsanız ve kurtarma işlemlerine yabancıysanız ya da panik olmuş ve ne yapmanız gerektiğini unutmuşsanız, bebeği de telefona götürün ya da taşınabilir telefonu bebeğin bulunduğu yere götürüp, derhal tıbbi yardım çağırın. Kurtarma işlemlerine yabancı olmasanız bile durum kötüleşmeden zaman ayırıp yardım çağırmanız da çoğunlukla tavsiye edilmektedir.

2. Bebeği yerleştirin: Bebeği önkolunuzda

Yutulan bir nesne sırta vurularak geri çıkartılabilir.

yüzü aşağı bakacak şekilde yatırın, başı gövdesinden daha aşağıda olmalıdır (yaklaşık 60 derece; şekle bakın). Bebeğin çenesini baş parmağınızla işaret parmağınızın arasındaki kaviste tutun. Eğer oturmaktaysanız önkolunuzu destek almak için bacağınızın üzerine koyun. Eğer bebeğiniz kolunuzda rahatça tutabilmeniz için fazla büyükse, bir sandalyeye, ya da dizlerinizin üzerinde yere oturun ve bebeği kucağınızda başı göğsünden daha aşağıda yere bakacak şekilde tutun.

3. Sırtına vurun: Bebeğinizin kürek kemikleri arasına diğer el bileğinizin iç tarafıyla beş kez arka arkaya güçlü bir şekilde vurun.

4. Göğsüne bastırın: Tıkanmanın açıldığına dair bir belirti yoksa (zorlu öksürme, normal nefes alma, nesnenin dışarı fırlaması gibi) serbest elinizin ayasını sırtına koyun, başını, boynunu ve göğsünü destekleyerek öteki elinizle çocuğu ters çevirin; yine başı gövdesinden aşağıda dursun. Başı ve boynunu elinizle destekleyin ve kolunuzu destek için bacağınızın üzerine koyun (böyle tutulmak için çok büyük olan bir çocuğu kucağınızda yüzü yukarı bakarak tutabilirsiniz). Elinizi yerleştirmek için bir meme başından diğerine giden yatay bir çizgi hayal edin. İşaret parmağınızın ucunu bu çizgi ile sternumun (bebeğin göğsünde kaburgaların arasında orta hatta giden yassı göğüs kemiği) kesiştiği hattın altına koyun. Basınç uygulanacak bölge bu kesişme noktasının bir parmak genişliği kadar altındadır. İki parmağınızı bebeğin göğsünde sternum boyunca yerleştirin. (Eğer iki parmağınızla yeterli miktarda basınç uygulayamadığınızı hissediyorsanız üç parmak kullanın. Sternumun sonuyla meme başları arasındaki çizginin bir parmak genişliği kadar altındaki alanda kalmaya dikkat edin.)

Sternumu 2-2.5 cm derinliğe kadar bastırarak beş kez göğsü itin ve basılar arasında parmaklarınızı kaldırmadan sternumun normal haline dönmesine izin verin. Bunlar kalp masajlarına benzer ama daha yavaş bir hızda uygulanmalıdır, aralarında 1-1½ saniye bulunmalıdır (bir ve iki ve üç ve dört ve beş).

Eğer bebeğin şuuru yerindeyse, hava yolu açılana kadar sırtına vurmayı ve göğsünü içeri bastırma işlemlerini tekrarlayın. Eğer bebeğin şuuru kapalıysa, aşağıdakilere devam edin.

5. Yabancı cisim kontrolü yapın: Eğer tıkanmanın açıldığına dair bir belirti yoksa (zorla öksürme, normal solunum yapma, yabancı cisim dışarı fırlaması) görülür bir tıkanma var mı diye kontrol edin. Baş parmağınızı bebeğin ağzına koyarak ağzını açın, dilini yakalayın ve alt çenesini baş parmağınızla işaret parmağınız arasında tutun. Çeneyi yukarı kaldırırken dilini baş parmağınızla aşağı bastırın ve boğazın gerisinden uzaklaştırın. Eğer yabancı bir cisim görürseniz, bir parmak hamlesiyle çıkarmaya çalışın. Eğer tıkanmayı görmüyorsanız, ağzı elinizle araştırmayın ve görülen bir nesneyi kıskaç gibi yakalamaya çalışmayın, çünkü nesneyi hava yolunun daha da gerisine itebilirsiniz.

6. Hava yolunu kontrol edin: Eğer bebek hâlâ normal olarak nefes almıyorsa başı yana yatırıp, çeneyi yukarı kaldıran bir manevrayla hava yolunu açın ve ağzınızı bebeğin ağzı ve burnuna yapıştırarak iki ağır nefes verin (sayfa 405'de görüldüğü gibi). Eğer göğüs her nefesle kalkıp iniyorsa hava yolu açıktır. Kendiliğinden solunumu var mı diye kontrol edin (B adımı) ve gerektiği gibi kurtarma işlemine devam edin.

7. Sırayı tekrarlayın: Eğer hava yolu hâlâ tıkalıysa, hava yolu temizlenip bebeğin şuuru açılıncaya, solunumu normale dönünceye ya da acil yardım gelinceye kadar yukarıdaki sırayı tekrar

SOLUNUM YOLLARINDA FARK EDİLMEYEN YABANCI CİSİM

Bebeğiniz, bir an için boğulur gibi olup, daha sonra acil tedavi uygulamasıyla veya tedavisiz bir şekilde iyileşirse, sorunun devam edip etmediğini belirlemek üzere, birtakım ipuçlarını dikkatle değerlendirmeniz gerekir; örneğin ağlarken veya konuşurken ses tonundaki değişiklik, solunum seslerinde azalma, ötme, açıklanamayan öksürük veya dudak çevresinde ya da tırnaklarda morarma. Bu işaretlerden herhangi birinin varlığında, bebeğinizi süratle acil servise götürmelisiniz. Alt solunum yollarına yabancı bir cisim kaçmış olma olasılığı vardır.

takip edin. Pes etmeyin, çünkü bebek ne kadar uzun süre oksijensiz kalırsa, boğazındaki kaslar o kadar çabuk gevşeyecek ve tıkanmanın çözülmesi kolaylaşacaktır.

Bir Yaşından Büyük Çocuklar İçin (Bilinci Kapalı)

1. Bebeğin Pozisyonunu ayarlayın. Çocuğu, sırtüstü olarak düz ve sert bir zemin üzerine (yere veya masa üzerine) yatırın. Çocuğun ayak ucuna geçerek diz çökün veya ayakta durun (çocuk küçükse, iki bacağınızın arasına alarak çömelmekten kaçının) ve bir elinizi, avuç açık ve parmaklar çocuğun yüzüne bakacak şekilde, göbek ile göğüs kafesi arasındaki alanın ortasına rastlayan karın bölgesi üzerine yerleştirin. Diğer elinizi, ilkinin üzerine koyun.

2. Karına basınç uygulayın. Yabancı cismi çıkartmaya yönelik olarak, üstteki elinizle alttakine, 6 ila 10 adet, içeri ve yukarı yönelimli karın hamlesi uygulayın. Bu hamlelerin şiddeti, bir erişkine veya daha büyük bir çocuğa uygulayacağınızdan daha hafif olmalıdır. Ayrıca, iman tahtası kemiğinin ucuna ya da kaburgalara direkt basınç uygulamamaya dikkat etmelisiniz.

3. Hava yollarını kontrol edin. Eğer çocuk hâlâ doğal olarak nefes alıp vermeye başlamadı ise, kafayı hafifçe geriye eğip, burun deliklerini kapatarak, ağızdan ağza solunumla iki kez nefes verin. Her nefesle göğüs kafesinin kalkıp indiğini gözleyebiliyorsanız, hava yolları açık demektir. Doğal solunum varlığını kontrol edin, Adım B (bakınız sayfa 404) ve işlemi gerektiği şekilde sürdürün.

4. İşlemi tekrarlayın. Hava yolu hâlâ kapalıysa, yukarıdaki işlemi, hava yolu temizlenip bebeğin bilinci açılana ve doğal olarak soluk alıp vermeye başlayana kadar veya acil yardım erişene dek tekrarlayın. Sakın vazgeçmeyin, çünkü çocuğun oksijensiz kaldığı süre uzadıkça, gırtlak kasları gevşeyecek ve tıkanıklığı daha da belirgin hale getirecektir.

Önemli: Bebeğiniz boğulma nöbetini çabuk bir şekilde atlatsa bile, tıbbi yardım gerekecektir. Bebeğin doktoruna veya acil servise başvurun.

Bir Yaşından Büyük Çocuklar İçin (Bilinci Açık)

1. Pozisyonunuzu ayarlayın. Çocuğun arkasına geçerek, kollarınızı beline sarın.

2. Ellerinizi uygun pozisyona getirin. Bir elinizi yumruk yapıp, orta hatta göbek üzerine, göbek deliğinin biraz üstünde ve göğüs kemiğinin alt ucundan epey aşağısında bir bölgeye, baş parmak tarafı gelecek şekilde yerleştirin.

3. Karın hamleleri uygulayın. Uygun pozisyondaki yumruğunuzu, diğer elinizle kavrayın ve yukarı yönelimli, çabuk bir hamle ile çocuğun karnına bastırın. (uygulayacağınız basıncın şiddeti, erişkin bir kişiye uygulayacağınızdan daha az olmalıdır). Yabancı cismin çıktığını görene kadar veya bebek doğal olarak soluk alıp vermeye başlayana dek tekrar edin.

Düşük Doğum Ağırlıklı Bebek

Çoğu anne-baba adayı, bebeklerine, tam belirlenen tarihte, en fazla birkaç gün veya hafta erken ya da gecikmeli olarak kavuşmayı beklerler. Ve aslında gerçekten de, birçok bebek kendileri için, anne rahminin dışındaki yaşama yönelik gerekli hazırlıkları tamamlayacak, anne-babaları içinse bebekli bir yaşama hazırlanacak yeterli süreyi tanıyacak şekilde, belirlenen tarihe uygun olarak doğarlar.

Ancak, Amerika Birleşik Devletleri'nde, yılda yaklaşık 300.000 kez olmak üzere, bu yaşamsal hazırlık dönemi, beklenmedik ve hatta kimi zaman tehlikeli bir şekilde kısa kesilmekte ve bebeğin prematüre ve/veya çok küçük doğmasıyla sonuçlanmaktadır. Bu bebeklerin bir kısmı, düşük doğum tartısı sınırı olan 2500 gramdan sadece birkaç gram daha hafif doğarlar ve gösterdikleri hızlı gelişim sonucunda, normal doğum tartılı akranlarını yakalamayı başarırlar. Ancak rahim içi gelişimlerinin birçok haftasından mahrum kalmış olan diğerleri, kimi zaman avuç içine sığabilecek büyüklüklerde doğarlar ve rahim içinde göstermiş olmaları gereken büyüme gelişmeyi yakalayabilmeleri için, aylar süren yoğun tıbbi bakıma ihtiyaç duyarlar.

Doğumun, beklenenden çok erken olduğu durumlarda, birçok anne-baba da henüz hazır olmaktan çok uzaktır. Onlar için, doğum sonrası ilk günler, hatta bazen haftalar veya aylar, teşekkür ilanları yazmak, alt bezi değiştirmeyi öğrenmek ve evde bir bebeğin varlığına alışmaya çalışmak yerine, hastane dosyalarını okumak, nazogastrik tüp takmayı öğrenmek ve bebeğin henüz eve gelemediği gerçeğine alışmaya çalışmakla geçer.

Düşük doğum ağırlıklı bebekler (erken doğmuş olsun veya olmasın), gelişmiş bebeklere göre daha riskli bir grup oluşturmalarına rağmen, minik bebeklere yönelik tıbbi uygulamalardaki hızlı gelişmeler,büyük bir çoğunluğunun normal, sağlıklı çocuklar olarak büyümelerini olanaklı kılmıştır. Ancak hastaneden taburcu olup gururla evlerine götürüldükleri güne dek, anne-babalar sıklıkla, sıkıntılı günler ve uykusuz geceler geçirirler.

BEBEĞİN BESLENMESİ: Prematüre veya Düşük Doğum Ağırlıklı Bebeklere Yönelik Beslenme

Prematüre bebeklerin beslenmesi, henüz kendisi de tam gelişimini tamamlamamış bir bilimdir; beklenen tarihten önce dünyaya gelen bebelerin besinsel ihtiyaçları hakkında hâlâ öğrenecek çok şey vardır. Ancak geçen her yılla birlikte, yenidoğan uzmanları ya da yenidoğan bakım servisi hemşirelerince, henüz hâlâ rahim içinde alıyor olmaları gereken besinlerin, rahim dışında verilmesi gereken bebekleri besleme yöntemleri geliştirilip mükemmelleştirilmeye çalışıldıkça, bu konudaki bilgiler ve tahminler artmaktadır.

Bilinenler içinde, hâlâ açıklığa kavuşmamış noktalardan biri -ve tablonun kalanını ilgilendiren kritik bir nokta- mahire bir bebeğin, haftalık kilo alışının ne kadar olması gerektiğidir. Kilo alımını etkileyen birçok değişken vardır, bunların arasında doğum ölçüleri, kalıtsal faktörler (örneğin, Asyalı kadınların bebekleri, Kuzey orijinli kadınlara göre daha küçük olabilir ve daha yavaş bir gelişim gösterebilir), atmosferik faktörler (deniz seviyesinden yüksek bölgelerde gelişme, deniz seviyesindekine göre daha yavaştır) ve sağlık durumu, bunlar arasında sayılabilir. Günümüzde bazı uzmanlar, prematüre bebeklerin büyüme gelişme potansiyellerinin, geçmişte muhtemelen yetersiz uygulanan beslenme sonucu yetersiz kilo alımı olması ve bu kilo alımının prematüre bebeklerde normal kilo alımı olarak kabul görmesi nedeniyle, olması gerekenden daha düşük olarak tanımlanmış olduğuna inanmaktadırlar. Beslenme konusunda bilgilerin artışı, tartı alımlarında artışa yol açmış ve beklenen rakamlar yukarıya çekilmiştir. Eskiden, haftada 70-140 gramlık bir artış, prematüreler için hedef tartı alımını oluşturmakta iken, şimdilerde bu rakam, 90-210 gram olarak önerilmektedir. Hedeflenen tartı alımı ne olursa olsun, prematüre bebeğin durumu stabilize olmadan bu alımın başlaması sözkonusu değildir. Tıpkı tam gelişmiş bebeklerde olduğu gibi, prematüre bebeğinizin de tartı almaya başlamadan önce bir miktar kaybetmesi beklenebilen bir durumdur.

Şimdilerde fark edilen bir diğer konu da, preterm bir bebeğin besinsel ihtiyaçlarının, tam zamanında doğmuş bir bebeğinkilerden epeyce farklılık gösterdiğidir. Zamanında doğan bebeklerin iki ana besini olan anne sütü veya mamaların hiç biri prematüre bebek beslenmesi için yeterli değildir. Bu minik bebekler, anne rahminde almış olacaklarına benzer bir diyete ihtiyaç duyarlar ve bu da daha fazla protein, kalsiyum, fosfor, çinko, sodyum ve başka olası besin maddelerini içermelidir. Ve tüm bu besinleri, mümkün olabilen en konsantre formda almak zorundadırlar çünki bir seferde alabilecekleri besin miktarı çok azdır- bunun sebebi kısmen midelerinin çok küçük olması ve kısmen de henüz tam gelişmemiş olan sindirim sistemlerinin yavaş çalışmasına bağlı olarak yiyeceklerin geçişinin çok uzun süreler almasıdır.

Çok küçük bir yenidoğan, hızla yoğun bakım servisine getirildiğinde, çoğu zaman, dehidratasyonu ve elektrolit kaybını önlemek amacıyla, su, şeker ve belirli elektrolitleri içeren bir intravenöz sıvı verilir. Böyle bir ilk beslemeyi takiben, çok prematüre bebeklerde (30 ila 33 haftadan kısa gebelik süresi sonucunda doğanlar), henüz emme refleksi gelişmediğinden emmeye bağımlı olmayan bir metodla (örneğin burundan takılan ve mideye ulaşan bir nazogastrik tüp aracılığı ile) beslenirler. 30 hafta veya üzerinde doğan daha iri prematüreler (en az 1300 gram ya da), bu gibi tüpten beslenme metotları yerine direkt olarak anne memesine verilebilirler, ancak biberondan beslenmeleri söz konusu ise, genellikle daha uzun süreler beklemeleri gerekebilmektedir.

Küçük prematürelerin kendi kendilerine ayarlama yetenekleri henüz gelişmemiş olduğundan, beslenmenin çok dikkatli bir şekilde takip edilmesi gerekmektedir; Bebek ne kadar sıvı, protein, kalsiyum ve diğer maddelerden alıyor? Ne kadarı idrar ya da dışkı ile atılıyor? Ne kadarı midede kalıyor? Beslenmeler kan gazlarını (örneğin oksijen) ne şekilde etkiliyor? Bir za-

BİR PREMATÜRENİN PORTRESİ

Tam zamanında doğan bebeklerin anne babalarının, bebeklerini ilk gördüklerinde bir şaşkınlık dönemi yaşamaları doğaldır. Matüre bebeklerin anne babaları ise çoğu kez tam anlamıyla şok geçirirler. Tipik bir prematüre, yaklaşık 1600 ile 1900 gram bazısı ise çok daha düşük bir tartı ile doğar. En küçükleri, bir erişkinin avucuna sığabilecek büyüklüktedir ve bilekleri, elleri o denli küçüktür ki, bir evlilik yüzüğü kolayca geçirilebilir. Prematürenin cildi şeffaftır ve arterlerle venler cilt üzerinden görülebilir. Altında yağ dokusu bulunmadığından, gevşek bir izlenim verir ve çoğu zaman, lanugo denen yumuşak tüylerle kaplıdır. Bebek kucağa alındığında ya da beslendiğinde, cilt rengi değişir. Kahverengi yağ dokusu bulunmadığından (bizi sıcak tutan yağ katmanı) ısısını koruma yeteneği yoktur. Prematürenin kulakları, şekil vermeye yarayan kıkırdak dokusu henüz gelişmediğinden, düz, kıvrık ya da dalgalı bir şekilde olabilir.

Cinsiyet karakterleri, çoğunlukla tam gelişmemiştir -testisler inmemiş olabilir, erkek çocuklarda sünnet derisi, kız çocuklarda dudakların iç kıvrımları gelişmemiş olabilir ve meme başları etrafında areola denen koyu renkli bölge bulunmayabilir. Henüz ne kas ne de sinir gelişimi tam olduğundan, birçok refleks (örneğin yakalama, emme, arama, irkilme) kayıp olabilir. Ve nefes kuvveti olmadığından, bebek çok az ağlıyor ya da hiç ağlamıyor olabilir. Prematüre apnesi şeklinde adlandırılan, arada solunumunun durduğu dönemler de bulunabilir.

Ancak, prematürelik geçici bir durumdur. Preterm yenidoğanlar, gerçekte doğmaları gereken kırk haftalık gestasyon yaşına geldiklerinde, boyut ve gelişimsel açıdan tipik yenidoğanlara oldukça benzemektedirler.

manla tek tek elle yapılan bu hesaplamalar, şimdilerde her bebeğin diyeti ayrı ayrı programlanacak şekilde, çabuk ve hatasız olarak, bilgisayarlar aracılığı ile yapılmaktadır. Bebeğin durumu, besin yetersizlikler konusunda ipuçları verebilir; beyaz çizgilenmeler veya beyaz saç, protein malnutrisyonunun bir belirtisidir; deri bütünlüğünün zayıf olması ve dudak çatlakları, çinko eksikliğini gösterir; pigmentasyon kaybı ve kronik anemi, yetersiz bakır alımına işaret eder.

Birçok uzman, prematüre bebeklerin beslenmesinde, anne sütünü mamaya tercih etmektedir. Bunun bir nedeni, annedeki antikorlar, hormonlar, ve başta bebeğin ihtiyaç duyduğu yağın emilimini artıran lipaz olmak üzere birçok enzim gibi maddelerin, inek sütünde bulunmamasıdır. Ancak her anne sütü de işe yaramamaktadır. Henüz prematüre bir doğum yapmış olan annelerin sütlerinin, insan bedeninin sonsuz erdemlerinden biri olarak, zamanında doğum yapan birinin bebek doğurmuş kadınların sütlerine oranla, bebeklerin ihtiyaç duyduğu maddeleri (protein, nitrojen, sodyum, laktoz ve klor) daha yüksek miktarlarda içerdikleri gösterilmiştir. Yani kendi sütünüz (veya bir başka prematüre bebek annesinin) bebeğinizi beslemek için uygunken, sütü yeterli olmayacaktır. Ve sütlerin rutin olarak ısı ile sterilize edildiği süt bankasından temin edildiği takdirde, kritik önemi olan lipazın parçalanmış olması da ek bir dezavantaj oluşturacaktır. Bu nedenlerle, mümkün olduğu takdirde, önceden emzirmeyi planlamamışsanız bile, bebeğinizi anne sütünüzle beslemeyi düşünmeniz yararlı olacaktır. Ancak bazı zamanlarda, prematüre bebek annelerinin sütleri bile bebek için yetersiz kalabilmektedir. Başta çok küçük olanlar olmak üzere, bazı bebekler daha konsantre bir beslenmeye ihtiyaç duyabileceklerinden- daha fazla kalori, protein, kalsiyum, ve fosfor ve muhtemelen daha fazla çinko, magnezyum, bakır, ve B6 vitamini gibi maddeler içeren-ihtiyaca göre, anne sütünün, tüp veya biberon aracılığı ile verilmesi şeklinde gücü artırılabilir. Bebek direkt emzirilebiliyorsa, aynı anda doğal ve destek beslenmeyi sağlayacak şekilde, destekleyici besinler, damardan, tüp yo-

PREMATÜRE BİR BEBEĞİN EMZİRİLMESİ

Zamanında doğacak bebeklerini emzirmeyi önceden planlamış kadınlar için bile, prematüre bir bebeği emzirme kararı, kolay alınacak bir karar değildir. Emzirmenin çekici yönlerinden belki de en önemlisi olan yakın anne-çocuk teması, çoğu kez, en azından başlangıçta, yoktur ve yerini, hem uygulaması güç, hem de tatmin edici olmaktan uzak bir anne-makine-çocuk ilişkisine bırakmıştır. Ancak hemen hemen tüm kadınlar, süt çıkarmak amacı ile göğüslerini pompalama işini yorucu ve zaman alıcı bulsalar da, aksi takdirde kendilerini bakımından tümüyle uzak hissedecekleri bebeklerinin iyi olmasına katkıda bulunmalarının tek yolunun bu olduğunun bilincinde, bunu sürdürürler.

Aşağıdaki öneriler prematüre bir bebeği besleme çabalarını olası en etkin ve az sıkıcı şekle döndürmeye yöneliktir.

•Toksemi için magnezyum sülfat aldıysanız, iki hafta kadar bir süreyle sütünüzün olmayabileceğini aklınızda tutun.

•Süt yapmaya yönelik öneriler için sayfa 91'e bakın. Süt yapmaya yönelik hastane-içi aktivitelerin varlığını araştırın. Eğer hastanenizde, annelerin kullanması için özel bir oda (içinde rahat iskemleler, göğüs pompası ve tek kullanımlık strenilizasyon üniteleri bulunan) yoksa, böyle bir odanın hazırlanmasını rica edin ya da bir göğüs pompası ödünç alıp verme konusunda bilgi isteyin. Hastane bu konuda yardımcı olamazsa, bölgenizde bulunan La Leche League, size yol gösterebilir.

•Bebeğiniz henüz almaya hazır olmasa da, doğum yapar yapmaz süt üretimine başlamalısınız. Eğer bebeğiniz sütü hemen kullanmaya başlayacaksa, süt sağma işlemini, her 3 ila 4 saatte bir yapın (yaklaşık normal bir yenidoğanın emzirildiği sıklıkta); eğer süt ileriki bir tarihte kullanılmak üzere dondurulacaksa, bu işlemi dört saatte bir yapabilirsiniz. Gece yarısı uyanıp süt sağmanın sütünüzü artırdığını gözlemleyebilirsiniz; ya da uykunuzu tam olarak almanın daha yararlı olduğunu düşünebilirsiniz. Her seferinde, yağdan zengin son kısım sütü çıkarmak amacıyla, göğüslerinizi tam olarak boşaltmayı ihmal etmemelisiniz.

•Minik bebeğinizin kullanabileceğinden daha fazla süt üretmeniz olasıdır. Ancak asla, çok fazla ziyan oluyor şeklinde bir düşünce ile sağmamazlık etmeyin. Bu dönemde yapılacak düzenli pompalama, makineden ayrılıp bebeğin devreye girdiği dönemde, yeterli bir süt kaynağı sağlayabilmenize yardımcı olacaktır. Bu arada, fazla süt, üzerine tarih yazılarak, ileriki bir dönem için -hastanede veya evde- dondurulabilir.

•Süt miktarındaki günden güne, hatta saatten saate değişen miktarlar moralinizi bozmasın. Doğal yollarla emziriyor olsanız, farkına bile varmayacağınız bu tür dalgalanmalar normaldir. Sütün mekanik olarak sağılmasında normal olan bir diğer nokta da birkaç hafta sonunda süt üretiminde fark edilen bir azalma, yetersizleşmedir. Bebeğiniz,süt üretiminizin, en etkin pompadan bile daha güçlü bir uyarıcısıdır. Gerçek anlamda emzirme başladığında, sütünüzün çabucak arttığını göreceksiniz.

•Bebeğiniz ağız yolu ile beslenmeye geçecek kadar büyüdüğünde (çoğunlukla en azından 1300 gram ağırlığa ve 30 haftalık döneme ulaşınca), biberonla beslemeye geçmek yerine, emzirip emziremeyeceğinizi sorun, yapılan araştırmalar, düşük doğum ağırlıklı bebeklerin, emzirmeye diğer yöntemden daha kolay alıştıklarını göstermiştir. Ancak sizinki biberonda daha başarılı ise, endişelenmeyin -bebeğiniz emzirilmeye alışana dek bunu kullanın.

---

luyla ya da destek beslenme sistemleri aracılığı ile verilebilir (bakınız sayfa 95, 96). Doğal yolla emzirilebilen bebeklerde, biberon aracılığı ile beslenme, anne memesini reddetmeye yol açabileceğinden, tercih edilmemektedir.

Annenin emzirmek istemediği ya da emzirmesinin mümkün olmadığı durumlarda, özellikle prematüre bebekler için tasarlanmış,yüksek konsantrasyonlu formüller (ancak sıradan mama değil) anne sütünün yerini alabilecek iyi alternatiflerdir. Ancak, mamanın alımı, çok dikkatli bir şekilde izlenmelidir. Gerekenden fazla mama alımı, henüz tam gelişmemiş sistem için fazla gelebilir; çok azı ise, yeterli büyümeyi desteklemeye yetmeyecektir. Soyalı mamalar (içerdikleri kalsiyum ve fosforun emilimi güç olduğundan), prematüre bebeklerde rutin olarak kullanılmamaktadırlar.

EN UYGUN BAKIMI VERMEK

"Prematüre bebeğimizin - henüz sadece bir kilonun biraz üstünde- olası en iyi bakımı aldığından nasıl emin olabilirim?"

Servis ve giderlerin tekrarını önlemek amacıyla ve yeterli özel tıbbi bakımın verildiğinden emin olmak için, bu ülkedeki hastane sistemi üç seviyede düzenlenmiştir. Küçük kamu hastaneleri birinci seviyeyi oluştururlar- burada, düşük riskli doğumlar ve normal yenidoğanlar da dahil olmak üzere her tip komplike olmamış vakaya hizmet verilirken, çok prematüre, düşük doğum ağırlıklı ya da hasta bebeklere bakım sağlayacak yenidoğan yoğun bakım servislerinden yoksundurlar. İkinci seviyedeki hastaneler, bir ölçüde daha gelişmiş imkânlara sahiptirler, yüksek riskli doğumları da kapsamak üzere daha karmaşık vakaları üstlenebilmektedirler ve başları dertte olan birçok bebeğe gereken bakımı sağlayabilecek yenidoğan yoğun bakım üniteleri mevcuttur. Üçüncü seviye,veya tersiyer hastaneler, en yüksek düzeyde eğitim görmüş uzmanların çalıştığı, en gelişmiş imkânları barındıran ve küçücük, hasta yenidoğanların bakımını üstlenebilecek sanat-eseri yenidoğan yoğun bakım ünitelerine (NICU'lar) sahip, temel tıp merkezleridir.

2250 gramın üzerindeki prematüreler de dahil olmak üzere sağlıklı bebeklerin durumu , her üç düzeydeki hastanelerde de eşit şekilde iyi olmasına karşın çok küçük bebekler (yüksek riskli gruptakiler) için en iyi çözüm temel tıp merkezleri olmaktadır. Bebeğinizin böyle bir kurumda bakılmasını sağlayabilmek, olası en iyi bakımı almanın garantili bir yoludur. Eğer bebeğiniz üçüncü seviye hastanelerinden birinde değilse, transfer etme olasılıklarını çocuk doktoru, şimdiki yeni doğan yoğun bakım ünitesi elemanları ve transferi planladığınız tıp merkezindeki elemanlarla tartışın.

1. Bazı hastanelerde, bu birim, yoğun bakım kreşi (ICN)şeklinde de adlandırılır.

Bebeğiniz nerede olursa olsun, mümkün olan en iyi bakımı elde etme yönünde sizin de katkılarınızın önemi büyüktür. Konuyla ilgili kitaplar okuyarak ve sorular sorarak, genel anlamda düşük doğum ağırlıklı bebekler ve birçok sorunları konusunda bilgilenin. Bebeğinizin tedavi akışı konusunda huzursuz veya mutsuz hissettiğiniz zamanlarda, kaygılarınızı çocuk doktoruna uzmanlarına, hastane hemşirelerine veya yenidoğancılara bildirin. Açıklamaları sizi tatmin edebileceği gibi, işlemler daha farklı bir akış da kazanabilir. Eğer tatmin olmuyorsanız, başka bir yenidoğan uzmanının konsültasyonunu isteyin. Eğer doktorları sorgulamaktan çekiniyorsanız, bu işi sizin için yapabilecek bir arkadaş veya akrabanızdan rica edebilirsiniz.

BAĞLANMA EKSİKLİĞİ

"Doğumdan hemen sonra, bebeğimize bağlanacağımızı düşünmüştük. Ancak altı hafta erken olarak doğduğu ve sadece 2 kg ağırlığında olduğu için, daha ona dokunma şansımız bile olmadan hızla götürüldü. Bunun onun üzerinde ve onunla olan ilişkimiz üzerinde yaratacağı etki bizi kaygılandırıyor."

Bu stresli dönemde, ihtiyacınız olan en son şey, bir başka kaygıdır. Ve kaygı duyulabilecek en son şey de doğum sonrası bağlanma konusudur. Ebeveyn ve çocuk arasındaki sevgi ve bağ, yaşamın ilk dakikalarında, mucizevi bir şekilde açan bir çiçekten çok, aylar ve hatta yıllar içinde gelişen ve bir yaşam boyu çiçek veren bir tohum gibi düşünülmelidir. Yani, geçmişi ve kaybettiğiniz o ilk dakikaları (hatta günleri) düşünerek hayıflanacağınıza, şimdiki anın ve anne-baba olarak önünüzdeki ayların tadını çıkarmaya bakın. Bağ kurmaya doğumun hemen sonrasında başlamak şart değilse de, bebeğiniz henüz hâlâ hastanede iken,- bu süreci başlatabilirsiniz. İşte nasıl yapacağınız:

Sorduğunuz birçok sorunun yanında, bir de bebeğin resmini isteyin. Eğer bebeğiniz,

YENİDOĞAN YOĞUN BAKIM ÜNİTESİ VEYA YOĞUN BAKIM KREŞİ

Yenidoğan yoğun bakım ünitesi ile ilk karşılaşma, özellikle bebeğiniz de içindeki birçok minik, çaresiz hastadan biri ise, ürkütücü olabilir. (Bu nedenle, bebek bekleyen her annebabanın, doğum öncesi dönemdeki hastane ziyaretleri sırasında bu birime rutin olarak bir göz atmaları, iyi bir fikir olabilir.) Yine de neye bakıyor olduğunuzu bilmek, korkuların sizi yenmesini engellemenize yardımcı olabilir. İşte tipik bir yenidoğan yoğun bakım ünitesinde veya yoğun bakım kretinde görebilecekleriniz:

- Üzerlerinde sadece alt bezleri olan veya tamamen çıplak bebekler; birçok hastanede ek olarak, baştan ısı kaybını önlemeye yönelik , minik örgü başlıklar giydirilmektedir.
- "Isıtıcılı yatakta" bebekler; Isı yayan lambaların altına yerleştirilmiş ayarlanabilen döşekler şeklindedir. Çok hasta bebekler, gerektiğinde beslenme tüpü takmak gibi girişimler sırasında kolay ulaşımı sağlamak amacıyla, bu yataklar üzerinde bakılmaktadırlar.
- Kuvöz (eskiden inkübatör denirdi) ya da etrafındaki dört giriş-çıkış deliği haricinde tamamen kapalı koruyucular içinde bebekler; Bazı hastanelerde, kuvözlerin içine, rahimdeki amniyotik sıvı hareketlerini taklit ederek solunumu düzeltmeye yarayan su yatakları ve hatta minyatür hamaklar yerleştirilmektedir.
- Tüpler, teller, minik plastik borular -bebeklerden monitörlere, damar içi sıvılara, ya da besin sağlayan, solunum salgılarını temizleyen, ısıyı, solunumu, kalp hızını, ve oksijen tüketimini değerlendiren, belirli dönemlerde kan örnekleri alan ve daha birçok önemli işlevi yürüten aletlere uzanmaktadır.
- Hayati bulguları kaydeden ve herhangi bir değişikliği, alarm vererek bildiren monitörler. Bu monitörler, cilt üzerine bir jel aracılığı ile yapıştırılan veya iğne ile tam cilt altına yerleştirilen elektrodlar aracılığı ile bilgi toplarlar.
- Oksijen verilmesine veya solunum desteğine yarayan plastik başlık ya da vantilatörler.
- Her bebeğin yatağının başında, belirli zaman aralıklarıyla fazla solunum salgılarını temizlemek amacıyla kurulmuş emici sistemler.
- Sarılıklı bebeklerde fototerapi (ışık tedavisi) amaçlı lambalar. Böyle bir tedavi gören bebekler, gözlerini ışıktan korumaya yarayan koruyucular dışında, tamamen çıplak olacaklardır.

daha ileri düzeyde bir yoğun bakım ünitesinde bakılmak amacı ile (muhtemelen hayatta kalabilmesi için) doğum yaptığınız hastaneden götürülmüşse ve siz de henüz taburcu olamıyorsanız, onun resimlerinin size getirilmesini rica edin. Eşiniz ya da hastane personeli bu resimleri çekebilir ve siz de gerçeğine bakabileceğiniz zamana kadar, bu fotoğraflara bakmaktan hoşlanabilirsiniz. Fotoğraflarda bebekten çok, etrafındaki tüpler ve borular görülüyor olsa bile, gördükleriniz, muhtemelen hayal ettiklerinizde daha az ürkütücü ve daha rahatlatıcı olacaktır. Fotoğraf ne denli yararlı olsa da, eşinize ve sonraları tıbbi ekibe, bebeğinizin görüntüsünü en ince ayrıntısına dek tarif ettirmeye yönelik ve sağlık durumu ile ilgili bin bir soru sormak istemeniz doğaldır.

Babayı görevlendirin. Bebeğinizi ziyaret edemediğiniz dönem süresince, eşiniz, yalnızca sizinle birlikte ziyaret etmek yerine, bebeğinizle fazladan vakit geçirebilir. Kendinizi daha yalnız hissedeceğiniz bir gerçektir, ancak en azından onu seven birinin çocuğunuzla birlikte olduğunu bileceksiniz. Hastaneden taburcu olur olmaz, her ikiniz de, bebekle mümkün olabildiğince çok zaman geçirmeye çalışmalısınız. Ancak evdeki diğer büyük çocukları ihmal etmediğinizden emin olmalısınız- ev işi, iş ve başka her şey öncelikle ihmal edilebilir.

Göz ziyafeti yapın. Kuvözünde veya ısı yatağında seyretmek bile, onu size yakınlaştırmaya yardımcı olabilir.

Ona dokunun. Böyle minicik ve kırılgan bir

bebeği ellememek daha doğru gibi görünse de, yapılan araştırmalar, yoğun bakımda geçirdikleri dönem sürcsince, yumuşak bir şekilde okşanıp masaj yapılan bebeklerin, çok az ellenen bebeklere oranla, daha iyi bir gelişim gösterdiklerini, daha canlı, uyanık ve davranışsal açıdan daha olgun olduklarını göstermiştir. Yoğun Bakım Ünitesi'ndeki hemşireler, kuvöz deliklerinden uzanıp bebeğinize ulaşmadan önce nasıl yıkanmanız (elleri ve kolları, dirseklere kadar yıkamak) ve hastane önlüğü giymeniz gerektiğini size göstereceklerdir. Öncelikle bebeğinizin kol ve bacakları ile başlayın, bu bölgeler gövdeye oranla daha az direnç gösterirler. Günde yirmi dakikalık, yumuşak masaj periyotları oluşturmaya çalışın.

Onunla konuşun. Emin olun, bu, önceleri tek taraflı olacak- bebeğiniz, Yenidoğan Yoğun Bakım Ünitesi'nde de kaldığı dönem süresince pek konuşmayacak, hatta ağlamayacaktır. Dinliyor gibi bile görünmeyebilir. Ancak sizin ve babasının sesinizi tanıyacaktır. İlk zamanlar Yoğun Bakım Ünitesi'ndeki tek tanıdık sesler, bunlar olacaktır (annesinin karnındayken de bunları duymuştu), ve bu sesleri duymak, onu rahatlatacaktır.

Göz göze gelin. Eğer bebeğiniz sarılığı için fototerapi görüyorsa ve bu nedenle gözleri kapalıysa, ziyaretleriniz sırasında, lambanın en azından sadece birkaç dakikalığına kapatılmasını ve bebeğin gözlerinin açılmasını rica edin. Böylelikle, anne-çocuk bağının önemli bir bölümünü oluşturan göz temasını sağlayabilmiş olursunuz.

Hemşirelerin yükünü azaltın. Bebeğiniz, yaşamsal tehlikeyi atlatır atlatmaz, Yoğun Bakım Ünitesi hemşiresi size, nasıl alt değiştireceğinizi, besleyip, yıkayacağınızı ve hatta bazı basit tıbbi girişimleri nasıl yapacağınızı göstermekten memnunluk duyacaktır. Ziyaretleriniz sırasında, bebeğinizin bakımını üstlenmek, annelik rolünüzü benimsemenize ve ileriki aylarda işinize yarayacak değerli tecrübeler edinmenize yardımcı olacaktır.

Kaçınmayın. Birçok anne-baba, çok sevip kaybetmekten korktukları için, prematüre bebeklerine bağlanmaktan kaçınırlar. Ancak bu bir hatadır. Çünkü öncelikle, şans bebeğinizden yanadır; preterm bebeklerin büyük bir çoğunluğu, hayatta kalabilmekte, sağlıklı ve normal bir yaşam sürebilmektedir. Ve ikincisi, kaçınırsanız ve eğer beklenen üzücü olay gerçekleşirse, kaybettiğiniz zaman, daima pişmanlık duymanıza neden olacaktır. Kaybı kabullenmek, daha kolay olacağı yerde, zorlaşacaktır.

RAHİMİÇİ BÜYÜME GELİŞME GERİLİĞİ (IUGR)

"İlk bebeğim prematüre olmamakla beraber, iki buçuk kilonun biraz altında doğmuştu. Doktor bunun, rahim içi büyüme gelişme geriliğine bağlı olduğunu söyledi. Bu, zekâ özürlü olacağı anlamına mı gelir?"

Kulağa garip gelse de, çoğu zaman IUGR şeklinde kısaltılan, rahim içi büyüme gelişme geriliğinin, doğum sonrası herhangi bir fiziksel ya da zihinsel gerilikle ilgisi yoktur, sadece rahim içinde geçirilen süredeki büyüme geriliğini tanımlar. IUGR'lı bebeklerin büyük bir çoğunluğu, normal bir IQ ve nörolojik işlevlere sahiptir. IUGR; doğanın, rahim içinde belirli bir sebepten dolayı plasenta yolu ile yeterli besin kaynağından yoksun olan bir fetusun hayatta kalabilmesini sağlamaya yönelik bir düzenlemesi şeklinde algılanabilir. Boyutlardaki küçülme, bebeğin bu azalmış besin alımı ile geçinmesine yaramaktadır. Doktorlar bu koruyucu mekanizmanın, plasenta istenen seviyede çalışmadığı ve besinlerin bebeğe geçişinin sınırlı kaldığı durumlarda ya da annenin beslenmesinin, kötü diyete, sigara içimine, hastalığa ya da bilinmeyen başka etkenlere bağlı olarak, yetersiz kalmasına bağlı olarak devreye girdiğini düşünmektedirler.

Bebeğin beyni de, hayatta kalmaya yönelik bu mekanizma sayesinde, çoğu zaman mevcut besinsel kaynaktan, payına düşenden fazlasını alarak normal gelişimini sürdürmek şeklinde korunmaktadır. Bu nedenledir ki, IUGR'lı bebeklerin birçoğunda normal büyüklükteki yenidoğanlardakilerden bile fazla olacak şekilde, başın gövdeye oranla büyük olduğu gözlenir.

Düşük doğum ağırlıklı bir bebek, hayatın ilk günlerinde birçok komplikasyon açısından yüksek risk taşısa da, bir çoğu uygun bir yenidoğan bakımı sayesinde bu dönemi atlatabilecektir. Tercihen anne sütü ile başlanan iyi bir beslenme programı sayesinde, bebeğinizin büyüyüp gelişmeye başladığını gözlemleyebilirsiniz; ve muhtemelen ilk yılını geride bıraktığında, birçok açıdan yaşıtları ile arayı kapatmış olacaktır. Ancak tekrar hamile kalmaya karar verecek olursanız, bir sonraki bebeğinizin de doğum sonrası dönemde benzer problemlerle savaşmasını önlemek için, doktorunuzun yardımı ile rahminizdeki gelişimi kötü etkileyen faktörü, öncelikle belirlemeye çalışmalısınız.

UZUN SÜRELİ HASTANEDE KALIŞ

"Bebeğimizi yoğun bakım kreşinde ilk gördüğüm zaman, perişan oldum. Hayatının ilk haftalarını, belki de aylarını steril bir hastane odasında geçireceğini düşünmek çok korkunç."

Yenidoğan yoğun bakım ünitesine girmek, moral bozucu bir tecrübe olabilir, ancak bebeğiniz için bu tür hizmet veren bir yer olmasaydı, moralinizin bozulma olasılığı da çok daha fazla olacaktı.

Günün birinde, hiçbir tıbbi sorunu olmayan prematüre bebeklerin bakımı için daha iyi yöntemlere kavuşabiliriz. Örneğin, Bogota, Colombia'da, steril hastane hemşirelerini devre dışı bırakarak, annenin doğumdan kısa bir süre sonra bebeğini eve götürebilmesine olanak veren, kanguru-stili bir yenidoğan bakım sistemi geliştirilmiştir. Bu sistemde anne kısa sürede bebeğini eve götürebilmesine karşın, yavrusunu beşiğe ya da bebek yatağına transfer etmek yerine, bebeği, hayatın ilk haftaları süresince, gün boyu, bebek istediği an emzirebileceği şekilde, göğsündeki bir cepte taşır.

Komplikasyonu olmayan minik prematüre bebekler bile, bu ılık, sevecen ve besleyici ortamda gelişim gösterirler. Ancak burada, bu veya buna benzer bir sistemin güvenilir ve kullanıma uygun olduğu onaylanmadan ya da onaylanana kadar, prematüre bebeklerin anne-babaları, beklerini eve götürebilmek için, 2 yada 2.5 kg ve 37 ila 40 haftalık gestasyon yaşına ulaşana dek- ya da yaklaşık olarak, bebekleri zamanında doğmuş olsalardı, o zamana kadar geçmiş olacak süre boyunca beklemeleri gerekmektedir.

Böyle bir durum karşısında endişe duymak, sadece doğal değil, aynı zamanda da sağlıklı bir tepkidir. Prematüre bir bebeğin doğumu sonrasında kaygı duyan anneler, ileride, kaygı duymayanlara oranla daha başarılı bir annelik sergilemektedirler. Ancak endişe, üretken faaliyetlere yönlendirilmelidir;

Alışverişe çıkın. Bebeğiniz beklenen tarihten önce geldiğine göre, bebek mobilyası ısmarlayacak, alt bezi ve benzeri eşyaları alacak vaktiniz olmamış olabilir. Eğer durum böyle ise, alışverişe çıkmanın tam zamanıdır. Evinizi, bebek hastaneden taburcu olmadan bebek eşyaları ile doldurmak konusunda batıl inançlarınız varsa, ısmarladıklarınızın teslim tarihini, bebeğin eve gelişi ile çakıştırmaya çalışın. Sadece bazı önemli işleri halletmekle kalmazsınız, aynı zamanda bebeğin hastanede geçirdiği saatlerin bir kısmında da oyalanmış ve en azından kendi kendinize, bebeği eve getirmek konusundaki özgüveninizi tekrarlamış olursunuz.

Bir ortaklık kurun. Prematüre bir bebeğin anne-babası, çoğu zaman, bebeğin kendilerinden çok, onun için canla başla çalışan ve birçok yardımda bulunan doktor ve hemşirelere ait olduğunu düşünmeye başlarlar. Ekiple yarışmaya çabalamak yerine, onlarla birlikte çalışın. Hemşirelerle, yenidoğan uzmanıyla, asistanlarla tanışın. (Her nöbette bebeğinizden birincil olarak sorumlu bir hemşire varsa, bunu yapmanız daha kolay olacaktır.) Onlara, bebeğinizin ufak tefek işlerini yapmaktan mutluluk duyacağınızı bildirin -bu onlara zaman kazandırmanın yanı sıra, sizin de kendinizi yararlı hissetmenizi sağlayacaktır.

Tıbbi eğitim alın. Yoğun Bakım Ünitesi'nde sıkça kullanılan kelimeleri ve anlamlarını öğrenin. Ekipteki bir kişiden (boş vakti olduğunda), bebeğinizin dosyasını okumayı öğretmesini rica edin; yenidoğan uzmanına, bebeğinizin durumu hakkında detayları sorun ve anlamadığınız bir yer olursa açıklamasını isteyin. Prematüre bebek anne-babaları, çoğu zaman, yenidoğan uzmanlarını şaşırtacak şekilde, "RDS" (respiratuar distres sendromu -solunum sıkıntısı sendromu) ve Entübasyon "tüp takılması" gibi terimleri kullanır hale gelmektedirler.

Bebeğinizin yanından hiç ayrılmayın. Bazı hastaneler, bebeğinizin yanında kalmanıza izin verirler ancak kalamasanız bile, eşinizle değişmeli olarak, bebeğinizin yanında mümkün olduğunca fazla zaman geçirmeye çalışmalısınız (Ancak evde başka çocuklarınız varsa, onların da aynı zamanda size ihtiyaçları olduğunu unutmamalısınız. Anne ve babayla geçirecekleri, dişe dokunur bir zaman dilimine sahip olduklarından emin olun.)

Bebeğinize kendini evde hissettirin. Kuvöz, bebeğiniz için sadece geçici bir barınak olsa da, elinizden geldiğince ev ortamına benzetmeye çalışmalısınız. Bebeğinizin etrafına, sevimli görünüşlü, doldurulmuş hayvanlar koymak ve göz zevki için kuvözün kenarlarına resimler yapıştırmak (belki anne-babasının siyah-beyaz büyütülmüş fotoğrafları) için izin isteyin. Ayrıca içeriye, gün ve gece boyu minik müzik ziyafetleri için, bir müzik kutusu yerleştirin. Yine de, bebeğin kuvözüne koyacağınız her şeyin öncelikle sterilize edilmesi ve hiçbir şeyin yaşamsal önemi olan araçların çalışmasını engellememesi gerektiğini hatırınızda bulundurmalısınız.

Süt kaynağınızı hazır bulundurun. Prematüre bebeğiniz için mükemmel besin, kendi sütünüzdür (bakınız sayfa 414). Kendi emmeye başlayana dek, bebeğinizi dolaylı yoldan beslemek ve sütünüzün kesilmesini önlemek amacıyla, göğüs pompasını kullanın. Pompalama işlemi, aynı zamanda, kendinizi işe yarar hissetmenizi sağlayacaktır.

KARDEŞLER

"Üç yaşında bir kızımız var ve yeni doğan prematüre kardeşi hakkında ona ne söyleyeceğimizi bilemiyoruz."

Çocuklar, sizinki kadar küçük olsalar bile, çoğu zaman, biz erişkinlerin düşündüğünden çok daha fazla şeyi anlayıp, başedebiliyorlar. Yeni kardeşinin durumunu kızınızdan saklayarak onu korumaya çalışmanız, sadece kaygılanmasına ve kendini güvensiz hissetmesine yol açacaktır özellikle siz ve babası, aniden ve ona hiç bir açıklama yapmadan, evden uzun sürelerle uzakta kalmaya başladığınız zaman. Bunun yerine, onu detaylı bir şekilde aydınlatın. Ona bebeğin, annenin karnından, erken bir zamanda, henüz yeterince büyümeden çıktığını ve eve gelecek kadar gelişinceye dek büyük bir hastanedeki özel beşikte kalması gerektiğini anlatın. Hastaneden onay almak kaydı ile, büyük kızınızı öncelikle bir ziyarete götürün ve eğer her şey yolunda gider ve istekli görünürse, düzenli olarak yanınıza alın. Çocukların, teller ve tüplerden korktukları kadar, bunlardan etkilenip hayranlık duymaları da mümkündür; özellikle anne babaları üzüntülü ve sinirli bir ton yerine, güvenli ve neşeli bir tonla olaya yaklaştıkları zaman. Bebeğe bir hediye getirmesini ve kuvöze yerleştirmesini sağlayın, böylelikle kendini kardeşine bakan ekibin bir parçası gibi hissedecektir. Eğer gönüllü olursa ve sağlık ekibi de izin verirse, öncelikle yıkanıp, delikler arasından bebeğe dokunmasına izin verin. Tıpkı sizin gibi o da, şu aşamada iletişimi başlatırsa, bebek eve geldiğinde kendini ona daha yakın hissedecektir. (26. Bölüm'deki kardeş ilişkileri konusunu okuyun).

EMZİRME

"Bebeğimi emzirmeyi çok önceden kararlaştırmıştım, prematüre doğduğu için sütümü şimdilik bir tüp aracılığıyla verebiliyorum. Daha sonra emzirmeye başladığımda bir problemle karşılaşır mıyım?"

Şimdilik gayet iyi. Bebeğiniz doğduğu andan itibaren prematüre bir yenidoğan için en uygun olan besini - annesinin sütünü - böyle bir bebeğin alabileceği en uygun şekilde - bir tüp aracılığıyla - almış. Doğal olarak, ağzıyla emmeye başladığında bu besini almaya devam edip edemeyeceği konusunda endişelisiniz.

Yakın zamanda yapılan bir çalışmaya göre endişe etmenize gerek yok. Bu çalışmada 1300 gr ağırlığındaki prematüre yenidoğanların bile meme emebildiği hatta biberona kıyasla meme emmede daha başarılı oldukları gösterilmiş. Bu bebeklerin biberondan emme konusunda yeterli olabilmeleri için meme emmeye oranla bir ila dört hafta daha uzun süre geçmesi gerekmiştir. Buna ek olarak vücutları da meme emmeye daha iyi yanıt vermiştir. Meme emdikleri sürece kandaki oksijen düzeyleri biberondan emdikleri zamana göre daha az oynama gösterip, biberonla beslendiklerinde kan oksijen düzeylerinde anlamlı bir düşme görülmüştür ve beslenme sonrasında değişik sürelerle düşük kalmıştır. Meme emdikleri sürece biberonla beslendikleri döneme kıyasla beden ısıları daha yüksek olmuştur; prematüre bebeklerin vücut ısılarını ayarlayan termostat sistemi iyi gelişmediği için bedenlerinin sıcak kalması zor olabildiğinden bu çok önemlidir. Bu çalışma ve benzeri diğer çalışmalar, küçük prematüre bebeklerin emme refleksinin daha önce düşünüldüğü gibi 33 ila 36'ıncı haftalarda değil 30'uncu haftadan itibaren ortaya çıktığını ve geçmişte yapıldığı gibi bebek biberondan emmeyi iyice öğrendikten sonra meme emmesine izin verme konusunun tekrara gözden geçirilmesi gerektiğini düşündürmektedir.[2]

Bebeğinize meme vermeye başladığınızda başarılı olmak üzere tüm koşulları oluşturmalısınız:

- Başlamadan önce sayfa 48'den başlayarak emzirmeyle ilgili yazılan her şeyi okuyun.
- Yenidoğan uzmanı veya hemşiresi emzirme sırasında bebeğinizin ısısını ve/veya $TCPO_2$ (oksijen) değişikliklerini izlemek isterse sabırlı olun. Bu işlem bebeğinizin beslenmesini bozmayacaktır ve beslenmeye iyi yanıt vermiyorsa bir alarm çalmasına neden olarak bebeğinizi koruyacaktır.
- Gergin olmadığınızdan ve bebeğinizin uyanık fakat açlıktan haykırarak ağlamadığından emin olun. Bir hemşire bu önemli anda bebeğinizin sıcak tutacak bir şey giydiğinden emin olmak isteyebilir.
- Hastane personeline prematüre bebeklerin emzirilmesi için özel bir alan olup olmadığını veya en azından sakin bir köşede bebeğinizi rahat emzirebileceğiniz bir koltuk bulunup bulunmadığını sorun.
- Bebeğinizi bir yastığın üzerine koyarak ve başını destekleyerek rahat olmaya çalışın. Birçok anne, futbol topu tutuşunu (bkz. sayfa 92) rahat ve meme uçları için de daha uygun bulurlar.
- Eğer bebeğinizin emme refleksi henüz gelişmediyse (büyük olasılıkla henüz gelişmemiştir) meme ucunuzu areola bölgesi de dahil olmak üzere ağzına yerleştirerek emmeyi başlatın. Parmaklarınızla bastırarak bebeğinizin işini kolaylaştırın ve başarana kadar denemeye devam edin.
- Parmaklarınızı kullanarak memenizi bebeğinizin burnundan uzaklaştırın ki rahat nefes alıp verebilsin.
- Bebeğinizin sütü emip emmediğini gözlemleyin. Emmenin ilk dakikaları çok hızlı gerçekleşir ve besin alımından ziyade sütün salgılanmaya başlaması hedeflenir. Göğüsleriniz mekanik pompalanmaya alıştığı için ilk zamanlarda bebeğinizin farklı ağız hareketlerine alışması zaman alabilir fakat kısa süre içinde emmenin yavaşladığını ve bebeğinizin yutmaya başladığını göreceksiniz. Bu, süt salgısının başladığını gösterir.
- Bebeğiniz memenizle ilgilenmiyorsa ağzına birkaç damla akıtarak onun ilgisini çekmeye çalışın.
- Eğer hastane personelinin bir itirazı olmazsa bebeğiniz memenizde kalmak istediği sürece onu emzirin. Prematüre bebeklerin emmesini inceleyen uzmanlar, aktif emme hareketinin durmasından iki dakika sonraya kadar bebeklerin memede tutulması gerektiğini bildirmektedirler. Küçük prematüre bebeklerin doyana kadar bir saate yakın bir süre emdikleri görülmektedir.
- İlk seferinde hatta ilk birkaç seferde girişimleriniz üretimle sonuçlanmadıysa moralinizi bozmayın. Birçok zamanında doğan bebek için bile bunun gerçekleştirilmesi belli bir zaman almaktadır, prematür bebeğinize de aynı şansı tanımak gerekir.
- Emziremediğiniz öğünlerin biberonla de-

2. Eğer bebeğinizin bulunduğu hastanedeki yenidoğan yoğun bakım ekibi bu çalışmadan haberdar değilse onlara Journal of Maternal Child Nursing dergisinin Nisan 1987 sayısından söz edin. Bu çalışma, Şikago'daki Michael Reese Hastanesi'nde Paula Meier, D.N.Sc.,R.N tarafından yapılmıştır.

ğil gavajla (burnundan tüp aracılığıyla) verilmesini isteyin. Eğer meme emzirmeyi yerleştirmeye çalıştığınız dönemde biberon verilirse meme karmaşası nedeniyle çabalarınız boşa gidebilir. Eğer anne sütünü desteklemek üzere bebeğinize anne sütü benzeri gıdalar verilecekse bunun da gavaj yoluyla ya da destekleyici besin sistemiyle verilmesini isteyin (bkz. sayfa 95, 96).

Günlük tartısını ölçerek bebeğinizin meme emerken ne durumda olduğunu anlayabilirsiniz. Eğer her gün vücut ağırlığının % 1 veya % 2'si oranında tartı alıyorsa (1500 gramlık bir bebekte 15 ila 30 gram) veya tartısı haftada yaklaşık 100 ila 200 gr artıyorsa iyi gidiyor demektir. Gerçek doğum tarihine gelindiğinde zamanında doğan bir yenidoğanın kilosuna, 3-4 kg'a ulaşır.

YAKALAMAK

"Yaklaşık iki ay erken doğan oğlumuz diğer üç aylık bebeklerle kıyaslandığında oldukça geri kalmış görünüyor. Yaşıtlarını yakalayabilecek mi?"

Oğlunuz gerçekte "geri kalmış" değil. Hatta kendisiyle aynı anda hamile kalınan bir bebekle aynı büyüklükte. Geleneksel olarak bizim kültürümüzde, bir bebeğin yaşı hesaplanırken doğduğu tarih göz önüne alınıyor. Fakat zamanından önce doğan yenidoğanların yaşının ve gelişiminin hesaplanmasında bu sistemin kullanılması yanıltıcı olabiliyor çünkü henüz doğum yaşlarına ulaşmadan doğdukları hesaba katılmıyor. Örneğin sizin bebeğiniz doğduğu sırada eksi iki aylıktan yalnızca biraz daha büyükmüş. İki aylık olduğunda (beklenen doğum tarihine göre hesaplanırsa) bir yenidoğana eşit olacaktır ve şimdi üç aylık olduğuna göre daha çok bir aylık bir bebek büyüklüğündedir. Bebeğinizi yaşıtlarıyla karşılaştırırken veya gelişme çizelgelerine bakarken bunu aklınızdan çıkarmayın. Örneğin ortalama yedi aylık bir bebek rahat oturabilirken sizin çocuğunuz düzeltilmiş yaşı yedi aylık olana dek, bir başka deyişle dokuz aylık oluncaya kadar, oturamayabilir. Doğduğunda çok küçükse veya çok hastaysa bu süre daha da uzayabilir. Genel olarak motor gelişimi, duyularının gelişiminden (örneğin görme ve işitme) daha geç olacaktır.

Uzmanlar, prematüre çocukların gelişimini değerlendirirken iki ila iki buçuk yaşına kadar bebeğin olması gereken doğum tarihini "düzeltilmiş yaşını" kullanırlar. Bu noktadan sonra iki aylık fark önemini yitirmeye başlar, ne de olsa dört aylık bir çocukla dört yaşına iki ay kalmış bir çocuk arasında gelişimsel açıdan büyük bir fark yoktur. Bebeğiniz büyüdükçe doğum yaşıyla düzeltilmiş yaşı arasındaki davranış farkı giderek azalır ve kapanır. Benzer şekilde yaşıtlarıyla arasındaki gelişimsel farklar da ortadan kalkar (prematüre bir bebeği bu noktaya getirebilmek için zaman zaman fazladan bakım gerekebilir). Bu arada yabancılarla konuşurken bebeğinizin düzeltilmiş yaşını kullanmak sizi rahatlatıyorsa öyle yapın. Bebeğinizin gelişimini değerlendirirken kesinlikle böyle yapın.

Belirli zamanlarda bebeğinizin belirli bir gelişimi olup olmadığını incelemek yerine rahatlayın ve bebeğiniz geliştikçe, gerektiği noktalarda destek olarak, bunun zevkini çıkarmaya çalışın. Eğer gülümsüyor ve neşeli sesler çıkarıyorsa siz de ona gülümseyin ve benzer sesler çıkarın. Bir şeylere uzanmaya çalışıyorsa bu yeteneğini geliştirmesi için bir şans tanıyın. Destekli olarak oturabildiğinde her gün belirli sürelerle onu farklı yerlerde destekleyerek oturtun. Fakat her zaman düzeltilmiş yaşını aklınızda tutun ve acele etmeyin. Çok erken dönemde çok fazla baskı yaparsanız sonuçları da olumsuz olabilir. Bunun bir nedeni bebeğiniz sizin ondan beklediklerinizi gerçekleştiremezse kendini yetersiz hissedebilir. Bir diğer neden ise hazır olmadığı dönemde bebeğinizi zorlarsanız hazır olduğunda enerjisi kalmayabilir.

Bu kitaptaki bebekleri uyarma yöntemlerini (sayfa 145, 233, 336) kullanabilirsiniz ancak bebeğinizin yaşından ziyade davranışlarını temel almanız daha yararlı olacaktır; yorulma belirtilerini gördüğünüzde durun. Buna ek olarak, bebeğinizin tolere edebildiği sıklıkta ve süreyle bebeğinizi karnının üzerine yatırarak veya yüzünü duvara değil de odaya doğru çevirerek motor gelişimini artırabilirsiniz. Düşük doğum ağırlıklı bebekler ve prematüreler ilk haftalarını hatta aylarını bir kuvözün içinde sırt üstü yatarak geçirdikleri için pozisyon değişikliğine itiraz edebilirler fakat kol ve ense güçlerinin artması için bu gereklidir.

BEBEĞİNİZİ KUCAĞINIZA ALMAK

"Şimdiye dek yalnızca kuvözün deliklerinden içeri ellerimi sokarak bebeğime dokunabildim. Eve geldiğinde onu nasıl kucağıma alabileceğimi bilemiyorum. Çok küçük ve kırılacakmış gibi görünüyor."

Bebeğiniz sonunda beklenen yolculuğunu yaparak eve geldiğinde narin ve kırılgan yerine gözünüze azimli ve dayanıklı görünecektir. Birçok prematüre bebek gibi hastanede kaldığı süre içinde bebeğiniz doğum kilosunun iki katına ulaşmış ve hastaneden çıkabilmesi için gerekli olan 2 veya 2.5 kilo sınırını aşmıştır. Bu yüzden siz de bebeğinizle ilgilenirken pek çok yenidoğan annesinden daha fazla zorlukla karşılaşmayacaksınızdır. Hatta hastanede kaldığınız süre içinde bebeğinizin bakımıyla ilgilendiyseniz (bu konuda ısrar etmelisiniz) diğer annelere kıyasla önde sayılabilirsiniz. Hiçbir şey kolay olmayacaktır ve bunun kolay olduğunu düşünen anne sayısı son derece azdır.

Eğer başınızda bir hemşire veya yenidoğan uzmanı olmadan işleri nasıl halledeceğiniz konusunda endişeleriniz varsa, en ufak bir terslikle karşılaştığınızda hastaneye geri dönmekten çekinmeyin; hastanenin tam zamanlı bakıma ihtiyacı olan bebekleri erkenden eve göndermediğinden de emin olun. Bazı anneler, özellikle de bebeklerinde solunum monitörü veya oksijen maskesi varken eve gelenler, ilk haftalarda prematüre bebekler ve tıbbi bakımları konusunda tecrübeli bir bebek hemşiresi tutmayı tercih ederler. Tek başına başetme konusunda endişeleriniz varsa bu seçeneği aklınızda bulundurun.

SUÇLULUK

"Hamileliğim sırasında gerektiği kadar dikkatli davranmadığımı biliyorum ve oğlumuzun erken doğmasının benim yüzümden olduğunu düşünüyorum"

İstisnasız tüm prematüre doğan bebeklerin anneleri geçmişe bakarak hamilelikleri sırasında bebeklerinin erken doğmasına yol açabilecek şekilde neleri yanlış yapmış olabileceklerini düşünürler ve üzülürler. Bu tür pişmanlık duyguları normaldir fakat bir işe yaramaz. Hangi faktör veya faktörlerin bebeğinizin erken doğmasına yol açtığını saptamak hemen hemen imkansızdır, emin olsanız bile kendinizi suçlamanın bebeğinize bir faydası dokunmayacaktır. Bebeğinizin şu anda ihtiyacı olan güçlü, sevecen ve destekleyici bir annedir, suçluluktan kahrolan bir anne değil. Bebeklerin tıbbi problemlerinden söz eden 20. bölümü okuyun, suçluluk, öfke ve benzeri duygularınızla baş etmeniz konusunda yararlı bilgiler bulacaksınız. Diğer prematüre bebeklerin anneleriyle konuşmak da işinize yarayacaktır; sizin duygularınıza benzeyen duygulara sahip olduklarını göreceksiniz. Bazı hastanelerde anne-baba destek grupları bulunur; diğerlerinde anne-babalar görevli personele danışmayı tercih edebilirler. Sizin için hangisi daha uygunsa onu yapın.

Elbette doğan bebeğinizin bakımını en iyi şekilde yerine getirmeniz önemlidir, yapabileceğiniz bir diğer şey de bundan sonra doğacak bebeğiniz için (eğer bir bebek sahibi daha olmak istiyorsanız) doğumundan önce bakımını en iyi şekilde yapmak olacaktır. Prematüre doğumun tüm nedenleri ortadan kaldırılamasa bile birçoğu önlenebilir. Tekrar hamile kalmadan önce jinekoloğunuzla görüşerek tıbbi özgeçmişinizi tartışın, vücudunuzu ve yeme içme hatta yaşam alışkanlıklarınızı en uygun şekilde düzenleyin (Bebeğinizi Beklerken Sizi Neler Bekler ve Bebek Beklerken Neler Yemelisiniz'i okuyun)

KALICI PROBLEMLER

"Doktorumuz bebeğimizin gayet iyi olduğunu söylüyor fakat ben bazı kalıcı problemlerle karşılaşabileceğimizi düşünüyorum"

Modern tıbbın mucizelerinden birisi de prematüre bebeklerin hayatta kalma oranlarındaki artış hızıdır. Bir zamanlar 1000 gr ağırlığında doğan bir bebeğin yaşama şansı hemen hemen hiç yoktu. Günümüzde yenidoğan bilimindeki (neonataloji) ilerleme sayesinde daha küçük olarak dünyaya gelen bebeklerin bile yaşama şansı vardır.

Yaşama oranlarındaki artışa paralel olarak orta ila şiddetli derecelerde problemi (defekti) olan bebeklerin sayısında da bir artış olmuştur. Yine de bebeğinizin hastaneden eve gelirken hem hayatta hem de iyi olma olasılığı oldukça yüksektir. Prematüre doğan bebeklerin % 10'unda ve 750 gr ila 1750 gr arasında doğum tartısı bulunan bebeklerin % 20'sinde önemli sorunlar bulunabileceği hesap edilmektedir. Kalıcı problem görülme olasılığı 23 ila 25 haftalık doğanlar ve/veya 750 gr.dan düşük tartıyla doğan bebeklerde daha yüksektir; bu bebeklerin bile hayatta kalan % 40'ının yarısından fazlasında önemli bir problem olmamaktadır.

Özetle, prematüre olarak doğan her 3 bebekten 2'si tamamen normal olacak, geri kalanların çoğunda da hafif ila orta dereceli problemler ortaya çıkacaktır. IQ genellikle normaldir, ancak prematüre doğan bebeklerde öğrenme güçlüğü riski artmıştır.

Bebeğiniz tamamen normal olsa bile birkaç yıl süreyle yaşıtlarından biraz geri kalmasını bekleyebilirsiniz. Gelişimi, düzeltilmiş yaşına göre olan akranlarıyla benzerlik gösterecektir. Doğduğunda çok küçükse veya yenidoğan döneminde ciddi problemleri olduysa özellikle de motor gelişim açısından düzeltilmiş yaşına göre olan akranlarından da geri kalabilir.

Prematüre bebeklerde bir veya daha fazla nöromüsküler (kas-sinir sistemi) anomali görülebilir. Düzeltilmiş yaşları dikkate alınsa bile, zamanında doğan bebeklerle kıyaslandıklarında Moro, tonik ense ve yakalama refleksi gibi yenidoğan refleksleri uzun süre kaybolmayabilir. Ya da kas tonları anormal olabilir ki bu bazen başlarının düşmesine bazen de bacaklarının gerilip ayak parmaklarının uzanmasına yol açabilir. Bu tür belirtiler zamanında doğan bebekler için endişelenme sebebi olsa bile prematüre bebekler için normal sınırlarda kabul edilir (Yine de doktor tarafından değerlendirilmeli ve eğer gerekliyse fizik tedavi başlanmalıdır.)

Prematüre bir bebekte gelişimin yavaş olması alarma yol açacak bir şey olmayıp aslında beklenen bir şeydir. Ancak haftalar ve aylar geçmesine rağmen bebeğinizde hiçbir gelişme olmazsa veya yanıtsız görünüyorsa (hasta olmadığı halde) doktoruyla görüşün. Doktorunuz sizinle aynı endişeleri paylaşmıyorsa fakat tamamen normal olduğunu da söyleyemiyorsa bir diğer doktorla görüşün. Bazen, bebeğini her gün gören bir anne doktorun fark edemediği bazı şeyleri yakalayabilir. Eğer bir problem olmadığı netleşirse, ki genellikle böyle olur, ikinci doktorun görüşleri endişelerinizi ortadan kaldırmaya yarayacaktır. Eğer bir problem saptanırsa erken teşhis edilmesi tedaviyi ve eğitimi, hatta bakımı başlatacaktır, bu da uzun vadede bebeğinizin yaşam kalitesini son derece artırabilir.

ARABA KOLTUĞU

"Bebeğim ödünç aldığımız araba koltuğunun içinde kaybolmuş gibi görünüyor. Kucağımda olması daha güvenli değil mi?"

Bir bebeğin (prematüre veya zamanında doğmuş) annesinin (veya bir başkasının) kucağında seyahat etmesi yalnız güvenli olmamakla kalmayıp aynı zamanda da yasaya aykırıdır. Bu konu, özellikle de düşük doğum tartılı bebeklerin anne-babaları için zorluk oluşturmaktadır. Hem bu bebeklerin küçük bedenleri normal araba koltuğunda kaybolur hem de yarı oturur pozisyonda nefes alıp vermeleri güçleşir. Bir çalışmaya göre, araba koltuğunda seyahat sırasında bazı prematüre bebeklerin kanlarındaki oksijen miktarı azalmakta ve bu azalma yolculuk tamamlandıktan sonra da yarım saat veya daha fazla süre devam etmektedir. Bazı bebeklerde ise araba koltuğundayken kısa süreli apneler (nefesin tamamen kesilmesi) görülebilir. Bu tür bebekler için kazalara karşı test edilmiş bebek araba yatakları daha uygun olabilir, böylece oturur durumda değil yatar durumda olan bebeğin bir kaza esnasında solunumu fazla zarar görmez.[3] Sizin civarınızdaki bebek mobilyaları dükkanıyla görüşerek böyle bir yatak temin edebilirsiniz.

---

3. Evenflo ve Cosco Rüya Yolculuğu markalarının Sallanan Bebek Araba Yatağı, prematüre bebeklerin gereksinimini karşılamaktadır.

Eğer böyle bir yatak veya prematüre bebekler için tasarlanmış bir araba koltuğu edinemezseniz, özellikle de daha önce apne nöbetleri geçirdiyse, ilk aylarda bebeğinizle çıkacağınız araba yolculuklarını sınırlayabilirsiniz. Bir diğer seçenek de doktorundan rica edip, en azından bir süre için, araba koltuğunda oturduğu sürece solunumunu monitorize ederek herhangi bir problem yaşayıp yaşamadığını saptamak olabilir.

Bebeğinizin bir araba koltuğunda daha rahat yolculuk yapabilmesi için bir havlu veya bir battaniyeyi rulo halinde katlayarak başının etrafını destekleyebilirsiniz, ya da bebek araba koltukları için üretilmiş hazır rulolardan alabilirsiniz. Bebeğinizin vücuduyla koltuğun herhangi bir yeri arasında büyük bir boşluk varsa bir diğer havlu veya battaniyeyi katlayarak bu boşluğu doldurun.

Küçük prematüre bebeklerde bebek koltuğu veya bebek salıncağı kullanımı sırasında da benzer solunum problemleri görülebilir, bu nedenle doktorunuza danışmadan bunları kullanmayın.

BİR SONRAKİ BEBEKTE TEKRARLAMA

"İlk bebeğimizin prematüre doğması bir sonraki bebeğimizin de böyle olacağı anlamına mı geliyor?"

Tekrar prematüre bebek dünyaya getirme açısından yüksek risk taşıyıp taşımadığınız ilkinin sebebine bağlıdır. Eğer şüphe edilen sebep sizin kontrolünüz altındaki bir şeyse - örneğin hamileliğiniz sırasında sigara, aşırı alkol veya ilaç kullanımı, yetersiz beslenme, yetersiz kilo alımı ve/veya fiziksel stres (sürekli ayakta durmayı veya ağır işçilik gerektiren bir iş gibi) söz konusu olduysa - gelecekteki bebeklerinizi korumak için basitçe (belki de o kadar basit değil) yaşam şeklinizi değiştirmeniz gerekebilir. Eğer doktorunuz doğumunuzu erkenden başlatan sebebin kadınların çok az bir oranında görülen gebelik sırasında sevişme olduğunu düşünüyorsa, hamileliğinizin bir kısmında veya tümü boyunca sevişmeye ara vermeniz gerekebilir. Yapılan değerlendirmelerin sonuçları prematüre doğum yapmanız sebebi olarak hormon dengesizliğini gösteriyorsa, hormon tedavisi ile gebeliğinizi miadına kadar sürdürmeniz mümkün olabilir.

Prematüre doğumla ilişkili diğer faktörleri kontrol etmek veya ortadan kaldırmak daha zordur fakat yine de azaltılabilirler. Bunların örnekleri aşağıda yer almaktadır:

Enfeksiyon. İlk prematüre doğumunuzun sebebi akut bir enfeksiyonsa bunun tekrarlama olasılığı düşüktür; yine de zührevi (klamidya dahil), vajinal veya idrar yollarına ait bir hastalığınızın olmadığından ve gebe kalmadan önce kızamıkçık konusunda bağışıklığınızın bulunduğundan emin olun. Hamileliğiniz sırasında bir enfeksiyon geçirirseniz en kısa süre içinde tıbbi olarak tedavisini yaptırın. (Tedaviyi yapan doktora hamile olduğunuzu söylemeyi unutmayın).

Servikal yetersizlik. Eğer serviksiniz (rahim ağzı) büyüyen fetusun ağırlığı nedeniyle zamanından önce açıldıysa (büyük olasılıkla kas zaafı nedeniyle) yeni bir hamileliğin erken döneminde dikilmesi erken doğumun tekrarlamasını önleyecektir.

Rahmin yapısal bozuklukları. Tanı konduktan sonra bu tür yapısal bozukluklar ameliyatla düzeltilebilir.

Plasenta previa. Plasentanız rahminizin alt kısmındaysa, serviksinizi kısmen veya tamamen örtüyorsa ve yeni gebeliğinizde de tekrarlarsa (tekrarlaması gerekmez) tam yatak istirahatı ile erken doğumu önleyebilirsiniz.

Kronik hastalık varlığı. Eğer şeker hastalığı, kalp hastalığı, hipertansiyon veya başka bir kronik hastalığınız varsa iyi bir tıbbi bakım, bazen yatak istirahatı genellikle erken doğumu önleyebilir; doktorunuza danışın.

Stres. Eğer fiziksel veya psikolojik bir stres nedeniyle bebeğiniz erken doğduysa ikinci seferinde bunu azaltmaya çalışın. Gerekirse profesyonel yardım alın.

Yaş. Bu değiştiremeyeceğiniz bir risk faktörüdür, ilk seferinde 35 yaşın üzerindeyseniz, ikinci seferinde daha da ileri yaşta olacaksınız. Yine de hem doktorunuzun sağlayacağı tıbbi bakım hem de kendi çabalarınızla bebeğinizi miadına kadar taşıma şansınızı artırabilirsiniz. Değiştirilebilecek tüm risk faktörlerini değiştirerek fazla risklerinizi daha genç bir kadınınki kadar azaltabilirsiniz.

Daha önceki prematüre doğumunuzun sebebi bilinse de bilinmese de tekrar hamile kalmadan önce doktorunuzla görüşün. Tekrar prematüre doğum yapmamak için risk faktörlerini azaltmaya yönelik neler yapabileceğinizi sorun. Doktorunuzun önerilerine - sevişmenizi, işinizi veya diğer aktivitelerinizi azaltmak anlamına gelse bile- harfiyen uyun. Telefon aracılığıyla kasılmalarınızı doktorunuzun muayenehanesine veya hastaneye sesli olarak iletebileceğiniz bir monitör sisteminden yararlanıp yararlanamayacağınızı araştırın. Monitör, kasılmaları sizden önce saptayacağı için doğumu durdurmak için gerekebilecek tıbbi girişimler -kasılmaları önleyen tokolitik ilaçlar, yatak istirahatı veya diğer önlemler- zamanında uygulanabilir.

PREMATÜRE BEBEKLER İÇİN ÖZEL BAKIM ÖNERİLERİ

- Bu kitapta her ay için yazılanları okuyun; bilgilerin tümü zamanında doğan bebekler kadar prematüre bebekler için de geçerlidir. Bebeğinizin düzeltilmiş yaşına göre ayarlama yapmayı unutmayın.
- Özellikle de bebeğinizin eve geldiği ilk haftalarda evinizi her zamankinden daha sıcak, yaklaşık 22.2°C, tutun. Genellikle eve gelene kadar prematüre bebeklerin ısı ayar mekanizmaları çalışmaya başlar, fakat vücutlarının küçüklüğü ve yağa oranla cilt miktarlarının fazlalığı nedeniyle yardımsız çok rahat olamazlar. Buna ek olarak, vücutlarını sıcak tutmak için çok kalori harcamaları gerekirse kilo alamazlar. Bebeğiniz huzursuz görünüyorsa odanın ısısını kontrol ederek yeterince sıcak olup olmadığına bakın ve bebeğinizin kollarını, bacaklarını ve boynunu yoklayarak üşümediğinden emin olun. (Ancak odayı aşırı ısıtmayın.)
- Gerekirse prematüre bebekler için üretilmiş bezleri alın. Prematüre bebek bedeninde giysiler de alabilirsiniz fakat çok fazla almayın -kaşla göz arasında bebeğinizin büyüdüğünü ve kıyafetlerinin küçük geldiğini fark edersiniz.
- Biberon kullanıyorsanız bunları sterilize edin. Zamanında doğan bir bebek için bu önlem gereksiz olabilir fakat enfeksiyona daha yatkın olan prematüre bir bebek için gereklidir. Doktorunuz artık sterilizasyona ihtiyacı kalmadığını söyleyene kadar birkaç ay süreyle bu işleme devam edin.
- Zamanınızın çoğunu emzirerek veya biberon vererek geçirmeniz anlamına gelse bile bebeğinizi sık sık emzirin. Prematüre bebeklerin mideleri çok küçüktür ve iki üç saatte bir beslenmeleri gerekir. Zamanında doğan bebekler kadar güçlü ememezler ve doymak için bir saat kadar uzun süre emmeleri gerekebilir. Beslenmelerini aceleye getirmeyin.
- Bebeğiniz gerekli tüm besinleri içeren bir mama almıyorsa doktoru tarafından önerilen multivitamin desteği verin. Prematüre bebeklerin bu tür bir desteğe zamanında doğan bebeklerden daha çok ihtiyaçları vardır.
- Doktorunuz izin vermeden önce katı gıdalara başlamayın. Genellikle prematüre bir bebek 6.5 ila 7.5 kilo ağırlığa ulaşmadan veya en az bir haftadır günlük mama tüketimi 1000 gr'a ulaşmadan ya da düzeltilmiş yaşı altı aylık olmadan katı gıdalara geçilmez. Zaman zaman, mama veya anne sütüyle yeterince beslenemeyen prematüre bir bebek, düzeltilmiş yaşı üç aylık, kronolojik yaşı ise beş ila altı aylık olduğunda katı gıdalar başlanabilir.
- Bebeğinize zamanında doğan bir yenidoğana davranırmış gibi davranın. Zamanından önce doğan bebeklerin anne-babaları genellikle çocuklarının kırılgan olduğunu düşünürler. Sıklıkla aşırı dikkatli (bebeğin aşırı üşüdüğünü veya terlediğini ya da yeterince yemediğini veya uyumadığını düşünürler), fazla hoşgörülü (bebekleri her istediklerini yaptırın) veya aşırı bağlı (anneler prematüre bebeklerinden ayrılmakta güçlük çekerler) olurlar. Hiçbir sınır konmaz ve bu nedenle kontrol anne-babadan çok çocuğun elindedir. Böyle bir ortam normal gelişmeyi olumsuz etkileyebilir ve sonuçta bağımlı, tutturan ve mutsuz bir çocuk ortaya çıkabilir.

BİLMENİZ GEREKEN ÖNEMLİ ŞEYLER
Düşük Doğum Ağırlıklı Bebeklerde Sık Görülen Sağlık Problemleri

Prematürite riskli bir konudur. Küçücük bedenler tamamen olgunlaşmamıştır ve birçok sistem (örneğin ısı düzenlenmesi, solunum ve sindirim sistemleri) henüz tam olarak çalışmamaktadır, bu nedenle de yenidoğan hastalıklarının görülme olasılığı şaşırtıcı olmayan bir şekilde artmıştır. Bu bebekleri hayatta tutmaya yönelik teknolojik gelişmeler arttıkça zamanında doğan bebeklerde görülmeyen ya da ender rastlanan bu tür hastalıklara verilen önem de artmakta, hatta çoğunun tedavisi giderek daha büyük bir başarıyla uygulanmaktadır. Her gün, burada ayrıntılı olarak anlatılmayacak, yeni tedavi yöntemleri keşfedilmektedir; bu nedenle gelişmeleri çocuk doktorunuza veya yenidoğan uzmanına sorabilirsiniz. Prematüre bebeklerin hayatını olumsuz olarak etkileyebilecek sık rastlanan tıbbi problemler şunlardır:

Solunum sıkıntısı sendromu (RDS). İmmatürite nedeniyle, prematüre akciğerlerde akciğerlerin yüzeyindeki elastik özellikleri sağlayan deterjana benzer bir madde olan pulmoner surfaktan yetersizdir. Surfaktan eksikliğinde akciğerlerdeki küçük alveoller, hava kesecikleri, her nefes verişte balon gibi sönerek bebeğin küçük vücudunun nefes alıp verme sırasında çok zorlanmasına yol açar. Rahimdeyken, genellikle doğum sırasında, ciddi bir stresle karşılaşan bebeklerde, stresin akciğer gelişimini hızlandırması nedeniyle surfaktan eksikliği daha nadir görülür.

RDS önceleri ölümcül bir hastalıkken, günümüzde sendromun anlaşılması ve ağız veya burundan tüpler aracılığıyla ya da plastik bir oksijen maskesiyle sağlanan sürekli pozitif havayolu basıncı (CPAP) gibi tedavi yöntemlerinin gelişmesiyle RDS gelişen bebeklerin % 80'i hayatta kalabilmektedir. Vücut, genellikle üç ila beş gün içinde surfaktan üretimini başlatana kadar sürekli basınç uygulanması sayesinde akciğerlerin sönmesi engellenir. Akciğerlerin yeterince olgunlaşmadığı doğumdan önce saptanırsa ve doğum geciktirilebilirse, akciğer olgunlaşmasını ve surfaktan üretimini hızlandırılan bir hormon verilerek RDS tamamen önlenebilir. RDS'yi önlemeye en azından azaltmaya yönelik bir diğer tedavi yöntemi de ilk nefesini almadan önce yenidoğanın akciğerlerine yapay surfaktan veya insan surfaktanı yerleştirilmesidir. Solunum sıkıntısı olan çocuklarda kalp-akciğer makinesi olarak da adlandırılan ekstrakorporeal membran oksijenasyonu (ECMO) uygulanabilir ve böylece yeterince çalışmayan kalp ve akciğerlere geçici olarak destek sağlanır. (ECMO yalnızca RDS'de değil pek çok solunum yetersizliğinde kullanılır).

Bronkopulmoner displazi (BPD). Bazı bebeklerde özellikle de düşük doğum tartılı olanlarda uzun süreli oksijen verilmesi ve mekanik ventilasyon yapılması (solunumun makine aracılığıyla yürütülmesi) akciğerlerin gelişmemiş olmasıyla birleşince ortaya BPD veya kronik akciğer hastalığı çıkar. Yenidoğan bir bebeğin yirmi sekizinci günden sonra oksijen ihtiyacında artış olursa bu tanı konabilir. Akciğer grafisinde belirli değişiklikler görülür ve bu bebekler çok yavaş kilo alıp, solunum durmasına eğilimlidirler. Bebeklerin bir kısmı eve gittiklerinde de oksijen almaya devam ederken diğerlerinde komplikasyonları önlemek amacıyla sıvı kısıtlaması yapılır ya da diüretikler veya bronkodilatörler kullanılır; bebeklerin tümü büyüme ve gelişme için yüksek kalorili beslenmeye gereksinim duyarlar. Genellikle akciğerler olgunlaştıkça bu durum düzelir.

Hipoglisemi. Kan şekerinin düşmesi bir erişkinin başının dönmesine ve huzursuz olmasına yol açarken tedavi edilmezse, yenidoğanda beyin hasarı ve retardasyon gibi daha ciddi sonuçlara yol açabilir. Bu sorun, sıklıkla çoğul gebeliklerde dünyaya gelen ve genellikle 2 kilodan küçük olan en küçük bebeklerde ve diyabetik annelerin bebeklerinde (genellikle doğum tartıları az değil fazladır) görülür. Hipoglisemi, ilk

24 ila 48 saatte araştırılır ve saptanırsa kan şekerini normal sınırlara getirmek üzere derhal tedavi başlatılır.

Patent duktus arteriosus. Fetal dolaşım sisteminde aort (kanı kalpten vücudun her tarafına taşıyan damar) ile sol pulmoner arteri (akciğerlere kan taşıyan damar) birbirine bağlayan ve duktus arteriosus adı verilen bir damar bulunur. Bu damar, henüz işlevsel olmayan akciğerlerden kanı uzaklaştırır ve gebelik süresince kanda yüksek düzeyde bulunan prostaglandin E (vücut tarafından üretilen yağ asidi gruplarından biri) sayesinde açık kalır. Normalde doğum sırasında prostaglandin E düzeyi azalır ve birkaç saat içinde duktus kapanır. Fakat çok küçük prematüre bebeklerin yaklaşık yarısında (1500 gr.'ın altındakiler) ve bazen daha büyük bebeklerde prostaglandin E düzeyi azalmaz ve duktus açık "patent" kalır. Birçok vakada yorulunca ortaya çıkan nefes darlığı veya dudaklarda morarma dışında semptom bulunmaz ve duktus neonatal dönemde kendiliğinden kapanır. Ancak, zaman zaman, ciddi komplikasyonlar ortaya çıkabilir. Antiprostaglandin bir ilaçla (indometazin) tedavi genellikle duktusun kapanmasına yardımcı olur; ilaçla kapanma sağlanamazsa basit bir cerrahi girişim ile tedavi yapılır.

Prematüriteye bağlı retinopati. Retrolental fibroplazi olarak da adlandırılan bu durum, gözdeki retina tabakasının harabiyetine, miyop olma riskinde artışa, amblyopiye (şaşılık), nistagmusa (gözün istemsiz ritmik hareketleri) hatta körlüğe yol açabilir. ROP çok küçük bebeklerde yaygın olarak görülür - 750 gr.'ın altındaki her 5 bebekten 4'ünde rastlanırken 1500 ila 1750 gr. ağırlığında doğan her 100 bebekten yalnızca 3'ünde görülür. Önceleri fazla oksijen verilmesinden kaynaklandığı düşünülürken günümüzde bebeğin kanındaki oksijenin dengesizliğinden ve çeşitli başka faktörlerden (bebek odasındaki parlak ışıktan, annenin diyabetinden, gebeliğin son iki haftası içinde annenin kullandığı antihistaminik ilaçlardan, vs.) kaynaklandığı düşünülmektedir. ROP bulunan yenidoğan pediatrik bir göz doktoru tarafından görülmelidir. Bebeğe oksijen verilirken kan gazlarının yakından monitorizasyonu da rutin bir işlem haline gelmiştir ve hasarın azalmasını sağlamaktadır. Ağızdan veya kas içine enjeksiyonla E vitamini verilmesi de yararlı olmaktadır[4] fakat doz ayarlaması yapabilmek için bebek büyüdükçe kan düzeyi sık sık ölçülmelidir. Körlüğün önlenmesinde kriyocerrahi ile agresif tedavi (retinanın daha fazla ayrışmasını önlemek amacıyla kan damarlarının harap edilerek aşırı artışlarının durdurulması) etkili olabilir. (Demir eksikliği anemisi mevcut değilse ROP'li yenidoğanlara retinalar olgunlaşana veya bu durum düzelene kadar demir takviyesi yapılmamaktadır; doktorun onayı olmadan takviyede bulunmayın).

Ventrikül içi kanama. Fetusun olgunlaşmamış beyni venler, arterler ve kapillerle dolu olan ve 38. haftada kaybolan jelatinimsi yapıdaki germinal matriksi içerir. Bu yapı ortadan kaybolmadan önce doğan bebeklerde damarların ince olması ve içlerindeki kan miktarının fazlalığı nedeniyle kanama riski fazladır. Prematüre bebeklerde ventrikül içi kanama oldukça yaygındır ve % 30 veya % 40'ında görülüp, genellikle ilk 72 saat içinde ortaya çıkar. Kanamanın şiddeti birden dörde kadar bir ölçek üzerinde derecelendirilir, I. derecedeki kanamanın şiddeti en hafifken dördüncü derecedeki kanamanın şiddeti en ağırdır. Dördüncü derece kanama, ileride gelişebilecek örneğin hidrosefali gibi problemlerin düzeltilebilmesi amacıyla, yakından izlenmeyi gerektirir. III ve IV. derece kanamalarda, kanama tamamen emilene kadar düzenli olarak kafa ultrasonografisi ile takip gerekir. Daha şiddetli kanaması olan bebekler ilk andan itibaren nöbet geçirme açısından daha sonraları ise kalıcı sekeller açısından risk altındadırlar. Bu durumu önlemek ve/veya tedavi etmeye yönelik yöntemler geliştirilmeye çalışılmaktadır, bunlardan biri de beyindeki kan akımını azaltmaya yönelik olan geçici kas felcidir.

Nekrotizan enterokolit. Bağırsak civarındaki dokunun bozularak harap olduğu bu bağırsak hastalığının semptomları, genellikle ikinci ve yirminci günler arasında ve sıklıkla düşük do-

---

4. Ciddi komplikasyonlara yol açması nedeniyle yenidoğanlara E vitamini damar yolundan verilmemektedir.

ğum tartılı bebeklerde görülür. Bu semptomlar, karında şişkinlik, safralı kusma, nefes almanın durması ve dışkıda kan görülmesini içerir. Sebebini açıklamaya yönelik çeşitli teoriler geliştirilmiş olsa da hiçbiri tatminkar değildir. Bu durumun oluşmasında mama kullanımı (anne sütüyle beslenen bebeklerde daha seyrek görülmektedir) da dahil olmak üzere birçok faktörün katkıda bulunduğu düşünülmektedir. Nekrotizan enterokolit saptanan bir bebek damar yolundan beslenmeye başlar ve semptomlarına göre tedavi edilir. Bağırsakta ciddi harabiyet varsa harap olmuş bölgeler cerrahi girişim ile uzaklaştırılır.

Prematürite apnesi. Apne, dönemler halinde nefes almanın durması, her yenidoğanda görülebilir fakat bu problem prematüre bebeklerde daha yaygındır. Bir bebeğin solunumu 15 saniyeden daha uzun süre durduğunda veya bradikardi, kalp hızında yavaşlama, ile birlikte olduğunda prematürite apnesi tanısı konur. Apne saptandığı zaman bebeğin monitorizasyona ihtiyacı olup olmadığını anlamak için bir inceleme yapılır . Altı ayı geçtikten sonra prematürite apnesinin monitorizasyonuna gereksinim yoktur fakat ilk altı ay içerisinde bebek büyüdükçe kalp hızı kendiliğinden yavaşlayacağı için monitörün sık sık ayarlanması gerekebilir (aksi taktirde kalp hızının yavaşlamasıyla ilgili yanlış alarmlar görülebilir). Bu tür bir apne, bebek beklenen doğum tarihini geçtikten sonra tekrarlamazsa SIDS (ani bebek ölüm sendromu) ile bağıntılı değildir.

Sarılık. Prematüre bebeklerde zamanında doğan bebeklere kıyasla sarılık daha fazla görülür. 68. sayfada bu konuyla ilgili bilgileri bulabilir ve tedavisini okuyabilirsiniz.

-20-

Sorunlu Bebek

Dokuz ay boyunca sağlıklı, mükemmel bir bebek bekledikten sonra bunun daha azına sahip olmak son derece üzücüdür. Ve böyle bir darbeyle karşılaşmamış hiç kimse, sorunlu bir bebeğin doğumuyla karşı karşıya kalan annelerin, babaların ve ailelerin çektiği sıkıntıyı, üzüntüyü kolay kolay anlayamaz. Yine de bu anne-babaların çok büyük bölümü, başlangıçtaki çaresizlik, ümitsizlik ve üzüntüden kurtulmayı başarır. Doğuştan kusurlu bebeğin sorunlarıyla baş edebilmeyi öğrendikçe, çocuğun sorunlarına alışmaya ve onu, bütün çocukların ihtiyaç duyduğu sevgiye, dikkate ve disipline ihtiyaç duyan bir birey olarak, yani gerçeği görmeye başlarlar.

Bazı anne-babalar, ilk önceleri son derece korkutucu gözüken sorunun, ameliyatla, ilaçlarla veya diğer tedavilerle düzeltilebileceğini ya da en azından hafifletilebileceğini keşfeder. Diğerleri ise bebeğin sağlığına kavuşturulması için yapılabilecek hiçbir şey olmadığını öğrenir. Ancak bu aileler bile sorunlu bebeğin yaşamlarına başka bir boyut kattığını ve başka hiçbir zaman hissetmedikleri bir tatmin hissettiklerini fark eder. Çocuklarının fiziksel olarak ve zekâ bakımından uyarılabilmesi için çok daha fazla ve uzun süre çaba harcamaları gerektiğini anlamalarına rağmen sonunda elde edilen ödül, her türlü çabaya değer. Ve zaman geçtikçe de çocuklarının kendilerine, üzüntü ve ızdırabın yanı sıra, sevginin ne olduğunu öğrettiğini de keşfederler.

Bu kitapta yer alan genel bilgilerin çoğu, doğuştan kusurlu bebeği olan anne-babalara yardımcıdır ama bu bölümde, yalnızca söz konusu ailelere özgü bazı kararlar ve adaptasyonlar ele alınmaktadır. Uzun süreli hastane tedavisi gibi diğer konularda ilave bilgi elde etmek için, 19. Bölüm'e bakılabilir.

BEBEĞİN BESLENMESİ: Diyet Fark Eder Mi?

Bütün anne-babalar, sağlıklı olsun olmasın çocukları için her şeyin en iyisini yapmak isterler. Doğumdan itibaren en uygun şekilde beslenme, bebeklerin, potansiyelleri ne olursa olsun bunu tam anlamıyla gerçekleştirmelerine yardımcı olmanın yollarından biridir. İyi bir diyet gerçi çocukta doğum kusurlarının bulunduğu şeklindeki gerçeği ya da bebeğin durumunu değiştiremez ama, genel sağlık durumu üzerinde etkili olabilir ve çocuğun davranışlarını, öğrenme yeteneğini ve gelişmesini olumlu yönde etkileyebilir. Ancak diyet uygulamalarının, yani özel bir diyete uyulmasının, örneğin çok yüksek dozlarda vitamin verilmesinin, doğuştan kusurlu bir bebeğin tıbbi durumunda önemli bir gelişme sağladığını gösteren hiçbir kanıt yoktur. Bu ancak, söz konusu kusurun diyetle ilgili olduğu durumlarda faydalı olabilir.

Bu gibi alışılmadık diyet ihtiyaçları olmayan bebeklerde en iyi beslenme, mümkün olduğu taktirde anne sütüyle ya da piyasada bulunan bebek mamalarıyla başlar ve daha sonra da gerekli ilavelerle devam eder.

MERAK ETTİKLERİNİZ

BEBEKTEKİ KUSURDAN BEN Mİ SORUMLUYUM?

"Doktorumuz, bebeğin tamamen normal olmadığını söyledi. Bu durumdan bir bakıma sorumlu olduğum, sorunu önlemek için yapabileceğim bir şeylerin mevcut olduğu düşüncesinden kendimi bir türlü kurtaramıyorum."

Anne-babalar, çocuklarının başına kötü bir şey geldiğinde, çoğu zaman bunun sorumluluğunu kendilerinde ararlar. Çocuğun kendi dikkatsizliği sonucu yere düşmesi karşısında bile "Acaba ne hata yaptım?" diye düşünürler. Kusurlu bir bebek doğduğu zaman anne-babanın suçluluk hissi, büyük boyutlara ulaşabilir ve bu insanları ileri derecede yıpratabilir. Anne-baba, doğum kusuruna yol açan hemen bütün nedenlerin kendi kontrolleri altında olmamasına rağmen, çocuğun bu durumuna yol açan yanlış bir şey yaptıkları düşüncesine kapılabilir. Bu suçluluk hissi, annenin ya da babanın veya her ikisinin bebek sahibi olmak bakımından kararsız oldukları durumda özellikle güçlüdür ve böyle bir kararsızlık, her annede veya babada az ya da çok mevcuttur. Bu şekilde düşünen anne-babalar, dile getiremedikleri düşüncelerinin, çocuğun durumundan sorumlu olduğu; böyle bir bebeğin, gerçekten bebek istememelerine karşılık bir ceza niteliğini taşıdığı sonucuna varabilir. Ve bu gibi anne-babaların, "kendilerinin suçlu olmadığı" konusunda tekrar tekrar ikna edilmeleri gerekebilir.

Fetal alkol sendromu gibi bazı sorunlarda doğum kusurunun gelişmesi, annenin davranışlarına, tutumlarına bağlanabilir ve bu durum, annedeki suçluluk hissini kolay kolay giderilemeyecek şekilde artırır. Ancak alkolizmin de aynen şeker hastalığı gibi bir hastalık olduğunu, alkolik annelerin bebeklerine zarar vermek amacıyla değil, alkolizmin kendilerini kontrol etmesi nedeniyle içki içtiklerini önemle akılda tutmak gerekir. Alkolik bir anne geçmişteki yanlış davranışlarını geriye dönüp düzeltemeyebilir, ama kendi sorunuyla başa çıkabilmek ve alkolizmin ileride bebeğine ve daha sonra doğurabileceği bebeklerine zarar vermesini önlemek üzere gerekli tedavinin uygulanmasını isteyebilir.

Herhangi bir temele dayansın ya da dayanmasın suçluluk hissi ne size, ne kocanıza ne de bebeğinize fayda sağlayacak, aksine hepinize büyük zararlar verebilecektir. Duygusal enerjinizi kendi kendinizi suçlayarak tüketeceğinize bebeğinizin ve ailenizin geleceği için atılacak olumlu adımlar üzerinde yoğunlaştırmak, yapabileceğiniz en iyi şeydir.

ÖFKE DUYMAK

"Down sendromu olan kızım doğalı beri herkese; doktorlara, kocama, kendi ana-babama veya bebekleri normal olan ana-babalara, hatta kendi kızıma karşı bile büyük bir öfke duyuyorum."

Böyle bir öfke hissetmemeniz için herhangi bir neden göremiyorum. Şöyle düşünün, dokuz aydan ve belki de çok uzun süreden beri devam eden düşleriniz, birdenbire karabasana dönüştü. Normal, sağlıklı bebekleri, çocukları olan çevrenizdeki arkadaşlarınıza, komşularınıza, akrabalarınıza, çarşı-pazardaki yabancılara bakıyor ve "Benim çocuğum niçin böyle değil?" sorusunu soruyorsunuz. Bu soruya tatmin edici bir cevap verememeniz, durumunuzu daha da kötüleştiriyor. Bu nedenle hiçbir kabahati olmasa bile doğumu yaptıran doktorunuza, herhangi bir mantıklı neden bulunmasa bile kocanıza, kendilerinin sağlıklı-yeni doğan kardeşlerinin sağlıksız olmasında hiçbir kabahatlerinin bulunmadığını bilmenize rağmen diğer çocuklarınıza kızabilir, öfkelenebilirsiniz.

Bu öfkenizin normal olduğunu kabul edin ama aynen suçluluk hissi gibi öfke hissinin de olumlu, yararlı bir duygu olmadığını bilin. Öfkelenmek, bebeğinize ve onun ihtiyaçlarını karşılamaya yönlendirmeniz gereken çok miktarda enerji tüketmenize neden olur. Geçmişte olanları değiştiremezsiniz ama çocuğunuzun geleceğine olumlu bir yön verebilmek, sizin ellerinizdedir.

BEBEĞİ SEVMEMEK

"Doğum kusuru olan kızımız doğalı neredeyse bir ay oldu ama kendimi ona yakın hissedemiyorum ve asla hissedemeyeceğimi düşünüyorum."

Bunlar yabancısı olduğumuz duygular değildir. Sağlıklı bebekleri olan anne-babaların bile ailenin bu yeni üyesine karşı tam anlamıyla yakınlık hissetmesi, yakınlaşması için çoğu zaman aylar gerekir. Başlangıçtaki reddetme duygusu daha sonra kararsızlığa, bunu takiben kabullenmeye ve en son olarak da sevgiye dönüşür. Bebekleri kusurlu olan anne-babalarda bu sürecin çok daha yavaş işlemesi, ilk iki reaksiyonun daha abartılı olması, anlaşılabilir bir durumdur. Annenin sakat bebeğini kabul edebilmesi için, zihninde yaşattığı ideal bebek formundan kurtulmasına ve yüreğini, sahip olduğu bebeğe açmasına ihtiyaç vardır. Bebeğinize sevgiyle yaklaşmak onunla oynamak, ona ninniler söylemek, onu kucağınıza alıp sallamak ve öpmek; ona karşı ihtiyaç duyduğunuz (ve bebeğinizin de en az sizin kadar ihtiyaç duyduğu) sevginin gelişmesine yardım edecek, bütün çocuklarda mevcut olan sevgi uyandırıcı özellikleri keşfedip bu özellikler üzerinde odaklanmanızda yardımcı olacaktır.

Aradan bir süre geçmesine rağmen kendinizi bebeğinize yakın hissedemiyorsanız, doğuştan kusurlu bebekleri olan anne-babalarla birlikte çalışan, deneyimli bir uzmandan yardım isteyebilirsiniz.

"Doktorlar çocuğumuzun kendi başına yaşayamayacağını söylüyor ve biz de çocuğumuza çok aşırı bağlanmaktan korkuyoruz."

Sorunlu bir yaşantı sürecek bebekleri olan ana-babalar, bu sevgi ve kaybetme hislerini paylaşırlar ve bilinçli olarak da bebeklerine daha çok bağlanırlar. Ancak çalışmalar anne-babaların, durumları kritik olan, öleceğini bildikleri bebeklerini bir kuvözün penceresinden seyrederken bile, bebekleri öldükten sonra ne olacağını düşünebildiklerini göstermektedir. Bu belki de onların "en azından, bebeğimizi hayattayken sevmiştik" şeklinde düşünmelerinden, gerçek anlamda keder duymalarından (sahip olmadığınız bir şeyin kaybından dolayı kederlenemezsiniz) kaynaklanmaktadır ve bütün bunlar ana-babanın, karşılarındaki korkunç durumun olumsuz etkilerini atlatabilmesi için şarttır. Durumu kritik olan bebeğinize sevgi duymak ve bu şekilde ona bir yaşama nedeni hazırlamak, bebeğinizin yaşama iradesini önemle etkileyebilir ve onun bu durumdan kurtulmasına gerçekten de yardımcı olabilir.

BAŞKALARINA NE SÖYLEYECEĞİM?

"Oğlumuzun doğuştan kusuru, açıkça fark ediliyor. İnsanlar bebeğimi gördüklerinde bana ne söyleyeceklerini bilemiyorlar ve ben de onlara ne söylemem gerektiğini bilmiyorum."

İnsanların doğuştan kusuru olan bir çocuk gördüklerinde ne söyleyeceklerini bilememeleri, çocuktaki kusur kadar açıktır ve kolayca hissedilebilir. Bu insanlar, gerekeni söylemek isterler ama bu "gerekenin" ne oluğunu bilmezler. Size destek olmak isterler, ama bunu nasıl yapacaklarını bilmezler. Bebeğin doğumundan ötürü sizi kutlamak isterler ama neredeyse başsağlığı dilemelerinin daha uygun olacağı hissine kapılırlar. İçinde bulundukları sıkıntılı durumu bildiğinizi anlatarak, hislerini ifade etmeleri için zemin hazırlayarak, onlara ve kendinize yardımcı olabilirsiniz. Eğer yapabileceğinizi hissediyorsanız, huzursuz olduklarını anladığınızı hissettirin ve hemen bütün insanların ilk anda bu şekilde tepki göstermelerinin normal olduğunu bildirin. Bebeğinizin "beklediğiniz bebek" olmamasına rağmen sizin bebeğiniz olduğunu, onu sevdiğinizi ve bebeğinize mümkün olduğunca normalmiş gibi davranacağınızı ve kendilerinin de aynı şekilde davranacağını ümit ettiğinizi söyleyin.

Bu, soruna gerçekçi ve mantıklı bir çözümdür ama ilk anda bu çözümü kullanmayabilirsiniz. Yabancılara, hatta bazen dostlarınıza ve ailenize anlayış göstermek istemeyebilir, hatta onları düşüncesizlikle veya nezaketsizlikle suçlayabilirsiniz. Diğer insanları rahatlatamayacak kadar kötü durumdaysanız, bunu sorun etmeyin. Zamanla ve gerektiğinde bireysel tedaviyle, durumu daha iyi göğüslemeyi öğreneceksiniz.

Bebeğinizle daha sık ve yakından teması olan dostlarınız ve akrabalarınız, daha fazla bilgi sahibi olmak isteyeceklerdir. Hislerini açıkça ifade etmeleri açısından kendilerini cesaretlendirmenizin yanı sıra bu insanların, çocuğunuzun sorunları ve özel ihtiyaçları konusunda da eğitilmesi gerekir. Kendilerine, çocuğunuzdaki tıbbi sorunla ilgili broşürler veya kitaplar verin, bebeğin doktorundan bu insanlarla konuşmasını isteyin, yine bu insanları ailenizin diğer bireyleriyle rahatça konuşmaya teşvik edin. Çocuğunuzun bakımında size yardımcı olmalarını sağlayın; örneğin bebeğinizi kucaklarına alma, bebeği yıkama, altını değiştirme ve bebekle oynama fırsatını verin. Zamanla bu insanlar da bebeğinizin ne kadar sevilebilir bir birey olduğunu fark edeceklerdir.

Bazen kendi anneleriniz ya da babalarınız, "Acaba çocuklarına kusurlu bir gen mi aktardım?" şeklinde düşünerek suçluluk ya da "Niçin bana sağlıklı bir torun vermediniz?" şeklinde düşünerek öfke hissedebilir ya da sorunun bütün çözümünün kendilerince bilindiğini zannederek "şu mamayı ver" ya da "filanca doktora git" gibi önerilerde bulunabilirler. Eğer bu aile büyüklerini bebeğin bu durumunu kabullenme ve onları bebekteki sorun hakkında eğitme çabalarınız sonuç vermez; olumsuz tutumları, çekirdek ailenizin titiz dengesini tehdit etmeyi sürdürürse, iletişim kanallarını açık tutun ama, onların sorunlarının, sizin sorunlarınız haline gelmesine izin vermeyin.

Elinizden geleni yapmanıza rağmen, olasılıkla kendilerine olan güvensizliklerinden dolayı düşüncesiz ve insafsız yorumlarda bulunacak, farklı olması nedeniyle çocuğunuza gereken değeri vermeyecek ve çocuğunuzla birlikte olmaktan rahatsızlık duyacak insanlar, çevrenizde her zaman bulunacaktır. Bu insanların hoşgörüsüzlüğünün, hem sizi hem de bebeğinizi inciteceği zamanlar olacaktır. Çevrenizi eğitmekten ne kadar hoşlanırsanız hoşlanın, buna zaman zaman imkan olmadığını da göreceksiniz. Bu durumda yapmanız gereken şey, başınızı dik tutmak ve eğitemediğiniz bu dar kafalı insanları görmezden gelmektir.

MEVCUT SORUNLA BAŞEDEBİLMEK

"Bebeğimizi, bütün sorunlarıyla ve özel ihtiyaçlarıyla birlikte seviyoruz ama bakımından, yetiştirilmesinden sorumlu olduğum başka bir çocuğumuz daha varken, kendimi tamamen yenilmiş ve mücadele edemeyecek biri olarak görüyorum."

Doğuştan kusurlu bir bebeği büyütmek, gerek fiziksel gerekse duygusal açıdan insanı tüketebilir. Bu özellikle, sorumluluğun büyük bölümünü üstlenmiş olan anne için geçerlidir ve anne, dışarıda iş sahibi olan biri olsa bile bu böyledir.

Daha fazla dinlenin. Eğer gününüzün tamamını bebeğinize ayırabiliyorsanız (sorunlu bebeği olan çalışan annelerin büyük bölümü, tekrar çalışma hayatına dönmeyi ertelemektedir), evden dışarı çıkmanızı, sürekli bebekle birlikte olmanın yaratacağı stresten geçici olarak bile uzaklaşmanızı sağlayacak yollar bulmak durumundasınız. Her hafta en az birkaç saat evinizin dışına çıkın ve bu sırada bebeğinizi bir akrabanıza, dostunuza, güvendiğiniz bir bebek bakıcısına veya bebek hemşiresine emanet edin. Bu birkaç saatlik sürede kocanızla bir akşam yemeği, bir dostunuzla bir öğle yemeği yiyin, bir sinemaya veya konsere gidin ya da ağaçlıklı bir yolda yürüyün, sizi en fazla ne rahatlatıyorsa onu yapın. Her gün 1-2 saatlik kaçamaklar yapmak, örneğin kuaföre, yüz bakımına (kendinize bakmanız, size fiziksel moral verecektir), bir arkadaşınızı ziyarete gitmek, bir gazeteciden birkaç dergi almak size çok daha iyi gelecektir. Başka bir çocuğunuz daha varsa, kaçamaklarınızdan bazılarını onunla paylaşın; bu her ikiniz için de faydalı olacaktır.

Daha rahat olmaya çalışın. Üzüntülerinizi, korkularınızı, şikâyetlerinizi içinize atmayın; bunları eşinizle, annenizle veya kız kardeşinizle, en iyi arkadaşınızla, doktorunuzla, sizin durumunuzdaki diğer annelerle, gerekirse profesyonel bir danışmanla paylaşın. Durumu sizinkine benzeyen annelerle bir arada olmaktan başlangıçta hoşlanmayabilirsiniz ama daha sonra bunun size yardımcı olduğunu fark etmeniz mümkündür. Günlük tutmak, duygularınızı ifade edip endişelerinizi yenmek için iyi bir yoldur. Sorunlarınızı ve bunlar konusundaki ilerlemeleri, ne yaptığınızı ve ne yapmanız gerektiğini kaydedin. Yaşamınızı kâğıt üzerinde görmeniz, bunun başedilebilir bir yaşam olduğu konusunda sizi daha iyi ikna edebilir.

Daha fazla yardım alın. Her şeyi kendi başınıza yapamazsınız. Eğer evinizde size yardımcı olacak birine ücret ödemeniz mümkün değilse, dostlarınızdan ve ailenizden daha fazla yardım istemelisiniz. Bu insanların zamanını ve enerjilerini istismar etmediğiniz sürece, kendinizi suçlu hissetmeniz gereksizdir. Bu insanların nezaketinden faydalananın siz olduğunu düşünebilirsiniz ama size yardımcı olma duygusu, belki onlar için daha da büyük bir kazançtır.

DOĞRU TEŞHİSİ ÖĞRENMEK

"Aile doktorumuza göre çocuğumuzda son derece ciddi, doğuştan bir hastalık var. Ancak inanamıyorum, ailemizdeki herkes o kadar sağlıklı ki ..."

Ağır bir hastalığı, özellikle çocuğumuzda mevcutsa, kabullenmek kolay değildir. Bu öğrenildiği zaman genellikle ilk gösterilen reaksiyon, kabullenmemektir; teşhisi koyanın hata yaptığını ümit ederiz. Duruma netlik kazandırmanın en iyi yolu, teşhisi doğrulatmaktır, hatasız insan yoktur. Bu nedenle eğer henüz yapmadıysanız çocuğunuzu, konulan teşhis konusunda deneyimleri olan bir çocuk hastalıkları uzmanına iyice muayene ettirin ve hem teşhisi doğrulayacak, hem de mevcut diğer sorunları ortaya çıkarabilecek bütün testleri mutlaka yaptırın. Ailenizin tıbbi geçmişi (bu arada ailede mevcut herhangi bir kalıtsal hastalık), gebeliğiniz süresinde olanlar ve alışkanlıklarınız (sigara, tütün, alkol) ve kullandığınız ilaçlar, özellikle ateşli hastalıklar konusunda mümkün olduğunca fazla ve ayrıntılı bilgi vererek, doktora bu konuda yardımcı olabilirsiniz. İçtenlikle vereceğiniz bilgiler doktora, teşhisinde yardımcı olabilir.

Eğer ikinci doktorun teşhisi de ilkiyle aynıysa, bunun doğruluğuna güvenebilirsiniz; çocuğunuzu götüreceğiniz doktor sayısını artırmak, gerçeği değiştirmeyecektir. Çok sayıda doktorun hep birlikte hata yapma şansı 1 milyonda 1'dir ama bu ihtimal oranı, sorunun gerçekten mevcut olmasından daha iyidir ve doğuştan kusuru olan birçok bebeğin ana-babası gibi siz de bu teşhisin yanlış olduğunu kanıtlamanın peşindesinizdir.

Teşhisin ne olduğunu kesin olarak anlayın. Anne-babalarına bebeklerinde doğuştan bir kusurun mevcut olduğu ilk söylendiğinde bütün ayrıntıların, bu şok anında kendilerine verilememiş olması doğaldır. "Çocuğunuz normal değil" sözcüklerinin ardından anlatılan hiçbir şey, o an için net olarak anlaşılamaz. Bu nedenle teşhisi ilk defa öğrendikten sonra doktordan, ayrıntıları öğrenmek amacıyla ikinci bir randevu isteyin (düşüncelerinizin bu konu üzerinde odaklanmasını bir süre beklemeyin). Doktordan ve bebeğinize bakan hemşireden aldığınız bilgilere ilave olarak kitaplardan, benzer durumdaki başka ailelerden bilgi edinin. İyi niyetli, ancak bilgisiz komşulardan veya aile dostlarından gelecek önerilere itibar etmeyin; bu öneriler tıbbi bilgilerden çok, kulaktan dolma bilgilere dayanır.

Bebeğinizi eve götürmeden önce doktorunuzdan; davranışları, gelişmesi, tıbbi sorunları bakımından nelerle karşılaşmayı beklediğinizi tam olarak öğrenin, doktora/hastaneye gitmeniz konusunda sizi uyaracak işaretlerin neler olduğunu bilin; sizin ve ailenizin, bebeğin sahip olduğu

ANLAYIŞLI BİR DOST OLUN

Bir dostlarının, akrabalarının, komşularının ya da tanıdıklarının doğuştan kusurlu bir bebek sahibi olduğunu, çocuğun ağır hasta olduğunu ya da doğumdan kısa süre sonra öldüğünü öğrendiklerinde ne diyeceklerini pek az insan bilebilir. Her kişi ve her durum başkalarına benzemediğinden, söylenebilecek basmakalıp sözcükler yoktur. Yine de aşağıdaki yaklaşımlar, bu bakımdan yardımcı olabilir:

• ***İyi dinleyin.*** Sakın "neler hissettiğinizi biliyorum" demeyin; çünkü bilemezsiniz ve dileriz, öğrenmezsiniz. "Cesur olun" demeyin ya da başka bir öğüt vermeyin. Zor durumdaki anne-baba zaten, doktorlardan ve yardımcılarından bol miktarda öneri almaktadır. Anne-babanın ihtiyacı sizlerden sevgi, destek ve dinleme isteğidir. Herhangi bir hükme varmadan ya da kendi görüşlerinizi bildirmeden, onların akıl ve yüreğindekileri dinleyin. Bırakın duygularını, ne olursa olsun, açıklasınlar (bu duygu bazen öfke, bazen ümitsizlik ifade edebilir). Sorunlu bebeğin ane-babasına uygulayabileceğiniz en iyi tedavi budur, yani onların "içini dökmesini" sağlamaktır.

• ***Bilgi sahibi olun.*** Eğer anne-baba bebeğin sorunlarından söz etmek istiyorlarsa, dinleyin. Ancak bu korkunç hikâyeyi sizden önce başkalarına da defalarca anlatmışlarsa ve artık bu konuda pek konuşmak istemiyorlarsa, durumu bir akrabalarından veya dostlarından öğrenin ve böylece anne-babanın aynı sorunu tekrar yaşamalarına engel olun. Ne yapmaları gerektiğini daha iyi anlayabilmek için, bu bölümü (ve gerekirse bir önceki bölümü) okuyun ve bilgi edinin.

• ***Beden dilini kullanın.*** Sözcükler işe yaramadığı zaman, karşınızdakinin elini avuçlarınızın içine alarak sıkmak, sempatik bir bakış, sevgi dolu bir kucaklaşma, vermek istediğiniz mesajı en iyi şekilde aktarabilir.

• ***Kaçmayın.*** Ne söylememiz veya yapmamız gerektiğini bilmediğimizden dolayı çoğu zaman korkakça bir tutum izler ve başları dertte olan dostlarımızla temastan kaçınırız. Oysa dostlarımızın böyle bir davranış konusundaki görüşü "bizimle hiç görüşmeyeceğine, keşke görüşüp yanlış sözler söyleseydi" şeklinde olmaktadır. Telefon konuşmaları, ziyaretler ve davetler şimdi, her zamankinden çok daha önemlidir ve asla ihmal edilmemelidir. Acısını tek başına çekmek isteyen bir dostunuzun üzerine çok fazla gitmek doğru olmasa da, hemen bu yönde karar vermeyin ve sorunu kendileriyle paylaşmaya çalışın.

• ***Yardımcı olun.*** Bebeğini kaybeden ya da bebeği hastanede tedavi olmak durumunda kalan veya çok dikkatli bakım isteyen bir anne-babanın arkadaşlarının ve ailesinin yapabileceği çok şey vardır. Yemek yapmak, ailenin diğer çocuğuna bakmak, çamaşırları yıkamak, evi temizlemek, toz almak ya da mümkünse bebeğe 1-2 saat bakmak, yapabileceğiniz yardımlardandır. Anne-babanın yükünü bu veya benzer şekillerde hafifletmeniz, şüphesiz takdir görecektir.

potansiyeli tam olarak geliştirmesi için neler yapması gerektiği konusunda bilgi edinin. Bu sırada küçük küçük notlar alın ve eve gittiğinizde, söylenenleri anımsamak için bu notlara bakın.

TEDAVİYİ KABUL EDİP ETMEMEK

"Bebeğimiz doğduğunda, beyninin bir bölümü yoktu. Doktorlar, yaşama şansının olmadığını söylediler ama ömrünü biraz uzatabilecek bir ameliyat yapabileceklerini bildirdiler. Neye karar vereceğimizi bilemiyoruz."

Uzun süre yaşama umudu olmayan bebeklerin tedavi edilip edilmemesi ve yaşam desteğine bağlı durumda yaşatılıp yaşatılmaması konusu, birçok toplumun henüz karar veremediği genel bir etik konudur ama bu sorun artık sizin kişisel sorununuz olmuş durumdadır. Bu konuda karar vermeden önce ailenizle, bebeğin doktoruyla ve bir din adamıyla konuşmanızda fayda vardır. Bunun için gerekli zaman, hemen her defasında mevcuttur. Böyle bir zaman yoksa bile bebeğinizin doktoruyla konuşma olanağını her zaman bulabilirsiniz. Doktor size, yaşatıldığı taktirde çocuğunuzda beklenen yaşam kalitesi hakkında fikir verecek, uygulanması düşünülen tedavinin çocuğun yaşam kalitesini mi düzelteceğini, yoksa yalnızca ölümünü mü geciktireceğini söyleyecektir. Kararınızı verirken, topladığınız bütün bu bilgileri kullanın ama asıl, yüreğinizin sesini dinleyin: Ne yönde olursa olsun bu karar, sizin için en iyisi olmak durumundadır.

Yaşamasından ümit kesilen çocukların anababaları bazen, çocuklarının organlarını, ihtiyacı olan diğer hastalara nakledilmesi konusunda izin vermekle bir miktar teselli bulmaktadır. Ancak bu, bazen tıbbi bazen de yasal nedenlerle her zaman kolay değildir ama eğer ilgileniyorsanız, doktorunuza ve hastane yetkililerine bu konudaki isteğinizi bildirin.

EN İYİ TEDAVİNİN VE BAKIMIN SAĞLANMASI

"Sakat olmasına rağmen bebeğimize en iyi yaşam şansını vermeyi kararlaştırdık. Ancak bunu nasıl yapacağımızı bilmiyoruz."

Çocuğunuza yardımcı olma kararınız, onun üretken ve tatmin edici bir yaşam sürme şansını büyük ölçüde artıracaktır. Ancak yapabileceğiniz çok şey vardır ve bunlara ne kadar erken başlarsanız, sonuç o kadar iyidir. Ciddi doğuştan sorunları olan birçok bebek yaşama genellikle büyük bir tıp merkezinde, bazen de mükemmel bir yenidoğan yoğun bakım birimine sahip bir hastanede başlar. Hastanenin oturduğunuz yere yakın olması, bebeği düzenli olarak ziyaret etmenize olanak verir ve bu ziyaretler bazen, bilimsel bakımdan olabilecek eksiklikleri kapatabilir. Uzun süreli hastane tedavisinin etkisini azaltmak için neler yapılabileceği, daha önce anlatılmıştır.

Çocuğunuz nerede tedavi görmekte olursa olsun ona, mevcut doğuştan kusur konusunda uzman bir doktorun bakmasını istersiniz. Böyle bir uzmanın nezaretindeki bir pediatri uzmanı veya aile doktorunuz da; hastanın günlük tedavisini gerçekleştirebilir. Birçok doğuştan kusurda ekip yaklaşımı, en iyisidir. Bu ekipte çeşitli uzmanlık dallarından doktorlar, psikologlar, fizik tedavi uzmanları, beslenme uzmanları, sosyal hizmet uzmanları, neonataloglar ve genellikle de bebeğin kendi doktoru yer alır.

Mükemmel bir tıbbi bakım ve erken eğitim girişimleri çocuğunuzun gelişmesi bakımından son derece önemlidir ama bu çocuk için evinizde hazırlayacağınız ortam, onun yaşama iyi bir şekilde hazırlanması ve mevcut potansiyelini tam olarak kullanabilmesi açısından daha da fazla önem taşır. Doğuştan kusurlu birçok bebeğin başlıca gereksinimi, bu bebeğe diğer çocuklara olduğu gibi davranılması, onlar gibi beslenip büyütülmesi; ancak disipline edilmesi standartlara uymasının (mevcut kısıtlamalar dahilinde) sağlanmasıdır. Diğer çocuklar gibi bunlar da kendilerini iyi hissetmek isterler ve ileriye doğru atacakları her adımın, ne kadar küçük olursa olsun takdir edilmesini, beğenilmesini arzu ederler. Bu çocuklardan, komşudaki çocuğun her yaptığını değil, yalnızca yapabilecekleri şeyleri beklemek gerekir.

Özürlü çocuğunuzun gelişmesine, büyümesine ve yaşamdan zevk almasına yardım edecek çok çeşitli tedaviler ve uygun oyuncaklardan tutun da özel eğitim yazılımlarına, işitme duygusu olmayan çocuklarda kullanılacak koklea implantlarına veya görme bozukluğu olan çocuklar için laserli bastonlara kadar değişebilen, yüksek teknoloji ürünü gereçler mevcuttur. Bunların neler olduğunu, çocuğunuzun tedavisini/bakımını üstlenmiş olan ekibin üyelerine sorun.

Bedensel özürü olan çocukların büyük bölümünün psikolojik bakımdan sağlıklı bir şekilde büyüdüğünü, akranları ve diğerleri tarafından iyi kabul gördüğünü, karşılaştıkları uyum sorunlarının, normal çocuklardakinden yalnızca bir miktar daha fazla olduğunu bilmek, sizleri rahatlatacaktır.

BEBEĞİN KARDEŞLERİ ÜZERİNDEKİ ETKİSİ

"Down sendromlu bebeğimizi kendimiz yetiştirmeye, eğitmeye karar verdik ama 3 yaşındaki kızımızın, bu uygulamanın yaşamına ge-

tireceği değişiklikler karşısında ne gibi bir tepki göstereceğini bilemiyoruz."

Özürlü çocuğunu evinde yetiştirme kararını veren ailelerin sayısı gün geçtikçe artmaktadır. Bu yalnızca çocuk ve anne-babası açısından değil, ailenin diğer bireyleri açısından da iyi bir karardır. Özürlü bir kardeşe sahip olmak, evdeki diğer kardeşler üzerinde son derece derin ve olumlu etki yaparak bu çocukların, akranlarına kıyasla daha sabırlı ve anlayışlı olmalarını, farklı insanlarda bir arada yaşamak konusuna daha iyi adapte olmalarını sağlamaktadır.

Evdeki diğer çocuğunuzun, gerek annesiyle gerekse babasıyla birlikte olması gereken özel zamanlar vardır (bu bazen olanaksız gözükse bile, mutlaka gerekli ve önemlidir). Böyle bir zamanda kendini ihmal edilmiş hisseden bir çocuk, genellikle olumsuz bir tepki gösterir, psikosomatik hastalık belirtileri görülebilir ve anne-babasının dikkatini yeniden çekebilmek için, okulda kasten başarısız bile olabilir. Bu çocukları, ihtiyaçlarının karşılanmasını istediklerinde bencil ve veya kötü davranmadıkları, hasta kardeşe gücendikleri ya da ondan utandıkları zaman bunun kötü bir şey olmadığı konusunda ikna etmek gerekir. Yine bu çocukların hasta kardeşlerine olanın, kendilerinde görülmeyeceğine inandırılmaları gerekir. Eve arkadaş getirdiklerinde, kendilerine fazladan destek verilmesine ihtiyaç duyulabilir.

Hasta kardeşi hastanede yatan büyücek bir çocuk, özel bir dikkat gerektirebilir ("Kardeşim niçin bizimle birlikte bu evde kalmıyor?" "O kötü bir çocuk mu?" "Eğer ben de kötü olursam, beni de hastaneye yatıracak mısınız?"). Burada da çocuğa anlayış göstermek ve endişelerinin yersiz olduğunu anlatmak gerekir. Eğer çocukta mevcut gerginlik giderilemezse, bu konuda uzmanlardan yardım istemek, olasılıkla iyi bir fikirdir.

Özürlü çocuğun yaşı daha büyük olan kardeşleri çoğu zaman, durumun kendileriyle konuşulmasından fayda görür. Bu amaçla hazırlanan özel programlardan faydalanmak mümkündür.

EVLİLİĞİNİZ ÜZERİNDEKİ ETKİLER

"Bebeğimiz doğuştan kusurlu olarak dünyaya geldiğinden bu yana gerek eşim gerekse ben birlikte çok fazla üzüldük ama bu durum, ilişkimizi etkilemedi. Ancak bundan sonra birbirimize hasredebileceğimiz "duygusal enerjimizin" kalmamış olmasından korkuyorum."

Yeni anne-baba olmuş herkes, evdeki bebeğin, bir çift olarak birlikte geçirecekleri süreyi kısıtladığının farkındadır. Doğuştan kusurlu bebeği olanlar, birbirlerine karşı olan duygularının ve yakınlıklarının daha da kısıtlandığını keşfeder; çünkü sorunlu bebeğin bakımı yalnızca fiziksel güç değil, duygusal enerji harcanmasını da gerektirir. Ancak bebeğin sizi "birbirinizden ayırması" koşul değildir. Özürlü bir çocukla aylarca, hatta yıllarca birlikte yaşanmasının biriken etkilerinin en güçlü evlilik bağlarını bile sarsabileceği düşünülürse de bu, nadiren gerçekleşir. Aksine birçok evlilikle eşler arasındaki bağlar, böyle bir çocuğa sahip olunması nedeniyle güçlenmektedir (yine de, uzun bir süre kronik hasta olarak yaşayacak bir çocuk, boşanma riskini hafifçe artırmaktadır). Evliliğinizin bu çocuktan dolayı zarar görmemesi için önerilerimiz:

Yapılan işleri paylaşın. Hiç kimse, özürlü bir çocuğa tek başına baktıktan sonra eşine yönelik olarak tüketebileceği duygusal enerji bulamaz. Eğer kocanız dışarıda gün boyunca çalışıyor ve akşamları eve geliyorsa, bebeğin bazı bakım sorumluluklarını akşam ona verin ve böylece soluklanma fırsatı yaratın. Sizin çalışmamanızdan dolayı ortaya çıkan parasal zorluğun üstesinden gelmek için ikinci bir işte çalışmayı düşünüyorsa, bunun yerine sizin yarım gün çalışmanız ve kocanıza, bebeğin bir miktar sorumluluğunu daha vermeniz uygundur. Her hafta en az birkaç saat gönüllü ya da paralı bir bakıcı tutmanız, ev işlerinde size yardımcı olacak birinden yararlanmanız, yükünüzü azaltacak ve birbirinize ayırabileceğiniz gerek enerjiyi, gerekse zamanı artıracaktır.

Eşlerin her biri, diğerinden yeterli destek görmelidir. Her ikinizin de iyileşmesi gereken yaraları vardır, ikiniz de yaşamınızda bazı düzenlemeler, adaptasyonlar yapmak zorundasınız (birçokları, özürlü bir çocuğun babasının da, en az annesi kadar duygusal desteğe ihtiyaç duyduğunu fark edemez). Gelecek günlere bir ekip olarak ulaşmanız, tek başına ulaşmanıza kıyasla kesinlikle daha üretken ve tatmin edici olacaktır. Sorunlarınızı ve kaygılarınızı paylaşın ve birbirinizi, dışarıdan gelecek saldırılara (örneğin kendi anne-babalarınızın aşırı eleştirilerine) karşı koruyun.

Birbirinize zaman ayırın. Yeni bütün anne-babalar, birbirlerine zaman ayırmaya yönelik, uyumlu bir çaba harcamalıdır, aksi taktirde buna olanak bulunmayabilir. Kocanız ve kendiniz açısından karşılaşacağınız bu zorlukların üstesinden nasıl gelebileceğiniz, ilerki sayfalarda anlatılmaktadır.

Kendinize zaman ayırın. Aşk, şu an için aklınızdaki en uzak şey olabilir ve isteklerinizin geri dönmesi, birkaç ay alabilir. Bu, yeni bebek sahibi olan hemen bütün çiftlerde geçerli bir kuraldır ve sizin durumunuzda, kendini daha fazla hissettirebilir. Bu yüzden de duygusal yönden hazırlıklı olmadığınız bir sürede cinsel ilişki kurmaya girişmek yerine, bu bakımdan hazır oluncaya kadar beklemeyi tercih edin. Ve unutmayın, aşkınızı göstermek için mutlaka sevişmeniz gerekmez. Kucaklaşmak, birbirine sarılmak ve hatta bazen birlikte ağlamak, her ikinizin de şu anda en fazla ihtiyaç duyduğunuz şey olabilir.

BİR SONRAKİ BEBEKTE DE AYNI SORUN KARŞIMIZA ÇIKAR MI?

"Önümüzdeki bir yıl içerisinde ya da daha sonra bir bebek sahibi daha olmak istiyoruz ama kızımızdaki doğuştan kusurun, yeni doğacak bebeğimizde de görülmesinden korkuyoruz."

Doğuştan kusurlu bebeği olan anne-babalar arasında son derece yaygın olan bu endişe, bir o kadar da temelden yoksundur. Bu anne-babaların bir sonraki bebeklerinin sağlıklı ve normal olma olasılığı hemen her zaman için, diğer anne-babalardaki kadar yüksektir. Bebeğinizdeki sorunun nedenini bulmak, böyle bir riskin tahmin edilmesinde bize yardım eder. Bu bakımdan çok çeşitli olasılıklar söz konusudur:

Kalıtsal nedenler. Eğer bebeğinizdeki kusurun genetik (kalıtsal) olduğu, yani sizlerden aldığı kalıtım materyallerindeki bir anormallik nedeniyle geliştiği saptanırsa, bunun sonraki çocuklarınızda tekrarlama olasılığı, size doktorunuz tarafından anlatılacaktır. Ayrıca sonraki gebelikleriniz sırasında, karnınızdaki bebek henüz çok küçükken bazı testler yaptırmanız ve genetik bir kusur saptandığı taktirde, gebeliği zahmetsizce sona erdirmeniz de mümkündür.

Çevresel nedenler. Doğuştan kusur, yaşamınızda bir defa gerçekleşen bir olaya, örneğin gebelik sırasında enfeksiyon geçirmenize, kimyasal maddelere ya da röntgen ışınlarına maruz kalmanıza, bazı ilaçları kullanmanıza ya da karnınızdaki bebeğin normal gelişmesini engelleyecek diğer faktörlerle yüz yüze gelmiş olmanıza bağlıysa; aynı durumun diğer gebeliğinizde yine aynı zamanda aynı şekilde tekrarlamaması şartıyla normal bir bebek sahibi olacağınız, kesinlikle söylenebilir.

Yaşam biçiminden kaynaklanan nedenler. Eğer doğuştan kusur sizin sigara, alkol, kötü maksatla ilaç kullanmanıza veya kötü beslenmenize bağlanmışsa bu kusurun, aynı yanlışlıkların tekrarlanmaması koşuluyla, bir sonraki bebeğinizde tekrarlaması mümkün değildir.

Anneden kaynaklanan faktörler. Bebeğinizdeki sorun sizin yaşınızla, rahminizin boyutlarıyla veya biçimiyle ya da değiştirilmesi olanaksız başka bir faktörle bağlantılıysa, ilgili riskin bazen azalmasına rağmen büyük bir olasılıkla tekrarlayacak, yani sonraki bebeklerinizde de ortaya çıkacaktır. Örneğin yaşınız 35'in üzerindeyse ve Down sendromlu bir bebeğiniz varsa, daha sonraki gebeliklerinizde doğum öncesi yapılacak testler, hastalığı teşhis edebilir. Eğer rahminizde bir anormallik varsa, ameliyatla düzeltilebilir.

Çok sayıda faktöre bağlı nedenler. Çok sayıda olumsuz faktör bir aradaysa, daha sonraki bebeklerinizin durumunu tahmin etmek daha zordur. Ancak doktorlar veya kalıtım danışmanları, bu konuda sizlere yardım edebilir.

Bilinmeyen nedenler. Bazen doğuştan kusurlu bir bebeği açıklayabilecek hiçbir neden bulunamaz. Bu gibi durumlar genellikle tekrarlamaz. Bebeğinizin niçin tam olarak normal doğmadığını hiç kimse söyleyemiyorsa, yeniden gebe kalmadan önce durumu, kalıtım danışmanlığı konusunda deneyimli bir doktorla konuşmakta fayda vardır.

Gebe kalma kararını vermeden önce, bunun için haklı nedenlerinizin olmasını sağlayın. Özürlü bir çocuğun yarattığı sorunlardan adeta intikam almak amacıyla sağlıklı bir bebek sahibi olmayı arzu etmek, yeni bebek açısından iyi bir karar olmayabilir, Bu konuda çelişkiler içerisindeyseniz, doktorunuzla konuşun.

Eğer yeniden gebe kalmaya karar verdiyseniz, doğum doktorunuza, daha önceki gebeliğiniz sırasında olanları eksiksiz anlatmanız şarttır; böylece gebelik sırasında olası bir sorun açısından yakından izlenebilirsiniz. İyi bir tıbbi bakımla ve kendinize iyi bakarsanız (doktorunuz en iyi iş ortağı sizsiniz), normal ve sağlıklı bir bebek doğurma şansınız son derece yüksektir.

BİR SONRAKİ BEBEKTE FARKLI BİR DOĞUŞTAN KUSUR OLASILIĞI

"Aynı doğuştan kusura sahip başka bir bebek sahibi olmaktan pek çekinmiyorum; bu konuda yapılabilecek testlerin varlığı beni rahatlatıyor. Beni asıl üzen, farklı bir doğuştan kusuru olan bir bebek sahibi olma korkusu."

Doğuştan kusurun bir sonraki bebeğinizde tekrarlama olasılığının ortalamadan daha yüksek olmasına karşılık (ve bu her zaman doğru değildir) aynı durum, diğer doğuştan kusurlar için söz konusu bile değildir. Aslında sizin ve kocanızın başka bir doğuştan kusuru olmayan, sağlıklı, normal bir bebek sahibi olma şansınız, diğer herhangi bir anne-babadaki kadar yüksektir.

Bunu açıkça belirtmemize rağmen, başınızdan geçen olumsuz olay nedeniyle bir sonraki bebeğiniz konusunda bazı korkularınızın olması normaldir. Bunları gidermek için doktorunuzla konuşun ve yukarıdaki önerilere uyun.

BİLMENİZ GEREKEN ÖNEMLİ ŞEYLER
En Sık Görülen Doğuştan Hastalıklar

Bebeğinizde doğuştan mevcut bir hastalık teşhis edilmemiş olmasına rağmen aşağıdaki sorunlara eşlik eden belirtiler gözlemleyecek olursanız, paniğe kapılmayın - dikkatinizi çeken şey büyük bir olasılıkla, korktuğunuz kadar önemli değildir. Ancak bebeğinizi doktora kontrol ettirmeyi de ihmal etmeyin. Bunun için çocuğunuzun muayene edilmesi veya özel testlerin yapılması gerekebilir. Eğer gerçekten sorun varsa, bunun erkenden ortaya konulması, ve tedavisi faydalıdır; sorunun tamamen ortadan kalkmasını bile sağlayabilir.

SIK GÖRÜLEN DOĞUŞTAN HASTALIKLAR

AIDS/HIV enfeksiyonu -doğum sırasında bulaşan

Nedir? HIV enfeksiyonu genellikle belirti vermez ama sonunda, ağır bir bağışıklık sistemi hastalığı olan AIDS ile sonuçlanır.

Ne sıklıkta görülür? Virüsün bulaştığı kadın sayısı arttıkça, bu enfeksiyon da daha fazla görülmektedir.

Nedeni nedir? Nedeni, HIV (insan bağışıklık eksikliği virüsü) adlı virüstür.

İlgili sorunlar: Zatürree, kanserler

Tedavisi: Hastaların yaşamını uzatmak, günümüzde mümkündür.

Sonucu: Büyüklerde her zaman için ölümdür ama yıllarca yaşayan çocuklar vardır.

Bebekte beyin olmaması (anensefali)

Nedir? Embriyodaki nöral oluğun gebeliğin

erken döneminde normal olarak kapanmaması, beynin gelişmemesine yol açar ve bebeğin beyninin tamamı ya da büyük bir bölümü yoktur.

Ne sıklıkta görülür? Bu şekildeki bebeklerin %99'u düşüğe neden olduğundan, miadında (gebeliğin süresi normal olarak tamamlandıktan sonra) doğan bebeklerde son derece enderdir.

Kimler elverişlidir? Bilinmemektedir.

Nedeni nedir? Bugün için bilinmemektedir. Olasılıkla kalıtım ve olumsuz bir doğum-öncesi ortam, burada rol oynuyor olabilir.

İlgili sorunlar: Bütün vücut sistemleri olumsuz yönde etkilenir.

Tedavisi: Yoktur. Bebeğin mümkün olduğunca rahat ettirilmesinin dışında, hiçbir tedavinin faydalı olmadığı, doktorların ortak görüşüdür.

Sonucu: Bu durum, yaşamla bağdaşmaz. Organ nakli, mevcut yasalar nedeniyle yardımcı olamaz.

Otizm

Nedir? Doğumdan itibaren mevcut olan ya da yaşamın ilk iki buçuk yılı içerisinde gelişen ve hastanın, kendi anne-babasıyla bile normal insan ilişkilerini kuramadığı bir rahatsızlıktır. Otistik bebekler gülümsemez, anne-babasına veya başka kimselere hiçbir şekilde tepki göstermez, dokunulmaktan veya bir yerden bir yere kaldırılmaktan hoşlanmaz. Genellikle çok büyük konuşma sorunları (örneğin çocuğun cevap vermeyip işittiği kelimeleri tekrarladığı ekolali), acayip beden pozisyonları ve yapmacık tavırlar, kusurlu ve uygun olmayan davranışlar (zorlayıcı ve tekrarlayan hareketler, ağlama krizleri, kol çırpma hareketleri), bazen de kendi kendine zarar verme söz konusudur. Zekâ düzeyi normal olabilen çocuk, tepki göstermemesi nedeniyle geri zekâlı ya da sağır izlenimini verir. Otizm bazen çocukluk çağı şizofrenisiyle karışabilir ve bazen de bu tür şizofreniden önce ortaya çıkar.

Ne sıklıkta görülür? Her 10 bin bebekten 2-7'sinde[1].

Kimler elverişlidir? Erkek çocukların otistik olma olasılığı, kız çocuklardakinin 3-4 katıdır.

Nedeni nedir? Yakınlarda yapılan bir çalışmanın sonuçlarına göre bu durum olasılıkla otozomal resesif olarak soya geçer; yani bebeğin otistik olabilmesi için, hem annede hem de babada resesif genlerin bulunması gerekir. Otistik çocukların beyin dalgalarında, durumlarıyla ilgili olabilecek bazı değişiklikler vardır. Anne-babanın hatalı davranışları ve tutumu, otizm nedeni değildir.

İlgili sorunlar: Davranış ve gelişme sorunları.

Tedavisi: Otizm, bugün için iyileştirilmesi mümkün olmayan bir hastalıktır ama davranış değişikliği tedavisi, uyarılma, özel eğitim ve bazen de ilaç tedavisi gibi yöntemlerle bazı çocuklara yardımcı olmak mümkündür. Mümkünse çocuk, evinde yaşamalıdır ama hastalığın doğurduğu stres tolere edilebilecek sınırları aştığında, hastanın yataklı bir kuruma nakledilmesi gerekir. Gündüz hastanelerindeki olanaklar mevcut stresi bazen, çocuğun ev ortamında ayrılmasına ihtiyaç kalmaksızın giderebilir. Ailenin diğer bireylerine danışmanlık hizmeti verilmesi uygundur.

Sonucu: Günümüzdeki otistik çocukların yaklaşık üçte biri, oldukça normal fonksiyon görebilecek kadar düzelmektedir ama diğerlerinin durumu değişmez ve yataklı kurumlarda tedavi zorunludur. 5 yaşına girmeden önce anlamlı bir şekilde konuşma öğretilebilen çocuklarda, en iyi sonuç alınmaktadır.

Kanserler

Küçük bebeklik çağında enderdir. Bebeklerdeki kanserlerin birçoğu günümüzde, yüksek oranda iyileştirilebilmektedir.

Çöliyak hastalık

Nedir? Çöliyak sprue veya glutene-duyarlı enteropati (GSE) olarak da adlandırılan bu has-

---

1. Ostistik görünen bir çocuğa alerjisi olduğu yiyecekleri vermeyerek yardımcı olabilirsiniz.

talıkta, buğdayın ve diğer tahılların yapısındaki glutende bulunan gliadin adlı maddeye karşı duyarlılık (alerji değil) söz konusudur. Yaşamın genellikle 6.-12. ayları arasında ortaya çıkan bu hastalıkta besinlerin emilimi hatalıdır, iştah kaybı vardır, çocuk iyi gelişemez, karnı şiştir, devamlı kötü kokan yağlı ishal mevcuttur, bazen de anemi görülür. Çöliyak hastalık, yanlışlıkla kistik fibroz zannedilebilir.

Ne sıklıkta görülür? Toplum genelindeki her 3000 kişiden birinde çöliyak hastalığın mevcut olduğu hesaplanmıştır; kızlarda, erkeklerdekinin 2 katı daha fazla görülür.

Kimler elverişlidir? Bu hastalıkla ilgili geni hem annesinden hem babasından alan çocuklar.

Nedeni nedir? Net olarak bilinmemektedir ama genetik elverişlilikle çevre faktörlerin bir arada etki etmesi söz konusu olabilir. Olasılıkla, gliadine karşı antikorlar yapılmasından sorumlu gendeki bir kusurla bağlantılıdır; antikorların gliadinle birleşerek bağırsaklardaki villüslere (emilimin gerçekleştiği, tüy gibi, küçük uzantılara) saldırarak emilimin kötü olmasına ve diğer belirtilere yol açtığından şüphe edilmektedir.

İlgili sorunlar: Besinlerin gereken şekilde emilmemesinden kaynaklanan gelişme gecikmesi, vücutta sıvı tutulması, dişlerin geç çıkması ve raşitizm.

Tedavisi: Gluten içermeyen diyet. Genellikle 6 hafta içerisinde fayda göstermeye başlayan bu diyet, ömür boyu uygulanmalıdır. Beslenme takviyesi ve bazen de steroid türü ilaçlar verilebilir.

Sonucu: Glutensiz bir diyet, genellikle normal bir yaşam sağlar.

Beyin Felci

Nedir? Beynin hasar görmesine bağlı bir kas-iskelet hastalığıdır. Hareket bozuklukları hafif ya da hastayı sakat bırakacak derecede şiddetli olabilir. Bebek, annesinin memesini ağzında tutmakta ve emmekte zorlanır: ağzından devamlı salya akar; nadiren istemli olarak hareket eder; istemli hareketler sırasında kollarda ve bacaklarda şiddetli titremeler görülür; bacakların birbirinden ayrılmasında zorluk çekilir; motor gelişmede gecikme söz konusudur; yalnızca bir elini veya daha sonra ellerini kullanır, ayaklarını kullanamaz; acayip bir şekilde emekler ve ayak parmaklarının ucuna basarak yürür. Kasların tonusu çok aşırı veya çok az olabilir ama bu, 3. aya kadar fark edilmeyebilir. Spastik, atetoid ve ataksik tiplerdeki belirtiler birbirinden farklıdır.

Ne sıklıkta görülür? Doğumların daha tehlikesiz koşullar altında gerçekleşmesi ve sarılığın daha iyi tedavi edilmesi sonucu gittikçe azalmaktadır.

Kimler elverişlidir? Prematüre ve doğum ağırlığı düşük bebekler. Erkek bebeklerde kızlardakinden hafifçe daha fazla görülür.

Nedeni nedir? Vakaların %50 kadarı annedeki enfeksiyonlar veya diğer hastalıklar, radyasyona maruz kalmak, kötü beslenme gibi doğum-öncesi nedenlere bağlıdır: %33'ü doğumla ilgilidir (alışılmadık derecede uzun süren veya çabuk gerçekleşen doğum eylemi, kordon sarkması, annedeki yaşam belirtilerinin azalması); %10 kadarında doğum-sonrası travmalar (düşme veya diğer kazalar), beyin enfeksiyonları, patolojik sarılık ve oksijen eksikliği (solunum zorluğu çekildiğinde) rol oynar; %7'sinde ise birkaç neden bir aradadır.

İlgili sorunlar: Bazen sara nöbetleri; konuşma, görme ve işitme bozuklukları; diş kusurları, zekâ geriliği.

Tedavisi: İyileşme söz konusu değildir ama erkenden uygulanan tedavi, faydalı sonuçlar verebilir. Fizik tedavi, atel ya da halka gibi ortopedik gereçler; özel mobilyalar ve malzemeler; egzersiz, gerektiğinde ameliyat, nöbetlerin tedavisi için veya gerektiğinde kasları gevşetmek üzere ilaçlar kullanılabilir.

Sonucu: Vakasına göre değişir. Gerekli tedavinin uygulandığı, hafif vakalar normale yakın bir yaşam sürebilir. Şiddetli vakalarda ise tam sakatlık vardır. Hastalık, gittikçe kötüleşmez.

Dudak ve/veya damak yarığı

Nedir? Üst dudağın veya damağın bölümlerinin birlikte gelişemediği durumlarda bazen hafif, bazen büyük bir yarık vardır. Bazı vakalarda yalnızca dudak yarığı vardır; yalnızca damak yarığı olanların sayısı daha fazladır. Bebeklerin %40 kadarında hem dudak hem damar yarığı mevcuttur.

Ne sıklıkta görülür? Yaklaşık olarak her 700 doğumda 1.

Kimler elverişlidir? Asyalılar, erken doğan bebekler, diğer kusurların bulunduğu bebekler.

Nedeni nedir? Vakaların %25'i kalıtsaldır; dudak ya da damak yarığı olan bir bebek doğuran bir kadının daha sonraki bebeklerinde aynı durumun görülme olasılığı hafifçe artar. Hastalıklar, belirli ilaçlar, elzem besin maddelerinin (özellikle folik asit) eksikliği, doğum-öncesindeki ortamı olumsuz yönde etkileyen başka faktörler de, olasılıkla birbirleriyle veya kalıtsal faktörlerle ortaklaşa hareket ederek damak ya da dudak yarığına neden olabilir.

İlgili sorunlar: Emme fonksiyonu genellikle zorlaştığından bebeğin beslenmesi ciddi bir sorun olabilir. Bu nedenle özel önlemlere (bebeğin baş aşağı durumda beslenmesi, azar azar besin verilmesi, büyük delikleri olan bir emzik ya da özel bir şırınga) ihtiyaç duyulabilir. Kulak enfeksiyonları da sıktır ve bunların kontrol altına alınması gerekir.

Tedavisi: Genellikle ameliyat (bazen yaşamın ilk ayı içerisinde), konuşma tedavisi, dental önlemler (çoğu zaman daha sonraki yıllarda tel uygulanması) ve psikolojik danışmanlık şeklinde kombine bir tedavi uygulanır.

Sonucu: Tedaviyle genellikle mükemmeldir.

Yumru ayak

Nedir? Üç şekilde görülebilen bir ayak bileği veya ayak deformitesidir. En az görülen ve en ağır şekil olan ekinovarusta ayak, içe ve aşağıya doğru dönüktür. Her iyi ayak da 'yumru' şeklindeyse, ayak parmakları içe ve birbirine doğru bakar. Kalkaneal valgus şekli, daha hafiftir ve ayak topukta dik açı yaparak dışa ve yukarıya doğru yönelir. En hafif yumru ayak olan metatarsus varusta ayağın ön bölümü, içe doğru dönüktür ve doğum sırasında mevcut olmasına rağmen bu durum, bebek birkaç aylık oluncaya kadar fark edilemeyebilir. Yumru ayak, ağrı yapmaz ve bebeğe, ayağa kalkıncaya veya yürümeye başlayıncaya kadar rahatsızlık vermez.

Ne sıklıkta görülür? Her 400 bebekte 1.

Kimler elverişlidir? Erkek çocuklarda, kızlardakinin 2 katı sıklıkta görülür.

Nedeni nedir? Bir zamanlar zannedildiği gibi bebeğin ana rahmindeki pozisyonu, yumru ayağın nedeni değildir (bu gibi vakalar, doğumdan sonra kendiliğinden düzelir). Hemen bütün vakalar olasılıkla katılım faktörleriyle enfeksiyon ilaçlar ve hastalıklar gibi çevre faktörlerinin kombinasyonu sonucu gelişmektedir; bazı vakalar ise spina bifida, sinir veya kas hastalıklarıyla bağlantılıdır.

İlgili sorunlar: Ayak, normal yürüyüş sırasındaki gibi aşağıya/yukarıya hareket edemez ve çocuk adeta tahta bacaklıymış gibi yürür. Her iki ayakta da sorun varsa çocuğun ayaklarının kenarlarına veya uçlarına basarak yürümesi, bu dokulara zarar verir ve bacağın anormal şekilde gelişmesine neden olur. Bu anormallik nedeniyle psikolojik sorunlar gelişebilir. Bazen çocukta başka deformiteler de vardır.

Tedavisi: Hafif vakalar yalnızca egzersizle tedavi edilebilir. Daha ağır vakalarda burulmuş durumdaki ayağın yavaş yavaş yerine iadesi ve böylece aşağıya/yukarıya normal şekilde hareket edebilmesi amacıyla atel uygulamasına veya ameliyata başvurulur. Geceleri, çubuklarla bağlanmış ayakkabılar kullanılabilir.

Sonucu: Erkenden uygulanan uzman düzeyinde tedaviyle hemen bütün vakalar normal ayakkabı giyebilecek, spor faaliyetlerine katılabilecek ve aktif bir yaşam sürecek kadar düzelir.

Doğuştan Kalp Kusurları

Nedir? Kalpte doğum sırasında mevcut olan büyük ya da küçük herhangi kusurdur. Bu kusurlar stetoskopla genellikle teşhis edilebilirse de anormalliğin doğrulanması için radyolojik tetkiklere, ultrasonografiye ve EKG çekilmesine ihtiyaç vardır. Kusurun tipine bağlı olarak kalbin bir veya birkaç fonksiyonu olumsuz yönde etkilenebilir. Belirtiler daha doğum sırasında ortaya çıkabileceği gibi erişkin yaşa kadar da gözükmeyebilir. Özellikle el ve ayak parmaklarının çevresiyle dudaklarda gelişen morarma (siyanoz), en sık görülen belirtidir.

Ne sıklıkta görülür? Çeşitli ülkelerde farklı sıklıklar söz konusudur. Örneğin ABD'de doğan her 175 bebeğin 1'inde doğuştan kalp kusuru vardır.

Kimler elverişlidir? Anneleri gebelik sırasında kızamıkçık geçiren çocuklar, Down sendromlu çocuklar ve kardeşlerinde bu gibi kusurlar bulunan çocuklar (ancak bunlardaki risk artışı çok hafiftir).

Nedeni nedir? Neden, vakaların çok büyük bölümünde bilinmez. Kızamıkçık gibi bazı enfeksiyonlarla talidomid, amfetaminler veya alkol gibi bazı kimyasal maddeler, doğum öncesinde kalp anormallikleri yapabilir. Ancak kalpteki doğuştan kusurlar, rasgele şekillenen bir kalıtsal hata sonucu da ortaya çıkabilmektedir.

İlgili sorunlar: Bazen büyüme ve vücut ağırlığı artışının normalden daha az olması, yorulmak, dermansızlık, nefes almakta veya meme emmekte (kalp yetmezliğinden kaynaklanan dermansızlık nedeniyle) zorlanmak.

Tedavisi: Mevcut kusurun tabiatına bağlı olarak ameliyat (hemen veya çocuk biraz büyüdüğünde) ve bazen de ilaçlar veya kalp nakli, kusuru düzeltebilir. Bazen hiç belirti vermeyen kusurların daha ileride sorun yaratmaması için ameliyat edilmesi gerekir. Bazen kalp kusuru, doğum öncesi teşhis edilebilir ve bunu düzeltmek için ilaç verilebilir.

Sonucu: Hemen bütün doğuştan kalp kusurlarının tedavisi mümkündür ama çok ağır olanlar, sakatlık ya da ölümle sonuçlanabilir. Kalbinde anormal sesler işitilen çocukların neredeyse tümü, herhangi bir kısıtlama olmaksızın, normal bir yaşantı sürebilir.

Kistik fibroz

Nedir? Salgılarını deri, mukoza, içi boş organların iç yüzeyini örten örtü gibi bir epitel yüzeyine bırakan (egzokrin) salgı bezlerindeki genel bir fonksiyon bozukluğudur. Ter bezleri etkilendiğinde, hasta çok terler ve ter tuzludur; bu derece fazla terleme, su kaybı ve şok yapabilir. Hastalık solunum sistemindeyse, akciğerleri dolduran koyu salgılar kronik öksürüğe neden olur ve enfeksiyon riskini artırır. Sindirim sistemi hastalandığında aşırı mukus salgısı, doğumdan sonraki ilk dışkılamayı zorlaştırıp bağırsak tıkanmasına neden olabilir. Pankreas kanallarının da tıkanması, pankreas enzimlerinin eksikliği sonucu yağların ve proteinlerin sindirilmemesine yol açar. Sindirilmemiş maddeler içeren dışkı genellikle sık sık ve bol miktardadır, kötü kokar, soluk renkte ve yağlıdır. Hasta kilo alamaz, iştahı yerindedir, karın gergindir, kol ve bacaklar incedir. Olası nedenleri ortaya çıkarmak amacıyla ter testleri yapılabilir ama doğumdan sonra bebeğin ilk kakasını yapamaması, derinin tuzlu olması, iştahın yerinde olmasına rağmen vücut ağırlığının gereken şekilde artmaması, kistik fibroz habercisi olabilir.

Ne sıklıkta görülür? Nispeten ender.

Kimler elverişlidir? Orta Avrupa kökenlilerde daha fazla görülür.

Nedeni nedir? Soya otozomal resesif olarak geçen bir hastalıktır; yani bebeğin hasta olabilmesi için, hem annesinden hem de babasından resesif genler almış olması gerekir.

İlgili sorunlar: Solunum sistemindeki aşırı salgılar nedeniyle zatürree sık görülür. Pankreas yetersizliği, yapılan insülin miktarının yeterli olmaması, anormal glikoz toleransı, karaciğer sirozu, hipertansiyon.

Tedavisi: Mümkünse semptomların gelişmesini önlemek için tedaviye ne kadar erken başlanırsa o kadar iyi sonuç alınır. Kistik fibrozun iyileşmesi olanaksızdır ama tedavi, çocuğun daha normal bir yaşam sürmesini sağlayabilir. Ter bezlerindeki fonksiyon bozukluğu karşısında besinler çok tuzlu verilmeli ve sıcak havalarda tuz takviyesi yapılmalıdır. Sindirim sorunları için, yemeklerde pankreas enzimleri verilir, diyetteki yağ miktarı azaltılır, yağda eriyen vitamin (A, D, E, K) takviyesi yapılır. Bağırsaklardaki çeşitli tıkanıklıklar (ileus, rektum sarkması) için hem cerrahi hem de tıbbi tedaviler mevcuttur ve genelde başarıyla sonuçlanır. Solunum sorunlarının tedavisi için çok miktarda sıvı içilerek salgıların seyreltilmesine çalışılır, her gün fizik tedavi uygulanır (postüral drenaj) ve oksijen tedavisine başvurulur. Oda havasının ılık ve kuru olması gerekir. Enfeksiyonlar, yüksek doz antibiyotiklerle tedavi edilir. İlk çalışmalar, prednizon gibi antienflamatuvar ilaçların hastalığın şiddetli dönemlerini azalttığını göstermektedir. Araştırmacılar bu hastalığa yol açan geni bulurlarsa, iyileşme ümidi doğabilir (bu yoldaki çalışmalar ilerlemektedir).

Sonucu: Eskiden kistik fibroz hastası olan hemen bütün bebekler, genellikle solunum yetmezliği nedeniyle ölürdü. Günümüzde ise erken teşhis, agresif tedavi ve güçlü bir aile desteğiyle vakaların yarıdan çoğunu 21 yaşına kadar yaşatmak mümkündür; günümüzde 30, 40, hatta 50 yaşında olan, aktif yaşam süren birçok kistik fibroz vakası vardır. Bunlardan bazıları evlidir; kistik fibroz vakası erkekler gerçi kısırdır ama, kadınlar başarıyla çocuk doğurabilmektedir. Günümüzde doğan kistik fibrozlu bebeklerin geleceği, eskiye kıyasla çok daha iyidir.

Deformasyon

Nedir? Bir veya birkaç organdaki ya da vücut bölümündeki anormallik.

Ne sıklıkta görülür? Her 100 bebekten yaklaşık 2'sinde.

Kimler elverişlidir? Çoğul gebeliklerde rahimdeki bebeklerden birinin çok iri olması, malformasyonlu veya küçük bir rahimdeki bir bebek, miyomlu rahimdeki bebekler, amniyon sıvısının yeterli olmaması, plasentanın alışılmadık bir yere yapışması, deformasyona zemin hazırlar. Deformasyonlar en çok, ilk bebeğini doğuran, minyon tipli annelerin bebeklerinde ve makat gelişi gibi anormal doğumlarda görülür.

Nedeni nedir? Rahim içerisinde yukarıda sözünü ettiğimiz, bebeğin bütününe veya bir bölümüne baskı yapan durumların mevcut olması.

İlgili sorunlar: Anormalliğin türüne bağlıdır.

Tedavisi: Deforme bölüm yavaş yavaş normal halini aldığından, vakaların büyük bölümünde tedavi gereksizdir. Ancak kamburluk, yumru ayak veya kalça çıkığı gibi durumlar tedavi edilmelidir.

Sonucu: Hemen bütün vakalarda iyidir.

Down sendromu

Nedir? Hafif-çok şiddetli arasında değişebilen zekâ geriliği, hastanın yüzündeki belirli özellikler (bazılarında daha belirgindir), aşırı büyük bir dil ve kısa bir boyun gibi bir dizi belirtinin görüldüğü bir hastalık. Kafanın arka kısmı düz, kulaklar küçük (bazen yukarıda kıvrımlı), burun basık ve geniş olabilir. İşitme ve görme fonksiyonları zayıf olabilir, özellikle kalpte ve mide-bağırsak kanalında olmak üzere çeşitli iç organ kusurları mevcut bulunabilir. Down sendromlu çocuklar genellikle kısa boyludur, kaslar gevşektir (büyümedeki gecikmenin bir bölümünden sorumlu kusur). Down sendromlu çocuklar, aynı zamanda çok sevimli ve tatlıdır.

Ne sıklıkta görülür? Yaklaşık 1300 bebekte 1.

Kimler elverişlidir? Doğuştan kusurlu bir çocuğu olan anne-babaların bebekleri, anasında veya babasında kromozom bozukluğu olanlar ya da annesinin yaşı 35'in üzerinde bulunanlar (annenin yaşı arttıkça, risk de artar). Her etnik grupta ve ekonomik düzeyde görülebilir.

Nedeni nedir? Vakaların çok büyük bir bölümünde anadan veya babadan gelen fazladan bir kromozom vardır ve bu nedenle çocuktaki kromozom sayısı 46 değil, 47'dir. Hastalığın bu şekli, 21 numaralı 3 tane kromozom mevcut olduğundan trizomi 21 olarak adlandırılır (normalde 21 numaralı kromozomlar, bir anadan öbürü babadan gelmek üzere 2 tanedir). Vakaların %4'ünde, yine kromozom 21'deki başka anormallikler söz konusudur; örneğin normal bir kromozom 21'in bir bölümü koparak annedeki veya babadaki başka bir kromozoma yapışır (translokasyon). Anne ya da baba, genetik materyal miktarı normal olduğundan normal olarak kalır ama bu "ilaveli" kromozomun bebeğe geçmesi, Down sendromuyla sonuçlanır. Çok ender olarak, döllenmiş yumurtadaki bir kaza, bazı hücrelerde fazladan bir kromozom bulunmasıyla sonuçlanır. Mozayikizm adı verilen bu durumda çocukta Down sendromuna ait özelliklerin yalnızca bir bölümü mevcuttur.

İlgili sorunlar: Diş sorunları, işitme ve görme fonksiyonlarının zayıf olması, mide-bağırsak sorunları, tiroid fonksiyon bozukluğu, erken yaşlanma (Alzheimer hastalığı dahil), yüksek bir solunum hastalığı, lösemi ve diğer kanser riski.

Tedavisi: Doğum-öncesi teşhis mümkündür. Doğumdan sonra yapılacak ameliyatlarla kalpteki ve diğer önemli anormallikler düzeltilebilir. Bazı ülkelerde çocuğun daha normal görünüme sahip olması için ameliyatlar yapılmaktadır ama bunların ne derece faydalı olduğu bilinmez. Hafif-orta derecede zekâ geriliği olan Down sendromlu çocuklarda erkenden uygulanan özel eğitim programları, zekâ katsayısını (IQ) yükseltebilir.

Sonucu: Down sendromlu hemen bütün çocukların kapasiteleri, eskiden zannedilene kıyasla daha fazladır ve erken girişim bunların gelişmesini sağlayarak ileri derecede zekâ geriliğinin yalnızca %10 vakada görülmesini sağlayabilir. Birçok hasta, okula gidebilir, hatta yüksek okula bile devam edebilir. Daha sonra bazı hastalar bağımsız bir yaşam sürebilir, bazıları evlenebilir. Down sendromlu hastaların ömürleri bir zamanlar 10-20 yılken, şimdi 55 yaşına kadar uzatılabilmektedir.

Fetal alkol sendromu

Nedir? Anneleri gebelik sırasında aşırı miktarda alkol alan bebeklerde görülen bir grup belirti ve semptomdur. Bunlar daha çok; doğum ağırlığının düşük olması, zekâ eksikliği; baş, yüz, kol/bacak ve merkez sinir sistemi deformiteleri şeklindedir. Yenidoğan ölüm oranı yüksektir. Orta derecede alkol alan annelerin bebeklerinde daha hafif etkiler görülebilir.

Ne sıklıkta görülür? Ülkeye göre değişir, ABD'de yaklaşık her 750 doğumda 1'dir.

Kimler elverişlidir? Anneleri çok miktarda alkol alan bebekler (bu gibi annelerin %30-40 kadarının bebeklerinde fetal alkol sendromunun geliştiği hesaplanmıştır).

Nedeni nedir? Gebelik sırasında alkol (genellikle 5-6 bardak bira, şarap veya damıtılmış içki) alınması.

İlgili sorunlar: Gelişme sorunları,

Tedavisi: Mevcut anormalliklerin tedavisi.

Sonucu: Mevcut sorunların derecesine bağlıdır.

Hidrosefali

Nedir? Normalde beyni yıkayan sıvının dolaşımı engellenir ve bu sıvı birikir. Oluşan basınç, kafatasının birbiriyle gevşek bir bağlantısı olan bölümlerini ayırarak kafanın büyümesine neden olur. Bu büyüme, genellikle ilk fark edilen ipucudur. Hidrosefali çoğu zaman spina bifida ile birliktedir ya da açıktaki bir omuriliğin kapatılması ameliyatını izler. Kafa derisi ince ve parlak olabilir. boyun kasları normalden daha az gelişebilir, gözler acayip gözükebilir, bebeğin ağlaması tiz çığlıklar atmak şeklindedir; iştahsızlık ve kusma mevcut olabilir.

Ne sıklıkta görülür? Nispeten ender.

Kimler elverişlidir? Spina bifidalı bebeklerdeki risk fazladır.

Nedeni nedir? Doğumda, beyin-omurilik sıvısını emmesi gereken zar kusurludur. Daha sonra ise ameliyat ya da tümör, hidrosefali yapabilir.

İlgili sorunlar: Sıvı düzenli olarak boşaltılamazsa birikir; bunu sağlamak için yapılan şant ameliyatlarında enfeksiyon veya şantın iş görmemesi gibi komplikasyonlar gelişebilir.

Tedavisi: Anestezi altında kafatasında açılan bir delikten içeriye sevk edilen özel bir tüp, deri altında geçirilerek karın boşluğuna, plevra boşluğuna veya büyük bir damara ulaştırılır ve sıvının boşalması sağlanır. Kafa, yavaş yavaş normal boyutlarına döner ama her şeyin yolunda gittiğini, tüpün iyi çalıştığını garanti etmek için sık sık kontrol gerekir. Doktorlar, ameliyatsız bir tedavi yöntemi geliştirmeye çalışmaktadır.

Sonucu: Bebek doğduğunda sorun ilerlemiş durumdaysa, sonuç kötüdür. Tedaviye yeterince erken başlanması, sorunları genellikle önler. Komplikasyonlar, sonucu olumsuz yönde etkileyebilir. Doğum öncesinde tedavi, başarılı sonuç vermemiştir.

Malformasyon

Nedir? Bir organ ya da vücut bölümü anormal gözükür. Bazen bu durum, çok sayıda organda veya vücut bölümünde vardır ve bunlar bir araya geldiklerinde, özel bir hastalığı işaret eden bir sendrom oluşturur (örneğin Down sendromu). Bazen de yalnızca bir tek malformasyon mevcuttur.

Ne sıklıkta görülür? Her 100 bebeğin 1'inden daha küçük bir bölümünde dikkat çeken, ancak genellikle hafif olan bir malformasyon vardır.

Kimler elverişlidir? Diğer aile bireylerinde benzer malformasyonlar bulunanlar, anneleri gebelik öncesinde veya sırasında çevre kirliliği yapan tehlikeli maddelerle temas edenler.

Nedeni nedir? Genetik ya da kromozomal bir bozukluğa veya çevresel bir faktöre (örneğin x-ışını veya enfeksiyon) bağlı olarak, embriyonun gelişimi sırasında ortaya çıkan anormal farklılaşma veya organizasyon.

Birlikte görülen problemler: Sendrom tipine göre değişmektedir.

Tedavisi: Ortaya çıkan bozukluğa yöneliktir.

Sonucu: Malformasyona göre değişmektedir (bkz. spina bifida, Down Sendromu vs).

Açık omurga- bkz Spina Bifida

FKU- (Fenilketonüri)

Nedir? Fenilalanin adlı bir proteinin metabolize edilememesi ile karakterize bir metabolizma hastalığıdır. Fenilalaninin kan dolaşımında birikmesi, beyin gelişimini etkileyerek ciddi zekâ geriliğine yol açmaktadır.

Ne sıklıkta görülür? A.B.D' de 14000 doğumda 1.

Kimler elverişlidir? Hem annenin hem de babanın hastalık açısından taşıyıcı olmaları durumunda, her gebelikte doğacak çocuklarının fenilketonürili olma riski dörtte birdir. Finlandiyalılar, Eskenazi yahudileri ve zenciler arasında görülme sıklığı düşüktür.

Nedeni nedir? Otozomal resesif kalıtım: Doğacak çocuğun hasta olabilmesi için çekinik genleri her iki ebeveynden de gelmiş olması şarttır.

Nasıl teşhis edilir? Hasta bebeklerde, dışardan görünüm tamamen normal olsa bile beyin gelişimindeki hasar ilk birkaç ayda gerçekleşebileceğinden, çocuğun doğumunu takip eden ilk birkaç günde rutin fenilketonüri taramasına yönelik kan testi yapılmalıdır.

İlgili problemler. Tedavi edilmeyen çocuklarda, huzursuzluk, huysuzluk, saldırganlık gözlenebilir. Ayrıca deride kuruluk, döküntüler, vücutlarında küfe benzer bir koku ve bazılarında da nöbetler görülebilir. Bu çocuklar genellikle gelişmiş bir vücut yapısına ve ailelerindeki diğer bireylerden daha açık saç ve ten rengine sahiptirler.

Tedavisi: Geriliği önlemek amacıyla, fenilalaninden fakir bir diyete, (yani yüksek miktarda protein içeren anne sütü, inek sütü veya mama ve et gibi yiyeceklerden yoksun) doğumdan itibaren başlanıp en az sekiz yıl devam edilmektedir.[3] Tedaviye mümkün olduğunca erken başlamanın alınacak sonuçlar açısından önemi büyük olmasına rağmen, tedavisi belli derecelerde gecikmiş çocuklar için de normal bir yaşam sürme umudu tamamen kaybolmamış olabilir. Tedavi sırasında kan fenilalanin düzeyleri rutin olarak ölçülür. Gelecekte fenilalanin metabolizmasına yönelik ilaçların kullanıma sunulması olasıdır.

Sonuç: Özel diyetle genellikle normal bir yaşam sürdürülür.

Pilor Stenozu:

Nedir? Mide çıkışındaki kasların aşırı gelişip kalınlaşması ile burada bir tıkanıklığa yol açması sonucu, bebek genellikle 2-3 haftalıkken başlayan, kabızlığın eşlik ettiği, giderek artan kuvvette fışkırır tarzda kusma (en az 30-35 cm uzağa) ile karakterize, muhtemelen doğumsal bir kusurdur. Kalınlaşmış kas bölgesi muayene eden doktorun eline bir kitle olarak gelebilir, kasılmalar çoğu zaman gözlemlenebilir.

Ne sıklıkta görülür? 200 oğlan bebekte 1, 1000 kız bebekte 1.

Kimler elverişlidir? Erkek bebeklerde kızlara oranla daha sık görülmektedir, bazen ailevi olma özelliği gösterir.

Nedeni nedir? Oluşumuna yol açan faktör bilinmemektedir.

İlgili problemler: Dehidratasyon (sıvı eksikliği)

Tedavisi: Bebeğin sıvı düzeyleri dengeye getirildikten sonra gerçekleştirilen cerrahi, güvenli ve neredeyse sorunu tamamen çözen niteliktedir.

Sonuç: Mükemmel.

Orak Hücreli Kansızlık:

Nedir? Genellikle yuvarlak olan kan alyuvarlarının anormal bir şekil (orak şekli) alması, buna bağlı olarak vücuttaki hücrelere oksijen taşıma görevini tam anlamıyla yerine getirememesi ve çoğu zaman damarlarda sıkışıp tıkanıklıklara yol açması ile karakterize bir kansızlık türüdür. Belirtiler (halsizlik, nefes darlığı, özellikle el ve ayak parmaklarında eklem şişlikleri ve şiddetli kemik ağrıları) genellikle 6 aylıktan erken görülmemektedir ancak doğumdan hemen sonra gerçekleştirilen testle tanı koymak mümkündür.

Ne sıklıkta görülür? Zenci çocuklar arasında 400-600 doğumda 1. Diğer çocuklarda daha seyrektir.

Kimler elverişlidir? Özellikle Afrika kökenli zenciler, ve Akdeniz/Orta Doğu kökenli beyazlar arasında görülme sıklığı fazladır. Her iki ebeveynin taşıyıcı olması durumunda risk %25 , ancak her iki ebeveynin de hasta olması durumunda ise risk yüzde yüzdür.

Nedeni nedir? Otozomal resesif kalıtım.; doğacak çocuğun hasta olabilmesi için çekinik genleri her iki ebeveynden de kalıtmış olması şarttır. Enfeksiyonlar, stres, dehidratasyon ve yetersiz oksijen periyodik krizlerin tetiğini çekebilir.

İlgili problemler: Büyüme, gelişme geriliği, ergenlikte gecikme, dar vücut yapısı, omurga eğriliği, fıçı göğüs, özellikle pnömokoklar başta olmak üzere enfeksiyonlar. Erken yaşta ölümleri sıktır.

---

3. Bazı çalışmalar bu özel diyetin, en azından kadınlarda ve bir dereceye kadar da erkeklerde tüm doğurganlık çağı boyunca sürdürülmesini önermektedirler. Hamile olan veya hamilelik planlayan kadınlara kesinlikle diyet uygulanmalıdır.

Tedavisi: İki aylıkken başlanan ve en azından beş yaş bitimine dek sürdürülen günlük penisilin uygulaması. Ayrıca belirtilere yönelik rahatlama sağlamak amacıyla; ağrı kesiciler, kan nakilleri, oksijen, sıvılar. Pnömokok aşısı da dahil olmak üzere tam bir aşılama programı. Ebeveyn eğitimi ve genetik danışmanın da önemi büyüktür.

Sonuç: Orta. Bir çoğu genç erişkin döneminin ötesine, bir kısmı da orta yaş ve ilerisine dek yaşam sürebilmektedir.

BOZUKLUKLAR KALITIM YOLUYLA NASIL OLUŞUR

Bir bebeğin sahip olduğu tüm güzellikler, dokuz aylık hamilelik süresince rahim içindeki çevrenin yanı sıra, anne ve babasından aldığı genlerin birer sonucudur. Ancak doğuşta var olan, pek de öyle iç açıcı olmayan bazı özellikler de -örneğin doğumsal bir anomali- aynı şekilde genlerin ve/veya çevresel faktörlerin sonuçlarıdır.

Genellikle bir ebeveynin yavrusuna geçirdiği genler, kendi anne babasından kalıttığı genlerdir, ancak zaman zaman bir gen değişikliğe uğrayabilmekte (çevresel veya bilinmeyen bir etken sonucu) ve bu mutasyon bir sonraki nesle aktarılabilmektedir.

Birkaç tip kalıtımsal bozukluk vardır:

- Poligenik bozuklukların (örneğin yarık damak-dudak, ayak deformiteleri gibi) aynen göz rengi ve boy uzunluğunun belirlendiği şekilde, birden fazla farklı genin ilişkisi sonucunda kalıtıldığı düşünülmektedir.
- Multifaktöryel bozukluklar (örneğin diabetin bazı formları) değişik genlerin ilişkisinin yanı sıra çevresel (doğumdan önce veya sonraki) bazı etkenlerin de kalıtımına bağlı olarak şekillenmektedir.
- Tek gen hastalıkları, çekinik(resesif) veya baskın(dominant) kalıtımla bir sonraki nesle aktarılır. Resesif kalıtımda, hastalığın çocukta ortaya çıkabilmesi için, her biri bir ebeveynden gelmek üzere iki genin de kalıtılması şarttır. Dominant kalıtımda ise, hasta ebeveynden kalıtılan tek bir genin geçmesi ile çocukta hastalık belirir. Tek gen hastalıklarının bazı tipleri cinsiyete bağlı da olabilmektedir (örneğin hemofili). Cinsiyeti belirleyen kromozomlar (dişilerde iki X, erkeklerde ise bir X, bir de Y vardır) üzerinde yerleşmiş genlerle taşınan bu hastalıklar, çoğu kez taşıyıcı anneden hasta oğluna kalıtılmaktadır. Sadece tek bir X kromozomuna sahip erkek çocukta, hastalıklı geni dengeleyecek karşıt bir gen olmadığından, hastalık ortaya çıkmaktadır. Annesinden hastalıklı geni taşıyan X kromozomunu almış bir kız çocukta ise, babasından gelen bir de normal X kromozomu olduğundan, hastalık gözlenmemekte ancak çocuk o hastalık açısından taşıyıcı olmaktadır.

Rh Hastalığı

Nedir? Çocuğun babadan geçen kan grubunun anneninki ile uyumsuzluk göstermesi durumudur. Annede babanın kanına karşı antikor oluşmuşsa (önceki bir gebelik, düşük veya kan nakline bağlı olarak), bu antikorlar bebeğin kan hücrelerine saldırırlar.

Ne sıklıkta görülür? Önlemeye yönelik yöntemlerin gelişmesinden sonra sıklık oldukça azalmıştır. Yine de A.B.D'de, yılda yaklaşık 7000 bebekte kan uyuşmazlığı görülmektedir.

Kimler elverişlidir? Babasından Rh-pozitif kan grubunu almış ve annesi de Rh-negatif kan grubuna sahip bebekler hastalığa adaydır.

Nedeni nedir? Annenin kanındaki antikorların, bebeğin yabancı olarak algıladıkları kan hücrelerine saldırmaları sonucu hastalık belirir.

BİR BEBEK ÖLDÜĞÜNDE

Bu bebeği dokuz ay beklediniz. Onu hayalinizde canlandırdınız, tekmelerini, hıçkırığını hissettiniz, kalp atışlarını duydunuz. Onun için bir bebek arabası seçtiniz, beşiğini ısmarladınız, arkadaşlarınızı, ailenizi ve tüm hayatınızı bu yeni yolcuya göre ayarladınız -ve şimdi eve boş bir kucakla dönüyorsunuz.

Hayatta muhtemelen bir çocuğu kaybetmenin verdiği acıdan daha büyüğü yoktur. Ve her ne kadar hiç bir şey acınızı dindirmeye yetmeyecekse de, geleceği daha katlanabilir hale getirmek ve böyle bir trajediyi takiben gelen kaçınılmaz depresyonu yenmek için atabileceğiniz birkaç adım var:

- Eğer ölüm yakınsa, organ bağışlama fikrini düşünün.

- Bebeğinizi görün, kucaklayın ve ona bir isim verin. Yas, kayıp sonrası toparlanma yolunda yaşamsal bir adımdır. Ancak hiç görmediğiniz isimsiz bir çocuk için yas tutamazsınız. Çocuk şekil bozukluklarıyla doğmuş olsa bile, uzmanlar anne babanın çocuğu yine de görmesinin uygun olacağını, çünkü genellikle hayal edilenin gerçekte olduğundan çok daha kötü olabildiğini belirtmektedirler. Bebeğinize bir isim verip onu kucağınıza almak, ölümün gerçekliğini algılamanıza ve daha kolay başa çıkabilmenize yardımcı olacaktır. Benzer şekilde, size aynı zamanda "hoşça kal" diyebilmeniz için bir başka şans verecek olan cenaze organizasyonu da bu açıdan yararlı olacaktır. Ve mezarı, gelecek yıllarda da bebeğinizi ziyaret edebileceğiniz sabit bir mekân niteliği taşıyacaktır.

- Doktorla otopsi bulgularını ve diğer detayları tartışın. Bu, gerçeği daha iyi kavramanızı sağlayacak ve yas döneminizde yardımcı olacaktır. Doğumhanede birçok ayrıntı duymuş ancak muhtemelen etkisi altında olduğunuz birtakım ilaçlar, o anki hormonal durumunuz ve içinde bulunduğunuz şok yüzünden yeterince anlamamış olabilirsiniz.

- Eğer mümkünse, kötü haberi duymanızı takip eden saatlerde yatıştırıcı ilaç verilmemesini isteyin. Bu ilaçlar acınızı geçici bir süre hafifletse de, hatırlamanızı ve gerçeği kavramanızı güçleştirecektir. Ayrıca eşinizle birbirinizi teselli etmenizi engelleyecek ve yas dönemini atlatmanızı zorlaştıracaktır.

- İleride kaybettiğiniz bebeğinizi hatırladığınızda elinizde olması için ona ait birkaç hatıra veya fotoğraf saklayın. Bu acımasızca bir fikir gibi görünse de uzmanlar yararlı olduğunu söylemekteler. Dikkatinizi olumlu özellikleri üzerine verin -iri gözler, uzun kirpikler, güzel eller, nazik parmaklar ve saçlı bir kafa gibi.

- Akraba ya da arkadaşlarınızdan bebek için yaptığınız hazırlıklara ilişkin evdeki tüm kanıtları kaldırmamalarını rica edin; bunu kendiniz yapmak istediğinizi söyleyin. Yapmak istedikleri her ne kadar iyi niyetli bir davranış olsa da, sanki hiç bebek beklemiyormuşçasına boş bir eve gelmek, kafanızdaki "yaşananların gerçek olmadığı" hissini pekiştirmekten öteye gitmez.

- Ağlayın- ihtiyaç duyduğunuz süre ve sıklıkta ağlamaktan çekinmeyin. Ağlamak yas tutmanın bir parçasıdır. Eğer şimdi ağlamazsanız, bu bitirilmemiş bir iş olarak kalacak ve belki ileride gündeme gelecektir.

- Zorlu geçecek bir dönemi göze alın, bir süre kendinizi depresif hissedebilirsiniz; muhtemelen uyku düzensizlikleri çekecek, eşinizle tartışacak, diğer çocuklarınızı ihmal edebileceksiniz. Büyük bir olasılıkla, siz kendiniz çocuk rolünde olmaya ihtiyaç duyacaksınız; sevilip okşanan, bakıma muhtaç bir çocuk... Bütün bunlar çok doğaldır.

- Babaların da acı çektiğini göz ardı etmeyin, ancak kısmen anneler gibi bebeği onca ay içlerinde taşımamış olduklarından, acıları daha kısa ömürlü ve/veya daha hafif gibi görülebilir. Ve çoğu zaman onların bu acıyla baş etme yöntemleri farklıdır. Örneğin acılarının üstünü örtüp, eşleri için kuvvetli bir dayanak olmaya çalışabilirler. Ancak bu kez de acı kendini başka şekillerde gösterir; huysuzluk, sorumsuzluk, hayata bağlılığın kaybı- ya da kendilerini daha iyi hissetmek için alkole sığınabilirler. Yazık ki yas tutan bir baba eşine, anne de kocasına yeterince yardımcı olamayabilir ve ikisi de başka yerlerde destek aramaya ihtiyaç duyabilirler.

- Dünyayla tek başınıza yüzleşmeyin. İyi niyetle sorulan "Bebeğiniz kız mı oldu, erkek mi?" sorularından kaçmak için topluma, günlük hayata dönüşünüzü erteliyorsanız, süpermarkete, parka, bankaya ilk birkaç ziyaretinizde bu gibi soruları sizin için göğüsleyecek bir arkadaşınızı beraberinizde götürün. Ayrıca işinize, kiliseye ya da sinagoga, ilişkiniz olan diğer yerlere dönmeden önce buralardaki kişilerin olan bitenden haberdar olmalarını sağlayın, böylece açıklama yapmak zorunluluğunuz bir ölçüde azalacaktır.

- Zamanla acınızın azalacağını ümit edebilirsiniz, ancak hiçbir zaman tamamen kaybolmayabileceğini de göz ardı etmemelisiniz. Kabuslar ve altüst edici anımsamalarla dolu yas dönemi iki yıla kadar tam anlamıyla geçmiş sayılmaz, ancak genellikle en kötü kısmı ilk üç ile altı ay arasında atlatılır. Eğer altı-dokuz ay sonra hâlâ acı hayatınızın merkezinde yer alıyorsa, başka hiçbir şeyden zevk duymuyor ve işe yaramaz hissediyorsanız yardım arayın. Eğer baştan beri hiç yas tutamadıysanız o zaman da yardım arayın.

- Destek görün. Diğer birçok anne baba gibi siz de bebeklerini kaybetmiş ebeveynlerden kurulu kendi kendine yardım gruplarından güç alabilirsiniz. Ancak böyle bir grubun, acı ve kızgınlığınızla baş etme yolu haline gelmesinden kaçının. Eğer bir yıl sonra (günlük yaşamsal işlevlerinizi yerine getiremiyorsanız daha erken) hâlâ acınızla yüzleşmekte zorluk çekiyorsanız bireysel tedavi yollarına başvurmalısınız.

- Eğer sizi rahatlattığını hissediyorsanız, dinsel aktivitelere sığınabilirsiniz. Bazı anne babalar bunu yapamayacak kadar Tanrı'ya kızgın olabiliyorlar, ancak birçoğu için inanç, huzur bulma yolunda iyi bir kaynak teşkil ediyor.

- Yeni bir bebeğe sahip olmanın acınızı dindireceğini düşünmeyin. Eğer ikinizin de istediği buysa tekrar hamile kalın-tabii öncelikle doktorun önerdiği bekleme sürecini geçirdikten sonra. Ancak bu işi kendinizi daha iyi hissetmek, suçluluk duygunuzu veya kızgınlığınız azaltmak amacıyla yapmayın. Bu işe yaramayacak, yeni doğan bebeğe haksız bir yük yüklemekten öteye gidemeyecektir. İleride bir başka bebeğe sahip olmak veya bir kısırlaştırma yöntemine başvurmak kararı, derin acı dönemi geçtikten sonraya dek ertelenmelidir.

- Suçluluk duygusunun acıyı artıracağını ve kayba alışmayı güçleştireceğini göz ardı etmeyin. Örneğin bebek sahibi olmak konusunda bazı çekimser düşünceleriniz olduysa (birçok kadının olduğu gibi) ve şimdi bebeğinizin ölümünün size verilmiş bir ceza olduğunu düşünüyorsanız, kendi anneniz sizi iyi beslemediyse ve siz de bebeğinizi gereğince besleyemediğinize, onu bu yüzden kaybettiğinize inanıyorsanız, kadınlık özellikleriniz konusunda eskiden beri güvensiz olmuşsanız ve şimdi de şüphelerinizin doğrulandığını düşünüyorsanız (canlı bir bebek doğuramadığınız için), aile ve arkadaşlarınızı düş kırıklığına uğrattığınızı hissediyorsanız, bütün bunların kaybınızdan sorumlu olmadığını anlamanıza yardımcı olacak profesyonel bir destek aramalısınız.

Eğer normal yaşantınıza dönmeyi düşünmekten bile suçluluk duyuyorsanız ve bunu ölen yavrunuza sadakatsizlik olarak değerlendiriyorsanız bebeğinizin ruhundan bağışlama veya hayattan tekrar zevk alabilme izni dileyebilirsiniz.

İlgili problemler: Kan hastalığı, beyin hasarı, veya doğumdan önce ya da doğumu hemen takiben ölüm.

Tedavisi: Sıklıkla tedavi, tam kan nakilleri ile uygunsuzluk gösteren bebek kanının değiştirilmesi şeklindedir. Bazı bebeklerde, doğumdan hemen sonra nakle ihtiyaç duyulmasa da, 4 ile 6 hafta arasında ciddi kansızlık gelişimi nedeniyle kan verilmektedir. En iyi tedavi, hastalığın gelişimini önlemeye yönelik olarak, Rh-pozitif bir bebek ya da fetusun doğumunu (ya da böyle bir düşüğü) takiben, Rh-negatif anneye Rh immün globulini denen bir çeşit aşının uygulanmasıdır. Bu aşı, hemen daima antikor oluşumunu önleyerek, daha sonra doğacak çocukları hastalıktan korumaktadır. Gebeliğin ortalarında bir doz aşı uygulaması da olasıdır. Doktorlar, antikor gelişimi olmuş kadınlara yönelik tedavi yöntemlerini araştırmaktadırlar.

Sonuç: Tedavi gören bebeklerde genellikle iyidir.

Spina Bifida (Açık Omurga)

Nedir? Omuriliği korumakla görevli omurga, doğum öncesi gelişimin ilk günlerinde normal olarak açıktır ancak daha sonra kapanır. Spina bifida denen durumda bu kapanış tam olarak gerçekleşememektedir. Bazen oluşan açıklık o kadar küçüktür ki, başka sebeplerle çekilen bir filmde görülünceye kadar fark edilmeyebilir. Ancak bu durumlarda da kimi zaman açıklığın üzerini kaplayan derideki küçük bir gamze veya tüylü bir alan uyarıcı olabilir. Ya da bazen bu açıklık o denli büyüktür ki omuriliği kaplayan bir takım zarlar (meninksler), çapı bir iki santimden bir greyfurt büyüklüğüne kadar değişebilen, morumsu kırmızı renkte kistler veya yumrular (meningosel) halinde dışarı çıkarlar. Meningosel denen bu yapı, omuriliğin alt seviyelerinde yerleşimliyse bacaklarda güçsüzlüğe sebep olabilir. Spina bifidanın en ciddi formlarında, omuriliğin kendisi açıklıktan dışarı çıkmıştır (Myelomeningosel). Genellikle üzerinde koruyucu deri bulunmaz ve omurilik sıvısı dışarı sızmaktadır. Çoğu zaman bu bölgede yaralar, bacaklarda felç görülür. İleriki dönemlerde idrar ve dışkı kontrolü problemlidir, ancak bazı çocuklarda kontrol gelişebilir.

Ne sıklıkta görülür? A.B.D'de doğan 2000 bebekten birinde gözlenmektedir. Ancak 4 bebekten birinde gizli spina bifida olabileceği tahmin edilmektedir. Sevindirici olarak, ciddi formlar daha ender görülmektedir.

Kimler elverişlidir? Önceden spina bifidalı bir çocukları olan annelerin bebeklerinde hastalık riski 40'ta birdir. Eğer ailede 2 hasta çocuk varsa, üçüncüde hastalık riski 5'te bire yükselmektedir. Hasta çocukların kuzenlerinde de risk iki kat artmıştır. Hastalık; sosyoekonomik seviyesi düşük kesimde, varlıklı topluma göre 3-4 kez daha sık görülmektedir. Bunun dışında hastalığa İrlanda ve Galler bölgesinde genel olarak daha sık, İsrail'de ve Musevi toplum arasında daha ender rastlanmaktadır.

Nedeni nedir? Hastalığın nedeni şu anda bilinmemektedir. Rahim içi çevredeki birtakım olumsuz etkilerin yanı sıra kalıtımın da hastalık oluşumunda rol oynadığı düşünülmektedir. Beslenme önemli bir etken olabilir: Riskli annelere gebe kalmadan önce ve gebeliğin ilk 2 ayı süresince verilen folik asit içerikli vitamin takviyelerinin hastalığın tekrarını azalttığı gösterilmiştir.

İlgili problemler: Omurganın gözle görülür biçimde açık olduğu durumlarda karşılaşılan en önemli sorunlardan biri enfeksiyondur. Ayrıca vakaların %70 ile 90'ında hidrosefali (beyinde su toplanması) görülmektedir (bkz. sayfa 444). İdrar ve dışkı tutamama da diğer bir sorun olarak karşımıza çıkmaktadır.

Tedavisi: Kusur küçükse hiçbir tedaviye ihtiyaç yoktur. Kistler cerrahi olarak çıkartılabilir, beyindeki su emilebilir. Ancak cerrahi sayesinde en ciddi kistlerin çıkarılıp, bölgenin kas ve deri yamalarıyla kapatılması mümkün olsa bile, bacaklardaki felci tedavi etmek mümkün değildir. Fizik tedaviye ve ileride bacak kafesleri, koltuk değnekleri, tekerlekli sandalye gibi yardımcı gereçlere ihtiyaç duyulması kaçınılmazdır. Oluşacak deformasyonları önlemek ya da en aza indirmek amacıyla alçılar uygulanabilir. Ameliyattan önce kistin üzerine baskı yapacak herhangi bir şey konmaması (örtü niteliğindeki kumaş, eşya vs. dahil olmak üzere) özellikle önemlidir. Tedaviye en uygun yaklaşım, çeşitli alanlarda uzmanlaşmış kişilerden oluşan ekipler tarafından gerçekleştirilmektedir.

Sonuç: Kusurun ciddiliğine göre değişmektedir. Hafif formlarda, çocuklar aktif ve üretken bir yaşam sürdürebilirler; kızların birçoğu ileride çocuk sahibi olabilir ancak bu gebelikler yüksek riskli grupta yer almaktadır. Hidrosefalinin erken tedavisi, zekâ geriliği gelişimini genellikle önleyebilmektedir.

Tay-Sachs Hastalığı

Nedir? Doğumsal bir enzim eksikliğine bağlı olarak, beyin ve sinir hücrelerinde biriken yağların yıkılamaması ile karakterize bir lipid-birikim hastalığıdır. Çocuklar doğumda normal görünümlüdürler. Ancak doğumdan yaklaşık altı ay sonra, biriken yağların hücreleri tıkamasıyla sinir sisteminin çalışması bozulur ve çocuklarda gerileme başlar; önce gülümseme,emekleme,-yakalama gibi faaliyetleri yapamamaya başlarlar ve giderek çevreden kopma, körlük ve felç gelişir. Birçoğu 3-4 yaşlarında ölür.

Ne sıklıkta görülür? Nadirdir. (A.B.D'de her yıl 100'den az vaka.)

Kimler elverişlidir? Çoğunlukla orta ve doğu Avrupa kökenli (Eskenazi) yahudiler arasında görülür. Amerikalı her 25 yahudiden biri Tay-sachs geni taşıyıcısıdır ve doğan 3600 Eskenazi bebeğinin birinde hastalık görülmektedir.

Nedeni nedir? Otozomal resesif kalıtım- Çocukta hastalık görülmesi için her iki ebeveynden de hasta genin kalıtılmış olması şarttır.

Tedavisi: Araştırmacılar, eksik geni yerine koymanın yollarını arıyorlarsa da şu anda tedavi mümkün değildir. Eskenazi kökenli kişilere, gebe kalmadan önce veya gebeliğin erken döneminde, taşıyıcılığı belirlemeye yönelik test yapılması önerilmektedir. Her iki ebeveynin de taşıyıcı olduğunun saptanması durumunda, fetusun hastalığı kalıtıp kalıtmadığını belirlemek amacıyla amniyosentez yapılabilir. Bir başka seçenek de tıbbi kürtajdır.

Sonuç: Hastalık daima ölümle sonuçlanmaktadır.

Akdeniz Anemisi

Nedir? Hemoglobin (oksijen taşıyan alyuvarlar) yapımındaki bozukluk sonucu gelişen, anemiyle karakterize bir hastalıktır. En sık rastlanan tip olan Talasemi B; Cooley anemisi denen çok ciddi bir formdan, bulgu vermeyen ancak kan veya gen testleri sırasında ortaya çıkabilen talasemi minima adlı hafif forma kadar değişkenlik gösterebilmektedir. Çok ciddi vakalarda bile, bebekler doğumda normal görünür, ancak giderek huzursuzluk, solgunluk gözlenir, iştahlarını kaybeder ve enfeksiyonlara çok yatkın hale gelirler. Büyüme ve gelişme geridir.

Ne sıklıkta görülür? A.B.D'de sıkça rastlanan kalıtımsal hastalıklardandır. Her yıl tedavi görmek üzere 2500 talasemi hastası sağlık kuruluşlarına yatırılmaktadır.

Kimler elverişlidir? En sık olarak, Yunan ve İtalyan kökenli kişiler, ayrıca Orta Doğu, Güney Asya ve Afrika kökenli kişiler arasında görülür.

Nedeni nedir? Otozomal resesif kalıtım- Hastalığın en ciddi şekliyle çocukta ortaya çıkması için, hem anneden hem de babadan hasta genin kalıtılmış olması şarttır.

İlgili problemler: Tedavi edilmeyen vakalarda, kalp, dalak, karaciğerde büyüme görülür ve kalp yetersizliği veya enfeksiyon sonucu ölüm riski artar. İleri dönemlerde kemikler kırılgan hale gelir ve vücut şekli deforme olur.

Tedavisi: Sık aralarla, genç kan hücreleri içeren kan nakilleri yapılması ve hastalığın ciddi formlarında kemik iliği değişimi, tedavi uygulamaları arasında yer almaktadır. Kalp yetersizliğine neden olabilen demir birikimine yönelik de ilaçlar kullanılmaktadır. Fetusun hasta olup olmadığını belirlemek amacıyla, doğum öncesi tanı testleri yapılabilmektedir.

Sonuç: Hastalığın hafif formlarında mükemmeldir; Orta derecede etkilenmiş bireyler de, ergenlikte görülebilecek gecikmeye rağmen normal birer erişkin olarak yaşamlarını sürdürebilirler.

Ciddi vakalarda, kalp yetersizliği ve enfeksiyon tehdidi halen büyük bir sorun olarak varlığını sürdürse de, gün geçtikçe daha fazla çocuk 20'li yaşlara dek yaşatılabilmektedir.

Trakeo-Özofajial Fistül:

Nedir? Özofagusun (yemek borusu) üst kısmının kör bir cep olarak sonlanması ve alt kısmının, üste bağlantılı olacağı yerde, trachea (nefes borusu)ile mide arasında yer alması şeklinde bir kusurdur. Bunun sonucunda ağızdan beslenmek imkânsız olduğundan, beslenme ile birlikte çocukta öksürük, boğulma ve solunum yetersizliği gibi belirtiler ortaya çıkar. Tükürüğün de yutulamaması salya artışı olarak gözlenebilir. Akciğerlere kaçan yiyecekler pnömoniye ve hatta ölüme yol açabilir.[4]

Ne sıklıkta görülür? 4000 canlı doğumda 1.

Kimler Elverişlidir? Bazı durumlarda gebelik sırasında amniyo sıvısı miktarca fazla olan annelerin bebeklerinde, ve prematüre bebeklerin 1/3'ünde hastalık görülmektedir.

Nedeni Nedir? Muhtemelen kalıtıma ya da çevresel etkenlere bağlı bir gelişim kusurudur.

İlgili Problemler: Küçük bir grupta ek olarak, kalp, omurga, böbrek ve kol bacak anomalileri görülebilmektedir.

Tedavisi: Erken cerrahi girişimle kusur düzeltilebilmektedir.

Sonuç: Ek bir anomalinin olmadığı ve cerrahi ile kusurun düzeltilebildiği vakalarda mükemmeldir.

Beyinde Su Toplanması, bkz. Hidrosefali

4. Bunun haricinde, trakea ve özofagusa ait, daha ender rastlanan bir kaç kusur daha vardır.

-21-

Evlat Edinme

Beklediğiniz an geldi işte! Bir çocuk evlat edindiniz veya edinmek üzeresiniz. Aylardır -ya da çoğu zaman olduğu gibi yıllardır- bu anı düşlüyordunuz. Ama şimdi tam da hayallerinize kavuşmak üzereyken içinizde bir korku var. Onca sevincin yanında, bir güvensizlik, yetersizlik hissi. Tüm anne-babalar gibi.

Bu bölüm ve kitabın geri kalan bölümlerinin çoğu, evlat edinen anne ve babalara sesleniyor. Bebeğinizin diğer bebeklerden bir farkı yok, siz de tüm diğer anneler (doğum sonrası görülen birtakım fiziksel belirtiler dışında) ve babalar gibisiniz.

MERAK ETTİKLERİNİZ

HAZIRLIKLAR

"Hamile arkadaşlarım türlü hazırlıklarla meşgul- doğum dersleri, hastane arayışı, çocuk doktoru seçimi... Bana gelince evlat edindiğimiz bebeğimizin gelişi için hazırlıklara nereden başlayacağımı bilemiyorum."

Annelere habersiz bir şekilde bebeklerini göndererek onları ne yapacaklarını bilmez bir halde şaşırtmak yerine, doğa ana, zekice, hamilelik dönemini tasarlamıştır. Doğum (veya yumurtadan çıkış) öncesindeki bu bekleme dönemi, anne babaya , yavrunun gelişi için hazırlık yapma fırsatı vermektedir. Dişi kuşun yuvasını tüylerle kaplaması, aslanın inini hazırlaması gibi, bu dönemde anne ile baba da, çocuk odasını hazırlayıp, kurslara katılacak, bebeğin ne şekilde beslenip bakılacağına, çocuk doktorunun seçimine ilişkin kararlar alacak ve genel olarak kendilerini duygusal, zihinsel ve fiziksel açıdan aile olma fikrine alıştıracaklardır.

Evlat edinen çift içinse bekleme süreci genellikle diğer anne babalar gibi ölçülüp biçilmiş bir süre olmamaktadır.

Bir kuruluş aracılığıyla evlat edinen çiftler söz konusu olduğunda işlemler kimi kez yıllarca sürse de, beklenen gün ansızın gelip çatmakta ve hazırlık yapmak bir yana, gerçeğin kabul edilebilmesi için bile yeterli zaman olmamaktadır. Bu tıpkı hamile olduğunuzu öğrendiğinizin ertesi gününde doğum yapmanın şokuna benzer. Özel aracılarla evlat edinenler için, aynen doğal yollarla çocuk sahibi olan çiftler gibi, benzer hazırlıkları yapmaya fırsat verecek bir süre var olabilmektedir. Anne baba olacağınızı öğrendiğiniz andan bebeğin gelişine kadar geçen süre ne kadar kısa ya da uzun olursa olsun, geçişi yumuşatmak amacıyla atabileceğiniz birkaç adım vardır:

Alışverişlerinizi Önceden Yapın: Bu kitaptaki 2. Bölüm'ü okuyun; Doğursanız da evlat edinseniz de bebeğin gelişine ilişkin birçok hazırlık benzerdir. Geliş tarihine ilişkin kesin bir bilginiz yoksa, beşik, bebek arabası gibi eksiklerden başlayın. Evlat edinme bürosundan veya avukatınızdan haber alır almaz gerekli ısmarlamaları yapabilmek için her ayrıntı seçilmiş (marka, model, numara) ve mağazaların adresleri ve telefon numaralarıyla birlikte kaydedilmiş olsun. (Mağazalarla önceden bağlantı kurup, ihtiyacınız olduğu anda malın depolarında bulunup bulunmayacağını öğrenmeye çalışın). Eğer özel aracılarla evlat ediniyorsanız ve geliş tarihi belliyse, birçok mağaza siparişinizi alıp siz arayana kadar ellerinde tutmayı kabul edecek, bir terslik olursa paranızı geri iade edeceklerdir. Bu şekilde alışverişi önceden yapmak, bebek geldiğinde onca karmaşanın içinde eksikleri tamamlamaya çalışmaktan çok daha akıllıca olacaktır. Fakat gereksiz alışverişten kaçınmalısınız. Uzun zamandır bebek bekleyen çiftler, kavuşmanın verdiği heyecanla gerekmeyecek kadar fazla, çoğunlukla çocuğun giyemeden büyüdüğü bebek kıyafeti koleksiyonlarıyla çekmeceler doldurabilmektedirler.

Evlat Edinen Diğer Anne Babaların Hislerini Paylaşın: Evlat edinmiş anne babalarla endişeleri, karşılaştıkları sorunlar ve çözüm yolları hakkında konuşun. Konuyla ilgili kitaplar okuyun. Evlat edinen anne babaların oluşturduğu destek ve tartışma gruplarına katılın- avukatınız, pediatrınız ya da evlat edinme kurumu, bu gibi organizasyonlarla bağlantı kurmanızı sağlayabilirler.

Yenidoğan Bebeklerin Nasıl Hissettiklerini Öğrenin: Bebeğinizin dünyaya gözlerini açarken neler çektiğini öğrenmek için doğum konusunda yazılanları okuyun. Doğum denen uzun, yorucu boğuşmanın sonunda bebeğinizin kendini yorgun hissedebileceğini öğreneceksiniz. Bu; kendileri de çoğu zaman benzer bir yorgunluğu yaşadıkları için, doğal yollarla çocuk sahibi olan anne babaların tahmin edebilecekleri bir durumdur. Evlat edinen anne babalar ise, yorgunluktan çok heyecanlı oldukları için bebeğin dinlenmeye ihtiyacı olduğunu fark edememektedir.

İşin Sırlarını Öğrenin: Bebek bakımına yönelik, banyo, altını değiştirme, besleme ve kucağa alma yöntemleri gibi temel bilgiler veren kurslara katılın. Veya ilk birkaç gün size bebek bakımı konusunda temel bilgiler de verebilecek bir bakıcı tutmaya yönelik girişimlerde bulunun (bkz. sayfa 14).Ancak bunun size yardımcı olmak yerine gözünüzü korkutacak biri olmamasına dikkat edin.

Bebekleri İnceleyin: Küçük bebekleri olan akraba ve arkadaşlarınızı ziyaret edin., ya da hastanelerin yenidoğan servislerini gezin. Böylece küçük bir bebek, gözünüzde uzaydan gelmişçesine yabancı bir yaratık olmaktan çıkacaktır. 3. Bölüm'de yenidoğanın özellikleri hakkında yazılanları okuyun.

Çocuk Doktorunuzu Seçin: Çocuk doktorunuzu önceden seçmeniz, doğal yollarla bebek sahibi olan anne babalarınki kadar önemlidir (bkz.sayfa 24). Bebeğinizi kollarınıza aldığınız ilk günden itibaren iyi olup olmadığını kontrol edebilecek güvenilir birine ihtiyaç duyacaksınız. Bebeğiniz gelmeden önce pediatristle yapılan bir görüşme, size evlat edinen bir çift olarak sorularınızı ve endişelerinizi dile getirme fırsatı verecektir. Ayrıca, doğan bebeğin sağlığı sizin için özellikle önemli olduğundan- doğal yolla bebek sahibi olan anne babaların aksine, evlat edinen anne babaların, özürlü bir çocuğu kabul etmeme hakları olabilmektedir -bebek doğar doğmaz bağlantı kuracak ve problem varlığında size tavsiyelerde bulunacak bir çocuk doktorunun varlığı rahatlatıcı olacaktır.

Anne Sütü İle Besleme Olanaklarını Araştırın: Evlat edinen annelerden bazıları, yavrularına kısmen de olsa kendi sütlerini verme imkânına sahip olabiliyorlar. Bu olasılığı jinekoloğunuzla tartışmak üzere bir görüşme ayarlayın. (bkz. sayfa 457)

ANNE BABA GİBİ HİSSEDEMEMEK

"Hamilelik ve doğum gibi olayları yaşamamış, kucağında bir başkasının doğurduğu çocuğu taşıyan biri olarak, kendimi evlat edindiğimiz oğlumuzun annesi gibi hissedemiyorum ve hiçbir zaman hissedemeyeceğimden korkuyorum."

Annelik rolüne alışmakta çektiğiniz güçlüğün temel sebebi evlat edinme yoluyla çocuk sahibi olmanız değildir. İlk kez doğum yapan birçok anne de bebeklerini kucaklarına aldıklarında benzer duyguları yaşamaktadır. Annelik hissi, hamile kalınca başlayan ve doğumdan hemen sonraki günlerde hissedilebilen bir duygu değildir, aksine yıllar süren sevgi ve ilgi sonucunda gelişir. Birçok kadın ilk günlerdeki zorlu uyum süreci içinde anne gibi hissedemese de, zamanla hepsi bu duyguyu yaşarlar.

Yine de tam anlamıyla anne gibi hissedeceğiniz anı beklerken, birçok evlat edinmiş kişi gibi siz de, evlat edindiğiniz gerçeğini silebilmeyi ümit ediyor ve bu sayede bir anda gerçek bir annelik duygusuna kavuşabileceğinizi düşünüyor olabilirsiniz. Ancak biyolojik bağın her zaman duygusal bağı garantilemediği gerçeğini ve evlat edinmiş bir anne olarak siz kendinizi anne gibi hissetmeseniz de bebeğinizin bu konuda hiçbir sıkıntısı olmayacağını unutmamalısınız. Onun için, koruyan, gözeten ve tüm ihtiyaçlarını karşılayan kişi olarak sizden daha gerçeği yoktur. Ve bunu, ağzından "anne" kelimesini duymanızdan çok önce fark edeceksiniz.

Yine de her bebeğin eşit sevecenlikte yaratılmadığını aklınızda tutun. Bazıları sıkıştırılmayı sevmez ve hatta fazla dokunulmaya bile tahammül edemezler (bkz. sayfa 140), ancak bunun anne ve babaların yaptıkları veya yapmadıkları ile bir ilgisi yoktur. Böyle bir bebeğe sahipseniz bunun için kendinizi ya da evlat edinme olayını suçlamamalısınız.

YETERSİZLİK DUYGUSU

"Bir anne olarak kendimi bu denli beceriksiz hissetmemin biyolojik bir nedeni olmalı. Dört gün önce küçük kızımıza kavuştuğumuzdan beri altını değiştirmekten banyosuna kadar hiçbir şeyi olması gerektiği gibi yapamıyormuşum gibi geliyor."

Böyle hisseden anneler kulübüne hoş geldiniz -bu arada, bunun yalnızca evlat edinen annelere özgü bir his olmadiğını da bilmelisiniz. Bir anne veya babanın ilk haftalardaki ebeveynlik görevini ne denli iyi yürüttüğünün hormon seviyeleriyle hiçbir ilişkisi yoktur; bu daha çok sahip olunan tecrübe ve endişeyle ilişkilidir. Daha önce, bırakın banyo yaptırıp altını değiştirmeyi, minicik bir bebeği kucağınıza bile almadıysanız, elinizin ayağınıza dolaşıyor olması çok doğaldır. Daha önce başka bebeklere korkmadan bakıcılık veya ablalık etmiş olan kişiler bile, çaresiz bir yavrunun yirmi dört saat sorumluluğu üzerlerine binince kendilerini yetersiz ve beceriksiz hissedebilirler.

Her yeni anne için, ilk günlerde, bir bebek bakıcısından alınacak kısa bir uygulamalı eğitim (ama öğretmek yerine tüm duruma el koyup sizi bir kenara itenlerden bahsetmiyoruz), güven aşılayacak ve acemilikten ustalığa geçişi hızlandıracaktır.

Bu iş için düzenlenmiş kurslar ve özellikle 71. sayfadaki Bebek Bakımına Hazırlık bölümü başta olmak üzere kitabınızın ilk bölümlerini okumak da size bu konuda yardımcı olacaktır. Tabii gerisi zamana kalacaktır....

BEBEĞİ SEVMEK

"Duydum ki doğum yapan anneler bebeklerini daha doğumhanede görür görmez âşık oluyorlarmış. Ben bebeğimi kendi karnımda taşıyıp doğurmadığım için onu asla böylesine güçlü sevememekten korkuyorum."

Tüm anne-bebek aşklarının doğumhanede başladığı konusu da annelik efsanelerinden biridir. Çocuklarını doğuran birçok anne de, onları ilk kucaklarına aldıklarında söylendiği gibi bir zevk dalgası içinde eriyip gitmemiş olmaktan şaşkın, sizinle aynı korkuları paylaşmaktadır.

Anne-bebek (ya da baba-bebek) arasındaki aşk, ilk görüşte tomurcuklanan, fakat daha da önemlisi gelişmesi için zamana ve beslenmeye ihtiyaç duyan bir tohum gibidir. Ve bu tohumun gelişimi, evlat edinen anne babalar için de, doğal yollarla bebek sahibi olan anne babalarda olduğu gibidir. Yapılan çalışmalar, özellikle iki yaşından önce evlat edinilen çocuklarla, anne baba arasında sıkı bağların oluştuğunu göstermiştir. Kurulan ilişkilerin sağlam ve sevgi dolu olduğu, çocuklara uygulanan psikolojik testlerle belirlenmiş, evlat edinilen çocukların diğerlerine göre daha kendine güvenli, dünyaya daha olumlu bakan, hayatını kontrol edebilen çocuklar oldukları ve anne babalarını "vericilik" bakımından değerlendirdiklerinde diğer çocuklara göre daha fazla olumlu yanıt verdikleri gözlenmiştir.

BEBEĞİM ÇOK AĞLIYOR

"Yeni evlat edindiğimiz kızımız çok ağlıyor. Yanlış bir şey mi yapıyoruz?"

Ağlamayan hiçbir sağlıklı bebek yoktur ve birçoğu da gerçekten çok ağlar- ne de olsa onlar için iletişim kurmanın tek yolu budur. Ancak bazen, aşırı uyarı da ağlamayı artırır. Zaman zaman evlat edinen anne baba, bu yeni misafiri herkese göstermek konusunda o kadar heyecanlıdır ki, bebeği sürekli bir eş dost sağanağına tutarlar. Bu kalabalığın sizi yormuyor olması bebeğinizi de yormayacak anlamına gelmez. Dinlenmesine izin verin. Yavaş ve yumuşak hareket edin, onunla konuşurken sesinizi alçaltın. Birkaç hafta böyle sakin bir ortamda kaldıktan sonra daha az ağladığını fark edeceksiniz.

Ağlamasında azalma olmaması "kolik"e bağlı olabilir. Bu durum hayatın ilk üç ayında çok sık gözlenen bir davranış biçimi olup, çoğu kez sizinle veya uygulamalarınızla ilişkili değildir.

EVLAT EDİNME SONRASI DEPRESYON

"Eğer doğum sonrası depresyonunun tek sorumlusu hormonlarsa, evlat edindiğimiz oğlumuzun eve gelişinden beri kendimi kötü hissedişim nasıl açıklanabilir?"

Bebek sonrası depresyon tamamen hormonal olsaydı, evlat edinen anne babalar ve eşi doğum yapan babalar grubun dışında kalırlardı. Ama değiller. Postpartum depresyon denen bu tabloya yol açan birden çok etken saptanmıştır. Ve bunların çoğunun da doğum stresi ve hormonlarla ilişkisi yoktur. Evlat edinseniz de, doğursanız da, anne olarak hayatınız eskisinden çok daha az düzenli ve kontrollü olacaktır. Belki iş hayatınızı özlüyor, kendinize ve eşinize zaman ayıramadığınızı hissediyorsunuz. Ya da bir süre için de olsa tek maaşla yetinmek zorunda olmanın endişelerini taşıyorsunuz. Belki de kendinizi bir anne olarak yetersiz hissediyorsunuz. Evlat edinen bir anne olarak, bu yeni bebeğe tam bir bağlılık duyamamak konusunda endişelisiniz. (Onu öz evladınız gibi sevebilecek misiniz?) Sağlıklı olup olmayacağını, siz ve eşiniz gibi mi, yoksa gerçek anne babası gibi mi bir insan olacağını merak ediyorsunuz.

Bu bebeğe sahip olmanın verdiği mutluluğun yanı sıra, biyolojik anne babası olmadığınız gerçeği neşenize gölge düşürüyor olabilir. (Bu his zamanla, özellikle de bebeğinizin gözünde tek anne-babanın siz olduğunu fark etmenizle birlikte geçecektir.)

Bazı bölgelerde altmış güne kadar uzayabilen bekleme süresi boyunca, bebeğin gerçek annesinin fikrini değiştirebileceği konusunda da ciddi endişeleriniz olabilir. Tüm bunlar uykusuz geçen geceleri ve depresif ruh halinizi açıklamaya yetecektir.[1]

Ancak geleneksel anlamda "doğum sonrası depresyonu" sebeplerinden birçoğunun sizin için de geçerli olması nedeniyle, benzer tedavi yöntemlerinden fayda görmeniz olasıdır.

Sıkıntıları silkeleyip, bu yeni rolün zevkini çıkarmanıza yardım edecek birkaç ipucu için sayfa 497'e göz atabilirsiniz.

1. Bekleme süresi bittiğinde evlat edinme işlemlerini mahkeme aracılığı ile sonlandırmayı ihmal etmeyin. Bazı anne babalar bunu unuttuklarından, yasal vekalet sahibi olamamakta ve bu da ileride ciddi sorunlara yol açabilmektedir.

BEBEĞİ EMZİREMEMEK

"Yıllarca hamile kalmak için uğraştıktan sonra sonunda vazgeçip evlat edinmeye karar verdik. Bunu kabul etmeme rağmen bebeğimiz geldiğinde onu emziremeyecek olmak beni üzüyor."

Bebek doğduktan sonra, artık geriye biyolojik annenin yapıp da evlat edinen bir annenin yapamayacağı hemen hemen hiçbir şey kalmamaktadır. Ve içinde bulunduğumuz tıbbi mucizeler çağında, emzirmek de bir ölçüye kadar bunlara dahildir.

Evlat edinen annelerin bir kısmında laktasyon (süt yapımı) hiç uyarılamasa da, bazıları bebeklerini en azından kısmen besleyecek kadar emzirmeyi başarırlar. Ancak evlat edinen hiçbir annede bebeğini yalnızca kendi sütüyle besleyebilecek kadar güçlü bir laktasyon sağlanamaz. Yine de emzirmek için çaba sarf eden anneler, başarısız olsalar bile, bu uğraşılarının karşılığında emzirmeyle gelen yakınlık duygusuna yabancı kalmamaktadırlar.

Emzirmek, ancak henüz yapay meme emmeye alışmamış kadar küçük bir bebeği evlat ediniyorsanız ve süt vermenizi engelleyecek bir sağlık probleminiz (örneğin geçirilmiş meme ameliyatı) yoksa mümkündür.

Bebeğinizi emzirmeye karar verdiyseniz, şu öneriler başarı şansınızı artıracaktır:

- Kendi kendinize neden emzirmek istediğinizi sorun. Eğer gerçek bir kadın gibi hissetmek veya bilinçli ya da bilinçdışı olarak kendinize ve çevrenizdekilere bebeğinizin evlatlık olmadığını kabul ettirmek gibi bir amacınız olduğunu fark ederseniz, bir daha düşünün. Hamile kalamadığınız ve bebeğinizin evlatlık olduğu gerçeğini kabul etmeniz çok önemlidir; edemezseniz, ileride siz ve bebeğiniz açısından sorunlar çıkabilir. Eğer niyetiniz sadece bebeğinize zengin bir besin sunmak ve bu duygusal zevki paylaşmaksa, durmayın, deneyin.
- Kendi kendinize, laktasyon sağlama uğraşına girmek üzere hayatınızdaki başka her şeyi geri plana atmaya hazır olup olmadığınızı sorun. Haftalar, hatta aylar süren devamlı emzirmenin ve diğer bir sürü uğraşının sonucunda koskoca bir hayal kırıklığı ile yüzleşmek zorunda kalabilirsiniz. Başarısız olabileceğiniz fikrini kabul etmeye hazır mısınız? Ya başarılı olduğunuzda yine de bebeğinizin besin ihtiyacının yalnızca bir bölümünü sağlayabilecek olduğunuz fikrini?
- Eşiniz ve ailenizin diğer üyeleri anlayışlı olup sizi destekleyecekler mi? Destek olmadan başarı şansı hemen hemen sıfırdır.
- Kararınızı mutlaka jinekoloğunuzla görüşüp, emzirmenizi imkânsız kılan bir durum olup olmadığını öğrenmelisiniz. Eğer konu hakkında (pek de ender olmayarak) yeterli bilgisi olmadığını düşünüyorsanız, sizi laktasyon indüksiyonu konusuna aşina bir doktora, muhtemelen bir çocuk doktorunun sevk etmesini isteyin. Doktorunuz birini öneremiyorsa, bulunduğunuz bölgede veya en yakın büyük şehirdeki La Leche League'i arayıp size yardımcı olabilecek bir doktor ismi alabilirsiniz. Size bir emzirme danışmanı da önerebilirler.
- Bebeğinizin geliş tarihini önceden biliyorsanız (örneğin hamile bir annenin çocuğunu evlat edinmek üzere anlaşmışsanız) laktasyonu uyarma çalışmalarına aşağı yukarı bir ay öncesinden başlamalısınız. Bunun için, tercihen elektrikli bir göğüs pompasına ihtiyaç duyacaksınız. Elle çalışan pompalar muhtemelen tüm enerjinizi alacak ve başarıya ulaşamadan vazgeçmenize neden olacaktır.[2] (Bazı kadınlar bu uğraşıya eşlerini de katmayı eğlenceli buluyorlar) Sütün sağılması üzerine bilgi edinmek için sayfa 88'i inceleyin; eğer bebek gelmeden önce başarılı bir süt üretimi sağlarsanız, şişeleyip ileride kullanmak üzere dondurucuya kaldırmak veya süt bankalarına bağışlamak bir fikir olabilir.

Bebeğinize kavuştuğunuzda, emzirmeyi deneyin ve sütünüzün onu yeterince doyurup doyurmadığına bakın. Göğüslerinizde rahatlama hissi olup olmadığına ve bebeğinizin yeterli besin aldığına dair işaretlere dikkat edin (örneğin beslenme sonrasında mutlu ve huzurlu olması, altını yeterli sıklıkta ıslatması ve belli aralarla

---

2.Elektrikli pompa kiralayabileceğiniz yerlerin adresleri için bir hastaneye, aile hekiminize, kadın doğum uzmanına veya bebeğiniz için seçtiğiniz çocuk doktorunun danışabilirsiniz.

kakasını yapması gibi). Eğer bebeğiniz tatmin olmuş görünmüyorsa, içeriğini doktorunuzun belirleyeceği ek bir beslenme sistemine geçin ve bebeğinizin biberondan istediği kadarını almasına izin verin. (Bebeğinizin yeterli besin alıp almadığını belirlemenize ve sütünüzü artırmaya yönelik diğer ipuçları için sayfa 94'e bir göz atın).

• Eğer bebeğinizin geliş tarihini bilmeniz son ana dek mümkün olmayacaksa, önceden ısmarlayacağınız veya şimdiden alıp elinizin altında bulunduracağınız bir destekleyici beslenme sistemi, işe yarayacaktır. Böylelikle bebek geldiğinde, bir yandan emzirerek sütünüzü artırmaya çalışmak, bir yandan da bu ek sistemle bebeğinizin yeterli besini almasını sağlamak mümkün olabilecektir. Bebeğinizin günlük besin ihtiyacını, 2-3 saatte bir besleyebilecek şekilde en az sekiz (tercihen 10) öğün halinde sunmalısınız. Bebek acıktığında, mamayı destekleyici beslenme biberonuna koyup bebeğinizi göğsünüze tutun. Biberondakini bitirdikten sonra bile, göğsünüzü istediği kadar emmesine izin verin (tabii bu arada göğüs başlarınızın tahriş olmamasına dikkat etmelisiniz). Yeterli miktarda süt geldiği vakit, her öğüne önce emzirerek başlamalı ve bebek hâlâ aç görünüyorsa destekleyici sistemle tamamlamalısınız.

• Eğer göğüslerinizden sütü sağmakta güçlük çekiyorsanız, doktorunuzdan oxytosin burun spreyi ve veya klorpromazin ya da teofilin gibi bir ilaç yazmasını rica edebilirsiniz. Bu ilaçlardan biri hipofiz bezini uyarıp, prolaktin üretimini (süt yapımı için gerekli bir hormon) artırabilir ancak hiçbiri bir haftadan fazla süreli kullanılmamalıdır.

• Bol bol dinlenin, uyuyup gevşeyin; yorgun ve gergin olduğu takdirde yeni doğum yapmış bir kadın bile yeterince süt üretmekte zorlanacaktır.

• Sayfa 487'deki En İyi Doğum Sonrası Diyeti'ni uygulayın. Yeterli kalori ve sıvı alımına, vitamin-mineral takviyesine özellikle dikkat edin.

• Hemen vazgeçmeyin. Hamile bir kadının vücudu süt verme döneminden önce en az dokuz aylık bir hazırlanma dönemi geçirir. Siz de bu işin peşini bırakmaksızın kendinize en azından iki üç ay süre tanımalısınız. Bebeğiniz ilk olarak biberonla beslenmişse, emzirilmeye alışması daha da uzun süreler alabilir. Kararlı olun. İlk başlarda göğsünüzü yeterince emmezse, süt yapımını uyarmaya destek olacak şekilde göğüslerinizi elle veya pompayla kendiniz sağın.

Tüm uğraşılarınıza rağmen, hiç sütünüz gelmediyse ya da bebeğinizin tüm besin ihtiyacını emzirerek giderebilmekten uzak kaldıysanız (bazen öz annelerde bile olur), emzirmeyle gelen bir çok paylaşımı yaşamış olduğunuzu göz önünde bulundurarak gönül rahatlığıyla çabalarınızı sonlandırabilirsiniz. Ya da, bebeğinizin ek besin ihtiyacını destekleyici sistem veya biberon aracılığıyla karşılayarak, emzirmeye devam edebilirsiniz.

BÜYÜKANNE VE BÜYÜKBABALARIN HİSLERİ

"Annem ve babamın zaten deli gibi sevdikleri üç torunu var. Evlat edindiğimiz minik oğlancığa karşı aynı heyecanı duymadıklarını görmek beni çok endişelendiriyor."

Anne babanız için biyolojik torunlarına bağlanmak çok da zor olmamıştır. Ne de olsa kendi çocuklarını büyütmüş, sevgilerini şimdi de onların doğurdukları bebeklere yöneltmişlerdir. Ancak şimdi evlat edinilmiş bir torunu aynı kolaylıkla sevip sevemeyecekleri konusunda endişe duyuyor ve bu yüzden de biraz çekingen davranıyor olabilirler, tıpkı evlat edinen anne babanın kendisi gibi. Belki de bebek sahibi olamamanızdan dolayı duydukları üzüntüyü (ya da suçluluğu), hatta kalplerinin bir köşesinde hâlâ bir şans olabileceği umudunu -ya da eğer evlat edinmek tamamen sizin tercihinizse, buna olan kızgınlıklarını henüz çözümleyememişlerdir.

Anne ve babanızın bebeğe yeterince ilgi göstermemeleri sizi kırıyor olabilir ancak yine de onları bebeğinizin hayatından uzak tutarak bunu ödetmeye kalkmamalısınız. Siz paylaştıkça, onların da bebeğinizi benimseyip sevmeye başlaması çabuklaşacaktır.

İdeali, aynen hamilelik döneminde olduğu gibi, onları da bebek için sürdürülen hazırlıklara katmaktır. Onlara bebek arabası veya beşiği seçme görevini verin ya da oyuncak ayıları, müzikli trenleri alsınlar; bebek odasının renklerine ve bebeğinizin isminin ne olacağına beraber karar verin. Çocuğunuza aileden bir isim seçmek, bebeğin aileden biri olduğunu hissetmelerine yardımcı olacaktır.

Bebeğinizi eve getirdikten sonra da, gerçekten ihtiyacınız olmasa bile, besleme, gazını çıkartma, banyo gibi konularda onlardan yardım isteyin. Yakınınızda oturuyorlarsa, uygun oldukları bir zaman bebeğe bakmalarını rica edin. Eğer bebek için bir vaftiz töreni düzenlemeyi planlıyorsanız, onlara bu kutlamanın hem planlanmasında hem de tören içinde önemli bir rol verin. Dini bir tören yapmayı düşünmüyorsanız, akraba ve arkadaşlarınıza bir "hoş geldin bebek" partisi verebilirsiniz. Bebeği eşe dosta gururla gösterebildikleri zaman, onlar da kendilerini daha çok büyükanne/büyükbaba gibi hissedeceklerdir.

Eğer rahatça yapabileceğinizi düşünüyorsanız, onlarla hisleri hakkında konuşun. Onlara bu yeni deneyim içerisinde bazı konularda belirsiz hissetmelerinin doğal olduğunu, sizin de bazı konularda kararsızlıklarınız olduğunu söyleyin. Hislerini paylaşma şansına kavuştuklarında endişeleri, ve tabii siz ve bebek konusunda daha rahat hissetmeye başlamaları olasıdır. Eğer siz konuyu açmakta zorlanıyorsanız, avukat, doktor, güvendiğiniz bir yakınınız veya bir aile dostundan bu işi sizin için yapmasını rica edebilirsiniz.

En önemlisi, anne babanıza, bebeğini tanımaları için bol bol zaman tanıyın; genellikle bir bebeği tanımak, onu sevmeyi beraberinde getirir. Çok duygusal ve kırılgan davranmadığınızdan, bebeğinize farklı muamele edildiği yanılsamasına kapılmadığınızdan emin olun. Belli bir zaman sonunda hâlâ tam anlamıyla benimsemiş görünmüyorlarsa, yaranızı sararak aile bağlarını devam ettirmeye, yıllar içinde yavaş yavaş yakınlık duyacaklarını ümit etmeye çalışın.

BİLİNMEYEN SAĞLIK SORUNLARI

"Kısa bir süre önce, çok şirin bir kız bebek evlat edindik. Mükemmel görünüyor ama ben sürekli bilinmedik bir doğumsal hastalığın ortaya çıkıvermesinden korkuyorum."

Evlat edinilmiş olsun veya olmasın, her çocuğun genetik yapısı bir ölçüde belirsizdir. Ve her anne baba, zaman zaman bilinmeyen bozukluklar konusunda endişe duyar. Sevindirici olarak, genetik bozuklukların bir çoğu çok enderdir ve anne babaların bu gibi endişeleri yersizdir. Ancak, bebeğin hem annesinden hem de babasından alınacak tam bir sağlık raporu, bebeğin doktoruna göstermek için veya ileride bir sağlık sorunuyla karşılaşıldığında kullanmak üzere yararlı olacaktır. Ayrıca vekalet kâğıtlarını düzenlerken, ileride bir acil durum karşısında bebeğinizin biyolojik annesinin yardımına ihtiyacı olduğunda (örneğin bir kemik iliği nakli gibi) anneye ulaşmanın mümkün olabilmesi için bağlantıyı sağlayacak bir yol ayarlamaya çalışın (örneğin annenin sosyal güvenlik numarasını edinin).

Evlat edinilmiş bir bebekte kalıtsal hastalık riski diğer bebeklerden daha fazla olmasa da, enfeksiyona daha açık oldukları bir gerçektir. Onu evlat edinen anne babanın mikroplarına karşı donanımı olmadığından, yeni çevresindeki enfeksiyon etkenlerine, biyolojik bir çocuk gibi, anne ve babasından aldığı antikorlarla karşı durma şansı daha azdır. İlk birkaç hafta için fazladan şu önlemleri alın:

- Besleme setinin dikkatli bir şekilde sterilize edilmiş olmasına dikkat edin (bkz. sayfa 55).
- Bebeğinizi, biberonunu, veya ağzına, eline alabileceği herhangi bir eşyayı tutmadan önce mutlaka ellerinizi yıkamalısınız.
- Ziyaretçi sayısını sınırlayın. İçinizdeki onu herkese gösterme isteği büyük olsa da, bebeği büyük insan gruplarının karşısına çıkarmadan önce birkaç hafta bekleyin. (Bu dinlenme süresi ona da iyi gelecektir).

Bebeğiniz uzaktan, özellikle Güneydoğu

Asya'dan gelmişse, burada sık rastlanmayan birtakım enfeksiyon etkenleri veya parazitler taşıyor olabilir. Çocuk doktoru, geldiği ülkeyi öğrenerek, dünyanın o bölgesine özgü bir hastalığı olup olmadığını bebeğin varışında kontrol etmeli. Karşılaşılabilecek sağlık sorunlarının acil tedavisi, hem bebeğinizin yeni yaşamına sağlıklı bir şekilde başlamasını sağlayacak, hem de sizi ve ailenizi hastalıktan koruyacaktır.

EŞ DOSTLA PAYLAŞIM

"Bir bebek evlat edineceğimizi birkaç yakın arkadaşımız biliyordu. Ama şimdi bebeğimiz geldiğine göre tanıdık herkesin bilmesi gerekiyor. Bunu nasıl becereceğimizi bilmiyorum."

Evlat edinmiş de doğurmuş da olsalar, yeni anne babanın mutluluk haberlerini dünyaya geleneksel duyurma yolu, eşe dosta kartlar gönderme veya bazen yerel gazeteye ilan verme şeklindedir. Sizin konumunuzda, ilanın, bebeğin evlat edinilmiş olduğunu açıkça belirtiyor özellikte olması önemlidir. ("Evlat edindiğimiz bebeğimiz..... den dolayı duyduğumuz mutluluğu belirtiyoruz"). İlana bebeğin bir fotoğrafını da iliştirmek, arkadaş ve akrabaların gözünde tüm olayı daha gerçek kılacaktır.

Birine bebeğinizden söz ederken, "bizim bebeğimiz" veya "bebeğim" kelimelerini seçin. Bebeğinizi doğuran kişilerden söz ederken de "gerçek" ya da "doğal" anne babası sözleri yerine "biyolojik " sözcüğünü seçiniz. Bebeğin gerçek anne babası sizlersiniz ve bunu bu şekilde söyledikçe hem sizin hem de çevrenizdekilerin kabul etmesi kolaylaşacaktır. Eğer kendi doğurduğunuz başka çocuklarınız varsa, onlara "kendi çocuklarım" şeklinde hitap etmeyin, başkalarının da etmesine izin vermeyin.

BEBEĞE SÖYLEMEK

"Oğlumuz henüz küçük bir bebek olduğu halde, ona evlatlık olduğunu nasıl ve ne zaman söylememiz gerektiği konusunda endişelenmekten kendimi alamıyorum."

Artık bir çocuğa evlatlık olduğunu söyleyip söylememek konusunda bir tartışma yok. Uzmanlar, çocukların evlat edinildiklerini bilmeye ihtiyaçları olduğu ve bunu konu komşudan değil, anne babalarından öğrenmeyi hak ettikleri konusunda anlaşıyorlar. Ne zaman söylenmesi gerektiği konusu ise hâlâ tartışılmakta, ancak çocuğu bebeklikten itibaren yavaş yavaş bu fikre alıştırmak ve büyüyünce söylemenin getireceği şoku engellemek görüşü en fazla destek görenler arasında.

Bu işe şu anda, henüz bebeğiniz minicikken ve aslında ne dediğinizi bile anlamazken başlayabilirsiniz. Tıpkı doğum yapan bir annenin o günden sevinçle bahsetmesi gibi, siz de bebeği eve getirdiğiniz günden "O gün hayatımızın en mutlu günüydü!" şeklinde bahsedebilirsiniz. Ve bebeğinizi sevip okşarken ona "Seni evlat edindiğimiz için çok mutluyuz!" ve "Senin gibi mükemmel bir bebeği evlat edinebildiğimiz için çok şanslıyız" gibi sözler söyleyebilirsiniz. Bebeğinizin en basitinden "evlatlık" sözcüğünü anlaması bile üç ya da dört yaşına kadar mümkün olmayacaksa da, erkenden bu fikre alıştırılmak, bunu doğal bir olay olarak kabul etmesine yardımcı olacak ve eninde sonunda açıklamanız gerektiği gerçeğini daha az tehdit edici ve baş edilebilir kılacaktır.

-22-

Doğum Sonrası İlk Günler

NELER HİSSEDEBİLİRSİNİZ

Doğum sonrası ilk hafta içerisinde, doğumun getirdiği fiziksel ve duygusal bütün bu etkileri yaşamanız mümkündür ya da yalnızca bir kısmını hissedersiniz. Bazı daha ender rastlanan belirtiler de fark edebilirsiniz. Normalden farklı ya da ciddi belirtiler karşısında bir hastaneye veya doktorunuza başvurmanız gereklidir.

Fiziksel Belirtiler:

- Titremeler, açlık,ve doğum sonrası ilk dakikalarda susuzluk hissi.
- Giderek pembe ve ilk hafta sonlarında da kahverengiye dönen kanlı vajinal akıntı (loşi).
- İlk 24 saat sonrasında bile sürebilen karın ağrıları (doğum sonrası krampları).
- Vajinal yolla doğum yapmışsanız ve özellikle dikiş atılmışsa perine bölgesinde rahatsızlık ve/veya ağrı ve hissizlik.
- Özellikle doğumun zor olduğu ve uzun sürdüğü durumlarda aşırı yorgunluk.
- Eğer sezaryen yöntemiyle doğum yapmışsanız (ve özellikle bu yolla ilk doğumunuzsa) kesi bölgesinde ağrı ve daha sonraları hissizlik.
- Eğer dikiş atılmışsa otururken veya yürürken rahatsızlık hissi.
- Eğer uzun süreler ıkınmak zorunda kalmışsanız genel vücut ağrıları.
- Yine eğer doğum sırasında zorlanmışsanız kılcal damar çatlamaları (gözde veya yüzde).
- İlk birkaç gün idrar yaparken zorlanma.
- İlk birkaç gün bağırsak hareketleri sırasında rahatsızlık hissi, kabızlık.
- Hemoroid.
- Muhtemelen dehidratasyona (su kaybı) bağlı olarak doğumu hemen takiben hafif ateş.
- İlk birkaç gün süresince aşırı terleme; gece terlemeleri.
- Ateş basması.
- İlk birkaç gün için titreme atakları.
- Doğum sonrası ikinci ve beşinci günler arasında (bazen daha geç olarak) göğüslerde rahatsızlık ve şişkinlik hissi.
- Eğer emziriyorsanız, birkaç günden sonra meme başında oluşan çatlaklara bağlı acıma.
- Emzirmenin ilk günlerinde memelerde sıvı tutulması ve ödem.

Duygusal Olarak:

• Aşırı sevinç, depresyon veya birbirini takip eder şekilde her ikisi.

• Annelik konusunda ve eğer süt veriyorsanız emzirme konusunda yetersizlik hissi ve endişeler.

• Hastaneden artık çıkmak istediğiniz halde durumunuz buna izin vermiyorsa hayal kırıklığı.

• Seks konusunda isteksizlik veya daha ender olarak artmış istek. (ancak ilişki doğum sonrası en az üç, daha sık olarak altı haftaya kadar doktorunuzca uygun görülmemektedir).

HASTANEDEKİ CHECK-UP'LAR SIRASINDA YAPILACAKLAR

Yapılacak işlemler hastaneden hastaneye ve doktordan doktora değişmekle birlikte, genel olarak doğumdan hemen sonra şunların araştırılacağını kabul edebilirsiniz:

• Plasenta ve zarlarının tam olup olmadığı.

• Fundusun (rahmin üst kısmı) yeri ve kıvamı.

• Sizin endişe, heyecan ve huzursuzluk düzeyiniz.

• Sizin nabız ve tansiyon ölçümleriniz. (Başlangıçta heyecan ve zorlanmaya bağlı olarak nabzınız hızlanacak ve tansiyonunuz yükselecektir, ama ilk saatler içinde normale dönmesi beklenir.)

Doğumu takip eden saatlerde ve hastanede geçirdiğiniz kalan süre boyunca daha seyrek olarak, aşağıdakilerin düzenli aralıklarla araştırılması olasıdır:

• Nabız, kan basıncı ve solunum hareketleriniz.

• Vücut ısınız (Doğum sonrası ilk 24 saat içinde, genellikle sıvı kaybına bağlı olarak, hafif artmış olabilir.)

• Fundusun yeri (ilk birkaç günde göbek deliğinizin üstünde yer alır ve daha sonra daha aşağı kaymaya başlar; göbeğinizin tam ortasında yer almalıdır -eğer sağa kaymışsa, mesanenizin dolu olup olmadığı kontrol edilecektir.

• Fundusun sertliği (eğer yumuşaksa, pıhtıların atılmasına yardımcı olacak şekilde masaj yapılabilir.)

• Perine bölgenizin renk ve varsa dikişlerin kontrolü açısından kontrolü

• Loşinin miktar ve akım hızı açısından kontrolü (Eğer akım hızlıysa, yavaşlayıp yavaşlamadığı sık sık kontrol edilecektir.)

• Mesanenizin gergin olup olmadığının kontrolü.

• Sütünüzün gelip gelmediğini ve meme başlarınızın durumunu kontrol etmek üzere meme muayenesi.

• Tromboz (toplardamarlarda kan pıhtıları) olup olmadığını araştırmak üzere bacaklarınızın muayenesi.

• Eğer sezaryen yapılmışsa, ameliyat yerinin muayenesi.

• Anestezi sonrası etkilerin araştırılması.

Size ayrıca sorulacak olanlar:

• İdrar yapıp yapmadığınız ve eğer düzenli bir şekilde idrar yapıyorsanız bu sırada rahatsızlık veya yanma hissedip hissetmediğiniz.

• Eğer hastanede birkaç gündür kalıyorsanız, bu süre içinde gaz ve dışkı çıkışı olup olmadığı, ve eski bağırsak düzeninizin yerine gelip gelmediği.

• Herhangi bir ağrı veya rahatsızlık duyup duymadığınız.

Size şu konularda bilgi verilebilir:

• Perine bakımı.

• Ameliyat sonrası bakım, eğer sezaryen olduysanız yaranın bakımı.

• Basit doğum sonrası egzersizleri.

• Emzirme ve meme bakımı.

• Temel bebek bakımı.

Gerek görüldüğü takdirde kabızlık, ağrı, enfeksiyon veya eğer emzirmeyecekseniz sütünüzün kurutulmasına yönelik reçeteler verilebilir.

NELER YEMELİSİNİZ: Hastane Yemeğiyle İdare Edebilmek

Ciddi hastalıkları olan, özellikle önemli ameliyatlar sonrasında hastane yemekleriyle açlıktan ölen bazı hastalar üzerinc tıbbi makaleler yazılmıştır. Doğum sonrası koğuşunda açlıktan ölmek gibi bir sorununuzun olmayacağı kesindir ancak yine de size sunulan seçenekler içinden besleyici bir mönü hazırlamak, titiz bir incelemeyi gerektiren, epey zor bir iş olacaktır.

Doğum yaptığınız güne ve bulunduğunuz hastanenin uygulamalarına göre, hastanede yiyeceğiniz ilk öğünleri ısmarlama şansınız olabilir ya da olmaz. Eğer mönü sizin için önceden seçilmişse, özel bir diyete gereksinim duyan, doğum yapmış ve özellikle de emzikli bir anne olduğunuzu göz ardı etmiş olabileceklerini aklınızdan çıkarmamalısınız. Öyleyse en kötüsü için hazırlıklı olun ve çantanıza besleyici özellikte birkaç abur cubur atmayı ihmal etmeyin. Bu iş için uygun olabilecek bazı yiyecekler; kahvaltılık tahıllar, tatlı ihtiyacınızı gidermek ve enerji vermek üzere meyve suyu ile tatlandırılmış kek veya bisküviler; yine lif ihtiyacınızı yerine koymak ve vücudunuza gerekli vitamin ve mineralleri sağlamak amacıyla turunçgiller veya diğer taze meyveler; makarna, börek veya bunlar gibi rafine unla yapılan yiyeceklerin üzerine serpiştirmek üzere küçük bir şişe buğday tohumu, sıvı süt ihtiyacınızı desteklemek üzere kahvaltılık tahılın veya kahvenizin içine ekleyeceğiniz bir iki paket yağsız süt tozu; bağırsaklarınızın da teşvike ihtiyacı olabileceği düşüncesiyle küçük bir paket rafine edilmemiş kepek. Hastane personeli ile görüşerek, getireceğiniz yiyecekleri saklamak üzere hastalara ait bir buzdolabı olup olmadığını kontrol edin -eğer varsa buzdolabına koyarken üzerlerine adınızı ve oda numaranızı belirten birer etiket yapıştırmayı ihmal etmeyin.

Tabii özel diyet gereksiniminiz, sizle, onca zamandır hevesle beklenen doğum -sonrası- kutlamalarınız arasına girmemeli. Canınız ne çekiyorsa -sıcak çikolata soslu dondurma, krem peyniri ve somon fümeli sandviçler, dondurmalı kekler, ithal çikolata çeşitleri- hepsini hak ettiniz. Bir akraba veya arkadaşınızdan bunları özel olarak rica edebilirsiniz.

Yemek ısmarlama kartlarınız elinize geçtiğinde, dikkatli bir şekilde inceleyin ve seçimlerinizi belirlerken şu noktaları da göz önünde bulundurun:

Süt yapabilmeniz için süte (ya da bir başka kalsiyum kaynağına) ihtiyacınız olacaktır. Eğer günde beş porsiyondan az alıyorsanız, süt yapımı için gerekli kalsiyum kemiklerinizden çekilecek ve ileride iyi bir osteoporoz adayı olmanıza yol açacaktır. Hastanedeyken bu ihtiyacınızı gidermeye başlamak zor olmayacaktır: Her öğünle birlikte en az bir kutu da süt ısmarlayın (belirttiğiniz takdirde tüm hastaneler size yarım yağlı veya yağsız süt sağlayabileceklerdir). Kalsiyum ihtiyacınızı ara öğünlerde daha fazla sütle, veya kalsiyum açısından eşdeğer, peynir (35-40 gram İsviçre peyniri, 40-50 gram Çedar, veya 50-60 gram Mozarella, 1 bardak süte eşdeğerdir), yoğurt (1 bardak), koyu yeşil yapraklı sebzeler (2 bardak brokoli, veya küçük yeşil yapraklı lahana) ile tamamlayın. Eğer sade süt içmeyi sevmiyorsanız, kahvaltılık tahıllara (soğuk veya sıcak olarak), çorbalara veya kahvenize, evden getirdiğiniz yağsız süt tozundan bol miktarda ekleyin. (Serptiğiniz her 1/3 bardak süt tozu, içmeniz gereken bir bardak sıvı sütü karşılamaktadır.) Eğer herhangi bir sebeple süt ve süt ürünlerini kullanmıyorsanız, süt dışı kalsiyum kaynaklarından yararlanın ve ek olarak kalsiyum tableti alın. Eğer keçi sütü kullanıyorsanız, pastörize edilmiş olmasına ve beraberinde laktasyona özel vitamin formülleri almaya dikkat edin.

Bağırsaklarınızı çalıştırmak için bol miktarda life ihtiyacınız olacaktır. Ve tabii iyileşmenizi hızlandıracak bol vitamin ve eser mineralleri de unutmamak gerek. Yukarıda sayılanların hepsini aldığınızdan emin olmak için listedeki beyaz ekmek, börek ve unluların yanını boş bırakıp, esmer tahılları işaretlemelisiniz (veya listede yoksa özel istek olarak belirtin). Kahvaltı için kepekli tahılları (örneğin kepekli veya saf buğdaylı gevrek), böğürtlenli kek yerine kepeklisini, erikli tart yerine kuru eriğin kendisini, elma sosu yerine taze elmayı seçin. Eğer hastanede sunulan esmer ekmek, piyasadaki beyaz un katkılı ekmeklerdense, bir ziyaretçinizden katkısız olanı getirmesini rica edin (ton balığı veya omletinize eşlik etmek üzere). Eğer mönüde işlenmemiş tahıllı yiyecekler yoksa, özel hazinenizde getireceğiniz kepek, çavdar gibi saf tahıllarla bu ihtiyacınızı karşılayabilirsiniz.[1] Eğer erik, komposto halinde sunuluyorsa ve taze meyve bulmak olası değilse, yine evden getirmeniz uygun olacaktır.

Gücünüzü tekrar kazanmak ve süt yapabilmek için proteine ihtiyacınız olacaktır.

Bol miktarda almak zor olmasa gerek. Süt veriyor olsanız da, öğlen ve akşam yemeklerinde alacağınız 80-90 gr lık bir porsiyon et, tavuk ya da balık, 3 yumurta, 3/4 bardak peynir veya bir sebze-protein kombinasyonu (örneğin hububatlar ve fasulye türleri) -ve bunlara ek olarak sütünüz- gebelik sırasında ihtiyacınız olan günlük 4 porsiyondan 3'e düşmüş olarak, emzirme dönemindeki protein ihtiyacınızı karşılamaya yetecektir. Eğer gebelik sırasında aldığınız kiloları vermeye başlama zamanının geldiğini düşünüyor ve hazımsızlık sorunları da yaşamak istemiyorsanız, kızarmış veya ağır soslara bulanmış yiyeceklerden uzak durun.

İyileşmek için, başta C vitamini olmak üzere, vitamin ve minerallere ihtiyacınız olacaktır. Her gün bir salata, en azından bir pişmiş sebze (tercihen yeşil veya sarı yapraklı) ve bol taze meyve ve meyve suyu ısmarlayın. Şekeri bol, besin değeri düşük, ağır şerbetli kompostolar ve konserve meyvelerden uzak durun. C vitamini kaynakları arasında, turunçgiller, çilek, kavun, yeşil ve kırmızı biber, besin değerini yitirecek kadar pişirilmiş olmayan lahana ve brokoli sayılabilir. Eğer aradığınızı hastane mönüsünde bulamıyorsanız, evden veya yakın bir manavdan istetebilirsiniz.

Doğum sırasında ve sonrasında kaybettiğiniz kanı yerine koymak için demire ihtiyacınız olacaktır. Doğum öncesinde kullandığınız ya da doktorunuzun yeni verdiği demir hapını kullanmaya devam edin, ancak bunun yanında demirden-zengin bazı besinleri de almaya özen göstermelisiniz. Normalde kırmızı eti çok sık yemiyor olsanız da, en azından bir öğün biftek veya ciğer ısmarlayın ve yemek aralarında kuru meyveler atıştırın. Eğer et dışı demir kaynaklarını tercih ediyorsanız, mönüde taze bezelye ve diğer fasulye türleri, ıspanak veya sardalya gibi besinleri işaretleyin. Ve doğum öncesi kullandığınız demir hapını almaya devam edin.

Sıvıya ihtiyacınız olacaktır. Yeterli miktarda sıvı alımı, idrara çıkmanıza yardımcı olacak, bağırsakların daha kolay ve çabuk hareket kazanmasını sağlayacak ve doğum sonrasında terlemeyle kaybettiğiniz vücut sıvılarını yerine koymaya yarayacaktır. Sütün yanı sıra (ki sadece 2/3'ü sudur), sebze ve meyve suları için (eğer hastanede sunulanlar sizi heyecanlandırmıyorsa, dışarıdan beğendiklerinizi -örneğin bir şişe limonlu gazoz veya elma, çilek suyu- getirtebilirsiniz), öğünlerinizde çorbalara yer verin ve başucunuzda durmak üzere bir sürahi su rica edin.

Boş kaloriye ihtiyacınız yoktur. Hastane mönüsündeki her tatlıyı denemek isteği içinde olsanız da, her boş kalorinin şu ikisinden birine sebep olduğunu unutmamalısınız: kalori açısından, iyileşmeniz (ya da emziriyorsanız süt yapabilmeniz) için gerekli, besleyici değeri olan yiyeceklerin yerine geçer veya bu besleyici değeri yüksek kalorilere eklenerek, hamilelik kilolarını atmaya başlama niyetindeyseniz gerekenden daha fazla kalori almanıza yol açar. Gerçekten sizi mutlu eden yiyeceklerden seçilmiş olmak üzere, kendinize günde en fazla bir porsiyon besleyici değeri düşük tatlı yeme hakkı vermelisiniz. Seçme şansınız olduğunda, dondurma ve puding gibi sütlü tatlıları (en azından bir

1. Eğer tercih ettiğiniz tahıl kepekse, diyetinizdeki kalsiyumun emilimini azaltacağını ve yanında bol miktarda su ile alınmadığı takdirde görevini yapamayacağını akılda bulundurmak gerekir.

miktar kalsiyum ve protein içerir) kek, börek ve pastalara tercih ediniz. (Zaten muhtemelen hastane tatlıları sizi hayal kırıklığına uğratacaktır. Ne de olsa favori restoranınızda yediklerinize veya kendi pişirdiklerinize benzemez.) Çok canınız çektiğinde, özellikle kalışınız uzuyorsa, nefsinizi, sağlıklı besin ürünleri satan marketlerden alınmış, meyve suyuyla tatlandırılmış kek ve kurabiyelerle köreltebilirsiniz.

MERAK ETTİKLERİNİZ

BAŞARISIZLIK HİSLERİ

"Dokuz aydır doğumumun nasıl olacağını hayal ettim; doğal, sevgi dolu ve huzurlu. Ama hiç de böyle olmadı. İçimdeki hayal kırıklığı ve başarısızlık hissi o kadar büyük ki, iki gün önce oğlum doğduğundan beri sürekli ağlayıp duruyorum."

Bir yüzyıl önce, tüm doğumların "doğal" olduğu dönemlerde, kadınlar için doğumdan sağ çıkmak bile başlı başına minnet duyacakları bir olaydı. Zaman içinde birçok kadın, iyi bir fiziksel sonucun yanı sıra, birtakım duygusal ödüller de bekler, hatta talep eder duruma geldi. Sonunda beklentiler cevapsız kaldığında, başarısızlık hissi ve hayal kırıklığı yaşanır oldu.

Sorunun bir bölümü, sonuçtan çok "tecrübenin" altını çizmekle, çiftleri doğum olayına gerçekçi bir yaklaşımdan uzak bir şekilde hazırlayan, kitaplar ve kurslardan kaynaklanmaktadır. Doğum eğitimi, bebek bekleyen çiftlerin hamilelik ve doğum olaylarıyla başedebilmeleri konusunda oldukça yardımcı olsa da, zaman zaman doğumun geçer veya geçmez şeklinde not alınan bir test gibi algılanmasına yol açabilmektedir. Ve sonra, hamilelik, filmlerde görülüp kitaplarda okunduğu gibi muhteşem bir sonla noktalanmadığı zaman -yirmi saat süren sonuçsuz çabalardan sonra kasılmaları güçlendirmek üzere oksitosin takılmasını kabul ettiklerinde, doğum sırasında büyük bir olgunluk ve huzur içinde nefes alıp vermek yerine canları çıkarcasına bağırmak zorunda kaldıklarında, ümitlerinin yanı sıra vücutları da epizyotomi veya sezaryen sırasında neşterin ihlaline kurban gittiğinde- bu kadınlar (ve sıklıkla kocaları da) başarısız olduklarını düşünürler.

Ancak başarısız olmamışlardır. Çünkü başarılı bir doğum diyebilmek için alınabilecek tek ve mutlak kriter sağlıklı bir anne ve sağlıklı bir bebektir. Bir kadının dokuz aylık hamilelik dönemi boyunca sürdürdüğü performans -yiyip içtikleri, vücuduna uyguladığı bakım- doğumun yaklaşık son on dört saati boyunca yaptıklarından çok daha önemlidir. Ve anneliğin o değerli ilk dakikalarını, neler olmuş olabileceğini düşünüp ağlayarak harcamak yazık olacaktır.

Tüm beklentilerinize karşılık veren bir doğum idealdir ve eğer bir kez daha hamile kalmayı düşünüyorsanız, belki de gelecek sefere bunu yaşayacaksınız. Ama başucunuzda yatan şu 3-4 kilogramlık sağlıklı bebeğin yanında, bunun önemi göz ardı edilebilecek kadar azdır. Bu çok özel yavrunuza hayat veren hiçbir doğum eylemi -ya da anne baba- başarısızlıkla suçlanamaz (ve suçlanmamalıdır).

KUYRUKSOKUMU KIRIĞI

"Doktorum doğum sırasından kuyruk sokumumdaki kemiğin kırılmış olduğunu söylediğinde gerçekten çok şaşırdım. Daha önce hiç böyle bir yaralanma duymamıştım."

Kuyruk sokumundaki kemiğin, "koksiks"in kırılması, çok ender olarak rastlanan bir durumdur, muhtemelen siz de bu nedenle böyle bir şeyi ilk kez duyuyorsunuz. Ama bildiğiniz gibi, başa gelebiliyor. Daha sıklıkla, pelvis tabanını döşeyen kaslar zarar görebiliyor ve bu da o bölgedeki kasların spazmına ve hassasiyete yol açıyor. Her iki sebep de, tıbbi terminolojide "koksigodini" denen, omurganın en ucunda yerleşmiş koksiks bölgesinde ağrıya yol açıyor. Çoğu kadın, ağrının en fazla, sert yüzeylere oturmakla veya tuvalette (sert yüzeye oturmanın yanı sıra) ıkınırken hissedildiğini belirtir. Uzanmak, yastık ya da halka biçimli lastiklerin üzerine oturmak genellikle rahatlatıcı olmaktadır.

Tedavide, sıcak uygulamalar, kalça ve popo bölgesine ve hatta pelvis içi masaj önerilebilir. Tedavi ile ağrı giderek azalmakta ve genellikle bir ya da iki ay içinde yok olmaktadır.

SİMSİYAH KAN ÇANAĞI GÖZLER

"Doğumdan sonra gözlerim kan çanağı gibiydi, şimdi de iki gözüm adeta simsiyah."

Doğum olayı, kadını, sadece üzerinde bıraktığı yorgunlukla değil, vücudunda yarattığı değişimlerle de ringe çıkmış bir boksöre benzetebilir. Doğumun zorlu ikinci evresi sırasında, ıkınma sonucu, göz içi ve çevresindeki kılcal kan damarları çatlamakta ve gözlerin kan çanağı gibi, hatta simsiyah görünmesine yol açabilmektedir. Özellikle, kadının, bir ıkınmanın doruğunda nefesini tuttuğu ve bunun sonucunda basıncın kafa içinde arttığı durumlarda görülme olasılığı fazlalaşmaktadır. Eğer her aynaya bakışınızda görüntünüzden ürküyorsanız ya da gelen ziyaretçileri şoka uğratacağınızı düşünüyorsanız, bir süre için koyu renk camlı gözlükler takarak "esrarengiz kadın"ı oynayabilirsiniz.

Bu arada tabii ki durumunuzu ve mümkün olabilecek tedavileri doktorunuzla tartışmayı ihmal etmeyin. Birçok vakada, günde birkaç kez, onar dakikalık sürelerle uygulanacak soğuk kompresler, rahatlatıcı olmakta, hatta iyileşmeyi hızlandırıcı özellik gösterebilmektedir; ağır vakalarda bir göz doktorunun konsültasyonu gerekebilir.

Birkaç günle birkaç hafta arası bir süre sonra, siyah gözlüklerinizi de rafa kaldırabileceksiniz. O zamana kadar, durumunuzdan rahatsızlık duymayın- tüm gözler bebeğinizin üzerinde olacaktır, sizin değil.

KARIN AĞRILARI

"Zaman zaman, özellikle emzirirken, karnımda kramp şeklinde ağrılar oluyor."

Saatler süren bir doğumdan sonra, kasılmaların hâlâ devam etmesi, herhalde isteyeceğiniz son şey olacaktır.

Doğum sonrası ağrıları, rahmin, plasentanın ayrılmasıyla yırtılan damarları tıkamak ve doğum öncesi boyut ve yerleşimine dönmek üzere kasılması sonucu oluşur. Bu ağrılar, rahim kasları, önceki doğumlar veya aşırı gerilme (ikiz doğumlarda olduğu gibi) sonucu gerginliğini kaybetmiş kadınlarda, daha sıklıkla ve daha yoğun bir şekilde hissedilmektedir. İlk kez anne olan birçok kadın, bunların farkına bile varmaz. Bu krampların görülme sıklığının emzirme sırasında artması da, emme ile, kasılmaları uyaran oksitosin hormonunun salınımının fazlalaşmasına bağlıdır.

Eğer ağrı uykunuzu bölecek kadar fazlaysa veya gerginlik emzirmenizi engelleyecek düzeyde ise, hafif bir ağrı kesici verilebilir. Almakta tereddüt etmeyin; bu tür bir ilaç, süte anlamlı miktarlarda geçemeyeceğinden bebeğinizi etkilemeyecek, buna karşılık rahatlamanızı sağlayabilecektir. Ağrı iki ile yedi gün içinde kendiliğinden geçecektir. Eğer geçmezse ve analjeziklere cevap vermiyorsa, doktorunuza danışmanız gerekebilir.

GÖĞÜS AĞRISI

"Dün üç saatlik zorlu bir ıkınmadan sonra doğum yaptım ve bugün nefes aldıkça göğsümde bir ağrı hissediyorum. Acaba bir sorun mu var?"

Üç saat boyunca jimnastik yapıp da ertesi gün ağrılar içinde uyanmamayı düşünemeyiz. Aynı şekilde, üç saat ıkındıktan sonra da bu egzersizin sonuçlarını hissetmemeyi beklememelisiniz. Ağrıyı hangi kas grubunda daha çok hissedeceğiniz, ıkınmalar sırasında hangilerini daha çok kasıp hangilerini gevşettiğinizle ilişkilidir; ağrılar göğüs kafesinde, sırtta, belde, bacaklarda ve hatta omuzlarda bile olabilir.

Tabii böyle bir ağrı -kan pıhtısı ya da iç kanama gibi- daha ciddi bir sorunun habercisi de olabilir, bu nedenle vakit kaybetmeden görevli hemşireye ve ilk fırsatta da doktorunuza haber vermeniz gereklidir. Eğer ağrı gerçekten de basit bir kas ağrısı ise, birkaç güne kadar azalarak

DOKTORUNUZA NE ZAMAN DANIŞMALISINIZ

Doğumu takip eden ilk altı hafta süresince, doğum sonrası bir komplikasyonla karşı karşıya kalma olasılığınız vardır. Sorunlar, aşağıdaki belirtilerden bir veya birkaçının varlığı ile kendilerini belli edebileceklerinden, bu belirtilerin görülmesi durumunda acil olarak doktorunuza başvurmalısınız.

- Saatte birden fazla ped kullanımını gerektiren ve birkaç saatten fazla süren kanama. Eğer doktorunuza ulaşamıyorsanız, eşiniz veya bir yakınınızdan sizi acil servise götürmesini isteyin ya da 911' i arayın. Eğer mümkünse, yolda veya acil yardımın gelmesini beklerken, uzanın ve bir buz torbasını (ya da ağzı sıkıca bağlı buz dolu plastik bir poşet ve eriyen buzları temizlemek için bir miktar kâğıt havlu) karnınızın alt bölgesine (eğer yerleşimini kestirebiliyorsanız tam rahmin üzerine ya da ağrının en yoğun olduğu bölgeye) bastırın.
- Doğum sonrası dördüncü günden sonra herhangi bir zamanda başlayan parlak kırmızı kanama. Ancak zaman zaman akıntıya bulaşan az miktarda kan, doğum sonrası yaklaşık üçüncü haftada görülebilen kısa, ağrısız bir kanama süreci ya da artmış ancak dinlendiğiniz zaman azalan bir akıntı, endişe duymanızı gerektirmez.
- Kötü kokulu akıntı (loşi). Doğal kokusu âdet kanına benzerdir.
- Loşi içinde iri kan pıhtılarının görülmesi. Ancak ilk günlerde, zaman zaman küçük pıhtıların görülebilmesi normaldir.
- Doğum sonrası ilk iki hafta süresince loşi gelmemesi.
- Doğumdan sonraki ilk birkaç günü takiben, alt karın bölgesinde, şişkinlikle beraber olabilen ya da yalnız başına ağrı veya rahatsızlık hissi.
- İlk 24 saati takiben, bir günden fazla süren, 37.8°C'i aşan ateş. Birçok kadında, doğumun hemen sonrasında dehidratasyona bağlı olarak 38°C'e varan ateşler; ya da bazılarında sütün gelmeye başlaması ile hafif bir ateş görülebilir, ancak bunlar endişelenmeyi gerektirmez.
- Yakıcı bir göğüs ağrısı burada bir kan pıhtısı varlığına işaret ediyor olabilir. Eğer hemen doktorunuza ulaşamıyorsanız, 911' i arayın veya bir yakınınızdan sizi acil servise götürmesini isteyin.
- Baldır veya uyluk bölgesinde, kızarıklıkla birlikte olan veya ayağınızı geriye bükmekle artabilen, bölgesel ağrı ve hassasiyet. Bütün bunlar bacak venlerindeki bir pıhtının işaretleri olabilir. Doktorunuza ulaşmaya çalışırken, uzanın ve bacağınızı yukarı kaldırın.
- Göğüsteki şişkinlik geçtikten sonra elinize gelen bir kitle veya sertleşmiş bir bölge, tıkalı bir süt kanalına işaret edebilir. Doktorunuzu beklerken sayfa 307. 508'de tarif edilen şekilde evde tedaviye başlayın.
- Sezaryen kesisinin olduğu bölgede şişme ve/veya kızarıklık, sıcaklık ve akıntı.
- İdrar yaparken zorlanma; ağrı veya yanma, ani gelen sıkışma ile az miktarda idrar yapabilme, az ve/veya koyu renkli idrar. Bol bol su için ve doktorunuzla bağlantı kurmaya çalışın.
- Birkaç gün içinde geçmeyen, gündelik olaylarla başedebilmenizi güçleştiren bir depresyon; bebeğinize karşı duyduğunuz, özellikle şiddet kullanma dürtüsünün eşlik ettiği kızgınlık hissi.

geçecektir. Isı uygulamaları (sıcak su banyoları veya ısıtıcılarla) ya da ağrı kesiciler, rahatsızlık hissini hafifletmek üzere yararlı olacaktır.

KANAMA

"Doğumdan sonra kanlı bir akıntı olabileceğini biliyordum ama ilk kez yataktan kalkıp da bacaklarımdan aşağı sızan kanı görünce gerçekten korktum."

Paniğe kapılmayın. Loşi diye bilinen, rahminizde kalan kan, mukus ve doku artıklarının atılması şeklindeki bu akıntı, normal olarak doğum sonrası ilk üç günde âdet kanaması kadar ağır (hatta bazen biraz daha fazla) olabilir.

Azalmaya başladığı döneme kadar gelen miktar yaklaşık iki bardağı bulur ama sıklıkla olduğundan fazlaymış gibi algılanır. İlk günlerde yataktan kalkış sırasında ani bir boşalma olması sıktır ve endişelenmeyi gerektirmez.

Plasentanın yapıştığı bölgedeki kan damarlarının yırtılmasıyla gelen kan, doğumu hemen takip eden dönemde loşi bileşiminin temel öğesini oluşturur, bu nedenle ilk günlerdeki akıntı oldukça kırmızıdır. Daha sonraki bir iki haftaya yayılan, iyileşme sürecinin ileri dönemlerinde, kanama azaldıkça, akıntı, öncelikle sulu pembe, daha sonra kahverengi ve en sonunda da sarımsı beyaz bir renk alır.

İki haftalık bir süreden, aralıklı olarak altı haftaya dek uzayabilen ve zaman zaman az miktarda kanın da karışabileceği akıntılı dönemde, tampon değil (enfeksiyona yol açabilir) hijyenik pedler kullanılmalıdır. Bazen, birkaç gün için akıntının durduğu zannedilse de, yeniden başlayabilir. Erken dönemde fazla efor sarf edici aktivitede bulunan kadınlarda ilk haftadan sonra da gerçek kanama tekrarlayabilir -ağır egzersiz iyileşme sürecini geciktireceğinden, böyle bir durumu, aktiviteyi yavaşlatmaya yönelik bir uyarı olarak algılamak doğru olacaktır. Bazı kadınlarda, doğum sonrası yaklaşık üçüncü haftada "âdet kanaması" benzeri hafif bir kanama dönemi görülmektedir. Bu ağrısız kanama dönemi, miktarca artmadığı, süresi uzamadığı veya tekrar etmediği sürece normal olarak kabul edilmelidir. -Yukarıdaki koşulların varlığında yine doktorunuzla görüşmeniz uygun olacaktır.

İlk haftadan sonra, hafif kanlı bir akıntının ötesinde her türlü kanama, rahmin duvarına asılı kalmış küçük bir plasenta parçasının ya da plasentanın rahme yapıştığı bölgenin yeterince iyileşmediğinin habercisi olabileceğinden, doktorunuza bildirilmelidir. Her iki durumda da, serviksin (rahim ağzı) genişletilip, rahim duvarından kalan plasenta parçalarının ya da iyileşmesi gecikmiş plasental bölgeden ölü dokuların kazınması şeklindeki bir yöntem olan D&C (dilatasyon ve küretaj) ile kanama sıklıkla durdurulabilmektedir.

Bunun yanı sıra, sarımsı-kahverengi akıntının altı haftadan uzun süredir devam etmesi, özellikle birlikte ateş ve/veya karın ağrısı ve hassasiyet de varsa, enfeksiyon işareti olabileceğinden, bu durumu da doktorunuza bildirmelisiniz.

Emzirme ve kas veya damar içine uygulanan oksitosin (bazı uzmanlar doğumu takiben rutin olarak bu uygulamayı yapmaktalar), rahmin kasılmalarını artırarak hem loşinin akım hızını azaltmaya hem de rahmin eski boyutlarına daha hızlı bir şekilde dönmesine yardımcı olabilmektedir. Bazı uzmanlar, doğumdan sonra fundusa (rahmin üst bölgesi) bir süre hafif masaj uygulayarak kasılmaları teşvik etmeyi tercih etmektedirler. Rahmin doğumdan sonra küçülmesi, plasentanın ayrıldığı bölgede açığa çıkan kan damarlarını tıkayarak kanamayı önlediği için, iyileşmenin yaşamsal bir bir aşamasını oluşturmaktadır.

Eğer rahim çok gevşek ve kasılmalar çok zayıfsa, aşırı kanama olabilir. Uzun ve travmatik bir doğum sırasında rahmin fazlaca hırpalandığı ya da çoğul doğum, iri bebek veya fazla miktarda amniyon sıvısı ile çok gerildiği durumlarda; plasentanın normal dışı yerleşim gösterdiği veya erken ayrıldığı (abrupsiyo plasenta) durumlarda; rahimde var olabilen urların simetrik kasılmaları engellediği durumlarda ya da annenin doğuma girerken genel durumunun bozuk olduğu hallerde (örneğin kansızlığa, preeklampsiye veya aşırı yorgunluğa bağlı) aşırı kanama olma olasılığı artar.

Doğum sonrası kanamaların daha ender görülen bir sebebi, genital yollardaki yırtıklardır. Çok az bir olasılıkla, kanama, daha önce saptanmamış bir kanama bozukluğuna bağlı olarak görülebilir. Enfeksiyon da, doğumun hemen ardından veya haftalar sonra kanamaya neden olabilir.

Doğum sonrası kanamaların çoğu, doğumu takip eden yedi ile on dördüncü günler arasında, genellikle öncesinde bir işaret vermeksizin, ani başlar. Görülme sıklıkları göz önüne alındığında, doğum komplikasyonları arasında göreceli olarak daha az yer kaplayan bu sorun, yaşamı tehdit eder nitelikte olabileceği için, erken teşhis ve tedavisinin önemi büyüktür. Sayfa 467'deki "Doktorunuza ne zaman danışmalısınız?" başlıklı listede yer alan ilk altı belirtiden herhangi birinin varlığı, olası bir kanamanın (ya da bazı durumlarda enfeksiyonun) habercisi olabileceğinden, mümkün olduğunca çabuk bir şekilde bildirilmelidir.

TROMBOFLEBİT

"Bir sezaryen operasyonu geçirdim ve doktorum bana sabah ilk iş olarak elastik çoraplar giymemi söyledi. Bunun sebebi nedir?"

Sıkıntı verici elastik çoraplar giymek şeklinde olsa bile, bir dirhem önlemin, başa gelebilecek bin türlü sorunu yaşamamanız açısından önemi büyüktür. Ender de olsa bazen, cerrahi bir doğumu ya da vajinal yolla travmatik bir doğumu veya uzamış yatak istirahatı dönemini (kan dolaşımının yavaşlamasına sebep olan) takiben, bir kan pıhtısı oluşarak, venin inflamasyonuna sebep olabilir. Bacak varisleri olan kadınlarda bu problem daha sıklıkla görülmekte ve doğum sırasında oluşan basıncın, sorunun ortaya çıkmasını kolaylaştırdığı düşünülmektedir. Tromboflebit adı verilen bu duruma, kırk yıl önce, travmatik doğumların daha sık yaşandığı ve kadınların doğumdan sonra bir hafta ya da daha fazla süreyle ayaklarını yataktan aşağı bile sarkıtmalarına izin verilmediği dönemlerde, günümüze oranla çok daha sık rastlanmaktaydı.

Elastik çoraplar ve erken ambulasyon (doğum sonrasında mümkün ve güvenilir olan en kısa sürede ayağa kaldırma) genellikle problemi önlemeye yeterli olabilmektedir. Eğer herhangi bir nedenle (örneğin spinal anestezi aldıysanız) doğumu takiben sekiz saati aşan bir süreyle yatakta kalmanız gerekiyorsa, sayfa 478'de önerilen egzersizlere benzer basit bacak egzersizleri, bu bölgedeki kan dolaşımını hızlandırmak açısından yararlı olacaktır. Herhangi bir egzersizi yaparken, özellikle de ayak baş parmaklarınızı vücudunuza doğru bükmekle keskin bir ağrı hissederseniz, egzersizi keserek, hemşireye bu durumu bildirmeniz gerekir.

Temel olarak iki tip tromboflebit vardır. Derinin üst tabakalarına yakın yüzeysel venlerde bir pıhtı oluştuğunda belirtiler, o bölgede hassasiyet, ısı artışıdır ve çoğu zaman, damar deri üzerinden kırmızı bir çizgi şeklinde görünür hale gelir. Bacakları havaya kaldırmak ve sıcak nemli uygulamalar problemi çözmeye yetecektir. Daha derindeki bir ven etkilendiğinde, damarın izlediği yol boyunca bacakta ağrı, hafif şişlik ve belirgin hassasiyet izlenir. Ayağı bükmekle baldırda hissedilen ağrı, bu hareketin etkilenen veni germesine bağlıdır. Nadiren, bacak aşırı şişmiş olabilir. Oluşan kan pıhtısının koparak akciğerlere gitme olasılığı bulunduğundan, derin ven trombozu ciddi bir problem olarak ele alınmalı ve pıhtıyı eritmek üzere acil tedavi başlatılmalıdır. Tedavi genellikle, etkilenmiş bacak havada olacak şekilde mutlak yatak istirahati, ısı uygulaması, elastik çorap veya bandaj ve kanın pıhtılaşma gücünü azaltmak üzere antikoagülan (pıhtılaşmayı önleyici) ilaç uygulamaları şeklinde olmaktadır. Ender de olsa, tedavinin başarısız olduğu durumlarda, damarı cerrahi olarak bağlamak gerekebilir.

PERİNE BÖLGESİNDE AĞRI

"Epizyotomi yapılmadı ve yırtılma olmadığını da biliyorum. Peki neden bu kadar acıyor?"

Üç buçuk dört kiloluk bir bebeğin perinenizden hiçbir etki bırakmadan geçeceğini düşünmek pek de gerçekçi bir yaklaşım olmaz. Bebek doğarken perine bütünlüğü korunmuş olsa da, o bölge gerilmiş, ezilmiş ve genel olarak hırpalanmıştır. Bunun beklenen sonucu olarak, çok hafif, ya da sıkıntı verecek düzeylere varabilen çeşitli şiddetlerde bir ağrı hissedilebilir. En iyi yaklaşım, tedaviyi zamana bırakmak olacaktır, ancak rahatsızlık hissini azaltmak amacıyla aşağıdaki önerileri uygulamayı deneyebilirsiniz.

"Epizyotomi bölgesinin mikrop kapmış olmasından korkuyorum. Gerçekten çok acıyor, özellikle de güldüğüm zaman."

Vajinal yolla doğum yapan bir kadında, perine yırtığı oluşmuş veya perinenin cerrahi yolla kesilip dikilmesi şeklindeki bir yöntem olan "epizyotomi" yapılmışsa, ağrının daha fazla olması muhtemeldir. Ve bu ağrı, sadece gülmekle değil, öksürmekle veya hapşırmakla da artan bir nitelik taşıyabilir. (Ancak ne gülme, öksürme, hapşırma, ne de tuvalet ihtiyacını gidermek amacıyla ıkınma, dikişlerinizin açılmasına sebep olabilir). Her yeni kapatılmış yarada olduğu gibi, epizyotomi ya da yırtık bölgesinin de iyileşmesi için belli bir zaman geçmesi gereklidir -bu süre

PERİNE BAKIMI

Yalnızca yırtık bulunan veya epizyotomi tamiri yapılan kadınlarda değil, vajinal yolla doğum yapmış her kadında üreme ve idrar yollarının enfeksiyondan korunması için perine bakımına özen gösterilmesi şarttır. Şu kurallara dikkat edilmesi önerilmektedir;

• Ellerinizi her tuvalete gidişin veya hijyenik ped değişiminin öncesinde ve sonrasında yıkayın.

• Her dört ile altı saat arasında hijyenik pedi değiştirin. Arkaya ya da öne kaymaması için sıkıca yapıştığına emin olun.

• Pedleri yerleştirme ve değiştirme işlemlerini daima önden arkaya doğru yapın, böylece rektumdaki mikropların vajinaya taşınması önlenir.

• Tuvalete gittikten sonra o bölgeyi ılık su (veya doktorunuzun önerdiği antiseptik bir solüsyon) ile durulayın. Daha sonra, gazlı bez, kâğıt mendil veya ilaçlı pamuklarla (hastaneden temin edebilirsiniz), yine önden arkaya doğru bir hareketle kurulayın.

• Tam bir iyileşme sağlanana dek ellerinizi -ve başka elleri- bu bölgeden uzak tutun.

Perine tamiri yapılmış hastalarda rahatsızlık hissi biraz daha fazla olabilmekle beraber (acıya ek olarak dikişlerin etrafında kaşıntı gibi) yeni doğum yapmış tüm anneler şu önerilerden fayda görmüşlerdir;

• Ilık oturma banyoları, sıcak kompresler veya ısı lambaları. Oturma banyosu için küveti kullanıyorsanız, burada geçirdiğiniz zaman süresince herhangi bir baygınlık hissi geldiği takdirde, hemen hemşireye haber vermelisiniz. Isı lambasıyla oluşabilecek yanıkları önlemek amacıyla, hastanedekini yalnızca gözetim altında, evde ise doktorunuzun verdiği talimatlar doğrultusunda kullanmalısınız.

• Rahatsız bölgeye steril gazlı ped üzerinde soğutulmuş cadı fındığı ya da kırılmış buzla dolu plastik bir eldiven uygulaması ağrıyı azaltacaktır. Ya da hijyenik pedinizi her değiştirişte araya ilaçlı pamuklar koymak işe yarayacaktır.

• Doktorunuzun önerileri doğrultusunda anestezik spreyler, merhem ya da pedler, hafif ağrı kesiciler kullanılabilir.

• Zorlayıcı hareketlerden kaçının. Bir yanınıza yatarak ve uzun süreler ayakta durmaktan veya oturmaktan kaçınarak bölgedeki baskıyı azaltabilirsiniz. Bir yastık veya plastik halka (simit) üzerine oturmak ya da oturmadan önce kalça kaslarını sıkıştırmak, ağrıyı azaltabilir.

• Kegel egzersizleri (bkz sayfa 481). Bu egzersizleri doğumdan hemen sonraki ve doğumu takip eden dönemde mümkün olduğunca sık yaparsanız, bölgenin kan dolaşımı artacak ve iyileşme hızlanacaktır. İlk başlarda yapamadığınızı hissetseniz de paniğe kapılmayın; doğumdan hemen sonra perinede uyuşukluk olabilir. Bölgenin duyusu, takip eden birkaç hafta içinde geri dönecektir.

---

genellikle yedi ile on gün arasında değişir. Bu dönem süresince yalnız başına ağrının varlığı, enfeksiyon geliştiğini göstermeye yetecek bir belirti değildir.

Hastanede bulunduğunuz süre içerisinde, bir hemşire dikişlerinizi belirli aralıklarla inflamasyon veya enfeksiyonun diğer belirtileri açısından kontrol edecektir. Ancak perine hijyenini koruma konusunda gereken özen gösterildiği takdirde, enfeksiyon gelişme riski oldukça düşüktür.

YATAKTAN KALKMAK

"Kendimi iyi ve ayağa kalkmaya hazır hissediyorum; ancak hemşire doğumdan sonra sekiz saat geçmeden yataktan çıkmamam gerektiğini söyledi."

Birçok hastanede, altı-sekiz saat yatak istirahatı kuralı uygulanmaktadır -bunun bir nedeni, doğum yapmış kadının gücünü toplamak için gerçekten de dinlenmeye ihtiyacı olması, bir nedeni de, doğum sonrası ilk saatlerde oldukça sık rastlanan baş dönmesi ve hatta bayılmaların, düşüp yaralanmalara yol açabilmesidir.[2] Tuvalete gitmenize bile izin verilmeyebilir ve ihtiyacınız için lazımlık kullanmak zorunda kalabilirsiniz. Ayağa kalkıp tuvalete gitmenize izin verilse bile, mutlaka yanınıza bir refakatçi almanız gerekecektir.

Akşam saatlerinde veya gece doğum yapan kadınlar için, uyuyarak geçirecekleri (tabii bebeğin beslenme saatlerinde uyandırılmak kaydıyla) bu mutlak istirahat dönemi, daha kolay atlatılacaktır. Ancak gündüz doğum yapanlar için, gitmeye can attıkları bir dönemde yatağa çakılı kalmak zor olabilir. Yine de doktorların en doğruyu bildiklerine inanmak gerekir; çoktandır hak ettiğiniz tam teşekküllü bir dinlenme döneminden sonra ayağa kalktığınızda kendinizi çok daha güçlü hissedeceğiniz bir gerçektir.

Bu sekiz saatlik dönemin sonunda, epizyotomi ya da yırtık bölgesi iyileşmeye başlamış olacak, böylece duyulacak acının azalmasıyla yürümeniz daha az engellenecektir. Ayrıca bu süre sonunda vajinal akıntı miktarı da bir derece azalmış olacaktır.

Tabii şunu da düşünün; bir daha böyle sekiz saat boyunca yatak keyfi yapabileceğiniz günler epey uzaklarda olabilir. Şansınız varken tadını çıkarmaya bakın.

İDRAR YAPARKEN ZORLANMA

"Doğum yapalı birkaç saat oldu ve hâlâ idrar yapamadım."

Birçok kadın doğumu takip eden ilk 24 saat süresince idrar yapmakta güçlük çekebilir. Bir kısmında tuvalete gitme hissi hiç olmaz, bir kısmı ise böyle bir his duyar ancak idrar yapamaz. Bir grup kadın ise idrar yapabildikleri halde, bu esnada ağrı ve yanma hissederler. Doğum sonrası doğal mesane fonksiyonlarının geri dönmesini engelleyebilecek çeşitli faktörler vardır;

- Gebelik süresince geniş bir yer kaplamış olan rahmin, doğumla birlikte küçülmesiyle, mesane kapasitesinde artış gözlenir -bu nedenle idrar yapma ihtiyacı gebelik dönemine oranla daha seyrek olarak hissedilir.
- Doğum sırasında üzerine uygulanan basınca bağlı olarak, mesane, çeşitli şekillerde hırpalanmış ve bu nedenle geçici bir süreyle kasılma fonksiyonunu yerine getiremez hale gelmiş olabilir. Bunun sonucunda, tamamen dolu olduğu zaman bile, doğal idrar yapma sinyallerini gönderemez.
- İlaçlar ve anestezi, mesane duyarlılığını ya da annenin mesaneden gelen sinyalleri algılama yetisini azaltabilir.
- Doğum sırasında sıvı alımının az olması ve terlemeyle sıvı kaybına ek olarak, doğumu izleyen dönemde de yeterli sıvı tüketimine dikkat edilmemesiyle, dehidratasyon gelişir. Bunun sonucunda, doğal olarak, idrar yapımı azalır.
- Perine bölgesindeki ağrı, üretrada (mesaneden idrarı getiren tüp) refleks spazmlara yol açarak idrar çıkışını güçleştirebilir. Perinede ödem olması da idrar yapmayı engelleyebilir.
- İdrar, epizyotomi veya yırtık tamiri yapılan duyarlı bölgeyi yakıp acıya neden olabileceğinden, kadın, idrar yapmaktan çekinebilir. Bu güçlük, kısmen, tuvalete oturmaksızın ayakta durarak, idrarın yaralı dokulara değmeden akıp gideceği şekilde idrar yapmaya çalışarak giderilebilir.
- Birçok psikolojik faktör de idrar yapmayı engelleyici nitelikte olabilir -mahremiyetin olmaması, idrar yapmanın acıya neden olabileceği korkusu, lazımlık kullanımı veya tuvalete bir başka kişinin yardımıyla gitme konularında duyulan utanç ve sıkıntı.

Tüm bu çekincelere rağmen, -idrar yolu enfeksiyonlarının gerilmeye bağlı olarak mesanede tonus kaybının, ve doğum sonrası rahmin doğal boyutlarına dönmesinin gergin bir mesane tarafından engellenmesine bağlı olarak gelişebilen kanamaların- önlenebilmesi için, mesanenin her altı ile sekiz saatte bir boşaltılması şarttır. Bu nedenle, en azından her nöbet değişiminde hemşirenin idrar yapıp yapmadığınızı sormasını doğal karşılamalısınız. İlk seferinde çıkan

2. Bunun sebebi kan basıncındaki ani düşmedir. Hamilelik döneminde ayağa ani kalkışlarda benzer tecrübeleriniz olmuş olabilir.

idrar miktarını belirlemek amacıyla, idrarınızı bir kaba yapmanız istenebilir. Ve birikmiş idrar varlığını araştırmak amacıyla mesane muayenesi de yapılabilir.

Doğumu takiben yaklaşık sekiz saat içinde idrar çıkışı olmadığı takdirde, sonda takılabilir. (Üretraya sokulan ince bir boru aracılığıyla mesaneden idrarın boşaltılması). Ancak aşağıda önerilenleri uyguladığınızda, sonda takılması işlemine gerek kalmayacak şekilde idrar çıkışını sağlamanız mümkün olabilir.

Yürüyün: Doğumdan sonra izin verilir verilmez yataktan kalkıp hafif bir yürüyüş yapmak, mesanenizi (ve bağırsaklarınızı) harekete geçirmek açısından faydalı olacaktır.

Sıvı Alın: Yeterli sıvı alımı da aynı şekilde mesaneyi canlandıracaktır.

Tuvalette Yalnız Kalın: Eğer birilerinin yanında ihtiyacınızı gidermekten çekiniyorsanız ve tek başınıza üstesinden gelebileceğinize inanıyorsanız, ilk kez idrar yapmaya çalıştığınız sırada hemşireden dışarıda beklemesini rica edin. İşiniz bittiğinde, perine bakımı konusunda bilgi vermek ve gerekirse yatağınıza kadar eşlik etmek üzere yanınıza dönebilir.

Lazımlık Fikrine Alışın: Eğer tuvalete gidemeyecek kadar zayıf düştüyseniz, hastane uygulamalarına göre doğum yapan annelerin ilk sekiz saati yatakta geçirmeleri uygun görülüyorsa ve mesaneniz damla damla boşalma eğilimindeyse, bilinçaltınızdaki engelleri kaldırın ve kendinizi lazımlık kullanma fikrine alıştırın. Lazımlık üzerine oturmak, (eğer metalden yapılmışsa, hafifçe ısıtılmasını isteyebilirsiniz) sıkışma hissi geldiği zaman idrarınızı yapma şansı tanıdığından, işinizi kolaylaştırabilir. Mahremiyetinize yönelik tedbirler (örneğin odayı başkalarıyla paylaşıyorsanız, lazımlığı kullanma esnasında yatağınızın etrafındaki perdeyi çekmek gibi), perine bölgesi üzerine bir miktar ılık su dökmek, odanızda şırıltı sesi çıkaracak bir musluk açmak ve lazımlık üzerine yatmak yerine oturmayı tercih etmek gibi basit önlemler bu konuda yardımcı olabilir.

Sıcak Veya Soğuk Uygulama: Ilık oturma banyoları ile bölgeyi ısıtmak veya buz torbaları ile soğutmak gibi yöntemlerden hangisi idrar yapma hissinin gelmesini kolaylaştırıyorsa, onu uygulayın.

Şu Eski Numarayı Deneyin: Yakınlarda bir musluk açmak, gerçekten de idrar yapma isteğinizi uyarıcı özellik gösterebilir. Aynı şeklide, perine bölgesine ılık su tutmak da işe yarayacaktır.

BAĞIRSAK HAREKETLERİ

"Doğum yapalı yaklaşık bir hafta oldu ve hâlâ bağırsaklarımda bir hareket yok. Sanırım epizyotomi dikişlerinin açılacağı korkusuyla kabız oldum."

Doğum sonrası ilk dışkılama, loğusalık döneminin önemli aşamalarından biridir, ancak çoğu kez beklenildiği kadar erken görülmez. Hem fiziksel hem de psikolojik birçok faktör, doğum sonrası normal bağırsak fonksiyonlarının geri dönmesini geciktirir. Bunun bir sebebi, atılımda önemli rol oynayan karın kaslarının, doğum sırasındaki gerilmeye bağlı olarak, görevlerini gereğince yerine getirememeleridir. Bir başka sebep, tıpkı mesane gibi, bağırsakların da doğum sırasında hırpalanmış olmaları ve bunun sonucunda hareketlerinin azalmasıdır. Bütün bunların yanı sıra, doğumun erken safhalarındaki artmış bağırsak hareketlerine (zaman zaman ishale bile neden olabilen), doğum öncesi yapılmış olması muhtemel bağırsak temizliğine, doğum sırasında gıda alımının az oluşuna ve belki de doğum sonrası erken dönemde, heyecan ve yorgunluk nedeniyle gelişen iştahsızlığa bağlı olarak bağırsaklar zaten normale oranla epey boşalmış olabilir.

Belki de doğum sonrası bağırsak hareketlerinin en önemli engelleyicilerini psikolojik faktörler oluşturmaktadır; dikişlerin açılacağı korkusu, hastanede mahremiyetin olmamasına bağlı utanma duygusu ve dışkılamanın baskılanması.

Sisteminizin tekrar düzene girmesi, nadiren hiçbir çaba harcamaksızın, kendiliğinden gerçekleşse de bu düzenlemeyi hızlandırmak ve kolaylaştırmak amacıya atacağınız birkaç adım olabilir.

Endişelenmeyin: Hiçbir faktör, bağırsak hareketlerinizi, bu konuda endişelenip durmanızdan daha fazla engelleyici olamaz. Dikişlerinizin açılmasından korkmayın; açılmazlar (bazen açılacaklarmış gibi hissetseniz de). Ve tüm sistemin tekrar normal işleyişine dönmesi için birkaç gün geçmesi gerekse de bu konuda endişe duymayın -bu dönem bazı kadınlar için diğerlerine göre biraz daha uzun sürer, hepsi bu.

Lifli gıdalar seçin: Mümkünse, hastane mönüsünden, rafine edilmemiş tahıllar, taze meyve ve sebzeler, ve erik kompostosu gibi gıdaları seçin. Bunları, hastane dışından getirttiğiniz, bağırsak hareketlerini hızlandırıcı özellikteki yiyeceklerle destekleyin; elma, kuru üzüm, kuru erik, diğer kurutulmuş meyveler, fındık, fıstık, kepekli ekmek, rafine edilmemiş kahvaltılık tahıllar işe yarayacaktır. Dikkat etmeniz gereken bir nokta, çikolatadan uzak durmaktır. Ne yazık ki hastane ziyaretlerinin bu baş hediyesi, kabızlığa yol açabilir.

Bol bol sıvı alın: Doğum sırasında kaybedilen sıvıları yerine koymak ve kabızlık gelişimine karşı bağırsak içeriğini yumuşatmaya yardımcı olmak amacıyla, gündelik sıvı tüketiminizi (özellikle su ve meyve suları şeklinde) artırmalısınız. Ancak tüm diğer seçeneklerle başarısız olmuşsanız, erik suyunu deneyebilirsiniz. Erik suyu, çok güçlü bir laksatiftir.

Poponuzu kaldırın: Doğum sonrası maratona katılmanız beklenemez ancak en azından koridorlarda kısa yürüyüşlere çıkabilirsiniz. Aktif bir vücut, aktif bağırsak hareketlerini destekleyici bir faktördür. Doğum sonrası oldukça erken bir dönemde başlanabilecek Kegel egzersizleri, rektum tonusunun geri dönmesine yardımcı olacaktır.

İhtiyaca kulak verin: Sıkışma hissi geldiği an, emzirmenin ortasında (bebeği beşiğe bırakarak) veya bir oda dolusu ziyaretçinin içinde olsa bile (birkaç dakika için dışarı çıkmalarını rica ederek veya koridordaki tuvaleti kullanarak) ihtiyacınızı gidermeye çalışın.

Zorlanmayın: Tuvalette ıkınmak, epizyotomi ya da yırtık tamir dikişlerinizin açılmasına sebep olmayacaktır, ancak hemoroid gelişimine ya da varolanların ilerlemesine neden olabilir. Çömelme pozisyonunu taklit eder şekilde, ayakları alçak bir basamak veya sandık üzerine yerleştirmek (bağırsak geçişinin sağlanması açısından doğal pozisyon) ıkınmayı önleyecektir.

Doktorunuz, hareketi sağlamak amacıyla, dışkı kıvamı yumuşatıcılarını da önerebilir.

İlk dışkılama gerçekleştiğinde, büyük bir rahatlama duyacağınız kesindir. Ancak eve döndüğünüzde tüm önlemleri bir kenara bırakıp dikkat etmezseniz, kabızlık bir kez daha sorun olacaktır. İlk dışkılamalar, alışık olmadığınız bir rahatsızlık hissi ile birlikte olabilir. Ancak, dışkı kıvamı yumuşadıkça ve dışkılama düzene girdikçe bu sıkıntılar geçecektir.

HEMOROİDLER

"Dokuz ay boyunca hemoroidlerden kaçabildim. Şimdi ise, doğum yaptığım halde hemoroidlerim var."

Hemoroidler (basur), rektum veya anüse ait varikosel venlerdir. Acıma, kaşıntı ve/veya yanma yapabilirler ve zaman zaman kanayabilirler. İç hemoroidler, rektumun derin bölgelerinde yerleşim gösterirler, dış hemoroidler ise anal sfinkterin hemen arkasında, deri yüzeyinden görünür halde bulunurlar. Hemoroidler, çoğunlukla hamilelik döneminde, özellikle son üç ayda gelişirler.

Doğum sırasında rektum ve anüs üzerine binen yük nedeniyle bunlar daha da kötüleşebilir veya ilk defa ortaya çıkabilir. Hamilelikten önce hemoroidi olmayan yeni annelerde can sıkıcı belirtiler doğumun hemen sonrasında hafiflemekte ya da kaybolmaktadırlar. Bu süre içinde aşağıdaki önlemleri almak rahatsızlığı azaltabilir ve iyileşmeyi çabuklaştırabilir:

• Düzenli tuvalet alışkanlığı devam ettirin. Kabızlık hemoroidleri şiddetlendirir, bu nedenle önlem almak için sayfa arka sayfada yer alan ipuçlarını uygulayın. Bazı durumlarda doktorunuz dışkı yumuşatıcıları kullanmanızı önerebilir. (Vücudunuzun besin alımını bozabileceği için mineral yağ kullanmayın).

- Sıcak ya da soğuk uygulamasından hangisi fayda sağlıyorsa uygulayın. Yirmi dakika süreli oturma banyoları genellikle önerilir, fakat bazı kadınlar buz paketlerini uygulamayı daha rahatlatıcı bulmaktadırlar. Ya da soğuk ve sıcak banyoları dönüşümlü uygulayabilirsiniz.
- Perine bölgesini titiz bir şekilde temiz tutun. Başlangıçta her dışkılamadan sonra bölgeyi temizlemek amacıyla özel plastik şişeden (genellikle hastane tarafından sağlanır) su sıkarak yıkayın. Silmeye başladığınız zaman nemli, kokusuz ve beyaz tuvalet kâğıdı (renklendirilmiş olandan daha az rahatsız edicidir) ile önden arkaya doğru silin.
- Sırt üstü yerine yan dönerek uyuyun veya dinlenin ve uzun süre ayakta kalmaktan (zaten şu an için iyi bir fikir değildir) ve oturmaktan kaçının (eğer oturmanız gerekliyse ve size rahatlık veriyorsa lastik bir halka ya da benzeri bir cisim kullanın).
- Bölgenin kan dolaşımını düzenlemek için Kegel egzersizleri yapın (sayfa 481).
- Doktorunuzun tavsiye ettiği şekilde medikal fitiller veya yerel aneztetik ilaçlar kullanın.
- Eğer hemoroidler dışarı çıkarsa hemşireden nasıl içeriye sokulacaklarını öğretmesini isteyin.

Kanama ve/veya rahatsızlık tüm çabalarınıza rağmen devam ederse, daha ciddi ihtimalleri araştırmak ve hemoroidleri tedavi etmek için daha kesin tedavi metotlarını tartışmak amacıyla doktorunuzla konuşun.

AŞIRI TERLEME

"Geceleri terden sırılsıklam olmuş halde uyanıyorum. Bu normal midir?"

Doktorunuzun zaman zaman diaforez olarak tanımladığı fakat daha sık ve nazik olmayan biçimde terleme olarak dile getirilen olay vücudunuzun doğumdan sonra hamilelik sırasında topladığı fazla sıvıları atma yollarından birisidir (sık sık idrar yapma bir diğeridir). Bazen terleme birkaç hafta boyunca doğum sonrası hormonal ayarlamalar nedeniyle olan sıcak basmaları/üşümeler ile birlikte sorun olmaya devam eder. Bu belirtiler nedeniyle endişelenmenize gerek yoktur, ancak özellikle emziriyorsanız ciltten kaybedilen sıvıları sıvı alımınızı artırarak yerine koyduğunuzdan emin olun. Terlemenizin büyük bir kısmı yatakta oluyorsa yastığınızın üzerine koyacağınız emici bir havlu sizi daha rahat ettirecektir.

Eve döndüğünüz zaman abartılı bir biçimde terlemeye devam ediyorsanız ateşinizi ölçmek ve 37.5°C'yi aşarsa bir önlem olarak doktorunuza bildirmek iyi bir fikirdir.

DOLGUN GÖĞÜSLER

"Sütüm en sonunda geldi ve göğüslerim normal hacimlerinin üç katına ulaştı, çok sertleştiler, dolgunlaştılar ve ağrılılar; bu nedenle sutyen bile takamıyorum. Bebeğimi emzirmeyi bırakana dek bu böyle sürecek mi?"

Eğer ağrılı, hassas, granit kadar sert, egzotik bir dansçınınkiler kadar büyümüş göğüsler annelerin emzirme dönemlerinde karşılaşacakları bir tablo olsaydı bebekler daha iki haftalık olmadan memeden kesilirlerdi. Süt ile birlikte gelen şişkinlik geçici olarak emzirmeyi ıstırap verici yapabilir ve şişkinlik nedeniyle meme uçları düzleştiği için bebek için de engelleyici olabilir. Bebek doğumdan sonra 24-36 saat içinde memeye verilmemişse durum daha ciddi olabilir.

Şişkinlik genellikle saatler içinde aniden oluşur, en çok doğumdan sonra üç ve dördüncü günlerde görülür, fakat ikinci gün kadar erken veya yedinci gün kadar geç de ortaya çıkabilir. Bazı kadınlarda diğerlerinden daha rahatsızlık vericidir, ilk bebekte olursa daha ciddidir, ilk bebekte olursa tekrarlama riski sonraki doğumlarda olanlardan daha fazladır. Bazı kadınlar, özellikle başlangıçtan beri düzenli olarak emziriyorlarsa herhangi bir rahatsızlık ve dolgunluk hissetmeden süt verirler.

Neyse ki dolgunluk ve rahatsızlık verici etkileri günler içinde ortadan kalkar. Bu zamana kadar soğuk paketler uygulayarak, ılık duşlar alarak, ılık ve soğuk duşu dönüşümlü kullanarak veya hekiminiz tarafından önerilen hafif bir anestetik ilacı kullanarak rahatsızlığı azaltabilirsiniz (ağrı gidericiniz varsa emzirmeden hemen önce alın) Küçük bir miktar sütü elinizle veya meme pompası ile sağmak akımı başlatabilir ve bebeğinizin meme ucunu emmek için kavramasına izin verecek şekilde dolgunluğu azaltabilir. Emzirmeden hemen önce sütün gelmesini artırmak için doktorunuzca yazılmış olan oksitoson burun spreyi veya ılık ıslak bez uygulaması bir miktar rahatlama sağlayabilir.

Vazgeçmeyin, bununla beraber ağrı nedeniyle emzirmeyi atlamak veya süreyi kısaltmak; bebeğinizin daha az emmesi dolgunluğunuzu artıracaktır. Diğer taraftan yenidoğanı ne kadar sık emzirirseniz dolgunluk da o kadar çabuk geçecektir. Eğer bebeğiniz her emzirme sırasında her iki memenizdeki dolgunluğu giderecek kadar emmiyorsa bunu kendi kendinize yapmak için pompa kullanın.

"İkinci bebeğimi yeni doğurdum. Göğüslerim ilkindekinden daha az dolgun. Bu daha az sütüm olacağı anlamına mı geliyor?"

Göğüslerde ikinci ve izleyen doğumlardan sonra daha az dolgunluk olması sıktır. Belki bu aşamalardan daha önce geçmiş olan göğüsler sütün tekrar oluşmasına daha kolay uyum sağlıyorlar veya belki de deneyimli anne bebeğini daha kolay ve daha çabuk emzirmeye başlıyor ve bu da sonuçta dolgun olan memelerin daha etkili boşalmasına neden oluyor.

Çok nadiren, dolgunluğun olmayışı ve sütün geldiğinin hissedilmemesi ilk defa anne olanlarda yetersiz süt oluşumuna işaret eder. Pek çok kadın, hatta ilk kez doğuranlarda dolgunluk hissetmeyenler sonunda bol süt vericisi olabilmektedirler. Bebeğin tartı alımında bir azalma olmadığı sürece süt miktarının yetersiz olduğunu düşünüp endişelenmek için neden yoktur.

SÜTTEN KESİLMEK

"Emzirmiyorum. Sütten kesilmenin ağrılı olduğunu düşünüyorum."

Emziriyor olsanız da olmasanız da göğüsleriniz doğumdan sonraki ikinci ve yedinci günler arasında, sıklıkla üçüncü ve dördüncü günlerde dolgunlaşacaktır. Bu rahatsızlık verici, ağrılı bir deneyim olsa da geçicidir.

Süt salgısını baskılayıcı ilaçlar artık üretilmemektedir. Bu tür ilaçlar her zaman dolgunluğu azaltmazlardı ve azaltsalar bile dolgunluk sıklıkla ilacın kesilmesinden bir iki hafta sonra tekrar ortaya çıkardı. Ara sıra ciddi yan etkiler oluşurdu. Bu nedenle günümüzde emzirmeyen annelere doğanın yöntemi yani vücudun süt salgısını kendisinin kesmesini bekleme önerilmektedir. Göğüsler gerektiğinde süt üretmek için tasarlanmışlardır ve emzirmeyi keserseniz süt üretimi er geç duracaktır. Ara sıra görülen kendiliğinden süt gelme olabilse de, en kötü dolgunluk 12 ile 24 saatten uzun sürmez. Bu süre içinde buz paketleri, hafif ağrı kesiciler ve belki de birkaç damla süt sağmak faydalı olabilir. Sıcak duşlar ve uygulamalar sakinleştirici olsalar da süt üretimini uyarabilecekleri için iyi fikir değildirler. Göğüsleriniz hamilelik öncesi boyutlarına dönene kadar, ki bu doğumdan sonra altı haftaya kadar olmayacaktır, iyi oturan destekleyici sutyen takın.

HASTANE KARARSIZLIĞI

"Doktorum öğleden sonraya kadar yatakta kalmamı söyledi. Sabah saat dokuzda gelen bir hemşire yardımcısı ayağa kalkmam gerektiğini ve benim yürümeme yardım edeceğini söyledi. Kimi dinlemem gerekiyor?"

Hastanelerde de herhangi bir kurum gibi hatalar olabilir. İşte bu nedenle kendi sağlığınız için biraz sorumluluk almanız önemlidir. Eğer bir şey mantıklı gelmiyorsa, birbirinin tersi mesajlar alıyorsanız, tedavi rahatsızlık veriyorsa veya ağrılıysa, birisi aldığınızı düşündüğünüz veya almayı istemediğiniz ilacı size vermeye çalışıyorsa itiraz edin. Eğer hemşireniz sorunu çözmezse başhemşireyi görmeyi isteyin. Hâlâ tatmin olmadıysanız doktorunuzu veya ebenizi arayın ya da konsültasyon isteyin. Tıbbi olmayan konularda hastanede hasta avukatı olup olmadığını sorun (çoğunda vardır) ve yardım için buraya başvurun.

EVE GİTMEK

"Rahat bir doğumum oldu, oğlum gayet iyi ve ben kendimi olağanüstü hissediyorum. Çabucak eve gitmeyi istiyorum fakat herkes hastanede kalmamı ve dinlenmemi söylüyor."

Bu herkesi dinlemenin iyi olabileceği durumlardan biridir. Çocuk doğurmak, doğum her ne kadar kolay ve çabuk olursa olsun, alacağını alır. Şu an içinde bulunduğunuz öforik halde dinlenmeye ihtiyacınız olduğunu hissedemeseniz de erkenden çok şey yapmaya kalkarsanız bunun farkına varırsınız. Yaklaşımınızın bir ay içinde "Neden dinlenmeliymişim?"den "Dinlenmek hayal?"e dönmesi mümkündür.

Sorun sizin dinlenmeye ihtiyacınızın olup olmaması değil, en iyi nerede dinlenebileceğinizdir. Yükü biraz azaltabilecek akrabaların, arkadaşların ve/veya para ile tutulmuş yardımcıların bulunduğu bir eve gelen kadın için erkenden taburcu olmak hastane ortamının getirdiği kişiliksiz ortamdan kurtulmayı sağlar. Diğer taraftan kucağında bebeği ile çocuklarla dolu, yardım imkânı olmayan bir eve dönecek olan kadın için hastanede kalış süresi kısa ve mükemmel olmasa da fırtınadan önce huzurlu ve sakin bir ortam sağlar.

Kararınızla ilgili olmakla birlikte, yardım alabileceğiniz bir eve dönseniz bile karakteriniz ne kadar dinlenmenize izin verecek. Eğer başka insanlar yemeğinizi pişirirken, çamaşırlarınızı yıkarken ve evinizi temizlerken yan gelip yatabilecek bir insan değilseniz doğum sonrası zorunlu hastane tatiliyle ev sorumluluklarınızdan uzaklaşmanız iyi olacaktır.

Tabii ki hastanede kalış her zaman sizin için tıbbi bir gereklilik olmasa da bebeğiniz için olabilir. Ayrı kalmak sizi etkilemediği takdirde ve kalış süresi çok uzamadığı durumda doktorun bebeğinizi hastanede tuttuğu süre boyunca hastanede kalmalısınız.

"Doktorum bebeğimin doğumundan sadece 24 saat sonra eve dönebileceğimi söyleyince şaşırdım. Bu acele ne için?"

Sağlık harcamaları arttıkça tıbbi ekonomistler bunları azaltmak için her hastanedeki kıyıda köşede kalmış yolları arıyorlar. 24 saatte taburcu etmek de bunlardan birisi. Komplikasyonsuz bir vajinal doğumdan sonra anne ve bebek için en iyi yerin evleri olduğu da öne sürülebilir. Etraf tanıdıktır ve sevilen yiyecekler (en azından anne için), sevgi dolu bir aile vardır ve hastanedeki mikroplarla temas yoktur.

Elbette evde herhangi bir sorun ortaya çıkabilir. Bu nedenle erken taburcu edilirseniz siz ve bebeğiniz için verilen tıbbi talimatları sadıkça uygulayın (yazılı olarak verilmesini isteyin). Sizde ya da bebeğinizde bir problemin gelişmekte olduğuna dair herhangi bir işaretin farkına varırsanız uygun olan uzmanlık alanındaki doktor ile temasa geçin. Başlangıçta karşılaşacağınız zorluklarla mücadelenize yardımcı olması için bir hemşire veya emzirme danışmanınızı da eve davet edin (pek çok kadın kendi kendine emzirmeye başlarken zorluk çeker) veya doktorunuzun ofisine erken bir ziyaret planlayın (doktorların çoğu bunu zaten ister). Bebeğinizin PKU testinin üçüncü ve beşinci günler arasında yapılmasını istemek iyi bir fikirdir (daha erken yapılan testler kabul edilmeyebilir). Eve dönmek için izin almak demek size alışverişe gitmek, yerleri silmek, hatta oturma odasının tozunu almak için imzalı boş kâğıt vermek demek değildir. Eğer rahat olmazsanız tekrar hastaneye dönmeniz gerekebilir ve yapılan tasarruflar boşa gidebilir.

SEZARYENLE DOĞUMUN NEKAHAT DÖNEMİ

"Sezaryen ile doğum yaptım. İyileşme dönemim vajinal yolla doğum yapan bir kadından nasıl farklı olacak?"

Sezaryen girişimi sonrasında iyileşme, karında yapılan büyük bir cerrahi girişimle tatlı bir fark dışında aynıdır: Eski bir safrakesesi veya apandisit kaybetmek yerine tamamen yeni bir bebek kazanırsınız.

Tabii ki daha az zevkli olan bir fark daha vardır. Cerrahi girişimin nekahetinin yanı sıra doğum sonrasında iyileşmeyi de yaşamaktasınız. Tamamen sağlam bir perine dışında, vajinal doğum yapmış olsaydınız yaşayacağınız doğum sonrası sancılar, loşi, meme dolgunluğu, yorgunluk, saç dökülmesi, aşırı terleme, doğum sonrası bunalımı gibi rahatsızlıkları ve eğer uzun bir doğum olmuşsa bitkinlik gibi ek şikâyetleri yaşayacaksınız.

Cerrahi iyileşmeniz için toparlanma odasında şunların olmasını bekleyebilirsiniz.

Anestezi geçene kadar yakın monitorizasyon. Genel anestezi aldıysanız ameliyathanede geçen zaman hakkındaki hafızanız bulanıktır veya tamamen yoktur. Herkesin ilaçlara cevabı farklı olduğundan ve ilaçlar da çok çeşitli olduğundan birkaç saat ya da bir hatta iki gün içinde kendinize gelip uyanmanız vücudunuza ve verilen ilaçlara bağlıdır. Kafanız karışıksa veya halusinasyonlar ya da kötü rüyalar görüyorsanız eşiniz veya anlayışlı bir hemşire çabucak düzelmenize yardımcı olabilir.

Spinal veya epidural anestezinin etkilerini gidermek genel anesteziden daha zordur. Hissizlik ayak parmaklarınızdan yukarıya doğru geçecek ve parmaklarınızı kıpırdatmak sonra da ayaklarınızı hareket ettirmek için cesaretlendirileceksiniz. Eğer spinal blok uygulandıysa 8 ile 12 saat süresince sırtüstü ve düz yatmanız gerekecektir. Toparlanma odasında eşinizin ve bebeğinizin ziyaret etmesine izin verilebilir.

Bazı durumlarda doktorunuz epidural anesteziyi ağrılarınızı azaltmak için doğumdan sonra birkaç saat ya da daha uzun sürdürmeyi tercih edebilir.

Kesi ağrısı. Anestezinin etkisi geçtikçe ameliyat yeriniz acımaya başlayacaktır. Ne kadar acıyacağı sizin ağrı eşiğiniz, önceden sezaryen olup olmamanız (ardışık iyileşmeler öncekilerden daha az rahatsızlık verir) gibi pek çok faktöre bağlıdır. Gerektiğinde muhtemelen sizi sersem veya ilaçlanmış hissettirecek ağrı kesici ilaçlar verilecektir. Aynı zamanda ihtiyacınız olan uykuyu almanızı da sağlayacaktır. Eğer emziriyorsanız endişelenmenize gerek yoktur: ilaç anlamlı miktarlarda kolostrumunuza geçmeyecektir. Sütünüz gelmeye başladığı zaman büyük olasılıkla ağrı nedeniyle ilaca ihtiyacınız kalmayacaktır.

Bulantı. Bulantınız olursa kusmayı önlemek için kusmayı baskılayıcı bir ilaç verilebilir. Çok kolay kusabilen birisiyseniz daha mideniz bulanmaya başlamadan önce doktorunuzla konuşup ilaç kullanabilirsiniz.

Solunum ve öksürük egzersizleri için teşvik etme. Bunlar genel anesteziden arta kalanları atmanıza ve akciğerlerinizi genişleterek pnömoni komplikasyonunu azaltmak için temiz tutmaya yardımcı olabilir. Doğru yapılırsa rahatsızlık verebilir ancak kesi yerinizin üzerine bir yastık koyarak bunu azaltabilirsiniz.

Durumunuzun belli aralıklarla kontrolden geçirilmesi. Hemşire hayatiyet bulgularınızı (nabız sayısı, kan basıncı, solunum, vücut ısısı), idrar miktarınızı, vajinal salgıyı, kesi yerinin üzerindeki pansumanı ve rahminizin sertliğini ve yerini kontrol edecektir. Aynı zamanda damar yolunuzu ve idrar kateterinizi de kontrol edecektir.

Hastane odanıza getirildikten sonra şunları bekleyebilirsiniz:

Durumunuzun sürekli değerlendirilmesi. Yaşamsal bulgularınız, pansumanınız, idrar miktarınız ve vajinal akıntınız, rahminin aynı zamanda da damar yolunuz ve idrar kateteriniz (yerlerinde bulundukları sürece) sık sık kontrol edilecektir.

Kateterin 24 saat sonra çıkarılması. Kendi başınıza idrar yapmak bu durumda zor olabilir, bu nedenle sayfa 471'deki ipuçlarını deneyin. Kendi kendinize idrar yapamazsanız kateter tekrar takılabilir.

Doğum sonrası sancılar. Vajinal doğum yapmış olan kadın gibi doğumdan 12 ile 24 saat sonra ağrılar hissetmeyi bekleyebilirsiniz. Rahminizi hamilelik öncesi boyutlarına ulaştıran bu kasılmalarla ilgili daha fazla bilgi için sayfa 469'a bakınız.

Normal diyete kademeli dönüş. Cerrahi girişimden 24 saat sonra veya bağırsaklarınızın çalıştığına dair işaretler (hareket ya da gaz çıkarma) alındığında serumunuz çıkarılacak ve ağızdan sıvı almanıza izin verilecektir. Önünüzdeki birkaç gün boyunca kademeli olarak her zamanki diyetinize döneceksiniz. Çok acıksanız bile birisine gizlice hamburger getirterek doktorunuzun talimatlarını atlamayın. Alışık olduğunuz yiyeceklere yavaşça geçin, yoksa kendinizi gereksiz bir sindirim rahatsızlığı ile baş başa bulabilirsiniz. Emziriyorsanız yeteri kadar sıvı aldığınızdan emin olun.

Omuza yansıyan ağrı. Ameliyat sırasında karına dolan hava diyaframı rahatsız ederek birkaç saat süren omuza yansıyan keskin bir ağrıya neden olabilir. Herhangi bir ağrı kesicinin faydası olabilir ve bu kolostrumunuza geçmez.

Muhtemel kabızlık. Vajinal doğum yapan bir anne gibi birkaç gün boyunca dışkılama zorluğunuz olabilir. Zaten dışarı çıkabilecek kadar çok şey yemediğiniz için bu endişelenmek için bir neden değildir. Yemek yemeye başladığınızda yenilenleri ilerletmek için dışkı yumuşatıcı ve/veya laksatif bir ilaç yazılabilir. Sayfa 472'de yer alan ipuçlarını da izleyebilirsiniz, ancak doktorunuzun onayını almadan lifli besinleri almayın. Eğer dördüncü, beşinci veya altıncı günde dışkılama olmamışsa fitil ya da lavman uygulanabilir.

Fiziksel aktivite için teşvik. Daha yataktan çıkmadan önce parmaklarınızı oynatmak, ayaklarınızı kıvırmak, yatağın ucuna doğru ittirmek ve bir taraftan diğerine dönmek için zorlanacaksınız. Şu basit egzersizleri de deneyebilirsiniz:

1-Düz olarak sırtüstü yatın, bir bacağınızı dizinizden itibaren bükün, diğerini karnınızı kasarak uzatın. Büktüğünüz bacağı yavaşça yatak boyunca kaydırın; bacaklarınıza dönüşümlü olarak bu hareketi yaptırın.

2- Düz olarak sırtüstü yatın, dizlerinizi yukarı çekin, ayaklarınız düz olarak yatak üzerinde dursun ve başınızı 30 saniye süresince birkaç santimetre kaldırın.

3-Sırtınızın üzerinde yatarken dizlerinizi bükün, karnınızı kasarak bir kolunuzu bel düzeyinde vücudunuzun üzerinden geçirerek yatağın diğer tarafına dokunun; dönüşümlü tekrarlayın. Bu egzersizler kan dolaşımınızı iyileştirerek özellikle bacaklarınızda kan pıhtısı oluşumu riskini azaltacaktır. Fakat bazılarını en azından ilk 24 saat süresince oldukça ağrılı olabileceğini unutmayın.

Ameliyattan sonraki sekiz ile yirmi dört saat arasında yataktan çıkılması. Yatağın baş ucunu kaldırarak desteklenerek ilk önce oturur pozisyona gelmenize yardım edilecektir. Ayağa kalkmaya hazır olduğunuzda işlem muhtemelen şöyle bir sıra ile kademeli olacaktır: ellerinizden destek alarak bacaklarınızı yatağın kenarından kaydıracaksınız ve birkaç dakika boyunca aşağıya sallandıracaksınız. Daha sonra yavaşça basmanız için yardım alacaksınız. Eğer başınız dönerse, ki normaldir, yavaşça tekrar oturun. Tekrar deneyinceye kadar kendinizi birkaç dakika boyunca toparlayın. Bir kez ayağa kalkınca birkaç adım atın. Herkese öyle gelmese de bunlar son derece ağrılı olabilir. Olabildiğince dik durun ve rahatsızlığı ortadan kaldırmak için yapacağınız kamburlaşmaya direnmeye çalışın. Dolaşmadaki bu zorluk sadece geçicidir. Aslında çok yakında kendinizi yanı başınızda vajinal doğum yapandan daha hareketli bulabilirsiniz. Siz kesinlikle oturma konusunda daha yeteneklisiniz.

Elastik çoraplar giyilmesi. Bunlar dolaşımı iyileştirirler ve bacaklarda kan pıhtılarının oluşumunu önlemek için tasarlanmışlardır.

Gaz ağrısı. Cerrahi girişim nedeniyle geçici olarak devre dışı kalan sindirim sistemi tekrar fonksiyon görmeye başlayınca sıkışan gaz özellikle kesi bölgesine basınç uyguluyorsa belirgin ağrı oluşturabilir. Gülme, öksürme ve hapşırma sırasında rahatsızlık şiddetli olabilir. Doktorunuza veya hemşireye probleminizi anlatın. Koridor boyunca yukarı ve aşağı yürümeniz veya kesinizin üzerine bir yastık bastırarak yatakta sol tarafınıza ya da sırt üstü yatarak dizlerinizi karnınıza çekip derin nefesler almanız tavsiye edilebilir. Eğer bu yöntemler işe yaramazsa gazın çıkmasına yardım etmek için lavman ya da fitil uygulanabilir. Narkotikler genellikle bir ya da iki gün süren gaz ağrısını azaltmak için süreyi uzatabileceklerinden önerilmezler. Eğer ağrı şiddetli olarak kalırsa rektumunuza yerleştirilen bir tüp gazın kaçmasına yardım edebilir ve rahatlama sağlayabilir.

Bebeğinizle geçireceğiniz zaman. Henüz bebeğinizi kaldıramazsınız ancak onu kucağınıza alıp besleyebilirsiniz. (Bebeği beslemek için ameliyat kesinizin üzerine koyduğunuz bir yastığın üzerine koyun.) Hislerinize ve hastane kurallarına bağlı olarak düzenlenmiş biçimde bebeğinizle baş başa kalabilirsiniz. Bazı hastaneler sezaryen sonrasında bebeği sürekli annenin yanında tutmaktadırlar. Eğer eşiniz, anneniz veya bir arkadaşınız yeterince uzun bir süre yanınızda kalabiliyorsa bu daha kolay olacaktır.

Sünger banyoları. Dikişleriniz veya klipsleriniz alınana ya da emilene kadar küvette banyo yapmanıza veya duş almanıza izin verilmeyecektir. Bu nedenle süngerli banyoların tadına varmaya çalışın.

Dikişlerin veya klipslerin alınması. Dikişleriniz emilen türden değilse veya klipsleriniz varsa ameliyattan 4 ile 6 gün sonra alınmaları gerekir. İşlem çok acıtmasa da rahatsız edici bulabilirsiniz. Pansumanınız açıldıktan sonra (mideniz bulansa da) doktorunuz veya hemşireniz ile birlikte kesi izine bakın böylece neye benzediğini görmüş olursunuz. Tamamen iyileşmesinin ne kadar zaman alacağını, iyileşme sırasında ne gibi değişiklikler olacağını, hangi belirtilerin tıbbi değerlendirme gerektireceğini sorun.

Doğumdan 4 ile 7 gün sonra eve dönmeyi bekleyebilirsiniz.

BİLMENİZ GEREKEN ÖNEMLİ ŞEYLER
Eski Formunuza Kavuşmak

Hamile olduğunuz dönemde böyle gözükmek eğlencenin bir parçasıydı. İlk hamilelik kot pantolonunuzu alışınızı hatırlıyor musunuz? Ya karnınızın zar zor fark edilebilen şişliğinin gerçek bir karpuzdan bile daha büyük hale gelmesini? Ve en sonunda sokak boyunca geçtiğiniz herkesin sadece nahoş bir tombul değil de hamile olduğunuzu anladığından emin olarak yürüdüğünüzü?

Doğum günü bir kez gelip geçtiğinde hamile görünmek çabucak çekiciliğini kaybeder. Hiçbir kadın bir kez bebeği kucağına aldıktan sonra sanki karnında bebek taşıyormuş gibi görünmek istemez.

Kadınların çoğunu hamilelikte kazanılan tartı artışı hamile göstermez; doğumdan altı hafta sonra çoğundan kurtulunur. Yeni annelerle hamilelik öncesi silüetleri arasında duran şey aşırı gerilmiş karın kaslarıdır.

Ne yazık ki basitçe beklemek işe yaramayacaktır. Hamilelikle gerilen kaslar zaman geçtikçe tonuslarını biraz kazanırlar fakat düzenli egzersizler olmadan asla hamilelik öncesi durumlarına dönemezler. Karın kaslarınızı kendi hallerine bırakırsanız, yıllar geçtikçe ve her yeni doğumda biraz daha sarktıklarını göreceksiniz.

Doğum sonrası egzersizler karnınızı içeri çekmekten fazlasını yapacaklardır. Karına ait hareketler genel dolaşımı arttıracak ve sırt problemlerini, varisleri, bacak kramplarını, ayak ve ayak bileğindeki şişmeyi ve kan damarlarında pıhtı oluşma riskini azaltacaktır. Perine egzersizleri bazen doğumdan sonra oluşabilen stres inkontinansınından (idrar kaçırma) korunmanıza; pelvis organlarının düşmesini veya sarkmasını önlemeye; perineyi sıkılaştırarak aşk yapmaya başladığınız zaman eskisi kadar hatta daha iyi olmanıza yardımcı olabilir.

Düzenli egzersizler hırpalanmış rahminizin karın ve pelvis kaslarınızın iyileşmelerini destekler, normale dönmelerini kolaylaştırır, inaktivite nedeniyle daha da zayıflamalarını önler, aynı zamanda da hamilelik ve doğumla gevşeyen eklemlerin normal ya da normale yakın hale dönmesine yardım eder. Fazla kilolar problem teşkil ediyorsa egzersizler atmanıza yardımcı olabilir (yirmi dakikalık tempolu yürüyüş bir fırında patatesin verdiği 100 kaloriyi yaktırır). Ve sonuç olarak egzersiz psikolojik faydalar da sağlayabilir, stresle başa çıkmanızı ve rahatlamanızı kolaylaştırır, aynı zamanda da doğum sonrası depresyon olasılığını azaltır.

Eğer zamanınız, şansınız ve hevesiniz varsa doğum sonrası egzersiz sınıflarından birine kayıt olun ya da doğum sonrası egzersiz kitabı ve videosu (The American College of Obstetricians and Gynecolgy'nin iyi üretimleri vardır) alın ve evde çalışma programlayın. Yoğun egzersiz programı çekici gelmiyorsa karın, baldır ve kalça gibi sorunlu bölgelere yönelik yapılan basit ve düzenli egzersizler forma girmenizi sağlayabilir. Ajandanıza günlük tempolu bir yürüyüş veya aerobik aktivite eklerseniz yeterli bir egzersiz programı derlemiş olursunuz. Herhangi bir egzersiz programına katılmadan önce doktorunuzun onayını aldığınızdan emin olun.

GÜVENLİ VE SAĞLIKLI DOĞUM SONRASI EGZERSİZLERİ İÇİN ÖNERİLER

• Sorunsuz bir doğum yaptıysanız ve sağlıklıysanız sayfa 481'de başlayan basit egzersiz programını uygulayabilirsiniz. Cerrahi ya da zor doğum yaptıysanız veya sağlık sorunlarınız varsa egzersizlere başlama zamanını ve hangi egzersizlerin uygun olacağını doktorunuza danışın.

• Programa bağlı kalın. Rasgele yapılan egzersiz faydasızdır ve değerli zamanınızın israfıdır. Kas gerici egzersizler (oturup kalkmalar, bacak kaldırma, pelvik tilt) en iyi günlük kısa paketler halinde yapılır; günde iki ya da üç beşer dakikalık paketler halinde yapmak tek yirmi dakikalık çalışmadan daha çok tonus artıracaktır. Aerobik egzersizlere başladığınız zaman (tempolu yürüyüş, jogging, yüzme, bisiklete binme) en azından haftada 3 kez 20 dakikalık aktiviteyi hedefleyin. Fakat haftada üç dört defa 40 dakikalık çalışma ileriki yaşamda osteoporozu önlemek için kemikleri güçlendirmek bakımından daha iyi bir hedeftir.

• Aceleci olmayın. Kas tonusunu artırıcı egzersizler tekrarlar arasında yeterli zaman bırakılarak, yavaş ve ölçülü yapılırsa çok etkili olmaktadır. Kas güçlenmesi bu ara zamanlarda olmaktadır.

• Yakın zamanda egzersiz yapmadıysanız veya alışık olmadığınız egzersizleri yapıyorsanız yavaş başlayın. İlk gün az sayıda tekrar yapın, sayıyı kademeli olarak gelecek ya da sonraki hafta artırın. Çok iyi hissetseniz de tavsiye edilen miktardan fazla yapmayın. Yorulmaya başladığınızda çalışmayı durdurun.

• Doktorunuzun onayını alana kadar yarışılan sporlara katılmayın.

• Eklemleriniz stabil olmadığından ve bağ dokunuz gevşek olduğundan zıplamaktan; ani yön değiştirmekten; spazmodik, sarsıcı hareketlerden; eklemleri aşırı açıp kapamaktan kaçının. Doğumdan sonra ilk altı hafta boyunca diz göğüs egzersizlerinden, tam oturup kalkmalardan ve iki bacağı kaldırmaktan kaçının.

• Kas gerici egzersizleri şoku azaltmak ve sağlam basmak için tahta zemin ya da sıkıca halı yapıştırılmış yüzeylerde yapın.

• Egzersizlere başlamadan önce hafif germe egzersizleri, yavaş yürüyüş, az dirence karşı bisiklete binme ile beş dakika ısınma hareketleri yapın. Her bölümün sonunda nazik germe egzersizleri ile soğuyun, fakat ilk altı hafta boyunca gevşek eklemlere zarar vermemek için maksimum germe yapmayın.

• Kan basıncındaki düşme nedeniyle baş dönmesi yaşamamak için yavaş kalkın ve dolaşımı dengelemek için ayağa kalktığınızda bir süre ayaklarınızı oynatın (örnek: yürüyerek).

• Aerobik egzersizlere başladığınızda hedef kalp hızınız aşmamaya dikkat edin. Bunun ne olduğunu doktorunuza sorun veya sayfa 481'deki tablodan bulun.

• Sıcak havalarda veya ateşiniz varken aşırı egzersizden uzak durun. Doğumdan sonraki altı haftalık dönem geçtikten sonra sıcak havalarda normal aktivitenizin yarısından azı ile çalışmaya başlayın ve gitgide artırın. Sıcaklığın daha az yoğun olduğu sabahın erken saatlerinde ya da akşam üzeri çalışmayı tercih edin. Açık renkli ve hafif kıyafetler giyin ve güneş altında egzersiz yaparken açık örgü bir şapka ya da kep takın.

• Egzersizden önce ve sonra yeterli sıvı için ve eğer hava çok sıcaksa ya da çok terliyorsanız çalışırken de sıvı için. Su en iyisidir; şekerle tatlandırılmış olanlardan, atletler için yapılmış olanlar da dahil, kaçının.

• Sıralanan belirtiler oluşursa hemen egzersizi durdurun ve doktorunuzu haberdar edin: ağrı, baygınlık, baş dönmesi, bulanık görme, nefes darlığı, çarpıntı (kalbiniz titreşiyor gibiyse, çok hızlı çarpıyorsa), sırt ağrısı, kasık ağrısı, bulantı, yürümede zorluk veya vajinal kanamada ani

DOĞUM SONRASI EGZERSİZLERİ İÇİN KALP HIZI DEĞERLERİ

Yaşınız	Kendinizi bu kalp hızı değerine sınırlayın* (dakikada vurum)	Yaşınıza göre maksimum kalp hızı değeri (dakikada vurum)
20	150	200
25	146	195
30	142	190
35	138	185
40	135	180
45	131	175

*Rakamlar her yaş grubunun ulaşabileceği maksimum kalp hızının %75' ini ifade eder. Uygun tıbbi gözetim altında bu sınırları aşacak yoğun aktiviteler kabul edilebilir.

Kaynak: ACOG Home Exercise Programs, 1985

artış (eğer egzersizden sonra kahverengi ya da pembe loşi kırmızıya dönüyorsa aşırıya kaçıyorsunuz demektir).

Bebeğinizi egzersiz yapmamak için bahane olarak kullanmayın. Bebeklerin çoğu aletsiz egzersizler sırasında annelerinin göğsünde yatmaya; anneler sabit bisiklet sürerken, kürek, kayak makinelerini ya da koşu bandını kullanırken bebek taşıyıcının içine sokulmaktan; anne yürürken ya da koşarken araba içinde itilmekten çok hoşlanırlar. Bebek taşıyıcının içinde bebeği zıplatarak etrafta koşmayın veya henüz bağımsız oturamayan bebeği bisikletinize oturtmayın.

DOĞUM SONRASI EGZERSİZ PROGRAMI

Tüm egzersizler dizler karna çekili durumda sırtüstü yatılırken yapılır, ancak Kegel her türlü durumda yapılabilir. Birinci Aşama egzersizleri evde ya da hastanede yatağınızda yatarken yapılabilir; diğerleri yer gibi sert bir yüzey üzerinde yapılmalıdır. (Egzersiz için alacağınız mat çocuğunuza oyun matı olarak da işe yarayabilir.) Bu egzersiz programının sadece komplikasyonsuz vajinal doğum yapmış sağlıklı anneler için olduğunu hatırlayınız. Diğerleri doktorlarına başvurmalıdırlar.

Birinci Aşama: Doğumdan 24 Saat Sonra

Kegel egzersizleri. Bunları hamileliğiniz boyunca yapmış olabilirsiniz, doğumdan neredeyse hemen sonra tekrar yapmaya başlayabilirsiniz. (Eğer daha önce hiç yapmadıysanız aşağıdaki talimatlara bakınız.) Başlangıçta perineniz doğum sırasında aldığı hasardan dolayı uyuşuk olduğundan Kegel yaptığınızı hissetmeyebilirsiniz. Okurken ya da emzirirken yatakta Kegel egzersizlerini yapabilirsiniz. Ve idrar yaparken de Kegel yapabilirsiniz, akımı durdurmak için kasın devam ettirmek için gevşetin, her

KEGEL EGZERSİZLERİ

Anüs ve vajina etrafındaki kasları sıkıca kasın. Sekiz ile on saniyeye kadar tutabildiğiniz kadar tutun, sonra yavaşça kasları gevşetin ve birkaç saniye dinlendirin. Tekrarlayın. Gün içinde değişik zamanlarda otururken, ayakta dururken, sırtüstü yatarken ve idrar yaparken 25'li setler halinde tekrarlayın.

EVLAT EDİNEN ANNELER İÇİN NOTLAR

Doğum olayını kişisel olarak yaşamasanız da yeni anne olmak bitkin düşürücü ve streslidir. Egzersiz, gerginliği azaltmak, formunuzu korumak, sağlığınızı iyileştirmek ve çocuğunuzla eğlenmek için harika bir yöntemdir. Ayrıca çocuğunuz için iyi bir örnek teşkil eder. Böyle bir egzersiz programı sizin için de iyi olacaktır, ayrıca doğum sonrasında olan bir kadın için olan uyarıları dikkate almanız gerekmeyecektir. Eğer halen düzenli egzersizler yapmıyorsanız şimdi başlamayı düşünün.

tuvalet ziyaretinde birkaç defa tekrarlayın. Kas gerginliği iyileştikçe Kegeller arası akımı birkaç damlaya indirmeniz mümkün olacaktır. Hem siz hem de seks yaşantınız Kegel egzersizlerini doğum sonrası dönemden sonrada sürdürmenizden faydalanacaktır; ayrıca cinsel birleşme sırasında da bunu yapmak vücudunuzun görevini onun zevk alması ile birleştirmenin en iyi yollarından birisidir.

Diyaframdan derin soluma. Temel pozisyondan başlayın (sayfa 483'e bakınız). Burnunuzdan yavaşça nefes aldığınızda kalktığını görebilmeniz için ellerinizi karnınızın üzerine koyun; ağzınızdan yavaşça nefes verirken karın kaslarınızı kasın. Hiperventilasyonu önlemek için başlangıçta sadece birkaç defa tekrarlayın. (Başınız dönüyorsa, bayılacak gibi hissediyorsanız, ayak ve el parmaklarınızda uyuşma karıncalanma duyuyorsanız, veya bulanık görüyorsanız kâğıt torbanın veya ellerinizi birleştirip içinden nefes alıp verin.) On oluncaya kadar nefes sayısını her gün iki artırın. Egzersiz günde birkaç kez yinelenebilir.

İkinci Aşama:
Doğumdan Üç Gün Sonra

Vücudunuz çocuk doğurmanın ani etkilerinin bir kısmından kurtulmaya başladıkça daha ciddi egzersizler yapmaya başlayabilirsiniz. Başlamadan önce bununla birlikte rectus abdominis kasının (karın duvarınızın ortasından aşağıya doğru uzanan bir çift kastır) kaslarının hamilelik sırasında ayrılmadığından emin olunuz. Diastasis denen bu durum birkaç kez çocuk doğurmuş kadınlarda oldukça sıktır ve eğer kapanmadan hafif yorucu egzersiz bile yapılsa daha da kötüleşir. Doktorunuza rectus abdominis kaslarınızın durumunu sorun veya kendi kendinize şu muayeneyi yapın: temel pozisyonda yatarken kollarınız açık durumda başınızı hafifçe kaldırın ve göbeğinizin altında yumuşak bir yumru hissetmeye çalışın. Böyle bir yumru olasılıkla rectus abdominis ayrışmasına işaret eder. Şu çalışma ile düzelmeye yardım edebilirsiniz: temel pozisyonu alın; nefes alın, ellerinizi karnınızın üzerinden geçirin sonra kafanızı hafifçe kaldırarak nefes verirken rectus kasının ayrı kenarlarını parmaklarınızı kullanarak birleştirin. İki günde bir üç dört defa tekrarlayın. Ayrışma kapandığı zaman veya zaten başlangıçtan beri oluşmadıysa sıradaki egzersizlere geçebilirsiniz.

Üçüncü Aşama:
Doğumdan Sonra Dört İle Altı Hafta Arası -Yaşam Boyu Egzersiz

Kendinizi doğumdan sonraki ilk dört, altı haftada aerobik programına başlatmanız ve bunu bebeğiniz büyüdükçe sürdürmeniz sizin sağlıklı ve uzun ömürlü olmanız kadar bebeğinizin de öyle olması için önemlidir; düzenli olarak egzersiz yapan bir annenin spor ayakkabılarının izinden giden çocuklarının olması muhtemeldir. Özellikle zor bir doğum yaptıysanız ilerlemek için doktorunuzun onayını alın. Video kaset ile ya da aerobik sınıfında egzersiz yapmayı veya kendi başınıza koşmayı, bisiklete binmeyi, kürek çekmeyi, kayak yapmayı ya da yüzme programına başlamayı seçebilirsiniz.[3]

---

3. Yüzme mükemmel bir aerobik egzersiz olsa da, koşma ve yürüme kadar solunum-dolaşım formunu geliştirse de, araştırmaların da göstermeye başladığı gibi kemikleri güçlendirici, yaşamın ileri dönemlerinde osteoporozu engelleyici yüke maruz bırakıcı egzersiz yaptıramaz.

İKİNCİ AŞAMA: EGZERSİZLER

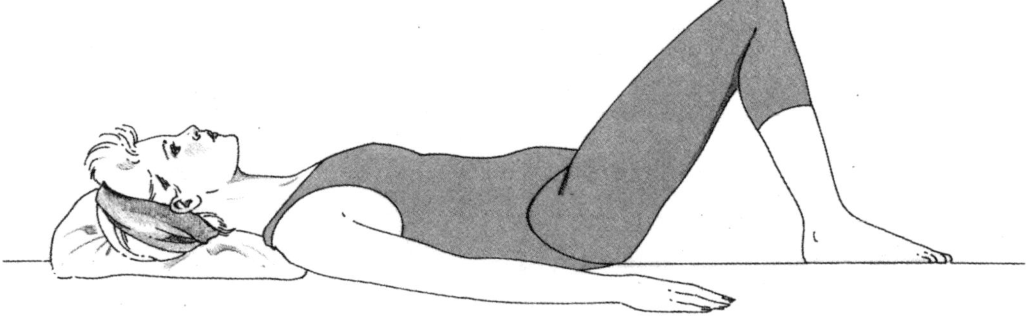

Temel pozisyon. *Kollarınız yanınızda, avuç içleriniz aşağıya dönük sırt üstü yatın. Dizleriniz bükülü olmalı, ayaklarınız birbirinden 30 cm uzak ve zemin üzerinde düz durmalıdır.*

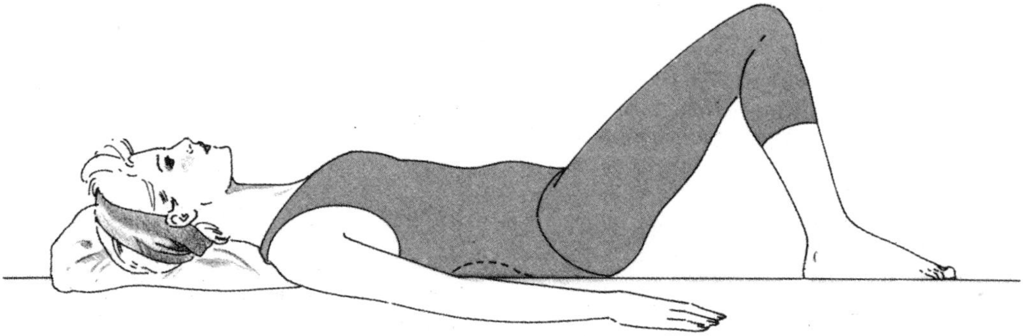

Pelvis hareketi. *Temel pozisyonu alın. Sırtınızın dar kısmını yere bastırırken nefes alın. Daha sonra nefes verin ve sırtınızın tekrar normal kavisine kavuşmasına izin verecek şekilde gevşeyin. Başlangıçta üç dört defa tekrarlayın, kademeli olarak 24' e yükseltin.*

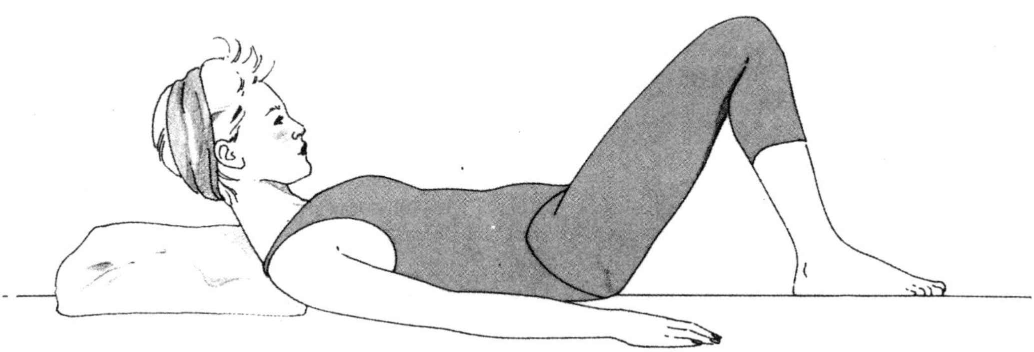

Başı kaldırma. *Temel pozisyonu alın. Derin nefes alın. Başınızı hafifçe kaldırın ve bunu yaparken nefes verin. Her gün başınızı biraz daha yukarıya kaldırın, kademeli olarak omuzlarınızı yerden hafifçe yükseltmeye çalışın. Üç dört hafta süresince tam kalkışları yapmayın, bu süreden sonra da karın kaslarınızın gerginliği çok iyi olunca yapmayı deneyin.*

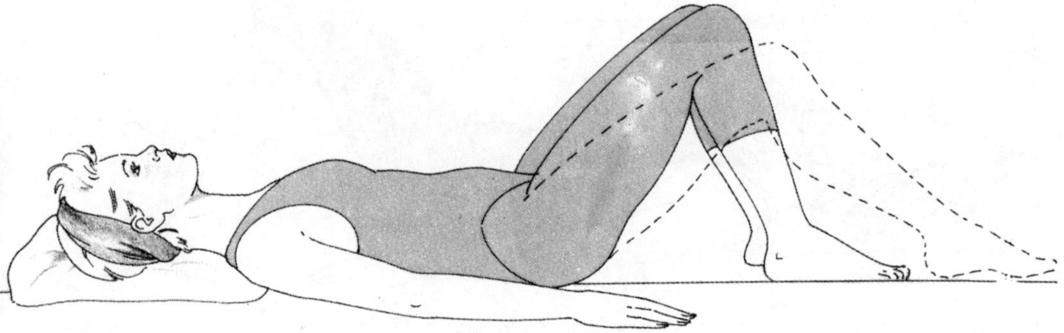

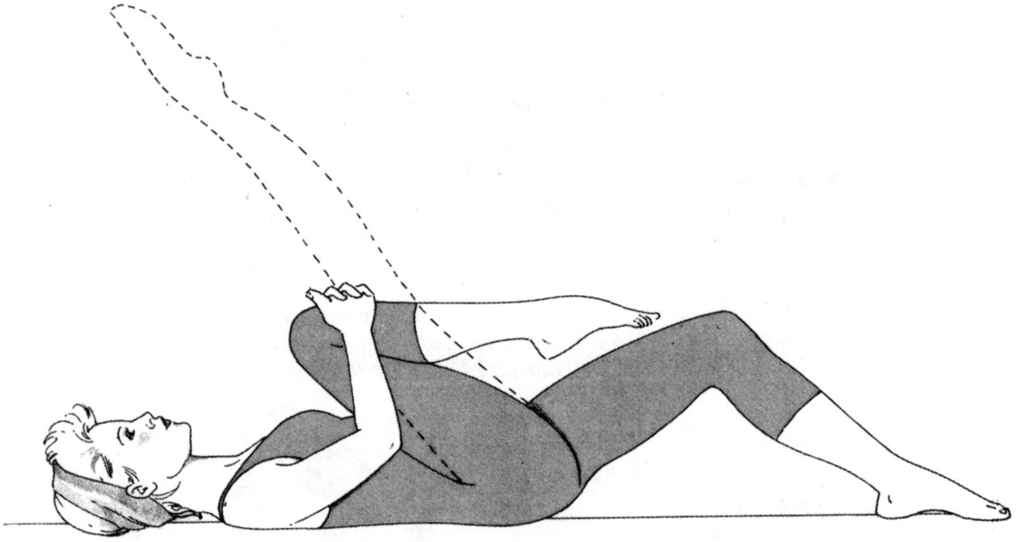

Bacakları kaydırmak. *Temel pozisyonu alın. Ayak tabanınız yerdeyken dizinizi bükerek sağ ayağınızı kaydırın, sırtınızın dar kısmı yere bastırırken kalçanıza doğru çekin. Bacağınızı tekrar geriye kaydırın. Sol bacağınızla tekrarlayın. Her taraf için üç ya da dört kaydırma ile başlayın, on iki veya daha fazlasını rahatça yapana kadar kademeli olarak artırın. Üç hafta sonra modifiye bacak kaldırmayı deneyin: karşı bacağı bükülü tutarken her defasında bir bacağı yerden hafifçe kaldırıp tekrar indirin. Bunları rahatça yapabiliyorsanız bacak başına üç dört kaldırma ile başlayın, kademeli olarak her biri için on ikiye çıkartın. Bunları yapabildiğiniz zaman kaldırdığınız bacağınızı göğsünüze çekin, gidebildiği kadar uzatın, daha sonra yavaşça yere doğru indirin. Bunu her bacak için on iki kere tekrarlayın.*

EGZERSİZ VE EMZİRME

Hayat hiç basit değildir. Egzersiz sizin için iyidir. Emzirme bebeğiniz için iyidir. Fakat güncel çalışmalar anneleri yoğun egzersiz yapan bebeklerin çoğunun annelerinin sütüne burun kıvırdıklarını göstermektedir. Görünüşe göre egzersiz sütün tadını ekşileştiren laktik asit düzeylerini arttırmaktadır. Düzeyler doksan dakika boyunca yüksek kalmaktadırlar. Egzersizin her türü için geçerli olmak üzere, emzirmeyi egzersizden hemen sonra yapın ki bebeğinizin sonraki öğünü bu düzeylerin düşmesini beklemek için ertelenmesin. Eğer bu mümkün değilse çalışmadan önce pompa ile sütünüzü sağıp saklamayı ve hazır olduğunuz zaman egzersiz öncesi süt ile biberonla beslemeyi deneyin.

-23-

İlk Altı Haftayı Geçirmek

NELER HİSSEDEBİLİRSİNİZ

Doğumdan sonraki altı hafta süresince iyileşiyor olacaksınız. Aşağıdakilerden çoğunu muhtemelen belli bir zaman içinde bir dereceye kadar hissedeceksiniz.

Fiziksel olarak:

• Devam eden vajinal akıntı (loşi) pembe, sonra kahverengi, daha sonra sarımsı beyaza döner.

• Bazen tükenme sınırlarına varan yorgunluk.

• Vajinal doğum yaptıysanız (özellikle dikişleriniz varsa) perinede biraz ağrı, rahatsızlık ve uyutma.

• Eğer sezaryen kesiniz varsa kaybolan kesi yeri ağrısı, devam eden uyuşukluk (özellikle ilkiyse).

• Süregiden kabızlık nöbetleri (geçiyor olmalıdırlar).

• Rahminiz pelvis içindeki hamilelik öncesi yerine döndükçe karnınızın kademeli olarak düzleşmesi (fakat sadece egzersizler tam olarak hamilelik öncesi tekile döndürür).

• Kademeli olarak kilo kaybı (iki ayın sonunda hamileliğin tüm kilolarından kurtulabilirsiniz ya da ilk yıl sonuna kadar kurtulamazsınız).

• Eğer emziriyorsanız emzirme tam yerleşene kadar meme rahatsızlığı ve meme uçlarında tahriş

• Kollarda ve boyunda ağrılar; sırt ağrısı (bebeği taşımak ve beslemek nedeniyle).

• Fark edilebilir saç kaybı.

• Şişmiş boyun bezleri; boğaz kuruluğu ve kasılması.

Duygusal:

• Sevinç, depresyon veya her ikisi birden.

• Aşırı yük altında ezilme duygusu veya gitgide artan kendine güven hissi veya dönüşümlü olarak her ikisi birden.

• Azalmış cinsel istek (doktorunuz yeniden başlamanız için onay vermiş olsa bile) veya artmış istek (daha nadir).

ALTINCI HAFTA KONTROLÜNÜZDE NELER BEKLEYEBİLİRSİNİZ

Doktorunuz muhtemelen sizi doğumdan dört ile altı hafta sonra kontrole çağırmayı programlayacaktır; eğer sezaryen yapıldıysa yaranızı kontrol ettirmek için doktorunuzu doğumdan bir ile üç hafta sonra da görebilirsiniz. Ziyaretin kesin içeriği sizin durumunuza özel gereksinimlerinize ve doktorunuzun felsefesine bağlı olmakla birlikte aşağıdakilerin kontrol edilmesini bekleyebilirsiniz:

- Kan basıncı.
- Büyük olasılıkla doğum öncesine nazaran 8-10 kilo azalmış olan ağırlığınız.
- Hamilelik öncesi boyutlarına ulaşıp ulaşmadığını anlamak için rahminizin şekli, büyüklüğü ve yeri.
- Hamilelik öncesi durumuna dönmekte olan fakat hâlâ bir miktar şişkin. yüzeyi aşınmış serviks.
- Kasılıp kas tonusunun çoğunu kazanmış olan vajina.
- Eğer varsa epizyotomi veya yırtık onarım yeri; eğer cerrahi doğum (sezeryen) olmuşsa kesinin yeri,
- Herhangi bir anormallik olup olmadığını saptamak için göğüsler.
- Eğer hamilelikte veya doğum sonrasında oluşmuşsa hemoroidler veya varisli toplar damarlar.
- Doğum kontrol planları; eğer uygunsa bir diyafram yerleştirilecek ya da doğum kontrol hapları yazılacaktır (sayfa 519'a bakınız).

İyileşmenizle ya da genel sağlık durumunuzla ilgili soruları hazır bulundurun (bir liste getirin, böylece bir şeyleri unutmazsınız).

NELER YEMELİSİNİZ
En İyi Doğum Sonrası Diyeti

Yemek yeme alışkanlıklarınızı hamilelik döneminde değiştirmek için çok uğraştıysanız şu an bunları tamamen ya da geçici bir süre için terk etmenin sırası değildir. Ve eğer hamilelik sırasında iyi beslenmediyseniz, iyi alışkanlıklar kazanmak için bundan daha uygun bir zaman seçemezdiniz. Besleyici bir diyet planı doğum sonrasında hamilelikte olduğundan biraz daha fazla abur cubur içerebilirse de, eğer enerji düzeyinizi koruyacaksanız, kademeli olarak hamilelik süresince dokuz ay boyunca eklenen kilolardan kurtulmak ve eğer emziriyorsanız yeterli süt üretmek için dikkatli beslenme gereklidir.

YENİ ANNELER İÇİN DOKUZ BASİT DİYET KURALI

İyi beslenme çocuk doğurma sonunda çabuk iyileşme ve mükemmel annelik için gerekli olan bol enerji sağlanması, optimum sağlık ve canlı bir ruh hali için hayati önem taşır. Başarılı bir emzirme için de çok önemlidir. Emzirme döneminde besinsel ihtiyaçlarınızı önemsememeniz sütünüzü azaltmayacaktır, en azından birkaç ay boyunca (ciddi şekilde yetersiz beslenen kadınlar bile bir süre süt üretebilmektedirler), sütünüzün besinsel değerini etkileyebilir ve vücudunuzu besinlerden yoksun bırakabilir. Emzirseniz de emzirmeseniz de bu dokuz kural doğum sonrası dönemde iyi beslenmeniz için sizi yönlendirebilir:

Yediklerinizin çoğu işinize yarasın. Şu anda her lokmanız bir zamanlar gelişmekte olan bebeğiniz ile paylaştığınız kadar önemli olmasa da, hâlâ bunların çoğunun dengeli beslenmeye yönelik olması gereklidir. Dikkatli yiyecek seçimi bol ve kaliteli süt sağlayacak, uykusuz geceleri ve bitmez günleri atlatmak için yeterli enerji verecek ve hamilelik öncesi formunuza çabuk dönmenizi sağlayacaktır. Kendinizi kandırmak için lokmalarınızı harcamayın, optimum doygunluk hissi sağlayan boş kalorili yiyeceklere para harcamayın.

Her kalori eşit yaratılmamıştır. Ailede kimi beslediğiniz hiç fark etmez, tipik olarak tek bir fast food öğününden elde edilen 1500 kalori (çoğunluğu besleyici değeri olmayan hatta tehlikeli doymuş yağlar ve şekerlerden gelir) iyi dengelenmiş üç öğünden gelen 1500 kaloriye (vitamin ve minerallerle kaplı protein ve karmaşık karbonhidratlar) eşit değildir. Bir dilim dondurulmuş kekteki 233 kalori ile üzerine yarım bardak soğuk süt dökülmüş karpuzdaki 235 kaloriyi veya on patates kızartmasındaki 160 kalori ile iki yemek kaşığı yoğurt ve frenksoğanı ve 2/3 bardak brokoli çiçekleri ile servis yapılan fırında patatesin 160 kalorisini karşılaştırın.

Aç kalmanız bebeğinizi kandırmaktır. Atlanılan öğünler şu anda hamilelikte olduğundan daha az zararlıdır fakat sürekli düzensiz beslenme sizin rezervlerinizi de azaltarak annelik için enerjinizi azaltabilir. Eğer emziriyorsanız bazı moda diyetlerde olduğu gibi ileri derecede yetersiz beslenme zamanla süt kaynağınızı ciddi bir biçimde azaltabilir.

Verimlilik uzmanı olun. Doğum sonrası ağırlığınızı aşağı ve beslenmeyi yukarı çekmek için az kalori karşılığında besleyiciliği yüksek yiyecekler seçmek hâlâ önemlidir, öğle yemeğinde salam yerine ton balığı, akşam yemeğinde fettucine Alfredo yerine pasta primevera. Eğer probleminiz gereğinden fazla kilo kaybetmekse avokado ve fındık gibi besleyici değeri yüksek bol kalorili, az hacimli yiyecekleri tercih edin, fakat sizi doldurmadan veya besin ihtiyaçlarınızı karşılamadan sizi doyuran patlamış mısır gibi yiyeceklerden uzak durun.

Karbonhidratlar karışık bir konudur. Rafine olmayan kompleks karbonhidratlar doğum sonrasında yoğunlaşmanız gereken besinlerdendir (aslında hem kendiniz hem de aileniz için hayat boyu dengeli beslenme için). Kepekli ekmek, hububatlar ve kekler, kahverengi pirinç, kurutulmuş fasulyeler, bezelyeler ve diğer baklagiller lif ve rafine tahıllar her ne kadar zenginleştirilseler de yoksun oldukları vitamin ve mineralleri bolca içerirler.

Tatlı kaçamaklar başa beladır. Ortalama bir Amerikalı yılda gizli gizli yaklaşık 75 kilo şeker tüketir. Bunun bir kısmı doğrudan şeker kavanozundan çıkar ve tahılların veya meyvelarin üzerine serpiştirilir veya kahve ya da çaya konur. Büyük bir miktarı hiç de beklenmedik olmayan şekilde kekler, kurabiyeler, şeker ve şekerlemeler ve turtalarla alınır. Fakat şaşırtıcı bir miktarı çorbalar, salata sosları, kahvaltı tahılları, ekmekler, sosisli sandviçler ve işlenip konservelenmiş veya dondurulmuş ana yemekler ve yan yemeklerle umulmadık biçimde (sakaroz, bal, früktoz, mısır pekmezi içinde saklı olarak) alınır.

Eğer şeker alımınız yaklaşık ortalama ise günde besin değeri olmayan 800 kalori tüketiyorsunuz demektir. Günlük egzersizlerini bir 5-10 kilo almadan yapmak isteyen yeni anne için arada sırada şekerli bir kaçamak yapmak besinsel zarar oluşturmaz, ancak günde çok miktarda boş kalori tüketmek zararlı olacaktır.

Geldikleri yeri hatırlayan yiyecekler yemelisiniz. İleri derecede işlenmiş olan yiyecekler işlem sırasında besin değerlerinin çoğunu kaybederler ve bunları tüketen insanlar da sonuçta sıklıkla besinleri yitirirler. Sıklıkla rafine edilmiş gıdalar sağlıksız miktarlarda doymuş yağ, sodyum ve şeker aynı zamanda da diyeti zenginleştirmeyen ve bazen anne sütüne geçebilinen yapay renklendiriciler ve kimyasal katkılar içerirler (sayfa 504'e bakınız). Yediğiniz besin doğal haline ne kadar yakınsa bebeğiniz ve sizin için o kadar iyidir.

Dengeli beslenmeyi aile meselesi yapın. Aile sakinlerini bu beslenme programına dahil ederseniz bebeğiniz dengeli beslenmenin doğal olduğu bir ortamda büyüyecektir. Sadece çocuğunuzun (çocuklarınızın) yaşam süresini uzatmakla kalmayacak aynı zamanda kendiniz ve eşinizinkini de uzatıyor olacaksınız.

Diyetinizi sabote etmeyin. Emzirme döneminizde sabahları kafeinli kahveye ve arada sırada alkollü bir içkiye dönebilseniz de, fazla kafeinli kahve ya da alkol sizi ve bebeğinizi tütün ve herhangi bir uyuşturucunun etkilediği kadar etkiler.

DOĞUM SONRASI VE EMZİRME DÖNEMİ İÇİN GÜNLÜK DİYET

Eğer mükemmel ihtimaller diyetini tanıyorsanız her öğünden önce oturup yeterli (emziriyorsanız yeterli süt oluşturmak ve sağlıklı kalmak veya emzirmiyorsanız sadece sağlıklı kalmak için) besinleri aldığınızdan emin olmak için hesap defteri, hesap makinesi ve ciltler dolusu yiyeceklerin besin değerleri tabloları ile hesap yapmamanız gerektiğini biliyorsunuz. Tek yapmanız gereken günlük on ikili diyeti uygulamak.[1]

Kaloriler. Enerji düzeyinizi (yeni bir anne olarak her zamankinden çok enerjiye ihtiyacınız olacak) korumak için ve eğer emziriyorsanız süt kaynağınızı sürdürmek için bunlardan yeteri kadarına ihtiyaç duyacaksınız. Fakat hamilelikte aldığınız kiloları aşamalı olarak vermenizi durduracak kadar çok değil. Eğer emziriyorsanız hamilelik öncesi ağırlığınızı korumak için almanız gereken kalori miktarına günde 400 ile 500 ekstra kalori eklemeniz gerekecektir (ikizleriniz varsa miktarı ikiye, üçüzleriniz varsa üçe katlayınız). Eğer kilo veriyor görünmüyorsanız doğumdan sonraki altıncı haftada bu miktarı biraz azaltabilirsiniz fakat kalorileri çok hızlı azaltırsanız bedeniniz çocuğunuza zararlı olabilecek ketonlar ve metabolik yan ürünler oluşturabilir.[2] Ek olarak vücut yağının çabucak eritilmesi yağda depolanan toksik kimyasalların kan dolaşımınıza oradan da bebeğinize geçmesine neden olacaktır.

Eğer emzirmiyorsanız hamilelik öncesi kilonuzu korumak için tükettiğiniz kaloriyi alarak istenmeyen hamilelik kilolarından kurtulmanız ve iyileşmeyi hızlandırmanız mümkündür[3]. Doğumdan sonra altıncı haftadan sonra, iyileşme tamamlandıktan ve rejim yapma daha güvenli hale geldikten sonra bu rakamları günde 200 ile 500 kalori indirebilirsiniz fakat tıbbi kontrol altında olmadan katı bir diyet uygulamayınız.

Emzirirken ya da emzirmezken kendinizi tartmak kalori alımınızın fazla, az ya da yeterli olduğunu anlamanın en iyi yoludur. Hamilelik kilolarınızı aşamalı olarak verdiğiniz sürece ve istenilen ağırlığa ulaşıldığında durduğunuzda artık hedefe ulaşmışsınızdır. Eğer değilseniz kaloriyi azaltın ya da artırın. Eğer hızlı kilo kaybını frenleyemiyorsanız doktorunuzla görüşün.

Protein -eğer emziriyorsanız günde üç porsiyon, emzirmiyorsanız iki porsiyon. Bir porsiyon bunlardan herhangi birisine eşittir: 2½ ile 3 bardak yağsız veya az yağlı süt; 1¼ bardak buharlaştırılmış yağsız süt; 13/4 bardak az yağlı yoğurt; ¾ bardak az yağlı kaşar peyniri; 90 gr. İsviçre peyniri; 2 büyük yumurta artı 2 beyaz; 5 yumurta beyazı; 90-100 gr balık, et veya tavuk eti; 150-180 gr soya fasulyesi bazlı bebek maması; 5 ile 6 yemek kaşığı yerfıstığı yağı; tahıl ve baklagillerin 1 protein karışımı (sayfa 321'e bakınız).[4] İkizleri ve üçüzleri emziren annelerin fazladan her bebek için ekstra porsiyona gereksinimleri vardır. Hiç hayvansal protein almayan vejetaryenler sebze proteinleri hayvansal proteinler kadar kaliteli olmadığından günde ekstra protein porsiyonu eklemelidirler.

C-vitaminli gıdalar -emziriyorsanız günde iki porsiyon, emzirmiyorsanız en azından bir porsiyon. Bir porsiyon şunlardan birisine eşittir: ½ bardak çilek; ¼ küçük karpuz; ½ greyfurt; 1 küçük portakal; ½ ile ¾ turunçgil suyu; ½ büyük kivi, mango veya guava; 2/

---

1. Bazı gıdaların birden fazla besin maddesi içerebileceğini akılda tutunuz. Örneğin brokoli yeşil yapraklı, C-vitamini ve biraz fazla miktarda kalsiyum sağlayabilir. Unlu mamullerin çoğu protein ve beraberinde kalsiyum sağlarlar, ve bazı sebze ve meyveler yeşil ve sarı yapraklılarla C-vitaminini bir arada sağlarlar.

2. Bazı güncel araştırmalar emziren kadınların özellikle ileriki aylarda genellikle önerilen miktar olan günlük ekstra 400 ile 500 kaloriden daha az alabileceklerini göstermektedir. Ağırlığınız kılavuzunuz olmalıdır.

3. Hamilelik öncesi ağırlığınızı korumak için ne kadar kalori gerektiğini hesaplamak istiyorsanız eğer sedanter yaşıyorsanız hamilelik öncesi ağırlığınızı 12, orta derecede aktifseniz 15, çok aktifseniz 22 ile çarpın.

4. Bu kombinasyonların porsiyon miktarları küçük çocuklar içindir. Erişkinler için dört kat daha yüksek olmalıdır.

3 bardak brokoli veya karnıbahar; 1 bardak lahana veya karalahana; ½ orta boy yeşil dolmalık biber veya 1/3 kırmızı dolmalık biber; 2 küçük domates veya 1 bardak domates suyu.

Kalsiyum -eğer emziriyorsanız 5 porsiyon, emzirmiyorsanız 3 veya daha fazla. Bir porsiyon şunlardan birisine eşittir: ¼ bardak parmesan peyniri; 35-45 gr diğer sert peynirler (İsviçre veya Çedar gibi); 1 bardak yağsız ya da az yağlı süt; 1/3 bardak yağsız süt tozu; 13/4 bardak az yağlı kaşar peyniri; 11/2 ile 13/4 bardak brokoli, karalahana; 3 yemek kaşığı pestil; 120 gr konserve somon veya 90 gr kılçıklı sardunya; 270 gr kalsiyumla hazırlanmış soya bazlı mama. İkiz ya da üçüz emziren anneler fazladan her bir bebek için ekstra kalsiyum porsiyonuna ihtiyaç duyarlar ve bunu karşılamak için kalsiyumla zenginleştirilmiş süt ürünleri kullanmak isteyebilirler. Süt ürünlerini kullanmayan vejetaryenler gereksinimlerini kalsiyumla desteklenmemiş (örneğin portakal suyu) saf bitki kaynaklarından karşılayamazlar ve kalsiyum takviyesi almaları gerekebilir. Emzirme döneminde kalsiyum azlığı süt içeriğini değiştirmese de, süt oluşturmak için annenin kemiklerinden sağlanan kalsiyum onu hayatın ileriki dönemlerinde osteoporoza daha yatkın yapabilir.

Yeşil yapraklı ve sarı sebzeler ve sarı meyveler -emziriyorsanız günde en azından üç porsiyon, emzirmiyorsanız iki ya da daha fazla. Bir porsiyon şunlardan birisine eşittir: 4 kayısı yarısı; 1/8 karpuz; ¼ büyük mango; 1 büyük sarı (beyaz değil) şeftali; ¾ bardak brokoli; ½ küçük havuç; ¼ ile ½ pişirilmiş yeşiller; ¼ bardak kış kabağı veya 1/8 bardak tatlı patates, veya 1 yemek kaşığı tatlandırılmamış konserve mantar; 1 büyük domates; ½ kırmızı dolmalık biber ya da kırmızı biber.

Diğer sebze ve meyveler -günde iki ya da daha çok porsiyon. Bir porsiyon şunlardan birisine eşittir: 1 elma, armut, muz veya beyaz şeftali; 2/3 bardak kiraz veya üzüm; 1 bardak dağ çileği; 1 dilim ananas; 2 bardak karpuz; 5 hurma; 3 incir; ¼ bardak kuru üzüm; 5 ya da 6 kuşkonmaz filizi; 1 bardak fasulye filizi, patlıcan, soğan; 2/3 bardak yabani havuç, kar bezelyesi; 1 küçük patates; ¼ baş kıvırcık; ½ bardak mantar veya yaz kabağı.

Öğütülmemiş tahıllar ve diğer kompleks karbonhidratlar -emzirseniz de emzirmeseniz de günde altı ya da daha fazla porsiyon. Bir porsiyon şunlardan birisine eşittir: ½ bardak pişirilmiş kahverengi pirinç, yabani pirinç, darı, karabuğday ezmesi, yarma arpa, bulgur, ¼ bardak iri taneli mısır unu (pişirmeden önce); 1 porsiyon pişirilmiş veya yenmeye hazır işlenmemiş hububat; 2 yemek kaşığı buğday tohumu; ¼ bardak işlenmemiş kepek; 1 dilim kepekli ekmek; ½ dilim kepekli bagel veya İngiliz pidesi; 1 küçük veya ½ büyük kepekli pita; 2 ile 6 kepekli kraker; ½ bardak mercimek, fasulye veya parçalanmış bezelye; 2/3 bardak lima fasulyesi veya kara bezelye; 30 gr öğütülmemiş buğday veya yüksek protein içerikli makarna; 2 bardak hava ile patlatılmış mısır. Vejetaryenler protein ve karbonhidrat eksikliğini kapatmak için ekstra karbonhidrat porsiyonuna güvenmemelidirler. Eğer ağırlığınızı korumakta zorlanıyorsanız federal yönetmeliklerin günde 11 porsiyon hububat tavsiye ettiğini aklınızda tutunuz.

Demir açısından zengin besinler -günde bir ya da daha fazla. Demir sığır etinde, keçiboynuzunda, nohut ve diğer kurutulmuş baklagillerde, kurutulmuş meyvelerde, yer elması, istiridyelerde (çiğ yemeyin), sardunyalarda, soya fasulyesinde ve soya ürünlerinde, ıspanak ve karaciğerde çeşitli miktarlarda bulunur[5]. Buğday tohumunda, öğütülmemiş tahıllarda ve demir ile zenginleştirilmiş hububatlarda da vardır.

Çok yağlı yiyecekler -her gün küçük miktarlarda. Hamilelik sırasında yeterli yağ alımı çok gerekliydi ve vücudunuz yüksek kolesterol içeren gıdaları bile zarar görmeden kullanabiliyordu, şimdi bir kez daha diyetinizdeki yağ miktarını sınırlamanızın ve tükettiğiniz yağın türüne dikkat etmenizin zamanı gelmiştir. Genellik-

5. Besin değerine karşı karaciğeri az yiyin, çünkü yüksek oranda kolesterol içerir ve bir şüpheli kimyasal maddeler deposudur.

le ortalama erişkinin tüm kalorisinin %30'undan fazlasını yağlardan sağlamaması konusunda fikir birliği vardır; kalp hastalığı açısından riskli olanlar tüketimi daha katı bir biçimde sınırlamalıdırlar. Bu şu demektir, eğer sizin ideal kilonuz 62 kilo ise günde 1875 kaloriye ihtiyacınız vardır, bunun %30'undan daha fazlası, veya 62 gramı yağlardan sağlanmamalıdır. Bu da günde 41/2 yağ porsiyonuna (her biri 14 gram) eşittir. Eğer hafifseniz daha az, ağırsanız daha fazla porsiyona ihtiyaç duyacaksınız. Düşük yağlı yiyeceklerden de sonuç olarak kabaca bir porsiyon alacağınızı düşünebilirsiniz. Geri kalanı yağlı yiyeceklerden gelebilir. Yarım porsiyon yağ şunlara eşittir: 30 gr sert peynir (İsviçre peyniri, Çedar); 45 gr mozzarella, provolone; 2 yemek kaşığı rendelenmiş parmesan; 11/2 yemek kaşığı hafif krem, yerfıstığı, ceviz; 2 yemek kaşığı kremşanti; 1 yemek kaşığı krem peynir; 1 bardak tam yağlı süt veya yoğurt; ½ bardak normal dondurma; 180 gr tofu; ¼ küçük avokado; 1 yemek kaşığı yerfıstığı yağı; 100 gr kara et veya 200 gr beyaz et hindi veya tavuk (derisiz); 120 gr yağlı balık (somon gibi); 9 patates kızartması; 1 yumurta sarısı; 2 küçük bisküvi veya orta-lama muffin; 1 dilim kek veya 3 kurabiye (bunlar tarife göre değişir). Tam porsiyon şunlara eşittir: 1 yemek kaşığı zeytin, yalancısafran, mısır, veya diğer bitkisel yağlar, tereyağı, margarin veya normal mayonez; 2 yemek kaşığı normal salata sosu;100-200 gr yağsız et veya 30-45 gr daha yağlı parçalar; ¾ bardak ton salatası.

Tuzlu yiyecekler -sınırlı miktarlarda. Tuz hamileliğiniz sırasında gerekliyse de artık sınırlamaya başlamaya ihtiyacınız var. Kural olarak tuzlu yer fıstığı, patates cipsleri ve turşulardan kaçının. Az tuzlu peynirler ve abur cuburlar, azaltılmış ya da düşük sodyum ile hazırlanmış yemekler atıştırın. Ailede birisi tuzu kısıtlanmış diyete uymak zorunda değilse yemek pişirirken tatmak için hafif tuz dökülebilir. Fakat bebeğinize ya da küçük çocuğunuza vermeyi planladığınız aile yemeğinin sofraya tuzlanmadan gitmesi gerektiğini unutmayın, bebekler fazla sodyumu kaldıramazlar ve onları tuzla tanıştırmak tuzun tadını almalarını da sağlayacaktır.

Sıvılar -emziriyorsanız günde en az 8 bardak, emzirmiyorsanız 6 ila 8 bardak. İkiz emziriyorsanız 4 bardak daha eklemelisiniz. Su (tercihen florlanmış), meyve ve sebze suları, süt, çorbalar ve maden suyu iyi birer sıvı kaynağıdırlar. İyi bir şeyin aşırısının farkında olun: aşırı sıvı (günde 12 bardaktan fazla) alımı süt yapımını engelleyebilir.

Vitamin takviyesi. Eğer emziriyorsanız her gün hamilelik/süt verme formüllerinden alın, iyi bir diyetin yerine değil sadece bir önlem olarak alınmalıdır, kimsenin diyeti kusursuz değildir. Hiç hayvansal gıda almıyorsanız (süt ve yumurta bile), takviyenizin 4 mikrogram B12 vitamini (doğal olarak sadece hayvansal gıdalarda bulunur), 0.5 gram folik asit ve eğer her gün yarım saat güneş ışığı almıyorsanız 400 miligram D: vitamini (bir bardak sütü takviye eden miktar).

Emzirmeseniz bile hamilelik vitaminlerinizi doğumdan sonra da en azından altı hafta boyunca almalısınız. Bundan sonra sıradan bir multivitamin mineral bileşimi eğer, istediğiniz gibi yemek için zamanınızın ve imkânınızın bulunmadığını düşünüyorsanız, besinsel boşlukları dolduracaktır. Çocuk doğurma çağındaki kadın için hazırlanmış olan destek, hamilelik sırasında ve/veya doğum sırasında kanama ile kaybedilen ve âdet görme tekrar başladığında kaybedilecek olan demiri yerine koyacaktır. Emzirme sırasında destek çinko içermelidir.

EMZİRMİYORSANIZ

Dengeli ve iyi beslenme doğum sonrasında bütün kadınlar için önemli olsa da biberonla besleyen ve emziren annelerin diyet gereksinimleri arasında bilmeniz gereken bazı temel farklar vardır. Örneğin eğer emzirmiyorsanız ikiniz için de yemenize gerek yoktur. (Eğer yaptıysanız yakında iki kişiymiş gibi görüneceksiniz.) Bir diğeri, yediğiniz ve içtiğiniz şeyler artık bebeğinizin üzerine doğrudan etkili olmayacağı için (mizacınızı ve enerji düzeyinizi etkilemediği sürece) şeker, kafein, diyet içecekler, alkol söz konusu olduğunda daha az katı olabilirsiniz. Önlemlerin ve ölçülü olmanın halen gerekli olduğunu unutmayın. Şunları göz önünde bulundurun:

• Diyetteki fazla şeker diş çürüklerine, şişmanlık ve/veya hatalı beslenmeye ve yüksek şekerli dönem sona erdiğinde ise ardından gelen derin enerji azlığı ve ruhsal çöküntülere yol açabilir.

• Aşırı kafein sinirliliğe, duygusal kararsızlığa ve 10 fincan ve üzeri kahve dozlarında kulaklarda çınlamaya, delirium, düzensiz kalp atışları, kas gerginliğine ve kasılmalara neden olur.

• Sakarinin karsinojen olduğundan şüphelenilmektedir, fakat fazla alınan aspartamın zararlı olduğu gösterilememiştir, aşırı miktarlarının uzun dönem etkileri şu an için bilinmemektedir.

• Fazla alkol anneliğin ödevlerini aklı başında ve güvenle yerine getirmenizi engelleyebilir ve doğum sonrası depresyonunu artırabilir. Bu uzun dayanma döneminde bunun fiziksel ve duygusal hasarının tüm aile üzerine etkisinden bahsetmeye gerek yoktur. Hafiften daha fazla içen anne (günde iki üç içki) çocuğunu riske sokuyordur.

• Herhangi bir şeyin fazlası veya besin değeri boş olan yiyecekler (şeker gibi) veya alkollü alkolsüz sıvıların (şarap, bira, likör veya alkolsüzler) gerekli besinleri almanızı bozabilirler.

• Sizin tarafınızdan kullanılan herhangi bir miktar tütün çocuğunuzu birtakım hastalıkların riskine sokar, aynı zamanda prematüre olarak onu ebeveynden ayırır.

• Kanun dışı ilaçların kullanımı (kokain, marihuana, eroin, crack, ve diğerleri) veya yasal ilaçların suiistimal edilmesi çocuğunuzla olan ilişkinize zarar verici olabilir, çocuğunuzun güvenliği ve sağlığını tehdit eder, ve gelecek hamilelikler için felaket olabilir.

MERAK ETTİKLERİNİZ

HER ŞEYİ HALLETMEK

"Yeni kızımla sadece iki gündür evdeyim ve şimdiden her şeyin gerisinde kaldım: temizlik, çamaşır, bulaşık, gerçekten her şey. Bir zamanlar kusursuz olan evim şimdi tam bir karmaşa halinde. Kendimi şu ana kadar her zaman yeterli bir insan olarak görürdüm."

İlk defa yeni doğmuş bir bebeğin sorumluluğunu alın. Sürekli bitmeyen bir beslenme gibi görünen günler ve geceler. Biraz da çok ziyaretçi ekleyin. Doğum sonrası hormonal değişikliklerin cömert yardımları. Muhtemelen hastanede kaldığınız süre boyunca oluşan fena olmayan dağınıklık. Ve karşı konulamaz hediye, paket, ambalaj kâğıdı dağları ve kayıt tutulamayacak kadar çok kart. Bebeğinizle yeni yaşantınız başlarken düzeni ve temizliği ile eski yaşantınızın etrafınızda parçalandığını hissetmek sadece doğal bir tepkidir.

Umutsuzluğa düşmeyin. Evdeki ilk birkaç gününüzde bebek ve ev işlerini bir arada yürütmedeki beceriksizliğinizle gelecekteki annelik başarınız hakkında kehanette bulunamazsınız. (Deneyimsiz bir çalışanın zorlayıcı bir işteki ilk birkaç gününü temel alarak gelecekteki performansını yargılayamazsınız) Gücünüzü tekrar kazandıkça, temel bebek bakım ilkelerine alıştıktan ve daha az katı olmayı öğrendikten sonra işlerin daha iyi olma yoluna girdiklerini göreceksiniz. Aynı zamanda şunların da yardımı olacaktır:

Kendinizi kontrol edin. Ne yapmanız gerektiği hakkında endişeli olmanız bunu göğüslemenizi iki kat zorlaştırır. Gevşeyin. Gerçekten önemli konulara yoğunlaşın: yeni doğan bebeğinizi tanımak ve eğlenmek. Beraber olduğunuz zamanlarda sıkıcı ev işleri ile ilgili düşünceleri kovun (çocuk doğumu kurslarında öğrendiğiniz tekniklerin yardımı olabilir). Daha sonra etrafınıza baktığınızda dağınıklık ve kaosun hâlâ yerli yerinde durduğunu göreceksiniz fakat başa çıkmakta daha başarılı olacaksınız.

Dinlenin. Paradoksal olarak işlerin yapılmasını sağlamanın en iyi yolu daha çok dinlenmeye başlamaktır. Çocuğunuzun doğumundan sonra tamamen iyileşmek için kendinize bir şans tanıyın, bunun sonucunda yeni sorumluluklarınızı daha iyi ele alacaksınızdır.

Yardım alın. Eğer halen ev işleri için ücretli ya da ücretsiz yardım ayarlamadıysanız ve ev idaresi ve yemek pişirme işlerini yoluna koymak için adım atmadıysanız bunların tam zamanıdır. Eğer gerekiyorsa eşinize evliliğinizin iki ebeveynli olduğunu hatırlatın (fakat nazikçe, özellikle de bu fikre alışamadıysa; sayfa 487'ye bakınız). Yardım ederek yükünüzü azaltabileceği yollar düşünün, akşam üzeri işyerinden çıkarken marketten alınmak üzere son dakika ihtiyaç listesini alabilir veya işe giderken kuru temizlemeye verilecekleri bırakabilir, siz bebeğe akşamın son öğününü verirken elektrikli süpürge ile etrafı temizleyebilir veya toplayabilir (sabahleyin en azından temiz bir görüntüyle karşılaşmak ruhunuza gerçek bir doping olabilir).

Önceliklerinizi kesinleştirin. En önemli nedir? Evinizin durumu ya da bebeğiniz? Bebeğiniz şekerleme yaparken elektrikli süpürge işini bitirmek mi yoksa uyandığı zaman dinç olabilmek için ayaklarınızı uzatıp rahatlamak mı daha önemli? Ütü istemeyen gömlekleri ütülemek gerçekten gerekli mi yoksa bebeğinizi bebek arabasında dolaşmaya çıkarmak mı zamanınızı iyi değerlendirmenizi sağlar? Çok erkenden çok şey yapmanın herhangi bir şeyi iyi yapamayacak kadar enerjinizi çalabileceğini aklınızda tutun. Bu arada eviniz bir gün temiz olacak ama bebeğiniz bir daha iki günlük (veya iki haftalık veya iki aylık) olmayacak.

Düzenli olun. Listeler yeni annenin en iyi arkadaşlarıdır. Sabahları ilk iş olarak bebeğinizi emzirirken (eğer yapabiliyorsanız) veya eşiniz ona biberonunu verirken ya da oynarken yapılması gerekenlerin listesini not edin. Önceliklerinizi üç kategoriye ayırın: mümkün olan en kısa zamanda ilgilenilmesi gereken işler, günün ilerleyen saatlerini bekleyebilecek durumda olanlar ve yarına ya da gelecek haftaya kadar ertelenebilecek olanlar. Her bir aktivite için kendi saatinize (sabahları verimsiz misiniz veya en iyi şafak vakti mi çalışabiliyorsunuz) ve bebeğinizin (şu an saptayabildiğiniz kadar) biyolojik uygun zamanlar saptayın.

Gününüzü kâğıt üzerinde planlamak her zaman her şeyin planlandığı gibi gideceği anlamına gelmez (aslında yeni anneler için nadiren gider), şu anda kontrol edilemez görünen durum üzerinde bir hâkimiyet hissi verecektir; kâğıt üzerindeki planlar kafanızda çılgınca dolaşan fikirlerden daha kolay yönetilirler. Hatta listenizi bir kere yaptıktan sonra aslında düşündüğünüzden daha az şey yapmak zorunda olduğunuzun farkına varabilirsiniz. Başarma duygularınızı tatmin etmek için bitirdiğiniz görevlerin üzerlerini karalamayı unutmayın. Ve üzeri karalanmamış maddeler için endişelenmeyin, sadece bunları yarının listesine kaydırın.

Yeni annelerin işlerinin organizasyonları ile ilgili bir diğer iyi hile: elinize geçtikçe bebeğe getirilen hediyelerin ve verenlerin listesini tutun. Kuzeninizin gönderdiği o cici mavili sarılı süveter setini hatırlayacağınızı düşünüyorsunuz, fakat on yedinci kazak takımı geldiğinde bu anı silikleşebilecektir. "Jane Teyze'ye teşekkür yazdım mı, yazmadım mı?" diye düşünmemek için her birisini teşekkür yazdıktan sonra işaretleyin.

Basitleştirin. Mutfakta tek aşamalı ürünler kullanın, yemek masasında kâğıt tabaklar, tazelerinin yerine dondurulmuş sebzeler, bir akşam eve pizza getirtin, bir diğerinde yerel salata barından bir seçim yapın; gerekli işlere zaman yaratmak için gerekli olan adımları atın. Odadan odaya olan dolaşmaları azaltmak için eşyaları ve ekipmanları kullanıldıkları yerlere yakın bulundurun. Özel bakım gerektiren biblo ve diğer eşyaları şimdilik kaldırın (bebek emeklemeye başladığı zaman zaten gitmeleri gerekecek).

Yarın için bugün bir adım atın. Bebeği her gece yatırdıktan sonra ve kanepenin üzerine o hak ettiğiniz istirahat için çökmeden önce yarın sabah avantajlı başlamak amacıyla bazı işleri yapmak için gücünüzü toplayın. Bez torbasını doldurun. Mamayı hazırlayıp biberonlara doldurun. Kahve makinesi için kahve ölçün. Çamaşırları tasnif edin. Kendiniz ve bebeğiniz için kıyafet çıkarın. Yaklaşık on dakika içinde normalde, en azından bebek uyanıkken üç kat daha fazla zaman alacak işleri bitirebilirsiniz. Ve sabahleyin daha az işiniz olduğunu bilerek (eğer size izin verirse) daha rahat uyuyabileceksiniz.

İki işi aynı anda yapmaya alışın. Aynı anda iki işi birden yapmayı öğrenin. Telefonda konuşurken bulaşık yıkamayı veya rulo köfte için havuç soymayı öğrenin. Televizyonda haberleri yakalarken çek defterinizin bakiyesini hesaplayın ya da çamaşırları katlayın. Kitap okuyun veya daha büyük bir çocuğa uykulu bir bebeği emzirirken masal anlatın (uyanık bir bebek daha fazla ilgi ister). Bu durumda bile günün saatleri yetmeyecektir fakat bu yolla sadece 48 yerine 36 saat için yalvarabilirsiniz.

Dışarı çıkın. Hava sert ve fırtınalı olmadıkça her gün bir gezinti planlayın. Bu toz almanıza veya yerleri yıkamanıza yardım etmez ama bu görevlerin daha az acil görünmelerini sağlar.

Umulmayanı beklemeye başlayın. Annelerin en iyi hazırlanmış planları sıklıkla (genellikle çok sık) bozulur. Bebek gezinti için sarılıp sarmalanmış, bez çantası hazır, paltonuz üzerinizde ve aniden bağırsak hareketlerinin o belirgin sesleri bebeğin tüm kıyafetinin altından duyulabilir. Palto, bebeğin tulumu, bez çıkarılır; on dakika kaybedilmiştir ve sıkı bir program tamamen bozulmuştur. Olayların bu değişimlerini olanaklı kılmak için günlük programınıza ekstra zaman ekleyin.

Esprileri yakalayın. Eğer başınıza gelen tatsız olaylara gülebiliyorsanız, ağlamanız daha az olasıdır. Tam bir karışıklık ve düzensizlik karşısında bile espri anlayışınızı koruyun. Bu aklınızı korumanızı sağlamakla kalmayacak, çocuğunuzu geçmişe baktığında etrafındaki herkesin düzeni sağlamakla meşgul olduğu için kimsenin gülmediğini hatırlayan erişkinler gibi olmasını önleyecektir.

Ona alışın. Bir bebekle yaşamak, zamanın çoğunda belirli miktarda kargaşa ile yaşamak demektir. Ve bebek büyüdükçe kargaşayı kontrol altında tutmanın zorluğu da büyüyecektir. Oyuncak küpleri kutusuna koymanızdan daha hızlı tekrar boşaltacaktır. Yüksek mama iskemlesinin arkasındaki duvardaki bezelye püresini temizlediğiniz anda süzülmüş şeftali ile tekrar dekore edebilir. Mutfak dolaplarına güvenlik mandalları koyacaksınız, o bunların nasıl açıldığını keşfedecek, muşambayı tencere ve tavalarla kaplayacak.

En nihayetinde sonuncu çocuğunuzu da üniversiteye gitmek için hazırladığınızda eviniz yeniden kusursuz olacak ve kendinizi o kadar yalnız hissedeceksiniz ki okul tatillerinde getirecekleri kargaşayı karşılamaya hazır olacaksınız.

KONTROL ALTINDA OLMAMA

"Son on yıl boyunca işimi, evimin idaresini ve hayatımın diğer bütün yönlerini oldukça verimli yürüttüm. Fakat küçük oğlumla eve geldiğimden beri hiçbir şeyi kontrol edemiyorum."

Yeni ebeveynlerin evlerinde olduğu gibi sizin evinizde de darbe olmuş. Ve şatonuzda kral olması beklenen adam bir adam bile değil, sadece yeni doğmuş bir erkek bebek. Son derece güçsüz görünebilir ama hayatınızı bozabilir ve kontrolü ele geçirebilir. 7:15'te duş almak, 8:05'te kahvenizi içmek adetinizse, eğer 6:30'da keyifli bir kokteyl ve tam 7:00'de akşam yemeğini tercih ediyorsanız, cumartesi akşamı gece yarısına kadar dans edip pazar günü öğlene kadar lüks bir şekilde uyuyorsanız o bunlara hiç aldırmaz. İlk önce programınızın uygun olup olmadığını kontrol etmeden canı istediğinde şefkat ve ilgi ister. Bu alışık olduğunuz rutinin ve pek çok eski, rahat alışkanlıklar birkaç yıl olmasa bile birkaç ay terk edilmesi anlamına gelir. Önemli olan tek program, özellikle ilk haftalarda onun programıdır. Ve bu program başlangıçta elde edebileceğiniz farklı bir özellik içermeyebilir. Günler ve özellikle geceler bulanık geçebilir. Sıklıkla kendinizi bir otomat veya bir efendiden ziyade bir köle gibi hissedebilirsiniz (ve eğer emziriyorsanız, süt veren inek gibi).

Ne yapmalı? Asanızı kibarca, en azından şimdilik elinizden bırakın. Zaman geçtikçe, daha yetenekli, kendine güvenli, ve rahat oldukça ve bebeğiniz daha yeterli ve az bağımlı hale geldikçe kaybettiğiniz kontrolünüzün bir kısmını tekrar ele alacaksınız. Gücünüzün tamamını geri almayı beklemeyin.

Hayatınızın bir daha asla tamamen eskisi gibi olmayacağı gerçeğini kabul edebilirsiniz, ancak ileride gerçekten olmasını isteyecek misiniz?

FORMUNUZU TEKRAR KAZANMAK

"Doğumdan hemen sonra bikini giyemeyeceğimi biliyordum fakat bir hafta sonra bile altı aylık hamile gibi görünüyorum."

Çocuk doğurmak başlangıçta Scarsdale, Still-man ve Mayo Clinic diyetlerinin bileşiminden daha fazla kilo kaybına neden olsa da (doğumda ortalama 6 kilo), pek az kadın sonuçlardan tatmin olur. Özellikle aynada doğum sonrası silüetlerini yakaladıklarında hâlâ rahatsız edici biçimde hamile göründüklerini fark ederler. İyi haber çoğunun hamilelik kot pantolonlarını bir ay içinde katlayıp kaldırabileceğidir. Kötü haber: eski kotlar bir süre daha eskiden olduğu gibi oturmayacaktır.

Hamilelik öncesi kilo ve fiziğinize ne kadar zamanda döneceğiniz ne kadar kilo ve santimetre aldığınıza ve bunların nerelere yerleştiğine bağlıdır. 10-20 kg alan kadınlar iyi bir diyet sürdürdükleri takdirde perhiz yapmadan bunların hepsini sürekli ve kademeli bir biçimde iki ayın sonunda verebilir. Diğer taraftan kendilerine hâkim olamayanlar ve sağlıklı çocuk doğurmak için gerekli olan miktardan fazlasını özellikle kilo artışı (özellikle tek, tadı güzel besin değeri az besinlerden alındıysa) aldıysa doğum sonrası şekle girmek daha uğraştırıcı olacaktır.

Tartı artışı ne kadar fazla olursa olsun en iyi doğum sonrası ve emzirme diyetine sadık kalmak enerji kaybı olmadan yavaş ama düzenli kilo kaybına neden olacaktır. Doğum sonrası altı hafta iyileşme dönemi geçtikten sonra, emzirmeyenler mantıklı, dengeli azaltıcı diyet ve egzersizle doğum sonrasında kalmış kiloları atabilirler. Emziren kilo veremeyen kadınlar süt üretimini etkilemeden fazla kiloları atmak için günlük kalori ihtiyaçlarını birkaç yüz kalori kesip, kilo kaybını teşvik etmek için aktivitelerini artırabilirler. Bebekleri sütten kesilince genellikle kalan fazla yağlardan kurtulurlar.[6]

Doğum sonrası hamile görünümünün kilo alımı ile ilgili olmayan birkaç nedeni daha vardır. İlki doğumdan sonra ilk birkaç gün karnınızı şişirecek olan fakat bir hafta içinde doğal olarak atılacak 2.5 kg civarında artık sıvıdır. Bir diğeri halen büyük olan rahimdir, doğumdan sonra altı haftanın sonunda hamilelik öncesi boyutlarına küçülüp pelvise inene kadar karına hamile görünümü verir. Fakat pek çok kadının doğumdan epeyce sonra bile hâlâ biraz hamile görünmeye devam etmesinin en büyük ve en kalıcı nedeni gevşemiş karın kasları ve deridir. Pek çok kadında kilo verme tamamlandıktan sonra karnın hamilelik öncesi gerginliğine ulaşması için zamanın ve doğanın bunu düzeltmesini beklemekten fazlası gerekecektir. Eğer planlı bir egzersiz programı uygulanmazsa hayat boyu sarkacaktır. (Sayfa 479'da tekrar forma girmeyi okuyunuz).

Ne yazık ki ne kadar mekik ve bacak hareketi yaparsanız yapın ve diyetinizi ne kadar iyi kontrol ederseniz edin sizinle birlikte kalacak olan bedensel değişiklikler vardır, buna karşın bunların farkında bile olmayabilirsiniz. En sık olanı eklemlerin hamilelik sırasında (doğumu kolaylaştırmak için) gevşemesi ve daha sonra tekrar sıkışması sonucu olan beden yapısındaki değişikliklerdir. Değişiklikler ya fark edilemezler ya da ayakkabı numarasını veya elbise bedenini büyütecek kadar fazla olabilirler. Sezaryen olan kadınlar karınlarında egzersize yanıt vermeyen hafif bir değişim olduğunu sezebilirler.

---

6. Emziren anne hiçbir zaman kalori alımını aniden azaltmamalıdır, kendi vücut yağlarının aşırı yakılması ketonların ve toksik kimyasalların veya yağda depolanan ilaçların süte geçmesine neden olabilir, bu da bebeğine zararlı olabilir.

BEBEK BAKIMINI PAYLAŞMAK

"Kocamdan bebek konusunda yardım istediğimde özellikle geceleri suçluluk duyuyorum, tüm gün çalışıyor ve sabahları erkenden kalkıyor. Ancak ben de tek başıma bebeğe bakmaktan yoruldum."

Şu an yapmakta olduğunuzdan daha ağır bir iş yoktur; partnerinizden alabileceğiniz her türlü yardıma ihtiyacınız olacak ve bunu hak ediyorsunuz. Ev dışında işinin olması, hatta zorlu bir iş olması bir erkeği otomatik olarak ev içi işlerden muaf tutmaz, özellikle bu iş yarısı kendisine ait olan bir bebeğin gelişi ile oluşmuşsa. Ve eşiniz yardım istemek için kendinizi suçlu hissetmeye başladığınız zaman sizin de neredeyse kuşkusuzca eşinizinki kadar yorucu ve stres dolu (işin yeniliğinden kaynaklanan)bir işte tüm gün çalıştığınızı kendinize hatırlatın. Eşiniz profesyonel bir bebek bakıcısı olmasa bile bebeğinizin bakımında size yardım ederek, günlük taleplerin yorucu ve can sıkıcı bir uzantısını sürdürmek yerine canlandırıcı, tatmin edici bir ara vermiş olacaktır. Profesyonel bebek bakıcısı, çocuk doktoru veya okul öğretmeni ya da bir biçimde küçüklerle çalışıyor olsa bile kendi çocuğunun bakımı ile ilgilenmek başlı başına mükafattır.

Tabii ki tam bir işbirliğini sağlamak için onu ikna etmelisiniz ve başlangıçta bebek bakımı ve ev işlerini yürütmek için müşterek kabul edilen bir iş anlaşması yapmanız gerekebilir. İdeali ona çok fazla yük bindirmeden yükün bir kısmını sizden alan bir programdır. (Başlangıçtaki anlaşma eğer işe geri dönerseniz tekrar ele alınabilir.) Şu basamaklarla başlayın:

Konuşun. Belki kocanız onun yardımına ihtiyacınız olduğunun farkında bile değil, belki işin kolay görünmesi için elinizden geleni yapıyorsunuz. Beki kendi başınıza yapacağınız izlenimine kapıldı veya sizin onun bebek bakımı yapacak kadar yeterli olmadığını düşündüğünüzü sanıyor. Bebeğin uyuduğu ve ikinizin de rahatladığı bir zamanda oturup sakin ve mantıklı bir şekilde ihtiyaçlarınızı açıklayın. Bebek bakımının tümünü yapıyor olmanızdan onun da sizin kadar rahatsız olduğunu öğrenebilirsiniz.

Ona bir ya da iki şey öğretin. Eğer kendine güven ve deneyim yokluğu kocanızın ellerini bebek bakımından alıkoyuyorsa, bir miktar dersin faydası olabilir. Önce bez değişimini gösterin sonra birkaç değişimi konuşarak beraber yapın. Banyo zamanı ve giyinirken izleyip yardım etmesini sağlayın. Basit bir ninni öğretin ve en etkili sallama metodunuzu onunla paylaşın (fakat babaların bebekleri annelerden daha farklı tuttuklarını ve kendi metodunun sizinkinden daha etkili olabileceğini unutmayın). Sabırlı bir eğitici olun, ilk kirli bezi değiştirmesi on dakika almışsa, bebek ilk banyodan sabunlu çıkmışsa veya giysilerini ters giydiriyorsa hemen vazgeçmeyin (ya da bırakın o vazgeçsin). Baba (anne) olarak dünyaya gelinmediğini, aksine sonradan olunduğunu aklınızda tutun ve ona hatırlatın, bebek bakımı konusunda doğuştan gelen yeteneğinin olduğunu vurgulayın. Başlangıçta bezi kendinizin değiştirmesi onu mücadele ederken izlemekten daha kolay gelebilir. Fakat sonunda emeklerinizin karşılığını alacaksınız ve kocanız oldukça becerikli bir partner olacak.

Onu yalnız bırakın. Yani bebekle. Arada sırada bebekle babanın yalnız bırakılmaları gerektiğini söyleyen gerekçeler (gerekiyorsa hile yaparak) uydurun. 15 ile 20 dakika gibi kısa zaman aralıkları ile başlayıp sonra artırın. "Bat ya da yüz" konumuna sokulan yeni babaların çoğu yüzerek hem kendilerini hem de eşlerini şaşırtmaktadırlar. Bu kendine güvenini artıracak ve sonuçta yardıma hazırlık konusunda daha iyi hissetmesini sağlayacak olan bebeği tanıma şansı verecektir.

Hatalarını hoşgörün. Yaptığı şey bebeği tehlikeye atmadığı sürece (örmeğin bebeği havaya atmak), hataları hakkında yorum yapmak için aceleci olmayın. Sizin eleştirilerinizden (ya da iyi örneklerinizden) çok kendi hatalarından bir şeyler öğrenecektir. Eğer onun yolundaki hatayı gösterme ihtiyacı hissederseniz, onun kendine güvenini azaltmamak ve sürtüşme oluşturmamak için oldukça nazikçe yapın. Ve ondan öğrenmeye hazır olun.

Standart çalışma çizelgesi oluşturun. Bazı insanlar için görev çizelgesi yapmak (pazartesi, çarşamba ve cuma akşamları siz bez değiştirin, o banyo yaptırsın; salı ve perşembe akşamları siz banyo yaptırın, o bez değiştirsin...) işlerin yapılmasının ve eşit paylaşılmasının tek yoludur. Diğerleri, özellikle çizelge tutmayı gereksiz bulanlar için sorumluluklar belirdikçe paylaşmak (Ben bulaşıkları yıkarken sen de bezini değiştirebilir misin?) işe yarayan bir yöntemdir. Bazıları içinse kişisel yeteneklere göre iş bölümü yapmak en iyisidir. Kocanız dört dörtlük bir aşçıysa ve siz suyu bile yakıyorsanız mutfak işlerini ona bırakın. Eğer bebek babanın sizden daha iyi ritim tuttuğunu düşünüyorsa sallama işini ona bırakın. Fakat tekrar tekrar denemelere rağmen hareketli ve ıslak bebeği tutmada başarısız oluyorsa banyo angaryasını siz üstlenin.

Geceleri paylaşın. Emziriyor olsanız bile bebeğiniz ve siz her gece uyanıkken kocanızın uyuması için bir neden yoktur. Gece yarısı besleme dışında yapılacak işler de vardır. Baba bebeği yatağından alır, gerekiyorsa altını değiştirir ve emzirmeniz için yatağınıza getirir. Hanginizin daha fazla gücü kaldığına bağlı olarak ikinizden biri küçük aşkınızı beslenme bittikten sonra beşiğine ya da bebek karyolasına götürebilir. İşlem baba tarafından yapılırsa bebeğin uyanma ihtimali daha düşüktür, zira göğüslerinizin teması ikinciyi istemesi için onu uyarabilir. Kısmen ya da tamamen biberon ile besleniyorsa gece beslemeleri müşterek anlaşılan bir plana göre aranızda paylaşılabilir. Belki saat 2'den önceki beslemeleri eşiniz, geri kalanları siz üstlenirsiniz. Veya gün aşırı dönüşümlü olabilir.

Bütün iyi niyete rağmen çocuk yetiştirme işinin de dişi aslan rolü sizin üzerinize yıkılabilir. Pek çok erkek, entelektüel olarak her iki cinsin eşitliğine inansa da (özellikle inanmıyor) ve doğum olayına katılmaya istekli iseler de (özellikle değilse) çocuk bakımının bütün görevlerini paylaşmaya hazır değil. Bazıları iyi baba olmayla iyi kazancı eş tutarlar ve daha uzun saatler çalışarak aile içinde yapmaları gerekenden fazlasını yaptıklarına inanırlar. Diğerleri üzerine inşa edecekleri babalık rolü modelleri olmadığı için (babasız büyüdükleri için veya babaları çocuk yetiştirme işinden uzak durduğu için) ebeveynlik sorumlulukları ile karşı karşıya kaldıklarında kararsız ve rahatsızdırlar. Eski alışkanlıklar zor değişir.

Eğer kocanız her ne sebeple olursa olsun yükü paylaşmada başarısız oluyorsa bunun neden böyle olduğunu anlamaya ve gerektiği yerde açıkça anlatmaya çalışın. Bir gecede değişmesini beklemeyin ve tartışma ve stres tetiklemedikçe içerleyişinizi dışarıya vurmayın. Bunun yerine açıklayın, eğitin, ikna edin; zamanla sizinle uzlaşacaktır, tamamen olmasa bile kısmen.

DEPRESYON

"Her zaman istediğim her şey var: mükemmel bir koca, güzel yeni bir bebek, kendimi neden bu kadar kötü hissediyorum."

Yeni annelerin hemen hemen yarısı (bazı tahminler %90'lara ulaşıyor) doğumdan sonraki ilk haftada ağlamadan, mutsuzluktan, heyecanlılıktan ve mood dalgalanmalarından yakınır. Bu bebek depresyonu nöbeti muhtemelen doğumdan sonra östrojen ve progesterondaki ani düşüşe bağlıdır ve genellikle ilk birkaç gün içinde geçer ancak bazı kadınlar ilk altı hafta boyunca gidip geldiğini ifade ederler.

Daha az sıklıkla görülen (muhtemelen yeni annelerin %25, ilk gebelikleri olmayanların %20'sini etkiler) ve daha uzun süren (sıklıkla ilk altı haftada başlar ve aylarca sürebilir) gerçek doğum sonrası depresyonudur. Bu depresyon hormon değişimleri ile açıklanabilmektedir. Hormon salınımlarına duyarlılığın kadından kadına değiştiği gerçeğinin kısmen tüm kadınların doğumdan sonra aynı hormon düzey değişikliklerine sahip olsa da neden hepsinde ruh hali değişkenliği görülmediğini açıkladığına inanılıyor. Depresyon sütten kesmeyle ilişkili hormonal değişikliklerle de tetiklenebilir.

Doğum sonrası depresyona katkıda bulunan bir sürü başka faktörün olduğuna inanılmaktadır. Bu hormonal olmayan faktörler doğum sonrası suçlanabilecek hormon değişimleri yaşamayan babaların ve evlat edinen annelerin neden buna benzer bir depresyona maruz kaldığını açıklayabilir.

Hamileliğin bitimi: Dokuz ayı sabah bulantıları, varisler, sırt ağrıları, sindirim sorunları içinde çok kötü bir durumda geçirmiş anneler için gebeliğin bitimi kutlanacak bir şeydir. Ama hamileliğinizden tamamen zevk aldıysanız özellikle ajandanızda başka bebekler yoksa, sonuç kederleneceğiniz bir şey olabilir. Bir kayıp ve boşluk duygusu hissedebilirsiniz ve bebeğinizi içinizde taşımanın o benzersiz samimiyet hissini özleyebilirsiniz. Şefkatle alışmış olduğunuz dışarı fırlayan karnınızın kaybolmasını da yadırgayabilirsiniz.

Zirveden inme hissi: Uzun zamandır hazırlandığınız ve beklediğiniz büyük olay, doğum sona ermiştir.

Sahnenin ortasından sahne arkasına geçmek: Şimdi bebeğiniz gösterinin yıldızı. Ziyaretçiler yatağınızın başucunda oturup sağlığınızla ilgileneceklerine çocuk odasının önünde sürü halinde toplanıp dururlar. Kocanız dokuz aydır sizi yüceltmişken, şimdi yenidoğan bebeğinin üzerine titremekle o kadar meşgul olabilir ki bu istemeden sonunda onun sevgisine en çok ihtiyaç duyduğunuz zaman size aldırmamasıyla sonuçlanabilir. Kadın doğumcunuzun sihirli değneğini bir sallamasıyla hamile prenses Cinderella'dan doğum sonrası bir külkedisine dönüşmüşsünüzdür. Durumunuzdaki bu değişiklik eve kadar size eşlik edecektir. Şimdi bebekle dışarı çıktığınızda bebek arabasını kapatmakla uğraşırken, bebek ve bez çantasını elinizde toparlayıp taksi çağırırken kimse bebeği hemen hemen hiç zahmetsiz içinizde taşıdığınız hamilelik günlerinizdeki gibi çabucak yardım etmeyebilir. Yabancılar artık karnınıza ve baseninize bakmayacaktır, arkadaşlarınız parlaklığınızdan söz etmeyecektir, bütün gözler bebeğe dönecek ve tüm iltifat ve gülücükler ona yönelecektir.

Hastanede kalma: Eve dönmeye ve anneliğe başlamaya hevesliyken hayatınız ve bebeğiniz hayatı üzerindeki kontrolünüzün olmadığı hastanede hüsrana uğrayabilirsiniz ve daha uzun bir süre kalış bu duygunuzu arttırabilir. Eğer bu ilk bebeğiniz değilse, daha büyük çocuğunuzu ya da çocuklarınızı özleyebilirsiniz, onlardan uzak olduğunuz için suçluluk duyabilirsiniz ve özellikle onlardan ilk ayrılığınızsa ne yaptıkları konusunda endişelenebilirsiniz.

Eve dönme: Sizi bekleyen sorumluluklar karşısında ("Önce ne yapacağım?") özellikle de yardım edecek kimseniz yoksa ve toz, bulaşıklar, kirli çamaşırlar gittiğinizden beri birikmişse çok çalışmanız gerektiğini, bu sorumluluklar altında ezileceğinizi düşünmeniz garip değildir. Şimdi bebek eşyalarıyla doluşmuş bir eve dönmek de tedirgin edici olabilir. (Eviniz bu küçük istilacı tarafından ele geçirilmiş olabilir.)

Hayal kırıklığı: Yenidoğan bebeğinizle ilgili: O kadar küçük, kırmızı, tombul, tepkisiz ki, hiç de hayal ettiğiniz kucaklanabilecek ve gülücükler saçan bebeklere benzemiyor. Doğum ya da kendinizle ilgili: Eğer idealleştirdiğiniz gerçekçi olmayan doğum beklentiniz gerçekleşmediyse(boşu boşuna) yetersiz olduğunuzu hissedebilirsiniz. Annelik hakkında: Sizin hiç de beklediğiniz şey değildir ve de süt gelmesi can sıkıcı olabilir.

Yorulma: Doğumdan sonraki halsizlik yenidoğan bebeğinize bakmanın güçlükleriyle birleşip önünüzdeki bir sürü zorlukla baş edemeyeceğiniz hissine kapılmanıza sebep olabilir.

Uykusuzluk: Uykudan yoksun bırakılan insanlar, havayolları pilotları, savaş mahkûmları, eğitim gören doktorlar da olsa ciddi ruh hali değişiklikleri gösteriyorlar. Yeni anneler de istisna değildir.

Fiziksel rahatsızlık ve ağrı: Epizyotomi ya da sezaryen kesiniz yanabilir, göğüsleriniz rahatsızlık verici bir şekilde şişkinleşebilir, hemoroidleriniz acı verebilir ve doğum sonrası sancılarınız ağrı verebilir. Bu kadar çok acı çekerken neşeli olmanız çok kolay bir şey değildir.

Yetersizlik hisleri: Gerçekte her yeni anne

bu rolü üstlenme konusunda şüpheye sahip olabilir. Eğer tamamen acemiyseniz "Neden bakamayacağım bir bebek doğurdum?" diye merak edebilirsiniz. Eğer bir çocuğu özgüvenle idare etmekte çok tecrübeli bir noktaya gelmiş, ama şimdi ikisiyle beraber zorlanıyorsanız "Neden başka bir çocuk yaptım ki" diye merak edebilirsiniz. Eğer anne rolünde paralı bir iş yaparken gördüğünüzden daha az saygı görüyor gibiyseniz o zaman daha az değerli bir kişi olarak hissedebilirsiniz. Ve kendiniz hakkında iyi hissetmemek umut kırıcı olabilir.

Suçluluk hissetmek: Belki hamile kaldığınızda gerçekten bu bebeği istemediniz ve şimdi isteseniz bile suçlu hissediyorsunuz. Ya da bebeğinizi ilk gördüğünüzde sevmediğiniz, güzel olduğunu düşünmediğiniz ya da annelik sıkıntısından zevk almadığınız için suçlu hissediyorsunuz. Veya yakın gelecekte işe dönmeniz gerektiği ya da evde kalmayı planlıyorsanız yeterli bir gelir getiremediğiniz için suçluluk duyuyor olabilirsiniz. Suçluluk sebebi ne olursa olsun çok moral bozucu olabilir.

Eski siz için kederlenmek: Kaygısız, muhtemelen kariyerinize yönlendiğiniz günler bebeğinizin doğumuyla beraber artık geride kalmıştır. (En azından geçici olarak.) Aynı şekilde siz ya da bir çift olarak kendinize yönelik yaşantınız, zaman alan hobileriniz, sık sık dışarıda yemekler, dersler, sinemalar gerçekçi olarak biraz askıya alınmalıdır.

Görünüşünüz konusunda mutsuzluk: Eskiden şişman ve hamileydiniz, şimdi eleştirel olarak yaklaşınca sadece şişmansınız. Hamilelik kıyafetlerinizi giymeye tahammül edemiyorsunuz ama başka hiçbir şey de uymuyor.

Destek eksikliği: Eğer ailenizden ve arkadaşlarınızdan, ama özellikle kocanızdan yeterli destek göremiyorsanız o zaman yeni annelik göreviniz zorlu ve moral bozucu olabilir.

Bebekle ilişkili olmayan stres: Yeni bebeğinizle ilişkili olmayan aile, iş, parasal sorunlar yine de doğum sonrası depresyona neden olabilir.

Doğum sonrası depresyon için zaman geçmesinden başka kesin bir tedavi olmamasına rağmen en aza indirgemek (bazı doktorlar gittikçe azalan hormon dozlarını başarılı bir şekilde kullanıyorlar) ve bebek bunalımının kaybolması için bazı yollar vardır:

- Eğer moral bozukluğu hastanede başlarsa kocanızdan ikiniz için romantik bir akşam yemeği getirmesini isteyin; eğer gevezelik sinirlerinizi bozuyorsa o zaman gelen ziyaretçileri sınırlayın, sizi eğlendirenleri daha çok davet edin. Eğer hastane ortamı moralinizi bozuyorsa, hastaneden erken ayrılış konusunda konuşun (sayfa 476'ya bakınız)
- Halsizlikle diğerlerinin yardımını kabul ederek savaşın, daha sonraya bekleyebilecek işleri şimdi yapmak konusunda daha az ısrarcı olun ve bebeğiniz uyurken kestirmek ya da dinlenmek için fırsat yakalamaya çalışın. Bebeğinizi beslediğiniz zamanları dinlenme dönemleriniz olarak kullanın, bebeğinizi ayaklarınızı uzatıp rahat bir koltukta veya yataktayken emzirin ya da biberonla besleyin.
- Gücünüzü toplamak için En İyi Emzirme ya da Doğum Sonrası Diyeti'ni uygulayın (sayfa 487). Bazı insanlarda depresyona neden olabilen şekerden kaçının (özellikle çikolatayla birlikteyken).
- Eğer içki içmekten hoşlanıyorsanız bebeğinizin akşam yemeği saatinde kocanızla bir kokteyl içerek yorgunluk atın ya da kendi başınıza bir kadeh şarap için, ama fazla kaçırmamaya dikkat edin. Orta miktarda bile alkol alımı depresyonunuzu daha da ağırlaştırıp, eğer emziriyorsanız bebeğinizi zehirleyebilir.
- Eğer mümkünse birbirinizi yemeğe çıkarın. Mümkün olmazsa öyle olduğunu hayal edin. Eve yemek getirtin (belki kocanız pişirecektir), güzel giyinin, mumlar ve hafif bir müzikle beş yıldızlı bir otel havası yaratın. Ve bebeğin romantik planınızı kesmeye karar vermesi halinde mizah anlayışınızı da kaybetmeyin.
- Eğer kendinizi önemsiz, değerinizi kaybetmiş gibi hissediyorsanız, bu hislerinizi eşinizle

paylaşın. Ona en az bebek kadar ihtiyacınız olduğunu fark etmemiş olabilir.

• Kocanızdan, annenizden, komşularınızdan, ya da istekli herkesten eğer uygunlarsa ve yapabileceklerse ev işlerinde size yardımcı olmalarını isteyin. İhtiyacınız olan tüm yardımı bedava alamıyorsanız, karşılayabilecek paranız varsa o zaman günde bir iki saati kendinize ayırmanıza, örneğin bir banyo yapıp, biraz uyumanıza, akşam yemeğini hazırlamak gibi ihtiyacınız olan her şeye vakit ayırmanızı sağlayacak birini işe alabilirsiniz (bir genç ya da yaşlıca bir komşu gibi).

• Eğer sorununuz hem yeni doğmuş bebeğiniz hem de yeni yürümeye başlayan çocuğunuzla ya da daha fazlasıyla ilgilenmekse o zaman 26. Bölüm'deki önerileri okuyabilirsiniz çünkü depresyon her yeni çocukla geometrik olarak artar.

• Kendinizi iyi hissetmek için iyi görünün. Tüm gün etrafta dağınık saçlarla, sabahlıkla gezinmek herkesin moralini bozabilir. Kocanız sabah çıkmadan bir duş alın (çünkü bir daha fırsatınız olmayabilir); saçınızı tarayın; genelde yapıyorsanız makyaj da yapın.

• Evden dışarı çıkın. Bebeğinizle beraber ya da bebeğinize bakabilecek bir gönüllü bulabilirseniz tek başınıza öğle yemeğinde bir arkadaşınızla buluşun, dükkânları gezin, ya da bir müzeyi dolaşın.

• Aktif olun. Egzersiz yapmak bebek bunalımını önleyebilir ve aynı zamanda depresyonunuzla etkileşen gebelik sonrası hamlığınızdan kurtulmanızı sağlayabilir (sayfa 479'a bakın).

• Kendinize zaman yaratın. Kendiniz için günde yarım saat kadar zaman ayırın ve boş zamanların efendisi olduğunuzu hayal edin. Bebeğiniz uyurken ya da biri onunla ilgilenirken gazete okuyun, (güncel olaylar moralinizi bozmuyorsa), romanınıza devam edin, video filmi izleyin, düzenli egzersizinizi yapın, yazamadığınız mektupları yazın, yüz bakımı, manikür, ya da köpüklü bir banyo yapın.

• Eğer perişan halinizi anlayacak bir arkadaş arıyorsanız, tanıdığınız yeni annelerle bir araya gelin ve dertlerinizi paylaşın. Eğer kimseyi tanımıyorsanız araştırın. Çocuk doktorunuza yaşadığınız çevredeki yeni annelerin isimlerini sorabilir ve yeni anneler grubu kurabilirsiniz. Doğum dersleri sınıfınızdaki kadınlarla ilişkiye geçip haftalık toplantılar düzenleyebilirsiniz. Doğum sonrası egzersiz ya da çocuk bakımı dersleri alabilirsiniz (çoğu bebekleri de kabul eder).

• Eğer sizinki yalnız kalmanızı gerektiren bir bunalım haliyse kendinize biraz yalnızlık tanıyın. Depresyon genelde kendi kendini beslese de bazı uzmanlar bunun doğum sonrası tipleri için geçerli olmadığını söylüyor. Eğer eğlenceli insanlarla zaman geçirmek moralinizi daha da kötüleştiriyorsa, o zaman bir süre sosyal ilişkilerden uzak kalın. Ama sakın kocanızdan da uzaklaşmayın. Kocalar da doğum sonrası depresyon için bir adaydırlar ve sizin onun desteğine ihtiyacınız olduğu gibi onun da size ihtiyacı vardır.

• Eğer depresyonunuz bir haftadan daha uzun süre devam ederse ve uykusuzluk da eklendiyse (bebeğiniz uyuduğunda da uyuyamıyorsanız), iştahınız azaldıysa, kendinize ve ailenize karşı ilginiz azaldıysa, kendinizi çaresiz, umutsuz, kontrolünüzü kaybetmiş hissediyorsanız, intihara eğiliminiz varsa, bebeğinizin gitmesini ve keşke hiç gelmemiş olmasını istiyorsanız, bebeğinize zarar verme ya da diğer başka garip düşünceleriniz ve korkularınız, halusinasyonlar ve sabuklamalarınız varsa o zaman derhal bir uzmanın yardımına başvurun.

Doğum sonrası depresyonunun uzman terapisini gerektirmesi nadir rastlanan bir durum olsa da, (tahminen 1/1000'den daha az) bu ülkede her sene 3000 kadın bu sorundan şikâyet ediyor. Bir ihtimal siz de onlardan biriyseniz, burada açıklanan depresyon belirtilerini gösteriyorsanız hemen bir uzman tanısı alın. "Canım bu sadece yeni bebeğin dolayısıyla hissettiğin bir bunalım, geçer" ya da "Sadece neşelen, iyi olacaksın" gibi sözlerle geçiştirilmenize izin vermeyin. Uzamış bir anne depresyonu anne-çocuk ilişkilerini ve yakınlaşmasını engelleyebilir ve bebek için zararlı olabilir.

Ne yapmanız gerektiğinden emin değilseniz, kadın doğum doktorunuz, hemşire ebeniz, aile doktorunuz, papazınız, ya da size tavsiye edebileceği iyi bir danışmanlık tecrübesi yaşayan bir arkadaşınızı ya da toplumsal akıl sağlığı merkezini arayabilirsiniz. Eğer çevrenizde varsa bir doğum sonrası depresyon dayanışma grubuyla bağlantıya geçebilir ya da bir tane başlatabilirsiniz.[7] Eğer tıp alanından olmayan bir terapistle görüşüyorsanız, tedavinizle bir tıp doktorunun da ilgilenmesini sağlamalısınız çünkü doğum sonrası depresyonun hormonal bir yanı da olabilir.

Eğer herhangi bir an bebeğinizi incitmek için güçlü bir istek duyarsanız, depresyonda olduğunuzu düşünseniz de düşünmeseniz de hemen bir komşunuzun evine gidin, doktoru (sizin ya da bebeğinizin) ya da hemen size ulaşabilecek birini (anneniz, kocanız, arkadaşınız gibi) ya da acil servisi arayın. Yardım alabilirsiniz.

"Üç hafta önce doğum yaptığımdan beri kendimi müthiş hissediyorum. Acaba bütün bu güzel duygular beni berbat bir bunalıma mı sürüklüyor?"

Maalesef iyi hissetmek kötü hissetmek kadar bahsedilmeye değer değildir. Yeni doğum yapmış kadınların yaklaşık %50'sini etkileyen doğum sonrası depresyon hakkında dergi, gazete ve kitaplarda bol bol yazı bulabilirsiniz, ama böyle olmayan doğum yaptıktan sonra müthiş hisseden geri kalan %50 hakkında yazılan çok az şey görürsünüz.

Bebek sonrası görülen bunalım çok sıktır ve hiçbir şekilde kaçınılmaz değildir. Ayrıca eğer neşeli hissediyorsanız duygusal açıdan battığınızı düşünmeniz için hiçbir neden yoktur. Doğum sonrası depresyonlarının çoğu doğumdan sonra ilk hafta görüldüğü için kurtulmuş olma şansınız bayağı yüksektir. Eğer başarı ihtimalinizi daha da arttırmak istiyorsanız, bebekten sonraki bunalımı yok etmek için tavsiyeleri inceleyin (sayfa 497). Hem önlerler, hem de iyileştirirler.

Bazı anneler gebeliklerinde olduğu gibi doğum sonrasında da hafif ruh hali değişkenlikleri gösterirler. Bir gün sorumlulukları altında ezilmiş ve yetersiz hissederler (bebek hiç uyumamıştır, annesinin yeni bluzuna tükürmüştür, kanepenin üzerine kakasını kaçırmıştır); ertesi gün enerjik ve yetenekli olabilirsiniz (bebek üç saat boyunca uyumuştur, süpermarkette herkesin övgüsünü almıştır, ilk kez gülümsemiştir). Bu tür duygu durumu değişiklikleri normaldir ve geçicidir.

Çok sıklıkla bir kadın bazen bebeğini sütten keserken de geç bir doğum sonrası bunalımı yaşayabilir. Sayfa 500'de tarif edilen depresyon belirtilerini herhangi bir anda gösterenler hemen bir uzmanın yardımına başvurmalıdır.

YETERSİZ HİSSETMEK

"Gerçekten baş edebileceğimi düşündüm. Ama küçük oğlumuzu elime verdikleri an kendime olan tüm güvenim yok oldu. Anne olarak sanki tam bir fiyasko olduğumu düşünüyorum."

Anneliğin nihai ödülleri diğer mesleklerden daha fazla olmasına rağmen stres ve zorlukları da özellikle başlangıçta diğerlerinden çok fazladır. Her şeyin ötesinde ön eğitim, deneyim ya da yol gösterme olmaksızın sizi birden tam on sekiz, yirmi saatlik vardiyalı işin içine sokan başka bir meslek yoktur. Dahası ilk haftalarda nasıl gittiğinizi anlamak için bu kadar az izlenim elde edebileceğiniz başka bir meslek yoktur. İşinizi değerlendirebilecek tek kişi muhtemelen tepki göstermeyen, tahminde bulunamayacağınız, işbirliği yapmayan, memnun olduğunda gülümsemeyen, minnettar olduğunda sizi kucaklamayan, beslenmesi gerekirken uyuyan, uyuması gerekirken ağlayan, size nadiren birkaç dakikadan uzun bakan, sizi kapı komşunuzdan ayırt edemeyen bir yenidoğan olacaktır. Tamamlanmış bir işte duyduğunuz tatmin olma hissi yoktur. Neredeyse yaptığınız her iş; (bez değiştirmek, mama hazırlamak, bebeğin giysilerini yıkamak, beslemek gibi) çabucak bozulur ya da hemen tekrardan yapılması gerekir. Yeni mesleğinizde kendinizi başarısız hissetmeniz hiç de şaşılacak bir şey değildir.

Alışık olan uzmanlaşmış biri için de hiç kolay değildir ki acemi biri için hiç bitmeyen bir seri hatalar, karışıklıklar, talihsizlikler, kazalar zinciri gibi görünebilir. Fakat yine de yakında daha iyi zamanlar olacaktır (kafanızda canlandırmakta güçlük çekseniz de) ve annelikte yetenekli hale gelmeniz hayal ettiğinizden daha da

7. Bu tip gruplar hakkında bilgi için: Doğum sonrası Depresyon dayanışma Grubu ile temasa geçebilirsiniz, PO Box 1282,Morrisville, PA 19067:215-295-3994

yakındır. Bu sırada şu noktaları da aklınızda bulundurun.

Siz eşsizsiniz: Bebeğiniz de öylcdir. Başka bir anne ve bebeğinde işe yarayan size faydalı olmayabilir ve aynı şekilde tersi de geçerlidir. Karşılaştırma yapmaktan kaçının.

Yalnız değilsiniz: Şimdiki yeni annelerin öncekilere oranla yenidoğanlarla önceden bir deneyimleri olmamıştır. Biraz tecrübeleri olanlardan çok azı ilk haftaları sanki hayatları boyunca yapıyormuş gibi rahatça kontrol edebilirler. Şunu hatırlayın ki anneler doğuştan anne olmamıştır, bu işe mecbur olmuşlardır. Hormonlar mucizevi olarak yeni doğum yapmış kadınları becerikli anneler haline getirmiyor; bunu zaman, denemeler, hatalar, ve tecrübe sağlıyor. Eğer sıkıntılarınızı diğer annelerle paylaşma fırsatınız olursa kişi olarak eşsiz olduğunuzu ama yeni bir anne olarak endişelerinizin böyle olmadığını fark edeceksiniz.

Özenle bakılmaya ihtiyacınız vardır: Etkili bir anne olabilmek için kendinize de bakmalısınız. Annenizin söylediği gibi kendinize iyi yemenizi, özellikle doğum sonrası dönemde yeterince dinlenmenizi, enerji seviyenizi yüksek tutmak için düzenli hafif egzersizler yapıp arada sırada gevşemenizi söylemeniz neşelenmeniz için önemlidir.

İkiniz de sadece insansınız: Kendinizden de bebeğinizden de ilişkinizin herhangi bir döneminde mükemmellik beklememeli ve istememelisiniz.

İçgüdülerinize güvenebilirsiniz: İçgüdülerinizden şüphelenmek yerine onlara bir şans verin. Çoğu durumda en acemi anne bile bebeği için neyin doğru olduğunu tecrübeli arkadaşlarından, akrabalarından ya da bebek kitaplarından daha iyi bilir.

Tek başınıza hareket etmenize gerek yoktur: Kendi içgüdülerinize güvenmeniz ve karşılaştırma yapmamanız gerekmesine rağmen yararlanabileceğiniz birçok iyi tavsiye ve rahatlatıcı destek bulabilirsiniz. Büyükannenizden, kız kardeşlerinizden, arkadaşlarınız, dergi ve kitapların yardım almanız sizin beceriksiz olduğunuzu değil açık görüşlü ve öğrenmeye istekli olduğunuzu gösterir. Mantıklı bir şekilde başkalarından edindiğiniz bilgileri değerlendirin, sizin ve bebeğiniz için neyin doğru olduğunu test edin ve diğer şeyleri atın.

Hatalarınız sizi geliştirecektir ve sizin aleyhinize olmayacaktır: Kimse hata yaptınız diye sizi kovmayacaktır. (Buna rağmen bazen kendiniz bırakmak isteyebilirsiniz) Hatalar anne olmayı öğrenmenin önemli bir bölümüdür. Çocuğunuz en azından üniversiteye gidene kadar yanlışlıklar yapmayı normal karşılayabilirsiniz. İlk başta başaramasanız bile sadece deneyin, başka şeyler yapmaya çalışın. (Bebeği kollarınızda sağdan sola sallarsanız sadece daha fazla bağıracaktır, bu nedenle onu omzunuzda tutup ileri geri sallayın.)

Sevginiz o kadar kolay oluşmayacaktır: Bazen yenidoğana sevgiyle davranmak zor olur. (Temelde tepki vermeyen, hırsla hep alan ama karşılığında kirli bez hariç fazla bir şey vermeyen bir canlıdır.) Bebeğinizle anlaşılmaz bebek konuşmaları yapıp, bozuk sesle ninni söyleyerek kendinizi aptal gibi hissetmeyi bırakıp, minik bebeğinizi farkında olmadan doğal bir şekilde kucaklayıp, öpmeniz çok zaman almayacaktır (bebeğinizle konuşma konusunda tavsiyeler için 235.sayfaya bakın).

Bebeğiniz affedicidir: Beslemeden önce altını değiştirmeyi unutun. Başını şampuanlarken gözüne kaçmasına sebep olun. Kafasında balıkçı yaka kazağın yarı yolda takılmasına sebep olun. Yine de bebeğiniz sizin onu sevdiğiniz mesajını açık bir şekilde aldığı sürece tüm bunları ve diğer bir sürü küçük günahları affedip unutacaktır. Eğer bu mesajı alıyorsa, bebeğinize gülümseyemeyecek kadar bitkin olduğunuzda, banyodayken ya da ocakta su kaynadığı için onu birkaç dakika daha fazla ağlarken bıraktığınızda da sizi affedecektir.

Nihai ödüller harikadır: Anneliği uzun vadeli ve sonuçları aylar, yıllar geçtikçe yavaş yavaş görünen bir proje olarak düşünün. Bebeğinizin ilk gülümsemesini gördüğünüzde, bir oyuncağa ulaşmasını izlediğinizde, bağırarak güldüğünde, ayağa kalktığında, "Anne seni seviyorum!" dediğinde iyi bir iş yapmış olduğunuzu görecek ve gerçekten çok özel bir şeyi başarmış olduğunuzu bileceksiniz.

ZİYARETÇİLER

"Kendimi gerçek bir alçak gibi hissediyorum, ama oğlumuz doğduğundan beri kapıya sürekli gelen ziyaretçi selinden yoruldum."

Ön kapınıza 'Karantina' ya da 'Balığa çıktık' gibi yazılar yazmaktan başka bebeğinizi görmek isteyenleri tamamen uzak tutmak için yapabileceğiniz çok az şey vardır. Arkadaşlarınız, aileniz, komşularınız için yenidoğan bir bebekten daha güçlü bir mıknatıs yoktur. Ama ziyaretlerin sayısını en aza indirmenizin ya da kaçınılmaz olanları daha az külfetli yapmanın da yolları vardır:

- Ziyaretleri ilk bir iki hafta sadece en yakın aile, akrabalar ve yakın arkadaşlarınızla sınırlandırın. Suçu doktorunuzun üzerine atabilirsiniz çünkü çoğu doğum sonrası haftalarda ziyaretçilerin az tutulması gerektiğine inanır.
- Bir telesekreter satın ya da ödünç alın ve arayanlar için bebeğinizin tüm doğum bilgilerini (doğum tarihi, kilosu, ismi gibi)ve ziyaretçilerin kısıtlanması gerektiği açıklamasını kaydedin.
- Misafirlerden gelmeden önce aramalarını isteyin ve önerdikleri uğrama zamanının uygun olmadığını söylemeye korkmayın, ama mümkünse bir alternatif sunun.
- Şimdilik ev sahibi olarak en azını yapın. Kahve masasının üzerine bir tabak meyve koyun ve eğer daha iyi hissedecekseniz mutfak lavabosunun yanına biraz kâğıt bardak bırakın, ama karmaşık içecekler sunmayın. Enerjinizi bebeği beslemek için harcayın.
- Konuklara gereğinden fazla kaldıklarını söylemeye utanmayın. "Bebeğim uyurken benim de biraz kestirmem gerek" gibi göze çarpmayan üstü kapalı bir söz niyetinizi karşı tarafa iletmelidir. Bu tür üstü kapalı sözleri anlamayanlar için gitmelerini samimi bir şekilde istemek hiç yanlış değildir.
- Bebeğinizi vaftiz ya da sünnet töreninde, isim verme ya da hoş geldin partisi gibi bir etkinlikte göstermeyi de düşünebilir ve arkadaşlarınıza bebeğinizi o zaman görebileceklerini söyleyebilirsiniz. Büyükanneler, diğer akrabalar ya da yakın arkadaşlarınızdan partiyi düzenlemek için yardım alabilirsiniz, böylece siz çok fazla çalışmamış olursunuz. Partiyi basit tutun (tabii eğer yiyecek servisini karşılayacak paranız yoksa) ve kısıtlı peynir mönüsü, krakerler ve şarap ya da kahve ve kekle sınırlandırın.

Ne yaparsanız yapın, misafirler için hevesli olmadığınız için kendinizi suçlu hissetmeyin. Çok karmaşık bir ayarlama evresinden geçiyorsunuz ve biraz sessizlik, huzur ve gizlilik istemeye ve elde etmeye hakkınız vardır.

HER ŞEYİ DOĞRU YAPMAK

"Yanlış bir hareket yapacağımdan o kadar çok korkuyorum ki bebeğim hakkında aldığım her küçük kararı incelemek için vaktimi saatlerce araştırma yaparak geçiriyorum. Onun için her şeyi doğru yaptığımdan emin olmak istiyorum, ama kocamı ve kendimi çılgına çeviriyorum."

Hiç kimse her şeyi doğru yapamaz, hatta bir anne bile. Hepimiz çocuklarımızı yetiştirirken genellikle küçük bazen de daha büyük hatalar yaparız ve çocuklar çoğunlukla erişkinliğe kadar iyi idare ederler. (Aslında ufak hatalar yapıp bunlardan ders alarak daha etkili ebeveynler olabiliriz) Ayrıca belli bir durumda neyin doğru olduğunu bilmek her zaman mümkün değildir ve bir bebekle annesi için doğru olan diğerleri için yanlış olabilir.[8]

8. Fakat bazı istisnalar vardır. Örneğin güvenlik konusunda. Bebeğinize küçük yolculuklarda bile her zaman araba koltuğundaki kayışları takmak, zehirli maddeleri ulaşamayacağı yerlerde kilitli tutmak her zaman doğrudur. Sağlık konusundaki hiçbir karar bebeğinizin doktoruna danışılmadan alınmamalıdır.

Bütün yayınları okuyup, uzmanlara danışmak da size bütün cevapları vermeyecektir. Bebeğinizi ve kendinizi tanımak, içgüdülerinize ve hislerinize güvenmeyi öğrenmek sıklıkla ikinizin de yaşayacağı kararları almak için izleyebileceğiniz daha iyi bir yoldur. Mesela bazı bebekler sıcacık kundaklara sarılmayı severler, ama sizinki battaniyeyle sıkıca sarıldığı zaman ağlıyorsa o zaman ayaklarını oynatmayı tercih ettiğini düşünebilirsiniz. Uzmanlar küçük bebeklerin tiz sesler dinlemeyi sevdiğini söyleyebilirler, ama eğer sizinki kalın seslere açıkça daha olumlu cevap veriyorsa o zaman bir oktav aşağı inebilirsiniz. Bebeğinize ve kendinize güvenin, her zaman doğru olmayabilirsiniz, ama yanlışlıkta da fazla ileri gitmezsiniz.

DOĞUM SONRASI KÜVET BANYOLARI

"Doğum sonrası dönemde küvet banyolarının güvenli olup olmadığı konusunda birçok çelişkili tavsiye almaktayım. Güvenli mi?"

Bir zamanlar yeni annelere doğumdan en az bir ay sonrasına kadar ayaklarını küvete bile sokmaya izin verilmiyordu, çünkü banyo suyundaki bakterilerin doğum sonrası enfeksiyona sebep olacağına inanılıyordu. Bugün banyo suyunun vajinaya girmediği ve enfeksiyonun bir tehdit oluşturmadığı biliniyor. Bazı doktorlar banyonun loşiyi (lohusalık akıntısı) perineden ve labia kıvrımlarından duştan daha etkili temizlediği teorisine dayanarak aslında hastanede küvet banyolarını tavsiye ediyorlar (eğer mümkünse). Ayrıca sıcak su hassas epizyotomi yeri için rahatlatıcıdır, o bölgede şişliği azaltır ve hemoroid ağrısını hafifletir.

Yine de doktorunuz en azından eve gidene kadar ya da biraz daha sonrasına kadar banyo yapmanızı ertelemeyi tercih edebilir. Eğer siz banyo için hevesliyseniz (eğer evde duşunuz yoksa geçerli olabilir) bu soruyu doktorunuzla tartışın; belki izin alabilirsiniz. Eğer doğum yaptıktan sonraki ilk bir iki hafta içinde banyo yapacaksanız o zaman küveti doldurmadan önce iyice temizlendiğinden emin olun. (Sakın fırçalamayı kendiniz yapmayın.) Doğum sonrası ilk günlerde küvete girip çıkarken yardım alın çünkü hâlâ dengenizi tam kazanmamış olabilirsiniz. Küveti de duşu da kullansanız temiz lif ve havlu kullanmaya dikkat edin, vücudunuzun geri kalanına geçmeden önce göğüslerinizi ve meme başlarınızı (sadece suyla) daha sonra da perinenizi yıkayın (sadece az sabun ve suyla). Yıkanırken dikişleri açacağınızdan korkmayın çünkü açılmaz.

EMZİRME İÇİN GEÇİRİLEN SÜRE

"Neden kimse bana bebeğimi günde 24 saat besleyeceğimi söylemedi?"

Belki buna inanmayacağınız içindir. Ya da kimse sizin hevesinizi kırmak istememiştir. Her şekilde de şimdi biliyorsunuz. İlk haftalarda süt veren annelerin çoğu için emzirmek neredeyse tüm günlük bir iştir. Ama cesaretlenin çünkü zaman geçtikçe bebeğinizin hevesli emme isteğinin tutsağı olarak daha az zaman geçireceksiniz. Süt verme sağlam bir şekilde yerleştiği zaman öğünlerinizin sayısı azalacaktır. Bebeğiniz gece boyunca uyumaya başladığı zaman muhtemelen beş altı öğüne düşmüş olacaksınız ve günde toplam üç dört saatinizi alacak.

Bu sırada yapılması gereken bütün gürültülü işleri kafanızdan atın ve bebeğinizle paylaşacağınız bu özel anların tadına varın. Bu zamanlarda iki işi aynı anda yapabilirsiniz, bebek günlüğü tutabilir, kitap okuyabilir ya da kâğıda günlük programınızı yapabilirsiniz. Büyük bir ihtimalle bebeğiniz sütten kesildiği zaman geri dönüp süt vermeyi ne kadar özlediğinizi düşüneceksiniz.

ANNE SÜTÜNÜN KONTAMİNASYONU

"Yediğim ya da içtiğim her şey anne sütüne geçiyor mu? Bunlardan herhangi biri kızıma zarar verebilir mi?"

Bebeğinizi rahminizin dışında beslemek onu içerde beslediğiniz kadar diyetinizin dikkatli incelenmesini gerektirmez. Ama süt verdiğiniz sürece aldığınız şeylerde bebeğinize giden her şeyin güvenli olduğundan emin olmak için belli bir miktar sınırlama getirmeniz gereklidir.

İnsan sütündeki temel yağ-protein-karbonhidrat bileşimi annenin yediklerine bağımlı değildir. Eğer anne süt üretmek için yeterli miktarda kalori ve protein tüketmiyorsa, vücudu stoklar bitene kadar süt üretmek için kendi depolarını kullanacaktır. Fakat annenin diyetindeki bazı vitamin yetersizlikleri sütündeki vitamin içeriğini değiştirebilir. Aynı şekilde vitamin fazlalıkları da bu etkiye sebep olur. Baharatlardan ilaçlara kadar geniş madde çeşitleri de bebek için değişik etkiler göstererek anne sütünde belirebilir.

Anne sütünü güvenli, sağlıklı ve bebeğin bütün tat beğenisi karakteristiklerine uygun olmasını istiyorsanız:

- En iyi emzirme diyetini takip edin (sayfa 487).
- Bebeğinizin duyarlı göründüğü yemeklerden kaçının. Sarımsak, soğan, lahana sıklıkla suçlanır, bazılarında ve bununla beraber bebeklerde rahatsız edici gaz yapar. Seçici tat duyuları olan bazı bebekler siz güçlü veya farklı bir tat veren yemek yedikten sonra alışık oldukları içeceği basit bir şekilde reddederler.
- Süt veren ya da hamile anneler için hazırlanmış vitamin takviyesi alın. Anne sütüne çok az miktarlarda geçen C vitamininden başka doktorunuzun tavsiyesi olmadan vitamin almayın.
- Sigara içmeyin. Tütündeki toksik maddelerin çoğu kan yoluna, oradan da sonunda sütünüze geçebilir. Bu zehirlerin bebeğiniz üzerinde uzun vadeli etkileri bilinmese de olumlu etkileri olmadığı rahatlıkla tahmin edilebilir. Ayrıca pasif içicilik de bebeklerde ciddi sağlık problemlerine neden olabilir.
- Mutluluk verici hapların hiçbirini kullanmayın(arada sırada bir bardak alkollü içecekten başka). Tıbbi olarak onaylanmış ilaçlar kullanın. İlaçların çoğu anne sütüne bir dereceye kadar geçer, bazılarının bebek üzerinde hiç etkisi olmaz, bazılarının hafif geçici etkileri olur, bazıları da anlamlı zararlı etkiler gösterir. Bir anneye, ilaçların süt alan bebekler üzerindeki uzun vadeli etkileri hakkında yararlarına karşı risklerini tartmadan ilaç önermeye yetecek kadar, verilebilecek yeterli bilgi yoktur.

Anne sütü alan bebekler için teorik olarak bile risk yaratan ilaçlar etiketlerinde, paketlerinde ya da her ikisinin üzerinde de uyarı taşımaktadırlar. Yararlar olası zararlardan ağır basınca doktorunuz muhtemelen bu ilacın ara sıra kullanımı için tıbbi konsültasyona gerek duymadan izin verecektir ve sağlığınız gerektirdiğinde bunun gibi ilaçları reçeteye yazacaktır (örneğin nezle ilaçları ya da hafif ağrı kesiciler). Bebek bekleyen bir anne gibi süt veren bir anne de bu gibi sağlık durumlarında yazılan ilacı reddederek ne kendine ne de bebeğine iyilik yapmış olur. Tabii ki size ilaç yazan her doktorun süt verdiğinizin farkında olduğundan emin olun.

Hangi ilaçların güvenilir olduğu, hangilerinin olmadığı konusundaki en son bilgiler için bebeğinizin doktoruyla konuşun ya da March of Dimes Birth Defects Foundation kurumunun ilgili bölümlerini inceleyin. En son araştırmalar ilaçların çoğunun emzirmeyle uyumlu olduğunu söylüyor (asetaminofen, ibuprofen, sedatiflerin çoğu, antihistaminikler, dekonjestanlar, antihipertansifler, antibiyotikler, ve antitiroid ilaçlar dahil). Fakat bazıları antikanser ilaçları, lityum ve ergotlar son derece tehlikelidir. Diğerleri; aspirin, trankilizanlar,antidepresanlar ve antipsikotikler şüphelidir.

Bazı vakalarda ilaç alımı emzirme döneminde kolaylıkla kesilebilir, ama bazılarında yerini tutabilecek güvenli bir ilaç bulmak gerekli olabilir. İlaç kısa vadeli kullanım için gerekliyse emzirmeye geçici olarak ara verilebilir (göğüslerden pompayla süt alınır ve atılır). Ya da dozlar emzirmeden sonraya ya da bebeğin uzun uykusundan önceye kaydırılabilir. İlaç kullanılmadan yapılan tedaviler sıklıkla uygulanabilir (sayfa 529'a bakın).

- Alkollü içkileri nadiren için. Son zamana kadar günde bir iki bardak içkinin emzirdiğiniz bebeğe zararı olmadığı sanılırdı ama son yapılan bir çalışmaya göre günde bir bardak şarap kadar az miktar bile bebekte hem kaba hem de ince motor gelişimi yavaşlatabilir. Daha çok çalışma yapılmalıdır, ama üzgün olmaktansa güvende olmak için alkol alımı kısıtlanmalıdır. Alkolün başka sakıncaları da vardır. Dehidratasyona sebep olur, süt üretimi için gereken sıvıların kaybına neden olur. Yüksek dozlarda bebeği uykulu, durgun, tepkisiz yapabilir ve emme yeteneğini azaltır. Çok yüksek dozlarda solunumuyla etkileşebilir. Alkol sizin fonksiyonlarınızı da hasara uğratır (süt verseniz de vermeseniz de), depresyona, yorgunluğa, yargılarınızda sapmalara, süt boşaltma refleksinizde zayıflamaya sebep olur. Bebeğinizle ilgilenme, koruma ve besleme konusundaki yeteneğinizi azaltır. Diğer besleyici açıdan değersiz yemek ve içkiler gibi gereğinden fazla alkol de fazla kaloriye (ve böylece fazla kilolara) sebep olur ya da diğer faydalı besinlere karşı iştahınızı kapatır. Bu nedenle sadece çok seyrek için. Daha sonra da alkol alımını sadece bir iki kadehle sınırlayın (bir kadeh 350 cc biraya, 150 cc şaraba, ya da 45 cc distile liköre eşittir). Eğer alkol alımını sınırlandıramıyorsanız, ya da bir, iki içkide duramıyorsanız, bir sorununuz var demektir. Bir doktorla görüşün ya da Adsız Alkolikler Derneği'nden yardım isteyin.

• Kafein alımını kısıtlayın. Bir iki fincan kafeinli kahve, çay ya da kola ne sizi ne de bebeğinizi iyi etkiler. Fazlası ikinizi de çok sinirli, huzursuz ve uykusuz yapacaktır. Kafein ayrıca bir diüretik olarak da çalışır ve vücudunuzdaki değerli sıvıları dışarı çeker. Kafeinli olsa da olmasa da çok fazla besin değeri olmayan içecekler, besleyici içecek ve yemeklere karşı iştahınızı da bozabilir.

• Laksatifler almayın çünkü bazılarının bebeğiniz üzerinde de laksatif etkisi olabilir. Kabızlıkla mücadele etmek için lifli gıdalar ve sıvı alın ve daha fazla egzersiz yapın.

• Aspirin ve asetaminofeni sadece doktorunuzun onayıyla kullanın ve asla yazılan dozu ya da doz aralıklarını aşmayın. Ibuprofen anne sütünde sadece küçük miktarlarda atıldığı için ibuprofen içeren ilaçlar emziren anne için daha güvenlidir.

• Yediğiniz yemeklerdeki fazla miktarlarda kimyasal maddelerden kaçının. Ara sıra içtiğiniz bir diyet sodanın zararı olmaz ama sık sık sakarin içeren bu ürünleri tüketmek iyi bir fikir değildir. Aspartamla tatlandırılmış hafif içkiler iyi bir seçenek gibi gözükür çünkü aspartam anne sütüne çok az miktarda geçer. Süt verseniz de vermeseniz de aspartamın yoğun kullanımı akıllıca değildir çünkü uzun dönemdeki etkileri henüz bilinmemektedir. Eğer bebeğiniz ya da sizde PKU varsa o zaman hiç kullanmayın. Şu anda genel kullanımdaki hiçbir katkı maddesinin anne sütü alan bir bebeğe toksisitesi kanıtlanmamış olsa da yine de birkaçından şüphelenilmektedir. Bu nedenle uzun listeli koruyucuları, yapay gıda boyaları ve tadlarını, katkı maddeleri içeren yiyeceklerin kullanımını kısıtlamak uygun olur.

• Bitki çayları içmeyin. Gerçek bitki çaylarında bulunan otlardan bazıları güçlü ilaçlardır ve anne sütü alan bebeğe muhtemelen zararlıdır (tatlandırılmış kafeinsiz çaylar gibi değil). Doktorun yazmadığı, diyetinizde genelde bulunmayan malzemeler içeren şifalı bitki ve bitki çaylarından uzak durun. (Örneğin portakal kabukları ve kurutulmuş elma içerenler uygundur.)

• Diyetinizde tesadüfen bulunan böcek ilaçlarını en aza indirin. Diyetinizdeki (örneğin üretilirken) ve böylece sütünüzdeki belli miktardaki böcek öldürücü ilaç kalıntısı gerçekten kaçınılmazdır ve zararlı değildir. Ama bu tür kalıntıları en aza indirmek için satın alırken mümkünse organik olarak yetiştirilip üretilmiş ürünleri almak, meyve ve sebzelerin kabuğunu soymak ya da bulaşık deterjanı ve suyla kabuklarını yıkayıp iyice durulamak, az yağlı süt ürünlerini seçmek, yağsız et, derileri ayıklanmış beyaz tavuk eti ve nadiren sakatat almak uygun olacaktır. (Hayvanlar tarafından alınan böcek ilaçları ve diğer kimyasal maddeler yağ dokusunda, yağlı deride, ve karaciğer ve beyin gibi organlarda depolanır.)

• Göl ve nehirlerde kimyasal atıklarla kontamine olmuş olabilecek tatlı su balıklarını yemekten kaçının (alabalık, tatlı su levreği, beyaz balık, som balığı, çizgili levrek gibi). Eğer güvenli sulardan geldiğini biliyorsanız istisnalar yapılabilir. (Örneğin çiftlikte yetiştirilmiş alabalık ya da kedi balığı uygun olabilir.) Derin su balıklarının çoğu güvenli sayılmaktadır ama yüksek seviyede metilciva içeren kılıçbalığı ve ton balığı seyrek yenilmelidir. Belirli aralıklarda belli kıyıdan uzak alanlardan gelen balıklar tehlikeli bulunmaktadır. Eğer belirli bir balık konusunda şüpheliyseniz yerel Environmental Protection Agency=EPA (Çevre Koruma Dairesi) ya da sağlık departmanıyla bağlantıya geçin.[9]

TAHRİŞ OLMUŞ GÖĞÜS UÇLARI

"Süt vermek her zaman yapmak istediğim bir şeydi. Ama göğüs uçlarım o kadar acı veren bir şekilde tahriş oldu ki oğluma süt vermeye devam edebileceğimden emin değilim."

İlk başta bebeğinizin hiç tam anlamıyla emebilecek mi diye merak edersiniz ve siz fark etmeden o kadar kuvvetli emmeye başlar ki meme uçlarınız tahriş olur ve ağrır. Sorun seyrek değildir ve kadınların çoğu emzirme yerleşene kadar bir miktar meme başı tahrişi yaşarlar. Fakat bu kadınların büyük çoğunluğunda tahriş yaklaşık 20. beslemede zirveye ulaşır, meme başları sertleşir ve emzirme daha rahatlaşır. Bazı kadınlar özellikle ciltleri ince ve narin olanlar ya da bebekleri kuvvetli emici olan annelerin meme başları iyileşeceğine daha da kötüleşir, çatlar, aşırı hassaslaşır ve bazen kanar. Emzirme seansları işkence haline gelebilir.

Çok şükür bu kadınlar için bile bazen bir ay ya da altı hafta olmasa da yolun sonunda rahatlama vardır. Bu arada rahatsızlığı gidermek için şu önlemler yardımcı olacaktır:

- Bebeğinizi emzirirken sadece meme başını değil areolanın tümünü(meme başını çevreleyen koyu alan) ağzına almasına dikkat edin. Sadece meme başını emerek hem daha az süt alır hem de meme başının tahriş olmasına sebep olur. Eğer göğsünüzün şişmiş olması bebeğinizin areolanın tümünü kavramasını güçleştiriyorsa emzirmeden önce elle ya da pompayla biraz süt alıp şişkinliği azaltın ve bebeğin iyice kavramasına yardımcı olun.

9. Eğer PCB'lere aşırı miktarda maruziyetiniz olduğunu düşünüyorsanız(işiniz sırasında, bol kontamine balık yediğiniz için, ya da başka bir kaynaktan) bebeğinize süt vermeden önce sütünüzü test ettirin. Eğer sütünüzde fazla miktarda PCB varsa emzirmemeniz tavsiye edilebilir.

- Meme uçlarınızı mümkün oldukça, özellikle de emzirmeden sonra havayla temas ettirin. Evde işinizi yaparken pencereleri kapatın ve sutyeninizi açık tutun.
- Sutyeninizdeki su geçirmeyen astarları çıkarın (yine hava akımını sağlamak için) ve su geçirmeyen yumuşak yastıkçıklar eklemeyin.
- Eğer sadece bir meme başı tahriş olmuşsa diğerini daha fazla emzirmeyin. Önce daha az tahriş olanda emzirin çünkü bebeğiniz öğünün başında daha kuvvetli emecektir. Eğer iki meme başı da tahriş olmuşsa her öğünde başladığınız memeyi değiştirin. Eğer mümkünse her memede emzirme süresini beş dakikaya indirin ve daha sık emzirin.
- Göğüs uçlarınıza doğal, kozmetik olmayan maddelerle bakım uygulayın. Meme başları doğal olarak cilt yağları ile korunur ve kayganlaştırılır. Reklam ürünleri sadece çok ciddi çatlaklarda kullanılmalıdır ve mümkün olabildiğince saf olmalıdır. İlaç sayılmayan lanolin ve A&D merhemleri etkilidir; petrol tabanlı merhemler ve petrol jeli (vazelin) etkili değildir. Meme başlarını sadece suyla temizleyin, tahriş olsa da olmasa da asla sabun, alkol, benzoin gibi antiseptik reçine, ya da nemli havlular kullanmayın. Bebeğiniz mikroplardan sütünüzdeki antikorlar sayesinde korunur ve sütünüz temizdir.
- Her öğünde meme başının farklı bir kısmı baskıya uğrayacak şekilde emzirme pozisyonlarını değiştirin, fakat bebeği her zaman göğüslerinize bakar şekilde tutun.
- Emzirmeden önce yaklaşık on beş dakika sütün boşalmasına engel olabilecek gerginliği azaltmak için rahatlayın, müzik dinleyin, televizyon seyredin, şekerleme yapın, gevşeme egzersizleri yapın. Ya da sütün boşalmasını kolaylaştırmak için ara sıra bir kadeh şarap ya da bira almayı deneyin. Veya doktorunuz tarafından yazılan oksitosin içeren burun spreyleri ile, ya da ılık meme banyoları ya da emzirme seanslarından önce ılık duşlarla sütün boşalmasına yardımcı olun. Eğer boşalma olmazsa o zaman bebeğiniz sütü almak için çaresizce emecek ve meme başınız daha çok tahriş olacaktır.

SIZDIRMAK VE PÜSKÜRTMEK

"Göğüslerimden çok süt sızıyor. Bazen odanın karşı tarafına bile süt püskürtüyorum. Çok kötü ve utanç verici bir durum."

İyi haber sızdıran göğüslerin sütle dolu olması; kötü haber de akımı azaltmak için yapacağınız fazla bir şey olmadığıdır. Yine de muhtemelen ikinci ayda bebeğinizin talepleriyle sizin sağladığınız cevap eşitlenince bu tablo rahatlayacaktır. Bu sırada deneyebileceğiniz birkaç hile vardır:

- Sızan sütün emilmesi için sutyeninize ek göğüs takviyeleri takın, ama bakterilere üreyebilecekleri sıcaklık ve nem ortamı hazırlamamak için göğüs pedini sık sık değiştirin.
- Süt lekelerini kamufle eden ve yıkanabilir giysiler giyin. Koyu renkliler daha iyidir.
- Toplum içinde göğüslerinizden süt boşalacağını hissederseniz o zaman kollarınızı göğüslerinizi üzerine sıkıca sarın, bu basınç etkisiyle boşalma frenlenebilir.
- Öğünlerin arasını fazla açmamaya dikkat edin, ama eğer böyle olması gerekiyorsa göğüsleriniz fazla dolduğunda sütü boşaltın.

MASTİT

"Küçük oğlum çok şevkli bir emici ve göğüs uçlarımın biraz tahriş olmasına ve çatlamasına rağmen her şeyin iyi gittiğini düşündüm. Şimdi birdenbire memelerimden biri hassaslaştı ve sertleşti, sütümün ilk geldiği zamanlardan daha da kötü."

Kadınların çoğu için sarsıcı bir başlangıçtan sonra emzirme göreceli olarak daha sakin bir seyir izler. Ama yaklaşık 1/20'sinde ki siz de onlardan biri gibisiniz, mastit problemi (memenin inflamasyonu) işleri karıştırır. Bu enfeksiyon, emzirme döneminde herhangi bir anda ortaya çıkabilir, ama genellikle doğum sonrası dönemin onuncu ve yirmi sekizinci günleri arasında daha sıktır.

Mastit sıklıkla mikropların bebeğin ağzından meme ucundaki ciltteki çatlak ve yarıklar yoluyla süt kanallarına geçmesi sonucunda oluşur. Çatlak meme başları genellikle süt emen bebeklerin yarattığı zorluklarla karşılaşmamış olan yeni süt veren annelerde görülür. Bu yüzden de mastit genellikle bu kadınları daha sıklıkla tutar. Mastitin belirtileri ciddi tahriş, sertlik, kızarıklık, sıcaklık, tutulan kanal üzerinde şişlik, yaygın titreme ve yaklaşık 38-39 derece üzerinde ateştir, ama bazen tek belirtileri ateş ve halsizlik olabilir. Acil tıbbi tedavi önemlidir, bu nedenle bu gibi belirtileri doktorunuza hemen bildirin. Doktorun verdiği tedavi yatak istirahati, antibiyotik, ağrı kesici kullanımını ve buz veya sıcak tatbikini gerektirebilir.

Mastitli memeden emzirmek ağrılı olsa da bundan kaçınmamalısınız. Aslında sütü akıtmak ve birikmesini önlemek için bebeğinizin sık sık emmesine izin vermelisiniz. Eğer bebeğiniz sütü tamamen almazsa el yardımı ya da pompa aracılığıyla her öğünden sonra memedeki sütü boşaltın. Enfeksiyonu bebeğe geçirmekten korkmayın çünkü enfeksiyonu başlatan mikroplar zaten büyük olasılıkla onun ağzından geldi.

Mastit tedavisini geciktirmek belirtileri çok acı verici, ağrılı olan etrafında şişkinlik, hassasiyet ve sıcaklık artışı olan, ateşin 38-39 derece arasında seyrettiği bir meme apsesine sebep olabilir. Tedavi genellikle antibiyotikleri kapsar ve sık olarak lokal anestezi altında cerrahi olarak apsenin boşaltılması gerekir. Eğer sizde apse gelişirse, etkilenmiş olan memeden emzirme geçici olarak kesilmelidir, ama iyileşme tamamlanana kadar emzirmeye tekrar başlayabilmek için meme bir pompa ile boşaltılmalıdır. Bu sırada bebeğinizi sağlıklı memeden emzirmeye devam edebilirsiniz.

MEMEDE KİTLE

"Birdenbire mememde bir kitle fark ettim. Hassas ve kızarık. Acaba emzirmeyle ilgili olabilir mi ya da daha kötü bir şey mi?"

Göğsünde kitle fark etmek her kadında korku uyandırır ama ne iyi ki sizin tarif ettiğiniz şey tamamen emzirmeyle ilişkili gibi gözüküyor, muhtemelen bir süt kanalı tıkanmış ve süt birikmiş olabilir. Tıkanmış olan alan çoğunlukla kırmızı ve hassas bir kitle olarak belirir. Kendi başına ciddi olmasa da tıkalı bir süt kanalı meme enfeksiyonuna sebep olabileceğinden umursamazlık etmemelisiniz. Tedavinin temeli süt akışını devam ettirmektir:

- Etkilenmiş memeyi her öğünde tamamen boşaltın. O memeyi önce verin ve bebeğinizin de mümkün oldukça fazla süt emmesi için teşvik edin. Eğer emzirme sonrasında hâlâ bir miktar süt kalmışsa, kalan sütü elle ya da göğüs pompasıyla boşaltın (birkaç damla yerine bir akım halinde sağabilirsiniz).
- Tıkanmış süt kanalı üzerindeki basıncı kaldırın. Sutyeninizin ve elbiselerinizin çok sıkı olmamasına dikkat edin. Emzirme pozisyonlarını döndürerek her emzirmede farklı kanallara basınç uygulayın.
- Kurumuş sütün meme başını tıkamadığından emin olun. Kaynatılmış soğumuş suyun içine steril pamuk batırmak suretiyle meme başını temizleyin.
- Eğer mümkünse emzirmeyi bırakmayın, şimdi süt vermeyi kesmenin zamanı değildir. Bu davranış sorunu daha da karıştırır.

Bazen en iyi çabalarınıza rağmen enfeksiyon yine de gelişir. Eğer hassas bölge giderek daha ağrılı, sert, kızarıksa ya da ateşleniyorsanız o zaman doktoru arayın. (508. sayfaya bakın.)

SAÇ DÖKÜLMESİ

"Gebelik sırasında çok gür olan saçlarım şimdi avuç avuç dökülüyor."

Panik olmayın ve sakın peruk ısmarlamaya kalkışmayın. Saçlarınızın dökülmesi normaldir ve oldukça fazla da dökülebilir, ama kelliğe dönüşmeden dökülmesi duracaktır, gerçi yeni bir anne bunun hiç durmayacağından şüphelenebilir. Normalde ortalama bir kişi günde 100 tane saç döker, her biri de yeni bir saçla yenilenir. Bir kadın hamile kaldığında (ya da doğum kontrol hapı alırken) hormonal değişiklikler normal saç kaybını azaltır ve önceden olduğundan daha sık ve daha gür yapar. Ama normal saç kaybındaki bu duraksama sadece hamilelik boyunca devam eder. Doğumdan sonraki ilk 3-6 ay (ya da hap almayı bıraktıktan sonra) daha önceden düşmüş olması gereken tüm saçlar dökülür. Tekrardan çıkmaları ilk baştaki saç kaybıyla dengelenemez ve saç normalden daha seyrek gözükür.

Bebeğinizin ilk yılının sonlarına doğru saçınız gebelik öncesindeki sıklığına dönmelidir. Bu arada iyi bir saç kesimi sorunu en aza indirebilir.

YİNELEYEN KANAMA

"Akıntım doğum sonrası ilk haftanın sonlarına doğru pembeye döndü ve ondan sonraki haftalar daha da açıklaştı. Şimdi on dört günden sonra birdenbire tekrar kırmızılaştı ve fazlalaştı."

Eğer akıntınızı daha öncekinden kırmızı ya da biraz daha fazla buluyorsanız, olmanız gerekenden daha aktif hareket etmenizden başka hiçbir şey ifade etmez. Bu durumda yavaş hareket eder, ayaklarınızı yukarı kaldırıp dinlenirseniz loşiniz normale dönebilir. Diğer taraftan eğer âdet kanamanız ilk haftadan sonra da devam ederse, ya da doğum sonrası dönemde birdenbire tekrardan başlarsa hemen doğumunuzu yaptıran doktoru arayın. Eğer ona hemen ulaşamazsanız ve kanamanız ağırlaşırsa, birkaç saat boyunca bir pedi bir saatten daha kısa bir sürede kirletiyorsanız en yakın acil servise gidin. Eğer bu kadar ağır değilse o zaman birkaç saat içinde doktorunuzu bulmaya çalışın.(ya da eğer gecenin ortasında olmuşsa sabah ilk iş) böylece ya vajinal ya da ultrasonla incelendikten sonra kanamanın kaynağı bulunabilir.[10]

Doğumdan sonraki ilk hafta görülen anormal vajinal kanama plasentanın yapıştığı yerin iyi iyileşmemesine (involüsyon) ya da rahimde bir parça kalmış olabileceğini gösterir. (Bu doğum esnasında plasenta tam bulunsa da meydana gelebilir.) Her durumda hemen tedavi edilmezse hayati tehlikeye sebep olan kanamayla sonuçlanabilir. Involüsyonun gerçekleşmemesi

---

10. Bazı kadınlar doğumdan sonra yaklaşık üç hafta sonra ufak bir adet dönemi geçirirler, kısadır ve yukarıda anlatıldığı gibi ağır değildir. Kanamanız için sebebin bu olduğunu düşünseniz bile bunu doktorunuza yine de bildirin.

dinlenme, antibiyotik ve bazen uterusun kasılmasını sağlayacak ilaç tedavisine cevap verir. Geride kalmış plasenta parçaları sıklıkla hastaneye yatırılmayı gerektirir, cerrahi operasyonla dikkatli kürtajla uterusun duvarı kazınır, antibiyotik tedavisi uygulanır ve gerekirse kan transfüzyonu yapılabilir. İyileşme çoğunlukla hızlı olur ve 24 saat sonra hastaneden çıkmaya izin verilir. Çoğu zaman anne hastaneye yatırıldıktan sonra bebeği de emzirilmek için hastaneye getirilebilir. Eğer bu mümkün değilse geçici bir alternatif beslenme planı uygulanabilir.(sayfa 88'e bakın)

DOĞUM SONRASI ENFEKSİYON/ATEŞ

"Hastaneden eve daha yeni döndüm ve 38 derece gibi bir ateşim var. acaba doğuma bağlı olabilir mi?"

Dr. Ignaz Semmelweis sayesinde bugün yeni annelerde lohusalık ateşi son derece az gelişmektedir. 1847'de Viyana'da bu genç Hollandalı doğuma girenlerin bebeği doğurtmadan önce ellerini yıkadıkları takdirde doğumla ilişkili enfeksiyonun büyük miktarda azaldığını keşfetti. (O zamanlar teorisi o kadar tuhaftı ki memuriyetten atıldı, dışlandı ve daha sonra fakir bir adam olarak öldü.) İngiliz bilimadamı Sir Alexander Fleming sayesinde ilk enfeksiyonla savaşan antibiyotik bulundu ve ara sıra ortaya çıkan vakalar kolaylıkla tedavi edildi.

Doğum sonrası enfeksiyonların en ciddi vakaları genellikle doğumdan sonra 24 saat içinde başlar. Üçüncü ya da dördüncü gündeki ateş doğumdan sonraki enfeksiyonu işaret etse de nezle ya da grip virüsü sebebiyle küçük bir problem de olabilir. Sütün ilk geldiği zamanlarda ara sıra görülen 38 derecelik ateş meme şişkinliğine de eşlik eder.

Doğum sonrası enfeksiyonun birkaç tipi vardır ve belirtiler enfeksiyonun bulunduğu bölgeye göre değişir. Hafif bir ateş, belirsiz alt karın bölgesinde ağrı, pis kokulu vajinal akıntı doğumdan sonra özellikle plasentanın yapıştığı yer iyileşene kadar hassas olan rahim duvarının (endometrium) enfeksiyonu olan endometritin karakteristik bulguları olabilir. Endometrit daha sıklıkla eğer plasentanın bir kısmı rahimde kalırsa oluşur, endometriumdan rahme ve hatta kana yayılır. Serviks, vajina ya da vulva yırtıkları enfekte olunca o bölgede ağrı, hassasiyet, kötü kokulu akıntı, karın ve böğür ağrısı, zor idrar yapma şikayetleri olabilir. Doğum sonrası enfeksiyonun bazı çeşitlerinde ateş 40 dereceye kadar çıkabilir ve titreme, baş ağrısı, ve kırıklık eklenebilir. Bazen ateşten başka belirgin bir bulgu olmayabilir.

Antibiyotik tedavisi etkilidir ama hemen başlanmalıdır. Bu nedenle doğumdan sonraki ilk üç hafta içinde ateşlenince nezle veya grip belirtileriniz olsa bile hemen doktora gitmelisiniz, böylece ateşinizin sebebi bulunur ve gerekirse tedavi başlatılır.

SEZARYENİN UZUN DÖNEMDE İYİLEŞMESİ

"Sezaryenden bir hafta sonra şimdi eve gidiyorum. Bundan sonra ne olacak?"

Eğer vajinal doğum yerine cerrahi olarak doğum yapmışsanız o zaman iyileşmeniz daha uzun sürecektir. Önünüzdeki haftalarda şunları bekleyebilirsiniz:

Bol yardım gerekir: Güvenebileceğiniz ücretli yardım (bir bebek bakıcısı ya da ev kahyası) gücünüz ve enerjinizin düşük seviyede olduğu en azından ilk haftalarda idealdir. Eğer parasal açıdan birini işe almak mümkün değilse o zaman kocanızdan, o evde olmadığı zaman dönüşümlü olarak akrabalarınız ve arkadaşlarınızdan yardım alabilirsiniz. Eve geri döndüğünüz ilk hafta boyunca bebeğiniz dahil hiçbir şeyi kaldırmamak ya da ev işi yapmamak en iyisi olacaktır. Eğer bebeği kaldırmanız gerekiyorsa bebek karyolasının örtüsünü bel seviyenize göre ayarlayın ve karnınızı değil kollarınızı zorlayacak şekilde kaldırın. Eğer eğilmeniz gerekiyorsa belden değil dizlerinizi bükerek eğilin.

Çok az acı hissetmek ya da hiç acı hissetmemek: Eğer ağrınız varsa hafif bir ağrı kesici yardımcı olabilir. Ama süt veriyorsanız doktorunuzdan izin almadan ilaç kullanmayın.

Ameliyat yerinde ilerleyici iyileşme kaydedilmesi: İlk haftalarda ameliyat yeriniz ağrılı ve hassas olabilir, ama iyileştikçe bu azalacaktır. Ufak bir bandaj ve gevşek giysiler yaranızı tahrişten korur. Ara sıra duyduğunuz çekilme ve seğirme hisleri, diğer geçici ağrılar ve kaşıntı iyileşme sürecinde beklenen şeylerdir. Önünüzdeki birkaç hafta boyunca bu hisler gittikçe azalacaktır. Karnınızda izin etrafındaki uyuşukluk birkaç ay kadar uzun sürebilir. Yara izi dokusunun şişliği azalacaktır (eğer keloid, ya da kalın iz dokusu oluşumuna eğilimli değilseniz) ve iz kaybolmadan önce pembe ya da mor renge dönüşür. Eğer ağrı geri gelirse ya da daha kötüleşirse ameliyat yeri etrafındaki alan kızarırsa, şişerse ya da yaradan gelen kahverengi, yeşil, sarı bir akıntınız olursa yara yeri enfekte olmuş demektir. Bu tip belirtileri hemen doktorunuza bildirin. Berrak sıvı akıntısı da tamamen normal olabilse de yine de bildirilmelidir.

Cinsel ilişkiye tekrar başlamadan en az dört hafta beklemek: Doktorunuz tekrar cinsel ilişkiye başlamanız için dört ila altı hafta arası beklemenizi önerebilir. (Diğer sevişme şekillerine izin verilebilir.) Yeşil ışık almanız yaranızın iyileşmesine ve serviksinizin normale dönmesine bağlıdır. (Doğum sonrası sevişmeyi daha başarılı yapmak için 320. sayfadaki önerileri okuyun. Ayrıca 519. sayfadaki doğum sonrası korunma bölümünü de okuyun). Doğum sonrası cinsel ilişkiyi vajinal doğum yapmış kadınlara nazaran daha rahat bulma ihtimaliniz yüksektir.

Ağrılarınız kesilince egzersizlere başlayabilme iznini kazanma: Perinenizin kas tonusu fazla tehlikeye atılmadığı için Kegel egzersizlerini yapmanıza gerek yoktur. (Gerçi herkesin pelvisi için iyi güçlendiricidir.) Doktorunuz başlamanız için izin verince karın kaslarınız üzerinde değil diğerlerinde konsantre olun (sayfa 481'e bakın). 'Yavaş ve tutarlı'sözünü anlayış haline getirin ve yavaş bir egzersiz programına başlayın ve her gün devam ettirin. Önceki vücut formunuza kavuşmanın birkaç ay alacağını bilin.

CİNSEL İLİŞKİLERE BAŞLAMAK

"Doktorum tekrardan cinsel ilişkiye girmem için altı hafta beklemem gerektiğini söylüyor. Arkadaşım ise bunun gerekli olmadığını düşünüyor."

Doktorunuzun sizin tıbbi durumunuzu arkadaşınızdan daha iyi bildiğini varsaymak oldukça emin olur. Bazı durumlarda doktor cinsel ilişkiyi doğumdan sonra iki hafta kadar bir sürede de uygun bulsa bile, sizin doktorunuzun kısıtlaması muhtemelen doğumunuzun şeklini, epizyotomi ya da yırtık tamiri yapılıp yapılmadığını ve iyileşme hızınızı hesaba katarak sizin için neyin iyi olduğunu düşündüğüne dayanmaktadır. Bazı doktorlar ise bireysel koşullara bakmaksızın bütün doğum sonrası hastalarına aynı şekilde altı haftalık bir yasak uyguluyorlar. Eğer sizin doktorunuzda da durumun böyle olduğunu düşünüyorsanız ve sevişmek istiyorsanız, doktorunuza sizin için kuralları biraz esnetmesinin mümkün olup olmadığını sorun. Bu ancak serviksiniz iyileşmişse ve loşiniz durmuşsa mümkün olabilir. Eğer başlama iznini alırsanız ve cinsel ilişki perine bölgesinde ciddi ağrıya sebep olursa yine ilişkiyi ertelemeye karar verebilirsiniz.

İsteğiniz reddedilse de doktorun söylediklerini yerine getirmek akıllıca olur. Altı hafta beklemek sizi incitmez(en azından fiziksel olarak), ama beklememek incitebilir.

BİLMENİZ GEREKEN ÖNEMLİ ŞEYLER:
Tekrar Sevişmek

Balayı bitti mi? Aşk yuvanızı paylaşan küçük bir yavru kuşunuz olduğu için romantizm kayboldu mu? Artık yataktaki o kuvvetli hareketi bir daha hissedemeyecek misiniz? Başka bir şey hissedemeyecek kadar yorgun hissetmekten vazgeçebilecek misiniz?

Doğumdan önce hatırlanmaya değer bir aşk hayatı yaşayan kadınların çoğu için kocalarıyla tekrar cinsel hayata, en azından düzenli bir şekilde geri dönebilme kuşkuları çok miktardadır ve rahatsız edicidir. Doğum sonrası dönemden hemen sonra genital bölgenin şişkin olması sebebiyle çok az kadın kendini şehvetli bulmasına rağmen, (bazen arzularını tamamlamak için onay almadan ve bazen eşleri kendilerini hazır hissetmeden önce bile) çoğu kadın doğum sonrası dönemi (ve bazen onu izleyen birkaç aya uzayabilen süreyi) cinsel bir kayıp olarak nitelendiriyor.

İLGİ EKSİKLİĞİ NEDENDİR?

Şu anda sevişmek istememeniz için birçok neden vardır, bunlar arasında:

• Hormonlarınızın tekrardan düzenlenmesi doğum sonrası dönemde, hatta süt veriyorsanız daha sonraki cinsel arzuyu yok edebilir.

• Geçici fizyolojik değişiklikler cinsel yanıtınızın hızında ve yoğunluğunda azalmaya yol açabilir.

• Sizin ve eşinizin libidosu uykusuz gecelerle, yorucu günlerle, kirli bezlerle ve yenidoğanın bitmeyen ihtiyaçlarıyla rekabet edince genellikle kaybolur.

• Acı, içte bir hasar yaratma, vajinanızın genişlemesi, tekrardan hamile kalma korkusu çok yakında romantizm tomurcuklarının daha açmadan kırpılmasına sebep olabilir.

• Doğum sonrası ilk cinsel ilişkinizin ağrılı olması, bundan sonraki denemelerin de hoşunuza gitmeyeceği düşüncesini getirebilir. Bundan sonraki denemelerinizde ağrı duymanız sevişmeyi garip ve rahatsız yapabilir. Bu tür ağrılar perine iyileştikten sonra da bir süre devam edebilir.

• Doğum sonrası ve süt veren annelerde laktasyon döneminde hormonal değişikliklerin sonucu olarak görülen vajinal kayganlığın azalması sebebiyle duyulan rahatsızlık da arzuyu körleştirebilir. Bu sorun süt veren annelerde daha uzun sürer, ama vermeyenlerde de altı ay kadar uzun sürebilir.

• Özel yaşantınızın kaybı dolayısıyla duyduğunuz huzursuzluk özellikle de bebeğiniz sizinle aynı odada kalıyorsa, bu da arzularınızı söndürebilir. Kafanız bebeğinizin sevişmenizin farkında olmayacağına ve etkilenmeyeceğine inanıyor, ama vücudunuz bu fikir karşısında duraksamaktadır.

• Şu anda annelik verebileceğiniz tüm ilgiyi ve sevgiyi alıyor olabilir ve bazen herhangi biri hatta kocanız için bile bunları toplayamayabilirsiniz.

• Emzirmek siz farkına varmadan cinsel ihtiyaçlarınızı doyurabilir ve sizi kocanızın önerilerine karşı daha az açık bir hale getirebilir. Bazen emziren anneler sekste daha erken bir zamanda ilgili olsa bile, bir çalışma, en azından süt verme sırasında cinsel hisler ve aktivitede azalma olduğunu göstermiştir.

• Ön sevişme sırasında memenizden süt gelmesi sizi ya da kocanızı hem psikolojik hem de fiziksel olarak rahatsız edebilir. Ya da göğüslerinizi şu anda cinsellikle alakalı değil de besleme ile ilişkili olarak görerek eşinizin memelerinize hiç dokunmamasını isteyebilir, böyle bir ön sevişmeyi sinir bozucu bulabilirsiniz.

• İhtiyacınız olduğunu hissettiğiniz ve yapmanız gerektiğini düşündüğünüz o kadar çok şey olabilir ki seks şimdi daha az önemli gelebilir ve eğer boş bir yarım saatiniz varsa sevişmek listenin ilk sırasında yer almayabilir.

BU KONUDA NE YAPABİLİRSİNİZ

Şu anda sevişme hayatınız hiç de iç açıcı bir görünüm sergilemese de gelecek için umut vardır. En az eskisi kadar zevk ve tutku dolu aşk hayatınıza tekrardan kavuşacaksınız ve belki de ebeveynliği beraber paylaştığınız için ve daha birçok sebep nedeniyle birbirinize daha da yakınlaşmış olacaksınız. Bu süre içinde isteğinizi ve performansınızı arttırmak için atabileceğiniz bazı adımlar vardır:

Aceleye getirmeyin: Vücudunuzun tamamen iyileşmesi için özellikle de zor bir vajinal doğum ya da sezaryen olmuşsanız en az altı hafta ve bazen daha da uzun zaman geçmesi gerekir. Âdet görmeye başlayana kadar hormonal dengenizin normale dönmesi gerek ki eğer süt

SEKSE DÖNÜŞÜ KOLAYLAŞTIRMAK

En sık görülen doğum sonrası cinsel zorlukları aşmanıza yardımcı olmak için :

Kayganlaştırın: Doğum sonrası dönemdeki değişmiş hormon seviyeleri vajinayı rahatsızlık veren bir şekilde kuru yapabilir. (Emziren bir annenin bebeği sütten kısmen ya da tamamen kesilene kadar normale dönmeyebilir.) Doğal salgılarınız normale dönünceye kadar kayganlaştırıcı bir ürün (K–Y Jeli gibi) ya da kayganlaştıran vajinal supozituvarlar kullanın.

İlaç kullanın: Eğer gerekiyorsa doktorunuza ağrı ve hassasiyeti azaltması için yüzeysel bir östrojen kremi yazmasını söyleyebilirsiniz.

Azıcık içki alın: Tabii ki sarhoş olmayın (çünkü fazla düşkünlük Shakespeare'in dediği gibi "Arzuyu uyandırır ama performansı yok eder"), ama eğer içerseniz ikinizin de fiziksel ve duygusal olarak gevşemenize yardımcı olması için sevişmeden önce kocanızla bir kadeh şarap için. Alkol ayrıca ağrınızın bir kısmını küntleştirecektir, korkunuzu azaltacaktır ve eşinizin de ağrıya sebep olma endişesini azaltacaktır. Eğer içmeyecekseniz o zaman meditasyon tekniklerini kullanarak rahatlamayı deneyin.

Egzersiz yapın: Kegel egzersizleri cinsel birleşme sırasında vajinal duyular ve cevapla ilgili olan pelvis kaslarınızı güçlendirmenize yardım eder (sayfa 481'e bakın).

Pozisyonları değiştirin: Yan yana, ya da kadının yukarda olduğu pozisyonlar penetrasyonun derinliğinin kontrol edilmesi için daha fazla kontrol sağlar ve hassas perineye daha az basınç uygulanmasına sebep olur. Deneyerek sizin için neyin uygun olduğunu bulabilirsiniz.

veriyorsanız bu birkaç ay ya da daha da fazla zaman alabilir. Doktorunuz müsaade eder etmez kendinizi hemen yatağa atlamak zorunda hissetmeyin. Eğer zihinsel, duygusal ve fiziksel olarak buna hazır hissetmiyorsanız biraz bekleyin.

Aşkınızı başka şekillerde ifade edin: Bir çiftin aşk yapması için cinsel ilişki kurmak tek yol değildir. Eğer kendinizi ileri gitmek için henüz hazır hissetmiyorsanız televizyonun önünde birbirinize sarılıp öpüşün, yatakta birbirinize sokulun, bebekle parkta dolaşırken el ele tutuşun. Yeni tanışan her çift gibi romantizm yatağa giden yol olarak önemli bir ilk adımdır (ve siz de aslında fiziksel olarak tekrardan tanışıyorsunuz). Eğer tam anlamıyla sevişmek için yorgun bir durumdaysanız karşılıklı olarak birbirinizi tatmin etmeyi deneyebilirsiniz. Fakat bazı akşamlar birbirinizin kollarında yatarken paylaştığınız samimiyetten daha iyisi olmayabilir.

Biraz rahatsızlık bekleyin: Çoğu kadın doğum sonrası cinsel ilişkinin gerçekten acıtabileceğini fark edince şaşırırlar ve cesaretleri kırılır. Eğer dikiş atılmış bir epizyotominiz ya da yırtığınız varsa haftalar, hatta aylar boyunca dokular tamamen iyileşene kadar bir miktar acı duymanız doğaldır (hafiften ağıra kadar). Cinsel ilişki sırasında acı duyabilirsiniz, eğer perinenize dokunulmadan vajinal doğum ya da sezaryen yapmışsanız acı daha az olur. Duyduğunuz acıyı azaltmak için yukarıdaki Sekse Dönüşü Kolaylaştırmak bölümünü okuyun.

Mükemmellik beklemeyin: İlişkiye ilk dönüşünüzde mükemmel bir orgazm yaşamayı beklemeyin. Kadınların çoğu tekrardan sevişmeye başlayınca haftalarca ya da daha uzun süreler orgazm olamazlar. Ama zaman, ilgi ve sabırla büyük heyecan geri döner ve seks eskisi kadar tatmin edici hale gelir.

Eğer bebeğin programından fırsat bulamıyorsanız, bebeğin programından çıkmayarak fırsatlar yaratın: Canınız her istediği zaman birbirinizin kollarına atlamak artık mümkün olmayabilir. Bunun yerine karyolasında uyuyan küçük çalar saate göre vakit yaratmak zorunda kalabilirsiniz. Eğer bebek cumartesi öğleden sonra saat üç civarında uykuya dalmışsa her şeyi bırakın ve hemen yatak odasına koşun. Ya da küçük melek tahminen her akşam saat yediden ona kadar uyuyorsa romantik bir oyun planlayın. Eğer bebek akşamınız doruğa ulaşmak üzereyken ağlayarak uyanırsa o zaman bu kötü durumda komiklik aramaya çalışın. Eğer konsantre olabiliyorsanız gerekiyorsa bebeğinizi birkaç dakika bekletebilirsiniz. Eğer eşinizle ilişkilerinizin sıklığı bir süre için (bazen uzun bir süre) daha az olacaksa o zaman miktar değil kalite için çaba gösterin.

Önceliklerinize bağlı kalın: Eğer sevişmek sizin için önemliyse başka şeyleri keserek bu önceliğinizi koruyun (ailenizin fiziksel ve duygusal bütünlüğünü etkilemeyen alanlarda). Evi bir gün sonra süpürün, taze sebze yerine donmuş sebze kullanın, evde rahat kıyafetlerle dolaşın. Eğer bütün gününüzü son hızda, süper anne, iyi bir ev kadını, bazen iyi bir kariyere sahip olmaya çalışarak geçiriyorsanız o zaman yatakta gözlerinizi kapatmaktan başka bir şey yapmak için gücünüz kalmayacaktır.

Konu hakkında konuşun: İyi bir cinsel ilişki güven, anlayış ve iletişim üzerine kurulur. Mesela eğer 24 saatlik bebek bakımından sonra kendinizi hiç seksi hissetmiyorsanız, baş ağrısını bahane etmeyin. Bunun yerine içinizi dökün. Eğer eşiniz de bebek bakımı sorumluluklarını baştan beri üstlenmekteyse o zaman sizi anlaması daha kolay olur. (Aslında bazı geceler kendisi de çok bitkin olabilir) Eğer sorumlulukları paylaşmıyorsa o zaman yorgunluğunuzu anlamayacaktır. Bu, tek başınıza hem evle hem de bebekle uğraşmanın sizi ne kadar yorduğunu ve eğer yardım ederse gece için daha fazla enerjiniz olacağını açıklamanız için iyi bir zaman olacaktır.

Vajina kuruluğu ve cinsel ilişkide acı duymanız gibi problemleri de kocanızla paylaşın. Ona neyin acıttığını, neyin iyi geldiğini, bundan sonrakinde neden vazgeçmek istediğinizi belirtin.

Canınızı sıkmayın: Cinsel isteksizlik konusunda ne kadar çok endişelenirseniz, sahip olacağınız istek o kadar az olur. Doğum sonrası hayatın gerçekleriyle yüzleşin, gevşeyin, arada bir gece ilişkiye girin ve romantizmin ilişkinize geri döneceği konusunda kendinize güvenin.

HAFİF LEKELENME UYARISI

Bazen doğumdan birkaç ay sonra, yeni bir anne cinsel ilişkiden sonra ya da herhangi bir zamanda hafif lekelenmesi olduğunu fark eder. Bu ameliyat kesisinin ya da yırtıkların olduğu yerde gelişen deri parçalarına bağlı olabilir. Bu deri kapakları kolayca onarılabilir. Bu tür lekelenmeleri ya da doğum sonrası kanamaları doktorunuza bildirin.

-24-

İlk Yılın Tadına Varmak

NELER HİSSEDEBİLİRSİNİZ

Doğumdan sonra ilk haftalık dönem sonunda vücudunuz gebelik ve doğum travmalarından iyileşmiş olacaktır. Fakat bununla beraber ilk yıl boyunca aşağıdakilerden bir ya da daha fazlasını tecrübe edebilirsiniz.

Fiziksel olarak:

• Doğum öncesi ya da hedeflediğiniz başka bir kiloya ulaşana kadar daha fazla kilo kaybı

• Özellikli egzersiz yaparsanız karnınızın düzleşmesi

• Bebeğiniz hiç değilse bütün gece uyuyana kadar aşırı yorgunluk

• Süt vermiyorsanız, emzirmelerinizin sayısını azalttıysanız ya da bebeğinizi sütten kestiyseniz âdetlerinizin geri dönmesi

• Bebeğinizi taşımaktan dolayı oluşan sırt ve bel ağrıları

Duygusal olarak:

• En azından ilk başta seks isteğinin azalması

• Neşe ve zindelik, hüsran, can sıkıntısı

• Kendinize olan güveninizde giderek artma ve ezilmiş olma hissinizde azalma

NELER YEMELİSİNİZ:
Sağlıklı Bir Gelecek İçin En Uygun Diyet

Bebeğinizin ilk senesinde düzenli yemek yeterince zordur, fakat bir de iyi yemek neredeyse imkânsızdır. İyi bir diyet enerjinizi korumanız, sağlığınızı muhafaza etmeniz ve eğer emziriyorsanız kaliteli süt vermeniz için zorunludur. Öyleyse 'Doğum sonrası Günlük 12' Uygulamasına devam etmeniz (487. sayfaya bakın) ve Sağlıklı Bir Diyetin Dokuz Koşulunu izlemeniz önemlidir.

Eğer emziriyorsanız bebeğinizin olduğu gibi

sizin de diyetinizin değişmesi gerekir. Bebeğiniz, formül sütler, inek sütü, katı yiyecekler gibi diğer kaynaklardan daha fazla besin aldıkça ve gittikçe daha az anne sütü aldıkça sizin de aldığınız kaloriyi azaltmanız gerekecektir. Fakat bu kalorileri saymanızı gerektirmez, sadece tartıya dikkat etmeniz yeterli olacaktır. Eğer kilonuz azalacağı ya da sabit kalacağı yerde artmaya devam ediyorsa be gereğinden fazla kalori aldığınızı gösterir. Kilo kaybetmemeniz gerekirken zayıflıyor ya da çok hızlı kilo kaybediyorsanız bu yeterli yemediğinizi gösterir. Uygun düzenlemeler yapmalısınız.

Bebeğinizi sütten kesince ya da artık emzirmediğiniz zaman Best-Odds Doğum sonrası diyeti önünüzdeki yıllarda sağlıklı yemek için planınız olabilir. Sadece iyi hissetmek için değil uzun yaşamak, küçük bebeğinize iyi bir örnek sunmak için bu diyeti izleyin.

MERAK ETTİKLERİNİZ

DIŞARIDA İLGİ ALANLARI BULMAK

"Tüm gün anneliğe mahkûm olduğumdan beri kızımla evde kalmaktan boğuluyormuş gibi hissetmeye başladım. Bez değiştirmekten başka bir hayat da olmalı."

Bebeğinizin yaşamının ilk aylarında, gece gündüz beslenme ve ilgi ihtiyacı hiç bitmeyecek gibi gözüküyorsa bu zamanlarda annenin vakit ve arzuladığı tek şey uyku olur. Ama bebeğin hayatı rutine girip, anne de idare edilebilir bir ritme kavuşunca kasvetli can sıkıntıları da ilk haftaların telaşlı pusu üzerinde kaybolur. Kendinizi yapacak çok şey ve yetersiz zaman içinde bulmak yerine yeterince değerlendiremeyeceğiniz bol vakit içinde de bulmanız mümkün olabilir. Bebeğinizin günlük bakımının zorluklarını aştıktan sonra kendinizi kurulu bir makine gibi hareket ediyor gibi hissedip, dört duvarın dışındaki eğlenceli hayat için yoğun istek duyabilirsiniz. Ve eğer daha önceden kariyeriniz varsa, hobiler, okul, atletizm, sosyal görevler gibi birtakım aktiviteleriniz olmuşsa üzerinize kapanan bu dört duvarı fark edip evde bebeğinizle beraber kalma kararınız konusunda kendinizden şüphe edebilirsiniz.

Bebeğinizle beraber zengin, dolu, tatmin edici bir hayat tarzı hiç de gözüktüğü gibi imkânsız değildir. Böyle bir hayata kavuşmak için atmanız gereken ilk adım anneniz ya da sizden önceki kuşakların ancak yirmi yılda farkına vardığı, bir kadının (ya da erkeğin) yalnız bebekle beraber yaşamasının mümkün olmadığı gerçeğini kabul etmeniz olacaktır. Bebeğinizle geçirdiğiniz her ana tapsanız bile hâlâ entelektüel uyarıya ve agu-agudan başka bir şey söyleyebilecek biriyle iletişim kurmaya hakkınız vardır. Bu hedeflere ulaşmanın ve kaybettiğinizi düşündüğünüz kendiniz hakkındaki anlayışınızı geri kazanmanın birçok farklı yolu vardır:

Bebeğiniz Yoluyla

Bebeğinizi yetişkinlerin dünyasına girmeniz için bir engel teşkil ettiğini, ya da bir geçiş bileti olduğunu düşünebilirsiniz. Aşağıdakiler bebeğiniz yoluyla nasıl bir yetişkin etkileşimi yaşayacağınız konusunda size bilgi verecektir:

Oyun grupları: Daha önceden varolan bir gruba ya da doktorunuzun ofisine, kilise ya da sinegogunuza, binanıza, süpermarkete ya da çevredeki ilan tahtalarına asabileceğiniz notlarla yeni gruba katacağınız anneleri bulabilirsiniz. Sizinkine uygun ilgi alanları olan anne grubunu seçin.

Bebek sınıfları: Bebekler için planlanmış sınıflar anneler için daha kıymetlidir. Böyle bir derse yazılın (bebeğiniz için uygun ve güvenli olduğundan emin olduktan sonra, 286. sayfaya bakınız). Böylece içlerinden birçoğu bebeğiyle evde kalmayı tercih eden diğer annelerle tanışma ve konuşma fırsatı bulabilirsiniz.

Anne tartışma grupları: Daha önce yerleşmiş bir grubu seçin ya da yeni bir grup kurmaya girişin. Konuk konuşmacılar çağırın (bölgedeki bir çocuk doktoru, hemşire, kütüphaneci, yazar ve kadın, anne gereksinimlerine hitap edebilecek başkalarını), ortaklaşa çocuklar için bebek bakıcıları tutun. Evlerde, kilisede, sinegogda, okulda ya da mümkün olabilecek her yerde her hafta, iki haftada bir ya da ayda bir buluşun.

Yerel oyun alanı ya da oyun sahası: Bebeklerin oynadığı yerde anneler de çok uzakta olamaz. Oyun alanları sadece küçük bebekler (hareket etmek için çok küçük olduklarında bile diğer çocukları ve aktiviteyi büyüleyici bulurlar.) ve daha büyükleri için değil (iyi oturabildiklerinde genellikle salıncakları severler ve bir yaşına gelmeden çoğu kaydırak ve tırmanma alanlarıyla ilgilenirler) aynı zamanda anneler için de diğer annelerle tanışmak ve 'oyun günleri' planlamaları için ideal bir yerdir. Bu günler daha beraber oynama yetisini kazanmamış bebeklerden çok annelerin yararı içindir.

Kişisel Geliştirici Aktiviteler

Tam gün anne olmak başka hiç bir şey olamayacağınız anlamına gelmez. Eski ilgi alanlarınıza devam edin ya da aşağıdakiler arasından yeni alanlar bulun:

Bölge üniversitesinde kurs: Ya kredili ders ya da eğlence için veya entelektüel gelişme amacıyla alın.

Yetişkin eğitim sınıfı: Bu tür sınıflar tüm ülkede yayılmakta ve aerobikten Zen'e kadar her şeyi sunarlar.

Bir egzersiz sınıfı: Vücudunuzu sınamak zihninizi harekete geçirir. Ayrıca özellikle bebek bakımı sağlayan ya da anne ve çocuk egzersizlerini birleştiren bir egzersiz programı aynı ilgileri paylaşan diğer anneleri tanımanız için iyi bir yer olabilir.

Aktif sporlar: Tenis, golf veya sevdiğiniz başka bir sporu düzenli olarak yapmanız hem vücudunuzu hem de zihninizi forma sokmanıza yardım edecek ve iyi arkadaşlıklar kurmanızı sağlayacaktır.

Bir müze ya da sanat galerisi: Bölge müzesinin üyesi olursanız düzenli olarak ziyaret edip, her seferinde teşhir edilen başka bir şeyi inceleyebilirsiniz. (Eğer başka bir ebeveynle giderseniz daha da eğlenceli olabilir.) Bebeğin kazandığı yararlar: Sanata ve sanat eserleriyle erkenden tanıştırılması görsel ve entelektüel olarak uyarıcıdır (bebekler genellikle boyamalardan ve heykellerden büyülenirler) ve ilerde zihinlerini bu tarz şeylere açık tutmalarını sağlar.

Eğitsel video ve kasetler: Bebeğinizi emzirirken ya da ev işleri yaparken video seyredin, araba kullanırken müzik dinleyin, eski ilgi alanınıza geri dönün ya da yeni birini bulun. (örneğin walkman aracılığıyla yabancı bir dil öğrenin).Eğitici kasetler halk kütüphanesinde ücretsiz olarak mevcuttur.

Kitaplar: Sizi herhangi bir yere, herhangi bir zamana götürebilir. Öğretebilir, sınayabilir ve eğlendirebilir. Gittiğiniz her yere okuduğunuz kitabı da götürün; emzirirken, kondisyon bisikletinde, bebeğiniz uyurken ya da yatmadan önce okuyun.

Yardım Faaliyetleri Sayesinde

Her gün daha çok kadın tam gün paralı işlerde çalıştıkça ve toplum parası ödenmeyen işleri küçük görmeye devam ettikçe gönüllü işlerdeki kriz daha da büyüyor. Eğer paralı iş gücünde değilseniz o zaman toplumsal yardım organizasyonlarının ve yardım derneklerinin size ihtiyacı vardır. Zaten ait olduğunuz bir organizasyon seçin ya da yeni bir kuruluşa katılın ve yardım sunun. Eğer nereden başlayacağınızı bilmiyorsanız şehrinizde mevcutsa gönüllüler için merkezi takas odasıyla bağlantıya geçebilirsiniz ya da bölge okulunuzda, hastanede, ibadet yerlerinizde ya da yoksul evlerinde gönüllülere ihtiyaç olup olmadığını sorabilirsiniz. Olasılıklar sonsuzdur: Bir çocuğa ya da erişkine İngilizce ya da başka bir şeyler öğretmek, yaşlıları ya da hastanede kalmak zorunda olanları ziyaret etmek, (eğer bebeğinizi de yanınızda götürürseniz daha da mutlu olacaklardır) hastanede kalanları neşelendirmek, aşevlerinde yemek servisi yapmak ve bunun gibi.

Ya da gönüllü işleri uzmanlık yeteneklerinizin körelmesini önlemek için de kullanabilirsiniz. Belirli bir uzmanlık dalında kendi çevrenizdeki erişkin eğitim merkezlerinde kurslar verebilirsiniz; haber bülteni yazabilirsiniz, postalı reklam kampanyası düzenleyebilirsiniz, tıbbi bakım sağlayabilir, bedava danışmanlık servisi verebilirsiniz.

Paralı iş yoluyla

Tam gün anne olmanız yarım günlük çalışan olamayacağınız anlamına gelmez. Şimdiki alanınızda ya da girmek istediğiniz bir alanda haftada birkaç saat çalışmak sizi ilişkide bulundurur, yetişkinlerle bağlantı kurmanızı sağlar ve günlük rutin hayatınızdan birkaçış sunar. İş seçenekleri bulmak ya da yaratmak istiyorsanız 537. sayfadaki önerileri özellikle de evinizden sürdürebileceklerinizi okuyun.

Bebeğinizi de yaşantınıza uydurun

Hayatınızdaki uyarı eksikliğinin sebebi bebeğiniz olsa bile, tedavinin önünde durması da gerekmiyor. Neredeyse her durumda onun ihtiyaçları da sizinkilerle aynı zamanda giderilebilir.

Onu da yanınızda götürün: Ana kucağı ya da bebek arabasında bebeğiniz de müze ve galerilere yaptığınız gezileri beğenecektir (ya da uyuyacaktır). Ayrıca bazı durumlarda gönüllü görevlerinizde (böyle mevkiler paralı işlerden çok daha esnektir)ve cemiyet merkezlerinde verdiğiniz gibi daha az resmi olan kurslarda size eşlik edebilecektir. (Sizi ve diğerlerinin dikkatini dağıtmaması için bebeğinizin öğünlerini ve uyku zamanını derse göre ayarlamaya çalışın, daha büyük bir çocuk için sessiz oyuncaklar getirin.)

Bebeğinizi birisiyle bırakın: Akraba ve arkadaşlarınızın yardım tekliflerini kabul edin. Ya da küçük çocuğu olan başka bir anne ile dönüşümlü olarak bebek bakıcılığı yapma olasılığını tasarlayın. (Örneğin diğer anne pazartesileri çıkarken bebeklerle siz beraber oturursunuz, sonra o da aynı şeyi perşembeleri için yapar.)

Bir bebek bakıcısını işe alın: Eğer karşılayacak paranız varsa bu en emin çözümdür.

Babasına güvenin: Ev dışı aktivitelerinizi kocanızın evde olduğu zamanlara yerleştirin. (Hafta sonu tenis oynayın ya da aerobik dersine gidin, akşamları İngilizce dersi alın) Bu aile olarak bir arada geçirdiğiniz zamanı azaltsa da eğer babası tüm gün çalıştığı için şimdiye kadar yapamadıysa, ona bebeğiyle yalnız vakit geçirmesi için zaman tanıyacaktır ve ayrıca ilişkileri için de harika bir artı puan olacaktır.

Çocuk bakımından yararlanın: Bazı üniversiteler öğrencilerin çocukları için bakım birimleri, bazı egzersiz programları bebek bakıcıları, çok az işyeri de çalışanların çocukları için yuva olanağı sunuyor. Eğer devam ettiğiniz derste ya da kursta başka bebek ya da çocuk anneleri de varsa onlara müşterek bir çocuk bakıcısı için katkıda bulunup bulunmayacaklarını sorun. Bulunduğunuz yerde özellikle de bebeğinizi sadece sütle besliyorsanız çocuk bakımı olmasının avantajı çok büyüktür.

BEBEĞİ BAKICIYLA BIRAKMAK

"Ev dışında çalışmıyorum ama ara sıra dokuz aylık oğlumu bakıcıyla bırakıyorum ve böyle yaptığım her zaman kendimi suçlu hissediyorum."

Her işverenin bildiği gibi hiçbir çalışan tam gün hatta tüm günler iş başında kalamaz ve yine de başarılı olabilir. Siz de kendinizin anne olarak işvereni olduğunuz için bu gerçeği kabul etmelisiniz. Bebeğinizle beraberken ne kadar eğlenseniz de yine de ayrı kaldığınız vakitlerden yarar görürsünüz. Bunu kabul edin ve suçlu hissetmeyin.

VAJİNANIN GENİŞLEMESİ

"Oğlumuz şimdi gece boyunca uyuduğu için kocam ve ben sonunda aktif cinsel hayatımıza yeniden başladık. Sorun şu ki doğum yapmadan öncekine nazaran daha geniş gibiyim ve sevişmek ikimiz için de daha az tatmin edici oldu."

Çoğu kadın vajinal doğumdan sonra kendilerini öncekine nazaran daha geniş hissediyorlar. Sık olarak bu değişiklik, eş tarafından fark edilecek kadar önemli olmuyor. Bazen daha önceki ilişkilerde kasılma sorunu varsa o zaman bu değişiklikten memnuniyet duyuluyor. Fakat ara sıra vajinal doğum, özellikle epizyotomi yapılmamışsa daha önceden tamamen normal olan bir kadının vajinasının cinsel ilişki sırasında kocasının ve kendisinin duyduğu zevki azaltacak derecede genişlemesine sebep oluyor.

Zaman geçmesi ve Kegel egzersizlerine devam etmek biraz sıkılaşmayı sağlayabilir. (Hamilelik sırasında ve doğumdan sonra Kegel egzersizlerini yapmamışsanız şimdi başlamanız için çok geç değildir, sayfa 481'e bakın.) Bu kas güçlendirici egzersizleri günde yapabildiğiniz kadar tekrar etmelisiniz; egzersizleri yemek yaparken, televizyon izlerken, süt verirken, kitap okurken hatta cinsel ilişki sırasında bile yapmayı alışkanlık haline getirmelisiniz.

Nadiren kaslar güçlenmez. Eğer doğumdan sonra altı ay geçmişse ve hâlâ çok gevşek olduğunuzu hissediyorsanız o zaman doktorunuzla toparlayıcı bir cerrahi girişim olasılığını tartışabilirsiniz. Çok ufak bir işlemdir,ama aşk hayatınızda büyük bir fark yaratabilir.

ÂDETLERİNİZİN TEKRAR BAŞLAMASI

"İki ay önce kızıma süt vermeyi kestim ve hâlâ âdet görmedim. Yanlış giden bir şeyler olabilir mi?"

Süt veren annelerde âdetlerin tekrar başlaması değişkenlik gösterir. Yağ depoları fazla olan bazı emziren kadınlar süt vermeyi kesmeden önce, hatta bazen doğumdan sonra altı hafta ila üç ay arası bir süre içinde âdetlerini başlatacak yeterli östrojen üretirler. Fakat bazıları özellikle uzun zaman emzirmiş olanlar, sadece emzirerek beslemiş olanlar, gebelik öncesinde de düzensiz âdet görenler, bebeklerini sütten kestikten birkaç ay sonrasına kadar âdet görmeyebilirler. Bu arada yeterli yemek yediğinizden, hızla kilo kaybetmediğinizden, özellikle zorlu egzersizle beraber ağır diyet yapmadığınızdan emin olun, çünkü bunlar âdetlerinizin geri dönmesini yavaşlatabilir. Bundan sonra muhtemelen doğumdan sonra altıncı ayınızdaki kontrolünüzde bu durumdan doktorunuza bahsedin.

Bebeklerini emzirmeyen kadınlarda âdetler doğumdan sonra dört hafta ve üç ay arasında herhangi bir zaman başlar. Yine âdetlerinizin başlamasındaki gecikme yaptığınız gayretli diyetin sonucunda besisiz kalmanız olabilir.

Eğer hâlâ âdet görmediyseniz bunun tekrar hamile kalmanızı önleyeceğini düşünmeyin. Güvenilebilir doğum kontrol yöntemleri hakkında aşağıdaki bilgileri okuyun.

YENİDEN HAMİLE KALMAK

"Başka bir bebek yapmadan önce en az iki sene beklemek istiyorum. Arkadaşlarımdan biri süt verdiğim sürece hamile kalmayacağımı duyduğunu ve doğum kontrolü konusunda endişelenmememi söyledi."

Arkadaşınız haklı sayılır ama eğer emzirmeye bir doğum kontrol yöntemi olarak güveniyorsanız hamile kalabilirsiniz. Süt veren bazı kadınlar emzirme döneminde ve bazen daha sonra da normal âdetlerinin geri dönmediğini söylüyorlar. Bu çoğunlukla yumurtlamadıklarını ve hamile kalmayacaklarını gösterir. Emzirmenin yumurtlamayı baskılayıcı etkisini artıran faktörler: düşük yağ seviyesi (yağ dokusunun ürettiği bazı hormanlar âdetleri uyarabilir), sık aralıklarla emzirme (günde üç kereden fazla emzirmek âdetleri geciktirebilir), geç sütten kesme (genelde sütten kesmeyi ne kadar geciktirirseniz yumurtlamanız da o kadar gecikir) ve anne sütüne ek gıdaların geç tanıtımı (formül sütler, katılar, hatta su memelerden süt alımını azaltır ve vücuda artık âdetlerin zamanı geldiğini bildirir).

Süt veren annelerden çoğu, özellikle fazla yağ depoları olanlar ya da bebeklerini kısmen anne sütü ile besleyenler âdet görmeye başlarlar ve hamile kalabilirler. Sonuçta süt verirken kimin âdet görüp kimin görmeyeceğini önceden bilmek imkânsızdır. Eğer tekrar ilk defa yumurtlamaya başlamadan önce herkesin 'steril' bir âdet dönemi olsaydı bu hiç sorun olmazdı. Daha sonra da âdetin başlangıcı doğum kontrol yöntemlerine başlamak için bir uyarı teşkil ederdi. Ama durum böyle değildir. Bazı kadınlar âdetleri geri dönmeden hamile kalırlar ve arada hiç âdet görmeden bir gebelikten ötekine geçerler.

Eğer şimdi yeni bir hamilelikle perişan olacaksanız (zihnen kabul etseniz de vücudunuz kabul etmeyecektir) emzirmeden daha güvenli bir doğum kontrol yöntemi kullanmalısınız. Bundan sonra yazılan' yöntemlerin hepsinin avantaj ve dezavantajları var ve sizin fiziksel durumunuza, hayat tarzınıza, doktorunuzun önerilerine, sizin hislerinize ve koşullara göre seçim kişiseldir. Bütün yöntemler düzenli ve doğru uygulandığı takdirde etkilidir, ama sadece kısırlaştırma hamileliği önlemede %100 güvenlidir.

Doğum kontrol hapları: Günümüzün düşük dozlu doğum kontrol hapları temelde yumurtlamayı baskılayarak etki eder ve hamileliği önlemede oldukça etkilidir. Ama çoğu kadının güvenlilikleri konusunda kafaları karışmıştır. Bu da şaşılacak bir şey değil. Bilimsel kanıtlar sürekli değişmektedir. Bundan sonraki bilgiler bu kitap baskıya girerken bilinenlerdir. En son bilgileri öğrenmek için doktorunuzla konuşun.

Kalp krizi, inme, ve kanın pıhtılaşması riskleri doğum kontrol hapları kullananlarda daha yüksektir, bu nedenle kalp ve damar problemleri olan yüksek riskli hastalara önerilmez. (Aşağıdakilere bakın.) Risk beş sene gibi uzun süre kullanımla artar.

Doğum kontrol hapları bazı kanser tiplerine korumasına rağmen (örneğin rahim ve yumurtalık kanserleri) karşı bazı en son çalışmalar bazı kadınlarda (hapa erken başlayan, hamile kalmayan, hapı üç yıldan uzun alanlar) hap kullanımı ile meme kanseri arasında bir ilişki olduğunu göstermektedir. Olumlu tarafta doğum kontrol hapları selim meme hastalıklarına, dış gebelik, yumurtalık kistleri, ve demir eksikliği anemisine (fazla âdet kanamasına bağlı) karşı koruyucu gözükmektedir ve eklem iltihabı ve âdet sancılarını azaltır. Diğer yararları bazı kadınlar için âdet öncesi gerginliği azaltır ve âdetleri düzenler.

Eğer süt veriyorsanız doğum kontrol hapları sizin için muhtemelen uygun değildir çünkü haptaki hormonlar laktasyonu baskılayabilir (Doktorunuz emzirme düzgün bir seyre girdikten sonra sadece progestin içeren bir hap verebilir.) Ayrıca 45 yaşın üzerindeki kadınlar, 35 yaşın üzerinde sigara içen kadınlar (bazıları sigara içmeyenler için de 35 yaşın sınır kabul edilmesini savunur), kan pıhtısı (tromboz) hikayesi olanlar, kalp krizi geçirenler, bilinen ya da şüphelenilen meme veya rahim kanseri, karaciğer tümörü, tanı almamış vajinal kanaması olanlar (habaseti gösterebilir), gebelik sırasında sarılığı olanlara önerilmemektedir. Doğum kontrol hapları rahimlerinde fibroid hikayesi bulunan kadınlar, şeker hastalığı, yüksek kan basıncı olanlar (ya da gebelikte böyle bir hikayesi olanlar), şişman olanlar, depresyonda olanlar, safra kesesi rahatsızlığı bulunanlar, ya da gebelik öncesi DES kullanımına maruz kalanlara da uygun olmayabilir. Migren,astım, sara,böbrek, ya da kalp hastalığı hikayesi olanlarda hap kullanımı durumu kötüleştirebilir. Eğer hap kullanımını seçerlerse o zaman yakından tıbbi monitorizasyon gereklidir.

Doğum kontrol hapları en etkili kalıcı olmayan doğum kontrol metodunu sağlar (başarısızlık hapı alan kişinin gün kaçırmasına ya da hapları karıştırmasına bağlıdır) ve sevişmede spontanlığa olanak tanırlar. Fakat bazı kadınlar sıklıkla su tutulması, kilo değişiklikleri, bulantı, kusma, göğüslerde hassasiyet, karında kramplar, deride renk değişiklikleri, mesane ve vajinal enfeksiyonlar, cinsel dürtülerde azalma ya da artma, saç kaybı, kontakt lenslere tahammül edememe (su tutulmasından dolayı), âdet düzensizlikleri (lekelenme, kesilme kanamaları, ya da nadiren amenore veya âdetlerin kesilmesi) gibi yan etkiler bildirirler. Daha az sıklıkla bildirilen yan etkiler ise depresyon, halsizlik, ya da gerginliktir. Bu yan etkilerin çoğu yeni düşük dozlu kombine haplar ve âdet düzensizliklerinin sık görülmesiyle beraber progestin içeren haplarla (minipill) daha hafif ya da az sıklıkta olur. İlk birkaç siklus hap kullanımından sonra bu yan etkiler sıklıkla hafifler ya da kaybolur.

Eğer bir bebek yapmayı planlıyorsanız doğum kontrol hapları kullanımından sonra döllenmesi geri dönmesi kontrol yöntemi olarak bariyer ajanlarına göre daha uzun zaman alır. Eğer

DOĞUM KONTROL HAPI UYARI BELİRTİLERİ

Eğer doğum kontrol hapı alıyorsanız ve aşağıdaki belirtilerden birini tecrübe ediyorsanız derhal doktorunuzu arayın. Eğer doktorunuza ulaşamıyorsanız o zaman en yakın acil servise gidin.

- Göğüste ani şiddetli ağrılar
- Öksürürken kan gelmesi
- Ani nefes darlığı
- Baldır ya da uyluğunuzda ağrı ya da hassasiyet hissediyorsanız
- Şiddetli baş ağrısı
- Baş dönmesi ya da baygınlık
- Kas güçsüzlüğü ya da uyuşması
- Konuşmanın bozulması
- Ani kısmi ya da tam görme kaybı, görme bulanması, ya da parıldayan ışıklar görme
- Ağır depresyon
- Cilt renginin sarılaşması
- Ağır karın ağrısı

bebek yapmayı düşünüyorsanız hamile kalmayı planladığınız zamandan yaklaşık üç ay önce prezervatif ya da diyafram kullanımına geçmeniz uygun olacaktır. Hapı kestikten sonra yaklaşık üç ay içinde kadınların %80'i bir sene içinde %95'i yumurtlar ama eğer altı ay sonra hamile kalmadıysanız doktora gözükmelisiniz.

Eğer hapı kullanmaya karar verirseniz, doktorunuz sizin âdet düzeninize, kilonuza, yaşınıza ve tıbbi geçmişinize göre sizin için hangi hapın iyi olduğuna karar verecek ve gereksiniminizi karşılayacak mümkün olan en düşük dozu belirleyecektir (çoğu kadın için 50 mikrogram östrojenden azı yeterlidir). Sonra bu korunma yöntemini akıllı bir biçimde kullanmak size kalıyor. Hapı düzenli olarak alın, bir hapı bile kaçırırsanız, ishal ya da kusmanız olursa (ki bu hapın vücudunuzdaki emilimiyle etkileşebilir) bundan sonraki âdetinize kadar ek korunma yöntemi kullanın (prezervatif gibi). Altı ay ila bir sene arası aralıklarla sağlığınızı değerlendirmesi için doktora gidin, ziyaretler arasında beliren sorun ya da komplikasyon belirtilerini anlatın ve size ilaç yazılırken doğum kontrol hapı kullandığınızı belirtin(bazı haplar doğum kontrol hapları ile etkileşime girebilir) Kafein alımını kısıtlayın, sigara içmeyin, ve doğum kontrol hapları belirli besinlere gereksiniminizi artırdığı için (fakat diğerlerine gereksinimi azaltır) her gün B_6, B_{12}, C, riboflavin, çinko ve folikasitin günlük tavsiye edilen miktarlarını içeren vitamin takviyeleri alın.

Eğer hapları almayı hatırlamada sorun yaşıyorsanız, doktorunuza yumurtlamayı baskılayan ve spermin geçişini engelleyecek servikal mukus oluşumunu arttıran yeni 5-yıllık implantları sorun. Kola implante edildiğinde etkilidir ve hamile kalmak istediğinizde çıkartılabilir.

RİA, ya da rahim içi araç: Bu tip korunma yöntemi birçok seneler şüphelenilen riskler ve kanuni mücadeleler nedeniyle tercih dışıydı. (Kurallara bakılırsa gebeliği önleyici, çünkü hamile kalmaya engellemekten ziyade implantasyonla etkileşir.)

Fakat bugün RIA'lar geri dönmüştür. En azından A.B.D'de iki şirket FDA tarafından onaylanan araçlar üretmektedir ve başkalarının da aynı işi yapması beklenmektedir. Ama kullanıcıları ve kendilerini korumak için ürünlerini sadece RİA'ları 25 ya da daha yaşlı kadınlarda, en azından bir çocuğu olanlara ve iki taraflı monogamik ilişkisi olanlarda kullanmaya anlaşan doktor ve kliniklere pazarlıyorlar. Doktorların da hastalarını RİA kullanımı konusunda tamamıyla bilgilendirmeleri gereklidir.

Çoğu kadın özellikle de başka çocuğa sahip olmayanlar için yararlar risklerden ağır basar. En önemlisi: Bir kez takılınca düzenli olarak (ayda bir iyi olur) araca takılı ipin kontrolü hariç en az bir sene bu konu unutulur (sıklıkla alete bağlı olarak dört sene de olabilir). Bu sayede durup prezervatif, diyafram aramak ya da günlük hap almayı hatırlamaya çalışmak yerine spontan bir

RIA UYARI BELİRTİLERİ

RIA kullanan bir kadın eğer aşağıdakilerden birini tecrübe ederse hemen doktoru aramalıdır:

•Lekeli, yetersiz,ya da düzensiz bir kanamayla devam eden gecikmiş ya da kaçırılan bir âdet

•Sancılanma, hassasiyet, pelvis ya da karının alt bölgesinde şiddetli ağrı(aracın takılma rahatsızlığından sonra)

•Böyle bir ağrıyla beraber bayılma ya da ağrılı dışkılama isteği

•Bacaklara yayılan ağrı ya da omuzda ağrı

•Ağrılı ya da ağrısız anormal vajinal kanama (anormal olmayan ya da aracın takılmasından sonraki lekelenmeden farklı)

•Açıklanamayan titreme ve ateş

•Ağrılı cinsel ilişki

•Genital yaralar ya da vajinal akıntı

seks hayatına olanak verir. Ayrıca RIA'lar emzirmeyle etkileşmez ya da süt alan bebeği etkilemez.

Çok eşli, ya da çok eşli biriyle beraber olan bir kadına RIA takılmamalıdır. Ayrıca PID (pelvik inflamatuvar hastalık) ya da dış gebelik hikayesi olan, bilinen ya da şüphelenilen rahim ya da sevikal kanser veya kanser öncesi (hatta açıklanmamış anormal Pap smear bile) durumda olanlara,rahim anomalileri ya da âdet ve diğer kanama düzensizlikleri olanlara (RIA âdet kanamasını ve sancıları artırabilir), önceki üç ay içinde doğum sonrası ya da düşük sonrası enfeksiyon geçirmiş, ya da çok yakın bir zamanda doğum, düşük,ya da kürtaj yapmış kadınlara RIA takılmamalıdır. Bakıra karşı şüpheli ya da kesin alerjisi olanlara kesinlikle bakırlı RIA takılmaz.

Olası komplikasyonlar arasında, yerleştirme sırasında ve nadiren takip eden birkaç saat veya gün süresince duyulan ağrı (şiddetli olabilir); uterus perforasyonu; kazayla yerinden çıkma (fark edilmeyebilir ve korunmasız kalmanıza sebep olabilir) ve tubal veya pelvik enfeksiyonlar sayılabilir. Rahim içi araç, gebeliği önlemek yönünde oldukça yararlı olsa da, varlığı sırasında gebelik oluştuğu takdirde komplikasyonlara yol açabilmektedir.

Diyafram. Diyafram, rahmin ağzına, serviksin üzerini kapatacak şekilde yerleştirilen ve sperm girişini önleyen, kubbe şeklinde plastik bir başlıktır. Engeli aşabilecek spermleri görev dışı bırakacak bir spermisidal jel eşliğinde, uygun şekilde kullanıldığı takdirde, etkili bir doğum kontrol yöntemidir. Diyaframı uzun süreli içeride bırakmaya (kullanma talimatlarının aksine) bağlı toksik şok sendromu veya idrar yolu enfeksiyonu riskinde artış veya spermisid ya da plastik madde tarafından tetiklenen nadir alerjik reaksiyonlar dışında, diyafram güvenlidir. Hatta, spermisidle birlikte kullanıldığında, infertiliteye yol açabilecek pelvik enfeksiyon riskini azaltmaktadır. Ve hiçbir şekilde laktasyonu ya da anne sütü emen bir bebeği etkilememektedir.

Diyafram, bir tıp uzmanı tarafından reçete edilip uygulanmalıdır. Vajinanın şekli ve boyutu değişmiş olabileceğinden, *doğum sonrası diyaframın yeniden uygulanması şarttır.* Diyaframın dezavantajı, her cinsel ilişki öncesinde takılması, altı ila sekiz saat süreyle içerde bırakılması ve 24 saat içinde çıkarılması zorunluluğudur.

(Bazı uzmanlar diyaframı on iki ila on sekiz saat içinde çıkarmanın tedbirli bir davranış olacağını söylemekte, bazı uzmanlar ise ateşli bir anda kullanma ihmalini önleme amacıyla kadınların her gece dişlerini fırçaladıkları sırada diyaframlarını takmalarını önermektedirler.) Ve diyafram vajina yoluyla yerleştirildiği için, bu metot bazı kadınlara itici gelmektedir.

Servikal başlık. A.B.D'de kullanımı, 1980'lerin sonunda FDA tarafından onaylanan servikal başlık, birçok yönüyle diyaframa benzemektedir. Bir doktor tarafından uygulanmalı, spermisidle birlikte kullanılmalıdır ve görevini spermin uterusa girişini engelleyerek yapmaktadır. Gebeliği önlemekteki başarısı, teorik olarak diyaframın rakamları daha iyi olsa da, yaklaşık olarak aynıdır. Başlık, birkaç ek avantaj sunmaktadır. İri bir yüksük şeklinde olan, kenarları serviksin ağzına sıkı bir şekilde oturan bu esnek lastik başlık, diyaframın sadece yarısı kadar bir büyüklüğe sahiptir; ve diyafram için önerilen 24 saatlik içerde kalış süresine karşın, 48 saat süre ile içeride bırakılabilmektedir. Ancak, koku ve başlığı yerleştirme zorluğu, bazı kadınlar için sorun oluşturabilir.

Vajinal sünger. Doğum kontrol yöntemleri arasına daha yeni olarak katılan sünger; diyafram, servikal başlık ve kondom gibi, engel teşkil etme yoluyla kontrasepsiyonu sağlamaya yönelik bir yöntem olup, temelde uterusun girişini tıkayarak, spermin bir yumurtaya ulaşmak üzere rahmin içine yüzmesini engeller niteliktedir. Ancak kontrasepsiyona yönelik ana işlevi, muhtemelen salgıladığı spermisid üzerinden gerçekleşmektedir. Diyaframdan bir şekilde daha az etkin gibi görünmektedir, ancak nonoxynol-9 içerdiği takdirde, gonore ve klamidya gibi cinsel ilişki ile bulaşan hastalıkların yayılma riskini azalttığı gözlenmektedir. Buna karşın, daha az ciddi bir vajinal enfeksiyon olan candida riskini artırmaktadır. Süngerin doğumsal bozukluklara, kansere ya da TSS'ye yol açtığı konusundaki önesürümler kanıtlanamamıştır ve hatta süngerin, TSS gelişimini önleyebildiğine yönelik birtakım kanıtlar bulunmuştur. Ancak bazı kişiler, kullanılan spermiside karşı alerjiktirler. Ve bazı kadınlar, süngeri vajinaya yerleştirmek konusunda rahatsızlık duyarlar.

Süngerin popülaritesi giderek artmaktadır, çünkü doktor tarafından reçete edilmek veya uygulanmak gibi bir zorunluluğu yoktur, kullanımı diğerlerine göre daha kolaydır (tıpkı diyafram gibi kendiniz takarsınız), diğer engelleyici metotlara göre ani gelişmeler karşısında daha güvenli olduğu (yerleştirildikten sonraki 24 saat boyunca tam koruma sağlamaktadır) ve anne sütü emen bir bebek üzerine etki etmediği düşünülmektedir. Önerilenden daha uzun süreyle içeride bırakılmamalıdır ve süngerin tamamını çıkarmak konusunda oldukça dikkatli olunmalıdır (içeride kalan bir parça, koku ve enfeksiyon kaynağı olabilir.) Doğum sonrası ilk altı haftalık dönemde veya düşük, kürtaj ya da D&C'den hemen sonra, doktorun onayı olmaksızın kullanılmamalıdır.

Kondom. Latex veya doğal deriden (koyun bağırsağından) yapılan, genellikle lastik diye bilinen, penise geçirilen bir kılıf şeklindeki kondom, özenli kullanıldığı takdirde, haptan biraz daha az güvenilir olmakla birlikte, oldukça etkili bir koruma yöntemidir. Pelvik enfeksiyonla savaşma yeteneği kadar etkinliği de, spermisidal bir ajan veya jöle ile birlikte kullanıldığında ve kullanım öncesinde hasarlı olup olmadığının kontrolü dikkatle yapıldığında, artmaktadır. Kondom tamamen zararsızdır ancak latex veya birlikte kullanılan spermisid, bazı insanlarda alerjik reaksiyonlara sebep olabilir. Avantajları arasında doktora gitmeyi veya reçeteyle alınmayı gerektirmemesi, kolaylıkla edinilebilir ve taşınabilir olması ve gonore, chylamidia ve AIDS gibi enfeksiyonların geçiş riskini azaltması sayılabilir (latexten yapılan tipler, AIDS virüsünün geçişini önlemede daha yararlıdır). Emzirmeyi ve anne sütü alan bebeği etkilemediğinden ve doğum sonrası yeniden yerleştirmeyi gerektirmediğinden (diyaframda olduğu gibi), birçok kadın için ideal geçiş yöntemidir. Ancak bazı kişiler, ilişkiden önce takılması gerektiğinden (ve ereksiyondan önce değil), doğal seyri engellediğini düşünmektedir. Bazıları ise, kondomun takılmasını, sevişmenin bir parçası olarak görürler. Penis üzerine geçirirken, kondomun uç kısmında semeni alacak kadar bir boşluk bırakılmasına dikkat edilmelidir (bazı kondomlarda bu kendiliğinden vardır). Penis, ereksiyon tamamen kaybolmadan ve kondom hâlâ takılı iken geri çekilmelidir. Kayganlaştırıcı bir kremin (veya kayganlaştırıcılı kondomların) kullanılması, gebelik sonrası veya emzirme döneminde vajinadaki kuruluğa bağlı giriş zorluklarında yardımcı olacaktır.

Spermisid köpükler, kremler, jöleler, fitiller, ve kontraseptif filmler. Tek başına kullanıldıklarında, bu antisperm ajanlar, gebeliği önlemede belli ölçüde etkilidirler. Reçete olmaksızın, kolayca elde edilebilirler ve sevişmeyi bölmezler ancak kullanımları kirli olabilir.

TAKVİM-RİTİM YÖNTEMİNİN HESAPLANMASI

Takvim yöntemi: Kadın, üç ila altı ay süreyle aylık âdet sikluslarının kaydını tutar. Daha sonra şu hesaplanır:

- Gün A= en kısa siklusundaki gün sayısı eksi 18
- Gün B= en uzun siklusundaki gün sayısı eksi 11

Buna göre en uzun siklusu 30 günlükse ve en kısası da 28 günlükse, hesap şöyle olur:

- Gün A=28-18=10
- Gün B=30-11=19

Üretken dönemi(eğer hamile kalmak istemiyorsa ilişkiden kaçınması gereken dönem) A ile Z günleri arasında, yani, âdetinin ilk gününü 1. gün saymak koşulu ile siklusun 10. ve 19. günleri arasındadır.

Takvim-ritim yöntemi. Âdet dönemlerinin dikkatle belirlenip kaydedilmesi ve kişinin siklusun tam ortalarında, yumurtlamanın gerçekleştiği dönemde ilişkiden kaçınması şeklindeki bu metot, âdetler tekrardan başlayıp düzene girmedikçe uygulanabilir değildir. Birçok kadında varolan âdet düzensizlikleri nedeniyle, bu metot, çeşitli yaygın doğum kontrol yöntemleri arasında en az etkili olanıdır. Bu nedenle ve Doğal Aile Planlaması (DAP; bakınız aşağıda) tekniğinin daha etkili olması sebebiyle, doğal ve dini öğretilere ters düşmeyen bir doğum kontrol yöntemi kullanmak isteyen kadınlar, DAP'ı tercih etmektedirler.

Doğal aile planlaması. Takvim-ritim yönteminin daha gelişmiş bir şekli olan DAP, yumurtlama zamanını belirlemek üzere bir ya da daha fazla bedensel işaretin belirlenmesine dayalıdır. Çiftin değerlendirdiği bulgu sayısı arttıkça, yöntemin başarı şansı da artmaktadır. Bu bulgular arasında vajinal mukustaki değişimler (yumurtlama döneminde mukus berraktır ve uzatılabilir); bazal vücut ısısındaki değişimler (sabah ilk iş olarak ölçülen vücut ısısı, ovulasyon öncesi hafifçe düşer, ovulasyon anında en düşük seviyeye ulaşır ve daha sonra hızla yükselir ve siklusun geri kalan bölümüne dek de normal seviyede seyreder; bakınız çizelge); ve servikal değişiklikler (normalde pembe olan serviks, mavimsi bir renk alır). Yumurtlama olacağına dair ilk işaretten başlayarak, olduktan sonra üç gün geçinceye kadarki dönem boyunca ilişkiden kaçınılır.

BAZAL VÜCUT ISISI

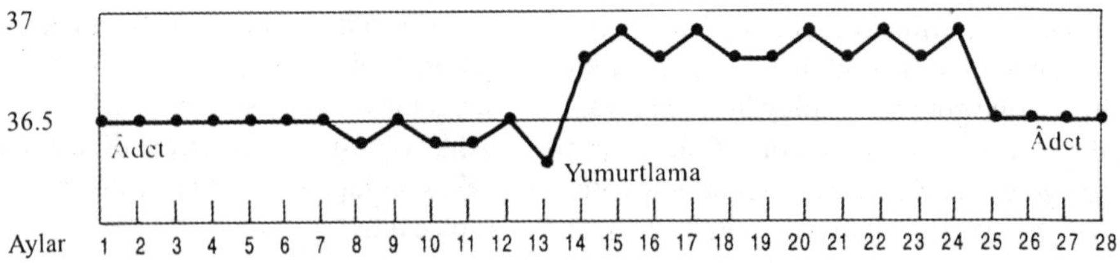

Bazal vücut ısısı. Emniyetsiz yumurtlama dönemini daha doğru bir şekilde tayin etmede BVI ölçümü işe yarayabilir. BVI'nı elde etmek için, kadın her sabah, uyandıktan hemen sonra, henüz konuşmadan ya da yataktan doğrulmadan, vücut ısısını ölçer. Birçok kadında vücut ısısı, yukarıda görüldüğü şekilde, yumurtlama zamanında ani bir düşüş ve sonra yükseliş gösterecektir. Yumurtlamayı takip eden üç tam gün geçtikten sonra, ilişkiye girilebilir.

Bir doktorun yardımı olmadan da doğal aile planlaması yöntemini uygulamak mümkünse de, bilgili bir uzmandan en son teknikleri öğrenmek bu veya herhangi bir doğum kontrol yönteminin etkinliğini artıracaktır.

Gebeliği önlemede DAP, takvim-ritim yöntemine göre çok daha etkili ve başka yöntemlerin itiraz gördüğü dini gruplarca karşı çıkılmayan bir yöntem olduğundan, artık eski yöntemin yerini almıştır.

Cerrahi kısırlaştırma. Kadınlar için tubal ligasyon (fallop tüplerinin bağlanması), ve erkekler için vazektomi (testislerde penise sperm taşıyan tüpler olan vaz deferenslerin bağlanması), nadiren geri dönüş mümkün olabilse de (yeni tekniklerle geri dönüş daha kolay olabilir), kalıcı yöntemler olarak düşünülmelidirler. Kısırlaştırma işlemi de oldukça güvenlidir, sağlık üzerine bilinen uzun-dönemli hiç bir etkisi yoktur ve kaçınılmaz bir koruyuculuğa sahiptir. Arada sırada kulağa çalınan başarısızlık örnekleri genelde metodun yetersizliğine değil, cerrahi sırasındaki bir hataya ya da tüm etkin sperm atılana dek bir başka doğum kontrol yöntemini kullanmayı ihmal eden kişiye bağlı olarak gözlenmektedir.

Kısırlaştırma, ailelerinin tamamlandığını düşünen çiftlerin sıkça başvurdukları bir yöntem olup, Amerika Birleşik Devletleri'nde kullanılan doğum kontrol metotları arasında en sık uygulanandır. Bazı kadınlar, son çocuklarının doğumu ile birlikte tüplerinin de bağlanması yönünde tercih kullanırlar.

YENİ BİR GEBELİĞİN TESBİTİ

"On hafta kadar önce bir bebeğim oldu ve dün yine kendimde bir acayiplik hissettim. Doğumdan sonra en erken ne zaman hamile kalınabilir ve eğer emziriyorsanız bunu nasıl anlarsınız?"

Doğum sonrası onuncu haftada yeni bir gebelik, özellikle emziren bir annede (emzirmenin yanında ek gıdalara başlanmadan önce yumurtlamanın gerçekleşmesi beklenmeyen) hiç duyulmamış bir şey de değildir. Siz veya partneriniz kısırlaştırılmamışsanız, her ilişkide bulunduğunuzda, doğum kontrol yöntemi kullansanız bile, ama özellikle kullanmıyorsanız, hamile kalma riski mevcuttur. Ancak doğum sonrası ikinci bir gebeliğin fark edilmesi güç olabilmektedir. Bu özellikle de tekrar âdet görmeye başlamadıysanız böyledir, zira çoğu kadın için gebe olabilecekleri konusundaki ilk ipucu günü geçen bir âdet dönemi olmaktadır. Eğer emziriyorsanız, birçok kadının güvendikleri bir başka gebelik göstergesi olan damarlanması artmış iri ve ağrılı göğüsler, buna bağlanabilir ve dolayısıyla gizli kalabilir. Ancak yeni gebelik yerleştiğinde, tekrar hamile kalmış olabileceğinize dair birtakım ipuçlarını fark etmeye başlayabilirsiniz: gebelik ve emzirme dönemlerinde ayrı grup hormonlar etkili olduklarından süt üretiminde bir azalma görülebilir (ancak böyle bir azalma aşırı yorgunluğa, yeterince emzirmemeye veya başka faktörlere de bağlı olabilir); sabah bulantıları veya baş dönmesi (yediğiniz bir şeye veya gastrointestinal bir virüse de bağlı olabilir); ya da sık idrara çıkma (bu da bir idrar yolu enfeksiyonuna bağlı olabilir)

Eğer gebe olduğunuz konusunda bir şüpheniz varsa veya sadece bu olasılık konusunda açıklanamaz bir endişe duyuyorsanız, evde uygulanabilir bir gebelik testi yapın veya kan testi için doktorunuza veya bir kliniğe başvurun. Düşük bir ihtimal de olsa gebe olduğunuz ortaya çıkarsa, bir kadın doğum uzmanına, ebeye veya aile doktorunuza mümkün olduğunca çabuk bir şekilde danışın. Doğumdan sonraki ilk bir yıl içerisinde gerçekleşen yeni bir gebelik, vücudunuza büyük bir yük bindirecektir ve yakın tıbbi takip, ekstra istirahat ve iyi beslenmeye ihtiyacınız olacaktır. Anne sütü ile beslenen bir bebeği ve gelişen bir fetüsü aynı anda ve doğru şekilde beslemek mümkün olamayacağından, bebeğinizi mamayla beslemeye geçmeniz düşünülebilir. Emzirmeye devam etmek konusunda ısrar ediyorsanız, hislerinizi doktorunuzla tartışın; kısmen emzirip, kısmen de mamalarla diyeti destekleyebilirsiniz. Eğer böyle yapacaksanız, yeterli ekstra kaloriyi (fetüs için yaklaşık 300 ve ek olarak süt üretimi için de ayrıca 200 ila 500 kalori), proteini (günde beş porsiyon), ve hem bebek hem de süt yapımı için kalsiyumu (günde altı porsiyona eşdeğer), bol bol dinlenmeye ek olarak almalısınız.

AŞIRI YORGUNLUK

"Doğum sonrası dönemde biraz bitap olabileceğimi düşünmüştüm ama bebeğim doğalı üç ay oldu ve ben hâlâ aşırı yorgunum. Bir sorun olabilir mi?"

Yeni doğum yapmış birçok anne -adeta ölümcül bir hastalığa yakalandıklarından emin,endişe verici kronik bir yorgunluktan yakınarak kendilerini doktorun muayenehanesine sürüklerler. Hemen hemen hiç değişmeyen teşhis ne midir? Klasik bir yeni annelik vakası.

Hiç geçmeyen bir fiziksel aşırı yorgunluk ve hemen hemen tam bir enerji kaybı ile karakterize, ebeveyne özgü yorgunluk sendromundan kaçabilen kadın (veya tam gün ebeveynlik yapıyorsa, erkek) nadirdir. Ve bu şaşırtıcı değildir. İlk yıl anneliği kadar hem fiziksel hem de ruhsal açıdan yorucu bir başka meslek daha yoktur. Baskı ve zorlanma günde sekiz saatle ve haftada beş günle sınırlı değildir ve rahatlamak için verilen kahve molaları, öğle yemeği araları da yoktur. İlk kez anne olan bir kadın için ayrıca yeni bir işe özgü stresler de geçerlidir: yapılacak hatalar, çözülecek problemler ve öğrenilmesi gereken onca şey. Tüm bunların yanı sıra, yeni annenin gücü emzirmeye bağlı olarak da adeta çekilmekte ve hızla büyüyen bebeği ve eşyalarını oradan oraya taşımak ve her gece uykunun bölünmesi de bu aşırı yorgunluğun oluşmasına katkıda bulunmaktadır.

Dışarıdaki işine dönen bir yeni anne de aşırı yorgunluktan- ve iki işi aynı anda yapmaya çalışmaktan- şikayetçi olabilir. Erken kalkarak, henüz daha işine gitmek üzere evden ayrılmadan, birkaç annelik görevini, sıklıkla da emzirmeyi, yerine getirir. İşi, nefes alabileceği bir dönem şeklinde olabilir, ya da olmayabilir, bu ne kadar stresli olduğuna bağlıdır, ancak eve döndüğünde, tam gün bir yardımcısı veya özellikle yardımcı ve becerikli bir eşi yoksa, çamaşır, yemek, ve bebek bakımı onu beklemektedir. Tüm bunlara ek olarak, gecenin yarısını bebekle ayakta geçirmiş olsa da ertesi sabah yine uyanık ve neşeli görünmesi bekleniyor olabilir. Süper anne için aşırı yorgunluk kaçınılmazdır.

Tabii yorgunluğunuzun tıbbi bir sebebi olup olmadığını anlamak üzere doktorunuzla görüşmek iyi bir fikirdir. Temiz bir sağlık raporu aldığınız takdirde, dinmeyen yorgunluğunuz zaman içinde tecrübe kazandıkça, bebeğiniz gece boyu uyumaya başladığında ve rutininiz oturduğunda kendiliğinden kaybolacağına inanabilirsiniz (tabii tüm çocuklarınız okula başlayana dek tam olarak dinlenememe şikayetiniz olabilir). Enerji seviyeniz de vücudunuzun yeni taleplere uyum sağlaması ile birlikte artacaktır. Bu arada, iyi yediğinizden, biraz egzersize vakit ayırdığınızdan emin olun ve çoğu yorgunluğa da iyi gelen, doğum sonrası depresyonu önlemeye yönelik önerileri deneyin.

AĞRILAR VE SIZILAR

"Oğlumuzun doğumundan beri sırtımda, boynumda, kolumda ve omzumda ağrılar var."

Hiçbir şey, bir bebek ve içi tıka basa dolu bir bebek çantasını gün boyunca oradan oraya taşımayla kıyaslanamaz. Bu ağırlığın yükü yeni anne olanlarda, son zamanlarda yükü paylaşmaya başlayan yeni babalarda da, ortaya çıkan ense, kol, bilek, parmak, omuz ve sırt ağrılarını kolaylıkla açıklayabilir.

Ağrılarınızın kaynağını saptamak gidermeye yönelik ilk adımı oluşturur. (Genellikle anneler ve danıştıkları doktorlar bu bağıntıyı keşfedemeyebilir ve gereksiz yere birçok inceleme yapılarak bir şey bulunamaz.) İkinci adım, önleyici ve tedavi edici girişimlerle bu problemin hafifletilmesidir:

- Henüz hamilelikte aldığınız kilolardan kurtulmadıysanız şimdi yavaş yavaş kilo vermeye başlayın. Aşırı kilo sırtınızdaki yükü artırır.
- Düzenli olarak egzersiz yapın, özellikle de karın kaslarınızı güçlendiren hareketlere ağırlık verirseniz sırtınızı ve kollarınızı taşıyan kasları da güçlendirmiş olursunuz. (sayfa 479'daki doğum sonrası egzersiz programına göz atın)
- Bebeğinizi beslerken rahat bir pozisyon alın. Öne doğru eğilmeyin ve sırtınızın dik dur-

duğundan emin olun - sırtınızı koltuğun arkasına iyice yaslayamıyorsanız arkanıza bir yastık yerleştirin. Bebeğinizi kucağınızda tutarken ve emzirirken veya biberonla beslerken, gerek duydukça kollarınızla koltuğun kollarına veya yastıklara yaslanın. Bacak bacak üstüne atmayın.

- Doğru şekilde eğilmeyi ve yerden bir şey kaldırmayı öğrenin. Ayaklarınızı omuzlarınızın hizasına gelecek şekilde aralayın ve öne doğru eğilirken belinizi değil dizlerinizi bükün. Bebeği veya başka bir şeyi kaldırırken ağırlığı sırtınıza değil kollarınıza ve bacaklarınıza verin.
- Yüksek bir yere uzanmaya çalışmayın, bir tabure üzerine çıkın.
- Duruşunuzun farkında olun. Yürürken, otururken ve yatarken poponuzu ve karnınızı içeri çekin (buna pelvik tilt adı verilir).
- Sert bir yatakta yatın veya yatağınız çok yumuşaksa altına sunta koyun. Ortası çöken bir yatak sizin de çökmenize neden olur. Sırtüstü veya dizlerinizi bükerek yan yatın (yüz üstü yatmayın).
- Bebeğinizin arabasını veya pusetini iterken tutma yerlerinin sizin için uygun yükseklikte olduğundan emin olun. Rahat değillerse ayarlatın, çok kısa iseler uzatıcı kollar takın.
- Eğer omuz ağrısından yakınıyorsanız bez çantasını kolunuza asarak taşıyın ya da sırt çantası kullanın.
- Isıtılmış bir bez veya sıcak bir banyo yardımıyla kas rahatsızlığını veya spazmını azaltmaya çalışın
- Uzun süre ayakta durmayın, ayakta durmak zorundaysanız bir ayağınızı dizinizden bükerek alçak bir tabureye yaslayın. Sert zeminli bir yerdeyseniz ayağınızın altına küçük bir kilim veya minder koyun.
- Koliği olan bir bebeği kucağınıza alarak her gece evin içinde yürümek yerine (altı haftalık olduktan sonra) bir salıncak veya sallanan bir beşik edinin.

İDRAR KAÇIRMA

"İkinci çocuğumu doğurduğumdan beri, öksürdüğümde, güldüğümde veya bir şeyi kaldırmak için zorlandığımda, bir miktar idrar kaçırdığımı fark ediyorum."

Sizin muhtemel sorununuz, özellikle birkaç çocuk doğurmuş kadınlarda, doğumdan sonra sıkça görülen stres inkontinansıdır. Genellikle sebebi, üretra ve mesaneyi destekleyen vajina duvarındaki kasların tonusundaki zayıflıktır. Mesane, zayıflamış duvarı iterek sistosele neden olabilir ya da oradan dışarı doğru şişkinlik yapabilir ki bu da gerçek bir fıtıklaşmadır. Küçük bir sistosel fark edilmeyebilir ancak daha büyük bir tanesi sarkabilir, hatta vajinal açıklıktan dışarı çıkarak inkontinansın yanında ek rahatsızlıklara sebep olabilir. Birkaç boyunca, gün içine yayılmış bir şekilde 200 veya 300 kez Kegel egzersizlerinin yapılması, vajina duvarındaki kasları sağlamlaştırarak problemi çözebilir. İleri vakalarda, durumu düzeltmek üzere cerrahi gerekebilir. Ne yazık ki, rahim alınmamışsa, sistosel rahmin- özellikle de mesaneyi aşağı vajina duvarının içine doğru iten gebe bir rahmin ağırlığına bağlı olarak tekrarlayabilir.

ARKADAŞLAR

"Çocuğu olmayan arkadaşlarımın yanında rahat edemiyorum, fakat bebeği olan başka kimseyi de tanımıyorum. Kendimi çok yalnız hissediyorum."

Kişinin hayatındaki önemli değişiklikler, yeni bir okul, yeni bir iş, yeni bir evlilik, yeni bir topluluğa karışma, boşanma, çocukların yuvadan uzaklaşması, emeklilik, dul kalmak hemen her zaman kişinin hayatını şu veya bu şekilde etkiler. Yeni bir bebeğin dünyaya gelmesi de bu açıdan daha farklı değildir. Ancak, birçok kadın anne olduklarında diğer zamanlardan farklı olarak arkadaşlıklarındaki dengenin değişmesiyle nasıl baş edecekleri konusunda kararsızdırlar. Belki de bunun nedeni sizin kendinizi nasıl gördüğünüzle başkalarının sizi nasıl gördüğü arasında bu kadar çok fark olan başka bir durumun bulunmamasıdır (bazı kadınlar için boşanma veya dul kalma da kendilerini tanımlamada değişikliğe yol açabilir).

Bebekten sonra birçok faktör sosyal yaşantınızda değişikliklere neden olabilir. Öncelikle sosyalleşmek için zamanınız ve enerjiniz çok azalır. Bir diğeri, tekrar işe başlayana kadar -bebeğinizin doğumundan itibaren altı hafta da sürebilir altı yıl da- iş çevrenizdeki arkadaşlarınızdan hem fiziksel hem de duygusal olarak uzaklaşırsınız. Bir başka sebep de henüz değişmediyse bile çok yakında ilgi alanınızın değişecek olmasıdır. Dış politika, sinema, edebiyat hatta dedikodu hakkında konuşmak hoşunuza gitmeye devam etse bile son zamanlarda konuştuğunuz konuların çoğu bebeklerin egzersiz sınıflarının faziletleri, çeşitli pişik kremlerinden hangisinin daha iyi olduğu, bir bebeğin nasıl susturulabileceğine dair gözlemler ya da nasıl daha çok uyunabileceği, bebeğinizin kendi kendine dönmesi veya ilk dişini çıkarması konulu böbürlenmeler olacaktır. Sosyal hayatınızı olumsuz etkileyebilecek bir diğer faktör de bekar arkadaşlarınızdan bazılarının sizin yanınızda olmaktan rahatsız olabilmesidir. Bunun nedeni kısmen sizin onlarla ortak konularınızın azalması kısmen de onların bilinçli veya bilinç dışı olarak sizin yeni ailenizi kıskanmalarıdır. Son olarak da iş (veya parti veya tenis) arkadaşlıklarınız bir değişimden geçebilecek kadar derin olmayabilir.

Çoğu kadının arzusu, kadın olma özelliklerini anne olma özellikleriyle kaynaştırıp her ikisinden de ödün vermemektir. Bu kolay değildir. Yalnız eski arkadaş çevrenizle birlikte olmak şu anda anne olduğunuzu kabul etmemek anlamına gelebilir. Eski arkadaşlarınızı bırakıp yalnız yeni anne olan kadınlarla arkadaşlık etmeye başlamanız da eski halinizi reddetmek sayılabilir. Sizin içinde bulunduğunuz tüm kadın rollerini tatmin edebilecek en iyi çözüm, eski arkadaşlarınızdan bir kısmıyla görüşmeye devam ederken yeni arkadaşlar da edinmektir.

Eski arkadaşlarınızı sosyal ortamlarda -örneğin öğlen yemeği, bale gösterisi, bir seminer gibi- görmeye devam edin. Onlar bebeğiniz ve yeni yaşam şekliniz hakkında siz de onların hayatındaki eski ve yeni şeyler, iş ve özel yaşantıları konusunda konuşmak isteyeceksiniz. Sizi bir araya getiren ortak konularda konuşmaya gayret edin. Başlangıçta kendinizi biraz tedirgin hissedebilirsiniz fakat kısa süre içinde hangi arkadaşlıklarınızın devam edeceğini hangilerinin ise doğum günleri ve bayram kutlamalarıyla sınırlı kalacağını anlayabilirsiniz. Eski arkadaşlarınızdan bir veya birkaçının yeni yaşantınızla yakından ilgilendiğini ve size destek olmak istediğini görerek şaşırabilirsiniz. Bağlantınızın koptuğunu düşündüğünüz eski arkadaşlarınızdan bazıları da kendi ailelerini oluşturmaya başladıkça tekrar sizi aramaya başlayabilirler.

Çevrenizde yeni anne olmuş kadınlarla arkadaşlık kurmanız oldukça kolay olabilir. Yalnızca yeni annelerin bir araya geldikleri ortamlarda (oyun parkları, egzersiz sınıfları, anne grupları, oyun grupları, kilise veya sinagog) bulunmanız yeterli olacaktır.

Yalnızca bebekler konusunda konuşacağınız değil sizinle başka ortak zevkleri de paylaşabilecek arkadaşlar seçin böylece arkadaşlıklarınız çok yönlü olur, bebek bezleri ve bebek bakımı dışında konuşacak konularınız da bulunur - yine de çoğu zaman bebeklerin en önemli konuyu oluşturduğunu göreceksiniz.

FARKLI ANNELİK YÖNTEMLERİ

"En yakın arkadaşım son derece rahat ve dağınık, yedi aylık bebeği akşam yemeği saatine kadar öğlen yemeğini yememiş olsa bile endişelenmiyor, onu partilere götürüp geç saatlere kadar kalıyor ve işe başlama konusunda hiçbir acelesi yok. Ben ise her konuda -yatma zamanı, yemekler, temiz kıyafetler- titizim ve oğlum üç aylık olduktan sonra yarı-zamanlı bir işe başladım. Hangimiz yanlış yapıyoruz?"

Hiç kimse. Her anne kendisi için en rahat olan şekilde annelik yapar. Siz de arkadaşınız da birbirinizin annelik yöntemini benimsemeye çalışsanız her ikiniz de sinir krizi geçirebilirsiniz. Yanlış yaptığınız konusunda endişe etmenizi gerektiren bir şey olursa bunu bebeğiniz size -ağlayarak, sıkıntılı ve üzgün görünerek, veya fiziksel olarak beklenen şekilde gelişmeyerek- belli edecektir ve sizin annelik yönteminizden tatmin olmadığını belirtecektir. Böyle bir şey olursa bazı değişiklikler yapmanız gerekebilir çünkü bebekler de tıpkı anneleri gibi farklı tarzlara sahip bireylerdir.

Sağlıklı ve mutlu bir bebek, tarzı ne olursa olsun annesine "Çok iyi bir iş yapıyorsun!" demektedir.

HASTALIK SIRASINDA EMZİRMEK

"Nezleye yakalandım. Bebeğimi hasta etmeden emzirmeyi sürdürebilir miyim?"

Bebeğinizi emzirmek, onun sizin mikroplarınıza (ve çevresindeki diğer mikroplara) karşı direncini artırmak ve sağlıklı kalmasını sağlamak için en etkili yoldur. Sizin sütünüz aracılığıyla nezle veya grip mikrobunu alamaz ancak sizinle temas ettiği başka yollardan bu mikropları kapabilir. Enfeksiyonun yayılmasını önlemek için bebeğinizi kucağınıza almadan, ona ait eşyaları ellemeden ve onu emzirmeden önce her zaman ellerinizi yıkayın; tüm önlemlerinize rağmen hastalanırsa sayfa 370'deki tedavi önerilerini uygulayın. Kendi iyileşmenizi hızlandırmak, kuvvetinizin ve süt miktarınızın azalmasını önlemek için nezle veya grip olduğunuzda bol bol sıvı içeceklere yönelin (uyanık olduğunuz sürece saat başı su, meyve suyu, çorba veya dekafeine çay), vitaminlerinizi alın, günlük beslenmenize (özellikle de günlük C vitamininizin karşılandığından emin olun) dikkat edin ve fırsat buldukça dinlenin. Burnunuz tıkalıysa birkaç gün süreyle süt yerine meyve suyu içmeniz bunu azaltabilir (bu teori tam olarak kanıtlanmamıştır). İlaca gereksiniminiz olup olmadığı konusunda doktorunuza danışın - önerilmediği sürece herhangi bir ilaç almayın.

"Mide virüsü" ile enfekte olduğunuzda veya bağırsak enfeksiyonunuz varsa bebeğinizi enfekte etmemek için yine önlemler almalısınız - anne sütüyle beslenen bebekler bu tür enfeksiyonlara karşı korunmuş gözüktükleri için risk düşüktür. Tuvalete gittikten sonra bebeğinizi veya onun ağzına sokabileceği herhangi bir şeyi ellemeden önce ellerinizi yıkayın. Çok miktarda sıvı alın (özellikle de sulandırılmış meyve suları veya kafeinsiz çay[1]) böylece ishal veya kusmayla kaybettiğiniz sıvıları yerine koyabilirsiniz, katı yiyeceklerden yiyebilecekleriniz ise tost ekmeği, haşlanmış pirinç, kabuğu soyulduktan sonra haşlanmış veya fırınlanmış patates, muz, elma püresi ve jelatinli tatlılardır. (Bkz. Sayfa 568)

Nezle ve soğuk algınlığı gibi hastalıklar anne sütüyle bebeğe geçmese de hepatit geçebilir. Bu hastalığa yakalanırsanız bebeğinizin doktoruyla konuşarak emzirmeyi kesip kesmeyeceğinizi sorun. AIDS de anne sütüyle geçebilir; AIDS konusunda deneyimli bir çocuk doktoruyla konuşarak emzirmenin önerilip önerilmeyeceğini öğrenin.

"Ağzımda uçuk çıktı, bebeğime de geçer mi?"

Dudakta veya ağzın çevresinde çıkan uçuğun etkeni herpes virüsüdür fakat cinsel bölgede uçuk yapandan farklı bir türdür. Çoğu kişi ilk kez çocukluklarında uçuk virüsüyle tanışırlar, genellikle o sırada ateş yüksektir ve ağızda yaralar vardır. Akut dönem geçtikten sonra virüs vücutta aylarca hatta yıllarca uykuya dalabilir. Fiziksel veya duygusal stres dönemlerinde ise tekrar canlanabilir. Alevlenmenin en belirgin işareti içinden sıvı sızan su toplaması şeklinde bir yaradır ve daha sonra kurur. Su toplaması devresinde virüs başkalarına bulaşabilir fakat herkesin bu virüsten etkilenmediği düşünülmektedir.

Enfeksiyonun bebeğinize geçmesini önlemek için onu veya ağzına sokabileceği herhangi bir şeyi (elleri, biberon, emzik ve meme uçlarınız) ellemeden önce ellerinizi iyice yıkayın -onu öpmeyin ve aynı bardaktan içmeyin. Eczaneden temin edebileceğiniz tablet şeklindeki laktobacsil'i (yoğurt yapımında da kullanılan bakteri kültürü) tarif edildiği şekilde uygulayarak uçuk baş gösterdiği sırada tedavi edebilirsiniz ya da yeni çıkmaya başlamış bir uçuğun büyümesini engelleyebilirsiniz. Bu tedaviyi veya doktorunuzun önereceği herhangi başka bir yöntemi kullanabilirsiniz.

Aktif bir genital herpes enfeksiyonunuz varsa tuvaleti kullandıktan sonra ve bebeği beslemeden önce ellerinizi iyice yıkayın; eğer henüz enfekte olmadıysa eşinizi korumak için prezer-

1. Bir zamanlar popüler olan kola, gazoz veya karbonatlı içeceklerle yapılan tedavi bu içeceklerdeki şekerin de diareye yol açabileceği düşüncesiyle artık kullanılmamaktadır.

vatif kullanın. Bebeği uçuklardan ve uçukla temas ettiğini düşündüğünüz herhangi bir giysiden uzak tutmak için üzerinize temiz bir elbise giyin veya bebeğinizi beslemeden ya da kucağınıza almadan önce dizinize temiz bir havlu serin. Herpes yenidoğanlar için çok riskli olduğu için doğumdan hemen sonra uçuk çıkması durumunda çok dikkatli olun.

DEPRESYONUN DEVAM ETMESİ

"Doğum sonrası depresyonundan bir türlü kurtulamadım. Bebeğim dört aylık oldu, benim hâlâ enerjim yok. Kendimi herhangi bir şey yapabilecek veya herhangi bir kimseyi görebilecek hatta evden çıkabilecek gibi hissetmiyorum. Eşim yardıma ihtiyacım olduğunu düşünüyor fakat ben kendi kendime düzeleceğimi umut ediyorum."

Belki kendi kendinize düzeleceksiniz, belki de böyle olmayacak. Bin vakadan birinde doğum sonrası depresyon o kadar şiddetli ve uzun süreli olabilir ki yeni annenin duygusal olarak dengeye kavuşabilmesi için profesyonel bir yardım gerekebilir. Uzamış depresyonunuz sizin de bin kişiden biri olabileceğinizi düşündürüyor. Kendi kendinize depresyonu yeneceğiniz beklentisiyle daha fazla sıkıntı çekmenizin (ya da ailenizin de sıkıntı çekmesinin) bir anlamı yok - bir an önce yardım alın. Önce kadın-doğum doktorunuzla veya aile hekiminizle konuşun; size yardımcı olabilir, eğer olamazsa sizi bir uzmana sevk edecektir. Probleminiz duygusal olmaktan çok fiziksel olabilir (hormonlarınızdaki bir dengesizlik nedeniyle) ve bir tıp doktoru size, tıbbi eğitimi olmayan bir terapistten daha çabuk ve daha doyurucu şekilde yardım edebilir. Bazı durumlarda hormon tedavisi yararlıdır.

Yardım için kime başvurursanız başvurun, bunu bir an önce yapın. Doğum sonrası depresyonundan ne kadar çabuk kurtulursanız o kadar çabuk bebeğinizden ve annelikten keyif almaya başlayabilirsiniz.

KENDİNİZE ZAMAN AYIRMAK

"Yeni doğan kızımın ihtiyaçlarıyla ilgilenmekten kendi ihtiyaçlarımla ilgilenmeye vakit bulamıyorum. Bazen duş almaya bile vaktim olmuyor."

Küçük bebeklerin anneleri için en küçük şeyler bile büyük önem taşır. Daha önce önemsiz kabul edilen şeyler bile örneğin sıkıştığınızda tuvalete gitmek, kahveyi sıcak sıcak içebilmek veya öğlen yemeğini oturarak yemek, sahip olamayacağınız lüksler haline gelir.

Yine de size ait olduğunu bildiğiniz bir zaman ayırmanız önemlidir. Bu sadece sizin (ve kocanızın) ihtiyaçlarınızın da olduğunun hatırlanması için değil, aynı zamanda da bebeğiniz büyüdükçe ve çevresinde olan bitenleri anlamaya başladıkça bunu anlaması için gereklidir. "Anne" bir "azize" değildir. Tuvalete gitmeyi sürekli ertelediğiniz için sık sık idrar yolu enfeksiyonu geçirmeniz, sürekli atıştırarak yediğiniz için hazımsızlık çekmeniz, duş yapmayı sürekli ertelediğiniz için her zaman yağlı saçlarla gezmeniz gerekmez. Bebeğinizin ihtiyaçlarını ihmal etmeden kendinizinkileri karşılamak için epeyce çalışmanız gerekse de sonuç her ikiniz için de iyi olacaktır. Ne de olsa mutlu bir anne daha iyi bir annedir.

Kendiniz için nasıl zaman ayırabileceğiniz sizin günlük iş planınıza, önceliklerinize ve ne için zaman ayırmak istediğinize bağlıdır. Aşağıdaki önerilerden yararlanarak yaşantınıza biraz özel zaman katabilirsiniz:

Bırakın bebeğiniz ağlasın. Tabii ki yarım saat değil, fakat siz dişinizi fırçalarken veya bir rimel ve ruj sürmeye çalışırken yatağına koyduğunuzda birkaç dakika ağlaması ona bir zarar vermeyecektir.

Bebeğinizi de dahil edin. Öğlen yemeği için oturduğunuzda bebeğiniz de size katılsın. Henüz katı gıdalara başlamadıysa onu bir mama koltuğuna oturtun ve siz yemek yerken onunla konuşun. Hava güzelse ve bir pusette daha sakin oturuyorsa yemeğinizi alarak parka gidin. Tuvaletinizi yaparken onu da bebek koltuğuyla banyonun zeminine oturtun - böylece tuvalet eğitimini de daha erken yapabilirsiniz. Veya duş alırken perdeyi açıp kapatarak cee-eee oynayın.

Babasından yardım alın. Sabah babasıyla kahvaltı ederken duş alın veya cumartesi öğleden sonra babası çocuğunuzu gezmeye götürdüğünde yüz bakımınızla ilgilenin. Boş zamanında bebeğinizi eşinize teslim ettiğiniz için suçluluk duymayın; annenin işi (tam-gün de yarım-gün de olsa) maaş ödenen her işten daha yoğun ve ağırdır.

Yardımlaşın. Kendilerine zaman ayırmak isteyen diğer annelerle işbirliği yaparak birbirinizin bebekleri için bakıcılık yapın. Hafta içinde bir sabah veya öğleden sonra arkadaşınızın ve kendinizin bebeğiyle oturun ve o bu arada yapması gereken şeyleri yapsın; bir diğer seferinde aynısını o yapsın.

Yardımcı bulun. Yarım-gün bakıcılık yapacak birine bile para ödemeniz zor olabilir fakat akşam yemeğini hazırlarken veya diğer ev işlerini yaparken bebeğinizi eğlendirecek bir ergene verecek paranız vardır.

BEBEĞİNİZİN SİZİ UNUTMASI

"Birkaç hafta içinde işe başlayacağım. Beni en çok endişelendiren şey akşamları eve döndüğümde bebeğimin beni tanımaması"

Bu kaygı, çok kısa bir süre için ve herhangi bir nedenle bebeğinden ayrılmak zorunda olan annelerin kaygı listesinin başında yer almaktadır. Fakat bu kaygı kolayca listenin tepesinden silinebilir. Bebekler çok erken dönemden itibaren annelerini tanımaya başlar, hatta doğum sırasında seslerini tanıyabilirler ve gün boyunca uzakta kalsalar da annelerini unutmazlar.

NİTELİKLİ ZAMAN GEÇİRMEK

"Çocuklarla birlikte geçirilecek zamanın nitelikli olması gerektiği konusunda çok şey duyuyorum. Hemen hemen bütün günlerimi oğlumla geçirmeme rağmen o kadar meşgulüm ki bunun nitelikli olduğundan pek emin değilim."

Çalışan kadınların sayısının artmasıyla (aslında tüm kadınlar çalışıyor) "nitelikli zaman" terimi moda oldu: bir anne çocuğuyla birlikte yeterince zaman geçiremiyorsa en azından birlikte geçirdiği zamanı en iyi şekilde değerlendirmelidir. Bu teoriye göre zamanın miktarının önemi yoktu. Ancak, miktarın çok olması da niteliğin bir göstergesidir. Nitelikli bir bakım yapabilmek için işinizi gücünüzü bırakıp bütün gün yerde oturarak çocuğunuzla oyun oynamanız gerekmez. Onun bezini her değiştirdiğinizde gülümserken, onu beslerken onunla konuştuğunuzda ya da ona banyo yaptırırken banyo oyuncaklarıyla oynayarak su sıçrattığınızda nitelikli bir zaman geçiriyorsunuz. O etrafta yürüteciyle yürürken siz mutfaktan seslenerek onunla konuştuğunuzda, araba kullanırken şarkı söylediğinizde, elektrik süpürgesiyle evi temizlerken oyun alanının içindeki çocuğunuzu gıdıkladığınızda veya siz faturaların başında otururken o da yerde küp bloklarıyla oturduğunda da bunu yapıyorsunuz. Nitelikli bir anne-babalık, çocuğunuzla geçirdiğiniz zaman içinde onunla pasif veya aktif olarak ilgilenmenizi kapsar ve çocuğuyla uzun zaman geçiren sevecen ve duyarlı bir anne istese de bundan kaçınamaz. Yalnızca bebeğinizi gözlemleyerek bu konuda başarılı olup olmadığınızı anlayabilirsiniz - gülümsüyor mu, kahkahalar atıyor mu, yanıt veriyor mu, genellikle mutlu görünüyor mu? Eğer bu soruların cevabı evet ise nitelikli bir bakım alıyor demektir.

"Tüm gün evin dışında çalışan bir anne olarak kızımla yeterince nitelikli zaman geçiremediğimi düşünüyorum."

Çocuğu veya çocuklarıyla geçirdiği zamanın nitelikli olup olmadığı konusunda baskı (ki bu tür bir baskı performansı artırmaz) yaşamadan da çalışan bir anne yeterince baskı altındadır. Bebeğinizle birlikte geçirebileceğiniz zaman kısıtlıysa her dakikanın yararlı olmasına çalışırsınız. Bunun imkânsız olduğunu baştan kabul etmek (çocuk bakımı dışında yapmanız gereken şeyler de olacaktır, bebeğinizin o sırada başka şeylerle ilgilenmesi söz konusu olabilir, sizin veya onun keyifsiz olduğu anlar gelecektir) şaşırtıcı bir şekilde onunla birlikte geçireceğiniz zamanın iyi değerlendirilmesini sağlayacaktır. Yapabileceğiniz diğer şeyler şunlardır:

Doğal davranın. Kapıdan girmeden önce Süperanne şapkanızı takmanıza gerek yok. Çocuğunuzun tek istediği sizsiniz. Onunla birlikte geçirdiğiniz her dakikayı onu uyarıcı aktivitelerle doldurmanız gerekmez. Bunun yerine spontan olun ve bebeğinizin size verdiği ipuçlarını değerlendirin (günün sonunda aktif bir oyun için fazlasıyla yorgun olabilir). Nitelikli zaman geçirmek birlikte zaman geçirmektir, bu birlikte yemek yemek de olabilir, birbirine sarılmak da ya da aynı odada bulunmak da (aynı şeyi yapmasanız bile).

Bebeğinizi de işin içine katın. İş kıyafetlerinizi değiştirirken onu da yatak odanıza götürün veya eve geldikten sonra yaptığınız rutin işlere katılmasını sağlayın. Siz mektupları açarken o boş zarflarla oynayabilir, siz marketten aldıklarınızı yerleştirirken o torbaları boşaltabilir, ya da siz yemeği hazırlarken o tencere ve tavaları birbirine vurabilir.

Ona gününüzü anlatın. Bu iki işe yarayacaktır. Birincisi onunla iletişim kurmuş olacaksınız (ne söylediğiniz anlamasa da sizin konuşmanızı dinlemek hoşuna gidecektir). İkincisi, gün içinde yaptıklarınızı anlatarak rahatlayacaksınız ve işten ev hayatına geçişiniz daha kolay olacaktır.

Evinize daha az özen gösterin. Zamanınız bu kadar değerliyken bunun daha az bölümünü daha az önemli şeylerle harcayın (örneğin temizlik, yemek pişirmek ve giyeceklerin bakımı). Yemek yaparken mümkün olduğunca kestirme yollar kullanın (yiyeceğinizin iki katı kadar yemek pişirin, yarısını dondurarak bir başka akşam ısıtıp yemek üzere ayırın; dondurulmuş sebzeleri kullanın; salatayı evinizin yakınındaki bir salata barından temin edin). Bütün hafta boyunca toz biriksin ve hafta sonu eşinizle birlikte toz alın. İmkanınız varsa haftada bir temizliğe birini çağırın. Ütü istemeyen giyecekler kullanın, rötuşları ihmal edin ve gömleklerinizin mükemmel görünmesi gerekiyorsa ütületin.

Yemeğinizi geciktirin. Ya da bebeğiniz yatana kadar yemek yemeyin. Geç saatte yemek yemek sindirim açısından iyi olmayabilir fakat böyle yaparak bebeğinizin uyanık olduğu saatlerde onunla(o yemek yerken tüm dikkatinizi ona verin), uyuduktan sonra da eşinizle (o sırada ilginizin odağı olan eşinizle) daha fazla vakit geçirebilirsiniz. Daha sonraları aile yemekleri önemli olacak fakat şu anda gerekli değildir. Hatta bu yaştaki bir bebekle birlikte yemek yemek o kadar yorucu olabilir ki birlikteliği sağlayacağı yerde kavgalara yol açabilir.

Dikkatinizi dağıtmayın. Saat altıdaki haber bültenini izlerken bebeğinizle kaliteli bir zaman geçiremezsiniz. Televizyon izlemeyi, radyo dinlemeyi ve telefonlarınızı bebeğiniz uyuduktan sonraya erteleyin. Yatma saatine kadar kimseyle konuşmamak için telesekreteri devreye sokun.

Eşinizi dışlamayın. Bebeğinizle kaliteli zaman geçirmek isterken ailece geçirilecek zamanı ihmal etmeyin. Bebeğinizle yaptığınız şeylere, banyo yaptırmadan gıdıklamaya kadar, eşinizi de dahil edin. Birçok nedenden ötürü, eşinizin bebeğinizle baş başa zaman geçirmesinin önemli olduğunu da aklınızdan çıkarmayın. Bu onun, daha önceki nesillerin babalarının kaçırdığı katılımcı babalığın zevkini yaşamasına yardımcı olacaktır. Bebeğinize de iki farklı bireyle yakın olmanın yararını sunacaktır. Geçirdiği kaliteli zamanı da ikiye katlayacaktır.

ROMANTİZME ZAMAN AYIRMAK

"Eşim de ben de işlerimizle, yeni doğan oğlumuzla ve evle öyle meşgulüz ki birbirimize ayıracak zaman bulamıyoruz. Böyle zamanlarda ise çok yorgun olduğumuz için yeterince değerlendiremiyoruz."

Bebeğinizin varlığı istenmeyen bir kalabalık oluşturmasa da günlerinizi ve gecelerinizi o kadar çok doldurur ki baş başa kalacak zamanınız kalmayabilir. Yeni anne-baba olunan dönemde çiftlerin birbirlerine yaklaşmalarından çok birbirlerinden uzaklaşmaları görülebilir. Eşinizle ilişkiniz hayatınızdaki en önemli şeydir - hatta çocuğunuzla olan ilişkinizden daha önemlidir (çocuklar büyüyerek yuvayı terk ederler fakat eşiniz yaşlılığınızda da sizinle beraberdir). Her şeyden önce birbirinize olan aşkınız sayesinde bir aile oluşturdunuz ve bunu devam ettirip besleyecek olan yine bu aşktır.

Karı-koca ilişkisi kolaylıkla hafife alınabilen bir ilişkidir. İkinizden biri işinizi ya da bebeğinizi ihmal etseydiniz sonuçları çabucak görülürdü. Temizlik ve yemek yapma gibi ev işlerini ihmal etmek bile hemen anlaşılır. Bir evliliğin ihmal edilmesi ise başlangıçta anlaşılamayabilirse de çiftler ne olduğunu anlayana kadar ilişkiyi yıpratabilir.

İlişkinize gereken önemi verin ve aşk ateşini canlı tutmak için bilinçli bir çaba gösterin, sönmeye başladıysa tekrar canlandırmaya çalışın. Önceliklerinizi gözden geçirin ve zamanınızı yapmanız gereken şeylere göre düzenleyin fakat baş başa zaman geçirmek için de bir zaman ayırın. Bunun yollarından biri bebeğinizi erken yatma programına sokmaktır (nasıl olacağı konusunda sayfa 153'teki önerilerden yararlanın), böylece birbirinize ayırabileceğiniz kaliteli zamanınız olur. Rahat bir akşam yemeğini paylaşın (televizyon, telefon, gazete ve ağlayan bebek yasak). Bir kadeh şarap gevşemenize yardımcı olur (üç-dört kadeh içmeye kalkarsanız tamamen kendinizden geçebilirsiniz); mum ışığı ve fonda hafif bir müzik sizi romantizm havasına sokacaktır.

Böyle geçirilecek her akşam sevişmeyle sonlanmayabilir. Hatta ilk ayların yorucu temposu içinde sevişme nadiren gerçekleşir ve gerçekleşecek olsa bile bir süre sizin ilginizi çekmeyebilir. Şu sırada sözlü olarak sevişmek ilişkiniz açısından cinsel birleşmeden daha yararlı olabilir. Sürekli bebek hakkında konuşmayın, bu hazırladığınız gecenin amacını ortadan kaldırabilir.

En az ayda bir kez dışarıda romantik bir akşam geçirmeye çalışın, daha sık olması daha da iyi olur. Yemek yiyin, sinemaya gidin, arkadaşlarınızı ziyaret edin veya birlikte yapmaktan en çok hoşlandığınız şeyleri yapın. Ortak zevklerinizi uygulama için hafta sonları da bebeksiz birkaç saat ayarlamaya çalışın. Bir bakıcı tutun, komşunuzla nöbetleşe olarak çocuklara bakın, ya da bir büyükanne ya da büyükbabadan yardım isteyin (bu her iki taraf için de iyi bir anlaşmadır).

Eğer programınıza düzenli bir randevu sıkıştıramıyorsanız programınızı gözden geçirmeniz gerekir. Belki de çok fazla şey yapmaya çalışıyorsunuz. Biriniz veya ikiniz de çalışma saatleriniz azaltıp, bir kursu kaçırıp, bir maça gitmeyip veya bir akşam bowling oynamayıp ya da TV izlememeyi deneyebilirsiniz.

BABASININ BEBEĞİNİZE OLAN İLGİSİNİ KISKANMAK

"Biliyorum bu kulağa tuhaf geliyor ama eşimin kızımızla geçirdiği zamanı kıskanıyorum. Bazen bana da ona gösterdiği ilginin yarısını gösterse diye düşünüyorum."

Dışarıdan bakan birine zararsız -hatta çok sevimli- görünse bile bir babayla çocuk arasında gelişen romantizm eşinin ilgisini paylaşmaya alışık olmayan bir kadın için son derece tehditkâr olabilir, hele de hamileliği süresince eşinin aşırı ilgisine maruz kaldıysa.

Aile dinamikleri yerine oturdukça kıskançlık hisleriniz kendiliğinden azalacaktır ama bu sırada yapabileceğiniz bazı şeyler vardır:

Kendinize güvenin. Yapmanız gereken ilk şey, yaşadığınız bu duygunun abartılı, kötü, bencilce, ahlaksız ve hatta utanç verici olmadığını, normal ve sık rastlanan bir durum olduğunu kabul etmektir. Suçluluk duygunuzu ortadan kaldırın.

Memnun olun. Bebeği ile vakit geçirmekten hoşlanan bir eşiniz olduğu için ne kadar şanslı olduğunuzu düşünün. Giderek erkekler de çocuk bakımında rol almaya başlasalar da bunun standart bir davranış olmadığını bilin. Onların birlikte zaman geçirmesinden yararlanarak yapmanız gereken ev işlerini veya kendinizle ilgili şeyleri halledin. Aralarında gelişen sevgiyi takdir ederek izleyin ve bunu destekleyin; şu anda kurdukları bağlar hayat boyu, her şeye itiraz edilen iki yaşında da, çalkantılı ergenlik devresinde de, devam edecek ve kızınızın daha iyi bir kadın olmasına (ya da oğlunuzun daha iyi bir erkek olmasına) yardımcı olacaktır.

Siz de katılın. Bir babayla çocuk elbette ki başbaşa zaman geçirmelidir fakat bazen üçüncü kişiye de yer vardır. Gıdıklama oyununa katılın (o karnını gıdıklarken siz de ayaklarını gıdıklayın), bir kitap okudukları sırada siz de yatağa kıvrılın, halının üzerinde kovalamaca oynadıklarında siz de oyuna dahil olun.

Dürüst ve açık olun. Eşiniz ve çocuğunuz sizi oyuna katmak istemezlerse hemen omuzlarınızı düşürüp bir köşeye çekilmeyin. Yeni bir arkadaş edinmenin heyecanı ile eşiniz sizi (göreceli olarak eski arkadaşını) dışladığının farkında olmayabilir; hatta size yardım ettiğini bile düşünebilir. Onu suçlamadan ve savunmaya geçmesine neden olmadan neler hissettiğinizi ve bu konuda neler yapabileceğini tam olarak söyleyin (örneğin, her ikinize de ne kadar güzel göründüğünüzü söylemesini isteyin, evden çıkarken ve eve döndüğünde her ikinizi de öpmesini söyleyin, zaman zaman spontan olarak her ikinize de sokulmasını belirtin). Eğer ne istediğinizi bilmezse gereksinimlerinizi karşılayamaz.

Onun yanında olun. Bir ilişkinin iki yönlü yürüdüğünü unutmayın. Siz de böyle davranmadığınız sürece eşinizin size daha fazla ilgi göstermesini bekleyemezsiniz. Kendinizin de tüm zamanınızı, enerjinizi ve sevginizi bebeğinize yöneltmediğinizden ve eşinizi tüm bunlardan mahrum etmediğinizden emin olun. Sizin onun üzerine düşerseniz o da sizin üzerinize titreyecektir.

Bebeğinizin yanında da olun. Belki de eşiniz farkında olarak veya olmayarak bebeğinizin sizden görmediği ilgiyi yerine koymaya çalışıyor. Belki de siz diğer sorumluluklarınıza dalıp (işiniz, ev işleri, gönüllü kuruluşları, spor veya başka bir şey) çocuğunuza olması gerekenden daha az zaman ayırıyorsunuz. Eğer durum böyleyse bebeğinizin bir şekilde ebeveyn ilgisi almasından memnun olun ve önceliklerinizi gözden geçirerek sizin tarafınızdan da daha fazla ilgi görmesini sağlayın.

EŞİNİZİN BEBEK BAKIMI KONUSUNDAKİ YETENEĞİNİ KISKANMAK

"Annelerin bebek bakımı konusunda doğal bir yetenekleri olduğunu sanıyordum. Fakat eşim oğlumuzun bakımı konusunda çok becerikli - onu güldürüyor, sakinleştiriyor, sallayarak uyutuyor - ben bunların hiçbirini yapamıyorum. Bu da benim kendimi güvensiz ve yetersiz hissetmeme yol açıyor."

Her ebeveynin çocuğuna sunabileceği bazı şeyler vardır ve bunların hiçbiri diğerinden daha değerli veya daha çok arzu edilen şeyler değildir, özellikle de sağladıkları yararın boyutu düşünülürse. Bazı anne-babalar bebeğin yetiştirilmesi sırasında oyun ve eğlence (havaya atıp tutma, bebeği güldürme, cee-eee oynamak) sağlanması açısından daha iyiyken bazıları da gerekli işlerin yapılmasında (besleme, yıkama, güreşmeden bebeği giydirme) daha yeteneklidir. Eşiniz gibi bazıları da çok iyi iletişim kurabilir.

Yine de bir ebeveyn diğerinin yetenekleri konusunda kıskançlık hissedebilir. Aşağıdaki öneriler bu tür duygularınızın azalmasına yardımcı olabilir:

Kendiniz şanslı kabul edin. Bebek bakımı konusunda istekli ve yetenekli bir baba bulunmaz bir nimettir ve annenin sırtındaki yükü azaltır. Mümkün olduğu sürece bebek konusundaki sihirli gücünü kullanmasını sağlayın. Her ortaklıkta (ebeveyn olmak da kuşkusuz bir ortaklıktır) herkes en iyi bildiği ve en iyi yaptığı şeyle katkıda bulunur.

Kadın şovenisti olmayın. Kadınların bebek bakımı konusunda doğal olarak daha iyi olduğunu söyleyen cinsel stereotiplere inanmayın, bu doğru olmadığı gibi uzun vadede herkes için yıkıcı bir görüştür. Meme verme dışında annelerin babalara kıyasla doğal olarak daha donanımlı olduğu başka bir bebek bakımı sorumluluğu yoktur. Bazı anne-babaların (hangi cinsten olursa olsun) bebek bakımı konusunda doğal bir yeteneği varken bazılarının da bu konuda çok çalışmaları gerekebilir. Fırsat tanınırsa, her cinsteki ebeveyn kendindeki yeteneksizliği bertaraf edebilir.

Kendinize daha fazla değer biçin. Bebeğiniz için neler yaptığınızı ya da ne kadar iyi yaptığınızı fark etmiyor olabilirsiniz - ancak bebeğiniz her şeyin farkındadır ve sizsiz yapamaz.

Kendinize şans da tanıyın. Bazı ebeveynlik özellikleri sizin için eşiniz için olduğu kadar kolay olmayabilir fakat her zaman böyle olacağı anlamına gelmez. Eğer emziriyorsanız bebeğinizi memeden kestikten ve sütün bebeğinizin dikkatini dağıtıcı etkisi ortadan kalktıktan sonra siz de eşiniz gibi onu göğsünüze yaslayarak sakinleştirebilirsiniz. Biraz pratikle ve bu konuya dikkatinizi yoğunlaştırmazsanız siz de bebeğinizin sevdiği çocuk şarkılarını ve ninnileri söyleyebilirsiniz, parmak oyunları ve komik surat şekilleri yapabilirsiniz ve onu rahatlatan bir ritimde sallayabilirsiniz.

Eşiniz yaptığında işe yarayan şeyleri taklit etmek yerine size doğal gelen şeyleri yapın. Yenik düşmüş bir edayla işe kalkışmazsanız (tahmin ettiğinizden daha akıllı olan bebeğiniz bunu hemen sezecektir) başarı şansınız artar. Kendinize şans tanıdığınızdan da emin olun. Eğer bebek bakımı konusunda sizin üzerinize düşen görevler daha çok iş daha az oyun içerikliyse (bez değiştirmek veya hoşlanmadığı şampuanlama işlemi) eşinizle işbölümünü tekrar planlayın. O daha az çekici işlerden bir kısmını üstlendiğinde size de daha fazla eğlenceli olanlar kalabilir.

Çocuğunuzun babasıyla ilişkisi ne kadar iyi olursa olsun gözünün sizden başka kimseyi görmeyeceği durumlar da olacaktır ve yakında çok sık duyacağınız "annemi isterim" sözcükleri başlayacaktır.

BİR KADIN OLARAK TAKDİR EDİLMEDİĞİNİ DÜŞÜNMEK

"Oğlumuz doğduğundan beri eşimin beni sevdiği kadın olarak değil de çocuğunun annesi olarak gördüğünü düşünüyorum."

Bir erkek büyürken annesinin seksüel bir canlı olduğunu düşünmez veya düşündüğü anlar olsa bile bu düşüncelerini kafasından uzaklaştırmayı kısa sürede öğrenir. Hayatındaki seksüel varlık olan sevdiği kadın bir anne olduğunda onunla ilgili duyguları karmaşık hale gelir. Eşinin ise bir anne olmanın gereklerini yerine getirmeye çalışırken eşten çok anne gibi davranması kafasının daha çok karışmasına yol açar.

Yeni ailelerde bu sık rastlanan bir problem olsa da çözümsüz değildir ve bebeğinizin mutlu ve sağlam bir yuvada büyümesini istiyorsanız bunu çözmek atacağınız en önemli adımlardan biridir. Hem çocuğunuzun annesi hem de eşinizin sevgilisi olabilirsiniz; bu sadece ekstra bir çabayı gerektirir.

Kendinizi bir kadın olarak hissedin. İşe görüntünüzü değiştirerek başlayabilirsiniz. Temiz ve bakımlı bir saç (bakımı kolay olan bir saç kesimi işe yarar), hafif bir makyaj (her zaman yapıyorsanız ya da uykusuzluk nedeniyle kamuflaja ihtiyacınız varsa), ve temiz giysiler (bebeğinizin üzerine kustuğu bir bluz romantizmi artırmayacaktır) hem sizi daha çekici bir hale getirecek hem de eşinizin sizi arzu edilebilir bir kadın olarak algılamasını sağlayacaktır. Her gün güne bu şekilde başlamak çoğu yeni anne için gerçekçi değildir fakat akşam üzerleri eşiniz eve gelmeden bu hale dönüşmek mümkündür. En kötü günlerde, saçınızı yıkamak mümkün olmadığında veya dolapta zar zor bir kazak bulduğunuzda bile beş dakikada yüzünüzü yıkayabilir ve biraz makyaj yapıp, saçınızı tarayabilir, en sevdiğiniz kokuyu sıkabilirsiniz. Kendinizi daha iyi hissedeceksiniz ve çabalarınız eşiniz açısından boşa gitmeyecektir.

Eşinizin kendisini bir erkek gibi hissetmesini sağlayın. Çoğu yeni anne ilgiyi eşlerinden çocuklarına yöneltirler, en azından başlangıçta. Bu, türün devamı için iyi olmakla birlikte evliliğin devamı için iyi olduğu söylenemez. Eşinizin size kur yapmasını istediğiniz gibi siz de ona kur yapın. Bulaşıkları yıkarken sessizce yaklaşarak arkasından beline sarılın, bebeğin şampuanını uzattığında elini okşayın, saç tıraşı olarak eve geldiğinde onu komplimanlara boğun, içinizden geldikçe onu her an (ve her yerde) öpün.

En sevdiği yemeği pişirin, doğum günü olmadığı halde ona hediye alın, kendi gününüzden yakınmak yerine ona gününün nasıl geçtiğini sorun.

Bebeği paylaşın. Eşinizin kendisini baba olarak rahat hissetmesi onun kendisini erkek olarak hissetmesini de kolaylaştırabilir, sizi bebekle paylaşma konusunda daha az yakınır ve hayatınızın daha büyük bir parçasını oluşturur, böylece her ikiniz için de romantizm ateşini yakabilir. Söylenmeden bebek bakımı konusunda daha fazla şey yapması konusunda onu özendirin, bunun işten ziyade bir ayrıcalık ve zevk olduğunu düşünmesini sağlayın. Başlangıçta beceriksiz bile olsa çabalarını eleştirmeyin, övün.

BİR SONRAKİ BEBEĞİ PLANLAMAK

"Kırk yaşıma yaklaştım ve yaklaşık bir yıl önce ilk bebeğimi doğurdum. Şu anda ikinci bir bebek için erken olduğunu biliyorum ama doğum yapabileceğim yıllar azalıyor."

Günümüzde bebekler arasındaki yaş aralığını belirleyen en önemli etmen bebeğin psikolojisi açısından neyin yararlı olduğu konusundaki yayınlar değil zamanın zorlayıcılığı. Birçok kadın kırk yaşına gelmeden veya kırk yaşı civarına ikinci veya üçüncü bebeği sığdırmaya çalışıyor.

Tekrar hamile kalmadan önce bir çocuğun doğumundan sonra en az bir yıl beklemek en idealidir. Birçok anne ve bebek daha yakın aralıklarla olan doğumlar nedeniyle problem yaşamamıştır fakat bir yıllık bir ara vermek annenin vücudunun kendini toparlaması ve güç kazanması için gereklidir (özellikle ilk bebek sezaryenle dünyaya geldiyse bu konu daha da önem kazanır). İstendiği takdirde ilk bebeğin bir yıl boyunca emzirilmesine de olanak sağlar. Aralığın az olması bir çocuğun ailenin bebeği olması için yeterli süre kalmamasına neden olabilir. Daha bezini bile çıkarmadan bir çocuğun yerini yeni gelen bir bebeğe bırakması çok ideal değildir ve günümüzde 21 aydan önce bu gerçekleşmemektedir. Bu konuda uzmanlar farklı görüşlere sahiptir fakat çoğu iki ila dört yıl beklenmesinin daha yararlı olduğu konusunda hemfikirdir. Ancak genellemeler her aile için geçerli olmaz ve sizin için en uygun zaman sizin ve eşinizin kendinizi hazır hissettiğiniz zamandır.

Bir yıldan daha uzun süre beklemek her zaman kabul edilebilir bir seçenek olmayabilir, çocukların peş peşe doğmasının da bazı avantajları olabilir. İki ila dört yıl aralığın sağlayamadığı bazı yararlara da sahiptir, örneğin ilk birkaç yılın karışıklığı, uykusuz geceleri ve sonsuz bez değiştirmeler bittikten sonra çocuklar daha yakın arkadaş olur ve aynı oyuncaklardan, filmlerden, oyunlardan ve tatillerden hoşlanabilirler. Büyük çocuğunuza yeterli sevgiyi,ilgiyi ve hazırlığı sağlarsanız bebeklikten büyük kardeşliğe geçişi minimum hasarla atlatılabilir (bkz. sayfa 550).

Yakın zamanda tekrar hamile kalmayı ciddi ciddi düşünüyorsanız doktorunuzun gerekli tahlilleri yapmasını isteyin ve gerekliyse diş hekiminin bakımından geçin. Hamile kalma hazırlıklarına başlamadan iki üç ay önce vücudunuzu hazırlamaya başlayın[2]:

- Henüz yapmadıysanız bebeğinizi sütten kesin. Besinler için bir yarışma olduğu takdirde taraflardan biri kaybedecektir ve bu büyük olasılıkla doğmamış bebeğiniz olacaktır. Bu tür bir kardeş kavgasını başlatmak sağlıklı değildir ve önerilmez. Kalsiyum ve diğer mineral depolarınızın tamamen boşalmasını siz de istemezsiniz.
- Hamilelikte ideal beslenme önerilerini okuyun (bkz. Dipnot 2) ve eşinize diyetine dikkat etmesi konusunda telkinde bulunun. Vitamin takviyesi almaya devam edin.
- Egzersiz yaparak forma girmeye çalışın ya da formunuzu koruyun ve kilonuza ideale yakın bir yerde tutun. Hamile kalmadan önceki birkaç ay içinde sıkı bir diyete kalkışmayın ve hamile kaldıktan sonra kilo vermeye çalışmayın.
- Hamile kalmayı planladığınız zamandan iki ay (daha da iyisi üç ay) önce doğum kontrol hapını veya spermisidleri bırakın. Denemeye başlayana kadar prezervatif kullanın.

---

2. Daha detaylı bir hamilelik planı için "Bebeğinizi Beklerken Sizi Neler Bekler" kitabına göz atın.

• Hamilelik öncesi dönemde aşırı alkolden kaçının; hamile kalmaya çalıştığınızda alkolü tamamen kesin. Eğer sigara veya diğer maddeleri içiyorsanız hamile kalma çalışmalarından önce bırakın. Hamile kalmaya çalıştığınız süre içinde eşiniz de sigarayı ve diğer maddeleri bıraksın. Eğer ikinizden biri kendiliğinden bırakamıyorsa yardım alın.

• Hamile kalma çalışmalarına başladıktan sonra size önerilen veya reçetesiz satılan ilaçları kullanmayın ve doktorunuzun hamilelik süresince kullanabileceğinizi söylediği ilaçların dışında ilaç kullanmayın.

• Denemeye başladıktan sonra X ışınlarından ve zararlı olabilecek maddelerden uzak durun.

• Gevşeyin. Hayatınızdaki aşırı stres hamile kalmanıza engel olabilir ve fazla gerginlik ne fetusunuz, ne büyük çocuğunuz ne de sizin için iyidir.

BİLMENİZ GEREKEN ÖNEMLİ ŞEYLER
Çalışmak mı Çalışmamak mı

Birçok kadın -sosyal, mesleki, maddi- çeşitli baskılar nedeniyle bebeği doğduktan sonra evde kalma olasılığına sahip değildir. Ancak, böyle bir seçim yapma olasılığı olanlar karar verme aşamasında büyük sıkıntı çekerler. Çocuk bakımı uzmanları -kendi aralarında uzlaşamadıkları için- bu kadınlara pek yol gösteremezler. Bazıları annenin bir işte çalışıp çocuğuna bakım koşulları sağlamasını zararlı değil hatta yararlı olarak nitelendirir. Diğerleri ise hem anne hem de babanın çalıştığı koşullarda çocuğun büyük zarar göreceğini bu nedenle ebeveynden birinin (pratik nedenlerle bu genellikle annedir) çocuk en azından üç yaşına gelene kadar hiç değilse yarım gün evde kalması gerektiğini harartle savunurlar.

Araştırmalar bu konuda fayda sağlamamaktadır. Çalışma sonuçları birbiriyle çelişmektedir. Bunun en önemli nedeni bu tür çalışmaların yapılmasının ve değerlendirilmesinin zor olmasıdır. (Annenin maaş aldığı bir işte çalışmasının veya çalışmamasının çocukları ne şekilde etkilediği nasıl ölçülebilir? Hangi etkilerin değerlendirilmesi önemlidir? Hangilerinin ölçümü zordur? Tahmin bile edemeyeceğimiz etkiler var mıdır? Problemler hemen mi görünür yoksa erişkinlikte mi ortaya çıkar?) Buna ek olarak araştırmacının tutumu da araştırmanın sonucunu etkilemektedir.

Annenin ev dışında çalışmasıyla ilgili olarak net bir risk veya fayda tanımlanamadığı için bu kararı verme tamamen ebeveyne kalmaktadır. Eğer siz de bu soruyu kurcalıyorsanız aşağıdaki konuları irdeleyerek kendiniz için en yararlı olanı seçebilirsiniz.

Sizin öncelikleriniz nelerdir? Hayatınızda neyin sizin için en önemli olduğunu anlamaya çalışın. Bir kâğıda önceliklerinizi sıralayın. Bunlar bebeğiniz, aileniz, mesleğiniz, maddi güvence, hayatın lüksleri, tatiller, ders çalışma gibi maddeleri içerebilir ve kapı komşunuzunkinden ya da yan masadaki çalışma arkadaşınızınkinden tamamen farklı olabilir. Önceliklerinizi belirledikten sonra bunların en önemlilerini gerçekleştirmek için çalışmanızın mı yoksa evde kalmanızın mı daha uygun olduğunu kararlaştırın.

Hangi tam-zamanlı rol size daha uygun? Evde bebekle kalmanızın sizin için en iyisi olduğundan emin misiniz? Yoksa evde oturmak sizi sabırsız ve gergin mi yapıyor? İşe gittiğinizde bebeğinizle ilgili kaygılarınızı bir yana bırakabilecek misiniz, eve geldiğinizde bebeğinizle ilgilenirken ise işlerinizi ofiste terk edebilecek misiniz? Ya da hayatınızı kompartımanlara ayırmakta zorlanıp her iki durumda da elinizden gelenin en iyisini yapmakta güçlük mü çekeceksiniz?

Bir başkasının bebeğinizin bakımını üstlenmesi konusunda rahat olabilecek misiniz? Kimsenin bu işi sizin kadar iyi yapabileceğini düşünmüyor musunuz? Yoksa evde olmadığınız saatlerde sizin yerinizi doldurabilecek birini (veya bir grubu) bulabileceğinize (şimdiden bulmuş da olabilirsiniz) inanıyor musunuz?

Önemli adımları kaçırma konusunda kendinizi nasıl hissediyorsunuz? Bebeğinizin ilk gülüşü, yalnız başına oturuşu, dört ayak üzerinde doğrulması ve emeklemesi veya bir adım atması - bunları başkasından duymak sizi rahatsız edecek mi? Eğer bebeğinizin bir yeri incindiğinde bakıcıya doğru koşarsa kendinizi üzgün veya dışlanmış hissedecek misiniz? Bebeğinizle yalnızca akşam üzerlerini ve hafta sonlarını geçirerek onun sözlü olarak ifade etmediği ihtiyaçlarını ve duygularını anlayabilecek misiniz?

Ne kadar enerjiniz var? Gerek duygusal gerekse fiziksel olarak yüksek bir enerjiye sahip olmalısınız ki sabahları bebekle birlikte kalkıp, ardından işe hazırlanıp, bütün gün işte çalıştıktan sonra bebeğinizin, evinizin ve eşinizin ihtiyaçlarını karşılayabilesiniz. Her iki ebeveynin de çalıştığı çocuklu ailelerde enerji tükendiğinde bundan en çok zarar gören karı kocanın ilişkisidir.

İşiniz ve bebeğiniz ne kadar stresli? Eğer işiniz stressizse ve bebeğiniz de şeker gibiyse ikisini birden idare etmek kolay olabilir. Eğer işinizde baskı yaşıyorsanız ve bebeğiniz de stresliyse her gün ve her gece her ikisiyle birden baş etmeyi imkânsız bulabilirsiniz.

İşinize geri döndüğünüz takdirde eşinizden veya bir başka kaynaktan yeterince destek görebilecek misiniz? Kripton gezegeninden bir anne bile her şeyi tek başına yapamaz. Eşiniz hissesine düşen bebek bakımını, alışverişi, yemek pişirmeyi, temizliği ve çamaşır yıkamayı yapma konusunda gönüllü mü? Ya da bu işlerin yapılabilmesi için gereken dış yardımın masraflarını karşılayabilir misiniz?

Maddi durumunuz nasıl? Çalışmamanız ailenizin ekonomik yükünü çok artıracak mı yoksa sadece hoşlandığınız ekstra harcamaları kesmeniz yeterli olacak mı? Bazı masraflarınızı kısarak gelirinizin eksilmesini telafi edebilir misiniz? Eğer işe geri dönerseniz işle ilgili masraflar (kıyafet, yol parası, çocuk bakımı) bütçenizde ne büyüklükte bir delik açacak?

İşiniz ne kadar esnek? Eğer bebeğiniz veya bebek bakıcınız hastalanırsa işten izin alabilecek misiniz? Evde acil bir durum olduğunda geç gelip erken ayrılabilecek misiniz? İşiniz saatler boyu, hafta sonları çalışmayı ve/veya seyahati gerektiriyor mu? Bebeğinizden uzun süre ayrı zaman geçirme konusunda istekli misiniz?

İşe geri dönmeniz kariyerinizi nasıl etkileyecek? Bir kariyeri beklemeye almak bazen işe geri döndüğünüzde geride kalmanıza neden olabilir. Bunun size de olacağını düşünüyorsanız (gerçi pek çok kadın işlerine döndüklerinde bu korkularının gerçekleşmemiş olduğunu görürler) böyle bir ödün vermeye hazır mısınız? Tam-gün çalışmaya geri dönmeden evde olduğunuz yıllar içinde profesyonel olarak işinizi sürdürme imkânınız var mı?

Uzlaşabileceğiniz bir pozisyon var mı? Belki her şeyi birden yaparken sağlığınızı koruyamazsınız fakat uygun bir ara yol sayesinde her iki dünyayı da idare edebilirsiniz. Olasılıklar sonsuzdur ve sizin becerinize ve deneyiminize dayanmaktadır. Eğer becerileriniz tam-zamanlı çalışabilecek birinde zor bulunuyorsa bunları yarım-gün olarak kabul ettirmeyi deneyin. Şimdiki veya bir önceki patronunuzun ya da yeni birinin sizi esnek, azaltılmış ve işi paylaşmaya yönelik bir programla işe alması olasıdır. Ya da tam-gün bir yerde çalışmak yerine kendi inisiyatifinizle danışmanlık yapabilirsiniz. Belki işinizin bir kısmını veya tümünü evde yapabilirsiniz, ya da bebeğinizi yarı-zamanlı bir işe götürebilirsiniz (bazı kadınlar tam-gün işlerinde bile bunu başarıyla uygulamışlardır). Bebeğinizi yanınıza alarak işlerinizin bir kısmını halledebilirsiniz (kararlı bazı kadınlar bunu da halletmişlerdir). Seçme şansınız olduğunda dört veya beş yarım gün çalışmanız iki veya üç gün tam gün çalışmanızdan daha iyidir, böylece bebeğinizden uzun sürelerle ayrılmak zorunda kalmazsınız.

Emlak satışıyla uğraşıyorsanız haftada iki kez ev gösterin; öğretmenseniz iki veya üç öğleden sonra özel ders verin; terapistseniz hastalarınızı haftada birkaç gün görün; hemşireyseniz sağlık dersleri verin; sekreterseniz daktilo işleri üstlenin, doktorsanız özel bir hastanede veya klinikte yarım gün çalışın. Öğretmekten hoşlanıyorsanız, öğretmenlik yapabileceğiniz bir kuruluşta uzman olduğunuz alanda (yemek pişirmekten, yaratıcı yazı derslerine, aerobik egzersizden mahkemede hakları savunmaya, araba tamirinden vergi iadesi formları doldurmaya kadar aklınıza gelebilecek herhangi bir konuda) dersler verin.

Ya da evinizden yarı-zamanlı bir işi yürütün. Muhasebeci veya reklamcıysanız evinizden idare edebileceğiniz müşteriler bulun; yazar, editör, grafik tasarımcısı iseniz serbest çalışma alanlarını araştırın. Örgü ustasıysanız bebek butiklerine satmak üzere kazaklar örün; benzersiz bir havuçlu kek yapıyorsanız yaptıklarınızı yakınınızdaki bir gurme pastaneye satın.

Eğer kendiniz veya bir başkası için evinizin dışında çalışmaya karar verirseniz çalışma saatlerinizin bir kısmı için bile olsa bir bakıcıya ihtiyacınız olacaktır. Fakat işinizi bebeğinizin gündüz uyuduğu zamanlara veya gece uyduktan sonraya denk getirebilirsiniz, bir yerden bir şey almayı veya bir yere bir şey bırakmayı bebeğinizle birlikte de yapabilirsiniz. Ev işleri konusunda yardım almanız önemlidir böylece bebeğinizle geçirdiğiniz zamanın çoğundan vazgeçmemiş olursunuz.

Seçiminiz ne olursa olsun bazı ödünler vermenizi gerektirebilir. Evde kalma konusunda son derece kararlı olsanız bile mesleklerini sürdüren arkadaşlarınızla konuştuğunuzda içiniz cız edebilir. İşe dönme konusunda çok hevesli olsanız bile siz işinize giderken bebeklerini parka götüren annelerin yanından geçtiğinizde üzüntü duyabilirsiniz.

Bu tür pişmanlıklar normaldir ve mükemmel olmayan bir dünyada çok az şey mükemmel olabildiği için bunlarla yaşamaya alışabilirsiniz. Ancak bu duygunuz giderek artarsa ve tatmin olamama duygunuz tatmin olma duygunuza ağır basmaya başlarsa yaptığınız seçimi gözden geçirmenin vakti gelmiş demektir. Seçimi yaptığınız sırada teorik olarak her şey size normal görünse bile pratikte böyle olmayabilir ve bu durumda mümkünse kararınızı değiştirme konusunda tereddüt etmeyin

İŞE NE ZAMAN BAŞLAMALI

Önceden kestirilebilen mükemmel bir zaman bulunmamaktadır ve kimse size "Tamam artık işine dönebilirsin. Bundan sonra sen de bebeğin de rahat olacaksınız" demeyecektir. İlk yıl içinde işe dönmeye karar verirseniz evrak çantanızı ve yemek poşetinizi alıp çıkacağınız zamanın ne zaman geleceği işinizin türüne, ne kadar doğum izni kullandığınıza ve kısmen de sizin ve bebeğinizin hazır olmasına bağlıdır. Bu da son derece kişisel bir karardır.

Seçme şansınız varsa uzmanlar bebeğinizle birbirinize "bağlanana" veya "yaklaşana" ve kendinizi bir anne olarak yeterli hissedene kadar beklemenizi önermektedirler. Bağlanma üç ay (bebeğinizde kolik varsa ancak bu aydan sonra arkadaş olmaya başlayabilirsiniz) da sürebilir beş altı ay da. Ne yazık ki zor bebeklere sahip olan anneler sanki başka birisi bebekleriyle daha iyi bir iş yapabilecekmiş gibi aceleyle işlerine dönerler. Bağlanma yarım kaldığı için bu kadınların bir kısmı hiçbir zaman anne olarak kendilerini yeterli hissetmezler - bu da anne-çocuk ilişkisi açısından çok zararlıdır.

Yurt çapında doğum izinlerinin sürelerinin artırılması ve iş garantisi gündeme gelmektedir. Ülke olarak dünyanın pek çok ülkesine kıyasla geri kaldığımız söylenebilir. 100 den fazla ülkede doğum izni garanti edilmişken A.B.D.'de çalışan kadınların ancak % 40'a yakını herhangi bir doğum izni kullanabilmekte ve toplam altı hafta olan bu izin ücretsiz olmaktadır. Kanada'da 41 haftaya kadar izin kullanılabilmekte ve maaşın % 60'ı ödenmektedir, İtalyanlar beş aya kadar izin kullanıp maşlarının %80'ini alabilmektedirler ve Batı Almanya'dakiler 18 hafta tam ücretli olarak izine ayrılmaktadırlar. Biz de en az bu kadar iyi şartlara, hatta daha iyisine sahip olmalıyız.

-25-

Baba Olmak

Eşinizin dokuz ay süren hamileliği boyunca bebeğinizin bakımıyla doğrudan ilgilenemediniz, bunu siz istemeseniz de üreme biyolojisi böyle uygun gördüğü için. Eşinizin yanında bulunarak ona sevgi ve destek sundunuz fakat bir dakikalığına bile olsa bebeğinizin büyümesi ile ilgili bir sorumluluk üstlenemediniz.

Artık göbek bağı kesildiğine göre oyunun kuralları değişti. Çocuk bakımı için biyolojik bir ekipmana ihtiyacınız kalmadı. Hatta tecrübeli olmanız bile gerekmez. Gereksiniminiz olan tek şey bir adım atarak babalığa başlamanız. Eşinizin baş yardımcısı ve biberon yıkayıcısı olarak değil, harika, sürprizlerle dolu, yorucu, keyifli, ufkunuzu genişletici ve her zaman mücadelelerle dolu anne-baba olma işinin bir ortağı olarak.

MERAK ETTİKLERİNİZ

YEDİKLERİNİZ VE BEBEĞİNİZ

"Eşimin hamile olduğunu öğrendiğimden beri onun bebeğimiz için sağlıklı beslenebilmesine katkıda bulunmak için sevdiğim pek çok şeyi yemekten vazgeçtim. Oğlumuz doğduğuna göre artık istediğim şeyleri yiyebilecek miyim?"

Bebeğinizin beslenme konusundaki bağımlılığı göbek kordonunun kesilmesiyle sona ermemektedir. Büyüyüp evden ayrılacağı yaşa gelene kadar çocuğunuz sizin (ve ailedeki herkesin) yeme alışkanlıklarınıza sahip olacaktır. Kahvaltıda kek, kurabiye, yemek aralarında patates cipsi veya kraker yediğinizde, öğlen yemeğini bir sandviç ve kola ile geçiştirdiğinizde, akşam yemeğinde havuç ve kabağa dokunmadan tabağınızda bıraktığınızda onun örnek alacağı bir yemek alışkanlığı sergilersiniz.

Yediklerinize dikkat etmenizi gerektiren bir diğer neden de şu anda çocuğunuz küçük bir bebek olsa bile büyüdüğü zaman sizi sağlıklı ve üretken bir baba olarak görme şansını artırmaktır. Sizin ya da diğer Amerikalı erkeklerin zamanından önce ölmesine sebep olan hastalıklar - kanser, kalp hastalığı, inme, diyabet - doğru bir beslenme alışkanlığıyla bir ölçüde engellenebilir.

Lifli ve kompleks karbonhidratlardan zengin (rafine edilmemiş ekmek ve gevrekler, proteinli ve rafine edilmemiş undan hazırlanan makarna, kuru bezelye ve fasulye, meyve ve sebzeler gibi), şeker, tuz ve yağı az (özellikle de katı ve doymuş yağlardan uzak durun) yiyecekler yerseniz bu hem sizin hem de çocuğunuzun yararına olacaktır.

Bebeğinize yiyecek konusunda iyi örnek olduktan sonra sigara içerek bunu bozmayın. Sigara içen anne babaların çocuklarında sigara içmeyen ailelerin çocuklarına kıyasla daha çok hastalık görüldüğü ve bu çocukların ileride sigara içme olasılığının da daha fazla olduğu saptanmıştır. Bu çocuklarda kolik görülme olasılığı da daha yüksektir. Siz de sigara içiyor ve bırakmakta zorlanıyorsanız doktorunuzdan yardım isteyin ya da sigarayı bırakma programına veya grubuna katılın.

DOĞUMUN HAYAL KIRIKLIĞINA YOL AÇMASI

"Eşim de ben de normal bir doğumu arzu ediyorduk. Ancak doğum istediğimiz gibi olmadı ve eşime ilaç vermeleri gerekti. O sırada çok üzüldüm ve hâlâ kendimi hafifçe buruk hissediyorum."

Günümüzde çocuk doğuran pek çok kadın gibi pek çok eş de doğumu geçilen veya kalınan bir sınav olarak görmektedir. Bir ilaç uygulanması, bir epizyotomi veya bir sezaryen yapılması gerektiğinde bu eşler doğumun başarısız olduğunu düşünüp, hayal kırıklığına uğrarlar, hatta öfkelenirler. Bu tutumların nedeni kısmen, doğum öncesi eşlerin birlikte katıldıkları kurslarda ve doğumla ilgili kitaplarda doğum olayında yaşanan keyfin sonucun ne olduğundan daha fazla vurgulanması ve koşullar ne olursa olsun eşlerin "normal doğum" konusunda baskı altında olmalarıdır. Bunun sonucunda doğum sırasında ilaç verilmesini isteyen bir kadına dayanıksız gözüyle bakılırken onun dayanılmaz bir ağrı çekmekte olduğu göz ardı edilmektedir. Doğumla ilgili tarif edilenler gerçekçi olmaktan ziyade idealistiktir, doğum sırasındaki ağrı, bilimsel olarak bir insanın dayanabileceği en şiddetli ağrı olarak kanıtlandığı halde "sıkıntı" olarak tarif edilmektedir.

Doğumun mükemmel bir şekilde gerçekleşip tamamen "normal" olması tabii ki mümkündür fakat sıklıkla böyle olmaz. Uzun vadede bunun fazla bir önemi de yoktur. Anne de bebek de doğum odasını sağlıklı bir şekilde terk ettikten sonra eşler mutlu olmak için her türlü gerekçeye sahiptir. Tıbbi bir müdahale yapılması gerektiyse ve bu yüzden eşinizin "performansı"ndan memnun olmadığınızı (dolaylı bile olsa) ona hissettirirseniz onun kendisiyle ilgili yetersizlik duygularını artırıp hayal kırıklığına neden olursunuz ki bu duyguların her ikisi de doğum sonrası depresyon riskini artırmaktadır. Bunun yerine kendisiyle gurur duyduğunuzu ona hissettirin, onun cesaretine hayran olduğunuzu söyleyin, bebeğin ve kendisinin bu mücadeleden nasıl başarılı çıktığını ve her ikisinin de sizin için ne kadar önemli olduğunu belirtin.

BAĞLANMA

"Doğum odasında bebeğimi ilk kez kucağıma aldığımda yüreğimin sevgiyle dolup taşacağını hayal ediyordum, fakat öyle olmadı. Bebeğim o kadar tepkisiz, kırmızı ve yüzü gözü şişkin ki hiç de hayal ettiğim gibi değil."

Daha önce birkaç dakikalık bir bebekle karşılaşmamış ve ilk kez anne-baba olan biri için yeni doğan bebek karşısında hissettikleri sevginin yanı sıra şaşkınlık ve hayal kırıklığıdır. Her tür sevgide olduğu gibi bebeğinize olan aşkınızın da gelişip derinleşmesi için zamana ve beslenmeye ihtiyaç vardır. Bebeklerine "ilk görüşte" âşık olan anne ve babalar bile aylar geçtikçe ilişkilerinin zenginleştiğini fark ederler.

Rahatlayın. Bebeğiniz size yanıt vermeye başladıkça siz de ona karşı kayıtsız kalmayacaksınız. Bebeğinizi tanımaya başladıkça bunun hayatınızdaki önemi ilk görüşmenizdekinden çok daha fazla olacaktır.

Ancak, ilerleyen haftalarda hâlâ bebeğinize karşı sevgi hissedemiyorsanız ve özellikle de öfke, düşmanlık ve bebeğinize zarar vermeye yönelik duygularınız varsa derhal aile hekiminizden, aile terapistinizden, bir psikiyatrdan veya bir diğer ruh sağlığı personelinden yardım isteyin.

"Eşim acilen sezaryene alındı ve onun yanında bulunamadım. Doğumdan ancak 24 saat sonra oğlumu kucağıma alabildim ve birbirimize bağlanmamızda bir sorun olmasından korkuyorum."

1970'lere kadar babalar çocuklarının doğumuna şahit olmazlardı ve hemen hiçbiri "bağlanma" sözcüğünden haberdar değildi. Yine de çoğu, oğulları ve kızlarıyla sevgi dolu ilişkiler kurabildiler. Son yıllarda çocuklarının doğumunu izlemek bir çok erkeğin hayatını zenginleştirse de yaşam boyu baba çocuk yakınlaşmasını garanti etmemektedir.

Eşinizle doğum anını paylaşmak kuşkusuz idealdir ve bundan mahrum olmak hayal kırıklığına yol açabilir - özellikle de aylarca birlikte doğuma hazırlandıysanız. Ancak bu bebeğinizle daha az sevgi dolu bir ilişki içinde olmanızı gerektirmez. Sizinle bebeğinizi birbirinize yaklaştıran en önemli şeyler günlük iletişiminiz sırasında üstlendiğiniz bez değiştirme, banyo yaptırma, besleme, sarılma, ninni söyleme ve oyun oynamadır. Bebeğiniz kuşkusuz dünyaya geldiği ilk anda veya birkaç saat sonrasında yanında olmadığınız için size kızmayacaktır fakat daha sonra size ihtiyacı olduğunda yanında olmazsanız sizi arayacaktır.

EŞİNİZİN DOĞUM SONRASI DEPRESYONU

"Çok güzel ve sağlıklı bir kızımız var, tam da eşimin istediği gibi. Yine de hastaneden eve geldiğimizden beri eşim mutsuz ve gözyaşları içinde."

Süt verme hissinin başlamasından artık hamile olmamaya, buna rağmen hamile gibi görünmeye kadar çok çeşitli faktörler hormonal değişikliklerle bir araya geldiğinde yeni doğum yapan kadınların yarıya yakınında (bazı tahminlere göre bu oran %90'a varabilir) doğum sonrası (postpartum) depresyon görülebilir. Şans eseri bu depresyonların çoğu (neredeyse 1000'de 999'u) çok şiddetli değildir, uzun sürmez ve doğumdan sonraki birkaç hafta içinde kendiliğinden düzelir.

Postpartum depresyona katkıda bulunan faktörlerden biri hormonal değişiklikler olsa da ve siz bir endokrinoloji uzmanı olmasanız da eşinize yardımcı olabilmek için sevgi ve ilgi dolu bir koca olarak yapabileceğiniz bazı şeyler vardır:

Yükünü azaltın. Doğumdan sonraki dönemde yorgunluk kaçınılmazdır ve yorgunluk depresyona en büyük katkısı olan unsurlardan biridir. Eşinizin gerekli yardımı aldığından emin olun, siz yanındayken sizden, siz yokken ise başkalarından.

Onun gündüzünü ve gecesini aydınlatın. Eve yeni gelen misafiriniz herkesin ilgi odağı olacağı için eşiniz kendini ihmal edilmiş hissedebilir. Kendini yetersiz (bir bebeğin bakımı ve beslenmesi konusunda öğrenecek çok şey vardır) ve daha az çekici (doğumdan sonra verilmesi gereken bir sürü fazla kiloya sahiptir) bulabilir. Bu durumda da farklı bir şeyler yapabilirsiniz. Beklemediği anlarda ona iltifat edin, ona bebek konusunda ne kadar iyi olduğunu söyleyin, adeta ışıldadığını, giderek daha inceldiğini ve anneliğin ona ne kadar yakıştığını ifade edin. Ona küçük armağanlar -çiçek, yeni bir kitap, güzel bir gecelik- alın, fakat çikolata hediye etmeyin, bu kilolarını ve depresyonunu artıracaktır.

Onu her şeyden uzaklaştırın. Başbaşa zaman geçirmek hem onun hem de ilişkinizin yararınadır. Her gün yalnız ikinizin birlikte geçireceği zamanlar bulun (sayfa 532'den yardım alabilirsiniz).

Eğer eşinizin depresyonu iki haftadan uzun sürerse, uykusuzluk, iştahsızlık, umutsuzluk ve çaresizlik hisleri ya da intihar düşünceleri veya şiddet isteği tabloya eklenirse bunun kendiliğinden geçmesini beklemeyin. Onun, kadın-doğum uzmanından, aile doktorunuzdan veya bir terapistten yardım alması konusunda ısrar edin. Bazen yeni annenin başlangıçta birkaç ay süreyle psikiyatrik yardım alması gerekebilir.

Nadiren annenin depresyonu bebeğini sütten kesene kadar sürebilir. Her tür depresyonda olduğu gibi uzadığı takdirde tedavi edilmelidir.

SİZİN DEPRESYONUNUZ

"Nasıl oluyor da oğlumuzun doğumundan beri eşim kendini harika hissederken doğum sonrası depresyonu ben geçiriyorum?"

Günümüzün babaları geçmişe kıyasla hamilelik, doğum ve çocuk bakımı konularında daha ilgililer. Bebeğin taşınması ve emzirilmesi dışında hemen her şey, doğum sonrası depresyon dahil, ilgi alanları içinde. Hatta bir çalışmada babaların %62'sinin doğum sonrası depresyonda oldukları saptanmış. Hormonların bunda bir payı olabileceği ileri sürülse de bunu destekleyecek bir kanıt bulunmamaktadır. Aşağıdaki faktörlerden birkaçı bir araya gelerek hayatınızın en mutlu zamanı olacağını varsaydığınız dönemde sizi depresyona sokmuş olabilir:

Maddi sorunlar. Evde besleyecek bir başka boğaz, giydirecek bir beden, eğitecek bir beyin ve gelecek planlarının içinde yer alacak bir kişi karşısında hangi baba maddi kaygılar yaşamaz? İki maaş, geçici bir süre için bile olsa, tek maaşa düşünce bu sıkıntı daha da artabilir.

Yedek lastik gibi hissetmek. Daha önce eşinin ilgi odağı olmaya alışmış bir erkek, bütün ilginin kendisi yerine eve yeni gelen gürültücü bebek tarafından toplandığını fark ettiğinde kendini kenara itilmiş gibi hisseder.

Aşk hayatının ortadan kalkması. Birçok erkek, geçici bir süre için bile olsa, aşk hayatlarının kısıtlanması sonucunda depresyona girer. Daha da kötüsü çoğu, eşleriyle sahip oldukları romantik ilişkinin tekrar geri gelmeyeceğinden korkar.

İlişkinin değişmesi. Çeşitli ihtiyaçlarının karşılanması konusunda eşine bağımlı olan bir erkek, eşinin birdenbire bir başkasının ihtiyaçlarını karşıladığını görebilir. Tam tersine, eşi kendisine bağımlı olan bir erkek de artık kendisine bağımlı birine sahip olan eşi karşısında rahatsız olabilir. Bir baba, değişen aile dinamiklerine alışana kadar duygusal olarak zorluk yaşayabilir.

Yaşam tarzının değişmesi. Şu anda hiç bir sosyal hayatınızın olmamasından yakınmak için daha önce yüklü bir sosyal program sahibi olmanız gerekmez. En azından bir süre bir sinemaya gitmek ya da arkadaşlarınızla yemeğe çıkmak mümkün olmayabilir ve her gece evde oturmak kuşkusuz herkesin özellikle de yeni bir babanın moralini bozabilir.

Uykusuzluk. Bebek her ağladığında kalkıp ilgilenen bir babanın gece yarısı uyanmaları nedeniyle çok yorgun olması beklenen bir şeydir fakat böyle davranmayan bir babada bile geceler boyu uykunun bozulması zaman içinde etkilerini gösterir. Fiziksel yorgunluk bir süre sonra yerini duygusal yorgunluğa yani depresyona bırakır.

Doğum sonrası depresyonla ilgili olası etkenlerden haberdar olmanız bunlardan kaçınmanıza, en azından, bu konularda bir şeyler yapabilirseniz, baş etmenize yardımcı olabilir (bu bölüm içindeki önerilere bakınız). Ne yaparsanız yapın depresyonunuz birkaç hafta sürebilir ve sonra bir bakarsınız ki geldiği gibi aniden kayboluvermiş. Eğer kendiliğinden düzelmezse ve eşinizle ve/veya çocuğunuzla olan ilişkinizi olumsuz etkilemeye başlarsa aile doktorunuzla veya bir terapistle görüşün.

SEKSTEN HOŞLANMAMAK

"Küçük kızımızın doğumunu izlemek heyecan vericiydi fakat onun eşimin vajinasından çıktığını görmek beni seksten soğuttu."

İnsanların cinsel tepkileri hayvanlarınkiyle kıyaslandığında son derece nazik bir konudur. Yalnızca bedenin değil zihnin de etkisindedir. Bazen zihnimiz bu konuda son derece acımasız olabilir. Böyle zamanlardan bir tanesi sizin de fark etmiş olabileceğiniz gibi hamileliktir. Bir diğeri ise şimdi fark ettiğiniz gibi doğum sonrası dönemdir.

Sekse karşı ilginizin azalması büyük olasılıkla bebeğinizin doğumunu seyretmenizden kaynaklanmıyordur. Birçok yeni baba, bebeklerinin doğumunu seyretseler de seyretmeseler de bir süre vücut ve zihin olarak sekse hazır olmazlar, kendilerini böyle hissetmeyen babalar da bulunabilir ve bu da tamamen normaldir. Bunun anlaşılabilir pek çok nedeni olabilir: bebek geceleri sık sık uyanıyorsa yorgunluk, özellikle de bebeğiniz sizinle aynı odada kalıyorsa mahremiyetin azalmasından ötürü huzursuzluk, en uygunsuz zamanda bebeğinizin ağlamaya başlayacağından korkma, doktorunuz bu konuda yeşil ışık yaksa bile eşinizi incitmekten çekinme; ve son olarak da bebeğinizin hayatının bu döneminde tüm enerjinizi ona yöneltmenizden ötürü fiziksel ve zihinsel olarak bebeğinizle ilgilenmek.

Bir diğer deyişle, eğer anneliğin ilk aylarındaki pek çok kadın gibi eşiniz de sekse karşı çok ilgili değilse sizin de böyle hissetmeniz olağandır. Sizin (ve onun) bu konudaki ilginizin ne zaman geri döneceğini kestirmek kolay değildir. Seksle ilgili tüm konularda olduğu gibi normalin sınırları çok geniştir. Bazı çiftlerde doktorun onaylamasından çok önce bu duygu başlayabilir. Başka çiftlerde ise aşk ve bebeğin bir arada uyumlu olarak bulunabilmesi için altı ay veya daha uzun süre geçmesi gerekebilir. (Bazı kadınlar emzirmeye son verene kadar istek hissetmeyebilirler, bazı emziren kadınlar ise emzirmeyenlere kıyasla daha erken dönemde tutkulu hale gelebilirler.)

Bazı babalar sınıfta bu deneyime hazırlansalar bile doğum sonrasında kendilerine ait "alanın" istila edildiğini ve aşk için ayrılmış bir bölgenin çok amaçlı bir hale geldiğini düşünebilirler. Sizin durumunuz da böyleyse önce entelektüel sonra da duygusal olarak vajinanın seksüel ve üreme fonksiyonlarının eşit derecede önemli ve eşit derecede harika olduğu fikrine kendinizi alıştırmanız gerekmektedir. Biri diğerini dışlamaz ve aslında ikisi birbiriyle iç içedir. En önemlisi, vajina kısa bir süre için doğuma aracılık eder, halbuki siz ve eşiniz için hayat boyu bir zevk kaynağıdır.

"Eşimin göğüslerini okşamak sevişme öncesi oyunlarımızın önemli bir bölümünü oluşturuyordu. Şimdi emzirdiği için bu büyük bir problem oluşturuyor."

Vajina gibi memeler de hem eğlenmeye yarar hem de işlevseldir. Bu amaçlar genellikle aynı anda birlikte olmasalar da kuşbakışı bakıldığında birbirleriyle bağlantılıdırlar (seks eğlenceli bir şey olmasaydı bu kadar çok emzirecek bebek dünyaya gelmezdi), yine de emzirme döneminde geçici bir süre çelişki oluşturabilirler.

Birçok çift, estetik nedenlerle (örneğin süt sızıntısı) ya da bebeklerinin besin kaynağını kendi cinsel arzuları için kullanmak istemedikleri için emzirme döneminde seksten uzaklaşırlar. Ancak bazı çiftler bunu cinsel açıdan heyecan verici bulabilirler. Her ikisi de normaldir.

Eğer eşinizin göğüslerini seksi olmaktan çok fonksiyonel buluyorsanız, okşadığınızda uyarılma nedeniyle süt geliyorsa ve bundan hoşlanmıyorsanız ve onlara dokunmanız eşinizin arzusunu azaltıyorsa bebeğiniz memeden kesilene kadar ön sevişmede eşinizin göğüslerine dokunmayın. Merak etmeyin, emzirme sona erdiğinde tüm sıkıntılarınız geçecek.

Eşinize karşı açık ve dürüst olmaya dikkat edin yoksa hiçbir açıklama yapmadan göğüslerinden elinizi çekerseniz onun annelikle birlikte çekiciliğinin azaldığı duygusuna kapılmasına yol açarsınız. Size ait olan "memeleri" kullandığı için bebeğinize karşı tavır almadığınızdan emin olun; size tuhaf gelse bile birçok erkek böyle hissedebilir.

"Bebeğimiz dünyaya geldikten sonraki ilk sevişmemizde eşimin canı çok yandı. Şimdi onun canının yanmasından endişe ettiğim için sevişmekten kaçınıyorum."

Sevişmekten kaçınmanız eşinizi, sevişmeyi başlatmanızdan daha çok incitir. Eşiniz canının yanacağı kaygısı veya isteğinin az olması nedeniyle kendiliğinden sevişmeyi başlatmasa da sevildiğini, beğenildiğini ve arzulandığını hissetmeye her zamankinden daha fazla ihtiyacı vardır. Sizin davranışınız erdemli olsa bile sevişmekten kaçınmanız eşinizde veya ikinizde birden öfke ve dışlanma hislerinin birikmesine yol açabilir ve bu da uzun vadede ilişkinize zarar verebilir.

Eşinize cinsel açıdan yaklaşmadan önce sözlü olarak yaklaşın. Kaygılarınızdan söz edin ve onun kaygılarını öğrenin. Tekrar denemeden önce bir süre daha bekleyip beklemeyeceğinize veya tüm sıkıntısına rağmen sevişmek isteyip istemeyeceğinize birlikte karar verin. Eğer doktoru eşinizi muayene ettikten sonra sevişmeside bir sakınca olmadığını düşünüyorsa onu fiziksel olarak inciteceğinizi düşünmeyin. Kararınız ne olursa olsun 512. sayfadaki önerilerden yararlanarak oluşabilecek ağrıyı azaltıp alabileceğiniz zevki artırabilirsiniz. Cinsel birleşmeyi ertelemenin hayatınızdan romantizmi tamamen uzaklaştırmak anlamına gelmediğini aklınızdan çıkarmayın. İki kişinin birlikte yapmaktan zevk aldığı ve birbirlerine sevgilerini gösterdiği tek koşul cinsel birleşme değildir. Şu sıralar birbirinize sarılarak yatmaktan da büyük keyif alabilirsiniz.

EMZİRME SIRASINDA DIŞLANMAK

"Eşim oğlumuzu emziriyor. Aralarında benim paylaşamadığım bir yakınlık var ve kendimi dışlanmış hissediyorum."

Anne-baba olma sırasında babanın dışlandığı bazı biyolojik gerçekler bulunmaktadır: siz hamile kalamazsınız, doğum yapamazsınız (çoğu kişi bunu bir artı olarak kabul eder), ve meme emziremezsiniz. Her yıl milyonlarca babanın keşfettiği gibi anatomik kısıtlılıklarınız sizi bir hakem statüsüne getirmemektedir. Aktif ve destekleyici bir eş olarak -ilk tekmeden son itmeye kadar- eşinizin hamileliğinde ve doğumunda hemen tüm zevki, beklentiyi, denemeleri ve değişiklikleri paylaşabilirsiniz. Bebeğinize memenizi veremeseniz bile (en azından bebeğinizin beklediği koşullarda) beslenme sırasında üstlenebileceğiniz şeyler vardır:

Bebeğinizin ikinci besleyicisi olun. Bir bebeği beslemenin birden fazla yolu vardır. Onu emziremeseniz bile biberonla ek beslemelerden bir kısmını siz üstlenebilirsiniz. Bu sadece eşinizi rahatlatmakla kalmayacak (gece yarısı veya yemeğin ortasında) sizin bebeğinizle yakınlaşmanız için bir fırsat oluşturacaktır. Biberonu bebeğinizin ağzına yerleştirip bırakmakla elinizdeki fırsatı kaçırmayın. Onu kucağınıza alarak göğsünüze yaslayın ve emzirme pozisyonu alın.

Gece boyunca uyumayın. Besleme zevkini paylaşmanız sizi uykusuz geceleri paylaşma konusunda da yetkili kılar. Bebeğiniz biberonla beslenmiyor olsa bile gece beslenmesi sırasında aktif bir rol alabilirsiniz, bebeği yatağından alabilir, altını değiştirebilir ve emzirilmek üzere annesine getirebilirsiniz. Beslendikten sonra hâlâ uyumadıysa tekrar yatağına yatırmadan önce kucağınızda sallayabilir ve uyutmaya çalışabilirsiniz. Burada emziren ebeveyn olmamanız işe yarar çünkü bebeğiniz sütle dolu memeleri hissedip, kokusunu almadığı için sizin onu sakinleştirme olasılığınız annesininkinden daha fazladır.

Zevkle izleyin ve takdir edin. Emzirme gibi bir mucizeyi izlemek bile son derece büyük bir doyuma yol açabilir. Bir sonraki sefer dışlandığınızı hissettiğinizde eşiniz ve bebeğinizin yanında birkaç dakika oturarak emzirme sırasında aralarındaki sevgi alışverişini izleyin - bu sizi ikisine de daha çok yaklaştıracaktır.

Diğer tüm günlük işlerde görev alın. Günlük çocuk bakımıyla ilgili etkinliklerden yalnız emzirme sadece annenin yapabileceği bir iştir. Günlük aktivitelerden bir veya birkaçını (banyo yaptırma, giydirme, katı gıdalarla besleme, bez değiştirme gibi) siz üstlenirseniz kendinizle bebeğiniz arasındaki ilişkiyi geliştirmekle o kadar meşgul olursunuz ki eşinizle bebeğiniz arasındaki ilişkiyi kıskanmaya vakit bulamazsınız.

ANNENİN BEBEĞE İLGİSİNİ KISKANMA

"Yeni doğan kızımı çok seviyorum fakat eşimi de çok seviyorum ve bunu söylemekten utansam da eşimin kızımla birlikte geçirdiği zamanı çok kıskanıyorum. Bana hiçbir enerjisi kalmıyormuş gibi geliyor."

Evde yeni bir ikili oluşmuş olabilir ama bu sizin kendinizi fazlalık gibi hissetmenize neden olmamalı. Eşinizin zamanının çoğunu bebeğinizle geçirmesi son derece doğaldır fakat bu ikinizin çift olarak geçireceğiniz zamandan vazgeçmek pahasına olmamalıdır çünkü sizin ilişkiniz, bir aile olarak geleceğiniz açısından hayati bir önem taşımaktadır; şimdi ve ileride ebeveyn olmanın getirdiği zorluklarla mücadele edebilmek için beslenmesi gerekir. Duygularınızla baş edebilmek (tamamen normal ve sık rastlanan duygular olsa da uzun süre devam ederse tahrip edici olabilir) ve eşinizle birlikteliğinizi koruyup geliştirmek için şunları yapabilirsiniz:

Duygularınızdan söz edin. Belki de eşiniz bebeğinizle yakınlaştıkça sizden uzaklaştığının farkında değildir. Ona ne hissettiğinizi söyleyin fakat bunu yaparken eleştirel bir tirad yerine yapıcı bir tartışmayı tercih edin. Bir anne olarak ne kadar harika bir iş yaptığını fakat erişkin erkeklerin de düzenli olarak sevilip okşanmaya ihtiyaçları olduğunu söyleyin - elbette bu ihtiyaçlarını belirtmek için bebekler gibi yüksek sesle ağlamazlar.

Bir üçlü oluşturun. Onları yenemediğinize göre (zaten bunu tercih etmezsiniz) onlara katılın. Her biriyle ayrı ayrı zaman geçirmek giderek daha zor bulunan bir fırsat haline dönüştükçe siz de daha çok zamanınızı bir aile olarak - anne bebek ikilisini üç kafadarlara dönüştürün - geçirmeye çalışın; bunun bir çift olarak aranızdaki bağları da güçlendirdiğini göreceksiniz. Bebeğinizin bakımı için zaman ayırmanız eşinizin de size daha çok zaman ayırmasına yol açacaktır, bu da kıskançlık için daha az eğiliminiz (ve enerjiniz) olmasını sağlar.

Bir anlaşma yapın. Eşinizle başbaşa geçirmek için bir zaman belirleyin. Her akşam bir saati (bebeğiniz uyuduktan sonra ve televizyonu açmadan önce) başbaşa yemek yiyerek (eğer çok geç değilse), çay veya şarap yudumlayarak, gevşeyerek, sohbet ederek (yalnızca bebekle ilgili değil) geçirerek birbirinizi yakından tanıma şansı bulabilirsiniz. Ayda en az bir kez (mümkünse daha fazla) başbaşa dışarıda özel ve romantik bir gece geçirmek üzere bir anlaşma yapın. Ancak bir filmin ortasında veya bir tartışmanın en can alıcı yerinde uyuyakalırsa anlayışlı olun - yorgunluğu ikinize rağmen baskın olabilir.

Değişiklik yapın. Romantizm çift yönlü bir yol gibidir. Büyük olasılıkla sizin kendinizi ihmal edilmiş hissetmeniz kadar eşiniz de bebeğinizin doğumundan beri sizin tarafınızdan ihmal edilmiş olduğunu düşünüyor olabilir. Romantik büyüyü yakalamak için yolunuzu değiştirin: spontan (sebepsiz yere çiçek alın) ve flörtöz (bir bezi kaldırmak için eğildiğinde sessizce beline sarılın) olun, onu iltifatlara boğun (özellikle de en çok ihtiyacı olduğunda). Kararlı bir Romeo'-yu canlandırırsanız eşiniz de kısa zaman içinde tekrar sizin Jülyet'iniz olacaktır.

Tüm çabalarınıza ve eşinizin tüm iyi niyetine rağmen onun hâlâ uzak olduğunu düşünebilirsiniz. Bebeğin doğumundan sonraki altı hafta ila altı ay süresince bunun görülmesi şaşırtıcı değildir. Bu davranış belki de doğuştan gelen bir korunma mekanizmasıdır ve doğumdan hemen sonra yeni annenin tekrar hamile kalmasına engel olarak tüm enerjisini ve dikkatini yenidoğana odaklamasını sağlar. Bu eşine duyduğu sevginin bir ölçüsü değildir. Biraz sabırlı olun, geçecektir. Yabancılık hissi yılın ikinci yarısına kadar uzarsa ve bu konuda konuşmak işe yaramazsa profesyonel bir yardım almanız gerekebilir.

BABA OLARAK YETERSİZ HİSSETMEK

"Bebeğimin bakımı konusunda bir şeyler yapmak ve eşime yardım etmek istiyorum. Fakat daha önce bir bebekle ilgilenmemiştim ve kendimi tamamen işe yaramaz hissediyorum."

Siz bir öncüsünüz ve sizden önceki kuşaklardaki babaların adım atmaya bile çekindiği veya umursamadığı topraklarda yürümeye çalışıyorsunuz. Her öncü gibi sizin de tecrübeniz veya bu konuda size aktarılan bir bilgi (eğer babanız sizin bakımınızla ilgilenmediyse) bulunmamaktadır. Başlangıçta çekimser olmanızda şaşılacak hiçbir şey yok.

Neyse ki bu duygu çabuk geçer. Başarılı bir baba olmak için gerekenler deneme konusunda hevesli olmanız ve verebilecek sevginizin bulunmasıdır. Bebek bakımı konusunda bir miktar tecrübesi olanlar daha hızlı bir başlangıç yapabilir fakat sizin gibi sıfırdan başlayan biri bile birkaç ay içinde onlarla omuz omuza koşabilir (ve kucağında sallayabilir, yıkayabilir ve bez değiştirebilir). Bu arada deneyimsiz olmanız nedeniyle bebeğinizin sıkıntı çekeceğinden endişe etmeyin. Öncelikle bebekler, sizin düşündüğünüzden daha dayanıklıdırlar ve ters bir hareketle "kırılmazlar". İkincisi, siz öğrendikçe o da sizi destekleyecektir. Bu konuda onun da tecrübesi olmadığı için sizi kıyaslayacağı "mükemmel" bir baba bulunmamaktadır. İhtiyaçlarına anında yanıt verildiği, tuhaf bir şekilde olsa bile, ve sizin iyi niyetinizi hissettiği sürece sizi tüm deneyimsizliğiniz ve hatalarınızla kabul edecektir.

Çalışmalar, bebeğin ağlaması karşısında babaların verdikleri fizyolojik yanıtların annelerinkine benzer olduğunu ve bebeğin ihtiyaçlarına eşit miktarda duyarlı olduklarını göstermektedir (ancak annelere kıyasla bebeklerle daha az zaman geçirdikleri için bu duyarlılıklarını artırmamakta ve uygun şekilde davranamamaktadırlar). Bazı babalar, ilk baştaki çekingenliği üzerlerinden attıktan sonra ebeveynlik konusunda eşlerinden daha büyük bir yetenek sergileyebilirler. Bebekler de buna kayıtsız kalmazlar; birinci yaşlarını tamamladıklarında annelerinden ayrılmaya itiraz ettikleri kadar babalarından ayrılmaya da itiraz ederler ve % 25 kadarı bir tercih yapmaları istendiğinde anneleri yerine babalarına giderler.

Eğer eşinizin daha önceden bebek bakımı konusunda deneyimi varsa ya da bu konuya sizden daha yatkınsa nasıl yapılacağını size göstermesini isteyin. O da sizin kadar tecrübesizse neler yapılması gerektiğini birlikte öğrenin (Bebek bakımı konusundaki bilgiler yararlı olacaktır). İkinci keresinde ikiniz de birer profesyonel olacaksınız.

BEBEĞİ KUCAĞINIZA ALMAK

"Küçük kızımızı kucağıma aldığımda yeterince nazik olamamaktan endişe ediyorum."

Bir bebeğin iki ebeveyni olmasının avantajlarından biri de iki farklı kişinin ilgi ve sevgisini tanıma fırsatının olmasıdır. Genellikle anne daha yumuşak ve yavaştır, bebeğe tatlı bir sesle şarkılar söyler ve bebeğin yaslanabileceği yumuşak bir vücudu vardır; bu nedenle bebek ağladığında ve avutulmaya ihtiyacı olduğunda anneye yönelir. Baba genellikle daha kaba, daha canlı ve daha hızlıdır; sesi daha kalındır ve vücudu daha serttir; bu nedenle de bebek eğlenmek ve oynamak için babaya yönelir. Bebekler çarçabuk anne ve baba arasındaki farkı kabul etmekle kalmaz bundan hoşlanırlar da. (Yumuşaklık ve sertliğin dereceleri elbette kişiden kişiye değişir. Çalışan annelerin çocuklarıyla ilişkileri babalarınkine benzer ve bazı ailelerde anne ve baba rolleri tamamen birbirinin yerine geçebilir.)

Bebeğinizi daha enerjik bir şekilde kucaklamanız doğru olsa da sert oyunlar oynamanız zararlı olabilir; bkz. Sayfa 162.

BEBEĞİN AĞLAMASI

"Oğlumuzda kolik var ve bazen o kadar kötü oluyor ki eve gitmek bile istemiyorum."

Çığlıklar atan bir bebeğin olduğu bir eve gelmek - en sevecen bir baba için bile -zevkli değildir. En fedakâr anne için bile bu bebekle aynı evde bütün gün kalmak da zevkli olamaz. Eminim ki bebeğiniz günlük ağlama turuna başladığında eşiniz evden gizlice kaçıp bebeğiniz ağlaya ağlaya uykuya dalana kadar dönmemeyi hayal ediyordur. Düzenli bir yardım almadığınız takdirde ikinizin de kaçış imkânı yoktur. Ancak, sayfa 113'teki kolikle baş etme konulu önerilerden yararlanarak sıkıntınızı azaltıp sağlığınızı koruyabilirsiniz. Tüm olumsuzluklarda olduğu gibi kısa süre sonra bu durum düzelecektir. Çoğu kolik, bebek üç aylık olduğunda mucizevi bir şekilde ortadan kaybolur.

Bu sırada ağlama sinirlerinizi bozuyorsa zorlu bir egzersiz yapın veya bir kum torbası yumruklayarak düşmanlık hislerinizi azaltın. Eğer her hangi bir zaman bebeğinizi incitmek isteyecek kadar sinirleriniz bozuluyorsa derhal bir doktor veya terapistle konuşun.

HAKSIZ İŞBÖLÜMÜ

"Ben bütün gün işyerinde çalışırken eşim de bütün gün evde kızımıza bakıyor. Hafta sonları ona yardım etmekten rahatsız olmuyorum fakat hafta içinde akşamları, özellikle de gecenin yarısında ona yardım etmem konusunda bana baskı yapmasına içerliyorum."

İşten eve geldiğinizde günün sıkıntısından uzaklaşmak ve gevşemek istediğinizde bir bebekle ilgilenmek size haksızlık gibi görünebilir; eşi çalışmayan pek çok erkek böyle düşünmektedir. Fakat bu aynı zamanda bulunmaz bir fırsattır. Daha önceki nesillerde çok az baba bebekleriyle birlikte anlamlı bir zaman geçirebilmiştir ve bu utanç vericidir. Daha aydınlık bir neslin bir üyesi olarak kızınızı yakından tanımak için bir şansa sahipsiniz. Akşam haberlerini kaçırabilir veya yemekten önce sallanan koltuğunuzda kestiremeyebilirsiniz fakat bebeğinizle zaman geçirmenin gevşemeniz için daha iyi bir yöntem olduğunu göreceksiniz. Hiçbir şey işyerinizdeki bir personel problemini, kötü giden bir işi veya kaybedilmiş bir bahsi unutturmada bezini değiştirirken bebeğinizle karşılıklı aguu sesleri çıkarmanız, banyoda suyla oynamasını seyretmeniz ya da onu kollarınızda sallayarak uyutmanız kadar etkili olamaz. Günlük sıkıntılarınızı unuturken de ileride hatırlayacağınız güzel anlarınız olacaktır.

Bebeğinizle geçirdiğiniz her anınızı özellikle de gece yarılarını hatırlamak isteyeceğinizi kimse garanti edemez (bazıları kalın bir sis tabakasıyla örtülmüş gibi olacağından hatırlamak isteseniz de hatırlayamayabilirsiniz). Her işte olduğu gibi bebek bakımında da sıkıntı ve kaygı kotası bulunmaktadır.

Bu iş de, artıları ve eksileriyle, eşinizin her gün siz işyerindeyken sürdürdüğü bir iştir. Onun iş günü de sizinki gibi fiziksel ve emosyonel olarak (özellikle de emziriyorsa) ağırdır. Akşamüzerleri ona yardım ederek vazgeçtiğiniz dinlenmeden daha fazlasına ihtiyacı vardır. Elbette yeni bir güne başlamak için ve işe gitmek üzere sabah gün ağarırken kalkmak zorundasınız ama eşiniz de aynı durumda ve sizin aksinize gün içinde yemek ve kahve molası veremez, hatta çoğunlukla tuvalete gidecek zaman bile bulamaz.

Eşiniz yemeği hazırlarken siz de evin içinde kolikli bebeğinizle dolaşırken yakında bebek bakımının ödüllerini alacağınızı unutmayın. Önce sadece size yönelik gülümseme ve sesler ardından kapıdan girer girmez ba-ba diye atılan çığlıklar ve uf olduğunda öpmeniz için uzatılan bir parmak olacaktır. Daha sonraki yıllarda ise çocuğunuzla kurduğunuz yakın ilişki size mutluluk vermekle kalmayıp zorlukların daha kolay aşılmasına da yardımcı olacaktır.

Zaman zaman sizin de eşinizin de bebek bakımından bunaldığınız anlar olacaktır bu nedenle arada bir eşinizle başbaşa bir akşam geçirmeyi ihmal etmeyin.

BEBEKLE GEÇİRECEK YETERİNCE ZAMAN OLMAMASI

"Gün içinde uzun süre çalışıyorum ve sıklıkla geç saatlere kadar işyerinde kalıyorum. Yeni doğan oğlumla daha uzun zaman geçirmek istiyorum fakat zamanım yok."

Zaman yaratmayı gerektirecek önemli bir iş varsa bu da yeni doğan bebeğinizdir. Bir ebeveyn bebek bakımı konusunda ne kadar harika olursa olsun iki ebeveyn bunu ikiye katlar. Babalarından yeterince ilgi gören erkek bebekler altı aylık olduklarında ilgi görmeyenlere kıyasla daha zeki ve mutludurlar. Bu nedenle oğlunuzla birlikte zaman geçirmediğinizde kaybeden tek kişi siz değilsiniz. (Küçük kız çocukları da babalarıyla yakın oldukları zaman ileride kendilerine güvenleri daha fazla olmaktadır.)

Bebeğinize daha çok zaman ayırın, bu hayatınızdaki diğer önemli etkinliklerden zaman çalmanız anlamına gelse bile. Düzenli olmak işe yarayabilir. Çalışma saatlerinizle bebeğinizin uyanık olduğu saatleri çakıştırmamaya gayret edin. Saat ona kadar işyerinde olmanız gerekmiyorsa sabahın erken saatlerini bebeğinizle geçirin; akşam sekizden önce eve gelemiyorsanız eşinizden bebeğinizi akşamüstü daha erken uyutmasını rica edin, böylece akşam uykusundan önce sizinle zaman geçirebilir (bu eşinizle başbaşa geçireceğiniz zamanı biraz azaltacaktır). Eğer iş dışı uğraşlarınız (gece toplantıları veya hafta sonu sporu) bebeğinizle zaman geçirmenize engel oluyorsa bunları azaltın. Bebeğiniz biraz büyüdüğünde de bu organizasyonlar ve takımlar orada olacaktır ve bebeğinizin programı da daha düzenli hale gelecektir.

Özellikle de bebeğiniz için fazla zaman bulamıyorsanız olan zamanınızın çoğunu bebeğinize ayırın. Kahvaltı masasında gazete okumayın, akşam yemeğinden önce haberleri izlemek üzere televizyona yapışmayın ve cumartesi günleri öğlene kadar uyumayın. Bunun yerine kahvaltıda bebeğinizi kaşıkla besleyin, saat altıda ona banyo yaptırın ve cumartesi sabahları onu oyun parkına götürün.

Bebeğinizi aktivitelerinize dahil ederek de ona zaman ayırabilirsiniz. Yalnızca birkaç şey halledecekseniz bebeğinizi de arabasıyla yanınızda götürün. Programınızda jogging varsa onu bir bebek arabası veya pusetle yanınızda götürün ve yürürken onu da iterek aerobik aktivitenizi artırın (fakat bebeğiniz bebek arabasındayken jogging yapmayın). Evde yapmanız gereken işler varsa onu bir bebek koltuğuna oturtarak sizi seyretmesine izin verin ve yaptığınız işleri teker teker ona anlatın.

-26-

Tek Çocuktan Büyük Çocuğa...

İlk çocuğunuzu hastaneden eve getirdiğiniz zaman siz ve eşiniz anne-babalık konusunda acemiydiniz; öğrenilecek dersler vardı, birtakım ayarlamaların yapılması gerekiyordu ve aileye katılan yeni üye ile duygusal bağ oluşturmak zordu. İkinci çocuğunuzu eve getirdiğinizde anne-babalık konusunda hazırlıklı durumdasınızdır; artık bir şeyler öğrenmesi gereken, uyum göstermesi ve yenidoğanla bağ kurmak için en fazla çalışması gereken büyük çocuktur. Büyük çocuğunuz için durum sizin için olduğundan daha kolay olmayacaktır ve çocuğun olgunluk düzeyi ve yaşı düşünüldüğünde onun daha fazla zorlanacağı açıktır. Bu bölümdeki öneri ve ipuçlarına uymanız sizin ve büyük çocuğunuzun bu geçiş dönemini daha kolay geçirmenizi sağlayacaktır.

En iyi ipucu: rahatlayın. Çocuklar etraflarındaki erişkinlerden etkilenirler. Büyük çocuğunuzun kardeşine nasıl tepki göstereceği konusunda endişeliyseniz çocuğunuz da gergin olacaktır.

MERAK ETTİKLERİNİZ

BÜYÜK ÇOCUĞUN DURUMA HAZIRLANMASI

"İki buçuk yaşında bir çocuğumuz var ve ikincisini bekliyoruz. Büyük çocuğumuzu bu duruma nasıl hazırlayabiliriz?"

Gebelik ve çocuk doğumu ailesel bir olaydır. 70'li yıllardaki babalar gibi 80'li yıllardaki kardeşler de dokuz aylık hazırlık ve heyecan döneminin dışında kalamazlar. Gebelikle ve cinsellikle ilgili sorulara yanıt verilmemesi ve bebekleri leyleklerin getirdiği masalının yerine büyük çocuklar ilk aylardan itibaren gebelik olayının içindedirler.

Büyük çocuğun olaya hazırlanması en az bebek bekleyen anne-babaların hazırlanması kadar karmaşıktır. İlk adım büyük çocuğa annesinin gebe olduğunun söylenmesidir. Bunun ne zaman söyleneceği ise uzmanlar arasında tartışma doğurmaktadır. Uzun bir süredir, yaygın düşünce küçük çocuklara çok erken haber verilmemesi yönünde oldu; çünkü bu, büyük çocuk için çok uzun bir bekleme süresidir. Son olarak çocukların "bir şeyler oluyor" hissine erken kapıldıkları öne sürüldü. Etrafta heyecanlı konuşmalar duyup evde birtakım değişiklikler olduğunu gördüklerinde "Benden ne saklıyorlar? Ne olacak" diye düşünebilirler. Çocuğa bir kardeş fikrine alışması için yeterli zaman vermek gerekir. Amniyosentez yaptıracaksanız test sonuçlarını beklemek veya daha önce düşük geçirmişseniz tehlikeli dönemi atlatmayı beklemek iyi olabilir.

Bebek doğduğu zaman durumu evdeki çocuk için daha az korkunç hale getirmenin birkaç yolu vardır:

• Çocuğun yaşamındaki önemli değişiklikleri, eğer hamile kalmadan önce yapmadıysanız, gebeliğin erken döneminde yapmaya çalışın. Onu oyun grubuna sokarak evin dışında bir hayatı olmasını sağlayın, böylece bebeğin eve gelmesinden sonra kaçabileceği bir ortamı olur ve bebek yüzünden evden uzaklaştırıldığını düşünmez. Tuvalet eğitimine başlayın veya biberondan kesin. Böyle bir değişikliği bebeğin gelmesinden sonraya bırakmayın. Bebeğin gelmesinden iki üç ay önce tamamlanmayan işler bebek doğduktan birkaç ay sonraya ertelenmelidir.

• Çocuğunuzla başbaşa geçirdiğiniz zamanı azaltmaya çalışın. Daha önce onu hiç yalnız bırakmadıysanız ve bebeğinizin doğumundan sonra yalnız bırakmanız gerekecekse gün içinde onu kısa sürelerle bebek bakıcısına bırakın. Babası hâlâ çocuğunuzun bakımıyla ilgili işlere başlamamışsa onu yemek yedirme, banyo yaptırma, uyutma rutinlerine alıştırın, böylece siz hastanedeyken veya bebekle meşgul olduğunuz zaman sizin yerinize geçebilsin. Babasıyla büyük çocuğunuz arasında eğlenceli oyunlar başlatın (pazar sabahları dışarıda kahvaltı, cumartesi öğleden sonraları oyun parkına gidiş, akşam yemeğinden sonra hikâye saati gibi). böylece bu aktiviteler yeni doğacak olan çocuğunuz bir yaşına gelene kadar devam edebilir. Kendiniz de ondan fazla uzak kalmayın (sevgi dolu davranışlar sözlerden daha çok şey ifade eder); bebeğin eve gelişi onda annesinin uzaklaştığı fikrini oluşturmamalıdır.

• Geçirmekte olduğunuz fiziksel değişiklikler hakkında açık ve dürüst olun. Yorgun olduğunuzda bebek yapmanın zor bir iş olduğunu ve hasta olmadığınızı anlatın böylece sizin kendisinden bıktığınızı ya da hasta olduğunuzu düşünmez. Ama gebeliğinizi öne sürerek ilk çocuğunuzu kucağınıza almamazlık etmeyin, rahim ağzının vaktinden önce açılması gibi bir durumunuz yoksa çocuğunuzu kucakta taşımanızın gebeliğinize hiçbir zararı yoktur. Eğer bel ağrılarınız nedeniyle çocuğunuzu kucağınıza alamıyorsanız sebep olarak belinizi gösterin, bebeğinizi değil ve oturduğunuz yerden ona sarılın. Uzun süre yatmanız gerekiyorsa onu da yanınıza alın, ona bir hikâye okuyun veya birlikte televizyon seyredin.

• Büyük çocuğunuzla bebeği daha rahimdeyken tanıştırın. Aylık gelişimini yaşına uygun şekilde resimlerle anlatın ve bebek büyüdükçe annenin karnının da büyüyeceğini ve yeterince büyüdüğünde annenin karnından çıkmaya hazır olduğunu belirtin. Bebeğinizin tekmeleri dışarıdan görülmeye ve hissedilmeye başlayınca bebeğin karnınıza dokunmasına izin verin. Bebeği öpmesini, ona sarılmasını ve onunla konuşmasını özendirin (fakat asla zorlamayın). Bebekten bahsederken "bizim bebeğimiz" veya "senin bebeğin" diyerek ortak bir şeyiniz olduğunu ifade edin. Kız mı, erkek mi olduğu konusunda tahmin oyununa başlayın.

• İlk çocuğunuzu en azından bir kere prenatal vizite götürün (ilgili görünüyorsa ve yaramazlık yapmıyorsa tüm vizitlere birlikte gidebilirsiniz) ve gebelik tiyatrosunda bir oyuncu gibi hissetmesini sağlayın. Bebeğin kalp atışlarını duyması çocuğun gerçeklik duygusunu artırır. Sonogram fotoğrafı varsa onu gösterin. Muayenehaneye giderken yanınıza yiyecek bir şeyler, bir kitap ya da çocuğunuzun sevdiği bir oyuncağı almayı unutmayın, böylece eğer beklemeniz gerekirse sıkılmaz. Tekrar sizinle birlikte doktora gitmek istemezse onu zorlamayın ve isteğine saygılı olun.

• Büyük çocuğu bebekle ilgili hazırlıklardan ilgilendiklerine dahil edin. Siz mobilya, bebek yatağı ve oyuncak seçerken size "yardım etmesini" sağlayın, kendisi için de pahalı olmayan birkaç şey almasına izin verin. Kardeşinin giyebileceği, ona küçük gelen giysileri ve oynayabileceği oyuncakları beraber ayırın, fakat vermek istemediği şeyler konusunda onu zorlamayın. Bebek doğmadan önce gönderilen hediyeleri açmasına izin verin.

• Çocuğunuzu genel anlamda bebeklere alıştırın. Kendi bebeklik fotoğraflarını gösterin. Ona bebekken nasıl olduğunu anlatın (o zamandan beri nasıl büyümüş olduğunu gösteren hikâyeler anlatmayı ihmal etmeyin. Mümkünse hastaneye götürerek yenidoğanlara bakmasını sağlayın (böylece yeni doğan bebeklerin daha büyük bebekler kadar "güzel" olmadıklarını görür). Bebekleri olan arkadaşlarınızla zaman geçirin. Gördüğünüz her yerde bebekleri ona gösterin - parkta, markette, kitaplarda. Belli bir zaman için bebeklerin iyi bir oyun arkadaşları olmadığını ve yemek yemek, ağlamak ve uyumak dışında çok az aktivitede bulunduklarını anlamasını sağlayın. Bebeği emzirecekseniz bebeğin annenin memesinden süt içeceğini kardeşine izah edin (eğer kendisini emzirirseniz bunu ona söyleyin) ve eğer emziren bir arkadaşınız varsa beslenme saatinde birlikte onu ziyarete gidin.

• Çocuğa somutlaştıramayacağı sözler sarf etmeyin: "Sakın endişelenme; seni de bebek kadar seveceğiz" veya "Sana ayıracak bolca zamanımız var" gibi cümleler kurmayın. Bu tip cümleler iyi niyetli de olsa, çocuğun sizin sevgi ve ilginiz için bebekle yarışmasına yol açar.

• Büyük çocuğunuzdan kardeşi için karyolayı boşaltmasını istiyorsanız bunu doğumdan birkaç ay önce yapın. Yatağa geçmeye hazır değilse ona başka bir karyola alın ve biraz büyüdüğü zaman çocuk yatağına dönüştürülebilen bir model seçmeye çalışın. Büyük çocuğu başka bir odaya almayı düşünüyorsanız bunu da çok önceden yapın ve dekorasyon ve mobilya konusunda onun fikrini alın. Büyüdüğü için bir başka yatak ve odaya geçtiğini söyleyin, bebeğin onu yerinden ettiğini değil.

• Arabanız varsa ve eğer büyük çocuğunuz baştan beri arka koltukta oturmuyorsa onun arka koltukta oturmasını sağlayın. Yeni bir araba koltuğu (ya da az kullanılmış) bu geçişi kolaylaştırabilir. Öne bebek için koltuk yerleştirin; doğumunuzdan bir süre önce öndeki koltuğa bir oyuncak bebek de yerleştirebilirsiniz.

• Bebeğe isim seçme konusunda büyük çocuğa da hak tanıyın. Bebeğin ismini koymak büyük çocuğunuzun kardeşiyle yakınlaşmasını sağlayacaktır. (Elbette okul öncesi yaştaki bir çocuğa bu konuda tam bir özgürlük verilmesi bir felakete yol açabilir; eğer küçük çocuğunuzun "Büyük Kuş" ismine sahip olmasını istemiyorsanız son kararı sizin vermenizde yarar vardır.)

• Civarınızda kardeş sınıfları varsa çocuğunuzu bu sınıfa yazdırın. Kendisiyle aynı durumda olan başka çocuklar olduğunu bilmesi faydalıdır. Böyle bir sınıfa devam ediyor olsa bile (ve özellikle de devam etmiyorsa) bu konuyla ilgili kitaplar okuyarak onu hazırlayın -marketlerde onun yaşına uygun bir dille yazılmış "yeni bebek" kitapları mevcuttur.

• Doğum anı yaklaştıkça büyük çocuğunuza hastanede bir süre kalacağınızı anlatmaya çalışın. Bavulunuzu hazırlamanıza yardım ederek olaya hazırlık yapabilir; hastaneye giderken ona ait bir şeyleri (örneğin oyuncak ayı, onun bir fotoğrafı veya kendi çizdiği bir resim) de yanınıza almayı ihmal etmeyin Hastanede kaldığınız süre içinde ona bakacak olan kişinin (büyükanne, büyükbaba, baba) çocuğun rutin işlerinden haberdar olduğunu ve bu hassas dönemde hiçbir kesinti olmayacağını anlatın. Siz yokken ona kimin bakacağını önceden söyleyin (en iyi bakıcı büyükanne, büyükbaba, başka bir akraba, her zamanki bakıcı veya yakın bir aile dostudur). Hastane kardeş ziyaretlerine izin veriyorsa görüşme saatlerini ona bildirin. Sizi doğumdan sonra ziyaret edebilecek olsa da olmasa da doğumdan önce hastanenin birlikte gezilmesi sizin gitmeniz konusunda onu rahatlatacaktır.

• Doğumdan birkaç gün öncesinde büyük çocuğunuza çok fazla hediye alıp çok fazla dışarıda gezdirmeyin. Bu tip aşırı ilgilenme çocukta korkunç bir şeylerin olacağı ve sizin bu fırtınayı hafiflettiğiniz gibi bir duygu oluşturabilir. Bebeğin gelişiyle pazarlık şansı edindiğini ve uslu davranma karşılığında hediyeler ve istediklerini elde edebileceğini düşünebilir. Sadece birkaç küçük hediye alarak doğumdan sonra birini hastanede birini de eve geldiğinizde verin ve annesi yokken ne kadar yardımcı olduğunu söyleyin. Küçük bir çocuk için yıkanabilen ve rahatlıkla kucağında taşıyabileceği boyda olan bir bebek iyi bir hediyedir; böylece siz gerçek bebekle ilgilenirken çocuğunuz da kendi bebeğini yıkar, "emzirir" veya altını değiştirir. İlk karşılaşmalarında bebeğe verebileceği bir hediye almak için birlikte alışverişe çıkın.

• İlk çocuğunuzu ikinci çocuğa alıştırma konusunda aşırıya kaçmayın. Gebeliği ve aileye yeni katılacak olan bireyi konuşmaların odak noktası haline getirmeyin. Çocuğunuzun hayatında sizin ilginiz bekleyen başka şeyler de olduğunu unutmayın.

KARDEŞLERİN DOĞUMA KATILIMI

"İkinci bebeğimizi ana-çocuk sağlığı merkezinde doğuracağım ve üç yaşındaki oğlumuzun doğumu izleme seçeneği var. Bu onun için ne kadar sağlıklı olur?"

Sizin nesliniz doğum olayının yalnızca annelere mahsus olduğu bir dönemi yaşadı. Babalar bekleme odasını arşınlarken kardeşler büyük annelerinin evinde durumdan yalnızca kaba hatlarıyla haberdar bir şekilde doğumu geçiriyorlardı. Bugün babalar bu olayda hazır bulunuyorlar ve çocuklar bekleme odasına getiriliyor. Bundan sonraki mantık basamağı olaya katılan aile fertlerine çocukların da eklenmesiydi. Hatta bazı hastaneler ve doğumevleri her yaştan kardeşin doğumu izlemesine izin veriyorlar.

Babanın doğum odasına alınması konusunda herkes uyum içindedir ancak kardeşlerin olaya dahil edilmesi konusu tartışmalıdır. Teorik faydalar (rekabet azalır, bağ daha iyi kurulur, çocuk daha az travma geçirir, kendini terk edilmiş hissetmez) öne sürülse de, çocuklar kardeşlerinin doğumuna anne-babaları istediği için katılırlar. Olası negatif sonuçlar ise pozitif olanlardan daha fazladır. Doğum olayı bir çocuğun anlama sınırlarını zorlayan bir olaydır ve annenin çığlıkları, kan, bebeğin hiç de bebeğe benzemeyen görüntüsü olayın kavranmasını daha da zorlaştırır. (Bir çalışmada ise tüm çocukların olaydan rahatsız olmadığı, bazılarının uzun süren doğumdan sıkıldığı, bazılarınınsa aktif olarak olaya katıldıkları görüldü). Başka bir açıdan da tipik düşük riskli doğumda komplikasyon olasılığı pek yoksa da, her şeyin iyiye gideceğini söylemek doğru olmaz. Acil sezaryen gerektiğinde ya da yenidoğanla ilgili ciddi bir şeyler olduğunda etraftaki aktivitenin artışı çocuğu korkutabilir. Odada çocuğun bulunması annenin doğum sırasında yeterince rahat olamamasına neden olur. Ayrıca tüm olay yeni doğan bebeğin üzerinde yoğunlaştığından büyük çocuk kendini terk edilmiş hissedebilir.

Öte yandan, çoğu uzman normal koşullarda büyük çocuğun doğumdan hemen sonra kardeşini görmesinin doğuma katılım kadar faydalı olduğunu ve hiçbir risk içermediğini düşünüyor. Hastane buna izin veriyorsa bu iyi bir seçenektir. Buna izin verilmezse bebekle kardeşi arasında bağ kurmak için daha çok zaman olacağını aklınızdan çıkarmayın.

Çocuğunuzu doğuma sokmaya karar verdiyseniz olaya iyi hazırlanmasını (doğum filmleri ve resimleri gösterin, solunum egzersizlerini izlettirin) sağlayın ve hastaneye giderken yanınıza kitap, oyuncak, yiyecek gibi şeyler almayı unutmayın, böylece sancılarınız gecikirse onu oyalayacak bir şeyler olur. Dışarı çıkmak isterse ona izin verin ve hayal kırıklığına uğradığınızı düşünmemesini sağlayın. Böyle bir karar değişikliği olasılığı için hazırlıklı olun ve onu eve veya büyükannesinin evine götürmek üzere bir erişkinin civarda bulunmasını sağlayın.

AYRILMA VE HASTANE ZİYARETLERİ

"Hastanede beni ziyaret etmesi büyük çocuğumun beni hiç görmemesine kıyasla daha fazla özlemesine mi neden olur?"

Tam tersine. Çocuğun gözünün önünde olmamanız aklından da çıkmanıza neden olmaz. Hastanede sizi görmesi sizin iyi olduğunuzdan, onu diğer bebek için bırakmadığınızdan ve annenin hayatında önemli olduğundan emin olmasını sağlar. Annelerini hastanede ziyaret etmeyen çocukların anne ve bebek hastaneden çıktıktan sonra düşmanca davrandıkları saptanmıştır. Birçok hastanede çocuğunuzun yenidoğan bebeği görmesine, hatta kucağına almasına izin verilir.

Hastane ziyaretlerini ve ayrılmayı yumuşatmak için yapabilecekleriniz:

• Çocuğun görüşmeye çok önceden hazırlanmasını sağlayın. Ne kadar kalacağınızı ve eve dönerken sizin ve bebeğin onunla birlikte gitmeyeceğini bilmeye ihtiyacı vardır. Hastane kuralları nedeniyle bebeği yalnızca bebek odasının camından görebilecekse bunu ona söyleyin.

• Çocuğunuzun ziyaretine kendiniz de hazırlanın. İlk anda kardeşine koşup sarılmasını beklemeyin, hayal kırıklığına uğrarsınız. Size veya bebeğe ya da her ikinize birden soğuk davranabilir, çekingen veya aşırı hareketli olabilir, hatta ayrılırken kızgın veya üzgün olarak gözyaşlarına boğulabilir. Bu tip negatif veya nötr reaksiyonlar yaygındır ve hiç görüşmeye gelmemesinden daha iyidir. Beklentileriniz gerçekçi olsun; her şey iyi giderse siz de memnun olursunuz, yolunda gitmese de aşırı üzülmezsiniz.

• Hastaneye giderken gece yarısı ya da çocuğunuz kreşteyken ve evden uzakta bir yerdeyken ayrılacaksanız uyandığı ya da döndüğü zaman görebileceği bir not bırakın. Ona "bebeğinizin" gelmeye hazır olduğunu, onu sevdiğinizi ve onu en kısa zamanda göreceğinizi veya onunla konuşacağınızı yazın. Mümkünse (anneannesi veya başka birisi onunla birlikte gelip bekleyebilecekse ve hastane yönetimi izin veriyorsa) onu da hastaneye götürebilirsiniz. Onun için de bir çanta hazırlayın. Çantaya yedek kıyafet, kullanıyorsa bebek bezi, oyuncaklar ve ikinizin de hoşuna gidecek yiyecekler koyun. Sancı uzun sürerse (genellikle ikinci doğumda çok uzun sürmez) ve siz doğum odasında uzun süre kalacaksanız onunla ilgilenme konusunda babası devreye girebilir; ona gelişmeleri anlatıp hatta hastane kafeteryasında birlikte yemek yiyebilir. Çocuğunuzun uyku saati geldiğinde bebek hâlâ doğmadıysa onu eve gönderip yatağında uyumasını sağlayın. Bebek doğduğunda oralardaysa en azından sizi -mümkünse bebeği de - ziyaret edebilmesini sağlayın.

• Büyük çocuğunuzun fotoğrafını başucunuza yerleştirmeyi unutmayın böylece sizi ziyarete geldiğinde onu düşünmekte olduğunuzu anlayacaktır.

• Çocuğunuzu getiren kişiye onu bir mağazaya götürmesini söyleyip onun bebek ve sizin için küçük hediyeler almasını sağlayın. Hediye alışverişi (siz de bu arada daha önceden ona almış olduğunuz hediyeyi verin) buzların çözülmesine ve çocuğun kendini önemli hissetmesine yol açar. "Bebeğin getirdiği" hediyeyi vermek adettendir fakat çoğu çocuk buradaki aldatmacanın farkındadır ve gayet masum da olsa bu ilişkinin bir kandırmacayla başlaması uygun olmaz.

• Hastane odasında artık büyümüş olan aileniz için küçük bir "doğum günü" partisi yapın. Pasta (büyük çocuğunuz bir dilim pasta yemekten ve kardeşinin yiyemeyecek olmasından memnun olacaktır), mumlar (çocuğunuz bunları üfleyerek söndürebilir) ve küçük süsler (onun seçmesine izin verin) alın.

• Çocuğu hastaneye getiren kişiyle eve geri götüren kişi aynı olsun. Çocuğu babası getirirse ve annenin yanında daha fazla kalıp çocuğu büyükbabasıyla geri gönderirse çocuk kendini terk edilmiş hissedebilir.

• Ziyaretler arasında telefon ederek (gece yatağa gitme zamanı gibi hassas zamanları seçmeyin) veya babasının ona okuyacağı notlar yazarak çocukla olan bağınızı koparmamaya çalışın. Hastane odanıza asmanız için birkaç resim çizmek hoşuna gidebilir. Babası veya yakın bir akrabanız büyük çocuğunuzu dışarı çıkarıp onun istediği yerlere götürebilir ve böylece çocuğunuz etrafındaki herkesin bebekle ilgilendiği fikrine kapılmaz. Ayrıca gidilen yerlerdeki konuşmalarda odak noktası çocuğunuz özellikle bu konuda konuşmak istemediği sürece bebek olmamalıdır.

• Eve erken dönmeye çalışın ve büyük çocuğunuzun bebekle mümkün olduğunca erken temasa girmesini sağlayın. Böylece ayrı kaldığınız süre de kısalır.

EVE DÖNÜŞÜ KOLAYLAŞTIRMA

"Bebeğimle eve geleceğimiz zamanı büyük çocuğum için nasıl daha az travmatik hale getirebilirim?

Büyük kardeş eve bebek gelmesi söz konusu olduğunda karışık duygular yaşar. Annesinin eve gelmesini ister fakat annenin getireceği bebek konusunda kararsızdır. Bir açıdan eve bebek gelmesi hoşuna gider; bu yeni ve ilginç bir deneyimdir ve yaşı biraz büyükse bu konuda arkadaşlarına hava atabilir. Ancak eve bebek girdiği anda yaşamında karşılaşacağı değişiklikler ve eskiden kendisinin olan karyoladan ayrılmak zorunda olma konusunda biraz gergin olabilir.

Eve gelişi ne derece kolaylaştırdığınız büyük çocuğunuzun bebekle ilgili büyük umutlar veya derin korkular yaşamasını -en azından başlangıçta- etkileyecektir. Burada olayın pozitif taraflarını artırıp negatif taraflarını azaltmak için faydalanacağınız birkaç ipucu:

- Büyük çocuğunuza bebeğin eve gelişi sırasında aktif bir rol verin. Hastaneye babasıyla birlikte gelerek bebeğe eşlik edebilir. Bunun için yanınızda bir yakınınızın daha olması gerekir çünkü baba hastaneden çıkış belgeleriyle ilgilenecektir.
- Ya da çocuğunuzu evde bebekle ilgili hazırlıklara dahil edin (bezleri katlayabilir). Eve baba ile bebekten önce girin ve çocuğunuzla birkaç dakika yalnız kalmaya çalışın.
- Bebeğe sürekli "bebek" demektense doğrudan adını söylemeye başlayın. Bu, çocuğa bebeğin bir nesne değil de canlı bir varlık olduğunu anımsatacaktır.
- Evdeki ilk günlerinizde misafir çağırmayın (hem hijyen, hem de büyük çocuğun iyiliği için). En iyi niyetli misafirler bile sadece bebekle ilgilenip diğer çocuğu unutma eğilimi taşırlar. Çok yakın akrabalar ve yakın arkadaşlar gibi gelmesini engelleyemeyeceğiniz kişileri uyararak yalnızca bebekle ilgilenmemelerini ve büyük çocuğa fazlasıyla ilgi göstermelerini söyleyin. Misafirlerinize çocuk uyurken veya okuldayken gelmelerini söyleyebilirsiniz. İlk hafta içinde misafirleri önlemeniz size güç toplama ve ailevi bağları kuvvetlendirme fırsatı verir.
- Özellikle ilk günlerde tüm dikkatinizi büyük çocuğa verin; bu süre içinde bebek zaten bol bol uyuyacaktır. Çizdiği resimleri buzdolabına yapıştırın, tuvalet eğitimini tamamlamasını kutlayın ve büyük bir ağabey olduğu için ona övgüler yağdırın; sabırlı olun. Karyolanın başına geçip bebekle ilgili övgüler düzmeye başlamayın; büyük çocuk kendini gereksiz ve istenmeyen bir varlık olarak görmemelidir. Ancak bebeği öpmekten, ona sarılmaktan birdenbire vazgeçmeyin; büyük çocuk "Bebeği sevdiklerini zannediyordum. Herhalde beni de yakında sevmemeye başlayacaklar" gibi düşünebilir. Hatta "Bebeği sevdiklerini bana göstermemeye çalışıyorlar, demek ki onu benden çok sevdiklerini saklamaya çalışıyorlar" düşüncesi oluşabilir. Bebekle ilgilenirken büyük çocuğunuzu da konuşmalara ve sevgi gösterilerine katın. Bebek için olan duygularınızı serbest ve doğal bir şekilde açıklamanız büyük çocuğu da rahatlatacaktır.
- Bebek hediyelerini büyük çocuğun açmasını ve hatta bir süre oynamasını sağlayın; onların bebek oyuncağı olduğunu ancak bebek biraz daha büyüyene kadar onlarla oynayamayacağını açıklayın. Bazı ince görüşlü misafirler büyük çocuk için de küçük bir hediye getirebilirler. Uzun bir süre büyük çocuğunuza hediye getiren olmazsa büyükanne veya büyükbabanın yalnızca büyük çocuğunuza bir şey getirmesini sağlayın. Ona büyük çocuk bebekken ona gelen hediyeleri gösterebilirsiniz ve şimdi de sıranın bebekte olduğunu söyleyebilirsiniz. Çok fazla hediye gelirse bir kısmını onun göremeyeceği yerlere kaldırın.
- Büyük çocuğunuz birkaç gün kreşten veya okuldan uzaklaşmak ve evde kalmak istiyorsa buna karşı çıkmayın; bebekle evde oturup onunla duygusal bağ kurmasına izin verin. Ancak okula gitmek isterse de evde kalması için onu zorlamayın. Bebeğin olmadığı ve ilgilenecek başka şeylerin olduğu bir mekân çocuk için daha rahatlatıcı olabilir.

AÇIK KIZGINLIK (GÜCENME)

"Emekleme dönemindeki çocuğum bebeğe kızgın davranıyor. Bebeğin hastaneye geri dönmesini istediğini söylüyor."

Çocuğunuzun isteklerini yerine getiremezsiniz ancak onları ifade etmesine izin vermelisiniz. Duyguları çok olumsuz bile olsa bunları dile getirmesi olumludur. Büyük çocukların hemen hemen tümü yeni gelen kardeşe karşı kızgınlık duyarlar ve bazıları bunu diğerlerinden daha açık biçimde belirtirler. Bu söylediğinin korkunç bir şey olduğunu söylemek yerine evde bir bebek bulunmasının elbette ki zor bir durum olduğunu ve her zaman sizin ve büyük çocuk için eğlenceli olmadığını çocuğunuza anlatmalısınız. Bebeğe olan duygularını açıklamasına izin verin ancak konu üzerinde odaklanmayın.

Bazı çocuklar da negatif duygularını açıklamaktan kaçınırlar; bu tip çocukları duyguları hakkında konuşmaya teşvik etmelisiniz. Bunun bir yolu kendi karışık duygularınızı onunla paylaşmaktır: "Bebeği seviyorum ama gece kalkıp onu beslemek zorunda olmaktan nefret ediyorum" veya "Bebek yüzünden kendime hiç zaman ayıramıyorum" gibi cümleler kurarak onunla konuşun. Kardeşiyle ilgili karışık duyguları olan çocukların konu edildiği öyküler de anlatabilirsiniz. Kendiniz de büyük çocuksanız kardeşinizle ilgili ilk hislerinizi paylaşabilirsiniz.

"Kızım bebeğe karşı hiçbir düşmanlık duymuyor. Ama bana karşı son derece huysuz ve hırçın..."

Bazı çocuklar yeni gelen bebeğe karşı düşmanlık hissetmezler veya düşmanlıklarını gösteremezler. İkinci en iyi hedef annedir. Zaten bebekle bütün vaktini geçiren, onun altını bezleyen, emziren anne değil midir? Büyük çocuk hırçın davranışlar göstererek, yemek yemeyi reddederek, annesini tamamen görmezden gelerek veya başka birini (bakıcı olabilir) favori belleyerek duygularını açığa vurabilir. Bu tip davranışlar yaygındır ve yeni bebeğe alışma sürecinin normal bir parçasıdır.

Herhangi bir gelişim döneminde olduğu gibi hırçınlıklarla sakin bir biçimde başa çıkmalı ve büyük çocuğun söylediklerini şahsınıza yönelik almamalısınız. Çocuğunuza sabırla, anlayışla ve güven vererek yaklaşmalısınız. Bunun genellikle birkaç ay içinde kendiliğinden düzeleceğini unutmayınız.

KENDİ KIZGINLIĞINIZ

"İkinci çocuğumu eve getirdikten sonra kendimi tamamen bebeğin emrinde buldum ve büyük çocuğumun benimle zaman geçirme ve onunla ilgilenme isteklerine karşı kızgınlık duyduğumu fark ettim. Bu yüzden suçluluk duyuyorum."

Çok yorgunsunuz ve üzerinizde çok baskı var. Sizin de açığa vurmak istediğiniz düşmanlık duygularınız olması normaldir. Bebek yerine büyük çocuğunuza karşı kızgınlık hissetmeniz şaşırtıcı değildir (bazı kadınlar eşlerine karşı kızgınlık duyarlar). Bilinçaltınızda büyük çocuğunuzun olgun davranması gerektiğine, böyle davrandığında her şeyin kolaylaşacağına inanıyorsunuz. Bu, yaygın fakat gerçek dışı ve haksız bir düşüncedir. (Aslında büyük çocuğunuz büyük olasılıkla yaşına göre davranıyordur.)

Bu tip duygular ikinci kez anne olanlarda sıklıkla yaşanır ancak gebelikleri boyunca yeni doğacak çocuklarını birincisi kadar sevemeyeceklerinden endişelenen anneler için sürpriz bir duygudur. Yeni bebeğin hemen kalbinize girdiğini ve büyük çocuğunuzun isteklerine karşı gönülsüz davrandığınızı fark edince şoke olacaksınız.

Olumsuz duygularınızın farkına varmak ve nedenlerini anlamak bunları aşmanın en önemli adımlarıdır. Bu, çocuklarınıza karşı ilk defa kızgınlık veya gücenme duyguları yaşadığınız bir zamandır ve sonuncusu da değildir. Bu tip duygular en iyi ilişkilerde bile gözlenir. Ancak çocuklarınızla olan ilişkilerinizde ritme kavuşup her ikisine de eşit zaman ayırmaya başladıktan sonra duygularınızın değiştiğini göreceksiniz. Eğer bu duygularınız değişmez ya da artma gösterirse doktorunuzla veya bir danışmanla konuşun.

GENİTAL FARKLILIKLARI AÇIKLAMA

"Üç yaşındaki kızım yeni doğmuş erkek kardeşinin penisiyle çok fazla ilgileniyor. Onun ne olduğunu ve neden ondan kendisinde olmadığını merak ediyor. Ona ne söyleyeceğimi bilemiyorum."

Gerçeği deneyin. Kızınızın yaşındaki çocuklar soru soracak ve doğru yanıtlar alacak kadar büyümüş demektir. Küçük bir kız için kendisinde olmayan bir organı erkek kardeşinde görmek şaşırtıcı olabilir. (Aynı şekilde küçük bir erkek çocuk yeni doğan kız kardeşinin penisi olmadığını gördüğünde kendisininkini kaybedebileceğinden endişe edebilir.) En basit açıklama erkeklerin (baba gibi) penisleri olduğu ve kadınların (anne gibi) vajinaları olduğudur ve çocuğunuzun erkekler ve kadınlar arasındaki farkı anlamasını sağlayacaktır. Vücut kısımlarının isimlerini, gözler, burun veya ağız derken olduğu gibi doğru bir şekilde söyleyin ve yalnızca çocuk sorarsa fazladan bilgi verin - kızların vajinaları olduğunu böylece büyüdüklerinde bebek doğurabildiklerini, erkeklerin ise penisleri olduğunu böylece baba olabildiklerini söyleyebilirsiniz. Çocuğunuz rahatça açıklayabileceklerinizden daha fazlasını öğrenmek isterse anne-babaların çocuklara nasıl bilgi verebileceği hakkında yazılmış kitaplar edinin, ya da çocuğunuzun yaşına uygun tercihen çizimler/resimler içeren ve ona okuyabileceğiniz kitaplar almaya çalışın.

BÜYÜK ÇOCUĞUN ÖNÜNDE BEBEĞİ EMZİRME

"İkinci bebeğimi emzirmeyi düşünüyorum fakat dört yaşındaki oğlumdan çekiniyorum."

Okul çağına gelmemiş çocukların karşı cinsteki ebeveyni tamamen çıplak görmesinin zararlı olduğu yolunda düşünceler varsa da oğlan çocuğun annesini emzirirken görmesinin zararlı olduğu söylenemez. Ayrıca bebeği emzirmekle ne kadar fazla zaman geçirdiğinizi düşünürseniz büyük çocuğunuzdan kaçmakla ona ne kadar az zaman ayırabileceğinizi göz önüne almalısınız. Bebeğin uyku zamanları hariç büyük çocuğunuzla yalnız kalabileceğiniz başka zaman yoktur. Emzirme dönemlerinde sessiz aktivitelerde bulunabilirsiniz (öykü okumak gibi).

Oğlunuzun göğüslerinizi görmesinden rahatsız oluyorsanız bebeği gizlice emzirin. Ancak aniden göğsünüzü sıkmak veya göz ucuyla bakmak isterse aşırı tepki vermeyin. Birçok uzman çok fazla tedbirli davranmanın çocuğun insan vücudunun kirli veya kötü bir şey olduğunu düşünmesine ve çok fazla teşhirci davranmanın çocukta kişisel mahremiyete saygı duymayan kişilik gelişmesine yol açtığını öne sürüyorlar.

BÜYÜK ÇOCUĞUNUZ DA SÜT EMMEK İSTEDİĞİNDE

"İki buçuk yaşındaki oğlum bebeğe özenerek süt emmek istediğini söylüyor. Bu isteğini anlamazdan gelince geçecek sandım ama o ısrar ediyor."

Büyük çocuğa (üç veya dört yaşına kadar olanlar) bu isteğinin olanaklı olduğunu söylemeniz en iyi yoldur. (Dört yaşın üzerindeki bir çocuk sadece bebeklerin meme emdiğini anlayabilir.) Bazen sadece evet demeniz bile durumu yatıştırır ve çocuk daha fazlasını istemez. Eğer yine de emmek isterse rahatsız olsanız bile denemesine izin verin. Bu sayede bebekle girdiğiniz özel yakınlığı ve gizemi paylaşmış olacaktır. Bir kere emdikten sonra bu emdiği sıcak, sulu, tuhaf ve süte hiç benzemeyen şeyin çabalarına değmediğini ve iyi bir mama olmadığını kavrayacaktır (hatta süt ağzına değmeden vazgeçebilir). Merak duygusu giderilmiş olacak ve büyük olasılıkla bir daha emmek istemeyecektir. Bundan sonra bebekle ilgili sempati duymaya ve kıskançlığı ortadan kalkmaya başlayacaktır (ne de olsa kendisi elma suyu ve gerçek süt içip, fıstık ezmeli ve üzümlü sandviçleri yerken kardeşi o tuhaf şeyi içiyordur).

Eğer hâlâ emmek istiyorsa istediği şey yalnızca meme değil bebeğe gösterdiğiniz ilgi demektir. Bütün yapacağınız emzirme seanslarına büyük çocuğunuzu da katmanızdır. Emzirmeye başladığınızda büyük çocuğa "Ben şimdi kardeşini emzireceğim. Sen de meyve suyu ister misin?" veya "Kardeşin şimdi yemek yiyor. Sen de bir sandviç yemek ister misin" diye sorarak onu olayın dışında bırakmamaya çalışın. Ya da ona öykü okuyun, yap-bozda yardımcı olun, TV izlemek ve telefon konuşmalarınızı bir süre erteleyin. Ayrıca başka bebeğinizi emzirdiğiniz zamanların dışında büyük çocuğunuza yeterince sarılmaya devam edin.

BÜYÜK ÇOCUĞUNUZDA BEBEKSİ DAVRANIŞLAR

"Kız kardeşi doğduktan sonra üç yaşındaki kızım bebek dilinde konuşmaya ve sürekli kucağa alınmak istemeye başladı. Hatta tuvalet problemi bile yaşıyor."

Bazen yetişkinler bile bir bebeği kıskanabilirler (yumuşacık bir bebek arabasında gezdirilen uyuyan bir bebek karşısında "İşte yaşamak bu!" diye iç geçirirler). Büyümekte olan ve sorumluluklar almaya başlamış olan çocuğun bebeği gördükten sonra bebek yaşantısına dönmek istemesi şaşırtıcı değildir. Özellikle de sürekli kucakta tutulan, lüks bir rahatlık içinde yaşayan ve her istediği hemen yerine getirilen (kendisine "kes şu ağlamayı" dendiği halde) bebek için her şeyin yolunda gittiğini düşünen çocuk kıskançlık yaşayabilir.

Böyle hassas bir dönemde büyük çocuğa gerçekten büyük bir insan gibi davranması için baskı yapmayın. Bu, aynı anda "iki bebeğe" birden bakmak anlamına gelse bile bebeklik yapmasına izin verin. Ona istediği ilgiyi gösterin (yorulduğunda onu kollarınızda sallayın, arada bir merdivenleri çıkarken onu kucağınıza alın, çok isterse onu besleyin) bir kelimelik cümleler kurmaya başlarsa onu azarlamayın (bu sinirlerinizi bozsa bile), biberondan süt içmek isterse (daha önce hiç istemediyse bile) veya çişini altına yapmaya başlarsa onu kınamayın. Aynı zamanda büyük çocuğunuza kendi yaşının gerektirdiği gibi davrandığı zamanlarda övgüler yağdırın ve bunu başkalarının önünde yapın. Ona bir zamanlar onun da bebek olduğunu anımsatın. Yalnızca onun yapabileceği ve kardeşinin yapamayacağı şeyler olduğunu anlatın (doğum günü partisinde dondurma yemek, parkta kaydıraktan kaymak, anne ve babasıyla pizza yemek gibi). Kardeşi uyurken onunla yemek pişirin, alışveriş listesi hazırlayın, babasıyla pikniğe gönderin, bebeği bakıcıya bırakıp birlikte sinemaya gidin. Bu arada çocuğunuz büyümenin avantajlarını kavramaya başlayacaktır ve bebeklik günlerini geride bırakacaktır.

BÜYÜK ÇOCUĞUM KARDEŞİNİN CANINI YAKIYOR

"Odadan bir anlığına dışarı çıktım ve döndüğümde büyük çocuğumun bebeğin canını oyuncakla yaktığını gördüm. Bu sefer bir şey olmadı ama galiba bebeğin canını özellikle yakmak istiyor."

Görünüşte sadist bir davranış olan bu tip olaylar gerçekte bebeğe zarar vermek için değildir. Olayda bir parça düşmanlık olsa da bunlar masum incelemelerden başka bir anlam taşımaz. Çocuğunuz bebeği ağlatmak için değil eve getirdiğiniz bu tuhaf yaratığın nasıl çalıştığını merak ettiği için öyle davranıyordur (tıpkı etrafındaki her şeyi sürekli inceleyip karıştırdığı gibi). Burada önemli olan aşırı tepki göstermemektir. Büyük çocuğa bebeğe nazik davranmak gerektiğini örneklerle gösterin. Kaba davrandığı zaman kibarca reaksiyon gösterin ve sinirlenmeyin (yoksa sırf sizi sinirlendirmek için bu davranışını sürdürebilir). Aşırı tepki göstermek bebek gerçekten zarar gördüğünde daha da önemli hale gelir; çocuğun bu yaptığından pişmanlık duymasına yol açmak kalıcı duygusal hasarlar bırakır ve olumlu bir amaca hizmet etmez.

Büyük çocuğunuzun küçüğünün canını yakması konusuna gelince bu tip davranışların önlenmesi cezadan daha faydalıdır. Çocuğunuzun mesajı alıp almamasından bağımsız olarak iki kardeşi yalnız bırakmayın (beş yaşına gelinceye kadar çocuk gerçekten ona zarar verip vermediğini kavrayamaz). Küçük çocuklar çevrelerine verebilecekleri zararın boyutunu kavrayamazlar ve istemeden de olsa etraflarına zarar verebilirler.

KISKANÇLIĞIN ÖNLENMESİ

"Dört yaşındaki oğlum ve bebek arasında nasıl bir adil davranış paylaşımı yapacağımı ve büyük çocuğumu nasıl kıskandırmayacağımı bilemiyorum."

Böyle bir durumda ikinci bir kopyanızın (en azından bir çift daha kolunuzun) olması çok işe yarayabilirdi fakat ne yazık ki bu mümkün değil. Siz yalnızca bir tanesiniz; ikinci bir anneleri yok. Bu durumda siz uzun yıllar ikisi arasında kalacaksınız. Önemli olan bunu nasıl adil bir şekilde başarabileceğinizdir. Çocuklarınız büyüdüğü zaman ikisine ayırdığınız zaman eşit olmaya başlayacaktır (tıpkı her iki çocuğunuzu da memnun edebilmek için bir elmayı veya bir dilim keki eşit iki parçaya bölmeniz gerektiği gibi). Şu anda ise daha çok büyük çocuğunuzla ilgilenmeniz en iyi yoldur. İlkin, büyük çocuğunuzun eskiden tek çocuk olduğunu ve bütün ilginin onun üzerinde olduğunu hesaba katın. Ayrıca bebeğin yalnızca temel ihtiyaçları vardır ve bu dönemde sadece bunları karşılamanız bile yeterli olacaktır. Bu dönemde bütün tanıdıklarınız ve akrabalarınız yalnızca bebek ile ilgilenecekler ve büyük çocuğu ihmal edeceklerdir. Birinci çocuğunuzun doğumdan sonra sakin bir eve halbuki ikincisinin aktif bir ortama geldiğini düşünün. Bu ortamda bebekle direkt ilgilenmeseniz bile etrafta olup bitenler onun ilgisini ayakta tutacaktır. Büyük çocuğunuzla yap-boz oynarken veya lego şehri kurarken bebeğinizin kucağınızda oturması veya büyük çocuğunuzun salıncağını sallarken küçüğü de arabasıyla ileri geri hareket ettirmeniz yeterli olacaktır. Ayrıca büyük çocuğunuz bebekle ilgili olaylarda size yardımcı olacaktır.

"Aynı anda iki iş" yapmanızın faydalarını görmeye başlayacaksınız ve küçük çocuğunuz emeklemeye başladığında bu işte ustalaşacaksınız. Dikkatinizi büyük çocuğunuzda yoğunlaştırırken küçük çocuğunuzun zamanından çalmayacaksınız ve bunu yaparken de sadece ikisinin ihtiyaçlarını aynı anda karşılamakla kalmayıp (birine biberon verirken diğerine kitap okumak veya birlikte bulmaca yapmak gibi) büyük çocuğunuzu bütün yaptıklarınızda baş yardımcınız olarak benimseyebileceksiniz. Bebeğiniz altını ıslattığında bez getirebilir, ağladığında bebeğinizi avutmak için şarkı söyleyip dans edebilir, çamaşırların katlanması sırasında çorapların eşlerini bulabilir, bunlar sizin için yapılması gereken işler olsa da bir çocuk için öğrenmeye yönelik deneyimlerdir. Bir işe yaradığı duygusu ihmal edilmediğini anlamasını sağlayacaktır.

Ama büyük çocuk bundan daha fazlasını isteyecektir ve sizinle baş başa kalabileceği bir zamana ihtiyacı vardır. Eğer ev işlerine yardım eden kimse yoksa böyle bir zaman bulmak zordur fakat gereklidir. Bebeğin uyuduğu zamanlar (bebeğiniz gün içinde uzun uykulara dalıyorsa) bunun için idealdir fakat bu sırada çamaşırları yıkama, evi toplama veya günlük gazeteyi okuma isteğinize karşı koymanız gerekebilir (bunlar her iki çocuğunuz da uyuduktan sonra yapılabilir). Veya babanın eve geldiği ve bebekle ilgilendiği saatleri seçebilirsiniz (Büyük çocuğunuzun babasıyla başbaşa zaman geçirmeye ihtiyacı olduğunu da unutmayın).

Büyük çocuğunuza istediği ilgiyi göstermenin dışında kıskançlık faktörünü en aza indirmenin başka yolları da vardır. Birincisi, bebeğe asla "benim" ile başlayan şekilde değil, ismiyle ya da "bizim" veya "senin" şeklinde hitap edin. İkincisi, büyük çocuğun yaşantısını bebeğe göre ayarlamayın. "Sessiz ol, kardeşin uyuyor!" veya "Şimdi kucağıma oturamazsın kardeşin meme emiyor!" veya "Bebeğe dokunma canını acıtacaksın!" Yapma sözcüğünü kullanmadan da istediğiniz sonuçları (hatta daha iyisini) elde edebilirsiniz, daha olumlu cümleler kurmaya çalışın: "Bebek uyuyor, bakalım onu uyandırmadan fısıldayarak konuşabilecek miyiz?" veya "Bu sandalyeye oturursan bebeği emzirdiğim sürece birbirimize yakın olabiliriz" ya da "Böyle hafifçe okşaman bebeğin çok hoşuna gidiyor" gibi.

Bebeği asla bir bahane olarak kullanmayacaksınız diye bir şey yoktur. Büyük çocuk bunun yaşamın bir parçası olduğunu kabullenmelidir. Büyük çocuk olmanın faydalarını sürekli anlatmaktan vazgeçmeyin. Zaman zaman bebeğinize "Bezini değiştirmeden önce biraz beklemen gerekiyor çünkü şu anda ağabeyinin yemek saati" ya da "Şimdi seni kucağıma alamam çünkü ablanı koltuğuna oturtuyorum" gibi şeyler söyleyebilirsiniz (çocuğunuzun bebeğin söylenenleri anladığıyla ilgili şüpheleri olsa bile).

Sadece bazı şeylere yetebileceğiniz için ev işlerinden çok çocuklarınıza zaman ayırmayı tercih edin. Okul öncesi yaştaki çocuğunuzla birlikte "Susam Sokağı"nı izlemek salondaki halıyı elektrikli süpürgeyle temizlemekten daha önemlidir veya ailecek parka gitmek akşam yemeği için sebze doğramaktan daha yararlıdır. Sadece en gerekli olan işleri yapın (dağınıklıktan hoşlanmıyorsanız bu işleri yapacak birini tutun). Bebeğe tek kullanımlık bezler alın, ütü gerektirmeyen giysiler kullanmaya başlayın, hazır sebzelerle yemek yapın. Büyük çocuğunuzu toz alma, sebze paketlerini açma, masayı kurma gibi hafif ev işlerine alıştırın; başlangıçta yardımdan çok ayak bağı gibi görünse de kısa zaman içinde size ne kadar yardımcı olmaya başladığını göreceksiniz.

KISKANÇLIK DUYGUSUNUN OLMAMASI

"İkinci bir bebek yapmaya karar verdiğimizde biraz rekabet olacağını düşünüyorduk. Fakat gebelik boyunca ve doğumdan dört ay sonra kızım erkek kardeşi konusunda hiçbir kıskançlık göstermedi. Bu sağlıklı bir davranış mı?"

Sizin de bildiğiniz gibi kızınızın bir kişiliği var. Onun küçük kardeşine verdiği tepkiler akranlarının verdiğinden farklı olabilir ancak tamamen normaldir. Çocukların çoğu kardeşlerine karşı düşmanca tavır içine girerlerse de, kardeşler arasında ilişki gelişmesi bakımından bu çok gerekli veya önlenemez bir şey değildir. Kardeşiyle mutlu zaman geçiren çocuk kıskançlık duygularını saklıyor diye düşünmeyin; yeni gelen bebeğin kendi yerini sarsmayacağı konusunda kendine güveniyor olabilir. Kardeşi emeklemeye başlayıp da kitaplarını yırtmaya, küplerini dağıtmaya veya en sevdiği bebeğin parmaklarını ısırarak koparmaya kalkarsa itiraz etmeye başlayacaktır.

Bu arada kendisi talep etmese de büyük çocuğunuza gereksindiği miktarda sevgi ve ilgiyi göstermekten kaçınmayın. Büyük çocuk kardeşine iyi davranıyor diye bir sorun olmadığını düşünerek sadece bebekle ilgilenirseniz onu kızdırabilirsiniz.

Her çocuk belli zamanlarda kardeşine karşı olumsuz duygulara sahip olabileceğinden bu duyguların normal olduğunu anlamasını ve zaman zaman bu duygularını ifade etmesini sağlayın.

KARDEŞLER ARASINDAKİ BAĞ

"Büyük çocuğumun kardeşine daha fazla bağlanması için ne yapabilirim?"

Anne ve babalar bebekleriyle onların bakımını yaparken bağ kurarlar. Ve kardeşlerin de bunu yapmaması için bir neden yoktur. Yetişkinlerin gözetimi altında en küçük kardeşler bile bebeğin bakımına katılabilir ve onlarla bağ kurabilirler böylece doğum sonrası kıskançlık da azalır. Büyük kardeşin yaşına bağlı olarak bebekle ilgilenebileceği bazı işler olabilir:

Bebeğin bez değişimi. Okul çağındaki çocuk annesi yanındayken kardeşinin ıslak bezini değiştirebilir; küçük bir kardeş bezi getirip götürebilir veya bu işlem sırasında bebekle ilgilenebilir.

Bebeğin beslenmesi. Bebek biberonla besleniyorsa veya bazen biberon alıyorsa küçük bir çocuk bile biberonu tutabilir. Bebeğiniz yalnızca meme emiyorsa siz bebeği emzirirken büyük çocuk kitap okuyabilir veya yanınızda durabilir.

Gaz çıkarma. Bebeğin öğün sonrası gazını küçük bir çocuk bile çıkarabilir,ve genellikle sonuçtan çok memnun kalırlar.

Bebeğe banyo yaptırma. Banyo zamanı tüm aile için eğlencelidir. Büyük çocuk sabunu uzatabilir, havluyu hazırlayabilir veya durulamayı yapabilir (suyun sıcaklığı bir erişkin tarafından test edildikten sonra) ve kendi banyo oyuncaklarıyla veya şarkılar söyleyerek bebeği eğlendirebilir. Ancak 12 yaşın altındaki çocuğu bebekle banyoda kısa bir süre için bile olsa tamamen yalnız bırakmayın.

Bebek bakıcılığı. Büyük çocuk ergenlik çağına gelmeden önce bir bebeğin tüm sorumluluğunu üstlenemez (okul öncesi yaştaki bir çocuğun bir bebekle kısa süre için bile olsa yalnız kalmasına izin vermeyin) fakat sizinle beraber tüm işleri yapabilir. Bebekler için büyük kardeşlerinden daha eğlenceli kimse yoktur. Büyük kardeşler de küçük kardeşlerini eğlendirebildikleri için kendileriyle gurur duyarlar.

SAVAŞ ZAMANI

"Kızım küçük erkek kardeşine karşı çok sevgi doluydu. Ama şimdi bebek emeklemeye başladı, ablasının oyuncaklarını karıştırıyor ve bir anda kızımın davranışları değişti."

Birçok büyük çocuk için bebekler tehdit unsuru değildir. Yardıma muhtaçtırlar, hareketleri sınırlıdır. Birkaç ay sonra motor becerileri geliştikçe olay tam tersine döner. Çok sevgi dolu olan kardeşler bile düşmanlık gösterebilirler. Onları suçlayamazsınız. Bebek büyük kardeşinin bütün eşyalarını dağıtmaya başlamıştır.

Bu saldırılar karşısında büyük çocuk bebeğe vurmaya, bağırmaya başlar. Eylemlerinde iki duygunun karıştığı görülür: kucaklamayla başlayan davranış, bebeğin yere yuvarlanması ve ağlamasıyla son bulabilir. Davranışları genelde çocuğun çatışan duygularını açığa çıkarır. Anne-baba olarak yapmanız gereken büyük çocuğu cezalandırmadan küçüğün zarar görmesini engellemektir. Büyük çocuğa küçük kardeşine zarar verme hakkı olmadığını anlatırken onun hayal kırıklığını da anladığınızı belli edin. Çocuğa bebek ortada yokken oynama fırsatı verin. Arkadaşları geldiği zaman özel hayatına saygı duyun ve bebeği de onun yanına gitmekten alıkoyun. Ona özel zaman ayırın ve "O bir bebek; yaptıkları için suçlayamazsın" demek yerine onun tarafında olun. Bir süre sonra durum değişecektir. Küçük bebek büyüyecek ve karşı saldırıya geçecektir. İlk yılın sonlarına doğru olan bu durum kardeşler arasında karışık duyguların (sevgi ve nefret) yaşandığı birkaç yıl daha devam edecektir. Bu yıllar boyunca kendinizi bir ebeveynden çok bir hakem gibi hissedebilirsiniz.

ÜÇÜNCÜ BÖLÜM

Hazır Referanslar

En İyi Tarifler

İLK YIL VE SONRASI İÇİN

Gastronomik açıdan başlangıçta hiçbir yemeği birbirinden ayırt edemeseler de çocuklar en seçici yemek yiyicileridir. Sebzeleri, proteinli gıdaları ve anne-babaların yemelerini istedikleri hemen her şeyde seçicidirler. Öğünlerde onları memnun etmek zordur, memnun etmemek son derece kolaydır ve günlük gerekli besinleri almalarını sağlamak ise neredeyse imkânsızdır -ya da genellikle öyle görünür.

Bundan sonraki sayfalarda umut ve yardım yer almaktadır. Tarifler her bebeğin yaklaşan "çuh çuh trene" ağızlarını sonuna kadar açacakları anlamına gelmese de pek çok bebeğin gönüllü olarak "tünel oluşturmalarına" yardımcı olacaktır. Buradaki tariflerin tümü yemek eleştirmeniniz için besleyicidir ve aynı anda birçok besin gereksinimini karşılamaktadır.

SÜPER TAHILLI GIDA

Bu güçlü gıdadan bir kâse yediğinde bebeğiniz blokların üzerinden atlamaya başlayacaktır.

Bir porsiyon için gerekenler

1/3 tatlandırılmamış yulaf
1 kaşık buğday tohumu
2 kaşık yağsız süt
2 kuru kayısı (ince doğranmış)
½ litre yağlı süt

İlk dördünü küçük bir kâseye alın ve sonra üzerine süt dökerek bebeğe verin.

Bir porsiyonda 1 protein 1/2 tahıl, 1 kalsiyum, 1saf meyve; biraz demir.

MEYVELİ PEYNİRLİ EKMEK

Yalnızca ekmekle beslenen bir bebek bile içinde protein, kalsiyum ve mineral olan ekmekle beslendiğinde yeterli gelişimi gösterecektir. Pişirdikten sonra buzdolabında saklayın.

2 somun ekmek için gerekenler

4-4 ½ kap buğday unu
¾ kap buğday tohumu
1 çay kaşığı tuz

2 paket kuru maya
1 kap su
½ kap konsantre elma suyu
¼ kap bitkisel yağ
1 miktar az yağlı peynir
1 yumurta
2 yumurta beyazı
¾ kap fırınlanmış yulaf
1 ½ kap düşük sodyumlu İsviçre peyniri (180 gr civarında)
1 kap kurutulmuş üzüm ve meyveler

1. 3½ kap unu, buğday tohumunu ve tuzu elektrikli mikser kabına alın. 1 ½ kaplık kısmını ayırın ve mayayla karıştırın. Kapta geri kalan hamurun içinde bir delik açarak maya karışımını buraya koyun.

2. Su, konsantre meyve suyu ve peyniri orta derece ateşte ısıtın. Bunu yavaş yavaş hamurun ortasındaki delikte bulunan maya karışımına ekleyin. Bunların hepsini 2 dakika süreyle çırpın.

3. Yumurtayı, yumurtaların akını ve ½ 'lik unu ekleyin ve yeniden çırpın. Sonra yulafı ekleyin.

4. Hamuru üzerine hafifçe un serptiğiniz bir kaba alın. Elastik olana kadar yoğurun. Sonra bunu önceden yağladığınız bir kaba koyun. Üzerine folyo kâğıdı kapatın. 1 saat süreyle hamuru sıcak bir yerde şişmeye bırakın.

5. Hamuru hafifçe unlanmış bir kaba alın. İsviçre peynirini ve meyveleri ekleyin. Hamuru ikiye bölün. Üzerlerine yağ sürün ve havluyla kapatarak bir saat daha şişmeye bırakın.

6. Somunları pişirmeden 15 dakika önce fırını 250 dereceye getirin.

7. Somunlar kahverengileşene kadar pişirin (35-40 dakika).

Bir dilimde: 2 tahıl, 1½ protein, ½ diğer meyve, ½ kalsiyum, biraz demir

BALKABAKLI ÇÖREK

Sarı renkli bir beslenme kaynağı. Bebek sebze yemediği zamanlarda vermek için buzdolabında saklayın.

24 çöreklik malzeme
1½ bardak konsantre elma suyu
¼ bardak bitkisel yağ
2 yumurta
4 yumurta akı
1½ kap tatlandırılmamış balkabağı
1¼ kap kuru üzüm
1½ kap buğday unu
½ kap buğday tohumu
4 ½ çay kaşığı düşük sodyumlu kabartma tozu
2 çay kaşığı tarçın

1. Fırını 200 dereceye getirin. 24 çörek için teneke kapları yağlayın.

2. Konsantre meyve suyunu, yağı, yumurtaları, yumurta aklarını, balkabağını ve kuru üzümleri bir blendırda karıştırın. Üzümler ezilinceye kadar püre haline getirin.

3. Un, buğday tohumu, kabartma tozu ve tarçını büyük bir kâsede karıştırın. Balkabağı karışımını yavaş yavaş ekleyin ve yavaşça karıştırın.

4. Bu karışımı teneke kaplara üçte ikisini kaplayacak şekilde koyun ve 15-20 dakika pişirin. Kürdanı batırdığınızda üzerine hamur yapışmıyorsa çörekler pişmiş demektir.

Bir çörekte: 2 sarı; 1 tahıl; 1 diğer meyve; 1/2 protein bulunur.

DÜŞÜK SODYUMLU KABARTMA TOZU

Piyasada satılan kabartma tozları çok fazla sodyum içerir. Fazla sodyum bebekler için iyi olmadığından düşük sodyumlu kabartma tozu kullanmanızı öneriyoruz.

Eğer normal kabartma tozu kullanıyorsanız belirtilen miktarın 2/3 ünü kullanın.

KREP YÜZLER

Krepler üzerinde gülen insan yüzleri bebeğinizin yüzünü de güldürecektir. Sade ya da yoğurt, muz, armut, elma veya başka malzemelerle servis yapın. Kalanları dondurarak daha sonra atıştırması için bebeğinize verebilirsiniz.

24 küçük kreplik malzeme

1 bardak tam yağlı süt
¼ bardak yağsız süt
2 yemek kaşığı konsantre elma suyu
1 yemek kaşığı tereyağı veya margarin (erimiş)
1 yumurta
2 yumurta akı
¾ kap buğday unu
1/3 kap buğday tohumu
1 ½ çay kaşığı düşük sodyumlu kabartma tozu
Kuru üzüm
Kuru kayısı

1. Tüm bu malzemeleri kabartma tozuyla beraber mikser kabına alın ve karıştırın. Karışımı 15 dakika bekletin.
2. İnce bir tabaka yağlanmış tavaya dikkatlice yayarak orta-hızlı ateşte pişirin. Üzüm ve kayısı kullanarak krebe yüz hatları kazandırın. Baloncuklar çıkmaya başlayıp altı kahverengileştiğinde krebin öbür tarafını pişirin.
3. Üzüm ve kayısı kullanarak krebe yüz hatları kazandırın.

Üç krepte: 1 protein; 1 tahıl; 1/4 kalsiyum; biraz demir

YULAFLI KREP

Ailedeki herkes bu meyveli kreplere bayılacak. Yoğurt, meyve, elma sosu gibi malzemelerle servis yapın.

48 kreplik malzeme

1 bardak tam yağlı süt
¼ bardak konsantre elma suyu
2 yemek kaşığı tereyağı veya margarin (erimiş)
1 yumurta
2 yumurta akı
1 kap buğday unu
½ kap buğday tohumu
2½ çay kaşığı düşük sodyumlu kabartma tozu
¼ kap yağsız süt
1½ çay kaşığı vanilya
1 çay kaşığı tarçın
Kuru kayısı

1. Yağlı sütü, konsantre meyve suyunu, yağı, yumurtayı, yumurta aklarını büyük bir kâsede çırpın. Vanilya ekleyerek malzemenin geri kalanını da koyun. Çırpın. Kayısıları ekleyin.
2. Pişirme kabına dikkatlice yayarak orta-hızlı ateşte pişirin. Üzüm ve kayısı kullanarak krebe yüz hatları kazandırın. Baloncuklar çıkmaya başlayıp altı kahverengileştiğinde krebin öbür tarafını pişirin.

4 krepte: 2/3 tahıl; 1 kalsiyum; 1 protein

BEBEK SANDVİÇİ

Bebeğiniz bu sandviçi çok sevecek.

Bir sandviçlik malzeme

1 yumurta
¼ kap süt
2 dilim çedar peynir
2 dilim düşük sodyumlu ekmek

1. Yumurta ve sütü büyük bir kapta çırpın.
2. Peynir dilimlerini ekmek dilimlerinin arasına yerleştirin. Sandviçi yumurtalı karışıma daldırın ve sıvıyı iyice emmesine dikkat edin.
3. Yapışmayan tavada ekmek dilimlerinin her iki tarafını kızartın.

1/2 sandviçte; 2 tahıl; 1 kalsiyum; 1 protein

MUZLU FRANSIZ TOSTU

Bebeğin favori yiyeceği olan muz Fransız tostunun tadını daha da arttırıyor; yağsız süt protein ve kalsiyum kaynağı olarak kullanılıyor. Kahvaltı, öğle yemeği veya akşam öğünü olarak bebeğinize verebilirsiniz.

4 dilim tost için gereken malzeme

1 yumurta
2 yemek kaşığı konsantre muz-portakal suyu
2 yemek kaşığı konsantre elma suyu
Yarım muz
1/4 bardak yağsız süt
4 dilim düşük sodyumlu ekmek

1. Malzemeleri sütle beraber mikserde karıştırın ve bu karışımı içine ekmek dilimi sığacak bir kaba aktarın.
2. Ekmek dilimlerini bu karışıma daldırın ve dilimlerin sıvıyı tamamen emmesini bekleyin.
3. Dilimleri yapışmayan tavada kızartın.

Bir dilimde: 2 tahıl, ¾ protein, ½ diğer meyve, ¼ kalsiyum

PEYNİRLİ SUNDAE

Dondurmayı saklayın, bebeğinizin henüz körpe olan tat tomurcukları bu besleyici gıdayı sevecektir. Günün herhangi bir zamanında verebilirsiniz ve mevsime göre meyveleri değiştirin.

Bir porsiyon için gerekenler

Çeyrek kap taze meyve (muz, şeftali, çilek)
Çeyrek dilim peynir
1 kaşık çiğ krema (iki yaşından büyük çocuklarda kullanmayın)
2 kaşık reçel
1 kaşık buğday tohumu

Meyveleri halka şeklinde dizin. Ortasına peynir koyun. Etrafına malzemeleri yerleştirin.

Bir porsiyonda: 1½ protein, 1 tahıl, 1 diğer meyve (muz veya şeftali kullanıldığında), 1 C vitamini (çilek kullanıldığında), 1 sarı meyve (sarı şeftali kullanıldığında) 1/2 yağ

BALIK VEYA TAVUKLU GIDA

Sizin seçtiğiniz protein kaynağı bebeğinizin de seçimini şekillendirecektir. Bu yiyecekleri parmak yiyecek şeklinde sunun.

Bir porsiyon için gereken malzeme

1 taze balık veya tavuğun göğüs kısmı
Bir miktar galeta unu
1 yemek kaşığı rendelenmiş Parmesan peyniri
Sarımsak tozu
Yarım çay kaşığı mayonez

1. Fırını 170 dereceye getirin.
2. Balığı veya tavuk göğsünü ince parçalara ayırın.
3. Galeta ununu, rendelenmiş peyniri ve sarımsak tozunu küçük bir kâsede iyice karıştırın.
4. Balığın veya tavuğun üzerine mayonez sürün ve bunları galeta ununa bulayın. Bir tavada 5 dakika kızartın.

Bir porsiyonda: 1½ protein, 1 tahıl, 1/3 kalsiyum

Not: Sevdiğiniz herhangi bir ekmek çeşidi bayatladıktan sonra kendi galeta ununuzu kendiniz de imal edebilirsiniz. Kullanmadığınız ekmekleri gerektiği kadar buzlukta saklayın.

BEBEĞİNİZİN İLK KEKİ

Doktorunuzun yumurta ile ilgili yasağı henüz kalkmamışsa da, bu yumurtasız keke bebeğiniz hayır demeyecektir.

Gereken malzeme

1 kap ve ayrıca 2 kaşık konsantre elma suyu
½ bardak bütün kuru üzüm
½ bardak ince ince doğranmış kuru üzüm
½ bardak ince doğranmış hurma
Çeyrek kap (4 yemek kaşığı) tereyağı veya margarin
1½ çay kaşığı tarçın
¾ kap buğday unu
½ kap buğday tohumu
4½ çay kaşığı kabartma tozu

1. Fırını 160 dereceye getirin. Yapışmayan bir kabı yağlayın.
2. Konsantre meyve suyunu, kuru meyveleri, tereyağını ve tarçını bir kapta toplayın. Yağ eriyene kadar ısıtın. Ocaktan indirerek soğumaya bırakın.

3. Unu, buğday tohumunu ve kabartma tozunu kâsede toplayın. Meyveli karışımı yavaş yavaş ekleyin. Fazla karıştırmayın.

4. Önceden hazırladığınız kapta 30 dakika pişirin. Kek kahverengileştiğinde folyoyla gevşekçe üzerini örtün.

5. Kekin kurumasını veya sertleşmesini istemiyorsanız hafifçe soğuduktan sonra folyo ile kapatın.

1/16 kekte: 1½ diğer meyve, 1+ tahıl, 1/3 protein

ALTIN KEK

A vitamini bu lezzetli kekte bulunmaktadır.

Gereken malzeme

Bir miktar küçük küçük doğranmış kuru kayısı
Konsantre elma suyu
Yarım kap buğday tohumu
Bir kap buğday unu
3 çay kaşığı kabartma tozu
1,5 çay kaşığı tarçın
2 yumurta akı (hafifçe çırpılmış)
¼ bardak bitkisel yağ
Bir miktar kayısı reçeli

1. Fırını 170 dereceye getirin.

2. Kayısıları, konsantre meyve suyunu küçük bir kapta toplayın. Kaynamasını bekleyin ve kayısılar yumuşayıncaya kadar 5-15 dakika daha kısık ateşte tutun. Suyunu süzün ve suyu ve kayısıları ayrı yerlerde saklayın.

3. Un, buğday tohumu, kabartma tozunu ve tarçını büyük bir kapta toplayın. Yumurta aklarını ve ayırdığınız konsantre meyve suyunu ekleyin; karıştırın.

4. Bu malzemeyi kare bir kek pişirme kabına alın ve 35 dakika pişirin. Henüz soğumadan üzerine kayısı reçeli veya marmeladı sürün. Soğuduktan sonra servis yapın.

5 cm^2 lik bir dilimde: 1 tahıl, ½ protein, ½ sarı meyve, demir

KAYISI PÜRESİ

Demir ve A vitamininden zengin bir yiyecek; evde kolayca hazırlanabilir.

Gereken malzeme

Bir miktar kuru kayısı
Bir kap konsantre elma suyu

Malzemeleri bir kaba alın ve kayısılar yumuşayıncaya kadar kaynatın. Püre haline getirin. Kek veya ekmek üzerine sürün ya da yoğurtla yedirin.

İki çorba kaşığında: 1½ sarı meyve, 1 diğer meyve, biraz demir.

İLK YAŞ GÜNÜ PASTASI

Havuçlar kekin içinde verildiğinde bebekler tarafından silinip süpürülür. Doğum günü ve özel günler için üzerine sos koyun fakat diğer zamanlarda sade olarak verin.

Gereken malzeme

İnce kesilmiş havuç
Konsantre elma suyu
Kuru üzüm
2 kap buğday unu
Yarım kap buğday tohumu
2 kaşık düşük sodyumlu kabartma tozu
1 kaşık tarçın
¼ bardak bitkisel yağ
2 yumurta
4 yumurta akı
1 kaşık vanilya
Bir miktar elma sosu

1. Havuçları, konsantre meyve suyunu orta büyüklükte bir kaba alın. Kaynamaya bırakın ve sonra kısık ateşte havuçlar yumuşayıncaya kadar 15-20 dakika bekletin. Püre haline getirin. Üzümleri ekleyin. Karışımı soğumaya bırakın.

2. Fırını 170 dereceye getirin. Pişirme kabını hazırlayın.

3. Unu, buğday tohumlarını, kabartma tozunu ve tarçını bir kaba alın. Meyve suyunu, yağı, yumurtaları, yumurta aklarını ve vanilyayı ekleyin; iyice karışana kadar çırpın. Havuç püresi-

ni ve elma sosunu da ekleyin. Bunları hazırladığınız kaplara boşaltın.

4. İçine bir bıçak soktuğunuzda temiz çıkana kadar yaklaşık 35-40 dakika pişirin. Soğuduktan sonra hazırladığınız sosu üzerine dökün.

5 cm^2 lik bir dilimde: 3 sarı sebze, 2+ diğer meyve, 1 ½ tahıl, 1+ protein, biraz demir, 1 Yağ

KREM PEYNİRLİ SOS

2 katlı bir kek için yeterli

Gereken malzeme

Konsantre elma suyu
Krem peynir
2 çay kaşığı vanilya
Kuru üzüm
Jelatin

1. 2 kaşık konsantre meyve suyunu bir kenara ayırın
2. Geri kalan meyve suyunu, krem peyniri, vanilyayı ve kuru üzümü mikserde karıştırın. Karışım kabına aktarın.
3. Jelatini küçük bir kapta 2 kaşık konsantre meyve suyuyla karıştırın ve 1 dakika bekleyin. Jelatini eritmek için karıştırın ve kaynatın.
4. İyice karışana kadar jelatinli karışımı krem peynirle çırpın. Bu karışımı dondurun.

YULAFLI KURU ÜZÜMLÜ KURABİYELER

36-48 kurabiye için gereken malzeme

1 kap buğday unu
Buğday tohumu
Fırınlanmış yulaf
1 yemek kaşığı düşük sodyumlu kabartma tozu
2 çay kaşığı tarçın
Konsantre elma suyu
Bitkisel yağ
2 yumurtanın akı veya bir yumurta
Kuru üzüm

1. Fırını 190 dereceye getirin.
2. Unu, buğday tohumlarını, yulafı, kabartma tozunu ve tarçını karıştırın.
3. Konsantre meyve suyunu, yağı, yumurtaları ve üzümü bir kapta toplayın. Üzümler parçalanana kadar mikserde karıştırın. Karışıma kuru malzemeleri ekleyin ve karıştırın.
4. Fırın tepsisine kurabiye haline getirdiğiniz karışımdan koyun. 8-10 dakika pişirin.

2-3 kurabiyede: 1+ tahıl, ¾ diğer meyve, ½ protein, biraz demir

ELMA-KIZILCIK KÜPLERİ

Bu küpler sallanır, titreşir, hareket eder ve bu meyve küplerinde bebeğiniz için zararlı olabilecek şeker bulunmaz. Hasta bir bebeğin katı bir şey yememesi gerektiğinde ve sıvıları reddettiğinde harika bir çözümdür.

Dört porsiyon için gereken malzeme

1 çorba kaşığı tatlandırılmamış jelatin
¼ kap su
1 kap tatlandırılmamış elma-kızılcık suyu
1/4 kap konsantre elma suyu

1. Küçük bir kapta jelatini suda karıştırın; yumuşamasını bekleyin (1 dakika).
2. Küçük bir sos kabında elma-kızılcık suyunu kaynatın. Kaynadıktan sonra jelatin karışımına ekleyin ve jelatin iyice eriyene kadar karıştırın. Konsantre meyve suyunu ekleyin. Karışımı 20 cm 2'lik bir tepsiye dökerek sertleşene kadar soğutun. Küp şeklinde keserek servis yapın.

MUZ-PORTAKAL KÜPLERİ

Dört porsiyon için gereken malzeme

1 çorba kaşığı tatlandırılmamış jelatin
½ kap su
1 kap taze portakal suyu
½ kap konsantre muz-portakal suyu
Dilimlenmiş muz

1. Küçük bir kapta jelatini suda karıştırın; yumuşamasını bekleyin (1 dakika). Orta derecede ateşte kaynayana kadar ısıtın.
2. Jelatin tamamen eriyinceye kadar meyve suyunu ve konsantresini karıştırın.
3. Karışımın yarısını kare pişirme kabına alın

ve kalınlaşmasını bekleyin. Dilimlenmiş muzu ekleyin ve üzerine kalan jel karışımından dökün. Buzdolabına kaldırın.

4. Dört parça halinde servis yapın.

Bir porsiyonda: 1 diğer meyve

ŞEFTALİLİ YOĞURT

Piyasada satılan yoğurtlarda çok fazla şeker oluyor. Bu hazırlayacağınız yoğurtta ise sadece gerekli miktarda şeker var.

Dört porsiyon için gereken malzeme

2 kap sade yoğurt
1 kap kabuğu soyulmuş şeftali
¼ kap konsantre elma suyu

1. Tüm malzemeyi bir blendırda iyice ezilene kadar karıştırın.

2. Dondurma yapar gibi hazırlayın.

¼ tarifte: 1+ sarı meyve, 1 protein, 1 kalsiyum

Evde Faydalanacağınız İlkyardım Önerileri

Doktorunuz bebeğin burnundaki tıkanıklığı açmanızı önerebilir. Soğuk kompres yanıklar için birebirdir. Boğmacalı bebeğin tedavisini buharla yapabilirsiniz. Soğuk kompres nedir? Boğmacayı alt etmek için nasıl buhar yapacaksınız? Bu rehber size bu konularda yardımcı olacaktır.

SOĞUK KOMPRESLER

Bir leğeni veya tası soğuk suyla doldurun ve içine birkaç küp buz atın. Temiz bir bezi suya daldırın ve bebeğin hasta olan kısmına bastırın. Bezin ısısı artınca yeniden soğuk suya daldırın.

SOĞUK SUYA DALDIRMA

Bir leğeni veya tası soğuk suyla doldurun ve içine birkaç küp buz atın. Bebeğin hasta vücut kısmını suya daldırın (mümkünse 30 dakika). Gerekirse 30 dakika daha suda tutun. Buzu doğrudan bebeğin derisiyle temas ettirmeyin.

SERİN KOMPRESLER

Bir tası soğuk suyla doldurun. Suya temiz bir bez daldırıp sıkın ve bebeğin hasta vücut kısmına uygulayın. Bezin ıslaklığı kaybolup serinliği azalınca yeniden suya daldırın.

GÖZ BANYOSU

Temiz bir bezi ılık (sıcak değil) suya daldırın (dirseğinizle sıcaklığı kontrol edin) ve 3 saatte bir 5-10 dakika bebeğin gözlerine kompres yapın.

YAYGIN ATEŞ DURUMLARINDA DOZLAMA ŞEMASI*

Tempra	**Damla**	**Şurup**
3 ayın altındakiler		
5.85 kg**	1/2 damla	1/4 çay kaşığı
3-9 aylıklar		
5.85 -9 kg**	1 damla	1/2 çay kaşığı
10-24 aylıklar		
9.45-11.7 kg	1.5 damla	3/4 çay kaşığı
2-3 yaşında olanlar		
12.15-15.75 kg	2 damla	1 çay kaşığı

Tylenol veya Panadol	**Damla**	**Eliksir**
3 ayın altındakiler		
2.7-4.95 kg**	1/2 damla	1/2 çay kaşığı
4-11 aylıklar		
5.4-7.65 kg**	1 damla	3/4 çay kaşığı
12-23 aylıklar		
8.1-10.35 kg	1,5 damla	1 çay kaşığı
2-3 yaşındakiler		
10.35-15.75	2 damla	1.5 çay kaşığı

*Bunlar asetaminofen preparatlarıdır; aspirin doktor kontrolü olmaksızın verilmemelidir.
**Altı aylıktan küçük bebeklere doktora danışmadan herhangi bir ilaç vermeyin. Gerekirse ilacı dört saatte bir verin ancak günde beş kezden fazla vermeyin. Ağırlık ile yaş orantısızsa dozlamayı bebeğin kilosuna göre ayarlayın.

yapın.

TERMOFOR

Sıcak su dolu şişe bebek için idealdir. Elektrikli termofor kullanacaksanız kullanım talimatlarına uyun ve üzerini örten bez yoksa örtün. Çok fazla ısıtmayın ve bebeği termoforla yalnız bırakmayın. 15 dakikadan fazla süre kullanmayın.

SICAK KOMPRESLER

Asla bebek için sıcak kompres kullanmayın. "Ilık kompresler" başlığına bakınız.

SICAK SUYA DALDIRMA

Küvete dirseğinizle ısısını kontrol ettiğiniz sıcaklıkta su doldurun. Bebeğin hasta olan vücut kısmını suya daldırın.

SICAK SU ŞİŞESİ

Sıcak su şişesini çok sıcak olmayan suyla doldurun. Şişeyi havlu veya bezle sarın.

NEMLENDİRİCİ

"Buhar" başlığına bakın.

BUZ PAKETİ

Ağzını lastikle kapattığınız plastik poşeti

ca açılmamış meyve suyu kutuları veya donmuş gıdaları da kullanabilirsiniz. Bebeğin cildine doğrudan temas ettirmeyin.

BEBEĞE BOL BOL SIVI VERİN

Sadece meme emen bebeği sık sık emzirin. Biberonla beslenen bebeğe doktor aksini söylemedikçe formül verin. Öğünler arasında su verin ve meyve suyu içirirken yarısını suyla doldurun. Çok fazla sıvı vermeye çalışmayın. Bebek kusuyorsa az miktarda sıvı çok sıvıdan daha iyidir.

BURUN ASPİRASYONU

Bebek ayakta duruyorken aspiratörü sıkıştırın ve ucunu burnun bir deliğine yerleştirin. Sıktığınız kısmı yavaşça gevşetirken burundaki mukusu alın. Mukus kuruysa veya yapışmışsa tuzlu su uygulayın.

TUZLU SU UYGULAMASI

Piyasada satılan serum fizyolojik sıvısı bu iş için idealdir. Her burun deliğine iki damla koyun ve konjestiyonu (tıkanıklığı) azaltmaya ve kabukları yumuşatmaya çalışın. Beş on dakika bekledikten sonra burun aspiratörüyle burnun içindekileri boşaltın. Burun damlalarını veya serum fizyolojiği üç günden fazla kullanmayın. Konjestiyonu artırabilir.

BUHAR

Havayı nemlendirmek için soğuk havalı veya buharlı nemlendiricilerden faydalanın; ya da radyatörün üzerine bir kâse sıcak su koyun[1] (bebeğin ulaşamayacağı yerde olsun). Bebeğiniz boğmaca geçiriyorsa banyonun kapısını kapayın, sıcak suyu açın ve odayı buharla doldurun. Boğmaca öksürüğü geçene kadar bebekle banyoda kalın. Öksürük 10 dakika içinde geçmezse doktorunuza danışın.

ILIK KOMPRESLER

Küvete ılık su koyun (sıcak değil). Temiz bir bezi suya daldırın ve bebeğin hasta olan vücut kısmına sarın.

---

1. Mikroplar ve mantarlar (küf) soğuk havalı nemlendiricilerde ürediklerinden kullandığınız aleti her gün temizleyin. Klorlu çamaşır suyu ve suyla temizlemenizi öneririz. Her kullanımda temiz su doldurmanız gerekir. Bu aletler havaya mikrop yayarlar. Buharlı nemlendiriciler ise yanık tehlikesi oluştururlar. En iyisi ultrasonlu birimlerdir ve bunlar çok az canlı bakteriyi havaya üflerler. Ultrasonlu birimler sadece bakterileri değil, mineraller de suda ezip karıştığından normal mineral içeriğine sahip musluk suyu kullanılmamalıdır. Emilen mineral parçacıkları ciğerlerin en derin bölümlerine kadar gider ve soğuk algınlığı, grip ve kronik solunum yolu hastalıkları riskini artırır. minerallerden arınmış, filtre edilmiş su kullanmaya özen gösterin.

Yaygın Çocuk Hastalıkları

Doktor bebeğinizin hastalığını teşhis edebilir ancak bu şemalardaki temel bilgiler olasılıkları belirlemenize ve tıbbi yardıma ne zaman başvuracağınızı bilmenize yardımcı olur. Her çocuk için ayrı bir hastalık kitabı olmadığını aklınızdan çıkarmayın. Çocuğunuzdaki semptomlar, hastalığın süresi değişkenlik gösterir. Özgün semptomları (öksürük, ishal veya kaşıntı) iyileştirmenin detayları veya ateşi geçirme yolları tekrarı önleme açısından atlanmıştır. Teşhise yardımcı olması bakımından hastalığın seyri sırasında farklı zamanlarda ortaya çıkan semptomlara numara verilmiştir. Kolay ve hızlı kıyaslama yönünden döküntüler ayrıca liste halinde verilmiştir.

Bilimadamları her zaman hastalığın nasıl bulaştığını tam olarak bilemezler. Ancak çoğu zaman mikroplar enfekte bireyin hapşırığı veya öksürüğündeki damlalar yoluyla sağlıklı bireye bulaşır; veya mikroplar havadaki tozlara asılı kalır; doğrudan hasta insanla temasla geçebilir (el sıkışma); dolaylı yolla da bulaşma olabilir (hasta insanın ellediği bir nesneye dokunmak, aynı eşyayı kullanmak); solunum salgıları (mukus) veya feçes yoluyla; vücut salgıları (tükürük, göz yaşı, kan, iltihap ve idrar) yoluyla (doğrudan ya da dolaylı); cinsel aktivite ile veya cinsel sıvılarla temas ile bulaşma gerçekleşebilir. Bundan başka mikroplu besinlerden ve hayvanlardan da mikrop geçebilir. Enfeksiyöz organizmaya bağlı olarak genel anlamda sağlığı iyi olmayan, açık yarası olan, derisinde çatlak olan veya bağışıklığı yetersiz olan bir insan enfeksiyona yatkın olabilir.

Çoğu hastalığa maruz kalınması riski bebeğin genel sağlık durumunun iyileştirilmesiyle azaltılabilir (aşıların tam olması gerekir, düzenli doktor vizitleri yapılmalıdır, iyi beslenme ve yeterli dinlenme koşullarına uyulmalıdır). Genel hijyen koşulları iyileştirilmelidir (tuvalete gittikten veya bez değiştirdikten sonra her seferinde eller yıkanmalıdır, kirli bezler ve tuvalet kâğıtları uygun biçimde çöpe atılmalıdır). Bulaşıcı hastalığı olan bireyleri evden uzak tutmak ve onunla aynı eşyaları kullanmamak çok önemlidir.

HASTALIK/MEVSİM/ YATKINLIK	SEMPTOMLAR (sayılar belirme sırasına göre verilmiştir) DÖKÜNTÜ YAPMAYANLAR	DÖKÜNTÜ YAPANLAR
BRONŞİYOLİT (Küçük bronşlarda enflamasyon (iltihap) **Mevsim:** Solunumsal sinsityal virüs (SSY) kışın ve ilkbaharda, parainfluenza virüsleri (PİV) yazın ve sonbaharda görülür. **Yatkınlık**: En fazla 2 yaşın altındakilerde ve özellikle 6 aylıktan küçüklerde ve ailede alerji öyküsü olanlarda ortaya çıkar.	1.Üşüme semptomları. 2.Birkaç gün sonra: Hızlı, derin soluk alıp verme; soluk verirken hırıltı; 3 gün süreyle düşük evreli ateş Bazen: Soluk alırken göğüs kafesi şişmez; bebek soluk veya mavi renk alır.	
BRONŞİT (Tüm bronşlarda ve sıklıkla soluk borusunda enflamasyon. **Mevsim:** Etken mikroorganizmaya göre değişir. **Yatkınlık:** En fazla 4 yaşın altındakilerde ortaya çıkar.	1. Genelde: Üşüme semptomları. 2. Birdenbire başlayan ateş (38 derece), kötü öksürük (bazen paroksismal ve kusmayla beraber olur); balgam yeşil veya sarımsı renkte; solunum alerjisi öyküsü olanlarda soluk verirken hırıltı veya ıslık sesi; dudaklar ve tırnaklar maviye boyanır.	
SU ÇİÇEĞİ **(Varicella)** **Mevsim:** Kış sonu ve ilkbaharda; uygun ısılarda. **Yatkınlık:** Çoğu insan çocukluk döneminde yakalanır.	Genelde: Hafif ateş, halsizlik, iştah kaybı, şiddetli kaşınma.	Kırmızı lekeler sivilceye dönüşür sonra yumrulaşır; kabuk bağlar; 3-4 gün içinde yeni sivilceler ortaya çıkar.

ETKEN/BULAŞMA TARZI/ KULUÇKA/ SÜRE	DOKTORUN ÇAĞRILMASI/ TEDAVİ /BESLENME	KORUNMA/NÜKS/ KOMPLİKASYONLAR
Etken: Çeşitli virüsler, genellikle SSV veya PİV, ender olarak bakteriler. **Bulaşma yolu:** Doğrudan temas veya evdeki eşyalarla temas kurularak solunum salgıları yoluyla bulaşır. **Kuluçka:** Etken organizmaya bağlı olarak değişir; genelde 2-8 gün sürer. **Süre:** Akut faz sadece 3 gün sürer; 1-3 hafta veya daha fazla süren öksürük.	Doktoru hemen çağırın ya da doktor yetişemezse acil servise gidin. **Tedavi:** Hastaneye yatma; antiviral bir ilaca başlanması gerekir. **Beslenme:** Ağızdan beslenme, mümkünse küçük öğünler verilmelidir.	**Korunma:** Aşısı yok; ailesinde solunum alerjisi olan bebeklerle temas engellenmelidir. **Nüks:** Nüksedebilir ancak semptomlar hafif geçer. **Komplikasyonlar:** Kalp yetmezliği; bronşiyal astım.
Etken: Genelde virüslerden kaynaklanır; bazen de bakteryeldir fakat ikincil enfeksiyon yaygındır. Sigara dumanı ile öksürük artar. **Bulaşma yolu:** Genelde solunum salgılarıyla bulaşır. **Kuluçka:** Etken organizmaya bağlı olarak değişir. **Süre:** Ateş 2-3 gün sürer; öksürük 1 veya 2 hafta veya daha fazla sürer.	Öksürük şiddetliyse veya 3 günden fazla sürerse doktoru çağırın. **Tedavi:** Öksürük için semptomatik tedavi; bazı olgularda antibiyotik verilmelidir. **Beslenme:** Sıvı alımını artırın.	**Korunma:** Basit soğuk algınlığı olan bebeğin tedavisi. **Nüks:** Bazı çocuklar her soğuk algınlığında bronşite yakalanmaya özellikle yatkındırlar. **Komplikasyonlar:** Dış kulak iltihabı (kulak enfeksiyonu).
Etken: Varisella-zoster virüsü. **Bulaşma yolu:** Damlacıklar yoluyla insandan insana bulaşma ve hava yoluyla bulaşma; tüm lezyonlar kabuk tutana kadar başlangıçtan sonraki 1-2 gün içinde çok bulaşıcıdır. **Kuluçka:** Genelde 14-16 gün ancak 11 gün kadar kısa ve 20 gün kadar uzun da sürebilir. **Süre:** İlk veziküller 6-8 saat içinde kabuk tutar, 24-48 saat içinde deri döküntüsü başlar ve 5-20 gün sürer.	Tanıyı doğrulaması için doktoru çağırın; yüksek riskli çocuklar için doktoru hemen çağırın; ansefalit semptomları ortaya çıkarsa doktoru hemen çağırın. **Tedavi:** Kaşıntı ve ateş için ASPİRİN VERMEYİN.	**Korunma:** Bebekleri varisellaya maruz bırakmayın; 12 aylıktan büyük olanlara varisella-zoster virüsü aşısı yapılmalıdır. **Nüks:** Aşırı derecede enderdir fakat sessiz kalan virüs sonradan zonaya dönüşebilir. **Komplikasyonlar:** Nadiren ansefalit; steroid tedavisi gören veya bağışıklığı bozulmuş olanlar ciddi biçimde hastalanabilir. Gebe kadınlarda fötüse bulaşma riski vardır; bulaşma olursa doktora başvurun.

HASTALIK/MEVSİM/ YATKINLIK	DÖKÜNTÜ YAPMAYANLAR	SEMPTOMLAR (sayılar belirme sırasına göre verilmiştir)	DÖKÜNTÜ YAPANLAR
KONJUNKTİVİT (Pembe göz; konjunktiva veya göz çeperlerinde enflamasyon)	Etkene bağlı olarak; göz kanlanması, göz yaşı; akıntı; yanma; kaşıntı; ışığa duyarlılık. Genelde bir gözde başlar ve öbürüne bulaşır.		
BOĞMACA (Akut laringeotrakeit) **Mevsim:** Değişkendir; genelde geceleri görülür. **Yatkınlık:** Küçük çocuklar.	Kısık ses; keskin, havlar gibi öksürük; soluk alırken hırıltı veya horultu. Bazen: Soluk alıp verirken zorluk çekilir.		
DIŞ KULAK İLTİHABI (Otitis media)	sayfa 378'e bakınız		
ANSEFALİT (Beyinde enflamasyon) **Mevsim:** Etkene göre değişir. **Yatkınlık**: Etkene göre değişir.	Ateş, uyuklama, baş ağrısı Bazen: nörolojik bozukluklar, sonraki evrede koma		

ETKEN/BULAŞMA TARZI/ KULUÇKA/ SÜRE	DOKTORUN ÇAĞRILMASI/ TEDAVİ /BESLENME	KORUNMA/NÜKS/ KOMPLİKASYONLAR
Etken: Birçok etken söz konusudur: virüsler, bakteriler, klamidya, mantarlar, çevrede gözü tahriş eden maddeler, göz yaşı bezi tıkanması ve doğumda verilen gümüş nitrat damlası. **Bulaşma yolu:** Gözden göze temas. **Kuluçka:** Genelde kısa. **Süre:** Değişkendir: gümüş nitrat için 3-5 gün; virüsler için 2-3 hafta (kronik olabilir); bakteriler için 2 hafta; diğer etkenlerde etken giderilene kadar devam eder.	Tanıyı doğrulaması için doktoru çağırın; durum kötüleşirse veya iyileşmezse yine çağırın. **Tedavi:** Göz banyoları; her göz için ayrı bezler veya pamuklar kullanarak bulaşma önlenir; sigara dumanı gibi gözü tahriş eden maddelere maruz kalınması önlenmelidir; bakteri, herpes veya virüs enfeksiyonlarında merhem veya damla kullanın (ikincil bulaşmayı önlemek ve alerjik reaksiyonlardan kaynaklanan rahatsızlığı gidermek için).	**Korunma:** Hijyen koşullarının iyileştirilmesi (aile üyelerinden biri enfekte olmuşsa ayrı havlular kullanılmalıdır. Allerjenler ve diğer tahriş edici maddelerin kullanımı önlenmelidir. **Nüks:** Bazı insanlar daha yatkındır ve nüks görülebilir. **Komplikasyonlar:** Körlük (ender; gonorea enfeksiyonu dışında); kronik göz enflamasyonu; tekrarlayan ataklar nedeniyle göz hasarı oluşabilir.
Etken: Genelde virüs (en sık parainfluenza veya adenovirüs; bazen bakteri veya yutulan bir nesne olabilir). **Bulaşma yolu:** Genelde insandan insana; damlacık yoluyla veya mikroplu eşyaların kullanılmasıyla bulaşır. **Kuluçka:** 2 gün (genelde soğuk algınlığı veya grip). **Süre:** Yarım saat; birkaç gün içinde tekrarlayabilir.	Buhar çocuğu rahatlatmazsa, bebek mavi renk almışsa, dudakları maviyse veya bir şey yuttuğundan şüpheleniyorsanız hemen doktoru çağırın. **Başlangıç tedavisi:** Buhar. Daha sonra: Nemlendirici kullanın. **Beslenme:** Sütlü gıda alınmasını önleyin (özellikle mukus fazlaysa). Başka bir atağı tedavi edebilmek için bebekle aynı odada uyuyun.	**Korunma:** Soğuk almış veya grip olmuş bebeği nemlendirilmiş hava olan ortamda tutun. **Nüks:** Bazı çocuklarda nüks eğilimi vardır. **Komplikasyonlar:** Soluk almaverme problemleri; zatürree, iyileştikten 5 gün sonra kulak enfeksiyonu.
Etken: Bakteriler veya virüsler (başka bir hastalığın komplikasyonu olarak). **Bulaşma yolu:** Etkene bağlı olarak değişir; bazı virüsler böceklerle geçer. **Kuluçka:** Etken organizmaya bağlı olarak değişir. **Süre:** Değişkendir.	Doktoru hemen çağırın ya da doktor yetişemezse acil servise gidin. **Tedavi:** Hastaneye yatma gerekir.	**Korunma:** Bunun bir komplikasyon olduğu hastalıklar (kızamık) için aşı yapılmalıdır. **Nüks:** Pek olmaz. **Komplikasyonlar:** Nörolojik hasar; ölümcül olabilir.

HASTALIK/MEVSİM/ YATKINLIK	SEMPTOMLAR (sayılar belirme sırasına göre verilmiştir) DÖKÜNTÜ YAPMAYANLAR	DÖKÜNTÜ YAPANLAR
EPİGLOTTİT (Epiglottis enflamasyonu) **Mevsim:** Kışın uygun ısılarda görülür. **Yatkınlık**: 2 yaşın altındakilerde yaygın değildir.	Pes perdeden öksürük; ses boğuk; yutma ve solumada güçlük. Bazen: Dil sarkar; ateş görülür. Çocuk hasta görünür.	
BEŞİNCİ HASTALIK (Eritema enfeksiyoza) **Mevsim:** İlkbaharın ilk aylarında görülür. **Yatkınlık**: En fazla 2-12 yaşındakilerde ortaya çıkar.	Nadiren eklem ağrısı.	1. Yüzde yoğun kızarma (yanağa tokat atılmış gibi) 2. Sonraki gün: kollarda ve bacaklarda kızarmą ve döküntü. 3. 3 gün sonra: iç yüzeylerde, el ve ayak parmaklarında, popoda kırmızılık. 4. 2-3 hafta süreyle ısıya maruz kalındığında veya kalınmadığında yeniden ortaya çıkabilir.
GASTROINTESTINAL SİSTEMDE BOZULMA		
ALMAN KIZAMIĞI (Kızamıkçık) **Mevsim:** İlkbaharın ilk aylarında ve kışın son aylarında görülür. **Yatkınlık**: Aşısız herhangi bir insanda ortaya çıkar.	Olguların %25-50'sinde yok 1. Bazen: Hafif ateş, boyundaki lemfler şişer.	2.Yüzde küçük, düzgün, kırmızımsı pembe renkte lekeler. 3. Kırmızılık vücuda ve damağa yayılır.
EL-AYAK HASTALIĞI (veziküler stomatit) **Mevsim:** Yaz ve sonbaharda uygun ısıda. **Yatkınlık**: En fazla bebeklerde ve çocuklarda görülür.	1.Ateş,iştah kaybı Genelde: boğazda şişkinlik (emzirme güçlüğü), yutma güçlüğü.	2.Ağızda, parmaklarda, el ve ayaklarda bazen kollarda, bacaklarda ve en az da yüzde lezyonlar. Ağızdaki lezyonlar siğil gibidir.

ETKEN/BULAŞMA TARZI/ KULUÇKA/ SÜRE	DOKTORUN ÇAĞRILMASI/ TEDAVİ /BESLENME	KORUNMA/NÜKS/ KOMPLİKASYONLAR
Etken: Bakteriler ve en sık da hemofilus influenza (Hib). **Bulaşma yolu:** İnsandan insana ve damlacık yoluyla bulaşır. **Kuluçka:** 10 günden az. **Süre:** 4-7 gün veya daha fazla sürer.	Doktoru hemen çağırın ya da doktor yetişemezse acil servise gidin. Bu arada bebeği dik tutun, öne eğin ve dilini dışarı çıkarın. **Tedavi:** Hastaneye yatma; hava yolunun açılması ve antibiyotiğe başlanması gerekir.	**Korunma:** Hib aşısı. **Nüks:** Düşük olasılık. **Komplikasyonlar:** Acil tıbbi müdahale yapılmazsa ölümcül olabilir.
Etken: İnsan parvovirüsü. **Bulaşma yolu:** İnsandan insana bulaşır. **Kuluçka:** 4-14 gün sürer; genelde 12-14 gün. **Süre:** 3-10 gün sürer fakat kızarıklık 3 hafta içinde bir görünür, bir kaybolur.	Yalnızca tanıyı doğrulaması veya semptomları gidermesi için doktoru çağırın. **Tedavi:** Yok. **Beslenme:** Değişiklik yok.	**Korunma:** Yok. **Nüks:** Olası. **Komplikasyonlar:** Yalnızca bağışıklık düzeyi yetersiz olanlar veya gebeler (düşük olabilir ama aslında çoğu kadın gebe kaldığı anda bağışıklanır).
Etken: Rubella virüsü. **Bulaşma yolu:** Kırmızılık ortaya çıktıktan 7-10 gün önce ve kırmızılık ortadan kaybolduktan 7-10 gün sonra; doğrudan veya damalcık yoluyla bulaşır. **Kuluçka:** 14-21 gün sürer; genelde 16-18 gün. **Süre:** Birkaç saatle 4-5 gün arasında değişir.	Aşılanmamış gebe kadına bulaşırsa doktoru çağırın. **Tedavi:** Yok. **Beslenme:** Değişiklik yok.	**Korunma:** Aşı (KKK) **Nüks:** Olmaz; bir seferden sonra bağışıklık gelişir. **Komplikasyonlar:** Çok nadiren trombositopeni veya ansefalit.
Etken: Coxsaki virüsü. **Bulaşma yolu:** Ağızdan ağıza; feçesten ele ve ağıza. **Kuluçka:** 3-6 gün sürer. **Süre:** Bir hafta sürer.	Tanıyı doğrulamak için doktoru çağırın. **Tedavi:** Semptomatik. **Beslenme:** Yumuşak besinler daha kolay yutulur.	**Korunma:** Yok. **Nüks:** Olası. **Komplikasyonlar:** Yok.

HASTALIK/MEVSİM/ YATKINLIK	DÖKÜNTÜ YAPMAYANLAR — SEMPTOMLAR (sayılar belirme sırasına göre verilmiştir)	DÖKÜNTÜ YAPANLAR
HERPANJİNA **Mevsim:** Yaz ve sonbaharda uygun ısıda. **Yatkınlık**: En fazla bebeklerde ve çocuklarda görülür. Tek başına veya başka hastalıklarla birlikte görülür.	1.Ateş (çok yüksek); boğazda şişkinlik. 1.veya 3.Ağrılı yutma. Bazen: Kusma, iştah kaybı, ishal, karın ağrısı, letarji.	Ağzın arka tarafında veya boğazda özgün gri renkli papüller; bunlar sonra siğilleşir ve ülserleşir.
HERPES SİMPLEKS **(Ateş siğilleri)** **Mevsim:** Her mevsim ama güneşli hava virüsü azdırabilir. **Yatkınlık**: Birincil enfeksiyon en fazla çocukluk çağında görülür.	1.Birincil enfeksiyon: Ateş, boğazda şişkinlik; lemflerde şişme, iştah kaybı, soluk kötü kokar. Genelde semptom vermez. Sonradan alevlendiğinde baş ağrısı yapabilir. Gözde de enfeksiyon olabilir.	2. Birincil enfeksiyonlar: ağızdaki mukuslu zarlarda ağrılar. Sonradan alevlenmeler: dudağa yakın bölgelerde yuvarlak şekiller, bunlar kaşınır, sonra sızıntı yapar , kabuk bağlar ve dökülür.
GRİP **(Üst solunum yolu enfeksiyonu)** **Mevsim:** Daha çok soğuk aylarda; salgın şeklinde. **Yatkınlık**: Çok yaşlı ve çok gençler en önce hasta olur.	Bazen: Hiçbir semptom. 1.Genelde ani başlayan ateş, titreme, halsizlik, kuru, balgam üretmeyen öksürük; ishal, kusma; ağrılı uzuvlar (erişkinlerde). 2.Genelde başladıktan 3-4 gün sonra üşüme semptomları. Balgam üretimi ve yorgunluk.	
LYME HASTALIĞI **Mevsim:** 1 Mayıs ile 30 Kasım arası; en çok olgu Haziran ve Temmuz ayında görülür. **Yatkınlık**: Herkes.	1.veya 2. Genelde yorgunluk; baş ağrısı; ateş ve üşüme; genel bir ağrı hali; ısırığın olduğu yerde şişme. Bazen: Konjunktivit, göz kenarında şişme; sinir sistemi olaya katılmışsa davranışlarda ani değişiklik; testislerde şişme; boğazda şişme; balgam üretmeyen öksürük. 3.Haftalar veya yıllar sonra: eklem ağrısı; kalpte anormallikler.	1. Genelde kene ısırdıktan sonraki 1 ay içinde ısırılan yerde boğa gözü şeklinde şişme. 2. Bazen: tüm vücutta kırmızılık olabilir; yanaklar kızarabilir.

ETKEN/BULAŞMA TARZI/ KULUÇKA/ SÜRE	DOKTORUN ÇAĞRILMASI/ TEDAVİ /BESLENME	KORUNMA/NÜKS/ KOMPLİKASYONLAR
Etken: Coxsaki virüsü. **Bulaşma yolu:** Ağızdan ağıza; feçesten ele ve ağıza. **Kuluçka:** 3-6 gün sürer. **Süre:** 4-7 gün sürer fakat iyileşme 2-3 hafta alabilir.	Tanıyı doğrulamak için doktoru çağırın. Konvülsiyonlar veya semptomlar görürseniz hemen çağırın. **Tedavi:** Semptomatik. **Beslenme:** Yumuşak besinler daha kolay yutulur.	**Korunma:** Yok. **Nüks:** Olası. **Komplikasyonlar:** Yok.
Etken: Herpes simpleks virüsü (HSV) vücutta kalır ve güneş ışığıyla, stresle, diş fırçalamalayla, ateşle ve soğukla aktive olur. **Bulaşma yolu:** Lezyonla, idrarla, tükürükle, dışkıyla, göz akıntısıyla ve evdeki eşyalarla doğrudan temas. **Kuluçka:** 2-12 gün sürer. **Süre:** Üç hafta içinde kabuk düşer.	Yalnızca bebek hasta görünüyorsa doktoru çağırın. **Tedavi:** Reçetesiz satılan merhemler işe yarar; yüksek riskli çocuklarda anti-viral ilaçlar. **Beslenme:** Birincil enfeksiyonda yumuşak, asitsiz besinler; sonraki alevlenmelerde sade yoğurt. (ezilmiş bir laktobasillus tableti yoğurdun etkinliğini arttırır).	**Korunma:** Tetikleyici faktörleri önleyin. **Nüks:** Sessiz enfeksiyon herhangi bir zamanda alevlenebilir. **Komplikasyonlar:** Gözde olabilir.
Etken: Birçok grip virüsü. **Bulaşma yolu:** Solunum damlacıkları yoluyla ve mikroplu eşyaların kullanılmasıyla bulaşır. Semptomlar başlamadan 5 gün önce bulaşır. **Kuluçka:** 1-2 gün sürer. **Süre:** Akut faz, birkaç gün; konvalesan faz 1-2 hafta.	Bebek 6 aylıktan küçükse veya semptomlar şiddetlenirse veya 3 gün devam ederse ya da ateş çok yükselirse doktoru çağırın. **Tedavi:** Semptomatik; şiddetli olgularda antiviral ilaçlar verebilirsiniz. **Aspirin vermeyin.** **Beslenme:** Bol sıvı verin.	**Korunma:** Yüksek riskli bebeklerde her yıl aşı yapılmalıdır; diğerlerinde antiviral ilaçlar, grip mevsiminde kalabalığa karışmayın. **Nüks:** Yaygın. **Komplikasyonlar:** İkincil bakteryel enfeksiyonlar; dış kulak iltihabı, bronşit, boğmaca, pnömoni, Reye sendromu.
Etken: Spiroket. **Bulaşma yolu:** Geyik, fare ve diğer hayvanlarda olan ve insana geçen kenenin ısırmasıyla bulaşır. **Kuluçka:** 3-32 gün sürer. **Süre:** Tedavi yapılmazsa yıllar boyu sürer.	Ailede kene tarafından ısırılan biri varsa doktoru çağırın. **Tedavi:** Antibiyotik kullanılması şarttır; sonraki safhalarda da etkili olabilir. **Beslenme:** Değişiklik yok.	**Korunma:** Koruyucu giysiler giyme; kenelere karşı savaş; kene ısırıklarına karşı mücadele. **Nüks:** Olası; bağışıklık yok. **Komplikasyonlar:** Nörolojik, kardiyak, motor anormallikler.

HASTALIK/MEVSİM/ YATKINLIK	SEMPTOMLAR (sayılar belirme sırasına göre verilmiştir)	
	DÖKÜNTÜ YAPMAYANLAR	DÖKÜNTÜ YAPANLAR
KIZAMIK (Rubeola) **Mevsim:** Kışın ve ilkbaharda görülür. **Yatkınlık**: Aşılanmamış herkes.	1. 1-2 gün süreyle: ateş, burun akması, göz sulanması ve kuru öksürük. **Bazen:** ishal, boğazda şişkinlik.	2. Yanakların iç tarafında kuma benzeyen küçük beyaz lekeler oluşur (Koplik lekeleri) ve bunlar kanayabilir. 3. Alında, kulaklarda hafifçe başlayan kırmızılık; bu, sonra her tarafa yayılır.
MENENJİT (Beyin ve omurilik civarındaki zarlarda iltihap) **Mevsim:** Etkene bağlı olarak değişir; Hib için kış ayları. **Yatkınlık**: Etkene bağlı olarak değişir; Hib için küçük çocuklar risklidir.	Ateş, tiz sesle ağlama, uyuklama, iştah kaybı, kusma, bıngıldakların fırlaması. Büyük çocuklarda ense sertleşmesi, ışığa duyarlılık, görüntülerin bulanıklaşması ve diğer nörolojik bulgular.	
MENINGOANSEFALIT (Menenjit ve ansefalitin beraber görüldüğü durum)	Bakınız Menenjit	
KABAKULAK **Mevsim:** Kış sonu ve ilkbaharda görülür. **Yatkınlık**: Aşılanmamış herkes.	1.Bazen: yaygın ağrı; ateş, iştah kaybı 2.Genelde: çenenin iki tarafındaki tükürük (parotid) bezlerinde, kulağın önünde ve altındaki bezlerde şişme; çiğneme sırasında güçlük yaşama; ekşi, ve asitli sıvı içerken ağrı; tükürük bezlerinde şişme. Olguların %30'unda semptom görülmez.	
SPESİFİK OLMAYAN VİRAL HASTALIKLAR **Mevsim:** Genelde yazın. **Yatkınlık**: Küçük çocuklar.	Değişir fakat şunlar görülür; iştah kaybı, ishal, ateş.	Bu hastalıklarda kırmızılıklar ve döküntüler görülür.

ETKEN/BULAŞMA TARZI/ KULUÇKA/ SÜRE	DOKTORUN ÇAĞRILMASI/ TEDAVİ /BESLENME	KORUNMA/NÜKS/ KOMPLİKASYONLAR
Etken: Kızamık virüsü. **Bulaşma yolu:** Kırmızılık ortadan kaybolmadan 2 gün önce ve kaybolduktan 4 gün sonrasında damlacık yoluyla bulaşma olur. **Kuluçka:** 8-12 gün sürer. **Süre:** Bir hafta.	Tanı için doktoru çağırın; öksürük şiddetlenirse, ateş artarsa, ansefalit, pnömoni veya dış kulak iltihabı semptomları görülürse ya da konvülsiyon olursa yeniden çağırın. **Tedavi:** Semptomatik; ılık suya daldırma; loş ışıkta dinlenme. **Beslenme:** Bolca sıvı.	**Korunma:** Aşı (KKK); enfekte insanlarla temasın önlenmesi. **Nüks:** Yok. **Komplikasyonlar:** Dış kulak iltihabı, pnömoni, ansefalit ölümcül olabilir.
Etken: Genelde Hib gibi bakteriler; aynı zamanda virüsler (daha az şiddetli hastalık yaparlar). **Bulaşma yolu:** Etkene göre değişir. **Kuluçka:** Etkene göre değişir; Hib için 10 günden az. **Süre:** Değişken.	Menenjitten şüpheleniyorsanız doktoru çağırın ya da acil servise gidin. **Tedavi:** Viral menenjit için semptomatik tedavi; bakteryel menenjit için hastane tedavisi gerekir; antibiyotiklerle beraber gliserol gibi ilaçlar da verilir. **Beslenme:** Bolca sıvı.	**Korunma:** Hib enfeksiyonları için Hib aşısı; katı hijyen kurallarının uygulanması. **Nüks:** Hib'de olmaz, bağışıklık oluşur. **Komplikasyonlar:** Hib ve diğer bakteryel formlar kalıcı nörolojik hasar bırakabilirler ve ölümcül olabilir; viral formlar uzun süreli hasar yapmaz.
Etken: Kabakulak virüsü. **Bulaşma yolu:** Başlamadan 1-2 gün önce ve başladıktan 9 gün sonra solunum salgılarıyla doğrudan bulaşma. **Kuluçka:** 16-18 gün sürer fakat 12-25 gün de olabilir. **Süre:** 5-7 gün.	Tanıyı doğrulaması doktoru çağırın; kusma, uyuklama, baş ağrısı, ense ve sırt ağrısı ile beraber kabakulak yada meningoansefalit bulguları varsa yine çağırın. **Tedavi:** Semptomatik tedavi (ateş ve ağrı için); yanaklara soğuk kompres. **Beslenme:** Asit içermeyen, ekşi olmayan yumuşak besinler.	**Korunma:** Aşı. **Nüks:** Tek taraf tutulursa çok düşük nüks riski. **Komplikasyonlar:** Meningoansefalit; diğer komplikasyonlar bebeklerde nadir görülür fakat erişkin erkeklerde tehlikeli olabilir.
Etken: Çeşitli enterovirüsler. **Bulaşma yolu:** Feçesten ele ve ağıza , ağızdan ağıza bulaşma. **Kuluçka:** 3-6 gün. **Süre:** Birkaç gün sürer.	Tanıyı doğrulaması veya semptomları gidermesi için doktoru çağırın. **Tedavi:** Semptomatik. **Beslenme:** Bolca sıvı.	**Korunma:** Yok. **Nüks:** yaygın. **Komplikasyonlar:** Çok nadir.

HASTALIK/MEVSİM/ YATKINLIK	DÖKÜNTÜ YAPMAYANLAR	SEMPTOMLAR (sayılar belirme sırasına göre verilmiştir)	DÖKÜNTÜ YAPANLAR
BOĞMACA **Mevsim:** İlkbaharın ilk aylarında ve kışın görülür. **Yatkınlık**: Olguların yarısını 1 yaşın altındaki bebekler oluşturur.	1.Kataral safha: Kuru öksürükle beraber üşüme semptomları; düşük evreli ateş, tahriş olma. 2.Paroksismal safha: 1-2 hafta sonra; arada hiç soluk alamadan patlar gibi öksürme; kalın mukus çıkarılır. Genelde: gözler dışarı fırlar; dil dışarı sarkar; deri soluklaşır veya kızarır; terleme, yorgunluk. Bazen: apne (bebeklerde) ve öksürmekten herni görülür. 3.Konvalesan safha: boğulur gibi öksürme ve kusma kaybolur, iştah artar. Aşılanan çocuklarda hafif geçer.		
FARENJİT	**(Boğaz Şişmesine bakınız)**		
ZATÜRREE **(Akciğerde enflamasyon)** **Mevsim:** Etkene göre değişir. **Yatkınlık**: Herkeste olabilir; kronik hastalığı olanlarda, çok yaşlılarda ve bebeklerde en sık görülür.	Sıklıkla soğuk algınlığından veya başka hastalıklardan sonra bebek şu bulgularla aniden kötüleşir: ateş artışı, balgam üreten öksürük, hızlı soluk alma-verme; mavimsi renk; güçlükle soluma ve hırıltı; karında şişkinlik ve ağrı.		
KUDUZ (Hidrofobi) **Mevsim:** Her zaman ama yazın kuduz köpek sayısı artar. **Yatkınlık**: Herkes.	1. Yerel ya da yayılan ağrı, yanma, üşüme hissi, kaşınma, karıncalanma (ısırılan yerde). 2. Hafif ateş, letarji, baş ağrısı, iştah kaybı, bulantı, boğazda şişme, huzursuzluk, ışığa ve gürültüye duyarlılık, pupillalar genişler, derin soluma, kalp hızlı atar, terleme artar. 3. 2-10 gün sonra: gerginlik ve huzursuzluk artar; görme problemleri oluşur; yüzde kaslar zayıflar, ateş. Genelde: sudan korkma, sıvılardan kaçılır. 4. 3 gün sonra: paraliz.		

ETKEN/BULAŞMA TARZI/ KULUÇKA/ SÜRE	DOKTORUN ÇAĞRILMASI/ TEDAVİ /BESLENME	KORUNMA/NÜKS/ KOMPLİKASYONLAR
Etken: Bordatella pertüsis bakterisi. **Bulaşma yolu:** Damlacıklar yoluyla ve en çok da kataral safhada bulaşır; antibiyotikler bulaşmayı azaltır. **Kuluçka:** 7-10 gün; nadiren 2 haftadan fazla sürer. **Süre:** 6 hafta ama daha uzun da olabilir.	İnatçı öksürük için doktoru çağırın. **Tedavi:** bebeklerde hastaneye yatma; antibiyotikler ilk safhadaki semptomları azaltabilir), oksijen, mukus aspirasyonu ve ortamın nemlendirilmesi. **Beslenme:** Sık sık beslenme; sıvı replasmanı; gerekirse damardan beslenme.	**Korunma:** Aşı (DTP). **Nüks:** Yok. **Komplikasyonlar:** Dış kulak iltihabı, pnömoni, konvülisyonlar. Ölümcül olabilir (özellikle bebeklerde).
Etken: Çeşitli organizmalar (bakteriler, mantarlar, virüsler ve protozoalar) ayrıca kimyasal madde veya bir nesnenin yutulması. **Bulaşma yolu:** Etkene göre değişir. **Kuluçka:** Etkene göre değişir. **Süre:** Etkene göre değişir.	İnatçı öksürük veya balgam artışı için doktoru çağırın; hafif hasta bebeğin durumu kötüleşirse veya ateşi veya öksürüğü artarsa doktora görünün . **Tedavi:** Semptomatik. Evde tedavi olasıdır. Gerekirse antibiyotik kullanın. **Beslenme:** Sıvı artırılması ve yeterli besin.	**Korunma:** Hib aşısı (Hib için); yatkın bebeklerin hastalığa karşı korunması. **Nüks:** Birçok tipi nüks edebilir. **Komplikasyonlar:** Düşük doğum ağırlığıyla doğan veya başka hastalıklar geçiren bebekler en riskli bebeklerdir.
Etken: Kuduz virüsü. **Bulaşma yolu:** Enfekte hayvanın ısırması ve sinir dokusunun yakınlarına veya açık bir yaraya hayvanın tükürüğünün bulaşması ile bulaşır. **Kuluçka:** 9 gün ile 1 yıl arasında değişir; 2 ay ortalamadır. **Süre:** Paralize kadar 2 hafta.	Tanımadığınız bir hayvan tarafından ısırıldığınızda (aşıları bilinmiyor) doktoru çağırın. **Tedavi:** Hayvanı bağlayın; hayvan bulunamazsa veya kuduz olduğu anlaşılırsa kuduz antiserumu verilir; tetanoz aşısı da yapılabilir; kafa ve boyun ısırıklarında insan kuduzuna özgü immün globülin verilmelidir. Hastaneye yatmak gerekebilir. **Beslenme:** Değişiklik yok.	**Korunma:** Evcil hayvanların aşılanması; bebeklere tanımadıkları köpekten uzak durmaları söylenmeli; toplum olarak çaba gösterilmeli. **Nüks:** Yok. **Komplikasyonlar:** Hastalık tedavi edilmezse öldürücüdür. Semptomlar görüldüğünde mortalite oranı yüksektir.

HASTALIK/MEVSİM/ YATKINLIK	DÖKÜNTÜ YAPMAYANLAR	SEMPTOMLAR (sayılar belirme sırasına göre verilmiştir)	DÖKÜNTÜ YAPANLAR
SOLUNUMSAL SİNSİTYAL VİRÜS (SSV) **Mevsim:** Kışın ve ilkbaharda, uygun ısılarda. **Yatkınlık**: Her yaştan, herkes yakalanabilir; ancak %50'si 1 yaşında, en sık da 3 yaşında yakalanır.	Hafif soğuk algınlığı ile bronşiyolit ve bronkopnömoni arasında semptomlar verir: öksürük, hırıltılı soluma, boğaz şişmesi,.ağırlı soluma, halsizlik, boğaz ve burundaki mukuslu zarlarda iltihapla birlikte görülür. Bazen: apne.		
REYE SENDROMU **Mevsim:** Her zaman **Yatkınlık:** Suçiçeği veya grip gibi virüs kökenli bir hastalık sırasında aspirin verilen çocuklarda sık görülebilir.	*Virüs enfeksiyonunu takip eden 1-7 gün içinde:* Sürekli kusma, uyuşukluk, huzursuzluk, hızlı kalp atışı ve solunum Komaya neden olabilir.		
ROSEOLA İNFANTUM **Mevsim:** Her mevsim, ilkbaharda ve sonbaharda yaygın. **Yatkınlık**: Bebeklerde ve küçük çocuklarda çok yaygın.	1. Huzursuzluk; iştah kaybı, ateş Bazen: burun akıntısı, lemf bezlerinde şişme, konvülsiyon. 2. 3.ve 4. günde ateş düşer ve bebek iyi gibi görünür.		3. Soluk pembe lekeler; bunlar üzerine bastırılınca beyazlaşırlar (vücudun her yerinde, boyunda, kolların üst tarafında, yüz ve bacaklarda görülür). Bazen döküntü olmaz.
KIZIL HUMMA (skarlatina) **Mevsim:** Her mevsim, soğuk aylarda daha yaygın. **Yatkınlık**: Okul çağı çocuklarında yaygın; 3 yaşın altındakilerde ve erişkinlerde daha az görülür.	Boğaz şişmesiyle benzer ancak döküntü ve kusma da vardır.		Yüzde, kasıkta ve kolların atında parlak kırmızı döküntüler; uzuvlara ve vücuda yayılır; deri soyulmuş gibi kalır.

ETKEN/BULAŞMA TARZI/ KULUÇKA/ SÜRE	DOKTORUN ÇAĞRILMASI/ TEDAVİ /BESLENME	KORUNMA/NÜKS/ KOMPLİKASYONLAR
Etken: Solunumsal sinsityal virüs (SSV). **Bulaşma yolu:** Enfekte insanla veya mikroplu eşyayla (başlangıçtan 4 gün önce ve başladıktan 4 gün sonrasında) temas sonucunda bulaşır. **Kuluçka:** 5-8 gün. **Süre:** Hastalığa göre değişir.	Bebek hızlı soluk alıyorsa, solunum güçlüğü çekiyorsa, hırıltılar çıkarıyorsa ve üşüme semptomları varsa doktoru çağırın. **Tedavi:** Semptomatik. Antiviral tedavi olabilir. **Beslenme:** Semptomlara yönelik olabilir.	**Korunma:** Bebeğin tecrit edilmesi gerekir, salgın mevsiminde eller iyice yıkanmalıdır; dumana maruz kalınmamalıdır; aşı yok. **Nüks:** Olası ve 3 yaşından sonra daha sık. **Komplikasyonlar:** bebeklerin %40'ında alt solunum yolu hastalığı , dış kulak iltihabı. (%1'i hastaneye yatırılır).
Etken: Bilinmiyor, ama su çiçeği ve grip gibi virüs kökenli hastalıklar sırasında aspirin verilmesiyle ilgili olabileceği düşünülüyor. **Bulaşma yolu:** Bilinmiyor. **Kuluçka:** Bilinmiyor fakat virüs enfeksiyonunun sona ermesini takip eden günlerde ortaya çıktığı düşünülüyor. **Süre:** Değişiyor.	Eğer Reye Sendromu'ndan şüpheleniyorsanız hemen doktor çağırın. **Tedavi:** Hastanede tedavi şarttır.	**Korunma:** Suçiçeği ve grip gibi virüs kökenli hastalıklarda aspirin vermekten kaçının. **Nüks:** Nüks olasılığı yoktur. **Komplikasyonlar:** Ölümcül olabilir, ancak kurtulanlar uzun süreli sorunlar yaşamazlar.
Etken: Virüs. **Bulaşma yolu:** Bilinmiyor; çok bulaşıcı değil. **Kuluçka:** 5-15 gün. **Süre:** 3-6 gün.	Tanıyı doğrulamak için doktoru çağırın; 4 veya 5 gün içinde ateş sürerse veya bebekte konvülsiyon görülürse doktoru yine çağırın. **Tedavi:** Semptomatik. **Beslenme:** Ateş için bolca sıvı.	**Korunma:** Bilinmiyor. **Nüks:** Yok. **Komplikasyonlar:** Çok ender.
Etken: Streptokoksik bakteriler. **Bulaşma yolu:** Enfekte insanla doğrudan temas. **Kuluçka:** 2-5 gün. **Süre:** 6 aylıktan küçük bebeklerde 1 hafta, ancak burun akıntısı ve genel halsizlik durumu 6 hafta sürebilir; büyük bebeklerde 1-2 hafta.	Streptokoksik enfeksiyonlara bakınız.	**Korunma:** Enfekte insanların izolasyonu ve hijyen koşullarına dikkat etme. **Nüks:** Olabilir. **Komplikasyonlar:** Streptokoksik enfeksiyonlara bakınız.

HASTALIK/MEVSİM/ YATKINLIK	DÖKÜNTÜ YAPMAYANLAR	SEMPTOMLAR (sayılar belirme sırasına göre verilmiştir)	DÖKÜNTÜ YAPANLAR
BOĞAZ ŞİŞMESİ, VİRAL (tonsillit, farenjit) **Mevsim:** Yaz hariç her mevsim. **Yatkınlık**: Büyük çocuklarda daha yaygın görülür.	Orta ateş, yorgunluk, boğaz ağrısı ve rahatsızlık hissi, yutma zorluğu, tahriş duygusu. Bademcikler şişer ve belirginleşir. Bazen: öksürük.		
BOĞAZ ŞİŞMESİ (Streptokoksik Farenjit) **Mevsim:** Ekimden nisana kadar. **Yatkınlık**: Okul çağı çocuklarında yaygındır.	6 ayın altındaki bebeklerde: ateş, orta derecede boğaz enflamasyonu. Daha büyük bebeklerde: düşük evreli ateş, hafif boğaz şişmesi. Bazen hiç semptom görülmez. Kronik durumda burun akar ve vücut ısısı değişkenlik gösterir; halsizlik, iştah kaybı, solukluk görülür. Daha büyük çocuklarda: yüksek ateş, boğazda şişme ve kızarma, yutkunma güçlüğü, bademciklerde ve lemf bezlerinde şişme, karın ağrısı.		
TETANOZ (ÇENE KİLİTLENMESİ) **Mevsim:** Dışarıda çok kalınan mevsimler. **Yatkınlık**: Aşılanmayan herkes.	Lokalize semptomlar: yaranın etrafındaki kaslarda tonus artışı ve spazm. Jeneralize semptomlar: İstemsiz kas kasılmaları, çene kilitlenebilir, sırt bükülebilir, boyun kıvrılabilir; konvülsiyonlar görülür; kalp atışı hızlanır, terleme artar, düşük evreli ateş oluşur, emmede güçlük (bebeklerde) .		
TONSİLLİT	(Boğaz şişmesine bakınız).		
ÜST SOLUNUM YOLU ENFEKSİYONU (ÜSYE)	(Basit Soğuk Algınlığına ve Gribe bakınız).		
BOĞMACA	(Pertüsise bakınız)		

ETKEN/BULAŞMA TARZI/ KULUÇKA/ SÜRE	DOKTORUN ÇAĞRILMASI/ TEDAVİ /BESLENME	KORUNMA/NÜKS/ KOMPLİKASYONLAR
Etken: Çeşitli virüsler, adenovirüs, enterovirüs (kronik boğaz şişmesi alerjik olabilir, sigara dumanına, kuru, sıcak havada kalmaya bağlı olabilir) . **Bulaşma yolu:** Etkene göre değişir; adenovirüs solunum yolunu tutar. **Kuluçka:** Etken virüse bağlıdır; 2-14 gün (adenovirüs için). **Süre:** 1-10 gün.	Şüpheniz varsa doktoru çağırın ve boğaz kültürü yaptırın. **Tedavi:** Semptomatik. Ağrı için asetaminofen. ASPİRİN VERMEYİN. **Beslenme:** Yumuşak soğuk besinler bebeğe daha iyi gelebilir. Sıvıyı arttırın.	**Korunma:** Enfekte insanların izolasyonu ve hijyen koşullarına dikkat etme. Kronik durumlarda bademcikler alınır. **Nüks:** Olası. **Komplikasyonlar:** Bağışıklığı baskılanmış çocuklar dışında olası değildir.
Etken: Streptokokkus piyojenes (A grubu streptokoklarından biri) **Bulaşma yolu:** Enfekte insanla hastalık başlamadan 1 gün önce başladıktan 6 gün sonra doğrudan temasla bulaşır; antibiyotikler bulaşmayı azaltır. Çok bulaşıcıdır. **Kuluçka:** 2-5 gün . **Süre:** 6 ayın altındaki bebeklerde 1 hafta ve genel yorgunluk 6 hafta sürebilir. Daha büyük bebeklerde 1-2 haftaya çıkabilir.	Şüpheniz varsa doktoru çağırın ve boğaz kültürü ile tanıyı doğrulayın; ateş düşmezse yine çağırın. **Tedavi:** Semptomatik. Antibiyotik tedavisine başlayın. **Beslenme:** Yumuşak soğuk besinler bebeğe daha iyi gelebilir. Sıvıyı artırın.	**Korunma:** Enfekte insanların izolasyonu ve hijyen koşullarına dikkat etme. **Nüks:** Olası. **Komplikasyonlar:** Enfeksiyon kulaklara, mastoid kemiklere, sinüslere, akciğere, böbreklere ve deriye (impetigo) yayılabilir. Romatizmal ateş daha az yaygındır ancak bebeklerde görülür; eklem ağrısı ve döküntü de olur.
Etken: Klostridyum botulinum adı verilen bakterinin ürettiği ve vücuda yayılan toksin. **Bulaşma yolu:** Vücudun delindiği bir yerdeki yara, yanık, derin bir çatlak veya iyileşmemiş bir göbek kordonu yoluyla bulaşır. **Kuluçka:** 3 gün-3 hafta fakat ortalama 8 gün. **Süre:** Birkaç hafta.	Şüpheniz varsa doktoru çağırın veya acil servise gidin. **Tedavi:** Tıbbi tedavi şarttır. Tetanoz toksoidi hastalığın gelişmesini önler; tetanoz antitoksinleri, kas gevşeticiler, antibiyotikler ve respiratör gerekir. **Beslenme:** Yumuşak soğuk besinler bebeğe daha iyi gelebilir. Sıvıyı arttırın.	**Korunma:** Aşılama (DTP); göbek kordonunun temiz bir şekilde bakımı, dışarıdaki yaralanmaların engellenmesi. **Nüks:** Yok. **Komplikasyonlar:** Birçok. Ülserler, pnömoni, nabızda anormallik; akciğerde kan pıhtısı. Ölümcül olabilir.

BOY VE KİLO ÇİZELGELERİ

Bebeğinizin ağırlığını ve boyunu sabit bir sağlık kayıt defterine kaydedin ve bunları her doktor vizitinde güncelleştirin. Ölçümleri grafiğe işlemek için bebeğin yaşını grafiğin alt tarafından (kilogram olarak) ve boyunu da grafiğin yan tarafından (santimetre olarak) bulun. İki noktanın kesiştiği yere renkli bir nokta koyun. Bebeğinizin gelişimini anlamak için noktaları

KIZ ÇOCUKLARIN BOY TABLOSU

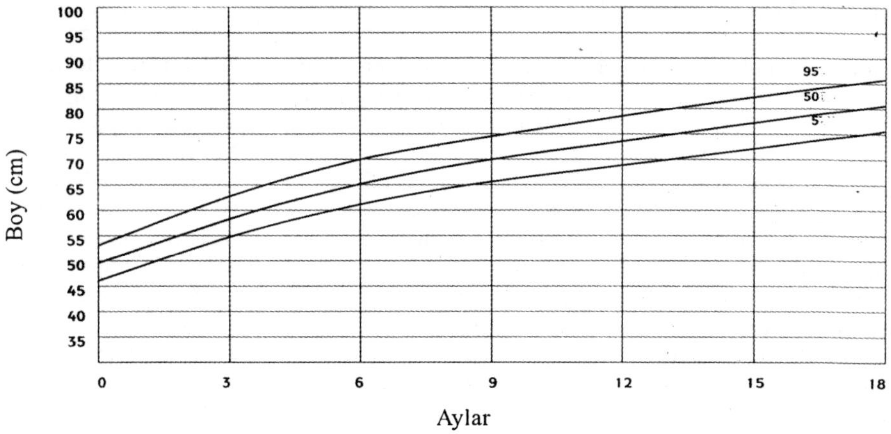

KIZ ÇOCUKLARIN KİLO TABLOSU

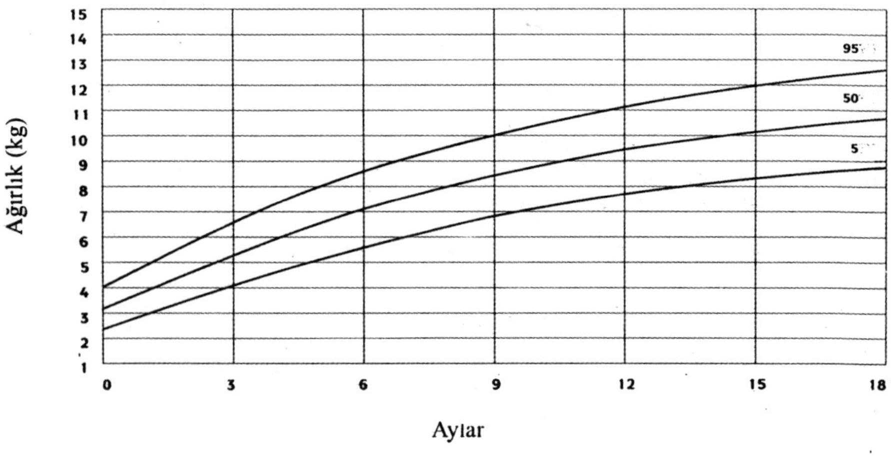

grafiğe eklendiği sürece birleştirin. Her 100 çocuktan 90'ı beşinci ve 95.persentillere girer. Üst ve alt %5'lik kısımdakiler genetik olarak iyi durumda olabilir ve sağlıklı gelişebilirse de, bazıları yavaş büyürler veya çok hızlı kilo alırlar. Bebeğiniz bu gruplardan birine giriyorsa doktorunuzla görüşün. Tipik gidişattan farklı olan durum olursa (boy ve kilo olarak) doktorunuzla görüşün ancak bu tip bir farklılık bebeğiniz için normal olabilir.

ERKEK ÇOCUKLARIN BOY TABLOSU

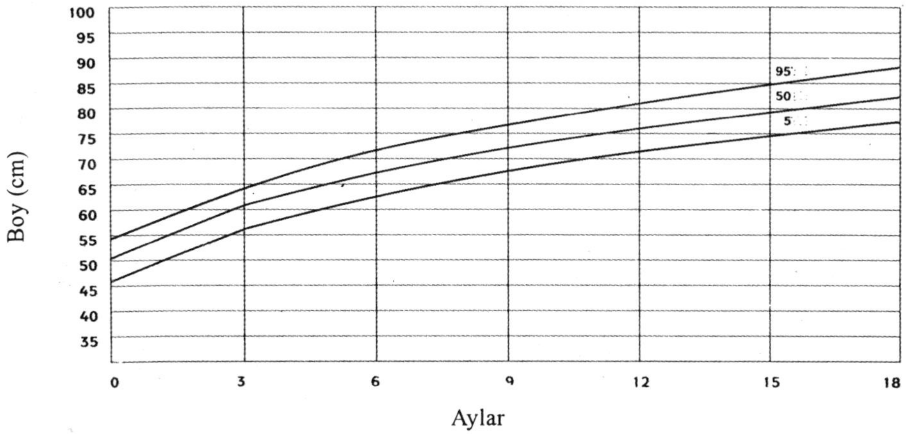

ERKEK ÇOCUKLARIN KİLO TABLOSU

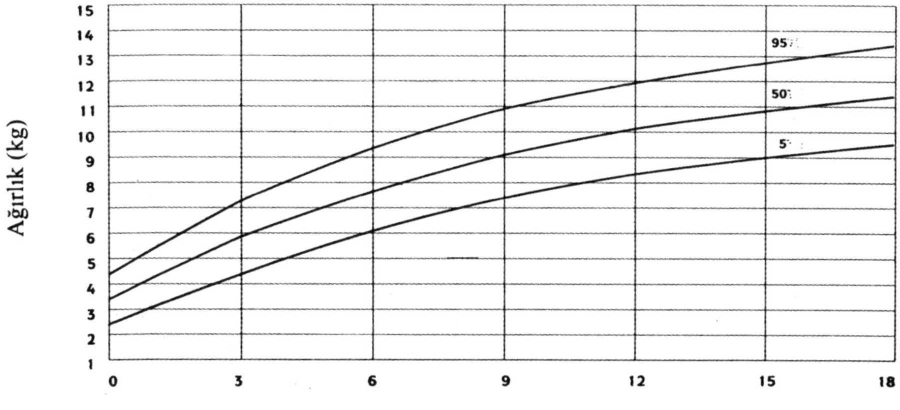

İNDEKS

G

H

I

İ

K

L

M

O

Ö

P

R

S

Ş

T

U

Ü

Y

Z